学报编辑论丛

(第31集)

主编 刘志强 张 昕

上海大学出版社
·上海·

内容提要

本书是由中国高校科技期刊研究会组织编辑,关于中国高校学报、学术期刊理论研究与实践经验介绍等的汇编,也是系列丛书《学报编辑论丛》的第31集。全书刊载论文116篇,内容包括:学报创新与发展、编辑理论与实践、编辑素质与人才培养、媒体融合与新媒体技术应用、期刊出版工作研究5个栏目。本书内容丰富,具有理论研究和实际应用的参考价值,可供各类期刊和图书编辑出版部门及主管部门的编辑工作者和管理人员参考。

图书在版编目(CIP)数据

学报编辑论丛. 2024 / 刘志强,张昕主编. -- 上海:
上海大学出版社,2024.11. -- ISBN 978-7-5671-5084
-3
I. G237.5-53
中国图书版本馆 CIP 数据核字第 20241UC074 号

责任编辑　王　婧
封面设计　柯国富
技术编辑　金　鑫

学报编辑论丛(2024)
（第 31 集）
刘志强　张　昕主编
上海大学出版社出版发行
（上海市上大路 99 号　邮政编码 200444）
(https://www.shupress.cn 发行热线 021-66135112)
出版人　余　洋
*
上海颛辉印刷厂有限公司印刷　各地新华书店经销
开本 787 mm×1092 mm　1/16　印张 50.25　字数 1280 千
2024 年 11 月第 1 版　2024 年 11 月第 1 次印刷
ISBN 978-7-5671-5084-3/G・3642　定价:150.00 元

学报编辑论丛(2024)

（第 31 集）

主　办：中国高校科技期刊研究会

主　编：刘志强　张　昕

副主编：赵惠祥　李　锋　黄崇亚　王维朗　陈　鹏　徐海丽
　　　　张芳英　孙　涛

编　委：陈　斌　陈　鹏　陈石平　方　岩　高建群　何　莉
　　　　胡宝群　黄崇亚　黄仲一　贾泽军　蒋　霞　李　锋
　　　　李启正　刘玉姝　刘志强　鲁　敏　陆炳新　潘小玲
　　　　寿彩丽　孙　涛　王培珍　王勤芳　王维朗　吴　坚
　　　　吴学军　夏道家　徐　敏　徐海丽　许玉清　闫杏丽
　　　　姚实林　于　杰　余　望　余党会　张芳英　张　昕
　　　　张秀峰　赵广涛　赵惠祥　朱夜明

编　辑：王　婧　段　佳　王尔亮

前　言

2024 年，我国广大科技期刊工作者坚持以习近平新时代中国特色社会主义思想为指导，深入学习和贯彻党的二十大精神，踔厉奋进，积极办刊，努力开创我国科技期刊发展的新时代。科技期刊作为传播科学技术知识、交流学术成果的重要平台，对于推动科技创新、提升国家科技实力具有不可替代的作用。建设世界一流科技期刊，不仅是提升我国科技国际影响力的重要途径，更是促进科技事业持续健康发展的关键一环。

在这新的时代，《学报编辑论丛》旨在深入探讨科技期刊发展的前沿问题，分享编辑实践中的宝贵经验，为推动科技期刊的高质量发展贡献力量。许多科技期刊工作者尤其是青年编辑结合本职工作，积极思考，努力钻研，不断探索我国科技期刊的创新发展之路，其中有部分研究成果和经验总结刊登在《学报编辑论丛（2024）》中。《学报编辑论丛（2024）》为年刊《学报编辑论丛》的第 31 集，共精选刊登"学报创新与发展""编辑理论与实践""编辑素质与人才培养""媒体融合与新媒体技术应用""期刊出版工作研究"等方面的论文 116 篇。本集论丛，编委会加大了审稿把控力度，进一步提高了退稿率，编辑团队也加大了编排校印投入，从而使得所刊发论文的内容质量与编校出版质量又有了新的提升，使之更具参考和借鉴价值。

纵观《学报编辑论丛》自 1990 年第 1 集至 2024 年第 31 集所刊登的论文，可以发现，每一集论丛的内容都与我国科技期刊的发展进程和热点息息相关，从中不仅可以看到中国高校科技期刊 30 多年来的发展壮大，同时也可以感受到我国科技期刊群体由小变大、由弱变强、由封闭向开放、由国内发展向世界一流迈进的变革与发展。目前，我国科技期刊正在积极贯彻、践行党中央《关于深化改革　培育世界一流科技期刊的意见》的精神，努力探索办刊模式的变革、出版质量的提升、传播方式的创新，而本集论丛所刊载的论文也都与这些主题紧密相关。如在"学报创新与发展"栏目中，有涉及办刊模式专业化、国际化、集约化等方面的论文；在"编辑理论与实践"栏目中，有涉及稿件管理、编校规范、三审三校等方面的论文；在"编辑素质与人才培养"栏目中，有涉及职业规划、专业素养、编辑培养等方面的论文；在"媒体融合与新媒体技术应用"栏目中，有涉及公众号建设、融媒体传播、XML编排、精准推送等方面的论文；在"期刊出版工作研究"栏目中，有涉及选题策划、引证分析、制度改革、文化自信等方面的论文。

2024年，《学报编辑论丛》依托中国高校科技期刊研究会的品牌影响力，更加提高站位、内容更全、受众更广，力求为读者提供一个全面、深入的视角，焦国内外科技期刊的最新动态，关注编辑出版领域的热点话题。这一转变必将为《学报编辑论丛》带来新的可持续发展机遇。与此同时，《学报编辑论丛》依然继承多年来的优良传统，始终致力于为高校乃至全国的科技期刊工作者提供一个专业的、贴近一线编辑的业务学习交流的平台，始终致力于为广大的科技期刊编辑提供优质的出版服务。

希望《学报编辑论丛（2024）》能一如既往地得到广大专家、学者、科技期刊编辑以及相关工作者的喜爱与支持！共同推动我国科技期刊事业的繁荣发展！

中国高校科技期刊研究会理事长　张铁明

2024年10月22日

目 次

学报创新与发展

高校学术期刊建立协同出版机制研究……郑雅妮，张　丛，高　原（1）
探索我国高校学报英文版专业化发展道路……黄　伟，杨建霞，孙　伟，黄龙旺，蒋　霞（8）
我国医学英文科技期刊国际化路径与本土化融合发展——基于对国际四大顶级医学综合
　　期刊的研究……王尔亮，张淑娜（18）
青年编委会建设在科技期刊高质量发展中的作用——以《应用力学学报》为例
　　……张　璐，黄崇亚，李坤璐，史淑英，曲伟龙（24）
基于编委会效能提升的农业科技期刊高质量发展研究……屠　晶（30）
乡村振兴背景下中文农业科技期刊发展现状、主要问题及提升路径……李庆玲（37）
我国农业高校学报分析及质量提升策略研究……王新娟（44）
综述性英文科技期刊的特殊性对办刊实践的指导意义……陈昕伊（52）
"能力-效力"框架下科技期刊传播力评价指标体系建构与实证研究……刘姬艳（61）
搭载双级学术社团平台　促医学期刊高质量发展……冯　缨（69）
"双一流"建设背景下高校学报驱动学科高质量发展的路径研究……周亚东（74）
多举措打造科技期刊特色品牌，提升期刊学术影响力和社会服务能力
　　……姚思卉，邢爱敏，康银花，郁林羲（80）
学术与科普联合策划组稿提升期刊影响力……翟铖铖，贾泽军（86）
基于受众有关中文综合性医学期刊组建专题/专栏优化功能与定位的调查研究……潘天映（93）
中文科技期刊学术论文审稿方式改进策略
　　……官　鑫，张海洋，陈思含，李昕蔚，韩宏志，丁　筠，胡运梅，李欣欣（103）
基础学科一流科技期刊建设思考——以数学组 SCIE 刊为例……张芳英（108）
中文科技期刊质量控制要素与规范化建设研究……万玉敏（115）
基于文献计量学研究学术期刊高质量发展策略……王　珂，和　静，王小丽，张　莉（121）

I

场域理论视域下高校学报助力一流学科建设高质量发展路径探析⋯⋯⋯⋯孙　帅（128）
航天科技期刊融合发展现状分析及建议⋯⋯⋯⋯⋯⋯⋯王宇虹，刘晓正，李雅琴（136）
高校科技期刊数字化发展的可行性路径研究⋯⋯⋯⋯陈丽贞，范　林，张　晶，李万会（142）
新质生产力赋能出版业高质量发展路径研究⋯⋯⋯⋯⋯⋯⋯⋯⋯⋯⋯⋯⋯⋯宋文婷（147）
长江三角洲地区高校中文科技期刊国际传播能力发展策略研究
　　⋯⋯⋯⋯⋯⋯⋯⋯⋯⋯⋯⋯⋯⋯⋯⋯⋯刘丽娟，周莉花，李丹璐，章晓光（154）
新时代纯文学期刊转型发展之路研究⋯⋯⋯⋯⋯⋯⋯⋯⋯⋯⋯⋯⋯⋯⋯⋯蓝雅萍（165）
中国生物医学期刊申请 MEDLINE 和 PubMed Central 收录的最新进展及策略研究
　　⋯⋯⋯⋯⋯⋯⋯⋯⋯⋯⋯⋯⋯⋯⋯⋯⋯⋯⋯⋯⋯⋯⋯⋯王琳辉，倪　明（171）
新质生产力推动医学中文非核心期刊影响力提升⋯⋯⋯⋯⋯⋯⋯⋯⋯⋯⋯钱婷婷（181）
理工类高校学报发文特征研究——以山东省理工类高校学报为例⋯⋯⋯⋯王艳芳（187）
聚焦区域学术期刊特色　赋能区域科技创新发展
　　⋯⋯⋯⋯⋯⋯⋯⋯⋯⋯⋯⋯⋯陈春平，高洪涛，林　琳，姜丰辉，孙丽莉（194）
从编辑的角度思考新形势下军校科技类学报的高质量发展⋯⋯⋯⋯⋯⋯⋯王　净（203）
数智时代编辑学术交往的内在逻辑、现实困境和优化路径⋯⋯⋯⋯⋯⋯⋯王　晓（208）
中文科技期刊高质量发展的办刊实践——以《陶瓷学报》为例
　　⋯⋯⋯⋯⋯⋯⋯⋯⋯⋯⋯⋯⋯⋯⋯⋯⋯王三海，邵育洁，江润宇，梁华银（215）
新时代学术期刊生存与发展环境研究⋯⋯⋯⋯⋯⋯⋯⋯⋯⋯⋯⋯⋯⋯⋯⋯王帅林（223）
CSTPCD 收录法学期刊的统计分析及发展建议⋯⋯⋯⋯⋯⋯⋯⋯⋯⋯⋯⋯严　驰（230）

编辑理论与实践

以终为始：构建科技期刊初审工作机制⋯⋯⋯⋯⋯⋯⋯⋯⋯⋯⋯⋯⋯⋯⋯郑筱梅（236）
细胞生物学科技论文中常见的编校差错举隅及分析——以《中国细胞生物学学报》为例
　　⋯⋯⋯⋯⋯⋯⋯⋯⋯⋯⋯⋯⋯⋯李梓番，钱倩倩，陈志婷，刘阿静，李　春（241）
科技期刊英文摘要中分号的用法——一项基于 Lancet 和 JAMA 的实例分析
　　⋯⋯⋯⋯⋯⋯⋯⋯⋯⋯⋯⋯⋯魏莎莎，孙　岩，杨亚红，余党会，惠朝阳（253）
跨学科稿件的编审策略探讨⋯⋯⋯⋯⋯⋯⋯⋯⋯⋯⋯⋯⋯⋯⋯⋯⋯⋯⋯⋯焦　爽（258）
学术期刊古籍文献引用常见错例分析及应对策略⋯⋯⋯⋯⋯⋯⋯⋯⋯⋯⋯姚赟契（265）
医学期刊发表专家共识的规范化著录因素分析及对策建议
　　⋯⋯⋯⋯⋯⋯⋯⋯⋯⋯⋯⋯⋯⋯⋯⋯⋯⋯陈　波，张　敏，国　荣，卓选鹏（271）

建议临床医学期刊编辑合理利用 STARD 审读诊断准确性研究类论文
  ·················· 孙晋枫，杨美琴，张　萍，郑　冉，张崇凡 (277)
中国医药大学学报类期刊稿约及其所刊载论文中图表的英文信息著录情况调查与分析
  ·· 张　乔 (283)
随机对照试验类文章的编辑审查要点及建议
  ·················· 韩宏志，陈思含，官　鑫，李昕蔚，姜瑾秋，李欣欣 (292)
出版者的首发权与一稿多发现象································· 甄　鹏 (299)
基于善锋软件审校参考文献应注意问题及编校策略
  ························ 郭凤霞，胡长进，徐宽业，陈文琳，左　萍 (304)
学术论文参考文献著录错误案例研究············· 刘影梅，任佳妮，刘武英 (313)
科技期刊论文写作中表格的常见问题及规范表达··················· 杨桂华 (321)
农业科技期刊论文摘要英译的优化策略······ 霍月朋，王　云，杨继涛，霍振响 (328)
科技期刊中不规范使用百分号的实例、辨析及启示
  ························ 林　松，于　洋，周　烨，段桂花，吴立航 (334)
林草科技期刊中统计学描述审查情况的调查分析··················· 闻　丽 (339)
高校学报类科技期刊初审环节质效提升工作方法············ 仝　腾，贺靖峰 (345)
《临床外科杂志》指南共识专家解读类文章分析
  ···················· 刘　劲，周三凤，汤代国，孙清源，瞿　娟，
  　　　　　　　　　　　　周　婷，彭　凌，李　军，李丛芳，杨泽平 (352)
中文医学科技期刊插图编校质量现状调研与分析
  ·················· 张　乔，梁婷婵，林鲁莹，梁　倩，齐　园，潘　茵 (359)
科技期刊印前审读中数据差错典型例析——以《海军军医大学学报》为例
  ·················· 尹　茶，魏学丽，魏莎莎，杨亚红，商素芳，孙　岩，余党会 (367)
地学论文中常见原则性差错及应对策略··························· 戚开静 (373)
医学论文英文题目中定冠词的使用分析
  ············ 杨亚红，余党会，魏莎莎，孙　岩，尹　茶，魏学丽，商素芳，惠朝阳 (377)
医学类科技论文中三线表设计常见问题的分析····················· 马伟平 (382)
医药卫生类年鉴常见编校问题及应对策略——以《中国内科年鉴》为例
  ····································· 画　恒，顾书源，惠朝阳 (387)
医学期刊回顾性研究来稿中科技伦理问题分析及建议······ 姬静芳，杨梦婕 (392)
学术著作中不应被忽视的参考文献问题及解决方案················· 宋无汗 (397)

编辑素质与人才培养

科技强国背景下高校科技期刊编辑胜任力模型的构建与验证……………………王晓迪 (402)
新媒体时代科技期刊编辑与作者沟通技巧………………刘珊珊,王浩然,沈晓峰,郭建顺 (409)
新时代高校学术期刊编辑的职业功能和价值重塑…………………………………康　军 (413)
科技期刊"学者型编辑"人才队伍建设研究………………………………………袁茂文 (419)
智能媒体时代编辑继续教育培训的现实瓶颈与突破路径…………………………李欣阳 (423)
组约稿实践促进科技期刊青年编辑能力提升………………………………余溢文,徐清华 (428)
高校学报编辑与教师的双向流动——现状、问题与对策…………………………涂　薇 (432)
基于大学出版社实践的科技期刊编辑人才培养路径研究…………………………梁　容 (439)
突破瓶颈，砥砺前行——一名高校科技期刊青年编辑的点滴感悟
　……………………………………………………………………刘冰洁,李雪莲,张　妍 (445)
信息茧房在科技期刊出版工作中的利与弊
　……………………………孙　岩,杨亚红,商素芳,魏莎莎,尹　茶,魏学丽,余党会 (450)

媒体融合与新媒体技术应用

短视频赋能农业学术期刊传播应用与效果研究——以《新疆农业科学》为例
　………………………………………………………邓雯文,张　琼,王　芳,岳荣强,陈　宇 (455)
重塑科普传播：基于B站的科技期刊短视频传播效果研究………………………侯　波 (464)
建筑科学类中文科技期刊微信公众平台运营调研及分析………刘玉姝,黄　娟,王东方 (473)
水利工程类核心期刊融合出版现状分析与思考……………………………………刘晓艳 (482)
Nuclear Science and Techniques 期刊论文关联数据集出版的探索与实践………孙丽华 (491)
生成式人工智能时代的学术期刊版权风险及其应对——以 ChatGPT 为例………文　俊 (499)
基于网络爬虫辅助编辑出版多源 AIGC 检测结果获取程序设计与实现……………范翠丽 (506)
ChatGPT 对医学期刊出版的挑战和建议…………………………………赵玲颖,朱永青 (515)
我国 63 种海洋类科技期刊微信公众平台的运营现状分析及优化策略
　……………………………………………………………………杨　悦,罗　璇,丛培秀 (525)
生成式人工智能时代学术不端的形态表征与规制路径……………………………廖先慧 (538)
AIGC 技术在科技期刊出版数字化转型中的作用与挑战…………………………岳　顿 (544)
体育类中文核心期刊微信公众号的运营现状、困境与策略………………………娄　莹 (552)
农学类学术期刊论文的微信传播效果调查及影响因素分析
　……………………………………………………………马宝珍,冯学赞,谢志霞,张楠楠 (559)

生成式人工智能在中文科技期刊编校中的应用研究……………………………贾 杰,杜珊娜 (568)
人工智能技术助力学报编辑出版的实证研究——以《应用技术学报》为例
　　………………………………………………………………………………张永博,朱建育 (574)
智媒时代的学术期刊策展探析………………………………………………………李 璇 (581)
科技期刊数字化办刊现状及未来发展路径——以《油气储运》为例……韩文超,关中原 (591)
新业态下古籍数字化出版的探索与挑战……………………………………………高雪薇 (597)
新质生产力背景下的智能出版：机遇与挑战………………………………………岳俊冰 (604)
出版深度融合下 AIGC 助推智能出版流程再造的路径研究………………………王婉竺 (609)
马克思主义理论学术期刊微信公众号应用现状及运营策略研究
　　——以 CSSCI 来源期刊(2023—2024)(含扩展版)为例………………………古明加 (613)
联合使用智能软件在提升编校质量中的应用………………………………王 迪,贾泽军 (624)
XML 平台助力高校科技期刊数字出版内容的深度挖掘——以《应用技术学报》为例
　　………………………………………………………………………………………陈 红 (628)
基于 AI 邮件精准推送的科技期刊影响力提升实践与思考——以《中国临床医学》为例
　　………………………………………………………………………………………贾泽军 (633)

期刊出版工作研究

高被引作者发文行为分析——以我校化工学科高被引学者为例…………………吴万玲 (638)
科研人员和期刊编辑视角下电子期刊与纸质期刊的优势和劣势对比………………李广涛 (648)
科技期刊专题选题策划与实施路径…………………………………………………管兴华 (656)
论科技期刊编辑的学术敏锐与期刊质量——以《第四纪研究》近 5 年的办刊经历为例
　　…………………………………………………………杨美芳,赵淑君,俞良军,方爱民 (661)
江西本科高校文科学报地方特色文化研究专栏统计研析…………………董 明,马修兰 (668)
中国科学院光电领域典型中文科技期刊的比较分析……周颖圆,张昱浩,李朝霞,沈 宏 (675)
"养殖工船"虚拟专辑构建与精准推送实践………………………鲍旭腾,巩沐歌,王东方 (684)
中医药高校学报助力地方经济发展路径探索——以《山东中医药大学学报》为例
　　………………………………………………………………………………王 宁,张 怡 (693)
地方院校学报高品质栏目建设的实践探索——以《三明学院学报》为例…………刘建朝 (697)
综合性高校学报建设特色栏目的现实困境与可行路径
　　——以法学栏目建设的问题视野为切入点………………………………………周明园 (704)

虚拟专题提升农业科技期刊出版服务能力的前景探析……………………………张 莹,吕平香 (709)
科技期刊学者协同办刊模式研究——以《企业科技与发展》为例
　　……………………………………………………………………………杜玉娇,蒙 薇,黄庆发 (715)
2017—2022年地理学F5000入选论文特征及其启示……………………………郭亿华,牛东风 (721)
多策略全方位重塑,争做高影响力期刊——以《交通运输工程与信息学报》为例
　　………………………………………………………………………………………………刘娉婷 (729)
中文科技期刊国际影响力提升策略——以《城市轨道交通研究》为例……………苏 惠 (735)
科技期刊社会责任治理存在问题及对策研究………………………………………丁红艺,董 伟 (742)
学术期刊特色专辑的影响力分析和启示——以《武汉大学学报(工学版)》为例
　　……………………………………………………………………………………陶佳音,张从新 (750)
肿瘤领域英文初创期刊专题组稿策略分析………………………………王 迪,殷 悦,贾泽军 (757)
高校学术出版在新质生产力发展中的优势与作用……………………………………………陈 露 (761)
基于单篇论文引证数据的医学期刊专题出版效果分析………………………………………王亚辉 (765)
中华优秀传统法律文化的故事化传播研究——以《检察风云》杂志"法史春秋"栏目为例
　　……………………………………………………………………………………………………张宏羽 (769)
高校附属医院办刊跨部门联动实施案例——以上海交通大学医学院附属瑞金医院、
　　上海市同济口腔医院为例………………………………………………王 莺,褚敬申,尹灵乐 (778)
科技期刊协同推进出版伦理规范建设与科技伦理普及工作的思考……………………………徐 艳 (783)

高校学术期刊建立协同出版机制研究

郑雅妮，张　丛，高　原

(西安交通大学期刊中心，陕西 西安 710049)

摘要：在学术期刊出版产业不断发展壮大的背景下，高校学术期刊的发展面临着诸多机遇和挑战。从专业化、集约化、数字化国际化方面系统梳理中国高校学术期刊发展中现存的问题及陷入困境的原因。基于协同学理论，探讨构建协同出版机制的必要性和可行性，据此提出以理念协同为引导，以制度协同为保障，以资源协同为基础，以平台协同为载体，以效益协同为根本来构建符合中国现实国情的高校学术期刊协同出版机制。

关键词：高校学术期刊；协同出版；期刊集群；数字平台

高校主办学术期刊是中国学术期刊最主要的三大出版系统之一，是学术期刊群中不可或缺的重要组成部分。我国目前认定的学术期刊有 6 400 多种，其中由高等院校创办的有 2 500 种以上。推动我国高校学术期刊高质量发展，对于聚焦国家重点领域及优先领域、前沿技术、基础研究和重大专项，引领和带动原始创新研究、工程应用研究和哲学社会科学研究成果的产出，培养高校科研人才队伍，提高自主创新能力和成果转化应用能力意义重大。

近年来，国家及相关部委、协会联合出台了一系列有针对性的重要部署和举措。2018 年 11 月，中央全面深化改革委员会第五次会议审议通过了《关于深化改革 培育世界一流科技期刊的意见》，明确了科技期刊的发展目标，赋予了科技期刊更加重要的历史使命。2019 年 9 月，中国科协、财政部、教育部、科技部、国家新闻出版署、中国科学院、中国工程院 7 部委联合组织实施"中国科技期刊卓越行动计划"，对科技期刊的支持达到了前所未有的高度，这是我国科技期刊领域资助力度最大、资助金额最多、范围最广的专项项目[1]。2021 年 6 月，中宣部、教育部、科技部联合印发了《关于推动学术期刊繁荣发展的意见》，再次强调"加强学术期刊建设，对于提升国家科技竞争力和文化软实力，构筑中国精神、中国价值、中国力量具有重要作用"，明确要"努力打造一批世界一流、代表国家学术水平的知名期刊"，为我国学术期刊实现整体提升指明了方向。这些密集发布的政策举措，为学术期刊高质量发展提供了积极的政策支持，营造了良好的外部环境。

1 高校学术期刊发展困境

在政策"利好"背景下，以学报为主要代表的高校学术期刊因长期以来一直呈现"全、小、

基金项目：中央高校基本科研业务费专项资金资助(SK2020020)；全国高校文科学报研究会编辑学课题(YB2021028)；陕西省 2020 年出版科学基金项目(20ASC13)

散、弱"的发展态势，尽管近年来个别期刊成绩斐然，成功实现了"破局"和"突围"，但仅占据非常小的比例，由此实现高质量发展面临着诸多掣肘和挑战。对照一系列政策举措指出的我国学术期刊体系建设的发展趋势——专业化、集约化、数字化和国际化，梳理我国高校学术期刊发展现状，可以归纳为以下问题。

1.1　结构、布局不合理，学科专业化水平较低

高校学术期刊中综合性期刊占据绝大多数的局面由来已久。长期以来广泛存在的一校一文一理综合学报的设置，发轫于20世纪50年代，是计划经济时代的产物，其创办之初的宗旨是本校学术交流的园地，当时并非是针对专业学科服务。学者们并不否认学报存在的意义，但是在一个合理的期刊体系结构中，所需的是占比很小、权威性很高的综合性期刊[2]。因此，高校学术期刊中综合性期刊与专业性期刊的数量比例倒置广受诟病，且从语种分布来看绝大多数为中文刊，从内容上来看同质化现象严重，呈现"千刊一面"。在2019年"中国科技期刊卓越行动计划"资助的280种期刊中，共有66种高校学术期刊项目入选，占比为23.57%。其中，高校中文学术期刊有9种，占比为3.21%，而综合性学术期刊仅有5种，占比为1.79%。在"双一流"建设背景下，高校综合性期刊"学科拼盘"式的栏目和内容设置并未真正实现学科融合和交叉研究，在服务学科建设中"有心无力"的弊端更加凸显。目前各个高校均制定了适用于教师和科研人员绩效考核及职称评价的期刊名单，在这些榜单上遥遥领先的几乎都是本学科的专业性期刊，综合性期刊的身影非常少见，即使出现其排名也并不靠前[3]，这进一步加剧了高校学术期刊尤其是综合性期刊争取优质作者、优质稿源的难度。高校学术期刊学科专业化水平较低已经严重制约了其影响力的提升，形成了马太效应，一部分期刊挣扎在维持生存的边缘，面对"世界一流""知名期刊"的宏大目标只能望洋兴叹。

1.2　资源分散、管理松散，未形成合力

我国期刊管理体制长期以来实行的是审批制，20世纪80年代以来，伴随着高等教育的扩张，高校学术期刊也经历了膨胀式发展，目前在数量上已接近饱和，近年来国家新闻出版署在新刊创办的审批上愈来愈严格也说明了这一点。从现实来看，之前这种"阳光普照"式的期刊资源分配造成了目前办刊主体分散、期刊规模较小，难以实现集群化发展的困局。以科技期刊为例，据统计，由高校主办的近1 000种，80%以上的高校仅仅主办1种科技期刊，主办或参与主办5种以上科技期刊的有32所高校，主办或参与主办10种以上科技期刊的高校仅有11所[4]。在管理体制上，高校学术期刊的办公场所、办公经费、人员聘用、人员工资等通常由其所在高校提供和控制，主要承担期刊出版工作的编辑部在人力、物力、财力的分配和使用上往往缺少决定权和话语权，主办单位缺乏资源整合的制度设计和顶层规划，即使在同一个高校内部进行办刊资源整合也异常艰难，只能维持"麻雀虽小五脏俱全"的低水平建设和资源浪费的重复劳动。在卓越行动计划子项目——集群化项目试点的立项评审中，由高校作为申报单位的项目无一入选，这也从侧面印证了高校期刊集群化发展尚未有成熟的路径可供借鉴。

1.3　数字技术应用不足，数字平台建设滞后

当今世界，信息技术迅猛发展，以人工智能、大数据、第五代移动通信技术(5G)以及区块链等技术的广泛应用与实践，在冲击传统出版领域的同时也带来了全新的发展机遇，如网络文学、电子期刊、电子图书等纷纷以微信公众号、微博、第三方应用程序(APP)等形式实现了数字出版，迎合了数字化时代读者的阅读需求，提供了良好的阅读体验。高校学术期刊在数

字化技术应用方面一直处于被动地位,虽然大多数利用第三方公司研发的系统进行稿件采编(如玛格泰克、三才等),借助大型数据库(中国知网、万方等)进行电子化出版,搭建起属于自己的微信公众号,但是在内容建构、流程优化、运营模式方面重视程度不够;同时,受限于数字化专业人才的缺乏,对技术发展认识有限,即使应用也仅仅抱持"聊胜于无"的心态,未能真正发挥出数字技术在期刊出版中的推动作用。

优质的数字化出版平台是保证学术期刊稳定、可持续出版的必要基础。高校学术期刊在出版平台的建设上做过很多积极有益的探索。2011年,由《清华大学学报》《复旦学报》《南京大学学报》等17家入选教育部"哲学社会科学名刊工程"的高校学术期刊联合发起的"中国高校系列专业期刊"正式创刊,这是高校学术期刊最重要的数字化实践之一。时至今日,虽然仍在平稳运行,但是十几年来一直不温不火[5],距离"集中名校优势""为人文社会科学学者提供最佳的网络学术平台"的初衷还有较大的差距。优质的数字化平台往往具有强大的用户集聚和个性化服务能力,高校学术期刊拥有广泛的作者、读者和内容资源,但目前来看尚未搭建形成有影响力的、能够提供个性化知识服务的数字化平台。

1.4 国际竞争力不足

近年来,我国在学术期刊国际化上投入巨大,英文期刊的办刊能力和发展生态也在不断提升和改善,很多高校结合自身学科优势,纷纷瞄准国际国内空白领域和前沿领域创办新刊,成效明显。但总体而言,受语种局限,无论在数量上还是质量上,高校学术期刊还不具备与其他国际期刊相抗衡的力量。据DOI的统计,Elsevier、Springer Nature、Taylor & Francis和Wiley四大国际出版商共拥有9 925种期刊,占全球期刊种类的17.7%,其发表的论文在全球占比达到37.96%[6]。据统计,我国目前具有CN号的英文期刊有428种,而80%的英文期刊都是通过与其他国际出版商合作的形式运营,在出版效率、传播渠道、市场运营等方面均不具有自主权,此举不是实现良性自主发展的长远之计[7]。同时,我国现有的外文期刊的发文量远不能满足现实发文需求。根据《中国科技期刊发展蓝皮书(2021)》,我国学者研究成果逐年递增,全球SCI论文总量中25.85%的作者是中国学者,但是中国SCI期刊仅仅发表了全球SCI论文总数的1.45%,而同期众多高校优质科研成果首发在国外的期刊上,这是进行国际学术交流的必需,却也是我国高水平外文期刊供给不足现实下的无奈之举。

综上所述,我国高校学术期刊发展面临诸多难题的关键原因在于现有资源和管理的分散,导致各办刊主体处于一种无序扩张和竞争的状态。只有将无序转变为有序,高校学术期刊才有可能实现高质量发展。

2 高校学术期刊建立协同出版机制的必要性和可行性

协同(synergy)一词源于希腊语,20世纪70年代,德国著名物理学家赫尔曼·哈肯正式提出了协同理论架构,并将协同解释为"working together",即为共同工作。协同理论认为,协同是指在事物或系统发展过程中,其内部各要素或各子系统之间保持合作性、集体性的状态和趋势。它的实质在于整合、协作的一致性或和谐性,以及在某种模式的支配下,事物或系统产生不同于原来状态的质变过程。当系统中诸要素或各子系统间在操作、运行过程中,通过合作、调和同步以各要素复杂的相互作用进而产生单独所不能产生的整体效果,亦可称之为协同效应。如果将学术期刊出版视作一个系统,其中涉及作者、读者、编辑人员、管理部门、出版主体、发行部门、期刊评价部门及数据库平台等诸多要素,在策划、编辑、出版、发行、传播等每一个环节上都可以形成一个独立的子系统。如前所述，我国高校学术期刊在发展过程中，各要素、各子系统之间缺少整合和协作，以至于在面对外部环境变化及强势竞争对手时缺乏竞争力。

2.1 建立协同出版机制的必要性

在外部因素上，高校学术期刊存在来自两方面的竞争对手：一是主办单位为国内其他科研机构或出版企业创办的学术期刊，尤其是以中国科学院、中国社会科学院、中华医学会为代表的自成体系的专业期刊集群；二是以英文出版为主的国际学术期刊。在第一类竞争对手中，在运营模式上，有以《中国激光》杂志社有限公司和北京卓众出版有限公司为代表的转企改制先行者；在办刊模式上，以中华医学会杂志社为代表，在不改变期刊隶属关系的前提下，通过提供统一的平台服务和数据共享实现期刊跨地域、跨单位平台加盟；在管理模式上，中国科学院把100多种期刊委托科学出版社出版和运营，形成了期刊策划组稿与编辑出版相分离的模式，实现了顺应市场规律的专业化分工；在出版平台建设上，以中国激光杂志社、中华医学会为代表，自主研发了从投稿、生产到发布的全流程数字平台，可提供贯穿科研、生产到产出的综合服务。在第二类竞争对手中，几乎都是规模庞大的跨国出版集团，经过长期经营与市场化发展，从策划、组稿、编辑、出版发行到平台建设和品牌运营，都已形成高效严密的组织体系，具有极强的市场势力，在国际学术交流中占据领先和主导地位。面对国内国际出版市场的激烈竞争，高校学术期刊大多数仍处于"学术资源—编辑出版—市场经营"3个环节分工不明确，契合度极低的状态，亟须因时因势而变，通过整合资源建立协同出版机制，增强核心竞争力，力求在竞争中占有一席之地。

在内部因素上，无论是高校"双一流"建设对高质量学术期刊的需求还是顶层设计中明确要建设世界一流学术期刊体系的目标要求，都有助于激发高校学术期刊提升质量向上发展的内驱力。《关于深化改革 培育世界一流科技期刊的意见》中指出"以建设世界一流科技期刊为目标，围绕变革前沿强化前瞻布局，科学编制重点建设期刊目录，全力推进数字化、专业化、集团化、国际化进程，实现科技期刊管理、运营与评价等机制的深刻调整，构建开放创新、协同融合、世界一流的中国科技期刊体系"。此目标下，作为科学研究的重要主体之一，高校必须构建学科建设与学术期刊建设协同发展机制，通过做大做强，实现良性互动，均衡发展。

2.2 建立协同出版机制的可行性

相较于国内国外众多发展良好的学术出版机构，高校同样具备整合资源、建立协同出版机制的政策基础和资源优势。

首先，我国出版管理体制与国际学术出版发展环境与有着很大的不同。国际期刊出版大国的学术出版一般采用市场化的运作手段。政府未设立专门管理出版的部门，主要以法律管理为主，辅以经济手段与协会管理，同时引入政府干预和社会监督。在我国，采用的是政府管理制度，由新闻出版管理部门实行审批许可制，进行垂直管理。两种管理体制各有其优点，国际大型出版机构的运营完全依靠市场化运作，盈利能力强，更容易激发创办主体活力，学术期刊也不例外，其经济属性胜过其文化属性，因此也存在过度市场化或出版集团高度垄断操控学术的风险；我国的期刊管理体制最大的特点是全面、集中、高效、合规，国家通过基金资助、经费统筹等扶持政策可以实现"集中力量办大事"的赶超策略，这符合我国基本国情，也顺应尽快构建世界一流学术交流平台的大趋势。高校学术期刊在归口上统一由教育管理部门主管，具备自上而下实施协同管理的基础。

其次，高校作为学术期刊主办单位，尤其是对一些重点高校而言，自身的学科优势和学术影响力对于期刊而言是一笔丰厚的无形资产。在高校的影响力支持下，可以更好地协同各类办刊主体、协调各类资源，充分发挥学科优势，聚拢优势领域作者、读者和专家，汇集各方资源，为搭建高水平学术交流平台奠定基础。

3 高校学术期刊协同出版机制建构

协同论是研究开放的系统内各子系统相互作用、相互协作以及各子系统要素从无序到有序的过程及其规律的科学。借助协同学的方法论，可以认识到高校学术期刊的协同出版机制内涵丰富、外延广泛，其概念虽未有权威界定，但是在出版领域已有很多关于协同出版机制中不同子系统的研究。如陈少华、朱光喜从建立网络多媒体协同编辑著作系统的视角研究了网络出版传播中的协同编辑、协同出版问题[8]；王孜研究了5G时代学术期刊写作创作平台与框架的构建，具体分析了协同创作平台的主体、参与者、流程[9]。基于协同论进行分析，我国高校学术期刊协同出版是由多个相互渗透、相互影响且相互作用的子系统组合而成的开放性系统，涉及选题策划、论文组织、编辑加工、出版发行、多媒体传播、品牌运营、评价与评估等多方面内容，需要对出版产品进行设计、生产、加工、推广、升级等全流程的管理，最终实现期刊资源、学术资源、品牌资源、人力、财力、物力等有机整合，以共同的制度保障和有机协作实现编辑出版、发行运营的高质高效。

基于以上分析，笔者认为高校学术期刊协同出版机制的建构必须以理念协同为引导，以制度协同为保障，以资源协同为基础，以平台协同为载体，以效益协同为根本，以此使各主体、各子系统之间产生"一加一大于二"的协同效应，从而使高校学术期刊摆脱困境，实现高质量发展。

3.1 理念协同

高校学术期刊协同出版机制的建立是一个漫长而艰难的过程，首当其冲的是要使系统内各主体统一思想，就实现路径和目标达成共识。理念协同既涉及进行顶层设计的管理部门，也涉及最基本的执行主体。对于高校学术期刊而言，目前我国实行"管办分离"的出版体制，教育管理部门作为主管单位，新闻出版署作为出版行政管理部门，高校作为主办单位，又下设编辑部等作为出版单位，各管理部门条块分割，一定程度上导致了组织协调的无效率。为了达成建设世界一流学术期刊体系的目标，管理部门必须从期刊管理体制入手，合理规划学术期刊的总量、布局和结构，有效整合办刊资源，跨区域、跨部门、跨高校进行统筹协调，引导学术期刊走专业化、集约化、数字化之路。高校及出版单位首先要突破将学术期刊作为"园地"或"自留地"的观念，以开放、包容并蓄的心态来运营主办期刊；其次要认识到在竞争如此激烈的市场中，个体仅凭"单打独斗"很难获得长足发展，必须要摒弃"以邻为壑"的传统观念，与同类、同质期刊开展广泛而深入的合作，开展"团队作战"，在竞合中寻求多方的"最大公约数"，最终实现共赢。

3.2 制度协同

制度的存在是为了规范管理，增强竞争实力，规范个体行为，提高管理效率。出版协同中会涉及稿件采编、出版发行、质量检测、人员聘用、财务管理等一系列制度，高校学术期刊无论是以转企改制、形成出版集团的形式运营，还是依托主办单位、学会、专业学科整合资源以集群式运行，都要借鉴已有的成功经验，制定产权清晰、权责明确、管理科学的制度体系，这是一个企业或联盟型组织运行的基本保障。如中华医学会杂志社、高等教育出版社、中国激光杂志社、清华大学出版社等一批有强大影响力和传播力的出版集群在经营管理、集约化发展等方面构建了完善的管理制度，有力地支撑了期刊数字化、市场化、规模化发展。

在协同出版机制的建构中，同样不可回避的是学术期刊评价制度的协同。如何改变学术共同体对于学术期刊已经形成的固有的评价习惯，转变其对高校学术期刊的偏见，破解"唯SCI""唯核心"论，这需要科研评价制度的改革，也需要办刊主体在具体工作中春风化雨、润物无声的共同引导。

3.3 资源协同

资源协同是指整合学术出版中各主体的数据、信息、知识、技术等资源要素，通过不同主体对各类资源的吸收和转化，进而产生大于单一资源要素综合的效果。国外的学术期刊出版产业已经经历过激烈的市场竞争和高度整合，具有较高的产业集中度，而我国高校的学术期刊出版，此前大多依靠上级财政拨付经费进行支持，缺乏实际的市场竞争和整合过程。由此，在构建协同出版机制的过程中，高校主办期刊需要实现真正意义上的资源共享整合，只有突破各主体间的壁垒，充分释放各主体在内容、信息、技术、人才、资本等方面的活力，才能形成规模经济，提高生产效率。学术期刊的产品是依托学术资源开发出来的内容产品和相关服务，包括纸质出版物、电子资源等数字出版物以及数据库等专业化信息产品和服务，等等。因此，资源协同的形式是多种多样的，高校的资源协同对象不仅限于与高校之间，可以是与有影响力的学术团体或是其他出版团体，也可以是数据库或技术服务商。如中国社会科学院将主办的90余种学术期刊交由社会科学文献出版社集中印刷、发行，真正实现了资源整合和人员的专业化分工，期刊的学术影响力和品牌知名度也稳步提升，产生了积极的协同效应。

3.4 平台协同

数字化出版时代，协同出版的载体毋庸置疑地转变为数字平台。《关于推动学术期刊繁荣发展的意见》中明确指出"推进融合发展平台建设。支持大型学术期刊出版单位开发全流程数字出版平台、综合性学科资讯平台、知识服务平台，运营服务学者的虚拟学术社区。支持高校学报等综合性期刊建立协同出版机制，以专题形式编辑整合内容资源进行网上传播。支持办刊规模较大、技术基础较好的出版企业、期刊集群等聚合出版资源，打造专业化数字出版平台"。这为平台协同建构指明了方向。2011年开办的"中国高校系列专业期刊"平台虽目前进展不如预期，但平台创办的理念和方向无疑是正确的。高校学术期刊要根据协同出版的特征和流程设计进一步优化现有平台，综合构建适用于协同合作期刊主体的集论文写作、投稿、审稿、编校、排版、印刷、发行、融媒体传播等于一体的新型平台，并借助大数据、5G、人工智能等技术的应用，实现各主体、各子系统跨地域、跨时期的协作、交互。在平台的前端，以词典出版为例，目前国内外已经有非常成熟的编纂平台，如DPS、TshwaneLex等，此类平台的应用使得编者、译者、审订者、学科专家等能够实现实时交互式协同，在保证词典的规范性和权威性的基础上，大大提高了出版效率[10]。在平台的后端，如Light学术出版中心联合北大方正电子有限公司打造了集资源管理、期刊出版、国际传播、知识服务为一体的科技媒体平台[11]。

3.5 效益协同

在协同出版机制下,各主体实现效益最大化是根本追求。在个体层面,高校学术期刊一直坚持以社会效益为先,实现社会效益与经济效益相统一。在协作与资源整合中,高校及期刊一是以提升学术影响力、社会影响力和业界知名度为目标,二是以提供高质量的知识服务产生品牌价值,从而实现"造血功能"。一方面协同出版使学术资源、信息资源、数据资源等高度聚合成为规范、有序的形式,并为系统内参与协同的各主体共同享有,每个主体都可以从中获益,从而实现价值增长;另一方面,各主体在协调、配合的过程中,不仅可以从竞争中更明显地认识自身的优劣势,更好地扬长避短,而且可以在合作关系中共享多方的先进经验,提升各主体能力。在系统层面,高校学术期刊固有的内向性和封闭性使得其无法与市场互动,而协同出版机制的建立可以推动其融入出版市场,从而促进整个出版产业各子系统的良性健康发展。在宏观层面,学术期刊协同共享、开放共建可以使学术共同体实现利益最大化,高校学术期刊整体质量的提高对于提升国家科技竞争力和文化软实力,构筑中国精神、中国价值、中国力量具有非常重要的作用。

4 结束语

大力推进世界一流的学术期刊体系建设是我国实现科技自立自强、构建具有中国特色、中国风格、中国气派的话语体系的必由之路。高校学术期刊必须担负起时代赋予的历史使命,以"坚守初心,引领创新,展示高水平研究成果,支持优秀学术人才成长,促进中外学术交流"为指引,顺应学术出版专业化、集约化、数字化、国际化的浪潮,因时因势而变,以理念协同为引导,以制度协同为保障,以资源协同为基础,以平台协同为载体,以效益协同为根本,构建符合我国国情的协同出版机制,为把我国建设成为世界科技强国和文化强国做出新的更大的贡献。

参 考 文 献

[1] 黄谷香,龚汉忠,杜佳忆."中国科技期刊卓越行动计划"入选期刊与一流学科建设关系分析[J].编辑学报,2021,33(5):502-507.
[2] 朱剑.鉴往知来:五年来学术期刊研究的十大热点(2017—2021)[J].编辑之友,2022(4):42-54.
[3] 朱剑.我们需要什么样的内涵式发展:"双一流"建设背景下高校学术期刊的路径选择[J].江南大学学报(人文社会科学版),2021,20(1):14-27.
[4] 段尊雷.高校科技期刊影响力分析及发展策略探讨[J].中国科技期刊研究,2021,32(4):537-544.
[5] 桑海.从网刊到新平台:"中国高校系列专业期刊"及其升级转型[J].苏州教育学院学报,2020,37(1):24-44.
[6] 王维,黄延红,任胜利.国际出版机构期刊集群化发展及启示[J].中国科技期刊研究,2021,32(5):596-600.
[7] 任胜利,杨洁,宁笔,等.2022年我国英文科技期刊发展回顾[J].科技与出版,2023(3):50-57.
[8] 陈少华,朱光喜.网络出版传播中的协同问题及其研究[J].南京邮电学院学报(社会科学版),2005(3):38-42.
[9] 王孜.学术期刊在5G时代的协同创作研究[J].出版发行研究,2020(11):58-63.
[10] 谢金霞.基于DPS词典编纂平台的《新世纪英汉大词典》出版的协同性:以Entry Editor的加注功能为例[J].辞书研究,2017(1):33-43.
[11] 张莹,白雨虹.新时代科技期刊品牌化、集群化发展探讨:以Light品牌期刊集群为例[J].出版广角,2022(19):25-30.

探索我国高校学报英文版专业化发展道路

黄 伟[1]，杨建霞[2]，孙 伟[1]，黄龙旺[1]，蒋 霞[1]

(1.上海交通大学期刊中心，上海 200030；2.东华大学期刊中心，上海 200051)

摘要：我国高校学报英文版从创办至今，发展不一，需要对其历史和现状进行回顾和总结：确定研究对象的期刊及其基本信息，调查它们在主流期刊评价中的地位，以及近年来的发文专业化情况、作者分布、引用相关指标等情况，分享部分期刊在专业化发展道路上已有的成功经验。最终总结性提出高校学报英文版可在选择合适的专业化方向、组建国际化的编委和审稿人团队、开发国际作者资源、策划前沿专题、办刊方式接轨国际化等方面重点发力来实现期刊的高质量专业化转型和发展。

关键词：高校学报英文版，专业化，综合性，转型和发展

我国虽然有 5 163 种科技期刊(2022 年底)，但英文科技期刊仅有 434 种[1]，而在 2023 年"中国最具国际影响力学术期刊"榜单[1](175 种期刊)中，158 种期刊为英文科技期刊。由此可见，目前我国具有国际影响力的期刊绝大多数为英文科技期刊，榜单中除 Science Bulletin、National Science Review、Research 等综合性期刊外，其他均为具有特定专业学科或交叉学科背景的期刊。另外，近 5 年来，随着每年卓越行动计划项目的立项，国家新闻出版署陆续批准了 112 种英文科技期刊的国内统一刊号[2-3]。总而言之，目前发展学科专业型的英文期刊才是我国期刊新办和发展的主流道路。

我国高校学报英文版是我国英文科技期刊的一部分，创办时的名称几乎均为某某大学学报英文版，作用是作为其母体大学成果对外交流的窗口[4]。时至今日，这项作用已不适合目前的主流[5]，其综合性(发表多个学科的研究领域)和内向性(作者多来自主办单位)的特点，成为其发展的瓶颈[6]。而《关于推动学术期刊繁荣发展的意见》[2]也建议，现有学术期刊合理调整办刊定位，鼓励多学科综合性学报向专业化的期刊转型。29 所高校创办的 31 种高校学报英文版期刊中，已有不少期刊依托其优势学科，平稳有效地实现了专业化转型，也为其他期刊探索走专业化的发展道路提供了成功经验。本研究将在现有基础上取得以下新进展：①以往的相关研究主要局限于对高校学报英文版的现状进行回顾[7]与前瞻性分析[8]，而未能将这些期刊置于全球视野下进行比较。为更直观地评估这些期刊在主流期刊评价体系中的地位，本研究将采用定量数据进行分析。②以往研究指出，高校学报英文版的专业化转型与提升国际影响力是其未来的发展趋势。然而，所提出的相关举措过于宏观且抽象。为证实期刊已实现专业

基金项目：中国高校科技期刊研究会青年基金课题(CUJS-QN-2023-010)

[1] https://eval.cnki.net/News/ItemDetail?ID=093755b184f6483cb441305f368fc814
[2] https://www.nppa.gov.cn/xxfb/tzgs/202106/t20210623_666272.html

化发展并提升了国际影响力这一观点，本研究将引入定量数据作为支撑，并总结实质性的成功经验，供其他期刊参考、借鉴、复制及进一步提升。

1 期刊基本信息

本研究调查了以高校校名命名和曾经以高校校名命名的英文科技期刊，它们大都创刊于20世纪八九十年代，作为或者曾经作为其中文版期刊的对外交流窗口，具有特殊的历史使命。经调查，本研究确定了以清华大学学报自然科学版(英文版)(*Tsinghua Science and Technology*)为首的31种英文科技期刊，收集的信息有期刊中文名、期刊英文名、国际标准期刊号(ISSN)、原刊名、创刊时间、更名时间、主流数据库收录情况、刊名变迁历史(因校名变化和略微变化的不在统计之列)、国外合作出版商、国外出版平台网址以及国内网址，具体信息可见附件1[3]。图1为简略版的期刊变迁情况图。

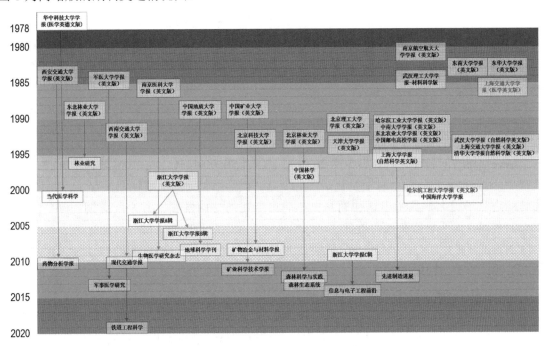

图1 高校学报英文版31种期刊历史变迁情况

由信息可知(部分结果如图2所示)：

期刊创刊时间。20世纪70年代有1种，80年代8种，90年代16种，2000年及以后6种。上海交通大学学报(医学英文版) (*Medical Bulletin of Shanghai Jiaotong University*)在2013年已经停刊，至此研究对象期刊种类更新为30种。哈尔滨工程大学学报(英文版)创刊时的英文刊名即为*Journal of Marine Science and Application*。

期刊更名情况。15种期刊在不同时间都进行了更名，其中2种保留校名，增加了专业方向的后缀，另外13种则将校名去除，完全走向专业化的期刊发展道路。

国外国内网站情况。国外出版商均提供国外发布平台(22种)；拥有国内期刊网站的有24种。双网站情况的期刊有16种。

---

[3] https://pan.baidu.com/s/1RrzUz_1ExxO38yEKepPYIA?pwd=gp8n

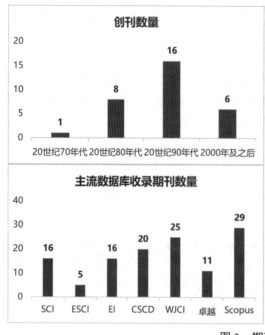
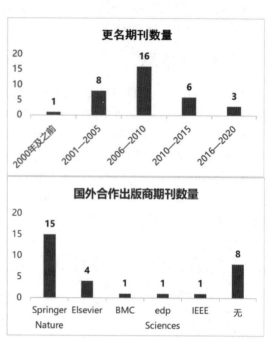

图 2　期刊基本信息

这些期刊的创刊时间主要集中在 20 世纪 80 年代和 90 年代，其中 80 年代有 8 种，90 年代有 16 种，显示出这两个时期是我国大力创办高校学报英文版的高峰期。有 15 种期刊在不同时间进行了更名，显示出这些期刊正在向更专业的方向发展。几乎所有期刊(29 种)都被 Scopus 收录，说明这些期刊均具有一定的学术水平和国际影响力。部分期刊经历了多次更名，体现了其迫切希望转型的决心。16 种期刊拥有国外发布平台和国内期刊网站，为国内外读者提供了便捷的多访问渠道。

2　期刊数据库指标

为了进一步确认这些英文期刊所处的世界地位，我们调查了各种期刊在各主流数据库的具体指标情况(数据收集于 2024 年 5 月 27 日)，收集的信息包括：①入选 WOS 核心库的时间、创刊到入选年数、改刊到入选年数、学科、影响因子、排名、分区、中科院 JCR 期刊分区；②未被 SCI 数据库收录，仅被或曾被 EI 数据库收录的期刊中入选时间或入选经历；③期刊在 Scopus 数据库中的 CiteScore、CiteScoreTracker、学科、排名、百分位、SJR、SNIP；④期刊在 WJCI 报告中的学科、排名和分区。具体数据可见附件 2[4]。

2.1　SCI/ESCI 收录期刊指标

由 21 种 SCI/ESCI 期刊列信息可知(部分结果如图 3 所示)：

去除校名更名的 13 种期刊均已全部入选收录，保留校名被收录的期刊有 7 种，还有 1 种为创刊时刊名中已不包含校名。以高校校名创刊的英文期刊实力不俗，调查的 30 种期刊中有 21 种入选了 WOS 核心库，更名的期刊更是全部入选，体现了高校强大的办刊运营能力。创刊

---

[4] https://pan.baidu.com/s/1RrzUz_1ExxO38yEKepPYIA?pwd=gp8n

到入选年数。21 种期刊平均 19.8 年，中位数为 20 年，最快 3 年，最久 40 年。更名到入选年数。15 种期刊平均 3.6 年，中位数为 3 年，最快 0 年(更名当年或之前已被收录)，最久 16 年。

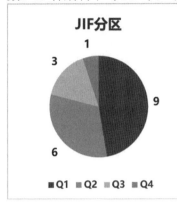 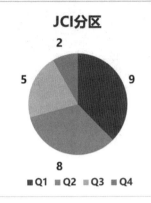 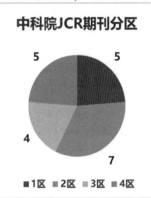

图 3 SCI/ESCI 期刊分区情况

2.2 仅 EI 收录期刊指标

由仅 EI 期刊列可知：

(1) 有 9 种期刊未入选 WOS 核心数据库，它们均为发生过更名情况(校名变动除外)。其中 5 种被 EI 数据库收录，3 种期刊曾被收录，1 种期刊未被收录。

(2) 8 种入选或曾经入选 EI 数据库的期刊中：2000 年之前被收录的有 2 种，2000 年及之后的有 6 种。

2.3 Scopus 收录期刊指标

由 Scopus 期刊列可知(部分结果如图 4 所示)：

(1) 根据 CiteScoreTracker 数据可知，29 种期刊中已经超过去年 CiteScore 的期刊有 22 种，暂未超过或持平的期刊有 7 种。

(2) SJR：7 种期刊大于 1。SNIP：15 种期刊大于 1。

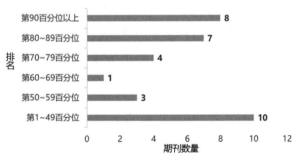

图 4 Scopus 期刊排位情况

2.4 WJCI 报告指标

由 WJCI 报告列可知：25 种期刊入选最新一期(2023 年底发布)的 WJCI 报告，分区情况如图 5 所示。

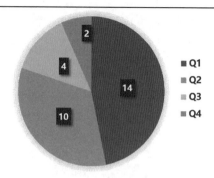

图 5 WJCI 报告分区情况

2.5 与 2020 年指标相比

2020 年这些期刊入选 SCI/ESCI 收录期刊为 19 (16+3)种。4 年后增加到了 21(16+5)种，增加了 2 种 ESCI 收录期刊。分区情况由之前的 2 种 Q1、5 种 Q2、6 种 Q3、3 种 Q4，上升到 9 种 Q1、6 种 Q2、3 种 Q3、1 种 Q4，前半区期刊比例大幅增长，说明其国际影响力大大加强。

2.6 期刊数据库指标小结

以高校校名创刊的英文期刊实力显著，调查发现 30 种期刊中有 21 种入选了 WOS 核心库，经过更名的期刊更是全部入选。在这 21 种期刊中，70%以上(15/21)影响因子排名在 Q2 分区及以上，80%以上 JCI 排名在 Q2 分区及以上，57%的期刊位列中科院 2 区以上。此外在 Scopus 数据库中，半数以上(15/29)期刊在 Scopus 排名百分位达到第 80 百分位以上。而在 WJCI 报告中，高达 96%(24/25)的期刊位列其学科前 50%。这些成绩充分展现了高校在期刊运营方面的强大实力。然而，也需要注意到部分未更名的期刊仍仅停留在 EI 数据库收录阶段，其影响力在多年间未见显著增长或甚至出现停滞，这要求这些编辑部及其管理部门必须以更大的决心和勇气去改变这一现状。另外所调查的期刊中有 20 种入选了 CSCD 数据库，这也在一定程度上反映了该期刊在我国学术期刊领域中的核心地位及影响力。

3 期刊专业化发展情况

随着学科领域的不断细分和深化，学术研究的深度和广度都在不断扩展。这种趋势推动了学术期刊向专业化方向发展，以满足特定学科领域的研究人员和读者群体的需求。专业化期刊能够更加聚焦某一学科或领域，提供更为深入、细致的研究成果和学术观点，有利于推动该学科或领域的研究水平和质量不断提高。同时，期刊中施引文献的学科分布可以体现该期刊在这些学科中的影响力(期刊入选 WOS 后，所属学科就是由施引文献的学科分布确定)，侧面体现了该期刊的专业化发展情况。因此，期刊专业化发展不仅符合学科领域的发展趋势，也是学术期刊自身发展的必然选择。本研究将从定量指标以及定性概括(期刊网站)两方面来调查目标期刊的专业化发展情况，将期刊分为综合(多学科特征明显)、交叉综合(有特色的交叉学科成果但偏综合性)、大类综合(某大类学科下的期刊)以及专业期刊。

3.1 定量指标

比较直接地判断期刊的专业方向，我们可以从其在各大主流数据库中的归属的学科来整体判断。而几乎所有的期刊(29/30)都收录于 Scopus 数据库，其中的 SciVal 科研分析工具也能较好地分析期刊的发文和引文情况，故我们可以清晰地了解到期刊的专业化发展情况。我们统计了 29 种期刊在 2020—2023 年的发文量、主题圈数量、前 5 发文主题、2020—2023 年的施引文献及其前 5 学科数量。具体数据可见附件 3[5]。

如何定量地判断该期刊的专业化发展情况，我们可以做如下的判断标准：

(1) 发文量与主题圈之比。我们划分比值超过 5.1 的为专业期刊，3.1~5.0 的为交叉综合期刊，3.0 以下的为综合期刊。

(2) 前 5 发文主题发文数与总发文数的关系。我们划分发文主题占比为 10%以上的期刊具有极强的专业性；多个发文主题超过 10%可考虑期刊为有多个专业聚焦方向；占比 5%~10%的具有一定的专业性，需要同时兼顾其他排名靠前的发文主题后判断其为大类综合或交叉综合期刊；占比 5%以下的发文主题认为其并没有成为该期刊的主要发文方向，也需要同时兼顾其他排名靠前的发文主题后判断其为大类综合或综合期刊。

(3) 施引文献数量与其对应学科的关系。我们划分占比大于 50%的学科为期刊主要影响力所在学科，可考虑为专业期刊；若前 2 个学科的占比比较接近(≤15%)，则考虑其主要影响力集中在这些学科，为交叉综合期刊；若有 3 个学科的占比比较接近(之间均≤15%)，则考虑其为综合性期刊。由于施引学科为大类学科，颗粒度尚不能判断出该期刊为大类综合期刊。

由数据可得：

(1) 发文量与主题圈之比最大为 7.5，最小为 1.5。之比在 1.5~2.0 的有 8 种，在 2.1~3.0 的有 10 种，在 3.1~4.0 的有 4 种，在 4.1~5.0 的有 2 种，在 5.1 以上的有 5 种。

(2) 最多发文主题的发文数与总发文数之比最大为 54.7%，最小为 2.6%。某发文主题大于 10%的期刊有 9 种，有 3 种期刊有 2 个及以上主题方向发文超过 10%。前 5 主题占比极差≤5%的期刊有 16 种。

(3) 最多施引文献学科与施引文献数量之间的占比最大为 84.7%，最小为 32.7%。有 22 种期刊在某学科的占比超过 50%，有 11 种期刊前 2 学科占比差≤15%，4 种期刊前 3 学科的占比比较接近(之间均≤15%)。

在 Scopus 数据库中，29 种期刊中有 4 种为综合性期刊，另外 25 种被分类为专业性期刊。但我们从更小颗粒度的情况上来看，各期刊的专业化发展程度不一。有些期刊有集中的发文方向，在某学科有极大的影响力，其专业化发展程度较高；有些期刊有多个发文主题，在多个学科中均有一定的影响力，说明其专业化程度属于大类学科综合或追求交叉科学的成果和影响力的偏综合性期刊；有些期刊发文主题多，在各学科中的影响力没有显著区别，可考虑该期刊为综合性期刊。

3.2 定性概括

每种活跃的期刊均会在其网站明确告知期刊的办刊宗旨(Aim and Scope)，故调查这些情况也可在一定程度上说明期刊的发展情况。从描述上对期刊的专业化程度进行定性概括，30 种期刊可分为：(多学科)综合 4 种，交叉综合(有特色的交叉学科成果偏综合性)10 种，大类综合(例如医学、林学)9 种，专业期刊 7 种。具体结果可见附件 4[6]。

3.3 期刊专业化发展情况小结

综合考虑定量评价中的评价 1、2、3 以及定性概括的评价 4(在有相等数量评价结果的情

---

[5] https://pan.baidu.com/s/1RrzUz_1ExxO38yEKepPYIA?pwd=gp8n
[6] https://pan.baidu.com/s/1RrzUz_1ExxO38yEKepPYIA?pwd=gp8n

况下，假定定性概括的权重略高于评价 1~3，可得到 30 种期刊最终的评价结果：综合期刊 7 种，交叉综合 8 种，大类综合 6 种，专业期刊 9 种。在学术出版领域，若期刊持续徘徊于多学科发文却缺乏深度与质量的发表路径，其影响力与关注度势必日渐式微。面对这一趋势，期刊内容的专业化发展已成为业界的广泛共识，被视为期刊向更高学术层次迈进的必由之路。

3.4 期刊专业化发展成功经验

近十几年来，中国高校学报英文版在全球化学术交流的浪潮中，深刻认识到内容的专业化出版是通往可持续发展的必由之路[9]。为此，众多学报英文版纷纷踏上了专业化的转型探索之旅。从研究文章中的案例[10-13]以及行业会议上的分享等途径可以获取到期刊进行专业化发展的采取的措施，而本文部分研究对象的期刊经验如表 1 所示。综合这些探索经验，可以总结为：选择合适的专业化方向、组建国际化的编委和审稿人团队、开发国际作者资源、策划前沿专题、办刊方式接轨国际化等方面。

表 1 部分期刊的专业化发展采取的措施

期刊英文名	措施
Journal of Pharmaceutical Analysis	依托药物分析专业优势填补国内空白，在 ScienceDirect 平台 OA 出版。采用国际标准的投审稿系统，并由 Elsevier 负责排版校对[14]。已组建国际编委会和编辑出版团队，已实现编委国际化、稿源国际化、同行评议国际化、读者国际化和出版国际化
Journal of Earth Science	在稿源国际化、编委国际化、审稿国际化等方面狠下功夫
Advances in Manufacturing	筹备小组依托本校优势学科，选定制造业为转型方向。组建国际化编委和审稿团队，积极收集国内外优质内容。与 Springer 合作，利用其平台、投审稿系统和排版服务，推动期刊国际化发展[15]
Journal of Zhejiang University-Science A	
Journal of Zhejiang University-Science B	优势学科集群办刊的模式值得借鉴。办刊模式专业化接轨国际，严格同行评议保质量，使用 CrossCheck 预防学术不端，鼓励编辑参与国际活动，实现学者与期刊双赢[16]
Frontiers of Information Technology & Electronic Engineering	
Journal of Donghua University (English Edition)	以纺织学科及相关学科为特色，将品牌化、特色化作为工作重点
Transactions of Tianjin University	2018 年改版为专业刊，重点刊登能源材料、能源化学与化工领域的原创性、创新性研究成果与 Springer 合作出版，在 SpringerLink 上全文在线，做到了快速审稿和出版
Journal of Shanghai Jiao Tong University (Science)	2021 年转型，重点刊载医工交叉和人工智能在工程上的应用成果。每期均为主题出版，目前收稿主题为：医工交叉、医学图像、医疗机器人、多智能体协同感知、智能交通、计算机科学与自动化
Tsinghua Science and Technology	2011 年，期刊从综合性科技期刊转为信息专业期刊，面对众多同类竞争，它专注策划信息领域前沿热门专题，依托强大的主编、校友、作者、会议、出版团队和学校资源，实施多个高水平专题。同时，注重后续开发，如连续出版热门主题，并基于此创办新刊[17]

3.5 专业化后的期刊表现

从期刊近五年在 Scopus 数据库中的表现可以在一定程度上定量反映期刊在全球期刊中的地位(左纵轴表示 CiteScore 值(柱状图)，右纵轴表示所处百分位(点线图))，结果如图 6 所示。第一行的 4 种期刊已稳定处于该学科期刊列表最前列；第二行的 4 种期刊已稳定在第 80 百分位以上，表现稳定；第三行的 4 种期刊处于稳定增长中，已稳步升入 Q1 分区；第四行的 3 种期刊处于急速增长中，有望在近几年跻身学科最前列；第五行的 3 种期刊表现稳定；第六行的 4 种期刊稳中有升，正在逐渐积累其影响力，进军到学科前半区；第七、八行的 7 种期刊均未发生更名，处于最后的分区附近，数据增长不大，甚至出现较大退步，这些期刊还是需要坚定自己的专业化道路，找准赛道，争取在将来办出特色、积累起学术影响力。

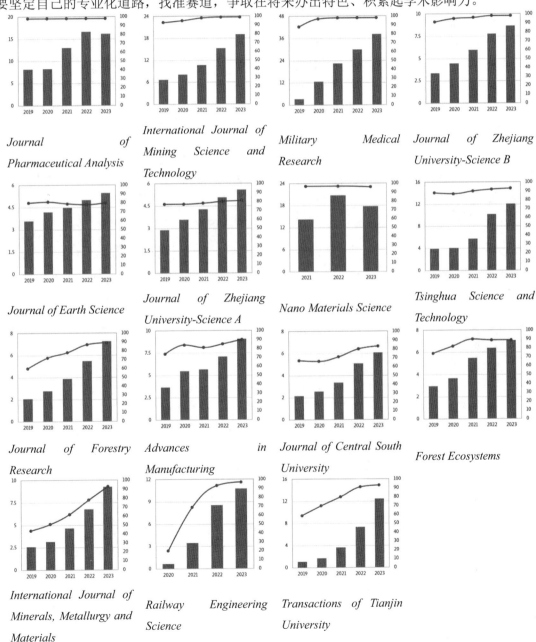

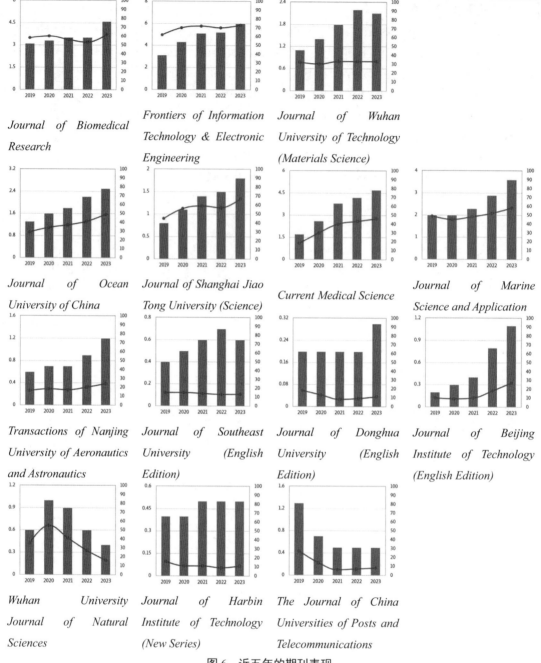

图 6 近五年的期刊表现

4 结 论

期刊想要走高质量的专业化发展道路，离不开明确专业定位、提升学术质量、优化内容策划、关注学术生态、推动数字化转型、加强国际交流与合作等方面。从以上研究结果可以看出：

(1) 调查期刊主要创办于 20 世纪 80 至 90 年代，是我国高校学报英文版创办的高峰期。已有 15 种期刊更名，明确了其专业化发展的方向。几乎全部(29 种)期刊被 Scopus 收录，证明其学术水平和国际影响力。

(2) 调查期刊实力显著，30 种中 21 种入选 WOS 核心库，更名期刊全部入选。其中，70% 以上 WOS 核心库期刊影响因子排名 Q2 及以上，80% 以上 JCI 排名 Q2 及以上，57%位列中科院 2 区以上。Scopus 数据库中，半数以上期刊排名超过第 80 百分位。WJCI 报告中，96%的期刊位列学科前 50%。然而，部分未更名期刊影响力停滞，需加大改革力度。此外，20 种入选 CSCD 数据库，体现期刊在国内的核心地位与影响力。

(3) 综合定量与定性评价，30 种期刊分类结果如下：综合期刊 7 种，交叉综合 8 种，大类综合 6 种，专业期刊 9 种。期刊内容的专业化发展已成为业界的广泛共识。

(4) 期刊的专业化改革需要从选择合适的专业化方向、组建国际化的编委和审稿人团队、开发国际作者资源、策划前沿专题、办刊方式接轨国际化进行考虑。

现有期刊或新办期刊未来走专业化的发展道路是充满潜力的。各大传统学科中的期刊已"人满为患"，目前新兴交叉学科和人工智能方向蓬勃发展，期刊需秉持不破不立的态度，大胆切换到新赛道，大胆发力，将十分有希望收获到成功。

参 考 文 献

[1] 中国科协学会服务中心.中国科技期刊发展蓝皮书(2023)[M].北京:科学出版社,2023.
[2] 任胜利,丁佐奇,宁笔,等.2023 年我国英文科技期刊发展回顾[J].科技与出版,2024,43(3):46-54.
[3] 任胜利,杨洁,宁笔,等.2022 年我国英文科技期刊发展回顾[J].科技与出版,2023(3):50-57.
[4] LI L. Advantages of university journals in China[J]. Learned Publishing, 2005, 18(3): 188-192.
[5] 韩超."双一流"建设中高校科技期刊的专业化转型探究[M]//学报编辑论丛 2021.上海:上海大学出版社,2021:32-37.
[6] 樊素英."双一流"建设高校自然科学学报是否转为专业刊的探讨[J].天津科技,2021,48(9):65-70.
[7] 姜春明.高校学报英文版的专业化改刊及出版现状[M]//学报编辑论丛 2019.上海:上海大学出版社,2019:43-47.
[8] 黄伟,黄龙旺,蒋霞.高校学报英文版的现状分析与专业化探索[M]//学报编辑论丛 2020.上海:上海大学出版社,2020:44-52.
[9] 郭伟,胡小洋,唐慧.普通高校学报专业化水平调查[J].中国科技期刊研究,2021,32(10):1294-1302.
[10] 熊莹丽,俞晓平."双一流"建设高校中文科技类学报的专业化转型路径调查研究[J].中国科技期刊研究,2024,35(1):43-52.
[11] 范娟,张铁明.高校科技期刊高质量发展的实践与思考[J].出版广角,2023(1):14-19.
[12] 周俊,段艳文.高校学报专业化发展分步走路径探讨:从专栏到专辑再到专刊[J].中国科技期刊研究,2022,33(2):228-233.
[13] 唐帅,曹兵,季淑娟,等.高校综合性学报专业化发展路径:以《工程科学学报》为例[J].中国科技期刊研究,2023,34(3):348-354.
[14] 邱芬,国荣,赵大良.综合性大学学报英文版向专业期刊转型之路:*Journal of Pharmaceutical Analysis* 的创办和国际化探索[J].中国科技期刊研究,2014,25(8):1083-1086.
[15] 洪鸥,姜春明,陈海清,等.高校学报英文版专业化转型探索:以《上海大学学报(英文版)》为例[J].中国科技期刊研究,2013,24(5):942-946.
[16] 张月红.中国期刊走出去的底气在于实干与自信:浅析《浙江大学学报(英文版)》的改革之路[J].中国期刊年鉴,2013(1):604-606.
[17] 陈禾.英文科技期刊专题策划实践探索:以《清华大学学报自然科学版(英文版)》为例[J].科技与出版,2018(10):47-52.

我国医学英文科技期刊国际化路径与本土化融合发展
——基于对国际四大顶级医学综合期刊的研究

王尔亮[1]，张淑娜[2]

(1. 上海交通大学医学院附属瑞金医院编辑部，上海 200025；2. 上海大学出版社，上海 200444)

摘要：对国际四大顶级医学期刊《柳叶刀》《新英格兰杂志》《美国医学会杂志》《英国医学杂志》的办刊策略、选题方向、推广渠道、出版伦理规范等进行全面、系统的比较研究。指出四大顶级医学期刊都由科学家担任主编并直接参与办刊，栏目多元化，传播平台多样化，关注社会热点问题等共同特征，值得我国本土英文刊借鉴。以期为我国医学英文科技期刊在建设世界一流期刊工作，特别是关于其办刊机制、国际化影响、多渠道推广等运营等的经验，为国内医学英文科技期刊的创办提供新的思路和方法。提出我国医学英文期刊应借助建立本土化的编辑规范与标准、创新办刊模式、制定国际化发展策略等，提升自身的国际化和标准化水平。

关键词：新英格兰杂志；柳叶刀；美国医学学会会刊；医学英文期刊；本土化

2023年8月1日《求是》杂志发表了习近平总书记题为《加强基础研究 实现高水平科技自立自强》的文章，指出"要加快培育世界一流科技期刊，建设具有国际影响力的科技文献和数据平台，发起高水平国际学术会议，鼓励重大基础研究成果率先在我国期刊、平台上发表和开发利用。"[1]目前对国际医学期刊的研究得到期刊编辑界的广泛关注，研究水平不断提升。唐磊等[2]以360篇国内外医学摘要为研究对象，从宏观结构、第一人称代词、语态和时态四个维度分析比较了国内外英文期刊摘要的异同，发现国内医学期刊和国际医学期刊在摘要结构、第一人称代词和语态三个方面存在显著差异，而摘要中的时态在国内外英文期刊之间没有显著差别。黄春霞等[3]以《柳叶刀》为例，从SCI论文的题目撰写、格式要求、语言特点三个方面，探讨了医学SCI论文的写作要求和注意事项。史强等[4]分析了国际四大医学期刊对COVID-19的报道策略，以 COVID-19为切入点，从发表机制、传播手段、主编作用和社会责任体现等方面进行了调研和综合分析，认为四大医学期刊在"快审快发"抢占报道先机、全面强化专题内容宣传推广、主编充分发挥学术引领作用、媒体责任和社会责任等方面有效发挥了医学期刊促进知识分享、助力学科发展的作用，同时也进一步巩固了期刊的学术地位，提升了期刊的社会影响力。吕鹏等对2017—2019年《新英格兰杂志》《美国医学会杂志》以及《柳

基金项目：中国科技期刊卓越行动计划选育高水平办刊人才子项目——青年人才支持项目(2023ZZ053197)；上海市科技期刊学会"海上青编腾飞"项目(2022A04)；翰笔计划医学中青年编辑华誉美捷登专项科研项目(HBJH-20230012)

叶刀》三种刊的前10位高被引文章的载文方向进行分析。其中排名前三的研究方向依次为：《新英格兰杂志》，肿瘤学、普通内科、心血管(循环)系统；《美国医学会杂志》，普通内科、心血管(循环)系统、儿科；《柳叶刀》，公共环境和职业病、肿瘤学、心血管(循环)系统[5]。

我国是科技期刊大国，而非科技期刊强国的现状，是我国出版界与科技界的共识。国际四大医学期刊通过快速审稿、快速发表、全面传播、主编挂帅、传递人文关怀等措施，有效发挥期刊在世界范围内对学术内容的记录、交流、分享与传播，引领医学前沿研究方向，提升了知识共享力度，促进了医学发展进程，进一步巩固并扩大了学者的学术水平和社会影响力。本文旨在通过对四大综合类医学期刊办刊策略、选题方向、推广宣传等办刊经验的分析比较，希冀为我国医学英文科技期刊的创办提供借鉴，助力我国医学科技期刊早日跻身世界一流科技期刊行列。

1 科学家担任主编并直接参与办刊

四大顶级医学期刊的主编具有以下共同特征：首先，他们皆为知名的学者，不仅具备深厚的医学背景还具备管理、运营、广告等领域的多学科交叉的背景。其次，主编在行业内非常活跃，接受采访、撰写述评等实践活动成为期刊品牌形象的代言人。同时，主编关心社会热点、全球重大问题，如关于 COVID-19、全球变暖、妇女儿童等领域。具体分析如下：

《柳叶刀》是由英国外科医生 Thomas Wakley 创办于 1823 年，以周刊的形式出版。《柳叶刀》现任主编 Richard Horton 于 1995 年任职，他是世界医学编辑协会的第一任主席，也是美国科学委员会的前任主席，英国医学科学院及皇家内科医学院的院士。Richard Horton 一直致力于改善全球健康问题，对于医疗政策等领域的各种问题亦有独特的观点。在他领导下，《柳叶刀》长期聚焦全球公共健康领域。他还通过撰文、视频访谈等形式发表见解。Richard Horton 在接受《科学新闻》采访时说：中国已成为《柳叶刀》的第三大投稿国家，仅次于美国和英国[6]。2020 年 5 月 1 日，接受《新闻1+1》央视专访，与白岩松对话，回应公众关注的问题。

《新英格兰杂志》是由美国马萨诸塞州医学会 Massachusetts Medical Association (MMS) 主办，是全科医学周刊。主要出版生物医学科学与临床实践等系列主题文章。MMS 于 2012 年成立《新英格兰杂志》集团，作为 MMS 分支机构专门负责《新英格兰杂志》的编辑出版工作。《新英格兰杂志》现任主编 Eric Rubin 于 2012 年任《新英格兰杂志》副主编，2019 年 6 月后任《新英格兰杂志》主编。不仅具有丰富的办刊经验，还是哈佛大学陈曾熙公共卫生学院免疫学和传染病学系教授、结核病与传染病研究领域的知名专家学者。

《美国医学会杂志》创办于 1883 年，是美国出版的同行评议的医学期刊。每周出版一期，其实用性、科学性强，信息量大，栏目丰富、排版活泼。《美国医学会杂志》在其网站还通过动画视频的形式，介绍了投稿的方法和稿件处理流程，内容生动有趣，深入浅出。《美国医学会杂志》现任主编 Kristen Bibbins-Domingo，获得文学和医学双博士学位、广告专业硕士。

《英国医学杂志》创办于 1840 年，是一份地区性的医学与外科期刊。现任主编 Kamran Abbasi 博士，毕业于应该利兹大学医学院。1997 年加入《英国医学杂志》，曾任 Bulletin of the World Health Organization 编辑和 PLOS Medicine 编辑顾问。目前同时兼任 Journal of the Royal Society of Medicine 主编、英国国王基金会总顾问委员会成员，亦为哈佛大学、英国国家卫生服务体系、世界卫生组织和麦肯锡咨询公司等机构顾问。2022 年 1 月 21 日，曾接受中国科学院深圳理工大学唐金陵教授的采访。《英国医学杂志》网站在线发表多篇署名评论文章(Editor's

Choice),就目前全球气候问题、新冠肺炎、能源危机等问题展开论述。如：Hope can bring solutions to climate despair, How Big Oil is manipulating climate science, After covid, politicians are failing us again over the energy crisis, Why The BMJ will no longer report on unsubstantiated press releases。

2 多元化的栏目设置 展示期刊的社会功能

期刊栏目设置不仅提升学术期刊的特色，也符合医学科技期刊的发展需求，对学术期刊的整体发展、学术水平提升具有重要价值和意义。总体来看国外医学期刊栏目设置更加多样。《柳叶刀》(Lancet)的栏目包括 Editorial、Discussion、News、Research Article、Correspondence。在 Correspondence 这个栏目，包括勘误信息，如 2022 年 10 月 14 日发表的一则关于三个联盟成员名字的更正。"In this Article, the names of three Consortium members, Najada Como, Kari AO Tikkinen, and Marco T Medina, have been corrected, as has the appendix."

《新英格兰医学杂志》栏目包括：Perspective、Original Articles、Clinical Practice、Review Article、Images in Clinical Medicine、Case Records of the Massachusetts General Hospital、Clinical Problem-Solving、Editorials、Clinical Implications of Basic Research、Medicine and Society、Correspondence。《新英格兰医学杂志》的原创性论文采用四段式摘要：背景、方法、结果、结论(Background, methods, results, conclusions)。

《美国医学会杂志》发表的文章类型包括 Research (Original Investigation)、Clinical Review and Education (包括 Systematic Review、Narrative Review、Special Communication、Clinical Challenge、Diagnostic Test Interpretation)、Opinion(Viewpoint)、Humanities (The Arts and Medicine, a piece of my mind, poetry)、Correspondence (Letter to the Editor, Letter in Reply)。仅从栏目来看，就可以发现《美国医学会杂志》的栏目多样，内容广泛，不仅涉及临床医学、实验研究，还包括医学人文。可以看出，《美国医学会杂志》虽然是科技期刊，同时也重视医学人文领域的研究，如全球的医疗体制、医疗政策等问题的研究。

3 我国医学英文科技期刊国际化发展路径探索

3.1 拓宽稿件形式 实现期刊栏目多样化

国际四大医学期刊，几乎都有大量评论文章，有效提升了期刊的可读性和影响力。国内医学期刊的栏目策划，可借鉴主编评论等形式，有效提升期刊国际影响。同时医学期刊，还可发挥其专业优势，开辟专家共识、疾病诊疗指南、多中心临床调查等文章。

《英国医学杂志》的稿件栏目多样，除了 Original Article 研究性论文外，还包括 Perspective，还可借助视频、在线会议免费观看等形式呈现，十分灵活。如 Double Take Video 一段题为 "Migraine — Treatment and Preventive Therapies" 的视频介绍了偏头痛的治疗与预防，通过 Drs. Cynthia Armand and Elizabeth Loder 讨论偏头痛的临床表现和病理机制、治疗方案。Perspective Roundtable，题为"Diversity in Clinical Trials — Next Steps"针对医学教育、招募等方面进行探讨。国内英文医学科技期刊大多以 Research Article、Review 为主，还需加强栏目多元化建设。

3.2 关注社会热点 提升期刊影响力

四大医学期刊具有敏锐的洞察力，结合当下全球医学领域的重大问题、研究热点，针对性推出专题、专栏。近年来，很多医学刊都设置 COVID-19 专栏或设置虚拟专辑。Lancet 建议

表 1 国际四大顶级医学期刊列表

中文名	英文名	摘要	创刊年份	主办单位	2022年影响因子	JCR学科类别	JCR类别排序
《柳叶刀》	Lancet	背景 Background 方法 Methods 发现 Findings 解读 Interpretation	1823	爱思唯尔公司	168.9	MEDICINE, GENERAL & INTERNAL	1/167
《新英格兰医学杂志》	The New England Journal of Medicine	背景 Background 方法 Methods 结果 Results 结论 Conclusions	1812	美国麻省医学会/美国马马萨诸塞州医学会 Massachusetts Medical Association MMS 主办	158.5	MEDICINE, GENERAL & INTERNAL	2/167
《美国医学会杂志》	Journal of the American Medical Association	重要性 Importance 目的 Objective 设计及受试 Design, Setting and Participants 处理 Interventions 主要发现及研究方法 Main Outcomes and Measures 结果 Results 结论及相关性 Conclusions and Relevance	1883	美国医学会	120.7	MEDICINE, GENERAL & INTERNAL	3/167
《英国医学杂志》	British Medical Journal	Study question; Methods; Study answer and limitations; What this study adds	1840	英国医学会	105.7	MEDICINE, GENERAL & INTERNAL	4/167

中国作者选择与公共卫生、人类健康相关主题的文章投稿[7]。《美国医学会杂志》官网显著位置推出主编推荐一文 "Global Burden of Long COVID"。且关于《美国医学会杂志》的介绍，"Explore the latest in medicine including coronavirus (COVID-19) science, blood pressure guidelines, sepsis definitions, autism and cancer science, and more." 可见，目前关于 COVID-19 的最新研究也是《美国医学会杂志》重点关注的主题之一。国内期刊也应该善于抓住热点选题，组织稿件。重点策划如人工智能、大健康、医学产业化转化、癌症治疗等相关重大、重点问

题的文章。中国科技期刊可汲取国际顶刊的经验，将传播矩阵建设工作作为期刊日常运营的重点[8]。上海交通大学医学院附属瑞金医院 LabMed Discovery 编辑部结合检验医学国际研究热点，组织邀约了"肿瘤标志物检测""质谱检验""脑机接口与检验"等重点选题。

3.3 遵守国际规范 推进期刊标准化进程

国际出版伦理委员会(COPE)成立于 1997 年，旨在应对全球范围内违反科学研究及出版规则的学术伦理问题，其目标是探讨和寻找处理这些问题的实用方法和良好对策，尝试界定科学出版伦理方面的规范指南。国内英文期刊应当严格遵守 COPE 行为准则，不断改进期刊流程，培训科研人员出版伦理意识。

国际医学期刊编辑委员会于 1978 年首次发表《生物医学期刊投稿的统一要求》(Uniform Requirements for Manuscripts Submitted to Biomedical Journals)。2013 年 8 月修订时更名为《学术研究实施与报告和医学期刊编辑与发表的推荐规范》(Recommendations for the Conduct, Reporting, Editing and Publication of Scholarly Work in Medical Journals)，简称"ICMJE 推荐规范"。国际医学期刊的发展，除了应该关注并参与国内相关组织，如中华医学会、中国高校科技期刊研究会、中国科学技术期刊编辑学会等，更要关注并参与到国际上的相关行业组织，如国际责编与技术编辑学会(ISMTE)、国际医学期刊编辑委员会等。

3.4 拥抱开放科学 加强国际交流合作

开放科学的定义可以追溯到"3B"即布达佩斯(Budapest)、贝塞斯达(Bethesda)和柏林(Berlin)3 个城市，开放获取的 3 个重要声明分别在这 3 个城市发布[9]。开放科学所遵循的三大原则：包容、合作、透明。开放获取打破了传统的订阅获取文献的模式，促进了信息共享和学术交流。探索出一条既符合国际出版规范又适合中国国情的发展道路。对于我国来说，学术期刊的开放获取带来了期刊发展的机遇。我国医学科技期刊可借此机会整合高端医学资源，联合国内重大科研项目课题组、重点实验室等，共同推进传统出版向开放获取模式的转型。我国的科技管理机构、研究所、医学院校、医院等应该进一步加强合作，共同参与、推动医学学术期刊的开放获取。

3.5 扩宽推广渠道 增强多平台宣传力度

国外期刊出版注重经营方式和推广渠道的拓宽，目前国内科技期刊也逐渐意识到这一点，进行了一系列的转型和改革，并尝试借助多媒体平台，打造多元的推广渠道，如制作期刊宣传片、论文学术小视频、TrendMD 跨平台推广等。国内期刊出版社通过自媒体平台，如视频、抖音、微信视频、公众号对期刊进行推广。国际四大医学期刊平台主要包括 Instagram、Facebook、LinkedIn、YouTube、Twitter 等。国内医学英文期刊应注重以市场为导向，打造科技期刊集群发展平台。高起点新刊 LabMed Discovery 在创刊初期就建立了国内平台，包括微博、微信公众号、视频号、小红书等传播平台；国际社交媒体平台，包括 Instagram、Facebook、LinkedIn、YouTube、Twitter，以服务 LabMed Discovery 的传播、推广、约稿等工作。

目前我国科技期刊多采用"借船出海"的方式，取得了良好效果。但随着时间的推移，"借船出海"的弊端不断显现。我们不仅要支付文章版权费、发表费、语言加工润色费等，造成经费和资源的流失，甚至会影响国家信息战略安全[10]。随着第一轮"中国科技期刊卓越行动计划"的实施，国内的英文期刊平台建设取得阶段性进展，自主研发平台不断推出，中国科技期刊卓越行动计划支持的五大平台包括：科学出版社 SciEngine、清华大学出版社的 SciOpen、中国激光杂志社的Researching、高等教育出版社的Frontiers和中华医学会杂志社的MedNexus。科学出版社自主研发的期刊交流平台SciEngine平台，可与PubMed、Crossref、GoogleScholar、Altmetric等跨平台对接的基础上，还实现了与国际知名数据库Web of Science(WoS)的平台对接；中华医学会杂志社自主研发的医学期刊国际化数字出版平台MedNexus，该平台通过"自主设计+委托造船"的模式，支持数字化生产、全媒体发布、国际化传播与期刊运营数据分析等功能，实现了科技期刊的全流程数字化生产、发布与传播。此外还有Maximum Academic Press是由南京农业大学程宗明教授牵头专注于学术期刊出版的新兴平台，MAP期刊均采用开放获取(Open Access)出版模式，以促进开放科学的发展。

4 结束语

我国本土的医学英文期刊应当通过建立医学英文期刊编辑规范与标准、创新办刊模式、制定国际化发展策略等手段，进一步提升期刊的国际化水平。包括期刊网站关于作者须知、作者投稿要求等制定一套规范的医学英文期刊的编校规范、建立医学期刊编辑医学名词术语标准、调研医学期刊运营管理模式、国际热点选题、策划主题专刊、建立医学期刊联盟或学协会、主办医学期刊编辑学术研讨会等。寻求适合我国本土化发展的医学英文期刊发展的办刊模式，提升我国英文医学期刊的学术质量和国际影响。尽管随着我国近年来对学术期刊平台建设政策、经费等扶持，本土化平台建设取得一定的进展。但是仍存在平台对国际标准的适配及主导能力不足、融入国际学术出版生态环境困难以及科研服务能力有限等不足[11]。今后还需借助智能化、信息化的手段，加强与国际学术界在开放科学进程中的合作和改革创新，增强我国学术期刊出版生态系统的稳定性和安全性。

参 考 文 献

[1] 习近平.加强基础研究实现高水平科技自立自强[J].求是,2023(15).
[2] 唐磊,江晓敏.中外核心医学期刊英文摘要文体特征对比分析[J].渭南师范学院学报,2018,33(22):61-67.
[3] 黄春霞,邹长虹.医学生SCI论文写作特点介绍与分析[J].医学教育研究与实践,2020,28(1):124-126.
[4] 史强,安瑞,任胜利,等.国际著名医学期刊COVID-19报道策略分析:以四大医学期刊为例[J].中国科技期刊研究,2021,32(6):792-798.
[5] 吕鹏,王越,韩锟,等.《中华医学杂志英文版》与国际顶级医学期刊的载文特征剖析[J].天津科技,2023,50(5):78-82.
[6] 姜天海,应益昕,金心纯.《柳叶刀》主编 Richard Horton:开放获取,中国期刊应因"刊"制宜[J].科学新闻,2015(22):28-29.
[7] 陈勇,胡步芬.科技传播与形象建构:以《柳叶刀》中国观察为例[J].产业与科技论坛,2023,23(10):78-80.
[8] 唐耕砚.《新英格兰医学杂志》应对突发公共卫生事件的经验及启示[J].医学与社会,2021,34(5):69-72.
[9] 中国科学技术协会,国际科学、技术与医学出版商协会.中国开放获取出版发展报告 2022[M].北京:科学出版社,2023:3.
[10] 陈浩元.中国特色科技期刊强国之路的若干思考[J].编辑学报,2021,33(2):229-230.
[11] 黄莹.我国英文科技期刊出版传播平台现状、问题与优化策略:基于"中国科技期刊卓越行动计划"支持的五家平台的案例分析[J].中国科技期刊研究,2023,34(11):1476.

青年编委会建设在科技期刊高质量发展中的作用
——以《应用力学学报》为例

张 璐[1]，黄崇亚[1]，李坤璐[1]，史淑英[1]，曲伟龙[2]

(1.《应用力学学报》编辑部，陕西 西安 710049；2.《药物分析学报(英文)》编辑部，陕西 西安 712046)

摘要： 本研究深入剖析了高标准建设的青年编委会在推动科技期刊高质量发展中的关键作用，并通过《应用力学学报》的具体实践，探讨了其构建效果及功能实现。通过精心组建的青年编委会，期刊不仅夯实了支撑高质量发展的学术基础，还显著扩展了学术影响力。在专刊专栏规划、同行评议效率提升、学术质量控制、作者资源储备及期刊学术传播等多个维度，青年编委会均发挥了不可替代的重要作用。这一过程中，期刊形成了以"编委会"为引导核心、"青年编委会"为坚实支撑、"研究生传播委员会"为新兴力量的"铁三角"运营模式，进一步彰显了青年编委会在推动科技期刊高质量进程中的核心力量。

关键词： 科技期刊；青年编委；期刊人才建设；高质量发展

人才是强国兴国的第一要素，也是推动形成新发展格局的第一动力，科技期刊在传承人类文明、传播科学知识、推动科技发展中需要构建支撑学科发展的优秀青年学术团队[1]，更好地以创新引领学科前沿，促进科技期刊高质量发展，青年编委会建设是科技期刊发展中核心竞争力的重要组成部分，在期刊出版中承上启下，具有举足轻重的地位。优秀的青年编委可为期刊提供高质量稿件、同行评议、学术活动、指导办刊、培养潜在作者[2]。目前，大多期刊编委会存在结构不合理、功能缺失、参与度不高、挂名编委居多等问题[3]，国内外科技期刊已充分认识到青年编委会对期刊发展的重要意义。Mazov 等[4]通过研究地球科学类期刊中青年编委的出版活跃性、地区及性别分布，得出了科技期刊与青年编委间的文献计量指标。亢列梅等[5]针对编委会建设中常见的问题进行了研究，并提出组建精简且高效的专家团队、提高编辑服务能力等建议。

鉴于此，国内外学术期刊纷纷组建青年编委会，将青年学者紧紧地团结起来，充分调动其积极性为期刊服务，以期利用青年编委作为编委会作用发挥的中坚力量，探索促进科技期刊高质量发展的有效路径。

《应用力学学报》始终坚持"内容为王、学术为本"的办刊理念，深刻认识到创新意义、学

基金项目：中国高校科技期刊研究会青年基金项目(CUJS-QN-2023-047)；西安交通大学期刊高质量发展研究项目(QK2022007)
通信作者：黄崇亚，E-mail：huangcy@xjtu.edu.cn

术价值及应用价值在期刊刊载成果中的核心地位。期刊不仅将人才建设视为重中之重，还特别强调汇聚青年科学家的力量，旨在营造一个充满活力与创新的学术氛围。自 2021 年起，《应用力学学报》便着手高标准打造青年编委会，经过 3 年的不懈努力与协同合作，这一举措对期刊的高质量发展产生了极为显著的推动作用，充分证明了青年编委会在促进学术繁荣、提升期刊影响力方面的关键作用。

1 组建青年编委大团队

1.1 高标准邀约遴选青年科学家

期刊的高质量发展，离不开高素质学术人才的坚实支撑。为了与一流期刊的发展定位相契合，《应用力学学报》采取了公开征集与定向邀请相结合的方式，精心选拔了一批在应用力学领域崭露头角的青年才俊。这些青年学者均来自国内外一流大学，年龄不超过 45 岁，且已具备副高级职称及博士研究生导师资格。他们不仅在国内外重要研究课题中发挥着核心作用，还在知名期刊上发表了多篇高影响力的学术文章，H 指数颇高，彰显了其在学术界的卓越成就。

经过严格的遴选程序，包括编委的深入讨论与主编的细致审查，成功组建了由 406 位国内外知名力学青年学者组成的青年编委大团队。这支团队中，有 15 位杰出学者荣登 Elsevier 2022"中国高被引学者"榜单，58 位编委更是入选了 2023 年度全球前 2%顶尖科学家榜单。他们的加入，无疑为《应用力学学报》注入了强大的学术活力与创新动力，为期刊的高质量发展奠定了坚实的基础。

1.2 按方向细分组建学科研究星群

青年编委会组建完成后，编辑部进行了精准化的分组策略，依据研究方向细分为固体力学、流体力学、航空宇航、地质矿山、能源材料、生物力学等 11 个学术组群。每个组群均设立了 1 名主委引领方向，5 名副主委辅助管理，以及若干委员共同参与，形成了紧密合作的"小同行"学科研究星群。这些星群不仅为期刊的全面发展、专题研究、专栏专刊的设立以及学术圈的构建注入了强劲动力，更在影响力传播方面发挥了不可小觑的作用。

同时，组群建设也构建了一个多学科交叉创新的优质平台，极大地促进了青年学者之间的合作与交流。许多青年学者借助这一平台，共同攻克科研难题，取得的学术创新成果又反哺于《应用力学学报》，显著提升了期刊刊发稿件的前沿性与创新性。这种良性循环不仅增强了文章的学术价值，更极大地提升了期刊的显示度和影响力。

1.3 多维度评估完善动态激励机制

科学的制度是确保工作顺利开展的基石。对于青年编委会的管理而言，编辑部侧重于采用正向的激励机制，旨在为青年编委提供全面而优质的服务，并辅以相应的精神与物质奖励。这样的机制旨在实现科技期刊与青年编委之间的互惠互利、共同发展，形成良性办刊模式。

编辑部坚持每年定期举办青年编委大会，通过综合考量年度审稿量、审稿响应速度、组约稿贡献以及撰稿情况等多维度指标，评选出年度优秀青年编委；对优秀青年编委给予一定的物质奖励，并邀请其在会上做报告分享经验；优秀青年编委所撰写的稿件可享受绿色通道服务，包括快速审稿通道和版面费减免等优惠措施；实行青年编委动态管理制，对于无法履行职责或表现不佳的青年编委，将采取淘汰措施，确保青年编委会始终保持高效与活力。

通过建立并不断完善这一有效的激励机制，成功激发了青年编委的参与热情与工作积极性，有力提升了科技期刊的学术水平和影响力。同时，也为青年编委提供了更多的发展机会和展示平台，真正实现了科技期刊与青年编委之间的携手并进、互利共赢。

1.4 同协作稳固形成期刊"铁三角"队伍

通过近 3 年的精心建设与实践，成功构建了以"编委会"为引导核心，负责明确期刊的发展蓝图、紧跟学术前沿与选题趋势；"青年编委会"为坚实支撑，专注于期刊栏目的精心布局、优质稿源的积极组约与筛选，以及稿件的严谨评审与同行评议；"研究生传播委员会"为新兴力量，充分利用短视频、新媒体等多元化手段，进行广泛而深入的宣传推广，不仅传承了学科的发展脉络，还稳固了稿源基础，显著提升了期刊的公众认知度与学术影响力。

这一由"编委会""青年编委会"与"研究生传播委员会"共同构成的"铁三角"团队，特别是青年编委会，以其承上启下的关键角色，在推动科技期刊高质量发展的征途中，发挥了不可替代且至关重要的作用。

2 开拓引进优质稿源

2.1 依据青年编委研究方向创新专栏

期刊的青年编委在学科中扮演着重要的角色，他们是学科的骨干力量，具备强大的科研实力，并在学科前沿科研领域表现活跃。《应用力学学报》以国家重大需求为导向，依托青年编委的雄厚实力与丰富资源，于 2022 年精心策划并增设了多个专栏，涵盖"爆炸力学""航空航天工程""生物力学""岩土力学"及"计算力学"等前沿领域。这些专栏由青年编委亲自挂帅，分工精细，高效组织并吸引了国内外顶尖科研团队的最新研究成果，成功发表了 50 余篇高水平稿件。这些专栏的设立，极大地提升了《应用力学学报》的学术吸引力，每期具有特邀专家的专题栏目文章，确保了刊发内容的前瞻性与热点性，使得期刊的阅读量、下载量以及被引频次均实现了显著提升。

2.2 依靠青年编委学术人脉开辟专栏

凭借众多青年编委与院士导师的紧密联系这一独特优势，《应用力学学报》创新性地开辟了"院士论坛"专栏，青年编委们积极发挥作用，成功邀请了包括刘人怀、田伟、Ganiyusufoglu 等在内的多位院士作为第一或通信作者，发表了多篇引领学科前沿的文章。这一举措不仅提升了期刊的学术权威性，也极大地丰富了期刊的学术内涵。

与此同时，为了全面展示青年编委的学术成果与贡献，特别设立了"青年学者论坛"专栏，面向青年编委群体进行精准约稿。青年编委们对此积极响应，纷纷利用自身丰富的学术资源和研究优势，积极组织并撰写高质量稿件。截至目前，已有超过 50 位青年编委以第一作者或通信作者的身份在该专栏发表文章，并深度参与栏目的策划与建设。

2.3 宣传青年编委研究团队助力发展

青年编委们以高度的热情和责任感，积极投身于期刊的组稿、约稿及撰写工作，他们不仅亲自审阅稿件，确保内容质量，还积极拓展并引进优质稿源，精心策划并组建了一系列特色专栏。为了鼓励和宣传青年编委及其团队，期刊特别在封二及专题文章中为专栏组委、学科带头人及其团队提供了展示平台，进行了详尽的宣传介绍。同时，还充分利用微信公众号、视频号等新媒体渠道，进行广泛的推广宣传，使更多读者能够关注到这些优秀青年编委的研究成果。这一举措不仅增强了青年编委的"主人翁"意识，也促进了期刊优质内容与传播力的交叉协同发展，形成了专家与期刊双向奔赴、相互促进的良性循环。

3 学术质量守门人

3.1 卓越科研，引领创新

稿件的质量是期刊学术水平的直接体现，而同行评议则是筛选优质稿件的必要手段。在这一关键环节，青年编委发挥着举足轻重的作用。作为年轻一代的科研领军人物，青年编委不仅拥有国际视野，更具备旺盛的学术活力和敏锐的创新意识，研究思路和观点新颖独特，能够为稿件的评审提供独特的见解和建议。凭借对学术研究领域的深度关注和敏锐洞察，他们能够迅速捕捉最新的研究进展和趋势，为稿件的评审提供具有前瞻性和创新性的宝贵意见。

3.2 协同担当，共筑学术辉煌

青年编委深知自己作为期刊团队中的重要一员，肩负着推动学术进步和知识传播的使命。因此，他们在审稿工作中表现出极强的责任心和使命感。他们严格按照审稿时间要求，认真审阅每一篇稿件，严格把关。在稿件成功投稿后，学术编辑会进行学术不端和格式审查，然后根据研究方向将稿件匿名分配给由青年编委组建的学科研究星群的主委进行把关。这种机制不仅提高了审稿效率，还充分发挥了青年编委的"智囊团"协同作用，确保了期刊的学术水平和声誉。

3.3 高效审稿，精益求精

自青年编委会成立以来，已有近 350 余名青年编委积极参与或协助审稿工作，共审阅了 452 篇稿件，占年度审稿量的 60%。这些青年编委中的绝大多数都能够在规定的时间内(通常为 2 周)高效完成审稿任务，并且他们的审稿意见既专业又具体，为期刊的审稿工作提供了有力支持。编辑部每年还会根据审稿次数、审稿质量、响应速度等因素评选出"优秀审稿人"，以激励青年编委更加积极地投入期刊审稿工作。青年编委的参与明显加快了审稿速度，提高了审稿质量，为期刊提升审稿效率和质量贡献了重要力量。

4 期刊宣传齐推广

4.1 青年编委齐动员

青年编委作为学科领域的佼佼者，不仅具有一定的学术声望，更时常活跃于国内外学术会议的前沿。他们身兼"作者+读者+审稿人"的多重身份[6]，对《应用力学学报》的定位和栏目设置有着深入的了解和独到的见解。怀揣着对期刊的荣誉感和责任感，他们积极投身于期刊的宣传推广工作，利用学术会议、学术活动以及新媒体平台等多元渠道，有效地宣传和推介期刊。近 3 年来，在他们的不懈努力下，期刊的关注度和影响力显著提升。例如，2023 年青年编委带领团队参加了"航空航天动力学国际研讨会""洪涝模拟与管理学术论坛"等国内外知名学术会议，通过展示区、宣传页、赠阅期刊等多种方式，成功吸引了更多专家和作者的关注和投稿，同时也为期刊编辑团队快速捕捉最新的科研动态和研究趋势提供了有力支持。

4.2 媒体推介共宣传

在数字技术日新月异的今天，学术期刊的出版流程和传播方式正经历着深刻的变革。青年编委凭借年轻化的优势，熟练掌握网络工具和新媒体平台，灵活运用微信、微博、短视频等渠道，开展视频会议讨论、组稿约稿以及期刊宣传工作[7]。编辑部在青年编委的助力下，多次组织线上讨论会、学术报告会等丰富多彩的活动，以在线会议、短视频、微信群学术成果转发等创新推介方式，分享最新科研动态和学术成果。这些举措使得本刊网站日浏览量突破 2

万人次，微信公众号文章阅读量达到 5 万次，粉丝数也增长至 3 500 余人，充分彰显了青年编委在期刊推广中的积极作用和巨大潜力。

4.3 搭桥共建同发展

在青年编委的积极协助下，《应用力学学报》成功与多个重点实验室和科研机构开展联合共建，如重大工程灾害与控制教育部重点实验室(暨南大学)、西北旱区生态水利国家重点实验室(西安理工大学)、牵引动力国家重点实验室(西南交通大学)等。这种合作模式不仅促进了科技期刊人员与一线科研人员的紧密互动和互助合作，还使他们能够深入融入科技创新活动，共同策划相关专题，集中报道最新科研成果。目前，双方已联合策划了"水利工程渗流力学""轨道交通动力学专栏""先进材料与结构动力学"等多个专栏，极大地提升了期刊的学术影响力和社会影响力。

5 凝聚青年编委，打造学术圈层

5.1 搭建多元化学术平台，激发创新交流

《应用力学学报》深刻认识到青年编委会作为期刊发展核心动力的重要性，积极搭建起多元化、开放性的学术交流平台[8]。通过不定期组织学术沙龙、专题研讨会等活动，邀请各领域顶尖专家学者，共同分享前沿科研动态与研究成果。这些活动不仅为青年编委拓宽了学术视野，也促进了跨学科合作与思想碰撞，为期刊注入了源源不断的创新活力。编辑部与青年编委之间通过定期会议、线上交流、工作坊等形式的常态化沟通机制，确保双方能够及时交流想法、分享信息；同时，鼓励和支持青年编委深度参与期刊的选题策划、组审稿件、宣传推广等各个环节，使他们在实际操作中感受到自己是期刊大家庭不可或缺的一分子，从而极大地增强了他们的归属感和责任感。通过这一系列举措，本刊成功打造了一支团结协作、互为支撑的优秀团队，为期刊的长期稳定发展奠定了坚实的人才基础。

5.2 培育未来之星，续航学术传承

为了持续推动期刊的高质量发展并培育新生力量，《应用力学学报》创新性地设立了"研究生传播委员会"，鼓励青年编委的研究生加入这一平台，通过为他们提供学术交流、写作指导等全方位培训，助力他们提升科研能力与综合素质。此外，利用视频号等新媒体手段，鼓励研究生展示自己的学术成果，进一步锻炼了他们的表达与传播能力。这一举措不仅为期刊培养了后备作者群与读者群，也极大地增强了期刊的学术影响力和传播力。如今，"编委会"引领方向、"青年编委会"强力支撑、"研究生传播委员会"注入新血的"铁三角"团队格局已经形成，三者相互协作，形成合力。编委会指导青年编委会和研究生传播委员会的工作，青年编委会提供学术支持和稿源保障，研究生传播委员会负责宣传推广，"铁三角"相互配合，确保期刊的高效运转。

6 结束语

科技期刊，作为学术成果传播的核心媒介与学术交流的重要平台，更扮演着引领和驱动学科进步的关键角色。由高质量青年科学家构成的青年编委大团队，无疑是期刊迈向高质量发展的中流砥柱，其重要性不言而喻。正因如此，构建一支兼具高水平与前瞻视野的青年编委团队，对于打造一流期刊具有至关重要的战略意义。

本刊的实践经验有力地证实了，通过严格标准组建青年编委会，我们不仅成功构建了一

个高水平的学术共同体,更在此基础上激发了期刊的学术圈、交流圈、宣传圈、文化圈的多维度活力。这一系列举措,不仅为编委会储备了大量后备人才,更为期刊的可持续发展培育了核心竞争资源,构筑了期刊高质量发展的新格局。

参 考 文 献

[1] 张雷,丁合,马婧.新时代科技期刊功能层次理论模型构建的探索性研究:基于《中国体育科技》办刊的思考[J].中国科技期刊研究,2020,31(8):936-940.

[2] 雷莉,沙逢源,路红,等.科技期刊编委会建设与作用提升[J].科技传播,2022,14(3):20-22.

[3] 占莉娟,张带荣.青年编委会:突破传统编委会困境的有效之策[J].中国科技期刊研究,2018,29(10):1042-1047.

[4] MAZOVAND N A, GUREEV V N, METELKIN D V. Bibliometric indicators of scientific journals and editorial board members (based on the example of Russian Journals on Earth Sciences) [J]. Scientific and Technical Information Processing, 2018, 45(4):271-281.

[5] 亢列梅,荆树蓉,杜秀杰,等.一流期刊建设背景下高校科技学术期刊编委会建设的对策与实践[J].编辑学报,2021,33(3):301-304.

[6] 张琪,王艳秀,肖依依,等.青年编委会对科技期刊长效发展的作用:以《含能材料》为例[J].中国科技期刊研究,2019,30(4):400-403.

[7] 杨臻峥,李娜,郑民,等.科技期刊借助微信平台拓展服务模式的探索:以《药学进展》办刊实践为例[J].编辑学报,2016,28(6):584-587.

[8] 谢武双,全元,孔红梅,等.充分发挥编委会在办高品质学术期刊中的作用:以《生态学报》为例[J].编辑学报,2023,35(3):343-346.

基于编委会效能提升的农业科技期刊高质量发展研究

屠 晶

(湖北省农业科学院农业经济技术研究所,湖北 武汉 430064)

摘要: 编委会作为科技期刊核心竞争力的重要组成部分,对提高期刊质量和扩大期刊影响力具有重要的作用。本文统计分析了35种综合性农业科学类核心期刊编委会结构特征,总结存在的问题,提出了编委会效能提升策略:优化编委会结构,合理控制编委会规模;完善编委会责任与激励机制;完善与编委联系沟通机制,以期推动科技期刊高质量发展。

关键词: 农业科技期刊;编委会;期刊发展;影响力

科技期刊是展示科技创新成果的重要载体,是促进理论创新和科技进步的重要力量,传承人类文明,荟萃科学发现,引领科技发展,直接体现国家科技竞争力和文化软实力。科技期刊要围绕创新型国家和科技强国建设任务,聚焦国家重大战略需求。2019年8月,中国科协等四部委联合印发《关于深化改革 培育世界一流科技期刊的意见》,提出"做精做强一批基础和传统优势领域期刊,优化提升中文科技期刊,繁荣发展科技期刊。"[1]2021年5月,中宣部等三部委联合发印《关于推动学术期刊繁荣发展的意见》,提出"推动学术期刊加快向高质量发展阶段迈进,努力打造一批世界一流、代表国家学术水平的知名期刊"[2]。新的历史时期,科技期刊肩负重要的历史使命,助力国家科学技术自立自强,是科技期刊的必然使命。

编委会作为科技期刊核心竞争力的重要组成部分,是科技期刊办刊方向的掌舵人和内容学术质量的"守门员",对提高期刊质量和扩大期刊影响力具有重要的作用。张晗等[3]、莫愚等[4]分别编委会的建立、编委会制度构建方面进行了研究;闫群等[5-6]、易基圣[7]对编委会运行现状及编委会优化相关指标进行了分析;丁广治等[8]、马超一等[9]探讨了编委会绩效考核机制;张瑞麟等[10]分析了编委责任制;蔡斐等[11]、郭盛楠等[12]探索了青年编委在编委会中发挥的作用;孙菊[13]、单超等[14]、杨美琴等[15]、张立伟等[16]分析编委会结构优化与作用提升。笔者在前期研究中分析了部分农业科技期刊编委会运行现状,本文在此基础上深入分析编委会运行存在的问题,提出相应效能提升对策以充分发挥编委会作用,以此推动科技期刊高质量发展。

1 科技期刊编委会结构现状

入选2020年中文核心期刊的综合性农业科学类核心期刊共31种,另外加上入选中国科技核心期刊的综合性农业科学类部分期刊5种,共选择36种科技期刊。由于《吉林农业大学学报》官方网站上未显示编委会信息,因故剔除,最终样本量为35种科技期刊(表1)。这些科技期刊在办刊质量上基本能代表综合性农业科学核心期刊,样本具有较好的代表性。

1.1 编委会组成名称

编委会组成大多主要设有主任委员、副主任委员、编委、主编、副主编等。不同期刊差异性地还设置有顾问、学术顾问、荣誉主任、国际编委、高级编委、常务编委、青年编委、执行主编、栏目主编等。

1.2 编委会人员数量

由图 1 可以看出，35 种科技期刊编委会人数范围为 15~241 人，平均为 66.6 人。《中国农业科学》《中国农业科技导报》《中国农业大学学报》编委会人数最多超过 100 多人，《南方农业学报》《扬州大学学报》编委会人数最小，分别为 15、18 人。50~70 人规模占比最大，达 51.4%。

1.3 同一编委兼职多家期刊

在调查中发现，同一知名专家在多家期刊编委会中出现，专家知名度越大，兼职期刊数量越多，在编委会中担任的职位越高。这仅仅是针对研究的 35 个样本进行了调查，本研究之外还有更多的科技期刊甚至包括外国期刊，可能这种兼职现象更加明显。

1.4 编委会换届更新差异较大

研究中 35 种科技期刊编委会换届差异较大，《福建农业学报》编委会才是第六届，而《四川农业大学学报》则换届到十二届了，任职周期短、换届频率快，以更适应期刊办刊方向。

1.5 编委信息更新不及时

部分科技期刊编委信息变动更新不及时，有些期刊编委已经逝世，但是网站上或加框标注并未删除，更或未添加任何标注。该现象不是出现在一家期刊中，还较为普遍。

表 1 35 种科技期刊编委会的组织结构

期刊	顾问	学术顾问	荣誉主任	主任委员	副主任委员	编委/委员	国外编委/国际编委	青年编委	主编	副主编	执行主编	栏目主编
中国农业科学	16			1	2	181	26		1	6		8
干旱地区农业研究	9			1	1	51	9		1	4		
华北农学报					1	38	12					
南京农业大学学报	2			1	3	54			1	3		
西北农林科技大学学报(自然科学版)	2			1	3	49			1	3		
华中农业大学学报(自然科学版)				1	5	46			1	4	1	
南方农业学报		2				13						
华南农业大学学报	2			1	3	48			1	3		
中国农业大学学报				1	18	51		65	1	1		
西北农业学报	4			1	7	29			1			
农业生物技术学报						54			1	9		
西南农业学报				1	4	55			1	5		
江苏农业学报	4			1	8	39			1	4		
中国农业科技导报	6			1	2	128			1	2		12
江西农业大学学报			1	1	2	47			1	2		
浙江大学学报：农业与生命科学版					1	38	16		1	2		
沈阳农业大学学报				1		27			1	4		
东北农业大学学报						34						

期刊	顾问	学术顾问	荣誉主任	主任委员	副主任委员	编委/委员	国外编委/国际编委	青年编委	主编	副主编	执行主编	栏目主编
云南农业大学学报(自然科学版)	1			1	3	39			1	2		
湖南农业大学学报	2			1	2	42			1	2		
福建农林大学学报				1	6	40			1	3		
河北农业大学学报	13			1	4	60			1	4		
扬州大学学报						16			1	1		
四川农业大学学报			1	1	3	35			1	2		
福建农业学报			1	1		57			1	2		
江苏农业科学				1	7	33			1	6		
河南农业科学	6			1	5	59						
新疆农业科学				1	2	4 高级 23 常务 68 委员						
山东农业科学	4			1	4	54						
中国农学通报						52			1	29	1	
浙江农业学报				1	2	36			1	4		
湖北农业科学	5			1	7	37						
广东农业科学				1	2	63			1	3		
黑龙江农业科学	4			1	7	54						
湖南农业科学	1			1	7	57						

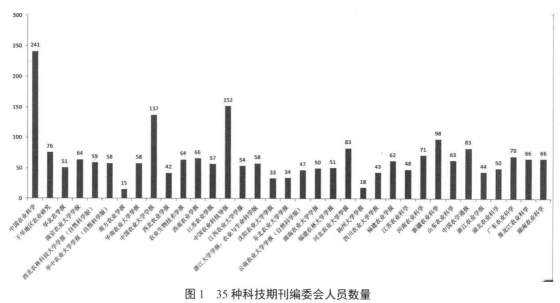

图 1　35 种科技期刊编委会人员数量

2 存在的问题及影响

2.1 编委会组成设置多种多样

本研究 35 种科技期刊编委会组成包括主任委员、副主任委员、编委、主编、副主编、顾问、学术顾问、荣誉主任、国际编委、高级编委、常务编委、青年编委、执行主编、栏目主编等。可以看出，本研究中差不多所有期刊均设有主任委员、副主任委员、编委、主编及主编。18种期刊设有顾问(学术顾问)，同时在研究中还可以看出，担任顾问的均为院士或知名专家，具有学术权威性，能够指导期刊发展。部分期刊设有国外编委或国际编委，还有期刊将编委分为高级委员、常务委员、委员，有的期刊按照专业及学科方向，将编委做了细分。《中国农业大学学报》设立了青年编委。

《期刊出版管理规定》中未对编委会组成结构做出相关规定，期刊根据各自情况进行相应设置。编委会是期刊编辑出版工作的学术指导机构，对期刊的编辑出版起支持、指导和监督作用。不同职位体现了专家的等级及层次，顾问(学术顾问)体现的是期刊学术水平，但不等于说顾问的学术等同于期刊的学术水平，而主任委员或副主任委员更多的由领导或专家领导担任。本研究中这些期刊是该学科领域内顶级期刊的代表，部分期刊在实际中注重编委的职务大于注重其在该领域的学术水平，更看重其社会影响力对期刊发展的影响。他们很少甚至没有给期刊的编辑出版起到支持、指导作用，更何谈参与期刊的审稿、组稿。还有部分期刊设有海外编委或国际编委，中文科技期刊读者对象一般为国内读者，即使是国外读者也应该是在海外的中国人。海外编委很大一部分是海外华人，也有不懂中文的国外编委，主要是为了扩大期刊国际影响力，并未参与期刊编辑出版过程中的相关工作。

2.2 编委会挂名、兼职多种期刊现象普遍

本研究涉及的35种科技期刊的专家中，有相当一部分专家同时在2种及以上的期刊编委会中担任职务。同一专家兼职多家科技期刊可能导致学者的时间和精力被分散，无法保证每本期刊的编辑出版工作都得到充分关注，影响期刊的质量和编辑效率，进而影响期刊的运营和发展。期刊试图借助专家学者的知名度及影响力来扩大自身的影响力，同时行业内的专家资源是有限的，因此造成了部分知名专家学者兼职多家期刊的现象。还存在专家可能仅是知晓自己被列为某期刊的编委，甚至还有根本就不知被列为编委，出现"挂名""被挂名"现象。

相关专家领导在知名期刊中担任编委，也是体现其自身在行业内的学术水平及影响力，也热衷于在期刊编委会中担任重要职务，也成为其学术水平的加分项。冷静思考，编委应具有较高学术水平，是符合期刊编辑出版方向相关专业领域的专家；热心参与期刊工作，履行工作职责；承担编委会委派的各项任务，为期刊的发展出谋划策。许多期刊仅关心了第一条，并未对后两条过多考虑。这就造成了专家挂名、兼职的现象普遍，而并未对期刊实际工作起到多大作用。

2.3 编委会未形成良好的运行机制

良好的运行机制可以使一个系统接近于另一个系统，外部条件发生变化时，能够自动地迅速作出反应，调整原定的措施和策略，实现目标优化。本研究中35种科技期刊反馈的编委主要职责有：积极参加编委会会议和学术活动；收集反馈各类意见，提出办刊建议；在科研和学术交流活动中，加强对期刊的宣传和推广；定期提供学科最新科研动向、推荐选题、协助组稿；负责相关学科稿件的学术质量把关。部分期刊编委及栏目主编还参与期刊的审稿、同行评议等工作，这些工作更为具体。编委会实行主任负责制。编辑部是编委会办事机构，在编委会的指导下，负责期刊的日常工作。而在实际办刊过程中，期刊往往制定有较好的制度，也建立了良好的编委责任制，但在实际执行过程中，难以运用制度与责任去监督编委。

聘请院士或知名专家担任编委，一方面提升了期刊影响力和知名度，但反过来他们平时工作太忙，编辑部的编辑基本很难与其进行沟通交流，甚至是编委会会议都不会参加，并未尽到编委应尽的责任。因此，没有形成一个良好的运行机制，很多情况下编委会仅是一个"虚帽子"。

2.4 编委会换届更新差异较大

本研究涉及的 35 种科技期刊编委会换届差异较大，《福建农业学报》编委会是第六届，而《四川农业大学学报》则换届到十二届，任职周期短、换届频率快。换届周期需要保持合理的频率，过快不利于学术团队的稳定性，也增加编辑部的工作量，影响工作效率；而过慢则不利于新鲜血液的及时补充，保持编委会的活力。同时，编委信息更新不及时、滞后，也反映了编辑部对于编委会工作的重视程度。

3 效能提升建议

3.1 优化编委会结构，合理控制编委会规模

编委会是科技期刊编辑出版工作的学术指导机构，对期刊编辑出版起支持、指导和监督的作用。根据期刊发展实际需求，合理选择编委成员，并根据不同编委的特点，分配不同的任务。由图 2 可以看出，《湖北农业科学》编委会分为行政型领导编委与学者型专家编委。行政型领导编委行政权力、影响力较大，他们可以在很多场合对期刊进行宣传，更易于向期刊的主管单位、主办单位争取更充足的办刊人才、稳定的办刊经费和有力的政策支持；学者型专家编委学术水平高，可以对期刊的办刊方向提出非常有价值的建设性意见，并在为期刊组稿、撰稿、审稿中担负着重要作用，能极大地提高期刊学术质量，同时在许多学术活动中宣传期刊，扩大期刊影响力[16]。这一部分编委应该是编委会成员中的中坚力量，应该占有较大比例。编委会的成员应该具有不同的专业背景和经验，以便从多个角度审视和解决问题。同时，建议应该有一部分年富力强的中青年编委，他们对科研的新技术、新方法有着新理解，工作效率高，精力充沛，可以承担较多的初审及外审任务，同时也鼓励他们积极撰稿和组稿，策划期刊青年学者沙龙或青年学者专栏等活动，调动青年学者对期刊的关注及认可，中青年编委可作为编委会中的重要组成环节。本研究调研样本中 35 种科技期刊平均编委人数为 66.6 人，有些期刊人数过多，有些期刊人数过少，建议人数控制在平均数较为合理，编委类型、编委学科分布结构合理，各司其职，同时也兼顾编委地区分布，不仅只局限于期刊的本地区，能够面向全国范围甚至国际，扩大期刊影响力。

3.2 完善编委会责任与激励机制

如果给每个编辑部设立一名责任秘书来负责工作，使责任落实到每个人身上，那么对工作的推动促进则更为有效[10]。编委责任制度的建立与完善就是要通过制度章程明确编委的责任、权利及义务，强化编委责任。明确每位编委会成员的职责和任务，确保他们了解自己在编委会中的角色和职责。按照不同编委角色定位，分配安排编委相应的工作，赋予相应工作责任。如制定和执行办刊方针、期刊运行策略等期刊大方向方面；审稿、组稿及同行评议等方面对期刊质量进行严格把关；及时向编辑部反馈期刊出版领域研究热点、最新科研动态；对外积极宣传期刊，扩大期刊影响力等。通过编委会责任的约束，编委才能感受到一定压力，编委会不是"荣誉会"，而是"责任会"。为期刊审稿、组稿和投稿是编委的基本任务。审稿、组稿、约稿数量，结合其相关工作质量，包括有效审稿、审稿意见的撰写、组稿约稿的稿件质量，《湖北农业科学》制定相关定量与定性统计指标，有效约束编委的行为，强化编委审稿

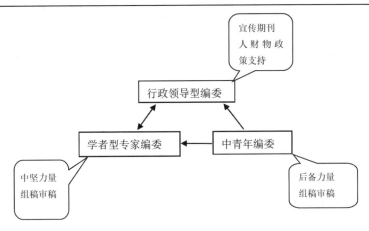

图 2 《湖北农业科学》编委会结构

的责任意识，下一步《湖北农业科学》计划将部分论文审稿意见与论文同期刊发，一方面对作者、读者论文写作能有较大提升作用，另一方面也能强化审稿专家的责任，提供高质量的审稿意见，优化完善作者论文，提升论文与期刊质量。

激励机制是一种内生动力机制，通过特定的方法与管理体系实现对组织成员的方向引导、动机激发与行为强化，持续调动人的主动性、积极性和创造性。编委人选的确定须遵从本人意愿，并要为其颁发编委聘书，并按年度或聘期对编委工作予以考核表彰，对考核优秀、业绩突出、贡献较大的编委颁发优秀编委聘书，并给予相应物质奖励。《湖北农业科学》在宣传、传播优秀论文(获奖论文)的同时公布该论文审稿专家名字，增强审稿专家的获得感和荣誉感。此外，除对参与审稿的编委发放酬金外，对提出有建设性作用的办刊意见、积极宣传期刊、争取办刊经费支持的编委给予相应的精神与物质奖励，并在期刊发布平台、微信公众号、视频号上对期刊发展做出贡献的编委表示感谢。利用期刊封面及传播介绍平台编委的基本情况、研究方向、研究成果和学术奖励等，将编委"卷"入期刊编辑出版工作中，充分征求、认真对待编委的意见与建议，编委既有参与感又感受到期刊的尊重和重视，能促进编委承担其该承担的责任。激励机制激发得好的话，将极大地提高编委的工作热情，真正地使编委会成为期刊编辑出版的一部分，成为科技期刊高质量发展的内生动力。

3.3 完善与编委联系沟通机制

编委都是兼职的，但编辑是全职的，而且很多编委兼职多家期刊。这种对应关系就决定了编辑部要积极主动与编委进行沟通，从而及时了解、掌握编委的最新动态，科学安排编委审稿、组稿等工作，更好地协调和沟通编辑与编委之间的关系，提高工作效率和质量。编委会可以不定期召开线上或线下会议，就期刊选题方向、稿件质量进行沟通和讨论。同时向编委会汇报工作进展情况，并就编委会的意见和建议进行反馈。可以更多利用现在的通讯工具，视频会议、微信、邮件等及时沟通期刊问题。编辑部需要做到积极主动联系编委，编辑部只有以尊重、认真、热情的态度与编委联系沟通，才能得到编委对期刊的认可[18]。

本刊编辑部编辑内部分工，确定通讯责任人，指定相关编辑责任人负责协调编委会成员之间的沟通工作，每月或每季度一次将刊物情况准确及时地传达每个编委。除电子邮件和在线平台外，还可以考虑利用即时通讯工具(如微信、QQ等)进行实时交流，提高沟通效率。每年定期召开编委会会议，讨论重要事项、决策和工作进展，使编委了解刊物当前的工作情况和未来编辑出版工作计划。对于分布在不同地区的编委，组织线上会议，通过视频会议工具进行讨论和交流。同时，建立反馈机制，鼓励编委提出建议和意见，确保他们的建议得到及时回应。通过建立完善的联系沟通机制，促进编委之间的合作与交流，提高工作效率，确保工作顺利进行并取得更好的成果。

4 结束语

科技期刊赖以生存的资源就是稿件，稿件质量是科技期刊质量的保证，编委会则是优质稿件来源的保证，编委既可以通过撰稿，还可以通过审稿、组稿给期刊引来优质稿件。所以可以说，一个强大精干的编委会能够推动科技期刊高质量发展。规模合理、结构科学的编委会，可以使其高效、持续地为科技期刊高发展提供动能。同时，编辑部在具体管理过程中需要付出更多的精力、更细腻的管理，更多地与编委沟通交流，增进信任与理解。

参 考 文 献

[1] 培育世界一流科技期刊 四部门联合发文推动科技期刊改革发展[EB/OL].[2024-07-01]. https://www.gov.cn/xinwen/2019-08/16/content_5421699.htm.
[2] 中共中央宣传部 教育部 科技部印发《关于推动学术期刊繁荣发展的意见》的通知[EB/OL]. [2024-07-01]. http://www.nopss.gov.cn/n1/2021/0708/c362661-32152337.html.
[3] 张晗,李明敏,蔡斐.学术期刊编委会的建立与维护[J].编辑学报,2017,29(增刊2):S36-S38.
[4] 莫愚,王旭,谢秋红,等.关于编委会制度构建的思考:以《中华烧伤杂志》为例[J].编辑学报,2019,31(3):290-292.
[5] 闫群,初景利,孔金昕.我国科技学术期刊编委会运行现状与对策建议:基于中国科学院主管主办科技学术期刊问卷调查[J].中国科技期刊研究,2021,32(7):821-831.
[6] 闫群,初景利.我国科技学术期刊编委会运行机制优化指标体系构建[J].中国科技期刊研究,2022,33(4):405-413.
[7] 易基圣.基于文献计量学的期刊编委会遴选方法[J].编辑学报,2017,29(1):55-57,58.
[8] 丁广治,马超一,陈玲,等.科技期刊编委会绩效考核机制与专家梯度建设的探索[J].科技与出版,2019(8):101-105.
[9] 马超一,李禾.建立绩效考核制度 促进编委会职能发挥[J].编辑学报,2017,29(1):52-54.
[10] 张瑞麟,范敏.论科技期刊编委责任制的建立与完善[J].编辑学报,2013,25(4):361-363.
[11] 蔡斐,李明敏,徐晓,等.青年编委的遴选及其在期刊审稿过程中的作用[J].中国科技期刊研究,2017,28(9):856-860.
[12] 郭盛楠,郝洋.青年编委会成立"热"的"冷"思考:科技期刊青年编委遴选、管理与建设过程中的问题与反思[J].编辑学报,2022,34(3):301-305.
[13] 孙菊.科技期刊编委会的结构优化与作用提升:以《应用生态学报》为例[J].编辑学报,2021,33(5):541-544.
[14] 单超,王淑华,胡悦,等.大数据时代编委会结构优化及作用提升[J].编辑学报,2019,31(3):293-296.
[15] 杨美琴,徐斌靓.中文科技期刊编委会结构优化策略[J].中国科技期刊研究,2020,31(1):83-87.
[16] 张立伟,姜春林.编委学术表现与期刊质量的相关性探讨:基于图书情报学期刊的文献计量研究[J].中国科技期刊研究,2014,25(9):1121-1126.
[17] 程林,莫愚,谢秋红,等.医学期刊编委会专家审稿组稿撰稿情况分析[J].编辑学报,2018,30(5):496.
[18] 肖骏,王淑华.松散耦合视角下编委会建设策略探索[J].编辑学报,2023,35(4):409-411.

乡村振兴背景下中文农业科技期刊发展现状、主要问题及提升路径

李庆玲

(华南农业大学学报编辑部，广东 广州 510642)

摘要：在国家全面实施乡村振兴战略的重要阶段，中文农业科技期刊作为农业学科研究成果发布、传播的重要平台，还存在期刊影响力低，论文影响力低，出版时滞长，同质化严重，集群化、专业化程度弱等不足。本研究结合农业科研工作者的期望，并对标国际农业相关英文期刊，认为应从以乡村振兴为牵引，加强专题策划；响应科研工作者需求，缩短出版时滞；增强区域性特点、寻求差异化发展；加强集群化、专业化建设4个方面进行提升。

关键词：乡村振兴；中文农业科技期刊；影响力；稿源；区域性

强国先兴农。2017年，中国共产党第十九次全国代表大会提出要实施乡村振兴战略，加快推进农业现代化；5年之后，第二十次全国代表大会继续强调要全面推进乡村振兴，加快建设农业强国。实施乡村振兴战略，是党和国家的重大决策部署，是新时代三农工作的总抓手。农业是立国之本，农业科技创新是现代农业发展的保障，如此强大的背景势必要求我国农业学科发展要跃向新的高度，而农业科技期刊作为农业学科研究成果发布、传播的重要载体，同样必须要加快和高质量发展，才能够保障和引领我国农业发展。《关于规范高等学校SCI论文相关指标使用 树立正确评价导向的若干意见》的颁布，以及习近平总书记对"广大科技工作者要把论文写在祖国的大地上，把科技成果应用在实现现代化的伟大事业中"的期许，给中文农业期刊的发展带来了前所未有的机遇。

目前，我国中文农业科技期刊的整体学术水平还有待提高。在入选"中国科技期刊卓越行动计划"梯队期刊的100种中文科技期刊中，只有11种农业期刊，远低于理工类和医学类期刊，仅高于科普期刊[1]。与其他学科一样，农业领域重要的研究成果普遍向SCI期刊流动；中文农业科技期刊深陷优质稿源缺乏、学术影响力低下的恶性循环，刊发的论文远远不能反映我国农业领域的研究进展和重要成果，学术影响力和学术话语权亟待增强。

在国家全面推进乡村振兴、加快建设农业强国的重要阶段，为引导国内科技工作者将更多优秀成果在我国农业期刊上首发，真正实现"把论文写在祖国的大地上"，中国农业科学院农业信息研究所对我国农业科技期刊进行全面梳理，出版了《中国农林核心期刊概览2020》(以下简称为《概览》)[2]，收录了186种代表我国农业特色的A类(综合评价总分排名前25%)

基金项目：广东省科技计划项目(2021B1212020018)；广东省高校学报研究会项目(20220303)；中国农业期刊网研究基金(CAJW2022-016)

中文农业科技期刊。2023 年，本研究以这 186 种 A 类中文农业科技期刊为研究对象，全面调研乡村振兴战略背景下我国中文农业科技期刊的发展现状，并剖析存在的主要问题，结合我国农业科研工作者对中文农业科技期刊的满意度和期望，对标国际农业相关英文科技期刊的发展模式，找差距、补短板，针对性地提出我国中文农业科技期刊的提升策略，加快一流农业期刊建设，更好地助力国家乡村振兴战略和现代农业发展。

1 中文农业科技期刊的发展现状

近年来，我国中文农业科技期刊取得了一些成绩，186 种调研期刊中，7 种入选 EI 数据库；124 种入选 CSCD 核心期刊；133 种入选《中文核心期刊要目总览(2020 年版)》，其中 12 种学科排名第一。笔者通过问卷调研了具博士学位和中级以上职称的农业科研工作者对中文农业科技期刊的满意度，最终回收有效问卷 101 份，其中，有 86 位调研者在中文农业科技期刊发表过论文，有 57 位担任过中文农业科技期刊的审稿人。有 93 位农业科研工作者认为中文农业科技期刊的影响力不够，占比最高；其次，分别有 57 和 51 位对论文发表周期太长和论文质量不高表示不满。为了更好地发挥中文农业科技期刊助力乡村振兴的社会功能，本研究对中文农业科技期刊进行了全面评价。

1.1 期刊影响力低

以"中国最具国际影响力学术期刊"和"中国国际影响力优秀学术期刊"为例，2018—2022 年，有《生态学报》《农业工程学报》《应用生态学报》3 种专业期刊入选"中国最具国际影响力学术期刊"；有《中国农业科学》《农业机械学报》《作物学报》等 14 种期刊(其中，除《中国农业科学》为综合性期刊外，其他 13 种入选期刊均为专业刊)入选"中国国际影响力优秀学术期刊"。入选期刊分别只在调研期刊中占比 1.6%和 7.5%。

在国家科学技术部 2020 年公布的第五届"中国精品科技期刊"名录中，《水生生物学报》《生态学报》《昆虫学报》等 32 种专业期刊和《中国农业科学》《中国农学通报》《西北农林科技大学学报(自然科学版)》《中国农业大学学报》《生物技术通报》5 种综合性期刊入选；专业期刊占据较大比例。

1.2 论文影响力低

186 种调研期刊 2018—2022 年的年均载文量主要集中在 101~300 篇，占比 67%(124/186)，调研期刊年均总载文量 50 000 余篇，但优质论文比例较低。

1.2.1 "三高"论文比例低

在中国知网《学术精要数据库》检索"农学"学科 2018—2022 年调研期刊的"三高"(高被引、高下载、高 PCSI)论文，共检索到 1 177 篇，被引 10~319 次，被下载 480~6 920 次，PCSI 10~95。64 种调研期刊无"三高"论文，75 种期刊的"三高"论文数量为 1~5 篇，这 2 类期刊在调研期刊中占比 75%(139/186)。"三高"论文数量最多的期刊是《生态学报》，153 篇，但在其近 5 年载文总量中也只占据 3.40%；其次为《应用生态学报》《动物营养学报》《中国农业科学》《农业机械学报》《植物保护》，分别为 97、87、66、52、51 篇，在其近 5 年载文总量中占据 1.57%~4.05%。"三高"论文主要集中在载文量较大的专业期刊。

1.2.2 F5000 论文比例低

2018—2022 年共有 44 种调研期刊的 1 320 篇论文入选 F5000 论文。《食品科学》《农业工程学报》《中国农业科学》《生态学报》《土壤学报》《动物营养学报》在 2018—2022 年每年都有论文入选，入选论文数量最多，分别有 98、98、96、96、76、73 篇；但在其近 5 年载文总量中仅占 1.73%~10.53%。除了《中国农业科学》外，只有《华北农学报》《吉林农业大学学报》《西北农林科技大学学报(自然科学版)》《中国农业大学学报》《中国农学通报》5 种综合性期刊入选，入选次数和入选论文数量均较少。在入选的 44 种调研期刊中，有 42 种期刊近 5 年 F5000 论文在其载文总量中占比低于 5%。与"三高"论文类似，F5000 论文也主要集中在载文量较大的专业期刊。

1.3 出版时滞长

186 种调研期刊中，月刊 83 种，双月刊 85 种，半月刊 13 种，季刊 4 种，旬刊 1 种。本研究选取月刊 20 种、双月刊 20 种、半月刊 2 种、旬刊和季刊各 1 种，为代表性期刊，统计 2022 年全年发文的出版时滞。按照刊期出版日期减去收稿日期计算，由于大部分期刊的刊期出版时间只显示月份，不显示日期，因此刊期出版日期统一按照刊期的第 1 天计算。半月刊每期随机选择 2 篇论文，月刊每期随机选择 3 篇，双月刊和季刊每期随机选择 5 篇，均尽量兼顾不同栏目和不同论文类型。44 种代表期刊中，出版时滞主要集中在 201~400 天，占比 68%(30/44)；《东北农业科学》出版时滞最长，906 天；其次是《遥感学报》和《土壤学报》，分别为 635 和 582 天；《华中农业大学学报》出版时滞最短，为 125 天，这可能和其在 2022 年大量约稿做专题有关，全年 6 期，共出版 10 次专题。

2 中文农业科技期刊存在的主要问题

2.1 同质化严重、特色栏目少

本研究的调研期刊在《概览》中分属于 12 个类别(如综合性农业类、农业大学学报类、农艺学与农作物类等)，平均每个类别有 15 种期刊，同类期刊竞争激烈，如国家/省级农业大学学报有 21 种，国家/省级农业科学/农业学报有 23 种等，这些期刊都为综合性期刊，发文方向和栏目设置差异不明显，同质化严重。如"1.1""1.2"分析所示，高影响力期刊和高影响力论文均主要集中在少数专业期刊，综合性期刊劣势明显；尤其在《中国农业科学》《干旱地区农业研究》《中国农业大学学报》等国家级或有双一流学科加持的综合性期刊的快速发展下，地方综合性期刊的发展更为吃力[3]。

对 186 种调研期刊在 2022 年的发文情况开展调研发现，调研期刊均主要刊发学术论文，以文章类型、专题名称或学科方向划分栏目，或者不划分栏目，均主要刊发综述和研究论文，同时会对策划专题的主要科研团队进行推介。有少数期刊根据办刊宗旨、运营性质和期刊特点等进行创新。如《生物技术通报》对英文刊 *aBIOTECH* 的期刊动态和优质论文进行推介。《北京林业大学学报》开设"弘扬科学家精神专题宣传"。《林业科学》和《土壤学报》开设了"问题讨论""前沿与重点"或"新视角与前沿"栏目。《农业工程学报》于 2015 年刊发过 2 篇质疑论文《"痕量灌溉"理论支撑与技术特点的质疑》《"痕量"无法灌溉——对"痕量灌溉"的思考》，对农业水土工程领域相关内容进行争鸣，发现争鸣论文可以引发业内专家对科学问题的讨论，提升期刊影响力；我国中文农业科技期刊刊发争鸣论文的期刊占比和争鸣论文占比均低于美国的农业科技期刊[4]。

2.2 集群化、专业化程度弱

笔者调研《概览》、期刊官方网站以及发表文献获取各调研期刊主办单位信息，有多个主办单位的期刊，考虑到办刊参与度，只统计第一个主办单位，并精确到二级单位，如中国农业科学院农业信息研究所和中国农业科学院油料作物研究所为 2 个主办单位。186 种调研期刊分属于 149 个主办单位，有 125 个主办单位只办 1 种农业科技期刊，平均每个单位办刊 1.25 种。单刊编辑部运营特征明显，即使是同一单位主办多种期刊，各期刊也是独立运营。如中国农业大学共编辑出版(含非第一主办)学术期刊 19 种(含本研究调研的 3 种期刊)，在学校内部归不同的二级单位管理，各期刊独立开展工作业务[5]；西北农林科技大学主办了 8 种本研究的调研期刊，按照学校行政管理体制划分，隶属于不同的二级单位；《食用菌学报》隶属于上海市农科院农业科技信息研究所的期刊中心，但依然是单刊运营[6]。中国农业期刊网[7]、中国农业期刊集成服务平台[8]、长三角科技期刊发展联盟农科类期刊分联盟[9]在农业科技期刊集群建设方面有相应的探索，但与其他学科的中华医学期刊网、中国光学期刊网等尚有差距。

3 结合乡村振兴战略对中文农业科技期刊提升路径的思考

据统计，2021 年我国学者发表 SCI 论文 60 万余篇，在世界 SCI 论文总量中占比接近 25%[10-11]。要想国内科研工作者主动将优秀的科研成果在中文农业期刊"原创首发"，就要了解并满足科研工作者的需求。笔者在调研问卷中通过填空选项向农业科研工作者征集中文农业科技期刊的提升措施，收到有效答卷 86 份，有 2 位调研者认为中文农业期刊已经在很努力把控刊文质量，给予了肯定；有 78 位调研者认为中文农业期刊应着力提升稿件质量、缩短出版周期、提升期刊影响力，占据绝对比例。本研究结合乡村振兴战略，同时对标国际农业相关英文科技期刊的发展模式，重点提出以下提升策略。

3.1 以乡村振兴为牵引，加强专题策划

如"1.1""1.2"分析所示，中文农业科技期刊的期刊影响力和论文影响力较低。期刊影响力很大程度上取决于论文影响力，因此，吸纳优质稿源是提升期刊影响力的重要途径。在国家提出乡村振兴战略后，国家和地方先后通过国家自然科学基金重大项目、国家重点研发计划重点专项、乡村振兴战略专项资金、省级农业科技创新项目等加强对农业领域科学研究的支持。这些高水平项目指引了我国农业发展方向，代表了农业科技发展的前沿和热点，势必会产出新的科研成果和优质论文；中文农业科技期刊应根据自身的办刊宗旨，聚焦国家和省部级农业专项基金，融入高水平的农业高校和研究机构，深挖项目指南设定的研究方向，加强热点和前沿选题策划，吸纳优质稿源。党的二十大报告提出深入实施种业振兴行动，强化农业科技和装备支撑，确保中国人的饭碗牢牢端在自己手中；中央全面深化改革委员会通过的《种业振兴行动方案》又强调，要加强基础性前沿性研究，加快实施农业生物育种重大科技项目，开展种源关键核心技术攻关。《中国农业大学学报》密切跟进，先后出版了"农业工程研究前沿""作物学研究前沿""粮食安全前沿""粮食安全"专题；《华南农业大学学报》以广东省植物分子育种重点实验室成立二十周年为契机，及时刊发了"作物种质资源与分子育种"专题；《中国农业科技导报》刊发了"生物育种创新论坛""生物育种创新基础""生物育种创新技术""生物育种创新种质"专题。

3.2 响应科研工作者需求，缩短出版时滞

如 1.2 节分析所示，"三高"论文和 F5000 论文均主要集中在载文量较大的期刊。在 186 种调研期刊中，168 种为月刊和双月刊，占比 90%，2018—2022 年有 13 种期刊缩短过刊期。农业科学研究具有季节性和周期性，且新成果具有较强的时效性，因此出版时滞是决定作者投稿意愿的重要因素；调研期刊出版时滞普遍较长，建议我国农业科技期刊根据自身来稿情况，

合理缩短刊期，吸引优质稿源。

3.3 增强区域性特点、寻求差异化发展

针对同质化严重的不足，中文农业科技期刊可以根据所在区域特色、主办单位学科优势，增强区域性特点，寻求差异化发展。186种调研期刊的149个主办单位分布于28个省/直辖市/自治区，每个区域都有各自的特点，农业期刊应该增强服务地方农业的意识，突出地方特色。如为助力长江经济带发展战略，《华中农业大学学报》充分发挥农业高校优势，针对长江经济带农业发展急需解决的热点问题开展选题策划，集中报道长江经济带农业发展相关领域的研究动态[12]；《大连海洋大学学报》依托学校海洋水产这一强势学科，变综合性学术期刊为以海洋、水产及其相关学科为主的行业性学术期刊，积极报道行业科研进展[13-14]；《华南农业大学学报》立足学校优势学科，成功策划"精准农业航空""草地贪夜蛾研究""农业人工智能"等专题[15]；江南大学依托优势学科——"食品科学与技术""轻工技术与工程"，将《无锡轻工大学学报》这一轻工领域的综合性期刊改名为《食品与生物技术学报》，转向食品与生物技术两大领域办刊[16]。

目前我国中文农业科技期刊的特色栏目还比较少，期刊可以根据自身特色，开设非学术栏目，宣传区域乡村振兴政策与成果、农业科技创新成果、重大基金项目等，彰显农业科技期刊在国家实施乡村振兴战略中的时代风貌，延伸期刊的服务功能；如《吉林农业大学学报》宣传吉林农业大学"科技小院"进展，对吉林省科学技术一等奖的重要研究成果进行推介，贯彻落实习近平总书记的重要指示精神。

3.4 加强集群化、专业化发展

乡村振兴战略对农业期刊的发展提出了高要求，作为展示国家农业科技实力的重要平台，农业科技期刊的影响力亟需提升。对标国际期刊的发展模式，单刊发展的缺点愈加明显，集群化是必由之路。目前，有少数农业期刊不同程度地实现了集群化管理。《食品科学》的主办单位为北京食品科学研究院，其共编辑出版7本食品类期刊，全面覆盖食品行业，通过资源共享和内容差异化，实现单刊一流化和刊群集约化[17]；《大豆科学》和《北方园艺》同为黑龙江省农业科学院主办，由其下属的黑龙江农业科技杂志社统一管理，作者及稿件信息统一管理，平台共享，稿件共享；《江苏农业学报》《江苏农业科学》同为江苏省农业科学院主办，在稿源上分别突出学术性和应用性，凸显差异，避免同质化竞争，逐步实现了良性互通与协同发展[18]。

纵观国际英文科技期刊，无不是与专业出版社合作出版，将编辑与出版分离，将学术与经营分离，主办单位主抓稿源，专业出版社为期刊提供完善的采编校系统、官方网站和强大的论文传播平台，极大地提高工作效率、论文传播力度，进而提升期刊影响力[19]。在世界范围内的215种农林SCI期刊中，有124种由世界知名出版商出版，这些期刊的影响因子明显高于该学科期刊的整体均值[20]。我国食品领域的 *Food Bioscience*、*Food Science and Human Wellness*、*npj Science of Food* 和 *Food Quality and Safety* 均借助出版社的专业资源，快速打开国际市场[19, 21]。

反观国内中文农业科技期刊，虽然在对接国际标准上进步很大，但仍然存在投稿、编排系统不完善，期刊网站影响力低下，论文传播力度弱等问题；每个编辑部都要负责组稿、编排、校对和出版等全流程业务，专业化分工程度低，编辑身兼数职，分身乏术，顾此失彼[21]。

这种小作坊式的经营模式已无法适应乡村振兴战略对农业科技期刊发展的要求；因此，有必要推进我国农业期刊资源的整合重组，加强专业化建设。目前我国中文农业科技期刊的主办单位绝大多数为高校或科研院所，单位属性和管理体制较为复杂；因此，我国也需要从决策层出发，借鉴中华医学会杂志社的运营模式，成立农业科技期刊的专业出版社，引导期刊资源向出版社集中，试行编辑与出版、经营的分离，形成分散编辑与集中出版、运营相结合的新模式，分步推进期刊集约化、专业化进程，逐步改变我国农业科技期刊小、散、弱的办刊模式[22]。

4 结束语

乡村振兴战略的实施关系到国家、社会整体发展水平，在这一国家战略的大背景下，中文农业科技期刊必须要能抓住这历史机遇，探索科学办刊的途径，实现办刊能力的不断突破，为科技进步、农业发展和民族复兴作出应有的贡献。本研究通过调研数据客观评价了中文农业科技期刊的期刊影响力、论文影响力和出版时滞，剖析同质化严重和集群化、专业化程度弱的编辑部运营模式已无法满足乡村振兴对农业期刊的高要求。本研究结合中文农业科技期刊发展现状及农业科研工作者的需求和期望，对标国际农业相关英文科技期刊，提出中文农业科技期刊可以从以乡村振兴为牵引，加强专题策划；响应科研工作者需求，缩短出版时滞；增强区域性特点、寻求差异化发展；加强集群化、专业化建设 4 个方面重点发力。笔者相信在国家战略支持和学术界、期刊界的共同努力下，未来一定能创办出代表我国农业发展水平的高质量中文农业科技期刊，为国家实施乡村振兴战略提供强有力的科技支撑。

参 考 文 献

[1] 秦明阳,邓履翔,陈灿华.培育世界一流科技期刊背景下中文科技期刊发展定位与使命:基于中文科技期刊与国家重大战略协调发展情况分析[J].中国科技期刊研究,2021,32(3):281-289.
[2] 中国农业科学院农业信息研究所,中国农学会农业科技期刊分会,中国农学会图书情报分会.中国农林核心期刊概览 2020[M].北京:中国农业出版社,2021.
[3] 全津莹,林正雨,陈章,等.新时期大区联合办刊的实践、挑战与优化:以《西南农业学报》为例[J].科技传播,2022,14(21):15-19.
[4] 黄锦华,魏秀菊,廖艳,等.中文科技期刊争鸣论文发表现状与影响力分析:兼与国外科技期刊比较[J].中国科技期刊研究,2018,29(3):278-283.
[5] 秦梅,袁文业.我国涉农高校期刊高质量发展的困境与对策:以中国农业大学期刊为例[J].中国科技期刊研究,2022,33(7):949-956.
[6] 曹婷婷,王瑞霞.期刊集群化发展现状与农业科技期刊集群化问题探究[J].科技传播,2023,15(3):25-28.
[7] 吕晓梅,刘迎春,杨爱东,等.我国农业期刊集群化发展实践及其创新模式思考[J].中国科技期刊研究,2023,34(6):700-707.
[8] 郑建华,董晓霞,寇远涛,等.农业期刊集成服务平台的建设实践与思考[J].数字图书馆论坛,2021(1):54-59.
[9] 曹婷婷,王瑞霞,费理文.初步探讨长三角科技期刊发展联盟农科类分联盟[J].科技传播,2023,15(4):43-47.
[10] 彭斌.关于促进我国学术出版发展的几点思考[R].北京:中国科协,2022-08-19.
[11] 任胜利.国际科技期刊发展动态及相关思考[R].上海:上海市科技期刊学会,2023-01-05.
[12] 张志钰,杨锦莲,陆文昌,等.聚焦农业产业体系,编辑助力绿色发展:《华中农业大学学报》专题特别策划实践回顾[J].黄冈师范学院学报,2021,41(6):35-38.

[13] 张冬冬,赵子仪,孙金阳.海洋水产类期刊服务地方经济研究:以《大连海洋大学学报》为例[J].教育教学研究,2017(34):88-89.

[14] 张冬冬,郝拉娣.重视科技及产业创新促进科技期刊同步发展:以《大连海洋大学学报》为例[J].编辑学报,2020,32(6): 694-697.

[15] 周志红.高校学报专题策划出版的探索与实践:以《华南农业大学学报》为例[J].编辑学报,2021,33(6): 693-696.

[16] 朱明,吴锋.浅谈中国科技期刊的供给侧改革:以江南大学所属科技期刊改革为例[J].科技与出版,2016(12): 24-28.

[17] 李春丽.我国食品类中文核心期刊影响力提升的"中国模式"探讨[J].科技传播,2022,14(20):36-39.

[18] 徐艳,蒋永忠.提升·推广·求新:非"卓越计划"科技期刊拓展稿源的几点思考[J].编辑学报,2021,33(2): 202-205.

[19] 李春丽,孙卿,朱明.卓越期刊计划环境下食品类期刊的现状及发展建议[M]//学报编辑论丛 2022.上海:上海大学出版社,2022:682-690.

[20] 莫弦丰,田亚玲,葛华忠,等."双一流"建设和培育世界一流期刊背景下的农林高校期刊发展现状及启示[J].中国科技期刊研究,2020,31(7):752-757.

[21] 周玥,许艳超,金文苑,等.创办国际化英文科技期刊路径探索:以《Food Bioscience》办刊实践为例[J].科技传播,2020,12(20):6-9.

[22] 曾建勋,郑昂.关于科技期刊分级目录的思考[J].编辑学报,2021,33(5):473-478.

我国农业高校学报分析及质量提升策略研究

王新娟

(西南大学期刊社,重庆 400715)

摘要:为探寻高校农业科技期刊质量提升策略,对中国科学技术信息研究所《中国科技期刊引证报告(核心版)自然科学卷》中农业大学学报(自科类)的综合评分情况进行统计。根据统计结果,筛选出有代表性的期刊,进一步分析这些期刊的相关引证指数、发文量、本校稿件占比及学科分布等。研究结果发现,我国农业高校期刊存在发展不平衡、期刊特色化差异化不鲜明、期刊对接学术热点工作力度不够等问题,期刊发文量和本校稿件占比与期刊影响力有关,主办学校学科建设水平与期刊发展密切相关。根据分析结果,农业高校学报应结合学校特点和优势进行特色化发展,适时对接学术热点,适当控制发文数量,扩大稿源,进一步提升期刊质量和学术影响力。

关键词:农业高校学报;引证指数;质量提升;发展策略

我国高校学报具有校本性和综合性等特点[1],期刊质量及影响力提升受限。农业高校期刊作为高校期刊中的一部分,还受农业产业本身特殊性影响,发展中面临着更多挑战[2]。近年来,关于农业高校科技期刊发展的研究相对较少,大多是关于办刊模式探索[3-4]、办刊方向[5-6]、期刊选题策划和栏目建设[7-9]等方面的研究,而针对农业高校学报评价指标的研究仅限于局部指标和少数年份[10-14]。本研究拟以农业高校期刊 2011—2020 年的引证数据为依据,使用统计学方法筛选出综合评价指标表现相对优异的期刊,分析原因并揭示其存在的问题,从而有针对性地提出农业高校期刊质量提升的对策和建议,以期为农业高校期刊发展提供一定的依据。

1 数据来源与研究方法

采集了中国科学技术信息研究所 2011—2020 年《中国科技期刊引证报告(核心版)自然科学卷》中 24 个农业大学学报类(林业及海洋类大学学报除外)科技期刊(核心版)的综合评价总分数据,并用 DPS 7.05 软件对 10 年数据的平均值进行方差分析($p<0.05$),筛选出综合评价总分排名前 5 且与其他期刊差异有统计学意义的期刊,进一步对核心影响因子、核心总被引频次、学科影响指标、学科扩散指标、红点指标、期刊发文量、本校稿件占比、学科分布等 9 个指标进行分析;期刊发文情况通过中国知网(http://www.cnki.net)进行检索,检索时间为 2023 年 3 月 17 日,在中国知网资源总库"中国学术期刊网络出版总库"的"来源期刊检索"中分别输入 5 个农业高校学报名称,统计期刊不同年度发文量、本校稿件占比及论文主要学科分布情况等。

基金项目:国家自然科学基金专项(S2024002);2024 年度中国农业期刊网研究基金项目(CAJW2024-058)

2 结果与分析

2.1 24 个农业期刊综合评价

综合评价总分是根据科学计量学原理,系统性地综合考虑被评价期刊的各影响力指标(核心总被引频次、核心影响因子、核心他引率、基金论文比、引文率等)在其所在学科中的相对位置,并按照一定的权重系数将这些指标进行综合集成,反映的是期刊的综合评价结果。统计结果发现,2011—2020 年,24 个农业高校学报综合评价总分的 10 年总平均值为 46.5,高于中国科技核心期刊 10 年总平均值(40.6),整体呈现出稳中有进的发展趋势。单刊在不同年份间的差异不显著,但 10 年综合评价总分的平均值各刊之间差异显著。《西北农林科技大学学报(自然科学版)》10 年综合评价总分平均值最高,达到 75.7,显著高于其他期刊;《青岛农业大学学报(自然科学版)》10 年综合评价总分平均值最低,仅为 25.4;《中国农业大学学报》仅次于《西北农林科技大学学报(自然科学版)》,但总体呈现出稳步提升的趋势;《南京农业大学(自然科学版)》《华中农业大学(自然科学版)》和《浙江大学学报(农业与生命科学版)》虽与《中国农业大学学报》差异不显著,但总体呈现下降趋势;这 5 个刊 10 年综合评价总分平均值均在 60 分以上,显著优于其他期刊(表 1)。总体看来,农业高校学报稳步发展,综合评价相对较好,但不同期刊期间差异较大,这可能与高校学报的发展主要依赖主办高校的学术发展情况[15]以及期刊本身的特点有关。

表 1 2011—2020 年农业高校学报类期刊(核心版)综合评价总分

序号	刊名	2011	2012	2013	2014	2015	2016	2017	2018	2019	2020	10 年平均值
1	西北农林科技大学学报(自然科学版)	72.4	64.4	71.3	75.8	78.53	74.30	76.3	83.8	80.6	79.3	75.7a
2	中国农业大学学报	59.7	65.5	59.5	66.9	62.73	66.90	66.5	69.0	70.8	74.5	66.2b
3	南京农业大学学报	75.1	74.5	61.1	70.4	59.95	59.80	64.9	67.8	61.6	62.9	65.8b
4	华中农业大学学报	70.5	72.1	67.5	64.4	61.77	64.20	58.1	62.0	56.1	57.2	63.4b
5	浙江大学学报(农业与生命科学版)	65.9	62.0	61.2	61.4	63.66	61.70	61.6	57.7	51.0	55.8	60.2b
6	江西农业大学学报	53.9	55.6	54.1	57.7	53.14	55.00	56.1	55.7	53.0	64.9	55.9cd
7	华南农业大学学报	46.8	46.5	47.8	60.0	54.82	57.20	60.9	59.2	61.9	60.8	55.6cd
8	东北农业大学学报	44.9	46.4	42.8	49.3	53.98	57.70	59.4	53.5	55.0	51.1	51.4de
9	浙江农林大学学报	52.7	-	51.1	49.9	51.81	48.10	48.5	51.6	51.5	52.5	50.9de
10	沈阳农业大学学报	41.9	36.7	43.6	45.0	46.85	45.80	48.9	52.5	51.1	51.8	46.4ef
11	云南农业大学学报	44.5	44.4	49.3	45.9	48.70	48.30	44.7	49.1	43.8	43.2	46.2ef
12	湖南农业大学学报(自然科学版)	55.8	51.3	47.3	44.4	47.22	46.00	43.8	38.8	37.9	45.0	45.8ef
13	吉林农业大学学报	42.3	41.4	40.0	49.7	49.85	43.80	48.8	42.9	42.7	43.4	44.5ef
14	安徽农业大学学报	38.4	42.9	42.9	43.4	41.20	40.50	43.5	41.1	45.2	42.9	42.2fg
15	福建农林大学学报(自然科学版)	37.3	40.4	46.0	46.8	41.58	43.10	43.8	44.5	38.4	38.8	42.1fg
16	河南农业大学学报	42.7	39.3	43.7	44.4	39.86	37.10	36.8	39.7	37.4	42.1	40.3fgh

续表 1

序号	刊名	2011	2012	2013	2014	2015	2016	2017	2018	2019	2020	10年平均值
17	河北农业大学学报	41.0	35.7	40.6	41.4	38.29	39.60	39.9	40.0	38.3	38.3	39.3fgh
18	扬州大学学报(农业与生命科学版)	37.3	34.2	40.2	40.2	43.29	39.30	37.7	32.8	26.5	27.9	35.9ghi
19	山西农业大学学报(自然科学版)	26.7	23.5	33.1	32.5	35.57	33.60	36.6	43.3	38.7	42.2	34.6hi
20	新疆农业大学学报	34.7	29.9	34.5	36.4	35.88	37.50	31.1	33.8	34.2	—	34.2hi
21	上海交通大学学报(农业科学版)	38.5	28.3	38.2	36.1	37.28	31.70	28.8	34.6	28.1	—	33.5hi
22	山东农业大学学报(自然科学版)	28.7	32.7	34.4	31.4	29.91	29.30	34.1	28.3	29.2	28.9	30.7ij
23	北京农学院学报	28.2	21.1	30.2	28.0	30.96	36.10	29.4	28.5	29.3	—	29.1ij
24	青岛农业大学学报(自然科学版)	16.8	25.3	29.9	32.8	28.23	24.10	20.5	—	—	—	25.4j

注:"—"表示该刊当年没有入选中国科技核心期刊。中国科技核心期刊(中国科技论文统计源期刊)的综合评价总分 2011—2020 年平均值为 40.6。各刊综合评价总分平均值后小写字母不同表示不同差异有统计学意义($p<0.05$)。

2.2 代表性期刊指标分析

选取《西北农林科技大学学报(自然科学版)》《中国农业大学学报》《南京农业大学学报》《华中农业大学学报》和《浙江大学学报(农业与生命科学版)》这 5 种综合评价总分显著优异的期刊作为代表性期刊进行进一步分析。

2.2.1 核心影响因子和被引频次

核心影响因子表示期刊评价前两年发表论文的篇均被引用的次数,用于测度期刊学术影响力。核心总被引频次指的是期刊自创刊以来所登载的全部论文在统计当年被引用的总次数,可以显示该期刊被使用和受重视的程度,以及在学科交流中的绝对影响力的大小。从统计结果可以看出,5 种期刊的核心影响因子 10 年来整体呈现上升趋势,其中《南京农业大学学报》《华中农业大学学报》和《中国农业大学学报》略高,《西北农林科技大学学报(自然科学版)》影响因子有提升但优势并不明显(图 1(a));论文总被引频次差异较大,《西北农林科技大学学报(自然科学版)》明显最高,《中国农业大学学报》论文总被引频次呈现出连续上升的趋势,其他 3 个刊 10 年来总被引频次相对稳定(图 1(b))。综合影响因子和总被引频次 2 个指标可以发现,2016—2020 年,《西北农林科技大学学报(自然科学版)》影响因子明显提升,而总被引频次反而总体呈下降趋势,《中国农业大学学报》这两个指标均连续上升,其深层次原因需要结合其他指标进行分析。

2.2.2 学科影响指标和学科扩散指标

学科影响指标指期刊所在学科内,引用该期刊的期刊数占全部期刊数量的比例;学科扩散指标指的是在统计源期刊范围内,引用该期刊的期刊数量与其所在学科全部期刊数量之比,显示总被引频次扩散的范围。从图 2(a)可以看出,5 种期刊学科影响指标整体十分接近,10 年

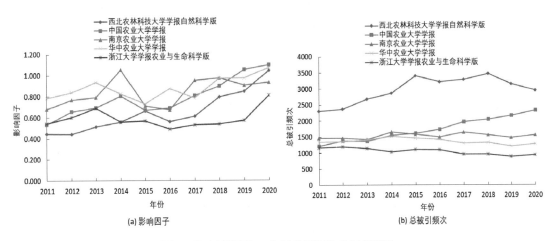

图 1　代表性期刊 10 年影响因子和总被引频次

数值相对较为平稳；学科扩散指标差异较大但发展趋势基本相同；其中《西北农林科技大学学报(自然科学版)》总体略高，《中国农业大学学报》次之，其他 3 种期刊的学科扩散指标整体较为接近且数值较小(图 2(b))。综合这 2 个指标的统计结果，可以在一定程度上看出这几个刊在学科内没有实现较为明显的特色化和差异化发展，今后应该加强特色栏目建设，从而增大期刊的影响力。

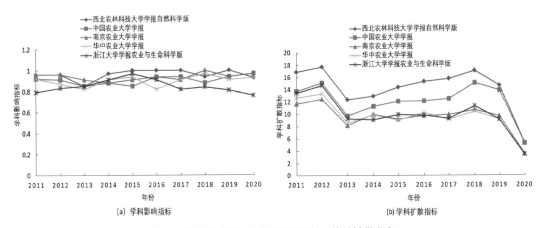

图 2　代表性期刊 10 年学科影响、学科扩散指标

2.2.3　红点指标

红点指标指该期刊发表的论文中，关键词与其所在学科排名前 1%的高频关键词重合的论文所占的比例。通过这个指标可以反映出期刊论文与学科研究热点的重合度。从统计结果可以看出，5 种代表性期刊的红点指标 5 年呈现出无规律波动(图 3)。可能有两个方面的原因：一是与近些年高水平论文外流有关[16]，二是与期刊对接学术热点工作力度不够有关。因此，应加大组约稿和追踪学术热点的力度。2016 年之前红点指标未统计，故仅显示 2016—2020 年的数据。

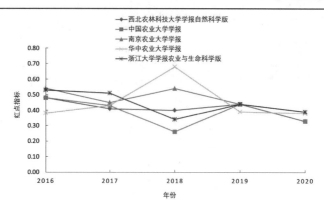

图 3 代表性期刊 10 年红点指标

2.2.4 期刊发文量

统计结果表明，5 种期刊 2011—2020 年的发文量呈现出不同的趋势，如《西北农林科技大学学报(自然科学版)》发文量从 2011 年的 446 篇下降到 2020 年的 233 篇；《中国农业大学学报》发文量呈上升趋势，从 2011 年的 180 篇上升到 2020 年的 264 篇；另外 3 种期刊 10 年发文量相对平稳且发文量较少，《浙江大学学报(农业与生命科学版)》发文量最低，年发文量仅为 85～118 篇(图 4)。《西北农林科技大学学报(自然科学版)》评价总分和总被引频次均最高，但该刊影响因子优势不明显，可能与该刊发文量较大有关；2017 年以后，该刊降低了发文量，影响因子明显上升。另外，《西北农林科技大学学报(自然科学版)》在统计年度一直是月刊，《中国农业大学学报》在 2016 年由双月刊改为月刊，其他 3 种期刊为双月刊。从统计结果可以看出，《中国农业大学学报》由双月刊改为月刊之后，其发文量并没有大幅提升，10 年中持续维持在稳步上升的趋势，这可能是《中国农业大学学报》总被引频次和影响因子均稳步提升的原因。因此，保证稿件质量才是提高期刊影响力的内核，在此前提下，为提高期刊在学界的显示度和整体影响力，发文量应达到一定的数量，不能单纯为追求高影响因子而降低发文量。

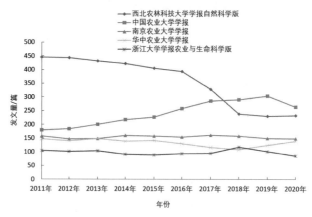

图 4 代表性期刊 10 年发文量

2.2.5 本校稿件占比

从本校稿件占比情况来看，《西北农林科技大学学报(自然科学版)》10 年来本校稿件占比逐年降低，从 2011 年的 61.49%降低到 2020 年的 20.18%；《中国农业大学学报》也呈现出总体降低的趋势；《华中农业大学学报》本校稿件占比不降反升；《浙江大学学报(农业与生命科学版)》本校稿件占比总体较低；《南京农业大学学报》2011—2020 年本校稿件占比一直很高，高达 73.11%～87.97%(图 5)。高校农业期刊本校稿件的占比情况，可反映出该刊吸纳外部稿件的能力和行业内的影响力，这也可能是《西北农林科技大学学报(自然科学版)》和《中国农业大学学报》发展较好的原因之一。《南京农业大学学报》本校稿件占比很高，但总体发展不错，可能与刊发的本校优质稿件较多有关。《浙江大学学报(农业与生命科学版)》本校稿件占比虽低，但由于其发文量太小，学术影响力也相对有限。可见，论文来源的多样性，也一定程度上影响期刊的影响力。

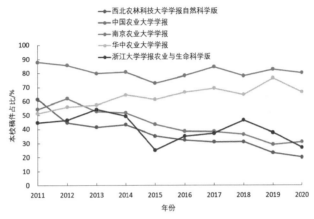

图 5　代表性期刊 10 年本校稿件占比

2.2.6　论文的学科分布情况

5 种期刊论文的学科分布呈现出差异，如《西北农林科技大学学报(自然科学版)》占比最大的学科分别为畜牧与动物医学(13.00%)、农作物(12.24%)、园艺(11.86%)；《中国农业大学学报》占比最大的学科分别农作物(17.04%)、畜牧与动物医学(14.37%)、农业基础科学(9.64%)；《南京农业大学学报》占比最大的学科分别为畜牧与动物医学(19.68%)、植物保护(14.76%)、农作物(14.40%)；《华中农业大学学报》占比最大的学科分别是农作物(17.67%)、生物学(12.39%)、植物保护(12.13%)；《浙江大学学报(农业与生命科学版)》占比最大的学科分别是生物学(14.87%)、农作物(14.76%)、植物保护(10.15%)。5 种期刊均呈现出论文学科分布与本学报依托的大学优势学科密切相关的现象。农业高校学报发展引证指标排行与所在高校学科发展排序基本保持一致，学校以及相关学科实力雄厚，其主办的学报学术影响力也相对较高。农业高校学报应注重设置与优势学科相关的重点栏目，辐射带动国内外相关学科领域研究成果汇聚，形成正向增值效益。

3　对策与建议

针对本研究结果分析中反映出的农业高校期刊发展不平衡、期刊特色化差异化不鲜明、期刊对接学术热点工作力度不够、发文量以及本校稿件占比与期刊影响力有关以及主办学校学科建设水平与期刊发展密切相关等问题，提出期刊高质量发展的几点对策和建议。

3.1　结合学校特点和优势，促进特色化发展

期刊发展的首要任务和核心是汇聚具有重大原创性的学术论文。科技期刊内容创新的有效性取决于期刊的内容定位创新，着力从内容上提高期刊质量[17-18]。准确的办刊定位是期刊

发展的指南针[19]。农业高校学报属于综合性专业学术期刊，涉及多个学科，由于涉及专业多，覆盖面广，存在发展不平衡和特点不够鲜明的问题。明确期刊发展定位是办好农业高校学报的首要问题。一是要依托学校的优势学科，明确期刊服务的主要学科领域和学术领域，深化期刊发展与学科建设的深度融合和相互支撑机制，获得优势学科强力支撑，形成比较稳定的专家群和读者群。二是要加强重点品牌建设，科学设立重点栏目，形成品牌效益，可集中有针对性地报道某一方面或某一领域的阶段性科技成果及其动态信息，起到较强的引导作用[20]。三是要聚焦优势学科的重点领域，增强服务领域的专业性、前沿性和创新性。

3.2 关注学科发展动态，适时对接学术热点

本研究统计结果发现，农业高校学报可能存在对接学术热点工作力度不够的问题。李二斌[21]基于期刊视角研究了学术热点的生成机制及应对策略，认为积极主动对接学术热点，是学术期刊的重要工作，但不能片面追"热"，要发挥期刊的主体性作用，融入学术共同体，创新学术传播体制机制，营造有利于学术热点生发的期刊生态环境，从而积极有效对接学术热点。因此，农业高校学报期刊编辑要提高政治判断力，始终坚持正确办刊方向；始终关注学术前沿，瞄准学术研究的前沿领域和前端过程，增强学术领导力和甄别力；始终坚守学术质量标准，精选学术热点、严选优质论文、快发创新性成果，为期刊争取优质的学术资源，从而提升期刊质量和竞争力。

3.3 合理控制发文数量，着力提高期刊影响力

期刊发文数量一定程度上决定了期刊的知名度和影响力。受稿源和"唯影响因子论"的影响，期刊界出现通过"控制"影响因子而不愿增加发文数量的现象，甚至有部分期刊通过逐年降低发文量来提升影响因子[22]。张志转等[23]认为，来源文献量大的期刊不一定影响力就大，譬如页码多、单篇文章字数少的期刊载文量也很大，但影响力并不强。说明发文量大的同时内容质量一定要高，抛开内容质量去讨论发文量或影响因子没有太大的价值。事实上，《西北农林科技大学学报(自然科学版)》发文量较大，广泛的稿源反映出期刊影响力的提升。《中国农业大学学报》10年发文量增加，其影响因子稳步提高。同时，与我国世界论文第一生产大国的地位相比，我国科技期刊发表供给相对不足。农业高校学报要紧扣学科领域服务，精准研判学科发展态势和学术论文生产规模，严控学术质量标准，适当增加发文数量。在条件成熟的情况下，适当考虑围绕重大学术选题出版学术专刊，增强学术期刊的影响力和认同度。

3.4 实施开放办刊模式，促使稿件来源更多元

一般来说，高校学报的影响力与所刊发校外稿件的比例具有某种相关关系。本研究结果发现，《西北农林科技大学学报(自然科学版)》综合评价最优，该刊本校稿件占比最低且呈逐年下降的趋势。陈银洲[24]研究了高校学报校外稿件比例与期刊质量的关系，结果发现，对大多数高校学报来说，过多地服务于本校使内稿比例过大是其不具有竞争力的主要原因。因此，农业高校学报要提高期刊质量，需要积极拓展期刊论文范围，要坚持走出学校办期刊、走向学科选好文，突破学校学科圈形成的自产自销小循环，突破人情稿、关系稿的恶循环；应积极吸收和发表各种自由来稿，保障自由来稿发表的绝对比例，坚决倡导学术自由、学术争鸣。要积极面向高水平创新团队发表具有重大原创性成果，面向生产一线发表具有重要指导性成果，形成"顶天立地"的学术期刊格局；要积极面向世界，加强与世界主要农业科技研究机构联系，积极发表国际学术研究机构研究成果，以更加开放的格局和视野办好期刊，着力提高期

刊国际影响力。

4 结束语

农业高校应着力提高期刊质量及影响力,推动农业科技成果传播和转移转化,为全面实施乡村振兴和农业强国战略提供科技支撑。推进农业高校学报发展高质量发展,必须立足农业高校学校发展实际,坚持问题导向、目标导向和效果导向,统筹理念和思路、数量和质量、机制和措施,形成期刊发展整体合力,不断形塑期刊发展特色和优势,实现期刊质量和影响力同步提升。

参 考 文 献

[1] 姚佳良.高校学报可持续发展路径探析[J].教育教学论坛,2023(3):33-36.
[2] 赵赟,贺来星.农业高校学报可探索"科研+科普"的办刊新模式[J].山西农业大学学报(社会科学版),2008,7(6):654-656.
[3] 杨锦莲,李京,罗菊花.17家农业高校学报刊用外稿实证分析[J].中国科技期刊研究,2002,13(6):496-498.
[4] 秦梅,袁文业.我国涉农高校期刊高质量发展的困境与对策:以中国农业大学期刊为例[J].中国科技期刊研究,2022,33(7):949-956.
[5] 喻明达.农业高校学报构建特色的途径[J].中国科技期刊研究,2004,15(3):321-323.
[6] 王广生,李西双.从农业高校学报的比较分析看山东农业大学学报的发展方向[J].中国科技期刊研究,2003,14(4):381-383.
[7] 温晓平,窦春蕊,马秋明.F5000农业科学类论文的学科分析及对农业高校学报编辑工作的启示[J].农业图书情报学刊,2017,29(5):154-160.
[8] 陈艳芬,熊楚才.农业高校学报栏目设置的构想[J].中国科技期刊研究,2000,11(6):398-399.
[9] 姜爽.农业高校学报特色栏目建设[J].农业图书情报学刊,2013,25(8):168-170.
[10] 陈娟,朱淼.国内36种农业高校学报主要指标分析[J].农学学报,2018,8(11):82-87.
[11] 吕晶.几种核心农业高校学报分析[M]//学报编辑论丛2018.上海:上海大学出版社,2018:572-579.
[12] 王雁.我国23种农业高校学报高被引论文特征变化[M]//学报编辑论丛2022.上海:上海大学出版社,2022:753-758.
[13] 陈艳芬.我国农业高校学报影响因子分析[J].今传媒,2014,22(11):141-142,149.
[14] 沈波,周广礼,夏爱红,等.我国农业高校学报主要计量指标的统计与分析[J].情报科学,2009,27(2):244-248.
[15] 秦明阳,何运斌,陈灿,等.中国特色的一流高校学报与"双一流"建设的融合发展:以《中南大学学报(自然科学版)》和《中南大学学报(英文版)》为例[J].中国科技期刊研究,2022,33(9):1253-1259.
[16] 尤凯,苏静艳,王博."双一流"背景下农业高校期刊高质量发展的几点思考[J].新闻传播,2022(4):68-69.
[17] 张正柱.浅议科技期刊的创新之路[J].武汉科技大学学报(社会科学版),2006,8(5):29-32.
[18] 李庚,杜承宸.正确认识期刊评价,回归办刊初心[J].编辑学报,2022,34(2):138-141.
[19] 周玥,许艳超,金文苑,等.创办国际化英文科技期刊路径探索:以《Food Bioscience》办刊实践为例[J].科技传播,2020,12(20):6-9.
[20] 朱益民.特色栏目与专刊策划促进科技期刊发展[J].林业建设,2023(1):40-43.
[21] 李二斌.学术热点的生成机制及应对策略研究:基于期刊的视角[J].出版发行研究,2022(8):33-38.
[22] 罗东,王洪宇,周海燕,等.做强、做大、做活,培育一流科技期刊[J].中国科技期刊研究,2022,33(11):1477-1483.
[23] 张志转,朱永和.科技期刊来源指标的讨论[J].安徽农业科学,2008,36(29):12532,12997.
[24] 陈银洲.高校学报外稿比例与期刊质量的关系[J].中国科技期刊研究,2006,17(5):826-828.

综述性英文科技期刊的特殊性对办刊实践的指导意义

陈昕伊

(上海大学期刊社《电化学能源评论(英文)》编辑部，上海 200444)

摘要：在内容原创性、转载内容篇幅、宣传工作等方面，综述性英文论文与研究型英文论文相比有很多不同，因此综述性英文科技期刊在编校工作、著作权管理、发展策略上有其特殊性。概括了综述性英文科技文稿编校工作中容易被忽视的问题；总结了具有国际代表性的综述性英文科技期刊对被转载图的著作权管理的通行办法，涉猎了国内综述性英文科技期刊对转载图片的著作权管理的问题并对国内管理者提出建议；论述了综述性英文科技期刊的发文体量和学术影响力关系相对研究型期刊的特殊性对综述性英文科技期刊发展策略的影响。最后探讨了以上特殊性对《电化学能源评论(英文)》(EER)办刊实践的指导意义，旨在为综述性英文科技期刊编辑指出工作中的实际问题并指出综述性英文科技期刊发展重点，从而为中国综述性英文科技期刊融入国际期刊出版业打好坚实基础。

关键词：综述；著作权；国内英文期刊；信用说明；研究型期刊；综述型期刊

综述性论文是作者通过阅读大量材料和文献，在对他人研究成果的总结研究的基础上，以批判性的思维汇聚研究焦点、提炼共通问题，并给相关领域未来的科研工作提供指导。理论上综述性论文的分析内容不侧重于论证，旨在客观叙述过去的研究经验和成果，撰写时以叙述性、介绍性的书面语言为主，如此大规模的知识再造和深化依赖于作者在该领域多年的研究中对前人研究工作的扬弃，内容架构和语言的逻辑性都较强[1-2]。综述性论文的撰写需要耗费作者很多的精力，即便作者在选定专题深耕已久，综述性论文也不是信手拈来，因为必须把问题说得清晰明了，又不乏专业性。一旦成文，其内在的论述思路很难再推倒重来。为了不浪费作者宝贵的科研时间，责任编辑在约稿时就必须提及本刊的宗旨、目标读者，或者为综述作者拟定一个主题，请其围绕该主题草拟一篇简短的计划，当主编认为符合本刊的宗旨才请作者动笔成文。而研究型论文的作者先是有一定的材料阅读基础，在此之上选定论题、提出论点、整理分析出论据来引证论点。由于开篇要立论，通常在学术论文中作者立场很鲜明、独到。因此，和研究型论文相比，综述性论文的约稿较多，责任编辑在综述性英文科技期刊工作中应该起到作者和编委会的桥梁作用，以最大化作者和编委会的工作效率。

得益于网络出版和数字化传播，当今学者可越来越迅速、广泛地扩大学术影响力，综述

基金项目：2023 年度中国科技期刊卓越行动计划选育高水平办刊人才子项目-青年人才支持项目(2023ZZ051549)；；上海市科技期刊学会"海上青编腾飞项目"(2022A05)

性英文科技论文的内容有细分化、前沿化、简短化的趋势,比如 Nature Reviews 系列有展望类的路线图(roadmap)、迷你综述(mini review),工程技术类的技术综述(technical reviews),有关实验参数的专家推荐(expert recommendations)等等。与研究型英文论文相比,综述性英文科技论文具有某些显著特点,比如时态多用过去时,查重率会高一些。

此外,办刊实践涉及成本效益等具体问题。研究型英文期刊从追踪科研热点入手,可以通过增加稿件数量、扩展专题范围等方式相对快速地提升体量;而综述性英文科技期刊则因为撰写国际化综述性论文所需的时间和精力较多、撰写门槛较高,所以其体量的增加需要长期的积累、相对较多资源的投入和内容的精心策划。因此综述性英文科技期刊发文体量的提高不像研究型英文期刊那么轻而易举,亟须对期刊的体量和学术影响力之间的关系进行量化研究,进而为可能的投资与决策进行风险分析打下基础,因此更加彰显数据化分析在辅助综述性英文科技期刊内容策划与出版项目决策中的价值。

本文概括了综述性英文科技论文编辑工作中常见且需注意的问题,针对转载图片的著作权管理等具体问题,简要分析了国内综述性英文科技期刊的现状;通过数据化分析,量化并比较了综述性英文科技期刊、研究型期刊在发文体量和学术影响力方面的成效,旨在帮助国内综述性英文科技期刊工作者加强内容质量建设,提高学术影响力。这些总结和建议不仅可以提高综述性英文论文的内容学术水平,还能在实际期刊管理操作中显著提升作者和编委会的工作效率,为综述性英文科技期刊编辑的工作提供实用指导。

1 英文科技文稿编校工作的特殊性

综述性英文科技文稿的处理是办刊工作的基础,在综述性英文科技期刊办刊过程中的一系列特殊性,对编辑职业素养、编辑与作者之间的工作互动等方面带来挑战。

第一,在学术论文体量逐年上升的背景下,综述性英文论文的编辑和作者更应该清楚地了解综述性英文论文的特点,规避一些可能降低综述性英文论文内容质量问题,才能够把握好写作和编辑工作中处理问题的分寸。比如:①作者在根据已有文献的加工过程中转抄的文字比例高,或把以别的语言书写的论文直译过来而不加以概括;②文章洋洋洒洒过万字,但无非是作者读过的论文的堆积,未做扬弃,导致逻辑性、条理性不强;③参考文献的选择不够恰当,作者对有些参考文献可能都没有认真研读过,而只是为了打造参考文献部分卷帙浩繁的形象而沦为"标题党",影响了整篇文章的权威性和参考价值。

所以,在责任编辑接收到稿件后,如果发现文稿出现以上内容质量问题,就必须妥善处理,而不是忽略责任编辑在学术期刊科研诚信建设中首要把关人的职责;应该坚决以《学术出版规范——期刊学术不端行为界定》(CY/T 174—2019)为准则,重视出版道德和伦理,进一步提高期刊规范化程度和科研诚信建设水平,珍惜期刊的名誉,立足长远发展。

第二,综述性英文论文编校过程则更加考验编辑的学术能力和编校功力。众所周知,综述性论文占用了大量的素材,包括了选定专题的发展纵向的学术资料的梳理和归纳,以及国内和国外目前研究进展的横向比较。综述性英文论文的参考文献数量动辄好几百,说明综述性英文论文的系统性和全面性是衡量一篇综述含金量的指标之一。综述性英文论文这种"知识再造"功能带来的文稿的常见问题包括:①文中不可避免地引用了一些不属于国际单位制等规范用法而行业内则是司空见惯的单位、物理量、术语,比如化学期刊中用 C(本该是电量单位库伦)代表电池额定容量的倍数;②引用英文文献时对同一物理量套用了不同的表达方式,比如电势这个物理量，有些文章用的是 V，有些是 E，导致综述本身的术语体例不统一，增加了综述性英文科技期刊编辑的工作难度和专业度；③文章内容查重率高，有些甚至达到 40%以上。转载内容尤其是转载图是综述编辑在日常工作中需要谨慎处理的对象，因为涉及著作权许可范畴。

第三，由于综述性英文论文中数据可能属于非原创，编辑在处理综述性英文文稿时会碰到比较棘手的、貌似违反 GB 7713—1987《科学技术报告、学位论文和学术论文的编写格式》等国家标准的规定的实例，比如综述性英文论文中对文献数据进行归纳的表格里经常会出现针对同一物理量但测量单位不统一的数据。这很可能是因为数据的来源不统一、测量环境不统一等，但是只要是对实验一线人员具有价值的数据，综述性英文科技期刊编辑就应该尽力保留下来，不该完全拘泥于国家标准的束缚，而是要根据综述性英文论文的特点灵活处理。实际编校工作中还会出现表格中同一物理量的修约间隔不同的情况，编辑宜保留数据源的有效数位，而非为了满足修约间隔的一致而人为引入数据误差。总之，编辑应立足于期刊学科背景和综述性英文文稿的特点，结合较为丰富的编校工作经验，才能为所负责期刊建立行之有效的编校规范；缺乏学术严谨性的或新的编辑对综述性英文科技期刊编校工作的拿捏和把关很有可能不到位。

2 综述性英文科技期刊对被转载图的著作权管理的特殊性

一般的研究型英文论文的内容多以原创性为主，只有综述性英文论文会大量引用已发表的图片，因为综述性英文论文旨在客观叙述过去的研究经验和成果，势必占用大量的素材。因此讨论图片著作权转让问题最应当借鉴国际著名综述性英文科技期刊的做法和经验。笔者以综述性英文科技期刊——美国化学学会的 *Chemical Reviews* 和英国皇家化学学会的 *Chemical Society Reviews* 等为例，总结并简析具有国际代表性的期刊出版商对图片转载的著作权问题的处理，对标国内综述性英文科技期刊的发展特点，对国内综述性英文科技论文和期刊的著作权管理工作提出切实可行的建议。

2.1 国际代表性综述性英文科技期刊对被转载图的著作权管理

(1) 只要是转载的图，在图注中必须添加信用说明(credit lines)或鸣谢(acknowledgements)，表示得到著作权所有者的认可。投稿人应在手稿中恰当地表明已被授予此类许可的事实【例如：在参考文献[42]的许可下重印。著作权所有 1996 美国物理研究所。(Reprinted with permission from Ref. [42]. Copyright 1996 American Institute of Physics.)】。作者应将被授予著作权许可的文件妥善保存。转载内容有如下两种情况。

①被转载内容和投稿出自同一个出版商。这种情况一般不需要投稿人去获得被转载内容作者的许可(permission)，只需提供信用说明，信用说明的格式见 2.1 节(2)。

②被转载内容和投稿出自不同的出版商。这种情况主要是根据被转载文章的出版商的要求，获取著作权人的许可。调研过程中，发现不同的出版社授予自家已出版论文图片的转载许可的途径有所不同。

a. 大多数出版商现在使用著作权清算中心(CCC)的 Rightslink 系统来处理他们收到的请求。CCC 为世界各地的主要出版商将内容货币化，并将著作权许可方面的 30 多年的实践和行之有效的成功方法纳入了 Rightslink 系统，从而降低了授权许可的市场准入门槛[3]。该系统使机构或个人获得内容复制许可过程更加自动化、更加迅速。

b. 许多出版商遵循符合国际科学、技术和医学出版商协会(STM)许可指南的规则。STM是全球领先的学术和专业出版商贸易协会，在21个国家有超过150多个出版商成员，包括Springer Nature、Elsevier、John Wiley & Sons Inc.等大型出版集团都遵循STM许可指南的规则[4]。另外，CCC和STM有长期合作关系，STM协会的出版商成员使用Rightslink系统获取许可将会有一定的优惠[5]。

c. 其他出版商有自己的许可请求表和/或指定了处理任何许可请求所需的信息。如果被转载内容的出版商不属于STM许可指南管理范畴，也不使用Rightslink系统处理许可授权，则投稿作者需要根据该出版商的许可请求流程进行许可申请。

d. 如果出版商/著作权人没有列出具体的程序，笔者认为投稿人可告知接受投稿的出版商，请该出版商著作权事宜的负责人协助解决，对方将会提供专业的建议和妥善的处理方法。

如果被转载文章的著作权所有人已选择在知识共享许可协议(CC license)下出版，则投稿作者必须注意该CC协议的许可范围，若要对作品进行法律专门保留给许可人且该CC协议未明确允许的任何操作，必须获得著作权所有人的另外许可[6]。并且在转载作品上，投稿作者必须提供有关信用说明，并在转载的文章中妥善列出著作权声明，并从转载的文章中链接到许可证。开放获取(OA)出版模式与此种许可协议的关联较大，建议编辑和读者重视CC协议越来越普遍的应用。

(2) 信用说明(credit lines)的写法。

信用说明中应包括所引用参考文献、出版年份和出版商以及授予许可的信函中规定的任何其他信息。如果发布者/著作权所有人授予投稿人的许可中包含信用说明用语，则请投稿人始终使用该用语。如果发布者/著作权所有者需要在许可中包含链接，则必须包含该链接。如果许可中不包含特定的信用说明措辞，则可以使用投稿的出版商所规定的格式。出版商应提醒投稿人注意，投稿人对原图是否有更改，信用说明的措辞会有所不同。比如，对原图有更改时,信用说明必须对此进行反映，比如写成"经参考文献[239]许可改编。"或"该图是根据参考文献[150]重建的。"当对原图完全无更改时，信用说明宜写为"在参考文献[69]许可下重印。"或"经参考文献[96]许可复制。"

在实际操作中，投稿人获得的许可中对著作权部分的描述会不尽相同。比如美国化学学会(ACS)明确提出了被转载文作者的国籍对著作权信息的影响。被转载文若出自ACS出版社，原文著作权信息就会分为几种，相应的转载的著作权信息也会有变化，比如"不受美国著作权限制""出版[年]美国化学学会""著作权[年]美国化学学会"。

2.2 国内综述性英文科技期刊转载图片的著作权管理问题

国内综述性英文科技期刊数量较少，本文调查了 *National Science Review* 和 *Photonics Insights*，对其在转载图片著作权管理方面的现状进行了分析，不仅为国内综述性英文科技期刊编辑，也为其他有兴趣踏足综述性英文论文领域的科技期刊编辑提供参考。结果表明，这些期刊在转载图片的著作权管理上存在一些问题。

首先，现有期刊中综述性英文论文的比例不高。以 *National Science Review* 为例，最新出版的2024年第11卷第2期的29篇文章中只有7篇是综述性论文，其余为研究型论文、研究亮点、观点、访谈等文体。尽管文体多样，但综述性论文较短，其页码中位数仅为16页。调查发现，这7篇综述性论文中只有1篇明确写了完整的信用说明，另外6篇均未体现被转载图已经获得转载许可,有 3 篇甚至将被转载图当做一般参考文献处理。

其次,*Photonics Insights* 的发文量较少,最新出版的 2024 年第 1 期只有 4 篇文章,其中 2 篇是综述性论文,平均页码为 37 页。然而,这两篇综述性论文统统将被转载图当做一般参考文献处理,未明确注明已获得转载许可。

鉴于这两本综述性英文科技期刊的主办单位均为国内较为知名、经验丰富的出版机构,因此这两本期刊可以在一定程度上代表国内目前综述性英文科技期刊的较高管理水平,而其对被转载图片著作权的管理现状出现的问题,彰显出我国对国内综述性英文科技期刊在转载图片的著作权管理上可能普遍存在以下问题:

(1) 转载图片许可不明确:大部分综述性论文未明确说明已获得转载图片的许可,甚至有些综述性论文将转载图片当做一般参考文献处理,这可能导致潜在的著作权纠纷。

(2) 信用说明不充分:仅有少数综述性论文在信用说明中详细注明了图片的来源和使用许可情况,整体上对著作权管理的重视程度不够。

(3) 期刊级别的管理规范缺失:单种期刊缺乏统一的著作权管理规范和标准,导致各篇文章在处理转载图片时的方法不一,容易引发著作权问题。

2.3 对管理国内综述性英文科技期刊转载图片著作权的建议

在获得著作权许可后,投稿人与著作权人之间的著作权许可使用的处理基本结束。文章进入编校流程后,责任编辑如果为了使所负责期刊的格式体例保持统一,也为了使文稿符合国家编校规范,倾向于考虑修改转载图体例,但编辑在编校过程中对被转载图体例的处理必须慎之又慎。

以国际知名综述性英文科技期刊——美国化学学会出版的 *Chemical Reviews* 为例,可以对国际期刊处理被转载图体例的方式略窥一二。该期刊的投稿要求中只对投稿中图的大小、图中文字的字体做了要求;对投稿中的转载图只提出了获得著作权许可使用的要求,无其他体例统一要求。最后的出版物上也基本没有对原图有任何体例上的修改。笔者查阅了该期刊很多文献,发现很多文章的体例不是通篇统一的,甚至一些文章中作者自己创作的同一张图都会出现体例不统一的情况,说明该期刊的编辑不考虑被转载图和其他图体例是否统一的问题。笔者发现体例不统一的现象在国外很多知名学术期刊中都存在,非国外综述性英文科技期刊独有的现象。但是国外综述性英文期刊对信用说明的处理较为谨慎,可能是受国外成熟的市场化出版土壤影响。

根据我国《著作权法》,已经发表的论文图片是不允许他人任意修改的,修改权也是著作权的一部分[7]。需要强调的是,由于对原图是否做修改,credit line 的写法是有所区别的,然而进入编校阶段,著作权许可信息很可能已经形成,这时若要修改 credit line 就需要费周章地请投稿人去联系著作权人,这不利于节省编辑部运能,加快出版周期。在编校质量、多方利益、内容质量的多重因素影响下,如何妥善地处理著作权许可,使其尽量一步到位,也是优化国内英文期刊出版流程,使其规范化、国际化的重要问题。并且考虑到著作权许可申请会占用一些处理时间,接受投稿的出版商和投稿人越早就著作权事宜讨论处理方案越佳。国内出版方在作者指南中也可强调著作权转让流程的重要性,并详细地、严谨地罗列著作权许可相关程序和情况,因为相对于作者来说,天天要与作品、作者打交道的出版方及编辑更应该对法务有所重视,扫清期刊运营中任何法律隐患。

3 综述刊的发文体量和学术影响力关系相对研究型期刊的特殊性

期刊的体量是期刊学术影响力的重要组成部分,然而综述性英文科技期刊发文体量的提高不是一朝一夕的事。2021年《期刊引证报告》(JCR)化学综合领域中影响因子排名前五的期刊中有3本是综述性英文科技期刊,另两本是 *Energy & Environmental Science* 以及 *Advanced Materials*,由于 *Energy & Environmental Science* 相对较新(2009年才有影响因子),重点比较研究型期刊 *Advanced Materials* 和综述性期刊 *Chemical Reviews* 的情况。

调研发现,如图1所示,*Chemical Reviews*(在2021 JCR 化学综合领域排名第一)自1997年有影响因子记录以来年发文量一直维持在250篇以下,而 *Advanced Materials* 的年发文量自1997年(200篇)开始一直稳步上升,到2020年超过了1 600篇,翻了8倍。*Chemical Reviews* 作为诞生将近100年的经典期刊,文章数量没有显著提升、文章类型还是以综述性论文为主:2020年出版了239篇综述性论文,研究型论文数量为1,另外还有20篇其他类型的文章,可引用文章数占比92%。因此与研究型期刊相比,综述性英文科技期刊的运营应该有其特殊性。

图2是 *Chemical Reviews* 和 *Advanced Materials* 影响因子趋势的比较。*Chemical Reviews* 体量小,所以影响因子波动实属正常,1997—2007年都保持在20左右,2007—2020年间,某些年份影响因子甚至同比明显下滑。JCR 自2007年开始统计期刊5年影响因子,*Chemical Reviews* 的5年影响因子稳步上升,与每年的影响因子相比减少了波动幅度。*Advanced Materials* 的5年影响因子从2007年到2020年增长了200%,高于 *Chemical Reviews* 的148%;但是同一时期 *Advanced Materials* 的文章数增长了123%,而 *Chemical Reviews* 仅增长了46%,说明 *Chemical Reviews* 以较小的体量增加获得了较高的影响因子收益。

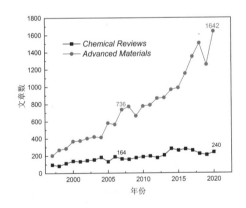

图1 *Chemical Reviews* 和 *Advanced Materials* 的文章数发展趋势(1997—2020),其中标出了两本期刊2007和2020年发文量

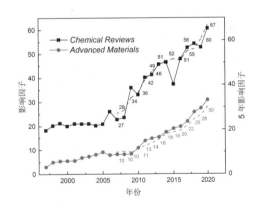

图2 *Chemical Reviews* 和 *Advanced Materials* 的影响因子发展趋势(实线)以及5年影响因子发展趋势(虚线)及数据纪录(1997—2020)

为了了解两种期刊的影响因子变化相对于文章数变化的敏感程度,参考经济学中的经典弹性模型(见式1),计算了对于 *Chemical Reviews* 和 *Advanced Materials* 来说,影响因子的文章数弹性,结果如图3所示。

$$E_{\text{文章数},\text{影响因子}} = \left|\frac{\Delta\text{影响因子}/\text{影响因子}}{\Delta\text{文章数}/\text{文章数}}\right| = \left|\frac{\partial \ln \text{影响因子}}{\partial \ln \text{文章数}}\right| = \left|\frac{\partial \text{影响因子}}{\partial \text{文章数}} \cdot \frac{\text{文章数}}{\text{影响因子}}\right| \quad (1)$$

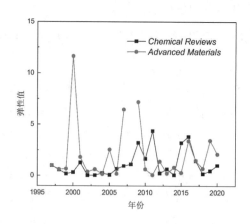

图 3 *Chemical Reviews* 和 *Advanced Materials* 的影响因子的文章数弹性(1997—2020)

Advanced Materials 在 2008 年没有弹性数据，因为它在 2007 和 2008 年的影响因子均为 8.191。自 1997 年有影响因子以来，*Chemical Reviews* 和 *Advanced Materials* 的弹性平均值分别为 1.122 和 2.152，说明综述性英文科技期刊的影响因子随论文数变化没有研究型期刊显著，所以提升期刊体量对期刊影响因子的帮助并不明显。2020 年 *Chemical Reviews* 和 *Advanced Materials* 的被引半生命周期(2020 年该期刊的引用中位数年数)分别为 7.8 年和 4.5 年，说明 *Chemical Reviews* 的文章被引生命周期比 *Advanced Materials* 长，这也正是综述性英文科技期刊的特点。因此，综述性英文科技期刊要在确保高质量内容的前提下逐步增加发文数量，这是一个在理论上相对缓慢而谨慎的过程，从扩大国际影响力的方面来说，综述性英文科技期刊的发展侧重点不应放在扩大文章体量上，而应该保证期刊内容质量和期刊出版规模稳步上升，以获得稳定的国际影响力。

4 以上特殊性对办刊实践的指导意义

4.1 综述性英文科技文稿编校工作的特殊性对办刊实践的指导意义

在出版质量把控上，《电化学能源评论(英文)》(EER)作为 2018 年创办的综述性英文科技期刊，在创办之初就十分注重出版管理，对文字质量、内容质量、编校质量、印刷质量等业务都制定了 EER 专属的规章制度，例如不仅要保持文字编校严格遵守"三校一读"，保证出版质量达标，还要在网络宣传方面，严格遵守《EER"两微一端"审核把关机制和流程制度》，严把网络舆情关。这些规章制度随着 EER 的不断成熟发展还在持续更新中。

由于研究型论文出版工作的"短平快"性质，研究型期刊可以不需要作者参与到后期宣传，编辑部代理研究型论文宣传材料的文案工作可以加快出版进程。而综述由于内容系统性高于研究型论文，编辑部难以准备专业度较高、内容丰富的宣传材料，需要作者帮忙，所以编辑部在《作者指南》中建议作者在投稿时就准备宣传稿，增加作者对宣传工作的参与感。EER 的《作者指南》也配合 EER 的各项出版管理工作进行升级并同步至 EER 的网络出版平台。

4.2 综述刊有关被转载图的著作权管理的特殊性对办刊实践的指导意义

在著作权管理上，EER 作为综述性英文科技期刊十分重视著作权管理业务，有别于国内某些综述性英文科技期刊缺乏期刊级别的管理规范，EER 重视论文和期刊的著作权全生命周期管理。EER 在创办之初就建立了期刊的自主著作权管理体系，在约稿或策划专辑主题时就给作者发送《作者指南》。该《指南》涉及作者需提供利益冲突的揭露、引用他人作品时给出信用说明(credit lines)和著作权信息等要求。EER 的所有引用图片都由作者去获取原作者的许可，并在文章中列出信用说明，尽管会延长出版周期，但是为建立良好的著作权管理和未来的著作权运营机制打下了基础。

此外，研究发现[8]一篇综述性论文的作者查阅了超过 1 000 篇论文，发现其中 10%的图片有问题；因此综述性英文科技期刊还可以为监督所属领域内科研伦理问题做出贡献。由于综述研究的作者和审稿人熟悉相关领域的研究内容，并且收集了相关领域的图表，因此容易发现是否有图片篡改和造假行为。所以综述性英文科技期刊可以专门对科研伦理问题与作者沟通、做深度调查，发布相关社评讨论本综述性英文科技期刊发现的科研伦理问题，为肃清科研界的违法失信行为做出应有的贡献。

4.3 综述刊的发文体量和学术影响力关系相对研究型期刊的特殊性对办刊实践的指导意义

在发文体量上，为了保持综述性英文科技期刊体量的稳定性，结合本研究结果，EER 经历了一系列的策划和调研。EER 以约稿为主，2018—2020 年共出版论文 74 篇，但 2021 年 EER 获得第一个影响因子并拔得国内期刊头筹后，自来稿数量激增，2021 年全年投稿量达到 143 篇。2022 年，EER 编辑部曾分析过更改刊期为双月刊的可行性，但是经过调研目标期刊 *Chemical Reviews*，其影响因子 IF 的提高不是由刊稿量的增加所引起，而是由较高的期刊文章质量决定的。为了保证 EER 的文章质量和关注度不受到影响，在 EER 的"五年发展计划"中，拟定不因为暂时的投稿量的提升而更改刊期并增加刊稿量，而是于 2022 年策划出版一期专辑增刊，以应对暂时的投稿量激增问题，并计划集中力量以多种有效宣传方式持续地宣传该专辑，以获得稳定的国际影响力。

5 结束语

在编校体例上，综述性期刊编校工作受目标学科的专业性影响至深，所以编辑应特别注意行业系统性标准和惯例在综述性英文科技期刊体例编制中的重要参考意义。并且世界知名综述性英文科技期刊的编校体例并未统一，非国内综述性英文科技期刊工作者效仿的对象。因此 EER 编辑部在处理综述性文稿时，除了具备基本的论文编校能力，更结合了本刊的实际情况，在编校规范的制约下，做出适合本刊的编校体例系统。此外，综述性论文的非原创性特点也会影响编校工作规范化的落实，EER 编辑部秉承实事求是的精神，依靠精熟的业务能力胜任信息提供者的职责；另外，综述性英文科技期刊可为监督所属领域内科研伦理问题做出贡献。

在著作权交易方面，依据综述性英文科技期刊的转载内容多的特点，编辑有责任做好投稿人的助手和领航人，因此 EER 编辑部将著作权管理纳入出版全周期进行把控，如此不仅可以打造出该刊的专业形象，提高其国际显示度，让该刊的国际化之路走得更加顺畅，也能在经济全球化的影响下为充分利用该刊著作权资源，发挥该刊品牌效应打下坚实基础。

在综述性英文科技期刊发展规划上，根据本文从经济学方法进行数据分析的结果表明，综述性英文科技期刊在期刊影响力指标对期刊体量的响应性上不如研究型期刊显著。因此，综述性英文科技期刊编辑宜保持发展策略的稳定性，尤其在期刊发展阶段，尽管进入重要数据库带来一定的来稿压力，EER 并未片面仿效研究型期刊扩充体量、缩短刊期的做法，而是在办刊实践中将提高文章内容质量放在首要位置，保持期刊文章体量和期刊内容质量同步增长，遵循综述性英文科技期刊的发展特殊性，实现其可持续发展。

参 考 文 献

[1] 刘润兰,李俊德,史明忠.文献综述的特点及写作要领[J].世界中西医结合杂志,2007(7):428-431.

[2] 刘萍.综述型科技论文的构成和特点[J].科技与出版,1998(3):36-36.

[3] Copyright Clearance Center. About Us[EB/OL].(2021-11-01)[2022-03-13]. http://www.copyright.com/.

[4] International Association of STM Publishers. Signatories to STM Permissions Guidelines as of 9 March 2021 [EB/OL].(2021-03-09)[2021-03-21]. https://www.stm-assoc.org/intellectual-property/permissions/permissions-guidelines/.

[5] OKAYA K. CCC's Rightslink: Helping Publishers Implement STM Permissions Guidelines[J/OL]. (2009-10-05) [2022-03-22]. https://www.stm-assoc.org/2009_10_05_CCC_Rightslink_STM_Permissions_Guidelines.pdf.

[6] 署名 3.0 中国大陆.知识共享许可协议文本[EB/OL].[2022-03-13].http://creativecommons.net.cn/licenses/meet-the-licenses/.

[7] 全国人大常委会.中华人民共和国著作权法(2010 年修正)[Z/OL].(2010-02-26) [2022-03-13]. http://china.findlaw.cn /fagui/ p_1/ 376116.html.

[8] KULKARNI S. How papers with doctored images can affect scientific reviews[J].Nature,2024,628:242-243.

"能力-效力"框架下科技期刊传播力评价指标体系建构与实证研究

刘姬艳

(杭州师范大学学术期刊社，浙江 杭州 311121)

摘要：以传播力评价"能力-效力型"为理论框架，从传播主体、传播内容、传播效果3个维度，运用Delphi法、层次分析法构建了包含8个一级指标、27个二级指标的三级递阶层次结构的科技期刊传播力评价指标体系。以97种浙江省科技期刊为实证对象，评价科技期刊的传播力现状，以实证研究结果提出了通过搭建集约化出版传播平台、扩大知识生产、开发衍生信息、拓展传播策略、推进协同传播提升科技期刊传播力的策略。

关键词：传播力；科技期刊；评价体系；能力；效力

传播力是科技期刊的基本能力，是期刊产生影响力的起点和基础。传播力概念从2000年初开始在新闻传播界展开研究[1]。在传播力的理论解释中，"能力说"倾向为媒介本身对信息编码与解码的能力，以及对社会的影响力[2-3]；"力量说"倾向为掌握在传播主体中的实力[4]；"效力说"倾向为传播带来的影响和作用，即传播效果[1]。随着培育世界一流科技期刊、中国科技期刊卓越行动计划、中国科技期刊国际影响力提升计划等战略部署及行业政策的实施，越来越多高质量论文在本土科技期刊上发表。然而我国科技期刊的传播力建设仍相对落后，使科技期刊常局限为学术研究的记载工具，局限于狭小封闭的学术共同体内部的传播与交流，无法真正实现其引领和推动世界知识和技术创新、促进科学传播的核心功能。因此，提升科技期刊传播力已成为传播学和编辑出版学领域迫切需要解决的重点问题。

科技期刊传播力的研究始于2012年，学界从能力、效果、资源等不同角度展开分析和研讨[5-8]。科技期刊传播力评价体系的建立不仅可以帮助期刊管理部门制定有效的科技期刊评估和管理制度，还可以帮助科技期刊阶段性地评价传播力提升的效果，为提出传播力优化策略提供参考。目前，学界多基于两种理论框架对科技期刊传播力进行评价。"软-硬实力型"，采用软、硬两类指标评价，如载文下载量、编辑人数、微信公众号发文量等量化硬指标，载文学术质量、增强出版等质化软指标[9-11]。该理论框架主要评估传播"能力"，对"效力"评估略显不足。"受众-效果型"，从受众角度评估传播效果，但忽略对传播主体"能力"的考察。科技期刊传播力可理解为实现科技信息有效传播的现实能力和传播效力，包括传播的信息量、传播广度、传播速度、推广精度以及影响效果等。因此，上述两类框架不能全面反映科技期刊传

基金项目：中国高校科技期刊研究会专项基金课题(CUJS2023-B11)；浙江省期刊协会、浙江省高等教育学会高校期刊分会2024年科研项目(ZGXB202404)；浙江省软科学项目(2022C35054)

播力的内涵和表现。

刘燕南等[12]在讨论国际传播力评价中提出"能力-效力型"框架，传播能力是传播力的致效因素，传播效力是传播力的反映，双力并举综合评估传播力，契合对传播力"能力说"和"效力说"的理论解释。在此基础上，本研究以传播力评价"能力-效力型"为理论框架，选择5W传播模型中的传播主体、传播内容、传播效果3个维度总结科技期刊传播力评价的构成要素。根据传播效果阶梯理论，从认知、情感和行为3个层面对传播效果维度进行评价，形成科技期刊传播力评价指标体系的理论框架(见图1)。本研究引入传播力评价的"能力-效力型"理论框架，以传播力的"能力说"和"效力说"内涵为理论基础，构建科技期刊传播力评价指标体系，既注重传播主体的传播综合能力，同时关注传播效果，为设计科技期刊评估指标体系和提出科技期刊传播力优化策略奠定基础。

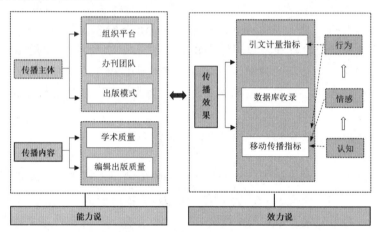

图 1　科技期刊传播力评价指标体系的理论框架

1　科技期刊传播力评价指标体系的构建

根据科技期刊传播力评价指标体系的理论框架筛选科技期刊传播力评估指标，运用层次分析法、Delphi法对评估指标进行量化、赋权和加权汇总，建构科技期刊传播力三级递阶层次结构的评估指标体系。

1.1　建立层次分析模型

运用目标层、准则层和子准则层对科技期刊传播力的评价指标进行层次分析模型构建[13]。目标层为科技期刊传播力，准则层为一级指标，子准则层为二级指标。传播主体维度从办刊软硬件实力和新媒体融合能力选择组织平台、办刊团队、出版模式3个一级指标。传播内容包括学术质量和编辑出版质量2个一级指标，学术质量是期刊的内在价值和品质的综合体现，表现为报道内容的先进性、重要性、创新性和科学性；编辑出版质量反映期刊的规范性、及时性和可传播性等。根据传播效果阶梯理论，从认知、情感和行为3个层面对传播效果进行量化，设置引文计量指标、数据库收录情况和移动传播效果3个一级指标，其中官方网站下载量、官方微信公众号阅读总数等指标属于认知层面，官方微信公众号评论总数等指标属于情感层面，他引总频次等指标属于行为层面。科技期刊的传播受众包括国内和国外，因此引文计量指标和数据库收录情况分别统计国内和国际2部分数据。共拟定8个一级指标和29个二级指标，其中"能力"对应传播主体和传播内容维度下的5个一级指标和18个二级指标，"效力"对应传播效果维度下的 3 个一级指标和 9 个二级指标,对科技期刊传播力进行综合和可量化的评估。

1.2 Delphi 法专家意见咨询

通过两两指标判断矩阵设计 8 个一级指标和 29 个二级指标重要性的调查问卷。采用德尔菲法(Delphi)专家法对指标的重要性程度进行评判,邀请来自 6 个省份的 15 名期刊编辑出版和相关领域的专家(表 1),以线上和线下结合的形式发放问卷,专家根据 Satty 1~9 标度法(将重要性与 1~9 的每个数字及与其相反的数字相对应)进行赋值打分。第一轮发放 18 份函询问卷,回收 15 份有效问卷,专家积极系数为 83.33%。第二轮专家咨询发放 15 份函询问卷,问卷全部有效收回,专家积极系数为 100.00%。

表 1 专家一般资料

项目	类别	人数/名	构成比/%
性别	男	7	46.67
	女	8	53.33
年龄/岁	30~39	1	6.67
	40~49	7	46.67
	50~59	6	40.00
	≥60	1	6.67
最高学历	博士	7	46.67
	硕士	5	33.33
	本科	3	20.00
专业领域	期刊编辑出版	10	66.67
	相关领域研究	5	33.33
职称	副高级	7	46.67
	正高级	8	53.33
工作年限/年	10~19	5	33.33
	20~29	6	40.00
	≥30	4	26.67
省份	浙江	10	66.67
	陕西	1	6.67
	福建	1	6.67
	广西	1	6.67
	江苏	1	6.67
	山东	1	6.67

专家权威程度(Cr)由专家判断依据(Ca)和专家熟悉程度(Cs)两个因素决定,即 $Cr = \dfrac{Ca + Cs}{2}$。Ca 赋值见表 2,Cs 赋值:非常熟悉为 1.0、比较熟悉为 0.8、一般熟悉为 0.6、较不熟悉为 0.4、非常不熟悉为 0.2。本研究第一轮 Ca 为 0.833,Cs 为 0.933,Cr 为 0.883;第二轮 Ca 为 0.836,Cs 为 0.943,Cr 为 0.890;均符合系数可接受标准,提示专家判断建立在丰富的实践经验和理论基础上,具有较高的可信度。

专家意见协调程度采用变异系数进行衡量。第一轮咨询专家对一级指标的变异系数为 0.07~0.25,对二级指标的变异系数为 0.05~0.30;第二轮咨询专家对一级指标的变异系数为 0.05~0.25,对二级指标的变异系数为 0.05~0.25。结果显示,第二轮专家咨询的变异系数要低于第一轮,表示第二轮咨询专家对指标重要性和关联性评价的波动程度变小,意见较集中。

表2　专家判断依据及影响程度量化

判断依据	对专家判断的影响程度(C_a)		
	大	中	小
实践经验	0.4	0.3	0.2
理论分析	0.3	0.2	0.1
参考国内外资料	0.2	0.1	0.1
个人直觉	0.1	0.1	0.1

1.3 指标体系的权重确定

本研究经过两轮专家咨询，通过指标的增删，采用Yaahp10.3软件计算得到各指标的权重值。二级指标的综合权重即一级指标权重乘以二级指标权重，从而获得每项指标的权重，最终形成包含8个一级指标、27个二级指标的三级递阶层次结构的传播力评价指标体系(表3)。

表3　科技期刊传播力评价指标体系

指标维度	一级指标	权重系数	二级指标	权重系数
传播主体	A 组织平台	0.110	A1 编辑出版平台	0.310
			A2 知识服务平台	0.345
			A3 学术社交平台	0.345
	B 办刊团队	0.125	B1 编辑人数	0.550
			B2 编委人数	0.450
	C 出版模式	0.135	C1 出版周期	0.163
			C2 开放获取	0.184
			C3 过刊回溯	0.162
			C4 微信公众号	0.165
			C5 优先出版	0.170
			C6 增强出版	0.156
传播内容	D 学术质量	0.142	D1 期刊获奖情况	0.331
			D2 基金论文比	0.331
			D3 载文量	0.338
	E 出版质量	0.109	E1 编校差错率	0.263
			E2 刊发周期	0.279
			E3 出版形式差错数	0.241
			E4 印制质量	0.217
传播效果	F 引文计量指标	0.130	F1 国内总他引频次	0.258
			F2 国内他引影响因子	0.258
			F3 国际总被引频次	0.246
			F4 国际影响因子	0.238
	G 数据库收录	0.131	G1 国内数据库收录	0.518
			G2 国际数据库收录	0.482
	H 移动传播	0.119	H1 总下载量	0.337
			H2 即年下载率	0.342
			H3 官方微信公众号传播指数	0.321

2 浙江省科技期刊传播力的实证评价

2.1 数据来源和方法

以 2017 年版浙江省学术期刊名录中的 97 种科技期刊为实证对象,根据不同的指标寻找适合的获取数据方式。本研究成立期刊传播力评价小组,5 位小组成员由期刊学会管理层、学界、期刊编辑专家组成。27 个二级指标中,采用专家打分对编辑出版平台、知识服务平台(专业知识服务,如精准推送、定制阅读、富媒体阅读)、学术社交平台(基于学术共同体搭建的学术评价、成果推广、学术交流等)、开放获取、过刊回溯、优先出版、增强出版、编校差错率、出版形式差错数、印制质量进行评价,其余指标采用数据抓取的方法进行统计。

2.2 浙江省科技期刊传播力指标分析

纳入实证分析的 97 种浙江省科技期刊中基础科学类(S)为 34 种(自然科学总论 7 种,数理科学和化学 3 种,天文学、地球科学 5 种,生物科学 2 种,农业、林业、综合性农业科学 17 种),技术科学类(T)为 38 种(工业技术总论 36 种,环境科学、安全科学 2 种),医药卫生类(R)为 25 种。其中,学(协)会主办的科技期刊有 38 种,高校主办科技期刊有 23 种。

2.2.1 传播主体

97 种浙江省科技期刊中,83 种期刊组建了编委会,26 种期刊具有国际编委。77 种期刊开通了官方网站,32 种期刊同时开通了英文网站。在编辑出版平台建设方面,77 种期刊建设了较为完善的稿件采编系统,包含作者投稿系统、编辑审稿系统、专家审稿系统,提供投稿指南、稿件模版、审稿流程等投稿相关资料。在知识服务平台建设方面,较多期刊开设了文章点击排行、文章下载排行、邮件订阅、优先出版等功能。在学术社交平台建设方面,少数期刊进行了相关探索,比如《中国水稻科学》开通了读者会员服务,《茶叶科学》开设了行业相关的学术服务。

2.2.2 传播内容

统计 2021 年数据,纳入分析的 97 种浙江省科技期刊中,中文期刊 89 种、英文期刊 8 种,1 种半月刊、27 种月刊、50 种双月刊、19 种季刊。刊文的基金论文比为 0.02~1,年载文量 29~792 篇,平均出版时滞 67~800 天。其中有 78 种期刊的基金论文比超过 0.5,提示载文质量总体较好;53 种期刊的平均出版时滞超过 200 天,表明稿件编辑出版流程效率还需提高;20 种期刊的年载文量低于 80 篇,期刊传播的科技信息内容量有待提升。

在数字化的出版背景下,科技期刊的传播策略从优先出版、开放获取、过刊回溯、增强出版、精准推送等方面展开了研究和应用。浙江省科技期刊开通开放获取的期刊数已达 52 种,实现过刊回溯的期刊为 43 种,实现优先出版或网络首发的期刊有 48 种,在增强出版方面的探索尚处于起步阶段,10 余种期刊进行了初步尝试。浙江省科技期刊在传播内容和传播策略提升中进行了积极的实践探索,以满足读者对高质量、高效率学术资源的需求,进而推动知识的有效传播。

2.2.3 传播效果

根据《中国学术期刊影响因子年报(自然科学与工程技术)》,统计 2021 年浙江省科技期刊的相关引文计量指标。数据显示,97 种期刊的复合影响因子为 0.118~3.051,国际他引影响因子为 0.003~9.048,总下载量为 0.3 万~31.21 万次,web 即年下载率为 2~321。

根据清博智能提供的微信公众号 WCI 指数,开通微信公众号的 31 种期刊的 2022 年 WCI

指数为 56~829，WCI 排名前 5 位的分别为《浙江大学学报(英文版)》《茶叶科学》《中国茶叶》《水处理技术》《中国现代应用药学》。《浙江大学学报(英文版)》微信公众号板块设置合理，内容丰富，刊物载文的及时推送和行业最新咨询使公众号运营和关注较为活跃。但也有部分期刊微信公众号的内容设置较单一，推文数量少，甚至长期处于静默状态(表4)。

表 4　浙江省科技期刊微信公众号运营情况

刊名	账号名称	WCI	2022年推文数	阅读量	点赞量	最大阅读量	最大点赞量
浙江大学学报(英文版)	浙大学报英文版	829	1 772	3 326 963	5 270	100 001	230
茶叶科学	中国茶叶学会	659	338	777 257	3 430	43 003	174
中国茶叶	中国茶叶	580	340	475 159	2 298	24 145	51
水处理技术	水处理技术	340	270	100 453	507	2 016	20
中国现代应用药学	中国现代应用药学杂志社	333	146	63 543	464	12 994	45

2.3　浙江省科技期刊传播力指标的相关性分析

采用 10 分制计分法进行指标量化，根据构建的学术期刊评价指标体系进行浙江省科技期刊传播力统计。分别获得 97 种期刊各级指标的得分，组织平台得分为 0.93~8.31，办刊团队得分为 2.03~7.25，出版模式得分为 0.65~8.11，学术质量得分为 0.27~6.87，出版质量得分为 1.20~9.23，引文计量指标得分为 0.03~4.87，数据库收录得分为 0~7.41，移动传播得分为 0.09~6.79；传播主体维度得分为 0.43~2.40，传播内容维度得分为 0.13~1.86，传播效果维度得分为 0.07~2.83；传播力总分为 0.69~5.88。

根据一级指标的 Pearson 相关性分析结果显示，组织平台与办刊团队、出版模式、学术质量、引文计量指标、数据库收录、移动传播正相关($P<0.05$)；办刊团队与出版模式、数据库收录正相关($P<0.05$)；出版模式与学术质量、引文计量指标、数据库收录、移动传播正相关($P<0.05$)；学术质量与引文计量指标、数据库收录、移动传播正相关($P<0.05$)；引文计量指标与数据库收录、移动传播正相关($P<0.05$)；数据库收录与移动传播正相关($P<0.05$)。另外，传播主体、传播内容、传播效果 3 个维度间均呈正相关($P<0.05$)。详细结果见表 5 和表 6。

表 5　一级指标的相关性分析

	组织平台	办刊团队	出版模式	学术质量	出版质量	引文计量指标	数据库收录	移动传播
组织平台	1							
办刊团队	0.243*	1						
出版模式	0.660**	0.248*	1					
学术质量	0.418**	0.18	0.580**	1				
出版质量	0.104	-0.054	0.101	0.132	1			
引文计量指标	0.379**	0.139	0.594**	0.553**	0.157	1		
数据库收录	0.508**	0.217*	0.575**	0.532**	0.047	0.602**	1	
移动传播	0.263**	0.113	0.424**	0.577**	0.19	0.644**	0.386**	1

注：* $P<0.05$；** $P<0.01$。

表 6 传播主体、传播内容、传播效果的相关性分析

	传播主体	传播内容	传播效果
传播主体	1		
传播内容	0.531**	1	
传播效果	0.613**	0.656**	1

注：* $P<0.05$；** $P<0.01$。

3 科技期刊传播力提升发展建议

本文对浙江省内 97 种科技期刊的传播力进行了实证评价，反映现阶段科技期刊传播力的主要特征与存在的问题。以传播力的"能力"与"效力"为切入点，基于传播主体、传播内容、传播效果对科技期刊传播力的影响，提出科技期刊传播力发展的提升策略。

3.1 搭建集约化出版传播平台

在大数据、人工智能、区块链、云计算等技术驱动下，科技期刊的工作平台已经从传统的编辑出版模式，演进到涵盖编辑出版、知识服务、学术社交等多个维度的整合形态。搭建集约化的出版传播平台，可以为科技期刊的编辑、出版、传播和学术交流提供一体化的解决方案，实现期刊内容的数字化处理、网络化传播和智能化服务。

出版传播平台中的编辑出版模块通过在线投稿、审稿、编辑、校对、排版等全流程数字化管理，以在线沟通、协同工作等方式可以提升期刊的出版效率。在知识服务模块中，可以通过精准推送、定制阅读、富媒体阅读等服务项目，根据读者的兴趣和需求，提供论文写作、科研实验、科研绘图等个性化的专业知识内容，扩大使用群体，增加互动，提高用户"黏性"。读者、作者、专家、编辑可以通过学术社交模块建立更紧密的学术联系，了解最新学术动态和需求，把握学术发展趋势。同时，学术社交模块可以提供学术评价、成果推广、学术交流等服务，促进学术创新和学术成果的传播。在此基础上，期刊可以建立有效的用户数据库，建立用户网络社区，实现用户的社群化运作，培植期刊品牌。

3.2 扩大知识生产，开发衍生信息

科技期刊是知识生产的重要载体和平台，具有知识生产的内在属性[14]。知识生产的能力是衡量科技期刊的核心竞争力的重要指标。扩大知识生产，首先需要加强期刊的编辑力量，包括提高编辑的学科素养、编辑素养、新媒体素养。同时需要推进编委、审稿专家等智库建设，助力期刊规划发展方向、把握学术发展趋势。通过对科技期刊传播主体的提升，促进传播内容的提质扩容，提高知识生产的效率和质量，使刊物产出更多的优质学术成果。

增强出版借助增强现实、虚拟现实、图像索引等可视化技术，加工和重组科技期刊的内容资源，通过数据增强、语义增强、呈现增强提高传统出版产品的附加值，开发衍生信息，使传播效果得到提升。在增强出版中可以借助本体、关联数据等语义技术，实现对出版知识内容的语义化描述，探索基于数字资源聚合的科技期刊语义出版模式。另外，视频化出版中3D 影像、虚拟现实、全息影像等技术也可应用到增强出版中。

3.3 拓展传播策略，推进协同传播

科技期刊借助新媒体和数字技术的推动，保证信息送达的时效性与准确性。协同传播可以兼顾考量不同传播方式的特性与相互间的互补作用，通过不同内容及形式的传播模式之间互补协同的传播作用对同一内容的数字资源进行传播，从而达到出版最终效益最大化的目的。

因此，在科技期刊传播中，需根据各传播渠道的特点和读者阅读偏好，对内容进行重新整合和多级加工，增加内容的音频、视频等多媒体性，使期刊内容适应不同传播方式的传播特点，通过二次创作增加热点内容的附加值。

4 结束语

本研究构建的科技期刊传播力评价指标体系，以能力和效力为科技期刊传播力"目标函数"的共同变量，以传播主体、传播内容和传播效果为关键维度，将传播力的效果表征和影响因素纳入体系指标。对浙江省内 97 种科技期刊的传播力进行了实证评价，分析归纳现阶段科技期刊传播力的特征和问题，提出发展科技期刊传播力的提升策略，后续研究将扩大实证范围，以进一步完善科技期刊传播力评价指标体系。

参 考 文 献

[1] 张春华.传播力:一个概念的界定与解析[J].求索,2011,31(11):76-77.
[2] 李卓然.四川省博物馆微信公众号的传播力研究[D].成都:电子科技大学,2020.
[3] 刘建明.当代新闻学原理[M].北京:清华大学出版社,2003:37.
[4] CASTELLS M. Communication power [M]. Oxford: Oxford University Press, 2009.
[5] 赵爱清.传播力评价对我国学术期刊评价体系的补充与发展趋势[J].西南民族大学学报(人文社会科学版),2022,43(10):235-240.
[6] 王亚辉,黄卫.科技期刊社会化、大众化传播的策略及路径选择[J].科技与出版,2018(8):80-84.
[7] 高存玲,庞峰伟,苏静怡.移动互联网背景下科技期刊传播力提升策略:基于 5W 模式的研究[J].中国科技期刊研究,2020,31(5):506-512.
[8] 吴彬,丁敏娇,徐天士,等.提升科技期刊传播力的路径与思考[J].编辑学报,2020,32(2):191-194.
[9] 许新军.h 指数在期刊网络传播力评价中的应用[J].情报杂志,2012,31(11):66-70.
[10] 王爱萍,李琪,刘呈庆.学术期刊网络传播力的定量评价与提升路径:以《中国人口·资源与环境》为例[J].山东师范大学学报(人文社会科学版),2015,60(4):150-156.
[11] 严玮雯,沈昱平.全媒体时代医学科技期刊的传播力提升策略:以《浙江医学》为例[J].中国传媒科技,2023(9):122-125.
[12] 刘燕南,刘双.国际传播效果评估指标体系建构:框架、方法与问题[J].现代传播(中国传媒大学学报),2018,40(8):9-14.
[13] 李蕊,张健,李凤如,等.现代公立医院运营管理评价指标体系的构建研究[J].首都医科大学学报(社会科学版),2014,11(1):46-50.
[14] 杨国兴,沈广斌.学术期刊在新知识生产模式中的地位和作用[J].中国编辑,2023(6):75-79.

搭载双级学术社团平台 促医学期刊高质量发展

冯缨

(上海交通大学医学院附属仁济医院，上海 200001)

摘要： 随着我国进入高质量发展新阶段，学术期刊在知识传播和学术交流中的重要性凸显。《中华消化杂志》依托中华医学会和上海市医学会的双级学术社团平台，利用医学会专家资源提升学术质量，通过集群化管理和运用新媒体技术增强传播力，借助开设医学继续教育栏目等，提升临床医师技能，推动医学事业发展。杂志在学术质量和影响力方面已取得显著成效，未来将深化与医学会的合作，致力于成为国内外领先的高水平医学学术期刊，为我国医学事业的高质量发展贡献力量。

关键词： 学术社团；医学会；医学期刊；高质量发展

随着我国进入高质量发展新阶段，学术期刊作为知识传播和学术交流的重要平台，面临着前所未有的机遇与挑战。《关于推动学术期刊繁荣发展的意见》的发布，标志着我国对学术期刊发展的高度重视，旨在通过一系列政策措施，促进学术期刊质量的全面提升，加快构建现代化经济体系中的科学知识传播体系。特别是在医学领域，高质量的医学学术期刊不仅能够促进医学科学的发展，保障人民身体健康，还能提高国家的科技竞争力和文化软实力。本文以中华医学会主办、上海市医学会承办的医学学术期刊《中华消化杂志》为例，探讨在新时代背景下借力双级医学会平台探索高质量发展路径，从而更好地服务于医学学科建设、科技创新与人才培养。

1 学术期刊高质量发展的必要性

在全面建成小康社会取得伟大历史性成就后，当前我国已转向高质量发展阶段。"十四五"规划提出，"十四五"时期(2021—2025 年)以推动高质量发展为主题，统筹发展和安全，加快建设现代化经济体系，加快构建以国内大循环为主体、国内国际双循环相互促进的新发展格局。学术期刊是传播科学知识和展示学术成果的重要载体，是推动知识进步的重大平台。在新时代建设现代化新进程中，迫切需要科技学术期刊在促进科技创新、推动成果转化、助力学科建设、培养创新人才等方面发挥更加的积极作用。中共中央宣传部、教育部、科技部印发《关于推动学术期刊繁荣发展的意见》中指出，"加强学术期刊建设，对于提升国家科技竞争力和文化软实力，构筑中国精神、中国价值、中国力量具有重要作用"[1]。学术期刊进一步发展中，量的积累到了一定阶段必须及时转向质的提升，实现可持续性的高质量发展。学术期刊的高质量发展，既是形势的需要，是中国高质量发展的需要，也是期刊编辑出版工作者和科研工作者的历史责任与使命[2]。

2　我国医学期刊发展的现状和面临的挑战

原国家新闻出版广电总局(现国家新闻出版署)于 2014 年和 2017 年公布了两批认定的学术期刊名单,共包括 6 430 种学术期刊。《中国科技期刊发展蓝皮书(2023)》数据显示,截至 2022 年底,我国科技期刊总数为 5 163 种,其中医药卫生类期刊占 22.49%,达 1 161 种[3]。总体而言,我国医学期刊已取得了长足的发展,期刊数量大幅增加,涵盖了临床医学、基础医学、药学、医学教育等多个领域,在学术影响力方面也取得了一定成绩,被诸多国际著名核心期刊数据库,如 Science Citation Index(SCI)、EMBASE 和 PubMed 等列入检索,使我国医学期刊的发展得到了更多国际学术识别。虽然我国医学期刊的整体数量呈上升趋势,但仍面临一些挑战,如部分期刊在学科定位和研究方向上缺乏特色,学术质量和影响力仍然不高,医学编辑能力不强,品牌特色较弱,办刊理念落后等一系列问题,仍然是制约我国医学期刊高质量发展的关键性因素[4]。

3　依托双级医学会平台优势探索创办医学专科精品期刊

中华医学会是中国医学科技工作者自愿结成并依法登记的全国性、学术性、非营利性社会组织,上海市医学会是中华医学会的地方分会,是上海市医学科技工作者和医院管理工作者的学术团体。医学会通过组织学术会议、出版高质量的学术期刊、开展科普活动等形式,传播并普及医学科学知识;通过组织医学科学技术评审和重大临床专项等工作,促进医学科学技术进步和成果转化;通过学术培训、远程授课等开展继续医学教育;通过组织双边互访和学术论坛开展国际合作项目,促进国际多边或双边医学交流。《中华消化杂志》是中国科学技术协会主管、中华医学会主办、上海市医学会承办的医学专科学术期刊,办刊至今不断探索凝聚和利用中华医学会和上海市医学会双级学会的资源优势,探究医学期刊的高质量发展路径,打造消化专科精品期刊[5]。

3.1　利用双级医学会专科分会专家资源,切实提升期刊学术质量

在近十余年的探索和努力中,《中华消化杂志》依托中华医学会消化病学分会和上海市医学会消化系病专科分会两大学术平台的专家资源优势,严格把关杂志学术质量,积极协助策划学术专题,组织优秀稿源,宣传推广期刊,不断推动杂志发展、提升传播[6]。作为中华医学会消化病学分会的会刊,《中华消化杂志》创刊于 1981 年,杂志编辑部设在上海市医学会,依托中华医学会和上海市医学会的消化专科分会专家资源组建强大的全国性编委会,创刊至今的十届编委会中绝大多数编委曾任中华医学会消化分会主、副主委和全国委员,以及各省市医学会消化分会主、副主委等。期刊编委会成员的较高学术威望和广泛地域分布有利于期刊获取全国性稿源,推动期刊跨地区协作发展和国内外传播。期刊不仅借助专科分会学术平台的学术影响力吸引优秀稿件,兼任消化专科分会委员的编委们还利用自身的专业知识和研究经验对稿件进行严格的审查和筛选。同时,编辑部深入编委当地医学会进行组稿定稿,充分利用当地编委的专业优势和地方资源,挖掘和吸引更多的优秀研究成果投稿,进一步扩大稿源提升期刊的学术质量。《中华消化杂志》不仅首发各类最新消化疾病诊治指南和专家共识,还委托编委和执笔专家在医学会消化专科分会在全国各地主办学术年会、地区高峰论坛等学术活动时,对最新刊发的指南、共识进行解读精讲。《中华消化杂志》每年组织中华医学会和上海市医学会消化专科分会各专业学组/协作组专家提前讨论制定重点专辑编排计划,邀请专

业学组/协作组的组长担任执行总编并进行主题策划和组稿审稿等。

3.2 借力杂志社集群化管理和学会品牌优势，多渠道推广和谋求发展

中华医学会杂志社的集群化管理模式为期刊的运营提供了有力的支持，帮助旗下期刊进行日常的运营管理，保证期刊的正常运行[7]。例如杂志社统一期刊管理和编校规范，审核工作计划、聘任编委团队，通过每年的刊后审读查找不足并制定改进措施；搭建中华医学期刊网和中华医学期刊 App，轻松实现从查询、投稿、纸质期刊订阅、电子期刊阅读和下载的全流程覆盖；研发"医学文献王"软件帮助各期刊编辑部实现文献检索、文献管理和全文获取，以及批量自动校对稿件的参考文献，显著提高校对准确度。中华、上海医学会是医学领域拥有广泛的学术影响力的权威学术团体，定期举办各类学术活动为医学工作者提供交流学术思想、分享研究成果的平台。《中华消化杂志》正是借势了杂志社的集群化管理和学会品牌优势，共享到中华、上海医学会消化学分会的学术、专家和信息资源，以及杂志社的专业出版平台等，借此提升了期刊的学术质量，吸引到更多的优秀稿件和读者。同时借助中华、上海医学会的各类学术活动自我宣传推广，通过学会平台与其他期刊进行合作，共同推动学术研究的发展，为期刊的推广和发展提供了多渠道的可能。

3.3 依托医学会探索数字平台建设，促进期刊深度融合发展

随着新媒体数字技术的快速发展，探索数字平台建设已成为促进学术期刊融合高质量发展的重要途径[8]。数字平台可以打破传统纸质期刊的地域和时间限制，通过互联网将期刊内容传播到全球范围，扩大期刊的读者群体。除了发表文字论文，数字平台可以提供更多样化的内容形式，如图片、动画、音频、视频等多媒体课件，丰富读者的阅读体验。读者、作者还可以通过数字平台直接与编者进行在线交流和讨论，探讨问题和分享观点，促进学术交流和合作，推动学术研究的进展。《中华消化杂志》从 2010 年起采用中华医学会杂志社统一搭建的期刊学术出版平台，包括稿件处理系统和期刊官网，实现了在线投稿、远程审稿和在线编辑出版，即从投稿到出版的全程数字化管理，以及在线提前或同步展示纸刊内容、扩展内容展示的形式和空间等。2011 年《中华消化杂志》在丁香园生物医药科技网上开设"丁香客微博"主页，通过免费分享精品文章、编者读者作者实时交流互动、发布期刊选题策划和最新动态、活动信息等，成功吸引到大量忠实读者粉丝，拉近了读者作者编者之间的距离，提高了期刊的影响力和知名度[9]。为持续加强纸质期刊与新媒体融合发展，近年来又尝试依托承办单位"上海市医学会"微信公众号发布数字期刊，更方便读者、作者上网查阅与纸质期刊同步发表的文章，便于作者在线投稿和查询稿件进度，以及编辑和专家远程审稿等。这种多元化多功能数字平台的建设大大提高了提高纸质期刊的可读性和吸引力，实现了学术研究更高效、更广泛的传播，提升了期刊的工作效率和学术质量，从而推动学术期刊的高质量发展。

3.4 借助期刊平台行使继教功能，提升临床医师职业技能水平

刊授医学继续教育是医学工作者继续提升专业技能的重要途径，也是期刊服务读者、服务社会的重要职责。期刊不仅拥有大量医学研究数据、临床案例、指南共识等可以作为刊授医学继续教育的重要内容，还有众多在各自亚专业领域有深厚造诣和丰富经验的编委专家可以撰写相关主题讲座等，从而满足医学工作者的培训学习需求，也可进一步提升期刊的吸引力和影响力。《中华消化杂志》受中华医学会消化病学分会继续教育学院委托，自 2019 年起即推出"继续教育"栏目，每期邀请编委专家撰写 1~2 篇继教讲座文章，读者用手机扫描二维码登

录并答题，答卷合格即可获得学分。这一项目的开展满足了广大临床医师，尤其是青年医师和基层医师对掌握基础理论知识、了解临床研究新进展的迫切需求。《中华消化杂志》为全国读者搭建了便捷而高质量的医学继续教育平台，不仅扩大了自身的影响力，是实现期刊高质量发展的有效途径，还促使临床医师不断更新知识，提高业务技能水平，更好地为人民健康服务，推动我国医学事业的发展[10]。

3.5 依托医学会平台培养专业医学编辑人才，调动青年编辑办好刊物的积极性

作为中华、上海医学会主办系列期刊成员，《中华消化杂志》编辑不仅在双级学会组织的培训进修中不断获取专业的编辑技能和知识，而且在与系列期刊同行互相交流经验中拓宽视野，提高编辑业务能力。历年来中华医学会组织多次优秀期刊、优秀编辑的评选表彰，主办协办期刊编辑大赛等，例如中华医学会优秀期刊评选、中华医学会杂志社举办的历届劳动技能大赛等，有效发现和培养了一大批优秀青年人才[11]。上海市医学会提供了《中华消化杂志》办刊经费、场所、人员编制和薪酬等，保证了编辑人员安心并全身心投入工作。来自双级学会的认可和激励，促进了青年编辑业务水平的提高和办刊理念的创新，提升了编辑职业的使命感和荣誉感，进而支撑和推进高质量期刊建设。

4 学术期刊与医学社团发展的互促提升

学术期刊与专业学会的发展是相互促进、并进提升的。学会期刊品质的提升发展会吸引到更多的优秀学者加入学会，提升专业学会的学术水平；而专业学会的发展强大也可以为期刊提供更多的优质学术内容和稿源，推动期刊的进一步发展。

专业学会为学术期刊提供丰富的学术资源，包括优秀的稿件、专业的审稿人和广泛的读者群体，也可以通过举办学术会议、组织学术活动等方式，推广期刊，提升期刊的知名度和影响力。在近十余年的探索和努力中，《中华消化杂志》依托中华、上海医学会两大学术平台的资源和品牌优势，出版炎症性肠病、幽门螺杆菌相关疾病、胃肠动力、酸相关疾病等各热点焦点主题专辑数十期，发表专家讲座、笔谈等权威文章百余篇，专家共识、临床指南、解读等共计近百篇，聚焦报道学术会议快讯等十余篇；连续多届入选"中国精品科技期刊"，荣获"中国百种杰出学术期刊""华东地区优秀期刊""第四届科协系统优秀科技期刊三等奖""中华医学会理事会优秀期刊"等多项荣誉；获得"中国科协精品科技期刊工程学术质量提升项目"支持，在 2020 年 10 月公布的第二批临床医学领域高质量科技期刊分级目录中，《中华消化杂志》位列消化病学 T1 级中国期刊第 1 位[12]。

学术期刊是专业学会的重要组成部分，会刊的质量、影响力直接关系到学会的声誉和影响力。办好学术期刊对维护专业学会的学术权威性，提高学科的学术水平，促进学科进步，增强学会的向心力、凝聚力，扩大影响力，提高学会的社会地位都有重要意义[13]。中华医学会系列期刊发表了大量高质量的学术论文，不仅推动了中华医学会各专科分会的学术研究和学术水平，同时也巩固和提高了中华医学会的知名度和影响力。系列期刊与国内外其他学术期刊合作，不仅为系列期刊提供了更广阔的发展空间，也为医学会会员提供了更多的学习和交流机会。2015 年《中华消化杂志》为中华医学会创立 100 周年而编辑出版了"百年专辑"，通过组织我国消化领域专家学者回顾和总结消化学科发展进程，不仅促进了我国消化系统疾病临床诊治水平的规范和提升，也增强了中华医学会消化分会的权威性和影响力。近 10 年来，《中华消化杂志》不仅免费为中华医学会、上海医学会提供广告宣传，与学会共享期刊审稿

专家信息，为会员提供优惠价订刊和刊发论文，还为学会的消化年会等大型会议刊登征文通知、会议宣传，刊发会议纪要，向参会代表赠阅期刊等，使医学会获得了众多消化医师的关注和认可，也吸引到大批优秀学者加入医学会消化分会。

5 结束语

综上所述，《中华消化杂志》依托中华医学会和上海市医学会的双级学术社团平台，不断探索和实践高质量发展的路径，已取得了显著成效。期刊不仅在学术质量、品牌影响力和读者群体等方面实现了全面提升，而且在推动医学科学发展、促进科技创新和培养医学人才等方面发挥了重要作用。借助集群化管理和数字平台建设，《中华消化杂志》成功实现了从传统纸质媒体向现代化、多元化、数字化的转型，进一步扩大了其学术影响力和社会知名度。同时，通过刊授医学继续教育和培养专业编辑人才等措施，期刊在提升临床医师职业技能水平和推动医学事业发展方面也做出了积极贡献。未来，《中华消化杂志》将继续借力医学会平台，深化期刊与学会发展的互促提升，进一步加强国际化合作，推动学术研究成果的全球传播和共享。在新时代背景下，期刊将紧跟科技进步和医学发展的步伐，不断创新办刊理念和运营模式，致力于打造国内外领先的高水平医学学术期刊，为实现我国医学事业的高质量发展贡献力量。

参 考 文 献

[1] 中共中央宣传部,教育部,科技部.关于推动学术期刊繁荣发展的意见[J].编辑学报,2021,33(4):355.
[2] 樊纲,郑宇劼,曹钟雄.双循环:构建"十四五"新发展格局[M].北京:中信出版集团,2021.
[3] 中国科技技术协会.中国科技期刊发展蓝皮书(2023)[M].北京:科学出版社,2023:34.
[4] 戴小欢,赵瑞芹,顾良军.新时代科技强国背景下医学期刊发展策略探析[J].文化学刊,2023(1):168-171.
[5] 谢渭芬.凝心聚力谱华章 与时俱进启新程[J].中华消化杂志,2021,41(1):1-2.
[6] 冯缨.依托医学专科学会优势打造高质量医学期刊的实践与思考[J].编辑学报,2024,36(3):292-295.
[7] 游苏宁,刘冰.中华医学会杂志社的数字化实践与发展[J].科技与出版,2009,28(11):10-13.
[8] 王旌,游苏宁.领跑行业打造精品医学期刊"航母"[J].科技与出版,2010,29(11):10-13.
[9] 冯缨,游苏宁.传统医学期刊与新媒体微博共赢发展[J].编辑学报,2012,24(3):269-271.
[10] 张晶.加强医学期刊的继续教育知识服务:以《中华消化杂志》继续医学教育专栏为例[J].编辑学报,2022,34(4):464-468.
[11] 刘冰.科技期刊青年编辑大赛对青年人才培养的促进作用[J].中国科技期刊研究,2022,33(8):1098-1103.
[12] 谢渭芬.传承中发展继承中创新[J].中华消化杂志,2022,42(1):1.
[13] 杜娟.提高学术交流活动质量开拓学会工作的新局面[J].学会,1997(12):12-13.

"双一流"建设背景下高校学报驱动学科高质量发展的路径研究

周亚东[1,2]

(1.《杭州师范大学学报(社会科学版)》编辑部,浙江 杭州 311121;
2.杭州师范大学教师发展研究中心,浙江 杭州 311121)

摘要:随着"双一流"建设的持续推进,高校学报不再仅仅是学术成果的展示平台,还要发挥引领学术发展、参与学科布局的关键作用,这对于学科建设具有重要意义和积极作用。基于此,学报与学科建设之间形成了更加紧密的协同发展关系。本文根据高校学报与学科建设的内在关联,并结合具体的学报建设案例探索路径建构。高校学报通过打造特色栏目以引领重点学科建设,培养重要作者以稳固学科队伍建设,形成规模效应以促进科研基地建设三条路径,有助于高校学报实现驱动学科高质量发展。

关键词:"双一流"建设;高校学报;学科建设;高质量发展

高校学报长期以来作为反映高等学校学科建设成果的学术理论刊物,通过发表学科领域的最新研究成果,为加强学科建设提供了坚实的理论基础和丰富的研究素材。随着我国"双一流"建设的持续推进以及学术发展要求的不断提高,高校学报需及时更新其角色定位并实现功能转向,发挥积极主动性以增强学术价值,驱动学科发展。根据2022年教育部、财政部、国家发展改革委印发的《关于深入推进世界一流大学和一流学科建设的若干意见》,新一轮"双一流"建设强调以学科为基础,优化学科专业布局,完善成效评价体系,把握高质量内涵式发展要求[1],并形成了政策、人才与经费多个层面联动的驱动机制以激励高校学报变革发展模式,有助于提升其学术影响力[2]。2021年,中宣部、教育部、科技部印发的《关于推动学术期刊繁荣发展的意见》指出,学术期刊需要不断提升学术引领的能力,将建设学科体系、学术体系和话语体系作为重大任务[3]。基于此,在"双一流"建设这一重大战略部署背景下,高校学报不仅是作为展示学术研究成果的平台,还将纳入学科建设成果评价体系,因此要积极推进高校的科研创新、人才培养和学术交流,主动承担起驱动学科高质量发展这一重要使命。

学科高质量发展是一个动态、综合、持续的过程,涉及学科的知识生成、创新水平、人才培养、社会影响力等多个维度的提升。要实现学科的高质量发展,应在"内在规律坚守"与"外在需求回应"之间找到有效平衡,坚持传统与超越、坚守与适应、不变与应变的有机统一[4],以应对"双一流"建设的需求变化和变革挑战。高校学报作为学术创新、知识传播与社会服务的

基金项目:浙江省期刊协会浙江省高等教育学会高校期刊分会2024年科研项目(ZGXB202403);2024年度浙江省哲学社会科学规划"省市合作"课题(24SSHZ006YB)

重要枢纽，在统一多方面影响因素上具有独特优势，从而有效推动学科高质量发展。综上所述，高校学报驱动学科高质量发展具有必要性与可行性。

1 "双一流"建设背景下高校学报与学科之间关系的再认识

"双一流"建设的推进在某种程度上反映了高等教育学术资源重新配置、学术研究范式以及社会需求所发生的变化。在此背景下，高校学报与学科发展之间的互动方式与作用机制相应发生一定改变，高校学报从原先的学术研究成果的重要载体和交流平台转变为引领学术发展和参与学科整体布局的角色，高校学报与学科建设之间也建立起更加紧密的协同发展关系。要实现高校学报与学科建设间相互促进，以实现高校学报有效驱动学科高质量发展，应从两者的内涵及其外延出发，分析其不变的本质内涵与动态变化的发展趋势，找到两者之间的关联点与平衡点，由此提炼出高校学报以何驱动学科发展的关键机制。

1.1 高校学报与学科建设双向赋能

高校学报与学科建设存在天然的内在联系，主要体现在学科知识和学术论文等科研成果的产出与传播过程的配合上，高校学报以高质量的学科建设水平作为支撑，需要密切关注学科建设中的理论前沿与学术动态，学科建设以学报所承载的丰富学术资源为重要参考，其科研成果也要依靠学术刊物进行展示和宣传[5]。进一步剖析学术成果产出和传播的过程的组成部分及其内在机制，可以发现高校学报和学科建设的构成要素与指标具有一定关联性。高校学报为有效展示学术建设成果，离不开特色栏目、重要作者和规模效应这三要素，而学科建设为有效生成建设成果，以学科方向建设、学科队伍建设和科研基地建设三要素作为重要指标，两者依托要素实现双向赋能。

其一，学报的特色栏目通过发表反映本校科研特色与水平的稿件，在促进特色学科建设、支撑新兴学科、培育特色学科方面具有一定优势，高校的优势学科与重点学科建设是学报特色栏目设置的重要依托，两者相互关联以确保学报内容与学科发展保持内在一致。其二，学报可以作为学科队伍建设和人才培养的重要平台，通过营造良好的学术生态环境实现教育、科技与人才一体化发展，孵化学科队伍建设并支撑人才发展。学科队伍的建设成效也可以直接反映在学报的重要作者群体中，以学报作为学者研究成果的展示与交流平台，也有助于吸引和留住人才，形成学科队伍与高校学报发展之间的良性循环。其三，高校学报通过发表大量优质论文，形成一定的规模效应，有效提升高校学报的学术影响力，同时，科研基地的建设也有助于高校学报规模进一步扩大，吸引更多的科研资金和学术资源，为加强学科建设提供物质基础与科研成果支撑。

1.2 高校学报驱动学科高质量发展

从办刊的角度来讲，既然高校学报与学科建设之间是一种双向互动，就应当主动思考高校学报如何吸引投稿，把握好如何引领学术发展的问题[6]。"双一流"建设背景下学科高质量发展追求学科知识的创新性、学术成果的影响力、教学与科研的育人性以及社会服务能力的提升，意味着高校学报需扮演起学科动力源、对外传播窗、智库培养皿和成果转换器的角色[7]，朝着更具应用性、开放性、多元性和专业性的定位转型，走特色化、专业化道路。对此，可从学科建设的内在逻辑、外部驱动、内外交互三个维度，探索构建学科内部的发展创新机制、学科外部驱动的动力机制以及学科治理的组织机制[8]，从理论层面分析高校学报作用于学科高质量发展的驱动机制。

一是从学科知识的生成与创造出发，直接参与到学科知识的生产与传播过程中。高校学报作为学术成果的发表平台，不仅能够及时了解学术研究的最新研究方向与已有成果，还通过帮助搭建知识创新网络，有助于实现跨学科知识交叉与融合，搭建理论性知识与应用性成果之间的桥梁，从而为学科创新提供内生动力。二是从经济社会发展的需求与导向出发，平衡学术认识需要与社会发展需要。高校学报通过刊载地方经济社会发展相关的研究成果，引导学科调整和优化研究方向来更好地服务经济社会，也有助于成果的转化和应用，实现产学研一体化，为学科发展提供外部经济动能。三是从维持学科生态系统内外结构平衡与稳定出发，高校学报在审核知识生产与传播过程中，与校内外人才与学术组织紧密联系，及时了解学术界和外部环境的变化并进行适应性调整，因而在维持学科生态系统平衡的过程中发挥着重要作用。

综上所述，高校学报与学科建设之间存在协同共生、联动发展的紧密关系，高校学报可以根据学术发展需要与社会发展需要，参与学科知识生成，维系学科生态系统结构平衡，最终通过特色栏目、人才培育与规模效应三要素驱动学科知识的创新、生成与治理，实现高质量发展。在"双一流"建设的政策引导与推动下，高校学报与学科建设之间的联结进一步深化，为学科创新、人才培养和增强学术影响力提供了有力支撑。

2 "双一流"建设背景下高校学报驱动学科高质量发展的战略意义

重视高校学报驱动学科高质量发展所具有的价值意义，不仅有助于提升高校学报的学术影响力和引领力，为高校提供科研平台，打造新的知识增长点和有效培养青年学者，也有效破解学科建设实践过程中在资源合理配置、增强专业性与影响力、实现可持续发展等方面所面临的难题。

2.1 实现科研育人以提升学科发展潜力

高校科研人才的培养往往存在科研资源分配不均、学术支持力度小、青年学者成长路径不畅等问题，一定程度上阻碍了学科建设的进展。高校学报作为学术成果发表的重要渠道，为科研人员特别是青年学者提供了更加包容的学习环境与细致的学术发展指导。在"双一流"建设背景下，高校学报更加注重科研育人的价值功能，通过与学校各部门、各学院、各学科形成强大的科研育人合力，成为高校科研创新人才挖掘、培育与成长的摇篮[9]。一方面，通过引导青年学者关注学界前沿问题或跨学科研究领域，转变其思想观念，激发其学术兴趣和创新潜力；另一方面，对有较好学术潜力和学术经历的作者进行重点培育，进行学术规范的指导来提升其科研素养，搭建学术交流网络与发展平台，由此加速科研人员的快速成长。

2.2 集中发展特色学科以增强学报专业性

传统高校学报大多被建设成为"大杂烩"范式的综合性学术期刊，对学科建设的影响普遍存在"全、散、小、弱"的特点[10]，导致学科建设效率低下，而高校学报要有效促进学科高水平发展就需要合理配置学术资源，有侧重地发展特色学科，集中积累性资源支持优势特色学科，拓展可持续资源支持战略新兴学科，构建以学科为中心的学术组织矩阵[11]，以此实现向"精品菜"式专业学报的转变，由大综合转向小综合。高校学报根据高校的专业背景与学科优势，建设特色栏目，生成符合自身定位的专业学报，不仅引导优势学科持续改进和深化，作为学科建设成效的重要评估依据，还能够有效整合校内外学术资源，进行跨学科研究尝试，推动学科知识的创新与融合，打造新的知识增长点。

2.3 提升高校学报在高校的学术影响力和引领力

在"双一流"建设与学科评价"破五唯"的政策引导下，地方高校学报更新了在学术传播新秩序中的角色定位，围绕自身需求，实现由理论性向应用性、封闭性向开放性、单一性向多元性、综合性向专业性的转型[12]，这意味着高校学报不仅仅作为学术研究成果的重要载体和交流平台，不只是配合学科建设发展，还要扮演学术发展的策源地和引领者角色，成为高校一流学科建设成效评估的重要组成部分。高校的科研水平与其学报的建设发展相互关联，高校学报通过主动促进科研成果转化与引导学科建设方向调整，能够不断增强高校学报在高校中的学术影响力和引领力，成为学科创新的重要支撑与优势学科的成果展示平台，也为发现和培养高校的科研人才创造良好的成长环境，从而有效提升在高校中的科研声誉。

3 "双一流"建设背景下高校学报驱动学科高质量发展的重要路径

基于高校学报与学科之间的密切联结，要有效实现高校学报驱动学科高质量发展，应对"双一流"建设带来的机遇与挑战，应围绕特色栏目与学科方向建设、重要作者与学科队伍建设以及规模效应与科研基地建设三个方面展开。具体而言，高校学报通过研究范围设置特色栏目，孵化并稳固重要作者、建设规模效应，引导学科前沿研究成果开展学科方向建设，为科研队伍建设分享活跃研究者，提高科研基地建设水平，在学科知识生产与学术论文传播的过程中，实现两者之间的良性互动。

3.1 打造特色栏目，引领重点学科建设

高校学报的栏目建设往往与高校的学科布局与整体学术质量密切相关，应向学校的优势学科、重点学科倾斜。综合性高校学报的特色栏目在广义定义上，反映地方的自然、地理、民俗、艺术、宗教、革命等层面的历史积淀和现实特殊的地域文化。在狭义定义上，是高校学报的办刊宗旨和方向的集中体现，能够直接反映学科优势和地方特色，具有较高学术水平、前瞻性与原创性，并能在相关领域具有影响力和得到认同[13]。因此高校学报应立足于主办的高校，综合考量校本性与地方性，根据具体发展情况和科研进展，收集和组织能够反映科研特色与质量水平的稿件，设置具有一定学术影响力的学科栏目作为期刊的基本单元和基本架构。

在特色栏目的设置上，要杜绝随意性倾向，应先守正再创新，先破后立，在现有的现实条件基础上稳步推进栏目更新[14]。高校学报大多根据高校的优势学科、特色学科以及一流建设学科来配置栏目，具有稳定性和连续性。优势学科、特色学科的领军人物的研究成果往往能够直观地体现该校的科研能力和水平，也有助于为加强学科建设提供学术资源支撑[15]。如海河大学的《水资源保护》，开设了有关水资源的质量检测、管理研究、政策法规、污染治理相关的特色栏目。有的高校学报由于其不具备专业化办刊的条件，转向以地域特色文化资源为依托，或服务于地方经济社会发展方向，以点带面提升期刊整体办刊水平[16]。如《惠州学院学报》以东江流域文化凝练出"东江文化研究"栏目，在惠州学院成立了"东江文化研究所"，由此明晰学科建设方向[17]。高校学报还可以通过积极扶持新兴学科，开放学科视野，促进学科之间的交融，由此提高高校学报的质量和影响力，实现高校学报和学科发展的双赢[18]。如化工学科类综合性中文科技期刊《化工进展》，其常设栏目，包括生物与医药化工、资源与环境化工、化工园区等，既突出传统化学工程，也兼顾与化工交叉的热点领域，反映化工行业的发展动态与最新成果[19]。此外，还可以进一步实现各栏目间的联动，在相互促进和影响

过程中推陈出新，如《编辑之友》的"自题小像"栏目在"专题访谈"和"编辑春秋"栏目的相互作用和促进下生成，体现了《编辑之友》学术期刊的联动机制[20]41-42。

3.2 培养重要作者，稳固学科队伍建设

发现优秀科研人才，扩大学术队伍对于高校学报来说具有重要意义。高校学报作为学术研究成果和学科建设成果的重要传播平台，汇聚了一大批包括学术顾问、编委、审稿人、作者、特约主持人、编辑等在内的学术研究者，因此要发挥高校学报凝聚学术力量、培育学术新人和建设学术队伍的作用，建设一支年龄结构、学缘结构、知识结构较为合理的成长型学术梯队[21]。高校应明确其人才培育的优势与特色、人才培育的目标与定位，从而为学科建设提供智力支持和人才支撑。其一，通过扶持青年学者，为学科队伍建设孵化新鲜力量。高校学报编辑和编委可以通过积极向优秀学术人才约稿，给予青年学者具体的修订指导与建设性反馈，严格把关论文质量，帮助青年学者提升学术规范能力与学术表达水平，将实践研究成果理论化和专业化，激发其学术研究潜能。其二，注重发挥校内外的学术专家的带头作用和学术把关作用，邀请专家作者代表，尤其是深耕某一学科领域的权威型专家，确保高校学报质量，还可以借助其学术声誉和人脉资源，吸引更多高质量的投稿，从而逐步提升高校学报的影响力和吸引力。

高校学报对重要作者的吸纳与培养，不仅能实现科研育人这一社会价值，还能以重要作者"反哺"学科队伍建设，维持学科队伍的稳定性与促进学术成果创造。《渤海大学学报(哲学社会科学版)》通过培养学术人才，促进科研队伍的成长，并通过构建线上线下学术交流平台，促进青年学者与专家学者交流合作和共同发展[22]，以此拓展学术网络，有助于建立广泛的学术联系与发现新的有价值的选题。高校学报培养重要作者，进一步稳固学科队伍，通过人才资源支撑高质量学术成果的生成，由此驱动学科建设实现可持续性发展。

3.3 形成规模效应，实现科研基地建设

高校学报通过刊发高质量的学科科研成果，扩大自身影响力以形成规模效应，这种规模效应能够促进科研基地的建设，尤其是新兴学科与交叉学科基地的建设，而科研基地的建设能进一步增强规模效应，因此两者存在"共生"关系。高校学报的规模效应一方面体现在刊文的投稿量、发行量以及被引用次数等体现学术影响力的具体指标上，另一方面还体现在对其他领域发展的作用与贡献上。要形成学报的规模效应，本质上离不开学科建设支持。因此，高校学报要发挥引导作用，通过学科科研成果的持续刊发，和大量转载与高校核心学科相关文章，推动学科建设良性发展[23]，随着高校学报发表的高质量论文数量增加与学术网络的构建，其在学术界的认可度和引用率也会随之上升，从而提升高校学报的学术影响力。此外，高校学报还可以进一步助力科研成果的实践应用与转化，通过产学研合作，生成额外的经济效益或社会效益，也能够有效促进学科知识的再生产。

高校学报通过形成规模效应，促进学术资源的汇聚与再生，学术成果的展示与转化，为重点科研基地的建设提供强有力的支持，尤其是新兴学科以及交叉学科基地的建设。其一，高校学报形成规模效应意味着学报具有较高的学术影响力，这有助于科研基地吸引更多的高质量学术资源和科研资金，对相关资源进行有效统整，从而为基地的科研活动提供充足的物质保障和学术支撑。其二，高校学报的高影响力为科研成果转化提供了便利，科研基地的实用型研究成果可以通过学报被相关组织与团体注意到，从而加速科研成果转化应用，促进产

学研合作。其三，高校学报提供了学术思想碰撞和学科交叉融合的平台，组织相关主体就具体学科问题展开专业交流，从而促进科研基地对特色学科的深入探索，实现学科知识的创新。

4 结束语

在"双一流"建设背景下，尽管高校学报在驱动学科高质量发展中扮演着至关重要的角色，但在推动学科发展的同时，自身也面临着转型升级的压力，需要应对来自外部的各种挑战。高校学报唯有不断自我革新，抓住机遇，方能充分实现其学术价值与社会价值，持续引领学科高质量发展，最终提升高校科研成效，促成高校的内涵式发展，也能广泛辐射其他领域，取得更大的社会效益。

参 考 文 献

[1] 中宣部,教育部,科技部.关于推动学术期刊繁荣发展的意见[EB/OL].(2021-05-18) [2022-12-20]. http://www.nppa.gov.cn/nppa/contents/312/76209.shtml.

[2] 肖婧文."双一流"建设背景下学术资源竞争与高校学报发展[J].科技传播,2024,16(2):55-58.

[3] 国家新闻出版总署网站.中共中央宣传部,教育部,科技部印发《关于推动学术期刊繁荣发展的意见》的通知[EB/OL].(2021-06-23)[2021-07-23]. http://www.nppa.gov.cn/nppa/contents/312/76209.shtml.

[4] 白强.知识生产模式变革下高校学科高质量发展的危机与化解[J].科学管理研究,2024,42(2):41-48.

[5] 孙国军,赛汉其其格,徐阳.地方高校期刊高质量发展策略研究:以《赤峰学院学报》为例[J].赤峰学院学报(汉文哲学社会科学版),2022,43(7):44-48.

[6] 王建平.高校学报与学科建设的互动发展[J].惠州学院报,2022,42(4):125-126.

[7] 姚远,刘珂.学术期刊服务高校"双一流"建设的路径创新研究[J].新闻研究导刊,2023,14(23):229-231.

[8] 黄景文,张鸣远.一流学科建设与人才培养、地方经济社会发展相互促进研究[J].经济与社会发展,2023,21(6):84-92.

[9] 周西西."双一流"背景下高校学报科研育人研究[J].浙江工业大学学报(社会科学版),2021,20(3):356-360.

[10] 晏如松."范式"变革:高校学报创办世界一流期刊的路径选择[J].科技与出版,2021(1):150-155.

[11] 陈洁婷,蔡文伯."双一流"高校学科建设效率评价研究:基于SBM-SFA效率模型的实证检验[J].山东高等教育,2024(4):15-21.

[12] 季潇濛,段玉梅."建设世界一流期刊"背景下地方高校学报发展策略[M]//学报编辑论丛 2021.上海:上海大学出版社,2021:174-179.

[13] 马殷华,李小玲.综合性高校学报特色栏目的战略性规划与建设[J].中国科技期刊研究,2007,18(1):129-131.

[14] 吴雪峰.地方高校学报栏目设置分析与对策[J].肇庆学院学报,2024,45(3):123-128.

[15] 李春红.高校优势学科建设与学报特色栏目双向赋能研究[J].传播与版权,2022(1):38-40.

[16] 魏子凡.高校学报高质量发展的现实困境与路径研究[J].常州信息职业技术学院学报,2024,23(2):86-91.

[17] 温玉丛.地方高校学报特色栏目学术影响力分析:以《惠州学院学报》"东江文化研究"为例[J].惠州学院学报,2023,43(6):94-99.

[18] 张同学.地方高校学报服务学科建设的途径和措施[J].中原工学院学报,2021,32(6):78-82.

[19] 余雪娇,黄丽娟,奚志刚,等.学科综合性科技期刊建设特色栏目的思考与实践:以《化工进展》为例[J].编辑学报,2023,35(增刊1):203-206.

[20] 王优优.学科视域下的《编辑之友》研究[D].开封:河南大学,2021.

[21] 沈秀,赵亚岳.高校学报助力学科体系建设[N].中国社会科学报,2021-03-23(6).

[22] 陈方方,赵女女.高校学报服务本校教学科研的有效举措:以《渤海大学学报(哲学社会科学版)》为例[J].渤海大学学报(哲学社会科学版),2021,43(2):117-121.

[23] 陆遐.高校学报之于学科建设的重要功用探究[J].昌吉学院学报,2022(3):106-109.

多举措打造科技期刊特色品牌，提升期刊学术影响力和社会服务能力

姚思卉[1]，郑晓南[1]，邢爱敏[1]，康银花[1]，郁林羲[2]

(1.中国药科大学《药学进展》编辑部，江苏 南京 210009；
2.中国药科大学《中国天然药物》编辑部，江苏 南京 210009)

摘要："品牌"是期刊高质量发展的重要象征，是期刊价值的重要凸显。特色品牌的塑造更能进一步提升期刊的影响力，是期刊在同类期刊竞争中立于不败之地的有力武器。文章以《药学进展》为例，总结并分享从特色品牌栏目打造、品牌智库团队构建、特色品牌活动的举办等方面入手，多举措打造科技期刊特色品牌，使期刊形象更加多元化，期刊品牌内涵更加丰富，从而提升期刊学术影响力和社会服务能力。并针对期刊特色品牌打造的举措提出相关思考，以期为科技期刊的特色品牌的打造和影响力的提升提供参考。

关键词：特色品牌；学术期刊；学术影响力；社会服务能力；《药学进展》

2019 年，中国科协、中宣部、教育部、科技部联合印发了《关于深化改革 培育世界一流科技期刊的意见》，明确提出要建成一批具有国际竞争力的品牌期刊，提升学术期刊的学术组织力、人才凝聚力、创新引领力和国际影响力，为科技强国建设做出实质性的贡献[1-2]。2021年5月18日，中宣部、教育部、科技部印发了《关于推动学术期刊繁荣发展的意见》的通知，指出应充分发挥科技期刊在科技成果交流中的桥梁纽带作用，加强优质内容的出版传播能力建设，提升科技期刊的影响力，助推科技期刊向高质量发展快速迈进，努力打造一批世界一流、代表国家学术水平的知名期刊，努力建设世界科技强国[3-4]。因此，打造期刊特色品牌，提升期刊的影响力，使期刊在激烈的竞争中立于不败之地势在必行。传统科技期刊主要以出版高质量学术内容为核心任务，但在激烈竞争的媒体生态环境下，学术期刊在保证学术质量的基础上，更应该在运营模式上与时俱进，推陈出新，在多措施全方位打造期刊特色品牌的过程中，使期刊品牌内涵更加丰富以契合不断变化的市场经济发展的客观要求。《药学进展》及时调整办刊理念，顺应行业形态变化，时刻与产业紧密结合，用高质量的论文保证科技期刊学术影响力的同时更注重社会服务能力的提升。

1 明确办刊定位，突显期刊品牌价值

科技期刊是科技成果交流的重要平台，具有科研活动档案、学术交流平台、人才培养园

基金项目：2023 年度江苏期刊出版研究资助课题(2023JSQKA12)；中央高校基本科研业务费专项资金资助(2632024RWPY17)；第六届江苏省科技期刊研究基金面上项目(JSRFSTP2023C02)
通信作者：郁林羲，E-mail: yulinxicpu@126.com

地、产学研桥梁等功能属性，在推动理论创新和科技进步中发挥着重要的力量[4-5]。打造期刊特色品牌，首先要明确办刊定位，所有打造品牌的路径均需围绕期刊定位展开。《药学进展》作为一本药学专业学术期刊，始终将科学前沿与国家战略需求相结合，主要以反映药学领域的新方法、新成果、新进展、新趋势为宗旨，以"综述+评述"性文章为特色，聚产学研用各路精英，追踪新药研发前沿动态，把握医药领域趋势进展，倾力打造融药学领域创新链、学科链、研发链、产业链和临床应用的高端信息交流平台[6]。在同类生物医药领域的期刊中，《药学进展》通过特色鲜明的期刊定位，彰显期刊品牌价值。

2 全方位、多举措打造期刊特色品牌

2.1 以专题策划为抓手，打造特色品牌栏目

期刊在办刊过程中，都无一例外地将"内容为王"放在首位，坚持持续稳定地推出优质内容吸引读者[7]。《药学进展》在保证内容学术质量的基础上，一直坚持学术引领，赋能源头创新。编辑团队以敏锐的洞察力策划选题，围绕学术热点、重大研发项目、产业共性技术和"卡脖子"技术进行组稿，重点邀请编委会及领域内专家以"评述+综述"的形式全力打造"药咖论坛"专栏。"药咖论坛"栏目坚持每期组稿 1 个专题，截至 2023 年底，共组稿近百期前沿专题，为新药研发起到创新策源的作用，该栏目作者包括院士、杰青，长江学者以及国家级高层次人才等，充分彰显《药学进展》品牌策划力、引导力和学术影响力。该栏目多次获得江苏省期刊协会"明珠奖"特色栏目奖，栏目的多篇文章获得"江苏省科技期刊百篇优秀论文"奖。

2.2 以编委会为基础，构建品牌智库团队

对于科技期刊来说，专家资源对于期刊的发展十分重要，专家身份灵活机变，既可以是读者，也可以是作者、审者、编委等，其中编委与期刊的关系最为密切，既是期刊的管理者又是受益者，是期刊的学术和人脉资源的基础。《药学进展》通过不断挖掘编委资源，扩大编委团队，将期刊的人才队伍打造成为精英智库团队。目前，《药学进展》编委会由陈凯先院士作为主编领衔，编委会已汇聚各领域编委包括院士、国家特聘专家、杰青、长江学者等数百人。强大的编委会资源是打造《药学进展》品牌的坚实基础。为了进一步深植品牌基因同时更加适应市场需求，在编委团队的基础上继续扩大专家资源，构建专家智库，与各国家级行业学协会等产业组织共同发起成立"中国生物医药产业链创新与转化联盟转化联合体"。联合体设重大需求、新药研发、临床试验等 38 个聚焦生物医药创新领域的专委会，形成了由政府园区、创新型企业、临床机构等组成的创新生态圈。各分会由业内极具影响力、对行业有突出贡献的专家担任主任委员、副主任委员等职务，由各主任委员牵头组织相关学术活动。通过联盟联合体智库的构建，不仅增加了与原有编委的黏性，更进一步挖掘了行业内其他专家资源。在扩大专家资源的同时，《药学进展》品牌也不断植入到行业内的各个领域，相信这些资源将成为未来期刊发展的核心竞争力。

2.3 以期刊为平台，举办特色品牌活动

期刊通过开展特色学术活动，进一步丰富期刊品牌服务衍生价值，是学术期刊品牌建设的一项重要措施[8]。通过品牌活动的举办，《药学进展》将关注的药学领域的前沿进展内容策划为热点议题，通过学术会议进行展示与交流，进一步丰富科技期刊的学术形象，有利于进一步强化期刊品牌特色。同时，活动策划是学术期刊迈向市场化的重要路径，作为将学术内容与社会服务紧密连接的桥梁，将期刊所拥有的资源最大程度共建共享，充分展示了《药学

进展》既具有学术专业性又契合社会需求，促进科技交流及产学研转化的良好形象，使科技期刊的品牌影响力得到提升。

2.3.1 高端大型品牌会议，助推科技传播与交流

大型高端品牌会议具有集聚性高、专业性强、覆盖面广等特点，极大地推动了期刊的品牌延伸，使期刊的品牌影响力得到提升。国际化和品牌化的会议对期刊的影响力的提升具有重要作用，旨在给先行者展示经验的舞台，给后来者前瞻务实的启示。《药学进展》已连续举办六届"药学前沿高峰论坛"大型品牌会议，每届会议聚焦十余个前沿主题，由近百位政产学研用各领域专家深入探讨进行专题报告，把握科技与产业前沿趋势的同时，推动新药研发经验交流和医药行业技术创新平台的搭建，是一场引领行业前沿的高端学术盛会。编委会举办两届"钟山峰会"，将期刊的发展同国家战略需求相结合，扩大期刊品牌影响力的同时，服务于区域行业发展。

近年来，《药学进展》在已有编委会资源的基础上，重点打造"南京国际新医药与生命健康产业创新投资峰会""中国生物医药产业链创新与转化高峰论坛"等一系列品牌会议，同时，推出年度"中国生物医药产业链创新风云榜"，有效助推科技期刊的学科建设和科技传播能力，提升了期刊的学术组织力、人才凝聚力、创新引领力和品牌影响力[9]。

2.3.2 细分领域专业会议，聚焦药学前沿热点

细分领域会议特指针对某一特定领域开展的学术活动，其特点为范围小、档次高、精准、特色鲜明。《药学进展》在举办大型特色会议的同时，将积累的专家资源进行细分，关注特点领域的前沿热点话题，灵活举办细分领域会议。如由于长期积累了大量的具有医院临床背景的作者和编委资源，期刊通过进一步整合临床资源，为临床药学管理者和实施者建立前沿、高效、专业的交流合作平台，举办了"药闻大家谈"系列高端论坛，广泛探讨新医改模式下医院药学服务的挑战与机遇。同时，编委会协办了 3 期"中国创新药物临床试验 PI 沙龙"，集聚创新要素、凝聚临床专家智慧，通过会议研讨打开新药临床试验新局面。

为进一步提升期刊品牌影响力，使办刊方向更适应市场需求，促进医药创新领域发展及科技成果转化，《药学进展》整合编委资源，为优质项目转化解决投融资难问题。举办一系列项目成果转化会议，如"大院大所江苏行—生物医药专场""创响江苏"—生物医药创新创业大赛，同时目前全力打造"药咖创投荟"品牌，已成功举办十余期生物医药创新项目路演活动。2023年通过举办"生物医药新产品与新技术转化路演专场"，来自中国药科大学的 11 位师生代表对其课题组在研项目进行了推介，项目领域涉及小分子化药、生物药等。同时，特邀药企专家、资深投资人点评，助力校企合作深入开展、推动科技成果转化。服务初创项目，陪伴初创项目共同成长的过程也是扩大期刊品牌影响力，打造《药学进展》服务产业特色品牌的过程。

2.3.3 线上品牌学术会议，拓宽宣传渠道

近几年，在线学术会议以其方便快捷，节约成本的特点在各个领域得到了广泛的应用。《药学进展》在此期间抓住线上会议的风口重点打造"药咖访谈"和"药咖分享会"线上品牌，目前"药咖访谈"已采访来自高校科研院所及研发公司等多位行业专家，介绍自身研究方向和主要工作，交流生物医药前瞻资讯和前沿思想，以期搭建一个全球信息共享平台。"药咖分享会"已直播30 多场，分别围绕生物医药前沿与热点议题。线上会议与线下会议相比可容纳更多观众且不受场地限制。线上会议期间，观众注意力比较集中，期刊有充足的时间来向观众介绍期刊情

况，对期刊进行深度宣传。会议直播平台的功能愈加完善，许多平台开发了录播功能，可实现报告内容的回放，观众可以重复收看，这对期刊也能起到多次宣传的作用。

同时，《药学进展》建立官方视频号，与官方公众号进行绑定。对于组稿专题的热点话题邀请组稿专家及该领域相关专家针对本期专题展开线上沙龙论坛，通过实时讨论，思维碰撞，将晦涩难懂的文章转化为生动易懂的语言，使期刊的受众更易接受，印象深刻。这样的形式既节省线下会议的时间和费用成本，又以最全面、生动、快捷的方式将期刊组稿的专题内容触及用户，实现对期刊专题内容的宣传以提升期刊的学术影响力。其中，针对"药咖论坛"栏目的《抗体药物：从开发到临床》专题文章展开的沙龙活动时长仅 2 个小时，当日观看人数达千余人，新增关注人数近百人，对于专题品牌的宣传起到极大的促进作用。

3 期刊品牌影响力提升成效分析

3.1 提升期刊学术影响力，发挥学术引领作用

《中国学术期刊影响因子年报》显示，《药学进展》近 3 年影响因子逐步提升，2020—2022 年分别为 0.789、0.976 和 0.995；总下载频次即 Web 下载量逐年升高，2020—2022 年分别为 12.81、14.83 和 16.62 万次，总下载频次能在第一时间反映出文献使用情况，下载总频次越高，表明该期刊的总体网络传播影响力越强[10]。整体来看，近几年学术指标呈逐年上升趋势，表明了期刊学术水平和影响力的提升，彰显了期刊的学术引领作用[5]。同时，期刊已被国内外多个数据库收录，包括中国学术网络出版总库、中国核心期刊(遴选)数据库、万方数据库、中国生物医学文献服务系统(SinoMed)、美国化学文摘社(CAS)数据库以及乌利希国际期刊指南(UlrichsWeb)，标志着期刊的内容质量和学术价值获得了出版界和学术界的认可，具有广泛的国内外传播力和影响力。

3.2 提升社会服务能力，搭建服务科研与产业的桥梁

在市场经济条件下，学术期刊在策划、编辑、出版、发行以及运营管理中要时刻面向立体化、多元化，市场化方向转变，以市场需求为导向，以目标读者为中心，要跳出传统出版行业以出版内容为单一经营项目的固化思维，以品牌为核心拓宽市场半径，切实提高期刊的市场适应力和可持续发展能力[11]。近年来，以编委会为基础成立的中国生物医药产业链创新转化联合体在"搭建医企平台，提升临床价值；加强国际合作，促进技术转移；培育咨政智库，承接政府职能"等方面开展了一系列工作。正是基于精英编委团队的社会及学术资源，通过深度挖掘，最终打造出具有服务社会能力的智库团队。

同时，《药学进展》编委成员中有近一半专家是来自知名生物医药企业的行业翘楚，企业家们经常受邀参加《药学进展》举办的各项活动分享医药市场最新动态及本企业的最新产品研发进展，同时受邀将领域内的前沿进展以综述的形式发表在《药学进展》杂志上，如江苏亚盛医药开发有限公司杨大俊、前沿生物药业(南京)股份有限公司谢东等创新型企业创始人分别根据自身企业的主要研发领域撰写专题评述导读。他们所撰写的内容直面市场的需求，影响力大，号召力强，更易被行业和读者所接受认可，深受大家欢迎，这样在无形中为期刊拓展了读者范围，使读者不仅局限于高校及科研院所，更吸引了大批产业界人士，进一步扩大期刊品牌影响力。

促进科技成果转化方面，《药学进展》不断整合资源，将科研人员及初创企业的创新项目与投资公司的资本对接，助推前沿技术转化为市场应用。目前，期刊已集聚数百个创新项目

及几十家知名医药投资公司资源，帮助初创项目落地融资。与初创项目共同成长，增强与项目的黏性，也是扩大期刊品牌，增强期刊竞争力的潜在力量。

4 打造期刊特色品牌，提升期刊影响力的举措思考

《药学进展》始终坚持以刊登"综述+评述"性文章为特色，展现药学领域的最新研究进展，在现有的评价体系中，因为不同类型期刊的定位以及所刊登的内容不同直接导致引用指标大相径庭，而目前对期刊的评价标准太单一，很多核心数据库只认准一个引用指标，不考虑期刊在其他方面的社会贡献，"唯核心"和"SCI至上"现状导致自由投稿优质稿源不足等问题，因此如何扩大优质稿源，打造期刊特色品牌，从而提升期刊学术影响力、传播影响力和服务能力的发展策略已成为期刊发展的首要问题[5]。

在保证期刊内容质量，提升期刊学术影响力方面，一方面充分利用编委会资源，发动编委为期刊撰稿及邀请其担任栏目主编组织专刊来扩大优质稿源，以及完善编委会奖励激励机制，每年在编委中评选优秀审稿人、优秀组稿人等奖项，激活编委积极性；同时，大力挖掘青年编委的力量，科研人才中，青年人才是最有创新激情和创新能力的群体，是科技创新的新生动力，具有旺盛的求知欲和探索精神，更需要成长上升的通道和崭露头角的机会，将会为期刊带来更多优质稿源。另一方面，通过打造品牌学术会议，为专家搭建学术交流的平台，在联系专家，服务专家的过程中，与专家建立密切的联系，从单纯的学术展示转变为展示与交流并重，既挖掘了前沿的学术议题，也便于获取优质稿源，提升期刊学术影响力。在融媒体的环境中，积极探索多元化传播方式，利用新媒体技术加大对期刊学术内容的宣传，利用期刊视频号召开线上会议、学术沙龙等，以用户极易方便接触到的形式触及用户，扩大期刊的覆盖面和影响力，吸引受众的参与和互动，最大限度地对期刊的学术内容进行宣传，从而扩大期刊的影响力。

在提升社会服务能力方面，《药学进展》与同类其他医药科技期刊的区别在于始终将科学前沿与国家战略需求相结合，并时刻关注医药市场变化，不断调整办刊理念、市场定位、品牌建设、知识服务等经营模式，以应对国家战略及医药市场的变化，以市场为导向，以读者为中心，促进科技成果转化，使药学科技成果从实验室研发走向市场应用，产生更大的社会效益。通过扩充编委队伍，编委中一半左右来自创新型生物医药企业，使编委结构更倾向于与产业界结合，服务编委，对接编委企业的需求的过程，就是为行业发展服务的过程。同时，在举办品牌会议方面，学术期刊相比于其他会议公司，具有能够充分把握生物医药行业热点及触及各领域核心专家的优势，将期刊作为交流平台，以主办各类型、各规模品牌会议的方式，桥接生物医药产业链从上游到下游的各个环节，服务生物医药产业发展。从读者范围看，目前期刊读者不仅为高校、医院和科研院所，更涉及创新药企、医药园区政府人员、金融投融资机构等医药产业领域一线人员，期刊为读者提供最新的产业资讯，帮助一线人员了解最新产业进展。通过多措施，全方位打造市场化的特色品牌，凸显期刊独特的品牌价值，增强期刊的社会服务能力，使期刊的影响力进一步增强[12]。

5 结束语

近年来，《药学进展》在特色品牌打造，提升期刊学术影响力和社会服务能力过程中不断摸索、突破、创新。从多方面入手积极探索、敢于尝试、不断创新。使科技期刊出版的学术

内容呈现与应用形式更加多元化，打造了区别于同类期刊的特色品牌，树立了独特且易辨识的形象。从根本上解决期刊目前的困境，提升期刊的学术影响力和社服务能力。

参 考 文 献

[1] 《关于深化改革培育世界一流科技期刊的意见》内容摘编[J].编辑学报,2020,32(4):360.
[2] 王亚青.多元环境下学术期刊品牌建设的思考[J].新闻研究导刊,2022,13(10):189-191.
[3] 中宣部、教育部、科技部印发《关于推动学术期刊繁荣发展的意见》[EB/OL].(2021-06-23)[2024-08-01]. http://www.moe.gov.cn/jyb_xwfb/s5147/202106/t20210628_540716.html.
[4] 王洁.提升科技期刊影响力的措施:以《金刚石与磨料磨具工程》为例[J].编辑学报,2023,35(2):219-222.
[5] 张莹,周哲.中文专业化科技期刊办刊策略:以《液晶与显示》为例[J].中国科技期刊研究,2024,35(5):642-648.
[6] 康银花,邢爱敏,杨臻峥,等.科技期刊的整体策划与特色品牌打造:以《药学进展》为例[J].中国科技期刊研究,2016,27(10):1107-1112.
[7] 吴晓兰,栗延文,邵玉洁.科技期刊新媒体内容质量提升的方法与途径探讨:以"金属加工"微信公众号内容建设为例[J].编辑学报,2022,32(4):433-437.
[8] 申琳琳,夏浪,张玉琳,等.特色学术会议提升科技期刊品牌影响力的实践:以《中华消化外科杂志》为例[J].编辑学报,2022,34(4):460-463.
[9] 铁肩担道义,妙手著文章[J].药学进展,2021,45(1):4.
[10] 陆伟,钱坤,唐祥彬.文献下载频次与被引频次的相关性研究:以图书情报领域为例[J].情报科学,2016,34(1):3-8.
[11] 陆顺演.社办学术期刊可持续发展研究[J].出版参考,2021(1):77-79.
[12] 杨卫兵,薛韬.科技期刊市场化的有效探索[J].出版广角,2019(2):24-27.

学术与科普联合策划组稿提升期刊影响力

翟铖铖，贾泽军

(复旦大学附属中山医院期刊中心，上海《中国临床医学》杂志社有限公司，上海 200032)

摘要：学术与科普联合策划组稿，即聚焦医学热点专题，借助牵头专家和作者团队，共同约稿、组稿、选稿、编辑、发表，共享传播平台和特色活动等。本文基于学术期刊《中国临床医学》和科普期刊《健康促进》联合策划组稿"糖尿病足防治专题"的案例，介绍学术与科普联合策划组稿对提升期刊影响力、实现"共赢"的显著效果，建议学术期刊可通过学习科普的创作特点，组建"双栖"专题库和专家库，充分利用新媒体创新传播等联合策划，以促进学术的深入发展，推动健康知识的普及，提高公众的健康素养，进而助力健康中国。

关键词：医学学术期刊；科普；联合策划组稿；影响力；典型案例

2024 年 7 月，党的二十届三中全会《决定》提出"实施健康优先发展战略"。医学期刊具有发布医学研究成果和传播医学信息的媒体属性，理应肩负起健康普及的重任。但截至 2022 年底，中国科普类期刊 257 种，仅占科技期刊总数的 4.98%[1]。因此，实现健康科普及高质量发展，成为学术期刊与科普期刊的共同使命。

国外医学顶刊如 Nature、Science、NEJM 通过将学术论文改写为新闻[2]、成为学术和科普"两栖"期刊[3]、借助新媒体进行多样化科普[4]等方式与科普融合，国内医学学术期刊也有将学术论文改写为科普文章[5]或新闻[6]、出版科普增刊[7]或开辟科普栏目[8]、还有联合大众媒体[9]、互联网医学科普[10]、应急科普[11]、新旧媒体区分运营[12]、借助新媒体构建"学术+科普"传播矩阵[13]、开展医学科普讲座或义诊活动[14]等方式。但学术+科普两刊联合策划组稿、资源共享、融合发展的方式，除航空航天领域的《航空学报》《航空知识》2 本刊[15]运用外，医学学术期刊中还未见报道。本文基于医学学术期刊《中国临床医学》与其健康科普专刊《健康促进》联合策划组稿"糖尿病足防治专题"的案例，介绍学术与科普联合策划组稿提升期刊影响力的实践经验，以期为更多期刊探索学术与科普"两翼齐飞"提供参考，为全民健康素养水平的提高和国家科普能力建设贡献更多力量。

1 学术与科普联合策划组稿的意义

《中国临床医学》在 1994 年创刊初期即确立了医学学术与健康科普并重的办刊思路，并

基金项目：中国高校科技期刊研究会"善锋软件基金"资助项目(CUJS2023-SF035)；上海市科技期刊学会"海上青编腾飞"项目(2022C03)；上海市高校科技期刊研究基金资助项目(SHGX2024A05)
通信作者：贾泽军，E-mail：smmujiazejun@163.com

在 2000 年创办健康科普专刊——《健康促进》，两刊共享主编、编委、审稿专家及编辑团队。两刊联合策划组稿，即聚焦同一个医学热点专题，借助同一个牵头专家及作者团队，共同约稿、组稿、审稿、编辑、发表、宣传，共享传播平台和特色活动等，将学术与科普优势互补，融合发展，合作共赢。

长期以来，由于编辑人员少、学术与科普受众不同等多方面原因，两刊大多依赖作者的自由投稿以及少量分开策划约稿，各自推广宣传，除共同推出"新冠肺炎专刊"外，联动较少。与自由投稿相比，联合策划组稿可以充分发挥编辑部的主动性，选择高质量的专题和作者，激发作者的健康科普意识，鼓励他们积极参与科普创作，把控整个出版过程，有条理地组织和安排各个环节，提高出版效率，最大限度保证文章质量。另外，与分开策划约稿相比，联合策划组稿可以让学术与科普扬长避短，例如医学学术期刊专业性强，受众较窄，传播受限，而健康科普恰恰受众广泛；健康科普知识良莠不齐，学术期刊的严谨性也将提高科普知识的可靠性。因此，医学学术与健康科普的联合策划组稿是期刊发展的一种新模式，有利于扩大医学研究成果的传播范围，并将健康知识普及给大众，增强公众的健康意识，进一步有助于增强医学期刊的学术影响力和社会影响力，提升期刊的整体质量和竞争力，实现"双赢"。

2 "糖尿病足防治"学术+科普专题的实施

2.1 学术+科普专题的前期设计

2.1.1 "双栖"专题的选题思路

医学学术的选题重在指导临床实践或解决临床问题，必须原始性创新或进展性创新，健康科普专题的选题应聚焦于当前公众普遍关心的健康问题，重在"预防大于治疗"的疾病。因此，既适合学术又适合科普的"双栖"专题的交叉点为患病人数多且死亡率高、知晓率低但可预防的疾病。

近年来，我国已成为世界第一糖尿病大国，预计到 2030 年糖尿病患者将达到 1.64 亿人[16]。而糖尿病足作为糖尿病最为常见的并发症之一，世界范围内每 20 秒就有 1 例糖尿病患者被截肢[17]，总截肢率为 19.3%[18]，是糖尿病患者致残致死的主要病因。基于此，编辑部聚焦"患病人数多、医疗成本高、患病时间长、服务需求大"的糖尿病，并结合疾病严重程度、知晓率、疾病宣传日、中山医院优势学科等因素，最终选择"糖尿病足防治"作为"学术+科普"的共同专题。

2.1.2 "双栖"专家的专题论证

2022 年 7 月，专题选定后，编辑部从《中国临床医学》的编委中选定糖尿病足学术和科普的"双栖"专家——中山医院血管外科副主任董智慧教授询问糖尿病足的防治现状，确保专题的科学性和可行性。最终得到的答案是，糖尿病足的学术交流工作和科普工作亟待开展。因此，编辑部随即决定《中国临床医学》和《健康促进》2023 年第 1 期将共同推出"糖尿病足防治专题"，并邀请董智慧教授作为特约编辑牵头组稿。

2.1.3 制定双重组稿计划

编辑部计划约稿《中国临床医学》学术论文 8 篇，《健康促进》科普文章 8 篇，内容涵盖糖尿病足的预防、手术方法、分级管理、多学科协作等各个角度。由董智慧教授选定糖尿病足方面专家，建立专题微信群，并通过线下会议+腾讯会议的方式进行文章分配、进度讨论、定稿会议，于 2022 年 11 月 30 日之前投稿，定于 2023 年第 1 期出版，出版时间为 2023 年

2月25日。

2.2 学术+科普专题的中期实施

2.2.1 选择"双栖"作者并约稿

2022年8月,编辑部联合作者以线上腾讯会议的方式进行第1次专题讨论会,作者选定为上海市医师协会血管外科医师分会糖尿病足工作组的各位成员,包括仁济医院血管外科副主任薛冠华、华山医院血管外科中心副主任史伟浩、第九人民医院血管外科副主任殷敏毅、上海长海医院血管外科副主任袁良喜、上海长征医院血管外科副主任柏骏。会上每位专家交流各自的学术方向以及可以投稿的文章类型和主题,最后明确各自稿件的栏目、交稿时间和稿酬等事项。

2.2.2 学术编辑也要"双栖"

编辑部由一位具有医学背景的责任编辑负责进行学术论文和科普文章的初审和送审,并对稿件进行审核和修改,确保稿件质量符合出版要求,对审稿通过的稿件进行整合后发表且主导后期的发行、线上推广、专家活动、医护培训等一系列流程,另由一位新媒体编辑配合学术和科普优质内容的线上推广。

2.2.3 学术+科普优质内容的发表

2023年2月25日,《中国临床医学》的"糖尿病足防治"专题刊登了包括糖尿病足多学科分级闭环管理体系的构建、下肢血运重建技术、胫骨横向骨搬移技术、感染的研究进展、准分子激光斑块消蚀术联合药物涂层球囊的治疗方法等糖尿病足预防和治疗最新进展的8篇文章,共计7万字。《健康促进》以"防治糖尿病足,刻不容缓"为专题名,向公众科普了什么是糖尿病足、糖尿病足的症状、哪些人容易得糖尿病足、糖尿病足的预防和治疗方法等,以图文加漫画的形式生动得解释了糖尿病足的一系列问题,共6篇文章,共计2万字。两刊封面如图1所示。

图1 《中国临床医学》和《健康促进》"糖尿病足防治专题"封面

2.3 学术+科普优质内容的后期传播

2.3.1 学术+科普同时线上传播

学术专题在中国知网、万方、维普、超星、长江文库等电子数据库中发行,通过精准传播系统以电子邮件的方式向重点读者及公众推送学术文章,实现精准传播。学术和科普内容同时在《中国临床医学》网站、"复旦大学附属中山医院期刊中心"微信服务号和"健康促进 促进健康"微信订阅号中发布。此外,编辑部遴选专题中优质内容,借助医院新媒体平台及大众媒体平台,扩大传播范围,将糖尿病足优质科普内容惠及更多百姓。

2.3.2 学术+科普同时线下推广

《中国临床医学》出版后销往各大图书馆、书店，通过中国邮政寄送给订阅用户，在全国发行。编辑部免费给每个病区及门急诊赠送科普书架，两刊均在出版后"进病区"，在科普角书架中展示，且在血管外科和内分泌科的病房实现精准投放，同时向医联体单位发放；两刊通过"中山健康促进大讲堂"活动，发放给现场病患；两刊借助国家医疗队、中组部援建任务等，寄送给云南金平县人民医院、新疆喀什二院、西藏日喀则人民医院等基层医院，惠及边远地区百姓。

此外，两刊还借助牵头专家资源，与专家同行，积极配合专家的学术科普活动。2023年4月28日，编辑部参与"糖尿病足分级闭环体系建设之金山朱泾医患科普项目"基层诊疗活动，来到上海市金山区朱泾镇开展医患科普，现场发放杂志。在5月29日"全球爱足日"参与中山医院专家义诊及金山科普示范周，依托中山-金山糖尿病足多学科诊疗中心(MDT)，参与组织培训朱泾社区卫生服务中心医护人员将糖尿病足知识利用金山本土沪语结合小品、讲座等形式生动呈现，开展糖尿病足早防早治以及科普宣教工作。

3 学术+科普联合策划组稿对期刊影响力的提升效果

3.1 学术期刊影响力的提升

3.1.1 学术期刊的论文质量和知名度提升

本专题学术论文共8篇，作者共34人，打破单一单位局限，作者单位涵盖上海中山医院、华山医院、仁济医院、第九人民医院、长海医院、长征医院6家头部三甲医院，1家二甲医院和1家三乙医院，作者团队代表着防治糖尿病足的较高医疗水平，提升了《中国临床医学》的作者水平、论文质量、学术品味以及学术号召力。同时，随着学术期刊参与基层诊疗科普活动，也在社区医护群体中扩大了学术期刊的影响和知名度。另外，学术期刊跟随科普进病区、进社区、援基层、上高原，并经过大众媒体的传播，其社会影响力也在逐步提升。

3.1.2 学术论文的下载量提高

学术专题一经发表，便引起了广泛传播，期刊的总下载次数和总被引次数迅速升高。截至2024年8月1日，本专题的官网总浏览量超过10 000次，总下载量约3 000次，总被引量超过50次，中国知网下载量约3 000次，万方下载量约1 000次，维普、超星等数据库的下载量也超过同期其他文章。而《中国临床医学》2023年第2期的学术专题"神经退行性疾病临床诊治"4篇论文官网总浏览量4 000次，总下载量约300次，中国知网总下载量约900次，万方下载量约200次，均低于本专题。另外，微信公众号的学术内容也得到广泛阅读，读者反响热烈，纷纷点赞和转发。

3.1.3 学术期刊的影响因子提升

《中国临床医学》影响因子大幅度提升，根据中国知网数据,(2022版)核心影响因子为0.873，(2023版)复合影响因子为1.167，创历史新高。

3.2 科普品牌影响力的提升

3.2.1 激发青年医生的科普热情

本专题科普文章《不可小瞧的"狠角色"——糖尿病足》以漫画形式呈现，编辑部组织社区医护人员利用沪语结合小品、讲座等形式科普，大大激发了医护人员绘画和表演才能以及科普热情，后续收到医护人员的相关科普论文投稿，进一步推动学术和科普的融合发展。

3.2.2 借助大众媒体，科普链接大众

专题中"什么是糖尿病足？"等优质内容通过中山医院新媒体平台，包括微信公众号(粉丝260W+)、微博(粉丝16W+)、抖音号(粉丝2.9W+)以及分支机构平台等，发布后总阅读量达20余万次。5月29日"全球爱足日"的糖尿病足防治主题活动中，编辑部借助大众媒体平台，包括上观新闻、解放日报、澎湃新闻等，发布相关科普论文后，总阅读量超25万余次，进一步提升了科普的影响力。

3.2.3 提升科普品牌的知名度

科普专刊一经推出，便一抢而空，编辑部多次接到病患订阅杂志的电话。同时，本专题通过微信订阅号"健康促进 促进健康"在互联网上得到广泛传播，获得湖南省永州市等官方媒体转发，反响热烈，单篇阅读量超1 000次，公众号粉丝急速上升，极大地扩大了《健康促进》在医护和百姓中的知名度和影响力。2024年5月，《健康促进》被评为"第二届上海市健康科普推优选树活动·科普品牌"。

4 新形势下学术与科普联合策划组稿的启示

4.1 学术+科普联合策划组稿可实现"双赢"

本专题经过学术与科普融合策划，同时满足医学学者的专业需求和群众的健康需求，学术论文浏览量和下载量显著上升，提升了期刊传播力和综合影响力；学术专家积极科普，高危患者主动筛查，病患配合随访和监控病情，反过来推进糖尿病足的诊断和治疗，进而推动学术进步。并且，医学顶级期刊如 *Nature*、*Science*、*NEJM*、*The Lancet* 均设立非学术类科普栏目，经过科普化包装的学术论文，影响力、下载量都是未包装的好几倍[19]。由此可见，学术期刊兼顾科普，不仅可以促进健康科普知识的传播和发展，对提升学术影响力和关注度也有极大作用。学术带动科普，科普反哺学术，两者互相促进、共同发展，实现"双赢"。

4.2 学术+科普联合策划组稿未来可期

本专题同时向同一团队约稿学术论文和科普文章8篇，最终收到6篇，除了医生要忙于临床和忙于科研的原因外，还有对科普的重视程度不够。除此之外，科普作者的稀缺是我国科普工作的顽疾[20]，学术与科普的目标受众不同也可能导致信息传递的针对性和有效性受到影响。但随着国家对科学普及的重视，科普基金和奖项正在增加，很多地区已将科普文章、科普视频纳入职称晋升评审标准，越来越多的医生通过小红书、抖音等短视频平台进行医学科普，相信这种困境很快会迎刃而解。2024年，北京协和医院妇科肿瘤专家谭先杰凭借科普书《话说生命之宫》，获得2023年度国家科学技术进步奖二等奖。科普作品获得国家级奖项，是科普工作成效的体现，也是对未来科普创作的鼓舞和期待。

4.3 "双栖"专题是学术+科普联合组稿成功的前提

由于学术与科普的受众不同，在联合策划中，需要平衡学术深度与科普通俗性，找到"双栖"选题，这无疑增加了选题的难度。本专题涉及的糖尿病足患病人数多、危害性大，其防治痛点中诊断延迟、涉及多个科室且难以协同治疗具备学术性，随访和监控困难及缺乏对高危患者的筛查和科普患教则具有科普性，非常适合联合策划组稿。而有些学术性极强的专题，例如"现实世界研究方法学"不适合科普，"经桡动脉入路的泛血管疾病介入诊疗"科普意义较小。因此，联合策划选题需要选择那些既具有学术价值，又能引起公众兴趣的前沿医疗话题，或者将学术研究与当前的社会热点相结合，提高科普作品的吸引力和关注度，这是学术+科普

联合策划组稿成功的前提。

4.4 "双栖"专家库的"顶配"：权威大咖+青年医生

医学大咖在专业上的严谨性和经验值，做科普更让人信服，年轻医生的"网言网语""活力四射"都是科普作品接地气、有黏性的保证。本专题汇集了上海糖尿病足防治的领军人物——董智慧教授，具有很高的学术造诣和业内威望，还有许多年轻医生，运用漫画、小品、讲座等形式创作科普，创意丰富，花样百出，给健康科普注入满满的活力。学术期刊应顺应时代潮流，从国家健康科普专家库成员名单物色权威科普大咖，从抖音、小红书、快手、微信视频号、哔哩哔哩等平台搜寻活跃的科普青年，或者培养青年医生的科普能力，建立"双栖"专家库，形成一支稳定的学术+科普"比翼双飞"的创作队伍。

4.5 新媒体是学术+科普融合发展的"东风"

就算医生再加班加点，也只能多服务小部分患者，而新媒体却可以打破时间、地域和平台的限制，学术与科普刚好可以借助"东风"，向更多的人传递健康理念。本专题借助微信公众号、医院新媒体平台和大众媒体平台，发布后总阅读量超45万余次，这种巨大的传播力显然是线下传播所不能达到的。不仅如此，新媒体还提供图文、音频、视频等生动多彩的传播形式，使学术和科普内容更加直观、易懂，增强了吸引力和传播效果；利用大数据和算法技术，精准推送用户感兴趣的学术和科普内容，提高了信息获取的针对性和有效性；平台上的评论、点赞、转发等功能，拉近了百姓与医生的距离，有助于形成积极的讨论氛围，提高百姓的参与度和满意度。未来，编辑部将会利用更多新媒体平台，如抖音、小红书、快手、哔哩哔哩、知乎等，将更多学术和科普知识"飞入寻常百姓家"。

4.6 学术编辑需提高"双栖"能力

学术和与科普的联合策划对编辑提出了更高的要求。前期设计阶段：编辑需关注医学前沿和公众需求，及时捕捉医药、健康领域的新闻热点，策划出"双栖"选题，了解学术和科普的创作周期，以便制定双重组稿计划；中期实施阶段：编辑需寻找"双栖"创作团队，协助作者组稿选稿，熟悉学术和科普的写作方法和风格，让学术更严谨求实且科学准确，让科普更生动有趣且通俗易懂，提高文章的可读性和吸引力；后期传播阶段：编辑利用漫画、动画、视频等方式推广，熟悉新媒体运作方式，充分利用新媒体平台，线上+线下共同加强期刊内容的传播，提升医学学术和健康科普的影响力。

5 结束语

综上所述，学术与科普的联合策划组稿，不仅有助于提升期刊和学术成果的影响力，促进专业知识的普及和传播，还能激发专业人士的科普热情，推动科技创新和健康发展。尽管联合策划对选题、作者、编辑都提出了更高的要求，但通过关注前沿医疗、结合社会热点以及创新科普形式等方法，可以实现学术与科普的有效融合，达到"双赢"的效果。这种联合策划组稿的方式是期刊发展的一种新模式，对于推动科学知识的普及，提高公众的科学素养，以及促进学术研究的深入发展、助力健康中国都具有重要意义。

参 考 文 献

[1] 中国科协学会服务中心.中国科技期刊发展蓝皮书(2023)[M].北京:科学出版社,2023.
[2] 江晓原,穆蕴秋.Nature 杂志:从科普期刊到学术神话[J].浙江学刊,2017(5):199.

[3] 翟万银.Nature 非学术栏目研究及对我国科技期刊的启示[J].中国科技期刊研究,2018,29(12):1183.
[4] 翁彦琴,胡俊平,肖玥,等.科技期刊视域下的创新成果公众传播[J].中国科技期刊研究,2022,33(3):328-337.
[5] 杨余瑜.推动公众理解科学技术的重要途径:组织优秀医学论文改写科普文章活动初探[J].中国健康教育,1992,8(11):20-23.
[6] 安瑞,严谨,张莉.办一流中文学术期刊,促创新与科普两翼齐飞:以《科学通报》发展实践为例[J].科技与出版,2018,37(9):26-30.
[7] 刘爱姝,魏佩芳,薛静,等.科技期刊出版科普增刊担负普及科学知识的社会责任:《中国听力语言康复科学杂志》出版科普专刊的实践[J].中国科技期刊研究,2012,23(1):122.
[8] 周小林,刘艺,魏源.医学期刊大众化传播探索:以《局解手术学杂志》为例[J].今传媒,2017,25(3):3.
[9] 王大鹏,黄荣丽.科技资源科普化的困境与出路:以学术论文与科普文章的衔接转化为例[J].科技与出版,2020,39(11):116-121.
[10] 徐云.医学学术期刊健康科普途径的思考[J].新闻研究导刊,2020,11(11):162-164.
[11] 王艳,袁长江.医学期刊组织健康科普、助力抗击疫情的实践:以《淮海医药》开展健康科普活动为例[J].天津科技,2020,47(11):95-98.
[12] 吕冬梅,李禾.从传统纸媒到新媒体的另辟蹊径:《中国中药杂志》的"双转型"战略[J].科技与出版,2016,26(6):8-12.
[13] 刘洋,李娜,李玉乐,等.创新探索"学术+科普"融合发展,全面助力医学科技期刊双翼齐飞[J].中国传媒科技,2022,29(9):14-17.
[14] 程亮星.融媒体背景下医学学术期刊工作者开展高质量医学科普对策研究:以河南省为例[J].科技传播,2023,15(16):27-32.
[15] 李明敏,武瑾媛,俞敏.学术期刊与科普期刊双翼齐飞:以《航空学报》《航空知识》为例[J].编辑学报,2020,32(1):85.
[16] International Diabetes Federation. IDF Diabetes Atlas 2021 [EB/OL].(2021-12-06)[2023-12-09]. https://diabetesatlas.org/atlas/tenth-edition/.
[17] 许樟荣.《国际糖尿病足工作组关于糖尿病足感染的诊断与处理指南》解读[J].中华糖尿病杂志,2015,(7):403-404.
[18] 中华医学会糖尿病学分会,中华医学会感染病学分会,中华医学会组织修复与再生分会.中国糖尿病足防治指南(2019 版)(I)[J].中华糖尿病杂志,2019,11(2):92-108.
[19] 李明敏,俞敏.学术期刊论文科普化方法及思考[J].中国科技期刊研究,2021,32(1):36-40.
[20] 韩婧,孟瑶,张通.科技期刊实现资源科普化的路径探讨[J].编辑学报,2023,35(5):487-491.

基于受众有关中文综合性医学期刊组建专题/专栏优化功能与定位的调查研究

潘天昳

(上海市医学会杂志编辑部《上海医学》编辑部，上海 200040)

摘要：组建专题/专栏是中文综合性医学期刊优化功能、定位的经典途径。本研究通过问卷调查法，分析医学期刊受众对中文综合性医学期刊功能、定位的认知与学术需求，以及对该类期刊组建专题/专栏的态度与评价。结果显示，受众普遍认为当前中文医学期刊与国(内)外的英文期刊存在功能、定位的差异。受制于科技评价导向、期刊竞争环境与医学发展态势，目前中文医学期刊的主要定位功能为"促进国内学术交流"。调研对象期望从中文综合性医学期刊汲取多领域创新知识与多学科诊疗指导，并认同组建专题/专栏利于该类期刊优化功能、定位，满足其不同维度的学术需求；但专题/专栏组建仍存在流程不完善、组稿方式不开放、审稿形式化、内容创新性欠佳、青年受众关注度不高等诸多问题。在实践中，该类期刊应创新工作制度、积极参与青年人才培养，并面向临床、面向医学创新组织实用型学术内容，以真正实现高质量专题/专栏的持续组建。

关键词：综合性医学期刊，中文；功能；定位；问卷调查；专题/专栏；科技评价导向；学术需求

中文医学期刊是发布我国医学学术成果的重要平台。近年来，受制于科技评价导向、自身改革缓慢，以及国内外严峻的期刊竞争形势等因素，诸多中文医学期刊面临优质稿源流失、发展动力不足的困境，其在我国医学学术交流体系中的定位与功能更是有待进一步明确[1-2]。其中，中文综合性医学期刊是我国医学类期刊的重要组成部分。除外上述制约因素，中文综合性医学期刊还面临着专业化程度不高、目标受众分散等问题，其多数发展水平处于我国科技期刊结构的塔体，甚至塔基位置，生存面临一定困境[3]。有学者指出，"推动中文科技期刊发展，首先要明确中文科技期刊的定位和作用"[1]。目前，就中文科技期刊定位或功能的研究多基于期刊发展现状的共性分析[4-5]，针对中文医学期刊，特别是综合性医学期刊功能、定位的研究相对较少。而多数中文综合性医学期刊主要通过制订、实践期刊发展策略以优化自身功能、定位。

组建专题/专栏是综合性科技期刊(包括医学期刊在内)优化功能定位、吸引目标受众，促进自身可持续发展的经典路径[6-7]。目前，国内多个中文综合性医学期刊积极实践专题或专栏组建[8-10]。例如，《西安交通大学学报(医学版)》提出了"小综合、大专科"的专题化、专刊化办刊

基金项目：上海市科技期刊学会"海上青编腾飞"项目(2022A02)

理念；《中国实用内科杂志》聚集最优作者，打造"院士论坛"等高端栏目；均一定程度上提升了期刊的稿件质量与行业影响力。然而，结合上述文献可以发现，当前通过组建专题/专栏优化期刊功能、定位的研究多为从编辑部角度出发的基于单刊实践的经验性总结，或为针对国内科技期刊受众的总体性分析[11]。不同学科的综合性科技期刊有其特殊的学术生态；了解领域内包括读者、作者等期刊受众对中文综合性医学期刊功能、定位的认知，以及其对该类期刊组建专题/专栏的态度与评价，对于期刊正确发展方向至关重要。本研究拟靶向医学期刊的服务对象(即作者、读者)开展问卷调查，基于医学期刊受众视角，探究当前中文综合性医学期刊的主要功能与定位，以及该类期刊组建专题/专栏的优势与不足，从而抛砖引玉，为中文综合性医学期刊优化功能、明晰定位，实现可持续发展提供参考。

1 对象与方法

1.1 研究对象

于 2023 年 5—9 月通过问卷星平台制作调查问卷，进行在线发布或在医学学术会议现场通过扫描二维码填写。调查对象在知情前提下遵循自愿原则进行填写。共收集 422 份问卷，剔除无效问卷 5 份，最终收集有效问卷 417 份，有效率为 98.8%。

1.2 问卷调查方法

在查阅文献[1,12]、咨询专家后，确定调查问卷初稿，并进行小范围预调查(发放约 15 份)。经结果回收、统计、修改、完善后确定调研问题。总体包含：①调研对象的一般资料；②调研对象对当前中文综合性医学期刊功能和定位的认知与学术需求；③调研对象对中文综合性医学期刊组建专题/专栏的认知、评价与参与意愿。本问卷的 Cronbach's α 为 0.791，KMO 系数为 0.777，表明所设计问卷的信度、效度可，调查结果相对可靠。

1.3 数据分析

应用 Microsoft Office Excel 2016 软件归纳问卷数据，应用 SPSS 12.0 软件进行统计学分析。计数资料以频数(n)和(或)百分率(%)表示，组间比较采用卡方检验，以 $P<0.05$ 为差异有统计学意义。

2 调查结果

2.1 问卷调查对象一般资料分析

在接受调查的 417 人中，男、女性别占比分别为 40.29%和 59.71%，主要年龄段为 25~35 岁、36~45 岁，占比分别为 53.24%和 33.57%；学历以硕士为主，占比为 57.31%；并且以主治医师和中级职称人员占比最高，分别为 31.18%和 39.33%。调查对象主要为临床医务人员(77.94%)，基本覆盖临床医疗的各个学科；同时，也涵盖科研、医疗技术(医技)和行政等岗位人员。医疗单位为三级医院的人员占比最高，为 82.49%。有学术团体任职的总占比为 41.01%。有 21.34%的调查对象在医学期刊担任编委、客座编辑、审稿人等期刊合作者角色。见表 1。

2.2 受众对当前中文综合性医学期刊的功能、定位认知与学术需求

2.2.1 调查对象对中文医学期刊功能、定位的认知

62.83%(262/417)的调查对象认为"当前，中文医学期刊与国(内)外的英文医学期刊存在功能、定位的差异"。开放式问答结果显示，调查对象认为造成这种差异的主要原因包括：科技评价导向；SCI 论文利于职称晋升；中文医学期刊国际影响力有限。

表 1 问卷调查对象一般资料

项目	人数	占比/%	项目	人数	占比/%
性别			岗位类别		
男	168	40.29	医疗	325	77.94
女	249	59.71	科研	28	6.71
年龄			医技	30	7.19
<25 岁	16	3.84	行政	13	3.12
25~35 岁	222	53.24	其他	21	5.04
36~45 岁	140	33.57	任职学术团体级别		
>45 岁	39	9.35	全国性	77	18.47
学历			地方性	94	22.54
本科及以下	88	21.10	无	246	58.99
硕士	239	57.31	所在学术团体职务		
博士	90	21.58	二级学会主任委员	16	3.84
当前身份			二级学会副主任委员	11	2.64
在读学生	81	19.42	专业学组主任委员	10	2.40
住院医师	59	14.15	专业学组副主任委员	12	2.88
主治医师	130	31.18	其他	66	15.83
主任医师	70	16.79	无	302	72.42
助理研究院	5	1.20	所在医疗单位级别		
副研究员	5	1.20	三级医院	344	82.49
研究员	6	1.44	二级医院	31	7.43
其他	61	14.63	社区医院	7	1.68
职称级别			乡镇卫生院	1	0.24
无	72	17.27	省部级以上研究所	3	0.72
初级	80	19.18	其他	31	7.43
中级	164	39.33	是否在医学期刊担任编委、客座编辑、审稿人等期刊合作者角色		
副高级	79	18.94	是	89	21.34
正高级	22	5.28	否	328	78.66

有别于英文医学期刊，调查对象认为当前中文医学期刊的主要定位功能前 3 位依次为：以国内学术交流为主导，报道国内医学发展动态，传播国际医学进展前沿(78.18%，326/417)；充分发挥中文医学期刊对国内学术同行在技术创新、转化和推广应用等方面的教育、普及和提高作用(77.46%，323/417)；服务早期医学人才培养、培育医学科研梯队(55.64%，232/417)。见图 1。

有关定位功能的分层分析结果显示：①与三级医院相比，二级医院、社区医院对象选择 D 选项(传播适合我国国情的先进医学诊疗技术和规范，提升整体医疗水平)的占比较高[54.65%(188/344)比 67.74%(21/31)、71.43%(5/7)，x^2=2.67、P=0.26]，但差异无统计学意义；

②与本科及以下对象相比，硕士、博士学历的对象选择 B 选项(充分发挥中文医学期刊对国内学术同行在技术创新、转化和推广应用等方面的教育、普及和提高作用)的占比较高[67.05%(59/88)比 76.57%(183/239)、78.89%(71/90)，$x^2=4.02$，$P=0.13$]，但差异无统计学意义。提示，所在医疗单位级别或本身学历水平可能影响对象对中文医学期刊功能、定位的认知，但相关结论有待扩大样本量进一步明确。

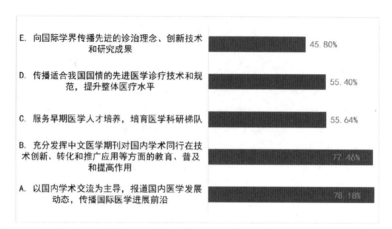

图 1 有别于英文医学期刊，调查对象认为当前中文医学期刊的主要定位功能

2.2.2 调查对象阅读中文综合性医学期刊期望满足的学术需求

相较英文医学期刊，当前阅读中文医学期刊，调查对象更期望满足的学术需求前 3 位依次为(图 2a)：获取国内科研动态，追踪行业热点(78.18%，326/417)；首次开展某项科研或医疗工作，阅读中文语种期刊帮助理解专业术语、厘清研究思路(67.39%，281/417)；指导解决临床诊疗中的实际问题(58.99%，246/417)。相较中文专科性医学期刊，当前阅读中文综合性医学期刊，调查对象更期望满足的学术需求前 3 位依次为(图 2b)：医研交叉、医工交叉下的创新科研成果及其临床应用(75.78%，316/417)；某疾病在不同学科的诊治现状及进展(72.90%，304/417)；遗传性疾病、疑难疾病、慢性病的多学科、多系统诊疗与终身管理(54.92%，229/417)。

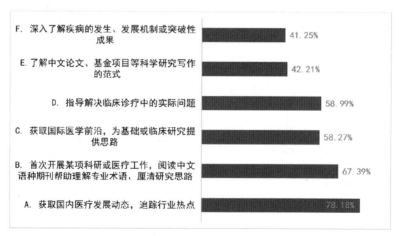

(a) 对中文医学期刊的学术需求

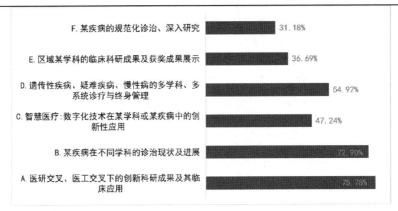

(b) 对中文综合性医学期刊的学术需求

图 2 调查对象阅读中文综合性医学期刊的学术需求

2.3 受众对中文综合性医学期刊组建专题/专栏的态度与评价

2.3.1 调查对象对中文综合性医学期刊专题/专栏的认知

28.78%(120/417)的调查对象非常了解中文综合性医学期刊的专题/专栏，而分别有67.15%(280/417)和4.08%(17/417)的对象选择"比较了解"和"不了解"。

2.3.2 调查对象获取中文综合性医学期刊专题/专栏学术内容的主要渠道

调查对象知晓、获取中文综合性医学期刊专题/专栏文章或学术内容的主要渠道，前3位依次为从知网等文献平台获取单篇文章(80.82%，337/417)、从期刊官网获取开放存取(open access，OA)文章(67.63%，282/417)、通过微信推文的链接获取(57.07%，238/417)。值得注意的是，通过"通过学术会议解读获取"的占比显著高于"订阅纸质期刊获取"的占比[47.48%(198/417)比40.29%(168/417)，$x^2=4.09$、$P=0.04$]。进一步，以职称级别进行的分层分析结果显示，与副高级和正高级相比，中级、初级及无职称对象应用"微信推文链接获取"的占比显著增高[41.77%(33/79)、40.91%(9/22)比62.20%(102/164)、62.50%(50/80)、61.11%(44/72)，$x^2=13.09$、$P=0.01$]。见图3。

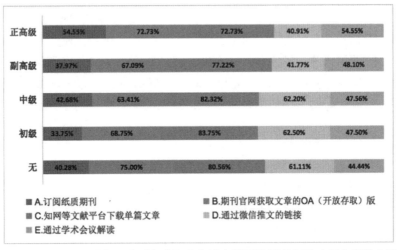

图 3 以职称级别分层分析调查对象获取中文综合性医学期刊专题/专栏文章的主要渠道

2.3.3 调查对象对中文综合性医学期刊专题/专栏的评价与参与意愿

51.80%(216/417)的调查对象非常同意"相较非专题/专栏中的文章，中文综合性医学期刊专题/专栏中的文章质量更高、更助于满足学术需求"，而分别有 46.04%(192/417)和 2.16%(9/417)的对象选择"比较同意"和"不同意"。

62.59%(261/417)的调查对象非常愿意向中文医学综合性期刊的专题/专栏供稿，但仍分别有 35.97%(150/417)和 1.44%(6/417)的对象持"比较愿意"和"不愿意"的观点。进一步，调研影响对象供稿积极性的相关因素(图4)，排名前5位的依次为：期刊被数据库收录情况、期刊影响因子(或分区)(66.43%，277/417)，期刊在专科的学术影响力、被本专业领域研究者认可程度(65.71%，274/417)，审稿至发表的处理速度(40.77%，170/417)，编辑部组稿、约稿工作流程(32.13%，134/417)，过多的期刊工作占用临床或科研工作时间(30.46%，127/417)。

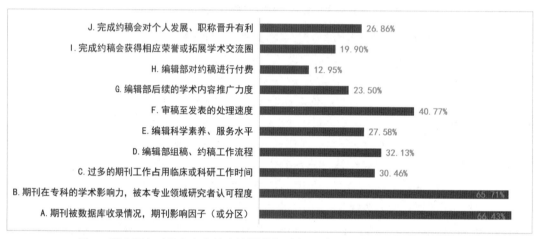

图 4 影响调查对象向中文综合性医学期刊专题/专栏供稿积极性的相关因素

2.3.4 调查对象对中文综合性医学期刊组建专题/专栏优化功能、定位的认知与建议

52.76%(220/417)的调查对象非常同意"中文综合性医学期刊组建专题/专栏有利于期刊清晰功能定位、满足学术需求"，而分别有 47.00%(196/417)和 0.24%(1/417)的对象持"比较同意"和"不同意"的观点。进一步的开放式问答结果显示，选择"非常同意"和"比较同意"对象，其观点可概括如下：①具备语言优势；②可整合编委专家资源、集中优质作者资源；③为读者提供融合多学科、交叉学科的学术内容；④有助于读者从不同学科角度了解某一疾病或某一热点问题。而选择"比较同意"和"不同意"对象的观点可概括如下：①部分期刊专题/专栏的组稿方式不够包容、开放；②组、约的稿件质量、创新性水平有待提高；③审稿形式化，常有人情稿。

3 分析与对策

3.1 "促进国内学术交流"是当前中文医学期刊的主要定位功能

本研究中，超过半数的调查对象认为当前中、英文医学期刊确存在功能、定位的差异，区别于英文医学期刊，目前中文医学期刊的主要功能在于：①报道国内动态；②促进国内创新技术转化、应用；③服务国内医学人才培养。与之相似，初景利等[1]在《中文科技期刊的定位与作用再认识》一文中指出，基于社会价值、应用场景等因素，区别于英文科技期刊，当期中文科技期刊应以国内学术交流为主导、重在研究解决中国自己的问题，并实践服务早期科研人才培养的功能。表明，包括医学期刊在内，当前科技界与期刊界均在一定程度上将"促进国内学术交流"定位为中文科技期刊的主要功能。科技期刊的本质是传播先进科学成果，同领域的中、英文期刊本不应有功能、定位的差异。但就发展水平而言，当前中文科技期刊与国内外一流的英文科技期刊间存在一定差距。中文科技期刊普遍呈现"小、散、弱"的发展业态，其集约化程度不足、缺乏高水平办刊人才、国际影响力有限，难以实现有效获取、快速发表、广泛传播一流科技成果的学术功能[13-14]。但中文科技期刊有其自身优势与发展路径。当前，我国科技创新面临新的形势与挑战，中文科技期刊扎根本土、了解国情、贴合我国科技发展需要，是传播我国先进科研理念，推进科技成果转化为"新质生产力"，以自主创新实现科技自立自强中不可或缺的重要力量。因此，笔者认为，"促进国内学术交流"不仅是中文科技期刊的定位功能，也是其现实的使命与担当。就医学领域而言，刘冰[2]指出，中国生物医学类期刊应服从、服务我国健康战略大局，把握中国优势带来的发展机遇，在明确自身功能定位的同时，担当起新时代发展中的责任。

3.2 科技评价导向影响受众对中文医学期刊功能、定位的认知

本研究中，针对中、英文医学期刊功能、定位差异原因的调查结果显示，"科技评价导向"显著影响受众对中文医学期刊功能、定位的认知。评价体系导向制约中文科技期刊发展可谓是"老生常谈"的话题。2019年，中国科学院针对科研工作者和科技期刊从业者开展的相关问卷调查[15]显示，81.6%的科研工作者会因评价导向选择发表英文而非中文论文，且绩效评价不管用(61.8%)是受访者投稿中文期刊的主要障碍之一。可见，亟须建立健全、合理的科技评价体系，从真正意义上促进中文科技期刊的发展。但科技评价导向不只是期刊发展问题，更是科技发展中的基础问题，要形成合理的医疗卫生人才评价机制也非一蹴而就。在我国号召"把论文写在祖国的大地上"，并出台一系列政策着力破除"四唯"与"SCI论文至上"的影响下，医学领域正在进行相关探索[16]，如通过应用分类管理、KPI评价等形成多元化的评价体系，或促进临床、教学、科研的融合以实现评价体系的激励和导向作用，但相关研究仍处于理论阶段。面对国内外愈发激烈的期刊竞争环境，当前中文医学期刊，更准确地说是中文科技期刊的发展进入阵痛期。笔者认为，在这一过渡阶段，中文科技期刊更应理性分析学科发展现状、分析受众当下学术需求，制订符合时代发展需要的发展策略，并从期刊角度为科技评价体系的完善献言献策。

3.3 满足当前多维度的医学学术需求有利于中文综合性医学期刊优化功能、定位

本研究结果显示，不同医疗单位级别、不同学历水平的受众对当前中文医学期刊功能、定位的认知略有差异。从侧面提示，受众对科技期刊功能、定位的认知在一定程度上受其学术水平与学术需求的影响。就医学领域而言，当前医学受众的学术需求可能呈现多维度：既有期望"看好病"的基层医生，又有亟须推进创新技术转化、应用的"临床科学家"。结合本文中有关学术需求的调研结果可以发现，相较专科性医学期刊，医学受众更期望从中文综合性医学期刊汲取融合性的创新知识、针对多系统的诊疗指导。笔者认为，这与当前我国医学发展中面临的两方面转型不无关系。一是，诊治模式的转型，从"以疾病为中心"向"以患者为中心"转变[17]；二是，科研创新方向的转型，医学科技创新进入了"新质生产力推动高质量发展"的关键阶段[18]。前者，要求临床医师须储备多系统、多学科知识，方能保障人民群众健康；后

者,则强调医学成果的最重要价值在于转化、应用。中文综合性医学期刊具备本土优势、融合多领域研究视野,是服务基层医疗、促进学科交叉、推动创新技术转化与应用的重要媒介[19]。因此,相较英文与专科性医学期刊,虽然中文综合性医学期刊较难吸引专业领域的突破性研究成果,但作为融合医学多学科的平台,锚定学科发展需要,有效满足国内受众多维度的学术需求,同样利于中文综合性医学期刊优化功能、定位,实现可持续发展。

3.4 组建专题/专栏是中文综合性医学期刊优化功能、定位的有效路径

组建专题/专栏既利于综合性科技期刊聚焦专科前沿、优化选题策划,以吸纳优质作者、吸引分众读者,形成"专科"优势;又利于其保留综合属性,为受众提供多领域的知识、信息服务,是该类期刊优化功能、定位有效路径[20]。本研究中,超过半数的调研对象认同组建专题/专栏利于中文综合性医学期刊清晰定位、优化功能,且专题/专栏的文章质量更高、更助于满足其学术需求。诸多追求办刊质量的综合性科技期刊也均着力于专题/专栏建设,以丰富出版形式,实现期刊的可持续发展;然而,在实践中,诸多专题/专栏并未达到预期效果[21,22]。结合本研究、基于受众视角可以发现,中文综合性医学期刊组建、实施专题/专栏仍存在诸多问题,包括:①中青年学者对该类期刊的专题/专栏缺乏关注度。本研究的调研对象多为活跃在临床与科研一线的中青年力量,但仅有28.78%的对象非常了解专题/专栏,而期刊在专业领域的影响力显著影响该类人群供稿专题/专栏的积极性,且其获取学术内容的主要渠道在网络端、融媒体端,致使专题/专栏的传统组配模式与核心主题难以对其完整呈现,显著降低了专题/专栏对青年学者的吸引力与影响力。②"小、散、弱"的办刊业态不利于该类期刊高质、高效地组建专题/专栏。本研究中,超过1/3的调研对象将出版效率、编辑部服务能力作为其是否供稿专题/专栏的考量因素。且对象认为,目前专题/专栏多为非公开约稿,常存在人情稿,审稿也多走形式化,稿件质量与创新性均有待提升。专题/专栏组建是一个复杂、系统的工程,但我国诸多医学期刊编辑部因其体制内特性,难以优化人员组配或完善专题/专栏所需的软硬件设施,故持续组建专题/专栏、树立期刊品牌效应面临诸多困难[23]。此外,难以凝聚编委专家,内容同质化程度较高,缺乏有效的推广手段,所建新媒体缺乏专业性、引流困难等都阻碍了专题/专栏的有效组建[23-24]。

3.5 优化专题/专栏组建与实施的可行性策略建议

近年来,笔者所在的《上海医学》杂志也在积极实践专题/专栏。针对上述问题,基于期刊工作实践,结合本研究结果提出以下优化方案。

(1) 创新工作制度,凝聚编委专家,优化专题/专栏组建、宣传路径。编辑是综合性科技期刊出版工作的核心[25]。创新编辑工作制度、优化编辑角色定位利于诸多普通综合性科技期刊在现行条件下高质、高效地实践专题/专栏。2020年起,《上海医学》实施"学科编辑"制度,为编辑分配学科管理任务与学术角色,并将该制度与专题/专栏组建有机融合[26]。这一方面加强了编辑与编委的沟通,助于期刊遴选有"责任心"的编委负责专题/专栏,并借助编委的学术号召力,多元化专题/专栏组稿路径。同时,编辑与编委在专题/专栏组建中,相互配合、各司其职,不仅提升了效率,更可从不同层面为稿件质量把关。另一方面,编辑与编委在期刊工作中的互动,使编辑可以深入挖掘、整合编委多种资源,不仅利于专题/专栏的持续组建,更助于期刊拓展宣传渠道,如邀请编委在品牌学术会议中为期刊"代言",或通过编委联系学科内的权威公众号发表专题/专栏文章,均显著提升了专题/专栏学术内容传播的精度与广度[27-28]。

(2) 将引领青年人才培养融入期刊专题/专栏工作。毋庸置疑，中文综合性科技期刊在早期人才培养方面扮演着重要角色，其可为多个领域、学科的青年人才提供公平、公正、公开的展示平台。2019年起，《上海医学》举办"春蕾杯"优秀科研论文评比，并开创"青年学术论坛"专栏，以展示参与评比并审稿录用的优秀论文；在评比后，杂志邀请具有一定资历的获奖作者担任审稿人，经工作锻炼后择优聘为青年编委[29]。此举，不仅为杂志发掘优秀稿源、优质作者，储备新生力量，也借由期刊专题/专栏工作结合青年人才培养，拉近了青年学者与中文综合性医学期刊的距离。

(3) 面向临床、面向创新，组建实用型专题/专栏。提升学术内容质量是综合性科技期刊组建专题/专栏的出发点。虽然，当前中文综合性医学期刊较难发表专科突破性的研究成果；但医学是实践性很强的学科，其发展既要遵循科学规律，又应符合国情，更须考虑区域发展现状。近年来，《上海医学》围绕国家战略需求，基于上海"科技创新中心建设"的使命与特色，面向临床、面向基层、面向科技创新开设"创新论坛"专栏，以第一时间报道取得许可证或注册证的1类原研药、改良型新药、创新医疗器械或医疗软件等[30]。该专栏不仅符合期刊的综合性特色，帮助杂志突破稿源质量困境，更立足受众学术需求，为广大读者速递、示范科研成果的创新、转化与应用。

4 结束语

综上，基于期刊受众视角，结合当前的期刊竞争环境、科技评价导向与医学发展态势，中文综合性医学期刊应服从、服务我国健康战略大局，实践以"促进国内学术交流"为主导的定位功能，并努力满足我国受众多维度的医学学术需求；组建专题/专栏是该类期刊吸引受众关注、优化功能与定位、实现可持续发展的有效策略。同时，创新工作制度、积极参与青年人才培养，以及面向临床、面向创新组织实用型内容更利于优质医学专题/专栏的持续组建。

参 考 文 献

[1] 初景利,王译晗.中文科技期刊的定位与作用再认识[J].中国科技期刊研究,2022,33(1):1-7.

[2] 刘冰.新时代中国生物医学期刊的使命与担当[J].编辑学报,2018,30(5):441-445.

[3] 秦学军,游苏宁,韩静.从《中华外科杂志》看综合性医学期刊的发展[J].中国科技期刊研究,2004,15(2):218-219.

[4] 秦明阳,邓履翔,陈灿华.培育世界一流科技期刊背景下中文科技期刊发展定位与使命:基于中文科技期刊与国家重大战略协调发展情况分析[J].中国科技期刊研究,2021,32(3):281-289.

[5] 张芳英,王婧,吴领叶,等.我国中文科技期刊持续高质量发展路径思考:2023年我国中文科技期刊盘点[J].科技与出版,2024(3):55-66.

[6] 卫夏雯,陈广仁.中文综合性科技期刊专题出版选题方向探析[J].编辑学报,2022,34(3):336-341.

[7] 张建军,任延刚.抓行业热点创特色专栏增强综合性期刊的竞争力:谈《中国实用内科杂志》的《规范抗栓专栏》的策划[J].编辑学报,2015,27(1):83-84.

[8] 董哲,李娜,刘洋,等.副主编主导选题策划制度的实践与思考:以《协和医学杂志》为例[J].中国科技期刊研究,2021,32(12):1578-1584.

[9] 任延刚,张建军,高森.聚集最优作者打造高端栏目:《中国实用内科杂志》"院士论坛"和"高端论坛"栏目策划和组稿实践[J].中国科技期刊研究,2015,26(5):520-523.

[10] 卓选鹏,张敏,刘湘,等.高校学报专题、专刊选题策划的思考与实践:以《西安交通大学学报(医学版)》为例

[J].编辑学报,2022,34(5):561-564.
[11] 陈汐敏,姜鑫.基于合作对象探讨我国学术期刊专题/专栏建设[J].中国科技期刊研究,2022,33(3):345-353.
[12] 刘冰,姜永茂.奋力推进中文科技期刊建设的思考[J].编辑学报,2019,31(2):119-123.
[13] 建设中国的世界一流科技期刊提升我国在国际期刊界的话语权[EB/OL].[2024-08-24]. https://m.gmw.cn/baijia/2019-11/07/33299354.html.
[14] 肖宏.冲刺"世界一流科技期刊"必须练就四大能力[J].科技与出版,2019(10):29-34.
[15] 刘天星,武文,任胜利,等.中文科技期刊的现状与困境:问卷调查分析的启示[J].中国科学院院刊,2019,34(6):667-676.
[16] 郭建清,王杏蕊,任舜禹.医疗卫生人才分类评价研究综述[J].中国医院,2023,27(2):73-75.
[17] 首届东方医学大会贾伟平教授专访:从"疾病"走向"健康",内外科齐发力![EB/OL].[2024-08-24]. https://mp.weixin.qq.com/s/m9IrbR4xVCEy9CEfKX6rWw.
[18] 吉训明.高质量医学科技成果转化推动健康产业发展[J].中国科技产业,2024(3):34-35.
[19] 李玉乐,李娜,刘洋,等.综合性医学科技期刊品牌建设的探索与效果:以《协和医学杂志》为例[J].中国科技期刊研究,2019,30(10):1091-1096.
[20] 代艳玲,朱拴成.提升期刊学术质量与影响力的方法与途径:选题策划与组稿[J].中国科技期刊研究,2016,27(2):157-161.
[21] 段宗奇,何书金.中国地理资源期刊集群平台期刊特约专栏实施成效分析与启示[J].中国科技期刊研究,2021,32(7):889-894.
[22] 彭京亚,李娟,钟正灵,等.专题出版视域下中文科技期刊出版能力提升:基于《中国临床药理学与治疗学》出版专题作者的回访调研[J].中国科技期刊研究,2024,35(1):78-86.
[23] 陈汐敏.医学学报类期刊专题/专栏建设的调查及启示[J].中国科技期刊研究,2020,31(11):1348-1356.
[24] 唐果媛,吕青,张颖,等.我国科技期刊新媒体传播实践现状分析:以中科院科技期刊为例[J].中国科技期刊研究,2020,31(9):1048-1056.
[25] 陆祎.综合性医学科技期刊编辑培养核心素养的思考[M]//学报编辑论丛 2021.上海:上海大学出版社,2021:368-371.
[26] 潘天眆.以创新编辑工作制度为抓手,提升中文综合性医学期刊专题组建能力:以《上海医学》为例[M]//学报编辑论丛 2023.上海:上海大学出版社,2023:159-165.
[27] 甲磺酸萘莫司他的血液净化抗凝应用专家共识[EB/OL].[2024-08-24].https://mp.weixin.qq.com/s/6Htey9BXLA9cQTNhU3mGcQ.
[28] 潘天眆,贺立羽,孙瑜,等.整合推动发展,智慧凝聚共识:学术团体品牌会议与期刊学术栏目共建初探[J].上海医学,2023,46(8):561-566.
[29] 《上海医学》编辑部.培育青年人才,春蕾绽放风采:《上海医学》2019—2020年度春蕾计划评审会暨2021年主编工作例会顺利召开[J].上海医学,2021,44(6):363.
[30] 《上海医学》编辑部.创新引领医学发展,青年实现强国梦想[J].上海医学,2022,45(1):1-2.

中文科技期刊学术论文审稿方式改进策略

官　鑫[1]，张海洋[2]，陈思含[1]，李昕蔚[1]，韩宏志[1]，丁　筠[3]，胡运梅[4]，李欣欣[1]

(1.吉林大学学报(医学版)编辑部，吉林　长春 130021；2.长春中医药大学学术期刊社，吉林　长春 130117；3.仿生工程学报编辑部，吉林　长春 130022；4.长春师范大学学报编辑部，吉林　长春 130032)

摘要：随着学术研究的快速发展，学术论文的数量急剧增加，传统的审稿方法面临着诸多挑战，如审稿质量参差不齐、审稿周期过长和审稿人负担加重等问题。本文总结了中文科技期刊学术论文审稿方式的改进策略，具体分析了引入人工智能技术、优化同行评审机制以及推动开放审稿等手段在优化审稿流程和提高审稿效率方面的作用，为中文科技期刊学术论文提高审稿效率和促进学术交流的公平性及透明度提供依据。

关键词：科技期刊；学术论文；审稿；创新；人工智能；同行评审；开放审稿

中宣部、教育部和科技部联合发布的《关于推进学术出版高质量发展的若干意见》明确指出：学术出版是推动学术交流与知识传播的重要工具，是实现思想文化创新的重要路径，也是提升国家科技竞争力和文化软实力的关键力量。加强学术出版建设对于构建中国特色的学术话语体系、提升国际学术话语权具有重要意义。为确保学术出版的质量，三审三校制以及双盲同行评审机制被多数学术期刊沿用。然而，双盲同行评审机制也存在诸多不足，如审稿周期长、作者与审稿人之间沟通不畅等问题[1]。

为了促进快速的学术交流，2022 年 10 月，*Nature* 旗下期刊 *Communications Earth & Environment* 宣布：对于 2023 年 1 月 23 日以来提交的所有同行评审文章，期刊将在发表论文的同时发布编辑决定信、审稿人报告和作者回复。审稿人可以选择保持匿名或将身份公开。另一本 *Nature* 旗下期刊 *Nature Communications* 也宣布：对 2022 年 11 月以来提交并被接收的研究文章同时发布作者和审稿人之间的互动内容，审稿人仍然可以选择保持完全匿名。2022 年 10 月，生物学期刊 *eLife* 宣布：自 2023 年 1 月 31 日起，所有经过同行评审的文章将不再由期刊决定"接受"或"拒绝"，而是直接发布在其官方网站上。这一举措打破了传统的审稿流程，取消了期刊对稿件的最终裁决权，转而采用更为开放的发布模式。上述举措标志着学术出版行业在推动开放科学和透明评审方面迈出了重要一步。

与此同时，中国学术出版界也在积极探索新的审稿模式。2023 年，中国科学院正式启动

基金项目：施普林格·自然—中国高校科技期刊研究会英文编辑及国际交流人才培养基金课题(CUJS-GJHZ-2022-14，CUJS-GJHZ-2022-07)；中国高校科技期刊研究会善峰软件基金资助项目(CUJS2023-SF032)；2024 年度"小编·仁和"基金资助课题(XBRH2024-002-023)；2024 年度吉林省高教科研课题(JGJX24C060)

通信作者：李欣欣，E-mail: 1603716001@qq.com

了"学术论文快速审稿与出版平台",该平台引入了人工智能辅助审稿技术,旨在缩短论文的审稿和出版周期。虽然这一举措提升了出版效率,但如何在快速审稿的同时保障论文质量和应对人工智能带来的信息泄露等其他问题仍是学术界亟待解决的难题[2]。中文科技期刊正在不断尝试和改进审稿模式,以期在确保学术质量的同时,进一步缩短审稿时间。

1 中文科技期刊学术论文传统审稿模式面临的挑战

目前,中文科技期刊学术论文在传统的三审三校和双盲同行评审机制下面临如下主要挑战。①审稿质量难以保证。当前的学术审稿主要依赖于审稿人的专业知识和判断能力,但审稿人也受限于其背景、经验和时间,现实中审稿人也会面临时间紧张或其他因素影响,导致审稿过程草率和意见不一致等问题[3]。②审稿周期过长和审稿人负担加重。审稿量的增加导致审稿周期延长。审稿人资源紧缺、审稿任务繁重。过长的审稿周期不仅影响了科研人员的职业发展,还可能导致重要研究成果的时效性丧失。审稿任务的增加也使得审稿人面临压力,可能导致审稿质量下降。③审稿过程的透明度不足。传统的双盲同行评审机制虽然有助于避免主观偏见,但也存在信息不对称的问题。审稿过程中的不透明性可能导致学术不公,如同行之间的恶意打压或不合理的拒稿等。

2 中文科技期刊学术论文审稿方式的改进策略

2.1 引入人工智能(AI)技术辅助审稿

AI技术在许多领域展现出了强大的潜力,尤其是在处理大量数据和复杂决策时具有优势。在学术论文审稿中,AI可以通过自然语言处理(NLP)技术,快速分析论文内容,初步筛选出符合期刊要求的稿件,并对文本的重复率、逻辑结构等进行评估。这不仅能有效减轻审稿人的工作负担,还能缩短审稿周期[4]。AI可以识别出论文中的研究问题、方法和结论,帮助编辑和审稿人更快速地了解论文的核心内容,从而提高审稿效率。有研究[5]探讨了自动化稿件筛选在同行评审过程中的应用(包括NLP技术在内)和人工智能(包括NLP技术)对同行评审的潜在影响,显示AI技术辅助审稿可以缩短审稿周期和提高审稿质量。

AI技术可用于稿件初步筛选,筛除明显不符合期刊标准的论文。通过分析论文的语言质量、内容完整性和研究创新性,AI能够给出一个初步的评估结果,供编辑或审稿人参考。这种方法可以显著减少审稿人的工作量,使其能够将精力集中在更有价值的稿件上[6]。AI在分析论文的研究创新性方面也有建树。①文献综述自动化:AI可以快速扫描相关领域的文献,识别当前研究趋势和已有成果,从而判断一篇论文是否在已有研究基础上有实质性的创新。这可以帮助审稿人快速了解论文的新颖性。②比较分析:AI能够对提交的稿件与已发表的相关论文进行对比,识别出新提出的理论、模型或方法,并标注出与之相关的创新点。这为编辑提供了一个清晰的创新亮点,便于评估。③研究问题的独特性评估:AI可以分析论文提出的研究问题,评估其独特性和相关性。例如,通过自然语言处理技术,AI能判断研究问题是否是领域内的"盲点",即是否尚未被充分研究。④结果与方法的创新性检测:AI可以识别出论文中使用的新方法、新技术或新数据来源,并与现有文献进行对比,指出其创新之处。这种功能可以帮助审稿人评估研究的独特性,因此AI可以显著减少审稿人的初步评估工作量,让其将精力集中在更具潜力和价值的稿件上,从而提高审稿效率和质量[7-8]。然而,即使在AI辅助下,审稿人仍需具备专业知识和判断力,以准确辨认其他隐藏的学术不端行为。

此外，AI也可以用来完成自动化重复率检测。谷歌开发了 Scholar Citations 功能，Scopus 平台提供了 Similarity Check，而 Turnitin 也是知名抄袭检测工具。Crosscheck 也是一种用于自动化检测文本重复率的工具，可以应用于学术出版和内容原创性检查。上述软件的使用能够提高学术出版的质量，防止学术不端行为，并增强研究成果的可信度。这些系统的应用不仅提高了评审工作的效率，而且提高了学术出版的质量和诚信。

2.2 优化同行评审机制

同行评审是学术论文审稿的核心环节，优化同行评审机制可以提高审稿的公正性和有效性。具体优化方法如下。

2.2.1 建立多重审稿人机制

为减少单一审稿人的主观偏见，可以采用多重审稿人机制，即每篇论文由多位审稿人独立审阅，并对他们的审稿意见进行综合评估。《仿生工程学报》的编辑[9]对相关论文的评审结果进行分析发现：作者推荐的审稿人更倾向于给出较为宽松的审稿意见。因此应避免完全依赖作者推荐的审稿人机制。期刊可以建立多重审稿人机制，对审稿人的邀请资格进行限制。首先，审稿人应具备与作者相同的研究方向，以确保其对研究内容有充分的理解。其次，审稿人需符合期刊的专家申请条件，例如要求具备副高级以上职称、博士学位，且在学术界有一定影响力，发表过高水平的学术论文。最后，审稿专家和作者不应来自同一单位或师门，并且在过去五年内没有合作发表过文章，以避免因熟人关系导致的审稿偏差。

2.2.2 采用公开"推荐-审核"审稿新模式

传统的三审制包括编辑初审、审稿专家二审和主编终审的流程。公开"推荐-审核"模式虽然仍保留了三审制的结构，但对其中的环节进行了调整，将原本的初审和二审顺序对调。与传统审稿模式相比，这一模式有三大显著差异：首先，专家审稿环节被提前至第一阶段，且由作者自行选择审稿专家；其次，编辑审核被移至第二阶段，除了编辑审核外，还增加了栏目主持人和评审团队对专家意见的多重审核，该阶段中期刊可以通过精心挑选具备深厚专业知识和高度责任感的编委来担任栏目主持人，并从审稿人专家库中精选专业实力强、审稿态度严谨、品行端正的优秀审稿专家，组建专业的评审团队。栏目主持人和评审团队主要负责审核审稿专家的意见是否恰当，以及编辑的学术判断是否正确无误。西北农林科技大学学报(社会科学版)编辑部采用了该种审稿模式，并在《编辑学报》中进行了推荐[10]，见图1。

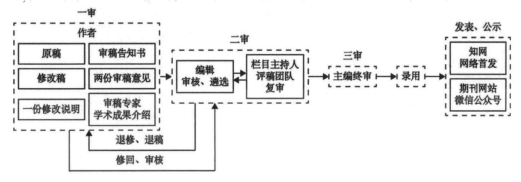

图 1　公开"推荐-审核"审稿流程

2.2.3 建立审稿人评分制度

审稿人评分制度是一种有效的机制，不仅可以激励审稿人更加认真、负责地完成审稿任务，还能为期刊建立一套标准化的审稿人评价体系。具体实施流程：①评分标准制定：期刊需要制定一套明确的评分标准。这些标准可以包括审稿意见的详细程度、反馈的建设性、对论文的理解深度、审稿的及时性等方面。②评分机制实施：每当审稿人完成一次审稿任务后，期刊编辑部将根据预定的标准对审稿人进行评分。③反馈与改进：审稿人可以定期收到其评分结果，并了解哪些方面需要改进[11]。《吉林大学学报(医学版)》某位审稿人多次因为审稿意见过于简单或不具有建设性而得分较低，期刊即可以提醒其加强审稿的细致程度，或提供一些审稿培训资源。④审稿机会的调整：根据评分结果，期刊可以调整审稿人未来的审稿机会。评分高的审稿人可以被优先考虑邀请参与审稿，而评分低的审稿人可能会被减少审稿机会，甚至在极端情况下被取消审稿资格。这种机制不仅保证了审稿质量的提升，也能促使审稿人不断提高自己的审稿能力。

2.2.4 形成透明的评审反馈机制

改进传统的双盲评审机制、引入更加透明的评审反馈机制可以显著提高审稿过程的透明度，并促进作者和审稿人之间的良性互动：①审稿进展的详细可视化：期刊可以通过在线系统向作者提供审稿进展的详细实时更新情况，如"已分配审稿人""审稿进行中""等待审稿人反馈"等阶段，详细向作者展示其稿件所处阶段。这种透明度可以减少作者的不确定感，让其对审稿进程有更清晰的了解。②建立作者与审稿人的互动平台：期刊可以设置一个匿名互动平台，允许作者在不暴露身份的情况下对审稿意见提出疑问或寻求进一步解释。例如，作者可以询问某些建议的具体含义或要求审稿人提供更多背景信息。这种互动不仅能加深作者对审稿意见的理解，还能让审稿人更准确地表达自己的建议[12]。李中新[13]研究显示：编辑与作者之间高效的沟通合作，能够有效保证期刊的质量，二者良性互动过程可以有效促进期刊质量提升。

2.3 推动开放审稿

开放审稿强调审稿过程的公开化和透明化，旨在提高学术评审的公平性和科学性。*PLoS ONE* 作为开放获取期刊的先锋，率先实施了开放审稿机制。作者可以在投稿时选择是否公开审稿意见，且期刊在论文发表后公开了审稿记录和审稿人意见。这种做法不仅增强了审稿过程的透明度，还促进了读者与作者之间的学术交流。在开放审稿模式下，审稿人的评审意见在论文发表后公开，这种做法增加了审稿过程的透明度，使得审稿人的决策过程对学术界公开，从而防止了审稿人利用审稿权力进行不公正的评判。此外，公开的审稿意见也为读者提供了更多的学术讨论视角，丰富了学术交流的深度。这种开放审稿的模式，有助于促进学术界的合作和交流，推动创新。

3 结束语

虽然审稿方法改进对于提高审稿效率和质量具有显著优势，但在实际实施过程中仍然面临诸多挑战。首先，AI 技术在审稿过程中的应用依赖于大量的高质量数据集，然而目前学术界在数据共享方面仍存在诸多障碍。许多研究数据因隐私、版权或商业利益等原因无法公开共享，导致 AI 技术难以获取足够的训练数据。这不仅限制了 AI 在审稿过程中的广泛应用，还可能导致 AI 模型在处理新领域或多样化的学术研究时表现不佳，且 AI 审稿模式也面临着数据泄露的可能。其次，多重审稿人机制和开放审稿模式可能增加审稿人的负担。每篇论文可能需要更多的专家参与审稿，这无疑增加了审稿人的工作量。在开放审稿模式下，审稿人的评审意见将公开，这可能使审稿人感到更大的压力，担心意见会受到公开质疑或反对，从而影响他们的审稿积极性和审稿质量。为了应对这些问题，需要在审稿人资源配置方面进行合理调整，如通过激励机制来鼓励审稿人参与审稿。综上所述，本文总结了中文科技期刊学术论文审稿方法的改进策略，发现人工智能技术、优化同行评审机制和推动开放审稿可以有效提高审稿效率和质量。上述创新方法不仅有助于缓解审稿过程中存在的问题，还能促进学术交流的公平性和透明度。尽管在实施过程中可能遇到一些挑战，但相信随着科技的发展和技术的进步，审稿方法将得到越来越多的改进。

参 考 文 献

[1] 李明.学术期刊的审稿流程与机制研究[J].中国科技期刊研究,2020,31(5):481-487.
[2] 张华,王伟.人工智能技术在学术审稿中的应用探讨[J].图书情报工作,2021,65(3):55-62.
[3] 梁智强.论期刊编辑的审稿能力与创新意识[J].新闻文化建设,2021(20):37-38.
[4] 王丽.开放审稿的优势与挑战[J].科技管理研究,2022,42(7):77-82.
[5] 黄颖,杨蒿,汪道友.人工智能在科技期刊传播上的应用与展望[J].编辑学报,2023,35(增刊1):137-140.
[6] 李珂.基于程序公正的学术期刊审稿流程创新:以F学术期刊为例[J].文化创新比较研究,2022,6(6):62-66.
[7] 谢文鸿,潘永毅.期刊审稿人的科研能力对创新效能感的影响研究[J].中华医学图书情报杂志,2022,31(1):73-79.
[8] 潘雪,王维朗,果磊.人工智能时代科技期刊增强新质传播力之应对策略[J].编辑学报,2024,36(4):360-364.
[9] 张丹.关于科技期刊选用作者推荐审稿人的思考[J].编辑学报,2020,32(3):300.
[10] 张洁,杨峰,王倩,等.公开"推荐-审核":学术期刊审稿新模式探索[J].编辑学报,2024,36(2):135-139.
[11] 张江.高校科技期刊发展潜在审稿人路径试析:以《技术与创新管理》为例[J].价值工程,2018,37(30):244-245.
[12] 高慧芳.科技期刊论文的审稿方式创新[J].西北民族大学学报(自然科学版),2016,37(4):91-93.
[13] 李中新.期刊编辑与作者良性互动机制的构建[J].新闻研究导刊,2020,11(12):181-182.

基础学科一流科技期刊建设思考
——以数学组 SCIE 刊为例

张芳英

(上海大学期刊社《应用数学和力学(英文)》编辑部，上海 200444)

摘要：以 Web of Science 核心库和与之对应的《期刊引证报告》(Journal Citation Reports，JCR)为数据源，统计和分析了 2021—2023 年数学组学科 SCIE 刊的发文和引文情况，以及在 2023 年 JCR 中学科排名第一的数学组 SCIE 刊的发文和引文情况，结合当前我国数学组 SCIE 刊的发展现状，为我国基础学科一流科技期刊建设提出发展建议。

关键词：一流科技期刊；基础学科；顶刊

科技期刊是科研成果的承载媒介，是科技发展的重要支撑力量，也是我国强国战略的重要实施对象。早在 2019 年，中国科协、中宣部、教育部、科技部就联合印发《关于深化改革培育世界一流科技期刊的意见》，明确我国世界一流科技期刊的建设目标[1]。2021 年，中宣部、教育部、科技部又印发了《关于推动学术期刊繁荣发展的意见》，指出我国一流科技期刊建设要立足中国实际，回应现实关切，明确我国一流科技期刊建设的具体内容[2]。除了政策支持外，中国科协、财政部、教育部等部门自 2013 年起先后推出"中国科技期刊国际影响力提升计划""中国科技期刊卓越行动计划"，为一流科技期刊建设提供资金支持。在持续政策和基金支持下，我国科技期刊获得瞩目发展，被 SCIE 收录的科技期刊数量从 2013 年的 160 多种增长到 2023 年的 280 多种，位于学科 Q1 区的 SCIE 刊从 2013 年的 11 种增长到 2023 年的 180 种。统计数据显示[3]，2023 年 JCR 中，中国大陆有 20 种期刊在 21 个学科影响因子排名世界第一(简称顶刊)，但其中没有数学、物理等基础学科期刊。为推动我国基础学科科技期刊发展，本文以数学组科技期刊为例，综合分析了 2021—2023 年数学组 SCIE 刊的影响力指标、发文和引文情况，并结合数学组学科顶刊和我国数学组学科位于 Q1 区的科技期刊发展现状，为我国基础学科一流科技期刊建设提出建议，以期为推动我国基础学科科技期刊卓越发展提供参考。

1 数据来源

文中所有数据均来自 Web of Science 核心库(仅考虑 SCIE 索引)及其对应的《期刊引证报告》(Journal Citation Reports，JCR)。先查阅 JCR 中学科信息，从类别(Categories)中选取数学(Mathematics)，并初步了解其包含的学科信息。通过筛选，确定数学组科技期刊学科，即：Computer Science，Artificial Intelligence (CSAI)；Computer Science，Theory & Methods (CSTM)；Logic；Mathematical & Computational Biology (MCB)；Mathematics (MATH)；Mathematics，Applied (MA)；Mathematics，Interdisciplinary Applications (MIA)；Operations Research &

Management Science (ORMS)；Physics，Mathematical (PHM)；Statistics & Probability (SP)，统计并分析这些学科期刊的刊均影响因子、刊均总被引频次，以及发文和引文情况。接着，逐一查看各学科期刊在 2023 年 JCR 中的影响力数据，选取其中影响因子排名第一的期刊，即：*IEEE Transactions on Pattern Analysis and Machine Intelligence* (TPAMI)、*ACM Computing Surveys* (ACS)、*Theory and Practice of Logic Programming* (TPLP)、*Wiley Interdisciplinary Reviews-Computational Molecular Science* (WIR)、*Acta Numerica* (AN)、*SIAM Review* (SR)、*Journal of Econometrics* (JE)、*Journal of Manufacturing Systems* (JMS)、*Computer Physics Communications* (CC)、*Annual Review of Statistics and Its Application* (ARSA)，统计并分其影响力指标、发文和引文信息。需要指出的是，CSAI 学科和 SP 学科 2023 年 JCR 中排名第一的期刊分别为 *Foundations and Trends in Machine Learning* (2023 JCR 影响因子 65.3)和 *Statistics Surveys* (2023 JCR 影响因子 11.0)，但都为 ESCI 刊，没有列入本文分析的范畴。这 10 种期刊与上述 10 个学科顺序对应。文中所有的影响力指标信息均取自 JCR，所有发文和引文信息均从 Web of Science 核心库(仅考虑 SCIE 索引)中统计得出。

除了统计和分析数学组学科期刊和顶刊外，本文还统计和分析了我国数学组学科期刊。在 JCR 中，设定"CHINA MAINLAND"和上述数学组学科为限定条件，搜索得到 18 种数学组 SCIE 刊，分别为：*CAAI Transactions on Intelligence Technology* (TIT)、*Applied Mathematics and Mechanics-English Edition* (AMM)、*Interdisciplinary Sciences-Computational Life Sciences* (ISCLS)、*Frontiers of Computer Science* (FCS)、*Journal of Systems Science & Complexity* (JSSC)、*Science China-Mathematics* (SCM)、*Acta Mathematica Scientia* (AMS)、*Communications in Mathematics and Statistics* (CMS)、*International Journal of Biomathematics*、*Journal of Systems Engineering and Electronics*、*Journal of Systems Science and Systems Engineering*、*Applied Mathematics-A Journal of Chinese Universities Series B*、*Journal of Computational Mathematics*、*Acta Mathematicae Applicatae Sinica-English Series*、*Frontiers of Mathematics in China*、*Acta Mathematica Sinica-English Series*、*Chinese Annals of Mathematics Series B*、*Algebra Colloquium*，其中 8 种位于学科 Q1 区，分别为 TIT、AMM、ISCLS、FCS、JSSC、SCM、AMS 和 CMS。本文在分析我国数学组科技期刊时，仅统计和分析位于 Q1 区的这些期刊。

2 结果与分析

统计得到的数学组各学科 SCIE 刊的数据如表 1 所示，数学组各学科顶刊的数据如表 2 所示，我国数学组学科 Q1 区 SCIE 刊数据如表 3 所示。

由表 1 可知，数学组各学科发展很不均衡，影响力指标、发文和引文情况差异较大。如表 1 所示，2021—2023 年 CSAI 影响因子最大达 25.898，而 Logic 最大仅 1.500，CSTM 学科单刊最大影响因子 23.8，最小不足 0.1；MATH 2022 年最大发文 4 790 篇，是 Logic 同期最大发文的 47 倍多；各学科的期刊数也很不均衡，MATH 包含 333 种 SCIE 刊，而 Logic 仅 21 种期刊，但学科所包含的期刊数量与该学科期刊的影响力指标并无对应关系，与其发文量也没有关系。CSTM 与 MIA 均包含约 110 种期刊，其刊均影响因子分别为约 3.0 和 2.4，刊均发文量分别为约 138 篇和 150 篇。由表 1 还可看出，数学组期刊的影响因子和发文情况普遍不高。统计数据显示，仅 1 种期刊进入 2023 年 JCR 影响因子全球百强(ACS，第 99 位)；10 个数学组学科，最大影响因子超过 10 的仅 6 个(占比 60%)，超过 20 的仅 2 个(占比 20%)，刊均年度影响因子的范围为[0.629, 4.99], 刊均年度发文范围为[42, 250]篇, 刊均年度总被引频次为[595, 10 451]次。此外, 表1中的各项数据还显示, 数学组科技期刊在2021—2023年期间的发展比较平稳, 有下滑趋势。如表1所示, 刊均影响因子除CSAI、CSTM、MCB、MIA先上升后下降外, 其余学科期刊刊均影响因子均逐年下降; 刊均发文量除CSAI、CSTM逐年缓慢增加外, 其余学科期刊刊均发文量均缓慢下滑。

由表2可知, 数学组学科顶刊的发文量差异较大, 以综述类文章为主。如表2所示, AN年度刊文不足10篇, 但TPAMI的年度发文2023年超1 000篇, 所选10种学科顶刊2021—2023

表1 数学组学科期刊影响力、发文和引文概况

学科	年份	刊数	影响因子			总被引频次/次			发文量/篇		
			最大	最小	刊均	最大	最小	刊均	最大	最小	刊均
CSAI	2021	146	25.898	0.436	4.810	73 149	179	7 510	1 863	1	200
	2022	145	23.8	0.6	4.99	82 070	221	8 669	2 324	8	213
	2023	144	20.8	0.5	4.18	84 194	196	8 692	3 224	9	231
CSTM	2021	111	17.564	0.378	3.083	49 190	113	4 043	1 406	2	135
	2022	111	22.7	0.3	3.38	56 520	121	4 617	2 496	2	142
	2023	109	23.8	<0.1	2.94	60 491	69	4 629	3 294	5	146
Logic	2021	21	1.500	0.449	0.780	2 703	104	675	116	5	54
	2022	21	1.4	<0.1	0.695	2 586	88	659	109	5	48
	2023	21	1.4	0.2	0.629	2 356	75	595	89	2	42
MCB	2021	57	13.994	0.339	3.269	174 344	323	10 027	1 123	4	166
	2022	55	11.4	0.3	3.965	174 118	273	10 451	3 188	8	250
	2023	53	16.8	0.2	2.609	166 068	196	10 435	1 262	7	159
MATH	2021	333	15.583	0.109	1.192	29 388	64	2 180	3 319	53	166
	2022	331	14.2	<0.1	1.155	27 499	84	2 181	4 790	49	165
	2023	334	16.3	0.2	1.072	30 805	8	2 106	4 955	45	155
MA	2021	267	8.059	0.109	1.710	38 518	147	3 149	1 063	45	161
	2022	268	10.2	0.2	1.661	37 295	84	3 088	1 208	40	151
	2023	269	10.8	0.2	1.489	33 546	27	2 969	1 477	37	147
MIA	2021	108	9.922	0.167	2.428	47 762	29	5 012	2 415	2	153
	2022	108	9.7	0.1	2.429	47 448	31	4 906	2 951	5	155
	2023	107	9.9	<0.1	2.299	48 296	27	4 827	1 241	7	121
ORMS	2021	87	11.373	0.417	3.617	71 664	79	7 515	1 863	10	170
	2022	86	12.5	0.2	3.599	76 302	148	7 976	2 324	10	159
	2023	86	12.2	0.4	3.087	81 232	142	7 550	3 224	11	160
PHM	2021	56	9.922	0.348	1.948	113 485	147	8 430	1 910	8	212
	2022	56	7.8	0.5	1.877	104 502	159	8 226	1 765	4	214
	2023	57	7.2	0.5	1.711	97 417	27	7 956	1 453	4	202
SP	2021	125	8.325	0.441	2.007	50 865	191	5 317	1 123	2	89
	2022	125	7.9	0.2	1.835	49 071	238	5 175	858	8	86
	2023	125	7.4	0.4	1.627	45 232	234	4 880	759	6	78

注: 发文量是Web of Science核心库中对应年份的发文数据。

表 2 数学组学科顶刊发文和引文概况

期刊	年份	影响因子	总被引/次	发文情况 总/篇	发文情况 综述占比/%	发文情况 OA占比/%	引文情况 高被引占比/%	引文情况 核心文占比/%	引文情况 引文率/%
TPAMI	2021	24.314	84 194	324	0.9	67.9	12.0	19.8	98.5
TPAMI	2022	23.6	82 070	692	1.9	65.3	13.6	27.2	97.8
TPAMI	2023	20.8	73 149	1 052	1.4	62.1	9.5	24.8	89.6
ACS	2021	14.324	14 992	177	11.3	54.2	8.5	34.5	99.4
ACS	2022	16.6	19 264	90	15.6	70.0	10.0	34.4	98.9
ACS	2023	23.8	23 965	336	12.5	64.9	14.0	34.5	98.2
TPLP	2021	0.923	463	49	4.1	89.8	0	38.8	81.6
TPLP	2022	1.4	696	48	0	100	0	39.6	75.0
TPLP	2023	1.4	687	34	0	97.1	0	17.6	32.4
WIR	2021	11.500	9 679	68	72.1	51.5	1.5	50.0	100
WIR	2022	11.4	10 120	46	56.5	50.0	10.9	15.2	97.8
WIR	2023	16.8	11 170	37	62.2	51.4	0	51.3	91.9
AN	2021	15.583	2 779	7	100	0	57.1	57.1	100
AN	2022	14.2	2 987	5	100	0	60.0	60.0	100
AN	2023	16.3	2 887	7	100	0	0	71.4	85.7
SR	2021	7.240	12 156	25	100	92.0	16.0	16.0	100
SR	2022	10.2	11 859	30	100	63.3	3.3	33.3	83.3
SR	2023	10.8	11 010	28	100	64.3	3.6	32.1	75.0
JE	2021	3.363	27 207	176	0	72.2	2.8	4.5	89.2
JE	2022	6.3	27 472	123	0	71.5	0.8	39.8	91.9
JE	2023	9.9	29 126	291	0	66.0	1.4	25.8	72.5
JMS	2021	9.498	8 146	243	6.6	27.2	4.5	41.2	99.6
JMS	2022	12.1	10 303	234	10.3	28.2	6.4	41.5	98.7
JMS	2023	12.2	11 532	201	13.4	29.4	4.0	43.3	92.5
CC	2021	4.717	28 663	411	0	71.5	2.4	13.4	94.2
CC	2022	6.2	28 558	307	0	71.3	3.3	39.1	89.6
CC	2023	7.2	31 337	330	0	64.8	3.0	35.2	72.7
ARSA	2021	7.917	1 121	22	4.5	72.7	9.1	45.5	100
ARSA	2022	7.9	1 523	23	8.7	69.6	13.0	47.8	95.7
ARSA	2023	7.4	1 686	29	6.9	93.1	3.4	44.8	100

注：发文情况中，综述占比指综述性文论在所有论文中的占比，OA 占比是指 OA 文章在所有论文中的占比；引文情况中，高被引占比指高被引论文在所有论文中的占比，核心文占比是截至 2024 年 10 月 16 日 Web of Science 核心库中期刊 80%总被引频次对应最小论文数在所有论文数中的占比，引文率指截至 2024 年 10 月 16 日 Web of Science 核心库中期刊被引论文数在所有论文数种的占比。

年刊均发文 181 篇。TPAMI、JMS、CC 年度发文量明显高于其对应学科刊均年度发文量，其余顶刊年度发文量明显低于其对应学科刊均年度发文量，尤其是 AN。表 2 同时也显示，数学组学科顶刊刊登的综述文章占比范围为[0%，100%]，平均 29.6%；开放获取(Open Access, OA)论文占比范围为[0%，100%]，平均 59.4%；高被引论文占比范围为[0%，60%]，平均 9.1%；

核心论文占比范围为[4.5%, 60%], 平均 34.4%; 引文率范围为[32.4%, 100%], 平均 90.1%。由此可见, 顶刊之间指标值相差较大, 不同学科影响指标分布不同。因此, 仅从影响因子或者仅从学科排名来判断期刊的发展水平是不全面的。由表 2 也可看出, 虽然顶刊的刊文相对学术质量普遍较高, 但不同学科情况不同。从引文数据看, 顶刊高学术质量有的主要依靠少数论文的贡献, 有的则主要取决于发文的平均质量。如表 2 所示, 顶刊的核心文占比和引文率存在较大差距。2021 年度的 JE, 核心文占比仅为 4.5%, 表明该刊当年 4.5%的高质论文贡献了期刊 80%的影响力, 同期期刊引文率 89.2%, 与核心文占比相差 84.7%; 2021 年度的 CC, 核心文占比 13.4%, 引文率 94.2%, 相差 80.8%; 2023 年的 TPLP, 核心文占比 17.6%, 引文率 32.4%, 相差 14.8%; 2023 年的 AN 核心文占比 71.4%, 引文率 85.7%, 相差 14.3%。各顶刊核心文占比范围为[4.5%, 71.4%](平均 36.0%), 引文率范围为[32.4%, 100%](平均 90.1%), 相差范围为[14.3%, 84.7%](平均 54.1%)。

表 3 我国位于学科 Q1 区数学组学科科技期刊发展概况

期刊/学科	年份	影响因子	总被引/次	发文情况			引文情况		
				总/篇	综述占比/%	OA 占比/%	高被引占比/%	核心文占比/%	引文率/%
TIT/CSAI	2021	7.985	812	67	7.5	65.7	0.0	44.8	98.5
	2022	5.1	1 015	76	5.3	97.4	3.9	43.4	100.0
	2023	8.4	1 991	121	4.1	99.2	3.3	32.2	86.8
AMM/MA	2021	3.918	3 825	117	0.0	32.5	0.0	36.8	96.6
	2022	4.4	3 970	118	2.5	38.1	0.8	36.4	92.4
	2023	4.5	3 980	126	0.8	24.6	0.8	36.5	81.0
ISCLS/MCB	2021	3.492	1 021	88	5.7	22.7	1.1	34.1	92.0
	2022	4.8	1 400	52	1.9	15.4	1.9	40.4	88.5
	2023	3.9	1 317	49	2.0	16.3	0.0	38.8	85.7
FCS/CSTM	2021	2.669	1 525	86	19.8	2.3	0.0	38.4	90.7
	2022	4.2	2 035	96	7.3	2.1	1.0	41.7	92.7
	2023	3.4	2 015	98	6.1	3.1	2.0	39.8	83.7
JSSC/MIA	2021	1.272	1 349	122	0.0	23.8	3.3	34.4	86.9
	2022	2.1	1 624	101	0.0	4.0	1.0	33.7	82.2
	2023	2.6	1 830	125	0.0	5.6	3.2	18.4	48.8
SCM/MATH-MA	2021	1.157	2 081	131	1.5	11.5	3.1	36.6	85.5
	2022	1.4	2 108	101	0.0	16.8	1.0	35.6	70.3
	2023	1.4	2 303	115	0.9	22.6	0.0	29.6	55.7
AMS/MATH	2021	1.085	1 799	158	0.0	1.9	0.6	36.1	75.9
	2022	1.0	1 873	133	0.0	6.0	2.3	20.3	59.4
	2023	1.2	1 908	131	0.0	2.3	0.8	26.0	42.7
CMS/MATH	2021	0.868	428	41	0.0	9.8	0.0	36.6	68.3
	2022	0.9	534	48	0.0	12.5	0.0	29.2	58.3
	2023	1.1	630	75	0.0	78.7	0.0	26.7	44.0

综合对比表 1、表 2 和表 3 中数据可知, 我国 Q1 区数学组 SCIE 刊与顶刊之间差距明显,

影响因子大多与学科期刊均值相差不大。如 CMS、AMS、SCM 均属于 MATH 学科，但其影响因子与 MATH 学科刊均影响因子除 SCM 2022 年和 2023 年、AMS 2023 年、CMS 2023 年影响因子略高于同期学科均值外，其余影响因子均略低于同期学科均值；TIT 和 AMM 年度影响因子虽然高于学科刊均影响因子，但与学科顶刊影响因子之间差距较大。从表 1 和表 3 中还可获悉，我国数学组学科 Q1 区期刊的发文量普遍低于同学科同期刊均发文量，OA 占比普遍高于同学科同期顶刊 OA 占比。此外，表 3 中数据还显示，我国数学组 Q1 区期刊影响因子范围为[0.868，7.985]，年度发文量范围为[41，158]，核心文占比范围为[18.4%，44.8%](平均 34.4%)，引文率范围为[42.7%，100%](平均 77.8%)，核心文与引文率之间相差范围为[16.7%，59.8%](平均 43.3%)。引文数据与顶刊引文数据相比，我国 Q1 区期刊的核心文占比范围较窄，平均值较低；引文率范围较窄，但平均引文率较低；核心文与引文率之间的差值范围较窄，但平均差值较小。说明我国位于 Q1 区数学组学科期刊的高被引论文数较少，期刊发文的质量相对于顶刊而言较为均衡。

3 我国基础学科一流科技期刊建设思考

3.1 强化基础引领性和学科交叉性，与应用学科融合发展，提高期刊学术延展性

朱邦芬院士[4]在谈论世界一流科技期刊建设时指出，基础研究类期刊建设，除了影响力指标外，还要看其在同行心目中的地位和关注程度，长期而言，要看其在推动科学重大突破时起了什么作用。从这个意义而言，基础学科的价值归根结底要通过应用学科来体现。因此，基础学科一流科技期刊需要与应用学科融合发展，在注重学科基础引领性的同时，也要注重学科交叉性。学科交叉性越强，所涉及的知识点越多，关联到的科学研究内容越丰富、学术延展性越大，越能达成研究共鸣。表 1 的数据也说明了这一点，如表所示，在 10 种数学组学科期刊中，与计算机、人工智能、生物等科技热点学科相关的数学组期刊(参见表 1 中 CSAI、CSTM、MCB)影响因子较高，且发文量较大，而与应用关联性较小的纯基础数学组期刊(参见表 1 中 Logic)影响因子较小，发文量较小。

3.2 虹吸全球顶尖人才，汇聚"龙头"研究成果，建立卓越学科声望

吴晓丽等[5]在研究 *Nature*、*Science*、*The Lancet* 和 *Cell* 时指出，科技人才汇聚地很容易催生出科学研究高原高峰，进而发展成为一流学术成果汇集地。由此，基础学科一流科技期刊的发展必须建立完备人才激励机制，以最大限度吸引人才、留住人才、利用人才。期刊可以以编委会的名义向全球期刊相关的学科权威专家发送编委邀请，吸纳顶尖学科人才；可以向全球优秀的学科专家发送期刊宣传资料，吸引其关注期刊、向期刊投稿；还可以通过会议、移动互联网等与学科专家建立直接关联，向其推送宣传资料、邀稿或邀请其为期刊审稿。与此同时，期刊也需要培养和推动期刊编辑成长。鼓励编辑在夯实基础的同时，学习新政策、练习新技术，与时俱进。

3.3 提高期刊服务质量，增强期刊学科服务责任担当，提升期刊品牌影响力

期刊是承载科研成果的重要平台，服务是期刊的本质属性，也是其责任和使命。提高服务品质，紧紧围绕科学研究的职业特征展开工作，有利于期刊更好地凝心聚力，收获科研工作者好感，使其更"本能"地关注期刊、信任期刊，为期刊发展贡献力量。因此，提高期刊服务质量是基础类一流科技期刊建设的重要内容，也是必然发展方向，体现着期刊学科服务的责任担当。在谈论中国期刊如何走向卓越这一问题的时候，中国科协科学技术创新部部长刘兴

平指出，期刊要应用先进的数字出版平台，增强发表服务能力；*Horticulture Research* 主编程宗明教授也指出，为学者提供最优质的服务是提升期刊影响力的重要内容[6]。基础学科科技期刊要始终围绕科学家服务展开工作，一方面要做好发表服务，缩短稿件处理时间，为优秀成果开道；另一方面要注重出版服务，多渠道宣传和推广，提高科学家影响力和科研成果传播力。

4 结束语

基础学科是其他学科发展的基石，也是其重要支撑，在我国科技兴国战略中扮演重要角色。刚刚推出的中国科技期刊卓越行动计划二期也明确指示，要持续强化围绕基础研究前沿、重大应用研究抢抓顶级学术成果的科技期刊发展。我国基础学科科技期刊一定要铭刻使命，围绕国家战略需求方向布局，借助政策东风，卓越发展。

参 考 文 献

[1] 中国科协调宣部、学会学术部. 四部门联合印发《关于深化改革 培育世界一流科技期刊的意见》[EB/OL]. [2024-08-16]. https://www.cast.org.cn/xw/TTXW/art/2019/art_b5da1323b57c4d16b779172ad533cd88.html.

[2] 中宣部、教育部、科技部印发《关于推动学术期刊繁荣发展的意见》[EB/OL]. [2024-08-16].https://www.gov.cn/xinwen/2021-06/25/content_5620876.htm.

[3] 浙大一院图书馆.JCR 2023 解析:中国大陆 20 种期刊在 21 个学科排名世界第一![EB/OL].[2024-06-21]. https://mp.weixin.qq.com/s/BV-mmHyOzNNWdc07th2XsA.

[4] 朱邦芬.建设一流科技期刊,支撑一流科学研究[J].科学大观园,2019(16):42-43.

[5] 吴晓丽,陈广仁.建设世界一流科技期刊的策略:基于 Nature、Science、The Lancet 和 Cell 的分析[J].中国科技期刊研究,2020,31(7):758-764.

[6] 中国科协网.专家视角:中国科技期刊如何走向"卓越"?中国科技期刊高质量发展之路[EB/OL]. [2024-09-09].https://www.cast.org.cn/xkx/xw/bwtj/art/2024/art_310330994.html.

[7] 中国科协,教育部,科技部,等.中国工程院关于组织实施中国科技期刊卓越行动计划二期项目的通知 [EB/OL]. [2024-09-30].https://www.cast.org.cn/xkx/xw/tzgg/zh/art/2024/ art_10233607.html.

中文科技期刊质量控制要素与规范化建设研究

万玉敏

(北京航空航天大学《复合材料学报》编辑部,北京 100191)

摘要:期刊质量不仅包括发表论文的学术质量,还包括编校质量、出版质量及服务质量等诸多方面,论文发表过程也涉及多个参与主体。为梳理科技期刊质量控制关键要素,为中文科技期刊规范化建设提供更精准、可行的参考方法,通过调研优秀期刊论文出版各环节质量控制经验及方法,并总结自办期刊经验,以论文发表过程中各参与主体为纵线、质量控制要素为横线,形成清晰明了的网格化管理机制,提出一套切实可行的期刊规范化建设方法及建议。

关键词:科技期刊;质量控制;要素;规范化

2018 年 11 月 14 日召开的中央全面深化改革委员会第五次会议审议了《关于深化改革 培育世界一流科技期刊的意见》,这是我国科技期刊发展史上具有深远影响的大事。为落实此意见,中国科协联合中宣部、财政部、教育部、科技部、中国科学院、中国工程院,于 2019 年起启动实施"中国科技期刊卓越行动计划"。提出中外科技期刊同质等效,吸引高水平论文在中国科技期刊首发。首次提出提高中文科技期刊的办刊水平,不断提升全球影响力[1]。中文科技期刊占我国科技期刊绝大多数,多年来一直在以 SCI 为指挥棒的学术、科技界艰难生存,备受冷落甚至歧视。此政策改变了以往唯 SCI 的认知,将为中国科技期刊特别是中文科技期刊的大发展带来政策上的最有力支持。中文科技期刊要把握政策的红利,依靠经费支持大力发展。要紧跟时代潮流,学习先进办刊模式及方法,积极引进有效工具,严格控制期刊质量,促进期刊规范化建设,为提升中文科技期刊的国际影响力奠定坚实基础[2]。

办刊质量是科技期刊赖以生存的根基,直接影响科技期刊的可持续发展,不仅包括发表的论文学术质量,还包括编校质量、出版质量及服务质量等诸多方面,论文发表过程也涉及多个参与主体。目前中文科技期刊数量众多,但办刊质量却参差不齐[1,2]。通过调研发现,一般期刊的稿源主要为自由来稿,在约稿工作方面投入的精力有限,学术编辑多为硕士学历,加上期刊单位不重视编辑人员的继续教育,编辑对论文的学术创新性把握不准,这就导致期刊所发表论文的学术质量不高,不利于期刊的可持续发展;也有科技期刊只注重发表论文的学术质量,而忽略了论文的编校和出版质量,导致读者对期刊的规范性印象大打折扣,不利于期刊品牌的建设;在多媒体融合发展的时代,一些期刊由于经费、人力等因素限制,仍在坚持传统出版模式,不利于期刊论文传播。针对上述这些问题,一些受"中国科技期刊卓越行动计划"支持的优秀期刊已经做得比较好,也有些期刊正在逐步尝试在某些方面渐渐改变,使期刊朝着好的方向发展。以作者所在的期刊《复合材料学报》为例,在 2019 年受"中国科技期刊卓越行动计划"资助之前，学报的稿件绝大部分为自由来稿，极少稿件为约稿，每年出版论文约 360 篇，在提升稿源学术质量方面所做工作较少，主要为传统出版。受"中国科技期刊卓越行动计划"资助后，学报加大力度向领域专家约稿，鼓励编辑参加相关学术会议和编辑人员继续教育培训，严把论文学术质量关；进行审稿专家库整理、扩充工作，提高了审稿效率，缩短了审稿时间；更聘请了专门的多媒体编辑进行期刊的多媒体宣传与建设。近几年学报出版论文数量稳步提升，2023 年出版论文 575 篇，为受资助前的 1.6 倍。出版论文质量也比受资助前明显提高，相比受资助前，期刊核心影响因子提高约 52%，核心总被引频次提高约 30%。期刊质量的大幅提升离不开各参与主体的努力、支持与信任，各主体在论文发表出版过程中分工明确，各司其职，团结合作，向着一个目标努力，为期刊质量建设及可持续发展提供了可靠的保障。

本研究通过总结自办期刊质量把控的相关经验，调研国内外众多学术期刊的办刊情况，参考国内外知名期刊的办刊经验，研究影响科技期刊质量的关键因素，以论文发表过程中各参与主体为纵线、质量控制要素为横线，形成清晰明了的网格化管理机制，从而为中文科技期刊质量控制及规范化建设提供更精准、可行的参考方法，为提升中文科技期刊的国际影响力奠定坚实基础。

1 科技期刊质量控制要素

期刊质量不仅包括发表的论文学术质量，还包括编校质量、出版质量、服务质量及网络化运营质量等诸多方面[3-4]。

提高论文学术质量是提高期刊影响力及知名度的最关键措施。把握论文学术质量高低主要看论文的创新性及对推动行业发展的贡献大小，其次看论文结构及语言组织是否符合学术论文的写作规范。好的研究工作多数是在前人研究进展基础上开展的，研究人员在确定研究方向前需先搜索文献了解该方向研究现状，论文学术质量越高，就越容易被研究人员所关注，论文引用率得到提高，从而提高期刊的各项评价指标，提升期刊质量，使期刊得到正向发展。

编校质量是影响期刊质量的重要因素，提高期刊的编校质量是有效提高科技期刊质量的重要途径[5]。高质量的期刊编校能够提高科技论文的规范性，方便读者的阅读，使读者在阅读时产生耳目一新的感觉，从而提升期刊在读者印象中的学术规范性。

这里的出版质量是指版面设计和印制质量。精心设计的版面作图规范、图表清晰、结构美观，再加上对印刷厂的印制质量严格把关，可以显著提升期刊的出版质量，从而使读者对期刊产生更浓厚的阅读兴趣。

期刊的服务质量也很重要，主要服务对象为作者和读者。规范的服务程序和好的服务态度可以提升期刊编辑团队在作者和读者印象中的专业化，能更加证明期刊的学术水平及可靠性，在专业领域树立高水平老牌期刊的形象。

不同于纸质化传播时代，我们现在处于网络数字化时代，期刊的传播途径发生了翻天覆地的变化。新媒体传播正对期刊发展产生越来越重要的影响，科技期刊要跟上时代潮流，建立完善的网络化运营机制。包括运用新技术、新对策、新方法全面提升稿件处理流程的自动化、数字化水平，适应当前大数据时代发展的需求，将科技信息准确而及时地运用新媒体广泛传播。

2 期刊质量控制涉及的责任主体及相互之间的关系

期刊质量控制涉及主管主办方、期刊主编、执行主编/常务副主编、编辑部主任、编委、审稿专家、学术编辑、文字编辑、多媒体编辑、编务、作者读者群体等众多责任主体[6]。每个责任主体的职责划分各不相同，明确各责任主体的职责及相互之间的关系对期刊的高质量发展尤为重要，本文通过框架图梳理了该关系，如图 1 所示。一目了然，专职团队即编委会办公室起核心能动作用：专职团队(编委会办公室)中的执行主编或常务副主编带领学术编辑负责前期工作，即稿件录用前的工作，具体包括制定征稿范围、把握刊载稿件研究方向、策划专刊或专栏、稿源建设及审稿专家队伍建设；编辑部主任带领文字编辑、多媒体编辑和编务负责后期工作，即稿件出版工作，具体包括稿件出版前校对、期刊融媒体建设、期刊宣传与推广以及期刊年检等日常事务工作；执行主编/常务副主编与编辑部主任通过日常工作的紧密沟通来使编辑部高效运转。其余责任主体(主管主办方、主编、编委成员、审稿专家、作者读者群体)为编委会办公室的坚强后盾，他们通过相互协作为编辑部的日常高效运行及创新发展提供强有力的保障：主管主办方提供资金、政策保障，聘请有能力、愿意为期刊发展付出心血的主编；主编对编辑部的重要事务进行决策，通过在专业领域的影响组织、管理编委成员；编委成员及审稿专家负责稿件外审工作，将审稿工作中遇到的问题及优化建议及时反馈给编委会办公室；作者读者群体将投稿过程中或期刊订阅时遇到的问题及优化建议积极反馈给编委会办公室。执行主编/常务副主编和编辑部主任要加强责任意识，发挥主观能动性，对各方的反馈和建议及时采取有效的措施，通过规范流程、改进工作方法促进期刊的发展。

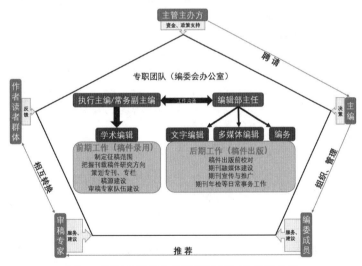

图 1 期刊各责任主体职责及相互之间的关系

3 期刊质量控制要素与责任主体的有效融合

如表 1 所示，本研究涉及 5 个质量控制要素、11 个责任主体。通过横纵交叉的方式可以清晰地看出各质量控制要素所涉及的责任主体，也可以清晰看出各参与主体对期刊质量控制的责任大小，从而使期刊编辑部更有针对性地针对某一质量要素进行相应责任主体的培训或建设，真正实现了质量控制要素与责任主体的精确融合，可以为科技期刊的规范化建设提供脉络更清晰的参考。

表 1　期刊质量控制要素与责任主体的融合

质量控制要素	责任主体										
	主管主办方	期刊主编	执行主编/常务副主编	编辑部主任	编委	审稿专家	学术编辑	文字编辑	多媒体编辑	编务	作者读者群体
论文学术质量	√	√	√	√	√	√	√				
编校质量	√		√	√				√			
出版质量	√	√	√					√			√
服务质量	√			√						√	√
网络化运营质量	√			√					√		√

表 2 详细列出了各责任主体涉及的期刊质量控制要素及可采取的具体措施。表 3 详细列出了各期刊质量控制要素可针对的责任主体建设。可以看出，主管主办方的政策引导和协调保障作用以及执行主编/常务副主编、编辑部主任的主观能动作用对期刊质量控制及规范化建设最为重要[7,8]。其次为作者读者群体对期刊服务能力的反馈，包括作者投稿过程中经常遇到的问题、论文出版过程中的流程问题以及读者阅读期刊论文时发现的一些问题，期刊编辑部可针对这些问题进行人性化的改进，从而使期刊得到更好的发展。结合表 2 和表 3，可以为期刊规范化建设提供较为清晰的参考方法及步骤。

表 2　各责任主体涉及的期刊质量控制要素及可采取的具体措施

责任主体	涉及的质量控制要素	可采取的具体措施
主管主办方	1.论文学术质量 2.编校质量 3.出版质量 4.服务质量 5.网络化运营质量	A.根据所主管主办科技期刊的发展现状，制定符合科技期刊长期、可持续发展方向的指导性政策 B.聘请专业能力强的主编、执行主编/常务副主编、编辑部主任 C.提供有力的经费保障，支持编辑队伍的继续教育培训等活动 D.经常组织专业领域及办刊领域专家讲座，培养更专业的编辑队伍
期刊主编	论文学术质量	A.选题策划 B.向学科领域内知名专家学者约稿 C.调动编委积极性 D.主编审定时严格把控稿件学术质量
执行主编/常务副主编	1.论文学术质量 2.编校质量 3.出版质量	A.组织专刊专栏 B.向学科领域内知名专家学者约稿 C.调动编委积极性 D.调节优化接收论文研究领域比例 E.制定论文规范化标准
编辑部主任	1.论文学术质量 2.编校质量 3.出版质量 4.服务质量 5.网络化运营质量	A.优化编辑队伍结构 B.提升编辑素养 C.严格执行"三审三校"制度 D.引入先进编校工具 E.通过新媒体方式宣传推广期刊
编委	论文学术质量	A.认真把控研究领域内论文质量 B.积极推荐审稿专家 C.及时审回稿件 D.积极提升自身研究水平

续表 1

责任主体	涉及的质量控制要素	可采取的具体措施
审稿专家	论文学术质量	A.愿意审稿 B.能按时审回稿件 C.负责地审每一篇稿件 D.积极为编辑部工作提出意见和建议
学术编辑	论文学术质量	A.不断提升自己的专业水平 B.精准投送稿件 C.及时处理审稿过程中每一环节 D.认真按要求对稿件进行规范化
文字编辑	1.编校质量 2.出版质量	A.逐字逐句校对稿件 B.按时完成稿件编校任务 C.积极提高文字编辑能力 D.严格检查版面质量
多媒体编辑	网络化运营质量	A.及时跟踪、挖掘专业热点信息 B.熟练运用多媒体编辑软件 C.定时更新期刊在各网络平台上的传播内容
编务	服务质量	A.深入了解期刊各项情况 B.对作者及读者遇到的各种问题能及时有耐心地妥善处理 C.认真细致地做好分内各项工作
作者读者群体	1.出版质量 2.服务质量 3.网络化运营质量	A.关注期刊论文 B.从作者或读者角度为编辑部提出意见或建议 C.积极传播期刊及论文

表 3 期刊质量控制要素可针对的责任主体建设

质量控制要素	可针对的责任主体建设
论文学术质量	主管主办方、主编、执行主编/常务副主编、编辑部主任、编委、审稿专家、学术编辑
编校质量	主管主办方、执行主编/常务副主编、编辑部主任、文字编辑
出版质量	主管主办方、执行主编/常务副主编、编辑部主任、文字编辑、作者读者群体
服务质量	主管主办方、编辑部主任、编务、作者读者群体
网络化运营质量	主管主办方、编辑部主任、多媒体编辑、作者读者群体

4 中文科技期刊规范化建设方法总结

新时代背景下，期刊发展面临新局面、新机遇和新挑战，办刊质量是科技期刊赖以生存的根基，期刊必须在自身质量控制及规范化建设上做足功夫。实际工作中，一些期刊管理存在多种问题，如：对各责任主体间的关系认识不够清晰；岗位设置和任务分工不明确，一人兼多岗，工作效率较低；编委对期刊工作积极性不高，对期刊创新发展可发挥的作用有限。也有一部分期刊规范化建设走在了前列，其岗位设置较全面，甚至聘请了专门的美术编辑，职责划分较清楚，编委重视期刊工作，已经组成一个环环相扣、高效运转的团队。已有研究多数只讨论某一个质量要素，缺少全面系统的研究，没有与责任主体进行有效融合，难以形成期刊规范化建设方法。期刊规范化建设的本质是针对责任主体的建设，即以期刊质量控制要素为脉络，梳理各责任主体的职责范围及相互之间的关系，执行主编/常务副主编和编辑部主任发挥主观能动性，形成流畅的管理机制。全面考虑各质量控制要素，与责任主体进行纵横融合，并采用图的形式清晰地呈现各责任主体之间的关系，提出切实可行的期刊规范化建设方法。

通过梳理，总结出了期刊质量控制要素主要有 5 个：论文学术质量、编校质量、出版质量、服务质量、网络化运营质量；规范化建设主要涉及 11 个责任主体：主管主办方、期刊主编、执行主编/常务副主编、编辑部主任、编委、审稿专家、学术编辑、文字编辑、多媒体编辑、编务、作者读者群体。将质量控制要素与责任主体进行纵横交叉融合，可形成清晰明了的网格化管理机制，如：论文学术质量控制可针对的责任主体建设包括主管主办方、期刊主编、执行主编/常务副主编、编辑部主任、编委、审稿专家、学术编辑；网络化运营质量控制可针对的责任主体建设包括主管主办方、编辑部主任、多媒体编辑、作者读者群体。

将先进做法、经验进行总结，梳理出了期刊各责任主体职责及相互之间的关系，发现：执行主编/常务副主编和编辑部主任带领的专职团队即编委会办公室起核心能动作用，主要完成编辑部日常运行具体工作；其余责任主体(主管主办方、主编、编委成员、审稿专家、作者读者群体)为编委会办公室的坚强后盾，通过相互协作为编辑部的日常高效运行及创新发展提供强有力的保障。其中主管主办单位对期刊发展提供资源、资金和政策等保障，如提供办公场地、设备等资源，拓宽期刊编辑人才发展通道。主编对期刊的方向性事务进行决策，利用在专业领域的学术影响力组织、管理编委成员，如期刊刊载稿件方向调整、编委换届等。编委成员和审稿专家负责审稿工作。编委会办公室协调解决各责任主体向编辑部提出的意见和建议，赋予期刊发展生命力，实现期刊持续向好发展。

科技期刊作为学术成果的传播阵地，是衡量国家学术水平和文化影响力的重要标志，是提升国家文化软实力、增强国际影响力的有效途径之一。为推动我国科技期刊高质量发展，服务科技强国建设，国家七部联合实施"中国科技期刊卓越行动计划"。各地方科协、期刊编辑学会、期刊联盟也成立各种期刊项目基金，扶持中国科技期刊发展。期刊主办单位应有效把握政策红利，充分发挥引导作用，组织所办期刊积极申请各项目，为期刊争取更多资源，鼓励期刊运用网络、AI 等新媒体、新技术寻求更大的发展空间。在期刊管理中扮演重要角色的执行主编/常务副主编、编辑部主任应充分发挥主观能动性，对期刊进行科学定位，精准施策，统筹管理，明确各参与主体职责及可发挥作用，充分调动各责任主体的积极性，各司其职，实现各责任主体的有效合作，使期刊质量产生质的飞跃，促进期刊的规范化建设。

参 考 文 献

[1] 陈蓓.媒体融合大背景下科技期刊质量控制的规范化建设[J].采写编,2019(3):117-118.
[2] 吕建峰.加强规范化管理提高办刊质量[J].中国科技信息,2008(5):139-140.
[3] 祝璐颖,杜杏叶.我国科技期刊发展策略研究主题剖析[J].中国科技期刊研究,2022,33(1):8-23.
[4] 王志强.实施量化审稿加强科技期刊论文质量控制[J].采写编,2023(2):103-105.
[5] 王艳梅,孙芳.科技期刊编辑加工的质量控制[J].编辑学报,2018,30(增刊 1):57-58.
[6] 张从新,赵漫红.论科技期刊质量控制[J].编辑学报,2014,26(3):215-216.
[7] 鲁翠涛,赵应征,郑俊海.编辑在科技期刊质量控制和学术不端行为防范中的主动作用:一篇国际论文投稿的体会[J].编辑学报,2013,25(6):609-611.
[8] 韩维栋.论编辑在科技期刊质量控制中的能动作用[J].中国科技期刊研究,2009,20(6):1118-1121.

基于文献计量学研究学术期刊高质量发展策略

王珂，和静，王小丽，张莉

(中国农业科学院郑州果树研究所，河南 郑州 450009)

摘要：采用文献计量学方法，分析了《果树学报》2013—2022年102期共2 293篇论文的载文特征、影响因子和总被引频次、出版时滞等。结果表明，近十年载文量不断增加、基金项目论文占比增多、影响因子和总被引频次逐年增加、出版时滞逐渐缩短等。结合近十年实践提出了优化期刊稿源建设、团队建设和加强国际合作与交流、利用大数据与人工智能技术等提高科技期刊影响力的策略，实现科技期刊高质量发展。

关键词：科技期刊；《果树学报》；高质量发展；文献计量学

科技期刊作为学术交流和知识传播的重要平台，在推动科技创新、促进学术繁荣方面发挥着不可替代的作用。近年来，随着全球科技竞争的加剧和学术环境的深刻变化，科技期刊高质量发展成为业界关注的焦点。

文献计量学作为期刊评价的一个主要工具，在优化期刊质量、促进期刊良性发展中发挥着重要作用[1]。采用文献计量学分析期刊的学术影响力、论文质量、作者群体特征、读者群体分布等，能够为我们提供大量的、客观的数据和指标，帮助我们更加精确地了解期刊的发展现状、存在的问题和优势，从而为制定高质量发展策略提供科学依据。

《果树学报》创刊于1984年，原名《果树科学》，2001年变更为现名《果树学报》，2016年更改刊期为月刊，2009年首次入选中国权威学术期刊(A+)，2011年首次入选中国精品科技期刊，2020年首次入选荷兰《文摘与引文数据库》(Scopus)。创刊40年来，紧跟时代步伐，不断创新办刊方式，采取了提升稿件质量、加强团队建设和国际化办刊等措施，显著提升了期刊的学术影响力，实现了高质量发展。为了更好地推动期刊的高质量发展，针对《果树学报》2013—2022年102期共2 293篇论文的载文情况进行统计，客观分析了期刊影响力提升的计量学指标的变化情况，结合《果树学报》的办刊实践，提出优化稿源质量、加强团队建设和国际化办刊等期刊高质量发展的策略，以期为我国科技期刊的高质量发展提供参考。

1 数据来源

数据来源于中国知网(CNKI)数据库个刊分析中的统计年报与办刊要素分析、《果树学报》

基金项目：中央级公益性科研院所基本科研业务费专项(1610192023501)；中国农业期刊网研究基金项目(CAJW2024-054, CAJW2024-021, CAJW2023-037, CAJW2023-011)
通信作者：和静，E-mail: hejing01@caas.cn

官方网站(http://fruitsci.zzgss.cn)，采用数值统计法和文献计量学法[2-3]，调查了《果树学报》2013—2022年载文信息，其中2013—2015年为双月刊，2016—2022年为月刊。复合总被引频次和复合影响因子来自2013—2022年版《中国学术期刊影响因子年报》；出版时滞、基金论文比、WEB即年下载率来自中国知网个刊分析；来稿量来自《果树学报》官方网站投稿系统；载文量、总页数、引用文献数等来自纸质样刊。统计截止日期为2022年12月31日。出版时滞统计时间为2023年11月30日。

2 期刊影响力指标

2.1 载文分析

对2013—2022年《果树学报》来稿量、载文量和总页数进行统计，结果表明(表1)：2013—2022年《果树学报》来稿量是逐年稳步增加，共刊发文章2 293篇，年均载文量229.3篇，双月刊年均载文量211.7篇，单月刊年均载文量236.9篇，年均发文量增加11.9%；总页数逐年增加，篇均页码由4.72页增加到9.35页。载文量整体呈现增长趋势，文章篇幅也不断增加，说明文章的质量和分量是在逐渐提升。

基金论文比与基金项目级别是衡量科技期刊质量和影响力的重要评价标准[4]。对一种期刊来说，刊载基金论文比重越大，期刊的学术质量越高，学术影响越大，对前沿成果的追踪越好[5]。基金论文比可以在一定程度上衡量期刊学术质量与办刊水平[1]。由表1可以看出，《果树学报》基金论文比最高达到100%，平均基金论文比为97.1%，其中国家级基金项目支持的论文占78.5%，地方基金项目占21.5%，基本趋于稳定。说明《果树学报》期刊近十年有较好的学术影响力，能够受到大量基金项目研究人员的青睐，愿意将其基金论文投向该刊。

表1 2013—2022年《果树学报》的影响力指标

年份	载文量/篇	年总页数/页	篇均页数/页	来稿量/篇	复合总被引频次	复合影响因子	基金论文比	WEB即年下载率
2013	194	1 093	5.63	509	4 942	1.186	0.96	36
2014	250	1 180	4.72	493	4 730	1.227	0.96	68
2015	191	1 299	6.80	545	6 119	1.490	0.93	38
2016	270	1 603	5.94	442	6 206	1.603	0.98	71
2017	223	1 630	7.30	500	7 335	1.890	1.00	57
2018	222	1 572	7.08	522	6 261	1.696	0.98	89
2019	200	1 791	8.96	621	6 009	1.784	0.99	75
2020	238	1 994	8.38	563	5 669	1.976	0.97	121
2021	241	2 253	9.35	675	5 504	2.170	0.97	187
2022	264	2 454	9.30	694	6 879	2.790	0.97	244

为提高读者浏览效率，突出本刊特色，多次进行了栏目调整，由单一按类型分栏改为主要论文按学科或专业分栏，明确论文选题范围，设置特色栏目。2013年以来，根据来稿特点，改进了栏目分类，科学配置了栏目结构，设置了"种质资源·遗传育种·分子生物学、栽培·生理·生态、植物保护·果品质量与安全、贮藏·加工、专论与综述、技术与方法、新品种选育报告"等

栏目，这样读者获取所需文献更方便，提升了期刊的刻度性。2013—2022年发文量最多的栏目为"栽培·生理·生态"，刊发文章占比为32.0%；其次为"种质资源·遗传育种·分子生物学"，刊发文章占比为22.2%；刊发文章最少的栏目为"贮藏·加工"，刊发文章占比为4.0%(图 1)。不同栏目发文量情况可以看出栏目设置更加科学，更加符合科研工作者的需求。

影响因子和总被引频次可以客观地表征学术期刊的受重视程度和期刊学术思想传播的广度[6]。由表 1 可以看出，2013 年影响因子为 1.186，2022 年达到 2.790，增长了 1.35%；2013 年总被引频次为 4 942 次，2022 年为 6 879 次，增长了 39.2%。WEB 即年下载率 2013 年为 36，2022 年为 244，增长了 5.6 倍。复合影响因子和复合总被引频次也呈增长趋势。

由载文分析数据可以看出，近十年《果树学报》的各影响因子指标数据都是稳步提升的，这与近十年《果树学报》编辑部在稿源质量狠下功夫是分不开的。编辑部采用双盲制审稿，严格把控稿件质量，同时从选题策划入手，把组织创新性强、学术水平高的优秀稿件作为编辑出版工作的重中之重。积极组约高水平原创性科研成果，报道创新成果，引领学科发展。围绕国家重大事件创新出版主题，策划了"新中国果树科学研究70年"专刊，以专论与综述的形式报道了新中国成立七十年来果树科学研究进展。该专刊受到高度关注，阅读量和引用量近几年均居高位；同时利用参加全国学术会议的机会，到科研教学第一线组约优秀稿源。近十年，《果树学报》编辑组约并刊发了一批极具影响力的文章，比如邓秀新院士撰写《果树育种40年回顾与展望》和《关于我国水果产业发展若干问题的思考》、张绍铃院士撰写的《我国梨产业发展现状、趋势、存在问题与对策建议》等关于果树产业发展的极具影响力的文章。这些组约的高质量文章的下载量和引用量在近十年刊发文章中均位居前列，对期刊影响力的提升起到了至关重要的作用。

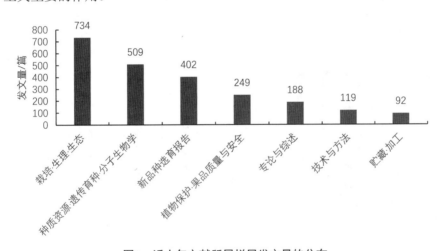

图1 近十年文献所属栏目发文量的分布

2.2 出版时滞

出版时滞是衡量期刊时效性的重要指标[7]。从图2可以看出：出版时滞由2013年的168.5天缩短至2022年的102.0天，明显缩短并趋于稳定。2016年《果树学报》由双月刊改为月刊后，发文量增加，出版时滞逐年降低。2019 年新一届编辑委员会成立时，主编强调一定要降低出版时滞，加快成果传播速度。编辑部改进工作方式，提升工作效率，缩短了各流程处理时间；

稿件在外审期间，定时关注并邮件催促专家审理。同时，对录用的稿件返修回编辑部后及时上传中国知网优先出版平台。自2020年起出版时滞大幅降低，并趋于稳定。

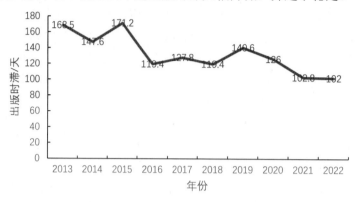

图2　2013—2022年《果树学报》出版时滞变化

2.3　高产作者和高产单位

对 2013—2022 年发文量较多的作者和单位进行统计(统计时排除同单位不同作者多次在同篇文章中出现，只统计发文数量最多作者，避免重复统计)，发现发文量排在前十位的作者，近十年发文量大于 15 篇，且均为从事果树科学研究多年的科研人员，具有高级职称，为博士生和硕士生导师(图 3)。发文量排在前十位的单位均为国家级果树科学研究所和高等农业院校，为果树学领域一流科研院所和高校。近十年发文量最多的单位为主办单位中国农业科学院郑州果树研究所，发文量 290 篇，年均发文量 29 篇，作为国家级科研单位，引领了国家果树学科研究的前沿(图 4)。符合《果树学报》的期刊定位，也形成了《果树学报》独特的核心作者群。

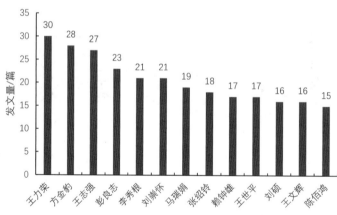

图3　2013—2022年发文量前十的作者

近十年来，编辑部注重提升服务质量，利用参加全国学术会议的机会，主动与参会作者沟通交流，关注作者的需求，尽可能为作者提供方便和帮助。建立作者群，精准推送每期目次，以利于作者及时了解行业发展动态。创建了青年编辑委员会，为青年学者搭建学术交流平台，激发青年科学家参与办刊的热情，促进学术交流，提升期刊活力。作为果树学科专业性学术期刊，《果树学报》专注于果树科学领域的研究进展和学术动态，为本刊作者提供精准的信息服务，维护了强大而稳定的作者群。

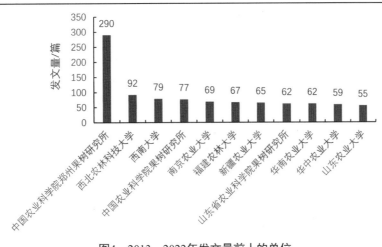

图4 2013—2022年发文量前十的单位

3 基于文献计量学的科技期刊高质量发展策略

3.1 期刊高质量发展的稿源建设

高质量学术论文需要具备前沿性、创新性、科学性、实用性和可持续性[8]。文献计量学分析表明,《果树学报》刊发文章的影响因子和总被引频次是逐年稳步升高的,说明期刊被关注度逐年提高,刊发文章的质量也逐渐提升。周立波等[5]认为,处于中游必须找到自身的不足,改进办刊方法,从影响因子、基金论文比上下绝对的功夫,当然最重要的是找到优质的稿源,以此提升杂志影响力,进而跻身先进杂志行列。在稿源建设中,《果树学报》编辑采取增加载文量、缩短出版时滞、组约国家级重点基金项目和国家级果树科研单位来源稿件等策略来提升稿源质量。根据稿源情况适当增加刊登文章的数量和页码,缩短出版时滞,加快成果传播。注重与学科有影响力的专家联络沟通,及时了解专家的科研进展,组约热点前沿文章。同时及时调整栏目建设。栏目是期刊的"窗口",也是刊物宗旨和编辑方针的体现[9]。为提高读者浏览效率,突出本刊特色,多次进行栏目调整,由单一按类型分栏改为主要论文按学科或专业分栏,明确论文选题范围,设置特色专栏,各栏目文章次序按内容的创新性程度安排;同时个别文章也按类型分栏。这样读者获取所需文献更方便,提升了期刊的可读性。

复合影响因子和复合总被引频次逐年增加,《果树学报》刊发的文章被关注度高,具有很大的影响力。《果树学报》2022年有1 079篇论文入选《学术精要数据库》。学科前1%论文共计297篇。说明《果树学报》刊发的40%论文为果树学科 Top10%高被引论文,10%的论文为果树学科Top1%高被引论文,这个数据是对《果树学报》质量的肯定。

3.2 期刊高质量发展的团队建设

完备的、高水平的编委会是学术期刊发展的智囊团,也是期刊质量的把关者。《自然》杂志拥有一支高水平的编委队伍,他们具有深厚的学科背景和广泛的学术视野,为期刊提供了高质量的审稿意见和学术指导。《果树学报》编辑部采取定期召开编委会、走访编委科研团队实验室和积极参加由编委会成员主办的学术会议等策略加强编委会建设,与编委保持良好互动,拉近编辑与编委会成员之间的距离,组约优质稿件。同时激发编委的积极性,增强编委参与办刊的责任感和荣誉感。《果树学报》高发文量作者中编委人数超过60%,说明《果树学报》编委们融入期刊度很高。

创建核心作者群。核心作者是期刊稿源稳定的基础，促进期刊健康可持续发展。新媒体是当今信息传播的重要渠道。《果树学报》编辑部创建了中英文网站、微信公众号等新媒体平台，打造核心作者群，进行期刊信息精准推送，用心服务好每一位作者，增加了用户黏性。《果树学报》编辑部利用电子邮箱和微信作者群向作者精准推送每期目次超过1 000人次。同时通过微信公众号、采编系统等留言与作者互动，及时了解作者的需求，为作者提供及时的帮助和服务，赢得作者的信赖，维护好核心作者群。《科学》杂志的网络平台非常活跃，读者可以在平台上讨论和分享科研成果，这增加了期刊的互动性和影响力。

3.3 期刊高质量发展的国际化建设

随着全球化的深入发展，科技期刊的国际化趋势日益明显。许多国内优秀科技期刊开始走向国际化，积极吸引海外高水平稿件和作者资源，提高期刊的国际影响力。期刊国际化推动学术期刊在全球范围内扩展其读者、作者、编辑和影响力。为提升《果树学报》在国际传播中的影响力，在出版模式上采取摘要、图表和参考文献双语著录，实行长英文摘要，增加了国际编委会成员，创建了《果树学报》英文网站，并在中国知网双语数据库、中国科协科技期刊双语传播工程等数字平台进行双语长摘要传播，最大限度地进行期刊国际化推广和宣传。多渠道期刊国际化传播提高了《果树学报》的国际化水平和影响力，并初步取得成效，于2020年初被Scopus数据库收录。

4 结束语

《果树学报》2013—2022年发表论文的数量不断增多、基金项目论文占比增加、出版时滞逐渐缩短、影响因子和被引频次显著增加、核心作者群已经形成，近十年的学术影响力逐渐提升。和静等[10]利用主成分分析法，对15种果树学期刊最具代表性的9种数据进行分析，获得了15种期刊的综合排名。《果树学报》排在学术类期刊第2位，仅次于《园艺学报》。该排名是15种期刊综合质量的体现，客观反映了期刊的综合水平，为果树研究工作者了解果树学科期刊质量提供了依据。《果树学报》是果树学领域的领先期刊，这可能与主办单位中国农业科学院郑州果树研究所为国家级果树科研单位，引领国家果树科学发展有关。《果树学报》编辑部依托主办单位的科研平台，通过实施稿源建设、团队建设和国际化建设等措施，提升了稿件质量和期刊的学术影响力。其他科技期刊成功提高影响力的例子，大多都是在优质的内容、广泛的传播和强大的编委队伍等方面下功夫。这些因素也是可复制的，科技期刊可以通过借鉴和学习这些成功因素来提高自己的影响力。

科技期刊应客观分析自身不足，借鉴其他期刊发展的经验，创新办刊思维，采取有效的办刊措施，不断提高期刊的学术质量和影响力，更好地服务于学术交流和科技进步。2020年9月11日习近平总书记在科学家座谈会上的讲话：要办好一流学术期刊和各类学术平台，加强国内国际学术交流。未来科技期刊高质量发展将面临数字化与智能化、国际化与本土化、多元化与专业化、学术评价与创新以及社会责任与可持续发展等机遇和挑战。科技期刊需要在保持自身特色的基础上，不断创新发展策略，提高学术水平和影响力，为推动科技创新和学术繁荣做出更大贡献。

参 考 文 献

[1] 张文洁,张军.我国文献计量学发展历程及其在科技期刊评价中的应用[J].天津科技,2024,51(1):109-112.

[2] 屈李纯.《西北农林科技大学学报(自然科学版)》2010—2019 年载文及作者群分析[J].西北农林科技大学学报(自然科学版),2021,49(9):155-164.

[3] 耿庆斋,程晓陶,张伟兵.《水利学报》1956—2018 年学术论文文献计量学分析[J].水利学报,2019,50(10):1268-1281.

[4] 刘青青,杨阳,马文军.高质量发展背景下中文科技期刊学术影响力提升策略:以《地球科学与环境学报》为例[J].今传媒,2023,31(9):10-15.

[5] 周立波,卜丽娟.从文献计量学角度提升医学期刊水平之我见[J].新闻研究导刊,2018,9(17):200-202.

[6] 刘雪立,魏雅慧,盛丽娜,等.科技期刊总被引频次和影响因子构成中的自引率比较:兼谈影响因子的人为操纵倾向[J].编辑学报,2017,29(6):602-606.

[7] 厉艳飞.数字化背景下科技期刊缩短出版时滞的路径探析[J].编辑学报,2016,28(4):354-356.

[8] 薛丽苗,田旭,董怡君,等.融媒体视域下的科技期刊高质量发展策略与实践:以《电气工程学报》编辑部两刊为例[J].编辑学报,2023,35(S2):165-170.

[9] 吴晓丽,陈广仁.建设世界一流科技期刊的策略:基于 Nature, Science, The Lancet 和 Cell 的分析[J].中国科技期刊研究,2020,31(7):758.

[10] 和静,王珂,张莉.基于主成分分析的果树学期刊质量综合评价[J].传媒,2022(9):34-36.

场域理论视域下高校学报助力一流学科建设高质量发展路径探析

孙 帅

(华北电力大学学报(社会科学版)编辑部，北京 102209)

摘要：探寻"双一流"建设背景下，高校学报助力一流学科建设高质量发展的实现路径；借助布尔迪厄场域理论，将学报置于高校场域关系框架中，从"关系研究"角度，围绕资本、惯习等主要元素，进行理论分析，同时结合个案研究；学术资本是学报在高校场域占据相应位置、助力一流学科建设的主要资本类型。当下在学术资本层面上的衰弱，使学报尚不能与一流学科建设需求相匹配；助力一流学科建设高质量发展，学报需重建惯习、实现认知行动的调整转变，着力提升学术资本质量，优化学术资本结构，激活潜在资本、丰富资本类别，并在高校场域之外获取其他相应资本。高校也应提升自身场域的自主性，构建一流学科建设长效机制。

关键词：场域理论；学科建设；高校学报；高校场域；学术资本

习近平总书记在党的二十大报告中指出要"加快建设中国特色、世界一流的大学和优势学科"，以及《在哲学社会科学工作座谈会上的讲话》[1]和《在全国科技创新大会、两院院士大会、中国科协第九次全国代表大会上的讲话》[2]中均明确提出加强学术期刊建设，在给《文史哲》编辑部全体人员回信中对办好哲学社会科学期刊提出殷切期望。加之《关于深入推进世界一流大学和一流学科建设的若干意见》[3]提出要"创办高水平学术期刊"以及《关于深化改革培育世界一流科技期刊的意见》[4]《关于推动学术期刊繁荣发展的意见》[5]分别提出要"以建设世界一流科技期刊为目标""努力打造一批世界一流、代表国家学术水平的知名期刊"，让人们对"双一流"背景下学术期刊的发展充满期待，同时也更为关注作为学术期刊重要组成部分的高校学报如何有效助推"双一流"建设高质量发展。

1 高校学报与一流学科建设

高校学报作为高校学术成果的展示平台与传播渠道，在高校教学科研、学科建设、学术交流等领域发挥着重要作用。"双一流"建设任务包括建设一流师资队伍、培养拔尖创新人才、提升科学研究水平、传承创新优秀文化、着力推进成果转化，要坚持的四个基本原则之一是要"坚持以学科为基础"。学科建设是高校发展的龙头，一流学科建设是"双一流"建设的核心。一流学科建设的五项任务为"高校学报发挥功能和今后的建设指明了努力的方向"[6]，而学报发挥功能给予支持的主要途径就是学术论文的刊发与传播，这是学报助力一流学科建设的主要

基金项目：全国高等学校文科学报研究会 2023 年编辑学研究课题一般项目(YB2023030)

渠道。杨九诠[7]认为学术期刊所具备的参与学科建构功能的关键在论文，正是通过对论文的评估鉴定、发表传播，学术期刊践行着助推学科建设这一基本功能。

助力一流学科建设，高校学报面临着复杂多变的局面，需要在更为宏观的空间、更为复杂的维度中梳理脉络、审视自身，预测各种因素可能带来的困扰并积极探寻解决之道。本文借助布尔迪厄场域理论，从"关系研究"角度，剖析高校学报在高校场域内所处的位置、扮演的角色、拥有的资本、承担的责任，以及与其他行动者的相互关系，进而探寻学报助力一流学科建设高质量发展的有效路径。

2 场域理论的引入及其对学报助力一流学科建设的启示

场域理论是社会学大师皮埃尔·布尔迪厄社会学思想体系中最重要的理论。在"实践"概念基础上构建起来的场域理论主要涵盖"场域""资本""惯习"三个基本概念。布尔迪厄将场域定义为"在各种位置之间存在的客观关系的一个网络，或一个构型"[8]122。他认为在高度分化的社会中存在着大量具有相对自主性的社会小世界，这些遵循自身特有逻辑和必然性的小世界构成了社会的不同场域。每个场域都有自己的场域逻辑、利益形式、目标价值，并会通过分化产生不同的层级。资本是以物质化等形式积累起来的劳动，分为经济资本、文化资本、社会资本、符号资本。资本具有多元性，在一定条件下可以相互转化、在不同的场域具有不同的类型。"资本既是斗争的武器，又是争夺的关键"。[8]124资本界定着场域，同时也需要场域，"只有在与一个场域的关系中，一种资本才得以存在并且发挥作用。"[8]127惯习是一种"持续的、可转换的配置系统"，其"整合了所有过去的经验，像行动母体、知觉母体、思想母体般地运作，让无限多样的任务的完成得以可能"[9]。惯习与场域之间是一种"双向的模糊关系"，场域形塑着惯习，而惯习"有助于把场域建构成一个充满意义的世界"[8]158。

"根据场域概念进行思考就是从关系的角度进行思考。"[8]121场域理论为探寻学报如何有效助推一流学科建设高质量发展提供了一种基于关系和实践的思考方式。首先，从场域层面看，学报所在的"双一流"建设高校，可以被视为一个场域，具有自身的运行逻辑和游戏规则，学校各部门拥有着类型、数量、结构各不相同的资本，在场域中占据不同位置，为了争夺更多资本、占据更有利的位置而不断进行着"斗争"。高校场域分化为学科建设、人才培养、学术研究、文化建设等次级场域，分别具备不同的资本类型、场域逻辑；其次，从资本层面看，高校场域主要的资本类型包括知识资本、育人资本、学术资本、文化资本等。而高校学报的主要资本类型是学术资本。无论是高校还是学报，仍都会拥有经济、社会、符号等其他资本类型。同时，不同种类的资本之间的等级次序随着场域的变化会有所不同，资本之间的兑换比率各不相同并不断变化，同一种资本的资本等级与相对价值由具体的场域、甚至是场域发展的不同阶段所决定；再次，从惯习角度看，各部门在融入高校场域时会感受到其逻辑压力、认同并遵从其运行规则，并将这种结构和规则内化于本部门的行动理念，各部门及成员知晓如何立足部门资本优势，围绕中心任务做好工作，当一流学科建设成为高校中心工作后，他们同样会围绕这一中心工作，按照部门资本、场域位置和过去经验中最可能成功的行为模式以及对结果的预期而做出最合适的选择。

3 场域理论视域下学报助推一流学科建设高质量发展的内涵分析

行动者在场域中的位置、所采取的策略性取向以及每一步行动，都取决于拥有的特定资本。"资本赋予了某种支配场域的权力，赋予了某种支配那些体现在物质或身体上的生产或再生产工具的权力，并赋予了某种支配那些确定场域日常运作的常规和规则，以及从中产生的利润的权力"[8]127。学术资本是学报的主要资本类型，是学报在高校场域占据相应位置、助力一流学科建设的关键。故此学报场域是一个学术场域，在这个场域中，行动者出于学术目的，围绕着学术论文的刊发、学术成果的传播、学术地位的认证等学术资本的获取、积累与展示，建立了各种关系，发生着各种互动。

当前，学报助力一流学科建设在资本层面存在的问题主要有：一是大部分学报仍为综合性学报，表现为一种多学科拼盘式的集成，加之稿源内向性传统的保留，使得"这样基本同质同构的学报根本无法形成与学科发展相匹配的合理的期刊体系"[10]，无法精准服务于一流学科建设发展。二是在当下科研体制和评价体制的影响下，大量呈现高校科研水平的优质论文流入国际一流学术期刊，优质稿件的缺失使学报在助力一流学科建设进程中持有的、能够展示的学术资本质量有待提升。三是取代编研一体的编辑职业化尽管产生了职业编辑队伍，但"学者办刊的传统已然丢失"，学报编辑不再是某学科的专家或研究人员，学科专业知识的缺乏使其在引领学科建设、指导学术研究等层面有心无力。四是商业期刊数据库由于具备内容丰富、搜索便利等明显优势，成为用户获取学术信息资源的首选，而学报及其官方网站则少有人问津。这使学报丧失了学术传播环节原有的中心地位，学术传播资本已消融。五是在学术资本这一主要资本类型上的欠缺，使学报的潜在资本类型，如育人资本、文化资本，处于停滞或潜伏阶段。

在资本层面尤其是学术资本层面上的衰弱，使学报当下尚不能与一流学科建设需求相匹配。新形势下，学报需着力提升学术资本质量、优化学术资本结构，挖掘激活潜在资本，丰富完善资本类别，在一流学科建设进程中体现自身的存在价值。

4 场域理论视域下学报助推一流学科建设高质量发展的路径探析

4.1 重建惯习，实现认知行动的调整与转变

行动者在场域中的策略不仅取决于他们在场域中的位置即特定资本的分配，"还取决于他们所具有的对场域的认知"[8]128，正确认识并明确学报在高校场域中的应有位置，是激发学报有效助推一流学科建设潜力的前提。一方面，高校应认识到学报在学科建设领域的不可或缺性，明确学报在学科建设中的场域位置，应在遵循办刊规律的基础上给予学报相应支持，对学报施加适度压力以激发其应有活力，让包括学报在内的"高校学术期刊成为一流学科的品牌代言人与展示平台"[11]。另一方面，学报应具备主体性自觉，"有自己的学术追求，力图成为个性化的物质和精神之双重存在，以完成推进学术事业之繁荣的使命"[12]，认识到自身的角色定位，围绕一流学科建设给出基于学术准则、学术理论的独有见解，做好服务学科建设的规划蓝图与行动方案。

学报提高认识、积极回应，是在高校场域发生变化时重建惯习的体现。出于保持自身稳定的需要，惯习会"在新的信息之间进行选择，在受到意外或必然威胁时就会排斥那些危及累积信息的信息，尤其会阻止这类信息的危害"[13]，这会让行动者安于现状、不愿意随着场域的变化而作出改变，也就是"场域迟滞"，即"行动者因为受制于自己的习性与幻想，在资本结构与游戏规则发生变化后，常常会跟不上步伐，表现出迟滞。"[14]学报当前在一流学科建设进程中的尴尬处境，从主观层面上看便是"场域迟滞"的结果。

一流学科建设的启动，使高校场域中起决定性作用的资本形式的分配结构发生变化，高校场域的结构，尤其是学科建设次场域的结构也会随之改变。场域变化时，行动者只有将惯习真正融入到场域中、真正实现与场域相契合，才能切实把握住场域。同时，作为一个开放的性情倾向系统，惯习结构的改变以经验的不断积累为前提，需要随经验而变。如果始终较少参与学校中心工作，便无法积累经验，更谈不上重新形塑惯习结构。学报应主动参与到一流学科建设中，直面场域变化，以场域结构新特征为根据，努力对自身性情倾向施加影响，实现惯习调整，使自身惯习的效应与高校场域的效应相互吻合、彼此重合，实现在思想、知觉、表达、行动等层面的转变。

4.2 提升学术资本质量，筑牢学报生存之本

一是学术服务资本。应主动服务学科建设要求，通过设置新栏目、新专题以及组织专刊专辑等方式对接一流学科建设进程，优先发表、集中展示并长期跟踪优势学科领域的高水平研究成果。如《北京师范大学学报(自然科学版)》在2019年、2020年围绕本校一流学科建设院系、重点实验室及相关学术会议分别组织了名为"全球变化与地球系统科学研究院建院10周年论文专辑""城市水循环与海绵城市技术北京市重点实验室专辑""第17届中国水论坛专辑"共4期专刊，为生态学、环境科学与工程等一流学科成果发表提供有力支撑。[15]北京科技大学《工程科学学报》2022年出版"高品质钢冶金前沿技术""深部矿产与地热资源共采"2期专刊，组约论文30篇，在聚焦学科前沿与研究热点的同时助力本校一流学科建设[16]。

二是学术引领资本。首先，按照《关于推动学术期刊繁荣发展的意见》[5]提出的"引导学术研究立足中国实际，回应现实关切，把论文写在祖国的大地上"的要求，在宏观层面提升学术引领能力；其次，通过聘请相关学科的校内外专家担任学报学术委员会成员以及召集学术研讨会等方式，邀请专家为学科建设诊断把脉，引领高校学科建设、学术研究聚焦前沿领域、坚持问题导向，指导作者凝练研究方向、提升学术研究水平；再次，通过刊发校内外研究人员在相关学科的优质稿件，使学报逐渐成为该学科研究成果的汇聚平台，为研究人员、广大读者提供最新的学术动态与资讯，引领其明确研究目标、选题方向；最后，应做好学术伦理与科研诚信等方面的引领工作。

三是学术传播资本。一方面，坚持"内容与平台并重"原则，顺应媒体融合发展趋势，重视各类新媒体平台的拓展与优化。创新学术传播手段，在推动媒介融合进程中提升学术传播效果。在碎片化阅读时代借助智能传感设备和用户数据分析为读者画像，做好内容的精准推送。另一方面，一流学科建设成果需要国际化的传播平台予以推广。《关于推动学术期刊繁荣发展的意见》[5]提出应提升开放办刊水平，支持学术期刊根据学科发展和学术交流需要创办外文或双语学术期刊。中国科协组织实施的"科技期刊双语传播工程"，目的就是切实提升我国科技期刊学术影响力和国际话语权，目前已有481种科技期刊入选，其中便包括多家高校学报。

四是学术把关资本和学术交流资本。一方面，进一步"切实把好政治导向关、学术质量关和价值取向关"，发挥好学报编委会、学术委员会的审核把关功能，完善同行评议机制，执行好"三审三校"制度，为作者提供具有指导性、富有专业性的高水平审稿意见。另一方面，在数字化转型中借助各类新媒介提供的交往资源与交往手段，为学术共同体构建新的交往情境，发挥好学术交流这一基本功能。

4.3 优化学术资本结构，丰富资本组成元素

资本决定着行动者在场域中所处的位置，这其中既包括资本的总量、质量，还包括资本的结构。作为资本的承载者，社会行动者"基于他们的轨迹和他们利用自身所有的资本数量和结构在场域中所占据的位置"[8]136采取相应行为。在学报学术资本层面，资本结构可理解为刊发论文涉及的学科覆盖面与稿源结构。学报应不断优化资本结构，避免因资本结构不合理或固化而引起资本贬值。

首先，从学科覆盖面看，栏目设置的"大而全"使学报缺乏清晰的专业边界、鲜明的学科特色，无法成为某一学科研究成果交流传播的专有公共平台，难以对该学科学术共同体产生归属感。《统筹推进世界一流大学和一流学科建设总体方案》[17]中"突出学科建设重点，打造更多学科高峰"等要求体现出"双一流"建设重学科轻整体的思想，《关于推动学术期刊繁荣发展的意见》[5]指出要"鼓励多学科综合性学报向专业化期刊转型"，加之高校打造一流学科的具体实践，都为学报优化学术资本结构提供了契机。

当前已有多家学报以一流学科建设的重点学科、优势学科为依托，在专业化转型的同时优化着学术资本结构。一些专业化成熟的学报还更换了带有专业学科的刊名，如《江南大学学报(自然科学版)》更名为《服装学报》《北京科技大学学报》更名为《工程科学学报》，这些更名后的期刊名称与本校一流学科匹配度极高，并在一流学科领域快速成长。如《工程科学学报》2020年入选《有色金属领域高质量科技期刊分级目录》T1级别期刊、《冶金工程技术领域高质量科技期刊分级目录》T1级别期刊以及"材料腐蚀与失效领域中文高水平期刊"[16]，而北京科技大学的一流学科就包括冶金工程、矿业工程、材料科学与工程。当然并非所有学报都具备转型为专业期刊的条件，不同发展水平的学报在进行专业化转型时采取的路径应有所区别，周俊等[18]认为不同层次的高校学报宜采取从专栏到专辑再到专刊的专业化办刊分步走战略。

其次，从稿源结构看，目前大部分学报的稿件来源是作者主动投稿，自然来稿往往会含有大量与办刊方向不符的稿件。随着学报专业化转型，这种情况会更明显，对学报优化资本结构的羁绊也更凸显。学报应从依靠作者投稿的"等米下锅"变为主动组稿约稿。相对于作者投稿，组稿对学报的要求也会相应提高，学报需熟识学科的发展现状、前沿研究，才能构建富有创新性和前瞻性的专题或栏目，才能有针对性地约请专家撰写稿件，这也是学报积极融入一流学科建设的体现。此外，要成为双一流建设视为依托的学报，必须内嵌于学术共同体，向所有共同体成员开放，而不是着眼于重点展示某个主办或特定单位人员的科研成果[19]，这意味着学报应在"开门办刊"中吸引更多校外高质量稿件，真正成为学术共同体成员向共同体内部和外部展示、传播和交流共同价值取向的主要渠道[15]。

4.4 挖掘激活潜力资本，丰富完善资本类别

一流学科建设是高校促进自身已有资本再生产的过程，这种推动场域内部原有资本结构发生调整的再生产策略，是高校学科建设整个生命周期在现阶段的具体实践。场域变化时，持有不同资本的行动者只有"将他们持有的资本类别转换为在再生产工具认可的状态中更有利、更合法的资本类别，才能够维持自己在社会空间中的位置"[20]。对于学报而言，则应在学术资本质量提升、结构优化的基础上，激活固有资本属性、完善资本类别，以便更好地适应高校场域变化、维系提升自身资本价值。

一是育人资本。作为以反映高校科研和教学成果为主的学术理论刊物，学报须履行参与人才培养的特殊职能和使命，应将培养人才作为自己不可推卸的责任[21]。一方面，可通过讲座等方式向青年教师、高校学子传授选题策划、科研诚信等内容，推动其学术水平的提升及学术道德的塑造，履行好在三全育人体制机制中的应有职责。另一方面，育人对学报还意味着培养扶持学术新人，为高校"挖掘培育一批具有学术潜力和创新活力的青年人才"提供支撑。如《文史哲》在办刊历程中始终将"扶植小人物"当作自身的学术使命，如今，更是通过举办"《文史哲》青年学者工作坊"等方式制度化地发现和扶植"小人物"[12]。

二是文化资本。学报是文化传承创新的重要载体、大学文化建设的主要阵地，应积极助力高校"着力培育具有时代精神的中国特色大学文化"，形成优良的校风、教风、学风。社科学报更应围绕中华传统文化的创造性转化和创新性发展，赋予优秀传统文化新的时代内涵，使其成为推动一流学科建设的重要精神力量。尽管育人资本、文化资本是学报的固有资本，但这两类资本的激发、挖掘与培育，可以理解为学报场域的学术资本转化为人才培养场域中的育人资本以及文化建设场域的文化资本的过程。这一过程以学报学术资本的雄厚与否成正比，学术资本越强大，就越具备转化为其他资本的能力，就越具备渗透到其他场域的能力。

三是社会资本。社会资本是指"某个个人或是群体，凭借拥有一个比较稳定、又在一定程度上制度化的相互交往、彼此熟识的关系网，从而积累起来的资源的总和"[8]148，学报所具有的社会资本主要源自作者、读者、学术委员会等所组建的关系网，以及融入学术共同体、加入某类组织而建立起来的关系网络。基于对学报的高度认可，上述人员会围绕着学报逐渐形成一种良好的互动机制，在学术交流与成果产出中，推动学科发展，提升学报影响力。社会资本意味着行动者因作为成员而属于或加入某种社会关系网络，这种社会关系网络能够使其达到某种目标、获得相应资源。当学报成为某学科学术共同体的枢纽或某类学术组织的成员时，便可获得相应的学术地位、学术资源以及更高的认可，这都有助于学报推动一流学科的建设发展。

四是符号资本。符号资本是更高层次的概念，是由经济资本、文化资本、社会资本三种资本的特定逻辑被认可并共同发挥作用而产生的。对于学报而言，符号资本意味着学报能够在学术界、期刊界获得的声望与名誉，意味着其比其他学术期刊拥有更高的学术质量、更大的学术价值。

4.5 提升高校场域自主性，构建一流学科建设长效机制

场域多样化是社会分化的结果，这种分化的过程也是场域自主化的过程。自主化是指某个场域摆脱其他场域的限制和影响，在发展的过程中体现出自己固有的本质[22]。因此，场域自主化的过程是场域在发展过程中必须经历的、逐步摆脱外界因素控制与影响、使自身场域逻辑获得独立地位并不断壮大进而成为支配场域行动者逻辑的过程。"一个场域越具有自主性，越能强加它自身特有的逻辑，强加它特定历史的积累产物"[8]132，越能够遵循"是非"逻辑、而非"敌友"逻辑，越能够将自身的场域逻辑、游戏规则强加到每个行动者身上。

高校场域的自主性可以理解为高校在办学历程中形成沉淀、传承发展办学理念与大学精神的过程，高校学科建设场域的自主性则可以理解为是高校根据自身特点形成学科特色与学科优势的过程。一流学科建设是一项长期任务，需要"保持战略定力，充分认识建设的长期性、艰巨性和复杂性"，需要建设高校在遵循人才培养、学科发展内在规律的同时，不断破除体制

机制障碍，通过对学科建设场域资本数量、资本结构进行重新调配，加快构建有利于一流学科建设发展的体制机制，构建能够调动各方积极参与一流学科建设的长效机制，这一过程，便是高校增强自身场域自主性，尤其是增强学科建设场域自主性的过程。这一过程，无疑也进一步激活了包括学报在内的各部门服务一流学科建设高质量发展的内生动力，使各部门不仅熟识一流学科建设的建设基础、建设方案，更会按照一流学科建设的建设目标、任务周期思考自身在一流学科建设场域中的场域位置、资本优势及具体举措，真正做到坚持"以一流为目标、以学科为基础、以绩效为杠杆、以改革为动力"。同时，高校场域自主性的增强，会带来场域结构的优化、交流渠道的畅通，这有利于高校将一流学科建设的理念、目标、任务更为精准地传达到各部门，更为有效地转化为各部门的工作目标、行为准则。

4.6　高校场域之外，学术评价场域资本的获取

"没有一个场域是完全自治的，所有场域都或多或少地受到其他场域的影响"[23]，作为行动者的个人或机构不仅可以同时存在于不同的场域中，而且在一个场域中积累的资本可以运用到另一个场域，并对该场域产生影响。除了存在于所在高校场域之中，学报还存在于其他场域之中，如学报管理体制场域、学术评价场域，本文在此主要将学术评价场域作为分析对象，因为学术评价场域与高校及一流学科建设关系更为密切。当前，高校场域越来越受到学术评价场域的影响，高校场域中，学术资本等资本形式往往必须经过学术评价场域资本的转化与评价才能得以被认可。

在当下的学术评价场域中，政府或者评价机构是学术评价的组织者，是学术资源、学术利益的提供者与分配者，高校、科研机构、学报则作为行动者处于场域的不同位置。当前，学术评价主要是通过核心期刊评价来进行的，评价机构往往是将学术评价与学术期刊评价交织在一起，将学术期刊的排名定级作为学术评价的要务，以期刊的他引影响因子和被引总数等作为指标对期刊进行评价排序，进而对高校与科研机构的学术成果进行排名，并以此分配学术资源、学术利益。这意味着学报只要在学术期刊评价中获得较好的排名，就能获取更多的学术资源和学术利益。尽管这种由期刊分级制度所主导的学术评价模式受到诸多质疑与争论，但这一评价模式仍是不断修正发展、逐步有序优化的学术评价场域在现阶段的呈现，是一种客观现象。

当前，随着清理"四唯""五唯"、破除"SCI至上"行动的陆续推行，标志着重建学术评价体系的开启。身处学术评价场域之中的学报应不断适应、积极配合各种变化，在为构建更为科学合理的学术评价体系付诸努力(如不再将影响因子作为选取文章的标准)的同时，积累、优化自身在学术评价场域中的对应资本，以推动科学合理的学术评价体系的建立，服务所在高校场域的一流学科建设，这主要体现为学术引领资本的优化更新。学术评价体系的完善健全，意味着全新的学术价值理念、正确的学术价值导向、精准的学术体系规范的形成，这些都可以成为学报在学术评价场域吸取的新的学术引领资本，进而为所在高校提供学术理念、价值取向层面的引领，助力高校引导广大教师潜心育人、做大先生、研究真问题。

参　考　文　献

[1] 习近平.在哲学社会科学工作座谈会上的讲话[EB/OL].(2016-05-19)[2024-03-20].http://www.scio.gov.cn/31773/31774/31783/Document/1478145/1478145.htm.

[2] 习近平.为建设世界科技强国而奋斗:在全国科技创新大会、两院院士大会、中国科协第九次全国代表大会上的讲话[EB/OL].(2016-05-30)[2024-03-20].https://www.cas.cn/zt/hyzt/ysdh18th/yw/201606/t20160601_4559948.shtml.

[3] 教育部,财政部,国家发展改革委.关于深入推进世界一流大学和一流学科建设的若干意见[EB/OL].(2022-01-29)[2024-03-30].http://www.moe.gov.cn/srcsite/A22/s7065/202202/t20220211_598706.html.

[4] 中国科协,中宣部,教育部,等.关于深化改革 培育世界一流科技期刊的意见[EB/OL].(2019-08-19)[2024-03-30].https://www.sohu.com/a/334824237_120059709.

[5] 中宣部,教育部,科技部.关于推动学术期刊繁荣发展的意见[EB/OL].(2021-07-08)[2024-03-30].http://www.nopss.gov.cn/n1/2021/0708/c362661-32152337.html.

[6] 郑琰燚,李燕文,莫弦丰,等.高校学报在"双一流"建设中的机遇和挑战[J].编辑学报,2017,29(2):160-162.

[7] 杨九诠.论学术期刊的学科建构功能[J].澳门理工学报(人文社会科学版),2022(2):117-124.

[8] 皮埃尔·布尔迪厄,华康德.反思社会学导引[M].李猛,李康,译.北京:商务印书馆,2015.

[9] 汉斯·约阿斯,沃尔夫冈·克诺伯.社会理论二十讲[M].郑作彧,译.上海:上海人民出版社,2021:342.

[10] 仲伟民,朱剑.中国高校学报传统析论:兼论高校学报体制改革的目标与路径[J].清华大学学报(哲学社会科学版),2012(5):20-34,159.

[11] 杨光宗,刘钰婧.高校学术期刊与一流学科建设:引领、推动及发展[J].出版科学,2018(3)19-22.

[12] 刘京希.在两难之间:论人文社科学术期刊十大关系[J].澳门理工学报(人文社会科学版),2023(1):106-109.

[13] 皮埃尔·布尔迪厄.实践感[M].蒋梓骅,译.上海:译林出版社,2012:86.

[14] 皮埃尔·布尔迪厄.关于电视[M].许钧,译.北京:北京大学出版社,2020:180.

[15] 杨玙,严定友,曾群.学术共同体视角下师范类高校自然科学学报与"双一流"建设协同机制研究[J].中国科技期刊研究,2023,34(5):676-684.

[16] 唐帅,曹兵,季淑娟,等.高校综合性学报专业化发展路径:以《工程科学学报》为例[J].中国科技期刊研究,2023,34(3):348-354.

[17] 国务院.统筹推进世界一流大学和一流学科建设总体方案[EB/OL].(2015-10-24)[2024-03-30].http://www.moe.gov.cn/jyb_xxgk/moe_1777/moe_1778/201511/t20151105_217823.html.

[18] 周俊,段艳文.高校学报专业化发展分步走路径探讨:从专栏到专辑再到专刊[J].中国科技期刊研究,2022,33(2):228-233.

[19] 朱剑.我们需要什么样的内涵式发展:"双一流"建设背景下高校学术期刊的路径选择[J].江南大学学报(人文社会科学版),2021,20(1):14-27.

[20] 皮埃尔·布尔迪厄.国家精英:名牌大学与群体精神[M].杨亚平,译.北京:商务印书馆,2020:486.

[21] 陈浩元,郑进保,李兴昌,等.高校自然科学学报的功能及实现措施建议[J].编辑学报,2006(5):323-327.

[22] 李全生.布迪厄场域理论简析[J].烟台大学学报(哲学社会科学版),2002(2):146-150.

[23] 施蒂格·夏瓦.文化与社会的媒介化[M].刘君,译.上海:复旦大学出版社,2020:41.

航天科技期刊融合发展现状分析及建议

王宇虹[1,2]，刘晓正[1,2]，李雅琴[1,2]

(1.北京航天长征科技信息研究所，北京 100076；2.《导弹与航天运载技术(中英文)》编辑部，北京 100076)

摘要：针对航天科技期刊在航空航天学科内总体学术影响力不突出的现实，首先对航天科技期刊发展现状进行调研，综合分析数字化、集群化现状以及学术交流活动总体情况，发现期刊融合发展进度缓慢，然后从办刊模式、体制规划、人才培养等方面进行原因分析，最后有针对性地提出推进航天科技期刊融合发展的建议，为提升航天科技期刊学术影响力提供一定的发展方向和理论支撑。

关键词：航天科技期刊；融合发展；数字化；集群化；办刊模式

随着国家投入的加大，中国航天技术的发展日新月异，特别是近几年载人航天、月球探测、火星探测等重大工程的实施，航天技术水平已进入世界先进行列，随着人工智能、重复使用、新动力、新材料等技术的发展及应用，航天技术的发展也处于重要机遇期[1]。中国航天科技集团有限公司在中国战略高技术领域拥有自主知识产权和著名品牌，创新能力突出、核心竞争力强的国有特大型高科技企业，是中国航天科技工业的主导力量，主要从事运载火箭、各类卫星、载人飞船、货运飞船、深空探测器、空间站等宇航产品和战略、战术导弹武器系统的研究、设计、生产、试验和发射服务[2]。在此过程中，形成了大量的技术成果，中国航天科技集团有限公司主管的属于航空、航天科学技术学科的科技期刊(下文简称"航天科技期刊")涵盖了航天专业技术的各个领域，对促进航天技术发展发挥了重要作用。

《中国学术期刊影响因子年报(2023 版)自然科学与技术》[3]统计显示，航空、航天科学技术学科，总可被引文献量为 8 495 篇，共收录期刊 65 种，其中航天科技期刊共 23 种，其复合影响因子(2021 年)均值为 0.883，扩展影响因子小于 1 的航天科技期刊占 56%，而航空、航天科学技术学科期刊的复合影响因子均值为 0.955，位处 Q1 区的航天科技期刊仅有 3 种，且航空、航天科学技术学科内排名前 10 的期刊均不是航天科技期刊，可见航天科技期刊在航空、航天科学技术学科内的影响力仍有待提高。科技期刊是科学研究传播的载体，技术学术成果的呈现[4]，也可牵引技术研究的方向，然而，目前航天科技期刊总体学术影响力不强，其根本在于融合发展进度缓慢，大部分仍沿用传统出版方式，整体学术影响力与中国航天技术的发展不相匹配。为促进航天科技期刊高质量发展，本文针对航天科技期刊融合发展现状进行分析研究，提出融合发展的建议与思考。

1 航天科技期刊融合发展研究

1.1 航天科技期刊融合发展现状

(1) 数字化平台、新媒体建设现状。为适应期刊数字化发展趋势，各刊社纷纷加入数字化出版建设队伍，希望能通过引入投审稿平台、与数据库合作、搭建期刊官网、开通微信公众号等一系列措施，赶上数字化出版的发展浪潮，提升期刊影响力和知名度[5]。经统计，23 种航天科技期刊中，7 种期刊无数字化平台(官方网站或投审稿平台)，采用 XML 排版的期刊仅 7 种。具体统计数据见表 1。

表 1　航天科技期刊数字化及新媒体建设情况统计

序号	刊名	数字化平台	XML 排版	公众号	篇均阅读量
1	航天器工程	√	×	×	—
2	固体火箭技术	√	√	√	774
3	宇航材料工艺	√	√	×	—
4	航天返回与遥感	×	×	√	2023 年发文量少于 10 篇
5	宇航总体技术	√	×	√	1 178
6	中国空间科学技术	√	×	√	581
7	上海航天(中英文)	√	×	√	126
8	航天控制	√	√	×	—
9	航天器环境工程	√	√	√	387
10	导弹与航天运载技术(中英文)	√	√	√	451
11	卫星应用	×	×	√	1431
12	空间控制技术与应用	√	√	×	451
13	中国航天	×	×	√	1 970
14	国际太空	×	×	√	898
15	空间碎片研究	×	×	√	664
16	火箭推进	√	√	√	722
17	强度与环境	√	×	√	上线不足一年
18	遥测遥控	√	√	×	110
19	宇航计测技术	√	×	×	141
20	航天制造技术	√	×	×	—
21	*Aerospace China*(中国航天)	×	×	×	—
22	质量与可靠性	×	×	√	微网刊
23	航天标准化	√	×	√	317

其中，《强度与环境》期刊官方网站和微信公众号于 2023 年刚投入运行，前期一直采用互联网邮箱投稿，缺乏高影响力的出版与传播平台；《航天制造技术》期刊官方网站全文免费获取，但受限于保密要求，微信公众号并未开通；《宇航计测技术》期刊官网还在逐步完善中，微信公众号已申请开通，但还未投入使用；《宇航材料工艺》期刊具有官网，并且引入方正在线云排版、智能审校等数字化工具，但未开通公众号等其他新媒体平台；《导弹与航天运载技术(中英文)》期刊官网逐步实现了网络收稿、审稿、录用、信息发布、过刊浏览等线上功能，编辑效率得到一定程度的提升，但网站样式略发陈旧，布局版式已过时，不利于期刊形象提升、读者浏览，此外，仅限于编辑、作者、专家的投稿审查，采编功能使用有限，并且并未将读者纳入使用群体中，且网站仅对读者提供过刊的摘要浏览，并无全文浏览入口，"导弹与航天运载技术"微信公众号推送的相关内容，大部分集中在已出版刊物的目录、文章推送，并未充分利用公众号的传播优势进行内容的二次加工和数据挖掘，且受限于保密要求和专业人

才，原创内容较少，公众号受关注程度低。

受限于保密要求，航天科技期刊微信公众号的投入使用率较低，26%的期刊未设独立的公众号，且公众号发文篇均阅读量超过1 000次的仅有2种，见表1。航天科技期刊本身内容的专业性使得期刊本身受众面较窄，高品质的原创内容是行业期刊微信公众号的灵魂，科技期刊微信公众号推送内容要有行业深度和权威性，才能取得良好的传播效果[6]，而航天科技期刊公众号的内容基本为期刊内容的二次展示，高品质的原创内容较少，也是公众号粉丝数量少、传播力及影响力低的主要原因。

(2) 期刊集群化发展现状。根据国家期刊改革的要求，2015年1月，在原国家新闻出版广电总局相关部门的指导与支持下，以中国宇航出版有限责任公司为依托，中国航天科技集团和中国航天科工集团共同组建了中国航天期刊平台[7]。《导航定位与授时》《导航与控制》等10种期刊首批加入。然而23种航天科技期刊，分属不同的主办单位，受主办单位不同和地域限制，目前航天期刊平台在集群化发展中发挥的作用不明显，期刊之间的信息交流和资源共享较少，总体上资源分散，没有在平台建设、资源统筹、交流推广等方面形成合力。

(3) 举办特色学术交流活动现状。科技期刊是科学研究传播的载体，其刊载的论文是及时科学研究成果的呈现，也是科学研究方向的指引[8]。而专业学科的科技期刊要敏锐地捕捉行业领域的学术前沿，紧跟发展趋势，反过来才能更好地进行选题策划，提升刊物本身的内容前沿性。因此，航天科技期刊围绕科技创新，建设科技交流平台，以刊物为纽带，为技术专家、知名学者搭建学术交流的平台，这是期刊重要的学术使命。其中，《中国空间科学技术》通过举办三航论坛、月球与深空探测国际学术研讨会等大型学术交流活动，促进空间技术领域的科技创新；《宇航计测技术》编辑部积极关注计量行业技术发展动态及趋势，多次组织并参与计量测试技术专业交流会、国防计量与测试学术交流会、军事计量学术研讨会和机器视觉与智能光电检测技术及应用研讨会等各种会议与活动，加强计量与测试技术领域的交流与合作，展示军工计量与测试技术的研究成果；《航天制造技术》编辑部及时掌握制造领域学术交流动态，分别于2021年、2022年为"航天大会-先进制造技术分论坛"出版会议专栏，相继为焊接技术交流会、钣金技术交流会以及国际先进制造技术交流会出版专栏、专刊，同时利用多项高端会议平台，提高期刊的学术影响力和知名度，深化期刊学术平台建设；《导弹与航天运载技术(中英文)》编辑部举办第十五届中国科技期刊发展论坛之火箭院高峰论坛，宣传航天成就，交流先进的办刊理念、技术和方法，为对提升办刊能力和水平起到了促进作用。

然而，经调研，目前航天科技期刊承办、协办的学术活动大多将学术活动与期刊融合发展割裂开来，并未真正带动期刊主动服务学术研究的转型。

航天科技期刊为满足期刊数字化出版、适应新媒体发展趋势，积极探索建立以期刊为核心的多媒体融合平台，由于缺少有力的技术支撑，融合发展的进展和成效显得迟缓，大多数期刊仍然依赖中国知网、万方数据等数据库进行数字传播。虽然航天科技期刊网站、官方客户端、微信公众号、微博账号等新媒体点击量、下载量、粉丝数量逐年提高，但通过调研分析新媒体与数字出版平台建设现状可知，微信公众号作为应用最广泛的新媒体形式，在航天科技期刊中建设率较低，而数字出版平台的引入更是受限。尝试举办特色的学术交流活动，但大多数止步于单一的学术活动，未形成品牌。多数期刊都在开展融合发展的尝试，但整体的出版融合进度缓慢，融合发展建设的效果不明显。

1.2 原因分析

航天科技期刊整体上对照航天强国建设需求和国家一流期刊标准，存在各级领导重视不够、主办单位创新发展意识不强、科技期刊整体质量不高、办刊资源较为分散、人才重视程度偏弱、资源整合不够、多而不优、少数期刊办刊定位不明等问题。具体原因如下：

(1) 期刊同质化，期刊定位区分不明显。虽然航天科技期刊基本涵盖了总体、推进、导航制导与控制、计算机、电子通信、材料与制造、环境工程、测试技术、空气动力学等10余种航天核心专业技术[9]，但存在期刊同质化、期刊定位区分不明显，出版方向雷同，导致资源不聚焦，发展力量较弱。此外，航天科技期刊编辑部多数属于非法人编辑部，挂靠在各技术研究所下，编辑部长期的挂靠地位，严重削弱了期刊工作的自主权。

(2) 技术赋能不足，数字化进度缓慢。由于航天专业的特殊和敏感性，互联网技术引入受限，办刊环境相对封闭，与国内外同行交流少，数字化技术手段使用率低，多数为"闭门办刊"，同时因国家安全和保密等因素的影响，新媒体的相关内容审查要求严、环节多，导致公众号内容单一、时效性差，无法发挥公众号的优势，无力利用计算机和互联网技术获得融合发展的主动权。缺乏高影响力的出版和传播平台，出版仍以纸介质为主，传播推广方式传统，难以满足新媒体迅速兴起和受众阅读方式转变的需要。

(3) 缺乏体制化规划，主办主管单位重视不够。融合发展需要初始加持续的资金、人力、物力投入，目前大部分航天科技期刊工作重点仍集中在期刊评价指标的提升中，对于助力影响力提升的其他相关工作，重视不够，且人力、物力、财力的投入不足。融合发展建设缺乏顶层规划，发展路径不明确，部分主办单位对科技期刊在推进科技创新和文化建设的作用认识不足，没有把科技期刊发展纳入主业布局，缺乏必要的政策支持、经费投入和人员保障，在数字化和融合发展建设方面投入较少、发展滞后。

(4) 复合人才短缺，转型发展主动意识不足。融合发展不仅需要新技术，同时需要新人才。当前，航天科技期刊编辑部的专职办刊人员较少，占总办刊人数46%，且从事编辑工作的人员长期以传统的出版流程开展工作，对新理念、新方法缺乏足够认识，仍旧坚守着惯性思维，对新媒体不适应，对新技术不掌握，且多数期刊新媒体工作是传统编辑兼职开展，没有专设的新媒体编辑岗位。融合发展不仅要求期刊编辑要掌握传统的编辑技能，还必须拥有互联网专业技术、信息处理能力、多渠道知识获取能力、传播推广能力等数字化相关技能，这对大部分的航天科技期刊编辑部而言存在较大挑战。

此外，经调研，航天科技期刊主办单位对编辑的晋升通道、激励奖励等缺乏相关的配套制度支持，编辑职业晋升通道受限，由于大部分编辑并非专职编辑，职业晋升首选甚至是必选项为工程系列通道，编辑职业资格无强制要求，各编辑自身的角色定位不清，职业发展目标不明确，导致运营管理专业化水平较低。

2 融合发展的途径

2014年8月18日，中央全面深化改革领导小组第四次会议审议通过了《关于推动传统媒体和新兴媒体融合发展的指导意见》[10]，以此为标志，媒体融合规划正式上升为国家文化战略，强调加快传统媒体和新兴媒体融合发展，充分运用新技术创新媒体传播方式，占领信息传播制高点。

融合发展要做到四个方面：技术融合、市场融合、手段融合、形态融合[13]。这对编辑部而言，从内容生产、内容传播、运营管理、人才队伍建设都提出了新的要求。

融合发展的实现途径包括：

(1) 借助成熟的平台，利用其相对完善的功能和广泛的知名度，在一定程度上实现从选题策划、协同编辑、结构化加工等一体化的内容生产，在保持传统出版优势的基础上，引入在线排版平台、智能审校系统等将编辑从非学术工作中解放出来。

(2) 以同一行业领域或同一主办单位组建期刊联盟，形成集群化，整合优势，增强综合实力。

(3) 借助成熟的新媒体手段开展融合发展，包括微信公众号、微博，建立及时的反馈机制，打通读者、作者、编辑的交流通道，从而促进期刊的高效传播。

(4) 开展特色学术交流活动，通过以高层次学术资源建设、高影响力学术内容为核心，不断优化期刊内容，形成品牌，继而借助期刊的学术影响力，进一步推进学术交流品牌的构建，最终形成以期刊为核心及纽带，学术研讨、媒体融合为推手的线上线下整体联动的全方位知识服务平台。

3　融合发展的建议

(1) 鼓励协同办刊，加速融合发展。资源协同：中国航天科技集团有限公司长期以来，为国家经济社会发展、国防现代化建设和科学技术进步作出了卓越贡献[2]。在这样的背景下，各编辑部应充分利用主管、主办单位的先天优势，积极融入航天重大活动，主办、承办各类学术交流活动，扩大刊物本身的学术影响。人员协同：加强各航天科技期刊编辑部与同行的交流，学习吸收融合发展的先进经验；此外，还要积极与期刊运营与管理、期刊出版规范与标准、数字出版与媒体传播等领域专家建立联系，定期开展交流研讨，提升专业化办刊和运营的能力。模式协同：调整优化各期刊编辑部办公模式，设立独立的互联网办公环境，在沿用传统出版模式的基础上，引入先进的数字化技术手段，从内容的生产、发布、宣传、推广等多环节实现数字化，为后续资源整合、新媒体推广、增值出版等方面积蓄资源。

(2) 加强顶层谋划，期刊纳入主业体系。主管单位应定期开展期刊的评比交流，将评比结果纳入各主办单位的主业考核体系，引导和推动各主办单位对科技期刊的支持力度。此外，主办单位在原有投入的基础上，在经费投入、人力资源配置、绩效考核导向、数字化建设等方面为期刊发展提供有力支持，支持和引导编辑部主动作为，打破传统壁垒，引入数字化手段，助力期刊高质量发展；部分航天科技期刊同质化严重，导致专业稿源分散，各单刊影响力不足，主管单位应加强资源统筹，集约期刊资源，通过自上而下的政策牵引推动单刊寻优，各编辑部加强特色内容选题策划[11]，避免内部竞争，形成良性的发展态势，聚焦专业做精做强。

(3) 强化资源共享，推动集群化发展。通过建立航天科技期刊联盟[12]，集约期刊资源，提升航天科技期刊的整体效能，统筹资源，从专家、稿源、学术交流、数字化平台等多方面协同发展，后续，以联盟为基础，结合主管单位的考核体系，切实推动集群化网站、航天科技期刊学术交流平台、期刊推广平台的建设。

(4) 重视人才培养，提升专业化办刊水平。实行严格的编辑职业资格准入制度：编辑工作是必须经过专业的培养和训练，同时又具有一定的学科背景的人才适合的工作，应加强培训力度，继续教育不再流于形式。人才是核心竞争力，创新想法和举措都离不开人才去实施，这是融合发展的基础。航天科技期刊编辑不仅需要综合的编辑出版专业知识，还需掌握一定的航天技术知识，因此既需要培养学术型编辑，又需要培养学者型编辑[13]，而新兴技术发展背景下还需融合型出版人才，因此需要科学制定人才结构规划。优化编辑晋升通道：通过培养人才，留住人才。应梳理主管、主办单位内部的人力资源评价体系，将编辑系列纳入单位职称评定范围内，加强与新闻出版单位职称评审部门的沟通交流，为各编辑明确职业晋升通道，并通过制定合理的评价和激励机制，科学的岗位设置，提高编辑办刊积极性、发展主动性，确实使编辑担负起相应的岗位职责。

4 结束语

航天科技期刊在聚焦国家战略、服务航天技术发展方面作出了一定的贡献，但航天科技期刊整体质量有待提高，整体学术影响力与中国航天技术的发展不相匹配，因此亟须推进融合发展进程，从而推动期刊高质量发展。通过分析航天科技期刊融合发展现状，分析其融合发展滞后的主要原因，提出发展建议，为后续航天科技期刊融合发展提供理论支撑，进一步提升航天科技期刊的学术贡献率。

参 考 文 献

[1] 王小军.中国航天运输系统未来发展展望[J].导弹与航天运载技术,2021(1):1-6.
[2] 中国航天科技集团有限公司.集团公司简介[EB/OL].[2024-08-29].https://www.spacechina.com/n25/n142/n152/n164/index.html.
[3] 中国科学文献计量评价研究中心.中国学术期刊影响因子年报(自然科学与工程技术):2023版[R].北京:《中国学术期刊(光盘版)》电子杂志社有限公司,2023.
[4] 宋亚珍,赵大良,南红梅.科技期刊服务于国家科技发展的思考[J].编辑学报,2022,34(1):22-25.
[5] 余泉,程彬.科技期刊数字化出版问题探究及对策建议[J].黄冈师范学院学报,2019,39(6):146-149.
[6] 吴珂.全媒体时代行业期刊微信公众号的运营创新策略[J].科技传播,2021,13(15):120-122.
[7] 中国航天期刊平台正式成立[J].导航定位与授时,2015,2(1):79.
[8] 李雪,刘健,李红军,等.科技期刊的学术共同体构建探究[J].编辑学报,2023,35(1):41-45.
[9] 梁文宁.关于新形势下航天科技期刊管理的思考[J].航天工业管理,2023(9):7-10.
[10] 新闻出版广电总局.关于推动传统出版和新兴出版融合发展的指导意见[EB/OL].[2024-03-11].https://www.gov.cn/gongbao/content/2015/content_2893178.htm.
[11] 中国科学技术协会.中国科技期刊发展蓝皮书(2018):科技期刊融合发展专题[M].北京:科学出版社,2018.
[12] 中国宇航出版社.对标一流形成合力|中国航天科技集团科技期刊联盟成立大会在京召开[EB/OL].[2024-03-07].https://stm.castscs.org.cn/yw/40636.jhtml.
[13] 赵俊,邓履翔,郭征,等.科技期刊编辑的本质属性与角色定位[J].编辑学报,2023,35(2):130-134.

高校科技期刊数字化发展的可行性路径研究

陈丽贞[1]，范　林[2]，张　晶[1]，李万会[1]

(1.华东师范大学学报期刊社《华东师范大学学报(自然科学版)》编辑部，上海 200062；
2.北京师范大学出版集团期刊社《北京师范大学学报(自然科学版)》编辑部，北京 100088)

摘要：在出版深度融合的政策背景下，研究高校科技期刊数字化的发展路径问题。首先，阐述了出版深度融合对于科技期刊建设的政策学习体会；其次，对34种样本期刊的数字化发展现状进行调研分析；最后，在政策学习和现状调研分析的基础上，利用高校科技期刊在数字化方面的独特优势，提出了高校科技期刊数字化建设的可行性路径。

关键词：高校科技期刊；出版深度融合；数字化；发展路径

2022年4月，中共中央宣传部印发了《关于推动出版深度融合发展的实施意见》(以下简称《实施意见》)[1]，该《实施意见》的提出是党和国家对出版融合发展的重大战略部署，为新时代背景下出版融合深度发展和出版业的高质量发展指明了新方向，有效推动了出版融合深度发展，推动了出版工作的提质增效，从而壮大了传统出版业，优化了出版的新业态[2]。

高校科技期刊是高校进行学术交流的重要窗口，也是科学研究成果的传播平台，对高校的学科发展和人才培养具有重要作用。高校科技期刊是科技期刊的重要组成部分，高校科技期刊在推动整个科技期刊的发展过程中发挥着重要的作用，同时高校科技期刊立足母体大学的优势，为其自身的稳定发展提供了强有力的保障。母体大学的优势学科，强大的研究团队为高校科技期刊优质稿件的输入提供了重要保障。在出版深度融合背景下，高校科技期刊如何立足母体大学的优势，加快数字化发展，丰富高校科技期刊出版内容的呈现形式是当下办刊人共同探讨的热点话题。

本文首先阐述了出版深度融合对于科技期刊建设的政策学习体会；其次对34种样本期刊的数字化发展现状进行调研分析；最后从注重内容质量建设、注重传播形式的多元化、加强数字化人才队伍建设这3个方面提出了有效的发展路径。

1 出版深度融合对于科技期刊建设的政策学习体会

出版深度融合政策从战略谋划、内容建设、技术支撑、重点项目、人才队伍、保障体系等6个方面提出了20项主要措施，为出版行业的数字化建设指明了方向[3]。《实施意见》在强化出版融合发展内容建设方面，提出了应该从扩大优质内容供给、创新内容呈现传播方式和打造重点领域内容精品这3个方面出发，为出版单位的内容建设指明了实践路径。《实施意见》

基金项目：上海市高校科技期刊研究基金资助项目(SHGX2024C12)

在充分发挥技术支撑作用方面，提出了应该从加强前沿技术探索应用、促进成熟技术应用推广、健全科技创新应用体系这3个方面出发，实现技术与出版的深度融合。《实施意见》在建强出版融合发展人才队伍方面，指出应夯实人才培养基础，发挥高校人才培养重要作用，在出版学科建设中加强融合发展理论与实践人才培养，……，着力培养"一专多能"的出版融合发展人才。

但是鉴于高校科技期刊，大部分都是以"学报"命名的综合性科技期刊，在数字化转型出版模式方面还有很大的提升空间。在出版深度融合的国家战略之下，办刊人应该办出高品质的高校科技期刊[4-5]，推动高校科技期刊走向高质量发展。

李亚卓[6]以期刊数字化发展的现状为着手点，分析了国内外期刊数字化转型的成功案例。可见，期刊数字出版具有显著成效，转型数字出版是必然趋势。但这些研究并不是完全针对高校科技期刊数字出版。随着科技期刊内容向专业化方向转型，科技期刊的出版模式和传播平台也逐渐更加专业完善。从传统的纸刊出版到数字化出版再到新媒体深度融合出版，科技期刊已经不再是内容发布者，而是转型升级为知识服务者，需要专业的出版平台和技术作为强大支撑[7]。

2 数据来源

本文首先从第二轮"双一流"建设高校及建设学科名单中统计位于北京和上海两个城市的高校共有49所；然后将这49所高校名单逐个输入中国知网的期刊数据库的"期刊导航"页面，剔除社科类期刊，共检索到34种科技期刊，本文以这34种高校中以"学报"命名的科技期刊为研究样本；最后在百度搜索引擎中，输入34种样本期刊的名称，访问样本期刊的官网并关注微信公众号统计相关数据。

3 研究结果分析

3.1 增强出版内容不够丰富

在34种样本期刊中，有33种期刊开通了官网，只有一种期刊隶属于学校期刊社的网站，自己没有单独网站。部分期刊的网站只按期更新网刊，栏目版块较少、新闻资讯更新速度比较慢，需要进一步深入建设。大部分官网都开通了网刊下载、新闻栏目、编委会介绍等功能，少部分网站设置了专题介绍窗口，但是大部分官网都没有设置音频、视频窗口助力增强出版。34种样本期刊均开通了微信公众号，有些公众号推送内容较少，更新频率较低，所推送内容的阅读量较低。大部分微信公众号的推送内容包括当期目次、论文导读、学术资讯等，只有少部分微信公众号推送增强出版内容，结合音频、视频以提高内容的曝光度。如《上海大学学报(自然科学版)》在对论文摘要内容进行推送时，配有音频听全文。

3.2 传播方式交互性不强

34种样本期刊的主要传播途径为"一官一微"和"单刊作战"方式，传播方式比较单一，缺乏交互性，传播力不强。在34种样本期刊微信公众号中，只有少部分微信公众号注重发展传播方式的交互性，如《上海交通大学学报》[8]视频号发布封面文章推荐，论文导读、视频号还紧紧围绕"作者沙龙"学术交流活动，进行直播回放，在《上海交通大学学报》微信公众号也同步传播，相互引流，取得了较高的传播热度。通过视频号直播，邀请论文作者对论文相关的研究工作进行详细讲解，这为作者提供了学术交流平台，更直观地展示自己的论文研究成果，提高了学术成果的传播效果。

3.3 人才队伍建设不健全

在 34 种样本期刊中，有 12 种样本期刊在网站上有编辑部人员的分工介绍。然而，在这 12 种样本期刊中只有 2 种期刊有专职的数字编辑从事网站、媒体融合工作，有专职的数字编辑的期刊占比 16.7%，这说明大部分高校科技期刊都没有专职的数字编辑。目前，很多高校科技期刊都没有专职的数字编辑从事期刊的新媒体工作，大多数是由学术编辑兼任数字编辑从事期刊的新媒体工作。然而，学术编辑通常是理工科专业的，对新媒体技术还不是很精通，无法高效率地实现所期望的数字化效果。

目前高校科技期刊在数字化发展方面已经取得了一定的成效，但还存在一些困境。通过本课题的研究，探索高校科技期刊在数字化发展上的主要途径，能够对高校科技期刊建设起到支撑作用，引领新的发展潮流，推动高校科技期刊走向高质量发展。

4 高校科技期刊数字化发展的可行性路径

高校科技期刊有着自身的独特性，与高校社科期刊不同，与专业科技期刊也有区别。因此，本文在政策解析和对 34 种样本期刊数字化发展现状调研分析的基础之上，指出高校科技期刊数字化发展的主要路径。

4.1 以内容为王，注重内容质量建设

内容质量是科技期刊的生命线，内容为王，高质量的内容更能吸引读者。编辑部应该围绕科技期刊开展选题策划，策划高质量的数字化发展内容。

(1) 策划增强出版类内容进行数字化传播。例如，策划视频摘要、视频导读、操作类视频、论文相关内容拓展视频等。视频摘要是科技期刊论文呈现的新形式，视频摘要可以由作者制作，或者请作者提供所需素材由编辑部制作。视频摘要通过可视化的形式呈现论文的目的、方法、结果、结论，有效吸引读者的视线，扩大论文的传播力。视频导读可以请作者对整篇论文进行详细的解读，除了视频摘要所包含的内容还可以增加论文的研究背景、论文的研究过程以及未来的展望等。操作类视频可以请作者提供论文里所涉及的实验操作过程的视频或者手术操作过程的视频。论文相关内容拓展视频可以提供论文相关的详细研究背景或者相关已有研究的一些成果进行可视化对比。

(2) 策划拓展类内容进行数字化传播。编辑部可以围绕期刊的工作策划拓展内容。学术期刊通常会通过举办学术会议或者学术沙龙来进一步提升期刊的影响力，拓展吸引优质稿件的渠道。可以通过线上和线下相结合的方式开展，线上方面，直播回放学术会议、学术沙龙。视频号可以作为直播平台，直播回放与科技期刊相关的学术会议，提高视频号的曝光程度，增强科技期刊的媒体效应。

(3) 策划热点新闻内容。编辑部可以围绕本刊所涉及学术领域的重要发展方向，展现最前沿的科研动态。立足母体大学的科研最新资讯，通过短视频的形式报道母体大学该科研成果的研究过程或对专家团队进行的专访等。

4.2 以技术为支撑，注重传播形式的多元化

鉴于目前高校科技期刊的传播媒介关注人数、点赞、分享数量有限，粉丝增长速度缓慢，高校科技期刊可以由点到面、矩阵化形式进行传播，多种媒介互相引流。例如，可将科技期刊的官网、微信公众号、短视频等媒体进行关联，互相引流，扩大视频的传播范围。从期刊

的集群化发展角度来看,可与相关的科技期刊或者头条等媒体合作,扩大短视频的传播效应。

高校科技期刊应该坚持"一次采集、多种生成、多元传播"的融合发展思路,注重视频宣传推广形式的多元化,以此提高曝光度,有效提升传播力。

(1) 视频与纸质期刊的融合。纸质期刊是传播学术成果的最传统的载体。通过视频传播学术成果是传统纸质出版的转型和升级,视频的出现只是意味着学术成果的传播方式和传播载体的改变,视频传播应该以纸质期刊为基础,以纸质期刊内容为核心拓展视频传播内容。例如,在纸质期刊的目录页和每篇论文都可以附上视频二维码,扫描二维码可以观看视频并下载论文的 PDF 文件,有效实现增强出版。

(2) 视频与官网的融合。目前大部分高校科技期刊都设有自己的官方网站,通过官网读者可以免费下载期刊全文,如《大连海事大学学报》《华东师范大学学报(自然科学版)》《上海交通大学学报(医学版)》《北京师范大学学报(自然科学版)》等。将视频与官网的融合,可以相互引流,提升传播力。官网是科技期刊官方宣传窗口,也是作者了解期刊的首选渠道,将视频放在官网的显著位置,有助于提升视频的关注度和曝光度。

(3) 视频与微信公众号的融合。高校科技期刊微信公众号的推送内容由目次、论文导读、学术资讯、科普内容、论文写作技巧等深入学术会议、专题征稿、论文摘要视频等,在纸刊内容的基础上进行提炼推送。如《上海交通大学学报》微信公众号配合图片、音频和视频等直观推荐论文,微信公众号设有加作者群栏目,微信视频号可针对本刊的优质内容开通直播间,将相关研究领域的专家、作者和读者等汇聚到同一个平台,实现互联互通,促进学术交流,实现学术成果的精准推送。微信视频号和微信公众号的融合,有助于双向互推,相互引流,微信公众号粉丝可以第一时间关注到微信视频号新上线的短视频,微信视频号的读者也可以第一时间关注到微信公众号的资讯,从而双向助推粉丝数量和曝光度的提升。

(4) 多种视频平台共同传播。学术期刊在微信视频号、抖音和哔哩哔哩这三大短视频平台上表现比较活跃。开通微信视频号、抖音和哔哩哔哩实现多元化传播。策划一些活动与粉丝进行互动,了解粉丝的需求,制定个性化服务。

4.3 以人才为核心,加强数字化人才队伍建设

数字编辑是科技期刊数字化转型发展的核心力量。培养专业化的数字编辑队伍是科技期刊数字化转型发展的必然要求。数字编辑要深入了解高校综合类科技期刊出版业务,将新媒体技术与高校科技期刊业务深度融合,助力实现高校综合类科技期刊出版走向数字。应该引进和培养数字出版的高层次综合型人才,利用新媒体技术助推高校科技期刊从传统的出版业务走向高质量的数字化出版之路。

鉴于目前很多高校科技期刊都没有专职的数字编辑从事期刊的新媒体工作,高校科技期刊应该立足母体大学优势,与计算机学院深入合作,解决技术问题,实现出版和技术的深度融合。例如:①编辑部邀请计算机学院相关专业教师对编辑进行指导;②在条件允许的情况下,编辑部可聘请计算机学院相关专业教师作为兼职或全职的数字出版编辑;③通过学校勤工助学平台招募计算机学院相关专业学生参与数字出版工作。此外,还可以申请中国科协科学技术创新部,母体大学或者高校科技期刊协会相关项目,助力数字出版建设。

5 结束语

本文在新时代出版深度融合的要求下,在对 34 种样本期刊数字化发展现状调研分析的基

础之上，聚焦高校科技期刊的发展路径。出版深度融合是我国对出版行业发展的最新战略布局，具有全局性战略作用，是整个出版行业发展的指南针。本文牢牢把握这一政策前沿，利用高校科技期刊在数字化方面的独特优势，以北京和上海两个城市的 34 种"双一流"建设高校科技期刊为研究对象，以数字化为融合手段，探索高校科技期刊数字化建设的可行性路径，具有较高的创新性。高校是国家科技创新体系的重要组成，高校科技期刊是国家学术期刊体系的中坚力量。数字化是出版深度融合的重要方向，也是高校科技期刊发展的必由之路。通过本文的研究，希望探索出高校科技期刊在数字化发展上的主要途径，对高校科技期刊建设起到支撑作用，引领新的发展潮流。

在对 34 种样本期刊进行调研分析的基础上发现，虽然，高校科技期刊在数字化发展方面已取得一定的成效；但是，如何将出版融合的理论与高校科技期刊的实践深度结合，探索高校综合科技期刊数字化发展更加可行性的路径，是本文未来需要进一步探索的研究方向。

参 考 文 献

[1] 中共中央宣传部.关于推动出版深度融合发展的实施意见[J].中国出版,2022(9):13-15.
[2] 李淼.赋能新时代出版业深度融合发展:基于《关于推动出版深度融合发展的实施意见》的观察与思考[J].中国出版, 2022(10): 6-9.
[3] 王志刚.创新驱动教育出版深度融合发展:学习《关于推动出版深度融合发展的实施意见》的体会[J].科技与出版, 2022(5): 35-39.
[4] 范林.守正创新,办出高品质大学学报:以北京师范大学学报(自然科学版)为例[J].编辑学报,2022,34(3): 330-334.
[5] 范娟,张铁明.高校科技期刊高质量发展的实践与思考[J].出版广角,2023(1):14-19.
[6] 李亚卓.刍议数字时代期刊数字化转型的几种模式[J].出版广角,2017(10):43-45.
[7] 熊莹丽,俞晓平.高校科技期刊数字化发展的困境与突围[J].中国科技期刊研究,2024,35(1):43-52.
[8] 上海交通大学学报.作者沙龙之"学报芝士粉"年末专场[EB/OL]. (2023-12-12)[2024-01-02].https://mp.weixin.qq.com/s/y-gqLdgCLS_8_1BXc8TGsQ.

新质生产力赋能出版业高质量发展路径研究

宋文婷

(自然资源部信息中心,北京 100812)

摘要:在全球信息化和数字化快速推进的背景下,以尖端数字信息技术为核心的新的生产力要素,正对出版业的经营机制与制造流程产生深刻的影响和转变。本文深度剖析了新兴生产力如何为出版行业注入活力,推动其向高品质发展转型。阐释了生产要素的优化组合、生产关系创新的实践方法,以及出版管理体制和运作机制的创新途径,阐述了关于出版业在资源整合和跨界合作方面的新模式,以及创新支持体系和国际化发展的策略。以期为出版行业的决策者和从业者供应理论支持和操作指引。

关键词:出版高质量发展;出版创新发展;新质生产力

在全球化和技术飞速发展的当今时代,数字化和信息技术的创新推动了新型生产力的形成,这一力量正全方位地转变包括出版业在内的众多行业。在新兴生产力的助力之下,出版业重构出版要素的汇聚、管理架构以及运营流程,来迎合新时代的要求迫在眉睫。

1 新质生产力与出版业高质量发展的共生互融

1.1 新质生产力的概念及其在出版行业的体现

新质生产力是指以创新为核心驱动力,依托先进科学技术和现代管理理念,实现资源高效利用、产业结构优化、生态环境保护的全新生产力形态。其内涵包括:一是以科技创新为引领,推动生产力各要素的变革;二是强调可持续发展,实现经济增长与生态环境的和谐共生;三是关注人的全面发展,提高劳动者素质和技能;四是以信息化、网络化、智能化为特征,推动产业转型升级;五是以全球视野布局生产力,积极参与国际竞争与合作[2]。新质生产力是新时代我国经济发展的关键所在,对推动高质量发展、全面建设社会主义现代化国家具有重要意义。

新质生产力在出版行业的具体表现为:一是技术创新,如数字出版、按需印刷等技术的广泛应用;二是资源整合,包括内容资源的多维度开发和渠道资源的优化配置;三是人才培养,强调提升从业者的数字素养和创新能力;四是国际化发展,涉及出版内容的国际传播和跨国合作。

在图书出版领域,所谓的新生产力主要是在于技术方面的创新及其运用。计算机和互联网技术的崛起已经深刻改变了传统的出版流程和技术,从内容的创作到传播,每一个环节都经历了革命性的转变。例如,生成式人工智能技术不仅有能力支持内容的修订与审核,同时也能提供定制化的内容创作服务，从而增强出版流程的效率及内容的品质。数字化技术使得出版物能够以多样化的形态展现，例如电子书籍、网络浏览等，从而迎合了不同用户群体的多样化需求。

1.2 出版行业新质生产力各要素之间的关系

在出版行业，新质生产力的各要素之间存在着密切的联系。技术创新是推动资源整合和人才培养的动力，资源整合和人才培养又为技术创新提供了实践平台和市场需求。同时，国际化发展为技术创新、资源整合和人才培养提供了更广阔的空间，而这三者的有效互动又是实现出版业国际化发展的基础。

1.3 高质量发展的新动力机制分析

新质生产力与出版业高质量发展的共生互融，在出版业中表现得尤为明显。出版业通过数字信息技术的整合和应用，点燃了新的活力与潜力。在新型生产力的驱动之下，出版业不再仅仅扮演信息与知识的传递者的角色，反而转型为技术创新与应用的先锋领域。例如，出版业正越来越多地采用大数据分析、人工智能、区块链技术等创新技术，这些技术正改进内容创作、编辑、分销和管理的方式，从而提高了业务效率和消费者的互动体验。

新动力机制在推动高质量增长的过程中，为出版业根植了四个重要的变革力量[3]。技术推动下，新科技的运用令出版流程实现自动化和智能化，既降低了人工成本和错误概率，又提高了生产的灵活性和反应速度。再次提及市场适应性，通过审视消费者的数据与购物习惯，出版物可以更有效地对应市场的特定需求，达到定制化的内容提供与广泛宣传的目的。创新生态是出版业发展中的一个重要方面。随着新质生产力的不断涌现，出版业开始与信息技术、教育、文化艺术等行业进行深度交叉融合，共同构筑了一个丰富多样的创新生态体系。最终，可持续发展的目标得以实现，得益于数字化转型的推动，出版业在资源的高效利用、成本的合理控制以及环境的低影响发展上取得了进展。

这些新的动力机制，不但加速了传统出版业的转型与升级，同时也开创新的业务领域和新的增长点，例如电子书籍、在线访问、互动内容等。借助这种互相依存与融合的策略，出版业在全球文化经济领域保持着核心的竞争力，并且为文化社会的多元性与充实性带来了新的活力。

2 新质生产力赋能出版业高质量发展路径分析

2.1 出版要素集聚的创新路径

2.1.1 新质生产力下生产要素的优化配置

2023 年，习近平总书记在访问黑龙江等地时，着重指出了加速新生产力的形成的重要性。当代先进的新生产力源自技术突破及生产要素的创新配置。它的核心是通过劳动者、劳动资料以及劳动对象的优化组合，从而提升全要素生产率。文化产业中，出版业扮演着至关重要的角色，它是新生产力转化的重要领域[4]。

出版业寻求生产工具的根本改进，必须致力于研究和控制核心技术。这包括采用如智能选题策划工具、智能编校排工具、视频号与网络直播等创新的全媒体营销工具。工具的进步和使用标志着出版行业由传统的纸质出版向数字出版的转变，同时也展现了文化、经济和技术子系统在高质量的发展过程中协同创新和融合的效应。

新质生产力对出版人才的需求正逐渐升级。当代出版领域的专业人才应展现出卓越的创新与创造性思维、推动进步的领导力,以及高超的数字化信息处理能力[5]。出版企业须打造一个评价体系,其核心在于激发创新精神、保障出版物质量、注重实际成效以及肯定贡献度,特别是对于那些在科技创新和融合出版等前沿领域作出杰出贡献的专业人才,应制定专门的政策,为他们量身定做晋升途径。另外,对于增强人才的数字适应性、能力以及创新能力的培养尤其关键,尤其是提高编辑人才在数据搜集、解析、处理以及产品开发等多方面的技能。

2.1.2 创新生产关系的构建与实践

为了推进出版业的革新,关键在于克服那些限制和阻碍出版公司进步的障碍。必须确保各种优秀的生产资源能够自由流动并有效配置给发展新的生产力,从而建立一个新的生产关系系统,以适应这种新的生产力。高质量的发展在出版业中,关键在于构建一个体系化的关键要素,并以此为动力,对人才、技术、数据等方面进行体系化的构建和市场化的配置。为了满足新兴生产力的需求,出版业需致力于创新和高质量的扩展,充分利用科技革新的体系[6]。同时,必须凸显政府在战略引领方面的效能,依托国家重点研发计划和其他关键文化产业项目作为动力。这样可以促使出版机构真正扮演起创新领袖的角色,并实现优质内容、高素质人才、顶尖数据标准、前沿技术与优秀资本等创新要素的快速集中,进而塑造出具有创新能力的出版企业。为了满足新兴生产力的需求,必须完善创新要素在收入分配中的作用机制。这样能够最大限度地激发智力、劳动力、数据、技术、知识、管理以及资本等生产要素的潜力,进而更有效地凸显数据、技术、知识以及人力资本的重要性。新生产力的特质呼唤着出版业在双循环的新发展格局中提速创新。这需要积极地构筑融入国际大循环的体系,并且勇于尝试将资源、产品、销售市场整合入国际产业链的循环发展范式。通过本土化的深化和出版物的对外传播,可以有效促进中华文化的国际化,从简单的"走出去"升级为更深层次的"走进去"。

2.2 出版管理体制机制的创新路径

2.2.1 出版管理体制的历史演变与新质生产力的影响

历史演变的出版管理体制,以及新质生产力对之产生的影响,体现了一个不断调整以适应技术创新与社会需求变化的过程[7]。手工印刷时代的出版管理模式构成了传统出版业的基础,其时出版过程几近全赖人工及基础机械,监管模式集中而直接。在19世纪的曙光中,工业革命带来了印刷领域的革命性进展。蒸汽动力的采用极大地加快了印刷速度,推动了出版业朝着规模化和机械化的方向发展。在这个阶段,对于出版业的监管架构逐步重视对知识产权的维护以及对出版物内容的筛查,这一变化旨在迎合不断扩张的市场对与法律约束的要求。

自20世纪中叶起,尤其是随着计算机及互联网技术的飞速发展,出版业的制作与传播模式经历了根本性的转变[8]。技术的数字化应用极大提升了内容编辑、储存、复制与传播的效率,同时也催生了电子书和网络出版等全新格式。这些改变催生了出版管理体制的调整,特别是在数字版权和内容管理方面,诞生了新的法律法规和准则。

21世纪揭开序幕,新兴生产力的涌现,特别是大数据、人工智能和云计算等科技的普及,给出版行业带来了史无前例的革新[9]。出版管理体制因此承受着由严格监管转向激发创新与合作的需求压力。在这一阶段,管理体系务必在维护知识产权的同时,确保信息的自由流动,并且需探索新的管理模式。举例来说,可以通过运用技术方法来跟踪和控制版权,同时也要激发内容的创新和完善品质。

总而言之，历史上出版管理体制的变迁体现了技术发展以及市场需求的共同促进作用。新生产力的作用促使出版业及其管理体制持续朝向开放性、灵活性及效率性的方向演进，以此应对数字化时代的新挑战。

2.2.2 新时代出版管理体制的优化方向

出版业的良性发展离不开健全的管理体系，这一体系涉及广泛领域，包括市场准许、政府审批、税收减免、资本注入、业绩评价、专业培训、技术职称的认定，以及与全球的融合等关键环节。创新、优化和完善这些机制是新时代行业适应需求的核心动力。

宽严相济的出版市场准入机制需坚守，出版资质的监管须强化，以保证对于关键文献、教材等敏感领域的出版品质与信息的准确性[10]。网络出版行业亟须逐步放宽管制，导入更为弹性的监管模式，以便在事后进行有效的责任追究。与此同时，应鼓励那些坚持正确政治立场的民营与国有企业之间的合作，这种携手合作将极大促进出版业的繁荣。

对出版行政许可机制进行优化，关键在于遵循法律规定，提升审批过程的效率及服务质量。此举旨在确保出版活动符合国家规定，同时促进工作流程的创新，进一步改善营商环境，以保障出版内容符合主流意识形态。

出版单位的评估体系亟待改进，以便更准确地衡量其文化价值和社情民意的影响，尤其是社会效益的评估指标需要得到充实和细化[11]。出版质量、文化影响力、产品结构创新以及内部治理是重要的考核指标，它们共同推动了出版业务朝着科学化与创新化的方向发展。

持续改进职业教育和职称评审体系至关重要，借助职称评审体系的革新来促进出版行业人才的成长，开放职业资格考试与职称评审的途径，增强数字与融合出版的技能，保障出版领域专业人才队伍的高标准建设。

创新的国际化机制需要通过加强组织和策划国际书展以及主宾国活动来实现，同时结合线上和线下的方式，以提升出版物在国际上的传播效率和影响力，进而推动中华文化的国际认可度提升以及全球出版物销售的增长。

2.3 出版运行机制的创新路径

创新出版运营机制的一条路径涉及资源的整合和领域间合作的全新范式，这被视为一种核心战略[12]。此模式的目标是通过融合内部和外部资源，并推动产业间的互动，提升出版业的整体竞争力和市场反应能力。此外，它也努力跨越旧有的限制，导入跨行业的创新思维和技术应用。

技术共享是资源整合的突出体现。出版企业能够与科技公司携手合作，携手打造支持大数据分析和人工智能的出版工具。这些工具助力出版社精准分析读者行为和市场趋势，从而提升内容生产与分发的策略。例如，通过与云服务提供商建立合作，可以借助云平台提升存储及处理大量数据的能力，进而为复杂的内容管理系统和客户关系管理系统提供支持。

内容创作领域内，出版社与其他产业如电影制作、音乐创作和电子游戏开发的企业携手合作的模式得到了促进。合作使得内容能突破文本限制，转变成为电影、音乐、游戏等多种媒介形式，进而拓展了市场的覆盖范围并增加了消费者的接触机会。这种策略涉及多渠道的内容创作，不仅能够增加内容的本身价值，而且能够创造新的收益渠道。

出版公司在市场营销领域，应当探索与电子商务网站以及社交媒体领先企业的伙伴关系。通过这些伙伴提供的庞大用户群体和先进的数据分析技术，实施目标市场营销策略和加强品牌宣传。例如，合作电商平台如阿里巴巴或亚马逊，借助其用户购买历史和偏好信息，可实施定制化的图书推荐与促销策略。

此外，在出版领域，还可以通过和教育、研究机构的联动，共同推进教育资源的开发以及学术书籍的出版。这种协作能显著提高出版物的学术和教育内涵，同时通过分享研究成果和教育素材，进一步拓展和加深其内容层面。

3 建 议

3.1 创新支撑体系的构建路径

3.1.1 出版科技创新体系的完善

为了构建更加成熟的出版科技创新体系，关键技术的探索与实施应成为首要关注点。这涵盖了人工智能、大数据、区块链以及虚拟现实等领域，需投入重点资源以促进其研究与实际应用的发展[13]。出版公司应与科研单位和高等教育机构构筑紧密的合作伙伴关系，协作创新，以发展专门针对出版领域的技术策略。例如，设计智能的编辑与校对系统，该系统能够自行辨认语法不准确之处，提出针对文章内容的改良建议，并且依据阅读者的偏好，自动优化内容的布局与视觉设计。

技术标准化与规模化应用的推进是关键。出版社须与行业内外盟友携手，共同确立涉及数字版权管理(DRM)及内容分发等的技术应用规范，以保障新兴技术的兼容性与拓展性。标准化有助于减少技术应用的成本，并能加快创新成果在行业内的推广速度。

持续性的技术革新与人才培育体系的构建同样重要。出版公司需不断审视并优化其技术架构，确保与最先进的技术保持同步。企业需同教育机构建立合作关系，共同推出针对出版科技的专业课程以及研发实习项目，以此培育熟悉尖端技术的优秀人才。此外，通过开展创意竞赛和研讨会，可以点燃企业员工的创新激情与潜力，促使他们积极提出新颖的想法并落实创新性的解决方案。

最终，国际合作与交流需要得到加强。出版公司应当主动投身于国际协作计划，借鉴国际前沿的技术方法和治理知识。国际技术交流的桥梁，不仅拓宽了我们的视野，也增强了本土出版科技的研究实力与市场竞争潜力。

3.1.2 创新型企业文化与政策环境的优化

为了塑造一个创新型企业文化，重要的是从根本上着手，营造一个激励创新并宽容失败的工作环境。出版公司需将创新视作推动成长的基石，推行奖励机制与适应性工作规则，以此激发员工勇于探索新思路及新方法。例如，实施创新项目并取得成就的团队与成员，应得到经济报酬和职位提升的激励；而对于那些虽未达成目标，但所做尝试具有价值的努力，也应给予适当的认可和激励。

政策环境的优化是推动出版业创新的重要一环。政府需出台恰当的政策予以支持，包含税收优惠、创新资金扶持、研发投入激励等，这一过程特别需要对那些采纳新技术和新模式的出版项目给予关注。政府需同时提供必需的法律与行政援助，以协助出版业在技术创新过程中解决可能遇到的知识产权及版权挑战。

最终，加强与各行各业的协作联系。出版企业需致力于打造与媒体、学术界、文化艺术组织等多元化的合作联盟，携手共进，助推出版物的内容创新与丰富多样性。此类跨领域合作有助于提升出版机构在社会上的影响力，同时也能为它们注入新颖的观点与创新思路。

3.2 探索出版业国际化发展的新路径

3.2.1 国际传播中的内容与形式创新

内容创新和形式创新对于出版业在全球市场的扩展至关重要。内容创新应当聚焦于文化的多元性以及全球观众的需求[14]。出版公司应当致力于深度探索多样化的文化根基与市场需求，打造出能够实现跨文化传输的出版物。这包括将本地的畅销文学作品、历史文献以及科普材料转换成适宜海外受众阅读的版本，通过翻译和创编的方式实现内容的国际化。此外，通过推出涵盖多种语言选项的出版物，也能实现创新的拓展，进而更好地迎合不同语言用户群体的需求，从而提高在国际市场上的覆盖范围。

出版企业需在形态上采纳前沿的数字科技，比如增强现实(AR)以及虚拟现实(VR)，从而对传统的阅读方式进行革新。例如，我们可以设计一种动态的电子书籍，它整合了视频、音频以及动画元素，从而极大地提升阅读的乐趣和深度。同时，借助于开发移动应用程序和在线平台，打造定制化的阅读体验和专属服务，例如，依据用户的阅读记录和喜好，推送相应的内容，从而有效提升用户的参与度和满意度。

另外，内容的创新性出版可以通过与全球著名作家、学术专家或者影视制作团队进行合作来达成。这些协作不仅会带来新颖的创意和观点，同时也能借助合作伙伴的品牌力量与影响力，从而提升作品的全球知名度以及市场竞争力。

3.2.2 国际合作与交流机制的新策略

在追寻出版业全球化进程的征途上，形成高效的跨国合作与沟通机制，对于增强国际竞争力乃至行业发展至关重要。出版公司需主动融入国际图书博览会、文化庆典及专业论坛等环境，这些环境为呈现出版成品、分享行业信息以及探索合作机会提供了关键舞台。这些活动让出版企业有了展示创新成果和优质内容的机会，同时也能洞察到国际市场的最新需求和趋势。

建立稳固且长期的合作伙伴关系对于在国际市场中扩张是极其关键的。出版商需与国际出版集团、分销商和翻译机构构建起战略联盟[15]。这种协作涵盖了联合研发项目、版权互换、以及分销网络的共享，旨在促进资源共享和实现双方市场的互惠。例如，通过与外国学府及研究机构联合发行学术论文书籍和刊物，能够促进提升出版物的学术质量及其在国际上的效应。

数字技术的运用，对国际合作新模式的开发，起着至关重要的作用。例如，出版公司能够借助在线合作系统，实现与海外作家及校对人员的即时互动与共同作业，这种方式打破了传统的地域界限。这种模式不仅极大提升了工作效率，还能迅速适应市场的变动，进而推动出版的国际化速度。

除此之外，深化与国际组织的伙伴关系，主动参与或引领国际出版标准的制订与规范，成为提升国际发言权和影响力的关键策略。这些活动使得出版公司不仅能提高自身的国际影响力，同时也能对全球出版行业的健康成长作出贡献。

借助创新的内容与形式，以及构建有效的国际协作与交流机制，出版企业能显著推进其国际化步伐，拓宽全球市场版图，增强品牌效应，并确保持续的高品质增长。

参 考 文 献

[1] 方卿.新时代出版业发展的新要求、新目标、新任务与新举措:对《出版业"十四五"时期发展规划》的几点认知[J].出版科学,2022(2):5-12.
[2] 方卿.论出版业高质量发展的目标向度:基于新发展理念视角的分析[J].编辑之友,2024(1):45-53.
[3] 周蔚华."十三五"时期我国出版管理发展回顾[J].科技与出版,2020(9):6-17.
[4] 方卿,张新新.推进出版业高质量发展的几个面向[J].科技与出版,2020(5):6-13.
[5] 张新新.新发展格局下的出版国际化高质量发展研究[J].中国编辑,2023(12):49-57.
[6] 侯天保.透视中国出版管理体制中的党性原则和行为特征:以宋木文主要著作为线索的思考及启示[J].出版发行研究,2016(11):5-10.
[7] 王益.喜见出版社从单纯生产型转变为生产经营型[J].出版参考,1996(19):2.
[8] 李杨.数智时代出版专业主义的核心内涵建构[J].编辑之友,2022(7):83-89.
[9] 方卿,丁靖佳.人工智能生成内容(AIGC)的三个出版学议题[J].出版科学,2023(2):5-10.
[10] 张新新,丁靖佳.生成式智能出版的技术原理与流程革新[J].图书情报知识,2023(5):68-76.
[11] 张新新,黄如花.生成式智能出版的应用场景、风险挑战与调治路径[J].图书情报知识,2023(5):27,77-86.
[12] 中央财办有关负责同志详解2023年中央经济工作会议精神[N].光明日报,2023-12-18(1).
[13] 加快形成新质生产力[N].人民日报,2023-11-24(9).
[14] 张新新,敖然.出版业高质量发展三维协同创新模型建构与分析:基于"文化—经济—技术"视角[J].中国出版,2023(16):21-27.
[15] 方卿,杨丹丹.矛盾视角下我国学术期刊的高质量发展路径研究[J].出版广角,2021(6):6-8.

长江三角洲地区高校中文科技期刊国际传播能力发展策略研究

刘丽娟,周莉花,李丹璐,章晓光

(《浙江农林大学学报》编辑部,浙江 杭州 311300)

摘要:以长江三角洲地区高校中文科技期刊为研究对象,分析了期刊数量、出版周期、影响因子、被引频次、期刊传播方式和收录数据库等指标对期刊国际传播能力的影响。结果表明:长江三角洲地区高校中文科技期刊以双月刊为主,期刊发展区域差异较大,期刊传播方式的多样化程度较低,被高层次数据库收录的期刊数量不多。基于SWOT模型分析矩阵,提出了促进型、改变型、改善型和防御型4种提升国际传播能力的发展策略。建议在融媒体和期刊群建设的大背景下,长江三角洲不同省市的期刊可采取差异化发展战略,通过提高国际语言显示度、培育新媒体运营团队等策略提升期刊国际传播能力。

关键词:高校;中文科技期刊;国际传播能力;SWOT模型;长江三角洲

  媒体传播能力是衡量一个国家软实力的重要指标[1]。在全球化和互联互通高速发展的背景下,媒体传播能力在推动国家实力和国际影响力等方面发挥了重要作用。学术媒体作为重要的学术资源和交流平台,在一定程度上反映了一个国家的学术影响力。在媒体融合的宏观背景下,中国学术媒体面临着前所未有的机遇与挑战。党的十九大提出"推进国际传播能力建设,讲好中国故事,展现真实、立体、全面的中国,提高国家文化软实力";党的二十大强调要"增强中华文明传播力和影响力",这些都为中国学术期刊国际传播能力的建设提供了指导思想。科技期刊在推动科技文化交流的同时,也必将迎来多媒体融合发展的机遇和挑战[2-3]。其中,"互联网+"对拓展科技期刊国际化途径发挥了重要作用[4]。在出版融合的背景下,加强科技传媒人才培育[5]、发挥学术社交网络平台作用[6]、建构融通中外的学术话语体系[7]、提升编辑能力[8]和抓住"一带一路"历史机遇[9]等提升我国科技期刊国际传播能力的发展策略受到了广泛关注。

  作为知识载体的高校科技期刊,数量约占我国科技期刊总量的1/3[10],是我国学术期刊阵营中一个特殊而又庞大的群体,在传播科研成果、搭建学术交流平台、培养人才等方面发挥了重要作用[11]。然而,2022年在2 151种中国科技核心期刊中,仅37种的高校学报综合评价总分排名在前300位,仅7种的高校学报排名在前100位[12]。可见,高校中文科技期刊的整体质量和影响力还亟待提升。基于现状,逄小红等[13]认为高校科技期刊如何破局,如何培育和快速提升核心竞争力,成了亟待解决的现实问题。李海洲等[14]认为高校学术期刊应建立多媒体工作平台和传播平台,拓展多媒体融合路径,通过扩大作者群和读者群等途径来提升期刊影响

基金项目:中国高校科技期刊研究会专项基金课题(CUJS2023-D16)

力。崔国平[15]从专业化办刊、扶持优秀学报、发挥主办单位优势和争夺国际话语权等方面，提出了高校学报在国际传播能力建设中应采取的措施和注意的问题。

相关研究为我国高校科技期刊的国际传播能力建设提供了有益的参考，但研究多围绕着英文科技期刊来探讨国际化的提升路径，而对中文科技期刊的研究，尤其是高校中文科技期刊的研究较少。加强高校中文科技期刊的国际传播能力提升研究，对促进高校优势学科发展、增强文化传播具有重要作用。

长江三角洲地区作为中国经济发展最活跃、开放程度最高、创新能力最强的区域之一，在国家现代化建设中具有重要的战略地位。该区域高校中文科技期刊数量众多，如何提升中文科技期刊的国际传播能力，已成为该地区高校科技期刊发展中需要客观评价和迫切需要解决的发展问题。鉴于此，本研究以长江三角洲地区的高校中文科技期刊为研究对象，基于SWOT模型梳理期刊国际传播能力的优势和劣势、机遇和威胁，探讨提升高校中文科技期刊国际传播能力的发展战略，以期为高校期刊国际影响力的提升和发展建设提出针对性的方案。

1 研究对象与研究方法

1.1 研究对象

基于中国高校科技期刊研究会(http://www.cujs.org.cn/)的会员期刊，对长江三角洲地区(包括上海市、江苏省、浙江省、安徽省)200种高校中文科技期刊进行了统计分析。

1.2 评价指标

从期刊基本特征、传播方式、评价指标、收录数据库等方面选择影响国际传播能力的指标进行统计(表1)，分析长江三角洲地区高校中文科技期刊的现状和发展情况，量化期刊传播方式与收录数据库、影响力指标的关系。其中，通过查阅文献，从传播平台(自建网站、微信公众号、微信视频号)、传播形式(采用XML/HTML技术、全文OA、摘要OA)、传播内容(摘要、图表、参考文献中英文对照)等方面选择9种常见的期刊传播方式作为统计指标；对收录数据库统计发现：长江三角洲地区高校中文科技期刊被Scopus、Sci、PubMed等数据库收录的很少，本研究选择收录高校中文科技期刊较多的、影响较大的国内外12种数据库进行统计。最后进行数据整理分析，所有指标统计截止日期为2023年12月30日。

1.3 评价方法

SWOT模型是一种策略分析工具，可将研究对象密切相关的因素分为优势(Strength, S)、劣势(Weakness, W)、机会(Opportunity, O)和威胁(Threats, T)，运用系统方法，使四大因素交叉罗列，自表面到实际紧密相连，可将高校中文科技期刊国际传播能力的内部因素(S、W)与外部环境(O、T)两两组合，形成4种不同的战略组合，即：促进型(优势+机遇，SO)、改善型(优势+威胁，ST)、改变型(劣势+机遇，WO)、防御型(劣势+威胁，WT)；将各项因素形成战略矩阵，可直观清楚看到高校中文科技期刊面临的相关问题，通过综合分析判断，挖掘有利于期刊发展的因素，规避不利因素[13-14]，把握未来发展方向，根据各项因素选择和制定对应的发展策略[16-17]。

2 长江三角洲地区高校中文科技期刊发展特征

2.1 期刊数量地域分布特征

只有具备一定数量规模的科技期刊，才能为我国科技期刊高质量发展打下坚实基础，从

表1 长江三角洲地区高校中文科技期刊评价指标与数据来源

期刊特征		统计指标	数据来源
基本特征		出版地、主办/承办/协办单位、出版周期	中国知网(https://www.cnki.net/)期刊导航页
传播方式		自建网站	百度搜索期刊官方网站查询
		微信公众号、微信视频号	微信平台查询
		采用XML/HTML技术、全文开放获取(OA)、摘要OA	期刊官网查询
		中英文对照(摘要、图表、参考文献)	中国知网期刊导航页中刊期浏览的最新文献查询
评价指标		扩展总被引频次、扩展影响因子	中国科技期刊引证报告(2022年版)扩刊版
收录数据库	国内	中文核心期刊要目总览(简称北大核心)、中国科学引文数据库(CSCD)、中国知网数据库(CNKI)、《中国科技期刊引证报告(扩刊版)》(CJCR,中国科学技术信息研究所)、中文社会科学引文索引来源期刊(CSSCI)、《中国人文社会科学期刊AMI综合评价报告》(AMI)	中国知网期刊导航页(对相同CN号的不同版本,只统计自然科学版)
	国外	美国工程索引(EI)、美国化学文摘(CA)、俄罗斯文摘杂志[PЖ(AJ)]、日本科学技术振兴机构数据库(JST)、英国科学文摘(INSPEC)、科技期刊世界影响力指数报告来源期刊(WJCI)	

而更好地服务于科学技术的发展[18]。从图1可见：长江三角洲地区200种高校中文科技期刊中，不同省(市)的期刊数量差异较大，江苏最多，达71种，其次是上海，有55种，浙江和安徽最少，均为37种。可见，期刊数量的差异化分布可能与各省(市)的社会经济发展水平等因素有很大关系，例如，2022年的人均GDP安徽为7.36万元，而上海、江苏和浙江则分别是安徽的2.45、1.96和1.61倍。

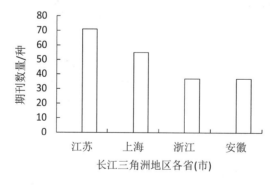

图1 长江三角洲地区高校中文科技期刊的数量分布

2.2 出版周期

出版周期是影响科技期刊时效性的重要指标之一，较短的出版周期传播速度快，容易获得较高的影响力[19-20]。在长江三角洲地区高校中文科技期刊中，一半以上为双月刊，占期刊总数的55.00%，而且各省(市)均以双月刊居多，江苏最多(40种)，上海次之(29种)，浙江(21种)

和安徽(20种)最少(图2)。季刊(47种)和月刊(42种)分别占期刊总数的23.50%和21.00%,月刊数量上海最多(15种),季刊数量江苏最多(20种)。半月刊最少,仅在江苏,有1种,占期刊总数的0.50%。可见,长江三角洲地区高校中文科技期刊的出版周期整体较长,还有较大的提升空间。

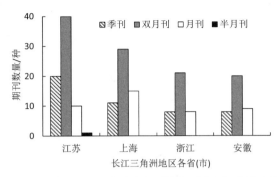

图2　长江三角洲地区高校中文科技期刊出版周期分布情况

2.3　平均扩展影响因子和平均扩展总被引频次

从图3可见：长江三角洲地区高校中文科技期刊的平均扩展影响因子为1.020,平均总被引频次为1 204次。上海高校中文科技期刊的平均扩展影响因子(1.171)和平均扩展总被引频次(1 322次)在长江三角洲地区最高,江苏次之,两者均高于长江三角洲地区的平均水平,而浙江和安徽都低于平均水平。可见,长江三角洲地区高校中文科技期刊区域差异较大,发展极不平衡。

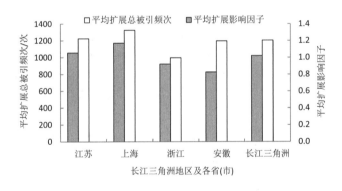

图3　长江三角洲高校中文科技期刊平均影响因子和被引频次比较

2.4　期刊传播方式

随着互联网技术的高速发展,构建数字时代新型出版传播体系下的期刊传播方式,对促进期刊传播的速度和广度具有重要意义[21]。在9种期刊传播方式中,长江三角洲地区96.00%的期刊都有自建网站,96.00%的期刊论文摘要有中英文对照,86.00%的期刊论文实现了摘要OA,75.00%的期刊有微信公众号,66.50%的期刊论文实现了全文OA,而采用XML/HTML技术的期刊还未过半(46.00%)(表2)。此外,参考文献中英文对照、图表中英文对照、具有微信视频号等传播方式的期刊数量很少。传播方式≥6种的期刊占比为49.00%,仅有1种期刊拥有9种传播方式。从不同地区来看,上海的期刊发展较好,传播方式≥6种的期刊占65.45%；安徽的期刊发展较为滞后,传播方式≥6种的期刊占21.62%,且仅有24.32%的期刊采用了

XML/HTML 技术。从影响国际传播能力的语言来看，不同地区期刊有英文摘要的比例都较高，但图表和参考文献有英文对照的占比都较低。可见，长江三角洲地区高校中文科技期刊的传播方式还较为单一，不够丰富多样，这在一定程度上限制了期刊国际传播能力的提升。

表 2 200 种长江三角洲地区高校中文科技期刊的传播方式统计

期刊传播方式	江苏(71 种)		上海(55 种)		浙江(37 种)		安徽(37 种)		长江三角洲地区(200 种)	
	期刊数/种	占比/%	期刊数/种	占比/%	期刊数/种	占比/%	期刊数/种	占比/%	期刊数/种	占比/%
自建网站	69	97.18	54	98.18	36	97.30	34	91.89	192	96.00
微信公众号	54	76.06	50	90.91	29	78.38	17	45.95	150	75.00
微信视频号	8	11.27	11	20.00	5	13.51	1	2.70	25	12.50
采用 XML/HTML 技术	37	52.11	29	52.73	17	45.95	9	24.32	92	46.00
全文 OA	50	70.42	44	80.00	27	72.97	12	32.43	133	66.50
摘要 OA	65	91.55	48	87.27	32	86.49	27	72.97	172	86.00
论文摘要中英文对照	67	94.37	52	94.55	37	100.00	36	97.30	192	96.00
论文图表中英文对照	4	5.63	11	20.00	3	8.11	3	8.11	21	10.50
论文参考文献中英文对照	25	35.21	17	30.91	11	29.73	3	8.11	56	28.00
传播方式≤5 种	37	52.11	19	34.55	17	45.95	29	78.38	102	51.00
传播方式≥6 种	34	47.89	36	65.45	20	54.05	8	21.62	98	49.00

2.5 国内外重要数据库收录情况

2.5.1 被国内外数据库收录现状

从传播学的角度来看，传播的效果一般是通过收录数据库来体现的。期刊加入高层次期刊数据库，可被更多读者发现和阅读，提高期刊显示度，加快国际化步伐[13]。从表3可见：在国内数据库中，CNKI和CJCR数据库收录了全部长江三角洲地区200种高校中文科技期刊；其次是北大核心，收录67种期刊，占期刊总数的33.50%；CSCD收录59种，占期刊总数的29.50%；AMI收录28种，占14.00%；CSSCI最少，仅收录2种期刊。从不同地区来看，北大核心数据库中收录的江苏期刊最多(34种)，其次是上海(17种)和浙江(11种)，安徽最少(5种)；CSCD数据库中收录的上海期刊最多(24种)，其次是江苏(21种)和浙江(10种)，安徽同样最少(4种)。

在国际数据库中，被 JST 数据库收录的期刊数最多，为 156 种，占期刊总数的 78.00%；其次是 CA 数据库，为 104 种，占期刊总数的 52.00%；WJCI 收录的期刊数为 68 种，占 34.00%；P*(AJ)、INSPEC、EI 收录的期刊数较少，分别为 38 种、14 种、10 种，分别占期刊总数的 19.00%、7.00%、5.00%。长江三角洲地区不同省(市)期刊被国际数据库收录的情况存在较大差异，在 6 种国际数据库中收录期刊数最多的是江苏，其次是上海和浙江，安徽最少。

一般来说，期刊被收录的数据库越多，期刊的国际化水平就越高[18]。从图 4 可见：在统计的 12 种数据库中，被 10 种数据库同时收录的期刊仅有 1 种，是《浙江大学学报(工学版)》；被 9 种数据库收录的期刊有 8 种，其中，江苏 4 种，上海和浙江各 2 种，安徽没有被 9 种数据库收录的期刊。当被收录数据库数量≥8 种时，安徽的期刊占比为 0。可见，在长江三角洲地区，江苏和上海的高校中文科技期刊传播效果较好，被高层次数据库收录的数量较多，而安徽的高校中文科技期刊还有很大的提升空间。

表3 长江三角洲地区高校中文科技期刊被国内外重要数据库收录情况

长江三角洲地区及其各省市	国内数据库收录期刊数/种						国际数据库收录期刊数/种					
	北大核心	CSCD	CNKI	CJCR	CSSCI	AMI	CA	JST	WJCI	PЖ(AJ)	EI	INSPEC
江苏(71 种)	34	21	71	71	0	12	42	40	29	12	5	7
上海(55 种)	17	24	55	55	2	3	26	41	24	11	3	4
浙江(37 种)	11	10	37	37	0	7	21	20	11	10	2	3
安徽(37 种)	5	4	37	37	0	6	15	15	4	5	0	0
长江三角洲地区(200 种)	67	59	200	200	2	28	104	156	68	38	10	14

注：北大核心为中文核心期刊要目总览；CSCD 为中国科学引文数据库；CNKI 为中国知网数据库；CJCR 为《中国科技期刊引证报告(2022 年版)扩刊版》；CSSCI 为中文社会科学引文索引；AMI 为《中国人文社会科学期刊 AMI 综合评价报告》。CA 为美国化学文摘；JST 为日本科学技术振兴机构数据库；WJCI 为科技期刊世界影响力指数报告；PЖ(AJ)为俄罗斯文摘杂志；EI 为美国工程索引；INSPEC 为英国科学文摘。

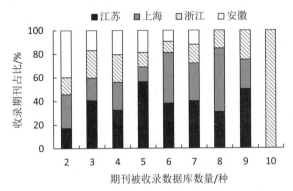

图 4 长江三角洲地区高校中文科技期刊被数据库收录占比

2.5.2 收录数据库数量对期刊国际化传播能力的作用

影响因子和被引频次都是期刊影响力评价的重要指标，也是期刊国际化传播能力的重要体现。同样，期刊被收录的数据库数量越多，期刊传播范围越广，读者范围扩大，国际化传播能力变强，在一定程度上会增加期刊被引用的可能性。从图 5 可见：期刊被收录数据库数量与期刊的总被引频次呈较强的线性关系($R^2=0.851\,8$)。可见，期刊通过争取国内和国际数据库的收录可提高国际化传播能力。但影响因子与期刊被收录数据库数量的线性关系较弱($R^2=0.531\,5$)，这是由于期刊影响因子还受其他重要因素的影响，如文章质量、发文数量等。

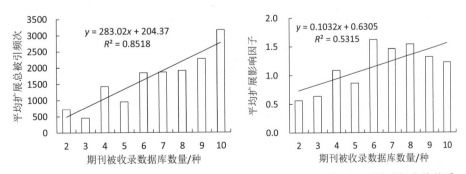

图 5 长江三角洲地区高校中文科技期刊收录数据库数量与影响因子、被引频次的关系

2.5.3 被≥8 种数据库收录期刊的共有特征

在长江三角洲地区 200 种高校中文科技期刊中，有 22 种期刊被 8 种以上数据库收录(表4)。分析发现：22 种期刊的平均扩展影响因子为 1.445，平均扩展总被引频次为 2 099 次；其中，传播方式≥7 种的期刊有 18 种，占 22 种期刊的 81.82%。22 种期刊的出版周期以双月刊为主(14 种)，占 63.64%，其余 8 种为月刊，占 36.36%。另外，办刊平台也对期刊有较大影响，在 22 种期刊中有 21 种是由全国重点高等院校主办/承办/协办的，《浙江农林大学学报》是唯一的由非重点高等院校主办的期刊。可见，办刊平台对期刊影响力的提升有很大的促进作用。从收录的数据库来看，期刊传播方式、影响因子、被引频次、出版周期、办刊平台都是提升期刊国际化传播能力的重要因素。

表 4 被≥8 种以上数据库收录的 22 种期刊共有特征

期刊名称	主办/承办/协办高校	出版周期	扩展总被引频次	扩展影响因子	期刊传播方式/种	被收录数据库数量/种
《浙江大学学报(工学版)》	浙江大学	月刊	3 163	1.223	8	10
《浙江大学学报(理学版)》	浙江大学	双月刊	791	0.903	7	9
《高校化学工程学报》	浙江大学	双月刊	1 166	0.634	8	9
《浙江农林大学学报》	浙江农林大学	双月刊	2 399	1.807	8	8
《浙江大学学报(农业与生命科学版)》	浙江大学	双月刊	1 429	1.479	8	8
《上海交通大学学报》	上海交通大学	月刊	2 633	1.126	8	9
《同济大学学报(自然科学版)》	同济大学	月刊	4 325	1.471	8	9
《上海交通大学学报(医学版)》	上海交通大学	月刊	2 498	1.315	8	8
《华东理工大学学报(自然科学版)》	华东理工大学	双月刊	775	0.74	7	8
《上海海洋大学学报》	上海海洋大学	双月刊	1 645	1.704	8	8
《建筑材料学报》	同济大学	月刊	3 345	1.615	8	8
《水产学报》	上海海洋大学	月刊	3 224	1.435	8	8
《上海大学学报(自然科学版)》	上海大学	双月刊	527	0.551	6	8
《中国肿瘤生物治疗杂志》	海军军医大学	月刊	1 327	1.458	6	8
《数据采集与处理》	南京航空航天大学	双月刊	965	1.169	8	8
《水资源保护》	河海大学	双月刊	2 536	3.769	8	8
《河海大学学报(自然科学版)》	河海大学	双月刊	1 621	1.756	7	8
《传感技术学报》	东南大学	月刊	2 532	1.237	5	8
《南京航空航天大学学报》	南京航空航天大学	双月刊	1 416	1.101	7	9
《南京理工大学学报》	南京理工大学	双月刊	1 109	1.489	7	9
《中国矿业大学学报》	中国矿业大学	双月刊	4 449	2.713	6	9
《东南大学学报(自然科学版)》	东南大学	双月刊	2 305	1.096	7	9

3 长江三角洲地区高校中文科技期刊国际传播能力的SWOT分析

3.1 优势(S)

3.1.1 区位优势的引领作用

长江三角洲地区是国家经济重点支持的地区之一。近年来，随着持续、大量的人才引进，这一区域已成为科技、教育、人才的中心，这为高校科技期刊国际传播能力的发展提供了得天独厚的优势条件。

3.1.2 互联网技术的高效应用

互联网技术的高速发展促进了期刊传播的速度和广度。期刊常见的9种传播方式在长江三角洲地区高校中文科技期刊都有所体现，其中：拥有自建网站和英文摘要的期刊达96.00%，实现摘要OA的期刊达86.00%，拥有微信公众号的期刊占75.00%，实现全文OA的期刊也占到了67.00%，传播方式≥6种的期刊占49.00%。可见，随着期刊传播方式的多样化，长江三角洲地区高校中文科技期刊的国际化传播能力在朝着良性提升的方向发展。

3.1.3 权威数据库加速国际显示度提升

在国内重要数据库中，33.50%的期刊被北大核心收录，29.50%的期刊被CSCD收录；在国际重要数据库中，78.00%的期刊被JST收录，52.00%的期刊被CA收录。可见，长江三角洲地区高校中文科技期刊被国内外重要数据库收录较多，进一步促进了期刊的国际化传播能力。

3.1.4 重点高等院校提供了良好的办刊平台

在办刊平台方面，被8种以上数据库收录的22种期刊中，有21种期刊是由全国重点高等院校主办/承办/协办的。可见，重点高等院校的科研和平台优势对期刊国际传播能力影响深远。

3.2 劣势(W)

3.2.1 国际传播语言输出不足

从国际化传播语言来看，长江三角洲地区高校中文科技期刊英文摘要基本全覆盖，但图表和参考文献作为论文独立的一部分，仅有11.00%和28.00%的期刊做到中英文对照。可见，要提高长江三角洲地区高校中文科技期刊的国际化传播能力，国际化传播语言的普及还需进一步增强。

3.2.2 期刊发展区域差异较大

从影响力评价指标来看，长江三角洲地区高校中文科技期刊发展不均衡，没有整体优势。可见，长江三角洲地区高校中文科技期刊的影响力整体还较低，具有极大的提升空间。

3.3 机遇(O)

3.3.1 国家政策支持

近年来，随着《关于深化改革 培育世界一流科技期刊的意见》《中国科技期刊卓越行动计划实施方案》《关于推动学术期刊繁荣发展的意见》等一系列文件和政策的出台，科技期刊建设受到了国家层面的高度重视。这些政策的实施有力地促进了期刊群建设、数字化出版、媒体融合技术等新型期刊出版模式的形成和发展，为科技期刊国际传播能力的提升带来了新的契机。长江三角洲地区作为中国经济发展最活跃、开放程度最高、创新能力最强的区域之一，可为科技期刊的国际传播能力提升提供良好的环境、充分的支持和开放的平台。

3.3.2 技术支持

长江三角洲地区作为我国互联网+及多媒体技术的核心区，为高校科技期刊的融合发展带来了新的机遇。基于互联网+及多媒体技术的期刊自建网站、微信公众号、微信视频号、XML/HTML出版、OA出版等新型传播方式的应用极大地拓展了传播渠道，使得传播内容和传播形式多样化。

3.3.3 经费支持

随着中国科技期刊卓越行动计划项目、中国高校科技期刊研究项目、各省(市)高校期刊分会研究项目等的推进和实施，加之长江三角洲地区刊物依托单位较为充分的多方面支持，高校中文科技期刊的国际化传播得到了较为稳定的经费支撑。

3.4 威胁(T)

首先，国际大型出版集团的快速崛起和全方位扩张，如施普林格出版集团(Springer)、威利出版公司(Wiley)、爱思唯尔出版集团(Elsevier)等，对长江三角洲地区高校中文科技期刊的发展形成了巨大的挑战和威胁。其次，国内专业期刊群的兴起，特别是各个学科依托全国性学会所主办的专业性科技期刊，如《生态学报》《地理学报》等，吸引了大量的优秀稿源，这些期刊出版周期短、认可度高，对高校科技期刊，尤其是大部分单刊运行的高校中文科技期刊造成了极大的压力；另外，高校科技期刊以多学科综合性期刊为主，专业范围过于庞杂，不容易集中优势力量，而专业学会所主办的科技期刊大多聚焦于某一学科或专业，范围更小，聚焦度更高，更有利于期刊质量的提升。

4 基于SWOT模型的国际传播能力提升策略

4.1 促进型(SO)

4.1.1 利用区位优势

长江三角洲地区高校中文科技期刊应该利用高校引进人才的有利条件，积极主动与高校引进人才建立良性互动，邀请他们为期刊审稿、投稿、组稿、宣传等，不仅可以为期刊吸引高质量的优秀稿源，还可以扩大期刊的国际传播影响力。随着长江三角洲区域一体化发展上升为国家战略，该地区的高校中文科技期刊在技术和经费方面都得到了充分的支持，发展机遇良好。

4.1.2 采取差异化发展战略

在国家一系列政策的引导和支持下，长江三角洲地区高校中文科技期刊可采取差异化发展战略。从办刊平台来看，重点高等院校中文科技期刊可培育卓越科技期刊，进一步积极申请和加入高层次数据库，如EI数据库等；非重点高等院校中文科技期刊在继续保持被北大核心、CSCD核心库收录的情况下，积极申请和加入更多的国外数据库，如CA、JST等；高等专科院校中文科技期刊积极申请加入核心数据库，如北大核心、CSCD数据库等，进一步提高在国内的影响力，才有可能扩大国际传播力。从办刊地区来看，上海、江苏、浙江办刊措施较为丰富且先进，安徽还需进一步提升。

4.2 改善型(ST)

积极发展融媒体技术。互联网+及多媒体技术的融合应用对于提升期刊国际传播能力发挥了不可限量的关键作用。长江三角洲地区高校中文科技期刊应该积极申请各种项目资助，在国家政策的有力引导下，依托区域优势进一步发展基于互联网技术的融媒体，通过自建网站、微信公众号、微信视频号、XML/HTML技术、OA出版等新媒体传播期刊最新研究成果，使传播内容更加碎片化，更加具有可读性，可使高校中文科技期刊国际化的传播平台、传播内容和传播形式更加多样化。

4.3 改变型(WO)

提高国际语言的显示度。对于中文科技期刊，提升国际传播能力的最大障碍就是语言问题,而双语出版的中英文期刊也面临着重重困难和挑战。因此,以中文出版为主的高校科技期刊,要提高国际传播能力,可以从语言方面提高显示度,如增加英文摘要,尽量写长英文摘要,增加国际化的信息量;图表作为文章独立的部分内容,要有相应的双语注释;参考文献要有相应的英文翻译等。

4.4 防御型(WT)

培育专业的科技期刊媒体运营团队。媒体融合发展的背景下,高校中文科技期刊需要培育专业的媒体运营团队,才能不断地提升期刊的传播力和影响力。只有培育专业的媒体运营团队,科技期刊的多媒体编辑才能做到业有专攻,才能通过优质高效、方便快捷的阅读体验在激烈的竞争中立足。目前,运营专业的媒体团队需要大量资金,这对大多数高校科技期刊具有很大挑战。在这种情况下,建议高校科技期刊依托所在高校的媒体运营团队,或者依托所在期刊群的媒体运营团队,借助专业团队的力量进行期刊的融媒体、多媒体宣传,不仅可降低资金需求压力,同时也有利于提升期刊的国际传播力。

5 结束语

长江三角洲地区经济发达,区位优势突出,重点高等院校众多,具有良好的办刊平台。随着国家对科技期刊建设的高度重视和相关政策的实施,长江三角洲地区高校中文科技期刊发展机遇良好,但国际大型出版集团的快速崛起和全方位扩张,以及国内专业期刊群的兴起,对该区域高校中文科技期刊的发展造成了极大的压力。长江三角洲地区高校中文科技期刊的国际传播能力整体还不理想,且区域差异较大。经济高速发展的上海、江苏和浙江,高校中文期刊国际传播能力较强,出版周期较短,传播方式多样,被国内外高水平数据库收录的期刊数量也多。而安徽高校中文科技期刊国际传播能力较低,提升空间较大。建议长江三角洲地区高校中文科技期刊可利用区位优势,采取差异化发展战略,积极利用和发展基于互联网的媒体融合技术,通过提高国际语言的显示度及培育专业的科技期刊媒体运营团队等发展策略提升国际传播能力。

参 考 文 献

[1] 王珺.十八大以来我国出版业国际传播能力建设情况综述[J].科技与出版,2019(2):61-66.
[2] 刘丽娟,周莉花,沈亚芳,等.科技期刊优秀编辑队伍建设路径探讨[J].科技传播,2020,12(19):54-56.
[3] 李川.新媒体时代,高校学报编辑修养的提升路径[J].出版广角,2014(5):32-34.
[4] 袁志祥."互联网+"背景下科技期刊国际化途径探讨[J].经济研究导刊,2017(11):176-177.
[5] 白小晶,翁彦琴,刘灿.国际典型综合类科技期刊公众传播特点及对我国综合类科技期刊公众传播能力建设的启示[J].中国科技期刊研究,2022,33(3):917-925.
[6] 许志敏.提高我国学术社交网络的国际传播能力:基于ResearchGate与"科研之友"等的比较研究[J].科技与出版,2018(7):26-32.
[7] 张彩霞,杨永军.新时代我国学术期刊国际传播能力提升路径研究[J].科技与出版,2022(11):86-90.
[8] 陈伟斯.出版融合发展背景下编辑能力提升途径研究[J].新闻研究导刊,2021,12(18):239-241.
[9] 崔国平."一带一路"背景下我国学术期刊的国际传播[J].今传媒,2020(10):63-65.
[10] 张铁明,刘志强,陈春莲.我国高校科技期刊高质量发展的政策环境分析[J].科技与出版,2021(9):6-11.
[11] 范娟,张铁明.高校科技期刊高质量发展的实践与思考[J].出版广角,2023(1):14-19.
[12] 中国科学技术信息研究所.2023 年版中国科技期刊引证报告(核心版)自然科学卷[M].北京:科学技术文献

出版社,2023.

[13] 逄小红,刘伟,苏静.一流期刊建设背景下高校自然科学学报核心竞争力提升策略:基于SWOT模型的分析探讨[J].科技传播,2022(1):9-13,64.

[14] 李海洲,张学军.基于SWOT-AHP的高校学术期刊多媒体融合发展路径分析[J].黄冈师范学院学报,2019,39(1):131-136.

[15] 崔国平.论高校学报的国际传播能力建设[J].出版发行研究,2018(6):67-71.

[16] 胡玥,胡英奎,梁远华,等.作者、编辑二维视角下科技期刊增强出版的发展路径:基于对重庆市CSCD期刊的SWOT分析[J].中国科技期刊研究,2022,33(6):756-762.

[17] 程启厚,朱蔚,张静.中国科技期刊国际化传播的SWOT分析[J].编辑学报,2014,26(3):217.

[18] 刘志强,王婧,张芳英,等.新时代我国中文科技期刊高质量发展之路探析:基于2022年度中文科技期刊发展情况[J].科技与出版,2023(3):58-65.

[19] 刘丽娟.2004—2009年《生态学杂志》主要评价指标研究[J].安徽农业科学,2011,39(27):16985-16987.

[20] 崔建勋.合理设置期刊出版周期与载文量的理性思考[J].中国科技期刊研究,2020,31(7):821-827.

[21] YANG B, HU Y, CHENG X S, et al. Exploring the factors affecting content dissemination through WeChat official accounts: a heuristic-systematie model perspective [J]. Electronic Commerce Research, 2022, 23:2713-2735.

新时代纯文学期刊转型发展之路研究

蓝雅萍

(广西南宁文学院《红豆》杂志社，广西 南宁 530023)

摘要： 在新时代，包括纯文学期刊在内的期刊都面临着越来越错综复杂的出版市场环境，面临着边缘化的困境以及转型创新的发展挑战。在这一背景下，本文通过案例分析法，以大量不同的纯文学期刊如何突破瓶颈、创新发展为实例，从纯文学的定义、发展历程及现状入手，针对纯文学期刊面临的困境，提出把握期刊政治导向、积极打造品牌、优化栏目设置、充实编校队伍、与新媒体融合等对策，以期为纯文学期刊转型发展有所借鉴，使之在新时代焕发出新的活力。

关键词： 纯文学期刊；编辑；新媒体融合；转型发展

习近平总书记在中国文联十一大、中国作协十大开幕式上的讲话中指出："时代为我国文艺繁荣发展提供了前所未有的广阔舞台。推动社会主义文艺繁荣发展、建设社会主义文化强国，广大文艺工作者义不容辞、重任在肩、大有作为。"[1]在新时代，包括纯文学期刊在内的各种期刊都面临着越来越错综复杂的出版市场环境，唯有牢牢把握期刊的意识形态导向，自觉承担起"举旗帜、聚民心、育新人、兴文化、展形象"的重要使命，才能让纯文学期刊更好地实现转型发展，真正有效地服务于我国的文化建设事业。

进入新时代，不少编辑针对文学期刊在新时代转型问题有了一定的思考，但对"纯文学期刊"的针对性研究较少。对于纯文学期刊的发展现状和出路分析，仅有马炳军、常辉《中美纯文学期刊生存现状之对比研究》[2]，来颖燕《纯文学期刊在当下的应对和出路》[3]；针对纯文学期刊的融媒体发展论述，有李倩倩《"互联网+"时代纯文学期刊全媒体转型路径与困境》[4]、许泽红《新媒体时代编辑核心素养和编辑工作浅析——以纯文学期刊〈花城〉为例》[5]。整体看来，这些论文集中于理论分析和个案分析，多呈现"是什么"的概况描述及"为什么"的内因探究，缺乏依托大量翔实案例的"怎么做"的客观实践。本文重点聚焦"怎么做"的成果梳理，采用案例分析法，梳理纯文学期刊如何针对发展困境，在思想政治上、品牌构建上、栏目优化上、编辑队伍打造上以及媒体融合上的突破和转型，以期对纯文学期刊未来的发展有所裨益。

1 纯文学期刊的定义、发展历程和现状

1.1 纯文学的定义

"纯文学"的概念最早由王国维在《论哲学家和美术家之天职》中提出，他认为理想的文学应该有"纯粹"的欣赏价值，它只需要追求"纯粹美术上之目的"，以美的文字和形式叙事状景，让读者获得审美愉悦性。《辞海》中对"纯文学"有以下解释："'五四'以后，文学的范围限于用

形象的手段表现社会生活和思想感情的语言艺术,如小说、诗歌、剧本、散文等。为区别于哲学和历史等著作,遂将语言艺术称为'纯文学'。现今则为区别于纯粹以消遣、娱乐为目的的通俗流行文学,而称艺术格调较高、思想内容丰富深刻,在表现形式多有探索的文学作品为'纯文学'。"[6]由此可见,纯文学与通俗流行文学有壁,它似乎生来就是阳春白雪。但时代在变,纯文学所承载的价值也有所改变。在新时代,纯文学更像一个心灵的港湾,它摒除了功利性而具备真善美的特性,与外界的喧嚣世俗相隔绝,让文学终归文学。刊载纯文学作品的纯文学期刊则被《作家》主编宗仁发喻为"文学生态中不可或缺的湿地",是"刊发原创文学作品的最重要的阵地"[7]。

1.2 纯文学期刊的发展历程和现状

纯文学期刊在文化传播史中曾占据着十分重要的地位。20 世纪 80 年代,纯文学期刊发展迎来了黄金期,《当代》《收获》等都曾经是万千文学爱好者的必备读物,纯文学期刊"将精神塑造的功能发挥到了极致,人们对文学精神食粮的吸收基本都是通过文学期刊实现的,所以文学期刊一度空前繁荣,占据着十分神圣的位置,拥有绝对的话语权"[8]。但彼时的繁荣发展并不是完善而平衡的发展,随着市场经济体制的建立和完善,纯文学期刊也暴露出了更多不足。90 年代,随着物质文明的发展,我国人民的精神文化水平不断提高,而纯文学期刊并不能完全和及时满足人们高速发展的精神文化需求。随着商品经济浪潮的冲击,纯文学期刊普遍发行量下滑、影响力下降,有的甚至被迫停刊,1998 年,《昆仑》《漓江》《小说》等知名度较高的纯文学期刊相继停刊。至 21 世纪,网络媒介蓬勃发展,娱乐方式更为多元化,人们的生活节奏加快,更渴望用更轻松不费脑的方式打发闲暇时光,达到放松的效果。费脑费神的纯文学阅读成为被人们舍弃的次要选择,纯文学期刊发展整体陷入低谷。如在 80 年代拥有 50 万册发行量的《上海文学》,2003 年时一度面临发不出工资的困境。1998 年走上自负盈亏道路的《大家》,曾被列为"中文核心期刊",在 90 年代文学转型期颇具影响力,但在 2009 年,《大家》一年亏空高达 40 万元,2012 年的发行量每月约为 5 000 册[9]。如今,纯文学期刊已经从 80 年代繁盛的狂欢中平复,也逐渐从 90 年代磕磕碰碰的试探中稳定下来,许多纯文学期刊找到了自己应该坚守的位置,也找到了自己的固定读者受众,但依旧面临着难以摆脱的困境。

2 新时代纯文学期刊面临的困境

"今天的期刊业,特别是中国期刊业,面临的是挑战伴着机遇、危机伴着转机的复杂现实。"[10]在新时代,随着精神文明的发展,随着电子移动设备的普及和更新换代,一场广泛而又深入的变革已悄然发生。在网络、影视等新媒体的挤压和冲击之下,阅读环境、出版环境、出版方式、读者需求等多方面都发生了巨大的变化,文学期刊面临前所未有的现实冲击和发展挑战。

与近些年来发展势头猛烈的网络小说相比,纯文学的内容往往表现出缺乏创新、不能精准而快速地把握读者兴奋点等缺陷。以女性网络小说为例,近十年来已经完成从"霸道总裁"到"玛丽苏"再到"女强文""无 CP"等类型的内容转型,接地气的、不拘一格的网络文学对现实世界的发展变化做出了最敏锐的折射,而纯文学与之形成鲜明对比,走的是通俗文学反面的"阳春白雪"的路子,把自己关进了高高在上的象牙塔里,不愿意随着读者口味的变化而做出最迅速的调整和改变,显得固执而守旧、传统而迟钝。

不少纯文学期刊也看到了自身发展的局限性，但在转型发展这条路上如履薄冰、步履维艰。因害怕失去固有的读者群体而不敢进行"突围"，也成了许多纯文学期刊面临的困境。不少发行量较少的期刊，由于经费和编辑人手不足等原因，导致他们不敢也没有能力大刀阔斧地进行改革和创新，与其面对莽撞改版后的失败，不如继续坚守原有的一亩三分田。这样固然能留住一部分老读者，但不与时代同步、不与市场接轨，既落后于时代的进程，也落后于文化的发展，在新时代的发展浪潮中，容易被"拍死在沙滩上"。

3 纯文学期刊的转型发展之路

2005年，宗仁发在《站在作家与读者中间——宗仁发访谈录》中，针对"是否想提升杂志适应文学市场的灵活性"的问题答道："杂志处于文学与市场的中间地带，它接受两头的检验，一头是文学界的标准的检验，另一头是市场标准的检验"，要"在不降低文学性的前提下去寻找文学与市场的契合点"[11]。如今纯文学期刊应在坚守纯文学阵地的基础上，辩证看待自身的优势与不足，突出自身的内容优势，寻找新的发展机遇及更广阔的发展空间。

3.1 政治主导：始终坚持正确的政治方向和出版导向

"出版业是党的意识形态的重要阵地，正确的价值导向是出版的生命线。"[12]文化是民族的精神命脉，文艺是时代的号角。《出版管理条例》规定，文学期刊必须"传播和积累有益于提高民族素质、有益于经济发展和社会进步的科学技术和文化知识，弘扬民族优秀文化，促进国际文化交流，丰富和提高人民的精神生活"[13]。新时代新征程，纯文学期刊一定要以习近平新时代中国特色社会主义思想为指导，不断开创新时代宣传思想文化工作新局面，深刻把握民族复兴的时代主题，与时代同行，与人民同心，在新的历史起点上更好地担负起新的文化使命。

文艺是铸造灵魂的工程，承担着成风化人的职责。坚持正确的政治方向和出版导向，应做到以下几点：一是要坚持正确的政治方向和价值导向，坚持将社会效益放在首位；二是人民的需要是文艺存在的根本价值所在，既要始终保持同人民群众的血肉联系，又要与一定的历史时代及其历史发展趋势相联系，书写生生不息的人民史诗，用高质量的作品满足人民的精神文化需求；三是用文艺的形式讲好中国故事、传播好中国声音，展现可信可爱可敬的中国形象；四是以文化人，做真善美的追求者和传播者，把彰显崇高价值、蕴含美好情感的作品奉献给人民，给读者以审美的愉悦，以情感的共鸣，以人性的关怀，在新的历史起点上更好地担负起新的文化使命。

3.2 擦亮品牌：明确办刊宗旨，突出风格

期刊品牌是期刊特有的文化符号，彰显了期刊的个性与内涵。"期刊品牌就是指期刊媒体那些内在的丰富底蕴与外在的完美风采结合而成的高智力产品。"[14]品牌价值不容忽视、不可轻弃，纯文学期刊既要高度重视对品牌价值的挖掘和利用，又要注意在新时代中不断更新理念、擦亮品牌。

随着时代的发展，人们的视野、思维不断得到拓展，审美能力和审美需求水涨船高。因此，纯文学期刊必须要有自己的品牌特色和亮点，才能被今日的广大读者接受甚至青睐。作为文化的产物，纯文学期刊反映和传递文学发展变化的信息，反映随着社会变迁而改变的文学思想与流变，能够给读者带来审美愉悦性。因此，与政治、经济、学术、娱乐等其他类型期刊不同，纯文学期刊的坚守，就是坚守纯文学理想，坚持思想性和艺术性相统一，在打通

受众的审美感应中实现其阅读和传播价值。纯文学期刊不能去经典化，其所刊发的作品，在经历时间的大浪淘沙之后，留下的虽然未必篇篇都是熠熠生辉的、能写进文学史的力作，但应永远保持对经典追求的态度。

1996年，《萌芽》的销量仅维持在1万册左右，面临发不出工资的困境。杂志社费尽心思地举行座谈会、进行市场调研，发现他们的读者主力群体竟然是中老年人，这与他们的宗旨"培养青年作家"相去甚远。于是，《萌芽》定位为"反映都市青春面貌"的校园期刊，并于1999年与七所高校联合组织了"新概念作文大赛"，不仅造成了轰动性效果，还培养了一批个性鲜明、号召力强的80后作家，杂志还顺利摆脱了生存危机，销量暴增到50万册。《萌芽》并没有满足于已经取得的成就，而是趁热打铁，及时推出《新概念作文丛书》、网站等多种衍生品，并与新概念一等奖作文获得者"黑马"韩寒创设的工作室、"网易LOFTER"软件以及长江文艺出版社等多方进行合作，谋求更长远的发展。由此可见，针对读者群体特点和爱好，明确和强化办刊宗旨，打造刊物特色，才是纯文学期刊的生存、发展之道。

此外，纯文学期刊还应充分把握和发扬地域性优势，并将其融入办刊宗旨中，形成与其他刊物不同的特色。如在90年代《佛山文艺》的定位为"打工文学"，一度畅销全国；2020年左右提出"用文学传播佛山"的口号，获得了佛山文艺人对杂志的认同和支持。《广州文艺》一直坚持"都市、青春、人文、原创"的办刊宗旨，以广州独特的文化优势为依托，形成了以现代都市文学艺术为主体的办刊风格。常设栏目《岭南元素》发挥本土特色，致力于展现岭南风土人情和人物故事，《珠江新城》栏目展现全国各地的青年才俊在广州实现梦想的动人故事，以文学作品的形式记录广州的发展。

3.3 优化栏目：打造特色栏目，加强策划

要想提升对新时代读者的吸引力，纯文学期刊应该加强对杂志的策划，对内容进行创新，打造有特色、有内涵的栏目，提高刊物自身品质。

一方面，纯文学期刊应该聚焦主题主线，服务工作大局，提高对社会议题、社会热点、社会关注点的参与度，营造良好的舆论氛围，以文学反映时代，以文学记录时代，以文学引领时代。2021年7月，众多文学期刊围绕"建党百年"主题精心策划栏目，对党献上诚挚的祝福。如《诗刊》《长江文艺》《民族文学》等都策划了"庆祝中国共产党成立100周年专号(专刊)"，用整本书的版面致敬建党百年；《青年作家》《北京文学》等都在头条推出"庆祝中国共产党成立100周年"专栏，《作品》头条推出"星火燎原：广东左联作家经典回顾"。2024年正值川藏、青藏公路建成通车70周年，西藏民主改革65周年，对口支援西藏30周年等重大节庆，对此，《西藏文学》于4月推出相关特辑；2024年还是新疆生产建设兵团成立70周年，《绿洲》继续开设"名家写兵团""兵团叙事""兵团方阵"等栏目，为兵团作家搭建平台。这些栏目充分发挥了纯文学期刊主阵地的作用，精准把握住了时代的脉搏。

另一方面，纯文学期刊要加大内容开发、创新的力度，关注读者感兴趣的内容，不断优化结构，打造有特色的栏目，打响刊物品牌。《作品》自2013年起开辟了一个大受年轻人欢迎的栏目"90后推90后"，该栏目一改编辑对稿件拥有绝对选用权的方式，而是由作者、读者决定稿件的使用权。该栏目每月通过"90后"微信群中的成员投票选出男、女作家各一篇作品，由群成员写投票理由并精选其中20则刊发，下一期则由上一期选出的作家作责编组织投票和精选优秀作品、投票理由等事宜。该栏目极大地激发了"90后"作者的参与度和创作热情，同

时，在作品投票等过程中，通过参与者的积极转发、拉票等方式，也对《作品》杂志起到了很好的宣传作用。2024年，许多纯文学期刊针对热点高新科技，在栏目建设上有所探索突破。《清明》开设了"AI与创作"专栏，邀请作家陈楸帆研究、讨论用ChatGPT写作的现象；《天津文学》开设"数字时代"专栏，针对数字化和网络文学、文化现象的联系，寻找文学批评的新的可能性。

3.4 优化升级：充实编校队伍，提升编校质量

编辑的素质决定了期刊的质量。高素质的编辑能始终坚持正确的办刊宗旨和办刊方向，同时能有强大的作者人脉、犀利的选稿用稿眼光、高超的编校水平，能对作者和稿件提出有针对性的意见和建议，从而提高刊物的水平。

对于期刊而言，要想稳定、充实编辑团队，吸引专业的编辑人才。一方面要努力创造条件，提升编辑人员的待遇水平；另一方面要针对编辑人才的培养，建立一套行之有效的培养、使用、激励机制。

期刊编辑的政治素养是核心，专业素养是关键。"青年编辑的政治素养包括对国家大政方针、政治局势、经济形势的认知，对党的路线、方阵、政策的认识，以及历史使命感与社会责任感的建立。"[15]这是由编辑出版工作的意识形态属性决定的，是把好期刊政治导向关的内在需要。新时期的编辑要有敏锐的政治意识，筑牢意识形态防线，有敏锐的分辨能力，把握正确的出版方向，以充分发挥期刊应有的社会价值。

编辑的专业素养主要体现在以下几方面：一是与作者和读者建立起长期的、友好的、互惠的关系，建立一支高水平的作者队伍，拓展具有黏性的读者群；二是能根据刊物的宗旨、挖掘刊物特色，策划有艺术性的、创新性的选题，并有让选题落地的能力和水平；三是有工匠精神，锤炼出一双善于发现佳作的"火眼金睛"，能挖掘作品的闪光点并反复打磨、提升价值。此外，新时代的编辑，还应掌握新媒体技术及数字出版流程，使纯文学期刊得以与新媒体更好地融合发展。

3.5 强化宣传：与新媒体融合发展，深化线上线下宣传

近年来，纯文学期刊针对如何与新媒体更好地融合发展进行了较为有效的探索和尝试。但由于编辑人手不足、对新媒体的认识和挖掘不够等原因，限制了大部分纯文学期刊在新媒体领域深耕，纯文学期刊目前的传播主阵地还是在纸质媒体领域，对新媒体的利用效率并不高，投入的人力大多也并非专职专业的新媒体编辑，而是以杂志编辑从繁忙的编校工作中挤出时间参与为主。以微信公众号为例，纯文学期刊的推文大多是杂志文章选段的形式，夹杂一些杂志社开展的相关活动等，尽管编辑尽可能地在排版上追求精美，但差异化小、同质化高，内容冗长等短板也非常明显。因此，想要从新媒体角度盘活纯文学期刊，就不能只是单纯地在新媒体平台上对期刊内容进行复制、粘贴的简单推送，而应当充分挖掘和利用自身优势，再根据不同新兴媒体的特点进行有针对性的融合、开发、宣传。

近年来，《当代》改变以往以在微信公众号上发表文摘为主的宣传方式，与人民文学出版社强强联合，利用新媒体擦亮刊物品牌。2024年4月，在河南郑州举办的"以文立心，与光同行——2024《当代》文学颁奖盛典"，通过人民文学出版社新媒体矩阵及其他35家合作媒体进行同步联播，总观看量高达500万，相关短视频、话题总传播量近10亿，达到了破圈传播的效果。

《花城》是最早在小红书上开设账号的纯文学期刊之一,现已拥有2.2万粉丝。不同于其微信公众号粉丝以中年男性为主,其小红书粉丝以年轻女性为主,因此《花城》"因地制宜",充分在小红书里进行"整活",发布的内容较为精美活泼,对于带动花城杂志社书籍销量、提升《花城》知名度等方面都有一定的促进作用。《十月》的小红书账号充分利用"大咖"的影响力和辐射力效应,"写作课"系列邀请莫言、余华、苏童等著名作家分别分享了自己的阅读经验和创作技巧,阅读量普遍较高。

2024年上半年在文学圈造成巨大轰动的,莫过于1月23日董宇辉在抖音直播间带货《人民文学》,共售出8.1万套,销售额1 785万元;2月28日,董宇辉又售出7.5万套《收获》,销售额1 246.2万元。对于纯文学期刊而言,这样的销售数据是非常罕见的,也是纯文学期刊借助"短平快"的直播形式,成功"破圈"的一次尝试。虽然《人民文学》《收获》是国内纯文学期刊的"老大哥",具有其他纯文学期刊难以撼动的强悍实力和绝对地位,即使不采用直播的形式卖货,其销量也属于"顶流",但他们依然愿意尝试"跨界触电",开拓新的市场、新的受众。对此,《人民文学》主编施战军坦言,时代变了,纯文学期刊要正视读者走失的困境。这是一次纯文学期刊主动求新求变之举。如果说直播带货是一双翅膀,那么纯文学期刊应该借由这双翅膀思考如何进一步融合传统媒介和新兴媒体,如何实现革命性的突破创新,如何以更便捷的方式抵达大众、实现传播。

4 结束语

在新时期,纯文学期刊面临着众多机遇和挑战。要想成功"破圈"和"突围",获得更好的转型和发展,纯文学期刊必须在坚守纯文学阵地的基础上主动担当、有效作为、多措并举,寻找到一条更适合自身特点、更能发挥自身特色和优势的道路。

参 考 文 献

[1] 新华社.习近平:在中国文联十一大、中国作协十大开幕式上的讲话[EB/OL].(2021-12-14)[2021-12-14]. https://www.gov.cn/gongbao/content/2022/content_5667297.htm.
[2] 马炳军,常辉.中美纯文学期刊生存现状之对比研究[J].编辑之友,2014(12):35-38.
[3] 来颖燕.纯文学期刊在当下的应对和出路[J].编辑学刊,2019(11):78-82.
[4] 李倩倩."互联网+"时代纯文学期刊全媒体转型路径与困境[J].文化与传播,2016,5(4):53-55.
[5] 许泽红.新媒体时代编辑核心素养和编辑工作浅析:以纯文学期刊《花城》为例[J].文化产业,2022(34):1-3.
[6] 上海辞书出版社.辞海:第七版第1卷[M].上海:上海辞书出版社,2021:627.
[7] 宗仁发.纯文学期刊该如何定位[J].传媒,2010(11):45-47.
[8] 张菁.新媒体时代文学期刊的困境与出路[J].济南职业学院学报,2017(3):82-84.
[9] 罗皓菱.纯文学杂志生存艰难[N/OL].北京青年报,2021-07-01[2024-07-08].https://epaper.gmw.cn/wzb/html/2012-07/07/nw.D110000wzb_20120707_3-01.htm.
[10] 张伯海.我们怎么办?浅谈文化综合类期刊的机遇和挑战[J].出版广角,2010(1):43-45.
[11] 宗仁发.站在作家与读者中间:宗仁发访谈录[J].当代作家评论,2005(2):144-154.
[12] 郑艳,谢琰.新时代教育期刊编辑的专业素养培育:以中南传媒《新课程评论》为例[J].出版广角,2021(15):48-50.
[13] 中华人民共和国中央人民政府.出版管理条例[EB/OL].(2016-02-06)[2016-02-06].https://www.gov.cn/gongbao/content/2016/content_5139389.htm.
[14] 罗开礼.新时代期刊品牌影响力提升的路径与策略[M]//学报编辑论丛 2021.上海:上海大学出版社,2021:8-13.
[15] 黄书元.编辑如何提高政治素养[N].中国新闻出版广电报,2020-03-23(06).

中国生物医学期刊申请 MEDLINE 和 PubMed Central 收录的最新进展及策略研究

王琳辉[1,2]，倪 明[1,2]

(1.复旦大学附属肿瘤医院杂志社办公室，复旦大学上海医学院肿瘤学系，上海 200032；
2.《中国癌症杂志》杂志社，上海 200032)

摘要：MEDLINE 和 PubMed Central(PMC)是 PubMed 的主要组成部分，是生物医学领域极其重要的数据库，其收录标准也在不断发生变化且日益严苛。本研究统计并分析 MEDLINE 和 PMC 收录中国生物医学期刊的情况(截至2023年12月30日)，并对收录要求(数据库网站2024年版)及申请过程中的问题进行总结与分析，提出解决方案，为我国生物医学期刊申请 MEDLINE 或 PMC 提供参考。目前 MEDLINE 及 PMC 收录中国生物医学期刊有限(仅103种)，但收录标准却在不断提升。在审核内容上，两者对编委和稿源的多样性、制度建设及履行、研究型论文比例、论文的科学性及严谨性、国际指南在写作和编辑方面的适用等方面均有涉及。对论文的科学性审查(Scientific Quality Review)是 MEDLINE 和 PMC 期刊评价工作的重中之重。申请期刊应践行《学术出版透明与最佳行为准则》帮助其提高网站信息的透明度并完善其制度建设，保证较高的研究型论文比例，遵循国际医学期刊编辑委员会(International Committee of Medical Journal Editors，ICMJE)的推荐规范，严格执行提高生物医学研究的质量和透明度(Enhancing the QUAlity and Transparency Of health Research，EQUATOR)协作网(EQUATOR Network)的《生物医学研究报告指南》(如 CONSORT、PRISMA、STROBE、ARRIVE2.0等)，提升期刊的内涵质量，努力扩大期刊编委团队，确保编委和稿源的多样性。MEDLINE 与 PMC 收录期刊的标准日益提高，其对文章的科学质量审查已成为 MEDLINE 和 PMC 期刊评价工作的重中之重。提高期刊的内涵质量应作为生物医学期刊的一项长期工作。期刊应重视论文的科学性，提高研究型论文的比例，严格履行国际化的编辑及写作标准进而把控论文的编辑和写作质量，使其符合国际化期刊的标准。

关键词：生物医学期刊；PubMed；MEDLINE；PubMed Central；OA；Equator Network；《学术出版透明与最佳行为准则》

生物医学期刊是我国 STM 期刊[科学、技术和医学(Scientific, Technical and Medical，STM)期刊]的重要组成部分。《中国科技期刊发展蓝皮书(2023)》[1]统计结果显示，截至2022年底，我国 STM 期刊总量为5 163种，其中生物学及医药卫生类1 251种(90和1 161种)。中国生物期刊加入国际数据库，对学术成果的传播和提高期刊的国际展示度均有重要意义[2]。

基金资助：2023 年中国高校科技期刊研究会"善锋软件基金"资助项目(CUJS2023-SF021)
通信作者：倪 明，E-mail: niming@shca.org.cn

PubMed是美国国立医学图书馆(The National Library of Medicine，NLM)建立的免费(含医学、生物学)在线数据库，其提供的线上数据库主要有MEDLINE、PubMed Central(PMC)和Bookshelf[3]。其中，MEDLINE是生物医学期刊文摘库，PMC是生物医学期刊全文开放获取(open access，OA)数据库，Bookshelf则是主要收集图书或图书章节的数据库。PMC与MEDLINE的收录期刊在很大程度上有交叉，两者有各自独立的网站申请入口，但申请要求相似，评价标准一致。MEDLINE与PMC是全球生物医学领域最重要的数据库，也是循证医学所要求的文献检索必检数据库。期刊被MEDLINE或PMC收录对于提升期刊的国际展示度有重要意义，也是实现生物医学期刊国际化的重要途径之一[4]。近年来，MEDLINE与PMC期刊的申请和收录较以往有显著变化，收录标准日益提高。此前报道的收录标准和申请工作与当今的收录标准有显著不同[5]。收录标准的变化主要体现在对论文科学性的要求不断提高，对编辑、写作的审核也不断严苛，对期刊的写作和编辑的要求标准还应遵循国际化的制度标准[6-9]。

本研究对MEDLINE和PMC的收录标准的最新进展进行探讨，旨在为我国生物医学期刊申请MEDLINE或PMC收录提供参考。

1 研究对象及方法

1.1 数据库收录分析

本研究统计并分析MEDLINE和PMC收录中国生物医学期刊的情况，检索网址https://www.ncbi.nlm.nih.gov/nlmcatalog/journals/及https://www.ncbi.nlm.nih.gov/pmc/journals/。其中MEDLINE收录的中文期刊的检索策略：China[Country of Publication] AND (Chinese OR English)[Language] AND (currently indexed[All]) Sort by: Publication Date, Filters: Journals currently indexed in MEDLINE。PMC的检索策略：JournalsPMC[All Fields] AND China[country]；JournalsPMC[All Fields] AND Chinese[Language]。合并检索结果，剔除重复数据。检索数据截至2023年12月30日。

1.2 收录要点及相关策略研究

对期刊在线申请MEDLINE和PMC收录申请表中的内容进行汇总和分析，总结收录要点，对期刊申请数据库的应对策略及具体工作进行汇总(以数据库网站2024年版为基准)。结合期刊申请PMC数据库后文献选择委员会(Literature Selection Technical Review Committee，LSTRC)给出的审核意见提出具体的改进措施。

2 结果与分析

2.1 数据库收录现状分析

截至2023年底，共有103种中国生物医学期刊被PMC收录，其中，中、英文期刊分别有12种和91种，PMC收录的我国生物医学期刊中有22种同时被MEDLINE收录(包括9种中文期刊、1种中英文刊、12种英文期刊)。虽然收录中国期刊的总数不多，但近年来PMC收录中国期刊的数量在持续增加，且主要为英文刊，中文刊则为此前已被MEDLINE收录的期刊。而MEDLINE收录中国期刊仅91种，近5年新增中文刊数为0，英文刊最新被收录的是2022年收录的 *Plant Communications*。

2.2 MEDLINE与PMC申请、审核收录期刊流程总结

MEDLINE与PMC的申请均为在线申请，期刊在数据库网站上填写申请内容并提交申请。

MEDLINE 与 PMC 审核流程及评价内容一致。对期刊的审核可概括为如下几个环节，期刊在任何一个审核环节均有可能被拒收。

(1) 初始申请审查(Initial Application Screening)：此环节包括期刊的基本信息、各项制度、编委信息。其中期刊应具备展示上述信息的英文网站，对于编委信息，需要对编委进行详细介绍，并应保证编委的国际化。

(2) 科学质量审查(Scientific Quality Review)：主要审查文章是否符合国际论文编辑和写作标准，以及是否阐明应披露的信息；此外，对文章的图表等内容进行审核。科学质量审查是 LSTRC 审核申请期刊的最重要的环节。

(3) 技术与引用要求检查(Technical and Indexing Requirements Check)：此环节主要确认期刊提交 XML 文件，以及何时提供 XML 文件，这主要是针对 PMC 数据库，因为 PMC 是全文 OA 数据库，而被收录的期刊有可能是非 OA 期刊，因此需要明确这些期刊在出版后多久可以开放其文章，如出版后 6、12 或 24 个月。

(4) 再次申请 MEDLINE/PMC 收录要间隔 24 个月，在此期间，期刊编辑部应积极通过组稿约稿提高论著比例，提升文章的科学性，加强文章的内涵质量建设，并对各项工作进行调整。如果再次申请不通过，第 3 次申请需间隔 36 个月。两次申请之间，应至少发表 20 篇同行评议的文章。在申请期间，MEDLINE 会与出版商进行沟通，如不及时回复，则有可能停止审核。

2.3 生物医学期刊申请收录中存在的问题及收录要点分析

2.3.1 申请过程中应注意的主要问题

本研究结合笔者所在《中国癌症杂志》等期刊多次申请 MEDLINE 与 PMC 数据库的经验及数据库审核后反馈的信息，对 MEDLINE 与 PMC 收录过程中存在的主要问题总结如下：

(1) 编委的角色及编委的工作内容应完全展示，每位编委包括荣誉编委(honorary editors-in-chief)应有详细介绍。这里要求编委会所有成员均要详细介绍，不可以有盲区。

(2) 编委团队应符合国际化标准，人员应来自全世界，编委的主要研究方向应与期刊内容相一致。

(3) 应展示部门编辑(section editors)的信息。部门编辑职责主要是查看和编辑稿件，部门编辑在作者提交稿件后，将稿件提交给编委(或主编)进行学术审查，或者在稿件接收后接管编辑工作，有时甚至需要部门编辑在稿件提交过程中全程跟踪稿件。但是有学者认为部门编辑是编辑部主任下属的某个选题领域的主要负责的编辑，对实际的工作而言可以对应为高级策划编辑。

(4) 关于同行评议的建议：同行评议采用单法盲，外部同行评审由至少两名同行评审者进行。审稿指南应在期刊网站显著的位置列出，并需要注明详细的审稿要求。审稿专家应注意临床研究的伦理制度要求，研究应获得伦理批准(如果没有要求，则需要说明理由)，给出伦理委员会或机构董事会的名称；文章中需要说明知情同意的内容。临床试验应预先注册，临床试验注册号应在摘要和正文中列出。动物研究应说明伦理审查许可的性质、相关许可证以及进行研究所依据的国家或机构名称，并注明伦理审批的单位及批号。期刊应遵守《学术出版透明与最佳行为准则》，如果未能遵守，则说明同行评议过程是有瑕疵的。但是无论如何，应在期刊申请 PMC 和 MEDLINE 收录前至少 1 年开始实践上述标准，使得出版的文章符合最佳行为准则。

(5) 关于国际医学期刊编辑委员会(International Committee of Medical Journal Editors，ICMJE)推荐规范。期刊使用 ICMJE 的推荐规范对所有投稿作者应统一披露。申请MEDLINE/PMC 收录的期刊，其 ICMJE 规范应在网站上进行详细说明，或者在投稿指南中进行说明，使得作者在投稿时对署名、贡献、致谢等信息进行详细说明。

2.3.2 申请及获得收录的要点分析

2.3.2.1 收录要点之一：基本条件

无论是中文刊还是英文刊，申请 MEDLINE 或 PMC 均需要展示各项信息的英文网站，以方便数据库对提交申请的期刊进行评估与审核。期刊申请 MEDLINE(或 PMC)要求至少有 ISSN 号，连续出版 12 个月以上，发表同行评议文章不少于 40 篇。所有的文章都应有英文摘要。因 PMC 没有审核中文期刊全文的能力，非英文刊只能先申请 MEDLINE，如被其收录，方可再申请 PMC，PMC 会依据 MEDLINE 审核中文期刊的结果进行判断并进行收录(通常不再进行实质性审查，而只是依据 MEDLINE 的审核结果，并要求期刊向 PMC 提供全文)。笔者所在的《中国癌症杂志》曾同时申请 MEDLINE 与 PMC，PMC 的反馈是要求必须先申请 MEDLINE，因为 PMC 没有独立审核中文刊的能力。需要注意的是，中文刊被 MEDLINE 收录后，必须独立申请 PMC，PMC 不主动收录被 MEDLINE 收录的中文刊。如《临床耳鼻咽喉头颈外科杂志》在 2023 年被 PubMed Central 数据库收录，经深入分析发现，该刊此前在 2007 年已被 MEDLINE 收录。

对于其他非英语期刊，PMC 仅在 2023 年开放了西班牙语期刊的申请，对于其他语种的期刊，均要求先申请 MEDLINE。

英文期刊申请 PMC 则无此限制，可直接向 MEDLINE 或 PMC 任何一个数据库提出申请，审核和评价体系一致，如英文刊被 MEDLINE 收录后再申请 PMC，PMC 可直接收录该期刊而不再对其重新审核。此外，PMC 要求申请被其收录的期刊至少在申请前 12 个月发表的文章要全部有英文摘要，图、表、参考文献要求为全英文。

虽然 PMC 是 OA 数据库，英文刊是否为 OA 期刊对收录结果无影响，因此非 OA 期刊被 PMC 收录可以采取延时开放获取的 OA 策略。此前有研究报道[10]，生物医学期刊被开放获取期刊目录(Directory of Open Access Journals，DOAJ)数据库(DOAJ 为全球最大的 OA 数据库)收录，有利于被 PMC 收录，但是根据最新的审核标准，两者已无相关性，且即使被收录，在数据抓取方面也没有相关性。PMC 收录金色 OA、钻石 OA、混合型出版、绿色 OA 及订阅模式的期刊，但是 PMC 要求订阅模式和混合型出版最迟不得超过12个月必须在 PMC 网站上开放所有论文，被收录的期刊需要将 XML 文件上传给 PMC。这一点与 DOAJ 完全不同，DOAJ 只收录完全 OA 期刊，且 OA 类型仅包括金色 OA 和钻石 OA[11]。

MEDLINE 和 PMC 通过严格的 LSTRC 进行选刊，选刊标准基于 MEDLINE 选刊指南，包括论文原创性、科学性及全球读者重要性等方面。

2.3.2.2 收录要点之二：目的和范围

MEDLINE 和 PMC 要求期刊的目的和范围(aims and scope)应在期刊网站上予以展示，还需说明期刊的收稿范围、文章类型、栏目以及如何为生物医学领域做出贡献。其中，作者来源应来自全球各地(多样性)。此外，期刊栏目应新颖、多样且固定。刊名应与报道内容相符，以《中国癌症杂志》所在的学科肿瘤学为例，肿瘤学是一个很大的范畴，涵盖了基础医学、临床医学、流行病学等，在亚学科上又分为实验室诊断、病理学、放射诊断学、手术、麻醉学、放射治疗、化疗、靶向治疗及免疫治疗等。从收稿范围上，期刊应做到肿瘤学领域的全覆盖，包括基础研究、临床诊断和治疗研究、转化医学的研究。原创性研究型论文比重不能过低，综述类文章占比不宜过高，除非期刊是综述类型的期刊，否则不符合收稿范围多样性的要求，但这也是目前新创办期刊面临的主要问题，对于初创期刊，自然投稿相对较少，多以述评类的约稿为主。总之，原创性研究性论文占比太低是我们亟须解决的问题。新创办的期刊尤其是英文刊，多采取钻石 OA 期刊的模式，文章不收取处理费(article processing charges，APC)[12]，这对于吸引研究型论文有一定的帮助[13]。

2.3.2.3 收录要点之三：制度要求

MEDLINE 及 PMC 均为在线提交申请，申请表内提交的内容除了包括期刊基本信息(杂志介绍、目的、内容范围、主管、主办单位、创刊时间、出版周期、ISSN 号、卷期)之外，还应在线展示各种制度及详细内容，包括编辑制度、同行评议制度、利益冲突的解决策略、广告制度、研究伦理声明、知情同意声明等。这些内容需要在杂志的英文网站上加以体现[14-15]。因此期刊在提出申请前，应对网站信息查漏补缺，增加相关内容。期刊申请 PMC 时英文网站除期刊基本信息外，需要展示的主要内容见表 1[9]。

表 1 申请 PMC 时期刊英文网站的制度内容展示

Policy	制度	内容
Policies on conflict of interest, human and animal rights, and informed consent	关于利益冲突、人权和动物权利以及知情同意的制度	告知作者在文章中对相应内容进行披露，动物伦理要有相应的流程和批件，如无，应说明理由
Data sharing policy	数据共享制度	有关临床研究、基础研究的数据共享的相关细节
Editorial policies	编辑制度	编委会编辑的职责，部门编辑(section editors)的工作范围
Peer review policy	同行评议制度	应说明是同行评议是单盲还是双盲，同行评议开展的具体细节
Advertising policy	广告制度	广告刊登的要求及招商细则，如无，则可不展示
Research ethics policy	研究伦理声明	文章中应阐述文章的伦理批件来源、批号，如无，应说明理由
Informed consent policy	知情同意声明	文章中应阐述文章的知情同意书内容，如无，应说明理由
The process for handling cases requiring corrections, retractions, and editorial expressions of concern	处理需要更正、撤回和编辑表达关切的案件的过程	有关勘误、更正、撤稿的相关信息

期刊填写 MEDLINE 线上申请表，对于各项考核内容，应填写本刊各项制度对应的网址(URL)。期刊网站所有的 URL 必须是有效的，因此要求期刊的网站和服务器必须稳定，每一个 URL 链接都能够显示所需要的信息，这样有助于 LSTRC 通过期刊网站来审核相关的信息。

2.3.2.4 收录要点之四：编委、编辑制度和流程

MEDLINE 与 PMC 要求期刊应有国际化的编委团队，编委应具备地区来源的多样性，因此中文刊申请 MEDLINE 面临着编委大多为中文编委的问题。编委会成员全名、资质、所属机构、个人介绍（可附照片），是否具有专业领域相应的学术资质，编委员会成员的角色是否明确，期刊制度是否支持透明度、可重复性、开放科学和数据共享等也是考核内容。

同行评议制度的内容应包括同行评议过程是否明确且足够详细，包括同行评议的类型和通常分配给稿件的审稿人数量的信息，期刊是否有审查编辑和编辑委员会成员撰写文章的制度，期刊的道德标准，作者的利益冲突声明和研究资金来源披露，是否涉及商业资助等。

综上所述，PMC 数据库对期刊的基本信息审核时，重点关注期刊网站信息透明度建设，参照并践行《学术出版透明与最佳行为准则》。该准则由出版伦理委员会(Committee on Publication Ethics，COPE)、DOAJ、开放获取学术出版协会(Open Access Scholarly Publishing Association，OASPA)和世界医学编辑协会(World Association of Medical Editors，WAME)4 家学术组织合作制定。DOAJ 在 2013 年 12 月首次采用，截至目前已更新至第 4 版[16-17]。PMC 数据库践行《学术出版透明与最佳行为准则》可以帮助其审核期刊网站信息的透明度及制度建设的完善情况。

2.3.2.5　收录要点之五：科学质量审查与文章的内涵建设

对文章的科学质量审查(Scientific Quality Review)是 MEDLINE 和 PMC 期刊评价工作的重中之重。MEDLINE 和 PMC 的 LSTRC 对期刊进行的科学质量审查是一个严格、全方位、多步骤的过程。申请的期刊通过上述基本信息的初始申请审查(Initial Application Screening)后，将进入科学质量审查环节。目前 MEDLINE 和 PMC 对申请收录期刊的文献评估遵循其新制定的《科学及编辑质量评估原则》(Scientific and Editorial Quality Assessment)[18]。未通过初始申请筛选的期刊在 24 个月后方可重新申请。

LSTRC 对期刊文章质量的评审主要从如下 5 个方面进行：稿件的来源范围(scope and coverage)、编辑策略与流程(editorial policies and process)、文章内容的科学严谨性(scientific rigor of article content)、出版物的管理(production and administration)、影响力(impact)。评审后做出是否推荐收录的决定(recommendation)。评估中部分内容与初始申请审查重叠，如收稿范围、编委会多样性和编辑策略与流程。在评审过程中，LSTRC 将从各个角度的优势和劣势方面对文章写作和编辑进行评价，分为卓越(outstanding)、良好(good)、一般(fair)和较差(poor)4 个等级。每个环节由两位评审专家进行考核。

编辑策略与流程(editorial policies and process)和文章内容的科学性及严谨性(scientific rigor of article content)是审核的重点。在文章写作和编辑过程中，严格执行最佳行为准则(best practice)，在这一点上，DOAJ 等数据库也有同样的要求[15]。最佳行为准则是指期刊各项栏目文章的发表应遵守相应的准则和标准，以便使文章在符合一定的标准之上，保证其方法学的权威性。期刊应在网站上注明相关写作要求及标准，并在实践中严格遵守。不同类型文章的写作和编辑策略遵循不同的国际指南，目前 MEDLINE/PubMed 指南(Resources Guide)里共列出 50 款写作指南[19]。如需查阅更多指南，MEDLINE/PubMed 建议，可查阅提高生物医学研究的质量和透明度(Enhancing the QUAlity and Transparency Of health Research，EQUATOR)协作网(EQUATOR Network)发布的《生物医学研究报告指南》[20]。

规范期刊论文的写作和编辑标准是期刊内涵建设的核心。PMC 对论文的审核参考

EQUATOR Network 发布的《生物医学研究报告指南》。无论哪种类型的论文，在摘要和正文的方法部分应指明本文是哪种类型的文章，并在何种指南的框架下进行写作和信息披露，如：①临床研究应声明其符合 2013 年修订的《赫尔辛基宣言》(Helsinki Declaration)，随机对照研究(randomized controlled trial, RCT)的写作应符合 CONSORT 指南的要求，临床研究应予以注册，并提供注册号、伦理批件编号、患者知情同意声明；其中在伦理审查方面，国内外均推荐以 SPIRIT 指南的条目清单梳理研究方案，并应注明临床研究伦理批件编号[21]。②系统综述和 Meta 分析的有关研究方案及写作标准应参阅 PRISMA-P 指南，同时进行注册、并根据指南要求进行文献检索、流程设计与分析，其中医学数据库的检索应包括 PubMed、EMBASE、Cochrane Library 及 SinoMed 等。③观察性研究除了严格执行 STROBE 指南各条目外，需要作者明确研究类型，具体是横断面研究、病例对照研究，还是回顾性队列研究，此外需要在摘要和正文中详细阐述临床资料的收集地点、时间、纳入标准及剔除标准等；④在体动物研究应遵循 ARRIVE 和实验动物护理和使用指南，在伦理审查方面，同样推荐以 SPIRIT 指南的条目清单梳理研究方案，同时应注明实验动物伦理批件编号。⑤指南与共识应按照 RIGHT 声明进行写作，并需要进行注册；并应使用 AGREE-II 等评价工具对指南进行评价。目前我国研究者已制订出 AGREE-China 指南评价工具，希望通过不断的发展与壮大，会有更多的中国编辑人员参与到这些写作和编辑指南的制订过程中。在编辑方面，所有的编辑准则应在 ICMJE 标准的框架下进行，出版伦理相关内容应遵从国际出版伦理委员会(Committee on Publication Ethics)制定的 COPE 协议。目前国内生物医学期刊已开始遵循国际论文的写作标准，并有相应的研究报道[22-25]，这些研究剖析了相关写作指南要求下文章应展示的相关信息。未来期刊的内涵建设将是提高期刊质量发展的趋势。

2.3.2.6 收录要点之六：论文的学术性与严谨性

学术性与严谨性主要是针对研究型论文(论著)，且要求论著在总发文中占有较高的比例。论著的学术性与严谨性审核要点包括：①论文的摘要是否完整、准确地描述了文章内容，研究型论文的摘要应采用结构化格式摘要，方法部分应详细阐述。②论文的研究目的是否明确且合乎逻辑，发表的论文进行的研究目的是否明确。③研究方法是否正确并详细阐述研究步骤，以便让读者可以重复该实验，研究设计是否稳健且适合所述目标，得到的结果是否有相应的研究数据和统计学数据支持，此外统计学方法正确与否也是评价的指标之一。④讨论部分是否详细且全面。⑤参考文献的数量及新文献(近 2 年内发表)占比，引文是否支持本文结论。

新刊往往面临的问题是自然投稿文章较少，而约稿大多为综述类文章，研究型论著较少。因此，生物医学期刊在申请 MEDLINE 或 PMC 收录前，应确保此前 2 年内出版的期刊有较高比例的研究型论文，这样才能体现期刊的科学性。此外，还应注意研究方法、统计学方法的使用情况及结果判断是否正确。

2.4 对期刊出版质量及综合影响力的评价

2.4.1 出版质量

期刊按时出版是期刊务必要遵守的原则，切忌拖期和停刊，期刊的连续性是健康出版的关键。此外，MEDLINE 或 PMC 要求期刊应保持出版频率，出版期刊的页数和文章数要反映出期刊的可持续发展的潜力。对于单篇文章而言，图和表格应保持较高的清晰度和分辨率，图表注释详细，易于读者了解研究的信息。在写作方面，语言应简洁，意思表达清晰，行文合乎逻辑。通信作者应在文章中清晰注释。全刊编辑规范保持一致。

期刊的网站作为发表文章的重要载体，应做到易于浏览，使用直观，外观整洁。有关编辑制度流程的信息等易于作者和读者浏览，已发表文章应清晰展示，建议采用 HTML 展示或提供 PDF 下载等，出版的文章尤其是图表，要经过严格、准确地编辑校对。

期刊出版应连续、稳定，很多英文刊有 eISSN 号可以进行网络出版，但是应注意的是，网络出版文章的卷期号，不能只按照月份发布，应与纸质刊的卷期号相统一。这应引起申请期刊注意，网络出版也应按照卷期进行统一。

2.4.2 综合影响力

针对期刊影响力的评价，MEDLINE 考察期刊的整体定位、期刊办刊的主要目的(在期刊网站的介绍中进行体现)、期刊发表的文章是否符合期刊的定位和该领域的地位。

MEDLINE 对申请期刊从优势和劣势两方面评价。如《中国癌症杂志》的优势体现在其所在的肿瘤学的学科优势：肿瘤学诊治领域快速发展，研究内容呈海量递增。劣势是期刊的影响力有待提高，中文期刊的作者和编委来源的多样性有待加强，研究型论著比例有待进一步提高。综述的影响力要小于研究型论著。此外，由于 MEDLINE 审核中文刊主要是通过英文内容，如摘要、图、表、参考文献等，因此披露信息翔实的长摘要有利于 MEDLINE 的审核及收录[26]。

综上所述，申请期刊应在各方面做好充足的准备，方可申请。研究型论文比例高能反映期刊的学术地位。期刊出版是期刊科学质量的基石，因此申请的期刊应做好组稿和约稿工作，以保证论文质量。

3 首次申请未通过再申请策略总结

首次申请未通过的期刊应严格按照收录审核反馈的报告对不足之处进行改进，只有这样才能帮助期刊再次申请 MEDLINE 或 PMC 收录。期刊在严格执行如下工作内容的基础上，以 2 年为期制定期刊整体提升的目标，进而为期刊再次申请 MEDLINE 及 PMC 收录做准备。

(1) 编辑部加大约稿力度，了解研究前沿内容，对专家进行访谈并约稿。

(2) 发挥主编、编委的能动性，争取贡献各自团队的研究型论文，进而提高研究型论文的比例。由主编、编委发起并设置专刊，通过学术活动征集稿件。

(3) 努力实现编委国际化，另外也从制度上对稿源进行支持。依靠主管、主办单位的优势，为期刊提供各项帮助。

(4) 严格遵循 MEDLINE 及 PMC 的《科学及编辑质量评估》(Scientific and Editorial Quality Assessment)的标准，规范国际化期刊的写作和编辑规范，将国际论文写作与编辑的相关指南应用于实践，指导作者写作，加强论文审核，深化期刊的内涵建设。

(5) 严格遵守并履行期刊的各项制度，用制度来指导具体工作。

4 申请 MEDLINE 或 PMC 可提升期刊的影响力和展示度

申请 MEDLINE 或 PMC 可提高期刊展示度和国际影响力和展示度。MEDLINE 和 PMC 分别为当今世界上权威的文摘类生物医学文献数据库及全文 OA 数据库，也是循证医学检索所必需的数据库，生物医学期刊被两者收录有利于学术成果的快速传播，增强期刊的国际展示度，扩大期刊的国际影响力[27]。由于 PMC 没有审核非英语期刊的能力，因此中文期刊如要申请 PMC，需要先申请 MEDLINE(MEDLINE 有审核非英语期刊的能力)，PMC 收录非英语期刊需要以其被 MEDLINE 收录为前提。其次，通过申请 MEDLINE 或 PMC 数据库，遵循 EQUATOR 的各项指南和 ICMJE 的推荐规范，有利于提升生物医学期刊论文的内涵建设和出版质量，加强生物医学期刊研究论文的质量控制[28]；再次，生物医学期刊申请 MEDLINE 或 PMC 数据库有利于期刊的制度建设，通过申请数据库开展相关工作，可帮助期刊建立、完善各项制度，使其符合国际化标准；最后，PMC 是 OA 数据库，虽然也收录订阅模式与混合出版的期刊，但是 PMC 要求二者被收录后不得迟于 12 个月开放其发表的文章，因此建议期刊采取 OA 模式，这不仅有利于期刊展示度的提高，也契合 PMC 为 OA 数据库的特征。

5 总结与展望

被国际重要数据库收录是实现期刊国际化的重要途径之一。目前，MEDLINE 和 PMC 收录的中国生物医学期刊数仍较少，且收录要求日益提高。MEDLINE 和 PMC 的科学质量评价体系有助于中国生物医学期刊加强自身建设，提升期刊的内涵质量和科学性，拟申请 MEDLINE 和 PMC 的期刊应根据 Equator Network 的《生物医学研究报告指南》严格规范论文写作，进而提高期刊的内涵质量；其次，期刊编辑部应加大约稿的力度，积极拓展国际编委，以编委带动稿源的多样性，提升稿源的数量和质量；再次，积极申请更多的数据库(如 DOAJ、Scopus 等)，拓展期刊的国际影响力。综上所述，本文阐述了申请 MEDLINE 和 PMC 的收录要点和最新标准，旨在为国内其他生物医学期刊申请 MEDLINE 和 PMC 数据库提供参考。

参 考 文 献

[1] 中国科学技术协会.中国科技期刊发展蓝皮书(2023)[M].北京:科学出版社,2023.
[2] 张书卿,曾蒙.基于 Scopus 数据库数据探讨我国人文社科学术期刊走出去的策略[J].中国科技期刊研究,2022,33(5):661-669.
[3] PubMed. About PubMed [EB/OL]. https://pubmed.ncbi.nlm.nih.gov/about/.
[4] 夏欣一,潘连军,黄宇烽,等.进入 MEDLINE 数据库是医学期刊国际化的重要途径[J].中国科技期刊研究,2007,18(2):306-308.
[5] 聂龙,单访.生物医学期刊如何申请加入 PubMed/MEDLINE 数据库:以《动物学研究》的实践为例[J].中国科技期刊研究,2012,23(3):463-466.
[6] MEDLINE. How to Include a Journal in MEDLINE [EB/OL]. [2023-02-18]. https://www.nlm.nih.gov/medline/medline_how_to_include.html#submitapplication.
[7] PMC. About PMC [EB/OL]. [2023-01-16]. https://www.ncbi.nlm.nih.gov/pmc/about/pmci/.
[8] 王琳辉,李广涛,倪明.中国生物医学期刊申请国际数据库收录的策略与探析:以《中国癌症杂志》为例[J].中国科技期刊研究,2023,34(12):1636-1644.
[9] 胡晓静.面向世界一流科技期刊我国医学类英文期刊发展现状与分析[J].中国科技期刊研究,2024,35(4):532-540.
[10] 刘谦,汪道远.AME 社长论坛|车门虽在敞开,但列车已驶远:中文生物医学期刊与 Medline[J].临床与病理杂志,2015,35(8):1445-1448.
[11] 王琳辉,倪明.中国金色 OA 期刊与钻石 OA 期刊的发展现状与对策:以 DOAJ 数据库收录期刊为例[J].中国科技期刊研究,2024,35(3):329-338.

[12] 丁译.DOAJ 收录的中国开放获取期刊及其收费政策的统计分析[J].中国科技期刊研究,2023,34(10):1356-1363.
[13] 王琳辉,倪明.中国开放存取期刊申请加入 DOAJ 数据库策略探析[J].出版与印刷,2022(5):74-82.
[14] MEDLINE. Policies [EB/OL]. [2023-05-10]. https://www.nlm.nih.gov/medline/medline_policies.html#reeval
[15] National Library of Medicine. NIH Data Sharing Policies [EB/OL]. [2023-05-10]. https://www.nlm.nih.gov/NIHbmic/nih_data_sharing_policies.html.
[16] 汪源.《学术出版透明与最佳行为准则》更新及其对中国学术期刊的启示[J].中国科技期刊研究,2024,35(8):1109-1115.
[17] DOAJ. Transparency & best practice[EB/OL]. [2023-01-10]. https://doaj.org/apply/transparency/.
[18] MEDLINE. Scientific and editorial quality assessment [EB/OL]. [2023-05-20]. https://www.nlm.nih.gov/medline/medline_journal_selection.html
[19] Research Reporting Guidelines and Initiatives: By Organization[EB/OL]. [2023-01-10]. https://www.nlm.nih.gov/services/research_report_guide.html.
[20] EQUATOR. Reporting guidelines for main study types [EB/OL]. [2023-02-18]. https://www.equator-network.org/.
[21] 张新庆,李传俊,蔡笃坚.30年来我国临床伦理研究主题之特点与反思:基于《中国医学伦理学》刊登论文的分析[J].中国医学伦理学,2018,31(4):461-466.
[22] 倪明,王琳辉,李广涛,等.基于 AGREE-China 对中文乳腺癌诊治相关指南/共识的质量评估[J].中国肿瘤,2022,31(10):828-838.
[23] 于笑天,张俊彦,汪源.2019—2021年 ICMJE 推荐规范的更新及医学期刊发展趋势[J].出版与印刷,2022(4):20-26.
[24] 孙晋枫,杨美琴.医学期刊编辑应用 CONSORT 审读 RCT 研究类论文的策略研究[J].出版与印刷,2022(4):27-34.
[25] 王亚辉,徐虹,李大金.人工智能医学影像研究报告规范（CLAIM）的解读及应用建议[J].出版与印刷,2023(6):89-95.
[26] 王琳辉,徐虹,倪明.医学期刊长摘要写作要求实施的现状及意义:以 F5000收录期刊为例[M]//学报编辑论丛2023.上海:上海大学出版社,2023:71-77.
[27] 张晓宇,刘静,王希挺,等.非英语 SCI 收录期刊特征分析及对中文科技期刊提升国际影响力的启示[J].中国科技期刊研究,2021,32(8):1070-1078.
[28] 栾嘉,邓强庭,黄超,等.我国医学期刊临床研究论文质量控制策略[J].中国科技期刊研究,2019,30(12):1281-1288.

新质生产力推动医学中文非核心期刊影响力提升

钱婷婷

(广州医科大学杂志社,广东 广州 510180)

摘要:医学期刊在促进学术交流、加快医学发展等方面具有重要作用。但期刊本身是否为核心期刊一直严重制约期刊的发展。对于非核心期刊而言,应从哪些方面努力来提升期刊影响力一直是期刊领域十分关注的问题。新质生产力是推动行业高质量发展的内在要求和重要着力点。新质生产力主要包括了更高素质的劳动者、更高技术含量的劳动资料、更广范围的劳动对象以及各要素的高效协同作用。本文旨在探讨新质生产力如何促进医学中文非核心期刊的影响力提升。通过对新质生产力的特点、要素、作用进行分析,结合医学非核心期刊的发展现状,提出一系列针对性的策略和建议,以期能够促进非核心期刊影响力的提升。

关键词:新质生产力;医学非核心期刊;影响力

在医学研究领域,期刊发表是评价学者研究成果、衡量学术水平的重要标准之一。然而,长期以来,核心期刊与非核心期刊之间的界限分明,使得非核心期刊在学术评价体系中往往处于边缘地位。由于核心期刊在学术评价体系中占据主导地位,许多学者和机构在评价学术成果时往往更看重核心期刊的发表情况,这导致非核心期刊发表的文章在职称评定、课题结项、学术评奖等方面难以获得应有的认可[1]。同时也导致了非核心期刊在稿源和传播方面面临更多的发展困境,想要形成广泛的学术影响力也面临着更大的挑战。

医学非核心期刊作为医学领域学术交流的重要平台,同样承载着大量研究成果的发布任务,且涵盖了医学领域的多个研究方向和细分领域,为广大学者提供了一个展示研究成果、交流学术思想的平台,在促进学术交流、推动医学进步等方面仍扮演着不可或缺的角色。通过非核心期刊,学者们同样能够及时了解最新的研究进展,促进知识的传播与应用。但其影响力不足的问题仍亟待解决。医学核心期刊相关研究较多,例如医学核心期刊已经有较多细分医学领域期刊影响力研究发表[2-4],但是非核心期刊的发展确较少受到关注。本文旨在通过结合新质生产力的理念,探究提升医学非核心期刊影响力途径,以期推动非核心期刊在医学学术交流和学科发展中发挥更重要的作用。

1 新质生产力概述

高质量发展是新时代的硬道理,需要新的生产力理论来指导。习近平总书记在中共中央

基金项目:中国高校科技期刊研究会"善锋软件基金"(CUJS2023-SF020)

政治局第十一次集体学习时强调："发展新质生产力是推动高质量发展的内在要求和重要着力点。"更高素质的劳动者是新质生产力的第一要素；更高技术含量的劳动资料是新质生产力的动力源泉；更广范围的劳动对象是新质生产力的物质基础。劳动者、劳动资料、劳动对象和科学技术、管理等要素，都是生产力形成过程中不可或缺的，只有生产力诸要素实现高效协同，才能迸发出更强大的生产力。

2 医学非核心期刊的发展现状

2.1 医学非核心期刊的数量

中国知网出版来源学科导航显示医药卫生科技期刊总计 5 328 种[5]，2023 年中国学术期刊影响因子年报(自然科学版)收录医药卫生相关期刊 1 179 种[6]，然而 2023 年中国科技核心期刊目录(自然科学卷)收录的中文医药卫生相关期刊仅 661 种[7]，2023 年版《中文核心期刊要目总览》更是仅收录 255 种医药卫生类期刊[8]。

虽然医药卫生期刊数量众多，但是核心期刊仅约占总量的 12.41%，北大核心的占比更是仅占到约 4.79%，而非核心医学期刊占比却超过 80%，非核心期刊在医学研究成果、学术思想交流中同样担负着重要作用。

2.2 医学非核心期刊面临的挑战与困境

2.2.1 稿源不足

由于英文期刊的大力发展以及国内专家英文水平的普遍提高，中文期刊现在普遍面临稿源不足的情况，对于中文非核心期刊，这种情况则更为严峻。医学中文期刊稿源主要来自科研考核、职称晋升、课题结题以及研究生毕业等，而由于考核的标准需要，作者往往优先选择英文期刊，其次为中文核心期刊，只有在上述两种期刊难以发表时或者着急见刊时才会考虑中文非核心期刊，以期能够快速见刊，完成工作指标[1]。所以，在中文稿源整体匮乏，以及中文核心期刊竞争压力之下，非核心期刊面临着越来越严峻的稿源不足问题。

2.2.2 约稿困难

在自由来稿难以达到正常出刊质量和数量的情况下，定向主动约稿已成为非核心期刊提升刊物质量、扩大学术影响力的重要途径[9-10]。但是作为受邀作者，往往不愿意将优质的稿件投到非核心期刊，不利于学者在学术圈的影响力、显示度和科研评价时的分值。因此，尽管编委积极努力协助约稿，来稿依然有限，且多数为研究生主笔，知名专家较少投入时间将其学术成果发表在非核心期刊上。

2.2.3 经费不足、专业人才缺乏

多数医学期刊主办单位为科研院所、医院或者医学高校，其工作重点往往为科研、医疗或者教学，编辑部往往处于边缘的境地，单位较少有独立的经费用于支持期刊的发展[11]。国家级、省级期刊支持项目也多围绕领军期刊、重点期刊、梯队期刊、高起点新刊、集群化试点等类型期刊进行支持，努力打造高影响力国际期刊[12-14]，但是对于发展中的大多数中文非核心期刊却严重缺乏相应的鼓励发展政策及项目支持。

此外，由于编辑部被严重边缘化，近年来受新型冠状病毒影响，医学科研院所、高校、医院等更倾向于将招人指标用于招聘高水平医学科研人员，医学期刊编辑部则面临严峻的高质量人才不足的困境。

3 新质生产力推动医学非核心期刊影响力提升的策略

3.1 培育和引进具备新质生产力技能的人才

对于非核心期刊编辑人员来说，由于编辑部人员不足，编辑人员可能同时需要肩负技术编辑、新媒体编辑甚至需要肩负编务的工作，面临工作任务繁重、学术和专业技能有待提升等多重困境[15-16]，更高素质的劳动者是新质生产力的第一要素，因此对于非核心期刊编辑来说，如何让自己成为具有更高素质的劳动者是期刊发展的重中之重。各省市每年都会结合期刊发展进展举办相应的科技期刊技能提升培训班，非核心期刊编辑首先要积极参加期刊培训班的学习交流，通过与时俱进的技能学习及练习掌握最新的编辑办公技巧，尤其是近两年快速发展的预印本、数字化出版、新媒体融合、大数据与人工智能协助选题及编辑等等。此外，编辑部内也可定期组织内部学习，交流经验以及各自新掌握的高效办公技能。通过内部面对面交流工作和技能经验，编辑可以更直接的解决工作中遇到的问题，更牢固的掌握新的办公技巧，从而使编辑团队向更高素质的劳动者进一步迈进。构建学习研究型编辑部在实现编辑人员综合能力提升的同时还可以实现期刊学术影响力的提升[17]。

除了对编辑部现有人员的培养，编辑部还应积极关注所在单位人员招聘情况，在政策允许的情况下，积极提交用人申请。协调编辑部人员工作内容，挖掘所需招聘人员特征，努力构建预聘人员画像，在单位有招聘计划的时候可以有重点、有方向的招聘所需高素质人才，尽量使新入职员工与已有团队形成合力，协同发展，促进编辑部整体向更高素质劳动者转变，推动期刊向上发展。

在招聘人员紧张的现状下，编辑部可尝试利用主办单位资源，招聘临时高水平员工。兼职编辑首先为解决期刊编辑人员紧张与编辑超负荷劳动的矛盾提供了有效途径[18]。例如编辑部所在主办单位若为高校，则可以联合学生工作部招聘勤工助学研究生或者实习生，协助编辑部完成部分新媒体、材料整理等工作。医学院所在读本科生或研究生有较好的医学专业背景，且年轻力量对于新媒体有较浓厚的兴趣，编辑部招聘勤工助学或实习岗位可在分担编辑部工作的同时锻炼学生的新媒体编辑能力，在本部门有人员招聘计划的时候编辑部可优先向担任过部门实习生的毕业生发出邀请，从培养过的实习生中择优与社会招聘人员竞争上岗。筛选过的实习生在专业背景和编辑能力上都有一定的培养，为部门发展所需具备新质生产力劳动者新鲜血液的注入提供了更多的选择。

3.2 调动编委会新质生产力提升期刊影响力

医学非核心期刊往往也有着较为强大的编委会团队，编委会成员的积极参与对于期刊的向上发展至关重要[19]。很多非核心期刊的编委通常也是各自所在医学领域内学科带头人，在自己所在领域深耕多年，掌握学科的研究前沿，是典型的新质生产力劳动者，对指导期刊发展至关重要。但是由于医学非核心期刊影响力较弱，编委日常临床及科研工作又十分繁忙，编委会成员投入编辑部工作的调动也存在一定的困难。虽然会遇到编委难以参与工作的情况，但是对于非核心期刊的编辑而言也应积极主动沟通其中可以参与编委会工作的编委成员，与行业领域医学期刊编辑部建立联系，如成立期刊联盟等形式，不能因为容易被拒绝就消极沟通编委力量。只有积极沟通，积极展示已参与编委的工作，其他编委才会受到正向影响尽力参与到组稿、约稿中，参与编辑部工作的编委会越来越多，充分发挥强大编委团队新质生产力劳动者的力量，期刊的影响力也会得到不断提升。

3.3 借助新质生产资料新媒体和在线学术平台扩大传播

3.3.1 制定社交媒体推广策略

更高技术含量的劳动资料是新质生产力的动力源泉，随着5G网络传输技术的普及，以及众多媒体传播方式的崛起，人们获取信息的方式越来越多样化[20]。进入融媒体时代之后，科技期刊充分利用各种新媒体传播渠道、尝试各种新媒体传播形式，传播效果显著提升[21-22]。对于医学非核心期刊也应积极创办自己的官方媒体社交账号，让读者和编委更便捷地获取期刊最新内容。鉴于医学非核心期刊人力物力财力的匮乏，期刊可以从受众广泛且免费的网站建设、微信公众号及视频号建设开始新媒体推广，在能力范围内借助新质生产资料推动期刊发展。

首先，期刊可以建立独立的网站，并进行网站的官方认证。拥有独立的官方网站，有利于读者、编者更便捷地获取期刊最新发布的内容，还可以检索过刊内容，检索高被引论文和高下载量论文，以提高期刊的显示度和影响力。网站还可以方便作者、编委和编辑进行稿件管理。进行官方验证后的期刊网站可以避免作者受各种虚假网站的影响，减少作者的时间和金钱损失。

其次，由于专家学者越来越依赖手机获取最新学术资源，期刊还需重视微信公众号的作用，建立官方微信公众号及时通过公众号发布最新发表的文章，提高文章传播的效率，对于提高期刊影响力至关重要。作者和编委通过关注微信公众号，在投审稿、审稿过程中有疑问也可以通过微信公众号反馈，方便编辑部与作者、编委的及时沟通。

此外，视频号等新媒体方式也越来越受到专家学者的关注，期刊可以对期刊发表论文进行视频化讲解加快优秀论文的传播，如AMinar等第三方平台推出的视频论文制作；对作者在投审稿中经常遇到的问题以及初审经常碰到的格式等问题进行视频化讲解提高作者的来稿质量；期刊组织的各种学术会议也可以通过视频号进行直播共享，让更多专家能够参与到学科的发展讨论中。

通过新质生产资料新媒体等的应用，期刊可以得到更多展示与传播，受到更多学者的关注，从而实现期刊影响力进一步提升。

3.3.2 组织会议或与知名学术平台合作

期刊可以通过打造品牌学术会议或与领域内知名医学平台合作，提高期刊的影响力。例如通过组织线上或线下学术会议提升期刊影响力[23-24]；或与领域知名医学平台合作发布期刊介绍、行业领域专家共识、国际研究热点等提高期刊学术影响力[25]。随着科技的进步，近两年线上会议软件得到快速发展，使学术交流更加畅通，期刊可以充分借助线上会议软件更便捷地实现会议组织和学术传播。同时，随着技术平台的不断完善，越来越多的学术平台形成品牌，期刊通过医学不同学科的专业学术会议或与知名学者、影响力大的学术平台合作，提升期刊传播力。

3.4 创新期刊管理模式

传统编辑部通常由编辑部主任和编辑团队组成，编辑团队又分为以技术编辑和编务为主的两大类。随着新媒体在期刊发展中的作用越来越重要，很多核心期刊还专门设置了新媒体编辑的岗位。但是对于非核心期刊人员不足的情况，难以设置专门的新媒体编辑，很多期刊新媒体编辑是由技术编辑或编务兼任，使技术编辑和编务工作量增加或者新媒体发布更新较慢，难以达到预期宣传效果。

为解决非核心期刊新媒体技术编辑的不足，编辑部可以在原有团队基础上借助外力协助新媒体的管理，减轻编辑、编务兼任的压力。例如高校期刊可以和学生工作处合作，招聘学生勤工助学或者学生毕业实习岗位；对于科研机构则可以招聘在读研究生协助新媒体内容的编辑，这样学生既可以解决部分生活困难还可以得到写作锻炼，编辑部则可以更好地完成工作的同时减轻编辑的压力，使新媒体工作更容易开展。通过这种主任、编辑、编务加外聘青年的创新管理模式，使编辑部日常工作得以更加顺畅。

4 挑战与对策

4.1 实施新策略可能遇到的挑战

培养现有编辑成为具备新质生产力技能的人才，需要编辑额外投入大量时间交流、学习，日常工作可能会受到不同程度影响，这就要协调好学习交流投入的时间占比，以及如何调动编辑主动参与的积极性。编委会成员多数为领域内专家，如何提高编委参与的积极性也值得深入思考。加强期刊新媒体传播则需要人力财力的更多投入，在非核心期刊本就经费紧张的情况下如何实现新媒体的良性发展也是一个巨大挑战。对于创新期刊管理模式，因为需要外聘一些兼职人员协助期刊发展，财力紧张以及外聘人员管理也十分值得关注。

4.2 应对挑战的对策和建议

针对如何调动现有编辑主动参与学习交流，首先建议在工作时间给予编辑每周或每月固定学习交流的时间，新技能学习后提高工作效率可以反过来促进编辑学习的主动性；其次，在编辑部经费允许的情况下奖励学习先进，对于学习技能较快且分享技能的人员一定的绩效奖励，可以促进编辑的主动学习。

针对编委参与工作的调动，建议编辑部完善编委信息，定期统计编委组稿约稿审稿工作量及期刊活动参与情况，根据编委工作情况将编委分为积极组、一般组和消极组，编辑部有重点的沟通编委开展工作，及时在编委群通报编委参与重要工作，如亲自撰稿投稿等，调动群内其他编委积极性。此外，还建议在编委会对工作突出的编委颁发证书以示鼓励。

针对新媒体传播工作面临的人力和财力缺乏，建议首先通过大家免费的微信公众号和视频号开始宣传，搭建免费的投审稿系统，实现期刊数字化传播。加入国内知网、万方、维普、超星等数据库，多渠道免费传播期刊论文。人力资源则可通过与所在单位整合，协调兼职人员参与工作。虽然兼职人员可能会有断层的风险，但是编辑部固定工作人员总体负责，兼职人员负责部分实务操作，在一定程度上可以减轻人员匮乏的困境。

5 结束语

通过高质量人力资源利用、高效率传播渠道发掘、高效能团队协作，从新质生产力的更高素质的劳动者、更高技术含量的劳动资料、更广范围的劳动对象以及更优化的管理模式等方面多层次开展工作，多渠道相互促进医学非核心期刊向更高水平提升，发挥期刊优势，推动学科发展，实现医学非核心期刊影响力提升的目标。

参 考 文 献

[1] 王丽爱.关于非核心期刊的发展困境及对策思考[J].重庆科技学院学报(社会科学版),2016(10):83-85.

[2] 林强,高飞,王晓茵.我国儿科医学类核心期刊学术影响力综合评价及思考[J].科技与出版,2012(5):73-75.

[3] 廖薇薇,陈秋莲,舒安琴.2012—2015年5种科技核心检验医学期刊学术影响力动态分析[J].天津科技,2017,44(6):120-124,127.

[4] 谭斯允,黄开颜.7种生物医学工程学类中国科技核心期刊 2018—2020 年主要发文指标分析[J].医学信息,2023,36(11):27-32.

[5] 中国知网出版来源导航:医药卫生科技[EB/OL].[2024-07-28].https://navi.cnki.net/knavi/

[6] 肖宏,金兼斌,伍军红.2023年中国学术期刊影响因子年报(自然科学版)[R].《中国学术期刊(光盘版)》电子杂志社有限公司,2023:24-55.

[7] 中国科学技术信息研究所.2023年中国科技核心期刊目录(自然科学卷)[R].2023.

[8] 北京大学图书馆.2023年版《中文核心期刊要目总览》[M].北京:北京大学出版社,2023.

[9] 马攀可,庄溢.非核心科技期刊的困境与出路:以《四川建筑科学研究》为例[J].传播与版权,2020(2):51-55.

[10] 黄春燕.高校非核心科技期刊分层次专业化建设实践:以《能源研究与信息》为例[J].上海理工大学学报(社会科学版),2018,40(3):297-300.

[11] 肖田,李治飞,饶述军.园艺类非核心科技期刊的困境与应对[J].青年记者,2018(8):55-56.

[12] 赵勤,李芳.中国科技期刊国际影响力提升计划入选期刊的现状与发展方向[J].编辑学报,2017(增刊1):117-119.

[13] 中国科协财政部,教育部,科技部,等.关于组织实施中国科技期刊卓越行动计划有关项目申报的通知[EB/OL].(2019-09-18)[2024-07-28].http://www.moe.gov.cn/s78/A16/tongzhi/201909/t20190927_401259.html.

[14] 中共广东省委宣传部,广东省科学技术厅.2024年度广东省高水平科技期刊建设项目申报指南[R].2023.

[15] 肖雪莲.论当前非核心期刊编辑的职业困境及突破路径[J].视界观,2020.

[16] 郭海婷,桂根浩,涂剑,等.论新形势下学术期刊编辑应具备的素养[J].新闻研究导刊,2023,14(1):60-63.

[17] 吴成福.鼓励编辑人员搞科研构建学习研究型编辑部:河南工业大学学报编辑部的思考和实践[J].中国科技期刊研究,2009,20(6):1164-1166.

[18] 章蓉.论兼职编辑在高校学报中的地位[M]//学报编辑论丛.1992:64-67.

[19] 王洁.提升科技期刊影响力的措施:以《金刚石与磨料磨具工程》为例[J].编辑学报,2023,35(2):219-222.

[20] 王晖.融媒体背景下学术期刊发展的机遇与挑战[J].中国传媒科技,2024(5):72-75.

[21] 周晔,曹作华,李伟杰,郝淑龙.中文护理科技期刊融媒体建设的探索:以《中华护理杂志》为例[J].编辑学报,2021,33(5):553-557.

[22] 徐睿.打通"一微一站",让期刊新媒体传播"活起来"[J].编辑学报,2024,36(2):234.

[23] 陶婧,付少兰.打造品牌学术会议助力提升科技期刊影响力:以"陈宗基讲座"高端论坛为例[J].编辑学报,2024,36(3):287-291.

[24] 田恬,史永超.打造线上品牌学术会议,助力科技期刊发展:以 Research 主编格致论坛为例[J].科技传播,2022,14(17):41-45.

[25] 医脉通.《血栓与止血学》创刊30周年|叶絮教授寄语 ITP 未来诊疗发展[EB/OL].[2024-07-28].https://mp.weixin.qq.com/s/JAGzGYdA-dgHd6gfee28ng.

理工类高校学报发文特征研究
——以山东省理工类高校学报为例

王艳芳

(青岛科技大学学报编辑部，山东 青岛 266061)

摘要：为探究理工类高校学报发文特征，选取《山东科技大学学报(自然科学版)》《青岛科技大学学报(自然科学版)》《齐鲁工业大学学报》2021—2023年收录在中国知网的文献作为研究样本。研究结果显示：理工类高校学报发文以内稿居多，且以研究生作者为主体；发文作者高职称占比较少，高影响力作者稀缺；发文机构以大学为主体，与相关研究院所和相关企业的合作有待加强；基金项目资助的文献量超过发文总量的95%以上，且以国家级课题为主；发表时滞相对合理；发文学科与学校的传统优势学科密切相关。基于此，理工类高校学报需利用学科和基金项目优势，走优势学科引领、基金引领之路；完善学报的学术服务功能，努力构建学术共同体。

关键词：理工类高校学报；发文特征；学科引领；学术服务

由于发展历史的不同，理工类高校一般具有自己的专业特色和优势学科。而作为理工类高校教学和科研成果展示和交流的重要平台，理工类高校学报却由于其综合性而衍生出同质化劣势[1]。依托学校的专业优势，凸显学科的特色，打造期刊特色的办刊思路受到学者们的关注[2-4]。对学报发表论文的作者、来源机构、基金项目等信息进行分析，有助于掌握研究热点、策划栏目选题、挖掘优质稿源等，从而提高学报的学术质量[5]，突出学报特色。本文以山东省理工类高校学报为例，实证研究理工类高校学报的发文特征，进而提出理工类高校学报特色化发展的建议。

1 数据来源和研究方法

根据山东高校第四轮学科评估结果，选择排名靠前的3家理工类高校的学报：《山东科技大学学报(自然科学版)》《青岛科技大学学报(自然科学版)》《齐鲁工业大学学报》，以这3家高校学报2021—2023年收录在中国知网的全部论文为样本。共检索到768篇学报文献记录，除去资讯、公告等29篇文献，得到有效论文739篇，其中《山东科技大学学报(自然科学版)》241篇、《青岛科技大学学报(自然科学版)》288篇、《齐鲁工业大学学报》210篇，数据截止日期为2024年6月30日。期刊的文献数量分布如图1所示。下载论文的PDF格式，并将每篇论文的作者、投稿日期、出版日期、基金项目、发文机构、所属学科、被引频次等信息录入Excel表格中建立分析数据库。

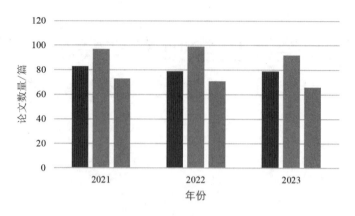

图 1　3 家学报 2021—2023 年发文数量分布

2　统计结果分析

2.1　发文作者特征分析

按照内稿、作者职称(包括博士)、研究生(包括本科生)对作者特征进行分析,发文作者特征只统计第一作者相关信息。统计结果见表 1。

表 1　3 家学报 2021—2023 年发文作者特征

年份	《山东科技大学学报(自然科学版)》			《青岛科技大学学报(自然科学版)》			《齐鲁工业大学学报》		
	内稿/篇	高级职称/名	研究生/名	内稿/篇	高级职称/名	研究生/名	内稿/篇	高级职称/名	研究生/名
2021	50	35	42	78	27	68	67	6	63
2022	39	40	33	80	24	69	53	12	55
2023	46	42	29	76	24	65	52	11	51
占比/%	56.17	46.89	43.15	81.25	26.42	70.14	81.90	13.81	80.48

从内稿占比来看,《青岛科技大学(自然科学版)》内稿占比最大,《齐鲁工业大学学报》次之,两者的内稿占比都超过了 80%,《山东科技大学(自然科学版)》内稿占比最小,但也超过了 50%。内稿占比较高显现了高校学报的内向性特点[6-7]。发文的内向性特点是由高校学报的性质决定的,即高校学报是展示高校学术水平的重要窗口,是塑造学校形象、创造学校品牌的重要途径[8]。内稿比例是高校学报一个较为稳定的特征指标,且对期刊质量具有一定的影响,但并不存在一个可以使期刊质量最大化的确定的内稿比例,其确定要根据期刊的具体情况,如期刊的等级、类别等。大多数期刊的内稿比例为≤30%或≥70%[9-10],按照这样的一个内稿比例标准,《青岛科技大学学报(自然科学版)》和《齐鲁工业大学学报》内稿比例超出一般范围,因此需要加大组稿力度,提高稿件的覆盖率。

从发文作者的职称来看,《山东科技大学学报(自然科学版)》高级职称占比最高,《青岛科技大学学报(自然科学版)》次之,《齐鲁工业大学学报》最低,且后两家学报的高职称作者比例是偏低的。

从发文作者为研究生来看,《青岛科技大学(自然科学版)》和《齐鲁工业大学学报》所占比例也基本相同,达到70%以上,而《山东科技大学(自然科学版)》占比相对较低,但也超过了40%,且多为本校研究生。这反映了高校学报发文的另一个特点,即本校研究生已经成为其主要作者群[11]。

进一步根据作者的H指数对作者特征进行分析。H指数是评价科学研究人员科学影响力的指标之一,本文仅以论文第一作者的H指数进行分析,以中国知网提供的数值为依据。《青岛科技大学学报(自然科学版)》作者丁锋,其H指数最高,为6,其次是《山东科技大学学报(自然科学版)》作者郭金玉,其H指数为4。其余作者的H指数均在4以下。有学者研究认为,H指数10以上的作者被认定具有较高的学术影响力,10以下的作者则被认定为一般作者[12-13]。虽然H指数作为粗粒度的评价指标,其数值受到学者学术生涯长短的影响,并不能完全表征作者的学术影响力,但在一定程度上,H指数还是可以反映学者的生产率及影响力情况[14]。受限于与所属高校的同一性,以及当下的学术期刊评价体系,理工类高校学报很难吸引到学术影响力较高的作者。理工类高校学报往往充当了学术人才培养的阵地,而当成长型作者具备一定的学术影响力或者具有高级职称后,倾向于将稿件投向专业期刊或级别更高的刊物。

2.2 发文机构特征分析

3家学报发文机构特征如表2所示,表中只统计第一作者的发文机构。发文机构为大学的占比最大,且本校发文多与大学、研究机构或者企业合作。发文机构为企业的次之,科研院所(包括国家重点实验室)及政府机构占比最少。由此可知,3家学报高发文机构主要集中在高等院校,与研究院所、企业等的合作有待加强。

表2 3家学报2022—2023年发文机构特征

年份	《山东科技大学学报(自然科学版)》/个			《青岛科技大学学报(自然科学版)》/个			《齐鲁工业大学学报》/个		
	大学	企业	科研院所	大学	企业	科研院所	大学	企业	科研院所
2021	69	10	4	97	1		72	1	
2022	68	7	4	96	2		68	3	
2023	72	5	2	89	2	1	62	3	1
占比/%	86.72	9.13	4.15	97.92	1.74	0.35	96.19	3.33	0.48

2.3 发文基金项目特征分析

3家学报2021—2023发文基金项目统计如表3所示。3家学报发文多为多个基金项目资助,为避免同一篇文献重复统计,3家学报基金项目统计分别按照表3竖列中基金项目名称从上至下的顺序进行筛选。其他项目包括国家发改委资助、国家科技部资助项目,以及重点实验室开放项目、大学生创新创业训练项目、市县级项目、企业项目。另外,由于学科原因,《山东科技大学学报(自然科学版)》和《齐鲁工业大学学报》发文所冠国家社科基金、教育部人文社会科学项目不计在统计范围。因此,表3的统计结果只能大概反映3家学报基金项目资助情况。

表 3　3 家学报 2021-2023 年发文基金项目特征

《山东科技大学学报 (自然科学版)》 基金/篇	《青岛科技大学学报 (自然科学版)》 基金/篇	《齐鲁工业大学学报》 基金/篇
国家自然科学基金(156)	国家自然科学基金(150)	国家自然科学基金(108)
国家青年科学基金(2)	国家青年科学基金(1)	国家青年科学基金(1)
国家重大研发计划(8)	国家重大研发计划(10)	国家重大研发计划(18)
"十三五"国家科技重大专项(1)	"十三五"国家科技重大专项(1)	中央基建投资项目(1)
中央高校基本科研业务费(2)	国家 863 计划(1)	教育部产学合作协同育人项目(1)
省级(42)	中央高校基本科研业务费(1)	省级(50)
其他(20)	省级(92)	校级(6)
无(10)	校级(9)	其他(10)
	其他(14)	无(14)
	无(11)	

由表 3 可知，3 家学报获得基金项目资助的论文共计 705 篇，占总发文量的 95.40%。基金项目以国家级课题为主体，共计 457 项，占到基金项目总量的 64.82%。其中，国家自然科学基金项目 414 项、国家青年科学基金项目 4 项、国家重大研发计划 36 项、"十三五"国家科技重大专项 2 项、国家 863 计划 1 项。省级项目居第二位，共计 184 项，其中山东省基金项目 162 项，占省级项目总量的 88.04%。由此可见理工类院校对地方发展的关注与支持。

2.4　发文时滞特征分析

发文时滞是指从编辑部收稿日期到出版日期的时间间隔[15]。发文时滞反映了学术期刊同行评审的速度和期刊编辑工作的效率[16]。按照发文时滞最短、发文时滞最长和均值对 3 家学报 2021—2023 年的发文时滞进行统计，统计结果见表 4。由平均发文时滞来看，《山东科技大学学报(自然科学版)》的发文时滞最长，为 403.22 天，《青岛科技大学学报(自然科学版)》次之，为 365.83 天，《齐鲁工业大学》最短，为 175.14 天。

表 4　3 家学报 2021—2023 年发文时滞特征

年份	《山东科技大学学报 (自然科学版)》/天			《青岛科技大学学报 (自然科学版)》/天			《齐鲁工业大学学报》/天		
	发文时滞最短	发文时滞最长	均值	发文时滞最短	发文时滞最长	均值	发文时滞最短	发文时滞最短	均值
2021	130	807	406.20	71	484	359.56	97	373	190.59
2022	188	777	428.05	58	612	370.14	45	463	185.55
2023	115	796	375.39	33	469	367.80	84	512	230.29
均值			403.22			365.83			175.14

我国科技期刊的平均发文时滞为 357 天，国际知名期刊的发文时滞均在 200 天左右[17]。《山东科技大学学报(自然科学版)》和《青岛科技大学学报(自然科学版)》的平均发文时滞略高于我国科技期刊平均发文时滞，也可以说基本持平，但高于国际知名期刊的平均发文时滞，两者的发文时滞略长。《齐鲁工业大学学报》的平均发文时滞低于我国科技期刊和国际知名期刊平均发文时滞。虽然期刊的发文时滞与论文被引频次之间的相关性并不显著[18]，但较长的发

文时滞会影响研究者对期刊的评价和认可,对期刊声誉产生负面影响,因此需要对出版时滞予以重视[16]。

2.5 发文学科特征分析

根据《中华人民共和国国家标准·学科分类与代码》(2007-05-28),并结合中国知网的学科分类,对3家学报2021—2023年发文的学科特征进行统计,排名前10的学科及发文数量如表5所示。

表5 3家学报2021—2023年发文学科特征分析

《山东科技大学学报(自然科学版)》发文学科/篇	《青岛科技大学学报(自然科学版)》发文学科/篇	《齐鲁工业大学学报》发文学科/篇
地质学(29)	有机化工(83)	数学(18)
矿业工程(28)	材料科学(24)	轻工业手工业(16)
计算机软件及计算机应用(23)	化学(24)	有机化工(14)
自然地理学和测绘学(21)	数学(20)	生物学(14)
电力工业(14)	无机化工(19)	环境科学与资源利用(13)
数学(12)	计算机软件及计算机应用(14)	自动化技术(12)
建筑科学与工程(10)	自动化技术(9)	金属学及金属工艺(12)
公路与水路运输(9)	轻工业手工业(8)	计算机软件及计算机应用(11)
自动化技术(8)	机械工业(8)	电力工业(9)
物理学(7)	电信技术(8)	电信技术(7)

山东科技大学、青岛科技大学、齐鲁工业大学3所高校是工科优势突出,行业特色鲜明的高校。山东科技大学的优势学科包括工程学、数学、化学、材料科学、地球科学、计算机科学、环境与生态学[19]。青岛科技大学的优势学科包括化学、材料科学、工程学、环境科学与生态学、计算机科学[20]。齐鲁工业大学的优势学科包括工程学、化学、材料科学、农业科学、环境学及生态学、计算机科学、生物及生物化学和药理学与毒理学[21]。由表4可知,3家学报发表的文献主要与学校的传统优势学科密切相关,优势学科为学报提供了重要的内容来源和学术支持。

3 总结和建议

由以上理工类高校发文特征可以总结出理工类高校学报的现有优势和劣势。优势包括:发文与学校的传统优势学科密切相关,优势学科可以为学报提供内容来源;基金项目资助的文献量超过发文总量的95%以上,且以国家级课题为主;发表时滞相对合理。劣势包括:内稿居多,且以研究生作者为主体;发文作者高职称占比较少,高影响力作者稀缺;发文机构以大学为主体,与相关研究院所和相关企业间的合作有待加强。理工类高校学报应充分利用现有的优势,克服劣势,扭转同质化困境,摸索出理工类学报的特色发展之路。

3.1 利用现有优势,走优势学科引领、基金引领之路

首先是加强学报与优势学科的深度融合。以《青岛科技大学学报(自然版)》为例,化学、材料化学是青岛科技大学的优势学科,有机化工、材料科学、化学学科在《青岛科技大学学报(自然版)》的发文量排前3位,体现了优势学科对学报的学术支持。但是从学科的平均被引频次来看,有机化工的平均被引频次为1.83,材料科学为1.54,化学为0.96,均低于总的平

均被引频次(2.65)，这说明优势学科对学报的引用贡献并不理想，学报还需要更积极地与本校优势学科深入合作。理工类高校学报可以争取学校或学院对于优势学科相关科研团队在本校学报发表论文给予一定政策扶持，从而提供长期稳定的本校稿源保障。另外，吸收高影响力学者进入学报编委会，鼓励他们身先示范，将稿件投给本校学报，为学报吸引优势学科的优质稿源提供多个醒目靶标[1]。同时关注青年学者的研究动态，可以通过青年学者发表的论文、承担的基金项目等了解其研究动态，然后主动约稿或者邀请其担任审稿专家，通过编辑流程发挥学报对于优势学科人才的滋养作用，培养其对学报的认同感，将有潜力的优秀稿件留在本校学报。其次是关注国家重点研发计划、国家自然科学基金等项目，通过基金项目了解相关学科的热点主题和研究前沿。设置重大项目的专栏，快发具有时效性的稿件，围绕学校的优势学科、重大项目进行约稿、组稿。充分发挥编委会的作用，推进审稿流程，可以先网络首发，然后根据期刊的发表进度安排到具体的期次，缩短发表时滞。

3.2 克服劣势，完善学报的学术服务功能，努力构建学术共同体

首先，利用学报的联结功能，为学者提供学术服务。学报编辑部可以尝试与图书馆、出版社等职能相近的单位合作，开设信息建设、专业软件应用、科研情报分析等系统培训课程，为校内师生提供更具体的科研服务支持[22]。学报编辑部还可以利用编辑部的行业知识和实践经验，为作者提供文献管理、图文润色、投稿期刊筛选、反响分析等多方位的学术服务。编辑部除了关注本校优势学科和研究团队的研究动态外，还应努力挖掘相关研究院所、企业的作者群，在扩大稿源覆盖面的同时，为校内外学者搭建学术交流渠道。如《山东科技大学学报(自然科学版)》地质学学科文献的发文机构包括武汉工程大学、中国地质大学等高等院校，山东省地质科学研究院、中国冶金地质总局青岛地质勘察院、青岛海洋科学与技术国家实验室等科研院所，以及中海油能源发展股份有限公司、中石化石油工程地球物理有限公司等企业，吸引多种类型的研究群体进入学报，不仅可以让学者们了解到地质学学科在高校和科研院所的理论研究进展，还可以使学者们关注到企业在地质学方面的技术应用及需求，实现学术研究与实践应用的双向促进。其次，利用学报的引导功能，提升学报作者的学术追求。积极向校内外的高影响力学者约稿，或者邀约其成为专栏的主持人，提高学报的关注度，为学者们的投稿提供引导。如《青岛科技大学学报(自然科学版)》连续发表了"泰山学者"特聘教授丁锋"传递函数辨识"和"滤波辨识"主题的系列论文，其论文的最高被引频次达到 30，而《青岛科技大学学报(自然科学版)》2021—2023 年平均被引次数是 2.65。高影响力学者不仅可以提高学报的被引频次，而且可以扩大学报在某一学科的影响力，从而对学者的投稿起到一定的引导作用。再次，发挥学报的育人功能，实现学报学术创新的桥梁作用。在审稿专家、导师和研究生作者间协调沟通，充分利用审稿专家的智力资源、调动导师的指导责任以提升研究生科技论文的学术水平，在论文投稿、评审、编校、出版的过程中培养研究生科技论文的写作规范、科研能力、学术道德素养及人文素养[23]，发挥高校学报知识传承和学术创新的桥梁作用[24]。综上所述，学报通过其联结功能、引导功能和育人功能，以学校优势学科为根基，构建起编委、作者、读者和编辑紧密联系的学术共同体[25]，从而实现学报和学校学科建设的双向赋能。

参 考 文 献

[1] 徐婷婷.高校一流学科建设中理工类学报的借力发展现状与发力路径探讨[J].中国科技期刊研究,2023(12):1584-1592.

[2] 刘越.依托优势学科打造期刊特色:理工类院校社科学报办刊思路探析[J].现代传播(中国传媒大学学报),2014(6):148-149.

[3] 胡晓雯,李春红.高校理工类高校优势栏目建设策略分析[J].淮阴师范学院学报(自然科学版),2022(3):243-245.

[4] 王晨.理工类高校社科学报栏目建设路径探索[J].科技与出版,2022(3):154-160.

[5] 张洁,陈一朵,刘建党.《西北农林科技大学学报(社会科学版)》2013—2022年高被引论文特征分析[J].西北林业大学学报(社会科学版),2024(4):153-160.

[6] 蒋亚儒,赵大良,陈浩元.高校自然科学学报内向性的统计分析[J].编辑学报,2021(4):396-398.

[7] 骆瑾,王昕."双一流"高校工科学报校内发文量与学术影响力统计分析[J].中国科技期刊研究,2021(2):274-280.

[8] 教育部关于加强和改进高等学校哲学社会科学学报工作的意见[J].教育部政报,2002(10):453-456.

[9] 张坤,赵粉侠,曹龙.林业类高校学报稿源变化趋势及其与期刊质量的关系[J].中南林业科技大学学报(社会科学版),2013(5):222-224.

[10] 朱慧娟.天津市高校自然科学学报作者群体结构分析[J].中国科技期刊研究,2004(3):280-289.

[11] 李丽,匡云,张凤莲.高校学报编辑对研究生作者的指导及其意义[J].编辑学报,2006(4):313.

[12] 查颖.H指数与论文自引:以图书情报领域中国学者为例[J].图书馆理论与实践,2008(6):36-38.

[13] 张建业,刘勇,徐敏,等.基于H指数级界定方法的高水平潜在作者挖掘[J].科技与出版,2023(9):79-87.

[14] 魏明坤.基于h指数修正的学者历时影响力研究[J].信息计量与科学评价,2021(1):152-157.

[15] 张莉,张凤莲.缩短发表时滞提高论文的时效性[J].编辑学报,2003(5):331-332.

[16] 宋嘉宾,李军纪.学术期刊出版时滞的研究进展[J].中北大学学报(社会科学版),2024(3):139-144.

[17] 李庚.缩短科技期刊出版时滞策略及未来出版模式展望[J].中国科技期刊研究,2022(11):1546-1553.

[18] 刘俊婉,郑晓敏,宿娜,等.国内外情报学领域期刊发文时滞的计量分析:以Scientometrics和《情报学报》期刊为例[J].中国科技期刊研究,2016(12):1296-1299.

[19] 山东科技大学简介[EB/OL].[2024-07-20]. https ://www.sdust.edu.cn/xxgk/xxjj.htm.

[20] 学校简介[EB/OL]. [2024-07-18]. http ://www.qust.edu.cn/xxgk/xxjj_.htm.

[21] 学校简介[EB/OL]. [2024-07-20]. http ://www.qlu.edu.cn/wxxgk/list.htm.

[22] 杨玓,严定友,曾群.学术共同体视角下师范类高校自然科学学报与"双一流"建设协同机制研究[J].中国科技期刊研究,2023(5):676-684.

[23] 陈春平,周天惠.高校学报服务于本校研究生培养工作的思考[J].编辑学报,2019(1):102-105.

[24] 亢原彬.高校学报在研究生作者培养中的作用[J].编辑学报,2018(2):212-214.

[25] 王浩斌.学术共同体、学术期刊与学术评价之内在逻辑解读[J].中国社会科学评价,2015(3):69-81.

聚焦区域学术期刊特色 赋能区域科技创新发展

陈春平，高洪涛，林 琳，姜丰辉，孙丽莉

(青岛科技大学学报(自然科学版)编辑部，山东 青岛 266061)

摘要：学术期刊具有天然的地域属性，是区域科技创新体系的重要组成部分。本课题组经过大量调研，归纳了青岛学术期刊助力青岛区域科技文化创新的多个方面，并凝聚了青岛区域学术期刊特色，并提出了依托学术期刊开展青岛地区经济科技文化发展的 3 个策略：以青岛期刊海洋特色优势为依托，构建海洋特色高端智库，助力青岛海洋发展战略；以青岛海洋类学术期刊数字资源为抓手，建立青岛海洋学术成果大数据中心；加强青岛学术期刊集群化发展，形成合力，尤其是做大做强海洋类学术期刊，进一步促进青岛区域科技文化创新发展。通过这项工作希望能为青岛学术期刊行业的整体发展提供有效对策以及如何利用学术期刊来更好地服务区域科技创新发展提供参考。

关键词：区域创新发展；科技期刊；科技文化；期刊集群化

2021 年 5 月 18 日中宣部、教育部、科技部印发的《关于推动学术期刊繁荣发展的意见》(中宣发〔2021〕17 号)中指出，学术期刊是开展学术研究交流的重要平台，是传播思想文化的重要阵地，是促进理论创新和科技进步的重要力量。加强学术期刊建设，对于提升国家科技竞争力和文化软实力，构筑中国精神、中国价值、中国力量具有重要作用。诚然，科技创新离不开科学研究的发展与新技术的应用，而科技期刊作为承载科研成果的载体，是传播创新成果、传承创新思想、引领学科发展、促进学术交流、凝聚学者群体的重要阵地，是一个国家科技发展和科技创新的标志，在建设创新型国家进程中发挥着重要的作用，是国家竞争力和软实力的宣示和体现[1-12]。

学术期刊具有天然的地域属性，是区域科技创新体系的重要组成部分。学术期刊如何影响区域科技创新发展？区域学术期刊助力区域科技文化创新发展的路径有哪些？区域学术期刊如何实现高质量发展，才能更好地服务于区域科技文化的发展？这些问题一直是办刊人经常思考和关心的问题。有部分学者曾对以上问题进行过一些探讨。李晓光等[13]探讨了海洋科技期刊通过选题创新、组稿创新、宣传创新、品牌创新、国际化发展创新 5 个方面助力区域创新发展。王敏等[14]研究了科技期刊服务国家创新发展的路径。周海鹰等[15]研究了科技期刊如何利用区域创新资源开展科普活动。刘康民[16]阐述了通过实现建立正确的导向机制、激励

基金项目：山东省高等学校期刊高质量发展建设项目(JYTQKB202211)；青岛市"双百调研工程"资助课题(2022-B-026)；中国高校科技期刊研究会专项基金课题(CUJS2023-B10)；中国科学技术期刊编辑学会"科置科学计划"基金项目(KZKX-20230001)

通信作者：高洪涛，E-mail: 17560808@qq.com

机制与合作机制地方高校科技期刊与区域经济建设的良性互动。李敏等[17]就如何将期刊的发展与地方经济有机结合，提出了将"科技"两字贯穿始终，做深、做透，心系地方经济发展，才是期刊生存和发展的活力所在。

本课题组以青岛地区学术期刊为研究对象，经过详细调研，归纳了青岛学术期刊助力青岛区域科技文化创新的多个方面，并凝聚了青岛区域学术期刊特色，诸如：青岛海洋类学术期刊特色明显且实力雄厚；青岛海洋类学术期刊主题专栏和特色栏目在服务青岛战略工程建设方面、助力科技成果转化、为政府提供政策建议等贡献显著；青岛学术期刊还可提供大量优质知识资源和经典案例。基于此，依据青岛区域学术期刊特色，提出了依托学术期刊开展青岛地区经济科技文化发展的3个策略：①以青岛期刊海洋特色优势为依托，构建海洋特色高端智库，助力青岛海洋发展战略；②以青岛海洋类学术期刊数字资源为抓手，建立青岛海洋学术成果大数据中心；③加强青岛学术期刊集群化发展，形成合力，尤其是做大做强海洋类学术期刊，进一步促进青岛区域科技文化创新发展。通过这项工作能够对青岛科技期刊发展的现状有一个充分的认识，探索更好的办刊方法，希望能为青岛学术期刊行业的整体发展提供有效对策以及如何利用学术期刊来更好地服务青岛区域科技创新发展提供思路。

1 研究方法与数据来源

课题组以青岛区域为例，深入调研了主办单位和出版单位驻地均为青岛青岛市的40余种学术期刊现状，以及利用中国知网、万方等数据库资源，分析归纳了这些期刊在管理体制、办刊模式、数字化建设、出版发行模式、编辑队伍、所涉及学科门类、特色栏目、特色办刊理念、典型案例等方面现状，探寻了青岛学术期刊助力青岛科技文化创新发展的基本情况。

(1) 文献分析法。查阅国内外有关科技期刊发展对区域科技创新影响的相关文献资料，为整个研究奠定坚实的文献基础和理论基础。如调查各期刊：期刊学科分布、期刊发展的主要方向、期刊发展的特色栏目主要有哪些、年发文数量、论文基金支撑情况、地域分布情况、期刊被收录情况、核心影响力(影响因子、被引率等)情况、学科影响力情况、出版方式(传统纸媒出版、数字出版、VR出版等)情况、传播方式(纸媒、数据库、网站、微信、微博、OA等)情况、语言种类情况、编辑部人员组建情况、期刊管理体制情况、期刊经营模式情况、期刊在地域科技发展的主要贡献体现在哪些方面、期刊对科技发展和进步推动作用的体现等。

(2) 调查法。主要采用网络问卷调研、实地考察、访谈交流等方式，选取青岛42种学术期刊作为调研对象，对青岛学术期刊发展现实状况进行深入调研。

(3) 比较分析法。通过对影响期刊发展的主要评价指标与青岛区域创新指标进行相关性比较分析，研究科技期刊发展对区域创新体系的影响。

(4) 案例分析法。广泛调研后，挖掘青岛学术期刊发展助力区域科技创新典型案例进行剖析，探寻可以复制、可以模仿、可以持续发展的模式，为青岛学术期刊发展提供对策参考以及为青岛发展海洋经济建设提供智库资源。

(5) 数据来源。课题组对目前主办单位和出版单位驻地均为青岛的42种学术期刊进行详尽的调研，调研内容涉及学术期刊在管理体制、办刊模式、数字化建设、出版发行模式、编辑队伍、所涉及学科门类、特色栏目、特色办刊理念、典型案例等方面的现状，调研问卷共设置问题54个，采用点对点形式开展。另外，还通过中国知网、万方等数据库平台获取相关数据，如期刊的影响因子、总被引、总下载量等，在整理数据过程中，对不完整或有错误的数据进行了必要处理，进行了补充、修正。

2 青岛学术期刊数据统计

目前主办单位和出版单位驻地均为青岛的学术期刊一共有 42 种(数据截止日期 2022 年 10 月 30 日)。

(1) 期刊种类及学科分布，其中：科技类期刊 34 种，人文社会科学类期刊 8 种；所属学科覆盖理、工、农、医科、社会科学以及它们之间形成的交叉学科等领域，具体有：海洋科学 13 种、农业科学 4 种、自然科学综合 5 种、交通运输 3 种、工程技术 3 种、医药卫生 3 种、环境科学和安全科学 1，基础科学 2 种、人文社会科学 8 种。

(2) 期刊涉及语种，中文期刊 37，英文期刊 3 种，中英文合刊 2 种。

(3) 期刊刊期，刊期以双月刊为主，占比 51.28%，月刊和季刊占比分别为 12.82%和 33.33%。

(4) 特色栏目，各刊均开设有特色栏目，如：海洋药物、海洋发展研究、物理海洋、海洋生物、综述与评述等，合计有 170 多个特色栏目，其中海洋类栏目 60 多个。

(5) 分属机构，42 种期刊分别由 29 个科研机构和高校主办。

(6) 收录情况，国际(知名机构)：美国科学引文索引 SCI 收录 3 种，美国工程索引 EI 收录 1 种，美国化学文摘 CA 收录 15 种，英国科学文摘 SA 收录 6 种，俄罗斯文摘 AJ 收录 8，日本科学技术振兴机构数据库(日)JST 收录 19 种；国内(知名机构)：中国科学引文数据库 CSCD 收录 18 种，北大核心收录 13 种，中国科技核心收录 18 种，中国人文社会科学期刊 AMI 扩展收录 6 种。

(7) 期刊创刊时间，集中在 20 世纪 80 年代初期，占 85%左右，近 5 年内新刊只有 2 种。

(8)期刊出版模式：纸媒+数字出版占 69.23%，传统纸质出版占 30.77%。

(9) 期刊经费来源，95.2%期刊由主办单位全额/部分拨款，4.8%期刊靠发行创收维持发展。

(10) 新媒体融合发展，有 82.92%的期刊已经建成并开通了网站，有 64.1%期刊向读者免费开放获取(OA)，71.79%的期刊开通微信公众号。

(11) 对国家、省级基金项目的支持，42 种学术期刊有 13 种期刊国家级基金论文占比达 60%以上，22 种期刊省级基金论文占比在 40%以上。结合期刊发文数量，42 种期刊每年支持国家级和省级基金数量在 3 600 项以上。

(12) 青岛学术期刊发文量，42 种学术期刊截至 2022 年 12 月底，出版文献总量 190 435 篇，其中：海洋类学术期刊出版文献总量 51 691 篇。统计近 5 年的发文量：2018 年发表文献 5 170 篇，2019 年 4 975 篇，2020 年 4 790 篇，2021 年 4 523 篇，2022 年 4 616 篇，5 年合计发文量 24 074 篇，其中国家、省级基金支持的论文数量达 18 350 余篇，占比 85%，年支持基金项目数量在 3 600 项以上。

(13) 青岛学术期刊总下载次数和总被引次数，42 种学术期刊截至 2022 年 12 月底，总下载次数为 182 747 990 761 次，总被引次数为 1 005 481 次，其中 13 种海洋类学术期刊总下载次数为 10 482 392 次，总被引次数为 495 182 次。

3 聚焦区域学术期刊特色

3.1 青岛海洋类学术期刊特色明显

根据中国知网 2022 年发布的《中国学术期刊影响因子年报》，我国科技期刊总量近 5 200

种，其中海洋科学类期刊 28 种，青岛海洋科学类期刊有 13 种，占比 46%，名列全国第一。目前，天津、北京分别拥有 5 种和 4 种期刊，占比 17%、14%，其他 7 个城市，大连、广州、杭州、南京、厦门、上海、湛江仅有 1~2 种，合计占比 34%，尚不及青岛一个城市拥有的海洋类期刊数量多。可见，青岛在我国海洋科学期刊领域占据了显著优势地位。这既是这座海洋科技名城的一张亮丽名片，更是引领我国海洋科技创新的宝贵学术平台。

3.2 青岛海洋类学术期刊实力雄厚

青岛有海洋类学术期刊 13 种(见表 1 所示)，其中有 3 种期刊被 SCI 收录，11 种期刊被中国科学引文数据库 CSCD 收录，整体实力位于全国第一。其中：Marine Life Science & Technology (海洋生命科学与技术(英文))2022 年，在国际权威机构科睿唯安发布的 2022 期刊引证报告(JCR) 中，以高达 5.000 的影响因子，位于海洋与淡水生物学领域 Q1 区前 5 行列，成为中国大陆在该领域唯一一本国际化 Top 期刊。

表 1 青岛地区海洋类科技期刊统计表

序号	期刊名称	SCI	CSCD	北大核心	中国科技核心
1	《海洋科学》		是	是	是
2	Journal of Oceanology and Limnology	是	是		
3	《海洋与湖沼》		是	是	是
4	《中国海洋大学学报(自然科学版)》		是	是	是
5	Journal of Ocean University of China	是	是		是
6	Marine Life Science & Technology	是			
7	《中国海洋药物》		是		是
8	《海洋湖沼通报》		是	是	是
9	《海洋科学进展》		是		是
10	《海岸工程》				是
11	《海洋地质与第四纪地质》		是	是	是
12	《海洋地质前沿》		是		是
13	《渔业科学进展》		是	是	是
合计		3	11	8	11

3.3 青岛海洋类学术期刊主题专栏和特色栏目在服务青岛战略工程建设方面贡献显著

专栏和特色栏目是期刊布局的亮点内容，凸显相同或相似主题的关注程度，更清晰地展示学者们多维研究视角和研究成果，如：海洋药物、海洋食品科学与技术、海洋管理、海洋生物、水产科学、渔业生态环境保护等，海洋特色十分明显。典型案例：近 15 年来，我国黄海海域每年均有绿潮暴发，对近海生态环境破坏巨大。《海洋与湖沼》和《海洋湖沼学报(英文)》组织专栏及时报道了黄海绿潮的溯源、成因物种的确定、绿潮的监控与预警以及绿潮生物量的处置等最新成就，为保障"奥帆赛"和"上海合作组织青岛峰会"等一系列重要活动在青岛顺利举办做出了贡献。

3.4 青岛海洋类学术期刊助力科技成果转化成绩突出

典型案例之一：中国水产科学研究院黄海水产研究所养殖生物疾病防控团队，在海水养殖生物疾病诊断理论与技术方面成果显著，开发了多个水产病原检测试剂盒，其技术成果多次在《渔业科学进展》上发表。如：2017 年《渔业科学进展》第 2 期刊发了《凡纳滨对虾

(Litopenaeus vannamei)传染性皮下及造血组织坏死病毒(IHHNV)及虾肝肠胞虫(EHP)的荧光定量 PCR 检测》。典型案例之二：中国水产科学研究院陈松林院士多年从事鱼类养殖业高质量发展方面研究，其多篇相关研究成果发表在《海洋湖沼学报(英文)》上。

3.5 海洋类科技期刊对政府政策建议有一定贡献

典型案例：为解决好水产养殖业绿色发展面临的突出问题，落实 2018 年农业农村部《关于加快推进水产养殖业绿色发展的若干意见》和《青岛市现代渔业绿色发展攻坚方案》(青政办字[2019]60 号)。由驻青的中国水产科学研究院黄海水产研究所、中国海洋大学、中国科学院海洋研究所等多家机构的专家们围绕着水产遗传育种与种子工程、水产病害防治与健康管理工程、水产养殖技术与生态养殖工程、渔业资源养护工程等多个领域进行研究，在《中国海洋大学学报(自然科学版)》《渔业科学进展》《海洋与湖沼》《海洋科学》等期刊上发表科研成果多篇，这些成果对于水产养殖绿色发展建议的形成和践行起到了重要的引领作用，为青岛海洋攻势提供了强有力的支撑。

3.6 青岛学术期刊可提供大量优质知识资源

42 种学术期刊截至 2022 年 12 月底，已出版文献 190 435 篇，其中海洋类学术期刊出版文献总量：51 691 篇。这 42 种学术期刊每年还将产生新成果近 5 000 篇，支持国家、省级等各类基金项目数量在 3 600 项以上。尤其是海洋类期刊，在海洋渔业、海洋药物、海洋地质、海洋环境治理、港航物流、水产科学、海洋管理、海洋发展研究、海洋生物等方面拥有大量的研究和实践数据，视频图像案例，形成海量海洋学术成果数据。

3.7 海洋类学术期刊经典案例

近年来，各涉海期刊聚焦海洋领域发展前沿和研究热点，出版了一系列高质量学术论文，为科技创新、科技成果转化、政府决策和人才培养做出了重要贡献。典型案例之一：《中国海洋大学学报(自然科学版)》的作者队伍中走出了 10 余位中国科学院、中国工程院院士。诸如，文圣常院士团队将当时国际上盛行的能量方法和谱方法结合起来，提出一种有中国特色的计算方法，精度较高、使用较方便，被国家《海港水文》规范采用，并获国家科技进步奖。该项成果有 5 篇论文发表在《中国海洋大学学报(自然科学版)》。典型案例之二：《海洋地质前沿》集中报道海洋地质重大成果，如：2016 年，陈建文研究员撰写的"南黄海'高富强'地震勘查技术及其应用"不仅成为《海洋地质前沿》首发高被引论文，"高富强"地震勘查技术还获评"地质科技十大进展"。

4 青岛学术期刊赋能区域科技文化创新发展的对策

4.1 以青岛期刊海洋特色优势为依托，构建海洋特色高端智库，助力青岛海洋发展战略

《青岛市国民经济和社会发展第十四个五年规划和 2035 年远景目标纲要》中指出，着力加强海洋科技创新，优化海洋产业结构，促进区域经济协调发展，加快建设全球海洋中心城市，力争到 2025 年全球海洋中心城市影响力显著提升，到 2035 年以全球海洋中心城市进入世界城市体系前列。海洋是高质量发展的战略要地，是青岛最鲜明的特色优势。青岛拥有涉海科研机构 26 家，约占全国五分之一，其中不乏海洋试点国家实验室、国家深海基地等"国字号"创新平台；部级以上重点实验室、工程(技术)研究中心 34 家，约占全国三分之一；全职在青涉海院士约占全国三分之一。海洋科研机构云集，海洋人才荟萃；青岛拥有 13 种海洋类学术期刊，占比全国海洋类学术期刊总数的 46%，期刊数量和实力均名列全国第一，这些为海

洋特色高端智库建设提供了人才保障和智力资源,并且智库建设必然也会带来强大的海洋创新能力,产出大量优秀的科研成果,为青岛海洋类学术期刊提供广阔发展平台。

4.1.1 依托青岛海洋类学术期刊特色,构建青岛海洋特色高端智库的对策建议

(1) 以海洋类学术期刊为纽带,为智库建设提供人才资源。智库被誉为是除行政、立法、司法、媒体之外的第五种权力,影响政府决策。学术期刊与智库之间既互相独立,又相互依存,人才储备是学术期刊发展的重要支撑,学术期刊的编辑、作者、审稿专家、编委会委员组成了庞大的人才队伍,他们大多在行业内具有一定的影响力,具有较高的专业知识水平,可为智库建设提供强有力的人才支持。以编委会为例,13 种海洋类学术期刊拥有 450 余名编委,这些编委均为正高职以上的知名学者。从已有的研究来看,学术期刊与智库成为提升国家软实力重要的支撑与保障,智库和期刊彼此相互依托,两者之间存在内部共生、相互支撑、协同创新的关系,智库专家也十分重视将其科研成果在刊物上呈现出来。

(2) 以海洋类学术期刊传播的学术成果为载体,为智库建设提供智力成果优质资源。学术期刊具有专业的学科背景、雄厚的科研基础,学术期刊的作者在学术上有一定的造诣,对前沿科学有着敏锐的洞察力,大多在行业内具有一定的影响力,具有较高的专业知识水平,其研究成果具有超前性、预见性和独立性,可为智库建设提供强有力的知识资源。

(3) 以青岛海洋类学术期刊为桥梁,为智库建设提供中外学者学术交流平台。青岛海洋类学术期刊实力雄厚,青岛海洋类科技人才济济,通过学术期刊,可以建立具有国际吸引力、竞争力、影响力的中外学者学术交流平台。

4.1.2 青岛海洋科学特色高端智库建设方案

建议由青岛市政府牵头,组织青岛海洋类科研院所、科协、青岛科技期刊编辑学会及海洋类学术期刊编辑部(社)等机构参加,依托青岛海洋类学术期刊特色,构建青岛海洋科学特色智库,集聚不同学科、不同领域、不同团队的智力资源,如:智库产业经济包括海洋渔业、海洋药物、海洋食品、海洋化工、滨海旅游等系列海洋产业;相关学科门类涵盖海洋生物学、物理海洋学、海洋化学、海洋环境科学、海洋地质学、海洋经济管理学等涉海学科。青岛海洋科学特色高端智库将为我国的海洋强国建设提供有针对性、可操作性的建议,助力青岛海洋发展战略,同时为世界海洋开发、建设与保护贡献更多的中国智慧、中国方案。

4.2 以青岛海洋类学术期刊数字资源为抓手,建立青岛海洋学术成果大数据中心

目前,青岛海洋学术成果大数据的综合应用和信息服务能力还相对滞后。当今随着信息技术和网络技术发展迅猛,云计算、人工智能、数据挖掘、虚拟现实等技术不断推动着"智慧地球"物联网快速发展,"数字地球""数字海洋"等概念相继涌现。然而,青岛还未建立这类大数据中心,物联网时代下海洋学术成果大数据的综合应用和信息服务能力还相对滞后。2017年青岛市出台《关于促进大数据发展的实施意见》,要求:紧紧围绕"打造全国性社会化大数据中心、发展大数据产业"的目标,将青岛市建设成与宜居幸福创新型国际城市战略相适应并具有较强影响力的大数据集散服务中心、研发创新中心、应用引领中心和产业集聚高地。

4.2.1 以海洋类学术期刊学术成果数据为抓手,建立海洋类学术成果大数据中心对策建议

(1) 以海洋类学术期刊学术成果数据为抓手,为海洋类学术成果大数据中心提供优质论文资源。青岛 13 种海洋类学术期刊已出版文献 51 691 篇;每年还将产生新成果近 2 100 篇,支持国家、省级等各类基金项目数量在 1 800 项以上。这些均可为海洋类学术成果大数据中心提

供大量优质知识资源。

(2) 以海洋类学术期刊组织专栏和特色栏目的经典案例，为海洋类学术成果大数据中心提供特色案例资源。多年来，海洋类学术期刊聚焦海洋领域发展前沿和研究热点，开设了 60 多个特色栏目和多个主题专栏，出版了一系列高质量学术论文，形成了大量经典案例。这些经典案例如果能够很好地汇集起来，可以为海洋类学术成果大数据中心构建特色数据库，为青岛的发展乃至全国海洋发展战略提供智力支持。

(3) 以海洋类学术期刊论文所开展实验数据和实践数据以及传播数据，为海洋类学术成果大数据中心提供实验实践数据、视频图库等知识资源。新媒体时代，学术期刊内容的传播形式已经不限于论文。如国际著名学术期刊 *Science*、*Nature*、*MIT Technical Review* 等打造了融学术论文、新闻、评论、视频、图片等于一体的内容丰富的网站，以吸引作者和读者关注，并形成良好交流平台的基础。从内容上看，既有深入浅出的短文和视频，符合有基础学术能力的学生的口味，又有顶级学术论文和资料，满足研究者的需求。这些将为海洋类学术成果大数据中心提供丰富的知识资源。

4.2.2 海洋类学术成果大数据中心建设方案

建议由青岛市政府相关科技部分牵头，组织青岛市大数据促进会、青岛海洋类科研院所、科协、青岛科技期刊编辑学会及海洋类学术期刊编辑部(社)等机构参加，建立海洋类学术成果大数据中心。海洋类学术成果大数据中心应加强与海洋类学术期刊编辑部(社)合作，汇集分散在青岛地域的海洋局、各大高校、中科院等研究机构的学术成果，获取优质资源，同时开展海洋学术成果大数据中心平台建设，包括：海洋大数据存储和计算，海洋大数据分析与挖掘，海洋大数据可视化，海洋大数据安全、管理，海洋大数据共享。通过构建海洋类学术成果大数据中心，组建海洋研究学术成果领域的物联网，反映国内外海洋生命相关学科研究成果，汇集海洋生物学、海洋生物资源和海洋生物技术领域最新成果、热点领域研究进展和前沿性综述，实现海洋研究、管理、信息服务、分析决策的智能化，促进国际学术交流，提升青岛乃至中国海洋科学研究的国际话语权和学术影响力。

4.3 以青岛海洋类学术期刊特色为龙头，加强区域期刊集群化发展

4.3.1 青岛学术期刊存在的问题分析

(1) 青岛 42 种学术期刊分别由 29 个科研机构和高校主办(含联合办刊单位)，相对分散，多数办刊模式停留在"小、散、弱"的时代，在单位也存在"被边缘化"现象，未形成刊群，合力不强，缺乏统一规划，出版资源难以得到优化整合，集群化、集团化建设步伐滞后，市场化程度低，难以获得社会、经济效益，而要实现规模效益必须走集约发展与资源整合之路。

(2) 队伍结构不合理，如：人员数量偏少、平均年龄偏大、高层次学历编辑偏少。从年龄结构来看，45 岁以上的编辑人数占比近 50.59%，35 岁以下的青年编辑占比仅 9.9%，人才队伍存在一定程度的青黄不接现象。编辑人员学历博士为 19.3%，硕士 45.6%，本科及以下 35.1%，可见高层次学历编辑人数偏少。

(3) 复合型编辑人才不足。当今新媒体不断涌现，数字出版快速发展，传统媒体和新兴媒体融合发展处于关键时期，复合型编辑既要精通传统媒体，又要能够熟练运用新媒体，既要掌握编辑的基本功，又要会经营和具备较强的活动能力。根据问卷调研，具有较高水准，可开展数字化处理及推广工作的人数比例只有 33.3%，多数编辑人员不能熟练利用融媒体等新技

术来提高期刊传播率、影响力。

(4) 国际化办刊人才缺乏。创办具有国际影响的品牌期刊,其中国际化的办刊人才是最重要的支撑和最有力的保障。根据调查青岛学术期刊编辑队伍状况,25.64%的编辑对国际一流期刊的管理模式、运行机制、发展环境、出版模式、编辑模式、经营模式等十分了解;74.36%的编辑仅仅听说过。

4.3.2 青岛学术期刊集群化发展的对策建议

(1) 突出发展重点,有效整合期刊资源,尤其是海洋类期刊,促进青岛市学术期刊集群化发展。通过行政指导、政策引导、市场手段和资金支持对青岛学术期刊进行整合、重组。选择青岛市有影响力的期刊作为龙头,尤其是海洋类期刊,通过体制创新制度、创新人才创新和业态创新,从财力、人力技术上给予支持、加强同类优秀期刊的协同与联系,在自愿、互利、共享的前提下,建立具有学科优势和集群效应的学术期刊集群,以"共享资源,共享经验,抱团取暖,做大做强"为宗旨,以相同专业为导向,跨主管部门、跨主办单位整合期刊资源后,按照编辑和经营分离的思路,通过联合发行、联合经营、举办学术会议和行业展览、开展项目研究等形式,开创一种突破主管、主办和地域限制,实现规模效应与群体优势强化为学科领域服务的能力,增强青岛学术期刊的传播能力和影响力,发挥示范和引领作用,实现期刊集群化发展的独特模式。

(2) 加大精品期刊建设,获取优质稿源。"办刊以内容为王",为提升青岛学术期刊在国内以至国际的影响力,参照中国科协精品期刊建设的模式,创立青岛市精品期刊建设基金,选择各学科中在国内有影响力的 2~3 种期刊列入精品期刊建设项目,重点扶持。通过综合评价并在适当考虑学科均衡发展的基础上推出青岛市层面涵盖不同学科的"顶尖科技期刊"或"精品期刊"集群,通过这些期刊的引领、示范作用,带动全青岛学术期刊的发展和提高。

(3) 加紧建设新媒体时代编辑出版人才队伍。学术期刊能力建设的根本在于编辑出版人才,加快编辑出版人才队伍建设是重中之重。青岛可制定较为稳定的支持政策,建立完善的人才培养、评价和奖励机制,提高编辑队伍的创新能力和专业化水平,在职称晋升、薪酬奖励等方面给予适当的倾斜。在运营管理方面,通过多方合作方式进行编辑人员业务培训,组织选派优秀编辑骨干到国内先进期刊社或出版机构进修学习,提高运营管理业务素质;加大培养编辑专业水平和对新技术、新媒体、新平台的使用能力。

(4) 积极推进融合出版和知识服务。大数据时代、新型出版模式下的学术期刊必须顺应新发展趋势,依托融合出版,提供知识服务。诸如:加速期刊社网站建设,鼓励所有期刊使用QQ 群、App(移动终端软件)、公众号等方式,利用二维码技术,建立公众号平台,实现移动服务,将数据搜索引擎转换为知识服务。

4.3.3 青岛海洋类学术期刊集群化建设方案

《关于推动学术期刊繁荣发展的意见》(中宣发〔2021〕17 号)指出,开展学术期刊集群化发展试点,以优质学术期刊为龙头重组整合资源,建设一批导向正确、品质一流、资源集约、具备核心竞争力的学术期刊集群。由于区域内地缘相近,经济产业发展相似,导致创新研究领域较为集中,为避免学术期刊报道内容相同或相近,应加强各学术期刊之间的交流和合作,整合学术社群、专家团队推动区域协同创新,加强信息流动,增加学术成果利用率,减少资源浪费,引领经济发展。

建议由青岛政府期刊主管部门牵头，组织海洋类期刊主办单位，分步骤组建海洋科学期刊集群。具体措施：①政府、期刊主办单位协同推进，组建海洋科学期刊集群。②加强交流，打造海洋科学创新平台。联合期刊集群成员单位及各专业学会、协会，积极开展专题调研，定期组织召开学术研讨会，活跃海洋科学期刊内部交流和外部宣传，打造科研、学术出版一体化创新平台。③制定政策，促进海洋科学期刊团队健康成长。每年开展海洋科学期刊展评，设立年度最佳期刊、进步最快期刊等并进行适当奖励，鼓励期刊主办单位建立有效激励机制，促进期刊团队健康成长。④实施青岛的"中国科技期刊卓越行动计划"。近年国家的卓越行动计划支持范围有限，大部分青岛的海洋科学期刊没有机会获得该计划的支持，因此，建议青岛政府层面及市科协层面也能设立与卓越行动计划类似的科技期刊项目，扶持青岛本地海洋科学期刊的发展。⑤扶持青岛海洋类学术期刊的发展，助力青岛一流大学和一流学科的建设，提高青岛的科技文化竞争力。

5 结束语

通过调研青岛42种学术期刊发展现状，挖掘青岛学术期刊助力区域科技创新发展的特色，并针对当前青岛科技期刊发展存在的问题，提出服务青岛区域科技创新发展思路和加快青岛学术期刊发展的对策建议，如以青岛期刊海洋特色优势为依托，构建海洋特色高端智库；以青岛海洋类学术期刊数字资源为抓手，建立青岛海洋学术成果大数据中心，以青岛海洋类学术期刊特色为龙头，加强区域期刊集群化发展，进一步做大做强海洋类期刊，促进青岛区域科技文化创新发展。尤其是，青岛海洋科学期刊在国内占有明显优势，现在又迎来了发展的最好机遇，加强海洋科学期刊的集群化发展，既符合世界潮流，也有利于放大青岛海洋科技优势，在转型升级、科技创新中发挥引领作用，打造青岛新的知识品牌。

参 考 文 献

[1] 葛建平,刘德生.科技期刊服务科技创新的路径研究[J].科技与出版,2021(4):23-27.
[2] 牛换霞.科技期刊服务区域经济创新体系的路径探讨[J].编辑学报,2017,29(1):27-29.
[3] 郑壮丽.科技期刊区域创新发展的策略分析[J].华北水利水电大学学报(社会科学版),2019,35(4):31-35,97.
[4] 刘畅.非"卓越计划"科技期刊服务国家科技创新发展的作用与举措:以《应用声学》为例[J].编辑学报,2021,33(4):459-462.
[5] 苏新宁,杨国立.江苏省科技期刊发展对策研究[J].中国科技期刊研究,2017,28(10):875-879.
[6] 颜帅,张昕.科技期刊如何服务于创新型国家建设:中国科技期刊的"三步走"[J].科技与出版,2014(1):22-25.
[7] 汪全伟,董定超,黄东杰,等.地方农业科技期刊服务基层作者投稿的思考[J].科技传播,2020,12(21):25-27.
[8] 杨雨新.关于综合性科技刊物促进地方经济发展[J].中国城市经济,2011(11):274.
[9] 刘芳,陆桂莲.强化科技期刊对区域科技创新发展的几点建议[J].山西科技,2010,25(6):13-14.
[10] 郭伟,许国良.媒体融合下高校科技期刊的区域协同发展模式[J].编辑学报,2016,28(3):226-229.
[11] 曾连林.加快推进地方省市区域一流科技期刊建设的思考与建议[J].中国科技期刊研究,2022,33(3):354-360.
[12] 刘康民.论地方高校科技期刊与区域经济建设的良性互动[J].出版广角,2013(12):76-77.
[13] 李晓光,邱文静,董艺,等.海洋科技期刊区域创新发展探讨[J].海洋信息,2017(4):74-76.
[14] 王敏,韩丽,郝丽芳,等.科技期刊服务国家创新发展的路径研究[J].中国科技期刊研究,2020,31(2):127-134.
[15] 周海鹰,田甜.科技期刊服务浙江区域创新资源科普化研究[J].编辑学报,2018,30(1):13-16.
[16] 刘康民.论地方高校科技期刊与区域经济建设的良性互动[J].出版广角,2013(12):76-77.
[17] 李敏,王雅利.科技期刊应为地方经济建设构建服务平台[J].科学之友(B版),2008(12):156-157.

从编辑的角度思考新形势下军校科技类学报的高质量发展

王 净

(信息工程大学教研保障中心学报编辑部，河南 郑州 450001)

摘要：军队规模结构和力量编成改革以及军事期刊调整改革为军队院校学报的建设和发展带来了机遇和挑战。本文以建设高质量军校科技类学报为目标，从军校学报编辑的角度深入分析军校科技类学报发展面临的现实问题，从学报管理体制、办刊定位、内容体系、编辑团队等多个方面探讨提高军校科技类学报办刊质效的方法措施，以期为探索新形势下军队院校学报高质量发展之路提供有益的参考。

关键词：军队院校；军校学报；高质量发展；战斗力标准

军队院校学报扎根于军队院校，其建设成果直接反映军校教育科研的活跃程度、军事思想的繁荣程度以及人才培养的优秀程度[1]。随着国防、军队改革深入推进和《军队院校教育条例(试行)》的颁布施行，军队院校建设发展到了体系重塑后转型升级的关键节点。军队院校学报作为反映军校学科发展水平的重要载体和主要平台，也迎来了改革创新、调整转型的新时代。2022年，新一轮军事期刊调整改革落地。在新的历史机遇下，军校学报如何顺应形势发展需要，充分发挥其独特优势，提高办刊质效，凝练军事特色，形成学报品牌，更好地满足军队院校"面向战场、面向部队、面向未来"的教育改革与创新需求，更好地培养"能打仗、打胜仗"的优秀军事人才，更好地服务于军队院校学科建设需要，已成为军队院校学报需要着力解决的时代课题。

本文以建设高质量学报为目标，以军校科技类学报为研究重点，以信息工程大学两份科技类学报为例，针对当前学报发展面临的主要现实问题，剖析其成因，从学报管理体制、办刊定位、内容体系、编辑人才队伍建设等多个方面探讨提高军校科技类学报办刊质效的方式方法和措施途径，探索新形势下军校学报高质量发展之路。

1 军校科技类学报发展面临的现实问题

军队院校学报，特别是军校科技类学报，具有专业领域特色鲜明、与保障军队战斗力的提升密切相关等鲜明特点[2]。随着国防、军队改革持续推进和纵深发展，新形势新体制下军队院校科技类学报的发展也面临一些需要解决完善的现实问题。

1.1 管理体制尚需磨合和健全

新时代，军队规模结构和力量编成改革已经基本完成，军队院校也在不断地运行探索中逐步明确了新的使命任务。此次调整改革中，军队院校新设立了学报编辑部编制，管理上隶属于教研保障中心，业务上接受科研学术处的指导，而学报出版需要机关多个部门审批把关。

新的管理体制将机关指导和业务单位主办进行了清晰界定，有利于机关与业务单位权责清晰、各司其职。但在具体工作中，新体制还在不同程度上存在业务指导与行政管理关系尚未理顺、协同机制尚需磨合的问题。比如，学报编辑部作为学术出版单位，期刊出版需要管理单位和指导机关等多个部门把关审批；科技类学报为了建设好学科栏目，提高学报学术质量，经常需要组织学术理论研讨、学科专家座谈、作者交流等形式的学术交流活动，均需与教研保障中心、科研学术处、政治工作处等部门多方协调。这些都在一定程度上分散了学报编辑部投入编辑出版、学术交流的精力。

1.2 办刊定位尚需明确和清晰

如果说，由于新一轮军改中军队院校转型调整带来的军校学报的转型调整是一小步的话，那紧随其后的新一轮军事期刊调整改革，将军校学报转型调整的步伐加大为一大步。军校学报普遍面临因撤并、重组、更名等原因导致的办刊定位和发展方向的改变与调整。在此背景下，军校学报如何在军队院校转型升级过程中既能充分体现军校学报自身特色，直接为军队建设和战斗力生成服务，同时又能找到学术性与综合性的最佳平衡点，实现军校学报作为高校学术期刊的职能作用，是新形势下军校学报高质量发展的前提和基础。

以信息工程大学学报建设现状为例。信息工程大学原有《信息工程大学学报》《测绘科学技术学报》《解放军外国语学院学报》《密码与信息安全研究》四种学报，其中两种为中文核心期刊，一种为军事学核心期刊，一种为专业军事期刊，分学科、分梯次地反映了信息工程大学的优势学科建设成果。调整改革后，《信息工程大学学报》《密码与信息安全研究》继续由信息工程大学主管。但这两种学报在现有的学报学科体系中无法完全覆盖信息工程大学的优势学科，不能全面地反映信息工程大学学科建设成果。同时，《信息工程大学学报》仅为全军军事学核心期刊，在学术界认可度低；《密码与信息安全研究》为军内发行期刊，受众面和传播面窄，两种学报对照业界广泛认可的中国科技核心期刊和中文核心期刊等优秀期刊标准差距较大，与信息工程大学的办学地位不相符，不能很好地反映大学学科建设水平。这些问题均需要学报在办刊定位、学科建设、栏目设置、内容结构、发行范围、技术手段等诸多方面进行调整和改变，有些改变甚至是艰难的抉择，而这些都需要在不断的办刊实践中检验和完善。

1.3 稿源结构尚需完善和合理化

本次军改的核心是一切围绕提升战斗力，实现军队能打仗、打胜仗的强军目标，战斗力标准在军队各项建设中被牢牢树立起来[3]。而军校科技类学报以报道军事领域最新理论研究和技术成果为主，其刊载的论文多为理论性、技术性、专业性的学术论文，欠缺将这些最新的军事研究成果转化为基层部队急需的战法训法、面向战场实践的更注重应用、更贴近部队实际的优秀稿源[1]。长期以来，军校科技类学报面向的受众群体多为投稿作者、军事学术研究和科技人员等，广大基层部队的官兵由于演习训练任务重，对象牙塔般的军校科技类学报经常是束之高阁，不研不读，更谈不上工作之余将一线部队的实践经验和技术应用总结成文并投稿给军校科技类学报了。以《信息工程大学学报》为例，其80%的投稿作者皆为本校在读研究生，为数不多的有一定基层部队训练和任职经验的作者也是在校培训或继续教育期间进行的投稿。这种军校科技类学报与基层部队双向交流机制的不完善导致来自一线部队的优秀稿件稀缺，军校科技类学报刊载的最新研究成果对军队实际战斗力的提升指导意义不足。

1.4 编辑队伍尚需培养和历练

学报工作的中心环节是编辑工作[4]，而编辑工作对编辑的专业性、技术性、实践经验等都有较高要求。军队调整改革后，军队院校整体规模压缩和编制调整，文职人员逐步成为军校学报编辑队伍的主体，给学报建设发展补充了新生力量，但同时也使编辑队伍建设短期内面临青黄不接等现实问题。文职编辑虽为编辑专业出身，但他们普遍缺乏在军队院校进行系统的军事专业知识学习和足够的军事工作直观体会，尤其是对于军事科技类学报而言，从文科类的文字语言编辑向理工科论文公式、图表的编校、审读"转行"，缺乏相关学科背景的知识短板已成为现有文职编辑普遍的痛。同时，近几年新入职的编辑人员，大多为应届大学毕业生，编辑队伍年轻化，工作经历和经验普遍欠缺，尚需在编辑实践中培养和历练，编辑队伍建设还需假以时日。

2 军校科技类学报高质量发展的几点建议

习近平总书记指出，当前中国处于近代以来最好的发展时期，世界处于百年未有之大变局，两者同步交织、相互激荡。总书记关于百年未有之大变局的论述内涵丰富，其核心和关键就是"变"，这种"变"是格局、秩序和体系之变。而国防和军队的一系列改革就是我军应对这种大变局进行的整体性、革命性变革。既然是变革，就必然产生革新和改变的阵痛。而只有积极应对、主动作为，才能将短暂的"痛"转化为发展的"甜"，才能在大变局中永立潮头。

2.1 优化管理体制，理顺各方关系

新一轮军事期刊调整改革虽已落地，但新模式新布局还需在实践中优化完善。首先，军队期刊主管部门应继续加强顶层设计，深化军队期刊调整改革，进一步规划完善军队期刊布局。理顺各级主管部门与军队院校机关、教研保障中心和学报编辑部的上下业务归口关系。其次，应加强政治工作部门、科研学术部门对学报编辑部的业务把关和指导关系，同时赋予学报编辑部一定的学术话语权，使学报编辑部回归学术出版的主责主业。再者，健强学报编辑委员会，优化编委会结构，梯次聘请校内外学术影响力高的知名专家、70～80 后中青年学术骨干、学科带头人参与学报工作，充分发挥编委会对学报编辑出版工作的指导、监督和咨询作用。由科研学术部门牵头，《信息工程大学学报》改组编委会，优化编委会结构，建设由顾问编委、职务编委、专家编委等不同类型编委组成的高水平编委团队。聘请校内外学术影响力高的知名专家担任顾问编委，提高学报知名度；邀请专业学院院长、学报工作业务指导单位领导担任职务编委，研究破解学报发展过程中遇到的难题；优化专家编委团队，重点吸纳 70～80 后中青年学术骨干、学科带头人加入，深度参与学报的组稿、审稿和推介工作，提高学报学术质量；四是打破固有思路和人为屏障，跨专业跨部门延揽懂专业、精出版、会管理的军事人才担任学报主编及学报编辑部主管，为学报编辑部和学报出版领好航、把好舵。

2.2 明确办刊定位，坚持特色发展

准确、清晰的办刊定位是创建高质量学报的基础和前提。高校科技类学报多年来的办刊经验告诉我们，优秀的高校科技类学报均扎根于本校高水平的学科平台和团队，借助这些平台和团队强大的学科力量，高校科技类学报才能健强发展[5]。因为，学科是院校的灵魂。抓住学科这个"纲"，才能"纲举目张"。因此，新形势下，军校科技类学报要紧密围绕军队院校学科建设、人才培养这一核心任务，适时、时时根据军队院校办学定位的调整进行办刊定位的再调整和再校正。紧贴军队院校主干学科办刊，在学科建设、栏目设置、内容结构等诸多方面

可尝试将学报的选题、策划、组稿、约稿、审稿等学术建设工作与军队院校各学科专业深度融合，充分发挥各学科专业在学科建设上的理论优势、人才优势、平台优势、成果优势，形成学科建设与学报特色栏目建设互动发展、相互促进的新局面。深挖学科专业资源，建立学报固定专业栏目，持续跟踪军队院校传统优势学科动态，形成学报品牌特色栏目，成为军队院校学科专业的有力支撑。同时，开辟动态特色专栏，紧密跟踪军内外研究热点，充分展示学科专业中的新动向、新成果，形成学报亮点，引领军队院校学科专业新方向。坚持特色发展在军队几所综合性大学的科技类学报建设中体现得尤为明显。空军工程大学主管的《空军工程大学学报》是中文核心、中国科技核心和CSCD"三核"期刊，该学报以创建学科专题特色栏目为抓手，建有"军用航空""空天防御""电子信息与通信导航"等固定学科栏目，凸显空军工程大学传统优势学科；同时不定期推出专题研究，以2023年为例，其分别推出了"雷达成像新技术及应用""等离子体激励气动力学与燃烧学""无人集群系统技术与应用"等专栏，紧密跟踪学科研究热点，保持学术研究的前沿性。海军工程大学主管的《海军工程大学学报》发挥历史悠久、特色鲜明的优势，打造独具海军特色的内容体系，长期以来一直是中文核心期刊。《陆军工程大学学报》在前身《解放军理工大学学报(自然科学版)》的基础上，融入军事思想、军事教育、军队政治工作、外军研究等领域最新研究成果，走出了一条自然科学类与社会科学类同平台办刊的新路。信息工程大学学报以建设高质量学报为驱动，尝试采用"大学主管、学院(学科)主建、编辑部主办"共创优秀学报的模式，充分调动和发挥大学各专业学院优势学科力量，重点建设"信息与通信工程""网络空间安全""军事密码学""信息系统安全"等优势学科栏目，多措并举，实现学报建设的跨越式发展。

2.3 坚持服务部队，促进双向交流

要实现军校科技类学报的高质量发展，稿源质量是关键。军校科技类学报其使命就是为军队建设和打赢提供理论和技术支撑，而最能体现新的军事研究成果在战场和训练中的实际应用的论文就是军校科技类学报渴求的优秀稿源。因此，军校科技类学报应坚持服务部队的这一根本宗旨，始终向部队靠拢，向一线靠拢，走出编辑部、走出军校，面向更广大的基层部队，广泛征集优秀稿源。首先，军队期刊管理部门应导正定向，建立健全军校学报评价体系，在充分借鉴地方业已成熟的期刊评价指标的基础上，增加部队战斗力成果转化、部队理论实践和成果应用等评价指标，引导、鼓励军校科技类学报向服务战斗力这一方向发展。其次，建立军内学术认定规则，增加对军校科技类学报论文的认同，制定政策鼓励和支持军队人员向军校科技类学报投稿，为军校科技类学报拓展优质稿源，将军队的优质稿源和优秀作者留在军校学报中。同时，畅通军校科技类学报与基层部队的沟通交流渠道，支持军校科技类学报走出军校大门，深入部队基层实地调研，开展针对部队热点的选题策划、征文征稿、参会组会活动，将军校科技类学报作为军事理论和技术的展示窗口和交流平台的作用发挥到最大。

2.4 加强素质建设，建设高水平编辑团队

一支高素质的军校学报编辑队伍，是办出高质量的军校学报的前提和关键因素。军校科技类学报应立足学报编辑人员队伍现状，深挖编辑潜能，建设高水平编辑团队。一方面，在充分考虑编辑出版工作的规范性、科学性、高效性的基础上，建立学报编辑学科分工负责制，培育学报编辑以学科为中心的编辑出版理念[6]；另一方面，在充分发挥每个编辑的特长特点的

前提下，打造编研和编校两支编辑队伍，分别负责学科专业跟踪和编校质量提升。这两方面，既各有侧重又形成合力，从学科专业和编辑业务两方面全面提升编辑队伍水平。同时，军校内部还可建立编辑部与学科专业的双向流动的人才交流机制，支持学科人才担任兼职或专职编辑，支持编辑深入科研团队参与学术研究，实现编研协同一体。

2.5 创立学报品牌，实现学报集群化发展

网络时代，各类技术、方法飞速迭代。军校学报虽然身处军队这样一个特殊的相对独立的环境中，但任何处在如今这个网络快节奏时代的事物都不可避免地受到这个时代的影响并必须融入这个时代中。封闭式、作坊式、因循守旧式的发展思路和工作模式只会坐吃山空。军校科技类学报虽然不能像地方出版集团那般通过大平台合作建设庞大的刊群，打造期刊新媒体平台，但完全可以将期刊集群化发展思路引入军校科技类学报建设中，建立体现军校科技类学报学科专业特色和学科优势的期刊方阵，打造学报品牌。信息工程大学跳出过往各个学报各守一摊、互不交流的窠臼，建立梯度式、规模性、集群化学报发展思维，在稿源、专家、作者、编辑以及出版发行等多方面实现共享和互补。一方面，针对《信息工程大学学报》公开发行的特点，更新换代采编系统，实现选题策划、论文采集、编辑加工、出版传播的全链条数字化转型升级，积极拓宽稿源，探索网络优先出版、全媒体出版等新型出版模式，借助技术方法实现学报内容的快速传播和广泛共享。另一方面，《密码与信息安全研究》充分利用好军事综合训练网等军事内网，广泛吸收军内优秀稿件，同时加快学报自身数据库和网站建设，实现学报从内容生产到传播交流的全链条军网端服务。通过两种学报在不同平台上的持续发力，实现两种学报的优势互补、协同壮大。

3 结束语

一流的质量决定一流的服务。只有一流的质量，才能成就一流的服务。军校科技类学报作为服务于军队院校教学和科研的重要平台，其质量的高低对于提升军队院校学科建设水平、繁荣军事学术工作有着重要作用。随着国防和军队改革持续推进，军校科技类学报应顺应新形势新任务的需要，牢固树立为军队服务、为作战服务的责任意识，准确定位，回归初心，在实践中调整，在调整中进步，探索出一条军校科技类学报高质量发展之路。

参 考 文 献

[1] 于洋,李小丽,周洪光,等.军队院校学报转型建设问题研究[J].天津科技,2021,48(2):92-93.
[2] 李辉,朱鸿英.适应军队改革大势 发挥核心特色优势 积极推进品牌期刊建设发展[J].湖北师范大学学报(自然科学版),2018,38(3):129-131.
[3] 张建业,樊艳芳.军改背景下军队院校综合性期刊发展策略[J].中国科技期刊研究,2020,31(9):996-1003.
[4] 国家新闻出版署出版专业资格考试办公室.出版专业基础(中级)[M].北京:商务印书馆,2016:85-90.
[5] 李宗,原媛.关于军校学报发展现状和对策的思考[J].编辑学报,2015,27(3):257-259。
[6] 董莉,李宗.努力提高学报办刊质量,促进军队院校学科建设:以《电子工程学院学报》为例[J].中国科技期刊研究,2014,25(4):494-498.

数智时代编辑学术交往的内在逻辑、现实困境和优化路径

王 晓

(中国海洋大学期刊社,山东 青岛 266071)

摘要:为探讨数智时代编辑学术交往何以赋能、以何赋能人文社科学术期刊高质量发展,采用文献调研、调查研究法探究数智时代编辑学术交往赋能人文社科学术期刊高质量发展的内在逻辑、现实困境和优化路径。数智时代编辑学术交往促进高质量选题策划的生成、高质量同行评议的完成、高质量知识服务和学术传播的提升,然而部分编辑因职业化身份、人事制度障碍、学术评价体系等被学术共同体疏离,审稿制度在一定程度上削弱编辑的学术审稿能力,新技术的应用削减部分学术交往的情感价值,成为编辑学术交往的现实困境。优化路径包括提升学术交往的自觉性,优化学术交往相关制度与策略;利用深度媒体融合,创造多维度交往场景,提高学术交往有效度。在数智时代,编辑的学术交往在选题策划、同行评议和知识传播等环节中发挥关键作用,应明晰编辑学术交往赋能期刊高质量发展中的变与不变,多维度优化提升编辑学术交往有效度的路径。

关键词:学术交往;人文社科学术期刊;编辑能力;数智时代;高质量发展

人文社科学术期刊的高质量发展是繁荣我国社会科学事业发展,建构我国自主的知识体系,形成中国特色、中国风格、中国气派的学术话语体系的题中之义[1-2]。《关于推动学术期刊繁荣发展的意见》提出,"深入开展增强脚力、眼力、脑力、笔力教育实践,努力造就一支政治强、业务精、作风正的高水平办刊队伍""探索编研结合模式"。实现人文社科学术期刊高质量发展,对办刊队伍主体——编辑,提出更高要求。学术期刊编辑不仅应是内容筛选者和加工者,更应是学术选题策划者、知识服务提供者和学术交流促进者。学者型编辑、编辑学者化等是学界讨论较为热烈的问题之一,有学者认为,学术期刊要将加强学者型编辑培养作为提高学术期刊竞争力进而促进其高质量发展的有效途径[3],并且"学术交往是学术期刊学者型编辑的基本存在方式和活动方式"[4]。尽管对于编辑在学术期刊中的作用和地位有各种讨论("服务说""引领说"等),但不可否认的是,没有开展学术交往的编辑无法进一步提升学术能力、学术素养,很难练就敏锐的学术洞察力和果断的学术判断力,不易达成编辑与学者的"共情"和"共识"[5],从而无法在策划、审校、传播交流等出版全流程中彼此信任而使编辑融入学术共同体,甚或"回归学术共同体"[6],也就无法成为学术期刊高质量发展的重要保障力量。

数智时代,出版业经历了显著变革,大数据、人工智能等技术的应用推动出版流程的优化、内容生产的创新、传播互动的扩大以及知识服务的多样化。学术期刊编辑作为这一变革的关键参与者,需要适应数字化、智能化转型,助力出版高质量发展。与各个出版环节息息

相关的编辑学术交往所呈现出的新特征还需学界进一步重视,认清编辑学术交往赋能高质量发展中变与不变的内在逻辑,厘清编辑职业化身份、新技术、审稿制度、评价体系等带来的学术交往困境,优化提升数智时代编辑学术交往有效度的路径,使其赋能人文社科学术期刊的高质量发展,是该文所要探讨的内容。

1 内在逻辑

1.1 何为学术期刊编辑的学术交往

在马克思和恩格斯的交往论中,"交往"的两层含义为物质交往和精神交往,精神交往在物质交往基础上产生,并与之相互作用。哈贝马斯的交往行为理论则从普通语用学出发,把人的交往活动视作以语言符号为媒介的相互作用。这种相互作用按照必须遵守的规范进行,这些规范"规定着相互的行为期待,并且必须得到至少两个行动的主体(人)的理解和承认"[7]。交往行为的发生是人们在交流过程中,以伦理规范为准则而形成的主体间性,最终塑造平等、共识、协调一致的理性化行动。他的观点扬弃了近代认识论中的"主体-客体"认识图式,而是提出"主体-主体"认识图式,即以主体间性为中心,达到主体间的理解与一致,由此实现社会一体化、有序化和合作化。

那么,学术期刊编辑的学术交往行为可被认为是,编辑与学术期刊的受众群体(作者、读者)及其他学术共同体(学者)之间遵循有效性规范,以语言符号为媒介,围绕学术出版活动(选题策划、组稿约稿、审稿编稿、知识服务与学术传播等)[8]甚或学术研究活动等而展开的人际交互性行为。而这其中的主体间性是一种编辑和学术期刊的作者、读者及其他学术共同体的学者"共情""共识"兼具的存在状态,呈现出主体间交互共生的特性。

1.2 数智时代学术期刊编辑交往方式的新变化

人类的社会交往可分为三个阶段:一是无中介面对面现实交往阶段(以地域为主导),二是中介化虚拟交往阶段(以各类现代和非现代媒介为纽带),三是数字交往阶段(深度媒介化时代)[9]。数智时代,人们的精神交往和物质交往的数字化、媒介化深度空前加剧。杜骏飞认为,数字时代的交往是一种跨越物质与精神、交流与行动、现实和虚拟的"脱域融合"现象。聚焦于人际交往,拜厄姆将其称为"云端的交往",即所有基于数字媒介支持、无须以实体空间和具身同时存在为前提发生的人际交往形式。随着媒介融合程度的加深,学术上"云端的交往"场景越来越多。

1.2.1 数智时代学术交往的脱域性、广泛性

数智技术为人们创造出新的社交语境,打破了时间和空间的限制,可实现时空重组。首先,编辑和学者之间地理间隔再远,也可以通过电话、音频/视频类即时通信软件等方式取得联系,开展交往活动,沟通学术出版各环节事宜。其次,人们越来越以社交媒介构建和维系社会关系,交流与行动具有同一性和实践泛在性。例如,社交媒体(如微信等)的崛起使学术社交圈比以往大得多,学术传播和知识服务的范围也基于邮件精准投送、微信公众号推送、学术短视频和学术播客制作、运营等得以开放传播、全球传播,实现期刊编辑与读者、作者和其他学术共同体学者的广泛交流和互动。

1.2.2 数智时代学术交往的虚拟性、沉浸性

Kihong Kim 认为,元宇宙可应用于期刊出版。在学术期刊的元宇宙中,论文的提交、审阅、编辑、出版和期刊的订阅都可在三维虚拟空间内进行[10]。那么推而论之,不仅学术出版

内容可在元宇宙中得以完全的数字化表达[11]，而且编辑与学者、读者等可通过虚拟数字身份与场景互动体验，实现高度数字孪生式的沉浸和交互，如学术沙龙、编辑部审稿会，抑或同行评议审稿、开放性审稿、读者评论等也可通过虚拟数字人方式实现"面对面"的拟真性交流，使审稿等学术交流互动的去中心化可在元宇宙中得以实现。

1.2.3 无中介交往、中介化交往和数字交往的混合性

在数智时代媒体融合背景下，编辑学术交往还呈现出具身空间的交往、虚拟空间的交往相融相合，跨体系的社交语境并置、相互延伸，人际关系建立和发展方式多样的情况，可共同服务于最大限度提高沟通满意度和互动性，进而促进学术生产和学术传播的任务。

1.3 数智时代编辑学术交往赋能出版高质量发展的价值意蕴

在学术内容策划、生产和传播等环节的高质量发展，需要编辑与作者、读者及学术共同体有效交往的支撑。

1.3.1 促进高质量选题策划的生成

人文社科学术界越来越强调主动设置议题、开展选题策划的重要性。高质量选题的生成除聚焦中国之问、世界之问、人民之问、时代之问，利用大数据、人工智能技术等进行基础筛选、锚定方向等，更需与学者直接交流和碰撞。参加学术共同体组织的学术会议、邀请学者参加期刊组织的选题讨论会、登门拜访讨论选题、成为学者社交平台的关注者和互动者、与公众号读者就选题策划进行留言互动等都是开展学术交流和交往的重要渠道。编辑良好的学术交往能力和学术交往关系网为高质量选题的设置提供重要助力。

1.3.2 促进高质量同行评议的完成

编辑是作者和审稿人之间的重要桥梁，密切高效的学术交往能提高同行评议审稿的协同效率。基于一定的学术交往，多途径了解学者的研究领域，维护审稿人数据库资源，稳定审稿人队伍，才能寻找到最合适、最认真负责的审稿专家，进而提升审稿接受率，得到严谨客观且有较多建设性意见的审稿反馈意见。另外，对审稿人和作者来说，他们期待的编辑不仅是作者和审稿人之间的"润滑油"和"桥梁"，而且是能独立给予专业、锐利的学术意见和编校意见的学者化编辑。在此基础上，加上高效真诚专业的沟通、反馈及激励机制，更能促进共情、共识和信任的产生，增加编辑与审稿人之间的交往黏性，进而促进同行评议质量、期刊学术质量的提升。

1.3.3 促进高质量知识服务和学术传播的提升

数智时代，学术传播对象更加细化，学术服务对象更加精准，文字、声音、图像、画面等媒介符号传播优势使学术期刊、编辑与读者、作者及学术共同体之间的互动场景更多、交往联系更方便。例如，《中国社会科学》《济南大学学报(社会科学版)》等期刊邀请作者自述论文，为学术传播和知识服务提供新型视频化呈现方式。在传播活动开展过程中，编辑与作者、读者之间的交流和互动得以加强，对促进作者、读者等后续对期刊的支持、期刊品牌形象树立大有裨益。另外，学术播客已逐渐兴起，如《东方法学》推出自己制作的学术播客。编辑部会邀请在刊物上发表文章的作者围绕前沿学术问题，通过主持人(以编辑部团队为主)与学者对话交流的形式录制并在小宇宙等平台上发布相关播客。同样，这种亲切访谈的传播形式不仅以作者与编辑良好的学术交往为基础，而且会进一步促进双方共情、共识和信任的达成。

2 现实困境

数智时代编辑的学术交往有其提升期刊的学术水平、促进学术创新与交流，进而赋能出版高质量发展的内在逻辑，但还应看到，编辑在学术交往现实中存在困境。

2.1 因职业化身份、人事制度障碍、学术评价体系等被学术共同体疏离

原祖杰指出，"学术期刊的编辑应该是学术共同体的当然成员，甚至在某些学术活动中充当组织者和领导者的角色"[12]。然而现实情况是，部分编辑游离于学术共同体之外，这与编辑的职业化、人事制度障碍、学术评价体系等因素密切有关[13]。第一，20世纪70年代后，编辑职业化现象显化，"编研分离"逐渐成为主流趋势，学术期刊编辑群体渐渐脱离学者队伍，归属于"主办单位"，而非学术共同体，形成主编、副主编及同行评议专家(教授、研究员职称系列)负责"研"，专职编辑团队(编审职称系列)负责"编"的办刊体系。学术交往的主要承担者为从属于学术共同体的教授，这其中又分为全职"职业化主编""执行主编"和兼职的"非职业化主编"等，编辑部与学术共同体形成"若即若离"之态。优秀学术编辑的学术研究能力和编校能力应兼而有之，但如今部分从属于编辑系列职称评定范围的编辑更近于服务学术生产和传播的角色。若懈怠于学术研究，也不努力维护与学者基于学术的"亲近"关系，那这部分编辑的学术能力会被逐渐"蚕食"，与学术共同体的离心力将加大。第二，人事制度障碍是重要因素，即除主编、副主编等，在部分高校人事制度中编辑被归入"教学辅助"系列，这使他们与研究人员间的区分显化。这种区分使编辑在自我主体身份确认方面与学术界产生一定隔阂，不利于在交往中树立起主体-主体交往的对等关系。第三，受现今学术期刊评价体系影响，部分人文社科学术期刊有以可能产生的引用量高低作为选稿标准、偏重量化数据指标、选题追逐热点的倾向，与学术共同体的学术兴趣、所认同的价值观等存在不一致；部分学者也会因学校职称评定体系中的期刊等级，更倾向于与"核心期刊"的编辑交往，以获得学术发表优势。在这些因素共同作用下，编辑与作者、学术共同体等的学术交往易趋于表面化、工具化、功利化。

2.2 审稿制度在一定程度上弱化编辑学术审稿能力和深度学术交往意愿

为保证审稿质量，且能与学术共同体建立相对密切的联系，大多数人文社科期刊采用"主编、副主编团队+专家外审同行评议"的审稿制度，而与作者进行交往时，编辑部编辑的职责是筛选、协调、传递、编校等，部分初审意见以较为简单的"未通过评审，建议另投他刊"等回复，在后续与作者关于稿件的沟通中学术范畴涉及较少，编校规范范畴涉及较多。这种情况下，编辑工作中可能缺乏与学术相关的深度交流和思考的制度性鞭策。这意味着，他们的工作更多地围绕处理程序性、规范性问题进行，易将对学术论文内容的深入理解和审查权交给同行评议专家、主编团队等，进而缺乏对学术研究方法、理论框架以及学术界最新动态的深入了解。这种日常化的缺乏与学者深度学术交流的情况，使部分编辑在学术审稿能力的提升和深度学术交往意愿上形成不良循环。而学者所期待的、所感佩的，是能真正从学理上指出文章问题，给出提升文章学术质量建议的编辑。编辑与学者形成双向"切磋琢磨""惺惺相惜"的关系，才会为选题的策划、审稿、传播和服务等奠定良好基础。

2.3 新技术削减部分交往情感价值

数智时代到来，学术交流方式也经历着深刻变革。传统的面对面交流逐渐被在线会议、社交媒体等数字平台部分取代。在转变过程中，要认识具身性非语言信息的重要性——肢体语言、面部表情、语调等是沟通的关键组成部分，它们在表达情感、建立信任和理解意图方

面起着不可或缺的作用。在数字化交流中，这些非语言信息的传递受到显著限制。例如，在视频会议中，画面延迟和分辨率问题常导致面部表情和肢体语言的细微变化难以察觉；而在文本交流中，非语言线索则完全缺失。这种情况下，学术交流的深度和质量可能会降低。非语言信息的缺失，不仅影响到交流的及时反馈和情感共鸣，还可能导致误解和沟通不畅，使交流更加事务性和表面化。更重要的是，面对面交流中的情感温度和深度在数字平台上难以复制。传统学术会议中，与会者可以通过共同进餐、茶歇和学术对话等建立深厚的个人关系，这些机会在在线交流中大大减少。面对面互动中自然产生的信任感和理解往往需要较长时间的相互接触和真实的情感交流，而数字平台则缺乏这种环境。尽管新技术提高了学术交流的效率和便利性，使得全球学者能更便捷地共享知识和合作，但这种高效性以削减部分交流的情感价值为代价。情感价值的削减不仅会在一定程度上影响学术合作的质量，还可能削弱凝聚力。学术交往若失去情感的深度和温度，将难以激发创造力和灵感，影响学术研究的长远发展。

3 优化路径

困境中孕育着改革与创新的可能性。朱剑认为，与学者关系的重建是编辑身份建构的关键[6]。无论是学术期刊发展，还是编辑身份建构，其重要途径都是与学术共同体建立深度互动的学术交往关系。这种交往关系可在学术生产、学术策划阶段通过再造以期刊为纽带的学术共同体实现，也可在依托媒介深度融合知识服务、传播的过程中寻找学术交往的进路方向。数智时代，学术期刊编辑需多途径提升学术交往能力，适应新技术变革，以成为学术交流中真正重要的参与者和推动者，实现交往深度和广度的双赢，为学术出版事业高质量发展注入活力。

3.1 提升学术交往的自觉性，优化学术交往相关制度与策略

回归学术共同体的前提是明确学术期刊编辑在出版活动中的主体地位，与读者、学者之间的关系应为主体-主体之间的关系，不一定是"回归"狭义的学术共同体，也可是"再造"，即塑造以期刊为纽带的广义学术共同体，编辑与作者、读者等在其中"交融共生"。树立起主体意识的同时，编辑要提升学术交往的自觉性，不局限于与作者、读者的有关编校和传播的"工具性交往"，而是以生成学术性深度交谈、交往等为目标，熟知学术领域热点、发展方向、研究趋势等，对学术问题有深度认识，能与学者生成有关观点、研究方法等的对话，进而碰撞出新的策划选题，满足彼此的行为期待，形成新的共识和共情。

第一，有意识地参加线上和线下的学术活动、研讨会和学术培训课程，同时密切关注学者的学术社交动态，了解最新研究动态和前沿理论，增强对学术内容的理解和审查能力，加强与学术共同体的联系，做好学术信息的"采购员"，以利于在策划选题和审稿时拥有更广阔的视角。另外，践行"编研一体"，在保证"编"的同时，重视"研"，可以积极参与或组织学术研究项目，提升研究能力和学术水平；还应积极撰写和发表学术论文，参与学术讨论，提升个人学术影响力，逐渐向学术共同体中心靠拢。

第二，编辑部应组织主编、副主编或编委参加的内部审稿会，结合外审专家意见，保持对学术评价体系偏重部分量化指标的警惕，把握好影响力和创新力的辩证关系，对论文进行评定。在审稿过程中，编辑应注重与作者和审稿人之间的多方位沟通，以对学术的虔诚之心撰写每一次修改建议，及时反馈审稿意见；建立良好的互动机制，定期对作者进行回访调研，

改善沟通方式，提升交往水平。

第三，有意识地复盘、总结并借鉴编辑与作者、学术共同体之间交往的策略。如，历史学教授张宝明在《告而不别：这个杀手不太冷》中回忆他与田卫平编审交往时述说了编辑与学者之间在问题意识和问道意识上惺惺相惜的同气相求。再如，田卫平在公众号"平眼观世"的文章中提到他的交往策略：绘制学术地图，参加不同的学术会议，邀请参会的博士生列出他们最喜欢看的、必看的文章，并请每人提出五个最喜欢的学者，把交叉、重叠的作者整理出来，进而一一找途径结识并约稿。

3.2 利用深度媒体融合，创造多维度交往场景，提高学术交往有效度

数字技术是一把双刃剑，需要结合多种交往方式，以实现有效学术交往的多维度发展。

第一，编辑应善于利用新媒体包括微信公众号、微信视频号、微博、Twitter、知乎、bilibili、YouTube等，与学者、读者等进行互动，依托数字化平台建立广泛的学术网络，促进编辑与学者、学者与学者间的交流与合作。这些平台不仅是信息交流的渠道，也是学术资源共享和协作的载体。可通过定期发布学术动态、邀请学者发布学术论文相关的讲座视频或直播、展开学术讨论等方式，增强期刊在学术共同体中的美誉度和编辑学术交往的密度。例如，打造学术播客，建构新学术交流"空间"，加强编辑与读者、听众和作者的交往，提升数字阅读服务[14]。History in Focus、Nature Podcast、Science Podcast等都是学术期刊通过学术播客扩大互动和传播范围的范例。国际期刊 *Journal of the Learning Science* 不仅会定期邀请学者与编辑进行访谈，录制视频在YouTube上呈现，而且会阶段性地组织多位学术共同体的学者围绕本刊内引用量较高的、学术影响突出的文章开展圆桌讨论，对论文进行评议并对未来学术研究提出建议，实现了编辑与作者等围绕学术的深入交流和选题碰撞。

第二，开发虚拟交往场景，如创建虚拟会议室、稿件交流室、文章可视化阅读室等，打造沉浸式学术交流环境。探索元宇宙技术在学术交往中的应用，如组织虚拟学术展览、虚拟研讨会、虚拟审稿室等，提供沉浸式学术交流体验，提升学术交往的互动性和现实感。

第三，通过具身交往提升情感交往深度与质量。首先，组织线下活动，尽管数字化交流便捷高效，但线下的学术会议等具身交往仍不可替代。编辑应积极组织和参与学术交流活动，利用面对面交流机会，增强与学者的互动，与其建立密切的情感联系和较强的信任关系。其次，增强共情能力。编辑应注重培养共情能力，理解作者、读者等的需求和感受。在交流中，注重倾听和反馈，建立互信共识，提升学术交往的温度和深度。

4 结束语

面对数智技术的迅猛发展和学术交流模式的转变，编辑不仅需要具备深厚的学术素养和专业能力，还要灵活运用新兴技术，优化学术交往的方式和手段。通过持续学习、积极参与学术研究，不断提升学术水平；利用社交媒体和数字化平台，丰富学术交往的场景；通过组织线下活动等加强非语言交流，培养共情能力，提升情感交往的深度与质量；优化审稿机制、反馈流程，反思学术交往策略，提高审稿质量和学术交往质量。如此，在数智时代，编辑自觉的学术交往将成为推动学术期刊高质量发展的关键因素。惺惺相惜，同气相求，编辑和学者才能在学术共同体中和弦奏鸣，力推学术交流和学术创新的进步与繁荣。

参 考 文 献

[1] 罗重谱,莫远明.新时代学术期刊高质量发展的内涵与路径[J].出版广角,2021(6):53-55.
[2] 喻阳.问题与愿景:当前我国人文社会科学学术生态暨期刊高质量发展刍议[J].中国编辑,2020(9):11-19.
[3] 万学.学者型编辑培养面临的问题与对策探究[J].新闻研究导刊,2022,13(12):202-205.
[4] 王政武.学术交往与学术期刊学者型编辑培养:促进逻辑、现实困境与路径调适[J].社会科学家,2023(7):154-160.
[5] 汪沛.共情与共识:编辑学术交往的"理"和"路"[J].出版发行研究,2023(9):65-70.
[6] 朱剑.编辑学者化与编辑引领学术:两样的赋能,一样的迷思[J].昆明学院学报,2023,45(1):31-40.
[7] 哈贝马斯.作为"意识形态"的技术与科学[M].李黎,郭官义,译.上海:学林出版社,1999:49.
[8] 汪沛.编辑学术交往:缺场表征、出场逻辑与在场自觉[J].出版发行研究,2021(5):80-85.
[9] 王敏芝,王军峰.从"交往在云端"到"生活在元宇宙":深度媒介化时代的社会交往生态重构[J].传媒观察,2022 (7):20-27.
[10] KIM K H. Metaverse in journal publishing [J]. Science Editing, 2022, 9(1):1-2.
[11] 武晓耕.元宇宙视角下的学术出版发展趋势[J].出版科学,2022,30(3):22-29.
[12] 原祖杰."编辑学者化"与中国学术期刊编辑的身份[J].澳门理工学报(人文社会科学版),2018(3):114-117.
[13] 朱剑.如影随形:四十年来学术期刊编辑的身份焦虑:1978—2017 年学术期刊史的一个侧面[J].清华大学学报(哲学社会科学版),2018,33(2):1-35,192.

中文科技期刊高质量发展的办刊实践
——以《陶瓷学报》为例

王三海，邵育洁，江润宇，梁华银

(景德镇陶瓷大学《陶瓷学报》编辑部，江西 景德镇 333403)

摘要：中文科技期刊作为中国科技期刊的主流期刊，在学术交流、科学技术传播、科技人才培养等方面发挥着无可替代的作用，也为我国的科技影响力和文化自信做出了重大贡献。如今，面对日益复杂的国际形势和竞争激烈的办刊环境，中文科技期刊的发展面临着更加严峻的挑战。本文以《陶瓷学报》的办刊实践为例，从期刊学术质量、编辑队伍建设、影响力提升3个方面系统地介绍《陶瓷学报》在高质量发展路径方面的探索。《陶瓷学报》通过在组稿、选稿、审校等环节提高期刊学术质量；通过引进、培养和激励优秀青年编辑，构建期刊的编辑人才梯队；通过会展活动、青年编委、国际期刊数据库等途径提高期刊影响力，使《陶瓷学报》进入了高质量发展的新阶段。总的来说，中文科技期刊未来的发展方向主要是以质量为本，重视编辑人才培养，结合自身办刊特色和定位，向专业化、国际化发展。《陶瓷学报》的发展经验有望为其他中文科技期刊的发展提供借鉴。

关键词：中文科技期刊；期刊发展；期刊影响力；国际化发展

科技期刊是科研成果的重要载体，也是科研学者进行学术探讨的重要交流平台，对国家科技创新体系的建立和发展以及科技人才的培养方面具有重要的引领作用。《中国科技期刊发展蓝皮书(2023)》[1]显示，截至2022年，中国科技期刊总计5 163种，其中，中文科技期刊有4 556种，占88.24%，说明中文科技期刊依然是中国科技期刊的主力军。一些对世界有重要影响的科技成果最早都发表在我国中文科技期刊上，如青蒿素[2]的结构信息、结晶牛胰岛素[3]的合成、杂交水稻[4]的重要发现均首次发表在《科学通报》上，哥德巴赫猜想的详细证明[5-6]首次发表在《中国科学》上，等等。这些新发现往往能引起国际学界的强烈反响，说明中文科技期刊在国际社会为我国科学竞争力的展示做出了重要贡献。

自南京大学首先将SCI引入科研评价体系以来[7]，我国高水平论文外流现象就愈发严重。为此，中国科协、中宣部、教育部和科技部四部门联合印发的《关于深化改革 培育世界一流科技期刊的意见》[8-9]，加快了世界一流期刊建设的步伐，情况才有所缓解。但是时至今日，高水平论文的外流情况依然严峻[10]。其最重要的原因是中文科技期刊发展较为缓慢，难以满足近年来中国快速增长的论文发表需求，尤其是高水平论文。《中国科技期刊发展蓝皮书(2023)》[11]显示，2021年中国科技期刊发表了114.06万篇科技论文，而在2021年，仅在国际SCI收录期刊发表的中国论文就达61.23万篇，至2022年，这一数据增至74.08万篇。截至2022年，中国SCI期刊仅有235种，而中文SCI期刊仅有18种[12]。这些数据表明，中国科研学者发表的优秀论文大部分发表在国外 SCI 收录期刊上，极少部分发表在中文科技期刊上。这反映出我国中文科技期刊吸引力不足，发文量不高的现实。

自 2019 年《关于深化改革 培育世界一流科技期刊的意见》发布以来，《陶瓷学报》开始对标世界一流科技期刊，在提高稿件质量、青年编辑队伍建设、提高期刊影响力等方面积极谋划，立足国家战略需求，服务于陶瓷行业发展，实质性提升《陶瓷学报》的品牌影响力，取得了丰硕的成果，如复合影响因子从 2020 年的 0.505 增至 2022 年的 1.307，国际影响力指数 CI 从 2020 年的 3.020 增至 2022 年的 4.636，连续三年保持增长；Scopus 引用分从 2022 年的 0.5 增至 2023 年的 0.8。本文系统性地梳理了近年来《陶瓷学报》在提高刊文质量和学术影响力等方面的办刊实践，以期为中文科技期刊的高质量发展提供参考。

1 提高刊文质量

1.1 社会征稿的处理流程与优化措施

1.1.1 优化稿件处理流程

《陶瓷学报》自 2016 年起已不再使用邮箱投稿，而改用中国知网的投稿系统。对于作者来说，网络投稿相对于邮箱投稿能够实时查询稿件状态；对于编辑来说，网络投稿使得对稿件的处理更加方便、快捷，还能对期刊的投稿信息进行统计分析。图 1 为 2019—2023 年《陶瓷学报》网络投稿的统计情况。从图中可以看出，近 5 年投稿量、录用量和录用率整体上变化不大，年均投稿量和录用量分别约为 380 篇和 130 篇，录用率平均约为 34%，其中年均录用量和年均发稿量相当，既保障了稿件质量，又缩短了作者投稿后的反馈周期与见刊时间。

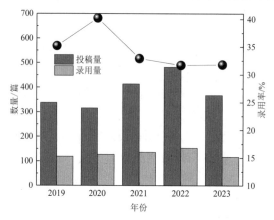

图 1 2019—2023 年《陶瓷学报》的投稿情况

《陶瓷学报》的审稿流程是初审—同行评议—复审—终审，与大部分核心期刊[13]比较相似。在初审流程中，首先是判断来稿主题是否符合本刊接收范围，对不符合的一般直接退稿，并建议另投他刊；还有一类稿件虽涉及刊发领域，但核心研究内容不在本刊接收范围，一般也会做退稿处理。其次，是审查作者的个人信息和学术背景，如通信作者的单位和部门、职称，和文章内容进行对比，审查文章内容与作者信息的匹配程度，比如：本刊接收过一篇材料类学术论文，由于其作者所在部门是艺术学院，最终经过慎重考虑决定拒稿。如果有必要，还会在知网数据库中审查作者之前的投稿情况，因为作者的投稿数量、级别、基金资助情况、被引情况等在一定程度上能够反映作者的学术水平。此外，本刊会预估文章发表后的影响力，如考察数据库中作者以往投稿的受关注情况，如果其学术成果大多学界关注较少，影响力较低，则对该稿件的刊用持谨慎态度。如果以上都没问题，则对论文内容进行审查，一方面，根据相关标准[14]对其学术不端进行审查，采用腾云采编系统查看并对比重复文字部分。此外，图片对比尤其重要，由于采编系统不会进行图片对比，所以一般采用人工审查，下载并查看重复率比较高的对比文献。本刊曾在三校时撤下一篇重复率不高但图片存在抄袭的稿件，这类稿件的学术不端行为具有较高的隐蔽性，需要仔细鉴别。另一方面，则是初步审查稿件质量和规范性，如论文的题名、作者信息、前言等部分是否完整；图表和文字是否规范，数据和结论是否合理。如果质量合格，则送至负责本刊的副主编决定去留。初审通过后送同行评议，或者修改后送同行评议。

1.1.2 丰富稿源

由于《陶瓷学报》重视研究成果的学术影响及其对陶瓷技术领域的推动作用，因此在办刊过程中较为重视稿件来源的丰富性，作者单位不仅有科研院所、博物馆，还有企业。如潮州三环(集团)股份有限公司陈烁烁发表了"固体氧化物燃料电池产业的发展现状及展望"，并受到国内科技工作者的广泛关注，一位教授通过论文联系了该公司，通过讨论修正了部分参数，推动了技术进步，作者专门致电《陶瓷学报》编辑部表示感谢。类似的案例还发生在景德镇乐华陶瓷洁具有限公司、上海玻璃钢研究院有限公司、蒙娜丽莎集团股份有限公司、宁波东联密封件有限公司、中材高新氮化物陶瓷有限公司等高新技术企业作者的文章上。

1.1.3 同行评议机制

同行评议是保障稿件学术质量的关键举措，也是有效利用我国科技资源的重要机制[15]。《陶瓷学报》为了减轻作者的投稿压力，一直实行免审稿费制度，采取双盲审稿方式，将稿件作者信息去除后送给专家审稿，对作者而言，这样能让作者在投稿时避免人情或者利益方面的干扰，纯粹从学术角度展现研究成果。对审稿专家而言，这样能避免可能存在的偏见，提出比较客观的审稿意见，这样的审稿意见对作者而言也更具有参考价值与学习意义。如一位作者曾因专家提出的意见价值较高，其根据意见修改补充后，论文的质量得到质的飞跃，后专程打电话给本刊编辑部，表示希望编辑部能够介绍其与该文章的审稿专家认识，但是编辑部在综合考虑后拒绝了这一请求，作者也对此表示理解。为了简化流程、加快效率，《陶瓷学报》只送一位专家审稿，少数情况下，当对专家意见有疑问时会将文章转交另一位专家审稿。审稿意见返回后，一般会交由作者进行修改，作者修回后则按照流程进行复审、终审。从本刊的经验来看，送外审之后的稿件很少退稿，送外审后的年均退稿量在 20 篇左右，每年送外审稿件的录用率在 87%左右，总体较高，但这并不意味着在文章送外审后，作者可以高枕无忧。在作者按照专家意见进行修改后，本刊一般要求作者上传修改稿和修改说明，且务必要答复翔实、态度端正、修改全面，这对稿件的最终刊用与否具有决定性作用。

1.2 策划专题组稿

《陶瓷学报》专题组稿的主要方式有群体组稿与个别约稿。2021 年，中宣部、教育部、科技部联合印发了《关于推动学术期刊繁荣发展的意见》[16](简称《意见》)，在加强出版能力方面，对编辑的策划能力提出了具体要求，《意见》要求围绕重大主题打造重点专栏、组织专题专刊。同年，"双碳"目标首次写入政府工作报告，国务院印发《2030 年前碳达峰行动方案》。在此背景下，大量学术期刊组织了专刊进行集中报道在实现"双碳"目标方面的成果。例如：2022

年，《中国科学院院刊》围绕"双碳行动计划"策划组织了"科技支撑'双碳'目标实现"专刊、《地球环境学报》组织了"双碳目标与可持续发展"专刊、《综合智慧能源》组织了"面向'双碳'目标的固体氧化物电池系统"专刊，等等，但在陶瓷材料相关领域却没有相应主题的专刊出版。为此，2022 年《陶瓷学报》编辑部及时策划了"陶瓷电池材料与技术"专刊，填补了学术期刊中陶瓷材料在实现"双碳"目标上的专题空缺，引起了强烈反响。除群体组稿外，《陶瓷学报》还会借助主编、副主编和编委的学术号召力进行个别约稿，约稿工作主要是由具有扎实学术背景的总编牵头实施，邀请 5 名知名学者进行组稿工作，责任编辑协同实施。

1.3 提高稿件编校质量

稿件通过三审后便进入编辑加工阶段，这一阶段的工作一般是规范排版格式、初步修改语句、进一步核实图表和参考文献等，使稿件达到"齐清定"的要求。在排版方面，为加快出版进程，《陶瓷学报》以外包的形式将排版工作交由专业企业进行对接。校对工作是期刊出版环节中的关键步骤，是期刊质量的重要堡垒。国家新闻出版署于 2020 年 5 月 28 日印发了《报纸期刊管理规定》(国新出发〔2020〕10 号，以下简称《规定》)[17]。《规定》出台后，本刊编辑部高度重视，为此邀请了资深编审为编辑部对《规定》进行解读，并做了专门的报告，以加深编辑人员对《规定》的理解。《规定》明确要求期刊编校差错率不超过万分之二，因此，校对是期刊工作中花费时间、精力最多的流程。部分学者认为，为了解放编辑，让其有充足的时间参与出版研究，提升学术水平，应该将编校工作进行外包[18]，如中国激光杂志社[19]和清华大学出版社[20]两个大型出版集团对此进行了尝试，且反馈效果较好。然而，《陶瓷学报》并不具备外包编校工作的现实条件：一方面，增加外包工作会增加编辑部的经济压力；另一方面，兼职编校的编辑人员的引进受到高校规章制度的限制。《陶瓷学报》的编校工作主要由 3 位编辑负责，编辑加工流程一般会放在排刊之前，通过多人多次校对减少差错，凡疑必核，有错必纠。如《陶瓷学报》2023 年所出版的 6 期论文的平均校次是 5 次。此外，《陶瓷学报》编辑部采用人机结合校对方式，每篇论文在二校以后，一般还会通过黑马、方正等校对软件进行计算机校对至少一次。这样可以保证期刊内容的差错率降至最低。

2 加强青年编辑队伍的建设

编辑人才是期刊发展的最核心力量[21]，因此编辑人才的培养一直是中文科技期刊的工作重点。然而，编辑工作的入门门槛较高，尤其是科技期刊，对编辑的要求更多。因此，期刊对入职人员的筛选一直是高要求、严把关，宁缺毋滥的。《中国科技期刊发展蓝皮书》(2020—2023)均显示，中文科技期刊的从业人员学历以本科为主，英文科技期刊的从业人员学历以硕士为主，但是近几年有一个非常明显的趋势，即中文科技期刊从业人员中，具有硕士和博士学历的人数占比呈逐渐增加的趋势，而本科学历及以下的人数占比逐渐缩减，如图 2 所示。主要原因有二：一方面，《关于推动学术期刊繁荣发展的意见》建议中文科技期刊向"专、精、特、新"方向发展，这对办刊人员的要求显著提高，中文科技期刊的发展越来越依赖优秀人才，研究生一般都经历了严格的科研训练，具备较高的科学素养与抗压能力，被中文科技期刊所需要；另一方面，随着国家越来越重视中文科技期刊的发展，颁布了一系列推动期刊发展的措施，如中国科技期刊卓越行动计划[22]，入选期刊中中文科技期刊超过半数。此外，还推出了论文代表作制度。因此，中文科技期刊吸引了大量的硕士与博士研究生。

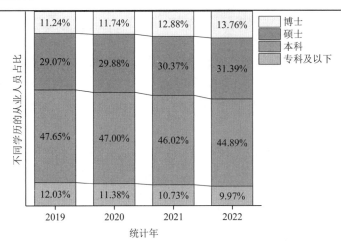

图 2　2019—2022 年的中文科技期刊从业人员的学历分布变化

为了适应日新月异的办刊方式和国际化发展的办刊趋势，2020 年以来，《陶瓷学报》编辑部连续引进了博士 1 名、硕士 2 名，极大扩充了编辑队伍。现已形成了集 60 后、70 后、80 后、90 后的多年龄层次编辑人才梯队。日常工作中，资深编辑"传帮带"指导年轻编辑进行出版工作、规划职业发展，对青年编辑的迅速成长发挥了重要作用。同时，青年编辑学习能力强，能够为期刊发展引进先进的新理念，发掘期刊的发展潜力，提高期刊的运营效率。《陶瓷学报》编辑部为了让青年编辑更好地成长，鼓励外出学习，由资深编辑带领青年编辑外出参加业务培训，提高业务水平，结识优秀同行，还能在后期的工作学习中相互讨论学术问题、交流办刊经验。迄今为止，编辑部每位编辑的每年学时都已修满，编辑部还鼓励编辑额外参加线上学习活动与本学科领域的学术会议。一方面，可以在各类活动与会议上推广期刊；另一方面，还能多接触众多优秀学者，了解和掌握学科领域的发展动态，提高知识储备。此外，编辑部经常为青年编辑与其他期刊编辑部的交流互动创造机会，每年至少邀请并接待其他期刊同行来我部交流一次，也会组织编辑部成员前往其他优秀期刊社进行调研，通过互相交流和学习，青年编辑能更深入地了解期刊出版行业，增长见闻、拓宽视野，将优秀经验与办刊实际相结合，对办刊模式进行优化，助力期刊发展。《陶瓷学报》的主管、主办单位景德镇陶瓷大学也积极支持包括编辑在内的辅系列专业技术人员的高级职称申报工作，如最新的管理办法规定申报资格按照省厅文件执行，校内不再设置另外门槛，极大鼓舞了包括编辑在内的专业技术人员的职业发展信心。相应地，《陶瓷学报》编辑部也会积极支持学校的学科建设，如每年针对论文撰写和投稿、项目申报、奖励申报等实用性内容为学校师生举办讲座。

3　提高期刊影响力

3.1　参与学术会议和展览

科技期刊作为学术成果的传播平台，其投稿作者以及期刊读者主要是科技工作者。学术会议则是科技工作者进行学术交流的重要聚集地。对《陶瓷学报》编辑而言，参与学术会议是与众多专业学者直接接触的绝好机会，一方面可以推广期刊，另一方面也可以了解学科前沿资讯。展览则是陶瓷行业了解资讯、技术交流与商贸合作的重要平台。《陶瓷学报》主要刊发陶瓷相关领域的研究成果，编辑部也会积极派编辑参加陶瓷相关的学术会议与展览活动，如"先进陶瓷高峰论坛""中国国际粉末冶金、硬质合金与先进陶瓷展览会""中国国际陶瓷工业展览会""中国陶瓷色釉料原辅材料技术发展高峰论坛""中国日用陶瓷产业发展高峰论坛""中国发泡陶瓷应用与产业发展论坛"等，通过展示宣传海报、发放宣传册、赠送样刊、主动向与会专家推荐期刊，一方面扩大了期刊知名度，另一方面也能了解学术热点和先进的陶瓷技术。

2020 年 12 月，正值景德镇陶瓷大学 110 周年校庆以及《陶瓷学报》创刊 40 周年之际，期刊社承办了"陶瓷材料与装备国际高峰论坛暨《陶瓷学报》创刊 40 周年"研讨会，国内外高校、科研院所及行业的百余名知名专家、学者参会。编辑部在各个分论坛和专家进行了广泛的接触，发布了创刊 40 周年高被引论文作者名单，并在会上对《陶瓷学报》进行了全面的宣传。同时，专门开辟一个分论坛举办了编委会换届大会，会上邀请了两位院士作为《陶瓷学报》第二届编委会主任。这次会议不仅扩大了期刊的影响力，还将众多陶瓷领域杰出的专家学者扩充至编委会，为期刊的快速发展奠定了坚实的基础。

3.2 依托青年编委

大多数中文科技期刊的编委会成员随着学术地位和个人影响力的提高，承担的社会责任也越来越多，无法在期刊发展上投入大量时间和精力[23]。青年学者作为科研人员，往往具有较强的创新能力和科研动力，而且社会职务较少，精力充沛，思想活跃，能够产出较多的科研成果。因此，青年学者也需要借助优秀的学术期刊平台宣传自己的研究成果，提高学界对自身的关注度。为此，《陶瓷学报》结合其他期刊的办刊经验[24-26]于 2023 年组建了《陶瓷学报》首届青年编委会。青年编委会的成员主要通过 3 个途径引进，一是通过编委或其他知名专家学者的个人推荐；二是编辑通过会议向优秀青年学者发出邀请；三是通过个人申请。青年编委是期刊的主要审稿专家，他们的审稿标准清晰，意见客观翔实，有较高的责任心，而且审稿速度较快，一般都能及时完成审稿任务。另外，青年编委的投稿多是亲力亲为，自己把关，往往质量较高。此外，青年编委参会做报告时，一般都会将期刊介绍素材放在报告 PPT 中进行积极宣传，起到了较好的宣传效果，来稿量显著提升，且质量明显较好，如据 Scopus 数据库统计，《陶瓷学报》2022—2023 年的引用数提高了 14%。另外公众号的新增关注人数相对于组建青年编委前提高了 42.18%。

3.3 推进国内、国际数据库收录工作

中文科技期刊需要积极通过国内外的数据库检索平台来扩大影响力[27]。国内主要有中国知网、万方数据知识服务平台、维普中文期刊服务平台三大数据库，大部分中文科技期刊都已收录其中。另外，也有一些国内的一些免费的数字化出版平台也可申请加入，如百度学术，新华网学术中国知识产权服务平台、长江文库、清华大学的 SciOpen 和科学出版社的 SciEngine。《中国科学引文数据库》(CSCD)创建于 1989 年，是我国第一个引文数据库。2023—2024 年度《中国科学引文数据库》收录来源期刊 1 341 种，其中，中文期刊有 1 024 种。中国科学引文数据库来源期刊分为核心库和扩展库两部分，二者收录标准较高，因此只有少数中文科技期刊被收录其中，核心库期刊有 996 种；扩展库期刊有 345 种。国内还有部分认可度比较高的期刊评价研究成果，如北京大学发布的《中文核心期刊要目总览》，首次出版于 1992 年，2008 年之前每 4 年更新 1 次，2008 年之后每 3 年更新 1 次。最近一次的发布时间是在 2023 年，有 1 987 本中文期刊入选，《陶瓷学报》自 2008 年以来，已连续第 6 次入选。《科技期刊世界影响力指数(WJCI)报告》由中国科学技术信息研究所、《中国学术期刊(光盘版)》电

子杂志社有限公司、清华大学图书馆、万方数据有限公司、中国高校科技期刊研究会和中国科学技术期刊编辑学会联合研制，最近的一次发布时间是2023年，仅有1 350本期刊入选，《陶瓷学报》已连续两次入选。2023年，《中国科技核心期刊目录》(自然科学卷)收录2 151种中国自然科学领域期刊，其中中文科技期刊近2 000种，《陶瓷学报》也已多次入选。

影响力较大的国际数据库主要有美国科学引文索引(SCI)、美国工程索引(Ei Compendex)、英国科学文摘(INSPEC)、瑞典的开放存取期刊目录(DOAJ)、美国全学科学术全文数据库(EBSCO)、美国"剑桥科学文摘"(ProQuest CSA)、美国化学文摘社(CAS)、日本科学技术振兴机构数据库(JST)、加拿大乌利希数据库(Ulrichsweb)、荷兰文摘与引文数据库(Scopus)、哥白尼索引期刊数据库(ICI World of Journals)、哥白尼精选数据库(ICI Master List)等。其中，SCI、ESCI、EI、Scopus、DOAJ、EBSCO等数据库是知名的大型期刊检索数据库。最新的数据(2023年)显示，SCI和ESCI收录的中文科技期刊数量没有变化，EI新增收录中文科技期刊2种，分别为《核技术》和《采矿与岩层控制工程学报》；Scoups数据库新收录中文科技期刊39种；DOAJ数据库新收录中文科技期刊39种[28]。目前《陶瓷学报》已被收录至Scopus、EBSCO、CAS、JST、Ulrichsweb等数据库，正在申请DOAJ数据库的收录。其中，Scopus数据库是2021年开始申请，并根据要求完善英文网站，其引用分从2022年的0.5提升至2023年的0.8。值得注意的是，在申请Scoups数据库过程中，可以根据意见一步一步修改申请材料，但是申请DOAJ数据库失败后必须在6个月后才能重新提交申请，不同数据库的申请要求有所差别，要提前做好准备。国内知名的数据库一般是自动遴选，不需要申请；但国外数据库一般都需要申请，一般最基本的要求是需要有自己的英文网站，而且所有文章均可即时免费获取(即OA开放获取)，而且需要同行评审流程，这里需要注意，在OA时必须明确版权归属问题，以免引起纠纷。不同的国外数据库有不同的申请路径，如Scopus数据库，可通过"学术期刊'走出去'专家委员会暨Scopus中国学术委员会"网站进行在线申请并能获得专业指导。Ulrichsweb和EBSCO通过发送邮件进行申请即可被收录，在邮件中需要详细介绍期刊信息。DOAJ和EI均需要在其官网进行在线申请，部分细节可通过文献[29]详细了解。

4 结束语

中文科技期刊作为中国科技期刊的主力军，却普遍面临着发展缓慢的问题与难以国际化的困境。针对该问题，本文总结了近年来《陶瓷学报》编辑部执行效果较好的三个方面措施。在把控稿件质量方面，严格筛选自由投稿，优化社会征稿的处理流程，紧跟时事热点进行专题组稿，丰富稿件来源。全流程监控从编辑加工到印刷过程中稿件的内容以及校对质量，减少差错。在加强编辑人才队伍的建设方面，引进优秀的高素质人才，优化编辑部人员梯度结构。支持编辑的业务培训，提升编辑业务能力。关注编辑的个人成长和职业价值需求，提供力所能及的帮助。在提高期刊影响力方面，参加相关行业学会、协会等组织举办的学术活动，与该领域的专家学者进行接触，了解其投稿需求以及学术热点。组织青年编委会、国际编委进行广泛宣传。尽可能多地进入国外知名数据库，提高论文曝光度。通过分析以上措施的具体实施步骤及其对《陶瓷学报》发展的影响，为其他中文科技期刊的发展提供借鉴。

参 考 文 献

[1] 《中国科技期刊发展蓝皮书(2023)》编写组.《中国科技期刊发展蓝皮书(2023)》内容简介[J].中国科技

期刊研究,2024,35(1):137-141.
[2] 青蒿素结构研究协作组.一种新型的倍半萜内酯:青蒿素[J].科学通报,1977(3):142.
[3] 中国科学院生物化学研究所,中国科学院有机化学研究所,北京大学化学系.V.结晶胰岛素的全合成[J].化学通报,1966(5):26-31.
[4] 袁隆平.水稻的雄性不孕性[J].科学通报,1966(4):185-188.
[5] 陈景润.1+2 系数估计的进一步改进:大偶数表为一个素数及一个不超过二个素数的乘积之和(II)[J].中国科学,1978(5):477-494.
[6] 陈景润.大偶数表为一个素数及一个不超过二个素数的乘积之和[J].中国科学,1973(2):111-128.
[7] 陈国娇,田瑞强.中国科技论文外流态势监测指数设计和应用[J].数字图书馆论坛,2024,20(1):33-38.
[8] 郭伟.中国科技期刊发展的新契机:试论《关于深化改革 培育世界一流科技期刊的意见》政策亮点及实施建议[J].中国科技期刊研究,2019,30(10):1029-1033.
[9] 《关于深化改革 培育世界一流科技期刊的意见》内容摘编[J].编辑学报,2020,32(04):360.
[10] 罗丽丰,郝宁,张亚男,等.浅析中美等 17 国 JCR 收录期刊及其发表的论文数量近 20 年变化趋势[J].中国科技期刊研究,2024,35(3):390-399.
[11] 中国科技论文统计与分析课题组.2021 年中国科技论文统计与分析简报[J].中国科技期刊研究,2023,34(1):87-95.
[12] 刘燕珍,闫红霞.中文 SCI 科技期刊现状与影响力提升建议[J].中国科技期刊研究,2022,33(2):267-272.
[13] 韩磊,徐学友,郎伟锋,等.我国科技期刊审稿流程设置的现状调查[J].中国科技期刊研究,2023,34(8):1000-1006.
[14] 全国新闻出版标准化技术委员会.学术出版规范期刊学术不端行为界定:CY/T 174—2019[S].北京:国家新闻出版署,2019.https://www.biaozhun.org/plus/download.php?open=2&id=110337&uhash=1793fac62bdcf72c 94cceae6.
[15] 张静辉,刘蔚,侯春梅,等.基于大数据技术优化科技期刊同行评议模式研究[J].中国科技期刊研究,2024,35(1):59-64.
[16] 《中国出版》编辑部.关于推动学术期刊繁荣发展的意见[J].中国出版,2021(14):3-5.
[17] 《中国出版》编辑部.报纸期刊质量管理规定[J].中国出版,2020(13):5-11.
[18] 成敏,郭柏寿.科技期刊编校现状分析与编校分离机制设计[J].中国科技期刊研究,2021,32(3):337-343.
[19] 殷建芳,马沂,王晓峰,等.中文科技期刊编辑加工外包与质量控制实践[J].中国科技期刊研究,2015,26(1):27-31.
[20] 汤梅,金延秋,陈禾.集群化办刊模式下编辑加工外包的质量控制探析[M]//学报编辑论丛 2023.上海:上海大学出版社,2023:35-39.
[21] 王丹.科技前沿新时代下我国科技期刊编辑素养构成及提升对策研究[J].中国传媒科技,2024(3):36-39.
[22] 许艳超.中文科技期刊国际影响力现状分析及提升建议[J].天津科技,2023,50(10):91-95.
[23] 陈春雪,张小庆.新形势下吸纳青年编委助力科技期刊发展的现实意义[J].天津科技,2023,50(12):81-84,88.
[24] 唐晓莲,邹小勇,李劲,等.药学科技期刊青年编委会的建设与实践:以《中国药房》为例[J].学术出版与传播,2022,1:284-289.
[25] 郭盛楠,郝洋.青年编委会成立"热"的"冷"思考:科技期刊青年编委遴选、管理与建设过程中的问题与反思[J].编辑学报,2022,34(3):301-305.
[26] 曹景颖.青年编委会运作中存在的问题和应对策略:以《中国心血管病研究》青年编委会为例[J].科技传播,2022,14(12):30-32.
[27] 詹文海.精准把握国内外数据库研究热点,优化中文科技期刊办刊策略[J].中国科技期刊研究,2024,35(2):226-234.
[28] 张芳英,王婧,吴领叶,等.我国中文科技期刊持续高质量发展路径思考:2023 年我国中文科技期刊盘点[J].科技与出版,2024(3):55-66.
[29] 王琳辉,李广涛,倪明.中国生物医学期刊申请国际数据库收录的策略与探析:以《中国癌症杂志》为例[J].中国科技期刊研究,2023,34(12):1636-1644.

新时代学术期刊生存与发展环境研究

王帅林

(天津商业大学学报编辑部,天津 300134)

摘要:在新时代高质量发展阶段,需要建设具有强大凝聚力和引领力的社会主义意识形态,而学术期刊在这方面发挥着重要作用。为充分发挥学术期刊的作用,需建设高学术影响力的学术期刊。而要建设高学术影响力的学术期刊,就要研究学术期刊的生存与发展环境,因此研究学术期刊生存与发展环境具有重要的理论和现实意义。文章从学术质量、学术期刊文化、学术期刊生态环境、网络技术、信息管理和服务六个方面分析了新时代学术期刊的生存与发展环境,并从制度因素、政策因素、文化因素、社会环境因素、主管主办单位和出版单位因素五个方面分析了新时代学术期刊生存与发展的制约因素。在新时代高质量发展阶段,主管主办单位要加强对出版单位的管理。在新时代高质量发展阶段,出版单位要加强日常管理、形成自身的学术期刊文化、坚持刊发论文的学术质量、把学术质量放在重要位置,合理使用互联网计算机技术、为学术期刊服务,服务国家战略、为社会主义现代化建设服务。

关键词:新时代;学术期刊;发展环境

我国已进入新时代高质量发展阶段,探索总结推动高质量发展规律,努力提高高质量发展的能力和水平成为一项重要的课题。在新时代高质量发展阶段,意识形态领域使命任务更加艰巨,需要建设具有强大凝聚力和引领力的社会主义意识形态。学术期刊主要刊发学术论文,具有传承中华优秀传统文化的作用。能很快地将智力成果转化为现实的生产力,在意识形态领域具有重要地位,要建设具有强大凝聚力和引领力的社会主义意识形态,就要建设具有高学术影响力的学术期刊。要建设具有高学术影响力的学术期刊,首先就要分析学术期刊的生存与发展环境。因此,研究学术期刊的生存与发展环境具有重要的理论和现实意义。

在新时代,学术期刊的发展面临着新的生存与发展环境。本文在新时代环境下,首先对学术期刊的生存与发展环境进行了分析,其次分析了学术期刊发展的制约因素,最后得出了本文的研究结论和政策建议。本文可能的创新点体现在以下两个方面:第一,本文从学术质量、学术期刊文化、学术期刊生态环境、网络技术、信息管理和服务六个方面分析了新时代学术期刊的生存与发展环境。第二,从制度因素、政策因素、文化因素、环境因素、主管主办单位和出版单位五个方面分析了新时代学术期刊生存与发展的制约因素。

1 文献综述

关于学术期刊生存与发展环境已有学者进行了研究。惠国琴和邹学慧[1]对高校学术期刊进行了分析，认为高校学术期刊存在综合性期刊数量过多、办刊经费不足、受到互联网冲击的问题。岳岭[2]从制约高校学术期刊的因素出发，认为高校学术期刊存在的制约因素有办刊体制限制、办刊理念不确定、跟不上新技术发展步伐和发行量偏小四个方面。胡和平和李语湘[3]认为高校学术期刊存在的外部挑战有新媒体环境的冲击、学术交流的国际化导致优秀稿源外流和期刊行业间的竞争三个方面；内部存在的问题有同质化现象严重、栏目设置雷同，本位主义倾向明显、缺乏有效的交流机制，论文质量不高、编校质量不理想三个方面。王海蓉[4]认为在技术发展环境下，学术期刊在选题策划方面面临学术动态海量化的问题，在组稿和内容分发环节面临媒体环境全媒化、智能化和新媒体及其互动生态化的问题。但瑞华[5]从媒介生态学的视角出发，认为学术期刊在经济资源环境、行业竞争环境和社会人文环境处于不利的地位。陈颖[6]认为学术期刊的发展与学术生态环境存在因果关系，学术生态环境的部分因素制约了学术期刊的发展。邱阳[7]认为良好的学术生态环境有利于学术期刊的发展，而恶化的学术生态环境则阻碍学术期刊的发展。孔薇[8]使用2015—2020年中国知网的数据，研究表明在人工智能环境下，学术期刊在融合出版方面表现出了以下特征：在选题策划方面表现出从经验依赖到技术支持，在评审评议方面表现出从主观传统到客观理性，在编辑校对方面表现出从重复烦琐到快速高效，在信息推送方面表现出从单向静态到算法匹配，在数字出版方面表现出从简单融合到全媒体化，在媒介形态方面表现出从平面传播到交互多元。张蕾[9]认为在融合发展环境下，学术期刊的质量受到人文精神流失的冲击、学术不端行为更加复杂化；随着互联网技术的发展，学术期刊面临着"技术威胁"，不利于学术研究的进步；数字技术在学术期刊领域的广泛应用，给学术期刊的发展带来了功利主义，影响了学术氛围。王华生[10]的研究表明在数字网络环境下，存在发展思路路径依赖、学术管理行政化、内容积聚偏好和浅阅读，这些会导致学术创新动力不足，进而影响学术期刊的发展。韩淑丽[11]认为网络环境一方面为学术期刊的发展带来了机遇，比如，提高了学术期刊从业者的工作效率，提升作者的稿件质量和被引用的概率，为读者的阅读带来了便利；另一方面，网络环境也为学术期刊的发展带来了挑战，比如，出版安全、工作技术更新和管理方式。胡和平和李语湘[3]认为在新时代背景下，高校学术期刊不但自身存在问题，而且还面临外部挑战。自身存在的问题主要是同质化现象严重、本位主义倾向明显和论文质量不高，面临外部挑战主要是受到新媒体环境的冲击、优秀稿源流向国外和同行业间的竞争。陈鹏、叶宏玉和梁凯等[12]认为随着微信和微博等新媒体的出现，学术期刊在阅读习惯、阅读需求和学术期刊功能三个方面面临着挑战。

从以上的文献梳理可以发现，对于学术期刊生存与发展环境的研究不够全面，在新时代环境下的研究文献较少。为填充这方面的研究空白，本文就新时代学术期刊生存与发展环境进行了分析，并分析了新时代学术期刊生存与发展的制约因素，进一步提出了新时代学术期刊发展的政策建议。

2 新时代学术期刊生存与发展环境分析

在新时代环境下，学术期刊面临的生存与发展环境主要是学术质量、学术期刊文化、学术期刊生态环境、网络技术、信息管理和服务六个方面。

2.1 学术质量

学术期刊主要刊发学术论文，为提高学术期刊的学术质量，需要对学术期刊的学术质量进行评价，国内出现了中文社会科学引文索引(CSSCI)、中文核心期刊要目总览、中国学术期刊评价研究报告、中国人文社会科学期刊 AMI 综合评价报告、中国科学引文数据库(CSCD)和中国科技期刊引证报告六种学术期刊评价体系。这些学术期刊评价体系的存在，对学术期刊的发展有一定的激励作用。这些学术期刊评价体系对收录的学术期刊都有一定的要求，学术期刊要想进入，必须达到他们的要求，学术期刊的从业人员为了让自己从事的学术期刊进入评价体系，会努力提高学术期刊的学术质量，从而推动学术期刊更好的发展。

2.2 学术期刊文化

关于文化的含义，《辞海》里面的定义有三种[13]。第一，文化有广义和狭义之分。广义的文化是指人类在社会实践过程中所获得的物质、精神的生产能力和创造的物质、精神财富的总和；狭义的文化是指精神生产能力和精神生产产品，包括一切社会意识：自然科学、技术科学、社会意识形态。第二，泛指一般知识，包括语文知识，如"学文化"即指学习文字和求取一般知识。第三，中国古代封建王朝所实施的文治和教化的总称。

学术期刊文化是指学术期刊在发展过程中形成的独具特色的特征和状态，是编辑部成员意识在办刊过程中的体现，是办刊过程中形成的有关学术期刊的精神文化和物质文化方面的总和，可以继承和发展，比如办刊理念、制度规范、约定成俗的做法、版面的排版设计等。学术期刊文化形成后，会指引学术期刊发展。

学术期刊文化会影响学术期刊从业人员，积极向上的学术期刊文化，能够带动学术期刊从业人员积极工作，促进学术期刊更好的发展。落后的学术期刊文化会使学术期刊从业人员消极怠工，不利于学术期刊的发展。

2.3 学术期刊生态环境

学术期刊生态环境是指影响学术期刊发展的各种因素的总和，既有硬件环境也有软件环境，硬件环境指保证学术期刊正常出版的各种物质条件，比如，各种办公设备、办公场地、图书资料、办刊经费等，软件环境指的是影响学术期刊发展的各种无形因素，比如，关于学术期刊的规章制度、整体的社会环境、学术期刊从业人员的知识背景等。

学术期刊生态环境的好坏会影响学术期刊的发展。良好的学术期刊生态环境有利于学术期刊的发展，较差的学术期刊生态环境则不利于学术期刊的发展。比如，学术期刊办公环境安静、各种软硬件设施先进、办刊经费充足、规章制度齐全等，这些因素都会促进学术期刊的发展；反之，则不利于学术期刊的发展。

2.4 网络技术

网络技术的出现改变了传统的稿件处理方式。网络技术出现后，作者投稿可以通过网络投递，比如，邮箱、投稿系统等。编辑和审稿专家的审稿也可以借助互联网实现，提高了编辑工作效率，编辑与作者和审稿专家借助互联网沟通，加快了沟通交流速度，缩短了出版时滞。

网络技术的出现对学术期刊的发展是有利因素。借助网络技术，期刊从业人员可以提高工作效率，作者可以利用网络技术获取更多的文献，审稿专家借助网络技术可以对稿件进行更好的评审。所以，网络技术的出现更有利于学术期刊的发展。

2.5 信息管理

信息管理改变了传统的学术期刊管理模式，作者、审稿专家的信息借助信息管理录入数据库，可以对作者、审稿专家更轻易地实现分类管理，可以为作者提供更好的服务，更快速精准地根据审稿专家的研究领域选择审稿专家，对作者的投稿和以往的学术期刊实现信息化管理，更能很好地保存这些数据。信息管理的出现改变了学术期刊的管理模式，学术期刊从业人员利用信息管理能让学术期刊获得更加高效的发展。

2.6 服务

学术期刊从业人员态度的好坏，对学术期刊的长期发展有很大的影响。学术期刊从业人员对作者的服务态度好，作者将来还会继续向学术期刊投稿，而作者的学术水平是越来越高的，所以学术期刊收到稿件的学术质量也会越来越高，从而学术期刊整体的学术质量也会越来越高。学术期刊从业人员对审稿专家的服务态度好，审稿专家就会用更多的时间和精力审阅稿件，从而发现稿件存在的问题，对稿件提出更好的修改建议，提高稿件的学术质量，进而提高学术期刊的学术质量。学术期刊从业人员对相关机构(部门)的服务态度好，就能够与这些机构(部门)关系融洽，问题也能够得到高效的解决，学术期刊从业人员就会有更多的时间和精力从事学术期刊相关工作，进而把学术期刊办得更好，不断提高学术期刊的学术质量。

3 新时代学术期刊生存与发展的制约因素

在新时代环境下，学术期刊生存与发展的制约因素主要有五个方面：制度因素、政策因素、文化因素、社会环境因素、主管主办单位和出版单位因素。

3.1 制度因素

学术期刊在发展的过程中会受到制度的影响。国家为了推动学术期刊发展，出台了很多文件，比如，《出版管理条例》《期刊出版管理规定》《期刊出版形式规范》《报纸期刊审读暂行办法》《关于出版单位的主办单位和主管单位职责的暂行规定》《关于规范报纸期刊主要负责人任职资格的通知》《报纸期刊质量管理规定》《出版专业技术人员继续教育规定》《关于进一步繁荣发展哲学社会科学的意见》《关于推动学术期刊繁荣发展的意见》等，这些文件的实施，确保了学术期刊的发展，从制度层面为学术期刊的发展提供了支持。这些文件对主管主办单位的职责进行了确定，促使学术期刊的主管主办单位更好地履职尽责，为学术期刊的发展提供了保证。这些文件对学术期刊的主要负责人任职资格和编辑的继续教育作了规定，为学术期刊的发展提供了动力。这些文件对学术期刊的审读、质量管理给出了具体标准，为学术期刊的发展提供了保障。所以，促进学术期刊发展文件的实施有利于其发展。如果这些文件没有实施，学术期刊主管主办单位的职责就没有明确，主管主办单位就不好履职尽责，学术期刊的发展就缺乏坚强有力的领导。如果这些文件没有实施，学术期刊的主要负责人和编辑人员的从业资格就会没有限制，学术期刊的学术质量和编校质量就会得不到保障。因此，制度因素会制约学术期刊的发展。

3.2 政策因素

学术期刊的发展会受到政策因素的影响，对学术期刊发展有利的政策会促进学术期刊的发展，对学术期刊不利的政策会阻碍学术期刊的发展。政策对学术期刊发展的影响有时可能是间接的、潜移默化的，但影响可能是深远的。《关于深化职称制度改革的意见》(以下简称《意见》)中指出"遵循人才成长规律，以品德、能力、业绩为导向，完善评价标准，创新评价方式，克服唯学历、唯资历、唯论文的倾向，科学客观公正评价专业技术人才""合理设置职称评审中的论文和科研成果条件，不将论文作为评价应用型人才的限制性条件。对在艰苦边远地区和基层一线工作的专业技术人才，淡化或不作论文要求；对实践性、操作性强，研究属性不明显的职称系列，可不作论文要求；探索以专利成果、项目报告、工作总结、工程方案、设计文件、教案、病历等成果形式替代论文要求"。这个《意见》的实施，在职称评审中，论文的重要性会下降，有些参加职称评定的人员可以不用提交论文，或者用专利成果、项目报告、工作总结等代替论文。这势必会造成论文供给数量的减少，学术期刊收到的稿件数量会下降，这对学术影响力低的学术期刊会造成冲击，进而影响这些学术期刊的发展。

3.3 文化因素

文化因素对学术期刊发展的影响是根本的。文化因素对学术期刊的影响主要通过作者、审稿专家、编辑人员和管理人员的途径来实现。文化观念在形成后，在一定时期内会相对稳定，一个地方或一定时期的文化如果非常浓厚，人们都热衷于学术探讨，这样就会有更多的作者写学术论文，也会有更多的学术成果问世。在这种环境下，审稿专家对稿件的审稿就会越来越严格，从而提出的审稿意见也会促进稿件学术质量的提高。编辑人员在浓厚的文化背景下，知识丰富，能够更好地处理稿件，发现稿件中的错误，提高学术期刊的编校质量。管理人员凭借着深厚的专业背景知识，能从整体上把握学术期刊的发展方向。最终，在多方的合力下，促进学术期刊更好的发展。如果一个地方或一定时期的文化氛围不浓厚，人们学习钻研科学文化知识的动力就会不足，作者写出的学术论文数量也就不多，高质量的学术论文数量更不多，这会影响学术期刊的发展。在文化氛围不浓厚的背景下，审稿人对稿件的审核不够专心，提出的审稿意见专业性不够强，稿件的学术质量得不到进一步提高，从而影响学术期刊的发展。在文化氛围不浓厚的背景下，编辑人员对学术期刊编校质量的把控不太严格，会造成学术期刊的编校质量不高，进而影响学术期刊的发展。在文化氛围不浓厚的背景下，学术期刊的管理人员对学术期刊的管理缺乏文化底蕴，不能营造一个浓厚的学术气氛，势必会影响学术期刊的发展。

3.4 社会环境因素

学术期刊的发展是在社会环境中进行的，势必会受到社会环境的影响。社会环境对学术期刊的影响主要通过以下几条途径。第一，学术期刊评价体系。被学术期刊评价体系收录的学术期刊更能得到读者、专家学者和社会的认可，社会影响更大，在现在的体制下，这些学术期刊收到的稿件学术质量更高，更有利于自身发展。而没有被学术期刊评价体系收录的学术期刊，被社会、作者和读者认可的程度较低，收到稿件的学术质量会相对较低，不利于自身学术质量的提高，从而不利于自身发展。第二，互联网技术。在新时代环境下，互联网技术迅速发展，并影响人们的生活，学术期刊的发展也会受到互联网技术的影响。能利用互联网技术为自己的发展服务的学术期刊，有利于促进自身快速发展，比如，借助互联网技术建设学术期刊网站、微信公众号等，通过多种途径进入公众的视野，让大家熟知，这样能进一步促进学术期刊的发展。而那些没有借助互联网技术来为自己服务的学术期刊，作者、读者对其了解的较少，传播力不足，自身的发展会受到一定的制约，从而影响进一步发展。

3.5 主管主办单位和出版单位因素

主管主办单位对学术期刊的发展影响较大。主办单位是出版单位的上级领导部门，决定学术期刊是否出版，而且要为出版单位提供资金和设备等。由于主办单位与出版单位的业务范围一致，主办单位能为出版单位的出版工作在业务上提供指导，所以主办单位如大力支持出版单位，那么学术期刊就能得到很好的发展，如果主办单位对出版单位的支持力度有限，那么学术期刊的发展就会缓慢。主管单位是出版单位的主办单位的上级主管部门，有权决定出版单位或学术期刊的停办或变更，对主办单位对出版单位的领导和管理工作进行检查、监督、指导，所以主管单位对学术期刊的发展也有较大影响。如果主管单位没有很好地对主办单位和出版单位的工作进行监督检查，工作中存在的问题可能就不会被发现，从而影响学术期刊的发展。比如，在主题出版方面，主管单位在重要时间节点、重大主题出版方面要比主办单位和出版单位把握的准确，这时，主管单位如果没有及时对主办单位和出版单位进行指导，出版单位出版的学术期刊在主题出版方面就会错失机会。出版单位是学术期刊的编辑出版单位，具体负责学术期刊的出版工作，对学术期刊的发展有直接的影响。出版单位和编辑人员的专业背景、爱好、工作方式方法都会对学术期刊的发展产生影响，这些影响也是最直接的。如果出版单位的学术气氛不浓厚、工作气氛不融洽，这些会影响编辑人员的工作效率和结果，学术期刊的学术质量和编校质量就会得不到保障，从而影响学术期刊发展。

4 研究结论与政策建议

4.1 研究结论

在新时代环境下，学术期刊生存与发展会受到大环境的影响，这些大环境主要是学术质量、学术期刊文化、学术期刊生态环境、网络技术、信息管理和服务。同时，在新时代环境下，学术期刊的生存与发展受到制度因素、政策因素、文化因素、社会环境因素、主管主办单位和出版单位因素的制约。

4.2 政策建议

基于上述研究结论，本文提出如下政策建议：

第一，主管主办单位要加强对出版单位的管理。主管主办单位严格落实意识形态工作责任制，加强对出版单位出版导向管理，指导出版单位在出版学术期刊时坚持正确的政治方向，把握好舆论导向和价值取向，为建设文化强国服务。主管主办单位要加强对出版单位的业务指导，学术期刊刊发论文都是学术论文，主管主办单位可以从学术方面对出版单位进行指导。比如，主管主办单位可以发挥自身优势，为出版单位选派有一定学术影响力的专家学者担任学术期刊的主编、编委会成员和审稿人等，在业务上加强对出版单位的管理。

第二，出版单位要加强日常管理，形成自身的学术期刊文化。首先，出版单位要建立完善的工作制度，保证日常工作平稳运行。在日常工作中，出版单位要做到"有法可依"，让出版单位的工作稳定有序；出版单位还要做到"有法必依"，保证出版单位的工作环境风清气正。其次，出版单位要奖惩分明。对于在日常工作中表现好的编辑，出版单位要给予表扬；对于在日常工作中表现不好的编辑，出版单位要以恰当的方式提出批评；营造和谐竞争的工作环境，为学术期刊的发展提供保障。

第三，出版单位要坚持刊发论文的学术质量，把学术质量放在重要位置。学术期刊具有传承中华优秀传统文化的功能，这就要求学术期刊的出版单位刊发的论文要有一定的学术质量，能够把社会主义现代化建设的优秀成果传递下去。由于学术期刊评价体系的存在，学术期刊要想获得更好的发展，出版单位就需要不断提高学术期刊的学术质量，这样才能进入学术期刊评价体系，进而能收到高质量的学术稿件，从而扩大学术影响力，为社会主义现代化建设作出更多的贡献。

第四，出版单位要合理使用互联网计算机技术，为学术期刊服务。在新时代环境下，互联网计算机技术得到了迅速的发展，给人们的生活带来了很多便利，学术期刊也不例外。学术期刊的出版单位应充分利用互联网计算机技术，为学术期刊的发展服务。学术期刊的出版单位可建立自己的官方网站，把以前出版的论文发布到网站上，这样可以让更多读者了解学术期刊；还可以开通微信公众号，宣传学术期刊；还可以利用互联网计算机技术，向与学术期刊业务范围相近的知名专家学者约稿；还可以利用互联网计算机技术优化办公流程，提高办事效率。总之，学术期刊的出版单位要合理使用互联网计算机技术，不断提高学术期刊的学术质量。

第五，出版单位要服务国家战略，为社会主义现代化建设服务。学术期刊的出版单位要坚持党的教育方针，把社会效益放在首位，为社会主义现代化建设服务。学术期刊的出版单位多关注国家战略，紧跟学术难点和热点，刊发的学术论文不但要有理论创新，而且能解决现实中的难点和热点问题，引领新时代社会主义精神文明建设，为实现中华民族伟大复兴积极作贡献。

参 考 文 献

[1] 惠国琴,邹学慧.高校学术期刊发展研究[J].教书育人,2011(21):111-112.
[2] 岳岭.高校学术期刊改革发展的前景[J].新闻爱好者,2012(15):30-32.
[3] 胡和平,李语湘.新时代背景下高校学术期刊发展策略研究[J].四川警察学院学报,2014,26(3):134-139.
[4] 王海蓉.技术发展环境下学术期刊的选题策划、组稿和内容分发实践[J].中国编辑,2019(9):62-65.
[5] 但瑞华.解析学术期刊问题的媒介生态学视角[J].江汉论坛,2007(6):136-139.
[6] 陈颖.论学术生态环境建设与学术期刊的责任[J].福建师范大学学报(哲学社会科学版),2006(3):173-175.
[7] 邱阳.论学术生态环境建设与学术期刊发展之辩证关系[J].长春师范学院学报,2012,31(11):225-226.
[8] 孔薇.人工智能环境下学术期刊的融合出版:热点主题、维度特征和发展路径[J].中国编辑,2021(4):39-44.
[9] 张蕾.融合发展环境下的学术期刊出版伦理刍议[J].齐齐哈尔大学学报(哲学社会科学版),2021(12):145-148.
[10] 王华生.数字网络环境下学术期刊创新发展研究[J].河南大学学报(社会科学版),2014,54(5):144-156.
[11] 韩淑丽.网络环境下学术期刊发展的路径探讨[J].东北财经大学学报,2011(5):94-96.
[12] 陈鹏,叶宏玉,梁凯,等.移动阅读环境下学术期刊的发展启示[J].中国科技期刊研究,2015,26(3):300-304.
[13] 辞海编辑委员会.辞海[M].上海:上海辞书出版社,1999.

CSTPCD 收录法学期刊的统计分析及发展建议

严 驰

(同济大学法学院,上海 200092)

摘要:法学期刊是法学知识生产和理论创新的关键基础设施,立足于科技时代,法学期刊发展应服务于社会所需,通过学科交叉融合引领研究范式变革。"中国科技论文与引文数据库"(CSTPCD)是我国重要的科技期刊评价数据来源,CSTPCD 收录的法学期刊具备合理性。统计数据显示,近年来法学类科技核心期刊数量稳定增长、平均影响因子较高,且同社会科学领域其他核心期刊评价体系收录情况高度吻合。为构建具有中国特色、科学合理的学术评价体系,今后 CSTPCD 应参考"中文法学引文索引"(CLSCI)入选标准,及时调整收录法学期刊数量,积极吸纳国内法学类英文学术期刊。

关键词:CSTPCD;科技核心;法学期刊;CLSCI;影响因子

2019 年 8 月印发的《关于深化改革 培育世界一流科技期刊的意见》中正式提出"建设世界一流科技期刊"的目标。科技期刊是科技成果传播交流的重要媒介,推动科技期刊高质量发展是满足国家创新驱动战略需求、促进科技创新发展的必然要求[1]。中国科学技术信息研究所(以下简称中信所)受科技部委托,自 20 世纪 80 年代起负责科技论文统计分析和科技期刊评价工作。由中信所自主研制的"中国科技论文与引文数据库"(CSTPCD)是我国科技论文统计分析的重要数据来源,因其科学严谨的定性评价与定量评估相结合的选刊标准而得到学术界和管理部门的广泛认可。经期刊自主申报并通过中国科技期刊综合评价指标体系遴选被 CSTPCD 收录的期刊,即"中国科技论文统计源期刊"(以下简称科技核心)。中信所每年公开发布《中国科技论文统计报告》《中国科技核心期刊目录(自然科学卷/社会科学卷)》,并定期出版《中国科技期刊引证报告》。与专注于自然科学领域的"中国科学引文数据库"(CSCD)不同,2015 年起,中信所将 CSTPCD 覆盖范围扩展至社会科学领域。2023 年 9 月发布的《2023 年中国科技期刊引证报告(核心版)》共收录中英文期刊 2 554 种,包括自然科学类期刊 2 151 种,社会科学类期刊 403 种。

此前学界关于科技核心期刊的研究成果颇多,如有学者探讨了期刊被 CSTPCD 收录[2]或是剔除[3]的原因;还有学者总结出科技核心期刊刊载文献的类型分布和传播规律[4];另有学者比较了中文核心与科技核心期刊收录情况的关联和区别等[5]。此外,有学者从具体期刊角度出发,系统分析了文献来源、文献被引等定量指标的变化情况[6]。还有学者以林业类[7]、医药卫生类[8]、大气科学类[9]等特定学科领域的中国科技核心期刊为对象,统计分析了其参考文献引

基金项目:湖北省知识产权局 2023 年软科学项目(20232S0064)

用情况、主要期刊评价指标、数字对象标识符使用现状等，进而提出相应的发展建议。数据显示，2022 年度 CSTPCD 收录的自然科学期刊共发表论文 45.67 万篇，社会科学期刊发表论文 5.00 万篇，两者存在明显差距。总体而言，过往研究大多关注于科技核心中的自然科学类期刊，CSTPCD 收录的社会科学类期刊并未得到同等的重视程度。

自然科学、社会科学、人文科学之间是"三位一体"的关系。党的二十届三中全会上强调，应实施哲学社会科学创新工程，构建中国哲学社会科学自主知识体系。鉴于 CSTPCD 并未单独收录人文科学类期刊，在此暂且不表。社会科学具有自身特殊质的规定性以及相对独立的地位，在研究对象、学科功能、学科性质等方面不同于自然科学。但社会科学和自然科学两者并非"水火不容"，而是相互依存、共生共荣的关系，在研究程序、研究方法上多有相似之处。历史和现实都表明，自然科学的方法和成果往往影响着社会科学的面貌。社会科学则会使自然科学的发展获得丰富的文化内涵，进而有效且合理地改造社会。

随着人类进入尼葛洛庞帝所称的数字化生存时代，为适应社会问题跨界化、知识应用综合化的现实需要，应坚持以习近平文化思想为指引，促进多学科知识深度融合。法学是中国特色哲学社会科学领域的基础性学科之一，如今对 CSTPCD 收录法学期刊的研究却寥寥无几。近年来，法学理论研究始终保持着对新兴科技领域的关切与回应，实现了从学科单一化到多学科交叉化的转向。理论层面，不论是此前的科技法学、网络法学，还是如今的数据法学、人工智能法学乃至数字法学，本质上都是为了推动科技进步、促进发展生产力，并防范科技成果实施应用中可能产生的消极后果，相关文章无疑属于科技论文的范畴[10]。目前我国社科期刊的发展步伐明显落后于科技期刊。社科期刊具有突出的政治性和意识形态倾向，在"让世界更好读懂中国"方面比科技期刊更具优势[11]。法学期刊作为社科学术期刊体系的重要组成部分，在其上所刊载的文章中体现出对现代科技的高度关注，以严谨的研究态度、广阔的研究视角、精准的研究方向为平衡科技发展与规范约束提供了前瞻性思维指引。实践层面，2024 年 1 月，"中国法律与科技交叉前沿领域预印本平台"作为中国科学院科技论文预发布平台的子平台正式上线，平台合作期刊中就有科技核心收录的《证据科学》和《科技与法律(中英文)》。在我国加快建设世界一流科技期刊的大背景下，法学期刊不应"缺席"。文章拟通过对 CSTPCD 法学期刊收录情况的分析，提出推动未来 CSTPCD 高质量发展的建议，以期助力构建具有中国特色、科学合理的学术评价体系。

1 研究对象与思路

CSTPCD 并非当下主流的社科期刊评价体系，目前我国社会科学领域影响力较大、认可度较高的核心期刊评价体系主要有中文核心期刊要目总览(以下简称北大核心)、中文社会科学引文索引(CSSCI，以下简称南大核心)及中国人文社会科学 A 刊引文数据库(CHSSACD，以下简称 AMI 核心)等。法学领域则还有中国法学会发起的中文法学引文索引(CLSCI)，CLSCI 是通过结合论文发表情况、综合学术质量指标所建立的属于法学共同体的重要科研评价体系，入选期刊即中国法学核心科研评价来源期刊(又称"CLSCI 来源期刊")。

根据 2024 年 6 月发布的 CLSCI 来源期刊目录，目前 CLSCI 来源期刊共 27 本。2019 年 1 月，中国法学会法治研究所发布了 CLSCI 目录动态调整公告。根据公告中的"情形 1"，同时满足进入影响因子 Q1 区和南大核心、AMI 核心、北大核心三种目录或报告核心类及以上级别的期刊为 CLSCI 来源期刊；根据"情形 2"，同时满足进入南大核心、AMI 核心、北大核心但影响因子位于 Q2 区的法学期刊，若在 2 年考验期内进入 Q1 区，则作为 CLSCI 来源期刊。下文拟以 CLSCI 来源期刊的"Q1+三核心"入选标准为参照，从入选年份、影响因子及分区、其他核心收录情况的角度，分析 CSTPCD 法学期刊收录情况的合理性，并针对性地提出未来发展建议。

2 CSTPCD 法学期刊收录情况的统计分析

从入选年份来看，84%的法学期刊均收录于首次纳入社会科学期刊的《2015 年版中国科技核心期刊目录(社会科学部分)》。此后在 2016 年新增 2 本入选期刊，2018 年和 2022 年则各新增 1 本。2015 年至今，CSTPCD 收录的法学期刊数量已由最初的 21 本上升至 25 本[1]，整体呈平稳上涨趋势(如图 1 所示)。

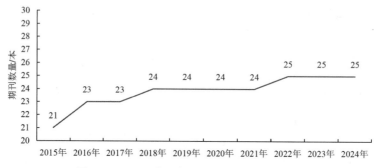

图 1　CSTPCD 收录法学期刊的数量变化情况

从影响因子(IF)来看，25 本 CSTPCD 收录法学期刊的平均影响因子为 8.552，总体表现优异。其中 IF>10 的期刊有 11 本，IF<5 的期刊有 7 本。影响因子最高的《中国法学》(IF=17.708)和最低的《人民检察》(IF=1.015)相差 17 倍以上。据统计，2023 年版中国学术期刊影响因子年报收录的法律类期刊共 118 种，其中位于 Q1 分区(前 25%)的期刊有 29 本。入选科技核心的法学期刊以 Q1 区期刊为主(如表 1 所示)，在基金论文比、平均引用数、总下载量等数据上表现出色。其中影响因子位于 Q1 区的期刊共 18 本，占比 72%；Q2 区期刊共 5 本，占比 20%；Q3 区期刊则有 2 本，占比 8%；没有 Q4 区期刊。

表 1　CSTPCD 收录法学期刊的分区情况

期刊分区	期刊数量/种	占比/%
Q1	18	72
Q2	5	20
Q3	2	8
Q4	0	0

从其他核心收录情况来看(如表 2 所示)，入选北大核心(2023 年版)的法学期刊共 30 种。

---

[1] CSTPCD 收录的 25 本法学期刊包括：《法律科学-西北政法大学学报》《法商研究》《法学》《法学家》《法学论坛》《法学评论》《法学研究》《华东政法大学学报》《现代法学》《政法论坛》《政治与法律》《中国法学》《中国社会科学》《中国刑事法杂志》《中外法学》《国家检察官学院学报》《甘肃政法大学学报》《中国海商法研究》《青少年犯罪问题》《人民检察》《证据科学》《法学杂志》《法制与社会发展》《中国司法鉴定》《科技与法律中英文版》。

25 本 CSTPCD 收录法学期刊中有 18 本为北大核心期刊，占比 72%；经检索，入选南大核心 CSSCI(2023—2024)的法学期刊共 30 本。入选科技核心的法学期刊中有 17 本属于 CSSCI 来源期刊(另有 4 本 CSSCI 扩展版来源期刊)，占比 68%；根据 AMI 综合评价报告(2022 年)，入选 AMI 核心类及以上级别(顶级、权威)的法学类期刊共 26 种。CSTPCD 收录法学期刊中有 17 本属于 AMI 核心期刊(另有 7 本 AMI 扩展期刊和 1 本 AMI 入库期刊)，占比 68%；目前 CLSCI 来源期刊共计 27 本，CSTPCD 收录法学期刊中有 17 本满足上述要求，同样占比 68%。括言之，CSTPCD 收录的法学期刊与其他核心期刊评价体系收录情况吻合程度均在七成左右，具有较高的专业性、权威度和公信力。

表 2   CSTPCD 收录法学期刊的其他核心收录情况

核心期刊评价体系	期刊数量/种	占比/%
北大核心期刊	18	72
CSSCI 来源期刊	17	68
AMI 核心(包括顶级、权威)期刊	17	68
CLSCI 来源期刊	17	68

3 未来 CSTPCD 发展的应然进路

总体而言，如今法学期刊 CSTPCD 收录情况较为科学合理，但仍存在有待改进和完善之处。为响应《关于深化改革 培育世界一流科技期刊的意见》中的要求，持续优化科技期刊布局，提高科技期刊的学术组织力、创新引领力和国际影响力，引领新兴交叉领域科技发展，笔者建议采取以下措施。

3.1 参考 CLSCI 来源期刊入选标准

在我国法学界，CLSCI 来源期刊被公认为上百种法学期刊中影响力最大、认可度最高、专业性最强的一批权威期刊，在国内外法律与科技交叉前沿领域有着重要的影响力。CLSCI 统计数据不仅是衡量各大法学院校和科研院所创造力、影响力和贡献度的重要评价依据，也是中国自主法学学术共同体自我评价的权威体系，从中可窥见法律与科技良性互动、融合发展的最新研究动态和趋势。研究表明，即使是 CSSCI 收录的综合性社会科学期刊，在论文质量、学术影响力辐射范围等方面亦不如 CLSCI 来源期刊[12]。由此观之，CLSCI 来源期刊"Q1+三核心"的动态调整标准虽然偏高，亦有其合理性和科学性。由于评价方法的不同，CSTPCD 与 CLSCI 得到的期刊评价指标和评价结果略有差别，但都经过了严格的同行评议和定量评价，总体呈现出高度重合之处。今后应适度参考并灵活运用 CLSCI 来源期刊入选标准，及时剔除在各大核心期刊评价体系中综合表现不佳的法学期刊，从而提升 CSTPCD 收录期刊的整体质量。具言之，CSTPCD 收录法学期刊应至少满足入选南大核心、北大核心、AMI 核心三者中的任意一个，且位于法学学科 Q2 区以上。此外，还可参照 CLSCI 来源期刊入选标准中的"情形二"，设置两年考验期。若考验期满，法学期刊仍无法满足影响力分区和入选任一核心期刊评价体系的要求，则应将其剔除出科技核心。

3.2 调整 CSTPCD 收录法学期刊数量

考虑到中国科技核心期刊目录更新频率是每年一次，目前 CSTPCD 收录法学期刊的数量增长速度偏慢。自 2019 年以来，新增入选科技核心的法学期刊仅有《科技与法律(中英文)》1

本，不符合期刊发展实际。影响因子是国际通行的期刊有用性和显示度评价指标，能相对客观地衡量刊物的学术影响力。尽管现有 CSTPCD 收录法学期刊的平均影响因子保持在较高水平，但不同期刊的影响因子间极差和方差较大。我们应认识到，影响因子只是相对统计量，不是绝对意义上的质化指标。换言之，影响因子较高的刊物不一定好于影响因子偏低的刊物。今后应对法学期刊按照 CSTPCD 中的数据进行影响力指数排序，并按照期刊数量分区，综合考虑可被引文献数量、平均引文数、引用半衰期等因素，及时向综合评价结果较前但未入选科技核心的期刊编辑出版单位发出邀请，增补高影响力法学刊物。目前 CSTPCD 未收录的 CLSCI 来源期刊共 9 本(如表 3 所示)，其中《比较法研究》《环球法律评论》《清华法学》《当代法学》《东方法学》《行政法学研究》6 本刊物均满足"Q1+三核心"的标准，且期刊影响因子高于现有 CSTPCD 收录法学期刊的平均影响因子，应将其列为新一轮科技核心评估中的重点发展目标。

表 3　CSTPCD 未收录的 CLSCI 来源期刊

期刊名称	影响因子及分区	其他核心收录情况
比较法研究	19.472/Q1	CSSCI/CLSCI/北大核心/AMI 核心
环球法律评论	10.085/Q1	CSSCI/CLSCI/北大核心/AMI 核心
清华法学	10.635/Q1	CSSCI/CLSCI/北大核心/AMI 核心
当代法学	9.089/Q1	CSSCI/CLSCI/北大核心/AMI 核心
东方法学	15.175/Q1	CSSCI/CLSCI/北大核心/AMI 核心
China Legal Science	—	CLSCI/AMI 核心
Frontiers of Law in China	—	CLSCI/AMI 入库
民主与法制	—	CLSCI
行政法学研究	9.321/Q1	CSSCI/CLSCI/北大核心/AMI 核心
中国法律评论	8.015/Q1	CSSCI/CLSCI/北大核心/AMI 核心

3.3　吸纳国内法学类英文学术期刊

《关于推动学术期刊繁荣发展的意见》中强调，学术期刊应提升开放办刊水平、积极开拓国际市场，提升国际传播能力。2018 年至 2022 年间，我国科技期刊的被引篇数、年被引率、被国际引用篇数均呈现逐年上升趋势。在科学引文索引(SCI)、工程索引(EI)、科技会议文献引文索引(CPCI-S)、社会科学引文索引(SSCI)等国际检索系统中占据着举足轻重的地位。诚然，当前我国科技期刊的数量可观、进步极快，但仍存在高水平科技期刊数量较少、国际化程度不够的问题，科技期刊国际影响力还有待提高。CSTPCD 收录的 2 151 种自然科学类期刊中包括 1 996 种中文科技期刊和 155 英文科技期刊，英文期刊占比偏少，且未收录社会科学类英文期刊。在目前 CSTPCD 未收录的 CLSCI 来源期刊中有 2 本英文法学期刊，其中 China Legal Science 已被 HeinOnline、LexisNexis、vLexJustis 等国外知名法学数据库收录，并入选了 AMI 外文刊核心。Frontiers of Law in China 则被数百家海外图书馆订阅，同时也入选了 AMI 外文刊入库。此外，还有 Law Science、The Chinese Journal of Comparative Law、Asian Journal of Law and Society 等国内主办的具有重大行业影响力的英文期刊，是中外学术交流合作不可或缺的桥梁与纽带。有学者提出，社科类学术期刊与科技期刊并驾齐驱、同等重要，应"打造独立自主的世界一流社科期刊"[13]。在社会科学领域，国内数据库的认可度相对更大。如今我国社科类英文期刊的整体国际影响力远低于英文科技期刊[14]。此后中国科技核心期刊目录更新时，吸纳国内影响力表现优秀的法学类和社会科学类英文期刊，将进一步提高我国学术期刊的国际知名度和论文检索率，有助于打破西方学术话语霸权、提升国家文化软实力，让更多中国前沿科技创新成果惠及世界。

4 结束语

人类社会的发展始终和科学技术的进步密不可分，随着区块链、人工智能等新一代信息科技的飞速更新迭代，法学与科技的交叉融合已成为不可逆转的趋势。法学期刊作为法学学术研究的主阵地，为促进法律与科技交叉前沿领域发展及科研成果交流，其科技属性正不断增强。尤其是 CLSCI 来源期刊上的高质量学术论文，从社会科学角度为应对新科技时代的自然科学问题提供了新思路。CSTPCD 是国内公认的科技期刊评价数据来源，其遴选收录的科技核心期刊精准反映了相关学科前沿发展水平。目前 CSTPCD 收录的法学期刊具备其合理性，期刊数量稳定增长、平均影响因子较高，且同社会科学领域其他核心期刊评价体系收录情况高度吻合。本文不揣浅陋，提出今后 CSTPCD 应参考 CLSCI 来源期刊入选标准，及时调整收录法学期刊数量，并积极吸纳国内法学类英文学术期刊。希望在习近平文化思想的指导下，通过对现有科技核心期刊评价体系的完善，进一步推动自然科学在与社会科学交叉渗透中相互启发和创新。

参 考 文 献

[1] 习近平.高举中国特色社会主义伟大旗帜为全面建设社会主义现代化国家而团结奋斗:在中国共产党第二十次全国代表大会上的报告[M].北京:人民出版社,2022:28.

[2] 周芳.《新疆医科大学学报》被"中国科技核心期刊"收录的启示[J].中国科技期刊研究,2013,24(4):787-789.

[3] 钱程华,王东,辜明铭,等.中国科技核心期刊 2013 年 50 种期刊被剔除的原因分析[J].科技与出版,2014(4):109-112.

[4] 马峥.科技期刊刊载文献的类型分布和传播规律:以中国科技核心期刊为例[J].编辑学报,2017,29(2):108-111.

[5] 王睿,黄良田,井晓梅.中文核心期刊与中国科技论文统计源期刊之异同[J].第四军医大学学报,2001(20):1918-1920.

[6] 马耀通,毛鸿艳,徐芷慧,等.《甘肃科学学报》文献来源、被引分析:基于 CSTPCD(2010—2014 年)数据[J].甘肃科学学报,2016,28(3):149-152.

[7] 刘美爽,李梦颖.林业类科技核心期刊文献引用研究[J].编辑学报,2017,29(1):14-16.

[8] 朱红梅,张大志,任红.医药卫生类中国科技核心期刊的主要评价指标分析[J].中国科技期刊研究,2009,20(3):465-468.

[9] 申乐琳.我国科技期刊 DOI 使用现状分析:以大气科学类 2014 年版 CJCR 核心期刊为例[J].中国科技期刊研究,2016,27(6):624-628.

[10] 严驰.开放科学背景下中国预印本平台的发展思考:以 ChinaXiv 为例[J].图书情报导刊,2023,8(9):38-44.

[11] 刘普,孙婉婷.社科学术期刊国际影响力的现状及提升策略:从与科技期刊比较的视角[J].出版广角,2023(22):4-10.

[12] 李媛.综合性社科期刊法学栏目建设:基于 2013—2015 年 CSSCI 与 CLSCI 法学论文的对比[J].朝阳法律评论,2016(2):155-168.

[13] 范军.打造独立自主的世界一流社科期刊[J].出版科学,2019,27(6):1-8.

[14] 武晓耕,胡小洋,占莉娟,等."建设世界一流科技期刊"背景下的社科期刊发展策略探究[J].中国科技期刊研究,2019,30(8):801-805.

以终为始：构建科技期刊初审工作机制

郑筱梅

(北京工业大学学报编辑部，北京 100124)

摘要：科技期刊的论文初审是三审制的第一步，可以运用"以终为始"管理思想提升初审工作价值，并提出系统性构建初审工作机制的基本思路。采用对比分析国外优秀期刊初审环节，在观念、能力、机制三个方面的现状差距和问题，然后从改变 1 个工作观念，提升初审能力做到 3 个坚持，机制构建重点推行 5 项举措，层层阐述应对策略及解决方案。

关键词：科技期刊编辑；管理思想；初审；编辑服务

中国科技期刊发展正在向深化改革、培育世界一流科技期刊的重大战略目标迈进[1]。建设一流科技期刊离不开编辑专业能力的提升，编辑初审是出版工作三审制中的第一步，其重要意义在于把好学术质量第一关的责任担当，初审质量关系到论文发表的时效性、内容质量以及科技期刊品牌声誉[2]。好的开始是成功的一半，加强初审体现了对高质量期刊的追求，在编辑实践中应用"以终为始"的管理理念可以正本清源，它要求树立正确的初审观念，坚持专业能力导向的工作原则，保证论文的严格出品从严格进场开始，以终为始，善始善终。

1 "以终为始"的理念解读

在中国古代典籍《周易》就阐明"君子以作事谋始"，意指万事须慎"初"、治"本"的道理。现代著名管理学家史蒂芬·柯维在其经典管理著作《高效能人士的七个习惯》中提出"以终为始"(Begin with the End in Mind)的一种思维模式[3]，本义用来说明要把对人生的最终期许作为行动开始的标准。"以终为始"理念强调做事情要有两次创造，一次是在头脑中创造(目标)，一次是在行动中创造(计划)，"以终为始"理念强调以目标为导向制定计划，然后用目标与计划指导实际的行动，包括最终可能发生的风险在一开始就要做到严格防范与控制，以推动个人或组织实现目标管理与自我控制。

"以终为始"理念坚持以原则为中心进行判断和选择。计划执行过程中充满变化和特殊情况，所以管理执行不是简单对目标的控制，而是要建立与长期使命、价值观类似的一种明确化的行为准则，不以他人评价、名望、私利、好恶等为中心进行抉择，而是以相对稳定和长期的原则为中心。它要求组织中的人都能理解原则背后所承载的责任和秉持的规则，还需要全员参与制定并且明确化，否则会导致组织领导与自我管理的失效。

2 构建初审机制的基本思路

建立"以终为始"理念可以指导期刊编辑建立和完善初审工作机制。依据学术论文出版的

"三审制"，初审是第一环节，"三审"环节都要以论文发表作为最终目标，可以说发表是终，初审是始。初审体现的是基础性价值，外审体现的是专业性价值，主编终审体现的是决策性价值。初审在科技期刊编辑的定位和作用非常重要，是编辑流程首要任务和责任，这与现实中很多期刊编辑部的忽视初审工作观念是不一致的。

建立"高质量高效发表"的目标导向，加强初审的审阅把关能力。围绕论文内容质量和发表效率两层目标，从作者投稿、内容初评、学术不端审查、退稿原则等方面进行严格规范设计，而不只是做稿件"周转站"，同时提高后续流程的编辑出版效率。

建立"创造专业价值"的原则，提升初审的专业服务能力。实践中初审的把关范围较广，操作环节细琐，沟通节点很多，初审是否专业事关内容质量也影响出版效率。国内外一流科技期刊无不重视初审，配置高素质学科编辑，建立严格的初审规范，打好论文发表的专业基础。

初审虽然是编辑工作的开始，但它对编辑出版全流程都有影响。编辑部作为管理主体要建立系统性的初审工作机制，明确和深化初审职责定位和规范流程，坚持久久为功，慎终如始。也就是说在初审工作观念(前提)、能力(关键)和机制(保障)上进行系统构建。

3 现状与问题分析

近年来国内科技期刊虽然在不断进步和发展，但通过与国外优秀科技期刊对比分析可以看出，国内科技期刊编辑初审工作仍存在很多不足，主要表现在三个方面：

3.1 没有树立正确的初审工作观念

国外一流科技期刊为体现重视初审，甚至组织专门审稿委员会进行初审。例如 *Science* 旗下期刊的平均外审率为20%，录用率为10.2%[4]。*Science* 期刊的学科编辑对所投稿件进行初筛，通过筛选的稿件由编辑评审委员会成员对其适用性进行初审，编辑根据这些意见决定是否进行同行评议，未入选同行评议的论文作者约2周内被及时通知。*Cell* 期刊主编通过编辑部例会与团队共同讨论投稿文章是否可以送外审。*PNAS* 初审由期刊编辑委员会成员负责，由他们决定文章能否进行评议[5]。

反观国内很多科技期刊往往忽视初审工作，甚至认为研究初审是小题大做。编辑过度依赖外审专家，来稿无论水平高低直接进入同行评议流程[6]，将初审变粗审，初审形同虚设。以专家审稿替代编辑初审是错误的[7]，稿件质量低加重了外审及后续编辑工作负担，导致外审专家反馈慢甚至无反馈，降低了整体出版效率，浪费专家资源，对刊物声誉也造成不好的影响。

3.2 初审缺乏专业标准与独立审稿能力

Nature 的选稿标准非常严苛，每周投稿约200篇，仅8%得以发表。*Nature* 为独立评审，具有统一的编辑标准，决策非常快，很多投稿未经同行评审即被拒稿，通常作者在一周内接到拒稿通知。初审中学科编辑非常注重论文的可读性，会鼓励作者以一种读者能够理解的方式描述工作背景及新结果如何影响该领域，此举有助于编辑对文章通俗化地了解，便于对初审的判断。同时，编辑结合科学顾问等非正式建议做出是否外审的决定，可以提交同行评议的论文标准是结果新颖、引人注目、影响直接或深远[8]。独立审稿能力离不开专业的审稿标准和方法，例如：*Science* 期刊编辑团队把投稿所需提交信息细化成10个步骤[4]；美国化学会旗舰期刊 *JACS* 的初审编辑从2005年起，将不合要求的稿件不经同行评议退稿，为此 *JACS* 建立了初审拒稿的6条参考标准，从而缓解审稿压力，也节省作者时间[5]。

由于科技论文专业性很强，有的编辑对初审学术质量往往"无所适从"，工作缺乏明确的、具体的编审原则、工作标准和专业方法可供参照，也是导致许多期刊初审薄弱的重要因素。国内很多期刊编辑依靠主观感受，简单过目就完成日常稿件筛选，独立分析及专业工具不足，体现不出初审价值，甚至容易让学术不端行为乘虚而入。

3.3 人才建设和保障机制不足影响初审工作质量

一流的学者编辑团队才能保证一流的期刊学术质量。国际知名刊物如 *Nature*、*Science*、*New England Journal of Medicine* 等，70%以上的稿件是通过高素质的学科编辑完成初审。*Science* 的编辑都拥有博士学位，在各自的研究领域卓有成就，较高的学术水平使得编辑对稿件的学术质量能进行比较客观的评估。《物理评论快报》*PRL* 拥有专业化非常高的科学家编辑团队，23位编辑中21位均为博士学位，且都有丰富的科研经验和科研成果[5]。

伴随着国内经济增长和不断加大对教育科研的投入，国内科技期刊来稿量大为增加[9]，加上学术期刊数字化、国际化、融媒化的发展趋势，编辑部的年轻复合型专业人才尤显匮乏。现有编辑队伍专业化素质也亟待提升，部分编辑由于长年累月重复相似的工作容易产生惰性，编辑初审得不到重视而落入平庸的工作状态。编辑不积极、不善于借助编委会和团队资源，对学术新动态不敏感、不关心、不学习，从而远远落后于日新月异的科技发展水平，更谈不上如何与国际期刊进行专业竞争了。

4 策略建议与实施举措

4.1 转变初审工作观念

建立"以终为始"的工作思想的前提就是改变自己的思维方式。编审工作的实质是一种创造性思维过程，它离不开编辑自身的专业知识、丰富经验、独立审稿能力。以新视角来看待初审，功夫用在"开始"，初审是以论文高质量高效发表作为导向目标，建立科学的工作标准来指导初审。

其次，转变观念需要重新理解初审的价值定位，绝不能把初审当成单一的"二传手"任务，而是做专业"多面手"。初审专业能力体现在既要对读者明确审核标准和发表要求，严格进行学术不端审查，又要快速筛选优质稿源，还要为二审专家提供可靠的初审意见和便捷高效的支持服务，杜绝低质量稿件进入二审环节。

最后，转变观念需要建立积极主动的工作态度。初审不只是例行工作，不能觉得稍微提高要求就是一种负担，而是把初审作为一种责任，勇于担当，克服敷衍、慵懒的心态，让机制建设常态化，以此来提高工作的效率。

4.2 提升初审专业能力

落实"以终为始"价值理念，关键在于初审是否具备专业的独立审稿能力。初审主要是针对论文内容、论文格式、论文语言、论文附件等方面的评审，其中后三者可以统称为基础审核，而评审论文内容是最富有挑战和难以把握的，同时还要严格把关学术不端这个红线，对此笔者建议做到三个"坚持"：

(1) 坚持学术不端零容忍。科技期刊编辑是学术道德规范的捍卫者和学术期刊诚信生态的保护者和监督者[10]，初审论文内容的真实性是编辑首要任务，如发现学术不端行为对论文发表是一票否决的。不过初审阶段想做到完全杜绝学术不端行为确实非常困难，因此编辑要掌握专业的方法和工具，一方面学习和掌握成熟的国际学术伦理规范并应用到实际工作，另一方面重视运用现代技术手段和专业学术不端查询系统进行查重和检索，通过初审最大化地防范论文学术不端行为，保证最终发表论文的真实性和原创性。

(2) 坚持内容初判不缺席。初审一般不会对论文内容所涉及的研究方法、数据分析、实验结论等进行本学科内的准确性、可行性的学术专业评议，也就是说初审不能替代二审专家进行同行评议。但初审可以对论文内容的适用性、真实性、科学性、创新性、应用性、影响力等多个角度进行初判，之后再决定是否可以送外审。适用性要求编辑需要围绕办刊宗旨和工作目标做好评判论文稿件是否适合于本刊发表；真实性要求严查学术不端，避免知识产权纠纷；科学性和创新性体现论文是否在行业内具有领先的学术观点和成果；应用性与影响力体现论文是否具有社会与经济效益以及出版价值。创新性决定了论文学术水平的核心思想价值，是被学术界认可的关键特质，编辑需要根据自身的行业经验和学术敏感度，积极发掘投稿信息判断内容是否具有创新性[11]。如辨析参考文献与论文稿件是否存在同质化，研读作者创新性自述、论文摘要和结论等，可作为初判内容创新性的突破口。编辑部严把内容初审关也体现对外审专家的尊重和协助，磨刀不误砍柴工，反而促进外审更好、更快反馈。

(3) 坚持基础审核不放松。初审需要审阅稿件撰写的严谨性，包括逻辑结构是否合理、重要观点和结论是否清晰、内容是否冗余重复等。很多作者缺失写作规范意识和严谨的科研写作态度，稿件撰写潦草松散，如果放任其进入后续流程，会对同行评议、编排校等带来更多时滞，对于此类稿件可以直接退稿、退修处理。在"以终为始"理念下，初审原则与流程需要明确化、规范化，建议编辑部制定一份标准格式的初审意见单[12]，也是一种工作项目回顾清单，对照清单逐一审核避免疏漏，也可以附加初审发现的问题及建议供二审专家参考。

4.3 构建初审系统机制

(1) 探索协作初审方式。大多数科技期刊都建立了编辑委员会，如果编辑的专业领域知识和经验不足，编辑可以主动借助编委会成员的专业能力协助初审，编委会初审给出是否可以进行同行评议的意见，从而提升论文初筛的把关能力。有的编辑部提出集体分层初审概念，根据每位编辑的特点进行一般内容审核、专业内容审核、方法学内容审核等分层审核协作初审[13]。有的编辑部将初审流程又细化成内部二审制度，责任编辑初审给出递交同行评议、修回再审、直接退稿三种意见之一，提交执行主编批准再送外审，执行主编进行例行批准及提出合理化建议，目的是通过协作提高初审的整体质量，这都是一种很好的实践与尝试。

(2) 加强初审工作标准化。编辑部应制定严格评审标准，既作为初审时内部参考使用，也可以上网发布让作者投稿时就能了解，对把关论文内容质量和提高出版效率都有好处。它包括：①论文格式，如编排结构、标题摘要、计量符号、插图规范、图表标识、数学公式等方面是否存在明显混乱、缺失、无序现象；②论文内容，针对不同学科规定论文的方向、范围、创新性、研究方法、研究结果等方面进行初判是否适合本刊发表；③论文附件，也就是论文的附加材料，如图片数量、格式、大小、版权声明、音视频、作者信息等是否规范可用。虽然以上初审工作很多可以在论文被录用后开始编辑加工时再进行处理，但如果初审就把发现问题及早反馈给作者知晓，提前做一些修正准备，会提高后续编辑加工效率，有利于网络优先发表。

关于拒稿可以借鉴 *JACS* 拒稿的 6 条标准，编辑部可以自主建立适合本期刊的退稿参考标准，例如：①研究内容不符合期刊的宗旨和方向；②相关领域研究方法重复及内容雷同；③所提供数据不足以支持论文主张和结论；④文章是已发表的研究内容的改进；⑤稿件是拒稿重投，但没有增加新的研究内容；⑥查询发现或存疑学术不端。初审的退稿意见要及时明确、简明扼要、用词妥当给予作者反馈，也方便作者另投其他刊物。

(3) 建立动态反馈机制。编辑部做好工作成效的反馈评估和动态评价，形成工作流程闭环，可以协助提升初审工作水平，这是"以终为始"理念应用实际管理的具体体现。编辑部可以对初审定期进行回顾，通过数据分析可以一定程度上反映和评估初审工作价值。例如通过论文发表量、外审送审量与初审稿件量相比，来反映初审把关力度与效果。同时编辑部应建立知识共享机制，各栏目编辑定期进行交流讨论，总结经验得失与问题解决办法，并及时反馈和共享到初审知识信息库中，做到共同进步。

(4) 人才专业能力是根本。贾贤等[14]提出科技期刊编辑专业化和学者化是保证期刊学术质量的关键，初审专业能力是由高素质编辑人才决定的。编辑部要花大力气吸引和招聘热爱编辑职业的高素质科技专家型人才，同时针对在职编辑鼓励参加行业学术会议和专业培训，并保证培训时间，让新老编辑都能主动学习更新自我。

(5) 深入利用信息化手段。利用信息系统规范初审流程，可以辅助编辑减少重复性工作，从而提高编辑初审效率，让编辑将工作重点聚焦选题内容方面。信息系统与实际内部工作流程配合，以平台为核心把初审环节纳入编辑流程体系，如初审单工作流、初审问题知识库、学术不端查询等，让作者投稿一开始就按照初审的要求提供稿件，规范填写表单，实现论文初审到发表自始至终的全程数据化跟踪，为编辑发表打下良好数字分析和评价基础。

参 考 文 献

[1] 中国科协,中宣部,教育部,等.关于深化改革 培育世界一流科技期刊的意见:科协发学字[2019]38号[Z].北京:中国科协办公厅,2019.

[2] 何洪英,李家林,朱丹,等.论科技学术期刊论文的编辑初审[J].编辑学报,2007(1):17-19.

[3] 史蒂芬·柯维.高效能人士的七个习惯[M].高新勇,王亦冰,葛雪蕾,译.北京:中国青年出版社,2018.

[4] AAAS Science. Information for authors [EB/OL]. [2022-04-09]. https://www.science.org/content/page/science-information-authors.

[5] 中国科学技术协会.世界一流科技期刊特征研究[M].北京:北京科学技术出版社,2019:39-105.

[6] 陈翔.科技期刊编辑初审质量控制体系建设[J].编辑学报,2010(3):211-213.

[7] 王晓梅,曹求军,张杨,等.如何提高科技期刊编辑的初审质量[J].编辑学报,2019(5):456-457.

[8] Springer Nature. Editorial criteria and processes [EB/OL]. [2022-04-09]. https://www.nature.com/nature/for-authors/editorial-criteria-and-processes.

[9] 徐刚珍.科技期刊编辑初审的内容及加大拒稿的必要性[J].中国科技期刊研究,2007,18(5):871-873.

[10] 徐雅雯.期刊学术不端行为的伦理困境及破解之道[EB/OL]. [2021-11-01].https://mp.weixin.qq.com/s/4-gfPITgyzi-NV_496HDAg.

[11] 徐书荣.科技期刊编辑对提升论文创新性的作用[J].中国科技期刊研究,2014,25(6):761-764.

[12] 吴爱华,王晴,吴婷,等.基于临床科研设计的医学期刊编辑初审方法和初审单设计[J].中国科技期刊研究,2018,29(9):894-899.

[13] 蒲素清,罗云梅,李缨来,等.编辑部集体分层初审的实施细则及优势[J].编辑学报,2019,31(2),165-168.

[14] 贾贤,李忠富,黄冬华,等.科技期刊编辑专业化和学者化是保证期刊学术质量的关键[J].冶金信息导刊,2006(2):40-42.

细胞生物学科技论文中常见的编校差错举隅及分析

——以《中国细胞生物学学报》为例

李梓番，钱倩倩，陈志婷，刘阿静，李　春

(中国科学院分子细胞科学卓越创新中心/生物化学与细胞生物学研究所
《中国细胞生物学学报》编辑部，上海200031)

摘要：为了更好地提高科技期刊编校质量，助力现代汉语语言规范，本文以《中国细胞生物学学报》为例，列举了本刊近年来发表的细胞生物学领域科技论文中的高频编校差错实例，包括常见的同音字的混用、标点符号的误用以及专业术语的不规范使用等。剖析了错误原因并提出了修改意见，以期帮助作者规范细胞生物学科技论文的语言并帮助相关领域的编辑人员更好应对此类错误。

关键词：科技论文；编校差错；规范

科技论文写作是科研技术人员必备的素质之一，也是他们之间进行科学技术研究和学术交流的重要手段之一。对于作者而言，一篇论文错误太多，将无法准确表达他们自己的观点，同时也会影响到论文的可读性，有时甚至会影响到论文的录用情况。而对于期刊来讲，一篇论文的错误不仅会影响到期刊的质量，也不利于期刊的良性发展。质量是期刊出版的生命线，2020年5月，国家新闻出版署印发的《报纸期刊质量管理规定》从内容质量、编校质量、出版形式质量、印制质量四个方面对报刊差错判定标准、差错率计算以及对不合格者惩罚措施均给出了明确的规定。其中明确指出期刊编校差错率不超过万分之二的，其编校质量为合格[1]。相比于期刊原有的出版物差错率合格标准(不超过万分之三)，这一规定对期刊的编校标准提出了更高的要求。学术期刊编辑作为学术论文质量的第一道"把关人"，以高品质内容为关键追求，同时也要严格把好编校质量关。学术期刊编校质量的提升是催化学术期刊乃至学术研究高质量发展的重要基础因素之一。为此，本文就近年来《中国细胞生物学学报》期刊发表的数百篇科技论文的编辑校对时发现的常见编校差错，有针对性地提出建议和对策，以期为细胞生物学及相关领域作者和编辑同行提供参考与借鉴。

1 常见文字性错误

1.1 错别字

1.1.1 结构助词"的""地""得"的不规范使用

例如："这提示细胞更多的被阻止在G_0期"(1)。蔡思琴的研究结果显示，结构助词"的""地""得"之间的误用主要以"地"误用为"的"为主[2]。本刊在编校过程中常见的结构助词也是集中为此类错误。很明显，例(1)"地"误用为"的"，即被阻止前的"的"应为"地"，因为阻止是动词，是一个动作，因此应该用"更多地"，这是副词+地的一种使用方法，另外形容词、名词、动词以及拟声词、成语等+地，可用来修饰后面的动词或形容词。如果不结合专业背景来看，例(1)没有其他语法问题了，但是句中"阻止"是指使不能前进和使停止行动的意思[3]，那么根据字面意思可以理解为细胞更多地被阻拦并停止在G_0期。但是结合细胞生物学相关知识我们知道细胞应该是在有阻碍的情况下停滞在当前的一个时期，不能顺利进入下一时期，因此这句话中"阻止"应该改为"阻滞"。类似地，还有细胞周期停滞等。另外，例(1)虽没有语法问题，但可能由于作者在写作时参考了英文文献，而保留了英文的表达习惯。被动语态在科技英语中广泛应用，与汉语在相关表达方式上存在显著差异。因此，例(1)建议改成：这提示(某因素)更多地阻滞细胞于G_0期。因此，我们也呼吁并提醒各位作者在科技论文写作时不要过度依赖翻译软件，要规范汉语的表达方式。

另外一个常见的不规范的结构助词使用，就是"是……的"结构中的"的"字的漏用。例如："MSTN在肥胖和糖尿病发生发展中的作用部分是通过改变骨骼肌质量实现。"(2)。应该在例(2)的"实现"一词后加"的"。"是……的"结构，往往用来强调句子中表达的动作发生的时间、地点、方式、原因、目的等，在已然情况下，强调动作的发出者。在例(2)中表示强调方式，实现这一动作的方式是通过改变骨骼肌质量[2]。

结构助词"的""地""得"的用法各不相同，三者的分工明确，但人们在使用时经常会将三者混淆，可能一是由于使用者对之了解不够深入；二是由于在网络语言迅速发展的情况下，人们对于"的""地""得"的分用缺乏重视，导致语言表达缺乏规范。基于此，我们要不断规范"的""地""得"的使用，推动现代汉语不断发展[4]。

1.1.2 "反映"和"反应"的混用

例如："核糖体亚基也可反应不同种属的保守性"(3)。例(3)中的"反应"一词的意思一是泛指有机体对刺激作出的相应活动；二是指化学反应；三是指原子核受到外力作用而发生变化；四是指事情所引起的意见、态度或行动，即响应[3]。四种意思都不能很好地解释例(3)的意思。而反映一词，其中有一种意思，即把客观事物的实质表现或显示出来[3]。因此，例(3)中的"反应"应该改为"反映"。再如："III型细胞还对高盐味觉有反映"(4)。例(4)中的"反映"使用错误，此处要表达的意思是细胞对某刺激有相应的活动。"反应"在细胞生物学及相关领域中组成的常见的专业术语还有催化反应、不良反应、DNA损伤反应等。

1.1.3 "及其"和"极其"的混用

例如："该基因在羊浆膜组织中发挥着及其重要的功能"(5)和"该实验通过RNAi对Rho家族极其上游信号分子进行了遗传筛选"(6)。"及其"中的"及"，连接并列性词语，但是连接的成分多在意义上有主次之分，主要的成分放在"及"之前[3]；"及其"中的"其"，是人称代词，指他(她、它)的或他(她、它)们[3]。"极其"是副词，表示非常或极端[3]。因此，例(5)中的"及其"应该改为"极其"，意思是指该基因发挥非常重要的功能。例(6)中"极其"应该改为"及其"，表达的意思是该实验通过RNAi技术对Rho家族和Rho家族的上游信号分子进行了筛选。

1.1.4 "它"与"他"的混用

例如："考虑到浆血细胞和颗粒细胞是参与昆虫细胞免疫反应的重要血细胞，HacatL主要在这两种血细胞中的表达是否与他们的免疫调节功能有关呢？"(7)。"他们"和"它们"，两者都是代词,"他们"是称自己和对方以外的若干人[3];而"它们"是称不止一个的事物[3]。根据例(7)我们可以得知,句中"他们"代指的是这两种血细胞,指的是物体,因此,"他们"应该改为"它们"。另外要注意的一组同音词是"其他"和"其它",两者都是指别的,但其它用于指代事物,而其他也可用于指人[3]。

1.1.5 "分"和"份"的混用

例如:"以第一作者身分在……"(8)。例(8)中"分"应该改为"份"。用"份"组成的词语,例如身份证、月份等。再如:"胆固醇是细胞膜和髓鞘的重要组份。"(9)。例(9)中的"份"应该改为"分"。用"分"读作fēn时组成的词语,还有成分(而成份已作为非推荐词形)、情分、本分、分内等。

1.1.6 "配制"和"配置"的混用

例如:"将复苏后的肺癌细胞转移至提前配置好的DMEM培养基内"(10)。"配置"一是指配备布置;二是指为符合用户对计算机系统或应用软件的要求而对计算机所做的一些设定[3]。"配制"其中有一种意思是指把两种以上的原料按一定的比例和方法合在一起制造[3]。例(10)中是要表示制备或制造的意思,因此应该将例(10)中的"配置"改为"配制"。

1.1.7 "附"和"覆"的混用

例如:"LRG1由一条多肽链组成,上面覆着一个半乳糖胺和四个葡糖胺寡糖"(11)。"覆"意为:盖住;底朝上翻过来;灭亡;转过去;回答等五种意思[3]。其中并没有某物体沾在其他物体上之意。而"附着"意指较小的物体沾在较大的物体上。类似使用"附"字的词语还有:融合蛋白附着蛋白受体、附着体、黏附等。因此,例(11)中的"覆"应改为"附"。

1.1.8 "震荡"和"振荡"的混用

例如:"IP3受体参与了卵母细胞受精期间钙震荡的启动和维持"(12),"在恒温摇床中震荡培养15~18 h"(13),以及"轻轻震荡至结晶溶解"(14)。"震荡":震动;颤动[3];指外力引起的动荡,使人心情不平静。"振荡"是指电流的周期性变化[3],或可引申为物体运动的一种形式。例(12)中的"钙振荡"是指钙浓度周期性的变化;例(13)中的"摇床振荡培养",是指周期性的运动形式;例(14)中的"轻轻振荡"是指轻轻地反复摇晃。因此例(12)、(13)和(14)中的"震荡"均应该改为"振荡"。而何时使用"震荡"一词呢?如下情况,例如:脑震荡、脊髓震荡、视网膜震荡、人心震荡、山谷震荡等。

1.1.9 "著"和"着"的混用

例如:"熊果苷显着逆转了结肠炎中p-JAK2的高表达"(15)。"着"读作zhuó时跟"著"(zhuó)的意思相同,有穿,接触,使接触,着落,派遣等意思[3]。但"著"也可读作zhù,显著指非常明显[3]。因此,例(15)中的"显着"应改为"显著",表示逆转的程度非常明显。

1.1.10 "于"和"与"的混用

例如:"于此同时"(16)。例(16)中"于"是介词或者后缀,于此,表示在此的意思[3]。"与"的意思是和,是连词[3],表示和这件事同时发生。因此,例(16)中应该是"与此同时"。

1.1.11 "黏"和"粘"的混用

例如:"水凝胶的理化特性包括基质成分、粘弹性等"(17)。"粘"读作nián时,是姓;读作zhān时,是动词,如粘贴、粘连等[3]。"黏"读作nián,形容词,指能使一个物体附着在另一物体上的性质,例如黏稠、黏度、黏液、黏附等[3]。因此,例(17)中表示的是水凝胶的一种性质,应该将"粘弹性"改为"黏弹性"。

1.1.12 "在"和"再"的混用

例如:"接着初级纤毛再此基础上形成"(18)和"先通过生物信息学分析筛选出关键基因,在通过关键基因找出与其相关的miRNAs"(19)。"在"可以做介词,表时间、处所、范围、条件等[3]。"再"是副词,表又,再次的意思[3]。因此,例(18)中应该是"在此基础上"。例(19)中应该是"再通过","再"字与句中的"先"字相呼应,表示动作出现的先后顺序。"再"在细胞生物学及相关领域中组成常见的专业术语有再生、再狭窄、缺血再灌注、核内再复制、髓鞘再形成等。

1.1.13 "期间"和"其间"的混用

例如:"收集细胞于C57BL/6J小鼠右侧皮下接种正常的TC-1细胞1×10^6个/100 μL,期间记录肿瘤生长情况"(20)。"期间"表示(某段)时期里面[3],使用时前面必须加表示该段时期的修饰语,比如放假期间、国庆期间等。"其间"一是表示那中间,其中,作方位词;也可以指某一段时间[3]。"其间"一词一次使用时前面不能加修饰语。因此,例(20)有两种修改方式:一是可以将"期间"改为"其间";二是在"期间"前加上修饰词,例如"在此期间"。

1.1.14 "考查"和"考察"的混用

例如:"同时应用MTT法考查NAP标记前后对NCI-H1299细胞毒性的影响"(21)。"考查"是指用一定的标准来检查衡量[3]。"考察"一是指实地观察调查;二是指细致深刻地观察[3]。因此,例(21)中的"考查"应该改为"考察"。

1.1.15 "象""像""相"的混用

例如:"双通道进行扫描成相,即可获得结果图象"(22)和"显微镜下观察并照像"(23)。"成像"是指形成图像或影像[3],在生物学范畴一般是指生物样本的造影技术,例如磁共振成像、脑功能成像、成像光谱仪。图像是指画成、摄制或印制的形象[3]。例(22)中有两个错误,应把"成相"改为"成像","图象"改为"图像"。照相是摄影的通称[3]。类似使用"相"字组成的细胞生物学相关的术语包括:荧光显微照相技术、裂隙灯照相、立构显微照相法等。因此,例(23)中的"照像"应该改为"照相"。

1.2 异体字、不规范字

"内源性"一词中"内"是内的异体字,该字半包围结构的内部是"入"字,而内是"人"字,两字形似。除了"内"字外,笔者在本刊论文的编校过程中还会碰到将、並、德、尔、増,它们分别是将、并、德、尔和增的异体字。作为编辑,我们不能对使用异体字、不规范字的现象熟视无睹,要杜绝汉字使用的不规范现象,正确引导汉字使用走向规范。

2 标点符号用法常见差错举隅

2.1 标号

2.1.1 连接号

连接号,标示某些关联成分的连接,形式包括短横线(半字线)"-"、一字线"—"和浪纹线"~"。浪纹线标示的是数值范围,而一般一字线标示时间、地域的起止[5]。图1的例(24)中浪纹线建议改为一字线。

贝时璋(190▢~2009),1903年10月10日生于浙江省镇海县(今宁波市镇海区),实验生物学家、细胞生物家、生物物理学家和教育家,我国实验生物学和细胞学的开拓者之一和生物物理学的奠基人和开拓者。

图1 例(24)

2.1.2 书名号

书名号用来标明书名、篇名、报刊名等。书名号是用来标示各种作品的名称的，也包括文件、报告以及影视、戏剧、歌曲、戏曲等艺术作品的名称[6]。课题、奖品奖状、商标、证照、组织机构、会议、活动等名称，并不是作品名，因此这类名称不可使用书名号。图2例(25)副标题中细胞生物学实验是指这门课程，并不是作品名，图2例(26)国家自然科学基金是课题名，因此不用书名号，均去掉书名号或者改为引号即可。

细胞骨架是细胞的重要结构之一，也是
《细胞生物学实验》教学的重要内容。

收稿日期：2021-04-25　　　接受日期：2021-05-26
《国家自然科学基金》资助的课题。

图2　例(25)(左)和例(26)(右)

2.2 点号，句末点号和句内点号

2.2.1 冒号

冒号是一种句内点号，表示句内停顿，用来提示下文和总结上文，表示提示性话语之后和总结性话语之前的停顿[6]。笔者总结了平时在编校工作中常常碰到的冒号使用不规范情况，主要有三种：一是冒号与"即""也就是"等(表达解释说明之意的词语)的重复使用；二是套用冒号；三是扩大冒号使用范围。

图3例(27)中，冒号表示解释说明出现了哪些问题，冒号后的"即"也有解释之意，重复使用。冒号和"即"二者保留其一即可。

筛选得到10个靶点：即AKT1、TNF、MAPK8、JUN、PTGS2、CASP3、PPARG、HMOX1、AHR和RELA。

图3　例(27)

图4例(28)属于冒号套用的情况，不得不套用冒号时，宜另起段落来显示各个层次。例句中修改方法一可以另起段落；方法二可以将第一个冒号改为句号；方法三可以将后四个冒号改为逗号；方法四可以将后四个冒号改为破折号；方法五可以将第一个冒号改为破折号。

类器官技术具有以下显著的优势[16]：(1) 人源性：人类类器官代表人类生理系统，而不是"类人"或"类似"系统；(2) 高效性：成体干细胞衍生或多能干细胞衍生的类器官建立速度快，难度相对较低；(3) 稳定性：在被应用于大规模基因组筛查和药物筛选的过程中，类器官各方面性能较稳定；(4) 个体化：研究者可从个体组织或细胞建立类器官，有助于实现精准诊疗。这些优势使类器官自诞生以来就得到广泛应用(图 2)[16]。

图4　例(28)

图5例(29)中迁移实验步骤包括的内容一直到统计迁移细胞数，冒号是句内点号的一种，因此建议将前三个句号改为分号。

1.7 Transwell检测细胞迁移和侵袭

迁移实验步骤：于Transwell上室接种Hep3B细胞，下室加500 μL完全培养基。将上室细胞按照上述1.2进行分组处理。各组细胞处理48 h后，弃培养液，取出小室。将下室细胞用甲醇固定、结晶紫染色后，置于显微镜下(200×)观察，统计迁移细胞数。侵袭实验步骤：预先用基质胶包被Transwell上室，自然干燥后，接种细胞，后续操作同迁移实验。

图5　例(29)

2.2.2 顿号

顿号是句内点号的一种，表示语段中并列词语之间或某些序次语之后的停顿[6]。笔者总结了在本刊编校工作中常常碰到的顿号使用不规范的情况，也是有三种：一是顿号和逗号的混用；二是多加顿号；三是句内成分多层次时，全用顿号分隔开。

图6例(30)横线标记的逗号要改为顿号，顿号表示句子内部并列词语的停顿，所表示的停顿比逗号小。

> 后进行病理学观察，另外采用 qRT-PCR 和 Western-blot 法测定肝脏组织 Shh，Smo，Ptch-1，Gli-1，α-SMA，E-cadherin 和 Vimentin mRNA 和蛋白表达水平。结果显示，罗汉果皂苷Ⅵ低剂量组和高剂量组胶原沉积减少、纤维化程度减轻，血清 ALT、AST、ALB 和 TBil 水平均较模型对照组显著降低（$P<0.05$）；血清 HN、LN、PC-Ⅲ 和 COL-Ⅳ 水平均较模型对照组显著降低（$P<0.05$）；肝脏组织 α-SMA

图6 例(30)

以及、和、及等这些连接词之前不能使用顿号，并、特别是、甚至、包括、例如等词之前也不能使用顿号。图7例(31)方框中的顿号要删去或改为逗号。

> 代谢中发挥着重要作用。研究证实 AMPK 可通过调控下游因子 ACC 来发挥作用。MSTN 基因敲除小鼠的 ACC 磷酸化水平增加，可以抑制脂肪酸合成、并促进脂质氧化[16]。

图7 例(31)

图8例(32)方框中的顿号要删去，缩略语的并列成分不加顿号，因为缩略语之间并没有停顿，加上顿号会使句子看起来和读起来都太散。与"一逗到底"正好相反，读起来时，多加的顿号，在本不应该停顿的地方加上了停顿，使句子不够连贯，也打破了固有的语言习惯。另外，表示概数的相邻数字和集合名词之间也不用顿号，而表确数的相邻数字之间必须加顿号。

> 1.3.2 载体构建　CircRNA过表达载体pLC5-ciR购自广州吉赛生物技术有限公司，再将上、下游环化框架插入到pLC5-ciR质粒载体中。上游环化框架

图8 例(32)

不同层次的句内停顿，要先分清层次，第一层用顿号，再依次用逗号和分号。miR-21是通过以下三种方式：与lncRNA的相互作用，靶向SNF5、TET1，调节相关信号通路来调控RA的。三种方式是并列的，但是靶向SNF5、TET1中已有一层并列关系。因此，图9例(33)方框中的顿号应改为逗号。图10例(34)方框中的逗号改为顿号，Snail家族蛋白、ZEB家族、碱性的螺旋–环–螺旋因子三者是并列的成分，而后面紧跟的括号中的顿号不会影响括号外的层次结构。因此，图10例(34)方框中的逗号改为顿号。

> 因此该文就miR-21在RA中的作用机制及进展进行综述，作用机制主要是miR-21通过与lncRNA的相互作用、靶向SNF5、TET1及调节相关信号通路(Wnt、PI3K/AKT、JAK/STAT和NF-κB)来调控RA，旨在为miR-21与RA的相关研究提供参考及为RA的诊疗提供新策略。

图9 例(33)

> EMT转录因子包括Snail家族蛋白(Snail、Slug、Smuc)，ZEB家族(ZEB1、ZEB2)以及碱性的螺旋–环–螺旋因子(E12/E47、Twist)，它们参与诱导EMT发展。这些因子在癌细胞中异常表达会诱导

图10　例(34)

2.2.3　逗号

逗号也是句内点号的一种，表示句子或语段内部的一般性停顿[6]。笔者总结了在本刊编校工作中常见的逗号误用情况，除了上面介绍的与顿号之间的误用外，还有就是在较长的主语后和较长的宾语前漏用逗号，以及"一逗到底"现象。

图11例(35)中"RA的发病机制复杂、病程较长且致残率较高"作为句子的主语，较长的主语建议在主语后加上逗号。因此，建议在较高后加上逗号。图12例(36)中两个表明后的逗号，均是由于后面的宾语较长，因此，在其前加上了逗号。

> RA的发病机制复杂、病程较长且致残率较高给患者健康和生活质量带来了严重影响，同时也给社会卫生系统带来了巨大的经济损失[3]。目前针对

图11　例(35)

> 表达量显著降低。一项RA动物实验表明，miR-21过表达可以抑制IL-6和IL-8的表达，从而缓解RA的炎症反应[27]。另一项RA动物实验也表明，上调的miR-21可以抑制滑膜增生并减少相关炎性细胞因子分泌，从而减缓RA的进展[28]。GONG等[29]使用miR-21

图12　例(36)

下面一段话中约有200多字，而中间全是逗号，段末才见到句号，这就是典型的"一逗到底"现象。句号和逗号各有功能，不能随意使用。一句话算不算完结，要从意义和结构两方面考虑。虽然整段文字的连贯性很强，但是各句有各自的小意思，这就得用上句号。仔细阅读，不难体会出句群中的语义联系，从而在合适的位置使用上句号。第一句引出了数学与计算机结合的方法；第二句引出了数学建模概念并简单介绍了其功能；第三句展开描述了数学建模的功能；第四句举例列出了数学建模在微丝研究中的具体方式方法；最后一句总结了数学建模在微丝研究中的应用意义。因此，建议将图13例(37)方框中的四处逗号均改为句号。

> 除了实验方法和显微技术外，数学与计算机的方法也可以运用在微丝的网络构建研究中，对于微丝组装而成的不同的几何动态网络构建，以及微丝在不同细胞部位的未知功能推测，数学建模将是很有效的手段之一，对不同时间与空间的微丝结构进行算法拟合，能够更精准地研究微丝尚未被发现的结构和功能，甚至能结合显微镜技术预测细胞内一段微丝的走向趋势，例如，可以用数学模型来预测微丝的重组模式[86]，或者在裂殖酵母内吞行为过程中构建微丝的动力学模型[87]等，这些都能帮助研究者更快捷方便研究微丝。

图13　例(37)

2.2.4　句号

句号是句末点号的一种[6]。在科技期刊中常见的一种使用差错就是图表中句尾误加句号。

科技期刊图或表的短语式说明文字，中间可用逗号，但末尾不用句号。即使有时说明文字较长，前面的语段已出现句号，最后结尾处仍不用句号[5]。因此，图14例(38)表中最后一列末尾的句号以及图14例(39)图中点句号均应删去。

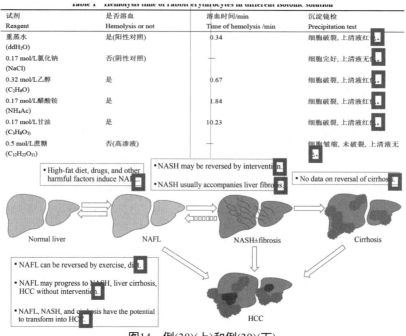

图14　例(38)(上)和例(39)(下)

2.2.5　问号

问号是句末点号的一种[6]。笔者总结了在本刊的编校过程中常见的问号使用不当主要集中体现在对句子语气的揣摩不够，因此把陈述句当作疑问句。句中有疑问词并不等同于是一个疑问句。这种错误也非常容易避免，只需要认真分析句子的结构和语气，便可判断是否是疑问句。不难看出，图15例(40)中三个问句均是包括的宾语，因此建议三个问号均改为分号，且"包括"一词后的逗号宜改为冒号。

> 成后增强子又回到原先沉默的状态。令人感兴趣的问题包括，组织再生增强子的活性是如何精确调控的？它如何维持在未损伤组织中的沉默状态，又是如何在损伤中被激活的？在再生结束后再生增强子活性的终止又是受到了什么因素的调控呢？

图15　例(40)

3　知识性错误

3.1　专业术语中同音字/形近字混用

3.1.1　"耦"和"偶"的混用

例如："H3K9me2 与 DNA 甲基化相偶合，建立抑制性染色质状态"(41)。"偶合"是指无意中恰巧相结合[3]。"耦合"是指物理学上至两个或两个以上的体系或两种运动形式间通过相互作用而彼此影响以至联合起来的现象。H3K9me2 是指组蛋白 H3K9 的二甲基化修饰，与 DNA

甲基化，两种修饰相结合，相互影响，因此，例(41)中的"偶合"建议改为"耦合"。这两个同音字组成的另外一组同音词，即偶联和耦联，两者意思也相近，翻译成英文即coupling，也是相同的。但是偶联是指一个化学反应发生时其它反应以化学计量学的关系相伴进行的现象[3]。通常情况下偶联来表示化学反应，比如重氮偶联、偶联剂、偶联氧化等。而耦联更偏向于物理反应，比如兴奋—收缩耦联、药物—机械耦联、G蛋白耦联受体激酶等。

3.1.2 "增殖"和"增值"的混用

例如："因为活细菌会在肿瘤微环境中增值"(42)。"增值"意为增加产值和价值，比如价值增值、增值服务、增值税等。"细胞增殖"是指通过细胞分裂增加细胞数量的过程，是生物繁殖基础，也是维持细胞数量平衡和机体正常功能所必需的生理过程[7]。因此，例(42)中的"增值"应该改为"增殖"。

3.1.3 "侵"和"浸"字的混用

例如："注射IL-38可显著降低炎症细胞侵润程度"(43)和"浸润性微乳头状癌(IMPC)是一种高浸袭转移的恶性肿瘤"(44)。"侵"和"浸"两字读音完全不同。侵，读作qīn，部首是单人旁，意为侵入；而浸，读作jìn，部首是三点水，有液体或气体渗入之意。浸润在细胞生物学及其相关领域中的意思是指由于细菌等侵入或外物刺激，正常组织的间隙内出现异常的细胞或其他物质的现象[8]，通常翻译为infiltration。类似地，血管周围单核细胞浸润、炎症细胞浸润、浸润性恶性肿瘤、浸出液等。细胞侵袭是指癌细胞侵犯和破坏周围正常组织的过程，通常翻译为cell invasion。因此，例(43)中的"侵润"应改为"浸润"，而例(44)中的"浸袭"应该改为"侵袭"。

3.1.4 "印迹"和"印记"的混用

例如："雄性小鼠性腺中的原始生殖细胞在E13.5之后逐渐建立雄性印迹并且进入有丝分裂阻滞"(45)。"印迹"是核酸或蛋白质等样品经层析或电泳等方法分离后，从载体介质(如凝胶)转移至另一介质(如滤纸或膜片)的技术[9]，转移常用毛细管作用或电泳等技术。蛋白质印迹法又称免疫印迹法是指将经过凝胶电泳分离的蛋白质转移到膜(如硝酸纤维素膜、尼龙膜等)上，再对转移膜上的蛋白质进行检测的技术[9]。"印迹"的"迹"是踪迹、痕迹的迹，可以理解为分离的蛋白质在电压的作用下留下的"痕迹"，科研人员在日常科研生活中会把这种方法称作跑电泳。配合上"跑"字，我们就可以更好地理解蛋白质印迹法中的"迹"字应该使用哪个字了。同样地，染色体印迹、电印迹法、斑点印迹法、RNA足迹法、DNA-蛋白质印迹法、配体印迹法等中也用的是"迹"。基因(组)印记是指传给子代的亲本基因在子代中表达的状况取决于基因来自母本还是父本的现象。印记可以理解为把某种现象保持下来，因为基因印记这种现象在合子形成时已经决定，这种遗传方式涉及基因表达调控[9]。因此，例(45)中"印迹"应该改为"印记"。

3.1.5 "熔解""溶解""熔接""融解"的混用

例如："在7500 RT-qPCR仪上反转录扩增cDNA，并分析其溶解曲线和扩增曲线"(46)和"将50%感染剂量的组织培养CVB3融解于0.1 mL磷酸缓冲液中后通过腹腔注射入模型组和观察组小鼠"(47)。例(46)中的"溶解"是化学和物理学名词，指一种物质(溶质)均匀地分散在另一种物质(溶剂)中形成溶液的过程[3]。例(47)中"融解"有溶解、融化之意[3]。"熔接"是物理学名词，是指熔融后碰接在一起的过程[10]。"熔解"在细胞生物学及相关领域名词，是指核酸的解链过程。熔解曲线(melting curve)是指随温度升高DNA的双螺旋结构降解程度的曲线。熔解温度是指DNA双链(dsDNA)有一半被分解或者形成了单链(ssDNA)时的温度。熔解是需要加热才能完成的过程，因此，例(46)中应该使用火字旁的"熔"字。只有深刻地理解术语的概念，才能更好地在科技论文撰写中使用这些词，更不容易混淆。因此，例(44)中"溶解"应改为"熔解"，例(47)中的"融解"改为"溶解"。

3.1.6 "敷"和"孵"混用

例如："在37 ℃敷箱中放置10 min"(48)和"抗体敷育温度以4 ℃为宜"(49)。我们知道"孵化"是指卵生生物的受精卵，在一定的环境条件下(包括温度和湿度)，经过一系列的胚胎发育，破卵膜孵出幼体的过程[3]。而"孵育"是细胞生物学相关实验中常用的实验步骤之一，是指在一定的环境条件下(包括温度和湿度)，蛋白质之间发生特异性反应的过程。"孵箱"是指实验过程中使用的培养箱等仪器设备。而"敷"有陈设、布置之意[3]，不与育组词。因此，例(48)和例(49)中均应该将"敷"改为"孵"。

3.1.7 "迁移"和"迁徙"的混用

例如："细胞迁徙数显著增加"(50)。"迁徙"也可指从一处搬到另一处[3]，但一般是特指动物周期性的较长距离往返于不同栖居地的行为。细胞迁移也称为细胞爬行、细胞移动或细胞运动，是指细胞在接收到迁移信号或感受到某些物质的梯度后而产生的移动，是机体正常生长发育的生理过程[7]。因此，例(50)中的"迁徙"应该改为"迁移"。

3.1.8 "应激"和"应急"的混用

例如："当发生氧化应急时，ROS可通过脂质、蛋白质和核酸的氧化损伤导致细胞毒性产生"(51)。应急意为应付迫切的需要[3]。应激意为对刺激产生反应[3]，如氧化应激、内质网应激、应激源等。因此，例(51)中的"应急"应该改为"应激"。

3.1.9 "领域"和"邻域"的混用

例如："同域/领域分布栎属植物叶表型性状"(52)和"这也是重编程邻域的里程碑事件"(53)。"邻域分布"是指个体在邻近的或者不重叠的区域内生活[11]。"领域"一是指一个国家行使主权的区域；二是指学术思想或社会活动的范围[3]。因此，例(52)中的"领域"应该改为"邻域"，例(53)中的"邻域"应该改为"领域"。

3.1.10 "回复"和"恢复"的混用

例如："自噬抑制剂氯喹(chloroquine, CQ)可部分恢复TSA引起的凋亡"(54)和"抑制APC的表达可以部分恢复LPS诱导脓毒症肺损伤大鼠肺泡上皮细胞凋亡"(55)。"恢复"是指变成或使变成原来的样子[3]。"回复"一是指回答，答复；二是指恢复(原状)[3]。从字面上看，"回复"和"恢复"都是指变回了凋亡这种表型。回复突变(back mutation，reverse mutation)指突变基因转变为野生型基因的过程。回复实验(又称挽救实验、补救实验、拯救实验等)(rescue experiment)是指在出现可能的敲减(沉默)表型后，重新上调靶基因(target gene)的表达，观察表型是否全部或部分地回复，以判断表型是否为靶基因(target gene)的下调造成的。例(54)和例(55)均是通过回复实验而使表型或基因得到回复的。因此，例(54)和例(55)中的"恢复"均应该改成"回复"。

3.1.11 "心率"和"心律"的混用

例如："该病主要表现为以右心室为主的室性心率不齐"(56)，"左心室心率失常性心肌病"(57)，以及"加载声波的频率接近于大鼠麻醉状态的心律"(58)。"心律"指的是心脏跳动的节律；"心率"是指心脏搏动的频率[3]。例(56)和例(57)都是指心脏跳动的节律不规律或失常，因此例(56)和例(57)中的"心率"均应改为"心律"。例(58)指的是加载声波的频率接近麻醉状态下的大鼠心脏搏动的频率,因此例(58)中的"心律"应该改为"心率"。

3.2 名词术语

科技名词的统一和规范化标志着一个国家科技发展的水平[7]。统一科技名词术语,可以促成科学知识的传播,促进学科与行业之间的交流,助力科技发展。因此,在科技论文的写作中要使用标范的或通用的名词术语。笔者总结了本刊近年来相关名词术语规范写作(表1)。

表1 细胞生物学相关名词术语的写作规范[7-9,11-13]

专业名词的规范用法	专业名词的不规范用法
锥虫蓝	台盼蓝
一氧化氮合酶	一氧化氮合成酶
胞质	胞浆
阿尔茨海默病	阿尔兹海默症/阿尔兹海默病
帕金森病/帕金森综合征	帕金森综合病/帕金森综合症
萤光素酶[1)	荧光素酶
荧光探针/荧光染料/荧光强度/荧光素[2)标记法	萤光探针/萤光染料/萤光强度/萤光素标记法
分枝杆菌	分支杆菌
1型糖尿病	I型糖尿病
螺杆菌	螺旋杆菌
综合征	症候群
维生素	维他命
脑梗、脑梗死	脑梗塞
施万细胞	雪旺细胞/雪旺样细胞
白细胞/红细胞	白血球/红血球
板蓝根	板兰根
剖宫产	剖腹产
细胞周期蛋白	细胞周期素
邻近蛋白标记技术	临近蛋白标记技术
邻近色	临近色
糖原	糖元
胶原	胶元

注:1)萤光素酶是指在萤火虫的生物发光反应中起作用的酶,分为萤火虫萤光素酶和细菌萤光素酶两大类;2)荧光素在蓝光或紫外线照射下,发出绿色荧光的一种黄色染料。

4 结束语

笔者总结了近年来在编辑校对《中国细胞生物学学报》期刊上发表的数百篇科技论文时发现的常见编校差错。通过列举相关实例,对形近字和同音字的混用、标点符号的误用等现象进行了分析,并提出了相应的修改建议,同时总结了细胞生物学等领域相关的术语使用规范,为本领域作者和编辑同行提供参考与借鉴,助力提高科技文章的编校质量,推动语言规范化。

参 考 文 献

[1] 国家新闻出版署.国家新闻出版署关于印发《报纸期刊质量管理规定》的通知[EB/OL].(2020-05-28)

[2022-06-22]. https://www.nppa.gov.cn/nppa/contents/279/74416.shtml.

[2] 蔡思琴.现代汉语结构助词"的""地""得"的用法误用类型及对策研究[D].长沙:长沙理工大学,2018.

[3] 中国社会科学院语言研究所词典编辑室编.现代汉语词典:7版[M].北京:商务印书馆,2022:165,166,363,398,404,414,578,580,606,608,730,732,833,953,954,968,986,1106,1107,1021,1023,1024,1038,1325,1422,1455,1574,1594,1628,1629,1657,1665,1666,1730,1750.

[4] 俸姗姗.现代汉语结构助词"的,地,得"用法分析[J].参花(中),2023(4):131-133.

[5] 中华人民共和国家标准标点符号用法GB/T 15834—2011[S].中华人民共和国国家质量监督检验检疫总局中国国家标准化管理委员会,2011.

[6] 杨林成,陈光磊.标点百珍[M].上海:上海教育出版社,2020,72.

[7] 全国科学技术名词审定委员会.细胞生物学名词[M].北京:科学出版社,2009.

[8] 全国科学技术名词审定委员会.生理学名词:2版[M].北京:科学出版社,2020.

[9] 全国科学技术名词审定委员会.生物化学与分子生物学名词[M].北京:科学出版社,2009.

[10] 全国科学技术名词审定委员会.物理学名词:3版[M].北京:科学出版社,2018.

[11] 全国科学技术名词审定委员会.生态学[M].北京:科学出版社,2007.

[12] 张全福,曹金盛,袁林新.科技期刊编辑技能大赛试题分析[M].上海:上海浦江教育出版社有限公司,2017.

[13] 上海市期刊协会.扫叶留痕:上海期刊编校差错辨析365例[M].上海:上海大学出版社,2018.

科技期刊英文摘要中分号的用法
——一项基于 *Lancet* 和 *JAMA* 的实例分析

魏莎莎，孙　岩，杨亚红，余党会，惠朝阳

(海军军医大学教研保障中心出版社《海军军医大学学报》编辑部，上海 200433)

摘要：在科技期刊的英文摘要中，分号的使用有利于理清逻辑关系，增强句子的连贯性，提升表述的准确性，丰富语言的表达层次，其重要性不容忽视。本文通过分析英文科技期刊的摘要内容，总结常见的分号用法，并提供实例分析，帮助科研人员和科技期刊编辑更好地运用分号，提高英文摘要表达准确性和可读性。

关键词：科技期刊；英文摘要；标点符号；分号；实例分析

标点符号是语句中的"喘息"记号，在任何一种语言中都不可或缺。标点符号在对复杂句型结构关系的理解上发挥着重要作用，其正确使用不仅可以减少期刊的编校差错、提升期刊的行文规范，对准确理解语义、促进学科交流发展也有重要意义[1]。

中文内容中标点符号的使用可以参考《标点符号用法》国家标准(GB/T 15834—2011)[2]；在中文期刊论文中夹用英文时，标点符号的使用可以参考我国新闻出版行业标准 CY/T 154—2017 中"5 主要标点符号的用法"[3]；然而目前对科技期刊英文摘要中标点符号的使用规则研究较少，特别是对英文摘要中分号的用法缺乏归纳和总结，很少有期刊能运用自如，有的科技期刊甚至认为英文中没有分号[4]。我们特意调查了多本国内知名中文医学期刊的英文摘要，一些期刊前十篇英文摘要(不包括关键词的主体部分)都没有用过分号，由此可见分号的使用情况值得探讨分析。因此，本文以《柳叶刀》(*Lancet*)、《美国医学会杂志》(*JAMA*)等国际高水平英文科技期刊为例，阅读分析其论文摘要，归纳和总结分号的具体用法，并辅以实例分析，以期帮助科研人员和科技期刊编辑在撰写和修改英文摘要时更好地运用分号，提高英文摘要表达准确性和可读性。

1 分号的用法

1.1 表明并列关系

在这种情况下，分号的功能和分隔强度类似于中文中的顿号。常见的用法有以下 4 种：

(1) 当两个或多个句子在语义上处于并列关系时，分号可以有效地将它们分隔开，同时表明它们之间的并列关系。在这种情况下，分句间可以省去 and 等其他连词。

例句：Those who analyzed the data were masked to the groups; those collecting the data were

---

基金项目：中国高校科技期刊研究会青年基金资助项目(CUJS-QN-2023-037)

通信作者：惠朝阳，E-mail: 657791425@qq.com

not.

例句：Time-to-event analyses were done using the Kaplan-Meier method; categorical groups were compared via a log-rank test.

(2) 当括号中有两个或多个数值/日期时，分号可以有效地将它们分隔开，同时表明它们之间的并列关系。需要注意的是，多个分号连用时最后一个分号前面没有加连词 and。

例句：The primary endpoint occurred in 70 patients in the intravascular ultrasound group and 128 patients in the angiography group (Kaplan-Meier rate 4.0% vs 7.3%; hazard ratio 0.55 [95% CI 0.41-0.74]; p=0.000 1).

例句：There were no significant differences in other secondary end points including 30-day stroke; major bleeding at 30 days and 1 year; 1-year all-cause mortality; and in-stent thrombosis (<24 hours; 1-30 days; 1-12 months).

例句：We searched medical databases and trial registries (from database inception until Feb 24, 2022; updated June 6, 2023) for randomised controlled trials...

(3) 当多个并列成分中的其中一个或多个成分中已使用过逗号时，分号可以有效地将各个并列成分分隔开，表明它们之间的并列关系，同时厘清复杂句子各部分的层次结构。应注意在这种情况下，最后一个分号前面要加连词 and。

例句：Therapies such as polatuzumab, bendamustine, and rituximab; tafasitamab and lenalidomide; loncastuximab tesirine; and selinexor are unlikely to be curative in this setting.

例句：To evaluate the effect of a multifaceted approach including health; nutrition; water, sanitation, and hygiene (WASH); and psychosocial support interventions delivered during the preconception period and/or during pregnancy and early childhood on child neurodevelopment.

例句：Neurodevelopmental assessments, the trial's secondary outcome reported herein, were conducted in a subsample of children at age 24 months, including 509 with preconception, pregnancy, and early childhood interventions; 473 with preconception interventions alone; 380 with pregnancy and early childhood interventions alone; and 350 with routine care.

(4) 当多个并列成分出现在冒号后面时，分号可以有效地将各个并列成分分隔开，同时表明它们之间的并列关系。在这种情况下，最后一个分号前面要加连词 and。

例句：ATLANTIS was conducted in 55 general practices in three regions, termed hubs, in England: 13 in West Yorkshire; 20 in Wessex; and 22 in West of England.

例句：These tumours commonly have multiple poor prognostic features: right-sided colonic origin; BRAFV600E mutation tumour type; and poorly differentiated histology with mucinous or signet ring features

1.2 连接关联的句子/短语

在这种情况下，分号的功能和分隔强度介于句号和逗号之间。常见的用法有以下 4 种：

(1) 当前后句意思上有转折时，however、yet、nevertheless 前面用分号。

例句：Patients, follow-up health-care providers, and assessors were masked to random assignment; however, staff in the catheterisation laboratory were not.

例句：They have exposed long-neglected discriminatory practices that undermine women's interaction with the health system; yet, cancer remains wholly under-represented within the global women's health agenda.

例句：The precise timing for this opportunity has not yet been defined, but is assumed to be 3 months; nevertheless, there is unequivocal evidence showing that initiation of DMARD therapy early in the course of the disease decreases structural damage...

(2) 当前后句是因果关系、假设关系、递进关系时，可用分号隔开。

例句：Two hundred and two patients received sparsentan and 202 received irbesartan (last assessment of double-blind period on Aug 7, 2023); therefore, all 404 patients were included in efficacy and safety analyses.

例句：Bridging therapy after leukapheresis was permitted; if radiation was used, at least one measurable site was left untreated.

例句：The primary endpoint, procedure-related mortality, did not occur; furthermore, no life-threatening or cerebrovascular events were reported.

(3) 当后面的内容是对前面内容的解释说明时，可用分号隔开。

例句：WHO recognises that one of the most important ways of reducing deaths from non-communicable diseases is by controlling exposures to modifiable risk factors; namely, tobacco use, harmful alcohol use, unhealthy diet, and physical inactivity (which are all of particular relevance to cancer risk), and exposure to infections (including human papillomavirus, *helicobacter pylori*, hepatitis B, and hepatitis C, among others).

例句：However, there are substantial and persistent differences internationally in implementation; for example, the use of universal versus risk-based GBS screening approaches.

(4) 当括号中后面的内容是对前面内容的缩写或补充说明时，可用分号隔开。

例句：The primary outcome was pain reduction (measured with a 100 mm visual analogue scale; VAS) in the study hand at 6 months assessed in the intention-to-treat population.

例句：...were randomly assigned (1:1) to receive either high-dose short-course oral primaquine (intervention arm; total dose 7 mg/kg over 7 days) or standard care (standard care arm; single dose oral primaquine of 0.25 mg/kg).

例句：This finding is consistent with marked disparities in cancer survival across countries, with a clear gradient across the Human Development Index (HDI; a composite measure of Gross National Income, education, and life expectancy).

例句：Chronic urticaria is classified as spontaneous (without definite triggers) and inducible (with definite and subtype-specific triggers; eg, cold or pressure).

2 使用分号的优势

2.1 增强句子的连贯性

在复杂的句子或段落中，分号可以帮助读者更好地理解句子之间的逻辑关系，从而增强文章的连贯性。通过使用分号，可以将两个或多个相关的独立句子更加紧凑地连接在一起，形成一个完整、流畅的表达，从而更易于理解。

例句1: Participants were instructed to take four self-measured blood glucose measurements per day (before each meal and at bedtime); these values were transferred daily into the eDiary.

译文 1：参与者被要求每天进行四次自我血糖测量(每餐的饭前和睡前)；这些数值每天都被输入到 eDiary 中。

解析 1：这个例句通过"简单句+分号+简单句"的样式从逻辑关系上表达了一个从句的意思，即"The values of four measurements of blood glucose per day (before each meal and at bedtime) which were taken by participants themselves were transferred daily into the eDiary."。本例中分号的使用不仅简化了句子，也让表达更容易被读者理解。

例句 2：Calcitonin gene-related peptide (CGRP) is an important mediator of migraine attacks; antagonism of the CGRP pathway is effective for acute and preventive treatment of migraine.

译文 2：降钙素基因相关肽(CGRP)是偏头痛发作的重要介质；拮抗 CGRP 通路对偏头痛的急性和预防性治疗是有效的。

解析 2：这个例句前后是个因果关系，想要表达的是"因为 CGRP 是偏头痛发作的重要介质，因而拮抗 CGRP 通路对偏头痛的急性和预防性治疗是有效的。"，所以这句话中分号的功能类似于"逗号+连词 so/thus"，但使用分号更显连贯、自然和地道。

2.2　提升表达的准确性

在某些情况下，使用逗号可能会产生歧义，而分号的使用可以帮助读者理解作者的真实意图。

例句 1：Participants' mean (SD) age was 32.9 (5.6) years; 234 (29%) were Black, and 412 (52%) were Hispanic.

译文 1：受试者平均年龄(SD)为 32.9(5.6)岁；黑人 234 人(29%)，西班牙裔 412 人(52%)。

解析 1：这个例句中分号的使用让读者可以准确地了解到受试者是由黑人和西班牙裔两部分组成。分号前面的内容是整个受试者群体的一个数据；分号后面的内容是两个简单句(通过"逗号+连词 and"连接)，其作为一个整体和前面的内容处于并列位置。

例句 2：Thirty-six patients (95%) developed CRS; only one patient had grade 3 CRS.

译文 2：发生 CRS 36 例(95%)；只有 1 例患者有 3 级 CRS。

解析 2：这个例句可改写"Thirty-six patients (95%) developed CRS. Among them, only one patient had grade 3 CRS."。与原句相比，可以明显感觉到分号的使用让句子更简洁明了了。

2.3　增强表达的层次感

合理地运用分号可以使文章富于层次感。通过分号，我们可以将不同层次的信息进行有序的排列，使得文章结构清晰、层次分明。

例句 1：Of note, the participant had lifestyle changes during the trial and lost weight; the investigator considered it safe and beneficial to keep the participant in trial.

译文 1：值得注意的是，受试者在试验期间的生活方式发生了改变，体重减轻；研究者认为将受试者留在试验中是安全和有益的。

解析 1：细细体会可以发现这个例句中分号前后的两个句子存在某种"较浅的"转折关系，即"The participant had lifestyle changes during the trial and lost weight, but the investigator considered it safe and beneficial to keep the participant in trial."，但如果这样书写，就会显得有点主观、不够严谨。分号的使用避免了这种强转折，逻辑层次上更合理。

例句2：Its pathophysiology is incompletely understood, and there is no cure; treatment is therefore directed at symptoms.

译文2：其病理生理学尚不完全清楚，无法治愈；因此，针对症状进行治疗。

解析2：这个例句中前后分句有一种因果关系，分号前的句子中已使用了逗号，在这种情况下，分号的使用对内容进行了有效的分隔，使读者理解起来更顺畅。

例句3：One participant in the icodec group died; this was judged unlikely to be due to the trial product.

译文3：icodec组的一名参与者死亡；这不太可能是由于试验产品造成的。

解析3：这个例句中分号后面的内容是对前面内容的一种解释。分号的使用可以让读者感受到两者的关联度。

3 结束语

总体而言，分号所表达的停顿比逗号长，但比句号短，它在书面语言表达中起着举足轻重的作用。分号不仅可以帮助我们清晰地表达出句子之间的逻辑关系，还能提升文章的连贯性和表达的准确性。因此，在写作过程中，作者应该充分认识到分号的重要性，并合理运用它来提升文章的质量。

对科技期刊英文编辑而言，在日常工作中需要做有心人，要有主动学习的意识，多关注文字表述的细节，除了本文所讨论的分号的使用情况外，还包括如英文摘要中数量的常用表达[5]、比较句型的写法[6]、动词名词化的使用[7]、编校常见问题的积累[8]等，通过不断提升科技论文中英文内容的精准表述，更好地向全世界传播交流我国的科学研究成果。

参 考 文 献

[1] 陈露.地质学期刊中文标点符号的配合及中英连接号误用辨析[J].今传媒,2024,32(5):66-69.
[2] 教育部语言文字信息管理司.标点符号用法:GB/T 15834—2011[S].北京:中国标准出版社,2011.
[3] 全国新闻出版标准化技术委员会.中文出版物夹用英文的编辑规范:CY/T 154—2017[S].北京:标准出版社, 2017.
[4] 学术论文中英文摘要撰写注意事项[J].临床与实验病理学杂志,2024,40(5):556.
[5] 魏莎莎,余党会.英文医学论文中数量的常用表达[M]//学报编辑论丛2022.上海:上海大学出版社,2022:210-215.
[6] 杨亚红,魏莎莎,惠朝阳,等.科技期刊英文摘要中比较句型的分析[M]//学报编辑论丛 2023.上海:上海大学出版社,2023:314-319.
[7] 杨亚红.学术论文英文摘要中的动词名词化及使用情况分析[M]//学报编辑论丛 2022.上海:上海大学出版社,2022:249-252.
[8] 杨亚红,余党会.我国医学期刊英文编校常见问题的初步分析[M]//学报编辑论丛 2023.上海:上海大学出版社,2023:297-303.

跨学科稿件的编审策略探讨

焦 爽

(中医杂志社，北京 100700)

摘要：科技期刊编辑应正视跨学科稿件可能存在的知识壁垒。一方面，编辑应在日常工作中对跨学科领域研究热点保持关注，编辑部也应针对跨学科稿件编审建立及时发现问题、分析问题、解决问题、总结问题的工作机制；另一方面，编辑应充分整合作者、编委会、其他领域研究者等学术资源，借助不同渠道挖掘跨学科审稿人资源，助力跨学科稿件编辑与评审的高质量、高效率进行；还应重点关注同行评议过程中可能产生的学术利益冲突和审稿偏倚。

关键词：跨学科；交叉学科；科技期刊；编辑；同行评议

随着科学技术的发展，学科划分越来越细，各学科研究也不断面临新的困境，需要借助多学科优势共同解决[1]。学科间的互动、交叉与融合已成为科学与技术发展的时代特征[2]。学科交叉是指不同学科研究人员打破单一学术领域的界限，对某一问题进行综合性研究，以解决难题，产生新的科学成果[3]。学科交叉点往往就是科学新的生长点，可能产生重大的科学突破；同时，交叉科学是综合性、跨学科的产物，有利于解决人类面临的重大复杂科学问题、社会问题和全球性问题[4-5]。2020年12月，国务院学位委员会、教育部发文，在原先13个学科门类基础上新设置"交叉学科"门类[6]。交叉学科是学科整体化的具体体现，进入数字化时代以来，学科壁垒逐渐被打破，学科界限进一步模糊，学科交叉成为常态[7]。可以预见，未来跨学科研究数量会持续增多，成果也会日益丰富。

期刊在促进信息传播和学术交流中具有重要作用。随着学科的交叉融合和随之形成的交叉学科的蓬勃发展，期刊将收到越来越多基于不同学科理论、方法、技术的跨学科稿件，给期刊同行评议带来了新的挑战[8]，期刊需要对交叉学科发展的方向有精准把握，适应学科发展需求，达到学科与期刊协同发展[9]。学科交叉融合也对出版教育和人才培养提出了新要求[10]，学科交叉融合背景下的出版人才培养任重道远[11]。笔者在工作中也深刻体会到，由于自身学科知识、专业背景的局限，行业期刊编辑在处理跨学科稿件时常面临困难。因此，本文通过总结行业期刊编辑处理跨学科稿件时的难点和问题，分析其背后的原因，在此基础上提出解决策略，为科技期刊编辑提高跨学科稿件编审质量和效率提供参考。

1 跨学科稿件的编审现状

1.1 稿件质量偏低

随着现代科学技术的飞速发展和新技术的不断涌现，学科间常常相互交叉、融合、渗透，甚至产生了许多新领域[12]。交叉学科和新学科的产生源于社会和科技发展的新需求，是行业关注的焦点[13]。然而，与跨学科研究蓬勃发展形成鲜明对比的是，目前大部分跨学科稿件质量偏低。有研究者通过分析指出，科技期刊在引领新兴交叉学科发展过程中，仍面临着低水平重复严重的困境和挑战[14]。

笔者在工作中发现，跨学科稿件主要包括以下两类问题：一是稿件中不同学科内容割裂或简单堆砌，未有机融合在一起，跨学科理论或方法联合应用的目的或优势也未进行说明，稿件结构不合理、逻辑不顺畅，学术价值和实践意义不明确；二是稿件中跨学科内容或方法的论述过于简单甚至一笔带过，或仅对跨学科常识性知识与方法进行泛泛介绍而忽略了对关键学术问题、理论、方法的深入阐释，稿件论述条理不清、主次不明、详略不当，无法发挥促进学术发展和学科融合的引领作用。跨学科稿件中的这些问题对稿件编审工作提出了更高的要求。

1.2 行业期刊编辑难以跨越知识壁垒

跨学科稿件往往同时涉及两个或两个以上学科的专业知识。目前行业期刊编辑多以本学科教育为专业背景，具有本学科较高专业素养。然而俗话说"隔行如隔山"，行业期刊编辑在处理跨学科稿件时常面对完全不了解的知识、方法、术语和符号。由于不同学科之间的知识壁垒，编辑无法对跨学科稿件的学术价值、水平进行准确判断，更无法高效地进行稿件的编辑加工。

以现阶段较受关注的中医人工智能研究为例，中医学和人工智能技术分属两个截然不同的学科，其理论基础、技术方法、专业架构都完全不同。且人工智能技术涉及的概念、术语、技术的专业性强，发展与更新迭代又快，非本行业人员理解其基本概念可能较为容易，但短时间掌握其具体方法与技术进展则非常困难。对于中医学期刊编辑来说，即便花费大量时间进行人工智能相关的文献检索与知识学习，处理中医人工智能相关稿件时仍可能感到无从下手。

1.3 同行评议质量和效率不高

稿件的学术质量离不开审稿人和编辑的共同把关。行业期刊审稿人多是本学科的专家，对本学科稿件评审起来游刃有余，但多数仍很难跨越学科的知识壁垒。跨学科稿件的新颖性和颠覆性带来很大不确定性，审稿人可能会受保守心态影响给予稿件偏低评价，也可能会习惯性地采用自己学科的思维方式和评价标准评判稿件，造成不准确评价[8]。还有研究者认为，跨学科稿件涉及的学科跨度大、兴起时间短、专业人员不多，造成了稿件评审困难，也进一步导致了退稿率较高[9]。

再以中医学为例，其包括中医学、中西医结合、中药学三个一级学科，其下又各设有诸多二级学科、三级学科。即使将研究主题限定为某一个特定疾病，仍可能涉及中医基础理论、中医诊断学、经络腧穴学等多个学科，其下又有临床研究、动物实验、细胞实验等不同方向，还常需要借鉴循证医学、流行病学、医学统计学等研究方法。同时，中医学具有人文特征和哲学属性，其与哲学等人文学科的交叉、融合又发展为新的跨学科领域。此外，随着中医现代化的发展，网络药理学方法、组学方法以及现代信息技术、人工智能技术等被广泛应用于中医学研究中。对于中医学科技期刊来说，即使拥有上千人的审稿团队，仍然不能完全涵盖所有细化的学科分类和新兴研究领域。因此，跨学科稿件找到专业领域相匹配的审稿人是很困难的。多数情况下，编辑只能将稿件送给本学科审稿人，而本学科审稿人则有可能出于对跨学科领域不熟悉而拒绝审稿，或审稿后无法提出有针对性、建设性的意见。另外值得注意的是，期刊常邀请 2 位以上的审稿人对同一篇稿件进行同行评议，审稿人意见不一致的情况经常发生，而跨学科稿件会放大这种现象[8]。由于上述各种原因，经过几轮稿件评审后编辑可能仍然无法获得具有参考价值的审稿意见，加大了稿件处理难度。

综合以上分析可见，跨学科稿件质量不佳和编审困难的问题较单一学科稿件更加突出，故而需要编辑为跨学科稿件编审制定有针对性的处理策略。

2 提高跨学科稿件编审质量的策略

2.1 提高编辑自主学习能力和主观能动性

期刊的发展离不开高质量的人才队伍，编辑是出版队伍的重要组成。行业期刊编辑在处理本学科稿件的工作过程中已积累了丰富经验。然而，跨学科稿件所涉及的知识结构多样且互相交叉、融合、转化，研究方法多元，且随着学科发展还会不断涌现新的跨学科领域和科学问题。如果行业期刊编辑在处理跨学科稿件时过度依赖既往经验则会陷入惯性思维或思维定式中，盲目、主观地对稿件进行判断[1]，而跨学科学习不仅指不同学科内容的整合，还包括跨学科思维的应用[15]。因此，行业期刊编辑处理跨学科稿件时应打破惯性思维，抱着学习的态度，要认识到自己工作的价值，增强主动学习的意愿，从心理层面提升学习的内驱力[16]。

在日常工作中，编辑应注重经验与资源的积累，对于可能与本专业形成交叉、融合的其他学科研究热点要保持关注，对相关专业的基本概念、基础方法、主要原理、实际应用、研究进展等应主动进行知识储备。除了传统的学术期刊和图书馆资源，编辑还可以利用互联网等现代科技手段拓展学术资源获取途径，如 Google 学术、ResearchGate 等查找最新研究成果；关注学术社交平台上的专家讨论和分享，如 Academia.edu 等；参与学术网站或博客提供的在线研讨会、讲座等活动，拓宽学术视野[17]。笔者在跨学科稿件的处理中也常应用 PubScholar 公益学术平台(https://pubscholar.cn/resource)，其是中国科学院建设的提供公益性平台，整合集成了中国科学院的科技成果资源、科技出版资源和学术交流资源，可帮助编辑获取跨学科知识、技术、研究团队信息。此外，紫东太初大模型开放平台是由中国科学院自动化研究所和武汉人工智能研究院推出新一代多模态大模型，支持多轮问答、文本创作、图像生成、3D 理解、信号分析等全面问答任务，注册后即可免费使用，可为编辑学习、理解、应用、判断跨学科问题时提供帮助。

2.2 尊重作者并与作者充分沟通

在同行评议前，编辑应对稿件有基本的了解和判断。若通过资料检索和文献学习后对稿件所述理论、所用方法等仍有疑问，可直接与作者沟通，以虚心的态度向作者询问："本领域我不太熟悉，这个问题您能否用更加通俗易懂的语言进行说明？"一般情况下，作者会积极做出解释。和作者的沟通一方面能为编辑处理稿件提供信息或线索，另一方面编辑也能更直接地感受到作者思路是否清晰、治学态度是否严谨，为编辑的下一步工作提供参考。与作者的沟通过程中，编辑应以协助作者更好地呈现学术成果为目的，保持谦虚的态度，和作者进行平等交流。

2.3 多种策略提高同行评议质量和效率

如前所述，一般情况下跨学科稿件较难匹配到完全合适的审稿人。因此，提高同行评议质量和效率，一方面要求编辑主动出击，采用多种渠道挖掘可能对稿件作出准确判断或给予有价值建议的专家，并邀请其进行稿件评审；还应对现有审稿专家库进行动态管理，严格把控送审稿件质量，注重学科建设管理并提供优质服务[18]。另一方面，编辑要做好同行评议的协助工作，在编辑初审时应重点进行学科判定、质量判定、审稿人判定，以提高稿件处理效率[19]；还应针对不同稿件的具体情况选择合适的同行评议模式，并为审稿人提供必要的信息和支持。同时，编辑还应特别注意跨学科稿件审稿偏倚的控制。结合笔者的工作体会，可从以下几个方面来提升跨学科稿件同行评议的质量和效率。

2.3.1 充分挖掘跨学科审稿人资源

(1) 请作者推荐。此方法利弊都较为突出。有利之处在于作者推荐的专家一般较为精准，多为对相关研究领域较为熟悉的专家。弊端在于可能产生潜在的学术不端行为。因目前使用双盲评审的编辑部较多，作者和审稿人互不知晓身份，可保护作者免受因身份招致的偏见和不公，也可防止审稿人的人情评价。而采纳作者推荐的审稿人进行该稿件评审则可能破坏双盲的保障机制，影响评审的客观性与公正性。因此，编辑如采纳了作者推荐的审稿人进行稿件评审，则还应邀请其他审稿人共同评审；如作者推荐的审稿人对该稿件给予了正面评价，编辑还应结合其他审稿人意见进行综合判断。另外，即使编辑不打算采纳作者推荐的审稿人进行该篇稿件的评审，也可要求每篇跨学科稿件作者推荐3~5位审稿人作为审稿人的储备资源，将来在其他跨学科稿件的评审中发挥作用。

(2) 从参考文献入手。参考文献为稿件论点、论据的支持性资料，与稿件内容直接相关。因此，稿件参考文献的作者很可能具备评审稿件的专业能力。而参考文献的作者背后还可能关联了强大的研究团队，能为寻找跨学科稿件审稿人提供线索。

(3) 借助多渠道检索手段。编辑可以通过检索数据库、基金委网站、研究机构网站等拓宽审稿人搜索范围。此外，编辑也应适当相关领域研究机构重构、专业设置等信息，因为组织机构和专业的设置正是根据相关学科交融的趋势确立的，可以直接帮助编辑了解相关学科发展情况，储备审稿人资源。

(4) 重视作者资源的转化。稿件能够体现作者的学术水平、逻辑思维能力、语言表达能力，也可从一定程度上反映作者是否具有相关领域稿件的评审能力。且稿件作者多为相关领域活跃研究者，接受审稿邀请的可能性也较大。对于具备较高专业水平和写作能力的作者，编辑可以在征得其同意后将稿件评审要求与其进行充分沟通，邀请其进行稿件的试评审。如试评审情况符合编辑部要求，可将该作者纳入审稿人数据库。尤其是对于跨学科、新兴学科稿件，因相关领域的审稿人很可能不足，在处理相应稿件时更要重视作者资源的转化与利用。

(5) 充分利用学术活动。一方面，要积极参加本专业的学术活动，通过学术活动挖掘活跃研究者，储备优质审稿人资源；另一方面，也应充分利用编辑领域的培训、会议、沙龙等，与其他行业期刊编辑建立联络。其他行业期刊编辑既具有各自学科专业知识，又了解同行评议的一般要求，在与其专业相关的跨学科稿件同行评议中具有优势。此外，他们对各自领域的专家也非常熟悉，能直接推荐具有同行评议经验的专家进行跨学科稿件的评审。因此，有需要时可以邀请其他行业期刊编辑作为跨学科稿件的审稿人，或由其他行业编辑推荐该领域的专家作为审稿人。

(6) 借助编委会力量。编委会成员大多为所属学科的权威学者及专家，其学术水平较高，又掌握大量学术资源，既可对稿件的学术价值和质量给予意见，又可推荐合适的审稿人。

2.3.2 选择合适的同行评议模式

有研究者[8]分析了同行评议不同模式对跨学科稿件评审的影响，并分别分析了单盲评审、双盲评审、开放评审、群体评审的优势与不足。结合笔者日常工作体会，认为以下两种方式较适用于跨学科稿件的评审。

第一种方式为分工合作形式。为了让审稿人有针对性地解决稿件中的具体问题，编辑可分别邀请不同专业、不同研究方向的专家对稿件进行评审。此时不同学科审稿人需要关注的内容和问题不同，因此编辑应向审稿人说明此次审稿的具体目的或需要回答的具体问题。

第二种方式为集体协作形式。为了对稿件进行综合、客观的评审，编辑可在同一时间段集中邀请多位专家对稿件提出各自的意见，并进行讨论。集体协作审稿具有审稿质量高、审稿速度快的优势，可纠正专家因专业知识和兴趣爱好局限而引起的审稿质量偏差，还可促进学术交流[20]。从跨学科稿件特点和审稿难点出发，集体审稿的方式可能更有利于专家深度沟通，高效决策。

以上两种方式，一种是"分"，强调分工、分科，一种是"合"，强调集中、合议。两种方式各有优势，编辑可考虑不同稿件的特点分别使用，也可以将这两种方式灵活地应用在同一篇稿件的不同评审阶段。

2.3.3 为审稿人提供支持

编辑应为同行评议做好准备工作，协助审稿人顺利完成同行评议。首先，在同行评议前，编辑应从结构框架、内容逻辑、文字表达、规范性等方面对稿件进行把关，如果发现稿件中存在可能影响审稿人阅读、理解稿件的问题，不利于同行评议顺利进行，则需先与作者沟通并进行必要的修改，解决相关问题后再提交审稿人评审，以保证同行评议的质量。其次，如果编辑对稿件中的内容有疑问需要审稿人帮助解答，或稿件有内容需要审稿人重点把关，编辑应向审稿人进行说明，请审稿人有针对性地进行稿件评审，以提高同行评议的效率。再次，当稿件评审需要参考其他辅助性资料，如具体研究数据、相关文献，以及图片、音频、视频等，编辑应全面整理后一并提交审稿人，为同行评议提供参考。最后，如审稿人在同行评议过程中需要编辑协助，编辑应积极协助审稿人与作者沟通、补充参考资料等。

2.3.4 重视审稿偏倚

有研究者分析了医学稿件中常见的审稿偏倚，发现内容偏倚、保守偏倚、利益冲突偏倚是最常见的审稿偏倚[21]。内容偏倚是指审稿人对稿件内容的偏好或反对；保守偏倚是指审稿人对创新性研究的排斥和否定带来的偏倚，即审稿人出于自身认识的局限对较为超前或颠覆传统的稿件持主观否定的态度[21]。与单一学科稿件相比，内容偏倚和保守偏倚在跨学科稿件的同行评议过程中更为常见，审稿人很可能由于无法理解其学术价值而给出退稿的意见。此外，由于跨学科审稿人本就较少，审稿人和作者之间存在潜在学术利益冲突或利益相关的可能性更大，审稿人可能出于利益冲突或利益相关而给予不客观的审稿意见。因此，编辑更应关注跨学科稿件可能存在的审稿偏倚，综合各方面信息进行分析判断。

另需注意的是，虽然跨学科稿件涉及不同学科的知识与方法，但大多是主要学科与辅助学科的关系，辅助学科服务于主要学科。这就要求编辑充分认识跨学科稿件的属性，有所侧重地邀请不同领域审稿人进行稿件评审，并在主要学科审稿人意见的基础上，有机地结合辅助学科审稿人意见,而不是不分主次地采纳审稿意见。

2.4 编辑部建立工作流程与机制

包括跨学科专家在内的审稿人团队建设、管理与维护是编辑的一项重要工作,需要日积月累、长期不懈地坚持。以中医类综合期刊《中医杂志》为例,作为本行业创刊最早、影响力最强的期刊之一,《中医杂志》曾于2013年组织多学科专家就"中医药如何进行多学科交叉研究"进行了座谈,认为中医多学科研究领域已涉及哲学、时间生物学、心理学、系统论、控制论、信息论、天文学、数学、热力学、地质学及物候学等学科,并已创建了一批中医学与其他学科交叉结合的新兴分支学科,取得了丰硕成果[22]。作为行业引领期刊,《中医杂志》发表了一系列跨学科研究的论文,包括中医的跨学科思考[23]、学科交叉建设路径[24]、跨学科研究模式[25]、跨学科研究方法的应用[26]等。在跨学科论文的编辑过程中,编辑和不同领域的专家交流合作、协同创新,同时编辑部将跨学科审稿人团队建设、管理与维护工作常态化、流程化,编辑建立了及时发现问题、分析问题、解决问题、总结问题的工作习惯,并形成通过工作例会等形式进行问题讨论与成功经验分享的工作机制。以上举措提高了《中医杂志》跨学科稿件的编审质量和效率,使期刊成为不同学科研究者的学术交流平台,为不同学科的交叉、渗透提供条件,促进学科交叉融合和创新成果的转化。

3 结束语

学科的交叉、整合、渗透与协调发展是当今科技发展的必然趋势,是增强科技创新的重要途径,也是推动学科可持续发展的手段。期刊是国家创新体系中重要的组成部分,应发挥其传播科技创新、引领科研方向的社会功能,为科技创新、学科交叉发展起到导向的作用,不仅要引导科学向纵深发展,而且要支持横向的跨学科交融、渗透[27]。本文对跨学科稿件的编审现状和存在的问题进行了分析,认为提高跨学科稿件编审质量和效率需要编辑提升自主学习能力和主观能动性。在日常工作中,编辑应采用多渠道挖掘、积累跨学科学术资源,为跨学科稿件的编审工作做好准备;在处理跨学科稿件时,编辑应与作者充分沟通,并以多种方式协助审稿人高质量、高效率地完成同行评议。

参 考 文 献

[1] 吴彬,贾建敏,丁敏娇,等.学科交叉背景下的科技期刊建设[J].编辑学报,2015,27(1):64-66.
[2] 侯海燕,王亚杰,梁国强,等.基于期刊学科分类的学科交叉特征识别方法:以生物医学工程领域为例[J].中国科技期刊研究,2017,28(4):350-357.
[3] 刘献君.学科交叉是建设世界一流学科的重要途径[J].高校教育管理,2020,14(1):1-7,28.
[4] 路甬祥.学科交叉与交叉科学的意义[J].中国科学院院刊,2005,20(1):58-60.
[5] 刘志远.学科交叉背景下综合类科技期刊发展策略:《科技导报》办刊实践分析[J].中国科技期刊研究,2017,28(3):282-285.
[6] 国务院学位委员会,教育部.国务院学位委员会教育部关于设置"交叉学科"门类、"集成电路科学与工程"和"国家安全学"一级学科的通知[EB/OL].(2020-12-30)[2023-07-10].https://www.gov.cn/xinwen/2021-01/14/content_5579799.htm.
[7] 接潇,吴恒璟,巩倩,等.高校综合性医学期刊现状、作用及发展对策[M]//学报编辑论丛2022.上海:上海大学出版社,2022:93-97.

[8] 盛怡瑾,李安然,王宝济.论学科交叉融合对科技期刊同行评议的影响[J].编辑学报,2022,34(1):31-37.
[9] 魏志鹏.在学科交叉发展律动中探寻专业学术期刊服务学科的增长点[J].图书情报知识,2020(5):202-204.
[10] 方卿.守正创新:学科交叉融合背景下的出版人才培养[J].科技与出版,2023(1):6-11.
[11] 万安伦,黄一玫.学科交叉融合背景下的出版人才培养:历史、困境、路径[J].科技与出版,2023(1):22-30.
[12] 徐燕,段玉婷,高金梅,等.传统工科专业期刊瞄准交叉学科前沿选题策划的探索与思考:以《空气动力学学报》为例[J].编辑学报,2022,34(6):686-690,695.
[13] 吴娜达,高晓欣.学科交融形势下行业科技期刊运营模式研究[J].科技与出版,2014(6):53-55.
[14] 刘颖,姜红,季景玉,等.科技期刊引领新兴交叉学科发展模式探究:以我国中医药类期刊与网络药理学互动发展为例[J].编辑学报,2020,32(2):212-215.
[15] 万昆.跨学科学习的内涵特征与设计实施:以信息科技课程为例[J].天津师范大学学报(基础教育版),2022,23(5):59-64.
[16] 李丽妍.交叉学科类期刊编辑的胜任力分析及培养[M]//学报编辑论丛 2022.上海:上海大学出版社,2022:356-360.
[17] 张予澍.学者型编辑的角色定位与能力提升[J].文化产业,2024(23):82-84.
[18] 黄月薪.学术编辑在建设科技期刊优秀审稿专家团队中的作用:以《实用医学杂志》为例[M]//学报编辑论丛 2023.上海:上海大学出版社,2023:311-315.
[19] 刘小杰.交叉学科稿件的初审判定[M]//学报编辑论丛 2005.2005:119-122.
[20] 谈黎红.改进专家审稿方式提升刊物学术质量[J].编辑学报,2014,26(6):567-569.
[21] 吴菲,孙琴.医学论文常见审稿偏倚及避免建议[J].编辑学报,2023,35(2):165-169.
[22] 本刊讯.中医多学科研究专家座谈会举行[J].中医杂志,2014,55(2):140.
[23] 杨奕望,李文彦."跨界思维"与中医的跨学科思考[J].中医杂志,2013,54(23):1986-1988.
[24] 尚丽丽,陈明.中医药学科交叉建设路径探讨[J].中医杂志,2021,62(13):1105-1108.
[25] 王怀玉,赵彤,王济,等.中医药跨学科交叉研究模式探讨:以痰湿体质血脂异常未病状态的客观表征为例[J].中医杂志,2024,65(6):553-556.
[26] 刘福栋,姜晓晨,王桂彬,等.机器学习方法在中医学传承研究中的应用及思考[J].中医杂志,2022,63(8):720-724,738.
[27] 刘伦刚.营造问题导向的研究环境搭建学科交叉的创新平台[J].中国科技期刊研究,2012,23(2):171-176.

学术期刊古籍文献引用常见错例分析及应对策略

姚赟契

(上海体育大学期刊中心，上海 200438)

摘要：基于编校工作实践，对学术期刊古籍文献引用中的典型错例进行归纳整理，分析常见差错，并提出减少差错、提升文章与编校质量的应对策略。认为：引用古籍文献时最常见的错误是文字性差错，包括错字、缺漏、顺序颠倒等，其他引用中的不规范现象还包括引文与出处不符、产生歧义、古人名号混用、不必要的转引、缺乏必要的断句、书名、篇名格式不统一等。对此，编辑应将复核古籍引文作为一项重要的工作内容，选取经典版本、逐字核对原文、打好古文功底、增强文献检索能力；此外，进一步加强古籍文献数据库建设与共享，提升可获得性和检索效能。

关键词：学术期刊；古籍；引用；引文；编校

中华文化源远流长、博大精深，丰富的文献在中华文化的传承与延续中起到了重要作用，为我们表达思想、陈述观点提供了丰富的素材，也可增强文本的表达力与可读性[1]。学术期刊尤其是人文社科类学术期刊中的文史类、古代哲学类文章，或是研究对象涉及古代人物、事件、文化等的文章，作者需要引用古籍文献中的原文、观点、知识等内容对自己的文章内容进行说明、论证，因此这类文章大多涉及古籍文献的引用问题。引文的质量可反映文章的质量和作者的文献功底，其客观性、科学性、公信力直接决定了其所服务的学术观点是否具有学理性[2]，所以引文是衡量文章质量高低的重要因素之一。

通常在稿件编校过程中，编辑会将注意力主要集中于正文的字词句差错上，对于引文的重视程度相对较低，而部分作者着意于资料的选裁和观点的创新，对于引文的核实也有所松懈。在编校实践中发现，学术论文在古籍文献引用过程中会产生各种问题，包括文字错漏、标点不符、文意误读等，甚至成为文章差错的"重灾区"，为编校工作造成了一定的困难。究其原因，包括作者对于引文的不重视，或是所引版本差异、转引二手文献，或是由于学力有限对古籍文献的理解有误等。此外，古籍文献使用的繁体字、缺乏句读、时常出现的异体字等现象也导致引用时易产生差错。可见，虽然引文强调客观性，但在实际引用过程中，作者的主观性发挥了较大的作用，而引文差错不仅会降低文章的整体质量，还会影响经典文化的传播与传承，因此，应引起我们的重视，尤其是在编校过程中，应尽可能地进行修正，杜绝此类差错。本文基于编校工作实践，通过对典型错例的归纳整理，分析常见差错，并提出减少

基金项目：上海市高校科技期刊研究基金(SHGX2024B12)；科技期刊数字出版及全流程管理重点实验室开放基金课题(syskt2024-48)

差错、提升文章与编校质量的应对策略。

1 古籍文献引用中的文字性错例

引用古籍文献时最常见的错误是文字性差错，包括错字、缺漏、顺序颠倒，以及书名与篇名差错等。

1.1 错字

由于古籍文献多使用繁体字，作者在将其转换为简体字时，较易混淆字形相近的文字，尤其是部分异体字，多种异体字对应一个简体字，较难准确分辨，或是由于电脑输入法的原因，错误输入音近字。例如：

"器械不利，以卒于敌"(戚继光《练兵实纪》)。此处的"于"应为"予"，意为"给予"，意思是，如果器械不利，等于是把士兵送给敌人消灭。"于"与"予"为音近字，但意思完全不同。

"孟子认为，只有'吊民伐战'才是仁义之战，当天下无道时，'替天行道'的武装暴动也是义。"此处的"吊民伐战"应为"吊民伐罪"。《孟子·滕文公下》："诛其罪，吊其民，如时雨降，民大悦。"后人将其转化为"吊民伐罪"，形容慰问受苦的人民，讨伐有罪的统治者。如："丞相兴仁义之兵，吊民伐罪，官渡一战，破袁绍百万之众。"(明·罗贯中《三国演义》第三十一回)"吊民伐罪，积后己之情。"(《宋书·索虏传》)作者此处的引用错误可能由于两个字有音近的关系，但也反映出其对文意并未完全理解。

"苏较书者，好酒，唱《望江南》"(杜光庭《录异记》)。此处的"较"应为"校"，两者为形近、音近字，"校书"为古代官职，即掌校理典籍的官员。若对古代常见官职名称有所了解，应可避免此类差错。

"违疆凌弱，非勇也"(《左传·定公四年》)。此处的"疆"应为"强"，"强"的异体字之一为"彊"，与"疆"形近，作者在转换时将其混淆。"违强凌弱"意为避开强者，欺凌弱者，"强"与"弱"是一组对应的反义词。同一作者在另一条引文"故子贡一出，存鲁，乱齐，破吴，彊晋而霸越"(司马迁《史记》)中，直接使用了这个异体字"彊"，也是不规范的，应该为"强"，说明作者对古籍文献中"强"字的变体尚未把握。又如，"《酧韩校书愈打球歌》"，此处的"酧"应为"酬"，其同样也是"酬"的异体字，在转换时不应再使用异体字。

"亲乘马射虎于交亭"(陈寿《三国志·吴书》)。此处的"交"应为"庱"，"庱亭"为古地名，在今江苏省丹阳市。"交"与"庱"的字形有相似之处，作者可能误将"交"视作"庱"的简体字，实则二者完全不同。

1.2 文字缺漏与颠倒

在引用古籍文献时，文字(包括标点符号)的缺漏与颠倒也是常见差错。例如："天下有道，则礼乐征伐自天子出；天下无道，则礼乐自诸侯出。"(《论语·季氏》)此处"则礼乐自诸侯出"应为"则礼乐征伐自诸侯出"，文字缺漏导致文意改变，而且与前文明显的对应关系也被改变。又如："乡射者古大夫之射礼也。射以观德，由兹选士其义广矣。是故圣王务之其为礼也。"(王廷相《王氏家藏集》)原文应为："乡射礼者，古大夫士之射礼也。……故曰：射以观德。由兹选士，其义广矣，是故圣王务之。其为礼也……"作者所引存在文字缺漏，"乡射"应为"乡射礼"，缺了"故曰"使句意之间缺乏联系。而"是故圣王务之其为礼也"更是将两句话合并在一起，完全改变了原有的文意，使得句子不通。

此外，相似的词句组合也易被混淆。例如，"用之于礼义则顺治，用之于战胜则无敌"，原文应为"用之于战胜则无敌，用之于礼义则顺治"，颠倒文字顺序会改变原文的递进关系。又如，《封氏见闻记》应为《封氏闻见记》，这类细微的差错极易被作者忽视，也为编校工作增加了一定的难度。

1.3 书名、篇名差错

对于《论语》这类常见古籍文献的引用，许多作者会在书名之后标注篇名，但由于未完全核实原文等原因，经常产生篇名标注的错误。例如，"君子以义为上，君子有勇无义为乱，小人有勇无义为盗"，作者在这句引文后标注"《论语·为政》"，而实际上这句引文并非出自《论语》的"为政篇"，而是出自"阳货篇"。又如："不知命，无以为君子也"(《论语·尧日》)，此处的"尧日"应为"尧曰"。

此外，一些读音、字义相近的字词出现在书名、篇名中时，也经常被错误使用。例如，《史记索隐》并非《史记索引》，《三国志·蜀书》并非《三国志·蜀志》，《练兵实纪》并非《练兵实记》等。

2 古籍文献引用中的不规范

2.1 引文与出处不符，产生歧义

在编校实践中，在核查引文出处时常发现，引文与所标注的出处不符。例如，"荀子同样赞成庄蹻的起义暴动，说'起义也使得'(《荀子·不苟》)"。核查《荀子·不苟》后，并未发现"起义也使得"这句话，作者此处的引用不规范，意思表达也不明确。经与作者沟通后，修改为："荀子也认可盗跖，'盗跖吟口，名声若日月，与舜、禹俱传而不息'(《荀子·不苟》)，并将起义的楚国庄蹻与齐国的田单、秦国的卫鞅、燕国的缪虮并列为'世俗所谓善用兵者'《荀子·议兵》。"修改后，引文与出处可一一对应，文意表达也更为完整、通顺。

又如，作者在行文中虽没有语病，但不经意的某些文字表述，容易产生歧义，使得文字内容不符合历史事实。"清末素称侠义的'大刀'王五、'通臂猿'刘七与谭嗣同即为以信相合的朋友，面对清末内忧外患的'千年未有之大变局'，相约投身变法维新和抗击异族入侵的义和团运动，最终成就忠义'大信'。"这段话可以理解为，王五、刘七、谭嗣同相约投身变法维新和义和团运动，而事实上，谭嗣同死于维新变法，并未参加其后的义和团运动。经与作者沟通后，修改为："清末素称侠义的'大刀'王五、'通臂猿'刘七与谭嗣同即为以信相合的朋友，面对清末内忧外患的'千年未有之大变局'，或投身变法维新，或参加抗击异族入侵的义和团运动，最终都成就忠义'大信'。"如此便不会再有与史实不符的歧义。

2.2 古人名号混用

古人与今人不同，大多除了名之外，还有字、号等。有些古人的名较常被使用，有些则是字或号更广为人知。例如，王守仁，字伯安，号阳明，又号乐山居士，明代著名思想家，创立了"阳明心学"，因而今人更多地以"王阳明"称呼他。然而，如果在同一篇文章中，在引用其观点时，将"王守仁"与"王阳明"混用，容易使不知原委的读者产生误解，误以为这是两个人。

在编校实践中还发现，作者将古人的名、字、号混用，除了因为转引时未统一表述外，还有一部分是因为所引内容对应的古籍文献中使用了不同的名、字、号。例如，明末清初的"江南大儒"陆世仪，字道威，号刚斋，晚又号桴亭，世称桴亭先生。作者在引用《陆桴亭思辨录辑要》《桴亭先生文集》等文献中的原文时，称其为"陆桴亭""桴亭先生"，但在其他表述中称其为"陆世仪"，虽然与所引文献可以对应，但也容易给读者造成困扰。

针对这类问题，建议在行文中统一使用古人的"名"，而不是字或号，如字、号特别有名，可以在文中第一次出现时用括号标注，如王守仁(阳明)、陆世仪(桴亭)，其后仍统一使用"名"。

2.3 不必要的转引

对于一些常见的古籍文献，可能被历代诸多文献所提及，对此，应尽可能标注其原始出处，而非使用转引。例如，有子曰，"礼之用，和为贵"。作者在其后标注的出处为"《陆桴亭思辨录辑要》卷二十一《治平类·礼》"，诚然，作者确实在该文献中获取了该句引文，但此处上下文并未专门讨论"陆桴亭"的观点，而这句话出自《论语·学而》，属于较为常见的古籍文献，因此仅需标注"《论语·学而》"即可，减少不必要的转引可使读者更准确地获取信息、理解文意。

2.4 单字上移缺乏必要的断句

原始古籍文献大多并无句读，现有版本中的标点符号为后人依据文意而添加，更符合现代阅读习惯，便于现代读者理解。在引用古籍文献时，应根据权威版本，使用正确的标点符号。目前，除了错误使用标点符号等差错外，还有一种常见的不规范现象，就是缺乏必要的断句，使得文意不易被理解。例如，作者引用宋仁宗赵祯为《武经总要》所撰的题叙："用兵贵乎有纪尚节制也，夫前王用兵盖不得已。"这句话的意思初看不易理解，核对商务印书馆 2017 年出版的《武经总要》发现，原文应为："用兵贵乎有纪，尚节制也，夫前王用兵，盖不得已。"作者引用时缺少了两个逗号，加上断句后，文意明显顺畅了。

2.5 书名、篇名格式不统一

古籍文献除了书名外，内部大多还有次级分类，如篇名、章节名等，部分还会添加序号。在引用时，应尽可能保持全文的格式统一。例如，《论语·雍也第六》《论语·雍也篇》可统一为《论语·雍也》；对于《三国志》这类长篇巨制，建议具体到次级分类，以便于读者查询，如《三国志·蜀书·刘封传》。

3 古籍文献引用差错的应对策略

党的十八大以来，以习近平同志为核心的党中央高度重视中华优秀传统文化的传承和发展，指出要"让收藏在博物馆里的文物、陈列在广阔大地上的遗产、书写在古籍里的文字都活起来"。2022 年 4 月国务院发布《关于推进新时代古籍工作的意见》，古籍工作再一次被提升至战略高度。在中华优秀传统文化的传承与发展过程中，严谨的编校工作是对古籍文献及其文化价值的有力保护，针对上述古籍文献引用的常见问题，编辑应将复核古籍引文作为一项重要的工作内容，对文章进行二次把关。此外，加强古籍文献数据库的建设与共享，提升可获得性和检索效能，也有助于提升编校工作效率，减少相应差错。

3.1 选取经典版本，逐字核对原文

按照出版规范，凡是加有引号的引文，从文字到标点符号要始终与原著(出处)保持一致，必须完整、准确地表达原意，不能断章取义、歪曲原意[3]。在对引文的编校过程中，编辑应将古籍引文与原文进行逐字比对、核查，避免出现错字、漏字、多字、标点符号误用、错位等差错。如果引文数量众多，可以让作者提供引文原件，或者抽核引文，挑取错误并进行归类后，交由作者依照类型全稿排查[2]。

在核查工作中，应选取权威的古籍版本。古籍文献在内容上存在原始版本、原始版本的古人注释本、原始版本的今人注释本，在形式上存在影印本、刻本、抄本等差异，使之更可

能存在错讹、脱漏、衍文、倒文等现象，需要编辑有校对意识，辨异同，择善从[1]。同时，不同的版本并非一定非此即彼，异文也很正常。对此，首先应确认作者选取的是否为权威版本，如是，将引文与该版本中的原文进行比对、修订；如不是，选择学术界公认的权威版本(如中华书局、商务印书馆、上海古籍出版社等权威机构出版的书籍)进行比对，如发现不符，与作者沟通是否改选权威版本并对文字进行修订，因为如果所引版本本身存在问题，将会"以讹传讹"；如果确有不同的权威版本且存在异文，应标明具体的版本，保留原始依据。需要特别注意的是，如果发现作者标注的出处中未查到该引文，或是引用同一出处文献时，引文的内容或行文风格有明显差异，说明此处极有可能是转引，应与作者沟通，尽量从古籍原文中摘录引文。如果转引他人文章中的引文实在无法复核古籍原文，应注明转引并标注清楚文章出处，以便于其他人核对引文，这也是对引文作者署名权的尊重[4]。

3.2 打好古文功底，增强文献检索能力

由于学术期刊论文具有较强的专业性、学术性和文化性，对编辑的编校能力要求较高，尤其涉及古籍文献引用问题时，更需要编辑具备较强的古文功底和良好的学术素养。首先，编辑应熟练掌握繁简字的转换，了解古文中通假字、避讳字、虚词的使用，熟悉典型句式，具备较强的古文阅读能力[5]。其次，对于本刊物涉及的主要研究领域的古籍文献具备一定的基础知识，包括代表性学者、著作、历史事件等，并对此类文献的经典版本具有一定的认知。例如，上述错例中，"是故圣王务之其为礼也"明显不符合古文常用句式；"校书""廄亭"这类差错，属于缺乏相应的古代文化常识，且存在随意进行繁简字转换的可能。

学术期刊编辑在对古籍引文的核查过程中需要查阅大量的文献资料，核对版本和原文等。然而在实际工作中，很多珍稀、绝版文献被收藏于博物馆和图书馆，难以随时借阅，有时查找一个词条、核对一个人名就需耗费大量时间。随着互联网技术的迅猛发展，数据库开发、数字图书馆建设及纸书数字化等古籍数字化发展取得了丰硕成果，这为编辑查阅资料提供了极大的便利。编辑在借助各类传统古籍工具书之外，还可利用各种在线检索工具，如读秀学术搜索平台、古籍数据库、报刊数据库、中国国家图书馆网站等，通过检索电子文献资源提高工作效率和准确性。

3.3 加强古籍文献数据库建设与共享，提升可获得性和检索效能

数字人文时代，大数据、深度学习等新兴技术的快速发展为古籍文献数据库建设提供了强劲动力。为了实现古籍文献的"活化"与数据资源的增值[6]，应进一步加强古籍文献数据库的建设与共享，包括保证古籍信息质量与权威性，注重收书内容全面性，增强古籍内容完整度，完善著录体例及检索字段，提高版本著录的全面性和完整性，简化访问、下载、安装过程，实现平台共享，扩大开放程度等[7]，由此全面提升古籍文献的可获得性和检索效能。此外，各学科领域应在划定学科古籍文献范围的前提下，有效组建跨学科学术团队，结合本学科古籍文献的特点，加强学科古籍文献的深度整理出版和数据库建设。

4 结束语

为了保障期刊质量，编辑在编校过程中应对内容的意识形态把关、对引文的正误进行核查、对行文语句进行修改、对全文体例进行统一等，这些工作对期刊质量的提升具有决定性作用[3]，而其中，对引文尤其是古籍文献引文的核查往往被忽视，或因编辑自身能力有限而未能有效完成。这就需要编辑一方面时刻保持科学严谨的工作态度，提高对古籍文献引用问题

的重视程度，认识到引文构成论据、支撑观点的重要性和严谨性；另一方面，保持探索进取、刻苦钻研的精神，不断学习以提升自身的古文功底和学术素养，使自己具有对文字敏感的"慧眼"，并成为一名知识广博的"杂家"。此外，在中华文化的传播与传承过程中，古籍文献本身具有巨大的文化价值，严谨的编校工作是对其文献与文化价值的保护，同时也是提升期刊质量的有力保障。

参 考 文 献

[1] 姜栋栋.窥见"文献"的精髓："引古"问题的几点编校小记[J].采写编,2024(5):72-74
[2] 袁雨帆.古籍类图书中常见引文错误类型及应对策略[J].传媒论坛,2021,4(18):87-88
[3] 黄篆兰.书稿中古文典籍引文的查核[J].河池学院学报,2022,42(2):117-122
[4] 王彩红.学术期刊古籍引文存在的问题[J].新闻爱好者,2011(8):110-111
[5] 范高强.论古籍编辑应具备的文化素养[J].出版科学,2016,24(4):43-45
[6] 王晓光,梁梦丽,侯西龙,等.文化遗产智能计算的肇始与趋势:欧洲时光机案例分析[J].中国图书馆学报,2022,48(1):62-76
[7] 王梦怡.古籍数据库建设策略研究[J].科技资讯,2023,21(1):200-203

医学期刊发表专家共识的规范化著录因素分析及对策建议

陈 波，张 敏，国 荣，卓选鹏

(西安交通大学期刊中心《西安交通大学学报(医学版)》编辑部，陕西 西安 710061)

摘要：专家共识是医学期刊的常见文献类别，近年来发文量逐年上升，受到广泛关注。对于专家共识的撰写和报告，相关专业组织和机构制订了一些规范，但医学期刊在执行上还存在不到位的情况。从编辑出版的角度出发，专家共识行文结构和相关信息(尤其是摘要、关键词、中图分类号和文献标志码)的著录尚未形成统一规范。本文从专业规范和编辑出版规范视角归纳了专家共识规范化著录的因素，通过文献计量学方法探究专家共识规范化著录的现状，并分析了著录不规范的深层原因，对进一步规范专家共识的著录提出了对策建议。

关键词：医学期刊；专家共识；规范化著录

专家共识是指多个学科专家代表组成团队，针对具体临床问题的诊疗方案达成的共识[1]。专家共识不同于临床实践指南，它是一种质量和影响力低于指南的行业指导文件，在科学性、透明性和可靠性方面不如临床实践指南。但专家共识同样对制订者和发布方、周期、过程和涵盖范围有专业要求，因而具有专业性和指导性[2]。作为医学领域的指导性文件，专家共识得到越来越多关注，公众对其也抱有更高期待。发表专家共识可以提升期刊影响力，近年来专家共识的发文量呈逐年上升趋势，但医学期刊发表专家共识的质量却良莠不齐[3-4]。质量不高的专家共识，不仅对临床诊疗没有指导价值，甚至会误导相关医护工作者，最终损害患者健康安全。因此，加强对专家共识的质量把关显得尤为重要。

提升专家共识质量的前提是保证其著录的规范性，而规范化著录的前提是明确要求著录的结构和信息因素。一方面，由学科和临床专家牵头的组织和机构制订了系列规范文件，对专家共识的学术性、专业性著录因素做出了明确规定。如2017年陈耀龙牵头的专家组研发了医学实践指南报告规范(RIGHT)，为指南共识的撰写提供了报告标准[5]。2018年王吉耀教授团队研发了"中国临床实践指南评价体系"(AGREE-China)，为中国指南的制订提供了参考标准[6]；另一方面，国家标准、部门规范和行业规范对学术论文撰写的相关著录要求也可在制订专家共识时被借鉴。如《学术论文编写规则》(GB/T 7713.2—2022)对论文摘要和关键词的著录做出了规定，国家新闻出版署发布的《中国学术期刊(光盘版)检索与评价数据规范》(CAJ-CD B/T 1

基金项目：陕西省科协2024年度科技期刊项目—卓越科技期刊培育建设项目；西安交通大学期刊中心期刊高质量发展研究项目(QK2022009)

通信作者：卓选鹏，E-mail:zhuoxuanpeng@126.com

—2006)对中图分类号、文献标志码的著录做出了规定，2008年修订的《中华医学会系列杂志编排规范》对医学期刊论文编排格式做了规范。

当前关于专家共识的撰写和报告规范还在不断修订和更新，尽管有了专业规范和编辑出版规范做参照，医学期刊对规范的执行仍有不到位之处。总结分析当前专家共识规范化著录存在的问题并深究其背后原因具有重要意义。本文从专业规范和编辑出版规范的角度出发，对专家共识的规范化著录因素进行分析，并通过文献计量学分析了当前医学期刊发表专家共识的规范化著录现状，提出了进一步提升著录规范化水平的对策建议。

1 专业规范和编辑出版规范：专家共识的规范化著录因素

1.1 专业规范中专家共识的规范化著录因素

近年来针对专家共识的制订发布了系列规范文件。最主要的参考规范有RIGHT[5]、指南研究与评价工具(AGREE)及其扩展版(AGREEII)、AGREE-China[6]等。这些规范基本涵盖了指南/共识主要的规范化著录因素。如RIHGT规定了7个领域共22个条目[5]；AGREE-China规定了5个领域共15个条目[6]；国际指南联盟(G-I-N)指出成立指南小组的必要性，提出了PICO(P：人群/患者，I：干预措施，C：对照/比较，O：结局指标)和推荐分级的评价、制定与评估(GRADE)标准等因素[6]。2022年，医学研究和期刊透明化生态系统(TERM)工作组又发布了高质量指南应该考虑的10个方面[3,7]。归纳以上规范中提出的规范化著录因素，主要有：系统综述、指南注册、指南计划书、指南工作组、资助/利益相关者、利益冲突、临床问题、证据/GRADE、共识方法、推荐意见、科学性/严谨性、有效性、安全性、经济性、可及性、系统评价、指南报告、外部评审等。

1.2 编辑出版规范中专家共识的规范化著录因素

当前医学期刊学术论文的撰写需遵循一些编辑出版规范，如《标准化工作导则·第1部分·标准化文件的结构和起草规则》(GB/T 1.1—2020)、《学术论文编写规则》(GB/T 7713.2—2022)等国家标准，《中国学术期刊(光盘版)检索与评价数据规范》(CAJ-CD B/T 1—2006)等部门规范，还有《中华医学会系列杂志编排规范》等行业规范。从这些规范中可归纳出一些规范化著录因素，如摘要、关键词、中图分类号、文献标志码、数字对象唯一标识符(DOI)等。《学术论文编写规则》(GB/T 7713.2—2022)中提到，"论文应有摘要……论文应有关键词"；《中国学术期刊(光盘版)检索与评价数据规范》(CAJ-CD B/T 1—2006)规定每篇文章或资料都应根据其内容性质标识一个文献标志码，"具有文献标志码的文章应标注分类号"，并提出"文章总篇数，为发表在本期中具有文献标志码的文章的总和，据此计算载文量"；2020年起，中华医学会杂志社旗下系列期刊DOI后缀统一由期刊CN号和稿号组成，以避免提前发表时无法确定期号的问题。

2 医学期刊专家共识的规范化著录现状

2.1 研究对象

在知网以篇名"专家共识"进行检索(检索时间：2024-06-25)，以发表时间为序将前200篇论文作为研究对象，通过纳排标准进行筛选，最终纳入170篇(图1)。纳入标准：在医学学术期刊发表的专家共识。排除标准：①非医学学科；②非学术期刊；③非专家共识；④网络首发与正式刊发重复。

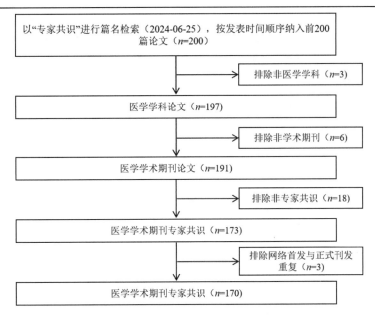

图 1　医学期刊专家共识筛选流程图

2.2 专业规范视角下的规范化著录现状

2.2.1 一些因素基本著录完整

170篇专家共识中,有一些结构和信息因素基本著录完整。如系统综述的有170篇(100%),有临床问题的166篇(97.6%),明确了指南工作组的166篇(97.6%)。说明这些因素是专家共识最基本的特征,一般不会被学科专家和期刊编辑忽视掉。

2.2.2 一些因素著录缺如较多

170篇专家共识中,有一些结构和信息因素的著录缺如较多。如经过中华中医药学会标准化办公室立项并最终通过审查发布的有8篇(4.7%),在国际实践指南注册与透明化平台(http://www.guidelines-registry.cn)完成中英文注册的有19篇(11.2%),归纳出临床问题清单的有21篇(12.4%),有指南计划书(方案)的2篇(1.2%),明确了PICO问题的12篇(7.1%),说明了有效性的22篇(12.9%),说明了安全性(含禁忌证、并发症或不良反应)的47篇(27.6%),说明了经济性的7篇(4.1%),说明了可及性的4篇(2.4%),采用了系统评价的8篇(4.7%),标明了传播、发布、实施和更新说明的18篇(10.6%)。说明这些因素往往易被专家工作组忽视,值得引起高度重视。

2.2.3 利益关系应更加透明

专家共识作为指导性文件,其公正性和独立性至关重要,标注清楚利益关系是必要的。在170篇专家共识中,注明受到基金项目资助的有85篇(50.0%),有致谢的7篇(4.1%),标明了利益冲突的103篇(60.6%)。可见,利益关系还存在不透明的情况,应当给予更多重视。

2.2.4 共识方法需更为具体

共识方法阐释了专家共识制订和修订的人员、原则、方法和过程,是评判专家共识规范和质量的重要标准。在170篇专家共识中,提到了共识方法的有99篇(58.2%),明确了适用人群或应用范围的51篇(30.0%),明确了证据等级(含GRADE、牛津循证医学中心证据等级)的54篇(31.8%),有推荐意见(含推荐等级)的85篇(50.0%),开展了调研(含问卷、访谈和讨论)的

54 篇(31.8%),进行了文献检索(含质量评价)的 95 篇(55.9%),采用了函询或投票方法(含德尔菲法、名义组法、李克特量表法)的 50 篇(29.4%),采用了线下讨论的 45 篇(26.5%),标注了共识水平的 23 篇(13.5%),经过了外部评审的 22 篇(12.9%)。可见,专家共识的共识方法著录不够规范,应更为具体。

2.3 编辑出版规范视角下的规范化著录现状

2.3.1 结构和信息因素的著录存在缺如

在纳入的 170 篇专家共识中,著录了摘要、关键词、中图分类号、文献标志码和 DOI 的篇数分别为 129(75.9%)、152(89.4%)、122(71.8%)、117(68.8%)和 153(90.0%)。可见,专家共识中存在行文结构和相关信息的著录缺如。

2.3.2 不同来源期刊均存在规范化著录问题

均无摘要、关键词、中图分类号和文献标志码的专家共识有 15 篇。其中来源于北大核心、CSCD 数据库、WJCI 报告、卓越期刊的篇数分别为 6(40.0%)、10(66.7%)、10(66.7%)、3(20.0%)。可见,即便是核心乃至卓越期刊,专家共识中仍存在较为普遍的著录规范问题。

2.3.3 文献标志码著录类型以"A"为主

对有文献标志码的 117 篇专家共识进行分析,文献标志码的著录类型为 A、B、C 和 M 的篇数分别为 93(79.49%)、6(5.13%)、17(14.53%)和 1(0.85%)。可见,文献标志码的著录类型以"A"为主。需要注意的是,表中的"M"不属于文献标志码,是一种著录错误。

2.3.4 同一刊物发表的专家共识著录规范不统一

在 170 篇专家共识中,有同一期刊发表的专家共识著录规范不统一的情况,主要表现在摘要和关键词上(表 1)。这其中有《中国艾滋病性病》《中华高血压杂志》等入选北大核心、CSCD 数据库和 WJCI 报告的医学期刊,也有《中医杂志》这样的卓越期刊。

表 1　同一期刊刊发的专家共识著录规范不统一

期刊	论文名称	摘要	关键词	中图分类号	文献标志码
《中国艾滋病性病》	《艾滋病合并弓形虫脑病诊疗专家共识(2024 年更新版)》	＋	＋	＋	＋
	《中国 HIV 合并 HBV、HCV 感染诊治专家共识》	－	＋	－	＋
《中华高血压杂志》	《健康体检血压管理中国专家共识》	＋	＋	－	－
	《坎地氢噻降压及靶器官保护应用中国专家共识》	－	－	－	－
《中医杂志》	脾虚证中医诊疗专家共识(2023)	－	－	－	－
	《中医药临床实践指南和专家共识中古籍证据应用情况分析及建议》	＋	＋	－	－

＋:已著录;－:未著录。

3 医学期刊专家共识规范化著录的对策建议

3.1 及时总结规范化著录存在的问题

当前专家共识在专业规范和编辑出版规范上都存在执行不到位的情况。随着专家共识发文量的逐年上升，其受关注度越来越高，规范性著录问题也会越来越多地暴露出来。但当前缺少对这些问题和漏洞的系统梳理，也缺少相关的研究和报道。建议从行业和期刊两个层面及时总结专家共识的规范化著录问题：①行业层面，中华医学会杂志社等组织可推进 RIGHT、AGREE-China 等规范文件的修订完善和执行监督。对医学期刊发表专家共识的著录规范做出统一要求，并组织专班或工作组对规范文件的执行情况进行排查，总结梳理执行过程中的问题，从源头上对规范文件做进一步完善；②期刊层面，对发表在本刊的专家共识著录规范严格把关。对未说明共识方法、利益关系、临床问题清单、安全性、有效性等专业规范因素的要求说明清楚，对缺少摘要、关键词等编辑出版规范因素的要求补充完整。同时，对于作者在专家共识撰写过程中遇到的具体规范问题也要及时总结，通过查阅规范文件、反馈相关部门等方式寻求解决办法。期刊编辑也可以就这些问题进行研究和报道，以引起更大范围的关注，促进行业就解决办法达成统一标准或共识。

3.2 系统分析著录不规范的深层原因

专家共识著录不规范还有一些深层原因，建议从行业规范、医学期刊和专家共识三个方面进行系统分析：①分析行业规范方面存在的深层原因。如行业规范更新不及时，与最新版的国家标准不一致。《学术论文编写规则》(GB/T 7713.2—2022)于 2023 年 7 月 1 日实施，由于发布时间较近，一些行业规范尚未能遵照新国标及时更新。如《学术论文编写规则》(GB/T 7713.2—2022)明确规定"论文应有摘要……论文应有关键词"，而《中华医学会系列杂志编排规范》对摘要和关键词却未做强制要求；②分析医学期刊存在的深层原因。如医学期刊重视学术内容而忽视标准规范。从文献计量学分析结果来看，医学期刊对于临床问题和干预措施阐释得较为清楚，但对于共识方法的著录还较为欠缺；③分析专家共识本身存在的深层原因。如目前专家共识的论文属性不清晰。《中国学术期刊(光盘版)检索与评价数据规范》(CAJ-CD B/T 1—2006)规定，按照论文性质，文献标志码分为 A、B、C、D、E 五类。当前专家共识著录的文献标志码类型主要为 A、B、C 三类，建议均统一标为"A"，将专家共识作"学术论文"对待。

3.3 充分发挥编辑在专家共识制订中的作用

期刊编辑应参与专家共识的制订工作，并在其中发挥积极作用。期刊编辑可以从三个层面参与指南/共识的制订工作：①作为专家组成员参与制订工作。如《临床实践指南基层版报告规范》[8]邀请杂志编辑作为专家组成员参与制订工作；②作为组织者推动专家共识的制订。如《中华实验和临床感染病杂志(电子版)》编辑部针对感染病领域内的热点和难点问题，组织相关领域专家编写制定了 26 项专家共识(建议)[9]；③作为编辑参与制订、推广的全程工作。如《中华耳鼻咽喉头颈外科杂志》编辑从组织、策划、推广、检验等方面参与临床诊疗指南的制订过程，充分发挥医学期刊编辑的作用[10]。但总体来说，医学期刊编辑对临床实践指南/专家共识的认知水平还较低，期刊出版单位也缺乏对相关报告规范和参考标准的足够重视[3,11]。因此，建议加强对医学期刊编辑的专业培训，鼓励其积极组织和参与专家共识的制订/修订工作，在实践中提升编辑的认知水平和专业能力。

4 结束语

专家共识作为医学期刊独具特色的一种文献类别，发文量逐年上升，为规范临床诊疗方案提供了学术参考和临床标准。但专家共识发文质量良莠不齐的情况客观存在，对专家共识的科学性、透明性和可靠性提出了挑战。不管从专业规范还是从编辑出版规范的角度，对专家共识的规范化著录进行探析都具有重要意义。作为医学期刊编辑，应当主动提高对专家共识的把关能力，统一对专家共识著录规范的认识，强化对相关标准规范的执行度，提升专家共识的质量和影响力。

参 考 文 献

[1] 刘冰.对医学期刊文章转载及再次发表的相关问题的思考[J].编辑学报,2022,34(6):603-605.

[2] 陈耀龙,罗旭飞,王吉耀,等.如何区分临床实践指南与专家共识[J].协和医学杂志,2019,10(4):403-408.

[3] 李玉乐,李娜,刘冰,等.提升指南/共识报告质量推进医学期刊高质量发展[J].编辑学报,2023,35(2):175-178.

[4] 张以芳.医学编辑对临床实践指南的审理要点探讨[J].编辑学报,2020,32(6):627-631.

[5] CHEN Y, YANG K, MARUSIC A, et al. A reporting tool for practice guidelines in health care: the RIGHT statement [J]. Ann Intern Med, 2017, 166(2):128-132.

[6] 王吉耀.制定临床实践指南评价的"中国标准"[J].中华医学杂志,2018,98(20):1542-1543.

[7] YANG N, ZHAO W, QI W, et al. Publishing clinical prActice GuidelinEs (PAGE): recommendations from editors and reviewers [J]. J Evid Based Med, 2022, 15(2):136-141.

[8] 王平,周奇,赵俊贤,等.临床实践指南基层版报告规范的研发[J].中国全科医学,2023,26(13):1543-1550.

[9] 温少芳,孙荣华,杨志云,等.医学期刊发表专业共识的探索与实践[J].中国科技期刊研究,2015,26(8):834-837.

[10] 方祎,金昕,武琼,等.医学期刊编辑参与临床诊疗指南制订的实践与思考:以《中华耳鼻咽喉头颈外科杂志》为例[J].中国科技期刊研究,2023,34(1):39-44.

[11] 李玉乐,李娜,林琳,等.我国医学科技期刊编辑对临床实践指南/专家共识认知情况的调查研究[J].中国科技期刊研究,2023,34(3):297-304.

建议临床医学期刊编辑合理利用 STARD 审读诊断准确性研究类论文

孙晋枫[1]，杨美琴[2]，张 萍[1]，郑 冉[1]，张崇凡[1]

(1. 复旦大学附属儿科医院《中国循证儿科杂志》编辑部，上海 201102；
2. 复旦大学附属眼耳鼻喉科医院《中国眼耳鼻喉科杂志》编辑部，上海 200031)

摘要：诊断准确性研究是一类重要的临床研究类型，近年来在医学期刊中的发表数量逐渐增加，但其报道的规范性普遍较差，透明度不足，使读者难以充分评估其研究偏倚与临床应用价值。诊断准确性研究报告规范(Standards for Reporting Diagnostic Accuracy Studies，STARD)于 2003 年问世，2015 年更新，是国际上公认的诊断准确性研究的报告规范。虽然国内早在 2006 年即翻译并引入 STARD，但至今医学期刊编辑和作者对其重视仍然不够，甚至不甚了解。鉴于此，本文结合文献和笔者的工作经验，回顾 STARD 的产生、发展和主要内容，建议临床医学期刊编辑在审读诊断准确性研究类论文时重视和合理应用 STARD。

关键词：临床医学期刊；诊断准确性研究；STARD；报告规范

在现代循证医学的模式下，临床决策的关键是采集最佳的临床证据。在医学期刊上发表的临床研究报告是至关重要的证据来源，在确保临床实践的科学性、政策制定的合理性以及推动医学研究的进步等方面具有重大意义。而临床研究报告的规范与否、全面与否，直接影响到读者对于该研究可信度、有效性和外推性等方面的评价，并且直接关系到该临床试验能否被其他研究者所重复，同时也严重影响该研究能否被系统评价、指南等二次研究所采用，从中提取研究要素以及对论文偏倚风险做出评估。国外研究[1]以及本课题组前期研究[2]均显示，目前医学期刊上发表的随机对照试验(RCT)类论文普遍存在着报告不完整的问题，笔者曾撰文就医学期刊编辑应用 2010 年版临床试验报告规范(CONSORT)审读 RCT 研究类论文的策略进行建议和思考[3]。诊断准确性研究是另一类重要的临床医学研究类型。诊断准确性研究报告规范(Standards for Reporting Diagnostic Accuracy Studies，STARD)于 2003 年问世，在 2015 年更新，虽然早在 2006 年即被我国流行病学家引入国内[4]，但直至目前其在国内的推广及应用仍不理想，国内临床医学期刊上发表的诊断准确性研究的报告规范程度堪忧[5]。本文通过回顾 STARD 的产生和发展，总结和提炼其要点，并结合文献研究和笔者的编辑工作经验，提出临床医学期刊编辑在审读诊断准确性研究类论文时的注意事项，以提高广大临床医学期刊编辑同仁对 2015 版 STARD 的重视，促进该规范的践行。

基金项目：2023 年度"翰笔计划医学中青年编辑"华誉-美捷登专项科研项目重点立项项目(HBJH-2023-B26)
通信作者：张崇凡，E-mail: chongfan_zhang@fudan.edu.cn

1 诊断准确性研究概述

诊断是整个临床工作中的起始环节，对指导治疗非常关键，正确的临床诊断是临床医师有针对性地制定后续治疗方案的基础[6]。诊断准确性研究评价的是，某种诊断性试验正确地将同一组可能具有某种健康状况(疾病)的研究对象进行区分的能力，将待测诊断试验与金标准诊断方法的检测结果进行比较，从而评价其真实性、可靠性和收益，目的可以是诊断、分期、预后或者预测[7-8]。诊断性试验的结果常采用敏感度、特异度、阳性预测值、阴性预测值、似然比及受试者操作特征曲线(ROC)的曲线下面积等指标来描述。

近年来，PubMed 数据库中的诊断准确性研究数量呈直线上升[9]。然而，其报告质量却不容乐观[10]。

2 STARD 的产生和发展

设计不当的诊断准确性研究中，待测诊断试验的诊断效能很可能会被夸大，一旦这样的研究得以发表，就会误导临床医生对患者做出错误的诊断和治疗决定[11]。因此，必须对一项诊断准确性研究中潜在的偏倚和适用性进行严格评价，在此基础上才能做出是否将该诊断试验应用到临床实践的决定。而只有当诊断准确性研究被完整、准确地报告时，才能使编辑、同行审校者和其他读者对其潜在的偏倚和结果的可推广性做出合理的判断。

一项研究对 1978 年至 1993 年间发表在四种主要医学杂志上的关于诊断准确性的研究进行调查显示，诊断的方法学质量不尽如人意，且由于很多文章在诊断研究的设计、实施和分析等关键要素方面缺乏报告或报告不足，导致无法对其进行进一步评估[12]。1999 年在罗马举行的 Cochrane 学术会议上，Cochrane 诊断和筛查试验方法工作组讨论了现有诊断研究的方法学质量低和报告不合格的问题，工作组认为，提高诊断研究报告的质量是纠正这些问题的第一步[7]。因此，继 1996 年成功发布针对 RCT 的报告规范 CONSORT 后，工作组决定制定一份针对诊断准确性研究报告的规范，以期促进诊断准确性研究被完整和准确地报告，使读者能够发现研究中潜在的偏倚，并评估结果的普遍性和适用性。由研究人员、临床流行病学家和编辑等组成 STARD 工作小组，通过在 Medline、Embase、BIOSIS 和 Cochrane 的方法学数据库中广泛检索与诊断准确性试验的实施和报告相关的文献，初步提取出一份报告清单，经过多轮的共识会议，并通过在 CONSORT 网站发布广泛征集反馈意见，经反复修正后，形成 STARD，于 2003 年 1 月同时发布于 7 家生物医学期刊。STARD2003 版包含 1 份写作清单和 1 个流程图[7]。写作清单共有 25 项条目，涵盖了对题目/摘要/关键词、前言、方法(包括研究对象、试验方法和统计学方法)、结果(包括研究对象、试验结果和结果估计)以及讨论的规范要求。流程图则反映了诊断研究中最常用的设计，可以提供关于患者招募方法(例如，招募一组具有某种特定症状的连续病例，或纳入一组病例和一组对照)、试验实施顺序以及接受待评估试验和参考试验的患者人数等多方面的信息。

2013 年，为了将有关诊断准确性研究报告的进展整合到 STARD 中，并使得清单中的条目更便于使用，STARD 指导委员会决定对 STARD2003 版进行更新。在 2003 年的小组成员的基础上，STARD 工作组广泛吸纳了新成员，成为一个包括研究人员、编辑、记者、证据合成专业人员、资助者等在内共有 85 名成员的团队。通过网络调查、会议讨论和清单试用等过程，形成了 STARD2015 版[13]。更新版保持了原版的整体结构，总体条目增加至 30 项，在新增了一些条目的同时，对原有的部分条目做了拆分、组合或改写。STARD2015版的清单、流程图及所有相关文件均可从 EQUATOR 网站(Enhancing the QUAlity and Transparency Of health Research，https://www.equator-network.org/)浏览或下载。

3 STARD 在国内的应用现状

早在 2006 年，王波等[4]就在《中华流行病学杂志》上对 STARD2003 进行了介绍，同年《中国循证医学杂志》也刊登了 STARD2003 的中文翻译版[14]，其后严卫丽[8]又在《中国循证儿科杂志》对 SRARD 清单的条目和流程图做了进一步的解读。在 SRARD 更新后，朱一丹等[15]对 STARD2015 进行了介绍和解读。

然而，直到如今，国内医学期刊对 STARD 的关注仍非常有限，大多数医学期刊未在其稿约中提及此规范[16]，我国医学期刊编辑对于 STARD 的知晓率在近 10 年内几乎未得到提升[17]。近年来的几项研究纷纷显示，国内医学期刊上发表的诊断准确性研究的报告规范程度堪忧。本课题组对照 STARD2015，对 2023 年在国内儿科期刊上发表的诊断准确性研究论文的报告情况进行调查，结果显示，STARD2015 清单中未被报告或报告不足的条目比例多达 2/3，12 个条目(40%)完全未被报告(结果尚未发表)。张静等[5]基于 STARD2015 评价了 2017—2022 年国内医学期刊发表的 6 771 篇诊断准确性研究的质量，STARD2015 报告符合率为 39.56%±4.90%，认为 3.32%(225/6 771)文献处于高水平，93.53%的文献处于中等水平。鉴于该研究的判断标准将对 STARD2015 条目的符合率>50%视为高水平、30%~50%视为中水平，实际上反映出国内医学期刊上发表的诊断准确性研究对于 STARD2015 的遵循程度比较低，多项条目的符合率较低，100%符合率的条目仅有 5 项(条目 1、2、3、4 及 27)。作者在撰写诊断准确性研究论文时不遵循 STARD 报告规范，导致研究方法的许多要素未被报告，严重影响了读者和系统评论员对研究存在的偏倚和研究结论的适用范围的判断，胡志德[18]曾专门撰文指出这一问题的严重性。

4 临床医学期刊编辑亟待加强对 STARD2015 的重视和合理使用

医学期刊是传播最新医学研究成果、推动医学领域知识更新与技术进步的重要平台，医学期刊编辑对于确保论文的学术质量具有极其重要的作用。STARD 发布的初衷是促进完整和透明地报告诊断准确性研究，其不仅可以辅助作者在撰写诊断准确性研究论文时对照清单条目进行写作，从而使得报告更为规范和完整；也是审稿人和医学期刊编辑在审读诊断准确性研究论文时非常重要的工具，可以对照 STARD 清单审查稿件中是否描述了关于诊断准确研究的关键信息，并在遗漏关键项目时对作者提出修改建议。以下笔者结合文献以及自己在实践中积累的经验对临床医学期刊编辑在审读、编辑诊断准确性研究类论文时使用 STARD2015 的要点进行归纳和总结。

4.1 在期刊的稿约中纳入对 STARD2015 的要求

稿约是期刊向作者传达投稿要求、出版规范等的重要渠道。通常作者在投稿前，甚至撰写论文前，都要认真查看目标期刊的稿约，按照其规定的标准准备稿件，以提高投稿的成功率，避免退稿情况。将 STARD2015 纳入稿约，并明确将其作为诊断准确性研究的写作规范，是提升诊断试验研究报告质量的必要举措。建议临床医学期刊在稿约中，明确要求"诊断准确性研究论文必须严格遵循 STARD2015 报告规范进行撰写"；同时，为了方便作者查阅和了解

STARD2015 的具体内容，可以在稿约中提供 STARD2015 指南的官方网站链接或下载链接；在稿约中还可以鼓励作者在提交诊断准确性研究论文前，先按照 STARD2015 规范进行自查，投稿时附上一份自查报告清单。

4.2 结合 STARD2015，在审读稿件时评估诊断准确性研究的关键要素

STARD2015 清单中涵盖了诊断准确性研究设计、实施、结果以及讨论中的关键信息，医学编辑在审读此类稿件时，应对照清单对诊断准确性研究的关键要素做出判断和评估。比如：

(1) 该诊断研究的设计是前瞻性还是回顾性。即条目 5 "是在完成待评价诊断方法和参考标准检测之前采集数据(前瞻性研究)，还是之后(回顾性研究)？" 前瞻性研究通常纳入一个具有某种症状或特征的连续的研究对象群体，通过诊断试验区分为患目标疾病者和未患目标疾病者，研究对象的代表性更好。而回顾性研究通常为病例对照研究的设计，即回顾性地纳入一组患病者，并另外选择一组健康人或未患该疾病者作为对照组，如此则不能很好地模拟临床实践中诊断的实际过程。在此种情况下，必须要更进一步关注条目 9，即"研究对象是否连续的、随机的入组还是选取方便样本"，以对研究对象的代表性做出判断。

(2) 诊断试验中的"盲法"。如果研究者在进行待测诊断试验前已经知晓参考诊断试验的结果，或者在进行参考诊断试验前已经知晓待测诊断试验的结果，势必对于其判断当前试验的结果产生主观影响；亦或数据统计分析人员预先知晓了研究对象的诊断结果，则可能影响其在统计分析方法选择中的主观倾向。与 RCT 一样，对于诊断试验来说，盲法也是至关重要的，其对减少或消除研究者、受试者或其他相关人员的主观因素对试验结果的影响非常重要，从而影响试验结果的准确性和可靠性。因此，医学编辑应在审读诊断准确性研究稿件时，加强关注 STARD2015 中的条目 13a "待评价诊断方法的检测人员或是读取结果人员是否知晓研究对象的临床资料和参考标准结果"，以及条目 13b "参考标准的评估者是否知晓研究对象的临床资料和待评价诊断方法结果"。

(3) 试验结果是否采用"四格表"报告数据。四格表是诊断准确性试验结果中的"灵魂"所在，以简洁明了的方式直观地展示"真阳性""假阳性""真阴性"和"假阴性"四个基本分类，使得研究者能够清晰地看到诊断试验结果与金标准(或参考标准)之间的一致性程度。基于四格表的数据，研究者可以进一步计算出诊断试验的各项性能指标，如敏感度(真阳性率)、特异度(真阴性率)、阳性预测值、阴性预测值、准确率以及似然比等，也是许多统计检验和推断的基础，为诊断试验的深入分析提供了有力支持。而笔者在实际的编辑工作中发现，很多诊断试验仅描述了敏感度、特异度等指标，而未提供具体的"真阳性""假阳性""真阴性"和"假阴性"病例数，导致无法判断该研究的绝对效应，亦无法做出进一步的统计学分析，也非常不利于系统评价等二次分析从论文中提取数据进行合并。STARD2015 的条目 23 即"比照参考标准的结果，使用四格表来展示待评价诊断方法的检测结果(或分布)"。

4.3 指导作者对照 STARD2015 补充和完善论文的报告

在论文修改中，编辑的指导对作者非常重要。首先，在审稿环节结束后，编辑应结合自己的实践经验，对照 STARD2015 清单，指出论文中哪些条目未报告或报告不足；接下来，建议编辑提供 STARD2015 原文和翻译版的解读文件，并帮助作者深刻理解其中的条目；再次，编辑应与作者加强沟通和交流，对于该诊断试验中设计、实施和分析的真实细节有所把握，在此基础上，力求真实、完整、充分、透明地完成报告。特别要注意的是，需要警惕某些作

者为了迎合 STARD2015 清单或满足其中的项目而虚构报告信息。此外，还应认识到，STARD2015 清单的目的是规范作者对于诊断准确性试验的报告水平，而绝非用于评价临床试验质量的工具。

根据笔者前期研究(尚未发表)结合文献，STARD2015 条目 4、5、7、9、11、13、15~19、21~26、28~30 均为容易忽视不报告或报告不足的条目，应该在稿件编辑指导中予以足够关注。

4.4 在作者和读者中开展 STARD2015 的学习培训

优秀的临床医学期刊编辑不仅关注和了解行业领域的最新研究动态和发展方向，并且熟练掌握和践行医学研究的报告规范，因此，他们在某种程度上是作者和读者的领路人，可以通过多种方式实现对领域内作者和读者的培训作用，以此从根源上提高医学研究的质量，并促进研究论文的规范报告。可以通过期刊官网、社交媒体等多种渠道宣传和推广 STARD2015，提高学术界对该规范的认识和重视程度。同时，可以定期举办培训班或研讨会，邀请循证医学专家、流行病学专家对 STARD2015 进行解读，也可邀请有经验的作者分享案例，交流 STARD2015 的应用经验，帮助广大作者和读者，甚至审稿人，更好地掌握和应用该规范。

5 结束语

相信通过广大临床医学期刊编辑同仁的积极行动，加强 STARD2015 在诊断研究报告中的应用，必将进一步提高我国临床医学期刊的报告质量，促进建设"国际一流医学期刊"目标的实现。

参 考 文 献

[1] GHOSN L, BOUTRON I, RAVAUD P. Consolidated Standards of Reporting Trials (CONSORT) extensions covered most types of randomized controlled trials，but the potential workload for authors was high [J]. J Clin Epidemiol, 2019, 113:168-175.

[2] 孙晋枫,张崇凡.上海市医学期刊中随机对照试验论文的报告规范性调查[M]//学报编辑论丛 2022.上海:上海大学出版社,2022:183-190.

[3] 孙晋枫,杨美琴.医学期刊编辑应用 CONSORT 审读 RCT 研究类论文的策略研究[J].出版与印刷,2022(4):27-34.

[4] 王波,詹思延.如何撰写高质量的流行病学研究论文 第三讲 诊断试验准确性研究的报告规范:STARD 介绍[J].中华流行病学杂志,2006,27(10):909-912.

[5] 张静,杨文旭,逯优美,等.基于 STARD2015 对 2017—2022 年国内诊断准确性研究的质量评价[J].中华检验医学杂志,2024,47(3):308-313.

[6] 胡志德,仲人前.诊断准确性试验的偏倚来源及其控制[J].临床与病理杂志,2015,35(2):177-183.

[7] BOSSUYT P M, REITSMA J B, BRUNS D E, et al. Standards for reporting of diagnostic accuracy. Towards complete and accurate reporting of studies of diagnostic accuracy: the STARD initiative [J]. BMJ, 326(7379):41-44.

[8] 严卫丽.第五讲:如何报告临床诊断准确性研究:国际报告规范 STARD 解读[J].中国循证儿科杂志,2010,5(5):386-389.

[9] HU Z D. STARD guideline in diagnostic accuracy tests: perspective from a systematic reviewer [J]. Ann Transl Med, 2016, 4(3):46.

[10] KOREVAAR D A, WANG J, VAN ENST W A, et al. Reporting diagnostic accuracy studies: some

improvements after 10 years of STARD. Radiology, 2015, 274(3):781-789.
[11] BOSSUYT P M, REITSMA J B, BRUNS D E, et al. Standards for reporting of diagnostic accuracy. The STARD statement for reporting studies of diagnostic accuracy: explanation and elaboration [J]. Ann Intern Med, 2003, 138(1):W1-W12.
[12] REID M C, LACHS M S, FEINSTEIN A R. Use of methodological standards in diagnostic test research. Getting better but still not good [J]. JAMA, 1995, 274:645-651.
[13] BOSSUYT P M, REITSMA J B, BRUNS D E, et al. STARD2015: an updated list of essential items for reporting diagnostic accuracy studies [J]. BMJ, 2015, 351(12):1446-1452.
[14] BOSSUYT P M, REITSMA J B, BRUNS D E,等.迈向完整、准确的诊断准确性研究报告:STARD 计划[J].中国循证医学杂志,2006,6(7):523-528.
[15] 朱一丹,李会娟,武阳丰.诊断准确性研究报告规范(STARD)2015 介绍与解读[J].中国循证医学杂志,2016,16(6):730-735.
[16] 陈耀龙.医学研究报告规范的发展与简介[J].兰州大学学报(医学版),2022,48(1):1-4.
[17] 李娜,李洁,孙菲,等.我国医学期刊编辑对医学研究报告规范的认知度[J].中国科技期刊研究,2019,30(4):358-363.
[18] 胡志德.诊断准确性试验中的 STARD 报告规范:来自系统评价员的观点[J].临床与病理杂志,2016(8):1059-1061.

中国医药大学学报类期刊稿约及其所刊载论文中图表的英文信息著录情况调查与分析

张 乔

(海南医科大学杂志社，海南 海口 571199)

摘要：为了解科技期刊稿约中图表的语言标注要求及其刊载论文中图表的英文信息著录情况，本文以55种入选2023年版《中国科技核心期刊引证报告(核心版)》的医药大学学报类期刊为研究对象，对期刊官网稿约中图表各部分语言的要求及其刊发论文中图表的中英文信息著录情况分别从图表题、图表身、图表注三个方面进行调研与分析。结果显示，55种期刊中，仅有7种期刊的稿约对图表题、图表身、图表注中英文的标注要求是完整的；北大核心和非北大核心期刊对图表题语言的标注要求都远远大于图表身和图表注；55种期刊稿约对图表各部分语言的要求及其刊载的论文多为中英文图表题、中文图表身、中文图表注；稿约中的图表题语言标注要求对论文中对应内容的标注情况有积极影响。提示稿约对图表各部分语言的标注要求内容亟须完善，对于参与国际学术交流的期刊和国内的核心期刊，除了图表题外，图表身和图表注也应该有英文标注，与其他英文信息统一置于文后。

关键词：医药大学学报；稿约；英文标注；图表题；图表身；图表注

《中国科技论文统计报告》显示：2018—2022年，在中国当年发表即被引用的科技论文中，四成以上是国际引用，中国的科技论文越来越受到世界关注[1]。据《中国科技期刊发展蓝皮书(2023)》统计，截至2022年底，中国科技期刊总量为5 163种，占比仅为8.41%的434种英文科技期刊2021年国际他引总被引频次为88.26万次，而占比88.24%的4 556种中文科技期刊2021年国际他引总被引频次仅为69.26万次[2]。可见单篇英文论文产生的国际影响力远远高于中文论文。英文学术语言的普及使得我国优秀的科研成果难以在国际上传播与应用，而双语出版又耗费大量的人力、物力和财力，难以实现[3]。为解决此难题，大部分期刊都会将标题、作者信息、摘要、关键词、图表等关键信息翻译为英文，以满足非中文母语的读者了解文章主要内容，同时增加国际检索数据库收录该期刊的概率。F5000平台用英文长摘要的形式，集中向世界推送我国的优秀学术论文[1]。中文科技期刊论文中的英文信息是实现期刊国际化、提升国际影响力的重要手段，其编校质量显得尤为重要。目前，英文信息的研究重点集中在英文摘要[4-6]，也有学者研究文章的英文标题[7]、作者姓名汉语拼音[8]、作者单位的英文译写[9]、双语著录参考文献[10]以及科技期刊所有英文信息著录的现状[11-13]。

除了摘要及其他上述英文信息外，图表的英文信息也是宣传和推广我国优秀学术成果、

基金项目：2022年施普林格·自然—中国高校科技期刊研究会英文编辑及国际交流人才培养基金课题(CUJS-GJHZ-2022-25)

开展国际学术交流的重要内容。碎片化阅读时代，越来越多的读者开始倾向于先从图表了解论文的主要结果，进而决定是否需要精读全文。因此，在科技期刊国际化发展的背景下，图表的英文信息标注和英文摘要同等重要。遗憾的是，最新的图表规范CY/T 171—2019《学术出版规范 插图》、CY/T 170—2019《学术出版规范 表格》以及GB/T 7713.2—2022《学术论文编写规则》中都没有提及图表各部分外文的标注[14-16]。现阶段对于图表英文部分的研究还仅限于图表题[17-18]，对于图表身和图表注的英文标注，有学者在调查科技期刊论文的英文信息现状时发现，图表英文信息(含图表题、图表身和图表注)著录完善度参差不齐[11-12,19]。

本研究以55种中国医药大学学报类期刊为样本，就其稿约中图表的语言标注要求及其刊发论文中图表的英文信息著录情况进行调研与分析，旨在梳理中国医药大学学报类期刊的稿约在约束论文图表各部分语言标注方面的完善程度及其刊载论文中图表英文信息标注的现状，探讨两者的内在联系，并提出建议，希望能为相关部门制定图表英文信息著录规范提供参考，同时为加速我国科技期刊国际化进程，提升国际影响力提供借鉴。

1 研究对象与研究方法

1.1 资料来源

选取55种入选2023年版《中国科技核心期刊引证报告(核心版)》的医药大学学报类期刊为研究对象。访问各刊官网，下载其稿约(本文将各刊官网出现的稿约、投稿指南、投稿须知、写作规范、投稿简则、投稿简约以及撰稿要求等统称为稿约)。检索时间为2024年1月。下载阅读55种期刊最新一期刊载的包含图表的论文，由于同一本期刊的论文格式全刊保持一致，都代表着各自期刊对图表各部分语言标注的要求，故各刊下载1篇有图有表且图表各要素(图表号、图表题、图表身、图表注)齐全的论文即可代表整本期刊图表编校格式的全貌，共计55篇，记录论文图表各部分中英文信息标注的现状。数据采集时间同为2024年1月。

1.2 研究内容

对期刊官网稿约中图表各部分语言的要求及其刊发论文中图表的中英文信息著录情况分别从图表号、图表题、图表身、图表注四个方面进行记录与分析。其中图表号(也称图表序)和图表题是同时出现的，如果有英文的图表题，一定会有英文的图表号，如Table 1、Figure 1。因此，将图表号和图表题合并在一起，图表题即代表图表号、图表题。

1.3 数据处理与分析

调查结果录入Excel表格处理，使用SPSS 25.0软件分析。计数资料采用"例数(百分比)"表示；当组间比较符合条件时使用皮尔逊卡方检验，否则采用Fisher's确切概率法，$P<0.05$为差异有统计学意义。

2 研究结果与分析

2.1 稿约中对图表各部分语言标注的要求

2.1.1 图表规范在稿约中出现的位置及其表述方式

图表规范在稿约中一般位于稿件要求或撰稿要求部分，这部分一般包含文章题目、作者署名、作者简介、摘要和关键词、层次标题、研究设计、统计学处理、图表、量和单位、医学名词、缩略语、致谢、参考文献等。稿约一般出现在官网主页的主菜单中，直接点开投稿指南或投稿须知即可(35种)；有些期刊的稿约位于作者中心、作者园地、关于作者、作者须知、编读园地、作者服务等的下拉菜单或栏目之下(16种)；有2种期刊的稿约位于作者投稿/查稿的投审稿系统之中；还有2种是位于下载中心栏目中。

仔细阅读55种期刊的稿约发现，图表各部分语言标注的规范内容严重缺失，22种(40.0%)期刊的稿约未提及图表各部分语言的使用，其中17种期刊只提及了稿约对图表的基本要求(如图表自明性、图片尺寸和分辨率、图片存储格式、实验数据、表格使用三线表、图表中文字的字体字号等)，5种期刊的稿约中连上述基本要求都未提及。

另外，有的期刊无论在稿约中是否提及图表的要求，都会在官网另设独立栏目提供论文模板，如下载中心、相关下载、编读园地、编辑部公告栏、作者投稿系统、作者中心及作者园地等。有的是以该刊已发表的论文范文加批注的形式规范图表各部分语言标注的细则或给出本刊已发表论文供作者自行对照图表规范(14种)；有的是直接给出图表示例(15种)，但是其中有7种是给出示例图表，且图表题、图表身、图表注齐全，有4种只有表格示例，没有图的示例，有4种缺少图表注；有的是像期刊的稿约一样，用文字描述图表要求(10种)；有10种期刊在另设栏目中没有论文模板或其他图表规范的相关信息；还有6种是论文模板打不开网页或内容为空。鉴于这些另设栏目中的内容并不属于严格意义上的稿约，而是作为稿约的补充对论文的撰写格式进行详述，同时发现9种期刊另设栏目的论文模板中对图表各部分中英文标注的规范内容与稿约有冲突，因此本文没有把这些另设栏目中的内容归类为稿约之中。

2.1.2 稿约对图表各部分语言的标注要求内容不完整

55种期刊中，22种(40.0%)期刊的稿约未提及图表各部分语言的使用，有28种期刊对图表题使用中英文、全中文还是全英文进行了明确规定，7种期刊的稿约提及图表身语言的使用，7种期刊的稿约对图表注的语言进行了明确规定。由此可见，期刊对图表题的重视程度远远大于图表身和图表注。仅有7种期刊的稿约对图表各部分(含图表题、图表身、图表注)中英文的标注要求是完整的，它们是《海军军医大学学报》《复旦学报医学版》《上海交通大学学报医学版》《四川大学学报医学版》《武汉大学学报医学版》《中国药科大学学报》和《中国医学科学院学报》。以《上海交通大学学报医学版》为例，在其稿约中明确说明了"图题、表题需中英文对照，图表中内容及注释均用英文表示"。

2.1.3 稿约中规定图表各部分使用中英文标注的倾向

除了22种稿约未做要求的期刊外，24种(43.6%)期刊在稿约中要求论文使用中英文图表题，25种(45.5%)要求中文图身，22种(40.0%)要求中文表身，21种(38.2%)要求论文使用中文图表注。由此可见，大部分期刊的稿约要求倾向于使用中英文图表题，中文图表身，中文图表注。稿约中图表各部分使用中英文标注的要求如表1所示。

2.1.4 稿约内容是否及时更新有待查证

研究发现，有29种期刊稿约的更新时间未知，其余26种期刊中，7种期刊的稿约是2023或2024年更新，13种是在2019—2022年更新，6种期刊是2018年之前更新的稿约。我国于2019年7月1日正式实施第一个全面、权威、专门的图表标准CY/T 170—2019《学术出版规范 表格》和CY/T 171—2019《学术出版规范 插图》。这两个关于图表的标准虽然第一次明确规定了学术出版物图表的构成及其要求、分类、内容和编排等，但是却未提及图表各部分要素语言的使用规范。20种期刊在图表标准颁布后更新了稿约，其中，有3种期刊在稿约中提及CY/T 170—2019《学术出版规范 表格》或CY/T 171—2019《学术出版规范 插图》。

表1 55种中国医药大学学报类期刊稿约对图表各部分语言使用的要求

图表要素	稿约数/[n(%)]		
	中英对照	中文	英文
图			
图题	25 (45.5)	29 (52.7)	1 (1.8)
图身	0 (0.0)	47 (85.5)	8 (14.5)
图注	6 (10.9)	43 (78.2)	6 (10.9)
表			
表题	24 (43.6)	30 (54.5)	1 (1.8)
表身	2 (3.6)	44 (80.0)	9 (16.4)
表注	3 (5.5)	46 (83.6)	6 (10.9)

注：鉴于所研究期刊均为中文期刊，稿约要求中未提及的部分默认为要求使用中文，例如"中英文图表题"可理解为"中英文图表题，其余部分为中文"；稿约中未提及图表各部分语言标注的期刊共计22种，默认为图表要求各要素均为中文。

2.2 55种中国医药大学学报类期刊所刊载的论文图表各部分语言的实际标注情况

所选55篇论文中，22篇(40.0%)为全中文图表，1篇(1.8%)为全英文图表。32篇(58.2%)为中英文图表题，22篇(40.0%)为中文图表题，1篇(1.8%)为英文图表题；42篇论文(76.4%)为中文图表身，13篇(23.6%)为英文图表身，无中英文对照图表身；38篇论文(69.1%)为中文图注，40篇论文(72.7%)为中文表注，13篇论文(23.6%)为英文图表注，4篇论文(7.3%)为中英文图注，2篇论文(3.6%)为中英文表注。可见，大多数中国医药大学学报类期刊刊载的论文倾向于使用中英文图表题，中文图表身，中文图表注，这与稿约对图表各部分语言的标注要求是一致的。与文章题名、作者姓名、作者单位、摘要、关键词等信息中英文一一对应不同，55种期刊(1篇论文代表1种期刊)中，尚未发现图表题、图表身、图表注都为中英文一一对应标注的：22种期刊图表各部分为全中文；16种只有图表题中英文一一对应，图表身和图表注全是中文；12种期刊为中英文图表题，图表身和图表注全是英文；还有2种期刊，图表题和图表注皆为中英文，图表身为中文；2种期刊图表题和图注为中英文，图表身和表注为中文；1种期刊(《中国药科大学学报》)图表各部分全是英文。

2.3 55种期刊所刊载的论文图表各部分语言标注与稿约要求的一致性分析

55篇论文(1篇论文代表1种期刊)中，31篇论文的刊载期刊在稿约中明确要求图表题语言的标注，仅有1篇论文(3.2%, 1/31)的图题标注与稿约要求不一致：稿约要求中英文图题，论文为中文图题；而在稿约中未提及图表题语言标注要求(即默认为中文标注)的24种期刊中，8种期刊刊载的论文(33.3%, 8/24)的图表题标注与稿约要求不一致，其论文均为中英文图表题。稿约明确要求图表题语言标注的期刊中，与稿约要求一致的论文占比显著高于稿约未提及图表题语言标注的期刊，此差异有统计学意义($P=0.009$, $P=0.001$)，说明稿约中的图表题语言标注要求对论文中对应内容的注明情况有积极影响。相反地，稿约中未提及图表身和图表注语言标注(即默认为中文标注)的期刊，与稿约要求一致的论文占比高于稿约明确要求图表身和图表注语言标注的期刊，但此差异无统计学意义($P=1.000$, $P=0.395$, $P=0.129$, $P=1.000$)(见表2)。上文提到，大多数中国医药大学学报类期刊的稿约及其刊载的论文都倾向于使用中英文图表题，稿约要求与论文习惯标注是一致的，因此，稿约对图表题有明确要求(使用中英文图表题)

的期刊，其刊载论文标注与稿约要求的一致率更高；上文也提到，大多数中国医药大学学报类期刊的稿约及其刊载的论文都倾向于使用中文图表身和中文图表注，本文将稿约无要求默认为图表各部分均只用中文标注，稿约未作要求(使用中文图表身和图表注)与论文习惯标注是一致的，因此，稿约有其他用中英文或英文标注的要求反而会使得所刊载论文的图表身和图表注标注与稿约要求不一致。

由表2可知，55种期刊的稿约中，要求图表题标注的期刊为31种，未要求图表身和图表注的期刊均为40种左右，说明大多数期刊倾向于对图表题语言的标注做要求而忽略图表身和图表注。另外，55种期刊所刊载的论文图表各部分语言标注与稿约要求的一致率都高于不一致率，说明大多数期刊能够按稿约要求进行图表各部分语言的标注，但是仍然有少数期刊未能严格执行稿约要求，稿约要求与论文呈现完全不匹配，把稿约当成了摆设。

表2 期刊稿约中图表各部分语言的标注要求对刊载论文对应信息标注情况的影响

稿约类型	合计	论文数量/篇(占比/%)		χ^2	P
		与稿约要求一致	与稿约要求不一致		
要求图题	31	30 (96.8)	1 (3.2)	6.895	0.009
未要求图题	24	16 (66.7)	8 (33.3)		
要求表题	31	31 (100.0)	0 (0.0)		0.001*
未要求表题	24	16 (66.7)	8 (33.3)		
要求图身	13	11 (84.6)	2 (15.4)	0.000	1.000
未要求图身	42	36 (85.7)	6 (14.3)		
要求表身	17	13 (76.5)	4 (23.5)	0.723	0.395
未要求表身	38	34 (89.5)	4 (10.5)		
要求图注	14	8 (57.1)	6 (42.9)	2.300	0.129
未要求图注	41	32 (78.0)	9 (22.0)		
要求表注	11	8 (72.7)	3 (27.3)	0.064	0.800
未要求表注	44	36 (81.8)	8 (18.2)		

注：两组间比较采用皮尔逊卡方检验；*使用Fisher's确切概率法。

2.4 不同类型期刊稿约及其刊载论文图表语言标注情况的比较

经核实，24种期刊被《中文核心期刊要目总览(2020年版)》(以下简称"北大核心")收录，31种未被收录。稿约方面，北大核心和非北大核心期刊的稿约对图表题语言的标注要求无统计学差异；北大核心期刊中明确要求图表身和图表注语言标注的期刊占比均显著高于非北大核心期刊(P均<0.05，见表3)。可见，两类期刊的稿约均重视图表题语言的标注，虽然北大核心期刊稿约对图表身和图表注的要求更加完善，但是表3显示，在两类期刊的稿约中，图表身和图表注语言的标注要求仍严重缺失。

论文方面，非北大核心期刊论文图表身语言标注与稿约要求一致的占比显著高于北大核心期刊(P均<0.05，见表3)。可见，虽然北大核心期刊稿约对图表身的要求更加完善，但是其论文却未能同稿约要求一致。结合上文提到的大部分论文倾向于使用中文图表身，北大核心期刊的稿约很可能是提出了使用中英文或英文图表身的要求，而其论文却忽略稿约，仍按照习惯标注为中文图表身。在图表题和图表注方面，两类期刊论文与稿约要求的一致率差异不明显，说明无论是北大核心期刊，还是非北大核心期刊，大部分论文都能遵守稿约对图表题和图表注语言标注的要求，使用中英文图表题和中文图表注。

表 3　不同类型期刊稿约及论文中图表各部分语言标注的比较

类型		总体	北大核心期刊	非北大核心期刊	χ^2	P
对图表各部分语言标注有要求的稿约数量/篇（占比/%）	图题	31 (56.4)	16 (66.7)	15 (48.4)	1.838	1.175
	表题	31 (56.4)	17 (70.1)	14 (45.2)	3.625	0.057
	图身	13 (23.6)	10 (41.7)	3 (9.7)	5.999	0.014
	表身	17 (30.9)	12 (50.0)	5 (16.1)	7.267	0.007
	图注	14 (25.5)	10 (41.7)	4 (12.9)	4.480	0.034
	表注	11 (20.0)	9 (37.5)	2 (6.5)	6.325	0.012
与稿约要求一致的论文数量/篇(占比/%)	图题	46 (83.6)	20 (83.3)	26 (83.9)	0.000	1.000
	表题	47 (85.5)	20 (83.3)	27 (87.1)	0.000	0.994
	图身	47 (85.5)	16 (66.7)	31 (100.0)		0.001*
	表身	47 (85.5)	17 (70.8)	30 (96.8)	5.385	0.020
	图注	40 (72.7)	15 (62.5)	25 (80.6)	2.245	0.134
	表注	44 (80.0)	16 (66.7)	28 (90.3)	3.368	0.066

注：两组间比较采用皮尔逊卡方检验；*使用 Fisher's 确切概率法。

3　结论与建议

3.1　稿约中图表规范的形式有待改变

大多数的稿约(51/55)都位于期刊官网主页的投稿须知菜单下或作者中心相关栏目中，图表规范基本位于稿约中的稿件要求或撰稿要求部分。但是，研究发现，除了稿约中的图表规范外，部分期刊还在官网另设独立栏目中提供论文模板，其对图表规范的详细程度远远大于稿约，很多在稿约中没有提及图表各部分语言标注要求的期刊，其标注规范在论文模板中却能完整呈现。不足的是论文模板形式多样，包括论文范文、范文加批注、图表示例、文字描述四种形式，后两者对图表各部分的要求不全面，如图表示例中只有图或只有表，或虽有图有表，但缺少图表注。另外，有个别期刊另设栏目的论文模板中对图表各部分语言的标注与稿约规定有冲突，令作者无所适从。基于以上，本研究建议将稿约和论文模板结合给出图表规范，因稿约篇幅有限，可在稿约中的图表规范部分设置论文模板的超链接，论文模板以论文范文或范文加批注形式给出，模板中除了将图表完整呈现，论文的其他部分撰写要求也一目了然。需要注意的是，模板中的范文和稿约内容要及时更新，尤其是有相关新标准和新规范出台后，稿约内容需及时更新，范文应使用各刊当年发表的论文。此外，还需要仔细核对稿约和论文模板的要求，避免两者出现不一致现象。

3.2　稿约对图表各部分语言的标注要求内容亟须完善

本研究选取 55 种医药大学学报类期刊，其中 22 种(40.0%)期刊的稿约未提及图表各部分语言的标注，稿约对图表各部分语言标注的要求情况为：图表题(31，56.4%)，图身(13，23.6%)，表身(17，30.9%)，图注(14，25.5%)，表注(11，20.0%)，仅 7 种期刊(《海军军医大学学报》《复旦学报医学版》《上海交通大学学报医学版》《四川大学学报医学版》《武汉大学学报医学版》《中国药科大学学报》和《中国医学科学院学报》)的稿约对图表各部分(含图表题、图表身、图表注)中英文的标注要求是完整的。除图表题外，稿约对图表身和图表注语言标注有要求的稿约比例较低，北大核心期刊稿约的情况亦是如此。提示我国医药大学学报类期刊稿约对图表各部分语言的标注要求亟须完善。

3.3 论文使用中英文图表题，中文图表身，中文图表注的标注方式是否合理有待商榷

本研究结果显示，中国医药大学学报类期刊刊载的论文多使用中英文图表题，中文图表身，中文图表注。然而，与论文中的其他信息如文章题名、作者信息、、摘要、关键词等有明确的标准规范不同[16]，图表各部分语言的标注多年来一直没有统一的标准，导致各刊的标注情况是五花八门。其实早在20多年前，学者们就对图表语言的标注存在争议：有学者认为中文刊物内的图表最好使用中文，若要加外文，也要中、外文对照，不宜使用全外文[20]；还有学者认为，科技期刊论文的读者群均为有相当层次的专业技术人员，对英文的掌握不会有什么问题，应采用完全的英文图表，以便促进国际学术交流[21]。图表使用中英文图表题，中文图表身，中文图表注的标注方式，其优点是节省版面，节省编辑时间；缺点是不利于国际传播和交流。现如今，在加快建设培育我国世界一流科技期刊、提高国际学术交流水平、增强国际学术影响力、科技期刊国际化的形势下，图表使用中英文图表题，中文图表身，中文图表注的标注方式是否合理还有待商榷。

本研究查阅了2023—2024年非英语语种、医学领域的SCI期刊，每个语种按发文比例随机抽取了5~10种期刊，未发现德语、西班牙语、葡萄牙语、法语、意大利语、荷兰语期刊的图表有英文标注，80%的日语和韩语期刊使用全英文标注图表(包括图表题、图表身、图表注)。中文医药卫生类期刊方面，结合SCI和PubMed数据库，随机抽取23种期刊2023—2024年发表的论文，发现9种期刊仅使用中英文图表题，7种(其中6种为中华医学会杂志社的中华系列期刊)期刊为全中文图表，3种期刊为中英文图表题、图表注，英文图表身，2种期刊为全英文图表，2种期刊图表题为中英文，图表身和图表注为全英文，这与赵金燕等的调研结果是一致的[22]。在本研究所调查的期刊中，有一半(12/24)的医药大学学报类北大核心期刊使用中英文图表题，图表身和图表注为全英文。可见，除欧洲语种的期刊外，日语、韩语期刊多使用全英文标注图表，中文期刊(除中华系列期刊为全中文图表外)更倾向于用中英文双语标注图表题，图表身和图表注为全英文标注。显然，这与本研究的结果，即中国医药大学学报类期刊刊载的论文多使用中英文图表题，中文图表身，中文图表注的标注方式是不一致的。

3.4 图表各部分语言标注的建议

基于以上调查和分析，同时结合《关于深化改革 培育世界一流科技期刊的意见》加强中文高端学术期刊及论文国际推广，不断提升全球影响力的重点任务，本研究对中文医药大学学报类期刊图表语言的使用提出如下建议：

首先，建议使用中英文对照图表，并且将中英文图表分开排版。在考量国家利益、坚定文化自信的前提下，越来越多的学者意识到我国学术领域英语化现象已对中文出版造成了一定的冲击[3,23-24]。因此，本研究建议文章正文中的图表使用全中文，英文信息统一在文后标注，全英文图表(包含图表题、图表身、图表注)位于文章题名、作者姓名、作者单位、摘要、关键词等信息后。这样既符合中文期刊理应使用中文的要求，保护了母语和母语研究成果，又能达到科研成果国际化传播、服务于全球科学家的目的，同时也避免了图表在正文中中英文对照因图表身信息量过大、内容太多而导致排版混乱、页面不够简洁美观、信息不易提取的局面。当然，图表的这种标注方式无疑会占用一定的版面，如果期刊不允许版面过多或作者承受不了高额的版面费，可以将图表的全部英文信息置于附加材料中。此外，中英文图表分开

排版便于读者在同一页面或者说同一区域找到想了解的信息，因为大多数国内读者只读中文，国外读者只读英文，鲜有读者花费时间跳转页面同时去读两种语言。实际上，已有部分中文期刊将文章题名、作者姓名、作者单位、摘要、关键词等英文信息放在文章最后了，只是还未涉及英文图表而已。

其次，建议出台相关标准，来规范图表英文信息的标注。有论文指出，需不需要标注英文信息要看受众和期刊定位，要考虑到期刊的学术水平、读者对象、学科分类以及在本学科所处位置：主要在国内传播与交流的科技期刊，使用母语有利于讨论本土问题，实现学术研究对我国基层科技人员的服务价值，盲目跟风、不切实际地标注英文信息去追求国际化是不可取的；而对于学术质量高、参与国际学术交流、已经有一定国际影响力的期刊，可以增强出版形式发布论文，结合图、表、视频等多语言展示研究论文成果，这种情况下，论文的图表则需要加详细的英文标注[3,11]。就医学期刊而言，笔者建议制定如下标准：参与国际学术交流的中文期刊如已经被 SCI、PubMed、Scopus 等国际检索数据库收录的期刊和国内的核心期刊如中国科学引文数据库(CSCD)、北大核心期刊、中国科技核心期刊，要求有英文图表信息，同时制定排版规范，统一将所有英文信息包括图表置于文章正文之后。对于图表很多的论文，为避免占据期刊太多的版面，可适当放在补充材料中，虽然需要额外下载阅读，但是如果读者有需要，至少能找得到，便于交流与传播，同时使期刊给读者留下良好的印象。其他非以上两类期刊，图表可进行简单的英文标注，只在中文图表题下方标注对应英文图表题即可。这样通过定位期刊所服务的群体以及期刊本身的水平，既可以避免因编辑英文水平不足而导致的图表英文信息标注错误，又能提升编辑工作效率，减少版面浪费，同时还能将人力资源利用最大化，促进传播国内优质科研成果，提升科技话语权。

最后，上述标准应在稿约中得以体现。本研究显示，稿约中的图表题语言标注要求对论文中对应内容的标注情况有积极影响，北大核心和非北大核心期刊论文图表题语言的标注与稿约要求的一致率差异不明显。可见，稿约对图表题语言的要求已趋于完善，所刊载论文图表题语言的标注基本都能按照稿约要求执行。但是对于图表身和图表注，长期以来，其语言的标注并没有像图表题一样得到重视，大部分期刊在稿约中未提及图表身和图表注语言标注的要求，所刊载论文也大都默认为使用中文图表身和图表注。显然，对于进入 SCI、PubMed 等国际检索数据库的期刊，中文图表身和图表注的标注方式已不能适应科技期刊国际化发展的需要，建议在稿约中应按照核心类期刊(进入国际重要检索数据库的期刊或国内核心期刊)与非核心类期刊做出规定，前者应明确规定，图表的各部分都应该有英文标注，与其他英文信息统一置于文后，后者只需要中英文图表题即可。

4 结束语

本研究以 55 种中国医药大学学报类期刊为样本，就其稿约中图表的语言标注要求及其刊发论文中图表的英文信息著录情况进行了调研与分析。研究发现，稿约对图表各部分语言的标注要求内容亟须完善，仅有 7 种期刊的稿约对图表各部分(含图表题、图表身、图表注)中英文的标注要求是完整的；无论是北大核心期刊，还是非北大核心期刊，其对图表题语言的标注要求远远大于图表身和图表注；中国医药大学学报类期刊稿约对图表各部分语言的要求及其刊载的论文多为中英文图表题、中文图表身、中文图表注；稿约中的图表题语言标注要求对论文中对应内容的标注情况有积极影响。为适应科技期刊国际化发展的要求，结合中文医药类科技期刊定位,建议参与国际学术交流的期刊和国内的核心期刊,图表的各部分都应该有英文标注,与其他英文信息统一置于文后,非以上期刊只需要中英文图表题即可。本研究的不足之处在于只考虑到稿约中对图表语言标注的客观数据对期刊刊载论文图表语言标注的影响,未考虑到编辑和作者这一人为的主观因素,有时候不管稿约中是否有要求,编辑在退修稿件时如果能对作者提出关于图表题、图表身、图表注的修改要求,作者一般都能遵照执行,相反地,作者在投稿时常常不严格按照稿约修改稿件,从这一点看,稿约似乎起不到什么作用。另外,本文只调研了55种中国医药大学学报类期刊,未来还要扩大样本量,继续研究北大核心及CSCD收录的中文医药核心期刊稿约及其所刊载论文中图表的英文信息著录情况,提出建设性意见。

参 考 文 献

[1] 中国科学技术信息研究所.2022 年中国科技论文统计报告发布[EB/OL].(2023-09-23)[2024-03-21].https://https://www.istic.ac.cn/html/1/284/338/15068400141409544642.html.
[2] 中国科学技术协会.中国科技期刊发展蓝皮书(2023)[M].北京:科学出版社,2023.
[3] 丁广治,陈玲,高霏,等.典型母语非英语国家科技期刊出版现状及其对我国科技期刊发展的借鉴[J].中国科技期刊研究,2023,34(12):1578-1583.
[4] 杨亚红,余党会.我国医学期刊英文编校常见问题的初步分析[M]//学报编辑论丛 2023.上海:上海大学出版社,2023:297-303.
[5] 阮雯,纪炜炜,徐亚岩,等.我国中文科技期刊提升国际传播能力的"英文长摘要出版"模式路径探析:以《海洋渔业》为例[M]//学报编辑论丛 2022.上海:上海大学出版社,2022:671-675.
[6] 侯翠梅.核科技期刊英文摘要编校中的常见问题及对策探讨[J].编辑学报,2012,24(增刊 1):S11-S13.
[7] 张翠红.中文期刊文章英文标题翻译常见问题分析及应对策略:以中医学相关期刊为例[M]//学报编辑论丛 2022.上海:上海大学出版社,2022:201-209.
[8] 宋国营,高洁,赵景辉,等.中文核心医学期刊作者姓名汉语拼音拼写情况调查[J].编辑学报,2013,25(5):445-447.
[9] 杨亚红.中文医学期刊论文作者依托单位的英文译写[M]//学报编辑论丛 2019.上海:上海大学出版社,2019:182-185.
[10] 何荣利.我国科技论文参考文献双语化著录中存在的问题与思考[J].中国科技期刊研究,2007,18(6):1063-1066.
[11] 田美娥,赵甜,贺元旦.科技期刊论文中英文信息的调查与分析[J].西安石油大学学报(社会科学版),2013,22(6):92-94,108.
[12] 侯春晓,高峻,万晶,等.中文农业科技期刊论文英文信息的现状与思考[J].编辑学报,2019,31(增刊 2):29-33.
[13] 李兰.中文期刊自然科学论文英文部分的审读及编辑加工[J].黄冈师范学院学报,2017,37(3):120-124.
[14] 学术出版规范插图:CY/T 171—2019[S].北京:国家出版总署,2019.
[15] 学术出版规范表格:CY/T 170—2019[S].北京:国家出版总署,2019.
[16] 学术论文编写规则:GB/T 7713.2—2022[S].北京:中国标准出版社,2022.
[17] 郭娜.科技期刊中英文图表题常见问题及分析[J].编辑之友,2011(增刊 2):6-7.
[18] 王敏.科技学术论文图表题名特征与英译:以土木工程为例[J].中国科技期刊研究,2011,22(3):456-459.
[19] 郭建顺,张学东,李文红.我国科技期刊图表英文标注现状分析[J].预防医学情报杂志,2016,32(1):99-101.
[20] 李汉铭.中文期刊图、表中的文字为何只用英文[J].编辑学报,2000,12(2):81.
[21] 张人镜.医学期刊发挥对外学术交流功能的探讨[M]//学报编辑论丛 1999.1999:226-228.
[22] 赵金燕,申玉美,周二强,等.美国《医学索引》收录的汉语期刊中图表编排特征分析[J].科技情报开发与经济,2014,24(21):118-121,129.
[23] 张伟伟,刘佼,赵文义,等.借力英文化实现中文学术期刊国际化出版[J].科技与出版,2018,10-15.
[24] 任滢滢.英语霸权视角下对中国科技期刊建设意识引导的思考[J].编辑学报,2024,36(1):18-24.

随机对照试验类文章的编辑审查要点及建议

韩宏志，陈思含，官 鑫，李昕蔚，姜瑾秋，李欣欣

(《吉林大学学报(医学版)》编辑部，吉林 长春 130021)

摘要：随机对照试验(RCT)是一种常见的、重要的研究设计类型，其在研究设计、试验实施和统计学分析等诸多方面具有独特性、专业性和复杂性，研究者、作者及医学期刊编辑通常基于RCT报告统一标准(CONSORT)声明和《中国高校医学期刊论文统计报告推荐清单(2023版)》进行此类研究的设计、试验实施和报告以及审查，但由于其涉及的专业性强，声明条目多，对于非流行病与医学统计学专业的人员而言，实施有一定的困难，现对已发表的RCT文章中出现的研究样本量、多中心临床试验、随机化、分配隐藏、盲法及方法应用的错误案例进行辨析，并提出相关医学期刊编辑审查要点，以提高编辑处理该类文章的能力。

关键词：随机对照试验；样本量；多中心临床试验；随机化；分配隐藏；盲法

随机对照试验(randomized controlled trial，RCT)是一种重要的研究设计类型，其在研究设计、试验实施和统计学分析等诸多方面具有独特性、专业性和复杂性。如果此类研究在试验设计和实施过程中质量控制不完善，研究论文不能完整准确地体现出整体试验，读者则不能通过论文判断临床试验的内部真实性和外部真实性。基于此，国际上于1996年应用并实施随机对照试验报告统一标准(consolidated standards of reporting trials，CONSORT)声明[1-2]，从患者招募、样本量、分组、随机化、盲法设置、干预措施实施、疗效评估、质量控制和统计学分析等方面详细阐明了RCT的设计要点，为RCT研究的设计、实施和报告质量等方面提供参考。该声明及其扩展版的应用提高并改进了RCT报告质量，有助于读者理解试验设计、实施、分析和解释RCT及正确评价试验的真实性(内部真实性和外部真实性)、可靠性和相关性等。通常以某项研究是否符合或满足该种类型RCT文章的试验设计、实施、质量控制和报告等方面的CONSORT及其扩展版相关清单条目百分比体现，但由于该声明条目较多，专业性强，医学编辑灵活正确应用有一定困难，因而对于医学期刊编辑识别此类错误的借鉴作用不明显。基于此，中国高校医学期刊论文统计报告规范编写组推荐使用的《中国高校医学期刊论文统计报告推荐清单(2023版)》[3]和中华医学会系列杂志的《CONSORT 2010对照检查清单》在RCT研究试验设计、样本量估算、统计学分析和结果解读等方面有其独特性和实用性，应用上述清单或声明也是医学期刊编辑辨别此类研究报告论文优劣性的依据。虽对提升RCT文章

基金项目：中国高校科技期刊研究会2021年医学期刊专项基金(CUJS-YX-2021-1-2, CUJS-YX-2021-2-3, CUJS-YX-2021-3-8)
通信作者：李欣欣，编审，E-mail：xxli@jlu.edu.cn

的编校有所帮助，但因上述几种声明和清单叙述比较笼统，非流行病与医学统计学专业的编辑很难参照声明和清单中的条目辨别该类文章中的错误，因此本研究对部分已经发表RCT文章中出现此类错误的具体案例进行辨析，在研究样本量、多中心临床试验、随机化与分配隐藏、盲法及方法应用的几个方面进行探讨，并提出相关审查要点，以提高医学编辑处理该类文章的能力。

1 基于CONSORT声明编校RCT类文章的现状及存在的主要问题

RCT类文章存在的主要问题：①虽然CONSORT声明于1996年制定施行，但医学期刊编辑对该声明的知晓率和掌握率偏低[4]；②一般情况下，RCT研究的设计者未能选取合适的CONSORT声明规范研究报告，医学期刊编辑因对RCT研究设计与统计学分析及CONSORT声明知识点的欠缺，无法进行有效甄别与指导，导致此类研究的报道质量偏低；③多数RCT研究未进行样本含量估计，导致样本量过少或样本量估算方法错误；④很多RCT研究仅用文字简单叙述"随机""分配隐藏"和"盲法"，但存在未对随机化方法具体描述、试验过程中未充分彻底地实施分配隐藏方法以及未能选取合适的盲法应用于目标人群及实施过程的不规范等错误[5]；⑤优效性试验、等效性试验和非劣效性试验的适用场景、研究目的与前提假设、对照选择、样本量估算、界值确定、统计分析与结果解读等方面均具有独特性，因此应参照其基于CONSORT声明的相应扩展版进行规范，但在实际应用中试验设计者和论文撰写者对其概念与应用理解不深不透，出现很多错用、误用案例[6]。

2 RCT类文章的编辑审查要点及建议

2.1 样本含量不足

在多数RCT研究中，研究者往往根据经验或参考已经发表的同类临床试验预估研究的样本量，另外各个版本的《医学统计学》所提供的样本量估算公式过于复杂，计算所需提供的参数指标过多，非流行病与医学统计学专业的研究者很难准确应用，而且多数研究团队中未邀请流行病与医学统计学专家参与，因此在临床试验设计之初常忽视样本含量的问题，多在编辑部专家审稿中被发现样本量不足而无法弥补。样本量过少会导致研究结果可重复性及代表性较差，抽样误差大，很难发现组间存在的真实差异，导致观察指标的稳定性和检验效能降低。研究者进行某项RCT研究时，试验组样本量估算一般步骤：①依据研究目的的确定主要观察指标(在Ⅱ和Ⅲ期临床试验中，以主要疗效指标为主要观察指标；在Ⅳ临床试验中以安全性指标为主要观察指标)；②依据研究目的和研究方案确定整个试验的设计类型(平行组设计、交叉设计、析因设计和成组序贯设计)、确定主要观察指标的数据类型(计量资料或计数资料)，判断对照的类型(安慰剂对照、阳性药物对照或者两者兼而有之)、试验组和对照组样本分配比例、区分显著性检验或区间假设检验，判断临床试验效应的比较类型(非劣效、等效性或优效性临床试验)；③按照对应的样本含量估算公式计算样本量。样本量估算的注意事项：①样本量的估算一般基于主要疗效指标。主要疗效指标须在临床试验前确定，一般仅为1个，应选择易于量化、可观性强和重复性高的指标。但基于中药治疗方面的观察指标会选择2个，即针对西医病症和针对中医证候，研究者应该按照2个指标分别计算，取最大值确定为该项研究试验组的样本量；②考虑资料质量、受试对象依从性、脱落和失访等因素，在实际抽样中应在计算出试验组样本量的基础上增加20%的样本量；③试验设计者应正确计算样本量并在所发表的文章中充分详实地描述细节，关注样本量、注重方法学质量从而减少临床试验中产生的偏倚。医学期刊编辑在日常稿件编审工作中常遇到的样本量估算问题举例如下：

案例1 某研究者采用前瞻性、多中心、随机双盲平行对照临床试验，旨在评价国产迷走神经刺激器治疗药物难治性癫痫(PRE)的疗效和安全性。但研究者未在文章中明确指出主要观察指标，仅以改良Engel癫痫疗效分级和McHugh疗效分级评价其疗效和安全性，未采用样本量估算公式计算试验组样本量，试验所选取的样本含量不足(对照组37例，试验组35例)，因此医学期刊编辑在审理此类文章中，如存在试验组和对照组选取的样本例数仅为20~40例时，应考虑样本量是否充足的问题[7]。

案例2 某研究者采用多中心、随机、对照临床研究观察舒筋健腰丸治疗腰椎间盘突出症的临床疗效及安全性，研究者选定了2种疗效指标：西医病症(腰痛及下肢窜痛评分)和针对中医证候(中医证候总积分)，但未进行基于针对主要疗效指标的样本量估算，这是中药治疗方面的RCT研究典型的样本量估算错误案例，一般情况下中药治疗性研究应分别基于西医病症疗效指标和中医证候疗效指标进行样本量估算，选取样本量高的估算值作为试验组的样本量[8]。

案例3 某研究采用前瞻性、多中心、随机、盲法、阳性药物对照的临床研究(非劣效性试验)，比较HES 130/0.4醋酸钠林注射液与HES 130/0.4氯化钠注射液应用于全麻非心脏手术患者的疗效及安全性，文章中未明确指定哪个指标为主要疗效指标，未进行基于非劣效性试验的样本含量估算，而分别基于平均动脉压(mean arterial pressure, MAP)、心率(heart rate, HR)和中心静脉压(central venous pressure, CVP)这3个指标进行了非劣效性试验，并得出相应结论[9]。

因此编辑在审阅此类稿件时，首先应判断试验组和对照组的样本含量是否足够，其次是研究设计中是否包括样本含量估算方法，最后判断样本含量的计算是否基于本研究的研究设计类型。

2.2 多中心临床试验

多中心临床试验是指多位研究者按同一试验方案在不同地点、不同医疗单位同时进行的临床试验。多中心临床试验的特点是收集病例快，病例多，试验规模大，试验周期相对短，研究范围广，样本代表性强，结论外推性(外部真实性)强；缺点是参与单位多，人员多，质量控制和标准化方面较难控制。医学期刊编辑在审理此类稿件时常会遇到下述几种错误：

案例4 某研究采用随机、双盲、安慰剂平行对照、多中心临床试验评价通心络胶囊治疗冠心病心绞痛的有效性和安全性，但整个研究仅以河南省漯河市中心医院收治的126例冠心病心绞痛患者作为研究对象，而非基于同一试验方案在不同地点、不同医疗机构进行的多中心临床试验，错误之处在于研究者对多中心临床试验概念理解错误，以单个医院独立进行的RCT研究错误描述为多中心临床试验[10]；

案例5 2016年9月—2017年8月中国中医科学院西苑医院等共10家临床研究中心采用多中心、随机、双盲、对照临床试验评价小儿复方鸡内金咀嚼片治疗小儿厌食症的疗效及安全性，该项多中心临床试验是由10个临床研究中心共同进行，但文章中未报告各中心试验治疗研究对象的例数及各临床研究中心试验组与对照组的人数比例，未进行中心效应的评价。医学编辑审理此类稿件，应建议作者报告各个临床研究中心治疗研究对象例数及中心内试验组与对照组的研究对象比例，并进行中心效应评价[11]。

多中心临床试验还应注意以下几个问题：①多中心临床试验可能存在中心效应，中心效应是指不同中心的观测结果之间差异有统计学意义。在多中心临床试验中，当主要变量易受主观因素影响时，各中心对结果的测量或评价可能存在不一致，需进行一致性检验；②多中心试验要考虑医院的级别、地理位置和季节分布等相关信息，有助于该研究外部真实性的分析和推广；③在双盲多中心临床试验中，如果中心数量较多，且每个中心病例数较少时，可统一进行随机，不按照中心分层随机，一般无须考虑中心效应对结果的影响；④多中心 2 组临床试验，各医院条件不同，治疗同一疾病的有效率可能不同，不宜简单相加，宜按分层处理；⑤多数多中心 RCT 因总体样本量不大，在研究报告和文章撰写时应描述各个中心治疗的试验组和对照组人数；⑥中心就是一个分层因素，试验中心就是一个重要的非试验因素。因此在实际操作中每个中心内受试者的组间比例应与总样本中受试者的组间比例大致相同，以保证各中心均衡可比。

2.3 随机化与分配隐藏

多数研究者对随机化概念的理解不够深入，在文章中未提供足够的有关随机化分配方法的信息，常按照"患者入院顺序"或"患者出生日期单双号"等错误方式进行随机化处理，这是典型的将"随意法"和"交替指定法"误认为随机化，即非随机化方法；或在文章中仅体现"随机分组""随机分配""随机化"和"随机"等词语叙述随机化过程，未进行随机化细节描述，无法使读者判断其随机化应用正确与否。一般情况下，研究者应在文章中报道随机化的具体方法(随机数字表法或计算机随机数字生产程序)和充分彻底的分配隐藏方法。

随机化是基线资料(人口学资料和临床特征)可比性的重要保证，因此医学编辑可依据论文结果中报告的基线资料简单判断试验随机化的效果，即主要基线资料指标在 2 组间比较差异无统计学意义($P>0.05$)，具有可比性。应叙述报告随机序列生产、分配隐藏的方法、分配隐藏的实施。不充分的随机化常会产生偏倚的结果，恰当的随机化、充分的分配隐藏才能有效避免选择偏倚和混杂偏倚；分配隐藏是做好随机分配的最好方法，最重要的、最关键的就是产生一个不可预测的随机分配序列并隐藏此序列直至分配开始。制定生产分配方案的研究者应该独立于确定受试者是否适合入选、实施治疗方案和分析结果的人。随机分配的目的是防止选择性偏倚，但不能保证各组间基线一致，RCT 研究报告应提供足够充分的信息使得其他研究者可以评价随机分配序列的方法及分组过程中产生偏倚的可能性。

2.4 盲法

随机化和盲法的合用有助于避免因处理分配的可预测在受试者的选择和分组时可能导致的偏倚。盲法可以在临床多个阶段控制偏倚，减少信息偏倚，提高受试者的依从性。CONSORT 声明中建议，试验采用盲法，在分配干预之后对谁设盲(受试者、研究者或结局评估者)及如何设盲。但在很多论文中研究者对盲法的叙述不清晰、不完整，实施不正确的情况屡见不鲜。在 RCT 类文章中常发现诸如下述错误：①某项研究通篇叙述双盲，但如何设置，具体实施过程未进一步叙述，读者无法通过文章叙述明确盲法的应用细节[10]；②某项研究未叙述盲法设计与实施，未对各中心试验组和对照组研究对象例数进行叙述，未进行伦理审批和知情同意，无临床试验注册和流程图[12]。在临床试验盲法应用中，研究者应该明确指出使用是单盲、双盲还是三盲，谁处于盲态(受试者、医护提供者、数据收集和分析者、结局评判者)，盲法使用的具体步骤、安慰剂的使用、治疗特征的相似性(外观、味道和服用方法)等。

2.5 方法应用错误

临床试验按照研究目的可分为差异性试验、优效性试验、等效性试验和非劣效性试验4种比较类型。差异性试验是指主要研究目的为显示2种治疗效果之间的差别大小与0之间的差别是否具有统计学意义的试验，在试验设计阶段不需要设定任何界值。非劣效性试验是指主要研究目的为显示试验药的治疗效果在临床上不比阳性对照药差的试验，在试验设计阶段需要预先设定一个界值，以界定试验药是否不比阳性对照药疗效差。等效性检验的目的是推断2个总体的差异是否在某个范围之内，其检验假设是针对一个区间。通常情况下的假设检验都属于差异性检验，其目的是推断药物间的差别是否有统计学意义，但这种统计上的差异有统计学意义并不代表具有临床上的差异，传统假设检验意义下的结论不可替代非劣效性或等效性假设检验的结论。一般情况下，医学统计学专家评审的是2组数据比较的差异是否有统计学意义，而临床研究者更关注的是2组数据是否临床等效。差异性检验不能准确地区分2种药物疗效差异的方向性和体现差异大小所揭示的真实临床意义，故国际上普遍使用优效性、等效性或非劣效性假设检验。在已发表的相关文章中会出现如下错误：

案例6 某项研究采用随机、双盲、对照、非劣效性临床试验评价乌灵胶囊治疗焦虑或抑郁状态的疗效及安全性，该项研究设计描述为采用非劣效性检验，但正文中未提及如何设定非劣性检验的界值，也未在结果部分进行非劣效检验结果的展示，仅采用一般差异性检验代替非劣效性检验，并得出某种药物非劣效于某种阳性药物的错误结论[13]。

除案例6外的几项错用误用研究典型案例：①《焦氏头针联合虚拟现实技术康复训练治疗帕金森病运动功能障碍：随机对照试验》[14]一文在方法中采用非劣效性试验进行样本含量估计，但结论中未用非劣效检验方法，而是强调本次研究方法的疗效优于对照组，研究需要在进行非劣效性试验的基础上才能得出某种药物或方法不劣于其他药物或方法的结论；②《心可舒治疗冠心病 PCI 术后焦虑抑郁的临床疗效》[15]文章中非劣效性试验叙述不清楚，未交代如何设定界值，仅以差异性检验方法(两独立样本 t 检验)进行非劣效性检验，并得出非劣效性结论；③《注射用头孢噻肟钠他唑巴坦钠治疗急性细菌感染的多中心单盲随机对照临床研究》[16]一文研究中未采用正确的非劣效性检验方法，而是在用显著性检验方法比较两组间差异无统计学意义的情况下得出非劣效性结论，也属于错用差异性检验方法代替非劣效性检验，并以此做出非劣效性结论；④《芪胶升白胶囊治疗气血两虚型白细胞与中性粒细胞减少症：多中心随机对照试验》[17]一文中简单叙述非劣效设计，但在试验实施和统计学分析过程中未严格执行；⑤《比较腹膜后与经腹腔行腹腔镜肾囊肿去顶减压术治疗肾囊肿》[18]的作者未能理解关于非劣效性检验的设计与统计学分析的真正含义，仅以2组间主要指标差异性比较结果，即差异比较无统计学意义就得出一种术式非劣效于传统术式的结论。

3 结束语

(1) RCT 研究在试验设计和统计学分析方面均具有复杂性和专业性，应用过程中易出现错用误用情况，因此建议相关部门加强对医学期刊编辑进行此类知识的培训，以提高医学编辑对样本量计算、随机分配、分配隐藏以及盲法等基本概念及其相关应用的理解以及辨识力，加深了解有关差异性试验与优效性试验、等效性试验和非劣效性试验的区别与联系，提升医学编辑处理此类稿件的能力。医学期刊应在稿约或征稿简则中明确要求 RCT 类文章应符合 CONSORT 声明。

(2) 样本量估算是试验设计阶段非常重要的环节,但也最容易被研究者所忽略,医学期刊编辑对此方面的认识也不够充分,仅遇到总体样本量或分组样本量特别少时才会引起注意,但尚未认识到样本量不足会严重影响研究结论可靠性、可重复性及研究效率。因此需通过继续教育和学术讲座等方式提升医学期刊编辑对此方面的认知,提高鉴别能力,提醒作者样本含量估算的重要性及必要性,方法学方面可以推荐作者参照陈平雁教授带领的南方医科大学生物统计学本科生团队在《中国卫生统计》连续刊发的"样本量估计及其在 nQuery 和 SAS 软件上的实现"系列文章及李志辉等主编的《PASS 检验功效和样本含量估计》。

(3) 按照世界卫生组织国际临床试验注册平台一级注册机构——中国临床试验注册中心的相关规定,包括 RCT 研究在内的临床试验研究应在开始招募受试者前或纳入第 1 例受试者之前申请注册,但查阅已发表的 RCT 类文章,进行临床试验注册的研究项目占比较少,多数期刊未在征稿简则或投稿须知中对临床试验注册的有关事宜进行说明并严格执行,因此应通过不同渠道和方式加强此方面的宣传,提高临床试验注册率,期刊应将是否进行临床试验注册作为临床研究文章发表的基本条件之一。

(4) CONSORT 声明(包含一个清单和一个流程图)及其扩展版的正确合理应用,可有效提升 RCT 研究报告的准确性、完整性和透明性,因此医学期刊编辑应熟悉 CONSORT 声明及其扩展版、《中国高校医学期刊论文统计报告推荐清单(2023 版)》和中华医学会系列杂志《CONSORT 2010 对照检查清单》,以便在审校此类稿件时查阅,检查是否存在缺漏项及具体实施情况,并将此类文章送流行病与医学统计学专家审理。

参 考 文 献

[1] DAVID M, SALLY H, KENNETH F S,等.CONSORT 2010 说明与详述:报告平行对照随机临床试验指南的更新[J].中西医结合学报,2010,8(8):701-741.

[2] 朱成斌,詹思延.如何撰写高质量的流行病学研究论文 第八讲 非劣效性和等效性随机对照试验的报告规范:CONSORT 声明的扩展[J].中华流行病学杂志,2007,28(8):821-825.

[3] 中国高校医学期刊论文统计报告规范编写组.中国高校医学期刊论文统计报告推荐清单(2023 版)[J].郑州大学学报(医学版),2023,58(6):875-882.

[4] 宋培培.中文医学期刊中随机对照试验报告规范的编辑审查[M]//学报编辑论丛 2022.上海:上海大学出版社,2022:244-248.

[5] 孙晋枫,张崇凡.上海市医学期刊中随机对照试验论文的报告规范性调查[M]//学报编辑论丛 2022.上海:上海大学出版社,2022:183-190.

[6] 周齐,严鸿伊,张艳丽,等.非劣效性设计临床试验[J].中国卒中杂志,2023,18(6):637-644,636.

[7] 孟凡刚,张凯,邵晓秋,等.国产迷走神经刺激器治疗药物难治性癫痫的前瞻性多中心随机对照临床试验研究[J].中华神经外科杂志,2016,32(9):913-917.

[8] 高景华,王宝剑,高春雨,等.舒筋健腰丸治疗腰椎间盘突出症(肝肾不足,风湿瘀阻证)的多中心随机对照试验[J].中国中医骨伤科杂志,2019,27(9):11-14.

[9] 杨雪媛,刘小颖,吴新民,等.HES 130/0.4 醋酸钠林格注射液与 HES 130/0.4 氯化钠注射液用于全麻非心脏手术患者容量治疗效果的比较:随机、盲法、平行对照、多中心临床试验[J].中华麻醉学杂志,2020,40(8):992-997.

[10] 王明磊,杨秀慧,张红雷.通心络胶囊对冠心病心绞痛随机、双盲、安慰剂平行对照、多中心临床试验[J].世界中医药,2019,14(11):2973-2977.

[11] 王艳,仲丹丹,冀晓华,等.小儿复方鸡内金咀嚼片治疗小儿厌食症(脾胃不和证)多中心随机双盲对照研究[J].中国中药杂志,2021,46(9):2298-2303.

[12] 陈峰,俞海英,莫碧文,等.注射用头孢哌酮钠他唑巴坦钠(6:1)治疗中重度呼吸系统急性细菌性感染的多中心随机对照临床试验[J].中国新药杂志,2021,30(23):2194-2202.

[13] 史丽丽,赵晓晖,王瑛,等.乌灵胶囊治疗焦虑、抑郁状态的随机双盲对照研究[J].中华神经科杂志,2009,42(11):776-779.

[14] 洪珍梅,邱纪方,张淑青,等.焦氏头针联合虚拟现实技术康复训练治疗帕金森病运动功能障碍:随机对照试验[J].中国针灸,2022,42(7):726-730.

[15] 詹萍,吴丽君,王星辉,等.心可舒治疗冠心病 PCI 术后焦虑抑郁的临床疗效[J].中西医结合心脑血管病杂志,2017,15(23):2960-2962.

[16] 曹文峰,王亮,陈章,等.注射用头孢噻肟钠他唑巴坦钠治疗急性细菌感染的多中心单盲随机对照临床研究[J].中国新药与临床杂志,2014,33(1):49-53.

[17] 张玲,叶宝东,曾清,等.芪胶升白胶囊治疗气血两型白细胞与中性粒细胞减少症:多中心随机对照试验[J].中国中西医结合杂志,2021,41(11):1330-1335.

[18] 马仲顺.比较腹膜后与经腹腔行腹腔镜肾囊肿去顶减压术治疗肾囊肿[J].实用中西医结合临床,2019,19(5):26-28.

出版者的首发权与一稿多发现象

甄 鹏

(山东大学科技期刊社，山东 济南 250100)

摘要：厘清了《著作权法》中"发表"的概念。发表分为两个步骤：作者投稿和出版者发表。首发权有两个涵义。出版者的首发权被法律默认，但是未得到现行法律的保护。一稿多发与出版者首发权关系密切。不允许一稿多发意味着出版者拥有首发权。一稿多发不违法，而是学术不端行为。避免一稿多发，需要出版者和作者共同努力。建议法律确立"尊重出版者首发权"的原则。网络出版的出现对首发权带来冲击，期刊和网络平台应通过协议分享首发权。

关键词：首发权；一稿多发；著作权法；学术不端

首发权是作者和出版者非常关注的权利，学界对此做了一定的研究。比较有代表性的文章有叶向荣的《维护报刊首发权——也谈一稿多投问题》[1]、徐言的《论报刊的首发权》[2]、马建平和张莉的《试论报刊社的首发权》[3]、詹启智的《报刊社是否应当享有"首发权"》[4]和《关于报刊首发权的若干问题研究——兼与马建平、张莉等同志商榷》[5]等。

总的来说，学界对首发权的看法存在很大分歧。有的人支持，有的人反对，有的人有条件地支持。对什么是首发权，观点也有明显差别。叶向荣认为首发权是一种专有使用权[1]。徐言认为"首发权是一种比较特殊的邻接权"[2]。马建平和张莉认为首发权是一种使用权，但与专有使用权不同[3]。詹启智认为首发权不是邻接权，而是一种合同权[5]。

与首发权一样，人们对一稿多发的认识也存在巨大差异[6-11]。有的站在出版者角度，有的站在作者角度，其中存在一些极端看法。有人认为一稿多发的作品是"优秀作品"，一稿多发造就"不朽作品"，有利于实现"社会和谐"[9]。

造成这些乱象的根本原因是"发表权""首发权"概念不清。本文厘清了《著作权法》中"发表"的概念，指出"首发权"有2个涵义。在此基础上，论述一稿多发与首发权的关系，提出对一稿多发的正确态度。

1 与发表有关的权利

1.1 发表权

《著作权法》对"发表"的概念表述不清。2020年修改的《著作权法》第十条规定：发表权是"决定作品是否公之于众的权利"。按照此定义，发表指将作品公之于众。

作品的种类很多，本文仅探讨文字作品。《著作权法实施条例》第四条规定，文字作品是指小说、诗词、散文、论文等以文字形式表现的作品。按照《著作权法实施条例》第二十条，公之于众有两种方式：自行公之于众和许可他人公之于众。

在实践中，公之于众主要通过报纸、期刊、图书、音像制品、电子出版物、网络等出版物进行。换言之，发表的主要途径是出版。《著作权法》《出版管理条例》在很多情况下，"发表"和"出版"混用。例如，《出版管理条例》第二十七条提到"报纸、期刊发表的作品"，此处的"发表"和"出版"意思相同。由于《著作权法》使用"发表"远多于"出版"，且"发表"的涵义比"出版"广泛，本文使用"发表"这一说法。基于习惯，本文使用"出版物""出版者"，而不是"发表物""发表者"。

通过出版物发表有两个步骤。第一，作者向出版者投稿，同意公之于众。这个权利是作者的投稿权，或者叫同意发表权。第二，出版者将作品公之于众，并因此拥有一些权利。这个权利准确地讲叫发表权。按照人们日常的理解和认知，所谓的发表主要指作者在出版物上发表。或者说，离开出版物，作者无处发表。《著作权法》里的发表权实际上是投稿权(或同意发表权)，是作者的权利。

著作权包括人身权和财产权。人身权指发表权、署名权、修改权和保护作品完整权。署名权、修改权、保护作品完整权都可由作者独立行使，但是发表权必须由作者和出版者联合行使(下面将提到，作者可以是出版者)。这是发表权的特殊性。财产权包括复制权、发行权、信息网络传播权、汇编权等。财产权可以转让、许可使用，而人身权不能。

1.2 首发权

学界对首发权的涵义有两种不同的认识。一些文章认为是出版者的权利[1-3]，另一些文章认为是作者的权利[12-14]。其实，首发权有两个涵义：①一篇论文在同类论文中首先发表，首次提出或发现了某现象、规律等；②同一篇论文由不同的出版者发表，最早发表的出版者拥有一些权利。

首发权的第一个涵义称为成果的首发权。现在流行的"争夺论文的首发权"等说法[15-16]就是这个涵义。作者和出版者争取早发论文是在"抢首发"，叫"抢首发权"有些勉强。正如，人们"争夺冠军"，而不是"争夺冠军权"。首发权的第一个涵义与本文主题无关，本文只讨论第二个涵义——出版者的首发权。

《著作权法》第三十五条第一款指出："著作权人向报社、期刊社投稿的，自稿件发出之日起十五日内未收到报社通知决定刊登的，或者自稿件发出之日起三十日内未收到期刊社通知决定刊登的，可以将同一作品向其他报社、期刊社投稿。双方另有约定的除外。"似乎报刊社有首发权(或叫先载权)。但是，法律没有规定首发权的内容。按照本条第二款的规定，其他报刊转载作品只需向作者支付报酬，不必向首发的报刊支付。首发报刊没有经济上的权利。

法律没有禁止作者在作品发表后向其他报刊投稿，更没有再次投稿的违法责任。法律也没有禁止其他报刊在作品发表后再次发表作品，也没有相应的违法责任。从而，《著作权法》第三十五条隐含的首发权概念只是纸面上的，没有操作性。

2 一稿多发

一稿多发指主要内容相同的作品发表在不同的出版物上。重复发表与一稿多发的基本涵义相似，但又有不同。重复发表可以包括全文重复发表，也包括部分内容重复发表。一稿多投指作者将同一作品向不同的出版物投稿。

一稿多发有两个主要弊病：成果重复，易导致学术浪费和学术不端；侵害了首发出版者的权利和利益。举例来说，有人在申报项目、成果、奖励、荣誉称号过程中填报了多篇文章，实际上是一稿多发。一稿多投是造成一稿多发的原因之一，但不能说一稿多投一定导致一稿多发。编辑进行学术不端检测、审稿人从专业把关，都可减少一稿多发。

一稿多发与首发权关系密切。出版者有首发权意味着不能一稿多发，或者一稿多发受到限制。不允许一稿多发反映了出版者拥有首发权。一稿多发与首发权有相同处，也有不同处。我国现行的《著作权法》未禁止一稿多发。

《著作权法》第三十五条有两个明显问题：其一，出版物用稿率低是普遍现象，一稿一投会严重耽误作品的发表；其二，有些作品时效性非常强，几天后意义或影响会显著变小。第三十五条没有区分时效性，对作者不公平。如果作者严格按照法律去做，将丧失发表作品的良机。进一步，该条款无罚则，意味着没有法律上的约束力。在出版者与作者关系中，出版者处于强势地位，作者处于弱势地位。一稿多投成为弱势作者对抗强势出版者的补偿手段。

教育管理部门与高等学校将一稿多发定为学术不端行为，例如教育部发布的《高等学校哲学社会科学研究学术规范(试行)》指出"学术成果不应重复发表"。这是学术规范的要求，但是在操作中比较灵活。《高校人文社会科学学术规范指南》称："稿件原则上只能在一个刊物上发表，避免一稿多发。"使用"原则上""避免"之类的措辞，比较笼统。这个问题很复杂，不宜也无法规定得太细。

《指南》规定："由于无法掌握发表情况同时向多处投递稿件，在第一次发表后，应立即通知其他投递处停止处理稿件。"这个规定承认作者可以一稿多投。它与《著作权法》矛盾，对作者有利。《指南》还规定："超过刊物退稿时间而突然发稿形成一稿两投(笔者注：应为'发')，责任在刊物不在作者。"《学术出版规范 期刊学术不端行为界定》(CY/T 174—2019)将一稿多投、重复发表定为学术不端行为。

3 案例与探讨

出版者对首发权维权没有积极性，难度也大。笔者的一篇文章在某杂志首发，几年后别人投稿刊登在另一杂志上。这种做法侵犯了作者的著作权，也侵犯了首发杂志的权利。这个案子产生很大影响，但是首发期刊没有任何反应。通过这件事容易得出：对一个具体作品而言，作者的权利远比出版者的权利重要。

有文献提到一些作者因为稿件被其他期刊录用或刊用而要求撤回投稿的案例[6]。然而，笔者在多年的编辑工作中并未遇到以这种理由撤稿的。在发送录用通知后遇到的非正常撤稿，作者的理由往往是发现严重错误需要修改，也有的说是本课题组其他作者有类似文章被其他刊物发表，与这篇文章存在重复。这些理由是真是假难以分辨。作者大多知道一稿多发是不道德的，通常不会直接以这个理由申请撤稿。笔者遇到一个作者撤稿后经过修改重投，说明他没有一稿多投。

为了保证拥有首发权，一些期刊社让作者签订著作权转让合同。学界对此有一些研究、分析[17]。笔者研究了多个期刊的合同，发现了很多问题。这些问题包括：合同需要双方签章，这些合同由作者单方签字，无效；不具备合同的基本条款，不应视为合同，而是承诺书；不向作者支付报酬或支付很少的报酬，却受让作者的大量权利，显失公平，根据《合同法》第五十四条，属于可撤销的合同；无法保证是作者本人签字，只要有一人代签，就会质疑合同的效力；作者提交的是复制件，一旦作者否认，可能留下隐患……

这些著作权转让合同漏洞百出。即使它们内容、形式完美，也很难有法律效力。这是因为《著作权法》规定发表权属于作者，而作为人身权的发表权不能转让。笔者知道一些期刊社与作者签有著作权转让合同，但是从没有用过。期刊社多次遇到作者主动撤稿，按照合同，本可以尝试追究这些作者的责任。著作权转让合同成了空架子、睡美人条款，好看不好用。原因有两个：合同有缺陷；期刊社嫌麻烦。

现行法律没有明确提出首发权概念，但是它值得进一步深入探讨。出版者的首发权是出版者因首先发表作品从而拥有的权利。出版者包括传统出版者，例如报社、期刊社、出版社，也包括新媒体，例如网站，甚至博客、微信公众号等自媒体。自媒体的出现使作者可以成为出版者。此处的出版者是广义的，不限于《出版管理条例》规定的出版单位。法律应为自媒体及其使用者、拥有者留有发展空间。

首发权具有特殊性，可能存在多家出版者拥有首发权。举例来说，作者向两家期刊同时投稿，两家期刊同时发表作品。这两家都拥有首发权。理论上，首发权应属于一个出版者，但是本案例中，两家期刊都没有错误，错误是作者造成的。根据民法上的善意原则，两家期刊都不应排斥对方的首发权。如果两家期刊出版时间不同，但是后发表者不知前一家已经发表，根据善意原则，仍可拥有部分首发权。

网络发表的出现给出版者首发权带来了冲击。预印本是作者的文章在期刊发表之前在网络平台发表的供开放存取的电子版本。它对期刊的首发权造成了不利的影响[18-19]。我国的很多期刊在纸质出版前在知网等平台进行网络首发，那么这些文章的首发权属于知网还是期刊？还是属于二者共同享有？

有人认为知网首发是期刊提交的，应该归期刊，知网只是平台。这个理由并不充分。对作者来说，文章是他提交给期刊的，期刊也只是个平台。这种情况，期刊和网站平台共同拥有首发权，以前者为主，权益分配由合同确定。与通常的预印本模式不同，知网等网络首发是期刊提供给平台的。

4 措 施

作者的权利和出版者的权利经常有冲突。解决问题不应明显倾向于一方，应在作者和出版者之间保持平衡，即采取折中的做法。建议修改《著作权法》，明确提出"尊重出版者首发权"，但是不规定具体罚则。

在一些特殊情况下，限制出版者的首发权，允许一稿多投和一稿多发。《著作权法》规定，作者有"获得报酬"的权利，"对内容的修改，应当经作者许可。"假如出版者违反上面的条款，应允许作者一稿多投和其他出版者一稿多发。对出版者没有过错的一稿多发，先发者有首发权，后发者有共同发表权。

理论上，出版社出版图书也有首发权，但是出版社不特别在意，因为他们可以签合同享有专有出版权。专有出版合同非常规范，不需要首发权来保障出版社的权利。期刊社与作者签订规范的合同有困难，这是因为期刊社面对的作者众多，单个合同价值小。

学术论文不允许一稿多发，非学术论文不必如此。在个人的博客、公众号发表上的作品可投稿给其他媒体，网站作品(特别是不给报酬的网站作品)可投稿给纸质媒体。不过，在一家纸质媒体刊载之后，不宜再拿到另一家纸质媒体刊载。

个别媒体要求作品没有在包括博客、公众号在内的其他媒体发表过。从作品的新颖性考虑，有一定道理；从著作权的角度考虑，就没有道理了。著作权的侵权一般是剽窃，发表的媒体可能承担连带责任。由于作者一稿多投导致一稿多发，出版者不用担责。

有的作者有初步想法时写成短文发表在博客、公众号上，待思想成熟时写成学术论文。如果新文在篇幅、内容、观点、结论上明显超过旧文，期刊应当允许作者投稿，不要拘泥于陈腐的观念一拒了之。作品的重复率仅是参考，要看重复的具体内容和创新点。

Cell Press 推出"多期刊投稿"，也就是一稿多投，但是仅限于 Cell Press 内部以及合作的期刊[20]。这是编辑出版行业进入电子时代的新发展，对缩短论文发表周期有积极的作用。

避免一稿多发，需要出版者和作者共同努力。出版者要加快流程，缩短出版时滞，并及时给作者发送用稿和不用稿通知；作者应避免向多个期刊同时投稿，在文章发表或被录用后不再投稿，已投稿的应撤回。出版者建立学术不端黑名单，对一稿多投的作者终生不接受投稿。情节严重的，公开批评并通知作者所在单位。这会起到很好的震慑作用。

参 考 文 献

[1] 叶向荣.维护报刊首发权:也谈一稿多投问题[J].编辑之友,1998(2):51-54.
[2] 徐言.论报刊的首发权[J].电子知识产权,2003(8):53-57.
[3] 马建平,张莉.试论报刊社的首发权[J].湖北第二师范学院学报,2013,30(7):126-129.
[4] 詹启智.报刊社是否应当享有"首发权"[J].科技与出版,2011(5):46-48.
[5] 詹启智.关于报刊首发权的若干问题研究:兼与马建平、张莉等同志商榷[J].湖北第二师范学院学报,2014,31(7):125-129.
[6] 李夕菲.从一稿多发看《著作权法》对学术期刊出版权益保护的缺位[J].广东省社会主义学院学报,2017(3):96-100.
[7] 马建平,骆东平.一稿多发的合法性分析[J].科技与出版,2012(1):53-56.
[8] 詹启智.一稿多投是著作权人依法享有的合法权利:兼论一稿多发后果的规制[J].出版发行研究,2012(2):52-55.
[9] 刘明仁.一稿多发现象与社会和谐的理论探索[J].法制博览,2017(2 下):29.
[10] 刘吉元."一稿多投"的重新审视与"一稿多发"的编辑预防[J].南华大学学报(社会科学版),2006,7(2):116-121.
[11] 陈柏安.论多维视角下的"一稿多投"和"一稿多发":兼评报刊杂志对其发表的作品的独占使用权[J].知识产权法研究,2008,6(2):37-47.
[12] 孙可.学术期刊优先数字出版的实施方式及要素[J].四川理工学院学报(社会科学版),2013,28(2):109-112.
[13] 高存玲,姜昕,庞峰伟,等.学术期刊网络出版进程与纸本期刊的未来[J].中国科技期刊研究,2020,31(3):253-258.
[14] 王颖,张智雄,钱力,等.ChinaXiv 预印本服务平台构建[J].数字图书馆论坛,2017(10):20-25.
[15] 王娇,蔡斐,李明敏,等.服务国家重大战略需求,争夺论文全球首发权:以《中国航空学报(英文版)》为例[J].编辑学报,2021,33(3):331-334.
[16] 刘青.中国科技论文首发权出境原因、影响及对策[J].科技和产业,2023,23(12):56-62.
[17] 秦珂.部分学术期刊著作权转让合同内容的调查分析[J].科技与出版,2007(1):40-42.
[18] 李江丽.期刊版权政策对电子印本自存档的制约与调整[J].情报理论与实践,2009,32(10):75.
[19] 何方,李涛,王昌度.学术论文网络优先传播主要途径辨析及整合建议[J].中国科技期刊研究,2018,29(11):1111-1112.
[20] 殷宝侠,代小秋,王梅.开放一稿多投对于学术期刊出版的新思考[J].编辑学报,2024,36(3):265.

基于善锋软件审校参考文献应注意问题及编校策略

郭凤霞[1]，胡长进[1,2]，徐宽业[1]，陈文琳[2]，左 萍[2]

(1.中国科学院合肥物质科学研究院文献情报与期刊中心《大气与环境光学学报》编辑部，安徽 合肥 230031；
2.中国科学院合肥物质科学研究院文献情报与期刊中心《量子电子学报》编辑部，安徽 合肥 230031)

摘要：基于参考文献管理软件善锋软件的实际使用经验，具体分析了善锋软件的使用优势，如适用范围广、功能多、审校快速且准确率高等，特别是其个性化量身定制功能满足了期刊的具体需求。因善锋软件检索结果均来自于来源数据库的客观数据，这些数据中的差错会被善锋软件检索并输出到结果中。本文列举了软件检索结果产生差错的类型，详细分析了产生错误的缘由，给出了编辑编校策略，即编辑应正确地使用善锋软件，在深入了解软件特性和功能上采用软件检测+人工复核模式对参考文献进行审校，并充分利用软件提供的链接功能，对存疑的参考文献的著录项目逐一核对，以保证参考文献审校的准确性。

关键词：善锋软件；参考文献；数据库；规范化

参考文献是科技论文必备的组成部分，正确引用和著录参考文献非常重要，国家标准 GB/T 7714—2015《信息与文献 参考文献著录规则》[1]对各个学科、各种类型信息资源的参考文献的著录规范也进行了详细规定。期刊编辑在编校实践中发现参考文献出错的概率较高，而按照标准[1]规范参考文献的过程极其繁琐复杂，因此编辑在进行文献原文比对过程中工作量极大，难度也很高，相当费时费力，即使编辑付出巨大努力，但百密一疏，不可避免仍会存在错误。因此如何有效提高科技论文参考文献编校的工作效率，提高参考文献引用和著录的规范性，成为大家极为关注的问题。近年来，得益于计算机与网络技术的发展，相应的文献管理软件也得到了迅速发展。EndNote、NoteExpress、Reference Manager、NoteFirst、腾云协同采编系统、医学文献王等是目前使用较多的软件或系统[2-6]。也有作者根据自身需求，研发了针对特定期刊参考文献编辑的软件[7-8]。但这些软件并不能实现所有类型文献的自动检索，并存在其他各种各样的不足之处，难以为众多编辑掌握并推广应用于各期刊参考文献的审查。而善锋软件自推出以来，几经完善，已成功开发完成"定制版 Word 参考文献自动校对系统"[9]，该系统可根据各期刊论文参考文献具体格式要求进行量身定制。目前，善锋软件凭借其操作简单、检索结果全面精准等优势已成为众多编辑审校参考文献的有效工具[10-12]。

笔者近几年也一直在借助善锋软件对期刊参考文献进行审校，发现善锋软件虽然给参考文献编校工作带来了极大的便利，但由于软件依托的源数据库中的文献信息有时也存在一些差错，编辑对软件若使用不当，则最终并不能完全消灭参考文献原有差错，甚至会带来新的差错。鉴于此，笔者基于自身工作实践，总结了善锋软件的优势以及使用善锋软件审校参考文献时应注意的问题，并针对出现的问题给出了编校策略，以期为编辑同人使用善锋软件提供参考，更好地提高参考文献的规范性，进一步提升期刊的学术质量和出版质量。

1 善锋软件审校优势

善锋软件以"精准、规范、专业、快捷"作为产品要素，采用量身定制和创新应用模式提供参考文献自动校对服务。相比于人工校对及其他参考文献管理软件，善锋软件具有自身优势：①适用范围广，目前可适用于期刊论文、部分中文图书、中文学位论文、国际会议、英文图书和学位论文等的检索和参考文献自动校对，正逐步完善报纸、专利、电子文献等的自动校对功能。②功能多，除基础配制，善锋软件还可根据期刊进行个性化量身定制；提供参考文献原文链接功能；还具有引文一致性校验、参考文献查重、Word文件数据清洗等功能；2024版还新增了"自助补缺"功能，即对于第一次没有检索到结果的文献(黑色字文献)，在其结尾追加了三四个"【自助补缺】"链接，编辑可自助链接到不同搜索引擎进行文献补查，进一步增加了文献的检出率。③使用体验友好，审校快速且准确率高、可检测较为隐蔽性的细节错误等。

图1为来自善锋软件使用说明文档中关于英文文献检测结果的示例。由图可知，善锋软件检测结果非常清晰易懂且便于原文核对。

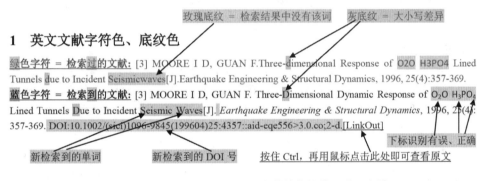

图1 英文文献检测结果示例(来自善锋软件使用说明文档)

1.1 根据期刊个性化需求量身定制

善锋软件可根据各期刊编辑部对论文参考文献的格式要求进行量身定制，具体定制内容包括基础配制和个性化配制，其中基础配制基本可以满足大多数期刊的参考文献内容和格式的核查；个性化配制则是根据各期刊参考文献著录个性化格式要求增加细节性的配制，如"双语"的基本配制为"单语"，而个性化配制则可根据期刊的具体要求增加"文献双语""仅刊名用双语"以及"加(in Chinese/in Chinese with English abstract)"等选项，"姓名"的基本配制为"3个作者，等."，这也是标准中的格式要求，而个性化配制则增加了"只取第一作者后带',等'""6个或更多作者后带',等'""列出所有作者"等选项，另外还有英文标题、中文刊名、卷号、期号、页码、DOI号等个性化配制内容供期刊选择。期刊编辑通过本地电脑自行下载由善锋软件提供的程序，运行程序即可在Word文件中直接对参考文献内容与格式进行真实性、完整性、准确性的自动校对，所有检索结果均来自全球主流中英文数据库或期刊网站，全面精准。

期刊本身的文献格式有很多细节，作者即使按照编辑部提供的模板规范参考文献格式，也可能会出现各种细节错误。而善锋软件根据编辑部具体要求对参考文献著录格式进行规范化、标准化，纠正了很多细节上的各种类型错误，很大程度上减轻了编辑的肉眼核对及手工调整工作。

1.2 审校快速、准确率高

善锋软件审校简便、快捷、准确率高且可批量处理，易于为编辑掌握，可显著减少由人为因素引起的差错，并将编辑从繁琐的体力劳动中解放出来，降低人力成本，极大地提高了工作效率及参考文献引用和著录的正确率。笔者使用善锋软件进行检索，30 条文献(中文和英文文献各半，中文文献为双语，检索相对较慢)用时约 5 min，即每条文献检索时间约为 10 s。检索速度一方面受电脑环境和网速影响，为此，在首次使用善锋软件进行参考文献检索之前，须运行小程序"善锋软件(R)_电脑环境自助优化小帮手"来优化本地电脑环境。检索速度另一方面主要取决于上游数据网站，目前已知的是 Nature、剑桥大学出版社、Wiley，以及改版后的万方等网站数据响应偏慢。万方改版后不仅响应偏慢，还会偶尔导致某一条文献检索失败。为此，程序新增整体复检功能。即允许用户在上一轮检索刚刚结束之后(即未清除[知网][万方][LinkOut]等标记，并且未手工改变字符颜色)，立即从头开始再次检索。复检过程中，程序会自动跳过已经完成检索的文献，直接检索字符为黑色的文献[9]。

为进一步提高检索速度和成功率，编辑可将参考文献部分整体复制，新建一个 Word 文件，将这组文献选择性粘贴为无格式文本，然后在这个新的 Word 文件中检索，能够较大程度提高检索的速度和成功率。

1.3 提供参考文献原文链接

善锋软件依托中国知网、万方、维普以及 ScienceDirect、Scopus、Wiley 等国内外各大知名的权威数据库或期刊官网对论文参考文献进行审校，并在检索到的参考文献末尾根据实际检索网站列出如[知网]、[万方]、[LinkOut](如图1)等链接标记。编辑可通过点击链接标记直接进入参考文献对应的官网或数据库，快速查看参考文献原文的相关准确信息。

在参考文献校对工作中，期刊编辑应充分利用软件检测结果中的原文链接功能，快速查找原文信息进行核对并规范参考文献著录项目，从而节约时间成本，减少在审校参考文献时的工作量。

1.4 可检测较为隐蔽性错误

善锋软件通过比对源数据库中参考文献的相关信息，可以发现人工编校时难以发现的隐蔽性著录错误，如页码不对、期刊名错误、主要责任者错误、遗漏卷号或期号、题名项有错字等。表 1 列举了善锋软件检测到的几种较为隐蔽性错误。

表 1 列举的实例中各种细节性错误单凭肉眼非常难以察觉，除非和原文逐一核对，但这种传统的核查校对方法极其耗费时间。而善锋软件依托各大知名数据库对参考文献的各著录项进行审校，可以找到并纠正参考文献中较为隐蔽性的错误项(包括标点符号、字符大小写、上下标、正斜体等都一一审查)，并用彩色底纹进行标注，提醒编辑注意，应追加人工核对。善锋软件极大地提高了参考文献审校工作的效率和准确率，确保了参考文献的著录质量，无疑是编辑同人的好帮手。

1.5 参考文献重复性、一致性及连续性审查

善锋软件的辅助工具"善锋软件(R)_参考文献自动校对前数据清洗与校对后数据清除二合一小程序"可对参考文献的著录重复性、引用一致性、引用连续性等问题进行审查；并可对引

表 1 善锋软件检测的隐蔽性错误

原参考文献	软件检索结果	错误著录项目
Punchalard R, Lorsawatsiri A, Loetwassana W et al. Direct frequency estimation based adaptive algorithm for a second-order adaptive FIR notch filter[J]. Signal Processing, 2008 89(7):1428-1435.	Punchalard R, Lorsawatsiri A, Loetwassana W, et al. Direct frequency estimation based adaptive algorithm for a second-order adaptive FIR notch filter [J]. Signal Processing, 2008, 88(2): 315-325.	卷期号错误 页码错误 漏标点符号
Li Z Q, Xie Y S, Shi Y S, et al. A review of collaborative remote sensing observation of greenhouse gases and aerosol with atmospheric environment satellites [J]. Journal of Remote Sensing, 2022, 26(5): 795-816. 李正强, 谢一凇, 石玉胜, 等.大气环境卫星温室气体和气溶胶协同观测综述 [J].遥感学报, 2022, 26(5): 795-816.	Li Z Q, Xie Y S, Shi Y S, et al. A review of collaborative remote sensing observation of greenhouse gases and aerosol with atmospheric environment satellites [J]. National Remote Sensing Bulletin, 2022, 26(5): 795-816. 李正强, 谢一凇, 石玉胜, 等. 大气环境卫星温室气体和气溶胶协同观测综述 [J]. 遥感学报, 2022, 26(5): 795-816.	中文期刊的英文名变更引起的错误(原参考文献引用了旧刊名)
Monks P S, Archibald A T, Colette A, et al. Tropospheric ozone and its precursors from the urban to the global scale from air quality to short-lived climate forcer[J]. Atmospheric Chemistry & Physics Discussions. 2014, 14(23).	Monks P S, Archibald A T, Colette A, et al. Tropospheric ozone and its precursors from the urban to the global scale from air quality to short-lived climate forcer [J]. Atmospheric Chemistry and Physics, 2015, 15(15): 8889-8973.	期刊名错误 年份错误 卷期号错误 页码错误
Wei Z F, Peng J H, Lv Z H. Dynamic changes of rural landscape along the laodao river[J]. Journal of Northeast Forestry University, 2020, 48(10): 41-48. 魏姿芃, 彭佳恒, 吕振华. 捞刀河畔乡村景观动态变化特征[J]. 东北林业大学学报, 2020, 48(10): 41-48.	Wei Z P, Peng J H, Lü Z H. Dynamic changes of rural landscape along the Laodao River [J]. Journal of Northeast Forestry University, 2020, 48(10): 41-48. 魏姿芃, 彭佳恒, 吕振华. 捞刀河畔乡村景观动态变化特征 [J]. 东北林业大学学报, 2020, 48(10): 41-48.	主要责任者拼读错误 题名中专有名词大小写错误
白彬, 吴庆瑞, 周轩宇. 浅谈激光雷达技术在大气环境监测中的应用[J]. 资源节约与环保, 2021, 09: 56-57.	白 彬, 吴庆瑞, 周轩宇. 浅谈激光雷达技术在大气环境监测中的应用 [J]. 资源节约与环保, 2021(9): 56-57.	期号格式错误
Yuan X, Yan Q S. Dynamic evolution and Simulation of land use landscape pattern in Nanchang [J] Jiangxi Science, 2022, 40 (2): 291-199. 袁雪, 颜七笙. 南昌市土地利用景观格局动态演变与模拟研究[J]. 江西科学, 2022, 40(2):291-199.	Yuan X, Yan Q S. Research on dynamic evolution and simulation of land use landscape pattern in Nanchang City [J]. Jiangxi Science, 2022, 40(2): 291-299. 袁 雪, 颜七笙. 南昌市土地利用景观格局动态演变与模拟研究 [J]. 江西科学, 2022, 40(2): 291-299.	作者自行翻译中文参考文献对应的英文题名大小写错误

续表 1

原参考文献	软件检索结果	错误著录项目
Hadjimitsis D, Clayton C R I, Hope V S. An assessment of the effectiveness of atmospheric correction algorithms through the remote sensing of some reservoirs [J]. International Journal of Remote Sensing, 2004, 25: 3651-3674.	Hadjimitsis D G, Clayton C R I, Hope V S. An assessment of the effectiveness of atmospheric correction algorithms through the remote sensing of some reservoirs [J]. International Journal of Remote Sensing, 2004, 25(18): 3651-3674.	主要责任者名字不全 漏期号
Xun R K, Zhao X, Bu Y K, et al. Dynamic Study on the Heat Island Effect and Landscape Pattern in Urban Area of Hangzhou[J].Research of Soil and Water Conservation, 2019, 26(01): 316-322. 荀睿坤, 赵选, 卜元坤, 等. 杭州市城区热岛效应与景观格局的动态研究[J]. 水土保持研究, 2019, 26(01):316-322.	Gou R K, Zhao X, Bu Y K, et al. Dynamic study on the heat island effect and landscape pattern in urban area of Hangzhou [J]. Research of Soil and Water Conservation, 2019, 26(1): 316-322. 荀睿坤, 赵 选, 卜元坤, 等. 杭州市城区热岛效应与景观格局的动态研究 [J]. 水土保持研究, 2019, 26(1): 316-322.	主要责任者拼读错误 题名大小写错误
Welp L R, Keeling R F, Weiss R F, et al. Design and performance of a Nafion dryer for continuous operation at CO2 and CH4 air monitoring sites [J]. Atmospheric Measurement Techniques, 2013, 6(5): 1217-1226.	Welp L R, Keeling R F, Weiss R F, et al. Design and performance of a Nafion dryer for continuous operation at CO_2 and CH_4 air monitoring sites [J]. Atmospheric Measurement Techniques, 2013, 6(5): 1217-1226.	下标标注错误

用参考文献的年份分布情况进行统计，最终给出全部文献的年份分布、引用情况和查重结果的详细审校报告。作者来稿中参考文献重复著录、引用遗漏颠倒、文中责任者姓名和年份引用与文后著录不匹配等问题屡见不鲜，编辑同人在此项内容审校方面经常耗费大量的时间，而善锋软件的这项辅助功能，可在极短时间内(一般数秒内)完成，显著减少了编辑的工作量。善锋软件的该辅助工具的具体功能[13]包括：①基本功能：清除参考文献的灰底格式、将自动编号转为文本编号、参考文献查重。②对于顺序编码制，可完成引用序号一致性校验；对于著者-出版年制，可完成引用年份一致性校验。③对于顺序编码制，具有引用作者姓名与序号匹配性标记功能；对于著者-出版年制，具有引用作者姓名与年份匹配性标记功能。④可生成参考文献的年份分布报告，方便分析参考文献的时效性，特别是从最近年份往前推每年文献的占比等指标。⑤可生成顺序编码制下的未连续引用序号、漏引的序号、引用位置数(次数)、最后一个引用所在的页码等细节问题报告。期刊编辑根据报告内容，可快速定位到差错文献，判断差错类型；并可大致判断出论文作者写作的认真程度。

2 善锋软件审校存在的问题

善锋软件检索结果均来自于来源数据库的客观数据，来源数据质量直接影响检索结果的完整性和准确性，而来源数据库特别是二次文献数据库中有时会存在数据差错，这些差错同样会被善锋软件检索并输出到结果中。因此编辑不能完全依赖软件对参考文献进行核查,要注意根据软件标记的彩色底纹处的检索结果分辨对错,并到知名数据库或期刊网站下载原文进行核实。

2.1 主要责任者错误

中文参考文献中的主要责任者错误相对较少,但国外责任者的姓名比较复杂,国内研究人员一般并不了解外国人名结构,难以正确分辨姓和名,因此国外责任者姓名的著录错误层出不穷。标准[1]对参考文献责任者的著录明确规定:个人著者采用姓在前名在后的著录形式;欧美著者的名可用缩写字母。善锋软件已按照格式要求整理并区分国外责任者的姓和名,但难免仍会出现区分失误的情况。

例1 原文献:Colombo M M. Leaf level detection of solar induced chlorophyll fluorescence by means of a subnanometer resolution spectroradiometer[J]. REMOTE SENS ENVIRON, 2006.

软件检索结果:M, Meroni, . Leaf level detection of solar induced chlorophyll fluorescence by means of a subnanometer resolution spectroradiometer [J]. Remote Sensing of Environment, 2006, 103(4): 438-448.[LinkOut]

例2 原文献:He B J, Wang J S, Liu H M, et al. Localized synergies between heat waves and urban heat islands: Implications on human thermal comfort and urban heat management[J]. Environmental Research, 2021, 193: 110584.

软件检索结果:Bao-Jie, He, . Localized synergies between heat waves and urban heat Islands: Implications on human thermal comfort and urban heat management [J]. Environmental Research, 2021, 193: 110584.[LinkOut]

例3 原文献:M Masoudi, P.Y. Tan. Multi-year comparison of the effects of spatial pattern of urban green spaces on urban land surface temperature[J]. Landscape and Urban Planning, 2019, 184: 44-58.

软件检索结果:★★★. Multi-year comparison of the effects of spatial pattern of urban green spaces on urban land surface temperature [J]. Landscape and Urban Planning, 2019, 184: 44-58.[LinkOut]

例1中,原文献著录的责任者貌似正确,而善锋软件检索出不同的结果,为此软件将原文献中的主要责任者刷上了玫瑰色底纹,但软件检索结果明显并不正确,但也提醒了编辑应查找原文进行核实。点击[LinkOut]链接到Elsevier著名数据库ScienceDirect收录的该文献的网页,可查看到该文献的题目、责任者、来源期刊、年份、卷期号、页码以及摘要等详细信息。经过仔细核对,发现除主要责任者外,善锋软件给出的其他著录项目全部正确,纠正了原文献中的期刊名、卷期号以及页码错误。而第一责任者直接按照网页呈现的格式进行著录,即名字的缩写字符在前,姓氏在后;另外其他责任者没有检索到。例2和例1情况类似,软件检索结果只给出了第一责任者,且格式并不正确。例3责任者位置只给出了三个五角星。重要的一点是,这三个实例根据软件给出的[LinkOut]均链接到数据库ScienceDirect,并且均出现了类似的责任者错误,不仅如此,其他基于该数据库进行检索的文献均出现了这类差错,这说明善锋软件在读取该数据库的信息时存在一些漏洞,才导致了这样类似的错误。因此,编辑在发现软件检索结果存在明显的错误时,要点击链接(如[LinkOut]等),可快速链接到文献来源数据库中的对应首页，查看原文献的相关信息，对著录项目一一进行核对，另外很多开放性数据库可提供原文下载，基于原文进行复核更可确保著录项目的准确性；进一步，编辑要对错误类型进行归纳总结，一方面再遇到类似情况时加倍小心，注意复核，另一方面可反馈给软件公司进行改进。目前善锋软件对该类主要责任者差错漏洞已经进行了修补，再次使用该软件对上述文献进行检索，已能够得到正确的主要责任者等各项信息。

2.2 题名项错误

对于文献"WANG C. 1.5μm All-Fiber multifunction coherent Doppler wind Lidar[D]. Hefei: University of Science and Technology of China, 2019. 王冲. 1.5μm 波长全光纤多功能相干多普勒测风激光雷达[D]. 合肥：中国科学技术大学, 2019."，善锋软件的检索结果为："WANG C. 1.5μm Wavelength All-Fiber Multifunctional Coherent Doppler Wind Lidar [D]. Hefei: University of Science and Technology of China, . 王 冲. 1.5μm 波长全光纤多功能相干多普勒测风激光雷达[D]. 合肥：中国科学技术大学, . [知网]"，并将单词 Wavelength 和 Multifunctional 刷上了玫瑰色底纹，表示这是新检索到的单词。但是检索结果中该文献的英文部分都是橙色字体。这是一篇学位论文，看到检索结果中题名项的英文和作者给出的英文不一致的情况，应考虑到作者给出的英文是否为自行翻译，但注意到橙色字体，就应该明白这是机器翻译结果，而非客观内容。且软件给出的发表机构后面为逗号、空格、句号，很明显少了发表年份一项。从知网下载原文进行核对，确定作者给出的参考文献著录正确，而善锋软件检索结果出现了题名项错误，同时发表年份缺失。梳理善锋软件其他检索结果，发现对于学位论文均存在这样的错误，即机器翻译题名项的英文，且均缺少发表年份。

2.3 期刊名错误

对于某篇文章中的文献"Sun Y J, Wang Z H, Qin Q M, et al. Retrieval of surface albedo based on GF-4 geostationary satellite image data [J]. Journal of Remote Sensing, 2018, 22(2): 220-233. 孙越君, 汪子豪, 秦其明, 等. 高分四号静止卫星数据的地表反照率反演 [J]. 遥感学报, 2018, 22(2): 220-233."善锋软件的检索结果为："Sun Y J, Wang Z H, Qin Q M, et al. Retrieval of surface albedo based on GF-4 geostationary satellite image data [J]. National Remote Sensing Bulletin, 2018, 22(2): 220-233. 孙越君, 汪子豪, 秦其明, 等. 高分四号静止卫星数据的地表反照率反演 [J]. 遥感学报, 2018, 22(2): 220-233. [万方]"。注意到英文期刊名被刷上了底纹，点击链接[万方]，链接到"万方数据知识服务平台"网页，网页显示了该篇文章题目、作者、摘要等概要信息，但并未显示具体的期刊英文名。因此从知网数据库下载原文进行核实，发现该篇文献中英文期刊名实为"Journal of Remote Sensing"，而并非软件给出的"National Remote Sensing Bulletin"，因此该文献的英文期刊名应著录为"Journal of Remote Sensing"。但笔者仍是心中满是疑惑，因"National Remote Sensing Bulletin"并非机器翻译，而是来源于软件链接数据库的信息，于是仔细查证，发现《遥感学报》自 2021 年第 1 期开始将期刊的英文名改为《National Remote Sensing Bulletin》，并更新了封面设计风格。该篇文章中，作者引用了若干篇《遥感学报》的文献，笔者梳理发现，作者提供的《遥感学报》的英文名均为"Journal of Remote Sensing"，而软件给出的纠正结果有的改为了"National Remote Sensing Bulletin"，有的保持"Journal of Remote Sensing"，进一步分析发现，其后给出的链接为"[知网中文][知网英文]"时，纠正结果能够准确地对应《遥感学报》的新旧英文刊名。这种因期刊刊名变更引起的参考文献著录错误较多，作者在引用刊名有所变动的期刊中的文献时，一定要注意所引用的参考文献发表的年份，务必要与当时的刊名一致。在使用善锋软件时，因软件不能精准地校验出这类问题，编辑同人务必要格外仔细，平时也要注意收集、记录刊名有所变更的期刊信息。知其然并知其所以然，不断了解、总结软件差错之处并深入分析出错原因，才能更好地使用软件，而不是单纯地完全依赖软件。

2.4 年份、卷期号、页码等错误

文献"吴时超，王先华，叶函函，等. 应用于GF-5卫星的大气CO_2协同反演算法[J]. 光学学报，2021, 15(41): 24-30."的格式都完全按照期刊要求撰写，但其实对科技期刊稍有了解，就可知道《光学学报》并不使用页码，而是采用编码制。而善锋软件检索的结果为："吴时超，王先华，叶函函，等. 应用于 GF-5 卫星的大气 CO_2 协同反演算法 [J]. 光学学报, 2021, 41(15): 24-30.[知网中文][知网英文]"。软件检索结果将原文献的卷期号置换，其他并无变化。从知网数据库下载该文献进行核对，发现原文献的卷号和期号颠倒，此项错误软件可检测到并进行了纠正；但页码位置应为编码"1501002"，而此项错误软件并未检测出来。

对于文献"Pearson G , Davies F , Collier C. Remote sensing of the tropical rain forest boundary layer using pulsed Doppler lidar[J]. ATMOSPHERIC CHEMISTRY AND PHYSICS, 2010, 10(13),5891-5901."，善锋软件的检索结果为："Pearson G, Davies F, Collier C. Remote sensing of the tropical rain forest boundary layer using pulsed Doppler lidar [J]. Atmospheric Chemistry and Physics, 2010, 10(201): 5891-5901.[知网学术搜索]"，注意软件检索结果和作者提供的文献不同之处的底纹，可知软件纠正了多处错误，如期刊名改为小写(只第一个单词的首字母大写)，页码前的逗号改为冒号，这些都是符合期刊格式要求的。但注意到期号由 13 改为 201，笔者不由心生疑惑，首先点击软件给出的链接[知网学术搜索]，链接到"CNKI 学术搜索"网页，显示期号为 201。但从 Atmospheric Chemistry and Physics 官网搜索，显示该文献的期号为 13。由此可知，链接数据库的数据质量直接决定了软件检索结果的准确性，所以除了注意核对检索结果中刷上底纹的著录项目的准确性，还要结合软件链接的数据库的具体信息进行判断。

3 正确使用善锋软件

以上实例充分表明了善锋软件在参考文献的审查与整理方面具备的巨大优势，其是众多编辑审校参考文献的有效辅助工具，极大地提高了参考文献编校的工作效率，并提高了期刊的参考文献著录质量，进一步提升了期刊的出版质量。但也应看到善锋软件检索结果存在的各种潜在差错，产生差错的原因在于：首先其是一款软件，软件都会存在一些不足，需要不停地升级和完善，善锋软件也不例外，事实是其每年都在不断地升级和完善；其次软件所依托的源数据库中的文献信息有时也存在一些差错，这也是善锋软件检索结果出现差错的根本原因。编辑同人对软件检索结果如果不加分辨地全盘接受，最终必会将错误带到刊出的刊物中，造成不可挽回的失误。但瑕不掩瑜，不可否认善锋软件是一款非常优秀的参考文献管理软件。关键是大家应如何正确地使用这款软件，让其在自己的编辑工作中发挥最大作用，应当慎重考虑。笔者根据自己多年的使用经验，认为可从以下几个方面正确地使用善锋软件：①首先要认真学习善锋软件提供的使用文档及其网页上各种详细的具体问题解答，更深入地了解软件特性及其功能；②应将善锋软件定位在"辅助"工具上，重点是"辅助"，编辑在实际编校时可采用软件检测+人工复核模式，特别是对于带有差异标记的文献，应充分利用软件提供的链接功能，方便快捷地获取原文信息，对参考文献的著录项目逐一核对，以保证参考文献审校的准确性；③充分发挥主观能动性，注意梳理、总结软件检测结果差错的规律性，并通过积累将这些规律性错误牢记于心，才能更大程度地消灭差错。

4 结束语

按照国家标准对参考文献引用和著录的规范性和准确性进行把控非常重要，但因其过程复杂、细节繁多而导致难以保证其质量。目前，善锋软件因其操作简单、检索结果全面精准等优势在众多管理软件中脱颖而出，成为众多编辑审校参考文献的有力辅助工具。但由于软件本身特性以及源数据库中存在的可能差错，导致检索结果不可避免地会出现差错，因此完全依赖软件并不可取。本文根据笔者实际使用善锋软件经验，详细分析了善锋软件的自身优势以及存在的一些问题，列举实例说明了善锋软件检索结果存在的差错类型及其原因，并深度总结了出现差错的规律性，最后根据软件特性提出软件检测+人工复核的具体操作方式，以免编辑同人踩入误区，进一步提高参考文献审校的效率和准确率，助力科技论文参考文献引用和著录的标准化水平的提高。

参 考 文 献

[1] 国家质量监督检验检疫总局,中国国家标准化管理委员会.信息与文献参考文献著录规则:GB/T 7714—2015[S].北京:中国标准出版社,2015.

[2] 张兆伦.三个参考文献管理软件的比较应用研究:EndNote, Reference Manager 与 ProCite[J].图书情报工作,2007,51(11):121-123.

[3] 刘清海,甘章平.利用 EndNote 提高编辑工作效率[J].编辑学报,2011,23(1):67-69.

[4] 薛芳.NoteFirst 在参考文献编校应用中的问题及对策[J].中国科技期刊研究,2016,27(6):603-606.

[5] 房蕊.参考文献审校工具的应用及提高参考文献审校质量的探讨[J].编辑学报,2021,33(5):508-510.

[6] 甘可建,刘清海,吴淑金.文献管理软件在期刊论文中的应用调查与输出结果分析[J].中国科技期刊研究,2017,28(7):675-681.

[7] 包震宇.一种参考文献自动比对方案[J].编辑学报,2020,32(5):527-529.

[8] 罗云梅,蒲素清,李缨来.自研软件辅助医学期刊参考文献的检索与整理[J].编辑学报,2023,35(1):56-59.

[9] 善锋软件(R)_定制版 Word 参考文献自动校对(2021 版)使用要求及相关建议[EB/OL].(2021-01-06)[2024-02-26].http://www.sfsoftware.cn/?list_3/389.html.

[10] 曹启花,梅楠,胡小洋,等.科技期刊参考文献著录质量分析及提升策略[J].中国科技期刊研究,2022,33(11):1514-1519.

[11] 赵素婷,汤宏波,曹启花,等.科技期刊参考文献评价体系的构建及应用[J].中国科技期刊研究,2023,34(4):432-438.

[12] 周凤航,金铁成.使用善锋软件审核加工参考文献的几点思考[J].编辑学报,2023,35(4):426-428.

[13] 善锋软件(R)_定制版 Word 参考文献自动校对系统(2022 版)新增功能简介[EB/OL].(2021-12-23)[2023-02-26].http://www.sfsoftware.cn/?list_3/415.html.

学术论文参考文献著录错误案例研究

刘影梅[1]，任佳妮[1]，刘武英[2]

(1.陕西省科学技术情报研究院，陕西 西安 710054；2.西安邮电大学，陕西 西安 710121)

摘要：依据 GB/T 7714—2015，对学术论文参考文献中出现的学位论文出版地著录错误、责任者姓名著录错误、短横线"-"使用错误、卷期标注错误等几种问题进行实例分析，并给出了正确的著录方式，以期提高论著中参考文献著录的标准化水平。

关键词：学术论文；参考文献；文献著录；错误案例

随着中国科技水平的不断提高，学术论文作为学术交流的重要载体，其出版数量逐年增加。这对提高中国学术水平和促进科技创新起到了积极的作用。参考文献是学术论文的重要组成部分，是科学传承与创新的重要纽带，其引用质量可反映作者的科研素养、论文的学术水平和期刊的质量与影响力。然而，参考文献著录问题也日益凸显，不仅会影响论文的可读性，而且还会影响到论文的质量和学术价值。因此，研究论文参考文献的著录具有重要的现实意义。

2022年12月30日发布，2023年7月1日开始实施的《学术论文编写规则》(GB/T 7713.2—2022)明确规定参考文献是学术论文构成的必备要素之一[1]。参考文献在学术论文中的应用，GB/T 7714—2015《信息与文献 参考文献著录规则》[2](以下简称《规则》)对学术论文参考文献的类型、内容及格式等都做了详细的规定。但从目前的实际情况来看，参考文献依然存在着诸多标注不完整、不规范等问题。对于这些问题，同仁们也从不同角度或者采用不同的方法对参考文献进行了研究[3-9]。笔者根据自己日常工作中遇到的参考文献实例进行分类总结，以期能更好地提高期刊参考文献著录的标准化水平。

1 著录错误案例

笔者根据自己多年在工作中遇到参考文献标注的问题进行实例总结，主要有以下几个方面：出版地著录错误、责任者姓名著录错误、日期著录错误、符号使用错误、引用数据不一致等。

1.1 对学位论文出版地著录错误

例 1

错误：张悦. 大学跨学科学术组织运行机制研究[D]. 中国矿业大学，2021.

正确：张悦. 大学跨学科学术组织运行机制研究[D]. 徐州：中国矿业大学，2021.

例 2

错误：陈志鹏. 俄军在叙利亚的侦查工作研究[D]. 湖南：国防科技大学，2018.

正确：陈志鹏. 俄军在叙利亚的侦查工作研究[D]. 长沙：国防科技大学，2018.

例 3

错误：张健. 基于中级和高级英语学习者翻译语料库的汉英笔译错误研究[D]. 北京：北京外国语大学博士学位论文，2021: 28-59，2.

正确：张健. 基于中级和高级英语学习者翻译语料库的汉英笔译错误研究[D]. 北京：北京外国语大学，2021: 28-59，2.

《规则》规定：学位论文采用专著的著录格式，出版项包括出版地、出版者等。出版者应为学位论文的授予单位，即论文的保存单位，出版地应为保存单位的所在城市，且这 2 项均为必备的著录要素。需要注意的是，《规则》还规定：出版地著录出版者所在地的城市名称，对同名异地或不为人们熟悉的城市名，宜在城市名后附省、州或国名等限定词。例 1 中没有标注"中国矿业大学"所在的城市，查询得知这个大学在徐州，应添加"徐州"。例 2 中，虽然湖南是个地名，但博硕论文需要标注的是出版地所在的城市，而"国防科技大学"的所在地是长沙，所以应将"湖南"改为"长沙"。例 3 中的错误是多了"博士学位论文"这几个字，因为前面在论文标题中已经有标识符"D"，D 是 degree 学位论文的缩写，因此要删除"博士学位论文"。在编辑实践中，笔者发现对于学位论文的著录，经常会出现没有著录出版地，将城市名著录为省名，多写了"某某学位论文"几个字，著录的出版者与出版地不符等情况，编辑一定要帮作者改正。

1.2 对著者姓名著录错误

1.2.1 文后参考文献责任者姓名著录

例 4

错误：吴晨生等. 情报 3.0 环境下的情报生产要素特征与情报生产方式变革[J]. 情报理论与实践，2018，41(1): 1-4.

正确：吴晨生，陈雪飞，李佳娱，等. 情报 3.0 环境下的情报生产要素特征与情报生产方式变革[J]. 情报理论与实践，2018，41(1): 1-4.

例 5

错误：刘澄，雷秋原，张楠，鲍新中. 基于 BP 神经网络的专利价值评估方法及其应用研究[J]. 情报杂志，2021，40(12): 195-202.

正确：刘澄，雷秋原，张楠，等. 基于 BP 神经网络的专利价值评估方法及其应用研究[J]. 情报杂志，2021，40(12): 195-202.

《规则》明确规定：著作方式相同的责任者不超过 3 个时，全部著录；超过 3 个时，著录前 3 个责任者，其后加"，等"或与之相应的词。例 4 中著了一个著者名加"等"，明显是不对的，经查询知，此文的著者是吴晨生、陈雪飞、李佳娱、李辉、张惠娜、刘如，所以应将"吴晨生等"改为"吴晨生，陈雪飞，李佳娱，等"。例 5 中著了 4 位著者，按署名先后，保留前 3 位，再加"，等"，应该将"刘澄，雷秋原，张楠，鲍新中"改为"刘澄，雷秋原，张楠，等"。

1.2.2 文中参考文献责任者姓名著录

例 6

错误：张浩川，王克平等[10]将竞争情报应用于企业态势感知与危机预警系统建设。

正确：张浩川等[10]将竞争情报应用于企业态势感知与危机预警系统建设。

这一条参考文献是出现在正文中，对于著者的标注与文后参考文献不同。《规则》规定：

正文中引用多著者文献时，对欧美著者只需标注第一个著者的姓，其后附"et al."；对于中国著者应标注第一著者的姓名，其后附"等"字。姓氏与"et al.""等"之间留适当空隙。例 6 的错误是多标注了一个著者，应该去掉"，王克平"，正确的为"张浩川等"。

1.3 电子文献中的"日期"著录错误

例 7

错误：中国互联网络信息中心. 第 50 次《中国互联网络发展状况统计报告》[R/OL]. [2021-08-31]. http://cnnic.cn/n4/2022/0916/c38-10594.html.

正确：中国互联网络信息中心. 第 50 次《中国互联网络发展状况统计报告》[R/OL]. (2022-09-16) [2023-02-10]. http://cnnic.cn/n4/2022/0916/c38-10594.html.

例 8

错误：Priest D, Arkin W. Nstional Security Inc[EB/OL]. (2022-10-06). https://www.washingtonpost.com/investigations/top-secret-america/2010/07/20/national-security-inc/.

正确：Priest D, Arkin W. Nstional Security Inc[EB/OL]. (2010-07-20)[2022-10-06]. https://www.washingtonpost.com/investigations/top-secret-america/2010/07/20/national-security-inc/.

《规则》规定："( )"和"[ ]"分别用于电子资源的更新或修改日期和引用日期。从《规则》给出的示例中可以看出：更新或修改日期是有就著录，没有也可以不标注，引用日期是必备著录要素。在实际应用中，有不少文献将"[ ]"误用于更新或修改日期。例 7 中就是将"[ ]"误用于更新或修改日期。我们很容易从例 7 的网址中看出这条参考文献的更新或者修改日期是"2022-09-16"，那么前面的"[2021-08-31]"肯定是不对，而且引用日期应该比更新或者修改日期晚。笔者查了一下作者的投稿时间是 2023 年 2 月 10 日，所以应将日期改为"(2022-09-16)［2023-02-10］"。例 8 的参考文献可以从网址中看出，更新或者修改日期是"2010-07-20"，那么"2022-10-06"应该是引用日期，所以应该改为"(2010-07-20)［2022-10-06］"。

1.4 短横线"-"使用错误

1.4.1 页码之间"-"使用错误

例 9

错误：刘澄,雷秋原,张楠,等.基于 BP 神经网络的专利价值评估方法及其应用研究[J]. 情报杂志，2021，40(12):195—202.

正确：刘澄,雷秋原,张楠,等.基于 BP 神经网络的专利价值评估方法及其应用研究[J]. 情报杂志，2021，40(12):195-202.

1.4.2 正文中文献序号之间"-"使用错误

例 10

错误：王康分别基于专利引用变化和技术融合角度进行颠覆性技术识别研究[11,12]。

正确：王康分别基于专利引用变化和技术融合角度进行颠覆性技术识别研究[11-12]。

《规则》明确规定："-"用于起讫序号和起讫页码之间。也就是说正文中连续序号和参考文献中连续页码间应采用"-"连接。这短横线可用原半字线，也可用英文连字符，只要全书或者全刊统一即可；但不应使用"～"，也不应使用"—"(一字线)、"－"(减号)。例 9 中的错误是页码之间用了"—"(一字线)，应将"195—202"改为"195-202"。例 10 的例子出现在正文中，文献序号之间应该用"-",故应将[11,12]改为[11-12],依然在右上角标注。

1.4.3 合期期刊的合期号之间"-"使用错误

例 11

错误:Griol-Barres I,MillaI S,MilletI J. Improving strategic decision making by the detection of weak signals in heterogeneous documents by text mining techniques[J]. AI Communications, 2019, 32(5-6): 347-360.

正确:Griol-Barres I,MillaI S,MilletI J. Improving strategic decision making by the detection of weak signals in heterogeneous documents by text mining techniques[J]. AI Communications, 2019, 32(5/6): 347-360.

例 12

错误: Brin S, Page L. The anatomy of a large-scale hypertextual web search engine[J]. Computer Networks and ISDN Systems, 1998, 30(1-7): 107-117.

正确: Brin S, Page L. The anatomy of a large-scale hypertextual web search engine[J]. Computer Networks and ISDN Systems, 1998, 30(1/2/3/4/5/6/7): 107-117.

《规则》明确规定:"/"用于合期的期号间以及文献载体标识前。例 11 中是第 5 期和第 6 期的合期出版,应该将"(5-6)"改为(5/6)。例 12 中的(1-7)是第 1、2、3、4、5、6 和 7 期的合期出版,所以应该将"(1-7)"改为"(1/2/3/4/5/6/7)"。

1.5 文献著录页码标注错误

《规则》增加了 2 个新术语:阅读型参考文献和引文参考文献。阅读型参考文献是指著者为撰写或编辑论著而阅读过的信息资源,或供读者进一步阅读信息的资源。引文参考文献是指著者为撰写或编辑论著而引用的信息资源,包括直接引文和理论、观点、数据资料等的引用。

例 13

错误:姚旭.欧盟跨境数据流动治理:平衡自由流动与规制保护[M].上海:上海人民出版社,2019:43.

正确:姚旭.欧盟跨境数据流动治理:平衡自由流动与规制保护[M].上海:上海人民出版社,2019.

《规则》规定:专著及从专著中析出文献作为引文参考文献引用时,均应标注引用信息所在页码,即"引文页码"是必备著录要素;当专著(图书)整体作为阅读型参考文献引用时,不标注"引用页码",也不标注专著的总页码。例 13 从格式上看没有问题,但通读原文就会发现,这是一条阅读型参考文献。它在原文是这样引用的:"基于过往研究,本文认为,个人数据无论是存储在国内……就可以称为跨境数据流动。"[13]既然是专著,那作者就不可能看了某一页,所以不应该标注具体页码,应将":43"去掉。

例 14

错误:吴朝文,任思奇,邓淑华.马克思主义技术哲学视野下的大数据观探析[J].求实,2017(7): 4-14.

正确:吴朝文,任思奇,邓淑华.马克思主义技术哲学视野下的大数据观探析[J].求实,2017(7):8.

《规则》规定：期刊中析出文献的"页码"是应著录的要素，阅读型参考文献的页码著录文章的起讫页或起始页，引文参考文献的页码著录引用信息所在页；有转页的文章不标注转页码。例 14 在文章中是这样出现的："人类社会活动的数字化，为大数据方法的形成和应用创造了条件"[14]。这句话从格式上看没有问题，但看内容是引用的原话，那这就是一条引文参考文献，引文参考文献需要标注内容所在的具体页码，经查证，这句话在第 8 页，故应将"4-14"改为"8"。

1.6　未使用前置符"//"

"//"称之为项目标识符，是前置符，用于专著(论文汇编、会议录)中析出文献的出处项前。

例 15

错误：郭小东，安群飞，王威.基于韧性理论的老旧社区灾害风险评价及优化策略[C].沈阳：2016 中国城市规划年会，2016.

正确：郭小东，安群飞，王威. 基于韧性理论的老旧社区灾害风险评价及优化策略[C]// 中国城市规划年会.规划 60 年：成就与挑战——2016 中国城市规划年会论文集.北京：中国建筑工业出版社，2016:362-274.

《规则》规定：[C]是会议录的标识符。会议论文集的著录有多种形式：既有将整本会议录作为引用文献，也有将从会议录中析出的文章作为文献引用的；既有出版单位公开出版的，也有会议组织者编印的内部出版。《规则》给出的西文会议录的著录示例，其格式也不太统一。例 13 出现的作者姓名，说明这是一条会议文集中的析出文献，按照标准规定，析出文献还应注明论文集名称、出版地、出版者、起讫页等，而且出处项前应使用"//"，使用"."是错误的。

1.7　"."符使用错误

前置符"."用于题名项、析出文献题名项、其他责任者、析出文献其他责任者、连续出版物的"年卷期或其他标识"项、版本项、出版项、连续出版物中析出文献的出处项、获取和访问路径以及数字对象唯一标识符前。每一条参考文献的结尾可用"."。

例 16

错误：国家互联网信息办公室.关于印发《关于加强互联网信息服务算法综合治理的指导意见》的通知[EB/OL].(2021-09-29)[2021-10-23].http://www.cac.gov.cn/2021-09/29/c_1634507915623047.html

正确：国家互联网信息办公室.关于印发《关于加强互联网信息服务算法综合治理的指导意见》的通知[EB/OL].(2021-09-29)[2021-10-23].http://www.cac.gov.cn/2021-09/29/c_1634507915623047.html.

例 17

错误：沈雪莹，欧石燕.科学文献知识单元抽取及应用研究：梳理与展望[J/OL].情报理论与实践：1-18.[2022-10-17].http://kns.cnki.net/kcms/detail/11.1762.g3.20220726.1339.006.html.

正确：沈雪莹，欧石燕.科学文献知识单元抽取及应用研究：梳理与展望[J/OL].情报理论与实践：1-18[2022-10-17].http://kns.cnki.net/kcms/detail/11.1762.g3.20220726.1339.006.html.

例 18

错误：谭晓，西桂权，苏娜，等. 科学—技术—项目联动视角下颠覆性技术识别研究[J]. 情报杂志. 2023，42(2): 82-91.

正确：谭晓, 西桂权, 苏娜, 等. 科学——技术——项目联动视角下颠覆性技术识别研究[J]. 情报杂志，2023，42(2): 82-91.

前置符"."的使用，《规则》给了一些示例，我们从示例中可以看出：电子资源的(更新或修改日期)与[引用日期]前有引用页码、出版期刊名称等项目时，其前不加"."标识符,否则应加"."。例 16 文献结尾少了"."，应添加上。例 17 中引用日期[2022-10-17]多了"."，应去掉。例 18 中 2023 前面的"."使用错误，应该改为"，"。

1.8 卷期标注错误

例 19

错误：戴丽娜,郑乐锋.新一轮美欧技术经贸协调进程[J].现代国际关系，2022，388(2):12-19，63.

正确：戴丽娜,郑乐锋.新一轮美欧技术经贸协调进程[J].现代国际关系，2022(2):12-19，63.

例 20

错误：Latre E，Perko T，Thijssen P. Public opinion change after the Fukushima nuclear accident：The role of national context revisited[J]. Energy Policy，2017，(104)：124-133.

正确：Latre E，Perko T，Thijssen P. Public opinion change after the Fukushima nuclear accident：The role of national context revisited[J]. Energy Policy，2017，104：124-133.

例 21

错误：钱丽,王文平,肖仁桥.高质量发展视域下中国企业绿色创新效率及其技术差距[J].管理工程学报，2021:1-18.

正确：钱丽,王文平,肖仁桥.高质量发展视域下中国企业绿色创新效率及其技术差距[J].管理工程学报，2021，35(6)：97-114.

例 22

错误：Huang Y, Bu Y, Ding, Y, et al. Number versus structure: towards citing cascades[J]. Scientometrics, 2018，3：2177-2193.

正确：Huang Y, Bu Y, Ding, Y, et al. Number versus structure: towards citing cascades[J]. Scientometrics, 2018，117(3)：2177-2193.

《规则》规定：凡是从期刊中析出的文献，应在刊名之后注明其年、卷、页码。这例 19 和例 20 两条文献从格式看没有问题，但是如此大的卷期却值得怀疑。经过查证，发现卷期都是错误的。例 19 中《现代国际关系》的创刊时间是 1981 年，月刊，到现在也就 40 多年时间，该刊未标注卷期，所以应将"2022，388(2)"改为"2022(2)"。例 20 中的英文期刊 Energy Policy 是 1973 年创刊的，月刊，到 2017 年刚好是 104 年，所以说 104 肯定不是期数而是卷数，应将"2017，(104)"改为"2017，104"。例 21 中的期刊既缺卷数又缺期数，经查证，应将"2021:1-18."改为"2021，35(6)：97-114."。例 22 中的"3"从格式上看，应该是卷数，查证以后发现 3 是期数，该期刊也有卷期，2018 年是 117 卷，所以应该将"3"改为"117(3)"。

1.9 引用数据前后不一致

例 23

错误：Ahlqvist T, Tuomo U. Contextualising weak signals: Towards a relational theory of futures knowledge[J]. Futures, 2020: 102543.

正确：Ahlqvist T, Tuomo U. Contextualising weak signals: Towards a relational theory of futures knowledge[J]. Futures, 2020,19(5):102543.1-102543.12.

例 24

错误：Barbara L V, Roland O. Unifying weak signals definitions to improve construct understanding [J]. Futures, 2021,134: 102837.

正确：Barbara L V, Roland O. Unifying weak signals definitions to improve construct understanding [J]. Futures, 2021,134(12):102837.1-102837.13.

例 25

正确：Philine W, Elna S. Small seeds for grand challenges-exploring disregarded seeds of change in a foresight process for RTI policy[J]. Futures, 2016, 77(3): 1-10.

这三条文献如果分开引用，例 24 和例 25 是不易被发现的，例 23 肯定是错误的，期刊的引用必须有卷或者期数，但这三条文献来自于同一篇论文，同一期刊不可能一篇既没卷又没期数，而例 25 中的页码又与上两条文献的引用方式不同，所以必须去查证。经查证，该期刊有卷有期，例 23 中的"2020: 102543"应改为"2020,19(5):102543.1-102543.12."；例 24 中的"134"应改为"134(12):102837.1-102837.13."；例 25 引用正确，无须改动。

同类问题在编辑校对中经常能遇到，有的同一期刊前后出版年、卷号、期号不一致，有的是有期缺卷，有的是有卷缺期，作者在写作的时候可能没注意这些。作为编辑，我们在工一定要注意前后逻辑的一致性，帮助作者及时纠正错误。

2 结束语

为了提高书刊中参考文献的规范化水平，笔者建议应该从以下几方面入手：

(1) 强化编辑标准化意识，熟练掌握 GB/T 7714—2015 标准化要求。GB/T 7714—2015 正式实施已近 10 年，作为编辑，我们应该熟悉掌握并且牢记参考文献规范。

(2) 学术界也应该加强对参考文献著录的宣传和推广，提高作者和出版单位对参考文献著录的重视程度。

(3) 编辑应该引导作者、督促作者正确引用参考文献。编辑在校对过程中，要充分发挥"把关人"的作用，遇到标引不规范、不正确要第一时间纠正，首先自己去查证，如果查不到，再联系作者，让作者去查证。毕竟部分作者对参考文献规范掌握不好，若编辑不提出质疑，作者并不知道自己标引有误。

参 考 文 献

[1] 国家市场监督管理总局,国家标准化管理委员会. GB/T 7713—2022 学术论文编写规则[S].北京:中国标准出版社,2022.
[2] 中华人民共和国国家质量监督检验检疫总局,中国国家标准化管理委员会. GB/T 7714—2015 信息与文献 参考文献著录规则[S].北京:中国标准出版社,2015:10.
[3] 王祥国.参考文献著录需注意的 5 类特例[J].编辑学报,2016,28(1):24.
[4] 王媛媛.出版类期刊参考文献著录常见不规范问题分析[J].编辑学报,2018,30(2):148-152.

[5] 马建华.学术论文参考文献的隐形错误例解[J].编辑学报,2019,31(2):169-170.
[6] 许运娜.当前学术著作引文和参考文献常见著录错误辨析与思考[J].出版参考,2024(2):80-83.
[7] 常思敏.科技论文参考文献中非文献规范编校差错问题例析[J].中原工学院学报,2023,36(4):58-63.
[8] 刘忠丽.中国科技期刊参考文献位置和文献表达的现状[J].农业图书情报学刊,2017,29(5):161-163.
[9] 赵素婷,汤宏波,曹启花,等.科技期刊参考文献评价体系的构建及应用[J].中国科技期刊研究,2023,34(4):432-438.
[10] 张浩川,王克平,范颜铄,等.新零售企业竞争情报态势感知预警系统构建与仿真研究[J].情报杂志,2023,42(2):74-81.
[11] 王康,陈悦,王玉奇,等.基于专利引用变化的颠覆性技术识别研究[J].情报杂志,2022,41(1):74-80.
[12] 王康,陈悦.技术融合视角下基于专利的颠覆性技术识别研究[J].情报杂志,2022,41(4):29-36.
[13] 王倩,刘杨钺,牛昊.欧美跨境数据流动规制模式对比及博弈分析[J].情报杂志,2023,42(3):174-180,173.
[14] 吴朝文,任思奇,邓淑华.马克思主义技术哲学视野下的大数据观探析[J].求实,2017(7):8.

科技期刊论文写作中表格的常见问题及规范表达

杨桂华

(中国科学院生态环境研究中心《环境科学学报》编辑部，北京 100085)

摘要：在科技期刊论文写作中，表格作为数据结果的有效表达方式，是论文的重要组成部分。然而，在期刊来稿中，表格中经常存在量和单位的表达不规范、表头设计不合理、表格内容不规范、栏目空缺或设计不合理以及格式不严谨等问题，直接影响科技论文的阅读体验及传播的准确性，成为影响期刊编校质量的一大因素。针对表格使用过程中的一些常见问题，本文进行编辑加工实例解析，给出了修改后表格规范的表达方案，旨在从源头上解决科技期刊表格的规范表达问题，促进我国科技期刊的标准化和规范化。

关键词：科技期刊；论文写作；表格；三线表；常见问题；规范表达

科技期刊论文常涉及大量的实验数据或统计数据，部分内容难以用文字表达清楚，需采用图或表格的形式来表述。表格作为数据结果的有效表达方式，是论文的重要组成部分[1]。由于表格具有简洁、清晰、准确的特点，同时逻辑性和对比性又很强，因而在科技期刊中被广泛采用[2]。表格的设计应该注意科学性、规范性、简洁性、明确性、一致性、完整性等，能够准确地表达作者想要表述的思想。但是，当前某些作者对科技论文撰写的相关标准和规范不熟悉，在表格使用方面仍存在不少问题，包括量和单位的表达不规范、表头设计不合理、表格内容不规范、栏目空缺或设计不合理以及缺少分段线和分栏线等。这些问题不仅影响期刊的编排质量，有时甚至会使读者对表格所表述的内容产生歧义，从而直接影响期刊的声誉。因此，编辑对表格的编辑加工就显得尤为重要。三线表作为表格的一种形式，因结构简单便于排版，且具有独立性和自明性，被国内多数科技期刊推荐使用。

1 三线表的构成要素及规范表达

1.1 表格线条

三线表通常使用三条线，分别是顶部线、底部线和分隔线。当然，三线表其实并不一定只有3条线，对于某些复杂的表格，三条线是不够的，解决的办法是添加辅助线，这时虽然线条多于3条，但仍称它为三线表[3]。顶部线和底部线采用粗线条，分隔线采用细线条。表格线条应该清晰可见，不要过于粗细，以免影响阅读体验。

1.2 表格编号

每个表格应该有一个唯一的编号，便于在正文中引用。通常表格编号是按照章节顺序进行连续编号，如"表1""表2"等。在正文中引用表格时，应清楚地指出表格的位置，例如"如表

1 所示"。

1.3 表格标题

表格标题应该准确、清晰、简洁地描述表格内容，通常放置在表格上方，清晰居中，与表格紧密相连。标题应该具有足够的信息量，让读者了解表格内容而不必查看正文。标题应简明扼要，直接描述表格的核心信息，准确地反映表格的内容，避免使用模糊或过于宽泛的描述。在标题中应使用学术界公认的术语，以便读者能快速理解表中内容，避免使用未被定义过的缩写。

1.4 表格内容

表格中数字的书写要规范，表格中的数据和信息应该准确、清晰地呈现。确保表格内容与正文中的描述一致，避免出现错误或遗漏。

(1) 表身内的数字一般不带单位。整表单位一致时，单位放在表的右上角，右空一格，不写"单位"二字。

(2) 表身中同一栏同类型的数字要上下小数点对齐，而且有效位数要相等。

(3) 表身中无数字的栏内，应区别对待，不能随便写"0"或画"—"等填空。

(4) 表身中若信息量很大，行数很多，可以酌情添加辅助线，便于读者阅读、查找数据。

1.5 表格中数据的单位不规范

在科技期刊论文写作中，表格中数据的单位必须规范，以确保读者能够正确理解数据的含义。单位通常放置在表头或表格的右上角。要使用国际单位制单位或领域内公认的标准单位，确保数据的一致性和可比性。在每个列标题或行标题应明确标单位，如果表格中使用的单位与列标题不同，应在表格底部表注中说明。表格中单位尽量使用单位符号，如 m、kg 等，而不是单位的全称。表中的标目应按"物理量/单位"格式表达。

1.6 表格注释

在科技期刊论文写作中，表格的注释是对表格内容的重要的补充和解释。如果有需要进一步解释或补充表格数据的信息，可以在表格下方添加注释。注释应该清晰简洁，与表格内容相关联。注释通常放于表格的底部，字体会小于正文字体，以便于区分。如果表格中有多个注释，可以使用标号如 a、b、c 进行区分，并在表格中相应位置上标出这些标号。

2 特殊表格的技术表达

2.1 续表

如果表格过大，宽度不超过版心，而长度在一页内排不下时，可以采用续表的形式排版[3]。即在该表出现的页上选合适的行线处断开，用细线封底，而在次页上重新排表头，以便于阅读，并在表头上方加注"续表"字样，表序和表题则可省。同时，应尽量避免表格被章节标题及正文其他内容等元素隔断，以免影响读者阅读。

2.2 卧排表

卧排表又称为横向表格，是一种常用的表格排列方式。如果一个表格宽度超过版心而长度小于版心，则可考虑选用卧排的形式排版[3]。卧排表的正确方位应是"顶左底右"，即表顶朝左，表底朝右，不管表格是在双页码上还是单页码上都如此。如果卧排的表很长，也可采用续表的办法解决。卧排表也应按照图表编号顺序进行编号，并在正文中正确引用。

3 科技期刊论文写作中表格存在的主要问题

国家相关标准及各科技期刊都对表格的使用制定了相应的规范[4-5]，从使用表格的必要性到表格编辑工作的具体细节情况都设计了相应的规则。但目前在一些科技期刊论文中仍发现使用不规范、不合理的表格，常见问题包括表格的设计形式、表格的表现内容、表格数据中的内在逻辑等[6-7]。本节针对这些频繁出现的问题，进行表格编辑加工实例演示，给出较为规范的参考修改方案。

3.1 表题不规范

常见问题有表题名称太泛，如"数据表""试验结果""正交试验结果"等，这样的表题缺乏专指性，表意不准确、不清晰，导致表格不自明。

3.2 正文中缺少相关的内容和表序

在正文中引用表格时，应该使用表格编号进行引用，如"如表 1 所示"。确保引用的表格与正文内容相一致。

3.3 栏目中量和单位表达不规范

常见问题是栏目缺少应有的单位或单位表达不规范。表 1 为作者来稿中的表，表中的标目没有按"物理量/单位"格式表达，缺少斜线"/"，另外，只有复合单位才需要加圆括号，因此，最后一列的单位应去掉圆括号。按照 GB/T 3101—1993《有关量、单位和符号和一般原则》[8]对单位符号的有关规定，相除组合单位符号中的斜线不能多于 1 条，当分母有 2 个以上单位时，分母应加圆括号，如表 1 中比表面积的单位符号，不能写成(m^2/g)，也不能写成 m^2/g。按照以上标准，对表 1 中的单位进行了修改，规范的表达见表 2[9]。

表 1 不同材料孔径结构参数

样品名称	比表面积 (m^2/g)	总孔容 (cm^3/g)	BJH 平均孔径 (nm)
原牡蛎壳	2.85	0.01	5.31
Zn/TiO$_2$-OSP	76.70	0.11	5.02

表 2 不同材料孔径结构参数

样品名称	比表面积/ ($m^2 \cdot g^{-1}$)	总孔容/ ($cm^3 \cdot g^{-1}$)	BJH 平均孔径/ nm
原牡蛎壳	2.85	0.01	5.31
Zn/TiO$_2$-OSP	76.70	0.11	5.02

3.4 项目栏纵横栏目颠倒

三线表项目栏常见问题是纵横栏目颠倒。表 3 为作者来稿中的表，此表虽然采用了三线表的设计形式，看似符合规范要求，然而按照三线表的定义，栏目线上方一行应当是项目栏，该表却将项目栏放置在了最左侧一列，这就是三线表中典型的项目栏纵横栏目颠倒。表格一定要竖读，而且栏目是上管下。同时，表 3 中还存在着左首项目栏空缺的问题，左上角应当补充完整。将表 3 按照相关标准进行了编辑加工，补充了左上角的项目名称"样品编号"，并将项目栏进行了修改，表 4 为编辑加工后的规范的表格。

表 3 垃圾基本理化性状

	Y1-4	Y1-6	Y1-8	Y1-10	Y2-4
pH	8.27	9.11	8.29	8.8	8.03
全氮/(g·kg^{-1})	1.58	0.46	1.24	0.89	1.04
全磷/(g·kg^{-1})	0.34	0.25	0.78	0.49	0.54
全钾/(g·kg^{-1})	2..62	4.65	6.84	3.54	2.08

表 4 垃圾基本理化性状

样品编号	pH	全氮/(g·kg^{-1})	全磷/(g·kg^{-1})	全钾/(g·kg^{-1})
Y1-4	8.27	1.58	0.34	2..62
Y1-6	9.11	0.46	0.25	4.65
Y1-8	8.29	1.24	0.78	6.84
Y1-10	8.80	0.89	0.49	3.54
Y2-4	8.03	1.04	0.54	2.08

3.5 项目栏设计不合理

表 5 是作者来稿中的表，这个表虽然不大，但存在的问题很多，是一个典型的不规范的三线表。首先，表中最左首项目栏空缺，因此，笔者在编辑加工时，将最左首项目栏补充为"其他生物炭材料"。同时，笔者注意到最左侧一列的内容除了"其他生物炭材料"还包含参考文献，因此，笔者在表格最右侧添加一列"参考文献"，将其单独列出。其次，表格右边几列的项目栏表述也有问题，这个表要表达的是循环效率，而不是循环，因此，笔者在循环项目栏上方加了一条辅助线，在辅助线上添加"循环效率"，修改后的项目栏比原稿更完整且更准确。另外，表 5 中数值的有效数字位数不统一，笔者在编辑加工时对表中数值同时进行了修改。表 6 为按照相关标准编辑加工后的规范的表格[10]。

表 5 其他生物炭材料循环效率

	Cycle 1(%)	Cycle 2(%)	Cycle 3(%)	Cycle 4(%)
花生壳生物炭(焦乙枭, 2022)	100	88	49	27
氮改性椰壳生物炭(王宇航 et al., 2022)	92.5	60.2	52.3	47.4
磺化锰掺杂生物炭(董康妮, 2022)	93.8	83.34	77.65	70.92

表 6 其他生物炭材料循环效率

其他生物炭材料	循环效率				参考文献
	Cycle 1	Cycle 2	Cycle 3	Cycle 4	
花生壳生物炭	100.00%	88.00%	49.00%	27.00%	焦乙枭, 2022
氮改性椰壳生物炭	92.50%	60.20%	52.30%	47.40%	王宇航等, 2022
磺化锰掺杂生物炭	93.80%	83.34%	77.65%	70.92%	董康妮, 2022

3.6 表格数据不规范

表身多数情况下为各种数据，表身内数据的书写要规范，数据通常是竖排，而不是横排，这样更方便阅读和比较。表 7 为作者来稿中的表，此表存在的问题是表中最右边两列数值有效数字位数不统一。表 8 为编辑加工后的规范的表格[11]，将最后两列数值的有效数字统一保留小数点后两位。同时，编辑在编辑加工时应对表中数据认真检查和核对，确保和正文叙述一致。表中同一栏同类型的数字要上下小数点对齐，而且有效数字位数要相等。但若为使小数点后的有效位数相等，而简单地在数值后加"0"的做法是不科学的。编辑应先与作者沟通，获得所需的原始数据，然后按照 GB/T 15835—2011《出版物上数字用法》[12]的规定对数值进行修约。

表 7　1、3 号地块反演识别结果

地块	As(III)源强/($\mu g \cdot L^{-1}$)	PO_4^{3-}源强/($mg \cdot L^{-1}$)	PH	比表面积/($m^2 \cdot m^{-3}$)	吸附位点密度/($mol \cdot m^{-2}$)
1 号	187.25	849.37	8.99	2.5×10^{16}	3.365×10^5
3 号	192.49	525.76	8.96	2.05×10^{16}	3.4×10^5

表 8　1、3 号地块反演识别结果

地块	As(III)源强/($\mu g \cdot L^{-1}$)	PO_4^{3-}源强/($mg \cdot L^{-1}$)	PH	比表面积/($m^2 \cdot m^{-3}$)	吸附位点密度/($mol \cdot m^{-2}$)
1 号	187.25	849.37	8.99	2.50×10^{16}	3.37×10^5
3 号	192.49	525.76	8.96	2.05×10^{16}	3.40×10^5

3.7　横表分段时缺少分段线

当表格横向项目过多而竖向项目较少时，可把表格从宽度方向切断，将数据按照逻辑排成上下叠置的 2 段、3 段或更多段，段与段之间用双细线分隔开。处理横表分段的关键在于提高论文的逻辑性和易读性，同时保持数据的准确性和一致性。合理的分段不仅有助于读者快速把握重点，还有助于提升论文的整体质量。表 9 为作者来稿中的表，横表分段缺少分段线。笔者按照相关标准进行了编辑加工，在相应的位置添加了分段线，其较为规范的表格形式如表 10 所示[13]。

表 9　垃圾焚烧组分设计

组别	1#	2#	3#	4#	5#
塑料：纸类：织物	1:2:1	2:2:1	3:2:1	2:2:2	2:2:3
组别	6#	7#	8#	9#	10#
塑料：纸类：织物：木竹	7:6:3:1	6:6:3:1	7:6:4:1	7:6:3:2	8:6:3:1

表 10　垃圾焚烧组分设计

组别	1#	2#	3#	4#	5#
塑料：纸类：织物	1:02:01	2:02:01	3:02:01	2:02:02	2:02:03
组别	6#	7#	8#	9#	10#
塑料：纸类：织物：木竹	7:6:3:1	6:6:3:1	7:6:4:1	7:6:3:2	8:6:3:1

3.8　竖表分栏时缺少分栏线

当表格竖向项目过多而横向项目过少时，可把表格从长度方向切断，然后平行地转排成 2 幅或 3 幅，幅与幅之间用双细线分隔开，每幅的横向栏目应重复排出。表 11 为作者来稿中的表，竖表分栏时缺少分栏线，笔者按照竖表分栏的标准，对表 11 进行编辑加工，在合适的位置添加了分栏线，使表格更规范。表 12 为修改后的规范表达的表格[14]。

表 11　采样点描述和坐标

编号	描述	经度(E)	纬度(N)	编号	描述	经度(E)	纬度(N)
S1	湖口	116.2129	29.7475	S6	赣江北支河口	116.0156	29.1800
S2	湖泊北部	116.0544	29.4414	S7	赣江中支河口	116.2327	29.0599
S3	湖泊中部	116.185	29.2472	S8	赣江南支和抚河交汇口	116.3564	28.8053
S4	湖泊南部	116.3704	28.9706	S9	信江河口	116.4078	28.8839
S5	修河河口	116.0242	29.1717	S10	饶河河口	116.4917	29.0197

表 12　采样点描述和坐标

编号	描述	经度(E)	纬度(N)	编号	描述	经度(E)	纬度(N)
S1	湖口	116.2129	29.7475	S6	赣江北支河口	116.0156	29.1800
S2	湖泊北部	116.0544	29.4414	S7	赣江中支河口	116.2327	29.0599
S3	湖泊中部	116.185	29.2472	S8	赣江南支和抚河交汇口	116.3564	28.8053
S4	湖泊南部	116.3704	28.9706	S9	信江河口	116.4078	28.8839
S5	修河河口	116.0242	29.1717	S10	饶河河口	116.4917	29.0197

3.9　图表的滥用和重复表达

在科技论文写作中，对同一组研究数据，不能既用文字，又用图和表格重复表达。凡是用简要的文字就能把意思表述清楚的，就不要用图表来表达，应该根据内容的需要，选择一种合适的表达方式即可。同样，如果能用表格表述的，就不用插图表述。

4　结束语

表格作为科技论文的重要组成部分，其简洁明了的特点获得了广泛的国际认可和使用。但在实际应用中尚存在一些常见的问题，如表头设计不合理、单位标注缺失或错误、表格内容不规范、栏目空缺或设计不合理以及格式不严谨等，这些不规范的表格问题不仅影响了读者对数据的理解，也影响论文的整体质量。

针对上述问题，我们在设计制作表格时，应遵循新闻出版署发布的 CY/T 170—2019《学术出版规范表格》标准，对三线表中常见的问题进行识别并进行编辑加工规范表达。首先，表题表述要准确，要有自明性。其次，单位应放到项目栏中，且按"物理量/单位"的格式进行表达。再者，项目栏设计要规范合理，项目栏应在栏目线上方一行，不能有空缺，更不能项目栏纵横栏目倒置，把项目栏放到最左边一列；表格中数据要规范表达，表格中的统计数据和单位的使用必须一致且准确。最后，表格中一些必要的线条不能缺失，如横表分段时要有分段线，竖表分栏时要有分栏线。除此之外，如果表格数据很复杂，有时还需要酌情添加一些辅助线，以方便读者阅读和分析数据。

综上所述，表格作为科技论文中重要组成部分，其规范性直接关系到论文的整体质量。因此，科研人员在撰写论文时，应注意表格的设计和使用规范，确保论文的专业度和可读性。同时，为了提高科技期刊中表格的科学化与标准化，编辑在日常的编辑加工中应以国标为准则，不断加强作者论文撰写的规范意识，从源头上解决科技期刊表格的规范表达问题，促进我国科技期刊的标准化和规范化。

参 考 文 献

[1] 王颖,杨永林.出版物中表格的正确使用[J].编辑之友,2016(8):88.
[2] 中国科学技术期刊编辑学会.科学技术期刊编辑教程[M].北京:人民军医出版社,2007.
[3] 陈浩元.科技书刊标准化18讲[M].北京:北京师范大学出版社,2007.
[4] 赵良霞,叶晶晶,陈芃.基本新标准的表格常见问题及析及修正[J].青海大学学报,2023,41(1):102-108.
[5] 国家新闻出版署.CY/T 170-2019 学术出版规范表格[S].北京:中国标准出版社.2019.
[6] 刘飞阳,张莉.科技期刊表格编辑中的常见问题及规范研究[J].科技传播,2023(6下):25-28.
[7] 李洁,陈竹,金丹,等.科技期刊论文表格编辑加工常见问题分析[J].编辑学报,2019(S02):71-73.
[8] 全国量和单位标准化技术委员会.GB/T 3101-1993 有关量、单位和符号的一般原则[S].北京:中国标准出版社,1993.
[9] 杨文珂.Zn/TiO_2-牡蛎壳光催化剂对水体中有机磷的降解效应研究[J].环境科学学报,2023,43(11):62-72.
[10] 李高婷玥,郭海燕,于华莉,等.污泥生物炭活化过硫酸盐介导产单线态氧降解罗丹明 B[J].环境科学学报,2024,44(4):48-60.
[11] 储建民,邱文杰,吴剑锋,等.固废填埋场地土壤-地下水的砷污染反应运移模拟与源强识别[J].环境科学学报,2024,44(2):237-247.
[12] 中华人民共和国国家质量监督检验检疫总局,中国国家标准化管理委员会.GB-T 15835-2011 出版物上数字用法[S].北京:中国标准出版社,2011.
[13] 沈东升,石宏杰,龙於洋,等.实验室模拟村镇小型分散式垃圾焚烧炉渣中氯存在特征及影响机制[J].环境科学学报,2024,44(2):255-260.
[14] 李明琦,万难难,刘帅,等.鄱阳湖表层沉积物中全氟化合物的空间分布及其影响因素的地理探测器分析[J].环境科学学报,2024,44(2):214-226.

农业科技期刊论文摘要英译的优化策略

霍月朋[1]，王　云[1]，杨继涛[2]，霍振响[3,4]

(1. 西北农林科技大学语言文化学院，陕西　杨凌 712100；
2.《陕西农业科学》编辑部，陕西　杨凌 712100；
3.《西北林学院学报》编辑部，陕西　杨凌 712100；
4. 西安交通大学 马克思主义学院，陕西　西安 710049)

摘要：农业科技论文的摘要英译是农业专业知识向国际传播交流的重要桥梁。本研究以《陕西农业科学》2022 年和 2023 年出版的 30 篇论文为样本，分析其摘要英译中常见的问题，并从作者来源、英文编辑水平和期刊编辑功底三个方面剖析原因。目的是梳理其中英文摘要的质量现状，分析其主要问题。文章采用随机抽样法，抽取论文样本，发现单词拼写、冠词使用、主谓搭配及术语翻译一致性等问题。最后基于作者、编辑和期刊的角色不同，提出了作者做好前期译文质量把控、编辑充分发挥主观能动性、期刊创新工作方式等科技论文摘要英译优化策略，希冀能为中文农业科技期刊的国外传播及国际影响力提升提供参考。

关键词：农业科技期刊；科技论文；摘要英译；《陕西农业科学》

农业是国民经济的基础，是经济发展的保障。作为农业科技知识和科研成果传播交流载体的农业科技论文，在中外科技知识文化传播交流之间也发挥着重要作用。通过知识交流、问题探讨及解决、农业科技技术推广、相关政策借鉴和国际合作等方面的交流和传播，可以促进全球农业科技的进步和实现农业的可持续发展。而科技论文摘要是一篇文章核心内容的浓缩与概括[1]，具有独立性和自明性的特点，简明、确切地记述文献重要内容的短文[2]，可以帮助读者了解文章的中心内容。根据 GB/T 6447—86《文摘编写规则》规定，摘要是以提供文献内容梗概为目的，不加评论和补充解释。中文农业科技期刊的英文摘要在国际学术交流中具有独特的作用和意义，在知识传播等方面充当着不可替代的角色，是国外读者了解文章梗概内容的另一个"窗口"。因此农业科技期刊摘要英译的规范性和精准性尤为重要。

张志钰等[3]提出农业科技类论文英文摘要中主要存在内容和结构不合规范及语言表达两方面共 10 余种错误类型。本研究以《陕西农业科学》为研究对象，梳理其英文摘要质量现状，分析主要问题。该期刊属综合性农业科技期刊，是一种普通农业科技期刊，其英文摘要质量

基金项目：中国农业期刊网 2022 年度基金项目(CAJW2022-062，CAJW2022-042)；陕西省"十四五"教育科学规划 2022 年度课题(SGH22Y1238)；西北农林科技大学校级研究生教改项目精品示范课"MTI《翻译研究方法与论文写作》精品课程建设"(JXGG23050)

通信作者：王　云，E-mail: yunwang@nwafu.edu.cn

可代表大多数农业类期刊现状，且与其他农业科技期刊论文的研究内容具有一定的共通性和相似性。因此，将其作为研究对象能够更好地体现多数普通农业科技期刊的问题。本研究采用随机抽样方法，从该期刊 2022 年和 2023 年刊出文献中合计选择 30 篇论文，对其英文摘要存在问题进行分析并剖析原因，最后基于作者、编辑和期刊角色的不同提出相应的优化建议，希冀为农业科技期刊摘要英译质量及期刊对外传播效果和影响力的提升提供借鉴。

1 农业科技期刊论文摘要英译中的常见问题梳理

通过对所选取的《陕西农业科学》30 篇论文英文摘要进行反复阅读提炼，分析了农业科技期刊摘要英译中存在的问题，发现主要集中在语言表达方面，其中以单词拼写、冠词使用、主谓搭配及术语翻译一致性等问题较为突出。

1.1 单词误译

英语专有名词是名词的重要组成部分。从语义上看，它们主要指人名、地名及某些类人和事物专有的名词[4]，是人们认识事物的一种重要途径。在农业科技类文章中，通常涉及复杂的科学概念、技术术语和特定的作物、动植物品种等专业知识。专有名词翻译错误，可能会导致读者对科学内容产生误解，错误应用或曲解相关技术，影响农业实践的正确性；也可能导致文章中的数据、结果或结论出现偏差，影响研究和试验的可信度。此外，翻译有误的农业科技类文章可能会受到同行学者和专业人士批评，从而影响作者的学术声誉和可信度。如果农业科技类文章中的专有名词被错误翻译，还会导致不同语言背景的读者之间的交流障碍，科研成果和创新在国际上的传播和合作也可能受到影响。

为避免专有名词的误译，农业科技类文章在翻译时，译者应对专有名词进行多方面查证，同时也要对译文进行审校，以确保译文的准确性和可信度。从而有助于国际合作和交流或跨国传播农业科技信息，推动科技进步和农业发展。

例 1：在 2023 年第 3 期《不同药剂对榆林地区马铃薯产量及病害的影响》一文中，摘要："试验以'克新 1 号'脱毒原种为材料，设置 7 个处理，分别为处理 1(辛菌胺)、处理 2(噻霉酮+代森锰锌)、处理 3(枯草芽孢杆菌)、处理 4(寡雄腐霉菌)、处理 5(五氯硝基苯+氟啶胺)、处理 6(77%氢氧化铜)和处理 7(空白对照)。"

期刊译文："In this study, virus free seedlings of potato 'Kexin 1' were used to analyze different fungicides, 7 treatments (1.Xinjunan, 2.Benziothiazolinone and Mancozeb, 3.Bacillus subtilis, 4.Pythium oligandum, 5.Pentachloronitrobenzene and Fluazinam, 6.77% Copper hydroxide, 7.Blank control) were set to study the yield and diseases in potato."

期刊译文对"寡雄腐霉菌"一词的拼写为"Pythium oligandum"，对于该专有名词，首先"oligandum"出现了拼写错误，其固定的拼写为"oligandrum"。此外，在科技期刊中经常会涉及物种，按照出版要求，物种名后必须注明该物种的正确拉丁学名且要进行斜体排列[5]。因此，"寡雄腐霉菌"的正确写法为"*Pythiumoligandrum*"。

在 2023 年第 3 期《商丘市夏玉米高产(13 500 kg/hm² 以上)栽培技术》一文中，摘要："可为豫东平原及生态条件类似区夏玉米高产创建和高产攻关提供参考。"期刊译文："provide a reference for the establishming high yield summer maize and solving key problems in the eastern Henan plain and areas with similar ecological conditions."其中"创建"一词出现了拼写错误，原文为"establishming"，而正确拼写应为"establishing"。此外，2023 年第 5 期《PEG 胁迫下玉米自

交系萌发期抗旱性综合评价》一文中，摘要："表明单独使用一类指标可有效评价具有极端差异的玉米自交系萌发期的耐旱性。"期刊译文："Rresults showed that the drought tolerance of maize inbred lines having extreme differences could be effectively evaluated by using a single index"。其中"Rresults"一词拼写错误，正确拼写应为"Results"。普通名词的拼写错误会使读者对于文章科学性产生质疑，降低论文的质量。

1.2 英译时对冠词的误用

冠词是英语中特有的一种词类，与中文的表达习惯不同，英语中冠词可为名词提供更多的信息和上下文，并帮助读者理解作者的意图，在确定特定名词、描述泛指名词、强调名词、帮助上下文之间的连贯、引导词组等方面有着重要的作用。这些错误会使文章质量降低，让读者对表述内容产生困惑。

在 2022 年第 4 期《干旱胁迫对不同花生品种生理特征的影响及其抗旱性综合评价》一文中，摘要："复水后长势旺盛收获期植株干物重和产量均为最高，梧油 1 抗旱表现最差"的译文为："The dry weight and yield during the harvest period were also the highest after rewatering. But Wuyou 1 performed worst in drought resistance"。对于"最差"一词翻译，期刊译文为"worst"，而根据英语语法规定：在最高级前应加上定冠词"the"。

同样的错误类型还出现在 2023 年第 5 期《陕北风沙区羊肚菌不同设施高效栽培模式研究》一文中，摘要："以七妹羊肚菌越冬茬产量最高"的译文为："with highest yield of Morchella septimelata in the period of the winter spring."对"最高"的翻译为"highest"，并未按照语法规定在"highest"前加上定冠词"the"。

此外，对于不定冠词的使用也出现了误用现象。在 2022 年第 5 期《鲁西南地区秋马铃薯与鲜食玉米间作比例的探索》一文中，摘要："鲜食玉米商品穗率高"译文为"fresh corn had high a ear rate"。此处不定冠词"a"使用错误，在英语中，形容词通常放在名词之前，正确语序是：不定冠词+形容词+名词。因此，不定冠词"a"应该放在形容词"high"前面，正确的表达应该是"a high ear rate"，而"high a ear rate"会让人读起来不知所云。

1.3 主谓搭配不一致

在农业科技类论文摘要的英文翻译中，主谓搭配不一致的问题也是很常见的。在 2023 年第 5 期《PEG 胁迫下玉米自交系萌发期抗旱性综合评价》一文中，摘要："通过渗透胁迫人工模拟干旱条件"译文为："Drought conditions under osmotic stress was simulated"。本句话的主语"Drought conditions"为复数形式，所以谓语动词应该用"were"而非"was"，此处是典型的语法错误。

1.4 术语翻译前后不一致

《翻译服译质量要求》[6]对术语和定义的规定如下：文段中的术语要保持统一，术语要符合目标语言的行业专业通用标准或习惯，并前后一致。在农业科技论文摘要翻译中，术语翻译前后不一致，会让读者产生困惑或误解，使读者对论文的内容和结论产生误解，从而降低论文的可读性和可信度；也可能会在跨语言学术交流中引发问题，使其他研究者无法准确理解作者的观点，难以与作者建立有效的学术合作。

例 1：在 2023 年第 3 期《商丘市夏玉米高产(13,500 kg/hm^2 以上)栽培技术》一文中，关键词部分与摘要部分的术语翻译不一致，摘要中"夏玉米"翻译为"Summer maize"，关键词中"夏玉米"的翻译为"Summer corn"。

例2：在 2022 年第 2 期《太白山百合科药用植物资源多样性研究》一文中，摘要："经过野外调查、标本鉴定和查阅资料等方法，对太白山北坡百合科药用植物资源的种类及分布、应用价值等多样性进行研究。该研究为秦岭百合科药用植物资源开发利用及保护提供依据。"期刊译文："The medicinal plant resources of Liliaceae in the northern slope of Taibai Mountains were studied by means of field investigation, diagnosis of plant specimens and reading references. This study provides a basis for the development, utilization and protection of liliaceae medicinal plant resources in Taibai Mountain."两处"太白山"翻译内容不同，分别为"Taibai Mountains"和"Taibai Mountain"。前后术语翻译不一致。

2 农业科技期刊英文摘要英译问题的原因剖析

通过回溯所选 30 篇论文从投稿到出版的档案材料，结合多年积累的编辑工作经验和持续观察，笔者发现，农业科技期刊摘要英译质量主要影响因素有三类，即作者来源不同、英文编辑自身水平和期刊编辑编校功底。

2.1 作者来源不同的影响

科技期刊作者由于教育背景和英语水平不同，其投稿时提供的原始译文质量参差不齐。对于国内科研人员而言，学术英语表达规范掌握不是很熟练，尤其是基层农业机构的科研工作者，因此其论文英文摘要原始译文质量可能就会存在一定问题。普通农业科技期刊囿于稿源限制，其作者有很多来自基层或者一般的研究机构，这些作者英文水平普遍不高，导致普通农业科技期刊论文英文摘要存在问题成为普遍现象。

2.2 编辑专业水平和工作态度的影响

编辑对于英文摘要的质量把控起着重要的作用，其专业知识水平及学科背景一定程度上影响其编校质量。熟练的编辑技能和深厚的专业知识是编辑工作的基础[7]。客观上来讲，即使编辑总体英文水平较好，但由于不同学科领域专业词汇及表达习惯和作者文体风格不同，也会很大程度上限制编辑水平的发挥。主观上来讲，译文质量与编辑的工作态度也有关系，有些编辑对论文审核要求比较严格，对于论文中出现的错误能够提出相应的改进意见。由于各种因素影响，在译文编辑的过程中出现疏漏，从而导致译文出现错误。

2.3 期刊队伍力量不够的影响

科技期刊编辑多具有一定的学科背景，尤其是在国家重视科技期刊发展的大背景下，越来越多硕士及以上学历人员成为期刊工作者，其具有一定程度的英文水平，在编校稿件英文摘要及文中涉及英文部分的内容时，具有一定的处理能力。一方面，过分依赖于英文编辑，另一方面编辑部工作人员配备严重不足，现有工作人员工作繁重、无暇顾及英文编校，还有可能因为对自己的英文学术水平不自信，期刊学术编辑在英文摘要加工方面投入精力较少，导致一些中英文数据不一的问题出现。

3 农业科技期刊摘要翻译优化策略

在农业科技期刊摘要翻译中，语言表达尤为关键，其准确性对于论文内容可信度至关重要。通过对《陕西农业科学》的摘要英译常见问题的梳理，本研究基于作者、英文编辑和期刊在论文出版过程中角色的不同，对农业科技期刊摘要翻译质量提升提出如下优化策略。

3.1 期刊作者把控基础译文质量

3.1.1 做好译前准备和译后校对

首先，在对术语进行翻译时，作者应做好充分的译前准备，可以借助词典、互联网资源(例如 CNKI 词典、术语在线、Wikipedia 等)查阅相关术语的翻译。同时也可使用正式出版物的专业词表、权威专业词典或国外专业期刊等辅助手段[8]，以确保术语翻译的准确性。其次，作者可通过译后校对发现并纠正可能存在的翻译错误，例如词义不当、用词错误或遗漏等。这有助于确保最终的翻译版本与原文内容相符，确保信息的准确传递。最后，译文完成后进行整体校对，防止出现各类中英文不一致问题。

3.1.2 借助语法校对工具来辅助翻译

由于论文作者的英文水平参差不齐，在论文摘要翻译难免出现一些错误。本研究推荐作者使用 Grammarly(https://www.grammarly.com)、Pro Writing Aid (https://prowritingaid.com)、Language Tool (https://languagetool.org)、Ginger (https://www.gingersoftware.com)等语法检测工具进行改善。这些工具可以协助检查拼写、语法、标点符号使用、主谓一致等问题，并提供详细的修正建议，帮助作者提高文章的翻译质量，避免出现低级错误。

3.1.3 借助 ChatGPT 或 New Bing 进行润色

随着人工智能的不断发展，ChatGPT 和 New Bing 等自然语言处理模型逐步建立起来，此类模型在翻译中能够协助译者进行语法修正、句子重组、用词优化等操作，对整体的文体风格和连贯性进行把握，能够有效提升摘要英译的质量。

3.2 英文编辑发挥主观能动性

3.2.1 发挥学习专业知识的主观能动性

英文编辑是期刊论文对外传播方面的"桥梁使者"。因此，期刊英文编辑应充分发挥主观能动性，力争使英文摘要规范化，使其在对外学术交流中发挥应有的作用[3]。在提升英文专业知识能力方面，英文编辑可通过大量阅读与本期刊性质相同的国外期刊，经常浏览与服务期刊相关的国际知名期刊的网页，获取原汁原味的一手语料和信息[9]。此外，英文编辑要养成查阅资料和记笔记的习惯，对于有疑问的表述，本着严谨的态度去查阅英语语料库(例如 COCA (https://www.english-corpora.org/coca)，BNC (https://www.english-corpora.org/bnc)等)和术语库(例如 UNTERM (https://unterm.un.org)和术语在线(https://www. termonline.cn) 等)，并将此类表达进行记录，逐渐积累成册，以更好地指导以后的翻译工作。

3.2.2 充分利用各种资源提升职业素养

英文编辑工作是集编辑和英文为一体的工作，此类工作的技术要求和实践要求非常强[10]。因此，英文编辑应积极参与实践，进行外出学习交流，参加有关摘要英文翻译的讲座、培训或学术会议，与该领域的学术前辈进行交流探讨，提升职业认知和素养。也可采用线上方式(例如建立 QQ 群、微信群或钉钉群等)，交流日常工作中所遇到的问题，从而不断提升自身的翻译能力和水平。目前，多数普通农业科技期刊的英文编辑都是兼职，其水平参差不齐，因此，在对摘要英文审校时，务必对照中文文本进行比对以确保译文的质量。

3.3 期刊创新工作方式

3.3.1 建立期刊术语库

期刊可以让英文编辑使用 Trados 或 memoQ 等计算机辅助翻译软件，逐渐形成适用于编辑的术语库，并选择固定的时间将不同编辑的术语库进行整合，形成期刊自身的术语库资源。术语库中内容能够直接用于指导后续的译文工作，提高英文编辑的工作效率和质量。

3.3.2 设立反馈机制

建立积极的反馈机制，鼓励英文编辑提出问题和建议，以不断改进翻译质量；也可通过收集读者和英文编辑的反馈，来持续改进翻译质量和流程；如果期刊资源允许，还可考虑与专业翻译机构开展合作，以确保翻译的专业性和准确性。

3.3.3 为作者提供指导

提供统一的规范标准，由于作者英文水平参差不齐，尤其是基层作者英文水平更加有限。因此，在收取作者稿件时，对于稿件中摘要的英文翻译统一提供某种翻译软件来进行初步加工，从而确保初投稿的英文质量，为后续加工奠定良好基础。

4 结束语

英文摘要是科技论文的重要组成部分，是国际间知识传播、学术交流与合作的桥梁和媒介[11]。规范的英文摘要不仅是农业科技工作者的基本能力，也体现着其科研素养，摘要的质量甚至影响到研究的可信度[12]。本研究以《陕西农业科学》期刊中随机抽取的论文为例，对摘要英译中的常见问题进行了梳理，并从作者、英文编辑和期刊三个主体视角提出了相应的优化策略。研究结果可为农业类科技期刊在摘要英译方面提供借鉴和参考，以提高农业科技期刊摘要英文翻译总体质量，促进国际学术交流与传播。

参 考 文 献

[1] 邓联健,张媛媛.中文科技期刊英文摘要中被动语态的使用调查与分析[J].中国科技期刊研究,2023,34(4):439-445.

[2] 国家标准局.GB/T 6447—1986 文摘编写规则[S].北京:中国标准出版社,1986.

[3] 张志钰,边书京,杨锦莲.农业科技论文英文摘要常见问题例析[J].华中农业大学学报(社会科学版),2005(S1):262-265.

[4] 张道真.实用英语语法[M].北京:外语教学与研究出版社,2002:42.

[5] 雷珍容.食品科技论文中外文斜体和缩写[J].食品与机械,2009,25(3):154-155.

[6] 中华人民共和国国家质量监督检验检疫总局,中国国家标准化管理委员会.翻译服务译文质量要求 GB/T 19682—2005[S].北京:中国标准出版社,2005.

[7] 王建青.对科技期刊青年编辑素质的思考[J].燕山大学学报(哲学社会科学版),2008(2):142-144.

[8] 朱丹.科技论文摘要英译的"信、达、雅"[J].中国科技翻译,2013,26(2):8,12-15.

[9] 路可如.高校学术期刊英文编辑职业素养提升路径研究[J].传播与版权,2021(3):18-20,24.

[10] 刘红梅.高校期刊英文编辑的素质提升:从稿件处理的各流程角度分析[J].编辑学报,2019,31(增刊 2):265-267,272.

[11] 李涛,齐丽娟,陶燕春,等.关于科技论文英文摘要中存在问题的分析:以自然科学版为例[J].大连大学学报,2018,39(5):71-75.

[12] 李涛.科技论文的英文摘要规范化问题研究:以自然科学论文为例[J].辽宁工业大学学报(社会科学版),2018,20(6):70-73.

科技期刊中不规范使用百分号的实例、辨析及启示

林　松，于　洋，周　烨，段桂花，吴立航

(吉林大学《高等学校化学学报》编辑部，吉林 长春 130012)

摘要： 对科技期刊中不规范使用百分号的若干案例进行了分析，指出了错误原因并给出正确写法；探讨了图表中百分号的不规范用法，并给出推荐的写法。基于百分号的不规范使用现象展开思考，结合现实情况，对科技期刊编校质量的标准化和规范化建设提出了4点建议。

关键词： 百分号；编排格式；科技期刊；标准化

将某个整体平均分为100份后其中一部分占有的份数即为百分数。在不同学科领域中，有时也将百分数称为百分率或百分点。在科技论文中通常使用百分号(%)表示百分数，用于计算和描述分析统计结果、物质的含量以及各种比[率]等。

由于百分号和百分数在科技论文中的使用频率极高，在20世纪80年代即有对其用法的简单探讨[1]，但文中仅报道了个别错误用法，讨论不够全面。科技期刊的内容质量是奠定其影响力的基础，而编校质量则是实现优质内容规范呈现的基础。百分号虽然看起来简单，一旦错用或误用，极易导致读者对论文数据和结果的理解出现偏差，甚至引发科学性错误[2]。笔者在翻看近年发行的一些科技期刊时发现，百分号的误用问题屡见不鲜。国家标准中关于百分号的规定和说明内容简单且分散，以百分号和百分数的使用为主要研究对象的文献也仅针对个别细节问题进行了报道[3-4]，一些刚接触编辑工作的年轻编辑遇到稿件中百分号写法不规范的问题时，缺乏完整、详尽的案例分析作为参考。基于此，笔者选取若干有代表性的错误使用百分号的实例加以分析，以期为编辑同仁提供参考，在稿件编校和审读过程中能重视并纠正此类错误，提高科技期刊的编校质量。

1　使用百分数表示数值和范围时的错误举例

例1　These treatments are usually used in conjunction with other treatments, such as MBR and nano-filtration system coupling to achieve more than 90 % removal of precursors.(这些处理通常与其他处理结合使用，如MBR和纳米过滤系统耦合，以达到90 %以上的前驱体去除率。)

【辨析】百分数作为数值的一种表现形式，是分母为100的特殊分数，表示一个值是另一个值的百分之几。例1中错将百分号当成了量的单位符号，按照数值与单位符号之间应留有空格的原则进行书写。《现代汉语词典》中对百分号的定义如下：表示分数的分母是100的符号[5]。

基金项目： 施普林格·自然—中国高校科技期刊研究会英文编辑及国际交流人才培养基金项目(CUJS-GJHZ-2022-26)

由此可见，对于一个百分数而言，数字和百分号为不可分割的整体，例1中90和百分号之间不应加空格。同时还应注意，多位数的百分数出现在行尾时不宜进行转行编排，需将数值和百分号一同转至下行行首。

例 2　The recovery of Sb reached the acceptable range of 81~97%. (Sb 的回收率达到 81~97% 的可接受范围。)

例 3　Mamo *et al.* found that membrane bioreactor removed 72±4% of NDMA precursors. (Mamo 等发现膜生物反应器去除了 72±4%的 NDMA 前体。)

例 4　Velzeboer *et al.* reported that 28-day aging in seawater had induced PS MPs' aggregation from 60 nm to 361 nm±70%. (Velzeboer 等报道，海水中 28 天的老化使 PS MPs 的聚集从 60 nm 增加到 361 nm±70%。)

【辨析】例 2 和例 3 分别是科技论文中常见的对于数值范围和偏差范围的描述。需要注意的是，当使用浪纹连接号(~)表示百分数的数值范围时，连接号左侧的百分号不能省略，否则易引起歧义和误读。例 2 中 81~97%的标准数学含义是 81~0.97(97%=97/100)，根据句意可知，Sb 的回收率不可能高达 81（即 8100%），因此应改为 81%~97%才合理。同样地，例 3 中表示带有中心值的百分数偏差时，写为(72±4)%才准确。例 4 中 361 nm±70%的错误之处在于，361 nm 与 70%不是同一类量，无法比较，也无法进行混合运算，因此不应同时出现在±的两侧，经换算后直接写为 361×(1±0.70) nm 为宜，此时不宜使用百分号，同时像这种换成标准形式后数值(108.3~613.7 nm)跨度较大时应与作者沟通。

2　叙述和计算比[率]类物理量时的错误举例

例 5　At a doping ratio of 1.09, the highest Mn% is 65%. (当掺杂比为 1.09 时，Mn%最高为 65%。)

例 6　Experimental results showed that the obtained Ni^0/GDY had an outstanding catalytic performance with CO_2% of 99% at 80 ℃. (实验结果表明，制备的 Ni^0/GDY 在 80 ℃条件下 CO_2%为 99%，具有优异的催化性能。)

例 7　Specifically, after being treated with 30 μL of I_2, the mol% of the catalyst in the sample dropped to 49.0%. (其中，用 30 μL I_2 处理后，样品中催化剂的 mol%降至 49.0%。)

【辨析】国家标准中规定，由两个量所得的量纲一的商称作比[率]，而小于1的比[率]有时用分数(fraction)这一术语[6]。科技论文中常用到的回收率、除菌率、质量分数等量通常都使用百分数来表示，但由于作者来自不同学科领域，对于如何用百分数表示比[率]类的物理量常依照各自不同的行业习惯。尽管期刊都强调稿件的"文责自负"，但编辑应牢记，科技论文的撰写需使用学术语言并遵循国家标准和行业标准，切勿任由作者随意将行业习惯用语作为学术用语写入科技论文中。例5、例6和例7中将化学元素符号、化学式或物理量单位与百分号连用，用于表示相应的质量分数(或其他分数)，是化工、材料和催化等领域科技论文中常见的不规范用法，应改为标准化量和名称进行叙述。例5后半句应改为"the highest mass fraction of Mn is 65%"。例 6 中"CO_2% of 99%"应改为"CO_2 conversion of 99%"。例7中后半句则应改为"the molar fraction of the catalyst in the sample dropped to 49.0%"。

例 8　The emission intensity increases to nearly twice that of the water content of 70%, showing typical AIE properties. (当含水量为 70%时，排放强度增加到近两倍，表现出典型的 AIE

特性。)

例 9　Membranes were blocked in 5% (v/v) skimmed milk in tris-buffered saline with Tween-20 for 1 h followed by incubation in primary antibody overnight at 4 ℃. (将膜用 5% (v/v)脱脂牛奶和含 Tween-20 的 tris 缓冲盐水封闭 1 h，然后用一抗在 4 ℃下孵育过夜。)

例 10　Then, phosphoric acid, DNL-6 seed (3 wt%), and DEA were added into the above mixture.(然后向上述混合物中加入磷酸、DNL-6 晶种 (3 wt%)和 DEA。)

【辨析】国家标准中规定的表示混合物组成标度的量可分为浓度、分数和比 3 类[7]。"含量"(content)这个词并不属于物理量，只能作为一般性的术语使用[8]，在化学和生物学等自然科学领域中用于定性描述混合物中某组分的多少。例 8 中将"content"一词与百分数连用来表示具体量，其代表的含义非常模糊，无法确定究竟是何种分数，降低了科技论文的科学性和自明性。笔者认为，编辑不应轻易放过此类问题，最好仔细询问作者，将 content(含量)改为标准化的表达方式——体积分数或质量分数等。例 8 中"the water content of 70%"可改为"the water volume/mass fraction of 70%" (具体是何种百分数需根据上下文描述或询问作者来确认)。例 9 和例 10 中作者分别在百分数后面和前面添加了修饰性的内容(v/v 和 wt)，意在指明该百分数分别为体积分数和质量分数。但百分号作为一种专用的数学符号，也可视为量纲一的量的分数单位，在其前、后附加表示量的特性或测量过程信息的标志都是不正确的。据此，将例 9 中"5% (v/v) skimmed milk"改为"skimmed milk with volume fraction of 5%"。例 10 中"DNL-6 seed (3 wt%)"改为"DNL-6 seed (3%, mass fraction)"。需要特别注意的是，英文科技论文中涉及的表示物理属性的"质量"应采用 mass 表示，而不是 weight(重量)。

例 11　$\%Pollutant\ removal\ efficiency = \frac{c_0-c_t}{c_0} \times 100\%$。

例 12　PRE(%)=$\frac{c_0-c_t}{c_0} \times 100$。

【辨析】在科技论文中，计算 XX 率、XX 分数时常用到百分号，不同文章中算式的不规范写法各异，笔者将几种典型问题综合归纳为 2 例进行探讨。国家标准中明确指出，数学公式不应使用量的名称或描述量的术语表示。量的名称或多字母缩略术语，不论正体或斜体，亦不论是否含有下标，均不应用来代替量的符号[9]。据此，例 11 中算式左侧 pollutant removal efficiency(污染物去除效率)和例 12 中算式左侧 PRE(pollutant removal efficiency 的首字母缩略词)的写法均不符合国家标准要求，应替换为相应的物理量符号 η。若需计算的物理量或类似量并未列入量和单位系列的国家标准中，则依据专业表达格式先设定合适的量符号[10]，并在算式下方的正文对相关符号进行说明。另外，算式左侧是否需标注百分号以及百分号的位置也值得商榷。例 11 中将百分号写在量的名称前方，该写法在西方学术界时有出现，如我国引进的国外高校优秀教材《分析化学和定量分析(英文版)》中就采用 $\%V/V = 100 \cdot \frac{\text{Volume of chemical}}{\text{Volume of mixture}}$ 的形式[11]。这种写法的不规范之处与例 9 相似，在百分号后面添加了修饰性的信息，是不可取的。在实际应用中，例 11 和例 12 中所计算的污染物去除效率可以用百分数表示，也可以用小数表示，算式右侧差别仅在于算式末尾是乘以 100 还是乘以 100%。陈浩元先生对该类问题进行了明确阐述，当(所计算量)需要采用百分号表示时，在公式右端加上"×100%"是完全正确的[12]。此外，例 12 中等号左侧将百分号写在量的名称后方的括号中，意在表明该量是用百分数表示。笔者认为这种写法有画蛇添足之嫌，因为通过算式右侧的×100%即可体现出该计算结果的表现形式为百分数，因此算式左侧除了量的符号外，无需附加其他内容。综上所述，例

11 和例 12 的正确写法为 $\eta=\frac{c_0-c_t}{c_0}\times 100\%$，式中：$\eta$ 为污染物的去除效率，c_0 和 c_t 分别为初始时刻及(用 EG-ZVI 处理后)t 时刻的目标污染物浓度。

3 图表中百分号的使用

图表能简单、直观地呈现实验数据和研究结果，是科技论文内容的重要表述形式。规范的图表应具备科学性、自明性和可读性，即便不阅读文字内容也能从图表中读取到关键数据，了解文献大意。因此图表中的各种符号、量名称及其单位、名词术语必须符合国际标准、国家标准和有关行业标准[13]。

科技论文中的表格通常为三线表，栏目为量/单位，表身为相应数值。当表格中数据有百分数时，由于理解不一致，栏目和表身的书写五花八门。如栏目中常见"量(%)""量/%"和仅一个"%"的形式；表身数据则有的带百分号，有的不带百分号。据笔者分析，表格栏目采用"量(%)"的写法，是认为百分号不是单位，不能与物理量用"/"相隔，为了表示表身数值为百分数，使用括号进行标注；采用"量/%"的，是将百分号当成单位，参照国家标准中"量/单位"的原则书写；而栏目中仅写一个百分号作为量的名称则违背了百分号的基本定义，是完全错误的用法。通过上文讨论可确定，在正文书写中，百分数中的百分号与数字是一个不可分割的整体。但笔者在参加"期刊常用标准及规范培训班"时陈浩元先生曾建议：为使表格列出的数据尽量简单，表身内的百分数一般不带百分号，应将百分号归并在栏目中。可以尝试这样理解，0.7 可以写为 70×0.01，用百分号代替 0.01，即成为 70%，此时可将百分号看作是一种特殊形式的单位符号。综合以上分析和专家建议，笔者认为在编校数据为百分数的表格时，栏目中宜写为"量/%"，表身则直接写去除掉百分号后的数据。带有百分数的图片的编校原则与表格相同，横、纵坐标的标目处写为"量/%"，坐标轴中直接写去除掉百分号后的数值。

4 启示与建议

百分号是一个简单且常见的数学符号，但不按标准化要求使用或使用格式不统一，可能会引发歧义和误解，甚至导致严重错误，正所谓"失之毫厘，谬以千里"。本文列举的不规范和错误使用百分号现象并非难解之问题，系统学习后即可掌握。由于一些编辑在工作中对规范使用各种符号的重视程度不足，或是轻视了对国家标准的反复研读和揣摩，忽视了稿件中百分号的误用问题，导致科技论文中百分号的不规范使用现象时有发生。事实上，除百分号等符号外，一些科技期刊中仍存在其他不符合国家标准的编校问题，该现象背后的原因不仅是编辑自身的知识水平和精力有限，也显示出对我国科技期刊认同度不高和对我国科技水平的不自信。在此，笔者以小见大，基于百分号错用、误用现象频出的事实，呼吁编辑同仁重视科技期刊编辑出版工作的标准化和规范化建设，并提出以下改进建议。

(1) 摆正态度，积极学习，树立标准化意识，了解学术期刊不执行推荐标准的消极影响[14]。在平时工作中以相关的国家标准和行业标准为依据进行稿件的编校和审读，不确定的地方立即查阅资料和文献，力求使每一处修改都有理有据。须知"水滴虽微，渐盈大器"，每一次的翻阅和思考都是学习和积累的过程，长此以往必定能做到对各项标准烂熟于胸，工作起来得心应手。

(2) 发扬工匠精神，强化责任意识，以精益求精的态度同等对待科技论文的形式表达和内容质量。培养职业敏感性和洞察力，敢于质疑、善于质疑，遇到不确定的问题切忌想当然地随意修改，务必花些时间与作者交流讨论后再下笔。时间和精力允许的话，建议将编校定稿后的文档返给作者查阅[15]，一方面可让作者确认是否有修改不当之处，另一方面则可让作者了解自己书写不规范、表达不清楚的情况。

(3) 制定详尽的投稿指南，培养作者的良好习惯。作者是稿件的提供者，是科技论文中所呈现信息的来源，编辑的编校工作只是对作者已撰写的稿件进行完善[16]。为作者制定清楚、详尽的投稿指南和模板，明确要求作者参照国家标准书写计量单位和物理量符号，能从源头上促进科技论文标准化的推广和传播。

(4) 树立文化自信，拒绝盲从"权威"。朱建新[17]的研究已证实，国内期刊比国外期刊更重视对标准和规范的遵守，这是非常值得坚持和发扬的。但在实际编辑工作中，每当请作者依据国家标准的要求对某些内容进行修改时，总有一些作者强硬表示"我们希望能遵循国际期刊的惯例"并拒绝修改。面对此困局，个别英文科技期刊默许了作者的说辞，照搬国外"强刊""牛刊"不合规的编排格式，还假以美名说是与国际接轨。习近平总书记曾深刻指出："文化是一个国家、一个民族的灵魂。"坚定文化自信，是事关国运兴衰、事关文化安全、事关民族精神独立性的大问题。因此新时期的科技期刊编辑尤其是英文科技期刊编辑应加强文化自信并将其贯穿于实际工作中，纠正"权威期刊"就是金标准的错误认识，坚决摒弃以"与国际接轨""遵循国际惯例"等遁词为借口，拒绝执行国家标准的行为。

参 考 文 献

[1] 陈长松.如何正确地应用百分数和百分号[J].山西财经学院学报,1984(6):113.
[2] 刘园.编校英文科技论文应注意正确"比较"[J].编辑学报,2024(1):52.
[3] 张亘稼.三线表中百分号"%"使用探讨[J].编辑之友,2012(5):92.
[4] 曾月蓉.正确表达科技论文图表中的百分号和应变[J].编辑学报,2007,19(1):31.
[5] 中国社会科学院语言研究所词典编辑室.现代汉语词典(第 7 版)[M].北京:商务印书馆,2016:28.
[6] 国家技术监督局.GB/T 3101—1993 有关量、单位和符号的一般原则[S].北京:中国标准出版社,1994.
[7] 国家技术监督局.GB 3102.8—93 物理化学和分子物理学的量和单位[S].北京:中国标准出版社,1994.
[8] 陈浩元.科技书刊标准化 18 讲[M].北京:北京师范大学出版社,1998:165.
[9] 国家市场监督管理总局,国家标准化管理委员会.GB/T 1.1—2020 标准化工作导则第 1 部分:标准化文件的结构和起草规则[S].北京:中国标准出版社,2020.
[10] 张研.中文科技期刊急需解决"专业表达格式"使用乱象[J].编辑学报,2023(4):394.
[11] HAGE D S, CARR J D. Analytical Chemistry and Quantitative Analysis[M].北京:机械工业出版社,2014:51.
[12] 陈浩元.计算发芽率的公式右端允许加上"×100%"吗?[J].编辑学报,2022(5):487.
[13] 刘振海,刘永新,陈忠财,等.中英文科技论文写作教程[M].北京:高等教育出版社,2007:87.
[14] 贺嫁姿,冼春梅,温优华.学术期刊不执行推荐性标准的消极影响与治理[J].编辑学报,2020,2(3):265.
[15] 林松,段桂花,张娅彭,等.英文科技期刊青年编辑素质提升对策[J].编辑学报,2017(增刊 1):S135.
[16] 张媛,刘雪松,霍永丰,等.医学研究论文中构成比与率错误混用的典型案例分析[J].编辑学报,2019,31(3):271.
[17] 朱建新.国内外科技期刊中数学符号编排格式的对比分析[J].编辑学报,2019,31(1):34.

林草科技期刊中统计学描述审查情况的调查分析

闻 丽

(中南林业科技大学期刊社,湖南 长沙 410004)

摘要:为了规范林草科技论文中的统计描述,提高林草科技期刊所发表论文的质量。以林草科技期刊编辑为目标人群发放问卷,对目标期刊统计学描述审查情况进行了调查。根据调查结果,总结其中存在的问题,采用鱼骨图和5WHY法则对科技期刊统计学描述审核不规范进行根因分析,并据此提出对策和建议。林草科技期刊对于统计学描述规范和审查的重视程度普遍不高,98.78%的刊物在其投稿指南中未对统计学描述方面进行规定,84.31%的刊物未对同行评议专家提出具体的统计学描述方面的审核要求。同行评议专家和编辑人员的统计素养参差不齐,对统计学描述审核力度也不同。大部分编辑人员未对统计学知识的运用和解释进行全面审核,而是选择了抽查的方式,还有少量编辑人员完全不会对统计学描述进行审核。林草科技期刊统计学描述审查不规范的根本原因是缺乏有效的制约和规范机制,即缺少投稿规范、缺失明确的执行规定、对同行评议专家缺少考评筛选、编辑人员相关培训不足、质检概率低等,建议建立一套可操作性强的制度化流程。

关键词:统计学描述;林草科技期刊;审查

在林业科学的发展过程中,数学方法和技术的引入有着十分重要的意义,其中包括数理统计、概率论、模糊数学等[1]。林业问题的研究离不开统计学的数据整理和分析推断,正确运用统计学知识来分析由试验得出的冗杂繁琐的数据,可以从中总结出规律,并预测一些现象的发生[2]。统计方法运用不正确,不仅不能正确反映科研结果,还可能得出错误的结论[3];在科技成果交流层面,会给科研人员带来误导和困扰,科技成果的应用推广增加难度,降低了科技期刊研究结论的可信度。笔者在编辑工作中发现稿件中统计学的运用存在较多问题,前期对中文核心期刊(2020版)中16种林草科技期刊2023年第1期的321篇研究性论文进行了调查,发现存在统计学描述方面问题的论文占比为9.1%~75.9%。除了稿件本身的质量,科技期刊本身对于涉及统计学部分内容的要求以及编辑、审稿专家对于这方面内容的重视程度,均对稿件中统计学分析描述的质量有重要影响。为了提升林草科技期刊的学术质量,有必要从审稿到编辑加工等各环节对论文中统计方法的运用进行审查和规范。

目前,在医学类期刊中,对于统计方法运用的审查已经得到了广泛的重视[4],并且相关研究多集中在医学期刊领域[5-9],探讨如何更好地运用统计方法以提高研究的可靠性和有效性。

基金项目:湖南省教育厅科学研究项目(22C0124)

此外，也有少量的林草科技期刊的编辑人员关注到统计方法的应用，并进行了相关研究报道[2,10-11]。然而，这些报道往往过于关注方法的介绍，内容较为笼统，难以为科技期刊稿件编审工作提供具有可操作性的系统性参考和借鉴。为了深入了解林草科技期刊在投稿、审稿、编辑流程中对于统计学描述的规范和审查情况，并了解编辑人员的基本统计素养，笔者对目标期刊和目标人群进行了调查研究，分析其中存在的问题，并提出规范林草科技期刊统计学描述的对策与建议。

1 研究对象和方法

通过访问相关专家，课题组成员讨论并设计问卷，采用问卷星制作在线问卷。问卷主要分为3个部分，即被调查者的基本情况、被调查者的认知情况、现实中执行情况，包括单选、多选及主观题。为保证研究结果的准确性，在问卷中设置了人员身份筛选题目和质量控制题目。在进行测试性运行后，通过社交媒体向目标人群(林草科技期刊编辑)发放问卷。回收问卷后，剔除非编辑人员(如编务、办公室人员及其他人员等)、无统计学描述期刊编辑人员的问卷，剔除回答时间过短、质量控制问题回答不符合要求、回答不合逻辑等问题问卷。并通过电话访问、面谈、社交媒体交流、访问期刊官方网站或中国知网等方式进行补充调查和部分调查结果的核实。根据调查结果，采用根因分析法对科技期刊统计学描述审核不规范的根本原因进行分析[12]。使用 Excel 软件绘图。

2 林草科技期刊对统计学描述规范和审查的现状

共回收有效问卷82份，受访的编辑人员分别来自47种林草类或相关科技期刊。

2.1 刊物对统计学描述审核环节和要求的设置

就刊物对统计学描述审核环节的设置来看，在所调查的刊物中，仅1.22%的刊物在投稿指南中对统计学描述方面进行了规定(图1)，且规定较为笼统，对试验设计、统计学分析方法的选择、统计结果的解释和表达等的要求不够详尽。刊物在初审阶段进行审核的占比最高，其次是复审和同行评议阶段。在同行评议阶段，有15.69%的刊物对审稿人提出了统计学方面内容的审核要求，具体包括试验设计的合理性、数据分析方法的正确性、统计数据的真实可靠有效性、统计分析结果展示的正确性，这些要求基本涵盖了稿件中统计学描述的主要方面。有刊物在多个环节进行了审核，也有9.62%的刊物未在任何环节设置审核要求。

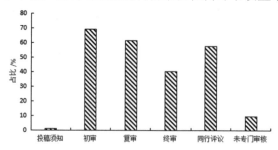

图 1 受访刊物对论文统计学描述进行审核的环节设置

2.2 审编稿件人员的基本统计素养情况

在受访者中，9.26%的人不具备统计学基础知识，53.85%的人认为自己稍微了解，36.54%的人认为自己熟悉。在调查中发现，92.31%的受访者所学专业与所在期刊的专业相同或相关，受访者所学专业包括林学、生态学、森林培育、木材科学、森林保护、森林工程、森林经理、草业科学、经济林、微生物学、动物医学、化学工程、英语、工商管理等，可以看出专业不相关编辑人员的占比与不具备统计学基础知识的占比相近，前者稍低于后者。

在受访者中，65.38%的人认为统计学描述审查是非常重要的，32.69%的受访者认为统计学描述审查是重要的，仅1.92%的受访者认为该项工作的重要性一般。可见大部分受访者认识到统计学描述的重要性，并且有43.75%的受访者认为需要设置专门的审核环节。受访者在工作中对于相关内容的审核程度存在差异：在审稿阶段仅12.77%的受访者会对所有稿件中统计学知识的运用和解释是否合理和恰当进行审核，有82.98%的受访者会抽查，4.26%的受访者不会对这方面的内容进行审核；在编辑稿件过程中，仅12.77%的受访者会对所有稿件进行审核，有85.01%的受访者会抽查，2.13%的受访者不会对这方面的内容进行审核。

问卷调查结果表明：鲜有专家向统计学描述方面无具体审核要求的刊物提供该方面的审查结果(平均仅为0.33%)；在对该方面有审核要求的刊物中，大部分刊物(72.88%)未将其列为必须回复项目，平均有30.00%的专家能提供统计学描述审查结果，个别刊物要求专家审查数据统计分析的文章时必须提供这方面的审查结果。

3 林草科技期刊在统计学描述规范和审查方面存在的问题

3.1 重视程度普遍不高

林草科技期刊对于统计学描述的重视程度普遍不高，主要体现在投稿指南和审稿程序中未进行明确规定，尤其是在投稿阶段。从数据可以看出，有相当大比例的刊物(98.78%)在其投稿指南中未对统计学描述方面进行规定，这可能是因为一些刊物认为不需要特别强调统计学知识的运用和解释。少部分受访者提供的统计学描述要求虽然涵盖了大部分内容，但是内容不够全面，如统计结果的解释和表达、统计学符号的具体编排规范和需要提供哪些具体指标等。缺乏明确的指导或要求可能导致一些作者在撰写论文时忽视统计学知识的使用，或者对其使用不准确或不合理，从而影响论文的质量和可信度。此外，缺乏对统计学描述的明确规定也可能给审稿人员带来一定的困扰。审稿人员需要评估作者是否恰当地使用了统计学知识，并判断其解释是否合理。由于稿件中提供信息的不规范性，审稿人员可能会面临难以评判的情况，从而无法全面评估稿件中统计学描述的合理性和准确性。因此，有必要加强对统计学描述的要求和指导，以提高论文的质量和可信度。

在同行评议阶段，大部分刊物(84.31%)未对审稿人提出具体的统计学描述方面的审核要求。这可能导致审稿人在审核过程中对统计学描述的关注度不够。这可能是因为一些刊物认为审稿人应该具备一定的统计学知识，或者相信审稿人能够自行判断统计学描述的合理性和准确性。然而，由于没有明确的要求，审稿人可能没有足够的动力或关注点来仔细审查统计学描述相关内容。他们可能会将更多的注意力放在其他重要的方面，如研究方法、结果和讨论等，而对统计学描述的关注度不够，从而无法全面评估稿件中统计学描述的合理性和准确性。此外，缺乏具体的统计学方面内容审核要求，同行评议结果可能不够全面且无法满足刊物的具体需求，难以为作者提供更为精准的修改意见。因此，有必要加强对同行评议专家的要求和指导，以提高对统计学知识的关注度和审核质量。

3.2 审核力度不同

不仅是同行评议阶段存在对统计学描述审核力度不同的情况，在稿件的审理和编辑过程中也存在这种情况,这可能会影响审稿结果的准确性和可靠性。从数据可以看出,稿件的审理和编辑过程中大部分编辑人员(82.98%和 85.01%)未对统计学知识的运用和解释进行全面审核,而是选择了抽查的方式。统计学知识较为复杂,需要具备一定的专业知识和经验才能准确判断其合理性和恰当性。因此,只有少数编辑人员能够全面审核统计学知识的内容。另外,稿件的审理和编辑过程中还有一部分编辑人员(4.26%和2.13%)完全未对统计学描述进行审核。这可能是因为他们缺乏相关的专业知识或者对统计学知识的重要性没有足够的认识。由于作者的统计素养不同,稿件中相关内容出现错误等情况较为严重,同行评议结果也可能存在纰漏,编辑人员有必要对统计学描述再次进行全面审查,仅是抽查不能完全规避其中的问题。

3.3 审编稿件人员的统计素养参差不齐

受访人群存在统计素养参差不齐的情况,同一编辑部内部也存在同样的情况,这样就导致对稿件相关内容审核的标准不一致。虽然大部分编辑人员认为统计学描述较为重要,但是由于不熟悉统计过程脉络,缺乏统计推理和思考的能力,这部分人群无法识别统计方法选取的正确性,对于统计数据、图表内容的敏感度不高,无法对稿件中相关内容的科学性、合理性进行判断。

从数据可以看出,有相当大比例的受访者(43.75%)认为有必要在同行评议、三审过程中增加相关内容的审核要求,或设置专门的统计学描述审核环节。说明这部分人意识到统计学知识在研究中的重要性,认为应该加强对统计学知识的审核力度,以确保研究结果的可靠性和科学性。此外,这些人可能也意识到统计学知识的复杂性和专业性,认识到对数据的准确分析和解释需要具备一定的统计学知识,只有经过专门培训和具备相关背景知识的人员才能有效地进行数据审核和解释统计学结果。

4 在统计学描述规范和审查方面存在问题的根因分析

根据林草科技期刊在统计学描述规范和审查现状及存在的问题,召集全体课题组成员,基于所有问题设定在内部的原则,采用脑力激荡法,从内容、编辑人员、同行评议专家、执行阶段、方法 5 个方面逐一分析可能造成统计学描述审核不规范的原因,收集、汇总所有原因并绘制鱼骨图,并结合 5WHY 法分析根本原因(图 2)。从图 2 可以看出,其根本原因是缺乏有效的制约和规范机制,即缺少投稿规范、缺失明确的执行规定、对同行评议专家缺少考评筛选、编辑人员相关培训不足、质检概率低等。

5 规范林草科技期刊统计学描述的对策与建议

针对造成统计学描述审核不规范的根本原因,为了规避论文在统计学描述方面可能出现的差错,确保研究结果的可靠性和科学性,在稿件审核过程中应重视和加强对于统计学描述的审查,建立可操作性强的制度化流程。

(1) 建议林草科技期刊出版单位制订相关的规范和准则,明确要求作者在稿件中提供必要的数据和分析信息,也可以提供具体参考范式,确保所有符合要求的稿件都能够遵循相同的标准,提高整体的研究质量和可信度。首先,可以明确要求作者提供详细的数据分析方法和必要的步骤,这包括所使用的统计软件、分析模型以及具体的参数设置等。通过提供这些详细信息,审者、编辑和读者可以了解作者的分析过程,并在需要时进行重复或验证。其次,

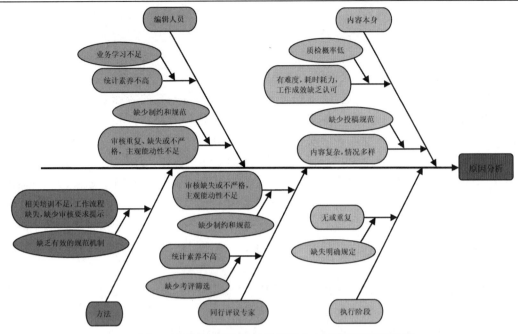

图 2　林草科技期刊统计学描述内容审核不规范的原因

可以要求作者对数据分析结果进行充分的解释和讨论。这包括对主要结果的描述、相关图表的展示以及对结果的解释和解读，说明数据分析的目的是什么，以及结果是否支持研究假设。再次，建议要求作者讨论数据分析的局限性和不确定性，并提出可能的解释或改进方法。从次，建议要求作者提供数据处理和分析的代码或程序，这样可以增加研究的透明度和可重复性，其他研究者可以使用相同的代码或程序来验证结果或进行进一步的分析。最后，还可以要求作者对数据集进行适当的管理和描述。这包括数据集的来源、样本特征、变量定义以及数据清洗和预处理的方法等。通过提供这些信息，审者、编辑和读者可以了解数据的质量和可靠性，并对研究结果进行评估。

(2) 在稿件的同行评议阶段，可以通过细化审稿表单的相关内容，要求审稿人对数理统计方法的选择是否合理、参数估计的准确性、假设检验的合理性、数据的处理和解释是否合理等方面进行全面而准确的评估。首先，审稿人需要评估作者选择的方法是否合理。他们需要考虑所选方法是否适用于研究问题，并且是否能够提供可靠的结果。如果作者选择了不合适的方法，审稿人可以提出替代方案或建议作者重新考虑方法的选择。其次，审稿人需要评估参数估计的准确性。这包括检查作者使用的统计模型和方法是否能够准确地估计未知参数，并且是否符合统计假设。审稿人可以使用各种统计指标来评估参数估计的准确性，例如置信区间、标准误差等。此外，审稿人还需要评估假设检验的合理性，检查作者提出的假设是否与研究问题相符。审稿人还可以评估所使用的检验方法和假设检验的结果是否可靠，并提供相应的建议和改进意见。对于较为复杂的情况，可以增设送审数理统计分析方面专家的环节，以确保对统计描述的审查更加全面和准确。他们具备更全面的数理统计知识和经验，能够更好地理解和评估复杂的数理统计方法的使用情况，可以提供更专业的意见和建议，帮助作者选择合适的分析角度，规范数理统计方法的使用，改进稿件中的统计描述。此外，审稿表单还可以包括对数据收集和样本描述的审查、对结果的解释和讨论的评价以及对试验设计和研究的可靠性的考量等方面。另外，建议林草科技期刊出版单位对同行评议专家进行统计素养方面的考评，根据其考评情况，考虑是否派审稿件、派审稿件类型、是否需要同时送审统计分析方面专家等。

(3) 由于编辑部对同行评议专家审稿工作的控制存在一定难度，就编辑人员来说，需要定期进行统计学方面的相关培训，以提高其统计素养。只有具备一定的统计学知识和数据分析技能，了解常见的统计方法和技巧，编辑才能够准确判断稿件的科学性和可行性，在稿件的编审过程中，能够深刻理解统计图表，辨识较为明显的错误，发现同行评议中可能遗漏的问题，并向作者提出合理的修改建议[13]。另外，建议林草科技期刊出版单位在三审流程和稿件编辑流程中增加对统计学知识的审核要求，包括具体的内容要求和执行阶段要求，不同阶段的侧重点可以不同。例如，在审稿阶段可对所使用的统计方法进行初步的评估，确保其合理性和可靠性；在编辑阶段，应关注数据的质量和分析过程的合理性，仔细审查数据的来源、采集方式以及数据处理过程，确保其符合科学要求，核对图、表、文中统计学描述内容的一致性。

(4)《学术出版规范》系列标准的发布旨在推动中国学术出版质量的整体提高，涉及学术出版的流程管理、工具书、表格、插图、参考文献等多个方面，建议在其中增加统计描述的相关内容，这对于科技期刊的健康发展和学术交流具有重要意义。首先，能够促使科技期刊出版单位提高对统计描述质量的重视程度，意识到准确、规范的统计描述对于期刊质量和学术诚信的重要性。从而更加注重审稿和编校过程中对统计内容的审查和核实，加强对于统计描述的培训和指导，建立更加严格的质量控制体系。其次，制定统一的统计学描述标准为林草科技期刊出版单位制订相关的规范和准则提供了依据，编辑可以更有效地审查稿件，确保文章在统计方法上达到一定的水平。再次，统一和规范的统计学描述标准有助于国际学术界对中国研究成果的认可和接收，促进国内外学者的交流合作。

参 考 文 献

[1] 李春梅.应用数学与农业经济学的关系[J].福建农业,2015(2):107-108.
[2] 郝嘉琪.试论生物统计在农业科学试验中的应用[J].经济师,2017(6):224-225.
[3] 朱丽君,姚应水.第三讲 中医药研究中定量资料统计方法的误用分析[J].现代中药研究与实践,2023,37(3):1-4.
[4] 邢维春,马琪奇.医学综合期刊稿件常用卫生统计方法常见问题及解决对策[J].传播与版权,2019(1):61-63,66.
[5] 胡大一.重视论文的统计学分析提高科学研究与医学科技期刊质量[J].中华心血管病杂志,2009(7):577.
[6] 史红,姜永茂,游苏宁.重视医学论文中有关统计学分析的描述[J].编辑学报,2006(3):189-190.
[7] 曾慧娴,杨之雨,柳东红,等.医学研究中常见统计分析方法的应用[J].上海预防医学,2023,35(8):831-839.
[8] 黄桥,黄笛,靳英辉,等.临床研究中常用的统计方法和常见问题[J].中国循证心血管医学杂志,2017,9(11):1288-1293.
[9] 罗云梅,孙艳梅,荀莉,等.中文医学期刊中常用的统计分析方法[J].编辑学报,2017,29(4):351-353.
[10] STAFFORD S G.林业工作者统计学入门[J].湖南林业科技,1985(4):36-41.
[11] 田鹏志.林业统计的方法及实际应用研究:评《林业统计学》[J].林业经济,2023,45(5):103.
[12] 郑解元,杨嘉永,梁嘉莹.根因分析法在药库管理中的应用与实践[J].中国医院药学杂志,2023,43(24):2829-2832.
[13] 彭小令,方开泰.培养统计素养:统计通识课的实践与探索[J].大学数学,2022,38(6):29-34.

高校学报类科技期刊初审环节质效提升工作方法

仝 腾，贺靖峰

(中国矿业大学期刊中心，江苏 徐州 221008)

摘要：为解决高校学报类科技期刊初审环节存在工作难度大、质量和效率不高的问题。通过梳理初审的意义及难点，指出初审环节质效提升的关键点在于创新性审查和学术不端审查两个方面。通过系统查阅相关文献、综合整理日常经验，提出初审中应当重点关注的地方及具体工作方法。创新性审查可分别从标题-摘要-引言、作者信息和基金项目、正文、结论、参考文献方面切入；学术不端审查应当充分利用 AMLC 检测重复率、留意文章中图件未汉化现象、注意文章中数据的时效性、关注学位论文的重复发表等问题。本文提出了一种符合实际、较为通用的提升初审质量效率的工作方法，以期为编辑同仁尤其是青年编辑提供参考。

关键词：高校学报；科技期刊；初审；青年编辑

科技兴则民族兴，科技强则国家强[1]。科技实力是体现一个国家综合实力的核心要素，科技期刊是刊载科技创新成果的重要平台[2]。高校学报类科技期刊是我国科技期刊的重要组成部分，作为学术传播交流的阵地在学科发展、人才培养等方面起着至关重要的作用。高校学报类科技期刊的栏目通常按学科或专业分类，根据学校的重点和优势学科形成具有自身特色的发文方向，相较于专业期刊来说，其收稿范围会较广。虽然在"双一流"建设的大背景下高校科技期刊的专业化转型成为热点，不少综合类期刊向专业期刊转型。但仍有一些高校学报类科技期刊延续办刊特色，保留了传统的收稿方向。以笔者所在的《中国矿业大学学报》为例，其收稿范围目前涵盖采矿工程、安全科学与工程、岩石力学与岩土工程、能源地质、矿物加工工程、矿山环境与测绘工程等，之前甚至收录包括经济管理和数学类的文章，可谓"五花八门"。

为保证文章的学术质量，期刊编辑部普遍采用稿件"三审制"，即编辑初审、同行专家复审、主编终审[3]。编辑部通常设置几名具有不同研究生专业背景的编辑对稿件进行初审，将符合形式、内容质量的文章交由小方向的审稿专家，对其学术创新性和科学性做出评价打分以及提出修改意见，最后将通过专家评审和修改达标的文章提交主编终审。不少研究探讨了初审的工作方法并依据自身工作经历对初审应当注意的事项进行了总结[4-6]。然而在初审环节中，面对众多学科细分以及越来越多的交叉学科，高校期刊编辑部有限的人员编制和编辑有限的研究生知识储备就显得捉襟见肘[7]。而且有时因工作需要或不能保证分配每篇稿件的研究方向就

基金项目：中国科技期刊卓越行动计划梯队期刊项目(卓越-C-169)

是编辑擅长的学科领域，导致编辑不得不面对"陌生"的文章初审。因此，高校学报类科技期刊编辑应当具有较强的初审能力，能够广泛、准确地筛选出值得送外审的稿件。本文提出初审环节应当重点关注的难点以及工作方法，精准把控投稿文章的质量，从而提升初审效率和质量，以期为高校科技期刊还处于摸索和发展阶段的青年编辑提供参考。

1 初审的意义及其难点

学报编辑工作要坚持"质量第一"的原则，按照国家有关期刊质量要求和评估标准，全面保证学报的政治方向、学术水平和编辑出版质量[8]。初审是编辑对科技论文形式质量和内容质量进行初步评价、筛选的环节，是保障期刊学术质量的"第一关"。高质量高效率的初审既能够快速挡掉不符合期刊质量要求的文章，节省投稿者等待的时间，使其了解文章的不足之处。又能够使专家专注审查有一定质量和创新的论文，给出中肯合理的评审意见，帮助作者提升论文质量，为编辑部后续处理文章提供参考。研究发现在审稿专家心中，待审稿件本身可带来高质量的学术信息，且可反映同行学者研究进展，最具吸引力[9]。所以，高质量初审也能够提升编辑部论文学术权威的形象，吸引审稿专家为期刊建设添砖加瓦。

面对一篇稿件的初审，其形式质量(包括结构框架、行文格式、表述形式等符合科技论文的体裁)和内容方向(符合期刊的收稿范围)首先要达标。一篇完整的科学论文的正文被划分为4个部分[10]：引言、方法、结果、讨论。"引言"部分要能够提出主要研究问题和当前研究现状；"方法"部分通常包含了试验设计程序和步骤的详细信息；"结果"主要呈现试验结果和梳理试验数据的规律，是整体研究的重要部分，较为完整的文章通常会对文中提出的研究进行工程实例的验证或是对其构建的模型进行有效性和准确性求证；"讨论"部分包括对文中研究问题的回应、不足与展望以及总述研究结论。通读全文后，编辑应当对稿件正文这4部分是否完整有了初步判断。其次，还要检查论文是否存在政治性法律性问题，包括其内容是否符合党和国家的方针政策，是否存在涉密、国家版图完整性等政治性问题。科技期刊学术论文的政治问题一般不明显，但编辑应当引起足够重视。

通读稿件后对于文章的形式质量和政治性审查往往不难把握。但正如前文提到的，高校学报类科技期刊面临收稿范围大、编辑有限的知识储备与稿件繁杂的细分研究方向不匹配、学术不端现象屡禁不止等，其初审通常面临着以下难点：

(1) 编辑对于稿件的整体创新性审查往往无从下手、无法判断，导致初审周期较长或是将创新性不高的论文交到审稿专家手中后又退稿，浪费时间；

(2) 稿件的学术不端比较隐蔽，编辑疏于或是没能够检查出来，导致存在学术不端的文章进入后续环节甚至发表，损坏期刊的品牌形象。

以笔者所在《中国矿业大学学报》为例，学报创刊历史悠久、品牌形象较好，主要吸引高校和研究院作者群体的投稿，且主编会首先将形式质量低和不符期刊发文方向的稿件直接退掉，再分配编辑初审。因此，下文将结合实际经验着重讨论以上提出的两个重点难点的工作方法。

2 创新性审查

2.1 标题、摘要和引言

学术论文的标题和摘要是对文章内容、创新点的高度概括。利用中国知网、WOS(Web of

Science)等数据库，编辑通过对标题和摘要中的关键词进行检索，可以了解到初审稿件是否为当前的研究热点以及选题的新颖程度。如果检索到多年前已有较多论文做了相同研究内容，则可以基本判定稿件的创新性不够。检索到近年相关研究方向的论文，则可以下载下来，为后面的进一步比对做准备。引言部分是对该论文相关研究进展、空白薄弱之处和拟解决关键问题的系统介绍，认真阅读此部分可以帮助非此研究方向的编辑了解研究背景，大致掌握文章的研究意义和创新点。笔者在初审题为《xxx 盆地十三间房地区侏罗系水西沟群沉积演化及有机质富集机理》的稿件(编号 20240309)时，通过搜索"xxx 盆地""十三间房""沉积演化""有机质富集"等关键词后发现，作为一篇能源地质方向的文章，其研究区域并非近期报道热点且研究内容与其团队已发表论文《吉木萨尔凹陷吉页 1 井区二叠系芦草沟组沉积环境及有机质富集机理》(2022 年)存在结构、方法上的抄袭。因此，编辑部对该篇稿件做了退稿处理。

2.2 作者信息和基金项目

作者及其研究团队在行业内的知名度在一定程度上能够反映其文章的研究深度和影响力。基金项目中省部级以上的尤其是国家自然科学基金，本身就是围绕国家战略需求和科学前沿而设立的最具权威的基金项目，其产出的文章自然会有点"含金量"。尽管这些是显示论文质量的重要因素，但编辑绝不能把作者名气、基金项目等当作通过初审的决定性条件，而是作为一项重要参考。正如文献[11]提出对高校校内外来稿，采取"以基金资助为首选点，以创新性为基准点，以专家评审意见为参照点，以推动科技进步为录用原则的方法"，力争使刊出的论文具有较高的学术水平。此外，编辑部应当要求作者投稿时提供基金批准扫描件，核实论文内容与基金项目相关、作者是否为基金项目的主持人、基金项目是否过于老旧已经失去时效性等。笔者在初审题为《xxx 真菌在矿区污染土壤修复中的应用研究进展》的稿件(编号 20240247)时查阅发现，文章是一篇综述性论文，而第一和通信作者此前的研究方向并未涉及"丛枝菌根真菌"和"矿区污染土修复"。且文章的基金项目"xx 省瓦斯地质与瓦斯治理重点实验室开放课题资助项目"看上去与研究内容并不相关，经过打电话跟作者沟通，发现作者回答模糊并不能解释清楚以上疑点。因此，编辑部对该篇稿件做了退稿处理。

2.3 正文

由于正文具体内容复杂、学科专业性强，从编辑角度一般主要查看其完整性和规范性，而很难像审稿专家一样给出准确的科学评价。笔者在仔细阅读和整理审稿专家给出的关键性退稿意见后发现，正文的创新性审查有以下几点可循：

(1) 通读正文后检查正文内容是否详细、论证全面，能否与标题、摘要对应起来。一些文章正文的研究对象或试验内容，往往与题目的契合度不高、关联性不强。如题名《……机制/机理》，而文中涉及机制/机理的描述以及后续的分析较为薄弱；论文题目为《……温度对卤盐阻化剂阻化特性的影响》，但是实际研究中卤盐仅选取了"$MgCl_2$"一种，且文中也没有说明为什么选择"$MgCl_2$"。存在以偏概全，极不严谨。

(2) 试验作为科技期刊论文正文的核心部分，其试验方案设计、相关试验参数、过程和结果分析缺一不可，不然得出的数据可信度将存疑。其次，试验样品的数量过少或影响因素设置不全面，则无法保证数据的可靠性。最后，试验内容要有的放矢，从具体问题出发，有工程背景支撑，不能为了做试验而做。

(3) 理论模型或数值模拟的建立是科技期刊论文中重要的研究手段。其审读时有以下两个重点：一是理论分析与数值模拟部分之间的关联要说明清楚，建立的数学模型与论文的主要研究内容联系要紧密；二是要对理论模型的适用性进行验证分析，理论模型或数值模拟的参数设置要与实际相符合。否则，模型和模拟的说服力不强，得出的结论与实际应用价值将大打折扣。

2.4 结论

结论反映了整个研究凝练出具有创造性、指导性和经验性的结果描述，应当是编辑初审过程中需重点关注的部分。对结论的审查主要包括是否具有实质性内容，发现了什么新的规律性的东西或反映了什么具有指导意义的新见解，解决了什么理论问题或实际问题，在已有研究的基础上又取得完善补充等[12]。此时，可以和之前检索得到近年相关研究论文的结论相比较，如果结论基本一致或未取得进一步的补充完善，则认为其创新性存在不足。笔者在初审题为《xxx区斜井帷幕注浆截流机理及关键技术参数研究》的稿件(编号：20240227)时发现，文章结论与作者团队已发表论文《煤矿斜井过动水砂层帷幕注浆扩散封堵机理及应用》的结论几乎一致，没有总结凝练出本文的创新和工作成果。并且在初审题为《xxx矿岩体质量综合评价方法研究》的稿件(编号 20240241)时发现，其结论中的一条"通过曲线拟合分析……，得到的相关性经验公式，拟合优度分别达到了 0.596、0.595、0.678，具有较好的可靠性。"但通常认为拟合度数值(应大于 0.8)如此之低就不能称得上"具有较好的可靠性"，结论中出现了有悖常识的论述，导致文章的科学性存疑。还有些文章的结论大部分为常识性结论或定性结论，作者并未总结凝练出文章的有效结论和定量结论，这些都是编辑在审读时应当关注的。

2.5 参考文献

参考文献作为科技论文的重要组成部分，反映了该文章科研工作的基础和起点，编辑初审时也应当对此进行重点检查。首先，参考文献来源期刊的水平大部分应当不低于本刊，如果引用的文献太多来自非中文核心期刊或是技术性期刊，则可以认定其文章质量达不到高校学报类科技期刊的要求。其次，如果不是综述性质的论文，参考文献的新旧程度也能一定程度上反映该论文的创新水平，具有创新性的稿件其参考文献一定涵盖该领域近几年较新的学术成果。如编辑部今年收到题为《xxx工作面 5 双硬灰岩悬顶水力压裂可控竖向切顶方法》的稿件(编号 20240287)，其 37 篇参考文献中最新年份为 2021 年，大部分集中在 2010 年左右。经查阅，关于水力压裂切顶卸压已有较多文献进行了报道，文章内容创新性一般且并非热点，最终做了退稿处理。

3 学术不端审查

学术不端行为是指违反学术规范、学术道德的行为，2019 年行业标准《学术出版规范期刊学术不端行为界定(CY/T 174—2019)》对学术不端的范围进行了界定[13]：

(1) 剽窃：采用不当手段，窃取他人的观点、数据、图像、研究方法、文字表述等并以自己名义发表的行为。

(2) 伪造：编造或虚构数据、事实的行为。

(3) 篡改：故意修改数据和事实使其失去真实性的行为。

(4) 不当署名：与对论文实际贡献不符的署名或作者排序行为。

(5) 一稿多投：将同一篇论文或只有微小差别的多篇论文投给两个及以上期刊，或者在约定期限内再转投其他期刊的行为。

(6) 重复发表：在未说明的情况下重复发表自己(或自己作为作者之一)已经发表文献中内容的行为。

在初审过程中，编辑主要进行论文作者的学术不端审查，由于伪造、篡改、不当署名行为比较隐蔽也难以在初审中找到证据，本文主要针对较为常见的剽窃、一稿多投和重复发表行为展开讨论，结合笔者自身的工作经历，提供以下工作借鉴与抓手。

3.1 利用 AMLC 检测重复率

AMLC 即中国知网学术不端检测系统，以《中国学术文献网络出版总库》为全文比对数据库，覆盖面较广、检测较为快速准确，应用于目前国内大多数科技期刊的采编系统中。它可以对投稿文章自动进行文字重复率的检测，给出总文字复制比、去除本人已发表文献复制比、重合文字来源等数据。编辑可以此为依据找到重复文字来源文献进行比对，判定稿件是否存在剽窃和重复发表行为。例如，笔者在初审实践过程中碰到的编号为 20220688 的稿件，AMLC 显示其文字复制比高达 37.4%，经查证与已发表论文——陈富瑜,周勇,杨栋吉,等. 基于分形理论的致密砂岩储层孔隙结构研究：以鄂尔多斯盆地庆城地区延长组长 7 段为例[J].中国矿业大学学报,2022,51(5).存在大量文字与图表上的抄袭，并且未能正确引用。对于此类稿件编辑部快速做了退稿处理，并在退稿邮件中给予作者提醒。

根据经验，当 AMLC 检测稿件的文字重复率在 15%以上时，编辑应当引起重视，对比高重复率来源文献，检查其是否存在文字、图表上的抄袭，是否在研究方法、结论观点上存在剽窃行为。但值得注意的是，AMLC 检测出的高重复率不能完全等同于学术不端，系统有时会错误把参考文献也算作重复文字，编辑应当认真对比，稍加判断再做处理。同时，学术不端也不完全等同于高重复率，作者通过重复率自查后，进行文字、图表的技术处理，极大降低了重复率。对于这种现象称之为"隐性学术不端"，有研究详细探讨了相关的查证和处理策略[14]，本文不再赘述。

3.2 留意文章中图件未汉化现象

面临着毕业、评职称或是项目成果考核的要求和压力，部分作者优先考虑将论文发表在 SCI 期刊上。然而，有些作者会投机取巧，将已发表的外文论文稍做修改，重新投稿到中文期刊上。对于此类重复发表(自我剽窃)的行为，编辑无法应用 AMLC 检测系统或是中文数据库进行搜索查证，而应当加强外文数据库的使用如 Web of Science、ScienceDirect、Scopus 等，通过检索标题、关键词、作者等信息检查重复发表现象。然而，笔者在初审过程中发现，此类"英译中"重复发表的文章中最容易"露出马脚"之处是图件。投稿作者"疏于"修改，图件中仍保留较多之前投稿时的英文，导致文章有明显的翻译痕迹。因此，编辑需要留意文中图件未汉化现象，提高敏感度，仔细检查、大胆求证，将此类学术不端现象杜绝在初审环节中。

3.3 注意文章中数据的时效性

因为期刊本身具有较强的时间性属性，一篇具有科学性和创新性的科技论文能否发表在期刊上，其时效性是很重要的一部分考察。论文上具体体现在试验数据要新、工程实际案例的报道或验证要新。因此，当编辑发现论文中的试验\监测数据等远早于投稿时间，应当给予一定的重视。例如，笔者在测绘类文章初审时发现，编号为 20240120 的稿件其数据监测时间为 2021 年 4 月期间，带着疑惑在外文数据库中搜索到作者团队已于 2023 年第 3 期发表题目雷同的文章。(TAN W X,WANG Y D,HUANG P P, et al. *A Method for Predicting Landslides Based* on Micro-Deformation Monitoring Radar Data[J].Remote Sensing,2023,15(3).)对比发现其利用的数据、研究手段、部分图表一致,且未将已发表文献正确引用,因此判定为学术不端。此类学术不端现象较为隐蔽,需要编辑不断积累工作经验,提高学术不端防范的敏感性。

3.4 学位论文的重复发表

对于学位论文再次发表的版权与学术不端问题分析,有研究进行了较为全面的讨论[15-16],认为学位论文网络出版后其中部分内容的再次投稿,是一种学术不端行为,应该禁止。笔者在初审中发现,研究生毕业论文尤其是博士研究生的毕业论文,其整合部分章节内容、整篇进行精简概括或是进行拆分发表的投稿行为屡见不鲜。对于此类论文,还有可能出现的情况是:①第一作者署名变更为除导师外的课题组其他成员,此行为属于剽窃;②作者未提供说明将毕业后的工作单位挂在第一或是缺失原培养单位,此行为属于不当署名。以上行为编辑部都应当明确禁止。然而,对于作者更新了一定程度的内容,在学位论文的基础上展开了进一步研究的,编辑部应当允许发表,其科学研究的基础和连续性都会较好。

4 结束语

初审工作是编辑出版极为重要的环节,需要编辑投入较多的精力和时间认真对待。把控初审稿件的质量、客观评价其创新性对编辑提出较高的要求,遏制学术不端行为、保护科研原创成果是每一个编辑应尽的责任。因此,编辑须充分掌握编辑学基本规律和方法,经过自身的积累和沉淀,总结凝练出一套实用的、通用的、好用的编辑工作方法。本文提出了高校学报类科技期刊提升初审环节质量效率的关注重点与工作方法,为还处在摸索与发展阶段的青年编辑提供一些参考。除此之外,青年编辑在日常工作中还应努力做到:①提升自身的专业知识和创新素质,向"学者型编辑"靠拢,充分发挥编辑在期刊发展中的主体作用[17];②密切关注期刊重点发文学科的学术动态,通过阅读公众号、参加学术会议等追踪学术前沿,准确把握稿件的创新性;③在认真阅读和研究外审专家审稿意见的基础上,总结相关稿件的审查要领,提升审读能力;④充分利用期刊编委和青年编委的力量,对于交叉学科、前沿性稿件,可以适当邀请同行专家参与初审;⑤通过继续教育培训、阅读最新编辑出版论文、与优秀同行交流经验等去提升编辑素养与政治站位。经过日积月累的成长,青年编辑一定能够培养出开放的学术眼界、敏锐的学术嗅觉、优秀的创造力与批评力[18],成为合格的科技期刊质量"守门员",为我国科技期刊繁荣发展贡献一份力量,加快实现高水平科技自立自强。

参 考 文 献

[1] 习近平.在全国科技大会、国家科学技术奖励大会、两院院士大会上的讲话[N].人民日报,2024-06-25(002).
[2] 孙莹,龙杰.新发展阶段、新发展理念、新发展格局视域下科技期刊高质量发展的逻辑理路[J].中国编辑,2024(3):47-53.
[3] 韩磊,徐学友,郎伟锋,等.我国科技期刊审稿流程设置的现状调查[J].中国科技期刊研究,2023,34(8):1000-1006.
[4] 王耀,华海清,孔洁,等.科技期刊编辑对稿件的学术质量初审量化研究与应用[J].中国科技期刊研究,2012,23(1):146-149.
[5] 李林.科技期刊编辑初审工作四步法[J].中国科技期刊研究,2011,22(5):795-796.
[6] 丛艳娟,吉国明.从初审意见的内容见证科技期刊编辑素养提升[J].编辑学报,2023,35(2):228-232.

[7] 高天扬,郑斌.科技期刊初审环节中编辑的主体性发挥[J].传播与版权,2021,(7):31-33.
[8] 中共中央宣传部,教育部,科技部.关于推动学术期刊繁荣发展的意见[EB/OL].(2021-05-18)[2024-06-26]. http://www.nppa.gov.cn/nppa/contents/312/76209.shtml.
[9] 占莉娟,胡小洋,叶冉玲,等.科技期刊审稿专家激励策略优化研究:基于不同审稿动力因素的比较视角[J].中国科技期刊研究,2023,34(5):601-608.
[10] 牛丽慧,欧石燕.科学论文的体裁结构呈现模式及其可用性测评研究[J].情报科学,2023,41(2):86-94.
[11] 姚志昌,靳晓艳,侯世松,等.支撑点·影响力·强刊路:以 Ei Compendex 收录的中国矿业大学主办的科技期刊为例[J].编辑学报,2014,26(1):45-48.
[12] 朱全娥.编辑对学术论文价值的初审判断[J].中国科技期刊研究,2009,20(4):701-702.
[13] 学术出版规范期刊学术不端行为界定:CY/T 174—2019[S]:北京:标准出版社,2019.
[14] 韩磊,杨爱辉,赵国妮,等.隐性学术不端论文的查证及处理策略[J].编辑学报,2022,34(1):68-71.
[15] 张小强,赵大良.学位论文再次发表的版权与学术不端问题分析[J].编辑学报,2011,23(5):377-379.
[16] 张瑞,刘生鹏.国内外科技期刊编辑出版中的学术不端防治研究与实践[J].编辑学报,2023,35(3):268-272.
[17] 王海蓉,王景周.学术期刊学者型编辑的价值及编辑主体作用[J].中国编辑,2020(9):69-72.
[18] 管琴.编辑学者化路径再思考[J].科技与出版,2024(2):94-100.

《临床外科杂志》指南共识专家解读类文章分析

刘 劲[1]，周三凤[2]，汤代国[3]，孙清源[2]，瞿 娟[2]，
周 婷[4]，彭 凌[5]，李 军[3]，李丛芳[3]，杨泽平[2]

(1.《临床肾脏病杂志》编辑部，湖北 武汉 430014；2.《临床外科杂志》编辑部，湖北 武汉 430071；3.《腹部外科》编辑部，湖北 武汉 430014；4.华中科技大学同济医学院附属武汉中心医院《中国临床护理》编辑部，湖北 武汉 430014；5.《中华小儿外科杂志》编辑部，湖北 武汉 430014)

摘要：目前医学期刊优质稿源竞争十分激烈，策划和创新特色栏目是综合类外科医学期刊吸引读者和作者、提升期刊核心竞争力的一个重要途径，医学诊疗指南共识这类文章竞争更是激烈。此文以《临床外科杂志》为例，系统整理和总结了该刊10多年来独辟蹊径、策划特色选题的探索和实践经验，结果显示该刊每年第一期组织策划的专家笔谈栏目——诊疗规范、共识、指南文章专家解读，与一般文章比较，不论是下载频次，还是引用频次方面，均取得可观成效，高被引用，树立了品牌，提升了期刊竞争力、影响力。

关键词：医学期刊；特色栏目；专家解读；指南；共识；外科学；品牌

优质稿源是办好期刊的前提和基础，稿源是期刊的生命之源，没有充足的稿源，期刊就成了无源之水，无本之木，提高期刊质量将是纸上谈兵[1]。在目前的状况下，靠自由来稿已经不足以支持期刊应对激烈的竞争，自由来稿与组稿应相结合。组稿工作是期刊编辑出版工作的重要环节，也最能体现编辑工作的原创性特点。组稿的质量关乎期刊的整体质量。

科技期刊应定期对高被引论文进行整理分析，根据各学科的发展现状，优化选题策划方向[2]，而医学科技期刊的编辑在选题与策划中扮演着重要的角色，应把握时机、有针对性地加强组稿约稿，以保障优质稿源。在如林的医学科技期刊中，同质化现象很严重，策划和创新特色栏目是《临床外科杂志》《腹部外科》等综合类外科医学期刊吸引读者和作者、提升期刊核心竞争力的一个重要途径。

随着期刊市场竞争的逐渐形成，期刊编辑组稿方式已经发生转变，走出去组稿已成为期刊发展的必由之路。随着期刊市场的发展，同类期刊不断增多，相互竞争已成为业内常态。《临床外科杂志》《腹部外科》均由陈孝平院士主编，两本外科杂志刊登内容交集部分为普通外科领域，而《临床外科杂志》《临床肾脏病杂志》又同属"临床"系列杂志，彼此相互联系，相互学习。近些年来《临床外科杂志》编辑独辟蹊径，积极主动进行策划特色选题——在专家笔谈栏目刊登指南共识专家解读文章，在打造特色化方面取得较好的成效。为学习借鉴《临床外科杂志》培育并建设期刊品牌的经验，取长补短，我们对其策划的特色栏目内容、高被引

通信作者：汤代国，E-mail:331944654@qq.com

文章进行了分析，对编辑部确保特色栏目文章质量的探索实践经验进行了总结。

1 指南共识类文章发展及影响

20年前诊疗规范、共识、指南等文章才起步，数据显示，中华医学会系列杂志2000年指南共识类文章仅有14篇，2010年后逐渐增多，为191篇，之后发展增速，2020年指南共识类文章为722篇[3]。诊疗规范、共识、指南类的文章近十年来发展增速，成为读者关注的焦点，也是学者们下载、引用频率较高的文章，2020年统计年时高被引论文前10名被引频次均在3 500次以上(图1)，目前数据库统计显示均已过5 000次，下载频次均在10 000次以上，引发行业内热烈反响。

排名	论文题名	期刊名称	出版年	被引频次
1	慢性阻塞性肺疾病诊治指南(2007年修订版)	中华结核和呼吸杂志	2007	7841
2	中国高血压防治指南2010	中华高血压杂志	2011	5566
3	翻转课堂教学模式研究	远程教育杂志	2012	5330
4	慢性阻塞性肺疾病诊治指南(2013年修订版)	中华结核和呼吸杂志	2013	5026
5	中国急性缺血性脑卒中诊治指南2014	中华神经科杂志	2015	4955
6	中国高血压防治指南2010	中华心血管病杂志	2011	4738
7	中国成人血脂异常防治指南	中华心血管病杂志	2007	4419
8	中国急性缺血性脑卒中诊治指南2010	中华神经科杂志	2010	4053
9	中国心力衰竭诊断和治疗指南2014	中华心血管病杂志	2014	3977
10	中风病诊断与疗效评定标准(试行)	北京中医药大学学报	1996	3687

图1　2011—2020高被引论文前10名基本为指南类文章(资料来源于万方数据)

2 另辟蹊径，积极开发指南共识类文章衍生品——对诊疗指南共识文章进行专家解读

有些资源较好、平台较高的医学期刊，指南共识的文章几乎占整本期刊的2/3版面，特别是每年的第一期，比如上述的"中华"系列杂志；对于多数期刊而言，被引用情况系难以望其项背，很难达到上述图1中各期刊的水平。多数期刊受杂志平台、资源等局限的影响，刊出的专家共识、诊疗规范或指南类文章很少。另一方面，目前这类文章的组稿竞争也十分激烈，经常见到一篇指南形成以后，多家期刊争先发表的现象[1]。所以，刊登一篇高质量的此类文章很难。《临床外科杂志》与《腹部外科》《临床肾脏病杂志》一样，由于资源平台有限，诊疗指南及共识类文章刊登也较少，通过数据库检索，目前《临床外科杂志》诊疗指南2篇，专家共识3篇。《临床外科杂志》为月刊，全年编辑出版12期，但每期均有一个重点。该刊编辑紧跟医学研究的最新动态，了解医学前沿研究和发现，以每期一个重点选题为中心(图2)，多角度、全方位组织稿件报道选题的内容，集系统性和综合性为一体，体现科学性、实用性和先进性；专题稿均为约稿，其中"专家笔谈"栏目的文章均为领域内著名专家撰写，并且《临床外科杂志》更具特色的是：跟踪最新的国内外指南、专家共识、规范、建议/意见，提前下载并阅读国内外指南共识类全文，根据文章题目及内容，及时邀请相应领域著名专家撰写文章，进行解读，并及时刊登发表，每年第一期"专家笔谈"栏目就刊登这些内容，每年一次，逐渐形成品牌效应；内容涵盖肝胆胰外科、胃肠外科、心胸外科、骨外科、甲乳外科及麻醉等方面的国内外指南解读类文章(图3)。但是，"指南共识专家解读文章"单篇的文章做到精炼、实用，篇幅控制得很好，文章篇数和页码占整期的1/3~1/2，不影响整期其他文章的刊出(表1)。

读者·作者·编者

《临床外科杂志》2021年重点内容预告

(以当期实际刊出栏目为准)

第一期	外科总论	第二期	泌尿外科
第三期	乳腺疾病	第四期	骨科(关节和运动医学)
第五期	大肠癌	第六期	小儿外科
第七期	胰腺外科、脾外科	第八期	食管疾病
第九期	减重与代谢外科	第十期	神经外科
第十一期	肝脏外科	第十二期	心脏大血管外科

图 2 《临床外科杂志》专题预告截图

专家笔谈

肝细胞癌外科手术方式的选择 ·················· 张志伟 陈孝平 4
美国国家综合癌症网络肝胆肿瘤临床实践指南
　2020版更新解读(胆管癌部分) ············ 蔡秀军 陈鸣宇 曹佳胜 7
国家卫健委中国结直肠癌诊疗规范解读(2020版)
　——外科部分 ························· 练磊 兰平 10
2020年美国血管外科学会(SVS)胸降主动脉瘤
　诊治临床实践指南解读 ················ 曾昭祥 冯家烜 冯睿等 13
美国国家综合癌症网络临床实践指南:乳腺癌(2020V4)
　更新解读 ····························· 杨畅 刘强 16
美国国家综合癌症网络临床实践指南:胰腺癌(2020V1)
　更新解读 ····························· 刘丹希 孙备 20
美国国家综合癌症网络临床实践指南:胃癌
　(2020V2)更新要点和解读 ················ 林晨 张再重 王烈 23
美国国家综合癌症网络临床实践指南:非小细胞
　肺癌(2021V1)更新解读 ················ 冯浩洁 姚颐 耿庆 25
麻醉专业质量控制指标(2020修订试行)解读 ········ 周志强 罗爱林 29
美国国家综合癌症网络甲状腺恶性肿瘤治疗指南
　(2020V1)解读 ························· 李朋 韦伟 32
美国国家综合癌症网络临床实践指南:骨肿瘤
　(2020V1)解读 ························· 李夏 杨彩虹 35

图 3 《临床外科杂志》2021年第1期特色栏目的目次截图

表 1 《临床外科杂志》近 5 年特色栏目刊登文章数据情况

年份	卷数	期数	整期文章		专家解读类文章	
			篇数	页码数	篇数	页码数
2020	28	1	30	100	13	44
2021	29	1	34	100	11	34
2022	30	1	31	100	12	39
2023	31	1	28	100	14	48
2024	32	1	31	112	14	57

3 指南共识解读类文章的影响力

之初,我们对《临床外科杂志》策划并刊登诊疗规范、共识、指南等解读之类的文章没有特别关注。因为2017年在长沙召开的全国医药卫生期刊学术年会上,中国科技信息研究所

(中信所)报告,对中信所后台数据进行分析,诊疗规范、共识、指南等解读之类的文章数据统计显示,这类文章下载率还可以,但引用率并不高;分析原因可能读者会学习此类解读,但真正写文章时还是会引用原版的"诊疗规范、共识、指南"。可近些年,我们对《腹部外科》《临床外科杂志》两本期刊万方医学数据库公布的文章被引频次分析后,发现《临床外科杂志》专家笔谈栏目中指南共识解读类文章的下载频次和学者引用情况方面表现非常突出,万方数据检索显示指南共识解读这类文章被引频次骤然升高,有的为高被引,至2024年5月这类文章最高引用者达157次(图4)。

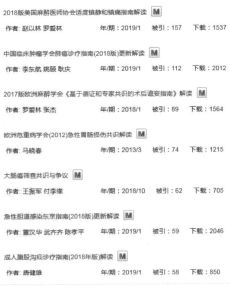

图4 万方数据检索《临床外科杂志》指南共识等解读文章高被引用情况截图

通过中国知网检索发现,《临床外科杂志》"诊疗规范、共识、指南"解读这类文章与一般文章比较,下载频次近4 000次的文章较多,不论是下载频次(图5),还是引用频次,均取得可观成效,引用率相对较高,有的引用频次甚至超过有些"指南与共识"类文章。究其原因可能是此类文章为科研人员和临床工作人员及时提供了理论依据或参考,对解决科研或者研究临床棘手、争议问题可以起到指导作用。而比较《临床外科杂志》《腹部外科》两本期刊其他类型的文章,被引频次大致相似,但《临床外科杂志》的影响因子、总引用频次相比却较高,这种结果也正好符合了"二八定律"——被引论文中占30%的高被引论文对总引频次、总引文量的贡献大于70%[4]。这表明该特色栏目的吸引力和活跃性强,成功地创立了自己的独特品牌。

序号	篇名	作者	年/期	被引次数	下载次数
1	中国临床肿瘤学会肺癌诊疗指南(2018版)更新解读	李东航;姚颐;耿庆;	2019/01	131	3793
2	2022版中国临床肿瘤学会胃癌诊疗指南更新解读	杜晓辉;晏阳;刘帛岩;	2022/09	36	3558
3	2021.V1版NCCN临床实践指南:结肠癌/直肠癌更新解读(外科部分)	龙飞;胡桂;马敏;李小荣;	2021/05	25	3358
4	中国肥胖及2型糖尿病外科治疗指南(2019版)解读	张光辉;王存川;	2020/01	52	3226
5	2017版欧洲麻醉学会《基于循证和专家共识的术后谵妄指南》解读	罗爱林;张杰;	2018/01	100	3190

图5 中国知网检索《临床外科杂志》指南共识等解读文章高下载情况截图

4 《临床外科杂志》品牌创立过程

4.1 一些期刊策划选题的启发

优质稿件及特色栏目已成为众多期刊竞相追求的目标。比如,《中华消化外科杂志》连续多年第 1 期组织策划高水平的"消化外科进展"专题,涵盖消化外科各领域[5],引起行业内极大关注,影响深远。《临床心血管病杂志》创刊 30 周年之际,特邀廖玉华、王新房、董念国等十几位业界著名专家针对其各擅长领域撰写主编论坛,被引频次和下载频次均远超同期其他稿件,取得了十分良好的群体传播效应。

指南共识这类文章的组稿竞争十分激烈,多数杂志则难于获取。对于难于获取指南共识文章的这类杂志则另辟新径,可以策划对前 1 年的或刚发表的指南共识文章专家解读。很多医学期刊均设置了"专家笔谈"这样的栏目,但像《临床外科杂志》专家笔谈栏目做出特色的很少。《临床外科杂志》2012 年开始尝试少量约指南共识专家解读文章,经过几年摸索,2017 年第 1 期开始系统地、大量地组织策划"诊疗规范、共识、指南专家解读"专题文章,经过 10 多年探索和实践,编辑部确保特色栏目文章内容的质量和深度,既具有实用性,又具有科学性,能够为读者提供有价值的参考,引发行业内热烈反响,读者阅读《临床外科杂志》此特色栏目已成为习惯,从而形成了一个自己独特的品牌。因此,期刊品牌形象要有长期性和稳定性,让读者和作者想到该刊,就能提起此特色栏目。

4.2 《临床外科杂志》主要通过以下几个方面确保主题策划文章的质量和权威性

4.2.1 应用大数据甄选指南共识类文章、使选题具有先进性和科学性

编辑部紧跟医学研究的最新动态,对前一年或刚发表的指南共识文章进行跟踪,并及时请专家解读。这些选题通常是医学领域的热点和前沿问题,这种选题既满足了读者对最新医学知识的需求,又具有很高的实用价值。组稿计划既要体现科学性、实用性和先进性,又要使组稿具有时效性和导向性。张援等[3]根据万方数据库检索结果,将被引频次≥50 次的文章归为高被引文章,将被引频次<5 次的文章归为低被引文章。结果显示,《中华医学杂志》在 2018—2020 年共刊登指南共识类文章 157 篇,低被引文章有 10 篇,占 6.4%。低被引文章中,共识类文章占比较高,且大部分无明确推荐意见。这也说明,"指南与共识"类文章也并非均被关注和重视,没有达成广泛共识的"共识"、低级别的"共识"并不被同行所接受。因而,引用也就很少,这也提醒编辑选题策划时,充分发挥编辑的职业敏感性,需认真分析、甄选指南与共识类文章来解读,可以与编委专家多沟通、了解。通过中国知网和万方数据检索显示,《临床外科杂志》"指南与共识"类文章与中华医学会系统杂志统计结果相一致,有的被引频次较为可观,有的与一般文章没有差别(图6、图7)。

序号	篇名	作者	年/期	被引次数	下载次数
1	中国老年髋部骨折病人行微创手术治疗专家共识	曹发奇;闫晨晨;薛航苏佳灿;张英泽;刘国辉;	2022/04	8	765
2	中国老年膝关节骨关节炎诊疗及智能矫形康复专家共识	刘静;	2019/12	34	804
3	原发性肝癌临床标准化术语	刘景丰;周伟平;刘红枝	2020/08	3	167

图 6 截至 2023 年 8 月中国知网检索《临床外科杂志》专家共识类文章下载引用情况截图

成人腹股沟疝诊疗指南(2012年版) M
作者：中华医学会外科学分... 年/期：2013/6 被引：39 下载：307

腹壁切口疝诊疗指南(2012年版) M
作者：中华医学会外科学分... 年/期：2013/6 被引：1 下载：142

图 7 截至 2023 年 8 月万方数据检索《临床外科杂志》指南类文章下载引用情况截图

《临床外科杂志》编辑通过专业学术会议、网络媒体、积极主动与相关专家联系，随时了解国内外的最新学术信息及业内动态，关注美国国家综合癌症网络、欧洲肿瘤内科学会、欧洲泌尿外科学会、欧洲神经肿瘤学会等最新指南以及国内中华医学会、中国医师协会各专业分会制定的国内指南，优选国内外指南进行解读，通过多年的探索和实践，取得了很好的效果。发表指南解读一方面可以规避国外复杂的版权贸易法则及节省相关费用，另一方面又可以根据国内目前的医疗技术现状、患者经济状况及医疗保险政策等实际情况，进行合理的介绍和阐述。既具有实用性，又具有科学性，还可以为将来制定国内的相关指南，提供重要的基础和依据[6]。

4.2.2 作者选择

策划专题时拟选作者要注意是否合适，要对作者进行调查、了解，需选好撰稿人，避免组稿的盲目性，可以由同行推荐撰稿人，选择那些学术造诣深、学术研究严谨的团队和专家，以保证撰稿的质量。《临床外科杂志》此特色栏目文章的第一作者或通信作者均为该领域内的权威专家、学术带头人，外科各专科领域的著名专家常乐于将最新的知识分享给同行，积极撰稿，专家学者将能在此特色栏目发表解读文章视为学术荣誉，争当撰稿人，形成了良性循环。

4.2.3 提前准备、专人跟进

特色专题栏目一般半年前开始准备，确保有充足的时间进行策划和组稿。确定撰稿人后，及时获取专家的联系方式，并通过多种方式确认约稿事宜。后期仍继续专人跟进，在截稿前 1 个月，会有专人通过邮件和微信提醒并催稿，确保稿件按时提交和处理。

4.2.4 稿件审核

所有稿件均需经过同行评议和主编终审，以确保文章的科学性和准确性。约稿函上会先申明"稿件尚需经同行评议、主编终审通过后方能刊登"。

通过以上措施，《临床外科杂志》能够确保特色栏目文章的质量和权威性，从而提升期刊的竞争力和影响力。医学科技期刊的竞争，说到底是品牌资源的竞争，品牌是科技期刊一项重要的无形资产，是衡量科技期刊竞争力的重要标志[6]。而且《临床外科杂志》此特色栏目可以涉及外科学多个专科，能全面地对更新的指南共识问题进行讨论，反映相关领域最新进展和医学创新水平，正确及时引导医疗、科研活动，有较强的学术权威性和影响，被相关领域专家学者广泛认知、推崇和信赖。从读者下载频次和学者引用情况可以说明《临床外科杂志》此特色栏目的吸引力和活跃性，创立了自己的独特品牌。凭借着品牌优势，逐渐形成品牌虹吸效应和磁场效应，有利于科技期刊凝练核心价值，提升期刊竞争力、影响力[1]。

5 结束语

编辑需要紧跟时代脉搏，提前布局，对于刚出笼的、新鲜的东西，及时组织专家撰稿，拿到稿件，迅速处理，快速发表。《临床外科杂志》一般在下一年的第1期刊出，读者正需要时刊出，效果更好，提高了关注度和引用率。高被引用论文需要时间积累、沉淀，通常发表一段时间后才能获得高引，因而科技期刊应注意重要论文的发表时效性[2]。就像新闻一样，注意时效性，独家，避免其他杂志也出现类似文章，若滞后发表，广大读者已从各种渠道获取了，则兴趣度就会降低。从万方数据库统计结果显示，引用率与下载率是成正比的，引用率高的，下载频次亦高。

对于类似《临床外科杂志》因平台有限的期刊，不可能再复制《临床外科杂志》的"指南共识文章专家解读"栏目，期刊竞争已经从初级的简单模仿进入更高层次的实质内容阶段。这就要求组稿策略也要进行相应转变，传统的科技期刊出版过程中，选题策划主要由主编和编委会完成，存在一定的主观性、倾向性、盲目性和随机性，而应用大数据方法或许可以改变这一局面[7]，比如万方选题(文献精读——灵感池——选题发现——定题测评——标题生成器——生成分析报告)。特色栏目的文章要有一致性、统一性，选定了正确的方向后，就需长期坚持。既要循序渐进，保持传统的品牌栏目，适应读者的阅读习惯，又要大胆创新，以获取读者感兴趣的高水平文章为中心，开辟新的组稿途径与方式[8]。

医学科技期刊品牌创建非一日之功，编辑选题策划的精准性、专家解读的权威性、学术质量的高水准、及时发布和传播、品牌效应的沉淀和积累，共同促成了《临床外科杂志》特色栏目文章获得高下载频次和高引用频次。因此，编辑不仅要有对文稿进行科学编辑加工的能力，还要有洞察学科重点、热点、难点，充分了解学术动向、作者状况与读者需求的能力，并以此为基础加强选题策划。期刊竞争实质是稿件的竞争，谁能将高水平稿件第一时间发表，谁就能最先受到读者关注。高水平的期刊来自优质的稿源，只有广辟稿源，发挥编者的主动性和积极性，积极策划，优化选题，才能为提高期刊质量奠定坚实的基础。

利益冲突 所有作者均声明不存在利益冲突。

参 考 文 献

[1] 吴洋意,田利国.医学技术类期刊组稿策略的探索与实践:以《中国实用外科杂志》为例[J].中国科技期刊研究,2012,23(2):310-313.

[2] 朱莹,刘江霞,王晓明.科技期刊高被引论文结构分析:以《工程地球物理学报》为例[J].黄冈师范学院学报,2021,41(6):189-192.

[3] 张媛,李鹏,游苏宁.医学期刊指南共识类文章引证特征分析及对选题策划的指导作用[J].中国科技期刊研究,2022,33(4):538-544.

[4] 郭阳洁,贾晓青,陈青莲,等.《安全与环境工程》高被引论文特征分析[J].黄冈师范学院学报,2021,41(6):193-197.

[5] 申琳琳,夏浪,张玉琳,等.特色学术会议提升科技期刊品牌影响力的实践:以《中华消化外科杂志》为例[J].编辑学报,2022,34(4):460-463.

[6] 蒋湘莲,陈七三.2012年《中南医学科学杂志》稿源结构分析[J].云梦学刊,2013,34(6):154-156.

[7] 王青.基于大数据背景的医学科技期刊编辑工作创新研究[J].医学与社会,2017,30(11):57-59.

[8] 李克永.高校学报特色栏目多层次组稿模式研究:以《西安科技大学学报》为例[J].今传媒,2017,25(6):135-136.

中文医学科技期刊插图编校质量现状调研与分析

张 乔，梁婷婵，林鲁莹，梁 倩，齐 园，潘 茵

(海南医科大学杂志社，海南 海口 571199)

摘要：调查中文医学科技期刊插图的编校质量现状。依据 CY/T 171—2019《学术出版规范 插图》和 GB/T 7713.2—2022《学术论文编写规则》，以《中文核心期刊要目总览：第九版(2020年)》收录的 258 种中文医学核心期刊为研究对象，梳理总结插图编校过程中的常见问题，并对整图注和图元注的区分以及分图号和分图题的标注提出疑问并给出建议。258 种中文医学核心期刊插图的不规范问题主要有：图元注末尾句号缺失(50.8%)，量和单位的标注不规范(27.1%)，图元注位置不当(22.1%)，图片整体不清晰(5.8%)，图例重复或缺失(5.0%)等。中文医学科技期刊的插图编校存在不规范现象，应发挥国家标准和稿约的规范作用，有效规避插图编校中的问题，提高医学科技期刊质量。

关键词：标准；科技期刊；插图；常见问题

插图是科技论文的重要组成部分，是表达实验数据、呈现观察结果、展示临床资料的形象化语言，能客观显示研究内容、研究结果和研究水平，其科学性和可读性在某种程度上反映了论文的质量。插图质量可以反映出期刊的整体水平，影响读者对期刊的评价。越来越多的科研工作者认识到插图对于科技论文和期刊质量的重要性。已有很多学者对科技期刊论文中插图出现的错误、常见问题以及相关的编校要领进行了研究，并给出了相应的规范表达[1-4]；有针对个刊插图具体编校问题的讨论[5-6]；也有分学科类别对插图编校情况进行的研究，涉及医学类[7]、地学类[8]、材料类[9]、林业类[10]、建筑类[11-12]等不同学科插图的处理。这些研究大多未提及所依照的具体标准，或者只是笼统地指向某一类标准，或者是样本的选取不够全面。中文核心期刊在很大程度上能够代表我国期刊的整体办刊水平及其对国家标准和行业标准的执行状况，本研究参照 CY/T 171—2019《学术出版规范 插图》(以下简称《插图标准》)[13]和 GB/T 7713.2—2022《学术论文编写规则》(以下简称《论文编写规则》)[14]，通过调查中文医学核心期刊论文中插图编校质量的现状，梳理总结插图编校过程中的常见问题，并对《插图标准》中整图注和图元注的区分以及分图号和分图题的标注提出疑问并给出建议，以期为医学期刊插图编校规范化、制度化提供可借鉴的方案，提升医学期刊编校质量。同时，进一步

基金项目：2023 年度"翰笔计划医学中青年编辑"华誉-美捷登专项科研项目立项(HBJH-2023-D52)；2022 年施普林格·自然—中国高校科技期刊研究会英文编辑及国际交流人才培养基金课题(CUJS-GJHZ-2022-25)
通信作者：潘 茵，E-mail: panyin525@outlook.com

完善调研数据，了解中文医学核心期刊插图编校部分对国家标准和行业标准的执行情况，以更好地执行和完善现有标准。

1 资料与方法

1.1 资料来源

本研究选取《中文核心期刊要目总览：第九版(2020年)》收录的258种中文医学核心期刊为研究对象，通过中国知网、万方数据库、中华医学期刊全文数据库以及各期刊的官网，检索各刊最新一期出版的论文中包含插图的论文全文，每种期刊选取1张插图，共计258张插图纳入本研究。检索时间为2023年2—3月。

1.2 调研指标及参考标准

调研指标以《插图标准》为主，以《论文编写规则》为辅，如果两个标准出现不一致的情况，则以要求性条款为准。按照两个标准的具体要求，调查细则包括4个方面11条细则(表1)，严格依据《插图标准》中的"图号""图题""图身""图注"4个部分拟定。

1.3 调研方法

根据编辑经验，原创研究论文中最有可能含插图，故优先下载258种期刊最新一期的原创研究论文，尽量选择图号、图题、图身、图注各要素齐全的插图。将表1中的各要素列在Excel表格中，逐一统计记录插图是否符合编校规范。

表1 插图采样调研指标项目及细则[13-14]

项目	细则
图号	1 正文中提到的插图应编号，并在正文中用同一编号提及 2 应在正文中提及图号或标注其位置
图题	1 插图应有图题(以《论文编写规则》为准) 2 图号和图题一般应置于图的正下方
图身	1 插图应大小适当，图中文字清晰可见 2 照片图如采用放大或缩小的复制品，照片上应有表示目的物尺寸的标度 3 标目的标注形式应用"量的符号或名称/单位符号"
图注	1 整图注应置于图号、图题下方 2 图元注应置于图号、图题上方 3 图元注的最后一条注末应用句号 4 图例系统应完备、一致

2 结果与分析

以《插图标准》和《论文编写规则》中的要求性条款为依据，调查细则所包含的4个方面11条细则中，图号部分未发现问题；图题部分，所有插图都有图题，7种期刊插图的图题没有位于插图的正下方，或靠左排，或位于插图正上方；图身部分，2种期刊的照片图既无放大倍数说明，照片上也没有表示目的物尺寸的标度；图注部分，1种期刊的插图中整图注缺失，插图资料来源于百度指数，未在整图注的位置标明。其余各条细则按照问题出现的频次，258种中文医学核心期刊插图编校常见问题的分布情况如表2所示。

表2 中文医学核心期刊样本插图中最常见的五大问题(n=258)

排序	细则	期刊数量/种	百分比/%
1	图元注末尾句号缺失	131	50.8
2	量和单位的标注不规范	70	27.1
3	图元注位置不当	57	22.1
4	图片整体不清晰	15	5.8
5	图例重复或缺失	13	5.0

2.1 图元注末尾句号缺失

根据《插图标准》及其"插图的构成"示例，图元注的最后一条注末应用句号。《论文编写规则》也指出，图注或说明的末尾应加"。"。在调查的 258 种中文医学核心期刊中，图元注末尾句号缺失的期刊共有 131 种，占比 50.8%，其中大部分期刊各条图元注之间用分号隔开，只是在末尾刻意地不使用句号，这虽然与《标点符号用法》(GB/T 15834—2011)"图或表的短语式说明文字，中间可用逗号，但末尾不用句号。即使有时说明文字较长，前面的语段已出现句号，最后结尾处仍不用句号"的规定是一致的[15]，但是与《插图标准》和《论文编写规则》的要求性条款相矛盾，既然是插图的图元注，建议遵照《插图标准》执行。

2.2 量和单位的标注不规范

量和单位的标注形式应使用"量的符号或名称/单位符号"。在调查的 258 种中文医学核心期刊中，插图标目中"量"和"单位"之间没有用"/"的期刊有 70 种，如"移植物直径(mm)"，正确的标注方法应为"移植物直径/mm"。插图中量和单位一般包含在标目中，调查发现，部分期刊的标目中只标注出了"量"，而没有标注"单位"，如"高度"后面没有说明具体是 cm 还是 m。无论是插图还是表格，量和单位的标注不规范问题都很常见[16]，应引起重视。

2.3 图元注位置不当及图例重复或缺失

表 1 调研细则中的图元注和整图注这两个名词在《插图标准》中是首次提出，之前并未对两种图注加以区分，而是统称为图注。笔者根据《插图标准》对整图注和图元注的定义，暂且认为科技期刊论文中的整图注通常指插图的来源，可标注为参考文献，序号置于图题末右上标处，或在图题下用"注"或"资料来源"引出，或用括注形式置于图题下(如《插图标准》中"插图的构成"示例图)；同时将除表示插图来源之外的图例、注释或说明均视为图元注。在调查的 258 种中文医学核心期刊中，57 种期刊插图的图元注没有置于图号、图题上方，而是随图题后(21 种)、在图题下(23 种)或括注在图题后(13 种)。

《插图标准》的起草者之一傅祚华提到，图例可以理解为图元注的一个特殊类别。它不是确指图片中的某个部件或元素，而是以符号或色彩标识某类部件或元素[17]。《插图标准》也指出，图例是给出图中符号、图形、色块、比例尺等的名称和说明的图元注，图例系统应完备、一致。笔者所理解的图例系统完备指的是图例标注完整，没有指代不清或未作说明的图例；图例系统一致指的是图例在同一篇文章中出现的所有插图中或同一个插图的分图中应指代一致，且同一个插图的分图中不宜重复出现相同的图例解释。258 种中文医学核心期刊中，有 11 种期刊插图中分图的图例重复出现，2 种期刊插图的图例缺失，未说明图中虚线的意义或未说明图中线条颜色的意义。

2.4 图片整体不清晰

《插图标准》和《论文编写规则》中都指出，插图应大小适当，图中文字清晰可见。15

种被调查期刊的插图整体不清晰，不清晰的原因具体可分为两类：串文排和通栏排选用不合理，比如本应该通栏排的图选用了串文排，导致插图太小而不清晰；图片本身分辨率不够，或因排版图片尺寸过小而导致图片不清晰。

2.5 插图编校中的其他问题

(1) 标值线的标注不规范。《插图标准》中没有对标值线在坐标轴内侧还是外侧做出规定，只是提出了"坐标曲线图的坐标轴、标值线的画法应规范，标目、标值、坐标原点应标注完整、规范、统一"。很多文献在梳理插图问题时提及标值线的标注，文献[18-20]也指出，标值线俗称坐标轴的刻度线，是长的坐标标值线经简化后在纵横坐标轴上的残余线段，不应朝外，因此建议标值线宜标注在坐标轴内侧。258 种被调查期刊中，标值线没有标注在坐标轴内侧的期刊共有 76 种，占比 29.5%。

(2) 图题末尾有多余的句号或英文句点。虽然《插图标准》和《论文编写规则》中都没有明确提出图题末尾是否应加句号，但是前者在 5.1 插图的构成示例图中，没有在图题后加句号；后者在 5.4.3 中指出"插图应有图题，置于图编号之后，图编号与图题应居中置于图的下方"，紧接着指出"图注或说明的末尾应加'。'"，并未提及图题后应加句号。因此，笔者理解为图题末尾不应该加句号。258 种被调查期刊中，共有 16 种期刊的插图在图题的末尾加了句号或英文句点。

(3) 文字格式(如正斜体、上下标等)不规范。在调查的 258 种中文医学核心期刊中，13 种期刊插图的图身或图注中存在文字格式不规范现象。如统计学方法中的卡方检验 Chi 未用斜体、表示对比的拉丁语 versus，其缩写 $vs.$ 未用斜体、例数 n 未用斜体、数字千位或千分位未空格、各分图之间字体字号不一致等。

(4) "下同"类问题。图注中的"下同""下图同""如前图所示""同图1"等内容，有违插图的自明性原则，每个插图的图注都应完整表述，分别加图注。5 种期刊插图的图注中含有"下同"类注释，如统计学说明"与对照组比较：##$P<0.01$；与模型组比较：*$P<0.05$，**$P<0.01$，下图同""图中所列系数均为标准化系数，下同"以及括注里面的图注"($\bar{x} \pm s$，对照组29例，中药组、针药组各30例，下同)"。

3 讨 论

以上是本研究总结的中文医学核心期刊对《插图标准》和《论文编写规则》中要求性条款的执行情况，以及就常见问题的分析。在实际调研过程中，笔者还有两处不解的问题，在此提出并希望与同行探讨请教。

3.1 整图注和图元注的区分

在调查过程中，笔者发现插图中普遍存在统计学说明、英文字母缩写全称解释、箭头说明、符号解释、实验参数(如例数 n=X)、数据表达方式(如$\bar{x} \pm s$)、染色方法、放大倍数、背景(如检测时间为 2021 年 4 月至 2022 年 3 月)、演变(如随着培养时间的延长，类器官明显增大)等图注，这些图注的位置极其随意，有放在图号、图题上方的，也有在图号、图题下方的，有直接随图题后的，也有被括注在图题后的。而《插图标准》中明确提出图元注应置于图号、图题上方，整图注应置于图号、图题下方这一要求性条款，可以推断出，这些图注很可能因未能正确划分类别而导致位置错误。

自《插图标准》首次提出整图注和图元注以来，诸多研究在梳理图注问题时大都会提到

《插图标准》中对整图注和图元注的笼统定义[1,12,21]，尽管丁春花等[12]统计了整图注和图元注中出现问题的数量，但大多数文章都没有具体说明哪些是整图注，哪些是图元注。《插图标准》指出，整图注是对图整体(包括图的来源等)所作的说明，可用"注"引出或用括注等形式表示；图元注是图构成单元或元素的名称或对其所作的说明。傅祚华提到，有些图注是注释图片的构成单元或元素的，也有些图注是注释整个图片的。前者可以视为图片内容的一部分，归图题管，应置于图题之前；后者可以理解为图题的延伸，应置于图题之后或之下[17]60。

在《插图标准》中，除了图的来源被清楚地定义为整图注外，该标准并未提及还有哪些注释算作整图注。傅祚华还指出，整图注是对整幅图片的说明，所注内容包括图片的整体情况，如背景、性质、演变等，图片来源注可以理解为其中特别重要的一种。于敏[22]提出，实验参数、资料来源等也是以图注的方式表述。结合具体实例，各刊多将文字较短的图注(例数 $n=X$、$\bar{x}\pm s$、染色方法、放大倍数等)随图题后，以括注形式标出，对应了《插图标准》中所提到的整图注可用括注等形式表示；同时，上述这些较短的图注也是实验参数的一部分。据此，是否可以具体地将图片"背景、性质、演变"的说明、图片来源以及实验参数（如例数 $n=X$、数据表达形式如 $\bar{x}\pm s$、染色方法、放大倍数等）都划归为整图注呢？如果以此为依据，在所调查的258种期刊中，共有11种期刊插图的整图注例数、背景、演变未置于图号、图题下方，而是放在了图号、图题上方；6种期刊的插图缺少对染色方法的描述；2种期刊无放大倍数说明。

至于图元注，除了《插图标准》中示例图展示的手风琴各个部件的名称明确为图元注外，对于其他形式的图元注并没有进行说明。傅祚华指出，图元注包括分散标注、引线标注和集中排列的图片单元(部件)名称，也包括汇集图片元素名称的图例。其中分散标注的文字可直接标注在部件旁边，有些引线也是直接在引线旁标注文字，集中排列的部件名称可将图片上的指代符号与解释一一罗列且居中排在图题之上，图例一般放在图片中适当的空白处。以上提及的图元注无论是在图片上，还是图片旁边，位置都是在图题上方[17]。根据《插图标准》和傅祚华对图元注的定义和阐述，科技期刊插图中"*"等符号的解释、英文字母缩写全称解释、箭头说明等是否也可以看作图的构成单元，是插图的一部分呢？既然《插图标准》将图注只分为整图注和图元注两种，没有对这一类图注做特殊归类，根据两种图注的定义，相对来说，划为图元注比整图注是否更为合理？笔者在调查过程中，发现这一类图注很常见，位置更是五花八门，显然没有按照《插图标准》中的要求性条款"图元注应置于图号、图题上方，整图注应置于图号、图题下方"执行。如果将统计学说明(如与模型组比较：$*P<0.05$)、英文字母缩写全称解释、箭头说明、符号解释等划归为图元注，在调查的258种中文医学核心期刊中，49种期刊插图的图元注没有置于图号、图题上方，而是随图题后(21种)、在图题下(22种)或括注在图题后(6种)。

3.2 分图号和分图题的标注

《插图标准》和《论文编写规则》中都没有明确规定分图号和分图题的位置，只是以非要求性条款的方式提及分图宜使用字母编号。同任[23]早在2001年提出，子图编号及子图题归为图注，马迎杰[24]认为，如果图注中的信息文字较少，且各个分图中空白较大，也可将图注中的信息以分图题的形式表达；谢玉华[25]指出分图题不应包含在主图题中，每幅分图的图序不能省略，分图题不宜重复整个插图图题中已出现过的中心词语；黄鹂[26]提出分图序应采用

a), b), c)…这样的编号形式,并举例说明了分图题的具体表达方式,但是未明确分图号和分图题的位置;丁春花等[12]认为,可将分图题置于分图下方或集中置于图号和图题的上方,这与《插图标准》中规定的图元注位置是一致的。根据《插图标准》对图元注的定义,即图元注是图构成单元或元素的名称或对其所作的说明,分图题是否可以理解为对图中分图号的说明,将分图号和分图题也算作图元注的一种呢?分图号和分图题如果作为特殊的图元注,其位置可以更灵活:当分图题信息文字较少时,可按照 GB/T 1.1—2020《标准化工作导则 第 1 部分:标准化文件的结构和起草规则》9.7.6.2 的示例[27],将分图号和分图题分别置于各分图下方,分图号可以采用 a), b), c)的形式;如果坐标轴标目中文字也不多,也可将分图题融入坐标轴标目中表达。如果以此为依据,在所调查的 258 种期刊中,大部分的期刊插图将分图号和分图题置于图号、图题上方,52 种期刊插图的分图号和分图题随图题后,22 种期刊插图的分图号和分图题在图题下方,另起一行,6 种期刊插图的分图号和分图题含在图题中,还有 2 种期刊将分图号和分图题括注在图题后,22 种期刊插图的分图题缺失,在图元注、分图上下的空白处、坐标轴标目中都没有体现。

4 建议及对策

为全面、准确地执行《插图标准》和《论文编写规则》,提高医学期刊插图编校的规范化水平,本文试提出以下三点建议:

4.1 在稿约中对插图进行详尽、严格的规范说明

就科技期刊而言,论文的科学性、严谨性和规范化程度可以通过稿约直接明了地传达给作者,给作者撰稿过程给予清晰的指导,稿约中完整清晰的插图规范可以从根源上减少来稿中潜在的插图问题,提升论文的插图质量。经调查发现,大部分稿约只对图片的分辨率、尺寸、文件格式、文件大小、线宽、插图的数量、颜色、字体字号等进行了笼统的规范[28],而没有严格按照国家标准中对插图各个部分(图号、图题、图身、图注等)的规定做出详细的要求,这也是导致科技论文插图质量参差不齐的原因之一。鉴于此,笔者建议:①在稿约中的插图规范栏目中给出样图,样图应尽量包含所有易出错的插图元素,尤其要指出整图注和图元注的区别,必要时在样图中加引线示意整图注和图元注;②对分图号和分图题的位置也要做出详细规定;③表 1 可作为对照检查表放在稿约中,进一步明确插图制作时应注意的项目及细则;④在稿约的附件中还可以附上与插图有关的现行国家标准,如《插图标准》和《论文编写规则》等。

4.2 重视并完善现有科技期刊插图国家标准

《插图标准》于 2019 年 7 月 1 日起实施,是目前现行的最新的也是对插图规范最为全面的行业标准,实施四年来,发现各期刊执行标准的情况不一致,可能与执行新标准时缺少管理措施、新标准细则模糊、期刊对新标准重视程度不够等因素有关。

虽然我国已将插图编校质量纳入对学术期刊及期刊出版公司(集团)的监督管理范围,但是尚未涵盖插图可能出现的所有差错。国家新闻出版署于 2020 年印发的《报纸期刊质量管理规定》在"附件 2:期刊编校差错率计算方法"中阐明了插图、表格总字数的计算方法和图表差错计算方法:正文中的插图、表格,按正文的版面字数计算。插图、表格占一面的,有文字说明的按满版字数 50%计算,没有文字说明的按满版字数的 20%计算;重要图片等信息错误,按一般错误计错标准双倍计数。图序、表序标注差错,每处计 0.1 个差错。图、表的位置错,

每处计 0.5 个差错；图、表的内容与说明文字不符，每处计 1 个差错[29]。此计算方法没有涉及诸如插图的清晰度不符合要求，插图上的标点符号错误，图线、标值、标目错误，图注缺失错误，图注位置错误等。建议此规定将以上错误类型考虑在内，每处所记差错给出合理算法，参与年审，只有这样，才能引起期刊编辑部和期刊出版机构对论文插图的重视，进而提升科技期刊插图的编校质量。

其次，建议完善科技论文插图规范中的细则及新术语的解读。《插图标准》首次提出整图注和图元注的概念，只给出了笼统的定义，没有明确具体什么样子的图注属于整图注，什么样子的图注属于图元注。《论文编写规则》中也没有找到对整图注和图元注的具体说明。新标准细则模糊，往往容易造成标准执行者对其的解读不一致，最终导致各个期刊插图的编校会出现问题。因此，建议新标准对整图注和图元注进行举例说明和分类，让作者、编辑、审稿人能清楚地理解、执行。

4.3 提升编辑专业技能

编辑是期刊出版的核心，也是期刊产品的责任人。首先，期刊编辑应将编辑出版行业的各类标准、规范烂熟于心，随时关注行业发展动态，一旦有新标准出台，编辑部应组织学习培训，对比新旧标准的区别，做到编校知识的及时更新。其次，科技期刊编辑应该避免"重文轻图"的思想，充分认识到插图编校工作对于期刊出版质量的重要性，在编校过程中严格对照插图标准，执行三审三校，将插图和文章内容置于同等地位。再次，编辑的沟通能力也会对期刊的编校质量产生巨大影响，就医学期刊的编辑而言，他们不是一线的科研、临床工作者，编辑如果遇到存在疑问的插图，需要和作者多进行沟通，详细而准确地了解插图所反映的文章内容，不至于在插图内容的理解上与作者的用意南辕北辙。此外，编辑部或期刊社在能力范围内应预留充足的经费，加强对编辑专业技能的培训，增强编辑处理插图的能力，向国内外优秀期刊看齐，多交流，多学习，积累经验，不断提高编校技能。

5 结束语

本研究通过调查 258 种医学核心期刊论文中插图编校质量现状，总结梳理了插图编校过程中常见的问题，提出了在调研过程中关于整图注和图元注的区分、分图号和分图题的标注两个疑问，并建议在稿约中提供规范样图，对照检查表，为作者、编辑和审稿专家提供了切实可行的插图编校参考。同时，进一步完善了调研数据，了解了中文医学核心期刊插图编校部分对国家标准和行业标准的执行情况，以期更好地执行和完善现有标准。不足之处在于医学论文出版相关的插图编校包含较多内容，本研究只列出了出现频次较高的几个编校问题，且只分析到格式及排版层面，未对内容进行核对，也未能深入研究图片使用的伦理问题以及图片修改涉及的学术不端等问题。同时，本研究只关注了国内的插图相关标准和医学期刊插图编校现状，未涉及国际标准和国际医学期刊的对比分析，予以借鉴。由于调查项目较多，精力有限，每种期刊只选择一个图，未来的研究样本量还有待扩大。此外，由于笔者知识面及经验有限，本研究提出的整图注和图元注的划分归属、分图号和分图题的标注方式，其准确性还有待考证，欢迎专家和同行批评指正。

参 考 文 献

[1] 巫永萍.科技期刊论文插图常见问题解析[M]//学报编辑论丛 2019.上海:上海大学出版社,2019:117-122.
[2] 金芝艳.科技期刊插图编辑加工中典型案例的分析与处理[J].湖北科技学院学报,2020,40(6):115-118.
[3] 段丽萍.提高科技期刊编校质量的途径:从插图与表格编排的视角[J].科技传播,2018,10(20):1-3.
[4] 董彩华,黄毅,肖唐华.科技期刊插图高效编辑加工整体解决方案[J].湖北师范大学学报(自然科学版),2018,38(3):186-192.
[5] 张福颖,倪东鸿.科技论文中图表编辑加工的 8 类情形[J].编辑学报,2019,31(4):391-394.
[6] 陈先军.科技期刊论文的图表审读处理方法探讨[J].编辑学报,2018,30(3):266-268.
[7] 刘钊.医药学科技论文插图的优化编排技巧[J].湖北师范大学学报(自然科学版),2018,38(3):202-207.
[8] 张晓曼,武晓芳,宗云婷,等.地学类期刊插图编辑加工原则及技巧[M]//学报编辑论丛 2019.上海:上海大学出版社,2019:123-128.
[9] 王艳梅,张欣蔚.材料类科技论文插图编辑的常见问题与建议[J].编辑学报,2018,30(增刊 1):61-62.
[10] 徐涛.林业英文科技期刊中插图的要求及编辑加工的原则[M]//学报编辑论丛 2022.上海:上海大学出版社,2022:270-277.
[11] 田华.建筑学期刊插图编校问题分析与对策[J].编辑学报,2022,34(5):515-518.
[12] 丁春花,夏琴.《学术出版规范插图》行业标准执行现状探讨[J].今传媒,2022(8):77-79.
[13] 学术出版规范表格:CY/T 170—2019[S].北京:国家出版总署,2019.
[14] 学术论文编写规则:GB/T 7713.2—2022[S].北京:中国标准出版社,2022.
[15] 标点符号用法:GB/T 15834—2011[S].北京:中国标准出版社,2011.
[16] 张乔,林鲁莹,梁倩,等.中文医学科技期刊表格编校质量现状调研与分析[J].传播与版权,2023(18):19-22.
[17] 傅祚华.图注可以分为图注和整图注[J].出版与印刷,2017(4):58-61.
[18] 李兴昌.科技论文的规范表达:写作与编辑[M].2 版.北京:清华大学出版社,2016.
[19] 梁福军.科技论文规范写作与编辑[M].3 版.北京:清华大学出版社,2017.
[20] 陈浩元.科技书刊标准化 18 讲[M].北京:北京师范大学出版社,2000.
[21] 李伟.科技类图书中插图的规范性与编排形式[J].传播力研究,2020(4):97-99.
[22] 于敏.论科技论文中图表的自明性[J].合肥学院学报(综合版),2019,36(4):82-86.
[23] 同任.图注的位置应在何处?[J].编辑学报,2001(6):329.
[24] 马迎杰,郝淼闻.高等院校科技期刊编辑加工的规范化与标准化实践[J].沈阳农业大学学报(社会科学版),2021,23(5):559-563.
[25] 谢玉华.科技论文中坐标曲线图的编辑加工[J].内江师范学院学报,2020,35(6):115-120.
[26] 黄鹂.科技期刊论文中由多个分图组成的坐标图的编辑加工[J].编辑学报,2018,30(6):589-592.
[27] 标准化工作导则第 1 部分:标准化文件的结构和起草规则:GB/T 1.1—2020[S].北京:中国标准出版社,2020.
[28] 杨建霞.简洁的作者须知提升科学出版的效率和质量[M]//学报编辑论丛 2021.上海:上海大学出版社,2021:658-664.
[29] 国家新闻出版署.国家新闻出版署关于印发《报纸期刊质量管理规定》的通知[A]//附件 2:期刊编校差错率计算方法.北京:国家新闻出版署,2020.

科技期刊印前审读中数据差错典型例析

——以《海军军医大学学报》为例

尹 茶，魏学丽，魏莎莎，杨亚红，商素芳，孙 岩，余党会

(海军军医大学教研保障中心出版社《海军军医大学学报》编辑部，上海 200433)

摘要：科技论文除了创新性和学术价值外，还必须具有科学性、准确性、规范性和可读性，在论文中准确、规范地使用数字是编校质量标准的一个重要组成部分。数据的编校质量水平能反映作者写作态度和实验研究是否严谨以及编辑的能力水平，从另一个方面讲，刊出一篇数据错漏百出的论文是无法达到学术交流和传播的目的的。印前审读是编校流程中重要的一环，也是保障科技期刊质量的最后一道防线。在时间紧、任务重的情况下如何保质保量地完成印前审读，既需要编辑具有高度的责任心和业务能力，也需要编辑与作者之间的密切合作。编辑在发现数据错误后应及时联系作者，核对并谨慎修改。在编辑部内交流印前审读实践中获得的经验对于提高编校水平和编校质量也将大有裨益。本文结合工作实践，以《海军军医大学学报》为例，对科技期刊印前审读中数据错误和表达不规范两个方面进行举例分析，提出降低数据差错率的办法和建议，以期提高科技期刊的编校质量，供编辑同仁和论文作者参考。

关键词：科技期刊；数据；差错；印前审读

一篇科技论文除了必须有创新性和学术价值，还应具备科学性、准确性、规范性和可读性。陈浩元先生说过，"在科技书刊中，数字(特别是阿拉伯数字)使用的频率是很高的，因此，数字用法的正确与否，是否规范统一，是衡量书刊质量高低的一个重要方面"[1]。论文的摘要、前言、材料和方法、结果、讨论等各个部分都包含大量的数据，可以毫不夸张地说，结果部分每一句中都有数据的"身影"。

如审稿人在论文审稿中发现主要数据差错，将质疑结论的可信度，大概率会建议退稿。编辑在论文的编辑加工过程中发现数据差错并进行改正，越早越好。论文数据编校质量的高低不仅反映了作者写作和实验研究严谨与否，还能反映出编辑在编校过程中是否练就了"火眼金睛"以及期刊编校质量水平的高低。

在编校流程中，印前审读是保障科技期刊质量的最后一道防线[2]。印前审读的对象是付印清样，限于发表时限的要求，审读者一般在印前审读时将注意力聚焦于那些容易出错的地方，以达到降低差错率、提高期刊质量的目标。本文结合工作实践，以《海军军医大学学报》为例，从科技期刊印前审读中数据错误和数据表达不规范两个方面进行举例分析，并提出降低

通信作者：尹 茶，编审，E-mail:chay_sh@163.com

数据差错率的建议，以供各位编辑同仁和论文作者参考。

1 数据错误的几种表现

1.1 科学性错误

例 1　患者的年龄为 12~15(15.25±2.00)岁

例 2　矢状面轴向偏距(SVA)与手术前变化值差异为–1.5(24.2,26.1)mm

简析：例 1 患者年龄分布区间是 12~15 岁，其最大值是 15 岁，那么该组数据的均值为 15.25 岁是不可能的。编辑请作者核对数据，年龄最大值应为 18 岁。

例 2 中 SVA 是过 S_1 上终板后上角的铅垂线与 C7 椎体中点铅垂线的水平距离，是研究青少年特发性脊椎侧突的参数之一。例 2 数据呈偏态分布，以中位数(下四分位数，上四分位数)表示，从统计学意义来说中位数的数值一定在上下四分位数之间。例 2 的中位数是–1.5 mm，上下四分位数区间为 24.2~26.1 mm，两者一负一正，显然数据有误。经与作者核实，24.2 mm 应为–24.2 mm。

1.2 不符合常识

例 3　近红外光(特别是波长在 690~900 nm 范围者)对于组织和体液具有非常好的穿透性

例 4　患者身高单位是 cm，3 组数据分别为 1.63±0.05、1.62±0.05、1.64±0.06

简析：根据常识，可见光波长为 380~780 nm，近红外光波长为 780~3 000 nm[3]，例 3 中波长为 690 nm 的光在可见光波长范围内，不是近红外光。经与作者联系，删去了以上错误的表述。

例 4 所在论文研究不孕症患者，其中有 1 组还是健康志愿者，我们从常识知道成年人身高不足 2 cm 是不可能的。经与作者联系确认身高单位应为 m。这是一个"差之毫厘，谬以千里"的例子，反映了数据单位准确的重要性。

1.3　数据计算错误

例 5　根据理想气体状态方程 $PV=nRT$ 可知(其中 T 为绝对温度，值为 273+37.5=300.5 K)

简析：所求之和应为 310.5 K，即 37.5 ℃ 换算为绝对温度(K)的值。虽然是简单的求和，计算结果完全可以脱口而出，但一不小心也容易出错，并在编校流程中一再被忽略。

1.4　各组例数求和与总例数不一致

例 6　55 例肝内胆管细胞癌患者，TNM 分期 Ⅰ、Ⅱ、Ⅲ、Ⅳ 期分别为 19(34.5%)、19(34.5%)、8(14.5%)、19(16.4%)例

简析：经计算，19+19+8+19≠55，各组数据之和与总例数不一致；文中括号中所列占比 16.4% 对应的例数也是 9 例，据此认为 TNM 分期 Ⅳ 期的例数应为 9 例，请作者核对原始数据后确定是 9 例。

1.5　引用文献数据出错

例 7　一篇论文中引用了 Chang 等[4]的研究，该文献基于中国五省市(北京市、江苏省、广东省、河南省、河北省)5 家医院的 9 805 例食管鳞状细胞癌(ESCC)患者和 10 439 名正常对照者，建立了 ESCC 发病风险预测模型，模型受试者操作特征曲线下面积达 0.709

简析：经过查阅该文献的原文，正常对照者数量应为 10 493 名，作者在引用时混淆了其中的个别数字。虽然这只是一个很小的数据错误，但可能会向读者传递了错误的信息，造成对论文内容的理解偏差和信任感下降。

1.6 作者写作中的笔误

例 8 运用 process 插件的中介效应模型，对正念注意觉知水平在经皮冠状动脉介入术后冠心病患者睡眠质量与运动耐力间的中介效应进行检验，结果(表3)表明，睡眠质量对运动耐力的预测作用显著($t= -4.488$，$P<0.001$)

简析：文中表 3 中相应的数据为 $t= -4.448$，两者不一致。经作者重新核对数据，是笔误，应为 $t= -4.448$。

例 9 124 例慢性缺血性脑卒中患者的 SS-QOL 评分为 53~246(191.3±46.3)分

简析：脑卒中专用生活质量量表(SS-QOL)是用于评估脑卒中患者生活质量的工具，由美国印第安纳大学医学院 Williams 等[5]于 1999 年研制。该量表包括 12 个领域 49 个条目，采用 5 级评分制，即 1 分(完全是这样)~5 分(完全不是这样)，总分范围为 0~245 分，得分越高说明生活质量越高。患者评分的最大值 246 分已超出了总分的最大值，这是完全不可能的，经作者核对，应为 245 分。

2 数据表述不规范的几种表现

2.1 分组区间有重叠

例 10 研究上海方舱医院军队医务人员心理健康状况及影响因素，论文将"每天花费在浏览疫情信息上的时间"分为 0、<30、30~<60、60~<120、≥120 min 等 5 组

例 11 研究我国退役人员创伤后应激障碍的症状特点，对 12 个城市的 2 428 名退役人员进行调查，其中服役年限分为 1~8、8~16、16~30、>30 年等 4 组

简析：例 10 中对分组的描述不严谨，如 0 min 似乎既可以归于第一组也可以归于第二组。例 11 与例 10 的错误类似，因为分组区间有重叠而让人无所适从，比如服役 8 年或 16 年的受试者就不能确定该归于哪一组。根据 GB/T 8170—2019《数值修约规则与极限数值的表示和判定》[6]中的规定，"连续性数据分组时，每组数据的量值范围应准确表示"，例 10 的第 1 组和第 2 组区间分别改为"0~<1" "1~<30"，即浏览时间分别为 0~<1 min(不包含 1 min)、1~<30 min(包含 1 min，但不包含 30 min)；例 11 的分组区间改为 1~<8、8~<16、16~<30、≥30 年。以上 2 例表明数据分组区间的划分必须严谨，应反复仔细推敲，不能太随意，否则会影响数据分析结果的可信性。

2.2 数据不准确或位置颠倒

例 12 SARS-CoV-2 编码的蛋白与 bat CoV RaTG13 编码蛋白相似度较高，变异率均在 5.0%以下。而 bat CoV RaTG13 编码的蛋白与其他蝙蝠冠状病毒编码蛋白相比，变异率为 0.4%~20.0%。

简析：文中，SARS-CoV-2 编码的蛋白与 bat CoV RaTG13 编码蛋白的变异率在 0.5%~5.0%之间，因此，"均在 5.0%以下"的说法是不适当的，可改为"均不超过 5.0%"。而 bat CoV RaTG13 编码的蛋白与其他蝙蝠冠状病毒编码蛋白的变异率最大值为 19.8%，所以 20.0%应改为 19.8%。因为实验获得的是准确的数值，所以论文中对结果的描述也必须准确无误，随意放大或缩小数据在科学研究中都是不可取的。

例 13 一项随机、对照的 II 期研究发现，与自主监测相比，辅助信迪利单抗治疗延长了肝细胞癌术后患者的中位无复发生存期(15.5 个月 vs. 27.7 个月)。

简析：此例中，文字所表达的意思是采用辅助信迪利单抗治疗肝细胞癌术后患者后，其

中位无复发生存期比自主监测延长了,即 27.7 个月 vs. 15.5 个月,而原文中的 2 个数据位置颠倒,所表达的意思也相反。

例 14 本研究以 ALT 正常值上限的 10 倍为界限将初治慢性乙型肝炎患者分为血清丙氨酸转氨酶≥300 U/L 组(50 例)和<300 U/L 组(18 例),对组间的细胞因子水平进行比较。结果如表 3 所示。

简析:与文中表 3 对比发现两组的例数写颠倒了,这个错误虽然在指出后是如此明显,但实际上稍不留意就不会发现。

2.3 表述方式不适当

例 15 中国内地达芬奇机器人手术量学科占比,用饼图表示。总手术量累计达 142 618 台,图注为"otorhinolaryngology(465, 0%)"和"others(5, 0%)",即耳鼻喉科 465 例(占比 0%),其他科 5 例(占比 0%)。

简析:众所周知,饼图根本无法表示 0%或者只能表示为一条线,把图注修改为 otorhinolaryngology(465, <1%)和 others(5, <1%),即两项的占比均改为<1%,更符合实际情况。见下图。

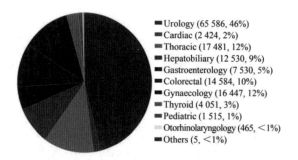

图 2　中国内地达芬奇机器人手术量学科占比
Fig 2　The proportion of da Vinci surgery in different subjects in Chinese mainland

2.4 不符合国家标准的要求

例 16 重构指数>1.05 为正性重构,<0.95 为负性重构,1.05~0.95 为中性重构。

简析:血管重构方向是描述颅内动脉斑块特征的指标之一,用重构指数来表示。浪纹式连接号前后两个数值应由小到大,因此例 16 中的 1.05~0.95 应改为 0.95~1.05。

例 17 外周血常规示白细胞计数 $19.6×10^9$/L(正常参考值范围为 $4.5~11.0×10^9$/L);中性粒细胞计数 $18.72×10^9$/L(正常参考值范围为 $1.8~6.3×10^9$/L)。

根据中华人民共和国国家标准 GB/T 15835—2011《出版物上数字用法》[7]中 5.1.3 的规定,"在表示数值的范围时,可采用浪纹式连接号'~'或一字线连接号'—'。前后两个数值的附加符号或计量单位相同时,在不造成歧义的情况下,前一个数值的附加符号或计量单位可省略。如果省略数值的附加符号或计量单位会造成歧义,则不应省略。"所以例 17 中的正常参考值范围应分别改为$(4.5~11.0)×10^9$/L 和$(1.8~6.3)×10^9$/L。虽然此类规范早已在相关国家标准中被强调,但类似的错误在科技期刊的编校过程中还比较多见。

2.5 实验操作缺少必要的数据参数

例 18 术前对非完全消融组患者所有增生腺体分别进行细针穿刺制备洗脱液,将抽取物

用 1 ml 生理盐水稀释,离心 10 min,将上清液用于血清内全段甲状旁腺激素水平检测

简析:离心操作的转速和时间是 2 个重要的实验参数,对于实验结果的重现有不可忽略的影响,因此不可从略。编辑要求作者补充了离心的相关参数,即"3 500 r/min 离心 10 min(离心机半径 70 mm)"。

3 关于降低数据差错率的建议

以上列举的并不是数据差错和规范性问题的全部表现,还有如数据缺乏时效性、数据遗漏[8]、数字修约错误、统计学处理错误等也较多见。从差错的分布来看,论文图和表是数据差错的"重灾区"[9]。有人曾对 3 种中文医学期刊做过统计,将摘要中的数据与全文不同或者在全文中不存在计为"缺陷摘要",结果其占比 13%~37%,说明这种情况是比较普遍存在的[10]。目前未见对论文其他部分数据差错的相关研究文献,可想而知结果也不会很乐观。

编辑流程是一个系统工程,不可能用"头痛医头,脚痛医脚"的方法解决数据差错问题。此外,要降低数据差错率还需要编辑与作者之间的密切协作。《海军军医大学学报》编辑部在梳理编辑流程、提高编校质量方面做了有益的尝试,探索出了一些实践表明行之有效的方法。以下从编者和作者两个方面给出一些建议与同仁分享。

3.1 编者

要在科技期刊的编校过程中发现、解决数据差错和不规范情况,首先需要编辑有高度的责任心,认真、细致、不厌其烦地核查数据;其次,编辑发现问题时要尽快与作者联系,及时反馈修改;此外,还需要编辑具备一定深度和广度的专业知识。作为一名编辑,平时要积极学习专业知识、编辑理论知识、统计学知识等,注意拓展科学常识,提高科学素养,养成爱思考和勤动手的习惯,把发现问题和解决问题当作工作中的一种乐趣。

为了切实把控编辑流程的质量,《海军军医大学学报》编辑部还制定了详细的审稿规范[11],以提高审稿效率和审稿质量;还编制了印前专项审核表等制式化编校自查表[12],统一编校规范和标准的执行,改进了"眉毛胡子一把抓"和"东一榔头,西一棒槌"等低效率工作方法,尽量在早期把问题解决,以减少后期工作压力,取得了预期的效果。

3.2 作者

第一作者和通信作者都是论文的第一责任人,有责任确保论文内容的正确性、合理性。建议作者在写作论文前认真阅读稿约,对期刊的要求和写作规范做到心中有数,投稿前再次对照修改,认真、审慎地检查文中的每个数据,减少笔误,全文做到逻辑自洽。在稿件编辑、校对过程中,作者还应认真、仔细地通读校样稿,对编辑提出的修改意见及时反馈。

为了调动作者的主观能动性,提高作者对校对清样的重视程度,《海军军医大学学报》编辑部设计了"作者自校清样表单"[13],内容全面兼有侧重,对涉及科学性和真实性的错误零容忍。表单中列出"中英文摘要、正文、插图、表格中的数据是否正确且与正文一致"等项目,并提醒作者重点校对,实践中获得了很好的效果。

4 结束语

从编辑流程的角度讲,编辑应抓住印前审读这个期刊付印前最后一次修正错误的机会,查漏补缺。同时编辑还应注意,基于文责自负的原则,发现数据错误后应及时联系作者,并在作者核对确定后谨慎修改清样,避免出现改错又错的情况。此外,总结印前审读中差错修

改的情况并在编辑部内部交流,有助于互通有无,增加集体的经验和共识,对于提高编校水平和编校质量将大有裨益[14]。

参 考 文 献

[1] 陈浩元.科技书刊标准化18讲[M].北京:北京师范大学出版社,1998:181.

[2] 王晓芳,屠晶,孙瑾,等.科技期刊印前审读探析[J].黄冈师范学院学报,2022,42(6):140-142.

[3] 科普中国·科学百科.光谱分布[DB/OL].[2024-07-08]. https://baike.baidu.com/item/%E5%85%89%E8%B0%B1%E5%88%86%E5%B8%83/12715995?fr=ge_ala.

[4] CHANG J, HUANG Y, WEI L, et al. Risk prediction of esophageal squamous-cell carcinoma with common genetic variants and lifestyle factors in Chinese population[J]. Carcinogenesis, 2013, 34: 1782-1786.

[5] WILLIAMS L S, WEINBERGER M, HARRIS L E, et al. Development of a stroke-specific quality of life scale[J]. Stroke, 1999, 30(7): 1362-1369.

[6] GB/T 8170—2019《数值修约规则与极限数值的表示和判定》[S].

[7] GB/T 15835—2011《出版物上数字用法》[S].

[8] 刘朝阳.科技期刊编辑过程中科学性问题的审查与加工:以《油气储运》为例[M]//学报编辑论丛 2023.上海:上海大学出版社,2023:257-261.

[9] 尹荼,孙岩,杨亚红,等.科技期刊图表印前审读中应注意的问题:以《海军军医大学学报》为例[M]//学报编辑论丛 2023.上海:上海大学出版社,2023:276-279.

[10] 杨莉丽,马肇,黄新文,等.论文摘要的数据准确性问题[J].编辑学报,2008,20(1):25-26.

[11] 孙岩.科技期刊审稿工作中常见问题探析[M]//学报编辑论丛 2020.上海:上海大学出版社,2020:241-245.

[12] 魏学丽,尹荼,孙岩,等.科技期刊制式化编校自查表的设计制作及意义[M]//学报编辑论丛 2022.上海:上海大学出版社,2022:260-263.

[13] 商素芳,曾奇峰,杨亚红,等.医学科技论文作者自校清样表单的设计与应用:以《第二军医大学学报》为例[M]//学报编辑论丛 2018.上海:上海大学出版社,2018:239-247.

[14] 邓玲,李晗,朱晓红.印前审读会在科技期刊质量控制中的作用探讨[J].黄冈师范学院学报,2019,39(6):102-104.

地学论文中常见原则性差错及应对策略

戚开静

(中国地质大学(北京)期刊中心,北京 100083)

摘要:地学论文容易出现一些原则性差错,包括地质图件问题、数据问题、理论逻辑问题和格式规范问题。在这些问题逐一解析的基础上,从出版单位、论文作者和编辑人员不同角度提出应对策略,以减少论文中的原则性差错,提高地学论文质量。

关键词:地学论文;原则性差错;应对策略

地学亦称地球科学,是深入探索人类赖以生存的蓝色星球——地球的综合性学科体系。地球科学主要研究地球各圈层相互作用及其资源与环境效应,从数学、物理学、化学、地质学、地理学、气象学、生物学角度研究地球,具有显著的学科交叉特征[1]。地球科学在气候变化、地震和火山、地壳运动、水资源和矿产资源等方面影响人类的生存和发展。通过深入研究和了解地球科学,人类可以更好地应对自然灾害、合理利用资源、保护环境,实现可持续发展[2]。地学作为自然科学的一个重要分支,在我国的科研体系中占据着重要的地位。随着对可持续发展议题的日益关注与重视,地学的研究与应用将迎来更加广阔的发展空间。

地学类论文主要涉及地质学、地球物理学、地球化学等领域的研究成果,是对地球科学领域的各种现象进行深入研究和探讨的学术体现。通常包括以下几个方面的内容:地质学、地球物理学、地球化学、矿产资源、环境保护与可持续发展等。地学论文具有科学性、专业性、规范性、实证性、跨学科、创新性和国际性等特点。近年来,随着国家对基础研究的重视和投入不断增加,地学类论文的数量和质量都有了显著提升。由于地球科学的复杂性与多样性,加之论文作者与编校人员知识结构的差异性,地学论文在撰写与出版过程中难免会出现一些原则性差错。本文尝试对这些差错进行总结分析,针对性地提出相关应对措施,以期更好地推动地球科学的研究。

1 原则性差错分析

1.1 地质图件问题

地学论文中的地质图件中经常会有地图出现,地图中容易出现政治性错误,包括国界线的错绘、重要岛屿的漏绘、地图名称注记和地图要素的不规范表达等[3]。有的问题严重违反"一个中国"原则,例如错误地在地图上将台湾表示为独立的国家,或者将西藏、新疆等地区从中国领土中分割出去[4]。此外,还存在将中国领土进行不当的划分、漏绘或错绘中国领土边界、错误标注领土归属等问题,如九段线不规范(南中国海里 9 条断续线组成的 U 形线,九段线区

基金项目:北京市高等教育研究会科技期刊研究分会项目(BJGJ-KJQK-YB-2024-07);2024 年中国地质大学(北京)学科发展研究基金项目(2004XK218)

分南中国海与中国南海,线内区域为中国南海)。

其次是地质图件不规范、不标准问题,如缺少方位指示和比例尺,图例不一致、注记不规范、符号使用不当、线条粗细不统一、信息表达不完整及图面布局不合理等[5],均会影响图件的科学性、准确性、美观性和易读性。例如,后期断裂构造必然切割前期的岩体或地层,但是有时经过复杂的图层编辑后最后在成图上表现为岩体切割了断层,就会形成原则性错误。又如,岩浆岩构造判别图中 VAG 代表火山弧花岗岩,但图注解释误写成 AG,给作者造成混淆,影响了阅读。

1.2 数据有关问题

地学论文多以实验数据作为论证依据,而数据受多种因素的影响,包括观测误差、仪器误差、数据记录不准确等。误差大则会引起数据的质量低,从而导致数据分析的结果不可靠,甚至导致错误的结论[6]。不同来源、不同观测方法、不同时间序列的地学数据可能存在不一致性,使得数据整合难度大、难以对比分析和解释。以地球化学领域的论文为例,面对主量元素与微量元素纷繁复杂的数据集,研究者在进行深入分析之前,往往需要采取一系列预处理措施,如标准化或归一化处理,以削弱不同元素间因自然含量差异而可能造成的分析偏倚,从而确保数据间的直接可比性。这一步骤的缺失或执行不当,如标准化基准值的选择失误,将对数据的分析精度与应用价值造成不可忽视的影响。

有时地学数据要根据实际情况进行适当调整,如火山岩中铁含量的调整。火山岩的形成和演化过程中,由于岩石氧化作用,二价铁(FeO)和三价铁(Fe_2O_3)含量发生较大的变化,因此需要进行铁含量调整以获得更准确的数据。铁含量调整是为了更好地了解火山岩的地质特征、岩石成因、元素迁移和富集等方面的信息,为地质学、地球化学和地球物理学等领域的研究提供更准确的基础数据,提高论文的学术质量。在进行火山岩数据铁含量调整时,要注意数据处理方法和技巧是否适当,以保障论文数据分析结果的准确可靠[7]。数据分析过程中应特别注意数据的单位,有些作者把岩石的主量元素含量%误写成 10^{-6},差之毫厘,谬以千里,影响了整个论文的论证和质量。

1.3 理论逻辑问题

地学涉及许多复杂的理论和技术,如果作者对这些理论或技术的理解不够深入,或者在应用时出现错误,则会导致论文的结论出现偏差甚至谬误。任何理论或模型都有其适用的范围和条件,如果超出这些范围或条件,理论或模型的预测和解释能力就会受到限制。如一些构造环境判别图解是研究玄武岩获得的成果,有些作者一知半解,盲目扩大应用范围,错误地在花岗岩中加以应用,就会导致得出不正确的结论。对于一些特殊类型岩石,如碱性花岗岩和钾质火成岩要选择专门用于该类型岩石的判别图解[8]。

地学论文中常见的逻辑问题是因果问题,有些作者误将相关性解释为因果关系。存在因果关联的变量必然是相关的,但相关并不一定代表因果[9]。例如,有些论文可能错误地将某地区的降雨量与该地区的泥石流灾害相关联,认为降雨量是泥石流灾害的原因,而忽略了其他可能的原因,如地形、土壤类型和植被覆盖等。在分析因果关系时,如果没有考虑到所有相关的变量,就可能导致因果错误。比如在分析全球气候变化时,有些论文可能只考虑了二氧化碳浓度和温度的变化,而忽略了其他可能的影响因素,如太阳辐射、火山活动和大气中的颗粒物等,得到的结论缺乏说服力。

1.4 格式规范问题

地学论文和其他科技论文一样，格式规范是论文的基本要求之一。论文的标题、摘要、关键词、引言、正文、参考文献都有具体的规范和要求。地学论文中还应注意图表、公式和量纲等方面的问题，确保论文的规范性和准确性。同时，根据具体研究方向和期刊要求，可能还有其他特定的格式规范要求，作者须仔细阅读相关规定并严格遵守。

随着地质学的发展，一些地质名词已经废弃不用，如地层年代表中，老的"第三系"名称不再使用，而是被古近系、新近系取代，而第四系的名称保留下来，论文中这些地层的名词应该符合最新的国家规范。又如，在岩石地球化学中微量元素的单位常用 ppm 和 ppb 表示，但按照国家标准，这两个单位正确的表示方式是 10^{-6} 和 10^{-9}[10]。有些常用的名词常常被误写，应该按照《现代汉语词典》《通用规范汉字字典》《地球科学大辞典》等加以规范，如钻孔的"岩芯"应为"岩心"，"类质同像"应为"类质同象"，"迭层石"应为"叠层石"，"粘土"应为"黏土"；"捕掳体"宜为"捕虏体"，"端元"宜为"端员"，"挥发份"宜为"挥发分"，"他形"宜为"它形"，"晚近"宜为"挽近"[10-12]。李学军(2011)曾对地学论文中地层、量与单位、标点符号、产状与方位等方面的不规范表达进行了系统分析[12]。

2 主要对策

2.1 加强出版单位管理

出版单位是国家意识形态领域的重要阵地，应准确把握期刊出版的政治属性，避免简单地把出版工作当作普通业务工作进行管理，增强阵地意识，巩固筑牢意识形态安全屏障[13]。提高对风险隐患的预警和预判能力，坚持期刊高质量发展的正确方向。

地学期刊出版单位的首要职责在于构建一套严谨而高效的审稿制度，以此作为保障论文质量的第一道防线。审稿过程中重视论文的学术贡献与创新性，以及研究设计的严谨性与数据处理的准确性，避免出现原则性错误。其次，地学期刊出版单位应该加强数据和方法的审核，确保作者所采用的数据和方法可靠、准确。对于存在疑问的数据和方法，应该要求作者进行进一步的核实和验证。另外，地学期刊出版单位应建立反馈和修正机制，对于已经发表的论文中存在的原则性错误，应及时联系数据库进行修正，并向作者及读者群体公开通报。最大限度地降低错误信息的传播范围，防止对读者造成误导，维护期刊的学术声誉。

2.2 挖掘作者潜力

科技论文是学术交流和知识传承的重要途径，对推动科学技术的发展和进步具有重要的作用。论文是作者的思想、观点和研究成果的载体，对作者的学术地位和影响力具有重要的影响。论文作者是论文的创造者和所有者，对论文的质量和内容负责。

为避免原则性错误的产生，作者首先应该对所研究的领域有充分的了解，包括相关理论、研究方法、数据来源等，以确保论文的准确性和科学性。其次，地学研究涉及大量的数据和方法，作者在选择时应该非常谨慎。确保所使用的数据是可靠的、准确的，并且所采用的方法是合适的、经过验证的。再次，在撰写论文时，作者应该严格遵守学术规范，包括引用格式、数据呈现方式、图表制作等，以提高论文的整体质量、可信度和可读性。最后，在撰写地学论文时，作者应该保持诚信和谨慎，不夸大成果，不能伪造数据，更不能抄袭他人成果。

2.3 提高编辑人员素质

编辑在论文发表过程中作为至关重要的角色，是确保论文质量、学术诚信以及出版标准的重要守护者。编辑是论文质量的把关者,负责审查论文的内容、结构和格式等,确保论文符合学术规范和期刊的要求。作为学术价值的评估者,好的编辑能够对论文的学术价值做出准确的判断,根据论文的研究内容、方法、结论等方面的创新性和实用性,判断是否适合发表。论文的润色能力也是重要的编辑能力之一,润色过程不仅能显著提升论文的可读性,确保论文语言组织的水准,使其更加符合学术规范和语言表达习惯。

作为地学期刊的编辑人员,防范地学类论文中的原则性错误是非常重要的。首先编辑人员应该具备较高的地学专业素养,不断加强自身的学术素养和编辑技能,了解地学的基本理论、研究方法、发展趋势等。这样有助于发现论文中可能存在的原则性错误,提高稿件的准确性和科学性。另外编辑应该严格审稿流程,将论文的学术价值与科学严谨性置于核心地位。在审稿过程中,不仅对论文的数据来源、实验方法、分析逻辑进行详尽核查,更要对其结论的合理性与可靠性进行深度剖析,力求从源头上杜绝原则性错误的产生。编辑人员应具备高度的责任心和使命感,将防范原则性错误作为工作的重要内容之一。在工作过程中,要时刻保持警惕,不放过任何一个可能存在原则性错误的细节。

3 结束语

地球科学研究整个地球系统,具有显著的复杂性和交叉性。随着科技的快速进步,地球科学发展迅猛,知识更替频繁。消除地学论文中地质图件、数据处理、理论逻辑和编辑规范等方面的差错,既有挑战性,又有必要性。出版单位通过完善有关制度、专业培训提升编审人员水平、严格遵循学术规范,保障出版质量;论文作者应秉持认真、严谨和专业的态度,重视论文的学术性,遵守学术规范和道德标准,以保障论文的科学性和可信度。编辑人员不断提高自己的科学素养和语言能力,充分理解并严格执行《地图管理条例》《学术论文的编写格式》《有关量、单位和符号的一般原则》等相关规定,把关论文的语言表达、逻辑性和规范性,确保论文的质量和可读性。只有通过编辑、作者等多方协同,不断总结经验,提高业务水平,尽量减少地学论文中的原则性差错,才能打造学术展示的优秀平台,推动我国地球科学理论和技术的发展与创新。

参 考 文 献

[1] 周立华,王鑫,周城雄,等.我国地球科学发展的若干思考与建议[J].中国科学院院刊,2022,37(3):297-307.
[2] 程辉.欧洲地球科学可持续发展战略[J].国际地震动态,2013(9):10-13.
[3] 李小玲,何书金.科技期刊地图插图的规范绘制和常见问题[J].中国科技期刊研究,2021,32(6):699-718.
[4] 魏玉芳,杜承宸.科技论文地图插图"合理回避"策略[J].黄冈师范学院学报,2021,41(6):241-243.
[5] 刘艳玲.地学论文插图中常见的问题[J].新疆地质,2002,20(3):292.
[6] 姚鲁烽,赵歆.地学论文审稿中的数据分析[J].编辑学报,2002,14(1):34-36.
[7] 邱家骧.火山岩中Fe_2O_3、FeO的调整与方法[J].地质科技情报,1985,4(2):32-39.
[8] 赵振华.关于岩石微量元素构造环境判别图解使用的有关问题[J].大地构造与成矿学,2007,31(1):92-103.
[9] 苏建宾,陈都鑫,郑东海,等.追索为什么?地球系统科学中的因果推理[J].中国科学:地球科学,2023,53(10):2199-2216.
[10] 王传泰.地质科技论文写作规范化的几个问题[J].地质找矿论丛,2013,28(2):315-326.
[11] 李学军.地球科学常见术语多种写法的辨析[J].中国科技术语,2018,20(3):57-60.
[12] 李学军.地学论文中常见的表达问题及解决方法和建议[J].中国科技期刊研究,2011,22(5):779-783.
[13] 廖薇薇,王明丰,王维朗,等.医学学术论文中常见的政治性差错与防范策略[J].编辑学报,2023,35(2):119-123.

医学论文英文题目中定冠词的使用分析

杨亚红，余党会，魏莎莎，孙　岩，尹　茶，魏学丽，商素芳，惠朝阳

(海军军医大学教研保障中心出版社《海军军医大学学报》编辑部，上海　200433)

摘要：在医学论文英文题目中定冠词"the"的使用较少，但其正确使用对于准确表达论文主题、限定研究范围及增强题目吸引力有重要意义。在医学论文英文题目中，定冠词"the"的常见功能包括特指、泛指、强调、表示独一无二性等，常见的问题有冗余、省略不当和误用 3 类。作者和编辑应掌握"the"的功能和用法、充分分析中文标题的语义、遵循学术惯例，或借助专业工具、同行协助等多种途径，确保题目中定冠词"the"的准确、规范使用，从而更准确地传递科研成果。

关键词：医学论文；英文题目；定冠词；用法分析

医学论文是医学研究成果的重要载体，其英文题目作为论文的"门面"之一，对于吸引读者、传递信息具有至关重要的作用[1]。根据论文标题的功能和写作原则，标题应简洁、明确，还需包含足够的信息，以便读者快速、准确理解论文的研究范围和核心内容。定冠词"the"在英文中具有多种功能和用法，其正确使用对于准确表达论文主题、限定研究范围及增强题目吸引力等都具有重要意义[2]。然而，在实际编校过程中，论文英文题目中定冠词使用不当的情况时有发生。本文通过分析国际高水平医学期刊论文英文题目中定冠词的使用情况，总结中文医学期刊英文题目中定冠词的主要功能及常见问题，提出提高定冠词使用准确性的建议，以期为提高中文期刊医学论文英文内容的编校质量提供参考。

1 定冠词"the"在论文题目中的使用情况分析

定冠词"the"本身不能独立使用，也没有词义，只能附在名词的前面用于修饰或限定名词，以帮助说明名词的含义[3-5]。为了探讨医学论文标题中定冠词"the"的使用频率，从 PubMed 数据库检索了 2021 年 1 月 1 日至 2023 年 12 月 31 日 *Lancet* 共 4 194 条论文题目,剔除作者答复(Author's reply)177 条、错误提示(Department of error)248 条、撤稿(Retraction)5 条、重复标题 105 条，共获得了 3 659 条英文题目。通过分析 3 659 条英文题目发现仅 939 条题目中有定冠词"the"，占比为 25.66%，约 3/4 的论文题目都没有使用定冠词。进一步分析发现，使用定冠词的标题往往涉及特定的研究对象或已知概念，或是对一个群体对象进行类指，抑或是用于强调研究结果。定冠词"the"在医学论文标题中主要功能总结如下。

1.1 特指

在医学论文英文题目中，"the"可用于特指某一具体的研究对象、方法或结果。例如，"Gait

通信作者：惠朝阳，E-mail：xzy2082@qq.com

retraining to reduce falls: an experimental study toward scalable and personalised use in the home",题目中"home"前面加"the"特指在患者自己的家中,而非其他场所;"COVID-19 vaccine research and the trouble with clinical equipoise"中的"the"特指新型冠状病毒疫苗研究与临床平衡问题。

1.2 类指

在论文题目中,"the"可用在单数名词前面,用来表示某一类事物的整体或抽象概念。例如,"People's preferences for inequality respond instantly to changes in status: a simulated society experiment of conflict between the rich and the poor"中的"the rich"指代"富人"这个整体,"the poor"指代"穷人"这个整体,而非具体某个富人或穷人。

定冠词"the"还可用在名词复数之前,指代某个群体整体。例如,"Honouring the multitudes: removing structural racism in medical education"中名词复数"multitudes"前面的"the"指代了"民众"这个整体。

1.3 强调

"the"在医学论文英文题目中还具有强调功能[6]。通过添加"the",作者可以强调题目中的某一成分或整个题目的重要性。例如,"WHO international non-proprietary names: the need to distinguish COVID-19 vaccines"中的"the"就强调了区分新型冠状病毒疫苗这一需求的重要性;"Not misogynistic but myopic: the new women's health strategy in England"中的"the"强调了新的女性健康战略的独特性和创新性。

此外,还有作者为引起读者对某一特定研究主题的重视,会在句首的名词前加"the"。例如,"The effects of armed conflict on the health of women and children"题目中的"the"就强调了"武装冲突对妇女和儿童健康的影响"。但为了确保论文题目简洁,这种使用方式在医学论文题目中较少见,常省略。纳入分析的 3 659 条英文题目中译文为"……对……影响"的题目有 22 篇,分析发现仅 31.8%(7/22)在"effect(s)"前面加了定冠词"the",进一步说明除非必要,在这种使用方式中一般会省略定冠词"the"。

1.4 表示独一无二性

当名词所代表的事物是独一无二的或在特定语境中只有一个时常用"the"来修饰。例如,"COP27 Climate Change Conference: urgent action needed for Africa and the world"中的"the world"。类似的用法还有"the sun""the moon""the earth"等。

1.5 固定搭配与习惯用法

论文题目中也经常出现固定搭配短语和习惯用法,其中的定冠词"the"不可或缺。例如,"Germany's election: transformation versus more of the same"中的"more of the same"就是固定搭配短语,表示"一成不变";"Diabetes and race in the USA over the past century"中的"over the past century"也是固定短语,表示"在刚刚过去的一个世纪"这段时间里。

1.6 用在最高级之前

论文题目中如果有形容词或副词的最高级,其前面也需要加定冠词"the"。例如,"Conservative treatment of perforated diverticulitis: following the latest guidelines pays dividends"中的形容词最高级"the latest",以及"The most likely but largely ignored triggering factor for breast (or all) cancer invasion"中的副词最高级"the most likely"和"the most largely"。

1.7 用在专有名词前面

论文题目中若有专用名词,其前面也应加"the"。例如,"Diabetes and race in the USA over the past century"中的"the USA"及"Hidden heroes of health: winner of the 2021 Wakley-Wu Lien Teh Prize."中的"2021 Wakley-Wu Lien Teh Prize"都是专有名词,前面的定冠词"the"不能省略。

1.8 用在序数词前面

论文题目中的序数词前需加"the"。例如,"The future of the global clinical trial ecosystem: a vision from the first WHO Global Clinical Trials Forum"及"Two midwives during the second stage of labour to reduce severe perineal trauma"中序数词"first"和"second"前面的"the"不能省略。

2 在论文题目中常见的定冠词"the"使用问题

在医学论文标题中,使用定冠词可以使标题更加具体和明确,但也可能增加冗余,影响标题的简洁性及高度概括性。通过分析中文期刊英文标题中常见的定冠词"the"使用问题,汇总为以下3类。

2.1 冗余问题

在语言学和文学中,冗余是指多余的重复或啰唆的话语,而这种重复可能是不必要的[7]。在编校实践中,医学论文英文题目中的定冠词"the"冗余现象很常见,这可能是由于作者对题目中的某些成分理解不清或过度使用定冠词"the"导致的[8-9]。例如,"Effects of the air, the temperature, the humidity, and the geographical location on sleep quality and exercise endurance"中的"the air""the temperature""the humidity""the geographical location"分别表示空气、温度、湿度和地理位置,这几处"the"就可以省略,题目可修改为"Effects of air, temperature, humidity, and geographical location on sleep quality and exercise endurance"。

2.2 省略不当

与冗余问题相反,有时医学论文英文题目中会出现定冠词"the"缺失的问题。例如,"Spatial transcriptome sequencing and application in immunology"中的"application"特指空间转录组测序的应用,所以前面应该加定冠词"the",题目应该修改为"Spatial transcriptome sequencing and the application in immunology"或"Spatial transcriptome sequencing and its application in immunology"。这类错误往往是由于作者粗心大意对题目含义理解不足或母语迁移所致[8-9]。

除此之外,对定冠词"the"的用法掌握不足也会导致"the"缺失的错误[10]。例如,"Relationship between metabolic syndrome and bone mineral density in elderly aged over 60 years"中"elderly"前面的"the"不能省略,"the elderly"是一个固定词组,用于指代老年人群体,标题应该修改为"Relationship between metabolic syndrome and bone mineral density in the elderly aged over 60 years"。

2.3 误用问题

除了冗余和缺失问题外,医学论文英文题目中定冠词"the"误用的现象也很常见。"the"误用的出现多数也是因为作者对"the"的功能和用法理解不清或对固定搭配、习惯用法记忆有误[8-10]。例如,"Physiotherapy for knee osteoarthritis over past the decade: a visual analysis based on CiteSpace knowledge map"中的"the"应该放在"past"前面,"over the past decade"是固定搭配,表示"在过去10年",标题需修改为"Physiotherapy for knee osteoarthritis over the past decade: a visual analysis based on CiteSpace knowledge map"。

此外，不应使用定冠词"the"的误用情况也不少见。例如，"Effects of the individualized nutritional therapy on nutritional status of patients in perioperative period of digestive system operation"中的"the"即为定冠词误用，"individualized nutritional therapy"表示"个体化营养治疗"，是一种治疗方法，并非特指的概念，也不是专用名词，因此不需要在前面加定冠词"the"。

3 提高论文题目中定冠词"the"使用准确性的建议

3.1 掌握"the"的功能和用法

提高医学论文英文题目中定冠词"the"的使用准确性，编辑在日常编校中应注意积累[11-12]，或者通过阅读和分析高水平期刊发表的优秀学术论文题目[13-14]，学习定冠词"the"的功能和用法，充分掌握"the"的特指、泛指、强调等多种用法，并根据题目的具体内容和语境选择是否使用定冠词"the"。

3.2 充分分析中文标题的语义

在翻译英文题目时，首先需要明确中文标题的含义，分析中文题目中各成分的具体含义及其最恰当的英文用词[15]。如果题目中有多个名词或名词短语时还要仔细分析它们之间的逻辑关系[16]。然后进一步分析各成分及其关系中是否需要使用定冠词"the"进行修饰和限定，以保证英文题目准确、简洁、信息量适当。

3.3 遵循学术惯例

虽然定冠词"the"能使各部分更加明确，但要考虑它对题目整体长度和简洁性的影响，还要遵循医学学术论文题目的书写惯例[17]，过于冗长的题目可能会降低读者的阅读兴趣。*Lancet*论文题目中仅有25.66%使用"the"，可见在医学期刊中定冠词"the"的使用频率较低，多数情况下会省略。

3.4 借助专业工具校对

在撰写完医学论文英文题目后，作者可以利用专业的语法检测工具(如Grammarly、Checker等)或软件(如黑马校对软件、方正智能审校等)对题目进行分析[18-19]。这些工具能够帮助作者发现题目中的语法错误、词汇使用不当及定冠词"the"的冗余、缺失或误用等问题，并提供相应的修改建议。

3.5 寻求同行或外语专家意见

在撰写医学论文英文题目时，若一时无法确定语法及定冠词的使用是否恰当，可让导师、同事或同行评审者审阅，并征求他们对定冠词"the"使用的意见，这些专业意见可以帮助识别并纠正问题。此外，还可以寻求英语专业人员的意见，通过与英语专业人员的交流，不仅可以进一步完善和优化英文论文题目，确保其准确性和规范性，科研人员和编辑还可获得宝贵的反馈和学习机会。

4 结束语

在医学论文英文题目中定冠词"the"的使用较少，如国际高水平医学期刊*Lancet*中有约3/4的题目没有定冠词"the"。尽管如此，定冠词"the"的使用对于表达论文主题、限定研究范围及增强题目吸引力等具有重要意义，实际写作过程中定冠使用不当的问题也时有发生。本文总结了医学论文英文题目中定冠词"the"的常见功能，包括特指、泛指、强调、表示独一无二性及固定搭配和习惯用法等。还分析了在论文题目中常见的定冠词"the"使用问题，可汇总为冗余、省略不当和误用 3 类。

本文提出了一些建议，如掌握"the"的功能和用法、充分分析中文标题的语义、遵循学术惯例、借用专业工具进行校对、寻求同行或外语专家的意见等，以帮助科研人员和编辑同仁提高医学论文英文题目中使用定冠词"the"的准确性和规范性，从而进一步提升医学论文英文质量，更准确地传递研究信息。为了提高医学论文英文题目的写作水平，科研人员和编辑可通过参加相关的写作培训和学术研讨会等多种途径，对包括定冠词"the"的用法在内的各种英文编校知识进行积极主动的学习，从细节和小处着手，这不仅有助于掌握英文写作技巧，还有助于了解学术动态，拓展研究视野。

参 考 文 献

[1] 解培萍.汉语学术论文标题的英译浅析[J].中国成人教育,2003(10):77-78.
[2] 吴俊.论英语定冠词 the 的语篇指称意义及其在翻译中的应用[J].长春理工大学学报(高教版),2011(9):60-62.
[3] 魏惠敏.英语冠词使用常见问题探究[J].甘肃教育,2010(24):29.
[4] 杨勇.定冠词 the 的运用[J].初中生辅导,2016(7):27-30.
[5] 杨亚红,余党会.我国医学期刊英文编校常见问题的初步分析[M]//学报编辑论丛 2023.上海:上海大学出版社,2023:297-303.
[6] 邱学和.the 的强调用法[J].语言教育,1999(6):35-36.
[7] 史媛媛.著名英语演说辞中冗余现象的语用分析[D].临汾:山西师范大学,2013.
[8] 羊丽宇.基于语料库的中国学习者冠词使用错误分析[D].金华:浙江师范大学,2009.
[9] 黎珊珊.基于语料库的中国英语专业学习者冠词使用错误分析及其对教学的启示[D].金华:浙江师范大学,2011.
[10] 梁怡冰.基于语料库的初中生英语写作中的冠词错误分析[D].广州:广东技术师范大学,2022.
[11] 杨亚红,魏莎莎,惠朝阳,等.科技期刊英文摘要中比较句型的分析[M]//学报编辑论丛 2023.上海:上海大学出版社,2023:314-319.
[12] 杨亚红.学术论文英文摘要中的动词名词化及使用情况分析[M]//学报编辑论丛 2022.上海:上海大学出版社,2022:249-252.
[13] 黄媛,陈莉萍.高影响力医学期刊英文摘要的语言特点[J].中国科技期刊研究,2012,23(4):685-687.
[14] 李慧,喻伟.提高科技论文英文摘要编译质量的措施[J].长江大学学报(社会科学版),2010,33(4):124-127.
[15] 周岚.语义理解:准确翻译的重要一条[J].现代企业教育,2011(24):177-178.
[16] 曾经昊.简论语境对英语词汇翻译的影响[D].长沙:湖南师范大学,2012.
[17] 付姗姗,徐冰.语料库方法在医学学术英语翻译写作教学中的实证研究[J].继续医学教育,2020,34(3):59-61.
[18] 陈首为.计算机辅助外语写作增强"产出导向法"在大学英语写作课堂的应用效果[J].外语教育与应用,2022:140-147.
[19] 冯小妹.网络编辑软件在出版稿件编加中的应用探析:以黑马校对为例[J].新闻前哨,2021(8):109-110.

医学类科技论文中三线表设计常见问题的分析

马伟平

(《青岛大学学报(医学版)》编辑部,山东 青岛 266021)

摘要:三线表因其结构简明、排版方便等优点在医学类科技论文中得到广泛使用。本文阐述了三线表的规范化设计,列举了医学类科技论文中三线表使用的几种常见错误,并对其进行了分析。

关键词:三线表;规范化;编辑加工;医学论文

三线表[1]具有结构简单、表达力强、对比效果强烈、易于阅读和理解、便于分析比较等优点,是论文科研成果和资料描述的一种常用工具。对医学类科技论文而言,三线表能够简洁、集中、系统地表达医学类科学研究内容的逻辑结构和对比性,是实验数据统计和结果分析的一种重要表达形式。规范运用三线表,既可避免冗长繁琐的文字叙述,又可克服统计图表达较为抽象的不足,使论文结果表达更为清晰准确,具有更强的说服力。

笔者在编辑加工医学类科技论文过程中发现,有一些作者对三线表的选用、设计不是很恰当,特别是初写作者,不熟悉表格制作的有关规定,还有部分作者写作态度不够严谨,在表格运用中出现了一些问题和缺陷,从而不能准确地表述论文中所呈现的实验数据和统计结果,导致论文的可读性较差,降低了论文学术质量,也影响了论文被录用的概率。为引起作者的重视,规范表格在医学论文中的用法,本文结合编辑工作中发现的问题,并针对这些问题中具有普遍性的现象展开了分析和讨论,目的在于引起作者及编者的重视,使其能够准确、合理、规范地运用三线表,使论文的撰写更具合理性,实验结果表达更具科学性,从而进一步提高论文的质量。

1 医学论文中三线表的规范格式

1.1 三线表的结构

三线表一般只有 3 条线,即顶线、底线和表头线,没有竖线和斜线。三条线中顶线和底线为粗线,表头线为细线。在实际应用中,三线表不一定固化为 3 条线,有时也可以添加一些辅助线,不过无论添加多少条辅助线,仍然称为三线表。三线表的结构组成要素包括表序、表题、表头、表身及表注,例如参考文献[2]中使用的三线表。见表 1。

1.2 三线表的表序与表题

表序就是表格的序号,为该表格在文章中出现的顺序所编排的号码。在科技论文编排中,表序按照表格在文中出现的先后顺序依次用从"1"开始的阿伯数字进行编号,如"表1""表2""表3"等。当论文中只有1个表格时,该表序也应标为"表1"。

表 1　医学类论文常见三线表应用实例

表 X　两组 NLRP3 炎症小体及 IL-1β 蛋白表达比较($\bar{x}\pm s$)

组别	n	NLRP3	ASC	caspase-1	IL-1β (ρ/ng·L^{-1})
对照组	10	0.32±0.14	0.29±0.12	0.35±0.15	20.47±8.93
OA 组	30	0.97±0.37*	1.01±0.33*	0.84±0.29*	70.62±25.10*

与对照组比较，*t=5.090~6.704，P<0.001。

表题为表格的名称，是表格所表达内容的主题或概要。拟定表题与文章题名拟定类似，要求简短精练，突出重点，能恰如其分地反映表格所研究的内容和展示的问题；还要求能体现表格栏目之间的逻辑关系，使表格具有高度自明性，即读者不看全文，也能了解表格所表达的主题内容。另外，表题还应与栏目名称上存在互补性，定义表题时不要简单重复栏目的名称，同时尽量不要选用泛指性的词语来定义表题，如"某某计算结果""某某对比表""某某数据表"等。

编排规则中，表序与表题是一个整体，它们之间应留1个汉字的空格，其间不加任何点号。表序和表题置于顶线上方，居中排列，字号应与正文、表身文字相区别，一般以小五黑体为宜，其字数太多则需要进行转行。

1.3　三线表的表头和表身

表头是指表格顶线与表头线之间的部分。左侧一般写主语纵标目，右侧写谓语纵标目(一般为检测指标)。右侧谓语纵标目栏中常要放置多个"谓语"，这些栏目有时还需要分成多个层次。多层次的栏目间需要用辅助线隔开，以表明上下层之间的隶属关系或存在的前提条件。GB/T 7713.2—2022规定，表头中不准使用斜线。表格采用竖读方式，因此表头中的每个栏目应与其下面的内容相对应。谓语纵标目(检测指标)主要由量的名称或符号和单位组成，采用"量/单位"的表示形式，按照横向排列，当谓语纵标目(检测指标)较多时，可进行分段编排[3]。

表身是三线表内底线以上、表头线以下的部分，是表的主体部分。对于三线表表身而言，具有以下规定[1-2]。①表身中主要容纳数字，数字一般不加单位，也不加百分号(%)，单位符号和百分号等写到项目栏中。若表格内全部栏目(全部检测指标)的单位均一致时(称为共同单位)，则可以把共同单位写到表题后面的括号内。②表身中同一检测指标的数字按个位数(或小数点)或者"~"等符号为准上下对齐排列，并且各数据有效位数保持一致。③当上下左右相邻栏内的文字或数字相同时，也要重复写出，不能用"同上""同左""ibid"等字样或""""符号来代替。同时表身中的数据书写也应规范，小数点前的"0"不能省略；数字按《出版物上数字用法的规定》(GB/T 15835—2011)[4]进行分节(小数点前或后每隔3位数都应留适当间隙)。④表身中出现的无数字的栏目，应区别对待，不能简单写"0"或画"—"线等填空。GB 7713—87规定：表内"空白"代表未测或无此项，而"—"或"…"(注意"—"应与阴性反应表示相区别)代表未发现，"0"代表实测结果为零。⑤表身中信息量很大行数较多时，为了便于读者阅读、数据查找，可有条理地每隔数行添加1条辅助线分隔开，或每隔数行留出较大的行间距。

1.4　三线表的表注

表注主要用于解释或补充说明表题、栏目名称或者表格中的某些项目，如缩略语或符号的意义、实验方法、统计学信息、数据提供的方式等等，一般横排置于表格下方。若表注不只1条，则可给每条表注编排序号，按顺序置于表格底线下方。GB/T 7713.2—2022规定，表注的末尾应该加"。"。

2 医学论文中三线表使用的常见错误及其分析

2.1 不必要的表格

有些表格只有简单的几组数据或仅有1~2个数据，有些数据为相同数或均为阴性或阳性结果，此时表格应改为文字叙述，这样既可节省篇幅，又简化了排版程序。表2为过于简单的表格，可以采用文字表达，一句话就可以表达清楚。

表2 过于简单的表格实例

表X 两组小鼠在旷场中运动距离比较($n=7$, $\bar{x}±s$)

组别	运动距离
对照组	2476.79±254.76
MPTP组	532.03±78.70*

与对照组比较，*$t=17.87$，$P<0.001$。

2.2 和文字重复的表格

目前医学论文中表格与文字叙述重复的现象比较普遍，这种重复现象是不可取的。它不仅增加了篇幅，也浪费了读者的阅读时间。应根据需要选择一种理想的表达方式。一般情况下，能用文字表达清楚的资料不用表格来表达，希望读者了解精确的结果且数据比较多时则以表格的形式表达。

2.3 表题与表身内容不一致

三线表设计要求是表格应该具有自明性，表题的准确得体就显得非常重要。如表3是作者设计的错误表题，该表题与表身内容不一致，检测指标中还有"LDH释放率"，因此表题应修改为：各组神经元存活率与LDH释放率比较。

表3 表题与表身内容不一致的实例

表X 各组神经元存活率比较 ($n=6$, $x/\%$, $\bar{x}±s$)

组别	存活率	LDH释放率
A组	93.27±5.23	22.49±4.45
B组	93.98±3.30	20.47±2.84
C组	44.34±5.75*	65.65±8.60*
D组	64.69±6.77#	55.21±6.52#

A组为Control组，B组为Control+NaAc组，C组为OGD组，D组为OGD+NaAC组。与A组比较，*$P<0.05$；与C组比较，#$P<0.05$。

2.4 表头内容设置不合理，层次关系不清晰

三线表表头内容和编排是否合理，直接影响表格的阅读，涉及表格的科学性和逻辑性。如表4是作者设计的错误格式，该表头上的项目名称设置不规范，不便于阅读，同时表题也不规范。经过修改后，正确表达如表5所示。

表 4　表头内容设置不合理的实例

表X　目标化合物的元素分析数据

化合物	C%(理论值/实测值)	H%(理论值/实测值)	N%(理论值/实测值)
6a	43.08(43.09)	2.46(2.47)	13.30(13.22)
6b	44.48(44.47)	2.54(2.55)	13.66(13.65)
6c	41.82(41.83)	2.41(2.40)	12.83(12.84)
6d	43.12(43.13)	2.47(2.48)	13.25(13.24)
6e	44.63(44.64)	2.76(2.76)	13.71(13.70)
6f	47.77(47.76)	3.65(3.64)	12.65(12.66)
6g	44.97(44.96)	3.27(3.26)	11.92(11.92)
6h	46.25(46.26)	3.36(3.35)	12.27(12.26)

表 5　表 4 修正后

表X　目标化合物的元素分析数据(x/%)

化合物	C	H	N
6a	43.08(43.09)	2.46(2.47)	13.30(13.22)
6b	44.48(44.47)	2.54(2.55)	13.66(13.65)
6c	41.82(41.83)	2.41(2.40)	12.83(12.84)
6d	43.12(43.13)	2.47(2.48)	13.25(13.24)
6e	44.63(44.64)	2.76(2.76)	13.71(13.70)
6f	47.77(47.76)	3.65(3.64)	12.65(12.66)
6g	44.97(44.96)	3.27(3.26)	11.92(11.92)
6h	46.25(46.26)	3.36(3.35)	12.27(12.26)

注：表中数据为理论值(实测值)。

2.5　纵横标目排列不当，表中内容逻辑混乱

如表 6 所示，该表结构不符合三线表规范，表现为：①表题表达不准确；②纵横标目排列不当，表中内容逻辑混乱；③数据处理不科学，主要表现为精确度不一致；④没有使用"量/单位"表达方式。经过修改后的正确表达形式见表 7。

表 6　纵横标目排列不当的实例

表X　两组孕产妇MAP、HR、SPO$_2$的变化($\bar{x} \pm s$)

组别	项目	术前	阻滞后		
			3 min	7 min	15 min
A组	MAP/mmHg	94±13	92±12	91±13	92±15
	HR/(次·min^{-1})	85±11	90±14	88±11	86±10
	SPO$_2$/%	97±0.8	99±0.4	98±0.5	98±0.5
B组	MAP/mmHg	97±10	68±11**	73±12**	92±11
	HR/(次·min^{-1})	88±11	91±10	92±13	91±11
	SPO$_2$/%	97±0.5	95±0.6	92±0.8*	98±0.5

与术前比较，*P<0.05，**P<0.01。

表7　表6修正后

表X　两组孕妇麻醉不同时间MAP、HR、SPO$_2$的变化($n=46, \bar{x} \pm s$)

组别	时间	MAP(p/mmHg)	HR(f/min^{-1})	SPO$_2$(x/%)
A组	术前	94±13	85±11	97.0±0.8
	阻滞后			
	3min	92±12	90±14	99.0±0.4
	7min	91±13	88±11	98.0±0.5
	15min	92±15	86±10	98.0±0.5
B组	术前	97±10	88±11	97.0±0.5
	阻滞后			
	3min	68±11**	91±10	95.0±0.6
	7min	73±12**	92±13	92.0±0.8*
	15min	91±11	91±11	98.0±0.5

注：1 mmHg=0.133 kPa。与术前比较，*P＜0.05，**P＜0.01。

3　结束语

在医学论文中表格应安排得当、设计合理，这样才能能使文章篇幅紧凑，叙述清晰准确，对比性、可读性以及可靠性增强，有利于读者阅读和理解。因此作者在撰写医学类科技论文时应该注意设计简洁明了、清晰准确的三线表，以免因为表格设计不合理而导致期刊编辑和阅读者的误解，从而降低文章的录用率和学术水平。另外，三线表的编排是否符合规范也是衡量一个期刊编辑出版水平的重要参考。所以对论文作者和期刊编辑而言，应该严格遵循三线表表格编排的规范，从而提高期刊的学术质量和编辑质量。

参　考　文　献

[1]　陈浩元.科技书刊标准化18讲[M].北京:北京师范大学出版社,1998:135.

[2]　刘一楷,孙一,张少燕,等.NLRP3炎症小体在人骨关节炎软骨中的表达及作用[J].青岛大学学报(医学版),2024,60(2): 205-208.

[3]　林娜,田宇轩,宋玉强.胆红素水平与缺血性卒中病人溶栓后出血转化相关性[J].青岛大学学报(医学版),2024,60(2):209-212.

[4]　中华人民共和国国家质量监督检验检疫总局,中国国家标准化管理委员会.出版物上数字用法的规定:GB/T 15835—2011[S].北京:中国标准出版社,2011.

医药卫生类年鉴常见编校问题及应对策略
——以《中国内科年鉴》为例

画 恒，顾书源，惠朝阳

(第二军医大学出版社，上海 200433)

摘要：本文旨在探讨提高医药卫生类年鉴编校质量策略，以《中国内科年鉴》为例，总结编校过程中常见的名词(专有名词、专业术语)、量和单位、数字用法、外文字母用法、上下角标等问题，并从作者、出版社两个层面提出应对策略，以期供相关编校工作者参考，共同提高医药卫生类年鉴编校质量。

关键词：年鉴；编校问题；应对策略

年鉴是按年度出版的连续出版物，主要是汇集一年内的重要时事、文献和统计资料。医药卫生类年鉴作为专门性年鉴，主要反映医药卫生领域年度进展情况及有关资料，为专业工作者使用。《中国内科年鉴》是一本信息密集型的、集学术性与资料性为一体的工具书。编辑出版本年鉴的目的是全面、准确、及时地向国内外读者反映我国内科学领域各年度取得的成就和经验，同时也记载了我国内科学领域科技发展的历史轨迹。每卷年鉴的资料系从国内公开发行的约 140 种有关医学期刊约 2 万篇文献中选出。编辑出版医药卫生类年鉴具有一定的专业性和规律性，本文以《中国内科年鉴》为例，探讨医药卫生类年鉴编校过程中的常见编校问题及应对策略。

1 常见编校问题

年鉴中的政治思想、内容主题、事实和数据、文字使用、词语运用、语言表述、标点符号等都有可能出现偏差或错误。这些差错在编校工作中经常出现，只有编校人员了解这些问题，才能有针对性地开展编校工作，提高年鉴编校的质量[1]。医药卫生类年鉴作为图书的一个组成部分，既有图书常见编校问题的共性，又有其独特的编校特点和要求。《中国内科年鉴》以文字为主，全书约 70 万字，大部分内容选自公开发表的论文，且内容经过编委会审核，编校问题主要集中在名词、量和单位、数字用法、外文字母用法、上下角标等方面。

1.1 名词问题

所谓"规范名词"，是指由国务院授权的机构审定公布、推荐使用的科学技术名词[2]。在医学年鉴编校中，专有名词和名词术语的差错可能会严重影响年鉴的准确性和专业性。书稿编校过程中，要确保专有名词的准确性，对于同一专有名词，在拼写、大小写和标点方面要保持其一致性。名词术语要遵循行业规范，均应以国家科学技术名词审定委员会审定通过的术

通信作者：惠朝阳，E-mail: 657791425@qq.com

语为准，不得用俗称、曾称，避免使用生僻、容易引起歧义和地方性的术语。

此外，《中国内科年鉴》内容主要来自大量期刊的摘要内容，书稿中常出现同一术语、名词前后不一致的问题，给编校工作带来一定的困难。例如，"呼吸系统疾病"一章中常出现的 N 末端 B 型利钠肽前体(NT-proBNP)，就有"N 端 B 型脑钠肽前体""氨基末端脑钠肽前体""N 端脑钠肽前体""N-末端氨基脑钠肽前体""N 末端前体脑利钠肽""N-端脑钠肽前体""NT-PROBNP"等多种表述。一个词在上下文中如何统一，建议按"少数服从多数原则""首次出现原则""尊重作者原则""最小改动原则"等常规方法处理[3]。对同一概念的用词、拼写、解释、缩写、单位等，前后要统一，注意多字、少字、错字等现象。名词、术语一般用全名，若名词过长，而中文又需多次引用，可在第一次出现时写出全名，后面用括号注明简称。

例 1　蒋永艳等报道 1 例以双肺细菌性肺炎为首发表现的成人 Still's 病女性患者，感染是 AOSD 的重要诱因。

例 2　张维嘉等 2016 年 8—9 月在山东省微山县、莒南县、垦利县采集蚊虫标本，用 BHK-21 细胞进行病毒分离，利用实时荧光 PCR 方法检测蚊虫标本中 JEV 的携带情况。

例 3　张丽等收集 2017 年全国 31 个省(直辖市、自治区,未包括台湾、香港和澳门地区)的疟疾疫情数据资料显示，2017 年全国首次实现了无本地感染疟疾病例，应继续加强重点地区境外输入性疟疾的监测和管理。

例 4　谢丽庄等分析了近 10 年江苏省尘肺病的发病特点，发现尘肺种类中矽肺最多,占 72.81％。

例 5　目前普遍认为其病理生理机制是一种全身炎症反应综合症，但这种炎症反应和热射病导致的脑损伤是否有关联，目前还不明确。

简析：例 1 中 Still's 病是以姓氏命名的疾病，其姓氏一般应译成中文，如果其姓氏不译成中文，原文姓氏后标明的所属关系符号"'s"必须删除，Still's 病其规范化表述应为斯蒂尔病或 Still 病。例 2 中"垦利县"应为"垦利区"；2016 年 6 月 8 日，国务院正式批复撤销垦利县，设立东营市垦利区，而本例研究开展时间为 2016 年 8—9 月，故应以最新行政区划名称为准。例 3 中"省(自治区、直辖市)"是行政区域划分规范表述方式，名词位置不能随意变动。例 4 中"矽肺"是"硅肺"的俗称，是长期吸入大量游离二氧化硅粉尘所引起、以肺部广泛的结节性纤维化为主的肺疾病；《学术出版规范　科学技术名词》(CY/T 119—2015)明确提出俗称不宜使用。例 5 中"综合症"应改为"综合征"；经"术语在线"网站查询，综合征是指多个症状和体征组成的一组症候，大多用于有相同症状和体征的一组疾病的描述，只有同时具备了"一组"或"一系列"的"特征性表现"，才能称为"综合征"[4]，如更年期综合征、代谢综合征、亚健康综合征、考后综合征等。

1.2　量和单位问题

量和单位是否规范使用是衡量医药卫生类年鉴质量优劣的重要评价指标之一，其用法参考系列国家标准《量和单位》(GB 3100~3102—1993)[5]。《中国内科年鉴》由于书稿内容来源广，或来自多种期刊，或作者习惯使然，常导致书稿中存在量和单位问题。

例 6　结果发现与对照组相运动组峰值公斤摄氧量、峰值氧脉搏、峰值代谢当量差异均有统计学意义。

例 7　呼气末二氧化碳分压($PETCO_2$)作为一项无创、简单、实时的监测指标，能够有效评估心搏骤停患者复苏的质量，其中 PETCO$_2$≤20 mmHg 持续 20 分钟可作为预后不良的评价指标。

例 8　房兆飞等探讨了 STEMI 患者急诊性 PCI 术中注射不同剂量替罗非班的疗效，发现高剂量组(术中冠状动脉内推注替罗非班 25 μg/KG)与低剂量组(术中冠状动脉内推注替罗非班 10 μg/KG)相比，TIMI 血流 3 级比率、术后 STR 均高于低剂量组。

例 9　吴亚妹等对 96 例异基因造血干细胞移植患者进行膦甲酸钠预防(60mg/kg.d)和抢先治疗(120 mg/kg.d)巨细胞病毒感染，其疗效对移植后造血未恢复的患者尤其明显。

例 10　新辅助靶向治疗组口服厄洛替尼 150 mg/次，1 次/d，治疗 9 周。

简析：例 6 中"公斤"为公制计量单位，虽可保留使用，但一般仅限于口头或文字叙述中，在科技书刊中，应使用法定名称千克。例 7 中"mmHg"(毫米汞柱)是限制使用的非法定计量单位，除在医学中用于表示血压计量单位外，其他场合均不允许使用，压强的法定单位是 Pa(帕)，1 mmHg=0.133 kPa。例 8 中质量的 SI 单位为千克，单位符号为"kg"，句中"μg/KG"应为"μg/kg"。例 9 中"mg/kg.d"为单位相除时写法错误，根据《国际单位制及其应用》(GB 3100—1993)中"单位符号和中文符号的书写规则"的规定，当组合单位是由两个或两个以上的单位相乘而构成时，其组合单位之间可加中圆点，并可加括号避免混淆，单位符号中的斜线(/)不得超过一条，此处可改为"mg/(kg·d)"。例 10 中"mg/次""次/d"属于组合单位，根据 GB 3100—1993 中"单位符号和单位的中文符号的使用规则"的规定，不应在组合单位中同时使用单位符号和中文符号，此处可改为"毫克/次""次/天"。

1.3　数字用法问题

医药卫生类年鉴中具有一些特殊的数字用法要求，因此在书稿的编校过程中，关于数字的使用，原则上以《出版物上数字用法》(GB/T 15835—2011)为准，还应参考相关的规范和标准，以确保数字用法的准确性和规范性。

例 11　熊克宫等研究发现 I 型 AIH 患者外周血 CD4$^+$、CD8$^+$T 淋巴细胞表面 PD-L1 的表达率(10.94±4.52%、9.93±3.32%)均高于对照组。

例 12　丹参酮 IIA 磺酸钠注射液具有保护冠状动脉血流灌注、降低急性心肌梗死缺血再灌注后炎症因子及氧化应激因子水平以及 MACE 的发生率的作用。

例 13　杜俊等对 12 例可手术切除(I～IIIA 期)及 100 例进展期(IIIB～IV 期)肺腺癌患者的肿瘤及外周血标本进行二代测序。

例 14　解放军第一０七医院闫堂中等探讨了放射性 ^{125}I 粒子治疗中晚期食管癌的临床疗效。

简析：例 11，GB/T 15835—2011 规定，如果省略数值的附加符号或计量单位会造成歧义，则不应省略。此外，有表示带百分数公差的中心值，百分号"%"只需写 1 次，且"%"前的中心值与公差应当用圆括号括起[6]。因此，"10.94±4.52%""9.93±3.32%"可改为"(10.94±4.52)%""(9.93±3.32)%"。例 11~例 13 中均存在英文字母与罗马数字误用，科技书刊中经常用罗马数字表示分期、分级、分类、分度等[7]，例中英文字母"I""II""III""IV"应分别改为罗马数字"Ⅰ""Ⅱ""Ⅲ""Ⅳ"，例中罗马数字表示分类、分期。例 14 中存在汉字数字使用错误，根据 GB/T 15835—2011 阿拉伯数字"0"有"零"和"〇"两种汉字书写形式，[8]用作计量时，"0"的汉字书写形式为"零"，用作编号时，"0"的汉字书写形式为"〇"，此处正确用法应为"一〇七医院"。

1.4 外文字母用法、上下角标问题

医药卫生类年鉴书稿中，医学名词应使用标准的外文字母缩写，避免随意创造或使用不规范的字母缩写；常见的英文缩略语(如 DNA、mRNA、MRI、CT、AIDS)不能随意更改大小写。此外，上下角标的使用要遵循一定的规范和要求，应做到准确和统一。

例 15　川崎病患儿均接受人丙种球蛋白治疗，发现 Ah2L 与 Jmjd3 过度结合所致的 *IFN-y* 基因组蛋白甲基化修饰异常改变可能与急性期川崎病患儿免疫功能紊乱及血管损伤有关。

例 16　诊断一年内进行了 CD4 细胞检测的新报告 HIV 感染者中，检测结果低于 200 个/μL 的比例逐年下降(趋势 χ~2=254.088)。

例 17　慢性乙肝感染中 HBV-DNA 水平与 HBSAg、HBeAg 正相关，与外周血淋巴细胞亚型无相关性。

例 18　肺部感染是主要感染类型，免疫抑制治疗 3 个月是危重感染高危时期，CD4+T 淋巴细胞计数低下更易发生危重症感染。

简析：例 15 中"IFN-y"经过核对原文，应为"IFN-γ"(γ 干扰素)，是由 T 细胞产生，具有高效抗病毒、抗肿瘤和免疫调节作用的细胞因子；常见类似错误如"白介素 1B" "TNF-a""ug/L" "总胆红素(TBi1)" "r-谷氨酰转移酶" 等，正确用法分别为"白介素 1β" "TNF-α" "总胆红素(TBil)" "γ-谷氨酰转移酶"等。例 16 中存在上下标错误，"χ~2"应为 "χ^2"(卡方检验)；此外，存在组合单位格式错误，"200 个/μL"应为"200 个/微升"。例 17 中存在外文字母大小写混乱问题，经"术语在线"检索，"HBSAg"(HBV 表面抗原)应为"HBsAg"，同类问题如 Co(一氧化碳)、S(秒)等。例 18 中主要是上下标问题，"CD4+T 淋巴细胞"建议改为"CD4$^+$T 淋巴细胞"，类似的问题如 CD4+/CD8+细胞比值、Th1/CD4+T、CCA/Ph-、G+菌等。

2 编校质量提升策略

2.1 作者层面

注重提升作者书稿编写能力。医药卫生类年鉴编写往往是一个巨大的系统工程，涉及单位多、编者多，且每位编者写作风格、专业水平也不一样。在书稿编写启动前，编辑要提前介入，基于以往年鉴编校中的常见问题，列出编写规范，帮助作者减少格式、内容等差错，从而提升书稿的交稿效率和质量。

2.2 出版社层面

首先，必须要落实"三审"制，明确初审、复审和终审各环节的职责和具体质量要求，并在实际工作中严格执行[9]。还要按照《图书质量保障体系》的要求，落实编辑出版责任机制、出版管理宏观调控机制，对年鉴出版实行全流程质量管理。

其次，编校人员应当具备良好的语言文字功底，包括对于语法、拼写、标点等方面的把控能力[10]，并能规范解决涉及名词、量和单位、数字用法、外文字母用法、上下角标等医药卫生类年鉴常见问题，使之准确无误地符合相关标准要求，并成为标准化的典范。

最后，编校人员不仅要不断加强自我学习，注重知识更新，培养自己的医学专业素质，[11] 还要秉持认真负责的态度，善于总结和把握医药卫生类年鉴的编校规律。同时，编校人员要结合医药卫生类年鉴涉及的内容和专业领域，开展有针对性的业务培训(如名词术语、计量单位、数字用法等)，邀请年鉴编辑经验丰富的专业人士进行授课，或通过"传帮带" "老带新"等方式，使编校人员的综合素质和专业水平得到不断提升。

3 结束语

医药卫生类年鉴的编校工作有较大的难度，由于专业性较强，对于编校人员的专业知识和素质水平都提出了很高的要求。本文以《中国内科年鉴》为例，简要阐述了医药卫生类年鉴在编校过程中常见的典型问题，并从作者、出版社两个层面，就医药卫生类年鉴编校质量提升策略进行探讨，以促进科技类图书质量的进一步提高，为我国的科技传播事业作出贡献。

参 考 文 献

[1] 朱景芳.年鉴编校差错的常见原因及对策浅析[J].传播与版权,2018(3):65-66.
[2] 国家新闻出版广电总局.学术出版规范一般要求:CY/T 119—2015[S].北京:中国标准出版社,2015.
[3] 孔庆勇,孔庆合,黄成群.图书质量保障的"四有"和"四无"[J].科技与出版,2018(1):93-96.
[4] 中共湖南省委宣传部出版产品质量监督检测中心.出版物编校差错解析[M].长沙:湖南教育出版社,2021:249.
[5] 方竞男,刘小娟.图书质检工作中的典型错例分析[J].参花(下),2021(7):57-58.
[6] 陈浩元.科技书刊标准化18讲[M].北京:北京师范大学出版社,1998:190.
[7] 常思敏,杨秦予,李文清,等.科技书刊校对和审读指南[M].郑州:郑州大学出版社,2015:256.
[8] 中华人民共和国国家质量监督检验检疫总局,中国国家标准化管理委员会.出版物上数字用法:GB/T 15835—2011[S].北京:中国标准出版社,2011.
[9] 吴毛顺.科技类图书常见编校问题分析及相关建议[J].科技传播,2018,10(6):138-139.
[10] 熊珍珍.图书出版中的编校质量管理与效率提升研究[J].传播力研究,2024(19):142-144.
[11] 孙岩,商素芳,杨亚红,等.医学期刊中几组常见易错、易混字词辨析[M]//学报编辑论丛2023.上海:上海大学出版社,2023:289-291.

医学期刊回顾性研究来稿中科技伦理问题分析及建议

姬静芳[1,2]，杨梦婕[2]

1. 复旦大学附属中山医院期刊中心，上海《中国临床医学》杂志社有限公司，上海 200032；
2. 复旦大学附属中山医院医学伦理委员会，上海 200032

摘要：总结编辑在工作中发现的科技伦理问题，分析相关原因，并从多层面尤其是编辑层面给出相关建议。编辑发现来稿时不提供伦理审查批件、提供虚假伦理审查批件或批件内容欠完整常见，来稿中常见的科技伦理问题为研究内容与批件存在差异、科学性不足、研究资质存疑、回顾性研究知情同意签署问题等。这表明研究者伦理审核意识仍有待加强、医疗机构层面科研及科技伦理管理责任有待提高和细化，编辑伦理审核规范性及力度有待强化，针对研究者及编辑的科技伦理教育均须继续推进。

关键词：回顾性研究；科技伦理；医学编辑；伦理治理

2000 年以来因伦理问题而撤稿的论文开始出现并逐步增多，我国因伦理问题撤稿论文数量居世界第 3 位[1]。2022 年中共中央办公厅和国务院办公厅共同印发了《关于加强科技伦理治理的意见》，从国家顶层设计要求落实科技活动的伦理监管与治理；2023 年《涉及人的生命科学和医学研究伦理审查办法》(以下简称"办法")和《科技伦理审查办法(试行)》发布，对生命科学和医学研究及科技活动的结果发布提出了伦理审查要求。科技部《负责任研究行为规范指引》(2023)将成果发表作为重要的需规范的研究行为之一，要求学术出版单位建立和完善同行评议、伦理监督、版权管理、学术规范承诺、撤稿退稿异议处理和利益冲突管理等制度，检测和甄别作者来稿中的科研失信行为。本文基于"办法"，对编辑在工作中发现的伦理批件及来稿中常见的科技伦理问题进行总结，希望能为研究机构、伦理委员会，尤其是期刊编辑对临床研究论文的伦理审查工作提供参考。

1 来稿中常见科技伦理问题

1.1 投稿时上传伦理批件的问题

本刊将上传伦理批件作为投稿流程必选项。编辑初审过程中发现缺乏伦理批件，而以空白伦理模板，或以其他文档(如文章本身、介绍信)代替常见。收到的批件中则存在造假、课题申报预审理批件、内容欠完整等多方面情况。有来自不同省市的两位作者上传的批件除单位

基金项目：申康医院发展中心研究型医师创新转化能力培训项目(SHDC2023CRS047)
通信作者：杨梦婕，E-mail: yang.mengjie@zs-hospital.sh.cn

章外一模一样，包括错别字，"知情同意书"同为"知情同意再"，明显是智能扫描时识别错误。部分批件明确指出用于课题申报，不能作为项目开展许可；即使是预审理批件，也存在编号一致等造假现象。伦理批件内容欠完整问题，包括无具体审查内容而仅同意二字，缺乏有效期、知情同意书审核情况等，且存在造假可能。另有伦理批件审批时间滞后，即作者在伦理审批通过前即开展研究。上述问题文章来源不乏本科以上学历及高级别医疗单位作者。

1.2 来稿中研究内容与伦理批件存在差异

研究过程必须严格执行研究方案，除研究实施过程中对受试者造成紧急伤害情况的发生，其他情况均应获得伦理委员会审批后方可实施变更。但是实践中违背方案的情况时有发生。罗璇等[2]的研究显示，可能影响受试者权益、研究方案科学性的情况，受试者不符合纳入排除标准，给予错误治疗甚至方案禁止药物等违背方案事件在56次临床试验中出现184次。董敏等[3]则发现，医学期刊论文主题超出伦理审核范围甚至与伦理批件不一致，与伦理审批时间不对应等问题常见。笔者在审稿过程中也发现，来稿中题目、内容经常与伦理批件中的方案不符合，如批件批准的是前瞻性研究，而来稿中是回顾性研究。另外可见前瞻性研究纳入病例时间超出伦理审查批准范围情况。

1.3 来稿中研究方案科学性不足

研究方案设计不仅是科学性审查的重要内容，也应是伦理审查的重要内容。但是，研究设计缺乏科学性在我国研究者发起的临床研究不少见[4-5]。在可能未经过伦理审查的临床研究尤其是回顾性研究中更是常见，如一项血液指标与疾病发生或进展的因果关系在回顾性研究中常难以确定。纳入排除标准为临床研究得以科学进行的前提，但来稿中存在描述不准确、不全面、缺乏，甚至存在矛盾的情况。有研究[6]发现，在北大核心期刊诊断试验类文章中，2021年有30%缺乏纳入和(或)排除标准。一篇主题为慢性阻塞性肺疾病急性加重期患者临床特征的研究中将严重肺部感染排除，而肺部感染是慢性阻塞性肺疾病患者急性加重的常见诱因之一。

1.4 研究资质问题

办法指出，研究者的资格、经验、技术能力等实施条件是伦理重点审查的内容之一。但是，编辑工作中可见明显不具备相关条件的单位或作者应用昂贵器械、先进技术或复杂方法(如统计学方法)进行的研究。尤其某些缺乏客观图像的试验(如ELISA试验检测某项血清指标)由于数据难以溯源，结果易伪造，可能被代写代投公司利用。这些稿件中，缺乏伦理批件者会被直接退稿；部分提交了伦理批件，但伦理批件真伪难以辨别，且现有手段不能判断学术不端，通过查阅作者或通信作者以往发表论文难以确定其资质，同时研究内容质量较高，此时不具备充分退稿条件。

1.5 回顾性研究知情同意问题

对于自己建立完善泛知情同意机制的医疗机构的临床研究，知情同意书的签署可以保证。患者在入住这些医疗机构或在这些机构门诊诊疗时即签署研究知情同意书，同意将其医疗信息或生物样本用于未来所有或部分领域的研究，并不限于某一特定研究[7-8]。泛知情同意机制可以有效保障潜在受试者的知情权[9]，同时免除回顾性研究再次知情同意的困境。但是并非所有医疗机构均建立该机制。另有回顾性临床研究论文及其伦理批件无知情同意描述，或描述为免除知情同意。而且，目前认为回顾性研究天然不需要获取受试者知情同意及伦理审批的作者不在少数。

2 导致上述临床研究论文中科技伦理问题的原因

2.1 研究者伦理意识薄弱及科研诚信欠缺

研究者伦理教育及培训不足导致其伦理意识薄弱，是其不严格执行甚至不执行伦理审查，导致向出版单位的来稿中研究内容与伦理批件差异，甚至提供虚假伦理批件的直接原因。部分研究者由于科技创新、成果转化压力较大，常忽视伦理义务和科研规范，如伦理审报和知情同意义务。目前认为回顾性研究不需要进行伦理审查及知情同意书签署的研究者不在少数。而科研诚信欠缺更将直接导致研究科学性、可信度，不执行伦理方案甚至伦理造假。更为严重且目前可能仍普遍的情况是"论文工厂"的存在，论文代写导致来稿中显示的研究方法、内容与作者本身能力及资质不符，同时提供虚假伦理批件。

2.2 伦理委员会自身能力不足

部分伦理委员会委员的医学委员来自临床但缺乏临床研究方法学和伦理规范的知识，伦理背景委员在组成中占据少，加之培训不足，导致委员会整体审查能力不足，且跟踪审查的比例也有待提高[10]。审查能力的不足、行政职能的不明确以及潜在的利益冲突问题可能导致伦理委员会伦理审查"形式化"，导致研究科学性问题纰漏，明知研究者及医疗机构资质欠缺，也会批准其伦理申请。

2.3 医疗机构内部科技伦理治理责任划分仍不明确

目前科技伦理治理的责任落实在研究单位，而未明确研究机构中科技活动全过程伦理治理的责任部门，科技活动包括研发活动、发展成果应用活动、科技服务活动；医疗机构伦理委员会仅针对研究及过程进行伦理审查，大部分医疗机构尚未建立具有行政管理职能的独立办公室，难以担起科技活动全周期治理责任。此外，研究机构作为为伦理审查的责任主体，需对伦理委员会进行必要监督，但目前机构内对伦理委员会的监督职责仍不明确。其他如药监部门对于伦理委员会的监督仅限于注册临床试验。不同省份卫生健康管理部门对伦理委员会的监督缺乏统一标准，且监督力度并不一致。伦理治理责任划分不明确以及缺乏专业审核、监督人员可能是造成不进行伦理申报、研究科学性不足甚至科研造假等问题的重要因素。

3 促进临床研究科技伦理规范的一些建议

3.1 落实与细化科技伦理治理责任

研究机构建立符合自身特点的伦理治理规范制度，将所有科技活动的伦理治理责任按照科技活动的阶段明确分配到科研管理部门、学术审查委员会、伦理审查委员会，或将治理责任交给科研管理部门或赋予伦理审查委员会一定的行政管理权限。同时为伦理审查委员会提供专门场所、给予一定经费、设专职秘书等便利或激励措施，定期对伦理审查委员会进行培训，并要求各临床科室有专人负责科室内开展的科研活动的伦理治理和研究质量管理[11]。伦理审查委员会积极主动完善伦理审查制度，提高审查及追踪审查力度；加强科技伦理规范宣传和科普，确保所有研究者熟悉需要进行伦理审查的科技活动范围，鼓励其多向伦理委员会咨询任何科技伦理问题，提高其伦理认知水平。研究者必须严格遵循伦理准则和规范，负责任开展科技伦理活动，履行伦理审查和知情同意义务，健全和完善知情同意方式，包括免除伦理审查的申请[12]、泛知情同意的签署[13]。科研管理部门需要完善科技活动的过程监管，加强过程质量控制，发现不规范行为和研究及时纠偏，论文投递前再次进行审核，与伦理委员会跟踪审查高效联动。

3.2 编辑加强科技伦理审核

3.2.1 提高编辑科技伦理审核意识及知识

科技伦理是国际医学杂志编辑委员会(ICMJE)推荐规范及国际出版伦理委员会(COPE)实践指南重要内容。2023年"办法"明确指出"学术期刊在刊发涉及人的生命科学和医学研究成果时，应当确认该研究经过伦理审查委员会的批准"。国内医学期刊伦理审核日渐增强，近年来相关论文增加。但是，这些论文显示，国内编辑的科技伦理审核意识仍较为薄弱。罗萍等[14]的研究显示，约50%的编辑非经常甚至不要求作者提供伦理证明材料，仅不足40%的编辑要求作者提供知情同意相关证明。即使是《中文核心期刊要目总览》期刊，要求报道伦理审批文件批号者也仅约30%，要求提供伦理批件者低于50%，要求提供临床试验注册者仅12%(2020年数据)[15]。目前国内编辑培训及会议鲜见科技伦理主题，可能原因为科技伦理主要为医学期刊关注的内容，这可能是编辑科技伦理审核意识及伦理知识不足的重要原因。编辑通过各种相关文件及渠道(包括与伦理委员会保持联系[16])提高科技伦理知识，有助于识别伦理批件造假等行为。

3.2.2 编辑提高伦理审核操作的规范性

严格要求作者提供科技伦理审批文件，将科技伦理审核置前、规范化作为编辑工作常态，并将其作为文章发表的条件之一，重点检查文章内容与审批文件的一致性(如研究主题、研究有效期)，审批文件内容的完整性，同时甄别伦理批件真伪。①作者不能提供伦理审查批件、提供假文件、论文内容与批件明显不符时，明确给予退稿处理。对于审稿过程中发现的研究内容等的变化，甄别是否为套用批件或切香肠发表(Salami Publishing)[17]，如为研究方案转变，要求其提供相应批件，不能提交批件时给予退稿处理。对于回顾性研究是否需要进行伦理审查，国际上存在争议[18-20]。依据"办法"，也应进行伦理审查，但是国际上认为编辑可以根据具体情况决定是否录用。②对研究通过伦理审查，但有疑问时，请其提供申报材料及原始数据，同时将疑问列出请相关专家进行针对性审查，逐情给予进一步处理。③专项重点审核，如来稿显示豁免知情同意时，审核研究是否符合免除知情同意书签署的标准。④对研究者及其所在机构资质问题存在疑虑时，协助审稿专家加强科学性、真实性审核，可通过各种手段，如IP地址、电话身份核实、现有AI工具等排除学术不端。

3.3 期刊发挥伦理审查宣传和教育作用

较多作者来稿时并未同时提交伦理批件，这一方面与研究者履行伦理审查主动性较差有关，另一方面与期刊要求有关。蔡靓等[21]纳入的131种生物医学期刊中，约66%在稿约或投稿须知(2019—2021年发布)中对涉及人的医学研究提出了伦理审查要求，但要求提供伦理审批文件者仅约45%。期刊在稿约或其他位置明确注明伦理要求，约束研究报告的发表，进而能逐步提高研究者伦理审核意识。罗燕鸿等[15]建议，在稿约及来稿指南中明确伦理审查相关要求，可设置"医学伦理"窗口，上传伦理培训视频、发布伦理相关最新政策文件，以发挥期刊伦理教育与传播主体作用。期刊可邀请伦理专家作为审稿人，建立与伦理审查委员会的联结机制，必要时向作者所属机构伦理审查部门证实论文伦理审查情况。

4 结束语

2023年2月发布的"办法"已规定学术期刊发表涉及人的研究成果时的伦理监督责任。目前，医学期刊中，作者投稿时上传的伦理批件及稿件中显示的科技伦理问题仍较为复杂。这主要与研究者科研诚信欠缺及伦理审核意识薄弱、科技伦理治理体系仍待完善有关。作为医学期刊编辑，应不断提高科技伦理认知，加强科技伦理审核，通过各种方法提高伦理批件真伪识别能力，进而减少甚至避免违背科技伦理事件的发生及该类研究报告的发表。虽然研究者的源头角色、伦理审核委员会及监督部门的管理责任发挥好是根本，但是医学期刊能发挥最后把关者作用。医学期刊从管理层面落实科技伦理审核制度，将有效加强编辑科技伦理审核规范性，不断提高研究者对科技伦理审核的重视，这对于我国科技伦理治理有重要意义。需要说明的是，本刊目前收录的文章多为回顾性研究，上述科技伦理问题在前瞻性研究尤其是 RCT 研究中可能相对少见。

参 考 文 献

[1] 宋利璞,杨卫平.涉及科技伦理问题的撤稿论文研究[J].科学通报,2023,68(13):1621-1625.
[2] 罗璇,张勇,杨宏昕.临床试验违背方案伦理审查的案例分析与对策探讨[J].中国医学伦理学,2022,35(4):421-426.
[3] 董敏,雷芳,刘雪梅.期刊在医学伦理批件复核中的问题及防范[J].医学与哲学,2023,44(3):21-24.
[4] 张东海,马秀华,马丽丽.840项注册的新冠肺炎临床研究的科学性与伦理学分析[J].中国医学伦理学,2022,35(4):427-432.
[5] 李会娟,苑杰,武加丰.研究者发起的临床研究中常见伦理问题及监管考量[J].医学与哲学,2022,43(7):6-10.
[6] 谭朵廷,梁昊,余怡嫔,等.诊断试验中纳入、排除标准的报告质量评价[J].湖南中医药大学学报,2022,42(11):1916-1921.
[7] 袁劲杰,张华,石建,等.泛知情同意的发展现状与思考[J].中国新药与临床杂志,2022,41(10):594-599.
[8] 陈晓云,沈一峰,熊宁宁,等.医疗卫生机构泛知情同意实施指南[J].中国医学伦理学,2020,33(10):1203-1209.
[9] 彭华,袁达,黄鹏,等.泛知情同意概念在我国的引入与实践思考[J].中华医院管理杂志,2022,38(03):222-224.
[10] 张增瑞,刘小燕,张洁,等.研究者发起的临床研究之伦理跟踪审查探究[J].医学与哲学,2020,41(9):34-35,47.
[11] 关健.医学科技伦理治理监管策略和实施重点[J].中国医学伦理学,2022,35(6):589-596.
[12] 杨梦婕,周吉银.免除伦理审查的挑战和实施建议[J].中国医学伦理学,2023,36(7):730-735.
[13] 田野.大数据时代知情同意原则的困境与出路:以生物资料库的个人信息保护为例[J].法制与社会发展,2018,24(6):111-136.
[14] 罗萍,曾玲.对医学期刊编辑的生物医学研究伦理审核意识的调研及建议[J].编辑学报,2022,34(2):189-192.
[15] 罗燕鸿,张琳,周春华,等.中文核心医药期刊官网生物医学研究伦理审查制度建设现状与提升策略[J].编辑学报,2021,33(4):412-416.
[16] 马雯娜.医学期刊编辑在论文审查中应注意的伦理学问题及对策分析[J].出版与印刷,2021(6):52-57.
[17] WAWER J. How to stop salami science: promotion of healthy trends in publishing behavior[J]. Account Res, 2019, 26(1):33-48.
[18] GONZÁLEZ-DUARTE A, KAUFER-HORWITZ M, ZAMBRANO E, et al. The role of research ethics committees in observational studies: epidemiological registries, case reports, interviews, and retrospective studies[J]. Rev Invest Clin, 2019, 71(3):149-156.
[19] SOUCHE R, MAS S, SCATTON O, et al. French legislation on retrospective clinical research: what to know and what to do[J]. J Visc Surg, 2022, 159(3):222-228.
[20] DE SANCTIS V, SOLIMAN A T, DAAR S, et al. Retrospective observational studies: lights and shadows for medical writers[J].Acta Biomed, 2022, 93(5):e2022319.
[21] 蔡靓,莫琳芳,杨柳,等.我国生物医学期刊稿约医学伦理审查及临床试验注册管理现况调查研究[J].出版与印刷,2022(4):13-20.

学术著作中不应被忽视的参考文献问题及解决方案

宋无汗

(中国科技出版传媒股份有限公司，北京 100717)

摘要：参考文献是学术著作内容的基础，反映了作者对前人和同行领域研究成果的学习和借鉴，是科研内容的继承和发展，是学术著作的重要组成部分之一，在内容上对学术著作质量有很大的影响。本文依据《信息与文献 参考文献著录规则》(GB/T 7714—2015)的要求，通过案例分析学术著作中常见的参考文献问题，尤其是隐蔽性的问题，并提出对应解决方案与建议。

关键词：参考文献；学术著作；问题与解决

对于科研人员来说，参考文献是其科研生涯中时刻相伴、必不可少的内容。著书立说是科研人员研究成果转化的重要形式之一。参考文献是学术著作的重要组成部分，提供了作者写作的背景材料，在一定程度上佐证了作者所研究问题的深度和立论的可信度。准确、科学地引用和著录参考文献是论文严谨性和科学性的表征，也体现了论文作者对前人研究成果的尊重和著作权的保护[1]。

《学术出版规范 期刊学术不端行为界定》中，"剽窃""篡改""不当署名"等均与参考文献有关。虽然该规范指的是"期刊"，但同样适用于学术著作。《著作权法》对参考文献的合理引用有明确规定：①引用目的仅限于介绍、评论某一作品或者说明某一问题；②所引用部分不能构成引用人作品的主要部分或者实质部分；③不得损害被引用作品著作权人的利益；④应当指明作者姓名、作品名称[2]。参考文献引用质量是学术论文质量的一个重要方面，同时其学术评价功能源于参考文献引用(引文在论文中的学术论证作用)。作为科技类图书编辑，笔者从事学术著作图书出版工作十余年，发现图书中的参考文献没有得到相应的重视，并且随着时代和技术的发展出现一些新问题，加强学术著作出版规范依然任重道远[3]。

本文结合《信息与文献 参考文献著录规则》(GB/T 7714—2015)和笔者的实践工作，通过案例分析学术著作中常见的一些参考文献问题，尤其是一些具有隐蔽性的问题，如不易察觉的政治性问题、缺项和顺序或内容错误问题、标注体系混用问题、正文引用文献问题，并探讨相关的解决方法。希望通过案例分析能够使读者直观地了解具体问题，以及如何正确修改。

1 学术著作中常见的参考文献问题

1.1 政治性问题

学术著作虽然主要内容是科技信息，但也有可能涉及政治内容，特别是参考文献中隐含的政治性、敏感性问题，作者和编辑必须特别小心，避免出现政治性错误。

参考文献中的政治性问题具有隐蔽性，不容易发现，举例如下：

(1) 韩国和朝鲜国名的英文写法差错等；

(2) 文献中不能出现落马官员的内容(与落马官员同名的学者除外)。

1.2 缺项和顺序或内容错误问题

科技类图书参考文献主要的类型包括：普通图书(M)、期刊(J)、会议录(C)、学位论文(D)、报告(R)、标准(S)、专利(P)等。作者须根据 GB/T 7714—2015 的要求，将参考文献的各项内容补充完整，尤其注意各项的顺序，以免出现缺项或顺序颠倒等情况。

参考文献中常见错误：①普通图书类文献、学位论文类文献缺出版地；②期刊类文献缺期刊名称、卷(期)号、年份、页码等信息；③文献格式与国标要求有误；④标点符号使用错误。具体示例如下：

例 3：普通图书类文献、学位论文类文献缺出版地。

[1]罗运军,李生华,李国平,等.新型含能材料[M].国防工业出版社,2015.

[2]陈松.C 波段高 K 微带陶瓷滤波器的设计与制作[D].电子科技大学,2017.

例 4：期刊类文献缺期刊名称、卷(期)号、年份、页码等信息。

[1]GERMER T A, ASMAIL C C. Polarization of light scattered by microrough surfaces and subsurface defects [J]. 1999, 16(6), 1326-1332.

[2]KUMAR P, LEE T K, DUTTA I, et al. Microstructure and Mechanical Reliability Issues of TSV[J]. 3D Microelectronic Packaging, 2021: 71-105.

[3]GOOD B H, DE MONTJOYE Y, CLAUSET A, et al. The performance of modularity maximization in practical contexts[J]. Physical Review E, 81(4): 1-20.

[4]ZAIDI A M, KANAUJIA B K, BEG M T, et al. A novel dual-band branch line coupler for dual-band butler matrix[J]. IEEE Transactions on Circuits and Systems II: Express Briefs, 2019, 66(12).

例 5：文献类型标注错误，应为学位论文(D)。

[1]张萌.基于无源理论的非线性系统控制[J]. 浙江: 浙江大学, 2018.

例 6：缺少文献类型，标点符号使用错误。

[1]舒远杰,霍冀川,含能材料实验,化学工业出版社,2012.

例 7：作者名、书名错误。

[1]严龚敏.捷联惯导系统与组合导航原理[M].西安:西北工业大学出版社, 2019.

应为：

[1]严恭敏,翁浚.捷联惯导算法与组合导航原理[M].西安:西北工业大学出版社, 2019.

例 8：出版社名称错误。

[1]金栋平,胡海岩.碰撞振动与控制[M].北京:科技出版社,2005.

应为：

[1]金栋平,胡海岩.碰撞振动与控制[M].北京:科学出版社,2005.

例 9：拼写错误，如缺或多字母、字母颠倒等。

[1] CSABA B, CHAMPNEYS A R, CSABA H J. Bifurcation analysis of a simlified model of a pressure relif valve attached to a pipe[J].SIAM Journal on Applied Dynamical Systems, 2014, 13(2): 704-721.

[2] MONFARED Z, AFSHARNEZHAD Z, ESFAHANI J A. Flutter, limit cycle oscillation, bifurcation and stability regions of an airfoil with discontinuous freeplay nonlinearity[J]. Nonlinear Dyanmics, 2017, 90: 1965-1986.

应为：

[1] CSABA B, CHAMPNEYS A R, CSABA H J. Bifurcation analysis of a simplified model of a pressure relief valve attached to a pipe[J].SIAM Journal on Applied Dynamical Systems, 2014, 13(2): 704-721.

[2] MONFARED Z, AFSHARNEZHAD Z, ESFAHANI J A. Flutter, limit cycle oscillation, bifurcation and stability regions of an airfoil with discontinuous freeplay nonlinearity[J]. Nonlinear Dynamics, 2017, 90: 1965-1986.

1.3 标注体系混用问题

参考文献的使用方式分为两种：顺序编码制和著者出版年制。两种方式的文内标注和文后著录都不一致[4]：

(1) 顺序编码制：文内标注按照正文中引用文献出现的先后次序，用阿拉伯数字从1开始连续编序号，序号用方括号括起，置于文中提及的文献著者、引文或叙述文字末尾的右上角；文后著录按照正文中标注的引用文献序号先后顺序著录。

(2) 著者出版年制：文内标注由著者姓氏和出版年构成，即在引文后用圆括号标注著者姓名或姓和出版年；文后著录先按文种集中后，再按中文、日文、西文、俄文和其他文种分类，依次按著者字顺和出版年著录。

同一部著作可采用上述的任何一种方式，但是全书只能使用其中的任意一种，避免混用。

例10：顺序编码制和著者出版年制在正文中混用。

Pan等(2013)重点分析了纳米薄膜中三种不同纳米孔洞的排列方式对其M-积分的改变规律，其研究发现随机离散排列的方式情况下，纳米薄膜相对平行和间隔排列的情况呈现出更强的收缩性能[17]。

1.4 正文引用文献问题

正文引用文献问题主要分为两类：一类是文献内容与文献列表中不一致，如正文中提到的是张三，但文献是李四的，或者文献列表中没有找到相关内容；另一类是正文引用顺序有误，此类问题主要是在顺序编码制。上述问题也同样具有隐蔽性，因为单从正文或参考文献看不出具体的问题，需要结合两部分内容，核实是否一致。

例11：正文引用文献与文献列表中序号或作者不一致。

郑书坚等[8]基于灰狼优化算法进行改进，采用自适应调整策略提升收敛速度，实现多目标拦截的协同任务分配。为了解决多导弹的动态WTA问题，刘攀等[9]通过离散分段建模并考虑转火时间窗等约束，提出了一种改进的粒子群优化算法。

[9]郑书坚,赵文杰,钟永建,等.面向多目标拦截问题的协同任务分配方法研究[J].空天防御,2021,4(3):55-64.

[10]刘攀,徐胜利,张迪,等.基于粒子群优化的多导弹动态武器目标分配算法[J].南京航空航天大学学报,2023,55(1):108-115.

2 参考文献问题的解决方案

2.1 态度高度重视

作者是原始参考文献的提供者，是参考文献质量控制的源头。因此，面向作者，需采取加强参考文献质量重要性和相关国家标准的宣传，可以显著提高参考文献著录的准确性和规范性[5]。对于参考文献，编辑应在编前阶段提前介入，对引用文献内容需充分把关，指导作者按照国标(GB/T 7714—2015)要求规范写作，强化标准化意识。首先是政治性和敏感性问题、著录信息资源的核查等；其次是注意著录项目与著录格式的规范性；最后是针对著录符号和细则等要求规范格式。

原稿加工和校样处理阶段，需要对引用内容、文献格式等进行处理和修改。对于怀疑有误的文献，需要再次进行抽查，仔细核对文献内容，以免有误，导致侵权。

2.2 辅助工具巧用

2.2.1 方正审校软件

方正审校软件能够对参考文献内容进行多方面检校，包括字符检查(错别字、英文拼写错误、语法错误、标点错误等)、敏感内容检查(敏感内容、敏感词检查，如落马官员、禁用词等)、逻辑检查(文献顺序的连续性、缺项或多项等)、上下文查重(重复文献检查)等内容，为编辑和校对工作提供辅助支持，提升稿件质量。

2.2.2 黑马校对软件

对于参考文献的内容，黑马校对软件可校对部分知识性、敏感性内容。科技类书稿中由于英文文献较多，黑马校对软件对于词语搭配、语法、标点、英文拼写等错误的查错能力较强。

2.3 工作方式

不论是一本书，还是一篇文章，参考文献都是其中的一个重要组成部分。图书编校质量差错率计算方法对参考文献中的一般性错字、别字、多字、漏字、倒字，每处计 1 个差错，可见对参考文献要求的严格。因此整个出版阶段，都可将参考文献作为一项专项工作进行，根据前面介绍的要求做好与参考文献有关的各项工作，注意抽查。

参考文献内容的抽查是编辑的主要工作之一，尤其是在审读阶段，建议第一次审读就抽查不少于 10%的参考文献，以此来了解作者的学术著作情况。即使在交稿前期，编辑已经针对参考文献的要求等内容做了大量工作，给作者也起到了提醒的作用，但是交稿后仍不能掉以轻心，需要对参考文献进行抽查。

如何确定抽查哪些参考文献，主要从以下几个方面：

(1) 作者名或格式有误。例如，将文献作者的姓名写错，或者与正文提及的不一致；西文姓名的名简写较多等情况，需要核查文献信息是否有误。

(2) 期刊名不常见或有错别字。对于专业出版编辑，某一学科内的主要期刊应了解，如果在参考文献中见到不常见的期刊名，或者期刊名中有错误，需要核查文献信息是否有误。

(3) 参考文献的信息不全。例如，缺少文献类型、文献作者、文献名、期刊名、出版地、卷号、期刊、出版时间、页码等信息，需要核查文献信息是否有误。有些文献编辑可能无法查到具体的信息，需要作者提供相关材料。

3　结束语

在学术著作中，参考文献的引用是其学术背景、研究进展和成果的重要体现，反映了作者的科研能力和写作水平，以及对他人研究成果的尊重，必须给予足够的重视。编辑也应提前介入，向作者说明参考文献的重要性和规范性，提高书稿的整体质量，增加其学术价值和出版价值。

参 考 文 献

[1]　尚晶,韩文革.网络优先出版的论文作参考文献引用的著录建议[J].编辑学报,2024,36(3):274-276.
[2]　中华人民共和国著作权法[M].著译本.北京:法律出版社,2002.
[3]　许运娜.当前学术著作引文和参考文献常见著录错误辨析与思考[J].出版参考,2024,20(4):80-83.
[4]　汪继祥.科学出版社作者编辑手册[M].北京:科学出版社,2016.
[5]　曹启花,梅楠,胡小洋,等.科技期刊参考文献著录质量分析及提升策略[J].中国科技期刊研究,2022,33(11):1514-1519.

科技强国背景下高校科技期刊编辑胜任力模型的构建与验证

王晓迪

(杭州师范大学学术期刊社，浙江 杭州 311121)

摘要：构建高校科技期刊编辑胜任力量表，为在科技强国背景下进一步发展高校科技期刊、提高高校科技期刊编辑质量，以及人才队伍建设提供参考。在文献研究的基础上，采用行为事件访谈法设计高校科技期刊编辑胜任力自评量表，采用整群抽样方法，使用量表对高校科技期刊编辑进行调查，采用探索性因子分析对量表维度进行验证，对问卷的信、效度进行检验。共回收 168 份有效问卷，量表主体部分共分为思想品德、专业素质、人格特质、工作实绩 4 个维度共 28 个条目，量表整体的 Cronbach's Alpha 值为 0.926，探索性因子分析各因子累计方差贡献率为 62.67%。结果显示，不同年龄的胜任力评价问卷得分差异有统计学意义(Z=11.08, P<0.05)。该量表具有较好的信、效度，可以作为高校科技期刊编辑胜任力测评的工具。在科技强国背景下运用该量表测评科技期刊编辑胜任力，以评促改，以评促建，对于优化高校科技期刊编辑队伍的人力资源管理具有一定现实意义。

关键词：科技强国；高校科技期刊；编辑；胜任力模型

党的十九大报告明确提出建设科技强国，强调"创新是引领发展的第一动力"。在《中共中央关于制定国民经济和社会发展第十四个五年规划和二〇三五年远景目标的建议》中，"坚持创新"被列为"十四五"重要领域工作的首位[1]，这是五年规划建议历史上的第一次，足见科技创新的重要战略地位。在中国向世界科技强国稳步迈进之际，随着《关于深化改革 培育世界一流科技期刊的意见》的发布，以市场化程度弱和学术理论性强为特点的高校科技期刊发展在迎来历史性机遇的同时，也面临着诸多挑战[2]。其中，编辑作为期刊的主要工作者，编辑人才的选拔、培育、能力提升等问题得到各界普遍关注，而编辑人才的核心竞争力提升也成为编辑队伍建设的重中之重。

胜任力来源于拉丁语"competency"，意为"适当的"，这一概念由戴维·麦克利兰(David McClelland)于 1973 年提出，是指能将某一工作中有卓越成就者与普通者区分开来的个人深层次特征[3]，这一概念得到了学界的公认。概念提出后，研究者围绕不同领域胜任力所包含的不同内容进行了深入探讨，并构建了胜任力模型(competency model)，主要包括胜任力名称、胜任力定义(界定胜任要素的关键性特征)和行为指标的等级(反映胜任力行为表现的差异)[4]，用以评价和识别各行业某一特定角色所需要的能力和人才的核心竞争力[5]，描述绩效优异者与普通者的区别。Laura 等[6]认为，由于不同职位、行业、文化环境对人的能力要求不一致，因此胜任力模型也有所区别。当有评价某一职业人群胜任力的需求时，需要随之创建符合需要的胜任力模型。

我国自21世纪初开始使用胜任力模型指导人才管理工作,研究大多集中于企业管理方面,并且不断在新的领域和职业进行尝试,如公务员、党政领导干部、家族企业接班人等[7-8],彰显出较强的实证解释力度。但是,与其他行业对胜任力研究的巨大热情相比,我国编辑行业的胜任力研究仍处于起步阶段,多限于通过论述和分析提出编辑胜任力的内涵和特征,研究编辑应具备的素质和能力[2],或针对教育编辑[5]、图书编辑[9]、医学编辑[10]等细分领域进行胜任力模型构建,尚未见对高校科技期刊编辑胜任力的定量研究。高校科技期刊由于隶属于高校,代表较高的学术地位,与高校人才培养、科学研究、对外交流等职能有着紧密的合作关系,已成为高等教育学术成果展示的重要平台。而高校科技期刊编辑作为学校教研辅助岗位,其从业者素质直接影响学校学术水平的提升。加之近年来随着高学历人才的"回国潮"涌现,高校引进科技期刊编辑的"门槛"逐步提高,"双一流"、中东部高校的科技期刊编辑大多数具有博士学位,在完成编辑工作的同时,出于绩效考核或个人职业发展需要,还会完成一定量的科学研究工作,这对于编辑的岗位胜任力提出了新的要求,构建一套适用于高校科技期刊编辑的胜任力评价模型,不仅可以成为编辑实际选拔和聘任过程中的量化考核依据,也有助于进一步提高编辑职业生涯规划、岗位培训方案设置的科学性及合理性。此外,高校科技期刊编辑胜任力模型还可以有效地帮助从业者了解岗位需求,更好地与自身实际能力匹配,深入了解自身优劣势,帮助编辑不断提升专业素养,从而带动期刊水平提升。

因此,运用胜任力模型,优化高校科技期刊编辑队伍的人力资源管理,了解人才队伍建设情况,对促进高校科学研究事业的发展具有重要的现实意义。本研究立足于此,构建高校科技期刊编辑胜任力模型,进一步提升高校科技期刊办刊水平,使期刊发挥"强平台、强支撑"的作用。

1 研究方法

1.1 行为事件访谈

行为事件访谈法(behavioral event interview,BEI),被认为是经典有效的胜任力研究方法之一[11],要求被访谈者列出几件在其工作中发生的最成功事件与最失败事件,对事件的描述要尽量详尽,属于开放式行为探察技术。研究者选择8位高校科技期刊编辑,针对日常工作中涉及的具有深刻记忆的事件进行访谈。访谈对象要求全职从事高校科技期刊编辑工作10年及以上,具有中级及以上职称,每人访谈时间不少于30 min。访谈结束后,整理并归纳"高校科技期刊编辑胜任特征要素辞典",共得出胜任力评价条目28条。

1.2 问卷调查

将前期访谈所得到的28个胜任力评价条目编制"高校科技期刊编辑胜任力评价问卷",以自评问卷形式呈现。问卷分为2部分,第一部分采集被调查者人口学资料,包括年龄、性别、职称、学历、职务、从事编辑工作年限;第二部分为胜任力评价,包括28个条目,问卷采用李克特5级评分法设计,"-2"分至"2"分依次代表"非常不重要"到"非常重要"。于2023年9—10月,采用问卷星形式,利用微信群,在线向高校科技期刊编辑发放调查问卷,本研究共发放调查问卷180份,回收168份,其中有效问卷168份,有效问卷回收率93.33%。

1.3 统计学处理

采用SPSS 23.0统计软件对数据进行处理,采用探索性因子分析对量表维度进行验证,对问卷的信、效度进行检验。采用 $n(\%)$ 对计数资料进行统计学描述，四分位数描述数据集的分布情况，秩和检验对高校科技期刊编辑胜任力评价问卷得分进行分析。$P<0.05$ 为差异有统计学意义。

2 结果

2.1 量表效度分析

对数据的适应性进行检验，结果显示 KMO 值为 0.530，Barlett 检验 χ^2 值为 4 780（$P<0.01$，$df=378$），数据满足球形假设。采用主成分法提取因子，采用最大方差法旋转因子，通过提取特征值大于 1.9 的成分，提取出 4 个成分，累计方差贡献率为 62.67%。将 4 个成分分别命名为：思想品德、专业素质、人格特质、工作实绩。思想品德维度方差解释率为 17.55%，专业素质维度方差解释率为 11.92%，人格特质维度方差解释率为 20.98%，工作实绩方差解释率为 12.35%（见表 1）。

表 1 因子载荷表

变量名	最大荷载	归属因子	AVE	CR
1. 我有坚定正确的政治方向和信仰	0.822	思想品德		
2. 我能坚持工作中的职业道德和行为准则	0.657	思想品德		
3. 我能够自觉加强马克思主义理论学习，保持思想先进性	0.721	思想品德	0.497	0.830
4. 我能够对待自己的工作承担责任，有担当	0.638	思想品德		
5. 我能自觉遵守工作中的规范性要求和规章制度	0.67	思想品德		
6. 我能够围绕期刊重点提出新选题，具备学术敏锐度	0.013	专业素质		
7. 我能够就选题进行稿件组织和专家约稿	-0.136	专业素质		
8. 我具备逻辑知识与方法，能够对稿件进行审读并发现问题	0.788	专业素质		
9. 我能够遵照最新标准和规范对稿件进行编辑校对，编校差错率符合国家规定	0.634	专业素质		
10. 我能够运用现代化工具和平台运营期刊	0.573	专业素质		
11. 我掌握日常编校中的常用软件用法	0.694	专业素质	0.195	0.608
12. 我能够在各渠道各平台搜索我所需要的信息	0.739	专业素质		
13. 在日常工作中，我具备协调和沟通读者、作者、专家多方的能力	0.329	专业素质		
14. 我擅长对期刊的设计、内容、选题多方面提出创新性意见	0.266	专业素质		
15. 我能够敏锐地发掘所在学科的新理论、新思想、新方向，并运用到编辑工作中	0.367	专业素质		
16. 我能够独自开展某项事务	0.307	人格特质		
17. 我总能专注在自己的事情中不受外界其他因素影响	0.795	人格特质		
18. 我能够在环境中经常面对变化（包括正向和负向的）和多样性	0.738	人格特质	0.375	0.812
19. 在一个团队中，我有在不同的位置上各尽所能、与其他成员协调合作的能力	0.699	人格特质		

20. 我拥有发自个人内心的，热切渴望达成的事情	0.63	人格特质		
21. 当我遭受挫折时，能够摆脱困扰，经得起打击或失败	0.501	人格特质		
22. 我对自己的能力有信心，并相信通过自己的努力能够达到目标，也愿意为此不懈努力	0.532	人格特质		
23. 我对待事情态度严肃谨慎，讲求实际	0.673	人格特质		
24. 我的工作量饱和，甚至超过规定	0.504	工作实绩		
25. 我完成的工作质量符合相关规定和上级要求	0.758	工作实绩		
26. 我能够保证所从事工作的社会效益和经济效益有机结合	0.570	工作实绩	0.444	0.789
27. 我能够完成对我科研任务方面的规定	0.569	工作实绩		
28. 我能够运用所从事的专业和知识储备，积极服务社会	0.364	工作实绩		

2.2 量表信度分析

量表质量的信度检验指的是量表测量结果准确性的分析，即高校科技期刊编辑胜任力评价问卷在多次重复使用下得到的数据结果的可靠性进行检验。运用 Cronbach's Alpha 系数测量量表信度。各维度及量表整体的 Cronbach's Alpha 系数均大于 0.80，可判断量表信度良好(见表 2)。

表 2 调查问卷及各维度信度检验的 Cronbach's Alpha 值

维度	题项数	Cronbach's Alpha 系数
思想品德	5	0.800
专业素质	10	0.830
人格特质	8	0.899
工作实绩	5	0.848
量表整体	28	0.926

2.3 高校科技期刊编辑一般资料及岗位胜任力得分情况

被调查高校科技期刊编辑中，女性 124 人(73.8%)，男性 44 人(26.2%)。运用秩和检验对受调研的高校科技期刊编辑胜任力评价问卷得分进行分析。结果显示，不同年龄的胜任力评价问卷得分差异有统计学意义($Z=11.08$，$P<0.05$，见表 3)。

3 讨论与分析

3.1 高校科技期刊胜任力自评量表的编制质量

胜任力是指一个人在特定岗位上能够胜任工作所需的能力和素质。编制高校科技期刊编辑胜任力量表是开展胜任力模型研究的重要环节。对量表的信度和效度指标评估结果显示，各维度的 Cronbach's Alpha 值在 0.8~0.9 之间，量表整体的 Cronbach's Alpha 值为 0.926，表明该量表的信度达到统计学要求，测量结果可靠；本量表亦具有较高的内容效度，探索性因子分析各因子累计方差贡献率为 62.67%，表明问卷具有良好的结构效度。该量表可用于对高校科技期刊编辑胜任力进行测评及开展相关研究。

3.2 高校科技期刊胜任力自评量表的结构特点

本研究编制的高校科技期刊编辑胜任力量表共分为 2 个部分，第一部分为人口学特征，

表 3　高校科技期刊编辑一般资料及岗位胜任力自评表得分比较

项目	类别	人数[n(%)]	均分	Z	P
性别	男	44(26.2)	46.09	−0.116	0.908
	女	124(73.8)	44.52		
年龄/岁	<18	0	0	11.083	0.011
	18~25	0	0		
	26~30	8(4.8)	44.50		
	31~40	108(64.3)	45.85		
	41~50	40(23.8)	40.40		
	51~60	12(7.1)	52.00		
	>60	0	0		
职称	未定级	0	0	2.584	0.460
	初级	4(2.4)	47.00		
	中级	100(59.5)	44.80		
	副高	48(28.6)	43.17		
	正高	16(9.5)	50.50		
学历	中专及以下	0	0	0.010	0.919
	大专	0	0		
	本科	28(16.7)	44.43		
	研究生及以上	140(83.3)	45.03		
从事编辑业务工作年限/年	<5	8(4.8)	44.50	0.652	0.957
	5~9	60(35.7)	44.67		
	10~14	48(28.6)	44.33		
	15~19	36(21.4)	45.11		
	≥20	16(9.5)	47.50		

收集被调查者性别、年龄、职称、学历、从事编辑业务工作年限；第二部分为胜任力评价主体量表，共 4 个维度，思想品德(5 题)、专业素质(10 题)、人格特质(8 题)、工作实绩(5 题)，28 个条目。从模型的结构角度分析，发现"隐形特征"即思想品德、人格特质 2 个维度所占量表比重为46.43%，"外显特征"即专业素质维度所占比重为35.71%，这一比重与胜任特征模型中的冰山模型结构类似[12]。冰山模型将人员个体素质的不同表现划分为"冰山以上部分"和"冰山以下部分"。"冰山以上部分"包括完成工作所需的知识、技能，较容易被测量与评估，也可通过培训或长期重复性工作来完善与发展，"冰山以下部分"包括社会角色、个人特质、内在动机等，是人内在的、难以测量的部分，不太容易被外界的影响而改变，但对人员的行为与表现起至关重要的作用。可见，对编辑的思想品德及人格特质进行考量，不仅可以有针对性地挖掘编辑的发展潜力，也是区分绩效优异者与平平者的关键因素。另有研究显示，职位越高，"冰山以下部分"对工作绩效的影响就越大[13]，也说明了隐性特质对个人胜任力评价的重要性。

3.3 高校科技期刊胜任力自评量表的实践意义

高校科技期刊胜任力自评量表的第一个维度为思想品德。思想品德是决定编辑是否能够忠于本职工作，严守初心和底线的关键。政治导向正确的期刊，对于促进社会和谐文明发展具有重要的文化导向作用，而高等院校承担着为党育人、为国育才的重要任务，决定了高校期刊编辑必须具有坚定的政治思想素质，并具备高度的政治敏锐性。以往出版领域通常会将社会科学领域期刊的意识形态问题作为严抓共管的核心，但近年来，随着科技的不断进步，传统的学科边界逐渐被打破，跨学科研究和交叉学科正在兴起，科技期刊的意识形态问题逐渐受到重视。科技期刊编辑在处理稿件时，不乏遇到涉及宗教、民族、外交等主题的文章，加之实验的伦理审查在近年来成为关注焦点之一，都要求科技期刊编辑对大是大非问题保持清醒的头脑。

高校科技期刊胜任力自评量表的第二个维度为专业素质。专业素质是科技期刊编辑能否顺利完成编辑出版工作的基础和核心。高校科技期刊编辑日常需要处理稿件从选题策划到出版的全流程，业务涉及的产业链条长、环节多而复杂，且由于国家对于出版物质量的严格管理，编辑工作需要的细致程度也与其他工作有所区别。加之与作者、审稿人、编委、读者的日常沟通，相关信息的维护，以及部分宣传、运营和管理工作，使得期刊编辑需要具备的专业素质既专又博。本研究设计的量表全面考察编辑专业素质的多方面，尤其是近年来随着数字化手段的运用，期刊编辑需要熟练使用的办公软件、投稿系统、新媒体工具日渐增多，对编辑搜集筛选信息及运用互联网的能力亦作出新的要求，本研究亦有考量。

高校科技期刊胜任力自评量表的第三个维度为人格特质。人格特质是一种能使人的行为倾向表现出一种持久性、稳定性、一致性的心理结构[14]，在描述个体行为时较为重要。既往研究显示，人格特质对不同职业从业人员胜任力均有显著影响[15-16]。作为"冰山以下部分"，人格特质属于较难以改变的部分，与个人的性格、气质等相关。本研究设计的量表将其纳入胜任力维度，主要是应对编辑工作在新形势下业务面扩大、业务内容进一步细分的现状，可应用于编辑岗位人才引进、工作分配等场景。

高校科技期刊胜任力自评量表的第四个维度为工作实绩，该部分共 5 题，考察编辑完成编辑实务、科研任务的情况，以及社会效益和经济效益的权衡问题。国家明确规定出版物将社会效益放在首位，但其又是承载精神成果的物质产品，也要讲求经济效益。高校科技期刊编辑由于其岗位特殊性，在完成编校出刊任务的同时，需要承担一定的教学、科研任务，大部分学校对此也有绩效考评方面的要求。因此，本量表工作实绩部分亦对此进行考察。

3.4 高校科技期刊胜任力自评量表的得分情况

本研究被调查高校科技期刊编辑胜任力具体得分情况，从年龄层次来看，31~40 岁组得分最高，该年龄段编辑是编辑岗位的新生代人群，多数有博士学位，具体相关领域较高的专业水平，一旦加入编辑行业，能较快适应岗位的要求，成为责任编辑岗位的中坚力量。41~50 岁组得分最低，该年龄段编辑多数担任编辑部主任、副主编等职务，是具备一定资历的责任编辑，其岗位胜任力得分较低，可能与其除了承担较为繁重的编辑实务工作，还承担行政管理工作有关，提示需要给予该部分人群更多的人文关怀，进一步减轻工作量，关心该年龄段人群的晋升、深造等需求。单因素分析结果亦证实这一发现。

3.5 科技强国背景下高校科技期刊胜任力自评量表的应用展望

习近平总书记指出，必须坚持科技是第一生产力、人才是第一资源、创新是第一动力，深入实施科教兴国战略、人才强国战略、创新驱动发展战略。科技期刊引领科技发展，展示科技成果，是科技创新的重要平台。科技期刊编辑作为期刊的主要工作者，从科研热点的挖掘与跟踪，到论文选题的组织和策划，再到科技成果的宣传及推广，期刊出版全过程各环节均离不开编辑的智慧与努力,编辑队伍素质的提升是期刊质量进一步提升的关键,胜任力评估则是建设一支专业、敬业、优质、高效的科技期刊编辑人才队伍所急需的一环。此次编制的高校科技期刊编辑胜任力模型,在科技强国建设背景下高校科技期刊编辑的人事招聘、岗位聘任、绩效考核、职务晋升、业务学习等方面均具有良好的应用前景。该模型的推广与应用,可以为科技期刊编辑自身职业生涯规划提供借鉴,也对高校期刊出版单位的组织建设、文化建设和业务模式提供了参考和借鉴。本研究亦有不足之处:缺乏大规模的现场调查,在微信群发放问卷可能会排除一部分不使用微信群聊或对微信答题不熟悉的编辑人员,如年长者等。期待在日后的研究中弥补这一缺陷。

参 考 文 献

[1] 中国网.五中全会系列解读之一:坚持创新核心地位,习近平有何考量[EB/OL].(2020-11-01)[2021-01-30]. http://www.china.com.cn/news/2020-11/01/content_76864764.htm.

[2] 李薇,张乃予,王晓一,等.高校科技期刊编辑胜任力研究[J].新闻研究导刊,2018,9(3):24-25.

[3] MCCLELLAND D C. Testing for competence rather than for intelligence[J]. Am Psychol, 1973, 28(1):1-14.

[4] RAVEN J. Competence in modem society: its identification, development and release[M]. Oxford, England: Oxford Psychologists Press, 1984.

[5] 林众,张丽娟,王安琳,等.教育编辑胜任力模型的构建与验证[J].心理与行为研究,2013,11(4):529-534.

[6] LAURA S, SERAP K, MARY W J, et al. Culture and competencies: a multi-country examination of reference service competencies[J]. Libri: Int J Lib Inform Serv, 2013, 63(1):33-46.

[7] 刘学方,王重鸣,唐宁玉,等.家族企业接班人胜任力建模:一个实证研究[J].管理世界,2006,22(5):211-223.

[8] 潘娜,易丽丽.中国公务员胜任力研究的误区、困境及对策[J].首都经济贸易大学学报,2014,16(5):45-49.

[9] 周畅.新媒体编辑胜任力模型构建与应用研究[D].武汉:武汉大学,2018.

[10] 沈冰冰,骆春瑶,于哲.医学编辑胜任力结构模型研究[J].中国卫生产业,2020,17(12):6-8.

[11] 曹鹏飞,王尧.胜任特征模型构建方法综述[J].社会心理科学,2012,27(9):24-26.

[12] METZL J M, HANSEN H. Structural competency: theorizing a new medical engagement with stigma and inequality[J]. Social Science & Medicine, 2014. DOI:10.1016/j.socscimed.2013.06.032.

[13] VIERGEVER R F. The critical incident technique: method or methodology? [J]. Qual Health Res, 2019, 29(7):1065-1079.

[14] 滕飞,宋明康,吕宏蓬,等.人格特质与认知功能的相关性研究进展[J/OL].首都医科大学学报,1-6[2024-06-03].http://kns.cnki.net/kcms/detail/11.3662.R.20240528.1527.016.html.

[15] 刘莉莉,李晓华.卓越校长工作人格特质对其胜任力的影响实证研究:上级支持感的中介作用[J].全球教育展望,2021,50(12):77-89.

[16] 叶蕊,高丽,岳鹏.安宁疗护护士人格特质与安宁疗护胜任力的相关性研究[J].全科护理,2022,20(29):4049-4053.

新媒体时代科技期刊编辑与作者沟通技巧

刘珊珊，王浩然，沈晓峰，郭建顺

(吉林大学《中国兽医学报》编辑部，吉林 长春 130026)

摘要：科技期刊编辑是引领作者进入科研领域的向导之一，结合评审专家意见对作者进行鼓励和引导，帮助作者找寻研究的拓展方向和突破点，激发作者的创作热情，并以编辑自身的工匠精神对作者的学术严谨性以正向影响。新媒体时代缩短了编辑与读者之间的距离，科技期刊编辑改变传统被动改校模式，运用多媒体平台，主动参与到与作者的交流互动和期刊改革建设中。对不同学术阶层作者进行深入了解，采用不通策略进行同理倾听和沟通；利用大数据搜索引擎，构建专业领域发展脉络谱，给予作者专业性指引；运用多媒体平台提升期刊服务能力。不断提高作者写作水平的同时，为期刊发展积累优质稿源和专家储备。

关键词：编辑；作者；沟通；同理倾听；专业积累；多媒体平台；角色转变

科学工作者的科研之路往往都是从第一篇科技论文的撰写和发表开始的，这篇也许只有作者和编辑两个人细致阅读的论文发表过程，对作者的学术生涯起到了引领作用[1]。科技期刊编辑是引领作者进入科研领域的向导之一，通过准确传递审稿专家对文章的整体意见，利用专业积累对作者进行鼓励和引导，帮助作者找寻研究的拓展方向和突破点，激发作者的创作热情，并以编辑自身的工匠精神对作者的学术严谨性以正向影响，为作者的学术之路开启扎实、求实和创新的第一步[2]。

2021年5月，中宣部等3部门印发了《关于推动学术期刊繁荣发的意见》，指出要加强优质内容出版传播能力建设，创新内容载体、方法手段、业态形式，实现学术组织力、人才凝聚力、创新引领力、品牌影响力明显提升，推动学术期刊加快向高质量发展阶段迈进。新媒体时代给期刊科技期刊编辑带来巨大挑战，也带来了新的机遇，自媒体的发展缩短了编辑与读者之间的距离，打破读者与编辑之间的界限。科技期刊编辑应改变传统被动改校模式，从默默"为他人作嫁衣"，转变为运用多媒体平台，主动参与到与作者的交流互动和期刊改革建设中[3]。提高服务意识，对作者群体有深入细致地了解，采用不同的沟通方式，同理倾听作者；利用大数据搜索引擎，构建专业领域发展脉络谱，给予作者专业性指引；运用多媒体平台交流方式提升服务能力，不断提高作者稿件质量，为期刊发展积累优质稿源和专家储备。

1 同理倾听作者，真诚表达是必杀技

编辑需要站在作者的角度感受对方的感受和内心需求，进而对作者难处和不足给予充分

基金项目：2024年度中国农业期刊网研究基金项目(CAJW2024-035)

理解，尊重作者的付出和努力。对于学生和青年学者，科技论文发表往往影响他们的毕业、职称晋级和未来规划，在等待稿件审阅结果期间，内心焦虑不安，来自审稿专家严厉的批评和否定，往往会让他们内心充满绝望[4]。在内卷的社会大背景下，科技论文作者的心理状态是不容忽视的问题，科技期刊编辑在面对稿件退修和退稿时，如何在不打击作者自信的同时，给予作者合理的鼓励和引导，帮助作者不断完善稿件内容，直至最终发表，是每一位科技期刊编辑都要潜心钻研的课题。

编辑与作者沟通之前需要对稿件进行充分的了解，全方位、多角度掌握稿件，明确稿件的核心价值，结合专家审稿意见，了解需要与作者沟通的问题，权衡沟通的主次要点，通过精准表达，切中稿件问题所在。用真诚的态度同理倾听作者的内心需要，将自己置身于作者位置，理解他们的急切和焦虑，交流沟通过程中，要面对作者各种情绪：愤怒、指责、崩溃甚至纠缠，编辑都要给予耐心和理解，引导作者情绪充分释放后，给予作者具体、简洁和可执行的修改意见和课题拓展指导。沟通过程中，

而对于学术态度并不端正、文章严重敷衍和抄袭的作者，批评和否定显然毫无意义，也无法唤醒一颗装睡的心灵，尝试在烂稿中挖掘闪光点，更能体现编辑的工作素养，用一次一次的匠人精神去影响作者，直到作者不好意思再应付或自己主动放弃，是编辑对作者的最大尊重。同理心是感受作者的感受，体会作者的需要，当作者得到充分尊重和包容时，会慢慢生发出自我负责之心。用编辑的灵魂唤醒作者的学术热情，是当代科技期刊编辑的使命。

2 充分了解作者群体，采用不同的沟通方式

在科技领域不同作者的学术背景、工作经验、认知水平等差异较大，需要科技期刊编辑采用不同的沟通方式。专家型作者专业知识渊博，学术影响力大，但工作繁忙，在实际沟通中，编辑需要通过自己专业的学术积累和前沿的学术眼光来打动专家型作者，获得专家的信任和支持。青年作者充满学术热情，对发表科研成果有强烈的愿望，但专业水平和写作水平往往存在很多问题，通过耐心引导和鼓励的方式，让他们在反复修改中不断积累经验，提升稿件质量，从而沉淀自我。来自生产一线的作者，在多年的工作实践中积累了丰富的经验和技巧，数据具有时效性和丰富性，但该作者群体总结归纳能力和文字表达能力较弱，文章的逻辑性往往欠缺，文献积累不足。科技期刊编辑应给与充分尊重和理解，有针对性地进行科技论文写作和文献检索指导，不断助力他们成为专业性学术人才[5]。

对于本科生和研究生，如何通过论文撰写开启他们的科研之路，是科技期刊编辑沟通的主要方向，多数学生对相关课题研究背景及前沿发展不熟悉、数据处理不合理、逻辑结构混乱、归纳总结缺乏。不轻易退掉年轻作者的"处女作"，挖掘其创新点，从研究背景、试验设计、文章布局、数据统计和结果讨论等各方面提出具体修改意见，并请他们体会修改前后论文的逻辑性、数据可靠性，以及语言的准确性等变化，以便作者深入学习和领悟科技论文写作的严谨性和规范性，提升科技创新能力[6]。

3 提升专业积累、给予作者专业性指引

编辑在与作者沟通过程中，需要通过自身的专业素养对作者进行引导，使作者感受到自己被重视、被尊重的同时，更被编辑的专业性所折服，使指导更具权威性，从而通过与编辑的互动沟通，实现作者自身专业能力得提升。科技期刊编辑需要利用大数据平台，对专业领

域进行追踪和积累，像海绵一样不断提升专业能力，把学习与工作有机统一，不断了解学科发展最新动态、掌握行业前沿、把握国家政策、拓展在学科领域学术交流圈，在对作者进行指导时将该领域发展脉络普完整呈现，引领作者追逐学术前沿[7]。

科技期刊编辑更要投身于科学研究中，多读、多写、多走、多交流，从多年的被动改稿模式，转变为主动撰写，经历文献检索、文献追踪、主题设计、数据整理和分析，最后写成论文的过程。始终保持敏锐的科研触觉和娴熟的文字表达能力，经常处于创作状态能体会作者的创作逻辑，在和作者沟通起来时也更容易找到切入点。通过阅读、不断积累和拓展，不断升华和沉淀，思路越发清晰，甚至会有某一瞬间的灵光乍现的感觉，写作的过程就像酝酿新生命一样，都是对该领域的一次系统梳理。足够的知识储备，形成系统的知识体系，对发展前沿有明确的感知，随着阅读和写作的不断积累，给予作者的指引和拓展将更加多样和具体[8]。

科技期刊编辑还要多参与国内、外高端学术研讨会，多与学科专家交流学习，锻炼学术沟通能力，融入学科发展和学习中。有了系统、深入的专业储备和科技论文撰写能力，科技期刊编辑才能具备与作者、读者直接对话的能力，不断强化科研能力和编辑能力的同时，激发综合能力的提升，不断推动科技期刊改革发展[9]。

4 认清时代需要，加快角色转变，创新工作模式

在新媒体背景下，编辑工作发生了天翻地覆的变化，新媒体的发展缩短编辑与读者、编辑与科研前线之间的距离，打破编辑与读者、学者之间的界限[10]。因此期刊编辑要适应工作环境的要求，提升自身认知，完成工作角色转变，要运用现代化的手段加快信息的更迭、整合和重组，捕捉更多的信息热点，提升文化的敏感度和传播效率。

编辑在与作者交流过程中，针对不同性格特点的作者要采取不同的交流方式。网络语音、视频会议方式，可以让编辑和作者双方表达充分，更容易碰撞出思想的火花，产生更多的新观点和新创意；不喜欢语音和视频直接交流的作者，可以采用电子邮件来往，交流更具备条理性。微信、QQ等方式联系，使得交流具备实时性和随意性，并增加了作者的参与度。很多期刊开始尝试让作者参与期刊发展策划，为期刊选题、封面设计、策划专栏等工作出谋划策，从而推动期刊办刊水平的提升，更增加了作者和编辑的黏合度[11]。

利用多媒体平台，各期刊组建不同类型学术社群，对优秀论文内容和数据进行分享，充分交流科学信息和观点。学术社群为广大科研工作者提供了与国内外顶级科研团队直接交流的机会。随着学术社群的广泛交流，逐渐形成读者、作者、编辑与学术社群的发展循环，成为联结作者、编辑、读者、专家和厂家的学术期刊生态圈，促进科技和期刊的协同发展[12]。

5 结束语

有效沟通是连接科技期刊编辑和作者的桥梁，是提升稿件质量、发展作者的重要途径。在实际工作中，为了不断提升沟通效率，编辑可以通过了解作者风格、提升专业素养、提高沟通技巧、同理倾听作者、利用多媒体平台与作者多方式交流互动，确保有效的交流和沟通。各期刊组建不同类型学术社群，成为联结作者、编辑、读者、专家和厂家的学术期刊生态圈，促进科技和期刊的协同发展。编辑利用大数据平台，对专业领域进行追踪和积累，不断了解学科发展最新动态，对作者进行学术指导和拓展，不断精进稿件内容和质量。科技期刊编辑

要投身于科学研究中，勤于练笔，始终保持敏锐的科研触觉和娴熟的文字表达能力，具备与作者、读者直接或者间接对话的能力，不断强化科研能力和编辑能力，给予作者具体、简洁、可执行的修改和拓展意见，让作者真正明确稿件完善的切入点，不断提升稿件质量，为期刊发展积累优质稿源和作者储备，促进期刊改革发展。

参 考 文 献

[1] 赵中波.科技期刊应重视发现与培育核心作者:以《有色金属科学与工程》为例[J].编辑学报,2019,31(1):74-76.

[2] 谢炜,路平安.科技写作训练与硕士研究生创新能力培养[J].教育教学论坛,2019,21(5):258-259.

[3] 姚戈,王淑华,史冠中,等.大数据时代构建多渠道传播矩阵提升科技期刊影响力:以《地球科学》为例[J].编辑学报,2023,35(6):672-675.

[4] 侯佳伟.加强大学生心理健康教育的路径探析[J].社会与心理教育,2023(7):189-192.

[5] 汪汇源,赵云龙,彭莎,等.学术期刊编辑与教学科研人员加强双向流动策略分析[J].科技与出版,2023(6):84-90.

[6] 张玉楠,王晴,杨惠,等.高校科技期刊潜在后备人才挖掘和培养的探索:以《中国口腔医学信息》学生采编部为例[J].编辑学报,2023,35(2):233-236.

[7] 王娟,刘天星.学术期刊"编研一体"现状与可行性路径研究[J].中国科技期刊研究,2022,33(10):1332-1340.

[8] 郭盛楠,韩焱晶,刘婉宁,等.充分发挥科技期刊编辑在研究生培养中的指导作用[J].科技与出版,2020(6):1332-1340.

[9] 谢武双,孔红梅,全元,等.高品质科技期刊的编辑人才培养:以《生态学报》为例[J].编辑学报,2023,35(6):700-703.

[10] 宫福满.唯有用心始得真金:对提升科技期刊编辑职业价值的思考[J].编辑学报,2018,30(6):244-246.

[11] 刘珊珊,王彬,王浩然,等.打造我国畜牧、动物医学核心期刊数字化品牌[J].编辑学报,2022,34(1):84-87.

[12] 刘珊珊,王浩然,沈晓峰,等.高校学报联合青年学者和学生社团打造全新期刊生态圈[M]//学报编辑论丛2022.上海:上海大学出版社,2022:370-373.

新时代高校学术期刊编辑的职业功能和价值重塑

康 军

(长安大学学术期刊管理中心,陕西 西安 710064)

摘要:新时代学术期刊全面向数字化、专业化、国际化、集群化等方向发展,学术期刊编辑的职业功能由单一走向多元,逐渐扩展到策划科学研究,组织学术生产;组织学术会议,汇聚学术资源;推动学术期刊数字化、国际化发展;探索学术期刊出版规律,提升办刊质量;融入高校"双一流"建设,促进学科发展和参与人才培养。学术期刊编辑应该紧抓时代机遇,不断提高职业素养,把握学术期刊出版转型的主动权;要在出版实践中凝练研究方向,坚持学术研究,不断提高学术素养,向专家型、研究型编辑发展;出版单位应该科学细化职责分工,将学术期刊编辑从繁杂的文字编辑校对工作中解放出来,使其有更多时间和精力用于稿源建设和提高期刊影响力;学术期刊主办单位应该在身份管理、薪资待遇、绩效考核、职位晋升、职称评审、物质和精神激励、科学研究等方面进行改革和完善,为学术期刊编辑更好发展提供保障。

关键词:学术期刊编辑;职业功能;新时代;价值重塑

学术期刊漫长的发展历史是学术期刊编辑职业功能不断进化扩展的历史,在纸媒出版时代,学术期刊编辑的主要职业功能是收集学术信息、编辑加工学术信息、设计制作纸质期刊,核心工作是文字编辑校对,留下了抄抄写写、剪剪贴贴的"编辑匠"形象[1-4]。互联网的诞生促使学术信息传播方式走向多元、融合、立体,学术期刊出版模式全面拥抱数字化、国际化,新时代学术期刊编辑职业功能发生了巨大变化和延伸[5],已经深度融入科学研究和人才培养之中,是科学研究的策划者、学术会议的组织者、学术期刊数字化出版和国际化发展的推动者、出版规律的研究者和探索者、高校"双一流"建设和人才培养的参与者。改革开放以来我国社会经济发展取得了举世瞩目的成就,全社会的科研投入和产出呈现爆发式增长,高等教育获得了长足发展,学术论文数量和质量已经跃升到全球前列。这对我国学术期刊的国际影响力和出版能力提出了很高要求,学术期刊编辑通过提高自身素养和拓展职业功能主动适应这一发展趋势,以期把握学术出版主动权,推动中国科学研究事业的发展和学术论文的国际化传播,更好服务创新型国家建设。新时代学术期刊编辑的工作重心已经不再是文字编辑校对和纸质期刊生产,而是将更多时间和精力投入到期刊内容建设、优秀稿源争夺、出版规律研究、新型出版和传播技术应用等方面。学术期刊编辑的工作模式和场景已全面转型,积极探索和推动数字出版时代学术期刊高质量发展,为学者提供更优质的出版服务,为读者提供更高效及时的学术信息供给。因此,有必要对新时代学术期刊编辑的职业功能进行较为系统的梳理,进一步明确学术期刊编辑的社会身份,并从价值构建角度探索学术期刊编辑自身发展的途径。笔者通过系统分析新时代学术期刊编辑职业功能的演化和延伸,理清学术期刊编辑的工作重心转型,并提出新时代学术期刊编辑价值重塑的建议,为学术期刊编辑更好的发展提供参考。

1 新时代学术期刊编辑的职业功能

1.1 策划科学研究,组织学术生产

学术期刊之间竞争的核心是优质学术内容的争夺,学术期刊编辑通过国内外数据库平台的引证报告分析,可以高效、准确、全面掌握最新研究热点、高被引和高产出学者,主动出击策划专刊、专栏、专题,前期介入组织学术生产,为学术期刊汇聚热点研究领域的优质稿源和作者群,有效促进学术期刊内容建设,提升期刊竞争力。新时代学术期刊编辑已经不再是"等稿件",而是先人一步"抢稿件",由传统文字编辑人转型为出版策划人,深度参与到策划科学研究、组织论文创作、传播学术信息全流程之中。学术期刊编辑通过敏锐的信息感知力、科学准确的判断力、精准高效的策划和沟通能力,有效整合现有学术资源,组织不同研究机构的专家学者对相关专业领域的热点问题、共性问题、重点问题、难点问题从不同维度进行系统研究,推动跨学科、跨机构、跨团体、跨区域的学术团队之间互相借鉴学习和交流,促进学术发展,提升科学研究的有效性和针对性。笔者所在《建筑科学与工程学报》编辑部近年成功出版软土工程专刊、智能建造专刊和建筑结构抗震与抗倒塌专刊等,取得了较好的社会反响,增进了和学术团队的联系,提升了期刊影响力。新时代学术期刊编辑已经深度参与到组织学术生产,成为科学研究的策划者。

1.2 组织学术会议,汇聚学术资源

学术会议为学术期刊编辑和专家学者面对面交流沟通、宣传期刊、组约稿件、探讨学科发展提供了平台。学术期刊编辑已经广泛出现在国内外重大学术会议现场,积极拓展优质作者群、专家群、读者群,为期刊高质量可持续发展汇聚学术资源。新时代学术期刊编辑已经不再是"跑场子"式的参会,而是根据期刊发展需要和学科研究前沿热点组织高水平学术会议,成为学术研究团队之间交流互鉴的桥梁,由参会者成长为办会者。笔者所在《建筑科学与工程学报》编辑部以编委为核心团队创办了建筑科学与工程创新论坛,已经成功举办七届,取得了较大的学术反响,逐渐发展成为国内知名的高端学术论坛;编辑部作为主办方全程参与创新论坛主题选择、专家邀请、会议日程设计等重要环节,并紧抓与众多编委难得一聚的机会举行编委会,探讨期刊发展策略,增进和编委团队的交流和情感联系,为期刊可持续高质量发展提供智力支撑;编辑部在会议举办期间通过主编或编委推介、样刊展台、宣传彩页、视频展示等方式多渠道宣传期刊,并不断挖掘和充分利用创新论坛平台为期刊汇聚优质学术资源,每期论坛都成功出版学术专刊一期,有效促进期刊优质稿源建设,进一步提升期刊影响力。新时代学术期刊编辑已经深度融入学术交流活动中,成长为学术活动的组织者。

1.3 推动学术期刊数字化、国际化发展

学术期刊出版已经全面进入融媒体时代,学术期刊编辑的传统价值得以重构,是数字出版的践行者和推动者。新时代学术期刊编辑主动拥抱数字出版,通过技能培训和自主学习,充分掌握了现代数字出版技术,如在线投审稿系统、微信公众号、视频号、文献智能校对、智能辅助编校系统等已经渗透和应用到学术期刊出版工作中。学术期刊编辑的工作效率和工作内容发生了革命性变化,不断将学术期刊数字出版推向深入,促进学术成果多视角、全方

位、多渠道传播，助推我国学术期刊由传统出版模式向数字出版转型发展。目前我国具有国际影响力的学术期刊数量较少，高质量学术论文产出和高影响力学术期刊供给的矛盾十分突出，致使大量优秀学术论文外流，严重影响我国学术出版的国际话语权和文化软实力。为深化推进学术期刊供给侧结构性改革，实现新时代期刊布局调整，提高我国学术期刊的国际影响力，国家先后推出"中国科技期刊国际影响力提升计划""中国科技期刊卓越行动计划"等，加快学术期刊"走出去"步伐。学术期刊出版机构积极响应国家号召，创办了大批高起点英文期刊，并已取得了不小的成绩，这都离不开学术期刊编辑的辛勤付出和艰苦努力，学术期刊编辑是学术期刊国际化发展的推动者和实现者。

1.4 探索学术期刊出版规律，提升办刊质量

学术期刊出版不是简单重复的流水线生产，而是纪律严明、组织周密、富有创造性的学术信息传播活动，蕴藏着特有的规律，新时代学术期刊发展呈现出专业化、数字化、集约化、国际化、集群化等典型特征。学术期刊编辑通过研究探索学术期刊出版规律和发展动态，并细化应用适合所办期刊发展的具体举措，才能在日益激烈的期刊竞争中把握主动，争取一席之地。高影响力的学术期刊需要具有较高学术素养的编辑团队支撑和运营，编研一体是学术期刊高质量发展对编辑队伍的内在要求，坚持学术期刊出版规律研究是编辑职业发展的必由之路。学术期刊编辑的科研能力是学术期刊核心竞争力的重要表现形式之一，学术期刊编辑丝毫不敢懈怠，始终保持探索学术期刊出版规律和出版业态变化的热情和激情，并在工作实践中不断完善和优化出版模式，更好地服务于学术期刊发展，笔者所在长安大学学术期刊管理中心的众多编辑长期坚持编辑学论文写作，申报出版类科研项目，争做学习型、研究型编辑。学术期刊出版业态随着科技进步尤其是数字互联网技术的发展，呈现出不断革新进化的特征，编辑学者化符合学术期刊出版工作的特点和要求，利于提升期刊质量和影响力，使期刊能够可持续健康发展，学术期刊编辑是出版规律的研究者和探索者。

1.5 融入高校"双一流"建设，促进学科发展

"双一流"建设的持续推进给高校发展注入了巨大动能和活力，高影响力的学术期刊是高校优秀学术成果的展示窗口和优势学科建设的重要组成部分之一。作为办刊主体的学术期刊编辑责无旁贷，积极主动融入高校"双一流"建设之中，发挥培育和促进学科发展以及培养优秀科研人才的重要作用。众多"双一流"建设高校已经将创办、培育世界一流学术期刊纳入学校长远发展规划之中，充分挖掘特色优势学科资源，调动校内知名学者积极创办专业化英文学术期刊，学术期刊编辑紧抓时代机遇，肩负使命，积极融入"双一流"建设大潮，用实际行动践行先进办刊理念，和学术团队联手努力创办和支撑大量高起点英文学术期刊的发展。笔者所在长安大学学术期刊管理中心切合"交通运输工程"一流学科，精心打造卓越学术期刊矩阵，《中国公路学报》、《交通运输工程学报》、*Journal of Traffic and Transportation Engineering* 已成为国内交通运输领域三大知名期刊，均入选中国科技期刊卓越行动计划，有力支撑交通运输工程一流学科建设和人才培养；期刊中心组织优秀编辑团队，依托特色学科优势，创办了国内道路工程领域第一本英文期刊 *Journal of Road Engineering*。学术期刊和高校"双一流"建设是互融共生的关系，学术期刊编辑是高校"双一流"建设的参与者。

1.6 指导学术论文创作，参与人才培养

学术期刊是高等学校和科研院所人才培养的重要组成部分之一，承担着人才培养的重要

任务。学术期刊编辑面对刚刚踏入科学研究的研究生往往担任起"兼职导师"的职责，不是简单粗暴的退稿处理，而是花费更多精力和情感劳动对其进行写作指导和学术道德教育。笔者所在长安大学学术期刊管理中心不定期组织优秀编辑和编委通过举办讲座指导研究生进行科学研究和论文创作，学术期刊编辑对于硕士研究生的论文都会通过电话、QQ 甚至面对面的方式对其进行悉心指导，使其能够快速掌握学术论文写作规范、技巧和必须遵守的学术道德，努力为培养高素质研究生人才做出自己应有的贡献。南京林业大学期刊部在"双一流"学科建设人才培养中探索出了非常值得借鉴和推广的经验[6]，每位编辑除了日常的学术出版工作外，还担任相关学科的研究生班主任甚至研究生导师，从研究生入学就开始介入人才培养，利用掌握的学术资源参与研究生选题，引导创新，通过组织培训提高研究生写作水平，培养学术道德和法律意识。人才培养是学术出版活动的重要功能之一，是学术期刊编辑不可推卸的责任，新时代学术期刊编辑主动作为，充分发挥自身在学术论文创作、学术资源掌握等方面的优势，已经深度参与到了高等学校人才培养之中。

2 新时代学术期刊编辑的价值重塑路径

2.1 提高职业素养，把握学术期刊出版转型的主动权

新时代学术期刊编辑必须重构出版理念、角色定位、价值取向、工作方式，主动修炼内功，通过提高职业素养适应和融入学术期刊出版转型发展浪潮，重塑个人价值和形象[7-13]。学术期刊编辑要完全掌握国内外知名数据库的大数据分析方法，长期关注相关学科高被引论文的研究方向和动态，建立学者信息库，做好组约稿件的基础数据准备；学术期刊编辑应该通过学术走访、参加高水平学术会议等途径增加和高被引学者的面对面交流机会，不断历练，提高个人交往能力，和专家学者建立起情感联系，为期刊高质量发展积累和扩展优质作者群。学术期刊编辑作为学术期刊出版活动的主体和灵魂，应该通过业务培训和自主学习充分掌握新型数字出版技术，时刻关注融媒体时代学术期刊业态发展趋势，提高数字出版能力，牢牢把握数字出版主动权。学术期刊编辑要不断学习、探索和实践，熟练掌握国际学术语言英语，充分领悟国际化办刊理念和方法，努力成长为具有国际视野和运营能力的职业出版人。学术期刊编辑的成长历程是一个不断学习、不断探索、不断完善、不断突破自我的过程，也是自我价值塑造和实现的过程。学术期刊编辑通过全面提高职业素养，把握学术期刊出版转型的主动权，实现自我构建、自我成长、自我价值。

2.2 凝练研究方向，坚持学术研究

坚持学术研究是学术期刊编辑职业发展的应有之义，较高的学术素养是成为优秀学术期刊编辑的内在要求，不开展学术研究的编辑只能是合格编辑，很难成为优秀编辑，更不会成为专家型、领军型编辑。论文的学术水平是学术期刊高质量发展的根本，编校质量是学术信息准确、规范传播的保证，共同决定学术期刊的整体质量。故而扎实的编辑基本功是学术期刊编辑必须具备的基本素养，具有一定的科研能力有助于学术期刊编辑更好理解和把握学术论文的创新性、分析的逻辑性和严谨性、语言表达和写作的规范性等，更加科学、高效、准确评估和筛选稿件，更好掌握学科研究动态、前沿和发展方向。学术期刊编辑作为专业化、职业化的出版人，要将编辑出版学作为学术研究的重要方向，用其研究成果和方法论指导和提升学术期刊出版事业发展。学术期刊编辑应该在日常编辑出版实践中仔细观察、发现问题，并且关注编辑出版主流学术期刊的最新研究动态，认真总结、系统梳理学术期刊发展的新业

态、新技术、新规律，逐步凝练编辑出版学研究方向和撰写学术论文。学术期刊编辑应该积极申报编辑出版学相关科研项目，从小项目做起，不断累积科研成果和学术资历，不断扩展知识体系，升华编辑实践，稳步向专家型、研究型编辑发展。

2.3 探索学术期刊编辑双身份管理

鉴于学术期刊编辑已经深度参与到学术研究、学科建设、人才培养之中，具有"兼职导师"的特殊职责，亟须探索建立学术期刊编辑双身份管理模式，塑造"编研一体""编教一体"的学术期刊编辑新形象。2021年多部委联合印发了《关于推动学术期刊繁荣发展的意见》，支持办刊单位引入优秀学者、教学科研人员加入办刊队伍，实现人才双向流动，这为我国学术期刊编辑队伍建设提供了政策指引。学术期刊编辑队伍建设和期刊长远高质量发展是密不可分的共同体，必须同步规划、同步提升、同步发展；探索构建以学术期刊编辑出版为主业，发展编研结合、编教结合的新模式，创新学术期刊编辑身份管理，提升学术期刊编辑身份认同，将其身兼数职的隐性劳动显性化，为学术期刊编辑职业发展和价值重塑提供新路径。学术期刊主办单位应该破除职称评审、职务晋升、身份管理、薪资待遇等制度藩篱，允许学术期刊编辑同时具有"编辑+教师"或"编辑+研究员"双职称、双身份，聘任学术期刊编辑为研究生副导师，认同其科研成果，将其纳入教学科研人员进行管理，实现身份认同、成果认可、待遇同等。学术期刊编辑双身份管理有助于彻底打通学术期刊编辑职业发展通道，消解身份焦虑，提高身份认同和自我价值感。

2.4 科学细化职责分工，解放学术期刊编辑

目前我国学术期刊大多采用编校一体的工作方式，文字编辑和校对工作耗费学术期刊编辑大量的时间和精力，这一工作模式已经无法适应学术期刊职业功能不断扩展的现状。有必要科学细化职责分工，将学术期刊编辑从繁杂的文字编辑校对工作中解放出来，使其有更多时间和精力履行新时代学术期刊编辑的职责使命。爱思唯尔、施普林格等国际知名学术期刊出版集团都是将编校工作外包给专业的服务公司，学术期刊编辑专注于内容建设和期刊运营。然而我国大多学术期刊编辑部存在人员配置不足、结构不合理的问题，学术期刊编辑身兼数职和常态化超负荷工作，精细化分工是学术期刊编辑发展必须面对和解决的问题。人工智能和新型数字出版技术的发展使得学术期刊出版产业链的环节不断增加，分工更精细高效，增加了更多服务商进入学术期刊出版的链条，传统的学术期刊编辑一部分工作应被专业的服务公司代替。学术出版单位应该大力推进编校分离，构建由学术编辑、文字编辑、技术编辑、网络编辑、编务、财务等组成的高效率学术出版团队。通过精细化分工，破解目前学术期刊编辑身兼数职、工作泛而不精的困局，使其有更多精力和时间履行新时代学术期刊编辑的使命，重塑工作形象，提高自我价值感。

2.5 出版单位加强政策支持，提升学术期刊编辑获得感

社会地位和薪资待遇是个人社会价值最直接的体现，反映期刊出版单位对学术期刊编辑工作价值的评价和认可程度，应该建立科学合理的绩效考核分配机制，既考核其编辑出版业绩，也要认同其学术成果。学术期刊主办单位要始终坚持以人为本的发展理念，根据学术期刊编辑出版的岗位特点制定科学合理的职称评价考核体系，取消评审指标限制，打通职称评审通道，为学术期刊编辑提供预期明确、操作可行的职业发展规划，避免学术期刊编辑产生入职即看到发展尽头的"躺平式"发展心态。学术期刊出版单位可以设立编辑出版学研究基金，

鼓励学术期刊编辑从事编辑学研究，为其申报更高级别科研项目提供铺垫。学术期刊出版单位可以通过交流任职和岗位轮换，推进管理队伍年轻化，为学术期刊编辑职位晋升提供有力的制度保障，激发工作热情，使其能力有提升、事业有发展、收入有保障、心灵有归宿、价值有体现。需要建立科学合理的激励机制，使学术期刊编辑更好发挥内在潜能，提高工作效率和质量，减少职业倦怠，以更加舒畅积极的心情投入工作，达到个人能力和工作需求之间的最佳结合。学术期刊出版单位应将选人、用人、育人作为一项事业，满足学术期刊编辑实现个人价值的多层次需求，提升学术期刊编辑获得感，使其更好释放潜能，发挥创造性和主观能动性。

3 结束语

新时代学术期刊编辑的职业功能已经由单一走向多元，主要包括策划科学研究，组织学术生产；组织学术会议，汇聚学术资源；推动学术期刊数字化、国际化发展；探索学术期刊出版规律，提升办刊质量；融入高校"双一流"建设，促进学科发展，参与人才培养。学术期刊编辑应该围绕新时代学术期刊发展趋势和特征，不断提高职业素养，把握学术期刊出版转型的主动权；要在出版实践中凝练研究方向，坚持学术研究，不断提高学术素养，向专家型、研究型编辑发展；出版单位应该科学细化职责分工，将学术期刊编辑从繁杂的文字编辑校对工作中解放出来，使其有更多时间和精力用于汇聚优质学术资源和提高期刊影响力；学术期刊主办单位应该在身份管理、薪资待遇、绩效考核、职位晋升、职称评审、物质和精神激励、科学研究等方面进行改革和完善，提升学术期刊编辑获得感，使其更好发挥创造性和主观能动性，为学术期刊高质量发展提供智力支撑。

参 考 文 献

[1] 高生文.话语基调视角下学术期刊编辑身份研究[J].编辑之友,2018(4):88-92.

[2] 吴文成.亟需破解学术期刊编辑的职业认同困境[J].民主,2020(2):28-29.

[3] 朱剑.如影随形:四十年来学术期刊编辑的身份焦虑:1978—2017 年学术期刊史的一个侧面[J].清华大学学报(哲学社会科学版),2018,33(2):1-35,192.

[4] 陈寿富.学术期刊编辑的理性诉求与实践智慧:从高校社科学报编辑身份焦虑谈起[J].河南大学学报(社会科学版),2020,60(2):151-156.

[5] 张筱园.碎片化传播背景下学术期刊编辑的主体性功能拓展探析[J].中国编辑,2021(7):39-44.

[6] 李燕文,郑琰燚,刘昌来,等.高校学术期刊在"双一流"学科建设人才培养中发挥作用的途径[J].科技与出版,2019(9):113-115.

[7] 王立群,贺瑞敏,储开凤.科研单位学术期刊编辑发展的问题与建议[J].编辑学报,2018,30(5):535-537.

[8] 程翠,王静,胡世莲.论青年科技期刊编辑如何实现自我价值[J].出版广角,2018(15):53-55.

[9] 张筱园.融媒体时代学术期刊编辑的价值重塑[J].中国科技期刊研究,2020,31(6):651-657.

[10] 王立群.新媒体时代科技期刊编辑的价值和作用[J].传媒论坛,2021,4(5):1-5.

[11] 高山,李永诚.高校自然科学学报栏目编辑双身份制创新与管理[J].科技与出版,2022(10):85-91.

[12] 何丽娟.新时代学术期刊编辑的社会任务与价值体现[J].新闻研究导刊,2021,12(10):40-42.

[13] 江桂珍.学术期刊编辑专业化发展策略探讨[J].编辑学刊,2020(3):66-70.

科技期刊"学者型编辑"人才队伍建设研究

袁茂文

(中国地质大学(北京)现代地质编辑部，北京 100083)

摘要：一流的编辑人才队伍是建设世界一流科技期刊的基础。从科技期刊"学者型编辑"人才定义出发，论述了"学者型编辑"人才队伍建设的必要性，查明了科技期刊"学者型编辑"人才队伍建设现状，提出鼓励期刊编辑从事科学研究，吸引科研人员向专职编辑转型，提升编辑队伍学术底蕴，是"学者型编辑"人才队伍建设的重要途径。积极构建编辑人员的科研激励机制，搭建期刊社科研平台，创建良好的科研环境，是留住"学者型编辑"人才，打造世界一流科技期刊的基本路线。

关键词：学者型编辑；人才队伍；科技期刊；科研

科技期刊肩负着展示科研成果、推动科技创新、促进成果转化的重要使命，是传播学术思想的重要平台。2019 年 8 月，中国科协、中宣部、教育部、科技部联合印发了《关于深化改革 培育世界一流科技期刊的意见》，对我国科技期刊建设提出了新的要求，明确了我国科技期刊未来发展的方向。习近平总书记强调，要"教育引导广大科技工作者传承老一辈科学家以身许国、心系人民的光荣传统，把论文写在祖国的大地上"，优秀成果发表在我国优秀科技期刊之上，这不仅是对科研工作者的要求，同时也是对我国科技期刊高质量发展的要求。科技期刊的核心影响力是建设世界一流科技期刊的基础，主要体现为期刊的学术质量和期刊国际影响力。期刊国际影响力以期刊学术质量为基础，其主要建立在论文的质量上，而甄别和编发高质量、高水平的论文与编辑的学术水平密切相关。因此，培养一批高水平编辑是提高学术期刊核心影响力的重要途径。目前，培养既具备高水平专业能力又精通编辑业务的"学者型编辑"已成为科技期刊人才队伍建设的重点工作之一。

1 "学者型编辑"人才的定义与必要性

自 20 世纪 80 年代起，针对"编辑学者化"还是"学者编辑化"的讨论便已展开[1-4]。在科技日益发展、社会节奏日益加快的新时代，科技期刊定位与发展方向已发生变化，编辑应当以何种角色开展科技期刊工作，值得思考[5-10]。"学者型编辑"最早出现于李春林发表的《一个学者型编辑——访〈中国儒学辞典〉责任编辑之一袁闿琨》一文[11]。随后许多学者针对"学者型编辑"的定义展开了激烈的讨论，近段时间才逐渐趋于统一。目前普遍认为，"学者型编辑"既应具备良好的学科专业素养、较强的科研能力又精通编辑业务，具有综合型学者的特征[10]。科技期刊中的"学者型编辑"既是某一学科的专家、科研人员，也是编辑出版行业的专家[10-11]。

基金项目：北京市高等教育学会科技期刊研究分会基金资助项目(BJGJ-KJQK-YB-2024-08)

科技期刊编辑应具有辨识前沿科学成果的能力。国际上具有较大影响力的科技期刊，如 Nature、Science 等对编辑都有极高的要求，招聘过程中常要求具有博士学位、具有博士后经历或一定的科研经历，甚至许多编辑本身便是行业内知名的科研人员。这些学术上的招聘条件从某种意义上讲就是"学者型编辑"的要求。在从事科研活动过程中，科技期刊编辑自身知识和科学"眼界"将得到积累，使其能及时地把握学科发展的最新动态和趋势，避免选稿过程中的盲目性，能迅速地挖掘出一流的稿件，保障期刊快速出刊的同时又能保证稿件质量。可以说"学者型编辑"是世界一流期刊建设的原动力。

2 "学者型编辑"人才队伍建设现状

人力资源和社会保障部和国家新闻出版署印发的《出版专业技术人员继续教育规定》和《关于深化出版专业技术人员职称制度改革的指导意见》对科技期刊编辑人员开展学术研究已有相关规定，在编辑职称晋升和年度工作考核中也明确包含了发表科研论文、主持或参与科研项目申报、获得相关科研奖项等条件。可见，"学者型编辑"人才队伍建设已是科技期刊发展的必由之路。

目前许多科技期刊主办单位、协办单位、编辑部和行业协会大力支持期刊编辑积极申报科研项目，鼓励编辑人员从事科研活动，并取得了不错的成效。例如四川大学、武汉大学、上海大学期刊社等单位，多年来一直鼓励本单位编辑人员申报编辑类、各专业领域课题项目，在业内取得了较好的成绩，编辑个人能力也得到了很大的提升[12-15]。另外，《热带作物学报》期刊社秉承"学者型编辑"人才队伍建设宗旨，吸收了许多从事农业方面的科研人员直接从事专职编辑，大大提升了期刊的行业竞争力。国内知名地质学期刊《地学前缘》编辑部秉承专家办刊宗旨，长期坚持让期刊编辑从事自然科学研究，申请相关科研基金，大大提升了编辑的办刊能力，拓宽了办刊思路。编辑部多名成员均为学校兼职教授，与行业知名专家密切联系，多年来组织了许多颇具影响力的专辑、专栏，为《地学前缘》成为行业前缘期刊做出了重要贡献[16]。《热带作物学报》期刊社撰文指出，"学者型编辑"不但文字功底深，项目主持经验也十分丰富，主持国家级及省部级重大项目，对学科的前沿动态具有很强的洞察力，在科研及期刊行业均由独到优势[14]。无论从科技期刊发展出发，还是编辑自身发展需要，科技期刊编辑都应朝着"学者型编辑"的方向努力。但目前"学者型编辑"人才队伍建设仍面临许多问题，例如主办单位对科技期刊编辑部的重视程度不够，编辑晋升困难，参与学术研究的平台较少，参与学术研究的激励机制不健全等[17]。许多单位的期刊部门较小，经常依附于某个二级部门之下，经费和人员都非常紧张，并且存在"重使用、轻培养"的现象，编辑工作压力大，职业归属感低，薪酬待遇较低且评职称难，科技期刊及编辑部成员发展十分有限。在此背景下，"学者型编辑"人才队伍建设难以开展。另外，国内大部分科技期刊并没有建立较成熟的科研体系，编辑与科研平台的交流十分有限，极大地影响了期刊青年编辑向"学者型编辑"转型。

3 "学者型编辑"人才队伍建设途径

3.1 鼓励期刊编辑开展科研活动，打造"学者型编辑"人才

引导青年编辑积极开展科研活动，使其亲身经历和感受一线科研工作者的科研进程以及所面临的困难，这对培育积极、乐观的工作心态以及构建和谐、健康的编辑作者关系，使其成为"学者型编辑"是极为有利的。以编辑工作促进科研，将编辑与科研相互结合，彼此促进，

相辅相成，如此，"学者型编辑"人才队伍建设便能步入良性的发展轨道。各期刊编辑部应鼓励青年编辑参加各类学术研讨会、讲座和培训课程，了解最新的科研动态和方法。为青年编辑提供参与实际科研项目的机会，从辅助工作开始到逐渐独立承担任务，例如参与单位内部的重点科研课题，协助收集数据、整理文献等。安排青年编辑参与专题研究，锻炼科研思维和实践能力，有助于其向"学者型编辑"转型。

3.2 吸引科研人员向专职编辑转型，提升"学者型编辑"队伍学术底蕴

高水平科研人员是建设"学者型编辑"人才队伍的重要发展对象。一般来说，科研人员对自身学科领域具有较系统的认识，能很好地把握前沿研究热点，更易从科技期刊众多来稿中筛选出高质量的学术论文。因此，大力吸引科研人员转型，直接从事科技期刊专职编辑工作是建设"学者型编辑"人才队伍快速且有效的捷径。"学者型编辑"队伍的学术底蕴是科技期刊向世界一流期刊发展的根本驱动力。

"学者型编辑"的科研经验使其能组织更具特色的专辑和栏目，在与专家进行探讨时，更易理解专家需求和挖掘亮点，减少沟通成本的同时，给专家带来良好的正面印象，进而积累大量的专家资源，为期刊带来更多高质量稿件。"学者型编辑"通过自身在学术界的影响力，可在国内外学术会议、讲座等场合宣传科技期刊，提升科技期刊在业内的知名度。另外，科研工作者所取得的科研成果往往也需要写成论文，因此科研人员一般具有较好的文字功底，这也是科研人员转型科技期刊编辑，成为"学者型编辑"的巨大优势。在审稿、校稿时，"学者型编辑"不仅可以快速把握文章科学性，也能对作者的文字进行专业且系统的修改。

但大量文字工作往往时枯燥的，这也是科技期刊编辑人才流失的一大因素。因此，营造良好的办刊氛围显得格外重要。在"学者型编辑"人才队伍建设过程中，科技期刊应充分考虑各编辑部成员的学科、学历与专长，制定相应的工作方案，营造科学办刊氛围，为科研人员转型"学者型编辑"提供动力。

3.3 构建科研激励机制，搭建科研平台，创建良好科研环境

构建完善的编辑人员科研激励机制是吸引并留住"学者型编辑"的重要措施。科研人员转型"学者型编辑"后，其科研活动应继续开展，这是紧跟科学热点，把握期刊发展方向的基础。刊社应充分认可和支持"学者型编辑"从事科学研究事业，建立相应的科研成果奖励制度，让"学者型编辑"的科研事业得以回报，以调动其以"学者型编辑"身份长久从事期刊事业的积极性。另外，科技期刊应积极创造条件，给予"学者型编辑"工作、时间、经费上的支持，加强相关人员的后续教育和继续深造，提升"学者型编辑"科研能力和编辑能力。学术科技期刊的主编往往是行业的知名专家，也应发挥自身的学术优势对年轻的"学者型编辑"参与科研活动进行指导，使"学者型编辑"能保持与期刊发展相匹配的科研能力。

科技期刊其本身便是科研活动的重要一环，是科研人员发表学术成果的重要平台。建设世界一流科技期刊应是科研人员的应有之义。科技期刊社应积极配合，协助科研平台搭建，为"学者型编辑"提供科研环境。为了实现"学者型编辑"科研与期刊事务双向均衡发展，期刊社应创新办刊模式，构建学术-期刊互动发展机制。在此过程中，科技期刊可联合相关高校、科研机构举办学术研讨会，邀请与期刊主题相近的行业专家开展讲座，营造浓厚的科研氛围。

4 结束语

"学者型编辑"人才队伍建设是科技期刊发展的新时代要求。"学者型编辑"应既具备较强的

科研能力又有较高编辑业务素养，具有综合型学者的特征。他们即是某一学科的专家、科研人员，也是编辑出版行业的专家。高水平科研人员是建设"学者型编辑"人才队伍的重要发展对象。鼓励期刊编辑从事科学研究，吸引科研人员向专职编辑转型，提升"学者型编辑"队伍学术底蕴，是"学者型编辑"人才队伍建设的重要途径。在此过程中，科技期刊社应积极构建编辑人员的科研激励机制，搭建期刊社科研平台，创建良好的科研环境，留住"学者型编辑"人才，进而促进科技期刊学术水平和国际影响力提升，逐渐成为世界一流科技期刊。

参 考 文 献

[1] 胡光清.试论编辑的专业化与学者化[J].编创之友,1984(2):76-82.
[2] 蒋永华,陆炳新."编辑学者化"还是编辑"编绩"论[J].编辑学报,2003(5):381-382.
[3] 颜廷梅,任延刚.科技期刊编辑从事科研活动对提升期刊质量及编辑成长的作用:以《中国实用内科杂志》编辑科研实践为例[J].编辑学报,2017,29(1):87-89.
[4] 游俊,胡小洋."编辑学者化"的实质及现实可行性分析[J].中国科技期刊研究,2011,22(3):340-343.
[3] 颜廷梅,任延刚.科技期刊编辑从事科研活动对提升期刊质量及编辑成长的作用:以《中国实用内科杂志》编辑科研实践为例[J].编辑学报,2017,29(1):87-89.
[4] 游俊,胡小洋."编辑学者化"的实质及现实可行性分析[J].中国科技期刊研究,2011,22(3):340-343.
[5] 王瑞霞,曹晖,于荣利,等.论实现科技期刊编辑学者化的必要性和途径:以《食用菌学报》为例[J].编辑学报,2016,28(增刊1):60-61.
[6] 谷德润."编辑学者化"还是"学者编辑化"[J].编辑学报,2008(5):458-460.
[7] 翁彦琴,靳炜,岳凌生,等.中国科学院科技期刊青年编辑队伍现状及发展对策[J].中国科技期刊研究,2019,30(3):280-285.
[8] 邹小勇,段思怡,冷怀明.学术期刊的繁荣发展需要"编辑学者化"[J].科技与出版,2022(2):68-72.
[9] 王维朗,刘志强,游滨.科技期刊编辑提升科研能力的途径及策略[J].科技与出版,2018(9):50-53.
[10] 张辉洁,唐秋姗,罗萍,等.建设"学者型编辑"队伍,培育世界一流科技期刊[J].传播与版权,2019(12):112-115.
[11] 李春林.一个学者型编辑:访《中国儒学辞典》责任编辑之一袁闾琨[J].中国图书评论,1989(4):104-108.
[12] 林加西.期刊编辑参与科研活动现状调查及促进策略探讨[J].中国科技期刊研究,2016,27(10):1085-1089.
[13] 叶庆亮,孙继华,张海东.科技期刊编辑应该积极申报各类科研项目:以《热带作物学报》为例[J].农业图书情报学刊,2012,24(11):172-175.
[14] 胡慧俐,敬昱,常春喜.科技期刊编辑部可在科研项目中发挥作用[J].编辑学报,2001,13(4):240.
[15] 施纯,甘辉亮,林永丽,等.科技期刊编辑参与科研活动的探讨[J].海军医学杂志,2010,31(2):189-190.
[16] 胡伟武.立足国际化,创精品期刊:《地学前缘》EI检索的路径分析[J].科技与出版,2018(6):84-88.
[17] 叶方惠.科技期刊编辑参与出版科研项目的困境与思考[J].大众科技,2023,25(12):174-177.

智能媒体时代编辑继续教育培训的现实瓶颈与突破路径

李欣阳

(沈阳体育学院学报编辑部，辽宁 沈阳 110102)

摘要：以大数据和智能算法为核心的智能化信息技术成为驱动编辑继续教育培训变革的新引擎。运用文献资料法、逻辑分析法剖析智能媒体时代编辑继续教育培训的主要表现，分析其面临的现实瓶颈，并提出突破路径。研究认为，智能化信息技术驱动培训内容精准定制、培训形式动态交互、培训成果跨渠道转化。但当前仍面临数字技术类培训政策不完善，出版单位激励机制不健全；智能化信息技术驱动力较弱，培训缺乏新意；技术服务公司与青年讲师参与不足，成果转化不利等现实瓶颈。基于此，提出完善智能出版培训政策供给，建全数字成果转化机制；强化跨渠道数字资源开发与应用，驱动培训全流程智能化；多主体协同延伸技术培训产业链条，加快考核成果落地转化等突破路径。

关键词：智能媒体；信息技术；编辑；继续教育培训

随着大数据、云计算、人工智能、虚拟现实等智能化信息技术迅猛发展，出版、新闻等媒体从业者乃至每个异质化的独立个体都处于深刻变革的媒体生态中。2022年4月，《关于推动出版深度融合发展的实施意见》强调"用好信息技术革命成果，强化大数据、云计算、人工智能、区块链等技术应用"。2023年9月，习近平总书记在黑龙江考察时提出"新质生产力"概念。出版融合的探索已在高素质编辑、智能化信息技术以及高质量数字出版产品的驱动下由网络出版、数字出版转向更深层次的智能出版，步入新技术引领的智能媒体时代。智能媒体是指以数据主义和计算主义为引擎，以大数据和智能算法为工具，驱动内容向产品、传播渠道向知识服务转化，以实现特定场景用户需求的精准对接和全流程的数字化[1]。人作为媒介、技术的延伸，是贯穿智能出版产业链、价值链的核心驱动力，培养具备互联网思维、产品思维的应用型人才成为智能媒体时代编辑继续教育培训的关键抓手。2020年9月，国家新闻出版署、人力资源社会保障部印发《出版专业技术人员继续教育规定》(以下简称《规定》)，第十二条明确强调"积极探索适应信息化发展趋势的网络培训有效方式……不断深化新知识、新技术、新技能等的培训"，然而当前继续教育仍面临培训手段单一、培训内容缺乏针对性等现实问题，阻碍编辑职业发展与新技术的普及应用。基于此，本文探究智能媒体时代编辑继续教育培训的主要表现以及面临的现实瓶颈，提出强化跨渠道数字资源开发与应用等突破路径，以期推动智能化信息技术赋能编辑继续教育培训全流程，为培训成果的岗位转化提质增效。

基金项目：全国高等学校文科学报研究会2023年度编辑学研究一般项目(YB2023013)

1 智能媒体时代编辑继续教育培训的主要表现

智能化信息技术驱动编辑继续教育培训内容、形式与成果三大变革，主要表现为供给与需求相匹配、虚拟与现实相交互、成果与渠道相转化。

1.1 大数据与智能算法驱动培训内容精准定制

继续教育培训举办前，主办、承办单位综合运用大数据技术，挖掘潜在培训对象的过往培训偏好、近期学习兴趣、网上浏览足迹等行为数据，通过智能算法计算整理其普适性和个性化需要，从而有针对性地设计定制化的培训内容；同时，基于与培训主题相匹配的特定场景通过邮件、公众号、视频号等渠道精准推送培训通知，实现"培训找人"的点对点送达。

1.2 人工智能与虚拟现实技术驱动培训形式动态交互

继续教育培训过程中，使用人工智能技术，导入智能审校、文本的多模态转换、人机协同创作等案例教学；使用VR、AR技术，穿插元宇宙数字人演示、融媒体实验室等动态课程，使培训对象的人机交互参与体验成为可能，编辑参与积极性大幅提升。

1.3 数字平台与可视化技术驱动培训成果跨渠道转化

继续教育培训结束后，利用可视化技术将培训内容智能转化为H5、短视频等视觉化的知识产品，投放在编辑继续教育数字资源平台、移动终端、可穿戴设备等私域平台或博看网、维普资讯等第三方头部新媒体平台或数据库，实现培训内容的迭代增值和跨渠道传播变现。

2 智能媒体时代编辑继续教育培训的现实瓶颈

大数据、云计算、AR、VR、人工智能、可视化技术等智能化信息技术在编辑继续教育中的应用需要新闻出版主管部门、出版单位、继续教育培训机构、技术服务公司以及熟练使用新技术的培训师资等多元主体协同配合，但当前继续教育培训仍停留在唯学时导向的同质化阶段，培训内容难以实现定制化、培训形式交互性缺失、数字平台成果转化乏力，表现形式单一导致继续教育培训陷入编辑缺乏主动参与的内生动力、智能化信息技术赋能成本过高的恶性循环，转型进程受阻。

2.1 数字技术类培训政策不完善，出版单位激励机制不健全

面向全国广电媒体的问卷调研显示，52.36%和77.86%的媒体从业者认为国家宏观战略和管理体制直接影响媒体融合能否有效推进[2]。编辑继续教育培训相关政策不够细化以及出版单位激励机制不健全使得编辑参与继续教育培训的动力不足。首先从政策层来看，缺少智能化信息技术应用于培训的细化规定。从2002年的《出版专业技术人员职业资格管理暂行规定》到2020年的《规定》，政策更倾向于提升编辑的政治能力、区分科目、强化学时管理等，但《规定》仅提及"统筹推进线上线下相结合的培训模式"，对数字时代、智能媒体时代继续教育培训具体应以何种形式开展、监督与考核标准如何科学认定等缺乏具体要求。顶层设计不足导致现有培训仍固守编校业务，培训机构无暇投入高成本开展难度大的技术类培训或将新技术融入其中。其次从出版单位层面看，继续教育培训与编辑晋升相衔接的激励机制尚未建立。一项学术期刊主办单位对编辑继续教育培训重视程度的调研显示，高等院校对培训一般重视与不够重视的比例达30.64%、企业单位达37.93%[3]，不与内部奖励、晋升机制挂钩的唯学时式参与培训致使工具价值取向阻碍编辑的智能化信息技术学习能力建构。

2.2 智能化信息技术驱动力较弱，培训内容与形式缺乏新意

编辑继续教育培训机构尚未运用大数据和智能算法构建清晰的学员画像并提供定制的培训内容和智能化的知识服务。首先从培训内容层面看，个性化与创新性不足。现有培训内容除公需科目外，专业科目主要集中在出版物编校质量、审读加工等编辑基本业务层面。笔者统计 2022 年 6 月—2024 年 2 月邮箱收到的培训通知邮件发现，在总计 54 封邮件中，涉及"编校质量"关键词的邮件高达 31 封，涉及"媒体融合"的仅有 8 封，且存在同一主题的培训多次举办、同一培训多次推送的问题。内容更新不及时成为当下编辑继续教育培训面临的关键"卡脖子"问题。其次从培训形式层面看，重理论学习而轻技术实操，重编校技能提升而轻知识性差错辨识，新媒体产品打造、以新技术辅助知识性差错审核等方面的培训尚未普及开展。在对 324 名科技期刊编辑进行的问卷调查中发现，216 名编辑(占比 66.7%)认为现有培训缺乏针对性，189 名编辑(占比 58.3%)认为培训形式单一[4]。专家单向灌输式的培训形式使得编辑补偿性学习和问题导向式学习意识不强，技术实操、案例式教学、人机交互模式尚未普及。

2.3 技术服务公司与青年讲师参与不足，考核形式不利于培训成果转化

党的二十大报告强调，"必须坚持科技是第一生产力、人才是第一资源"，多主体协同作用未能有效发挥使得培训师资凝聚力不强。首先从培训主体层面看，技术服务公司和青年编辑的主体作用尚未突显。对科技期刊编辑继续教育培训需求的调研显示，72.41%的编辑部主任和 55.81%的期刊编辑更看重数字出版新技术方向的培训[5]。然而，技术服务公司参与不足使得以技术要素、数据要素等新质生产力赋能的涵盖编辑基本技能培育、各领域专业知识辨识的继续教育培训课程体系尚未健全。此外，继续教育专家库内的培训教师资源多为行业资深专家学者，具备数字素养的一线青年编辑较少使得新技术的带动作用不足，难以形成培训成果的知识迁移。其次从培训考核与监督层面看，普遍疏于监管或流于形式。编辑继续教育培训考核多为免考核、开卷考试或提交学习总结等形式，以线上培训为例，在 2016—2022 年举办的 209 场培训中，有 107 场考核方式为提交培训体会，占比达 51.2%[6]。新闻出版主管部门对培训质量监督不严以及缺少智能化信息技术实操考核的认定标准导致编辑继续教育培训效果不理想、科技成果转化率低。

3 智能媒体时代编辑继续教育培训的突破路径

编辑继续教育培训内容质量与技术服务水平的提升是多元主体协同组织管理的结果，新闻出版主管部门、各出版单位、技术服务公司等应在满足编辑培训需求的条件下协同配合，合力实现智能化培训的新突破。

3.1 完善智能出版培训政策供给，建全数字成果转化机制

《出版业"十四五"时期发展规划》明确提出"健全完善继续教育培训和职称评定的长效机制"。应统筹推动编辑继续教育培训制度、职业资格考试与准入制度、职称制度的优化，充分发挥制度体系的"组合拳"作用[7]。①完善数字出版、智能出版培训的政策供给，细化编辑继续教育培训制度体系。国家新闻出版署、人力资源和社会保障部等部门应细化《规定》中的"内容与形式"章节，或以此为基础尽快出台推动智能媒体时代编辑继续教育培训创新发展的配套政策或规范，如"关于推动继续教育融合发展的实施意见""出版专业技术人员继续教育实施细则"等。可借鉴域外优秀的行业规范，如英国的《书刊出版国家职业标准》不仅在第 7 项和第 15 项专门制定有关数字出版的标准，还在每条标准中作出详细规定，如在第 7 项"制定数字化

战略"中详细规划了编辑应了解的数字出版相关的新设备、新平台以及受众需求、营销方案等[8]，为培训组织主体提供了硬性的条件约束。②建立绩效评估体系，畅通继续教育培训成果产出与职业晋升相衔接的激励机制。各级新闻出版主管部门应积极推动将智能化信息技术应用相关培训成果，如大数据检索辅助选题策划、知识性差错的智能审校、音视频知识产品开发等纳入编辑绩效评估体系，以科学的激励机制鼓励编辑参与继续教育培训，对技术培训成果进行资源整合分享，从而带动整个编辑部的创新创造，催生新质生产力。

3.2 强化跨渠道数字资源开发与应用，驱动培训全流程智能化

新闻出版主管部门应积极推动培训机构试点，鼓励有技术条件的培训主体积极创建编辑继续教育数字资源平台，以大数据、云计算、增强现实等智能化信息技术赋能编辑继续教育培训全流程，驱动定制化的培训内容精准触达每位学员的个性化需求、人机交互式的培训形式不断激发编辑参与积极性。①建立分级培训模式，强化跨渠道资源整合。新入行的青年编辑应充分利用数字资源，提升其编校业务能力，强化数字技术应用。编校业务方面，线上微信公众平台中的内容资源如"中文编校网"中的"常见的 100 个错别字"，"编辑学堂"中的"标点符号知识"，"编辑之声"中的"地图规范使用"等皆可纳入培训内容；专业知识储备方面，科学、历史、社会等领域专业知识的智能辅助审校都应列入继续教育案例课程；数字技术应用方面，ChatGPT 语料生成、大数据信息检索、大语言模型入门、短视频制作等皆可列入培训范围，加大智能化信息技术实操的培训力度，提升培训难度。对于资深编辑和编辑部主任、主编，应注重培养其数据思维和互联网思维，可针对性地开展知识服务开发运营、数据库分类创建等实用性、案例性课程，强化其行业信息的辨别与决策能力。②线上线下相结合，推动培训全流程智能化。《规定》强调"专业科目学时一般不少于总学时的三分之二"，智能媒体时代应充分满足学员的技术学习需要，线下培训可开设"编辑与数字人面对面""AI 撰写论文提纲""多模态音视频文本转化"等培训课程，并以 VR 报道、H5 可视化、直播等形式呈现，提升培训的趣味性和互动性；线上可将培训内容跨媒体转化为多种形式的知识服务产品，在数字资源平台上进行模块化呈现，如"一分钟解读培训要点""文心一言入门实训""数字出版专家访谈"等。在此基础上，链接智能出版相关社群，催生学术论坛、校园活动等多元场景，实现人才资源的聚合与知识流量变现。

3.3 多主体协同延伸技术培训产业链条，加快考核成果落地转化

《规定》第四条提出"建立兼容、开放、共享、规范的继续教育培训体系"，第十八条强调"推动构建分工明确、优势互补、布局合理、开放有序的继续教育培训体系"。可见，推动构建新闻出版主管部门、出版单位、行业协会、高等院校、科研院所、技术服务公司等多主体协同组织管理的继续教育培训体系是提升编辑继续教育培训智能化水平、完善师资队伍建设、提升考核实效性的重要举措。①建立"产学研用"培训体系，推动多主体协同组织管理。各级新闻出版主管部门应提供资金、人才支持，以实际的利好政策鼓励培训机构开展多元化的技术类培训，同时充分发挥监督职能，将学员的满意度、新技术的推广应用情况、数字产品的产出作为教学成果评价的标准，为培训效果好的机构颁发证书；出版单位应全力支持编辑参与技术实操类培训，为其提供训后成果展示、运营私域新媒体平台的机会；行业协会应充分整合会员单位的人才和技术资源，致力于以大数据和智能算法挖掘编辑的个性化需要，安排定制化的培训课程；高等院校应为智能化信息技术背书，不仅输送数字出版、智能出版方向的

青年讲师，更应致力于为学员提供新技术的"实验室""训练场"；科研院所应主动分享其科研经验、学术成果，推动培训内容的产业链、价值链延伸；技术服务公司则应树立服务意识，整合自身的技术优势，将新技术的普及与体验、移动终端的设计等融入体系化的课程设计，满足学员需要的同时提升自身的经济效益和社会效益。②构建立体化的考核模式，促进培训成果的产业转化。应鼓励采用实效化的考核形式，拓宽学时的认定标准，编发公众号推文、制作短视频、运用人工智能技术辅助生成选题策划提纲等皆可作为合格的培训考核成果，以"实践出真知"为准绳，推动编辑继续教育正向反馈于本岗位新媒体运营。此外，应注重培训效果的评估与调研，训后应通过在线问卷、社群反馈、学员访谈等形式评估培训效果并收集意见与建议，为下一次培训的开展"排雷避坑"，提升学员的使用与满足效果，树立培训机构口碑。

4 结束语

编辑继续教育培训承担着培养智能媒体时代高素质人才的重要使命，应从管理体制机制、培训组织主体、内容与形式、考核与监督等层面统筹推进、系统谋划。智能媒体时代的编辑继续教育培训应以大数据和智能算法挖掘特定场景下编辑的个性化需求，以定制化内容为依托，设计人机交互式的培训形式；同时，将考核标准认定为可视化数字产品输出，并将培训内容跨平台转化为多种形式的线上知识服务，延伸培训价值链条。以智能化信息技术驱动编辑继续教育培训变革成为出版强国、文化强国建设的必由之路，唯有运用新思维、拥抱新技术，才能加快发展新质生产力，推动编辑继续教育培训转型升级，培养更高素质的应用型人才。

参 考 文 献

[1] 安琪,刘庆振,徐志强.智能媒体导论[M]北京:中国传媒大学出版社,2022:22.
[2] 龚荣生,王志奇,陈道生,等.主力军全面挺进主战场 构建媒体深度融合新生态:广电媒体融合机制探索调研报告[J].传媒,2023(16):23-28.
[3] 王维朗,郭伟,黄江华,等.学术期刊编辑职业认知度及满意度调查与分析[J].中国科技期刊研究,2021,32(1):55-64.
[4] 李玉乐,李娜,刘洋,等.我国科技期刊编辑专业技术人员继续教育培训现状调查[J].中国科技期刊研究,2020,31(4): 447-454.
[5] 范瑜晛,刘畅,姜京梅.科技期刊编辑继续教育的适配情况及发展路径[J].中国科技期刊研究,2019,30(5): 518-524.
[6] 沈秀.出版专业技术人员在线继续教育的现状、问题与路径:基于483位学术期刊编辑的调查研究[J].传播与版权,2022(1):73-77.
[7] 张恰."十四五"时期编辑队伍建设的价值定位与路径选择[J].中国编辑,2022(3):20-25.
[8] 付伟棠.英国《书刊出版国家职业标准》及其对我国出版人员继续教育的启示[J].出版科学,2019,27(4): 105-110.

组约稿实践促进科技期刊青年编辑能力提升

余溢文，徐清华

(同济大学学报编辑部，上海 200092)

摘要：科技期刊青年编辑能力提升是科技期刊高质量发展的内在要求，文章以组约稿策划与实践为切入点，阐述组约稿具体实施的思路、内容和方法，从而总结出组约稿实践驱动下科技期刊青年编辑能力提升的要求，并探讨青年编辑能力提升的路径，助力科技期刊青年编辑的培养。

关键词：组约稿；科技期刊；青年编辑能力；提升路径

当前，科技期刊的发展已经进入从多数量发展到高质量发展的新阶段，科技期刊的发展比任何时期都更渴求人才。只有加快建设高水平办刊人才队伍，夯实我国科技期刊事业发展根基，才能为科技期刊的发展提供人才保障[1-2]。中国科技期刊卓越计划办公室 2020 年开始持续设立选育高水平办刊人才子项目——青年人才支持项目；2023 年科技期刊青年编辑研讨会、中国高校科技期刊研究会青年基金课题，上海科技期刊学会"海上青编腾飞项目"等，各类青年编辑人才支持项目的实施和全国科技期刊青年编辑大赛的开展都为青年编辑的成长提供了良好的政策支持与鼓励。科技期刊青年编辑在发展环境的支持下，通过各种渠道与方式，挖掘自身潜力，提高自身素养，是推动科技期刊繁荣，建设世界一流科技期刊的重要人才力量。

科技期刊的高质量发展离不开青年编辑的不断提升，而组约稿作为一种有效的策略和实践手段，对于激发青年编辑的潜力、推动其素养提升具有重要意义。本文以组约稿的实践为切入点，探讨如何通过组约稿推动科技期刊青年编辑素养的提升，旨在为科技期刊青年编辑的培养提供可行的路径和方法。

1 组约稿的策划与实践

1.1 组约思路——组约之始，策划先行

组约稿是围绕创新学术热点和国家重大战略问题开展特约专题建设，邀请特定专家撰写特定内容的学术论文，促进领域内学术合作和知识传播，是提高期刊的学术质量、影响力和可持续性发展的有效方法[3]。策划是组约稿的核心工作，是组约稿件的前提。首先，组约稿件的专题应符合期刊的特色与定位，其次，应紧紧围绕当前科技领域的研究热点和前沿问题，考虑领域的发展趋势和热点难点；同时应紧密关注国家和地区的科技发展战略，包括重大科

基金项目：2022 年施普林格·自然——中国高校科技期刊研究会英文编辑及国际交流人才培养基金立项项目(CUJS-GJHZ-2022-21)；基于 XM 平台科技学术期刊出版流程体系的精益设计与实践(syskt2024-Z74)

技项目和科技创新计划等。最后，在确定特约专题的基础上，确定组稿流程和工作计划。设定组稿启动、截稿、评审、修改和最终发表的时间节点，提前规划各个环节，确保组稿过程的顺利进行。通过完整的策划，期刊编辑对组约稿工作有整体的把控和布局，有助于提高期刊组约稿的质量和效率。

1.2 组约内容——以前沿和热点为指引，突出专题特色

特约专题是科技期刊有针对性、集中讨论某一领域或主题的专栏。通过综合考虑理论和实践，有助于挖掘和解决该领域的深层次问题[4]。确定特约专题的内容，是组约稿的重要工作，是组约稿件是否能够成功的重要因素。特约专题的组约应具有原创性，具体而有深度。一般是针对领域的热点问题、前沿技术或者综合性研究进行组约。对领域内尚未解决或未充分研究的问题进行研究，也是特约专题可以覆盖的范围。此外，将最新科技成果纳入特约专题，可以确保专题内容紧跟前沿技术和趋势，提供给读者最新的研究动态。通过对特约专题的提炼和深化，将学术研究与实际应用相结合，能使期刊的特约专题更具新鲜感和生命力。同时在组约稿件时，对组约稿件的学术标准、作者身份和论文类型和数量都应给予合理的约定和要求，这是在组约内容方面的综合考量。

1.3 组约方式——兼顾成果与人脉资源

纵观期刊的组稿情况，笔者将其归纳为两种主要的组约方法[5-6]：一是以创新成果为导向的约稿；二是以人脉为导向的约稿。前者重点关注最新科研成果，利用学科资源优势，结合研究热点和前沿性问题确定主题，再根据既定主题广泛或者定向约稿，保证组约稿工作的顺利进行。后者是以专家学者为主导，专家进行稿件的组约与同行评议，编辑负责统筹与联系工作，最终以专题的形式呈现。以创新成果为导向的约稿，根据研究热点与前沿问题，不仅有利于促进学术创新，提高期刊的学术质量，同时也有助于吸引知名学者，提高期刊学术影响力。以人脉为导向的约稿给学术圈内部的合作与互动提供了机遇，有利于巩固专家学者的合作关系，彼此之间有了更多的支持、资源与合作机会，对于专题组约的起步有着立竿见影的作用。它的缺点在于偏向于熟悉学者的交际圈，而忽略了新兴的、有影响力的其他学者。总的来说，选择合适的组约方式，通常要把这两种方法结合起来，既注重学术质量和创新，又鼓励学术合作，这样才可以更全面地推动期刊学术质量和影响力。

2 组约稿对青年编辑人才素养提升的要求

从组约稿件的思路、内容和方法，不难看出，组约稿不仅是对特约稿件的审读、编辑和发排，更是对组稿的科技期刊青年编辑的挑战和锤炼。组约稿对青年编辑素质提升提出了明确和迫切的要求，科技期刊青年编辑应着重于以下几方面的素养提升。

2.1 敏锐的学术热点洞察力

在策划专题时，这种洞察力不仅是对学科发展状态的感知，更是对学术界新兴趋势和研究方向的把握，是邀约期刊高质量组约稿的金钥匙。目前因为不少科技期刊有专门的主持人来承担选题的工作，因而在这方面青年编辑能力普遍缺失，而事实上这是青年编辑缺乏且亟须培养的素质。通过对学术热点的敏感洞察，迅速而准确地分辨出当前研究热点，筛选出其中具有创新性和原创性的学术论文[7]，不仅能够提高青年编辑决策的科学性，还有助于期刊及时发布前瞻性的研究成果，提升期刊的学术影响力。这与提倡青年编辑成为"学者型编辑"的概念不谋而合。

2.2 卓越的信息处理和优化能力

在组约稿过程中，青年编辑会面临各种各样的问题，如专题的稿件是否具备创新性和前沿性，如何处理同行评议、给作者具有建设性的反馈意见，如何优化组约稿的流程，如何对组稿时长进行有效预判等，这些都考验着青年编辑的信息处理和优化能力。如果青年编辑在组约稿件时，能够迅速而精准地提炼与专题相关的有效信息，对每个环节和要素进行科学分析和评估，将有助于青年编辑更好地做出相关的决策[8]。

2.3 优质的传播与运营能力

智能化、信息化技术已经广泛影响到科技期刊的发展，同时也使科技期刊的传播方式和青年编辑的工作模式产生变化[9]。如通过新型技术如 ChatGPT 的协作来策划专题；通过大数据检索、专家图谱的描绘与调研等方法进行约稿，运用互联网优势和融媒体手段，使优秀学术成果得以传播。这就要求青年编辑与时俱进，有意识地学习先进的发展理念和编辑技术手段，充分利用人工智能衍生的新技术，创新工作方法和编辑流程。

2.4 统筹兼顾的协作能力

笔者在组约稿过程中曾遇到过专题主持人与审稿人、编辑部产生分歧的问题，特别考验青年编辑处理问题时统筹兼顾的能力，既要充分尊重学者，体会他们为期刊发展的良苦用心，又要公平公正地，让作者心悦诚服地接受同行评议，同时也要符合编辑部的组约稿的管理规定。在复杂多变的组约环境中，需要科学的优化决策，确保整个专题或期刊的学术质量和有序发展。这就要求青年编辑不断深入思考，加强与团队成员密切合作，形成协同效应。同时，青年编辑可以与领域内的专家、学者以及产业界的从业者加强沟通，充分挖掘学术研究和科技成果之间的联系，提高特约专题的学术深度和应用性。

3 编辑素养提升路径

3.1 以学习为导向，增强成长意识

一个拒绝成长的人不会是一个成熟的人。青年编辑正处在人生的黄金阶段，持续不断地学习和提升对人生和职业生涯将大有裨益。设立明确的学习目标，善于发现和剖析自身知识结构的短板，积极参与学术交流和研讨会。多向学科专家、资深编辑学习，并将学习成果内化于心，外化于行。只有保持对新兴技术、研究方法和领域动态的敏感性，多总结反思，多交流学习，多阅读分析，才能保持专业的职业素养，与时俱进[10]。

3.2 以实践为指引，加强交流合作

在组织编委会、学术研讨会以及专题策划等编辑工作中，每一个环节都离不开交流与合作。只有加强团队的协作，积极统筹规划，才能行之有效地解决问题。面对权威地位和丰富研究经验的专家学者、初出茅庐的青年作者或是编辑团队的同事，青年编辑都应怀抱谦虚严谨的科学态度，开展有效的沟通，促进编辑工作的高效流转和顺利进行。实践是最好的老师，在组稿实践中发现问题，解决问题，主动适应编辑工作中的变化，在变化中改进提升，才能提高解决复杂问题的能力。

3.3 以发展为目标，提升责任感

青年编辑既要发扬一丝不苟，孜孜不倦的工作作风，又要树立大局意识和责任意识[11]，充分利用并发挥 AI 时代的科技优势，尝试新思路新方法，探索办刊新机制。将办好刊，树立科技文化自信为己任。重视信息的归纳、分析和优化，及时思考并总结完善，为期刊各项工

作提供理论和实践基础。可以说，青年编辑的成长与成熟，不仅是学习、交流能力的提升，更是在责任感的驱使下不断改进和优化的过程。

青年编辑是科技期刊中充满活力和创新思维的一支重要力量，既肩负着引领学术潮流的使命，又需要在实践中不断提升自身素质。面对日新月异的发展新形势，青年编辑应深刻理解编辑工作的核心价值，在传承中突破，在坚守中创新，为科技期刊的繁荣贡献自己的力量。

参 考 文 献

[1] 肖宏.办好中文科技期刊,服务"十四五"发展新格局[J].科技与出版,2021,(01),43-52
[2] 张耀元,舒安琴,张梨虹,等.重庆市科技期刊编辑学会助力青年编辑成长的实践探索[J].编辑学报,2022,34(5):572-575.
[3] 董立,白振瑞.组约高水平论文的探索与实践:以《石油与天然气地质》为例[J].编辑学报,2023,35(2):223-227
[4] 边书京,陆文昌,张志钰,等.专题组稿的实践与思考:以《华中农业大学学报》"长江经济带绿色农业"专题为例[J].黄冈师范学院学报,2022,42(6):126-129
[5] 武晓芳,张晓曼,郝洁,等.专题组稿在提升科技期刊影响力中的作用:以《地震研究》期刊为例[J].地震地磁观测与研究,2023,44(2):186-190
[6] 程琴娟,焦阳,宋轶文,等.《陕西师范大学学报(自然科学版)》进行专题出版的实践及成效[J].编辑学报,2022,34(2):215-218
[7] 汤梅,金延秋,陈禾.基于专刊组稿的高校学报特色办刊之路探索:以《清华大学学报(自然科学版)》为例[M]//学报编辑论丛 2022.上海:上海大学出版社,2022:1-5
[8] 杨小梅,侯春梅,刘蔚,等.科技期刊青年编辑"多维协同"人才培养模式研究:以中国科学院西北生态环境资源研究院期刊出版部为例[J].编辑学报,2023,35(5):587-590
[9] 陈岩.数字化时代科技期刊编辑的角色转型[J].科技传播,2021,13(6):44-46
[10] 李骏.科技期刊青年编辑提高核心竞争力的几点思考[J].新闻研究导刊,2023,14(4):218-221
[11] 黄雅意,黄锋,辛亮.新时代科技期刊青年编辑核心素养的自我修炼[J].编辑学报,2023,35(5):584-586.

高校学报编辑与教师的双向流动
——现状、问题与对策

涂 薇

(安徽师范大学学报编辑部,安徽 芜湖 241000)

摘要: 高校学报的高质量发展与学报人才队伍的优化密切关联,互相促进。高校汇聚了大批高素质人才,是践行"编研结合""双向流动"的最佳平台。基于对71家高校学报编辑及172名高校教师的问卷调研数据,了解当前高校学报编辑与高校教师双向流动的现状及问题。结果显示,目前高校学报普遍需要高素质编辑人才,70%的高校教师表示愿意兼职参与学报编辑工作,大部分老师对转岗为编辑持有疑虑;学报编辑对"双向流动"持较为积极的态度。为了促进高校学报编辑与高校教师的双向流动,期刊管理部门需加强政策顶层设计,高校则需加强人才统筹,优化流动环境,探索新型流动形式。

关键词: 学报编辑;高校教师;编研结合;双向流动

高校学报是我国学术期刊的重要组成部分,是高校教学与科研成果展示的媒介,也是促进学术交流、服务学科建设、传承优秀文化的高端学术和话语平台。然而,当前高校学报整体上存在办刊特色不明显、学科分散、办刊体制僵化、缺乏优质稿源等"全、小、散、弱"问题,特别是随着新媒体技术的发展,学报面临着主动应对传播环境变化,抢抓数字化机遇的挑战,其转型发展方向引发学界广泛讨论。有学者认为高校学报的综合性符合其发展规律,应通过加强审稿来提升期刊学术水平[1],也有学者认为因地制宜的高校学报布局和结构调整对学报的整体发展至关重要[2],还有学者认为学报应该根据高校学科建设水平与办刊现实条件,选择不同的专业化转型发展路径[3]。虽然变革思路并不相同,但大部分学者认为高素质人才是学报发展的基础——高校学报的办刊水平取决于拥有学术敏锐性、了解学科前沿和学科发展趋势的办刊人[4]。

学术期刊编辑是知识生产的重要参与者,学报高质量发展离不开编辑人才队伍的创新发展[5]。注重编辑队伍建设与发展,应当倡导编辑团队成长与期刊共同发展的理念。针对建设规模合理、结构优化、素质优良的编辑人才队伍这一问题,2021年6月,中宣部、教育部等多部委联合印发的《关于推动学术期刊繁荣发展的意见》(以下简称《意见》),第十二条提出"支持办刊单位出台政策措施,探索编研结合模式,将优秀学者和科研人员引入办刊队伍,支持教育科研单位教学科研人员与办刊人员双向流动"[6]。其中"双向流动"并未明确定义,笔者认为可以理解为一方面是鼓励期刊编辑注重编研结合,积极进行学术研究,努力提升自身学术

基金项目: 中国高校科技期刊研究会专项基金课题(CUJS2023-C10);安徽省高等学校研究会编辑科研基金项目(IAUJ2023G-09)

水平，融入相关教研团队；另一方面拟将更多富有学术创造力的教研人员引入期刊队伍，可以兼职、转岗、特聘等多种形式，以进一步提升编辑队伍专业素质，加强学报特色和核心竞争力。"双向流动"的本质应在于构建合理科学的双向选择机制，以保证教研人员和编辑更好的职业发展。

《意见》的出台为学术期刊整体深化改革指明了方向，也为编辑人才队伍建设做出了政策指引。高校汇聚了大批德才兼备的高素质人才，是践行"编研结合""双向流动"的最佳平台，探索编研结合模式下高校教师与学报编辑双向流动路径更有优势[7]。《意见》实施以来，高校学报编辑与高校老师有没有"双向奔赴"？哪些因素促进或阻碍了这种双向流动？本研究基于对高校学报编辑和高校教师的实证调查，尝试对上述问题进行回答。

1 材料与方法

1.1 调查思路

本研究使用描述现状、分析关键影响因素、提出政策措施的整体思路。旨在探索如何强化顶层设计，完善运行机制，统筹推进编研结合模式下高校教师与学报编辑双向流动与发展，了解双向流动的瓶颈和障碍，着力建构科学合理的人才管理模式和岗位协同机制，推进编辑队伍建设与期刊培育机制的有机融合。

1.2 调查对象

本研究选择高校学报编辑和相应高校在职教研人员进行调查。选择来自全国 8 个省份的 71 家高校学报编辑进行调查，包括双一流高校 5 家，省属高校 56 家，其他类型高校 10 家。这些高校学报中，中文期刊有 67 家，英文期刊有 4 家；人文社会科学和艺术类期刊占比 28.2%、自然科学与技术类期刊占比 28.2%，综合性期刊占比 43.6%。接受问卷调查的 71 家学报编辑中，30 岁及以下编辑比例为 10.22%，30~45 岁的编辑比例为 47.11%，45~55 岁的编辑比例为 25.99%，55 岁及以上的编辑比例为 16.69%，作为高校学报编辑平均工作年限为 10.56 年(标准差为 8.24 年)。

在相应高校使用方便取样的方式，选择 172 名高校教研人员接受问卷调查。受访高校教师的年龄在 24~55 岁之间，平均年龄为 37.78 岁(标准差为 6.20 岁)。男性 84 人，占 48.8%；女性 88 人，占 51.2%。在受教育水平方面，有 70.3%的高校教师拥有博士学位。专业背景为理工科的有 107 人，占 62.21%；人文社科的有 65 人，占 37.79%。

1.3 调查工具

双向流动路径研究量表的编制遵循社会科学量表编制一般程序，从三个方面构建该量表的题项。首先，基于高校教师与学报编辑双向流动的内涵设计访谈提纲，对 3 名编辑部负责人和 5 名编辑进行深度访谈。第二，基于高校教师和学报编辑人员流动的实际情况编制访谈提纲，对 2 名人事部门人员和 5 名高校教师进行访谈。第三，参考国内外相关文献，结合访谈要点，构建了关于高校教师与期刊编辑双向流动模式的调查问卷。根据调研目标，编辑问卷重点涵盖期刊基本情况、编辑队伍构成及职业发展、双向流动现状及影响因素、双向流动必要性和可行性等方面内容，教师问卷重点涵盖教师对期刊编辑工作的了解及参与度、流动的影响因素及瓶颈等方面内容。

2 调查结果

2.1 学报人才队伍建设现状

2.1.1 高校编辑数量不足，人员老龄化严重

调查数据显示，高校学报编辑队伍普遍人员数量不足，编辑部的专职编辑人数在 1~12 人之间，平均人数为 3.82 人(标准差为 2.17)。《科学技术期刊管理办法》中明确规定，专职编辑人员按任务定编，一般季刊不少于 3 人，双月刊不少于 5 人，并设专职编务人员[9]。大部分高校学报都是双月刊，实际编辑数量远低于国家相关文件规定的人数，甚至还存在"一人办刊"的现象。高校学报编辑队伍普遍存在"青黄不接"，77%的受访学报认为编校工作量大，人员严重不足，急需扩充。47 家学报没有 30 岁及以下的工作人员，占比达 66.2%。近 3 年来，43 家学报没有从外部招聘专职编辑，占比为 60.6%；招聘 1 人的有 22 家学报，占比为 31.0%；招聘 2 人有 6 家学报，占比为 8.5%。调研中发现，资深编辑一般年龄偏大，面临退休，而不少学报难有新招聘或转岗的中青年加入，学报团队缺乏老中青、传帮带的人才梯队建设，长期而言对于学报办刊质量有较大的负面影响。

2.1.2 学报编辑高学历、高职称人员占比较低

调研中发现，目前学报编辑队伍的人才结构与期刊发展需要还存在较大差距，学报编辑中博士学位获得者较少，31 家学报的专职编辑中没有博士学位获得者，占比为 43.7%；其他期刊中，博士编辑的比例最低为 8%，整体而言，学报编辑部的博士比例为 24.62%。同时，高级职称人员比例较低，7 家期刊的专职编辑中没有副高及以上职称人员，占比为 9.9%；其他期刊中，高职称编辑的比例为 20%~100%。整体而言，编辑部高级职称比例为 36.77%。在人工智能时代，期刊出版的内容和形式都发生了翻天覆地的变化，《中国科技期刊发展蓝皮书(2023)》显示，我国科技期刊急需高水平、跨学科的学术编辑、资深出版人等复合型人才[10]。加快提升学报编辑人员学术素养和学历职称，同时将在学科领域有一定影响力的高水平人才"请进来"，助力学科发展并融入学报高质量发展进程，是建设一流期刊亟须解决的问题。

2.1.3 学报编辑的工作专业化程度有待提高

调研中发现 87.3%的学报仍是传统编校一体模式，9.9%的学报编校相对分离，仅有 2.8%的学报学术编辑和专职校对人员分工相对细化，有学术编辑、数字编辑、技术编辑等相对完善的编辑队伍。高校学报一般属于综合性期刊，有学科门类多、栏目多样化的特点，更需要多学科背景的编辑人员，对编辑的知识储备也有更高的要求，现实情况是多数学报编辑需同时兼顾多学科文章的编校工作，目前就高校学报编辑团队整体而言，不乏部分编辑还存在欠缺出版专业知识、编校业务能力不足、组稿约稿经验缺乏等问题，对新媒体和数字技术等方面则更为陌生。学报编辑岗位应分工细化，文字编辑主要承担文章校对工作，学术编辑主要把关文章学术水平和专业送审、数字编辑负责期刊数字化建设和推广。

2.1.4 高校学报编辑学术参与度不足

2019 年以来，国家以优秀学术团队为核心，施行期刊"卓越行动"计划。原《中国人民大学学报》主编杨焕章也提出，称职的学报编辑应该学术功底深厚，应当对于稿件有基本的鉴别和判断能力，才能在与作者沟通时顺畅地交流学术观点，提出中肯的修改意见；才能敏感地把握学科前沿热点，制定选题与组稿计划等[11]。本次调查发现，45.1%的学报编辑外出参加学术交流活动较少或者很少，33.8%学术交流活动情况为中等。56.4%的学报编辑认为，与教

研人员相比，编辑在科研项目申报方面"非常受限"，23.9%认为"中等受限"，编辑能申请的课题十分有限，少数期刊协会或研究会的课题几乎没有经费支持。近3年来，71.8%的期刊编辑发表学术论文比较少。总体看来，学报编辑目前"编多研少"的状况比较突出，在高校体制内的定位使其倾向于文字编辑工作，独立开展学术研究的能力相对弱化。

2.2 高校老师与学报编辑双向流动的可行性

2.2.1 学报编辑与高校教师的双向流动具有现实性

首先，学报编辑部或为高校的直属部门，或挂靠在科研部门，高校教师与学报编辑的双向流动存在着空间上的可能性。第二，高校内部针对辅导员、思政教师等已存在转岗或兼职的专门政策文件，且取得了良好的工作效果，高校教师与学报编辑的双向流动亦可参照其方法制定。第三，高校教师大多是相关领域的专家，发表过大量学术论文，熟悉本专业前沿热点和专业论文的规范写作等，有能力帮助学报把好学术关。第四，学报是高校科研成果展示的重要平台，伴随着高校教师的科研成长，其发展受到广大教师的密切关注。

2.2.2 学报编辑和高校老师对双向流动均持较为积极的态度

近50%的受访教师认为双向流动具有可行性，虽有37.8%的老师表示态度不乐观。近70%的受访教师表示，如果有机会的话愿意参与期刊的编辑工作，其中45.9%的教师愿意作为编委会成员，负责把关稿件的学术价值，参与组稿约稿；52.3%愿意任期刊兼职编辑，部分参与期刊审校工作。相对教师来说，学报编辑对于双向流动持更为积极的态度，约61%认为可行性大，不确定的仅为22.5%。目前比较常见的"双向流动"模式包括：33.8%的高校学报由知名学者兼任期刊主编；40.8%的学报由优秀学者兼职任期刊负责人、副主编；63.4%的学报表示会从优秀学者中选聘编委，负责把关稿件的学术价值，21.1%的学报有优秀学者兼职或转岗为编辑部专职编辑的情况。部分学术水平较强的学报专职编辑参与专业课题研究团队，开展合作研究，兼任本科或研究生导师等，占比约为10%。

2.2.3 学报编辑与高校教师双向流动有利于创造共赢

高校教师和学报编辑所从事都是精神产品的生产和知识文化的传播工作，同样也都需要具备奉献精神[12]。高校教师覆盖学科和专业广泛，具有良好科研背景和专业学术素养的教师参与期刊编辑工作，是推动学术期刊高质量发展的重要途径；近80%的受访教师认为双向流动很有必要，有助于教师科研水平的提高。双向流动也有利于提高编辑工作能力，提升编辑的职业认同感，鼓励期刊编辑在编校之余，真正地实现编研结合，从事所属学科领域的科学研究以及编辑学科的相关研究，有助于编辑在科研实践中提升学术素养，在时间和精力允许的情况下，学报编辑兼任研究导师或少量教学工作，可以从编辑视角，在学生论文选题、写作规范方面提供力所能及的帮助和指导。

2.3 学报编辑与高校老师双向流动的阻力

虽然学报编辑与高校老师的双向流动会带来诸多收益，但现实中也面临许多困难和挑战。调查数据显示，近3年来，28家学报的专职编辑中没有本校教师转任的情况，占比为39.4%。所调查学报中，由本校教师转任专职编辑的平均比例为33.63%。44家学报的专职编辑中没有从本校行政干部转任的，占比为62.0%；所调查学报中，专职编辑从本校行政干部中转任的比例为14.81%。此外，只有1.7%的受访教师表示愿意转岗为学报专职编辑，62%的受访教师表示对学报工作不了解。

受访高校教师对参与学报编辑工作有一些疑虑，主要表现为：68.6%担心参与学报编辑工作会影响其科研任务的完成；73.4%担心会影响教学任务的顺利完成；82.6%担心编辑的工作量并不在学校绩效考核的范围内；78.5%担心自己无法胜任学报编辑的工作；87.8%表示没有了解学报编辑工作的路径。受访的编辑也对"双向流动"有一些疑虑。目前高校在定岗定编过程中，大多将教学科研和编辑划分在不同类别中，74.6%的编辑认为"编制"是阻碍他们向教师岗位流动的重要因素。

3 对策和建议

《关于推动出版深度融合发展的实施意见》《关于深化改革 培育世界一流科技期刊的意见》等党和国家一系列政策文件都把"人才队伍良质双升"作为出版强国建设的重中之重。但在调研中发现，就目前现实情况来看，学报人才队伍建设还有很长一段路要走。虽然部分高校已经开始推动编辑人员与教研人员的双向流动，但总体来说学报人员与教研人员双向流动不够顺畅，编研结合效率仍然较低。

对高校学报而言，期待在国家具体政策的指引下，在主管主办单位的大力支持下，有效推动优秀的教学科研人员向编辑岗位流动，进一步提升编辑队伍专业素质。《意见》的提出更是鼓励学报编辑在精通期刊编辑业务的同时，渐进式推进编辑工作与学术发展互融，引领其世界一流期刊建设步伐。具体来说可以从以下三个方面助推双向流动。

3.1 加强政策顶层设计是解决双向流动的根本推动力

《意见》的出台，是国家层面对于提升双向流动的重要政策引领，但要充分有效促进学报编辑与教研人员双向流动，仅靠教研人员和编辑双方的自身意愿很难实现，需要业界和主管部门高度重视，健全关于双向流动的体制机制。如湖南省教育厅在2022年9月便印发了《湖南省高等学校哲学社会科学期刊管理规定(试行)》，其中第十五到十七条明确论及编研结合及双向流动等具体化措施[13]。

教研人员不论以何种形式参与编辑工作，都需要花费时间和精力去学习编校的基本技能，学习如何把握选题策划、组稿约稿等。同理，学报编辑能否在编校之余拥有从事学术动态研究的时间和精力，没有心理负担地投入到学术研究中，实现编研结合。在高校管理体制下，教师与学报编辑在用人要求、工作内容、考核标准和职业发展目标等方面都存在诸多差异。编辑在职称晋升方面相对边缘化，竞争力不足，也缺少职务晋升的机会。编校一体的工作使得编辑从事学术动态研究的时间不足，有限的学术交流也大多与期刊编校内容相关，不成体系。因此双向流动的发生很大程度取决于国家相关政策的顶层设计和总体规划，调研过程中发现，两类人员对于职称评定路径等职业发展和待遇方面较为关注，相应政策的支持力度则尤为重要。

一是从岗位体系设置方面，明确编辑团队专兼职人员数量、研究专长、学历背景等，充分考虑不同岗位编辑分类配备，统筹编辑团队专业配置，形成编辑团队高效运行合力，全面提升期刊编校质量、学术水准和数字传播力。二是从职业发展和职称评价体系设计方面，通过科研成果互认、职称评定单列、打通流动双方职称评审通道等制度和政策吸引高素质教学科研人员，逐步提升高学历人才、高级职称人员在编辑人才队伍中的比例，创建人才梯度化流动模式；三是优化人才配置方面，完善双向流动具体细则、流动形式、流动时限和管理考核标准等，有针对性地培养学科专业人才，以老带新，打破体制约束藩篱。

3.2 优化流动环境是双向流动的必要条件

因高校进人指标限制，学报人员招聘相对被动。对教学科研人员而言，加入学报意味着教师身份认同的"降低"、职业发展的瓶颈、工作自由度的减少，因此他们成为专职编辑的意愿不强。即使参与高校学报编辑工作，也会面临着教学、科研工作受影响、编辑工作不受认可等问题。对学报编辑而言，可能缺乏教研经验、学历层次有限，对于编辑的职业发展还不明晰，对是否有精力参与教研团队也缺乏信心。

期刊管理部门应当创设鼓励双向流动的环境，优化影响较大的人事制度(如编制和晋升政策、绩效考核制度等)，打破阻碍流动的现实壁垒。首先，优化流动人员成长的环境建设。高校要重视学报工作，认识到学报的社会效益及对教学科研的展示和积极导向作用。重视编辑人才队伍建设，比如在薪酬组成上，编辑也可参照教研人员标准，设置基本工资、岗位津贴、编校费和科研奖励。一方面要为双向流动人员营造宽松的工作氛围和相对灵活的工作时间，明确流动基本待遇与工作量认定标准。另一方面要为双向流动人员晋升与发展提供双通道，解决因职称评审渠道与标准不同而造成的流动瓶颈问题。

其次，完善人才双向流动的管理制度。一方面可通过公开对外招聘和单位内部调整两种途径，选聘符合学报专业需求的学术人才，以实现编辑队伍的良性流动，提升编辑队伍的专业性，支持推动编辑人员以各种形式交流到相关院系，参与部分教研工作。另一方面加强对于流动人才的专项培训和专业支持，需构建合理、科学的创新性评价机制，以保障双向流动的长效发展。

再次，建立和完善流动人才绩效考核制度。根据《意见》要求，"学术期刊编辑人员职称评定应重点考核办刊业绩和出版专业技能"[14]。主管、主办单位可参考双肩挑人员考核减免政策，针对编辑工作特点，科学合理赋予编校工作、教研工作考核权重，使得双向流动人员能安心本职工作，激发更大的潜能。应将按绩分配贯彻到绩效考核体系中，避免滋生"大锅饭"现象，从而导致编辑部内部矛盾，难以调动编辑工作积极性。近70%的受访编辑认为，学报缺乏合理奖惩制度，缺少对编辑人员工作量和稿件质量的考评机制。67.6%的受访编辑认为学报编辑团队的工作效能有待提高。

3.3 项目制人才借调等"柔性流动"形式，是实现双向流动的潜在手段

对于双向流动的思考，其落脚点主体仍在编辑队伍建设上，以一流期刊和精品期刊建设为目标，塑造和提升编辑团队整体能力。目前大部分高校学报以编辑团队为基础，充分发挥兼职编辑、外审专家和编委会在组稿约稿、特色栏目建设等方面的作用，以最大限度发挥编辑部由内而外延伸的学术资源整合能力。

然而，不论是编委会还是兼职编辑，与编辑部的合作都较为松散，国内不少期刊也在积极实践，探索出了一些行之有效的解决方案。比如《文史哲》施行的"实用编委工作室"，由栏目编辑作为学科召集人，柔性扩容相关专业领域的中青年实用编委，栏目编辑负责与编委沟通重点选题等，发挥编辑的主导作用。青年编委可以广泛接触前沿选题，参与专业研讨会等，参与学报工作的积极性较高，效果较好[15]。《湖北民族大学学报(自然科学版)》采用编辑双身份制，选聘愿意从事学报编辑工作、具有博士学位的教研人员，人事关系调入学报，保留其教师、编辑双重身份和应有待遇，实行"一岗双责"[16]。除了校外招聘和校内转岗等"刚性流动形式"，还可以探索如项目制、借调等其他柔性流动形式，实现学术期刊人才资源优化整合[17]。

主办单位和出版单位要加强对于流动人才的培养力度，选择真正热爱和愿意从事期刊编辑工作的人才，注重优化编辑队伍结构，充分考虑年龄和学科结构，形成编辑梯队，突出学术期刊的特色，提升学术期刊编辑队伍的整体质量。在国家规定的每年 90 学时继续教育之外，将编辑队伍中优秀人员纳入重点培养计划，提供国内外学术交流机会，编辑部要注重以老带新制度，使得新入职编辑快速适应岗位职责，加强学报内部编校知识专题培训，同时加强与兄弟院校学报的交流等。

学报编辑部应努力营造积极争先的工作氛围，从编校差错率、文章的引用量等出版质量方面，同时关注编校技能的提升、学术会议的参与度、专业论文和科研项目申报情况等编辑个人能力提升两方面，塑造日常评价体系。编辑团队要努力提升学术水平，争创"学者型编辑"团队，学报编辑要主动走出去，了解学科发展和编辑前沿动态，了解数字融合出版新技术新动向，并有效指导研究课题和日常工作实践，提升期刊价值，促进期刊的跨越式发展。

参 考 文 献

[1] 尹玉吉.论中国大学学报现状与改革切入点[J].清华大学学报(哲学社会科学版),2011,26(4):128-138,160.
[2] 朱剑.也谈社科学报的现状与改革切入点:答尹玉吉先生[J].清华大学学报(哲学社会科学版),2011,26(4):129-160.
[3] 郭伟,唐慧.高校学报:以专业化转型服务学科建设[J].科技与出版,2021(9):12-18.
[4] 黄颖.地方高校学报大有可为:《重庆师范大学学报(自然科学版)》主编杨新民教授访谈录[J].编辑学报,2021,33(5):497-501.
[5] 龙杰,孙莹.出版新业态下编辑人才队伍建设的创新路径[J].中国编辑,2023(3):46-54.
[6] 国家新闻出版署."中共中央宣传部教育部科技部印发《关于推动学术期刊繁荣发展的意见》的通知"[EB/OL].[2024-07-02].https://www.nppa.gov.cn/xxfb/tzgs/202106/t20210623_666272.html.
[7] 欧阳菁.学术期刊"编研结合"的发展历程和紧迫性探究[J].新闻研究导刊,2022(6):38-40.
[8] 王学礼.试论教师与期刊编辑双向流动的必要性与可行性[J].长春师范大学学报,2022(1):148-150.
[9] 胡小勇,魏子凡.高校学报编辑人才队伍建设的路径研究[J].烟台职业学院学报,2022(4):18-22.
[10] 《中国科技期刊发展蓝皮书(2023)》编写组.《中国科技期刊发展蓝皮书(2023)》内容简介[J].中国科技期刊研究,2024,35(1):137-141.
[11] 朱剑.编辑学者化与编辑引领学术:两样的赋能,一样的迷思[J].昆明学院学报,2023(1):31-40.
[12] 胡浩志,毕曼.高校学术编辑与高校专任教师的工作差异及考评机制研究[J].东北农业大学学报(社会科学版),2016(5):83-85.
[13] 袁建涛.学术期刊编研结合的现实困境与突破对策[J].邵阳学院学报(社会科学版),2022(5):112-116.
[14] 刘普,顾旭光.编研一体制度下期刊编辑职业认同实证研究:以中国社会科学院学术期刊编辑群体为例[J].科技与出版,2022(5):111-117.
[15] 邹晓东.论"学者办刊":围绕"高品质的学术期刊就是要坚守初心、引领创新"展开[J].首都师范大学学报(社会科学版),2022(2):15-24.
[16] 高山,李永诚.高校自然科学学报栏目编辑双身份制创新与管理[J].科技与出版,2022(10):85-91.
[17] 汪汇源,赵云龙,彭莎,等.学术期刊编辑与教学科研人员加强双向流动的策略分析[J].科技与出版,2023(6):84-90.

基于大学出版社实践的科技期刊编辑人才培养路径研究

梁 容

(浙江大学出版社有限责任公司,浙江 杭州 310028)

摘要:以浙江大学出版社下属《浙江大学学报(农业与生命科学版)》期刊编辑的日常工作与培养路径为例,探讨了科技期刊编辑人才的职业成长与发展模式。文章分析了当前科技期刊编辑在应对数字化转型、跨学科需求时面临的挑战及现状,并通过介绍浙江大学出版社的人才培养体系,展示了其在系统化培训、导师机制、数字化平台建设等方面的实践经验。最后,文章提出了新时代背景下编辑职业的专业化与数字化发展方向,旨在为科技期刊编辑人才的全面培养提供借鉴与启示。

关键词:编辑培养;期刊;数字出版;实践经验

术语在线网站(https://www.termonline.cn/)对"编辑"给出了 3 个定义:①又称"编辑活动"。对资料或已有的作品进行选择、整理、加工的社会文化活动。出版活动的环节之一。②又称"编辑人员"。对资料或已有的作品进行选择、整理、加工活动的专业人员的职业称谓。③出版和新闻专业技术职务中某一类别的中级专业技术职务名称。由此可知,"编辑"的内涵丰富,涉及面广,串联起文化的源头与终端,推动着社会进步。而在本文中,主要探讨"编辑人员"这条定义,但是又对其本来的含义进行了延伸与补充,是新时代、新背景下的编辑,是适应科技创新与发展的编辑;同时又缩小其讨论范围,聚焦于编辑的中坚力量——科技期刊编辑。

在科技期刊出版中,编辑扮演着至关重要的角色,他们不仅是论文内容质量的初次把关者,期刊活动的维持者,编委团队的组织者,更是知识与学术成果的传播者。因此,编辑的职业被形象地比喻为"优秀作品的助产士""善识千里马的伯乐""为人作嫁衣的无名英雄"等,这些比喻恰当地描述了编辑工作的核心内容。然而,入职初期,大多数青年科技期刊编辑对编辑出版工作完全陌生,缺乏编辑业务的系统培训,更缺乏对科技期刊编辑学的理解和认同[1]。并且,在职业多样化和社会分工逐渐趋于精细的背景下,编辑的培养路径往往被忽视,编辑人才无法得到全面培养,导致其离职或者对职业的认同感不强。

浙江大学出版社是教育部主管、浙江大学主办的国家一级出版社,出版范围涵盖理、工、农、医和人文社科等多个学科领域,出版社下设期刊、基础教育、艺术出版、教材四个分社,而《浙江大学学报(农业与生命科学版)》隶属于期刊分社。在过去 40 年的发展中,浙大出版社积累了丰富的人才培养资源与素材,建立起健全的编辑队伍培养规范与模式,培养的编辑屡获出版荣誉。新编辑入职到浙大出版社,经过系统的编辑规范培训和理论知识学习,并在

基金项目:中国农业期刊网研究基金项目(CAJW2024-032);2023—2025 年浙江大学高水平学术期刊建设项目

为期2年的"导师制"培养机制下，得到快速成长，职业发展路径和前景也更加明晰。此外，浙大出版社定期举办的省级出版专业继续教育培训班、社级编校知识与业务提高培训班、编校知识工坊等，都为新编辑成长提供了平台与机会。在编辑管理与建设指导方面，浙大出版社也颁布了一些相关的管理办法，如《浙江大学出版社新编辑导师制管理办法》《浙江大学出版社编辑岗位要求与考核办法》《浙江大学出版社出版物质量检查管理规定》《浙江大学出版社编校中心校对管理细则(试行)》等，这些办法的实施是浙大出版社人才培养中理论建设的体现与补充，也是对人才成长的指导。由此可知，浙江大学出版社在人才培养和编辑队伍建设方面有着较为完善的机制和体系，注重专业能力的提升与职业发展的规范化。

基于此，本文从《浙江大学学报(农业与生命科学版)》期刊编辑日常工作出发，探讨科技期刊编辑培养的路径，以期提供一种系统化、专业化的编辑人才培养模式。

1 科技期刊编辑人才培养现状

科技期刊编辑作为科技期刊建设团队中学历高、素质好、具备创新能力的重要群体，其培养模式与职业发展路径始终是行业关注的焦点，并在很大程度上决定着科技期刊的未来发展方向。由于地域特色带来的差异，各地各单位对于期刊人才的培养不尽相同。如王维郎等指出，"渝刊"(重庆地区的期刊)除了系统培训，重庆高校期刊研究会还会不定期举办"编辑论坛""编辑学术沙龙"，评选"十佳青年编辑"等[2]，以此培育和鼓励优秀编辑人才成长。上海市科技期刊学会则通过举办学术沙龙、创新论坛，设立科研项目、人才项目，提供风采展示等，形成"五位一体"闭环式策略[3]来培养科技期刊青年编辑。许艳玲等收集了施普林格·自然(Springer Nature)和爱思唯尔(Elsevier) 2家大型国际出版集团的期刊编辑招聘信息，梳理出初级、中级、高级编辑岗位的职责[4]，为期刊编辑的成长提供了具体的方法。总体而言，不同机构和地区在期刊编辑人才培养上采取了因地制宜、系统化和多样化的策略，行业认可与激励机制在人才保留与激发期刊编辑创新活力方面发挥了积极的作用。

然而，科技期刊编辑在适应学术出版变革、应对数字化转型以及满足跨学科知识需求方面也面临困境和存在诸多不足，并且很多出版单位缺乏对编辑人才的培养方案与职业规划路径，导致在数字化转型升级下出现"强校弱刊"或者"强学科弱刊"现象。例如，王艳[5]研究表明，高校学术期刊编辑人才队伍具有思想理念滞后、编辑能力与出版实践要求有较大差距、人才队伍结构不合理、数字人才专业培养缺乏等问题；杜逃等[6]研究指出，医药卫生综合期刊编辑人才培养的难点有对人才的复合性要求高、编校任务繁重而导致人才培养举措无法落实以及人才培养环境缺失等；张蕾等[7]认为期刊编辑(这里主要指学术编辑)人才队伍建设边缘化、期刊编辑的职业生涯发展前景不清晰以及期刊编辑对自身职业认知不清楚等，是编辑人才队伍建设面临的问题与困境。由此可知，一方面科技期刊编辑人才的自身素质和专业能力亟须提升，另一方面建立健全的科技期刊编辑人才培训机制和优化培养环境，也是提高编辑人才整体素质和专业能力的关键所在。

2 科技期刊编辑的多面性与核心职责

科技期刊编辑工作具有多面性，以本人所在的期刊《浙江大学学报(农业与生命科学版)》为例，期刊编辑主要负责浙大学报农学版的各项常规工作，包括组稿，征稿，稿件的网络首发、编辑加工、印刷出版、信息推送，微信公众号的运营与宣传，日常期刊寄送与财务报销，作者、专家、学者队伍的维护和建设等。而科技期刊编辑工作的复杂性不仅体现在其琐碎而繁杂的日常任务中，更在于需要在高度专业化的领域中严格把控内容质量。例如，编辑要对论文的政治性、学术性、规范性等把关[8]。然而，随着时代的进步，一个好的编辑应该努力成长为一名学术型编辑，以便真正做好编务、办好期刊。这就要求编辑不仅要具备扎实的专业知识，还需具备出色的沟通能力、协调能力以及对学术前沿的高度敏感性。

2.1 编辑技能提升：构建高效工作流程

编辑要尽快了解并掌握编辑工作的内容、标准和流程，要系统地学习与出版专业相关的书籍[9]。论文编辑加工是科技期刊编辑的核心任务之一，也是职业的根本任务所在。这一环节不仅要求编辑对学术论文编写规范 GB/T 7713.2—2022《学术论文编写规则》熟练掌握，还需要对排版等相关知识进行了解。在浙大学报农学版的日常编校工作中，本人总结了一套高效的论文编辑加工流程：首先进行初次编辑加工，通常会在作者根据审稿专家意见修改后的稿件上展开，主要是让作者修改一些不清晰的图表、模糊的知识点，解答一些疑问，并统一排版格式；接着轮流交替进行 4 次编辑校对，这是编辑加工的核心环节，以保证论文内容的科学性、排版的规范性和最终样书的准确性；最后，做好印前审读，这是编辑加工必不可少的环节，确保最终印刷质量无误。实现论文的高效编校，归根结底是要求编辑具备扎实的编辑规范知识、专业领域知识以及不断学习和积累的毅力。

2.2 投审稿系统处理：提升学术出版效率

在科技期刊编辑日常工作中，投审稿系统的处理至关重要。科技期刊编辑需要养成每天查看投审稿系统的习惯，一是及时对新投稿件进行评估，并及时进行学术不端检测和送审；二是及时处理审回稿件，保证审稿流程通畅、高效。在处理投审稿时，不仅要求编辑对领域内的学术前沿保持敏感，而且要求编辑具备对稿件进行快速筛选和处理的能力。在浙大学报农学版的日常投审稿处理中，本人会通过投审稿系统执行以下操作：进入投稿系统，查看新收入稿件，初步评判稿件与期刊的符合性，对于符合的稿件进行学术不端检测、选择合适的审稿人送审；及时查看作者修改回来的稿件，以便对其进行编辑加工；查看需要催审的稿件，以便推进审稿进度。随着新一代投审稿系统的使用，本刊的稿酬、版面费、审稿费也有能在系统里进行登记与处理，极大地提高了编辑的工作效率。由此可知，投审稿系统串联起整个期刊出版工作，同时也能优化编辑流程，减少人为失误，科技期刊编辑应熟练应用。

2.3 多渠道宣传：提升期刊影响力

期刊的宣传推广是提升学术影响力的重要手段。编辑不仅需要确保论文内容的质量，还需通过多渠道对期刊进行宣传推广。在期刊宣传方面，主要的举措如下：①结合"封面论文"主题和内容设计每期封面，提高期刊的吸引力和可读性。同时，利用封二和封三对浙江大学涉农科学、学术前沿等进行介绍，丰富期刊内容。②加快论文网络首发进度，实现全部稿件在正式出版前网络首发。不仅使学术成果能够更早地进入学术交流的视野，还极大地提升期刊的时效性和影响力。③开创微信公众号"浙大学报农业与生命科学版"，常年保持较高的推送频率。微信公众号上常设论文精选、编委资讯、学术前沿、当期论文、虚拟合辑等栏目，对论文全文和引用信息进行推送，并联动相关学校、学院以及行业内微信公众号进行宣传。目前微信公众号关注人数超过 4 500 人，单篇推文最高阅读量超过 4 400 次，年均推文数超过 500 条。④定期维护浙大学报农学版作者群、编委专家群、读者群这 3 个微信群，目前群成员接近650人。⑤通过优化期刊的电子版和数字平台，提升读者的阅读体验和获取信息的便捷性。例如，借助"博看"平台搭建展示期刊资源的"元宇宙空间"，设置"数字人"与读者互动，增加读者了解期刊的兴趣；通过Aminer、非晓学术精准传播等数字平台向近万名专业领域内学者推送虚拟专辑，扩大期刊宣传。⑥建立起自主期刊集群平台。2024年浙江大学出版社自主设计、独立运营的学术期刊国际出版服务平台AcadeMax上线，其以"赋能学术，启迪未来"为理念引领科技创新，搭建全球学术界的桥梁与交流平台，推动世界学术研究繁荣发展，也成为本刊良好的展示窗口。⑦其他宣传扩展。如在专辑出版后，借用"油料作物创新与丰产专辑""程家安教授纪念论文专辑"等期刊发布会与学术交流会契机，印制期刊宣传单和易拉宝，向学者推荐与展示期刊。

3 科技期刊编辑人才的培养路径

新时代的编辑出版人才要注重不断提高自身的综合素质，从而更好地服务于出版事业的繁荣发展和文化强国建设[10]。浙大出版社涵盖图书与期刊出版，在40年的发展中已经摸索出成熟的编辑人才培养模式，因此与其他科技期刊编辑人才培养相比，大学出版社中的科技期刊编辑人才培养更具优势，培养路径与方法更加成熟，能为科技期刊编辑快速成长提供平台。此外，就自身而言，编辑人才的培养并非一蹴而就，它是一个系统化的长期工程。通过实际工作中的不断磨炼和学习，编辑才能逐步成长为具备专业素养和行业敏感性的高级人才。

3.1 专业学术知识与编辑技能相结合

以浙大学报农学版期刊编辑为例，浙大出版社中编辑不仅要学习新闻传播学、传媒学、公共关系学等相关学科的理论知识，了解各类媒体的特点和工作规律(浙大出版社许多编辑出自新闻学、编辑出版学、新媒体专业，有着良好的学科背景，利于编辑之间相互学习)，而且要熟悉所从事领域的学科专业知识，如生物科学、作物科学、园艺科学、植物保护、食品科学与工程、农业资源利用与环境保护、动物科学与动物医学、农业工程等领域的专业术语和方法，还要了解该领域的研究动态和最新进展，以此评估来稿的质量和价值，确保期刊内容的准确性和权威性[11]。只有具备了一定的专业知识，编辑才能在与学者进行深入对话时获得主动权，才能获得更好的作者和学者基础。此外，大学出版社的出版范围广，学科繁杂，对于编辑的成长也能起到带动作用。

3.2 以学促干，在实践中提升自己

实践是编辑成长的关键环节。通过在实际工作中的不断尝试和总结，编辑能够逐步形成自己独特的工作方法。在论文编校过程中，编辑需要处理大量复杂的信息，这要求编辑有高度的专注力和严谨的工作态度，要善于总结，将遇到的问题分类整理。浙大出版社目前下辖超过30种期刊，期刊编辑人员的集中办公，为编辑交流成果、学习先进办刊经验、分享高效工作方法提供了良好的契机。在与其他科技期刊编辑的交流经验基础上，本人在日常编校工作中，将遇到的问题分类处理，以提高工作效率。这些问题主要分为以下几类。①网站信息类：将日常使用的各类网址记录在一个Word文档中，方便随时查阅和使用；②标准类：将与期刊论文出版相关的国家标准、行业标准和国际标准等文件，按实施日期整理并归纳在一个文件夹中，以便能快速查找和使用；③基础知识类：针对在编校过程中遇到的具体实务问题，采用问答式的方式记录，逐步积累和丰富自己的编校知识库；④拓展与宣传类：将为期刊宣传制作的海报、宣传单、征稿启事等资料进行系统整理，便于后续的宣传推广工作开展。在

这样的实践中，不仅自己的专业能力得到提升，应对复杂工作的耐心和毅力也得到了培养和提高。

3.3 不断学习，抓住人工智能时代赋予的便利

编辑工作并非一成不变，随着世界科技期刊队伍的不断壮大与不断发展，编辑也需要不断更新自己的知识体系。通过参加行业会议、编辑沙龙、编校技能大赛等活动，编辑可以与同行分享经验或者学习同行先进办刊经验，获取新的工作方法和思路[12-13]。在出版技术与出版媒介日新月异的今天，编辑职业发展更要抓住互联网发展带来的机遇，因为互联网中丰富的编校知识和经验能够加速编辑这样一门实践性知识为主的吸收过程[14]。更要在生成式人工智能(AIGC)飞速发展的背景下占领期刊发展的高地。编辑需要提升对新技术的敏感度和应用能力，在面对大数据、区块链等技术的崛起时，更应主动学习并尝试将这些技术应用到编辑出版流程中，以提高工作效率和数据管理能力，剖析出期刊发展的规律。浙大出版社作为传播数字化成果的先行者，积累了丰富的数字出版与传播经验，也为期刊编辑的数字化学习与发展提供了良好的平台。

4 科技期刊编辑职业的未来发展方向

随着数字化出版和期刊集群化趋势越来越明显，编辑的职业发展也面临着新的机遇与挑战。编辑不再只是传统意义上的内容加工者，他们需要适应新的技术环境，掌握更多的数字化技能，以应对未来的出版趋势。浙大出版社丰富的数字化资源为科技期刊编辑提供了数字化转型的契机，同时，数字化工具的运用让编辑在内容策划和精准推广上拥有更多的创新空间，助力期刊获得更大的影响力。

4.1 编辑的数字化发展

数字化出版的普及对编辑的能力提出了新的要求。编辑不仅需要掌握传统的编辑技能和排版知识，还需了解数字化出版的流程和技术，如在线排版、网络首发、数字版权管理等。编辑还需要适应数字化的工作方式，如使用在线编辑工具、校对工具(方正审校、黑马)、文献加工工具等，以提高出版的效率。此外，还需要探索式使用一些人工智能工具辅助日常工作，优化出版流程。这些新技能的掌握将进一步拓宽编辑的职业发展路径。

4.2 学术编辑的专业化发展

随着学术交流的全球化，学术编辑的专业化发展成为一个重要趋势。"编辑学者化"是对编辑的最终要求。要成为这样的编辑，不仅需要在特定领域内不断积累专业知识，以提升自己在该领域的影响力和话语权，还需具备跨文化的沟通能力(包括语言能力与书写能力)，以应对国际化出版的需求。

5 结束语

以浙江大学出版社中的科技期刊编辑人才成长为例，对科技期刊编辑人才队伍职业现状的分析与人才培养路径的探讨，不仅有助于编辑人才的成长，也为出版行业的人才培养与期刊事业发展提供了新的思路。借助大学出版社健全的编辑队伍人才培养机制，通过系统化的培训、丰富的实践经验以及持续的学习和提升，编辑才能够不断拓宽自己的职业发展道路，以应对多样化的出版与学术需求。在未来，随着出版行业的不断变化，编辑将面临更多的挑战和机遇，而这也将推动编辑这一职业不断向前发展。

参 考 文 献

[1] 申轶男,曹兵,佟建国.论新时期科技期刊青年编辑的培养[J].编辑学报,2014,26(1):79-82.
[2] 王维朗,陈移峰,游滨,等."渝刊"青年编辑人才培养的策略[J].编辑学报,2018,30(4):436-438.
[3] 倪明,徐虹,王晓宇,等."五位一体"闭环式培育科技期刊青年编辑成才的实践与思考:以上海市科技期刊学会为例[J].编辑学报,2024,36(3):338-342.
[4] 许艳玲,赵勋,刘萱.国际出版集团编辑成长路径对我国科技期刊编辑人才培养的启示[J].今日科苑,2022(5):43-54.
[5] 王艳.全媒体时代高校学术期刊编辑人才培养及能力提升路径研究[J].新闻研究导刊,2024,15(15):211-215.
[6] 杜涛,王霞,詹洪春.医药卫生综合期刊编辑人才培养难点及对策[J].中国医药导报,2024,21(18):188-191.
[7] 张蕾,何云峰.学术期刊编辑人才队伍建设的问题与建议[J].出版广角,2021(19):23-25.
[8] 张宗勤,窦延玲,韩燕,等.新时期科技期刊编辑工匠精神的内涵与能力培养[J].中国科技期刊研究,2017,28(3):235-240.
[9] 王瑞丹,赵伟.高校科技期刊青年编辑的特点及职业素质提升路径[J].辽宁工业大学学报(社会科学版),2024,26(3):64-66.
[10] 刘向东.新时代编辑出版人才培养路径[J].编辑学刊,2022(4):20-24.
[11] 张维娜,李美丽.全媒体时代学术期刊青年编辑职业能力的培养[J].沈阳大学学报(社会科学版),2023,25(6):91-98.
[12] 梁容,胡清华.融合出版形势下科技期刊编辑的业务能力建设[M]//学报编辑论丛 2022.上海:上海大学出版社,2022:352-355.
[13] 代艳玲,朱拴成.科技期刊青年编辑综合能力的培养与实践[J].编辑学报,2016,28(1):92-94.
[14] 于小曼.学徒·技师·学者:学术期刊编辑成长规律分析及培养路径探究[J].科技传播,2024,16(2):51-54.

突破瓶颈，砥砺前行
——一名高校科技期刊青年编辑的点滴感悟

刘冰洁[1]，李雪莲[1]，张　妍[2]

(1.哈尔滨工程大学《智能系统学报》编辑部，黑龙江 哈尔滨 150001；
2.哈尔滨工程大学 Journal of Marine Science and Application 编辑部，黑龙江 哈尔滨 150001)

摘要： 高校科技期刊青年编辑的成长问题一直广受关注，但尚未开展集群化建设的高校科技期刊编辑部中，青年编辑的成长仍存在许多难题。本文结合编辑工作实践和自身成长的经历，通过笔者参加高端学术会议、保持与专家学者交流、利用数据库资源、维护与作者的沟通、培养青年作者、严守论文撰写规范、优化稿件处理流程等具体实践，论述高校科技期刊青年编辑如何提升职业素养、担起社会责任。

关键词： 选题策划；构建学术网络；吸纳优质稿源；出版服务能力；联动协作能力

中共中央宣传部、教育部、科技部联合印发的《关于推动学术期刊繁荣发展的意见》明确指出，学术期刊是开展学术研究交流的重要平台，是传播思想文化的重要阵地，是促进理论创新和科技进步的重要力量[1]。高校科技期刊作为我国学术期刊的重要组成部分，应以"培育世界一流期刊"为宗旨求得快速发展。一流的科技期刊离不开一流的期刊编辑人才。高校科技期刊青年编辑的成长问题一直广受关注[2-4]，但目前的相关研究更多地集中于，在期刊集群化发展情况下青年编辑成长过程中遇到的机遇和挑战。虽然校外学术期刊集群化发展得如火如荼，但高校科技期刊中仍有很多采用"小作坊式"的办刊模式，每个编辑都身兼数职，在完成选题策划、编辑加工、全过程宣传工作的同时，还要承担学校的行政工作等其他工作。这种背景下的青年编辑，在成长过程中会遇到哪些瓶颈问题？又将如何在做好日常重复性、周期性工作的同时提升自己？

笔者作为一名高校科技期刊的青年编辑，结合编辑工作实践，通过自己参加高端学术会议、保持与专家学者交流、利用数据库资源、维护与作者的沟通、培养青年作者、严守论文撰写规范、优化稿件处理流程等具体实践，论述在两年多的工作中遇到的瓶颈问题及解困的做法和感悟。

1 挖掘整合信息，提升选题策划能力

《意见》指出，科技期刊要"立足中国实际，回应现实关切""聚焦国家重大战略需求"和"聚焦前沿领域"。这就需要我们时刻关注党和国家的重要决策部署，紧跟党中央的战略步伐，在选题策划上时时贴近党和国家的战略需求，使科技期刊的选题充满旺盛的生命力。要做到这一点，就需要多渠道挖掘整合信息，把握领域前沿热点。笔者所在的《智能系统学报》作为中国人工智能学会(CAAI)的会刊，在人工智能迅速发展，理论建模、技术创新、软硬件升级等方面都发生着日新月异的变化[5]的时代，更需要紧抓领域研究前沿热点。

面对这一瓶颈，笔者突破的第一个途径是持续跟踪人工智能领域的国内外高端学术会议。持续跟踪诸如 CVPR、ICCV、ECCV 等国际顶级会议，从中收集整理该领域的研究前沿热点。同时笔者也积极参与 CAAI 的品牌会议，从会议的大会报告和专题论坛中掌握当前的研究热点，并在会议开始前、结束后及茶歇期间，主动拜访专家，在与专家积极热情的交谈中，了解人工智能领域的发展概况、研究前沿，开阔视野，力争让自己立于领域前沿。譬如通过整理 ICCV 2023 论文分布情况，发掘到视觉转换、多模态模型两个计算机视觉领域的研究热点；通过分析 CVPR 2024 论文发表情况，发现图像和视频合成与生成是 CVPR 2024 中论文数量最多的主题，共有 329 篇论文，因此捕捉到视觉生成这一热点研究方向；通过收集 ECCV 2024 收录论文情况，发现了 3D 计算机视觉和视觉理解、分析这两个领域前沿。

第二个途径是积极联系并密切跟踪学术会议上的专家学者。在 CAAI 的品牌会议中结识的专家学者，都是笔者密切追踪的对象，诸如在 CCAI 2023 上结识的于元隆教授，在 2023 年全球人工智能大会结识的龙明盛教授，在 2022 年中国人工智能产业年会结识的谢少荣教授等。密切追踪青年学者和科研团体，及时与之进行深入细致的沟通与交流，跟踪其研究成果，从而设计出聚焦国家重大战略需求、前沿领域有活力的选题。譬如在 2023 亚太人工智能与机器人产业峰会上与青年编委王军教授探讨生物特征识别主题，跟踪其团队的科研成果，最终在我刊策划了生物特征识别专栏。

第三个途径是充分利用网络资源。在大数据时代，各大数据库是专业知识的宝库，也是最好的老师。笔者每天都要抽出半小时时间搜索人工智能领域的相关报道，从来如此，雷打不动；每三天在 Google 学术、Sci-Hub、Web of Science、EI、全国图书馆参考咨询联盟等网站进行一次检索，运用其文献分析功能，筛选出领域前沿。譬如，在一次检索中，笔者敏锐地发现，2022 年 11 月美国人工智能公司 OpenAI 推出大语言模型 ChatGPT，其在推出后的几周内就风靡全球，发布 2 个月后月活跃用户量就超过了 1 亿[6]。人工智能大模型领域的全球性竞争进入了白热化，各大媒体争相报道，各大公司、研究团体开始或计划研发类似产品，各种学术会议都开始组织相关的论坛、讲座。笔者快速分析了这些网络信息，紧紧抓住这次研究热潮，先后多次邀请多位专家撰写相关的卷首语。诸如焦李成院士的《下一代深度学习的思考与若干问题》(2023 年 1 月发表)、杨春生院士的《迎接一个人机共生的时代》(2023 年 3 月发表)、唐杰教授的《大模型不等于第三次 AI 浪潮》(2023 年 5 月发表)等，截至 2024 年 9 月官网已经分别有 1 301、1 066、836 次的下载量，引发专家学者的关注，起到了发现创新、引领创新的作用。

2 构建学术网络，提升吸纳优质稿源能力

有了有生命力的选题，还需要优质稿源。优质稿源是科技期刊的核心竞争力，是科技期刊发展的生命线[7]。目前，虽我国科技论文在国际期刊上发表的数量逐渐增多，但我国科技期刊学术交流地位却日益下降，稿件外流情况严重[8-10]，"小作坊式"的期刊更难获取高质量的稿件资源和专家资源，学术网络构建困难。

面对建立和维护学术专业网络这一巨大挑战，笔者巧用心思：通过编辑加工后得到的高质量稿件，在文章的校对阶段邀请作者改写微信公众号推文、双语传播工程结构化论文，文章刊发后向作者推送相关文章、新增被引，向参考文献作者推送文献引用提醒，这样，大大增加了与投稿作者的黏性，确保优质稿件不外流。

尊重期刊的资深编委，定期与他们沟通交流，做一定的情感投入，以热情换支持，以利于获取信息、留住资源；重视青年编委，他们奋战在科研一线，是科研的潜力人才，粘住他们，就等于保住了优质稿源。在与青年编委的沟通中，笔者打入了他们的"朋友圈"，建立感情桥梁，捕获稿源信息。"咬定青山不放松"，正是靠着这种积极沟通、不怕拒绝的精神，两年来，笔者积累了大量的专家资源，包括资深编委、青年编委、高影响力作者、吴文俊人工智能科学技术奖获奖者，诸如焦李成院士、孙富春教授、王军教授、赵振兵教授等，并牢牢将他们"粘"住，为组稿策划、吸纳优质稿源奠定了坚实基础。

在"粘"住固有资源的同时，也致力于发掘新的作者资源。在参与学术会议的过程中，笔者总是积极搜集并整合报告专家的信息，主动与他们进行深入细致的交流。有时较高水平的专家无暇顾及我刊这样层次的期刊，不屑向我刊投稿。但笔者"请稿邀稿"，从不言弃，即使初次尝试未果，也会坚持不懈地尝试第二次、第三次，甚至更多，直到达到目标。或许因为"不到黄河心不死"的精神，或许是专家感动于我的诚心，笔者成功地与多位专家建立了牢固的联系。

以2024年4月的实践为例。编辑部有幸承办了吴文俊人工智能科学技术奖颁奖典礼中的主论坛——人工智能校长论坛。在准备接待专家的过程中，笔者提前查阅网络，深入了解每位专家的研究领域和专长。在接待过程中，交谈做到了"知己知彼""亲切熟悉"，从而又进一步探索了他们所在的科研团队，"融入"其中，与之建立了更为紧密的合作纽带。当场，哈尔滨工业大学的刘挺校长、天津大学明东校长、北京工业大学乔俊飞校长就诚心诚意地表达了向我刊投稿的意愿。

3 培养青年作者，提升出版服务能力

编辑除了要设计聚焦国家重大战略需求、前沿领域、有活力的选题和组织优质稿件外，还应秉承"端盘子"的精神，培养青年作者，耐心指导，提高其论文组织能力，规范其语言表述，扩大其学术影响力[11]。

学术论文多如牛毛，灿若群星。一篇科技论文如何能在众多论文中脱颖而出，在第一时间吸引读者眼球？除了有活力的选题、有关注度的作者以外，提高论文的可读性和趣味性，也弥足轻重。作为科技期刊编辑，笔者常常潜心研究这些问题，常常从读者的角度出发，向作者提出组织论文的建议。诸如什么样的层次结构更加符合科学研究逻辑；如何做到详略得当，重点突出；如何让读者快速了解作者论文的要旨；如何彰显研究的前沿性和创新性，提升科研成果的学术价值等。审校青年作者的每一篇稿件，笔者都会与作者沟通3~5次。常常有青年作者告诉我，在彼此的沟通中，研究思路得到了进一步完善，论文写作水平得到了大大提升，论文语言得到了空前的优化；常常有青年作者再次向我刊投稿，并咨询编修意见。届时，那种难以言喻的喜悦常常让我欣慰，让我为之自豪，让我感受到编辑的使命、服务的责任。

运用规范、准确的语言文字撰写和发表论文，保证论文语言文字的科学性，既是论文作者和编辑义不容辞的责任，也是其崇尚科学精神、遵从学术道德规范应有的表现[12-14]。青年作者在发表科研成果时一般都比较迫切，但由于他们缺少经验，缺乏论文规范化方面的知识，有的不知道如何规范科技论文，还有的认为要与国际接轨，盲目效仿国外的某些"权威""顶尖"的期刊，不遵循国际标准。因此编辑加工稿件，要坚守底线，严格把关，行使学术期刊在学术质量、学术规范方面的引导、把关职责。每审校一篇稿件，笔者都会一遍又一遍向作者阐

释按照国家标准执行的重要意义,说明国家标准的具体要求;一处又一处帮作者标注出量和单位、公式、符号、图、表、参考文献等存在什么问题,并提出科学合理、规范准确的修改建议,以培养青年作者严谨的科研态度,使之养成用规范的学术语言表述研究成果的习惯。

提升出版服务能力,更要尊重作者的科研成果,为其缩短发表周期,使其研究成果快速发表,履行学术期刊的宣传推广职责。科技论文的时效性较强,有些科研成果如果发表不及时,就会失去它的前沿性和创新性,发表周期过长从一定程度上导致我国科技论文内容相对滞后,缺乏国际竞争力[15-16],稿件发表时滞成为影响将科技论文写在祖国大地的重要因素。如何缩短稿件的发表周期成为众多科技期刊需要认真研究的问题[17]。编辑部将经过同行评议的单篇学术论文录用定稿直接在中国知网的网络首发平台及时发布,这样既保证了作者的研究成果可以及时发表,又方便了读者第一时间获取科研信息[9]。

编辑部人员短缺,如何及时完成网络首发?笔者的做法是,在编辑出版整期期刊的间隙处理网络首发的论文,指派一篇就编辑加工一篇,无论是工作时间还是休息时间,绝不耽搁分秒。作者返回再迅速校对,校对后没有明显语言错误、格式错误,就第一时间将录用定稿上传至网络首发平台。这样虽然常常打乱笔者的工作与生活节奏,但想到能够改善稿件时滞问题,提高出版时效性,就觉得这些辛苦劳动都是值得的。

笔者在进行论文的网络首发时又发现了一些问题,论文的网络首发和正式出版会相差近一年的时间,有些作者在网络首发后就不再管这篇论文了,而网络首发论文的编校质量距正式出版论文还有很大的差别,如果编辑在三次校对过程中遇到问题,却无法联系到作者。笔者的做法是,提前做好作者服务工作,为作者制作傻瓜式论文模板。录用定稿后再次请作者按照论文模板进行修改,这样大部分作者都能按照要求修改。再加上笔者在编辑加工时着重留意容易出现问题的地方,比如量和单位,以及缺少作者无法修改的图、表,在网络首发前就将这些棘手的问题解决。磨刀不误砍柴工,做好前期工作,避免无效沟通,既节约了作者的时间,又提高了笔者的工作效率。

4 多方主动请缨,拓展联动协作能力

作为一名高校科技期刊编辑,成长于高校沃土,工作环境中有着更多的锻炼机会。2023年4月,学校机关党委号召开展"结对共建,助力发展"活动,笔者将这份"职分之外"的任务看作挑战和机遇,作为拓展联动协作能力的契机。号召一经发出,笔者就主动请缨,担任联络者和主讲员,与学生党支部开展联建共建活动,搭建了"学术之光"平台,与学校师生零距离接触,面对面交流,讲解学术论文撰写规范和方法,解答学生难题;分析学术不端案例,引导学生端正学术风气,恪守学术诚信,警惕学术失范,帮助学生系好科研"第一粒扣子"。从服务形式的策划、讲座内容的选择、讲座课件的设计和制作,到讲座过程中问题的收集、整理、分析、解答,再到课件的完善、打磨,笔者亲力亲为,勇担重任。仅 3 次志愿服务活动,就在全校师生中引起强烈反响,师生中很多人主动与笔者沟通,笔者还被求理书院和信通学院聘为"成长导师",达成了"永不散场"的长期帮扶契约。这样,拓宽了学校学术交流平台,助力了学校人才队伍培养,树立了期刊社良好的品牌形象。如火如荼的"共建"活动中,期刊社受到学校机关党委的肯定和表彰;坚持不懈的交流和帮扶活动中,笔者的组织活动、沟通表达、联动协作能力有了更进一步提高。

在中国智能科学技术最高奖——吴文俊人工智能科学技术奖颁奖典礼论坛的筹备与执行

过程中，笔者主动担任了会议的关键组织者。工作职责涵盖了从选题策划、内容设计、邀请专家，到整理与核对每一位参会者的报到信息、确保其顺利入会，再到现场调度、会议宣传等。笔者不仅负责了会议的日常运作，还准备随时应对任何突发状况，确保会议按照既定计划顺利进行。组织会议的同时，笔者还珍惜这次宝贵的学习机会，聆听了来自不同领域专家的精彩报告。这些报告不仅让笔者对本领域的最新研究成果和热点技术有了更深入的了解，也使笔者能够触摸行业脉搏，洞察未来趋势。这一系列的工作，不仅充实丰富了笔者的专业知识，更锻炼了笔者收集、分析和处理信息的能力，以及在复杂多变环境中的组织和协调能力。这些经历对笔者未来的职业发展无疑是一笔宝贵财富。

5 结束语

栉风沐雨，玉汝于成。两年多的时间，笔者突破瓶颈，砥砺前行，登上了选题策划"高地"，克服了人员紧缺之困，解决了稿源缺乏之难，打破了专家不屑之迥。反观自己的成长经历，笔者悟到，高校科技期刊青年编辑提升学术引领能力，需要紧跟党和国家的重要决策部署，掌握领域前沿热点；提升编辑策划能力，需要拓宽知识面，深入研究团体内部；提升出版服务能力，需要耐心仔细，坚守原则，想作者之所想，急作者之所急。本文从一名青年编辑的立足点，结合自己的工作实践，浅谈了对如何提升选题策划、吸纳优质稿源、出版服务能力和联动协作能力的认识，希望借此与各位同仁探讨。

参 考 文 献

[1] 中共中央宣传部教育部科技部印发《关于推动学术期刊繁荣发展的意见》的通知[EB/OL].(2021-06-13)[2023-09-05].https://www.nppa.gov.cn/xxfb/zcfg/gfxwj/202106/t20210623_4514.html.
[2] 马宁,林青山.科技图书主题出版的编辑能力素养与策划路径[J].出版发行研究,2024(3):60-64.
[3] 秦元伟,陈艳,安欣.新时代学术期刊编辑的核心素养及其进阶路径[J].传播与版权,2024(6):7-11.
[4] 许延芳,郑建辉.科技期刊编辑职业素养提升途径[J].编辑学报,2023,35(增刊2):198-199.
[5] 国务院关于印发《新一代人工智能发展规划》的通知[EB/OL].(2017-07-08)[2023-09-05]. https://www.gov.cn/zhengce/content/2017-07/20/content_5211996.htm.
[6] 彭茜,黄堃.新闻分析:ChatGPT,变革与风险[EB/OL].(2023-02-13)[2023-09-05].http://www.news.cn/2023-02/13/c_1129359575.htm.
[7] 苏磊,蔡斐,李明敏,等.学术编辑策划专刊/专栏应具备的能力及实施要领[J].编辑学报,2020,32(1):109-111.
[8] 刘华鲁.激发科学共同体能量,助力我国科技期刊建设[J].科技与出版,2021,40(1):88-92.
[9] 颜永松,游滨,王维朗.学术期刊国际化发展的内涵分析与未来展望[J].出版广角,2023(22):17-22.
[10] 宋亚珍,赵大良,南红梅.科技期刊服务与国家科技发展的思考[J].编辑学报,2022,34(1):22-25.
[11] 张之晔.一流学术期刊建设视阈下学术期刊编辑的使命与担当[J].出版广角,2021(19):30-32.
[12] 张金超,韩焱晶.守正创新,基于学者、编者、作者多维度提升科技期刊学术引领能力[C]//2023年学术期刊创新发展论坛论文集.2023:145-148.
[13] 武瑾媛,王亚男,俞敏.守正创新办好科普期刊:以《航空知识》为例[J].编辑学报,2022,34(1):16-21.
[14] 张品纯.科技期刊编辑提高学术研究能力和论文写作水平的一些要点[J].中国科技期刊研究,2020,31(10):1193-1201.
[15] 詹燕平,游滨,王维朗,等.科技期刊论文网络首发的问题及对策:以《重庆大学学报为例》[J].编辑学报,2021,33(3):327-330.
[16] 程路丽.国内外代表性化学工程英文期刊网站作者服务能力分析[J].出版与印刷,2022(2):80-86.
[17] 肖宏,赵岩.刊网融合助力学术期刊传播:以中国知网为例[J].中国科技期刊研究,2023,34(5):593-600.

信息茧房在科技期刊出版工作中的利与弊

孙 岩，杨亚红，商素芳，魏莎莎，尹 荼，魏学丽，余党会

（海军军医大学教研保障中心出版社《海军军医大学学报》编辑部，上海 200433）

摘要：信息茧房是指人们关注的信息领域会习惯性地被自己的兴趣所引导，从而隔绝其他信息，将自己桎梏于"茧房"中的现象。在科技期刊出版工作中，信息茧房的壁垒可能会固化编辑思维和创新能力，阻碍期刊的多样化和创新发展。同时，信息茧房的信息窄化效应也能够帮助编辑高效捕捉感兴趣或热点信息，促进期刊精准传播。科技期刊编辑应加强自身信息素养，积极妥善利用信息茧房的优势，避免信息茧房带来的负面作用，提升和改进编辑工作，促进期刊进步和发展。

关键词：科技期刊；信息茧房；策划组稿；期刊传播；编辑培养

随着信息技术的爆炸性发展，特别是门户网站、信息推荐系统、搜索引擎和社交媒体的出现，人们能获取和接收到的信息越来越丰富。桑斯坦认为，在信息交流的背景下，人们倾向于选择那些他们感兴趣或与自己意见相同的话题，而排除或忽略其他信息，长此以往，个人接触到信息的广度和深度都越来越局限，从而将自身桎梏于像蚕茧一般的封闭空间中，造成"信息茧房"[1]。随着新一波人工智能浪潮的到来，不同的算法和推荐对信息茧房更是起到了推波助澜的作用，使人们接收到的信息更加集中，但也会无形中被有限、甚至有偏见的信息所困。

科技期刊出版的内容是前沿的科技信息和成果。据统计，Scopus 和 Web of Science 收录的文章近年来增长迅猛，2022 年文章总数比 2016 年高出约 47%[2]。这意味着科技信息的过载和科技期刊出版工作量的急剧增加。在这样的大背景下，信息茧房对出版工作的影响是复杂而多样的，它既可以为出版工作带来集中化的信息，节省时间和人力成本，同时又将出版人员困在固化的信息和思路中，限制了拓展和创新。认清信息茧房在科技期刊出版工作中的利与弊，并积极应对，有助于推动出版业的持续健康发展。

1 信息茧房形成的原因

1.1 客观因素

在信息爆炸和信息过载的网络环境下，为了提高获取信息的效率，人们通过搜索引擎来获取自己感兴趣的信息，造成一种个性化、独特的信息环境。为了进一步促进信息供需匹配、提高信息传递效率，以人工智能为基础的算法推荐技术应运而生。通过算法模型挖掘、用户数据分析等方式，解决近乎海量的网络信息与用户有限的注意力之间的供需矛盾，并广泛应

通信作者：余党会，E-mail: medyudanghui@163.com

用到了网络信息生态的方方面面。算法在了解用户偏好并过滤异质信息的同时，也无形之中构筑起了一道道"隔离墙"，将人们困在由算法所创造的"网络泡泡"中，阻碍着多元观点之间的交流[3]，事实上加剧了信息茧房的形成。

科技期刊是最新科技信息的重要来源，为科研人员提供了大量数据和参考依据。但是在网络环境下，很少有人会拿起一本期刊从头看到尾，科技期刊也转化为网络中的碎片化信息。为了快速找到有价值的信息，科研人员通过搜索引擎过滤和筛选自己需要和感兴趣的信息，而人工智能算法能够根据科研人员已有的信息选择历史判断其兴趣点，然后推送与之相关或相似的内容，有些情况下甚至是观点一致的内容。在海量的信息和有限的精力下，人们越来越依赖于智能过滤和选择信息的便利性，导致难以接触到自己认知领域之外的内容，形成信息茧房[3]。

1.2 主观因素

从桑斯坦对"信息茧房"的最初定义来看，信息茧房实质上来源于人们的选择性心理[1]。当用户接收和阅读感兴趣的信息时，会刺激用户产生阅读欲望，阅读会带来情感上的愉悦感知，进而促使用户继续关注感兴趣的信息。同时，用户接收的推送信息所传递的观点往往和用户之前形成的观点高度重合，使用户形成价值认同感，这种价值认同感会促使用户继续关注同质化的信息，甚至会抵制观点不同但有意义的信息[1,3]。这将导致信息兴趣的窄化和信息渠道的窄化，尤其是人工智能算法的急剧进步和智能手机的广泛应用，无疑加深和加速了个人以及整个社会信息茧房的形成。

信息过载是网络用户信息窄化的社会背景，为了快速获取信息，有的科研人员往往只是阅读与本学科、本领域相关的学术信息，而信息服务商也经常会根据科研人员的兴趣和需求推送具有针对性的学术信息[4]。学术编辑是科技出版工作的核心力量，学术编辑的信息能力、信息素养、情感倾向和专业知识都是造成网络环境下信息茧房的关键因素，信息能力对学术编辑在网络环境中获取、处理和传播信息至关重要，信息素养是能否识别信息茧房及其潜在危害、采取何种应对措施的基础，而情感倾向和专业知识则易导致思维和信息获取方式的固化[5]。

2 信息茧房在科技期刊出版工作中的利与弊

2.1 信息茧房在期刊组稿策划中的利与弊

科技期刊竞争的焦点始终在于其学术质量，选题策划直接决定了期刊的学术质量和影响力[6]。信息茧房造成的信息窄化、群体极化现象在科技期刊组稿策划中有不利的一面。首先，信息茧房可能导致编辑和策划人员的视野受限。由于人们越来越倾向于关注自己感兴趣的信息领域，编辑和策划人员可能也会不自觉地陷入某种信息舒适区，阻碍他们接触到更广泛、多元的观点和内容。这可能会影响到他们组稿时的选题和判断，使得出版物的内容过于单一或偏颇，缺乏更多的维度和深度。其次，信息茧房可能加剧出版物的同质化现象。在信息茧房的影响下，人们的需求和兴趣可能越来越相似，一心关注和研究"热点问题"，使出版物在内容和风格上趋于一致。例如，当某种技术出现后，会涌现出一大批跟风采用这种技术进行的研究，研究流程和方法类似，研究内容浅显，得出的结论也差不多；而科技期刊编辑也会了解到这一热点，以此为主题进行组稿，从而导致一段时间内不同的期刊上发表了一些内容类似、研究不够成熟的稿件。这无形中会造成低水平重复研究，浪费了编辑人员的精力和期刊的版面，甚至产生一些"学术垃圾"。此外，信息茧房也可能对编辑策划组稿的创新造成一定的阻碍。由于信息茧房使人们更容易接受和认同与自己观点相符的信息，编辑和策划人员在创新时可能会面临更大的挑战。

然而，挑战与机遇并存。在信息大爆炸、知识更新迭代加剧的背景下，信息茧房有利于在策划组稿时的信息收集，使出版物形成自己的报道特色，甚至提前布局，从而进一步形成自身品牌和优势。这需要编辑和策划人员更加注重对信息的筛选和整合能力，首先通过多种渠道获取不同领域的信息，拓宽自己的视野和知识面，从海量信息中抓取热点[7]，选定主题；然后利用信息茧房的信息窄化和群体极化现象筛选具体的内容信息和作者群，从而进行组稿和约稿，打造期刊的特色内容。例如，《海军军医大学学报》根据军事医学发展导向，于2017年开设了"海洋军事医学"栏目。栏目开设之初，编辑部收集了大量该领域的研究信息和作者信息，通过微信宣传、面对面约稿等方式获取了一些高质量稿件，稿件刊出后进行精准推送和宣传，如今已形成了特色栏目，有了相对稳定的稿源和作者群。2018年是最近一波人工智能浪潮的启动之年，《海军军医大学学报》敏锐地捕捉到这一点，在全国第一批组织了"医疗人工智能"专刊，随后又将这一主题作为一个持续的报道点，不断组织相关稿件，形成报道特色，取得了很好的效果。

2.2 信息茧房在期刊传播中的利与弊

"开放"是当前国际学术传播体系发展之大趋势，开放共享、快速交流成为当前学术出版的主流，"以用户为中心"的服务理念引领了出版变革的浪潮[8]。互联网时代的科技期刊不但要一如既往地坚持内容为王，更要倚重传播技术的力量。目前科技期刊传播中微信公众号、微博、期刊官网等平台的使用较为广泛，App、视频号、小程序等平台也得到探索，这些传播技术的使用加速了信息茧房的形成。信息茧房对期刊传播的影响是多方面的。首先，信息茧房可能会影响期刊的传播内容。期刊传播平台的智能算法能够根据读者的兴趣和研究方向进行精准推送，如果科技期刊推出的内容不符合读者的兴趣和研究方向，或研究方向过于小众，则极易在传播过程中直接被过滤掉，到不了读者端。因此，科技期刊在传播时可能更愿意推送热门领域和流行话题，以获得大量的读者。其次，信息茧房限制了读者的阅读视野和广度，进而影响到其研究方向。随着精准传播技术的出现，读者被动接收到感兴趣领域的大量信息，而忽视了对其他领域和主题的挖掘和推广，阅读选择变得相对单一，缺乏广度。这会使一些研究方向成为热点，研究的人越来越多，一方面容易出成果，另一方面也会造成竞争和资源浪费；而对于一些小众的方向信息过少，研究的人越来越少，甚至最终无人研究。最后，信息茧房还可能加剧科技期刊之间恶性内卷。为了争夺某一领域有限的读者资源和作者群，科技期刊可能会陷入抓热点、抢占知名作者等恶性竞争中，发表和传播一些博眼球、浮于表面的信息，而忽视了内容质量和创新。

同样，信息茧房在期刊传播中也有有利的一面。信息茧房现象使读者的阅读兴趣和需求更加明确和集中。科技期刊工作者可以更加精准地把握科研发展趋势，提高潜在读者的科研效率；同时，针对特定读者群体推出符合其兴趣和需求的文章，既能发展相对稳定的读者群，又有利于吸引优质稿源，从而提高期刊的影响力和竞争力。例如，《海军军医大学学报》通过对脑卒中、医疗人工智能等领域进行虚拟专题精准推送，不但使网站上专题文章的点击量翻倍，还使相关领域文章的自由来稿量大大增加，发展出一批忠实的读者和作者，将这两个领域打造成本刊的优势出版领域。

2.3 信息茧房在编辑培养中的利与弊

对于编辑来说，信息茧房可能会导致他们只接触到与自己观点、兴趣相符的信息，这样一来，他们的视野就容易被局限，无法全面地了解科学研究的多样性和复杂性。长期下去，可能会让编辑形成固定的思维模式，缺乏批判性思维和独立思考的能力。这可能会导致编辑的视野和知识面过于狭窄，缺乏足够的广度和深度，进而影响编辑的策划组稿能力和编辑水平，同时也限制了编辑的创新思维和与各领域作者合作的可能性。例如，一个编辑只对出版规范和统计学知识感兴趣，经常浏览相关的微信公众号或小视频，导致一打开公众号或小视频就能看到这两类内容的推送，又因为感兴趣而去阅读、观看，从而在这些内容上耗费了大量时间，忽视了其他编辑知识的学习；同时也没有更多的时间和机会对广泛的医学前沿进行深度了解，导致在策划组稿时思路固化，难以提出好的选题。

但是，我们也要看到信息茧房对于编辑成长积极的一面。首先，任何工作都需要找到一个最初的切入点，信息茧房可以帮助编辑更快地找到感兴趣的信息和资源，有利于迈出编辑工作重要的第一步，提高编辑的学习效率，加快他们的成长步伐。第二，信息茧房引起的信息窄化现象有利于期刊编辑在某一领域深耕，形成自己的核心竞争力。编辑历来被看作"杂家"，需要掌握和学习多方面、多领域的知识，但科技期刊收到的稿件却是各个领域最为先进和创新的知识，编辑不太可能在各个领域都达到深度了解的水平，因此做一个知识面广、某一领域有专长的编辑更加可行，而信息茧房恰好能够筛选和过滤信息，有利于编辑在某一感兴趣领域形成专业化的知识体系，成长为"一专多能"的编辑人才。最后，编辑也需要进行期刊出版相关研究，在信息茧房的影响和特定主题的引导下，有利于编辑在特定的领域内深入研究，更有可能发现新的突破和创新点，发展出自己的研究方向。

3 科技期刊编辑应对信息茧房的策略

3.1 培养互联网思维，合理利用信息茧房

信息茧房效应是互联网时代普遍存在的一种现象。科技期刊作为科技信息的载体，与互联网的交集深厚，受信息茧房效应的影响也很深远。互联网背景下，信息传播具有丰富性、开放性和互动性的特点，为了提高信息传播效率，需要切实立足于用户需求，满足用户需求，而用户需求又是多样化、个性化的，这与信息茧房效应不谋而合。科技期刊编辑可借助市场调研、作者访谈、问卷调查等方式，利用自主研发的或商业化的智能分析平台，分析作者和读者的兴趣和需求，结合其个性化的发展方向，进行特色组稿和精准推送，打造特色栏目、特色专刊，形成特色作者群、读者群。有条件的期刊可打造、运营具有较强互动性和便捷性的新媒体平台，激发用户良好的自主性，不断对内容和形式进行创新[9]，吸引用户，使用户形成良好、黏结力强的互动，发挥科技信息生产和信息传播的作用，促进科技创新和发展。

3.2 提升信息素养，打破信息茧房束缚

信息茧房归根结底来自于用户主体需求的个性化和信息客体供给的片面化，科技期刊编辑既是信息的受众即用户主体，也是信息的传播者即信息客体。科技期刊编辑应提升自己的信息素养，即正确理解信息、判断信息的能力，才能有效利用信息茧房的优势，而不被信息茧房束缚。首先，科技期刊编辑要充分认识信息茧房的危害，保持清醒的头脑和思辨意识，在获取信息时要主动判断良莠，有所取舍。其次，科技期刊编辑要不断学习新的知识，通过

参加学术交流开拓视野，扩大信息来源和信息渠道，加强与同行、科研人员、出版商及信息服务商的交流与合作，汲取多方面的信息，增强创新思维，提高学术水平和打破学术壁垒的能力[5]。此外，科技期刊本身是优质科技信息的来源，应强化核心期刊社在学术交流体系中的影响力和号召力，引导本学科的科研人员从多角度、多学科的视角探讨本学科的研究内容，加强不同学科的交叉融合，引导科研人员打破信息茧房[4]，促进学术创新，为期刊提供多样化的优质内容。

4 结束语

在知识爆炸和人工智能的大背景下，信息茧房现象会出现新的变化，也会对科技期刊出版带来复杂而多样的影响，既有挑战也有机遇。科技期刊编辑、科研人员、科研管理部门和科研情报部门都需要积极参与，来应对这一现象带来的影响。科技期刊编辑要保持开放的心态，主动拓宽信息渠道，不断提升信息素养、专业素养和创新能力；既要充分利用信息茧房快速获取感兴趣的信息，提高效率，筛选热点主题进行策划组稿，针对特定读者群体进行精准组稿和定向传播；又要积极主动寻求创新和突破，打破信息茧房的壁垒，努力地寻找和挖掘独特、有深度的内容，满足读者的多元化需求；同时，让期刊报道内容避免人为的偏驳和偏倚，进而打造出更加优质的期刊，推动期刊持续健康发展。

参 考 文 献

[1] 凯斯·R·桑斯坦.信息乌托邦:众人如何生产知识[M].毕竞悦,译.北京:法律出版社,2008:8.

[2] HANSON M A, BARREIRO P G, CROSETTO P, et al. The strain on scientific publishing[EB/OL].[2024-07-15]. http://arxiv.org/pdf/2309.15884.

[3] 段荟,袁勇志,张海.大数据环境下网络用户信息茧房形成机制的实证研究[J].情报杂志,2020,39(11):158-164.

[4] 袁顺波.网络环境下科研人员信息茧房的成因要素研究[J].情报理论与实践,2022,45(2):43-48.

[5] 金铃.网络环境下学术编辑信息茧房成因及"破茧"之道[J].新楚文化,2023(4):85-88.

[6] 代艳玲,朱拴成.提升期刊学术质量与影响力的方法与途径:选题策划与组稿[J].中国科技期刊研究,2016,27(2):157-161.

[7] 王佳,郝儒杰,王锋.人工智能赋能学术期刊高质量发展:优势、风险与防范策略[J].新闻爱好者,2022(10):51-54.

[8] 张丽南.含预印本发布的期刊全流程出版体系建设研究[J].出版与印刷,2023(4):83-90.

[9] 姜卉.互联网思维下传统媒体融合发展探讨[J].中国报业,2024(10):34-35.

短视频赋能农业学术期刊传播应用与效果研究
——以《新疆农业科学》为例

邓雯文，张 琼，王 芳，岳荣强，陈 宇

(新疆农业科学院农业经济与科技信息研究所《新疆农业科学》编辑部，新疆 乌鲁木齐 830091)

摘要：在融媒体大环境下，《新疆农业科学》杂志在网站、微信公众号平台的基础上，注重与用户的互动，不断完善微信公众平台，构建立体化传播平台，并将短视频和语音论文解说融入传播途径，打造交互式传播平台。本研究聚焦于《新疆农业科学》在微信公众平台上发布的 35 篇论文短视频，评估其在学术传播中的应用效果。研究结果表明，35 篇发表短视频的论文篇均摘要阅读量为 431.07 次，与其对比的 35 篇未发表短视频的论文篇均摘要阅读量为 314.18 次，发表短视频的是未发表短视频的 1.37 倍。在微信公众平台上发布论文短视频能有效增加该论文在官网上的摘要阅读量和 PDF 下载量，论文短视频在提升学术期刊传播力方面具有积极作用。并在此基础上着力提升短视频内容的质量、优化传播策略，同时提高编辑人员制作短视频的综合素养。本文详细阐述了《新疆农业科学》在短视频传播方面的实践经验，以期为农业类学术期刊的媒体融合发展提供参考，助力学术期刊在新媒体时代的转型升级和高质量发展。

关键词：短视频；学术期刊；传播效果；《新疆农业科学》；新媒体

随着移动互联网技术的飞速发展，短视频作为一种新兴的传播方式，正逐渐改变着人们的阅读习惯和信息获取方式[1]。短视频以其时长短、易传播、可社交等本质特征，迅速成为大众获取资讯和信息的主流方式之一[2]。灵活办刊以提高期刊传播的强度和深度，要定位明确，拓宽传播渠道提高传播的精度和宽度，改进传播技术和模式，增强"读者至上"的服务理念提高传播的速度。特别是在 5G 智能终端设备普及的推动下，短视频的爆炸式增长不仅顺应了当代快节奏的生活方式，也满足了新媒体时代受众的碎片化阅读习惯[3-4]。中国互联网络信息中心发布的第 53 次《中国互联网络发展状况统计报告》显示：截至 2023 年 12 月，我国网民规模达 10.92 亿人，网络视频(含短视频)用户规模已达 10.67 亿人，占网民整体的 97.7%，短视频展现出强大的影响力和市场潜力[5]。

传统的学术期刊以文字或图文形式呈现论文信息，这种阅读形式在移动互联网和数字技术的冲击下，面临着巨大的变革压力[6]。短视频的信息传播具有丰富性、直观性和形象化的特

基金项目：2024 年度中国农业期刊网研究基金项目(CAJW2024-010)；2024 年度中国农业期刊网研究基金项目(CAJW2024-081)

通信作者：张 琼，E-mail: 2414341018@qq.com

征，能够将传播内容视觉化，有效弥合短视频传播与文字传播之间的断裂，使学术内容更易于被公众理解和接受，为学术期刊的传播方式提供了新的可能[7]。学术期刊可以基于一个观点或一篇论文，制作极富创意和观赏性的短视频内容，以通俗易懂的方式传播学术信息，简洁有力地影响学术期刊的受众[8-9]。

如今短视频已经成为一类重要的信息传播形态，在整个传播体系中的地位越来越突出。新媒体时代，媒介技术变革使得传播形式和受众接受方式发生重大变化，由于人们基于碎片化时间形成了新的阅读习惯，各类"短平快"信息模式呈现爆发式增长。《新疆农业科学》创刊于1958年，一直坚守办刊宗旨"繁荣农业科学、促进农业生产"，突出报道新疆农业的科技成果与先进技术，在新疆农业领域和国内相关领域具有很高的知名度。然而，在移动互联网时代，如何创新传播方式，提升期刊的影响力和传播效果，成为摆在其面前的重要课题。近年来，一些学术期刊如《新医学》[3]、《中国高分子》[10]、《核技术》[11]、《遥感学报》[12]等已经率先尝试将短视频应用于期刊传播中，并取得了显著成效。《建筑结构》[13]、《测绘学报》[14]、《金属加工》[15]、《机械工程学报》[16]等科技期刊在原有新媒体的基础上，在微博、抖音、哔哩哔哩、视频号等平台上开通官方账号，多渠道传播科研成果。但目前尚没有涉及传统农业类期刊短视频的相关报道。本文阐述了《新疆农业科学》在制作与发布短视频中的实践经验，评估短视频提升学术期刊传播力的效果，并提出具体的应用策略，旨在为同类型学术期刊找到适合自身的媒体融合发展之路提供参考，助力学术期刊在新媒体时代的转型升级和高质量发展。

1 短视频在微信公众平台中的应用实践

不同的内容主题、内容质量、画面质量、内容呈现形式、封面策略、视频时长对论文短视频传播效果的影响有显著性差异。在短视频的传播中加强多维叙事能力，丰富论文核心要义；以技术赋能传播者，提高传播技巧，增强传播效果。

1.1 短视频制作流程的精细化构建

(1) 原创语音论文解说的征集与筛选。在《新疆农业科学》已公开发表的论文库中，主动向作者发起征集活动，鼓励其提供原创的语音论文解说。解说内容需紧密围绕论文的核心观点、创新点及研究价值，确保逻辑清晰、语言流畅，并设定合理的时长限制(约1分钟)，以符合短视频的观看习惯。

(2) 微信公众平台的优化与准备。确保新疆农业科学服务号及新疆农业科学订阅号两个官方微信公众号(以下统称微信公众平台)稳定运行，配备具有新媒体经验的编辑人员。设计并规范短视频发布栏目与格式，强化内容的专业性与一致性，为读者提供高质量的学术视频资源。

(3) 短视频的编辑与加工。结合作者提交的音频解说与电子版论文内容，运用专业视频剪辑软件对原始素材进行剪辑、配音、配乐、添加字幕和动画效果，以提升读者的观看体验。视频中明确标注论文标题、作者信息及核心观点，并结合图表或试验过程照片展示，以直观呈现研究成果。完成视频制作后，经过编辑部的严格审核，确保视频内容准确无误、符合学术规范后，再发布到微信公众平台上。短视频制作流程见图1。

(4) 软、硬件支持。作者利用手机录音功能进行论文讲解，编辑团队采用剪映专业版对音频进行降噪、音量调整和剪辑等后期处理，同时制作视频、添加特效、字幕和音乐等。

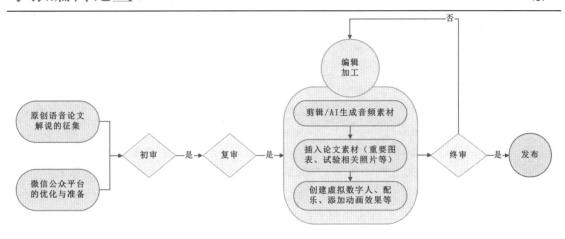

图 1 《新疆农业科学》短视频制作流程图

1.2 短视频内容的多元化与特色化

本刊在微信公众平台上发布的短视频多采用文章讲述式和实验分享式相结合的形式，将论文中的试验内容摘录并配以作者提供的试验照片，使学术成果更加生动直观。根据作者投稿形式的不同，将本刊微信公众平台短视频细分为三种类型：作者原声讲解、作者 AI 朗读配音和论文文本描述。编辑人员根据三种原始素材进行二次加工，制作出符合其特性的短视频。对于原声讲解、AI 朗读配音的素材，编辑人员根据音频内容，精选相关论文素材，并合理安排视频时长。对于仅有文本描述的素材，由编辑人员使用 AI 文本朗诵搭配，并根据内容匹配论文素材，以确保视频内容的丰富性和吸引力。特别注意的是在作者原声讲解的短视频中，可能会遇到口音浓重或缺乏录制经验导致的语音和语调不准确的问题，这时编辑人员就需通过技术手段优化断句、停顿与语速，确保声画的高度匹配与和谐统一；而采用 AI 朗读配音的短视频，尽管 AI 技术确保了朗读内容的准确性，但在处理一些专业性强的农业科技词汇或者多音字时，需要编辑人员进行人工校正，以确保语言的流畅性和专业性。

图 2 新疆农业科学订阅号三种类型短视频展示

1.3 短视频的发布与推广策略

自 2018 年开通微信公众号以来，《新疆农业科学》编辑部不断探索短视频发布模式。自 2022 年起，逐步加大短视频发布力度，2022 年 7 月—2023 年 5 月发布了 7 篇论文视频讲解。

2023年通过开设短视频摘要栏目，显著提升了论文视频的发布频率与数量，2023年7—10月共发表31条论文短视频。鉴于新疆农业科学微信服务号的发布限制，编辑部巧妙利用新疆农业科学订阅号进行补充，形成了双号联动的发布格局。2023年12月—2024年7月新疆农业科学订阅号已发布43条论文短视频摘要。且短视频标题格式已统一为"《新疆农业科学》精选文章｜作者姓名｜论文题目"，以增强品牌识别度。

此外，实时关注新疆农业科学院官网，两个微信公众平台亦定期发布本刊作者、编委、审稿专家的学术动态及编辑部成果，进一步丰富了公众平台的内容生态。尽管目前尚未设立独立的微信视频号，但通过在微信图文、视频消息中嵌入短视频摘要，并提供论文基本信息(论文题目、作者、摘要、关键词、重要图表)及超链接至官网论文摘要页面，有效地提升了用户的互动体验和内容的可及性。同时也将官网网址、微信订阅号、微信服务号的二维码添加在短视频摘要内，方便用户快速关注与访问公众平台及官网。

2 短视频在微信公众平台中的效果评估

2.1 期刊官网数据分析

选取同一编辑人员制作的风格相同的35篇论文短视频，并收集两组论文(发表短视频的35篇论文和未发表短视频的35篇论文)的相关数据。确保比较的论文是在同一期或相近期数的相同栏目下，控制出版时间和栏目偏好的影响。在评估传播效果时，选择官网摘要阅读量、PDF下载量、微信公众平台观看量、分享量、点赞量等量化指标来衡量传播效果。全部调查在2024年7月31日前完成。

35篇发表短视频的论文篇均摘要阅读量为431.07次，与其对比的35篇未发表短视频的论文篇均摘要阅读量为314.18次，发表短视频的是未发表短视频的1.37倍。每期发表短视频的论文篇均摘要阅读量普遍高于未发表短视频的论文(2023年第8期除外)，每期发表短视频的论文篇均摘要阅读量是未表短视频的论文篇均摘要阅读量的1.04~2.37倍。35篇发表短视频的论文篇均PDF下载量为47.27次，与其对比的35篇未发表短视频的论文篇均PDF下载量为39.08次，发表短视频的是未发表短视频的1.21倍。发表短视频的论文在官网的篇均PDF下载量整体上高于未发表短视频的论文，但差距不如摘要阅读量明显。可见，论文短视频有助于文章获得更高的阅读量和下载量，但目前《新疆农业科学》短视频推出的时间仍较短，仅能初步评估其对提升传播力的效果，未能获得其在改善学术影响力等方面的具体数据。

此外研究还发现，已发表短视频的论文篇均摘要阅读量是篇均PDF下载量的9.12倍，这一差异可能是短视频内容中嵌入的超链接直接跳转到官网论文摘要页面的功能。这种直接的链接方式不仅为读者提供了便捷的访问路径，而且可能增加了摘要页面的曝光率和阅读量，而不一定转化为PDF的下载行为。短视频作为一种新兴的媒介形式，在促进学术内容的初步接触和了解方面可能具有独特的优势。然而，将观看用户的注意力转化为更深层次的学术交流，如下载完整的论文文档，仍是一个值得深入探讨的问题。

2.2 微信公众平台数据分析

从2023年第7期到2024年第3期，35篇短视频的总观看量为1 810次，平均每期的观看量为52次。2024年第2期的观看量显著高于其他期数，观看量达到494次。短视频总分享量为29次，平均每期的分享量为1次，分享率较低。2024年第3期的分享量相对较高，为14次，而其他多数期数的分享量在个位数。总点赞量为8次，平均每期的点赞量为0.3次，与用户互动度不高。

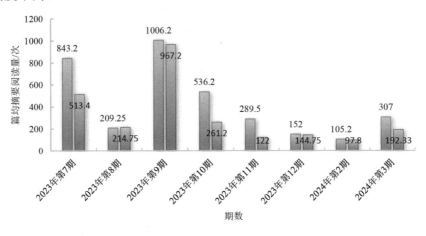

图 3　发表短视频论文与未发表短视频论文官网篇均摘要阅读量对比

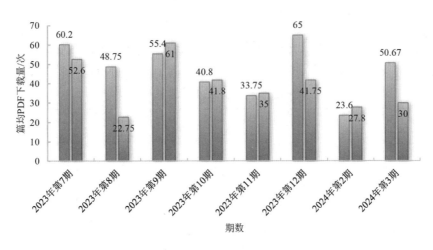

图 4　发表短视频论文与未发表短视频论文官网篇均 PDF 下载量对比

表 1　微信公众平台短视频发布数据

期数	观看量/次		分享量/次		点赞量/次	
	总数	平均数	总数	平均数	总数	平均数
2023 年第 7 期	349	69.8	0	0	2	0.4
2023 年第 8 期	220	55	1	0.3	4	1
2023 年第 9 期	169	33.8	2	0.4	0	0
2023 年第 10 期	154	30.8	1	0.2	0	0
2023 年第 11 期	88	22	1	0.3	0	0
2023 年第 12 期	74	18.5	3	0.8	0	0
2024 年第 2 期	494	98.8	7	1.4	0	0
2024 年第 3 期	262	87.3	14	4.7	2	0.7
合计	1 810	52	29	1	8	0.3

选取了微信公众平台观看量次数前 3 的短视频，这 3 篇短视频论文作者投稿形式虽然不同，但编辑人员将各篇多样化的原始素材转化为风格鲜明、内容连贯的短视频作品，制作周期通常为 2 天。所有短视频都采用了"论文基本信息+音频+论文素材+动画"的形式，并附加了二维码和超链接，便于观众深入了解和获取更多信息。农业学术期刊属于专业化、小众化期刊，视频时间在 1~2 分钟，一般趣味性较低且农业科技词汇的频次大量出现，使短视频的完播率较低，后台数据不甚理想。尽管短视频在微信平台上获得了一定的观看量，但受限于短视频用户的特定观看习惯，与其他农业科普类短视频相比，农业科技类短视频的分享与点赞次数较低，用户关注度不高。可能需要更多的推广策略来增加视频的可见度和互动性。

短视频平台的低创作门槛使得编辑人员能够轻松制作视频，这一特点促进了短视频作品的大量涌现。然而，这种快速制作的过程中，视频的制作质量和设计水平可能存在不足，动画效果的整体水平亦有待提高。同一般短视频类似，大多数学者开始倾向于通过快速浏览论文的题目、摘要、关键词、引言及结论等关键部分来高效获取信息，学术期刊的传播方式也逐渐呈现出碎片化的趋势。与文字、图片、网站等传统形式相比，学术短视频以其生动、直观的特点，更符合移动互联网时代知识碎片化传播的市场需求和观众的阅读习惯。观众能够在碎片化的时间里快速获取所需知识，这为学术传播提供了新的机遇。

表 2　微信公众平台观看次数前 3 位的短视频

论文题目	《5 种农药对梨小食心虫的室内毒力测定及田间药效评价》	《温度对绿色葡萄干色泽及干燥特性的影响》	《Na_2SeO_3 对药食用真菌羊肚菌菌丝体生长的影响》
期数	2024 年第 3 期	2024 年第 2 期	2024 年第 2 期
期刊栏目	植物保护·微生物	园艺特产·土壤肥料·植物保护	微生物·生理生化·畜牧兽医
作者投稿形式	作者原声讲解+试验相关照片	作者 AI 朗读配音	作者原声讲解
编辑加工形式	论文基本信息+音频+论文素材+动画效果+二维码、超链接	论文基本信息+音频+论文素材+动画效果+二维码、超链接	论文基本信息+音频+论文素材+动画效果+二维码、超链接
制作周期/天	2	2	2
发布日期	2024-05-11	2024-04-17	2024-04-11
视频时长/秒	128	66	41
微信公众平台观看量/次	183	158	134
微信公众平台分享量/次	10	1	2
微信公众平台点赞量/次	2	0	0
完播率	67%	50%	57%

短视频投稿作者年龄在 26~35 岁占比最高，达到 82.86%，是短视频投稿的主力军。本刊该年龄段作者通常为在读研究生及青年学者，他们可能对新媒体技术的熟悉度较高，同时也可能有更多的动力和机会参与内容创作。短视频观看用户的年龄分布呈现出年轻化特征，26~35 岁占比 41.79%，36~45 岁占比 29.84%，是主要的两大观看群体。根据年龄结构特征，26~45 岁的中青年是短视频投稿与观看的主要群体。农业学术期刊面临的核心挑战在于如何有

效吸引并留住作者与观看用户，同时深度提升他们对刊物的认同感、忠诚度、喜爱度及参与度。农业学术期刊承载着传播优秀青年科技工作者创新科研成果的责任，在这个过程中，要了解并利用好年轻作者的主要信息获取渠道及形式，尽可能地激发和培养年轻作者的热情及其主动性，鼓励和指导他们将前沿研究成果转化为易于社会公众理解并乐于分享的知识产品向社会传播。多元化是目前人们获取信息的特点，农业期刊在进行学术传播与推广时，必须重视并适应渠道多元化的趋势，以满足不同读者群体的需求。

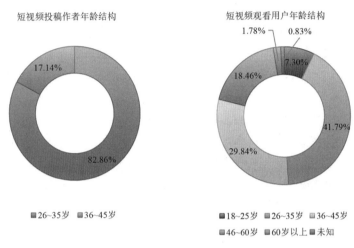

图 5　短视频投稿作者、观看用户年龄结构

3　优化策略与建议

3.1　短视频内容优化建议

在当今这个快节奏、信息碎片化的时代，观众对视频内容的品质有着更高的期待。《新疆农业科学》在微信公众平台上的粉丝数总和不足 2 000 人，发布的短视频获得的点赞数、转发量处于低位，用户的关注度和黏性不够。可能是《新疆农业科学》微信公众平台上发布的短视频内容多是以论文配以解说音频为主，拓展性内容比较少，制作模式单一，缺乏创新性，难以给人留下深刻印象。《新疆农业科学》发表的学术论文专业性强，要实现从"用户不愿意观看"到"用户愿意观看"，再到"用户主动观看"的转变，论文短视频的制作必须注重内容的深度与质量。《新疆农业科学》的新媒体编辑不仅需要理解论文，以高质量的内容为核心，还需结合多样化的视频制作技术，如动画、特效、配乐、解说、字幕等，以满足不同读者群体的个性化需求。同时还应在今后的短视频制作中融入创新元素，如在短视频中嵌入问答环节、专家解读、观众讨论等互动元素。

3.2　传播策略调整建议

《新疆农业科学》论文短视频的传播渠道较为单一，主要是在微信公众平台上，网站主页上虽有微信公众号二维码，但置于期刊主页的边缘位置，关注度低、传播效果差。且发布的短视频未设置点赞、评论、转发、收藏等交互功能，不利于广泛传播。微信公众平台的多样化功能，如公众号、小程序、视频号等，还内置了分享、定位、评论和点赞等交互功能，为内容的转发和引流提供了便利，有助于扩大传播范围和提升传播速度。《新疆农业科学》应选择用户群重合度较高的微信公众平台作为融媒体发展的核心平台继续进行深耕，充分利用该平台的优势资源,将其作为重点渠道来深入开展宣传推广工作,提升期刊的整体影响力与品牌知名度,力求实现传播效果的最大化。此外,官网作为期刊的重要门户,较容易被关注,《新疆农业科学》官网可以通过分模块整合展示微信公众平台推文、短视频、直播等多平台内容,以此丰富官网信息,提高各个平台的关注度和流量,实现多平台内容的有机融合和相互促进。

3.3 技术创新与工具应用建议

《新疆农业科学》的短视频在内容和质量上正面临与国内众多学术期刊相似的挑战。由于农业学术期刊论文短视频要保证严谨性和科学性,又要吸引观众,其制作难度高于一般的短视频。目前,视频制作者可能在技术上驾轻就熟,却未必精通专业领域;而专业作者则可能对视频技术知之甚少。为了跨越技术与专业之间的鸿沟,学术期刊新媒体编辑的角色至关重要。《新疆农业科学》编辑部应注重全面提升新媒体编辑人员的专业技能,通过定期的专业技术培训,使编辑人员不仅精通 Premiere(PR)、After Effects(AE)等视频后期制作软件,还能够熟练处理文字、图片、视频、音频等多元化素材,实现高效剪辑与创意融合。因此,培养复合型人才是关键,培养出既精通农业学术期刊的专业知识,又具备新媒体思维、短视频创作技巧及账号运营策略的全能型人才,从内容到形式助推《新疆农业科学》短视频的应用与发展。

4 结束语

在移动互联网技术的推动下,短视频已成为信息传播的新高地。《新疆农业科学》通过微信公众平台,积极探索短视频与学术传播的结合点,为传统学术期刊的转型升级提供了实践案例和经验借鉴。同时也认识到短视频在学术传播中仍面临诸多挑战,包括提升完播率、增加用户互动、扩大受众范围等。在数字化时代,短视频及短视频平台对知识传播具有重要的价值和意义,通过发布引发社会公众对高质量、高价值知识传播,尤其是对前沿科技、高新技术等科学普及的关注和思考,开放交流、共同参与,携手创造更加健康、繁荣、充满活力的知识传播新生态,为提升全民科学文化素质、培育发展新质生产力贡献力量。未来,《新疆农业科学》将继续探索与新媒体的深度融合,通过内容创新、增强交互性、技术与工具应用、数据分析优化、人才培养与团队建设等多方面的努力,进一步提升短视频的传播效果,实现学术期刊在新媒体时代的高质量发展。

参 考 文 献

[1] 徐珑绫.新媒体视域下网络文艺发展趋势、传播特性与引导策略探析[J].新闻研究导刊,2022,13(22):228-230.
[2] 周华清,李来斌,郑骋.国际顶级科技期刊学术短视频运营模式分析及启示[J].中国科技期刊研究,2022,33(1):76-83.
[3] 洪悦民.短视频在传统医学期刊中的应用探索:以《新医学》杂志为例[J].编辑学报,2022,34(6):668-672.
[4] 王孜.5G 时代学术期刊短视频平台的发展现状与融合研究:以抖音短视频为例[J].出版发行研究,2020(2):61-66,60.
[5] 中国互联网络信息中心.第 53 次《中国互联网络发展状况统计报告》[EB/OL].[2024-08-08].https://www.cnnic.cn/n4/2024/0322/c88-10964.html
[6] 杨再国,代文雪.基于"互联网+知识服务"的学术期刊融合发展探究[J].新闻研究导刊,2021,12(22):48-51.

[7] 路小静,胡慧河,姚永春."使用与满足"理论下学术期刊应用短视频的策略分析[J].科技与出版,2020(10):45-49.

[8] 张新玲,谢永生,章权.对比视角下我国科技期刊文章视频摘要制作和推广对策分析[J].科技与出版,2022(9):64-68.

[9] 付静.学术期刊在短视频领域的应用研究[J].出版广角,2021(4):60-62.

[10] 刘文睿,黄沈燚,翁彦琴,等.基于受众视角的视频摘要质量及传播效果评估与思考:以"中国高分子"视频摘要为例[J].中国科技期刊研究,2023,34(10):1293-1300.

[11] 姜虹亦,霍宏,杨巍巍.科技期刊短视频和直播业务的实践探索:以《核技术》为例[J/OL].出版与印刷,1-11[2024-08-08].https://doi.org/10.19619/j.issn.1007-1938.2024.00.043.

[12] 尤笛,边钊,李薇,等.科技期刊视频号短视频运营实践:以《遥感学报》为例[J].中国科技期刊研究,2022,33(6):729-734.

[13] 左丹丹.学术期刊新媒体矩阵实践与探讨:以《建筑结构》为例[J].传媒论坛,2024,7(4):98-100.

[14] 宋启凡.学术期刊抖音短视频平台的发展与探索[J].中国科技期刊研究,2021,32(3):365-371.

[15] 韩璐,霍振响.科技期刊全媒体平台建设思维探究:以金属加工全媒体平台为例[J].中国科技期刊研究,2021,32(8):1032-1039.

[16] 田旭,向映姣,金程,等.融合出版背景下的科技期刊高质量传播研究:以《机械工程学报》为例[J].传播与版权,2023(11):7-11.

重塑科普传播：基于 B 站的科技期刊短视频传播效果研究

侯 波

(江苏经贸职业技术学院期刊社，江苏 南京 211168)

摘要：随着信息化时代的加速发展，科普传播正面临新的挑战与机遇。科技期刊短视频作为新兴科普形式，在 B 站这一充满活力与创新的短视频平台上展现出独特的传播效果。本研究通过定量与定性相结合的方法，深入剖析了 B 站 12 家科技期刊短视频的传播现状及其效果。研究结果表明，这 12 家科技期刊账号发布的视频内容主要以学术活动类为主，呈现形式相对单一，表明科技期刊在利用短视频平台进行内容创新和多样化方面还有提升空间；科技期刊在 B 站的账号布局存在一些问题，如认证数量少、视频作品数量差异明显、更新频率整体偏低等；那些选题具有创意、视角独特，并能紧跟时事、与用户进行即时互动的视频传播效果更好，表明内容的质量和互动性对于提高传播效果至关重要。未来研究可进一步探索不同类型科技期刊短视频的传播效果差异及其原因以及科技期刊短视频在不同平台上的传播差异，以推动科普传播事业的持续发展与繁荣。

关键词：科技期刊短视频；B 站；传播效果；科普传播；公众科学素养

在信息化时代的浪潮下，科普传播显得愈发重要。它不仅是提升公众科学素养的关键途径，还是推动科技进步和创新的重要基石。传统的科普方式，如科普讲座、展览和印刷品等，虽然在一定程度上起到了传播知识的作用，但受限于传播范围和互动性，其效果往往不尽如人意。随着互联网的普及和新媒体技术的飞速发展，短视频作为一种新兴的传播媒介，凭借其直观、生动、易传播的特性，迅速崛起并受到广泛关注。科技期刊短视频作为短视频领域的一个分支，融合了科技知识的专业性与短视频的通俗性，为科普传播注入了新的活力[1]。

B 站作为我国知名的视频分享平台，拥有庞大的用户群体和高度活跃的社区氛围，为科技期刊短视频的传播提供了得天独厚的条件。科技期刊短视频在 B 站的传播，不仅能够拓宽科普知识的受众范围，还能通过弹幕、评论等互动方式，增强观众与内容的互动性，从而提高科普传播的效果。进一步分析科技期刊短视频在 B 站上的传播成效，对于改善科普教育方法和增强大众的科学理解力，具有显著的学术与实践价值[2]。

本研究计划通过详细考察 B 站上科技期刊短视频的观看次数、获赞量、评论量等关键数据指标，并结合观众的反馈和参与度，来综合评估其传播效果与影响力。此外，研究还将融入相关理论框架和实际案例，以探究影响科技期刊短视频传播效率的要素及其内在作用过程。

基金项目：江苏省期刊协会 2023 年度江苏期刊出版研究立项课题(2023JSQKB17)

科技期刊短视频在 B 站的传播有助于拉近科学与公众之间的距离，让更多人感受到科学的魅力和价值。这种新型的科普方式不仅能够激发公众对科学的兴趣和好奇心，还能够培养他们的科学思维和创新能力，促进科学知识的普及和应用，为社会的可持续发展奠定坚实的基础。因此，本研究不仅具有学术价值，还具有深远的社会意义[3-4]。

1 研究综述

在这个信息量激增的时期，科普传播既面临着前所未有的挑战，也蕴含着巨大的发展潜力与机遇。随着科技期刊向数字化出版的转型，短视频平台以其独特的传播优势，正在成为传递科普知识的重要新途径。尽管当前关于科技期刊短视频的研究文献尚显不足，但已有部分学者敏锐地洞察到这一新兴领域的潜力，并开始积极投身于相关研究之中。他们主要从科技期刊短视频的制作方法、内容创新以及传播策略等方面进行了探讨。本文系统梳理了科技期刊短视频传播的相关文献，并从多个维度进行深入剖析，旨在为后续研究提供有价值的参考与借鉴。

1.1 科技期刊短视频传播的现状与问题

占莉娟等(2024)通过对我国科技学术期刊抖音账号运营现状的调研，发现视频发布数量差异大、发布频率不稳定、互动存在两极分化等问题。内容方面，以新闻和科普为主，但传播影响力不理想[5]。此外，卫夏雯等(2024)的研究也指出，我国科普期刊微信视频号运营品牌的理念尚未形成，整体开通率低，内容质量参差不齐[6]。这些研究表明，科技期刊在短视频平台的运营尚处于初级阶段，面临多方面的挑战。

1.2 短视频传播效果的影响因素

多篇文献探讨了影响科技期刊短视频传播效果的因素。张兰(2024)基于精细加工可能性模型，发现主题、标题技巧、呈现形式、背景音乐、信源吸引力对科普期刊微信短视频传播效果具有显著影响[7]。类似地，陈维超和周杨羚(2023)的研究也指出，内容主题、叙事风格、标题长度、封面类型等是影响科普期刊抖音短视频传播效果的重要因素[8]。这些研究为科技期刊优化短视频内容、提升传播效果提供了实证依据。

1.3 科技期刊短视频传播的策略与路径

针对科技期刊在短视频传播中面临的问题，学者们提出了多种策略与路径。占莉娟等(2024)建议从账号定位、内容主题、内容生产、分发模式等方面全方位革新升级短视频实践[5]。于淼和赵金环(2023)提出，科普期刊应合理构建短视频传播矩阵，提升运营能力，深耕优质内容，引导用户深度互动[9]。此外，程海燕和管荣华(2023)的研究也强调了明确账号定位与运营模式、科学布局短视频平台的重要性[10]。

1.4 科技期刊短视频传播的创新实践

一些学者结合实际案例，探讨了科技期刊在短视频传播中的创新实践。龙玲等(2022)以《广西医学》《微创医学》《内科》杂志为例，分析了科技期刊编辑进行科普短视频创作与传播的途径和方法[11]。王晓醉和王颖(2019)则以"中科院之声"系列短视频为例，探讨了知识类短视频对科技期刊的启示[12]。这些案例为科技期刊提供了可借鉴的成功经验和创新思路。

当前关于科技期刊短视频传播，学者们纷纷从不同角度对此展开深入探讨，取得了一系列研究成果，这些研究为理解科技期刊在短视频平台上的传播提供了理论基础。然而，针对科技期刊短视频在特定平台(如 B 站)的传播效果研究尚显不足，这为本文研究提供了广阔的空间和重要的现实意义。尽管现有研究取得了一定的成果，但在以下方面仍存在不足：研究视角较为局限，多数研究侧重于描述性分析，缺乏对传播效果的量化评估；现有研究对科技期刊短视频传播效果的影响因素探讨不够深入，尤其是对内容创新、互动性等因素的研究不足。基于以上分析，本研究提出以下研究问题：科技期刊在 B 站的短视频传播效果如何？哪些因素影响了科技期刊在 B 站的短视频传播效果？如何优化科技期刊在 B 站的短视频传播策略，以提高传播效果？

2 研究方法与创新点

B 站作为国内领先的短视频平台，为科技期刊的科普传播提供了新的可能性。然而，科技期刊在 B 站上的传播效果如何，以及如何优化传播策略，成为当前亟待解决的问题。本研究旨在通过收集科技期刊在 B 站的短视频传播数据，涵盖播放量、点赞量、评论量等关键指标，并采用内容分析法对短视频的内容特征、形式创新及其互动性进行深入剖析，随后运用相关性分析和回归分析等统计方法探讨影响科技期刊短视频传播效果的核心因素，最终基于所得研究结果，提出针对科技期刊在 B 站短视频传播的优化策略。本研究期望为科技期刊在短视频平台上的传播提供实证依据和策略指导，促进科普传播的创新与发展[8]。

本研究的创新之处主要体现在两大方面。首先，本研究将科技期刊的专业性与短视频的直观性相结合。科技期刊通常以其权威性和专业性著称，而短视频则以其直观、生动的形式吸引观众。将这两者结合，可以探索出一种新的科普传播方式，既保留了科技期刊的专业性，又利用了短视频的易传播性。其次，专注于 B 站这一特定平台进行研究。B 站以其独特的用户群体和社区氛围，为科技期刊短视频的传播提供了一个有趣且富有挑战性的环境。在数据收集阶段，特别关注了 B 站上播放量、点赞量和评论数等关键指标。这些数据不仅反映了观众对视频内容的兴趣程度，也揭示了视频内容的传播力和影响力。通过对这些数据的细致分析，能够更准确地评估科技期刊短视频在 B 站的传播效果，为科普传播提供新的视角和有价值的参考。

3 理论基础

科普传播理论是指导科普信息有效传递的重要理论基础，它强调以受众为中心，注重信息的科学性、通俗性和趣味性[9]。科普传播理论为科技期刊短视频的制作和传播提供了重要的理论指导。

科技期刊短视频以其直观、生动的表现形式，能够迅速吸引受众的注意力，并通过简洁明了的语言和图像，将复杂的科学知识以通俗易懂的方式传递给受众。这种传播方式不仅提高了科普信息的可读性和可视性，也降低了受众接受和理解科学知识的门槛。在科普传播理论的指导下，科技期刊短视频的制作和传播应充分遵循科普信息的科学性原则。这就要求制作者在选题、内容策划和制作过程中，必须确保所传递的科普信息准确无误、科学严谨。同时，为提高短视频的吸引力和传播效果，制作者还需要注重通俗性和趣味性的原则，运用生动有趣的表现手法和语言风格，将科学知识以更加贴近受众生活的方式呈现出来[1-3]。

科普传播理论还强调受众的主体地位。在科技期刊短视频的传播过程中，受众不再是被动的接受者，而是可以通过点赞、评论、转发等方式积极参与互动，表达自己的观点和看法。这种互动性不仅增强了受众对科普信息的理解和记忆，也促进了科普信息的二次传播和扩散。

通过遵循科普信息的科学性、通俗性和趣味性原则，以及强调受众的主体地位和互动性，科技期刊短视频有望成为未来科普传播领域的重要力量，为推动公众科学素养的提升和科技进步做出积极贡献[4-5]。

4 研究方法

4.1 数据来源与收集

随着 B 站等视频分享平台的影响力日益扩大，科技期刊的出版方也开始重视这一新兴的传播渠道。他们纷纷设立官方账号，定期发布高质量的科普视频，并与观众进行互动，解答疑问，收集反馈。这种双向交流的模式，不仅增强了学术内容的传播效果，也提升了科技期刊的品牌影响力和社会认知度。在 B 站这片沃土上，科技期刊内容的视频化不仅拓宽了学术传播的边界，还促进了跨学科的交流与融合。随着科技期刊内容通过视频形式在 B 站(Bilibili)等视频分享平台的广泛传播，越来越多的科研工作者与学术爱好者们开始在这一充满活力的平台上相聚，共同探索知识的海洋。他们不仅上传了深入浅出的科学讲座，还分享了实验过程的精彩瞬间，甚至将复杂的理论通过动画演示，让原本晦涩难懂的概念变得生动有趣，不仅加速了科研创新的步伐，也让学术研究的成果更加贴近公众，激发了全社会对科学的兴趣和热情。

本研究所探讨的数据主要源自于 B 站平台上的科技期刊短视频。为了全面而准确地分析这些数据，我们采用了多种方法进行收集。一方面，在确保爬虫程序的合法性和道德性的前提下，借助编程技术，通过编写专门的爬虫程序来自动抓取 B 站上的科技期刊短视频相关数据。2020 年 6 月，B 站正式推出知识区，将"知识"定位为其短视频内容的一个重要领域。本研究以中国科学技术信息研究所 2022 年 12 月 29 日发布的《中国科技核心期刊目录》为依据，选取目录中在 B 站开设账号的 12 种科技期刊发布的短视频为研究样本，视频发布时间为 2023 年 1 月 1 日至 2023 年 12 月 31 日，样本来源账号信息见表 1。这些数据包括但不限于短视频的播放量、点赞量以及评论数等关键指标，它们对于衡量短视频的传播效果至关重要。播放量可以反映出视频的受众范围，点赞量则能在一定程度上体现观众对视频内容的认可和喜爱程度，而评论数则展示了观众与视频内容的互动情况。在数据收集过程中，我们特别关注了科技期刊短视频的发文量、播放量、点赞转发量等关键指标，这些数据为我们深入了解公众对科技期刊短视频的接受度和科普效果提供了重要依据。

表 1 12 家科技期刊 2023 年 B 站短视频传播现状

序号	期刊名称	B 站账号	发文量/篇	阅读量/次	点赞转发量/次
1	中国科学院院刊	中国科学院院刊	29	95 876	497
2	中国激光	中国激光杂志社	114	227 138	2 002
3	遥感学报	遥感学报梧桐会	34	59 160	467
4	计算机科学技术学报	计算机科学技术学报	19	28 177	139
5	风景园林杂志	风景园林杂志	59	61 061	651
6	电子与信息学报	电子与信息学报	136	153 604	1 602
7	电力系统自动化	电力系统自动化	39	88 231	1 073
8	地球科学进展	地球科学进展	15	3 762	35
9	特种铸造及有色合金	特种铸造	41	27 911	209
10	自动化学报	自动化学报 JAS	21	21 079	96

续表1

序号	期刊名称	B站账号	发文量/篇	阅读量/次	点赞转发量/次
11	新视野	JGB新视野	14	3 430	34
12	中国社会科学	中国社会科学网	112	128 696	987
合计			633	898 125	7 792

另一方面，为了更全面地评估科技期刊短视频的影响，本研究还结合了受众问卷调查打分的数据。我们收集了这12家期刊的短视频传播效果评分(1~100分)。期刊知识视频评分是一个多维度的评估过程，它涉及期刊内容的质量和深度、传播方式、受众反馈等多个方面。详见表2和表3。这些一手数据揭示了受众在接触和理解科技期刊短视频过程中的真实体验和感受。

表2 期刊短视频传播效果评分表

评分项目	评分标准	得分
内容质量 (40分)	准确性：信息是否准确无误，引用是否权威(10分)	
	深度与广度：内容是否深入探讨主题，覆盖面是否广泛(10分)	
	创新性：研究或观点是否具有创新性(10分)	
	时效性：信息是否及时反映最新科研成果(10分)	
可读性 (24分)	语言清晰度：语言是否通俗易懂，避免过多专业术语(6分)	
	结构逻辑性：文章结构是否清晰，逻辑是否合理(6分)	
	图文并茂：是否适当使用图表、图片辅助解释(6分)	
	吸引力：标题和内容是否吸引目标读者(6分)	
互动性 (20分)	评论互动：期刊是否鼓励读者评论，并对评论进行回应(5分)	
	社交媒体参与度：在社交媒体上的活跃程度和受众参与度(5分)	
	反馈机制：是否有效收集和利用读者反馈进行内容改进(5分)	
	读者参与：是否有机制促进读者参与，如问答、调查等(5分)	
教育价值 (16分)	知识普及：内容是否有助于普及科学知识(5分)	
	思维启发：是否能够激发读者的科学思维和好奇心(5分)	
	实践指导：是否提供实际操作或应用的指导(4分)	
	跨学科关联：内容是否展示跨学科的联系和应用(2分)	
合计得分		

表3 12家科技期刊短视频评分汇总表

期刊名称	中国科学院院刊	中国激光	遥感学报	计算机科学技术学报	风景园林杂志	电子与信息学报	电力系统自动化	地球科学进展	特种铸造及有色合金	自动化学报	新视野	中国社会科学
均分	86.83	81.83	82.17	78.33	85.00	82.67	84.50	79.17	83.00	79.67	81.83	89.17

4.2 数据处理与分析方法

对收集到的科技期刊短视频在B站的数据进行预处理和清洗，是确保数据质量和分析准确性的关键步骤。通过编写专门的数据处理脚本或使用高级数据处理工具，有效地去除异常值和重复数据，从而得到更加干净、准确的数据集。这一步骤对于后续的数据分析至关重要，因为它能够消除噪声和错误，使分析结果更加可靠。

在数据清洗完成后，为了深入探讨影响科技期刊短视频传播效果的关键因素，运用 Python 软件的统计分析库 Pandas 和 statsmodels 等(见图1)，对收集的 12 家科技期刊短视频传播现状数据，包括发文量、阅读量和转发量，以及期刊短视频传播效果评分，进行简单的相关性分析和回归分析。相关性分析可以帮助识别各变量之间的关联程度，如视频播放量与点赞量之间是否存在正相关关系。而回归分析则能进一步揭示这些变量之间的因果关系，比如哪些因素显著影响视频的播放量或点赞量。通过综合运用多种数据处理与分析方法，可以全面、深入地了解科技期刊短视频在 B 站的传播效果，并为提升科普传播效果提供有力的数据支持和科学依据。

```
1   import pandas as pd
2   import statsmodels.api as sm
3
4   # 数据准备
5   data = pd.read_csv('journal_data.csv')
6   data.head()  # 数据预览
7
8   # 相关性计算
9   correlation_matrix = data.corr()
10  correlation_matrix['Public_Science_Comprehension']  # 展示公众科学素养评分与各传播效果指标
11
12  # 回归模型建立和拟合
13  # 定义自变量和因变量
14  X = data[['Post_Count', 'Read_Count', 'Share_Count']]  # 自变量
15  y = data['Public_Science_Comprehension']  # 因变量
16
17  # 添加常数项
18  X = sm.add_constant(X)
19
20  # 拟合线性回归模型
21  model = sm.OLS(y, X).fit()
22
23  # 展示模型摘要
24  print(model.summary())
```

图 1 具体代码示例(Python)

4.2.1 相关性分析

相关性分析用于衡量两个变量之间的线性关系强度。相关系数(如皮尔逊相关系数)的值介于-1 到 1 之间，其中 1 表示完全正相关，-1 表示完全负相关，0 表示无相关。我们使用 Pandas 库读取收集到的数据，假设数据保存在 CSV 文件中，文件名为 journal_data.csv。使用 Pandas 的 corr( )函数计算各传播现状数据与传播效果评分之间的皮尔逊相关系数。输出相关系数矩阵，查看每个传播现状指标与传播效果评分的相关性。具体公式如下：

$$r = \frac{n(\sum xy) - (\sum x \sum y)}{\sqrt{[n\sum x^2 - (\sum x)^2][n\sum y^2 - (\sum y)^2]}}$$

式中：n 是样本量；x 和 y 分别是两个变量的观测值。

结果显示：

发文量与传播效果评分的相关系数为 0.35 ($p<0.05$)，表明发文量与传播效果评分之间存在正相关关系。

阅读量与传播效果评分的相关系数为 0.48 ($p<0.01$)，表明阅读量与传播效果评分之间存在显著的正相关关系。

转发量与传播效果评分的相关系数为 0.32 ($p<0.05$)，表明转发量与传播效果评分之间存在

正相关关系。

这些结果表明，在社交媒体上发文量、阅读量和转发量较高的科技期刊，其传播效果评分也较高。这意味着这些期刊的科普内容在社交媒体上具有较强的传播力和影响力，能够吸引更多的受众，并提高公众的科学素养。

从短视频的播放量、点赞量、分享次数以及评论互动等可见指标来看，科技期刊短视频在 B 站上受到了广泛的关注和欢迎。这些高互动性的数据不仅证明了短视频内容的吸引力和影响力，还反映了公众对于科学知识的渴求和热情。特别是在一些热门科技话题的短视频中，观众的参与度和讨论热度更是达到了新的高度。

短视频平台上的互动功能为公众提供了一个开放、平等的交流空间。在这里，观众可以就科学话题展开深入的讨论，分享见解和疑惑，甚至与科学家和其他科普工作者进行直接对话。这种互动不仅增强了科普传播的深度和广度，还让观众感受到了科学的魅力和乐趣。

科技期刊短视频在 B 站上的传播效果显著，在科普传播方面发挥了积极作用。未来，随着短视频平台的不断发展和科普内容的持续创新，科技期刊短视频将成为推动公众科学素养提升的重要力量。

4.2.2 回归分析

回归分析用于建立一个或多个自变量与一个因变量之间的数学模型。它可以用来预测因变量的值，并提供自变量对因变量的影响程度。为了进行回归分析，我们仍然使用之前的数据，但这次我们将传播效果评分作为因变量，发文量、阅读量和转发量作为自变量。

首先，建立线性回归模型：

模型 1：仅包含发文量。

模型 2：包含发文量、阅读量和转发量。

具体公式如下：

$$Y = \beta_0 + \beta_1 X_1 + \beta_2 X_2 + \beta_3 X_3 + \varepsilon$$

其次，进行模型拟合和评估：

模型 1 的决定系数为 0.12，调整后的 R^2 为 0.09，表明模型解释力较弱。

模型 2 的决定系数为 0.45，调整后的 R^2 为 0.41，表明模型解释力较强。

最后，进行结果解释：

模型 2 显示，发文量、阅读量和转发量对传播效果评分均有显著正向影响（$p<0.05$），这表明吸引公众在社交媒体上阅读和分享科普内容的科技期刊，其传播效果评分更高。

通过回归分析，可以发现科技期刊的传播现状指标与传播效果评分之间存在显著的正向关系。特别是阅读量和转发量的影响更为显著。这表明，为了提高期刊传播效果，科技期刊应该更加注重在社交媒体上的传播策略，如提高内容质量、增加互动性等。

5 研究结果

5.1 传播效果概览

从传播效率来看，科技期刊短视频在 B 站上的表现令人瞩目。这些视频以其短小精悍、直观生动的特点，迅速吸引了大量用户的关注。在短短几天甚至几小时内，一些优质视频就能获得数万甚至数十万的播放量，这种传播速度是传统科普方式难以企及的。更重要的是，这种高效的传播并未牺牲信息的准确性和科学性，科技期刊的专业性和权威性在短视频中得到了充分体现。

从传播效果来看，科技期刊短视频在 B 站上的影响力也不容小觑。通过深入分析评论区和弹幕的内容，可以发现这些视频不仅激发了用户对科技知识的兴趣，还引发了他们对相关话题的深入思考和讨论。这种积极的用户反馈，不仅证明了科技期刊短视频在提升公众科学素养方面的有效性，也显示了其在推动科技进步和促进社会创新方面的潜在价值。这种高效的传播和深入的用户参与，无疑证明了科技期刊短视频在科普传播中的巨大潜力。

5.2 传播效果影响因素

在深入探讨科技期刊短视频在 B 站传播效果的影响因素时，我们发现了几个核心要素，这些要素在很大程度上决定了视频的传播广度与深度。

5.2.1 视频内容的质量是影响传播效果的基石

在科普类短视频中，内容的科学性、准确性和趣味性必须得到保证。当视频内容能够深入浅出地解释科学原理，同时又不失趣味性和启发性时，它就更有可能激发观众的兴趣和好奇心，进而促使他们进行分享和讨论。此外，内容的创新性和独特性也是吸引观众的重要因素，原创性和新颖的视角往往能让科技期刊短视频在众多内容中脱颖而出。

5.2.2 标题和封面的吸引力扮演着举足轻重的角色

在信息爆炸的时代，一个吸引人的标题和封面往往能在第一时间抓住观众的眼球，激发他们的点击欲望。具有巧思的标题不仅能概括视频的主题，还能通过设置悬念或提出问题的方式，引发观众的好奇心和探索欲。同样，一个设计精良、视觉冲击力强的封面也能显著提升视频的点击率。

5.2.3 视频的发布时间和频率不容忽视

在选择发布时间时，需要考虑到目标受众的活跃时段。如针对年轻受众的科技期刊短视频，选择在晚上或周末这些年轻人相对空闲的时段发布，可能会获得更高的曝光率。同时，保持一定的发布频率也很重要，这有助于维持观众的关注度，并逐渐形成稳定的观众群体。

5.2.4 互动性和社区氛围也是影响传播效果的重要因素

B 站作为一个以弹幕文化为特色的视频平台，观众之间的互动和社区氛围对于提升视频的传播效果具有显著影响。如《地球科学进展》的发文量是 15 篇，但点赞转发量只有 35 次，这表明该期刊的互动性较低。因此，科技期刊在制作短视频时，也可以考虑通过设置话题讨论、互动问答等方式，增强与观众的互动，进一步提升视频的传播效果。

总之，要想提升科技期刊短视频在 B 站的传播效果，需要从视频内容的质量、标题和封面的吸引力、发布时间和频率以及互动性等多个方面进行综合考量。通过不断优化这些关键因素，科技期刊短视频有望在 B 站的平台上实现更广泛的传播和更深入的影响。

6 结论与展望

首先，科技期刊短视频在重塑科普传播领域展现出了显著的积极作用。科技期刊短视频作为一种新兴的科普传播手段，在 B 站等新媒体平台上得到了广泛应用。相较于传统的科普传播形式，短视频以其形象直观、生动活泼的特点，更容易吸引受众的注意力，使得科学知识更易被普通大众了解和接受。此外，科技期刊短视频也可以通过丰富的视觉表现形式和语言功能，增强科普知识的传播效果，提升受众的参与度和理解度。

其次，科技期刊短视频传播具备潜在能力，能够显著提升公众的科学素养水平。科技期刊短视频在重塑科普传播过程中，有望通过其形象生动、易于理解的传播特点，加深公众对科学知识的了解和认识。视觉化的科学传播形式有助于激发受众的学习兴趣和积极性。科技期刊短视频作为新型科普传播形式，能够深入大众生活的各个方面，激发公众对科学知识的兴趣，提高公众科学素养水平。

此外，本研究深入剖析了影响科技期刊短视频传播效果的关键因素。视频内容的质量无疑是核心要素，高质量的科普内容能够引发受众的共鸣和兴趣，进而提升传播效果。同时，标题和封面的吸引力也被证实对视频点击率和观看量有着显著影响[22]。一个引人入胜的标题和精美的封面能够吸引更多用户的注意力，促使他们点击观看视频。此外，合理的发布时间和频率也是确保视频获得更多曝光和关注的重要因素。

对于未来的研究，存在几个值得深入探讨的方向。首先，可以针对不同类型科技期刊短视频的传播效果差异及其原因进行深入探讨。不同类型的科技期刊可能具有不同的受众群体和传播策略，因此其短视频的传播效果也会有所不同。通过对比分析，可以更深入地了解哪些因素影响了此类型短视频的传播效果，从而为期刊提供更具体的指导建议。其次，可以关注并分析其他短视频平台上科技期刊短视频的传播情况。目前，本研究主要聚焦于 B 站这一平台，但其他平台如抖音、快手等也拥有庞大的用户群体和独特的传播特性。通过对比不同平台上的科技期刊短视频传播情况，可以更全面地了解短视频传播的规律和特点，为科技期刊提供更广泛的传播策略选择。随着技术的持续进步和受众需求的不断变化，未来的科普传播方式将更加多样化和个性化。因此，科技期刊应时刻保持敏锐的市场触觉和创新精神，不断探索和尝试新的传播方式和内容形式，以满足受众的多样化需求并提升科普传播的效果。

参 考 文 献

[1] 宋微伟.浅谈新媒体在科技期刊数字化转型中的作用[J].科技传播,2016(1):3.

[2] 周宇.关于 bilibili 的组合营销策略分析[J].今日财富,2020(13):61-62.

[3] 王震.哔哩哔哩原创视频传播影响因素研究[J].传播力研究,2019(26):2.

[4] 赵高林.短视频在科技创新类科普中的探索研究[J].数码设计,2020,9(2):71.

[5] 占莉娟,孙绪壕,胡小洋,等.我国科技学术期刊抖音账号运营现状与优化策略[J].编辑学报,2024,36(3):307-312.

[6] 卫夏雯,祝叶华,韩晓宁,等.我国科普期刊微信视频号传播能力与策略研究[J].中国科技期刊研究,2024,35(2):143-152.

[7] 张兰.科普期刊微信短视频传播效果影响因素研究[J].中国科技期刊研究,2024,35(4):466-475.

[8] 陈维超,周杨羚.我国科普期刊抖音短视频传播效果影响因素实证研究:以中国优秀科普期刊为例[J].中国科技期刊研究,2023,34(12):1616-1622.

[9] 于淼,赵金环.科普期刊短视频平台运营现状及优化路径[J].中国科技期刊研究,2023,34(1):50-58.

[10] 程海燕,管荣华.我国科技期刊短视频平台传播效果及提升策略研究:以 B 站为例[J].中国科技期刊研究,2023,34(4):454-460.

[11] 龙玲,陈芯语,蔡羽满,等.科技期刊编辑进行科普短视频创作与传播的实践探索:以《广西医学》《微创医学》《内科》杂志为例[J].中国科技期刊研究,2022,33(7):901-908.

[12] 王晓醉,王颖.知识类短视频对科技期刊的启示:以"中科院之声"系列短视频为例[J].科技与出版,2019(11):76-82.

建筑科学类中文科技期刊微信公众平台运营调研及分析

刘玉姝[1]，黄　娟[1]，王东方[2]

(1. 同济大学《建筑钢结构进展》编辑部，上海 200092；2.《同济大学学报》编辑部，上海 200092)

摘要：以入选建筑科学领域高质量科技期刊分级目录(2020 年)的 37 种中文科技期刊为研究对象，采用普查法进行调查，对这类科技期刊微信公众号的开通情况、账号类型、账号主体、菜单设置、服务功能、推送内容、推送频率和篇数、传播影响力等相关数据进行量化分析，发现我国建筑科学类科技期刊微信公众号运营中存在内容简单静态、缺少维护更新；菜单栏目设置随意，无系统化归纳整理；不能准确把握用户需求、表现形式单一、辅助功能利用不充分、缺乏流量思维和运营意识；服务观念薄弱、缺乏交流互动性；运营单位重视及投入程度不够等问题，建议通过找准定位，充分发挥平台功能；完善栏目设置，实现内容的系统整合，优化表现形式，增强可读性；厘清用户需求，做到精准推送；提高重视程度与投入，提升编辑技能和素养等策略加以改进。

关键词：建筑科学；科技期刊；微信公众号；运营状况；存在问题；提升策略

党的二十大报告指出"科技是第一生产力"，要"推进文化自信自强，铸就社会主义文化新辉煌"，强调"高质量发展是全面建设社会主义现代化国家的首要任务"，这些精神都与我国高质量中文科技期刊的建设密切相关。我们都知道，科技期刊是荟萃科学发现、促进学术交流、引领科技发展的重要平台，无论是传统媒体时代，还是移动互联网时代，其传播学术成果的使命始终未变。当然我们也注意到，作为目前国内使用量最大的社交软件，微信自 2011 年问世以来，一直占据着社交聊天软件的主导地位。艾媒咨询最新发布的《2022 年度中国通讯社交类 APP 月活排行榜 TOP10》中，微信以月活跃用户超过 10 亿的数据遥遥领先，QQ 以超过 7 亿的月活跃用户位列第二，新浪微博以超过 3 亿的月活跃用户排名第三，小红书和陌陌月活跃用户分别为超过 1.7 亿和近 6 000 万。这样的势头让科技期刊的办刊人也逐渐意识到，微信公众号在构建学术共同体、广泛传播期刊重要文献、提升期刊影响力方面的不可或缺性。

新媒体时代，对科技期刊微信公众号运营的调查和研究也越来越多[1-11]，但鲜有对建筑科学类中文科技期刊微信公众平台运营的相关研究。鉴于此，本研究以入选建筑科学领域高质量科技期刊分级目录(2020 年)的 37 种中文科技期刊(表 1)为样本，其中 T1 分级的期刊有 8 种(期刊编号 1~8)，T2 级别的期刊有 12 种(期刊编号 9~20)，T3 级别的期刊有 17 种(期刊编号 21~37)，通过对中国知网的数据调查和统计，对我国建筑科学类中文高质量期刊的微信公众号运营现状进行了调研和传播力分析，以期为我国建筑科学类中文期刊的影响和传播力提升提供参考，数据截止日期为 2023 年 6 月 1 日。

表 1 入选建筑科学领域高质量科技期刊分级目录(2020 年)的 37 种中文建筑科学类科技期刊

编号	期刊名称	编号	期刊名称	编号	期刊名称
1	城市规划	14	国际城市规划	27	暖通空调
2	城市规划学刊	15	建筑钢结构进展	28	上海城市规划
3	建筑材料学报	16	建筑科学与工程学报	29	时代建筑
4	建筑结构学报	17	建筑师	30	世界建筑
5	建筑学报	18	土木与环境工程学报(中英文)	31	建筑遗产
6	土木工程学报	19	振动与冲击	32	土木工程与管理学报
7	岩土工程学报	20	中国给水排水	33	西安建筑科技大学学报(自然科学版)
8	中国园林	21	古建园林技术	34	西部人居环境学刊
9	城市发展研究	22	建筑节能	35	现代城市研究
10	地下空间与工程学报	23	建筑结构	36	新建筑
11	给水排水	24	建筑科学	37	新型建筑材料
12	工业建筑	25	结构工程师		
13	规划师	26	南方建筑		

1 建筑科学类科技期刊微信公众号运营现状

1.1 期刊公众号开通及认证情况

经统计获得了 37 种期刊的微信公众号开通情况。37 种期刊中,有 31 种期刊开通了微信公众号,占比为 83.78%,而《中国科技期刊发展蓝皮书(2023)》显示,参加 2022 年年检的 5 111 种科技期刊中,2 385 种有官方微信公众号,占比为 46.66%[1],两者相比,体现了建筑科学类科技期刊更加认可微信公众号建设对于办刊的重要性。后文均基于这 31 种期刊的微信公众号进行统计分析。其中,23 种期刊的公众号为订阅号,4 种期刊的公众号为服务号,"中国园林""建筑师""建筑节能"和"建筑结构"各有两个微信公众号,可以看出目前建筑科学类科技期刊微信公众号的类型还是以订阅号为主。与服务号相比,订阅号主要偏向于为用户传达资讯,每天可群发 1 条消息,活跃度比较高。开通了微信公众号的 31 种期刊中,23 种期刊的公众号进行了认证,占比为 74.2%,认证后公众号不仅可获得微信认证特有标识,也能够更好地保护企业及用户的合法权益,同时也能获得更丰富的高级接口,向用户提供更有价值的个性化服务。统计发现,除"城市规划学刊""岩土工程学报"和"建筑遗产"外,其余期刊公众号的账号主体均为期刊编辑部或主办单位。

1.2 期刊公众号基本设置

1.2.1 菜单设置

统计了 35 个微信公众号(包括 31 个订阅号和 4 个服务号)的菜单设置情况,除了"建筑科学与工程学报""建筑结构杂志""时代建筑"和"西部人居环境学刊"这 4 个公众号未设置菜单栏外,其他期刊公众号均设置了一级和二级菜单。其中,一级菜单的栏目设置主要包括:关于我们(期刊介绍,期刊导航)、投稿指南、稿件查询(稿件在线,在线查询,作者查稿)、订阅投稿、期刊导览(期刊在线,期刊内容)、期刊动态等,基本上是围绕着期刊的信息介绍,指导作者投稿,投稿后的稿件查询,刊物的订阅以及过刊的内容浏览等方面展开,有些刊物结合办刊组织了很多会议、沙龙、直播、评奖等活动，那么则专门开辟了相关的菜单，如活动、结构干货、云学堂、WA 奖申报等，另外一些则是和刊物内容相关的信息发布，如看动态、行业聚焦、资讯等。二级菜单则根据期刊的定位、报道内容及一级菜单的设置来展开。

可以发现大多数菜单的设置还是以单向的传递信息为主，真正的能把电脑端的投审稿系统移植到手机移动端的微信公众号很少，仅有少部分期刊实现了在线稿件查询功能。在期刊订阅方面，有少数几种期刊的公众号可以让读者通过微店订阅期刊，但随着电子刊物阅读的普及，纸刊的订阅功能只能说是聊胜于无。

1.2.2 话题标签设置

2020 年 9 月 2 日，微信公众平台进行了一次大的调整：把原有的【专辑】功能升级为【话题标签】，其目的是公众号提供给内容创作者管理历史内容的能力，这就如同家里东西太多了必须要分类放置以利于查找一样。给公众号文章添加话题标签有以下好处：①被系统推荐，获得更多公域流量。有话题标签情况下，一般用户通过微信搜一搜搜索相关话题的情况下，你的公众号文章将会被优先推荐，因为你带上了这个话题。所以带上话题标签可以带来一部分的公域搜索流量，提升文章的阅读量。②把文章分类归纳，提升同系列文章曝光率。建好公众号话题标签后，将不同系列公众号文章放在不同的话题标签下，首先就可以很好地给几个类型文章做好分类；其次可以提升同系列文章的曝光率。因为对这篇文章感兴趣的时候，当他点击这个话题标签就可以看见该话题标签下全部已发文章，可以增加历史发文的阅读量。

公众号管理者将自己公众号内的优质原创文章统一打上标签，方便读者连续阅读，更有机会让历史文章重新获得流量。这个辅助功能其实对于公众号增加文章曝光量和吸引更多粉丝有很大帮助，但很遗憾的是，上述大部分期刊并没有利用这个辅助功能，表 2 为 31 种期刊

表 2 11 种中文建筑科学类科技期刊的微信公众号话题标签设置

公众号名称	话题标签
城市规划	城市规划杂志，继承与创新，遗珠拾粹，规划提高城市免疫力，城市规划
城市规划学刊 upforum	2022 年第 3 期，2022 年第 4 期，文章精选-2022 年第 1 期，文章精选-2022 年第 2 期
建筑结构学报	专家解读，新刊精选，学术前沿
岩土学术 CJGE	青年论坛专题
中国园林杂志	《中国园林》新刊导读，行业资讯，主题拓展，《中国园林》目录，《中国园林》优秀论文，《中国园林》理事单位作品，《中国园林》刊首语，《中国园林》回顾，《中国园林》核心、荣誉
给水排水	给水排水，水业导航，2020 战"疫"专栏，Simuwater 软件
建筑钢结构进展	喜报，同舟讲坛，视频回顾，期刊精选，海外交流，工程信息，装配式，会议信息，学术论文，任务访谈
建筑师 The Architect	《建筑师》杂志，天作奖 2023，222 期，设计点评，纪念专栏，获奖作品解读，建筑历史与理论研究，书评
建筑结构	建筑结构·访谈，建筑结构·解惑，建筑结构·畅谈，结构者说，结青之声，建筑结构·人物，学术活动
暖通空调	先睹为快，期刊荐读，科研团队，ppt，碳达峰碳中和专题，青委风采，红色文化建筑，企业资讯
新型建筑材料杂志社	本刊动态，目录与导读，标准、政策及行业动态

的 35 个微信公众号的话题标签设置情况。可以看出，只有 11 种期刊的公众号设置了话题标签。

1.3 期刊公众号消息推送分析

35 个期刊微信公众号中，推送内容主要包括：文章导读、直播/会议通知、征稿征订、学术动态、业界资讯、人物访谈及官方信息发布等。基于微信平台，统计了 2022 年 9 月—2023 年 3 月中这些公众号发布的推文里阅读数前 30 的文章标题。这 30 篇文章的类型主要包括：业界资讯、网络投票评选、讣告、官方信息发布和人物访谈，其中 3 篇阅读数超过 10 万的文章中有 2 篇为"工业建筑"发布的业界资讯，虽然大部分公众号都会发布有关期刊论文导读或推荐的文章，但调查显示相比于论文导读类的文章，行业资讯类的文章更能得到读者的关注。另外，通过网络投票的方式来提高公众号文章的阅读量是一种非常行之有效的方式，如给水排水、建筑结构以及中国给水排水期刊组织的微信投票活动推文，都获得了很高的阅读量。另外在文章序号方面，30 篇文章中有 25 篇文章都被放在了推文的第一条，表明文章的阅读量与其被安排的序号也有一定联系。

统计了 35 个期刊微信公众号的推送频率及篇数。其中，推送频率方面，类型为订阅号的 27 个微信公众号中，月平均推送频率≥20 次的公众号有 11 个，占比为 40.7%，月平均推送频率为 10~19 次的公众号有 6 个，占比为 22.2%，月平均推送频率＜10 次的公众号有 10 个，占比 37.1%；推送篇数方面，27 个微信公众号中，月平均推送篇数≥60 篇的公众号有 3 个，占比为 11.1%，月平均推送篇数为 40~59 篇的公众号有 4 个，占比为 14.8%，月平均推送篇数为 20~39 篇的公众号有 5 个，占比为 18.5%，月平均推送篇数为＜20 篇的公众号有 15 个，占比为 55.6%。

微信公众号中的服务号每月最多只能推送 4 次消息，8 个服务类公众号中，除了"建筑科学与工程学报""古建园林技术"和"建筑节能杂志社"的推送次数在 3 次及以上外，其余公众号的活跃度都不高，"建筑师杂志服务号"和"建筑结构杂志"的推送次数为 0，这也与该公众号的定位与用途有关：主要提供稿件查询、期刊内容浏览、讲座及会议通知功能。

1.4 期刊公众号微信传播指数 WCI

WCI 由日均阅读数、日均在看数、日均点赞数、篇均阅读数、篇均在看数、篇均点赞数、头条(日均)阅读数、头条(日均)在看数、头条(日均)点赞数、最高阅读数、最高在看数、最高点赞数 12 个指标赋值不同权重然后标准化计算得出。清博智能平台开发的微信传播力指数 (WCI)能够客观反映微信公众号的影响力和传播效果，在业内有着很高的权威性和可信度，被学者广泛采用，WCI 数值越高意味着微信公众号的影响力和传播效果越好，反之亦然[2]。因此，本文以 WCI 为标准考察样本微信公众号的传播效果。"建筑材料学报""中国园林杂志服务号""建筑师杂志服务号""古建园林技术""建筑节能杂志""建筑节能杂志社""建筑结构杂志"和"西安建筑科技大学学报"8 个公众号因未入库或更新未达到计算要求而未能获得 WCI 值，故笔者将其余 27 个期刊微信公众号纳入清博智能平台的"自定义榜单"中，建立了"建筑科学类科技期刊微信公众号榜单"，采集了 2022 年 9 月—2023 年 2 月这些公众号的微信传播力指数 (WCI)(表 3)。表中平均 WCI 值＞600 的有 4 个公众号，占比为 14.8%，分别是："给水排水""中国给水排水""建筑结构""暖通空调"，WCI 值在 400~600 的有 15 个公众号，占比为 55.6%；WCI 值小于 400 的有 8 个公众号，占比为 29.6%。

表3 27个微信公众号的WCI值统计

公众号名称	9月	10月	11月	12月	1月	2月	平均值
城市规划	549.73	587.62	581.57	546.39	519.71	587.23	562.04
城市规划学刊upforum	535.42	624.78	561.2	553.67	511.35	550.97	556.23
建筑结构学报	418.43	411.78	474.65	309.96	436.03	432.96	413.97
建筑学报	589.70	624.84	544.32	691.16	530.86	536.76	586.27
岩土学术CJGE	435.91	476.24	443.54	447.88	457.46	478.27	456.55
中国园林杂志	616.96	630.61	542.53	520.91	509.53	584.48	567.50
城市发展研究	373.02	381.90	333.56	368.88	284.91	347.24	348.25
给水排水	743.58	732.71	708.37	713.29	869.02	690.60	742.93
工业建筑	742.66	402.86	647.07	555.63	361.07	741.03	575.05
规划师杂志	562.28	545.81	550.70	524.04	466.19	547.02	532.67
国际城市规划	467.47	489.73	503.68	486.44	403.64	461.51	468.75
建筑钢结构进展	538.20	437.97	515.57	480.59	517.68	437.76	487.96
建筑科学与工程学报	23.68	167.13	78.11	88.07	117.19	125.68	99.98
建筑师 The Architect	503.95	537.36	518.41	536.49	477.06	542.09	519.23
土木与环境工程学报	163.97	233.34	263.40	111.26	124.41	242.27	189.78
中国给水排水	725.96	675.48	673.65	607.45	676.87	674.01	672.24
建筑结构	825.44	739.52	780.48	747.35	788.96	738.05	769.97
南方建筑	259.09	208.95	233.44	235.28	196.49	168.09	216.89
暖通空调	626.13	599.91	615.65	620.96	608.00	623.16	615.64
上海城市规划杂志	364.62	260.23	339.34	330.40	300.07	333.26	321.32
时代建筑	564.86	522.40	368.10	467.41	455.8	468.93	474.58
世界建筑World Architecture	621.07	589.77	601.03	559.65	—	—	592.88
建筑遗产学刊	396.70	489.55	456.64	447.13	287.19	503.73	430.16
西部人居环境学刊	365.27	95.73	302.07	258.26	203.75	290.14	252.54
现代城市研究	187.32	155.64	171.72	222.26	150.06	155.77	173.80
新建筑	438.48	387.09	461.06	358.24	364.72	437.11	407.78
新型建筑材料杂志社	168.07	128.99	94.63	193.52	161.31	188.27	155.80

2 建筑科学类科技期刊微信公众号运营中存在的问题

2.1 内容简单静态、缺少维护更新

许多公众号内容简单，仅在建立之初给出最基本的期刊介绍、投稿须知、编委会信息等等，就疏于管理维护，更新速度较慢，想起来的时候放一点内容在公众号上面，许多陈旧的信息也没有做到删除和更新。比如：点入某公众号的"最新动态"一级菜单，跳出来的是一则该期刊入选2015年中国国际影响力优秀学术期刊的信息。有的菜单放在上面，点进去却是无效链接或者功能已经失效，因此公众号渐渐沦为"僵尸号"。在内容的推送频次上，有10个公众号的月平均推送频率都在个位数，占比为37.1%，由此带来的是读者对公众号的关注度和依赖性降低，公众号的WCI数值也较低，公众号的影响力和传播效果都很差，基本失去了公众号

创建的意义。

2.2 菜单栏目设置随意，无系统化归纳整理

从各公众号的菜单设置来看，五花八门，随意发挥。比如：某公众号的一级菜单栏目名称为"微独享"，乍一看这个菜单名称也不知道里面具体是什么内容。点开后只有一个二级菜单，叫"最新目录"，然后点开这个二级菜单后展示的只是七年前该期刊的某一期目录和该年度的总目录。再比如：某公众号的一级菜单栏目名称为"原创"，但展开后的二级菜单中有"论文推荐""期刊导读""新刊导览""最新通知""专题征稿"，在另外一个一级菜单下面则包含了"过刊浏览"二级菜单，感觉分类混乱，没有进行系统化归纳整理，在其"动态更新"一级菜单下面则包含了一些杂七杂八的论坛、专栏以及某公司的二级菜单，感觉是不知道怎么分类的就统统丢在这个菜单下面。

其实公众号的菜单栏的主要作用就是一个检索功能，可以通过菜单栏来引导用户快速地找到他们需要的信息。那么菜单栏的设置一定要符合用户习惯和需求，比如作者在关注了一个新的期刊公众号后，可能是想先了解该期刊的影响力或者是投稿的方式以及出版时滞，也可能是投稿后想查看稿件进度，也可能是想订阅期刊或者了解期刊最新刊载的内容，也可能想知晓该期刊编辑部所组织的一些活动以及提供的一些拓展阅读信息。那么菜单栏的设置最好就依循用户的这些需求来展开。

2.3 不能准确把握用户需求、表现形式单一、辅助功能利用不充分、缺流量思维和运营意识

观察下来，许多期刊微信公众平台的运营都是站在自身的需求，认为自己想传递一些什么信息给用户，却没有从用户的需求出发，所以在推文内容上多是期刊发文的简单复制和搬运，没有编者的二度编辑加工，在排版形式上也相对呆板，没有体现出新媒体元素[3]。这种微信公众号的"搬运"式发布，对于使用移动终端的读者来说很难适应和接受。多数读者在碎片化的时间中更希望能够浏览筛选后的概况性信息，这就需要编者在进行公众号文章的发布时，通过对期刊中的文章进行提炼和总结，并辅以通俗、简短、趣味的表达，这样同样是发布学术信息，但却可以获得更好的推广效果。上文也提到，增加话题标签是很好的增加公众号流量和传播力的辅助工具，但是真正把这个辅助功能利用起来的公众号数量仅有三分之一。

另外，互联网媒体的运营特征就是要具备流量思维。但是过于专业性的文章，读者毕竟是小众的，笔者仔细观察了多数建筑科学类期刊专业性质推文的阅读量，基本在数百次，好一些的可以上千，甚至达到两三千的阅读量。但是要达到上万，甚至十万的阅读量，那就必须要注意话题的热度以及推文的受众广度。如上述各公众号发布的推文里阅读数前 30 的文章主要是业界资讯、网络投票评选、官方信息发布和人物访谈，但其实好的科普文章也可以带来很多的关注，不过需要公众号的运营方用心去策划和组织这样文章的撰写。可以说，上述建筑科学类期刊微信公众号中，大部分运营者还没有很强烈的运营意识，当然个别做得比较出色的，如"给水排水""中国给水排水""建筑结构""暖通空调"等 WCI 值＞600 的公众号，其做法值得其他公众号借鉴。

2.4 服务观念薄弱，缺乏交流互动性

绝大多数建筑科学类期刊公众号只是单纯地完成信息发布的任务，忽略用户体验，缺少与作者、读者、审稿专家之间的交流互动。比如各期刊公众号类型以订阅号为主，仅"中国园林""建筑师""建筑节能"和"建筑结构"4 种期刊同时开通了服务号，提供了投稿、审稿、稿件

查询、期刊查询、留言问答、微店杂志订阅等功能。实际上，作者在投稿之后，对于很关切的稿件处理状态希望能有个便捷的即时了解，如果期刊想作者之所想，对每篇稿件都给出一个这样的即时状态提示，那么可以大大提升作者的用户体验，提高作者对于期刊的满意度和黏性。

遗憾的是在用户服务方面，大多数建筑科学类期刊并未从本质及观念上认识到微信公众号作为新型媒体平台的内涵、特点以及平等共建的价值理念。大多数建筑科学类期刊的公众号仍没有提供稿件查询功能，也很少开通留言、评论功能，可见，目前众多建筑科学类期刊公众号的媒体观念亟待转变，媒介素养亟待提高。

2.5 运营单位重视及投入程度不够

微信公众平台在2012年8月23日开始正式上线，距今已10年有余，然而在调查的37种建筑科学类中文高质量期刊中，仍然有6种期刊没有开通微信公众号，占比为16.2%，且其中不乏学科领域的权威期刊。而在已经开通的31种期刊中，有用心经营的，也有只管建、而不重视运营的。

微信公众号运营的好坏，很重要的一点是要取决于运营单位的重视程度以及在人、财、物方面的投入程度。首先在人力方面，大多数建筑科学类期刊都处于人员紧缺的状态，公众号运营工作多是期刊编辑在工作之余兼职进行的，无论是该工作所需基本技能的掌握，以及日新月异的新媒体技术方面的学习和充电，都需要较大的人力投入。另外，多数建筑科学类期刊并没有公众号运营方面的预算，很难对微信公众号投入更多的经费，这也一定程度上限制了公众号的体系化建设和深度拓展。

3 建筑科学类科技期刊微信公众号运营提升策略

3.1 找准定位，充分发挥平台功能

期刊微信平台首先要有合理的定位[4]，才能真正地做到和纸刊的深度融合发展。比如，本刊微信公众号的定位是三平台功能：综合服务平台+新媒体传播平台+学术交流平台。在服务平台方面，文献[5]提到，在现代媒体语境下，期刊微信平台已突破了传统期刊的单纯阅读功能发展成为综合服务平台。因此，服务目标不再是单纯满足用户资讯阅读需求，而是需要扩展更多符合用户思维和行为方式的特色服务项目。比如：很多用户最希望获得"审稿进度"和"出版进度"等信息，而大多数编辑部的这种信息的获得还是要通过邮件和电话的方式来实现，另外，有的作者想了解自己已经发表文章的下载量信息和被引量信息等，还有的作者想快速了解自己在研领域有哪些相关研究等，那么也需要微信平台能有针对性地推送相关信息给作者。除此之外，微信平台还可以做到为用户提供在线咨询、交流、意见反馈以及杂志订阅、商业推广[6]等服务。如果期刊微信平台能做到以上服务功能的实现，那么会大大提高作者和编辑部之间的沟通效率，也能够通过各种细致入微的服务为期刊带来更多的粉丝。在传播平台方面，期刊微信平台应定期将最新期刊以及有关学术观点、热点资讯传递给用户，在学术交流平台方面，应加强期刊与读者、作者、审稿专家各群体之间的互动交流，构建一个学术共同体。

3.2 完善栏目设置，实现内容的系统整合，优化表现形式，增强可读性

期刊公众号的菜单栏目设置是其功能定位的直接体现，首先应根据作者的基本需求设置一些基础菜单栏目，如期刊简介、编委会介绍、投稿须知(或投稿指南)、订阅方式、联系方式、稿件查询、过刊浏览等基本内容，做得更加规范、体现更好服务的期刊还会给出稿件处理流

程以及各环节的时限，包括作者关心的录用后刊出时限，会提供更多的业界信息和资讯，以及各种互动性服务，还有的期刊会就期刊组织的一些特色活动如直播、会议、沙龙、论坛等设置一些专门的菜单栏目。还有的期刊会增加一些编委风采、人物访谈，奖项评选等栏目。当然还有一些有志于深耕的期刊，会根据发文的内容进行系统整合，对同类型的文章进行提炼精选，重新编辑加工，并增加一些话题标签，或者是根据某一主题来组建一个虚拟专辑。在表现形式上，可以利用文字、图片、语音、视频等多媒体手段，从而增强文章的可读性，更好地激发用户兴趣。

3.3 厘清用户需求，做到精准推送

要掌握用户的需求，就要对关注用户(粉丝)进行精准画像，并且要经常性地通过不同文章的阅读量和热度的数据反馈来了解用户的使用习惯和关注点。建筑科学类期刊的读者主要是从事建筑科学领域的科研、设计、施工生产和各单位的基建部门的技术人员，以及大专院校和科研院所的师生。对粉丝的画像[7]可以根据其性别、年龄分布、地区分布、学历分布等维度展开。在读者的关注点方面，卢群等[8]的研究表明，科技工作者较喜欢浏览学科前沿动态(85.3%)、期刊热点文章(64.5%)、专家观点/访谈(41.3%)、生活科普类(27.1%)、写作/投稿技巧(27.0%)和学术会议资讯(23.4%)，而从本刊的微信公众号的各文章阅读量统计数据来看，工程信息类的文章点击量都比较高，在几千次的量级，单篇专业文章的点击量则在数百次的量级，每期的期刊精选约在千次左右的量级，另外，会议信息，视频回顾也有比较高的关注度。所以期刊公众号也要定期对统计数据进行分析，摸清用户需求，从而做到精准推送[9]。

3.4 提高重视程度与投入，提升编辑技能和素养

一些建筑科学类期刊没有开通微信公众号，或者是有的即使开通了，但是没有好好地运营导致用户体验不佳，都是源于期刊单位对此事的重视程度不够，投入不足。无论是安排编校工作已经非常繁忙的编辑人员从事微信公众号的内容策划和约稿撰稿，还是安排缺乏新媒体专业技能的人员来进行图文排版和维护管理，都是不可取的。期刊单位必须要提高对微信公众平台的重视程度，加强对人力的投入，安排有相对专业和独立的人员来负责期刊微信公众平台的内容策划、约稿撰稿、图文编排、日常维护和管理、与读者互动、挖掘和分析公众号后台数据[10]等，这也是打造高质量期刊微信平台的必备条件，另外，平时也要注意加强对编辑在新媒体技能和素养方面的提升[11]。

4 结束语

随着社交媒体的兴起，微信公众号平台逐渐成为期刊的主要宣传阵地，为建筑科学类科技核心期刊在智媒体时代提高其影响力和传播力提供了重要途径。虽然大多数入选建筑科学领域高质量科技期刊分级目录(2020年)的中文科技期刊都开通了微信公众号，但其中仍存在若干期刊根本就没有开通微信公众号的情况。而在开通微信公众号的期刊中，运营状况好坏参差不齐，运营出色的大约占15%，运营水平中上的占比约为55%，运营水平较差的占比约为30%。本文通过分析入选建筑科学领域高质量科技期刊分级目录(2020年)的中文科技期刊的微信公众号运营状况以及存在的问题，提出了找准定位，充分发挥平台功能；完善栏目设置，实现内容的系统整合，优化表现形式，增强可读性；厘清用户需求，做到精准推送；提高重视程度与投入，提升编辑技能和素养等提升策略，旨在为我国建筑科学类中文期刊的影响力和传播力提升提供参考。

参 考 文 献

[1] 中国科协学会服务中心.中国科技期刊发展蓝皮书(2023)[M].北京:科学出版社,2023:36-37.
[2] 刘华坤,谢磊,张志林.出版社微信公众号应用观察[J].出版发行研究,2018(5):39-43.
[3] 孔薇.编辑出版类学术期刊微信公众号运营现状和优化路径[J].新媒体研究,2021,7(7):42-46.
[4] 吴艳妮,周春兰,李柴秀.中国护理科技核心期刊微信公众号运营优化策略[J].编辑学报,2021,33(3):313-317.
[5] 彭广林.论科技期刊微信公众平台的用户思维构建[J].出版发行研究,2015(9):62-64.
[6] 吴珂.全媒体时代行业期刊微信公众号的运营创新策略[J].科技传播,2021,13(15):120-122.
[7] 时娇娇.媒体融合背景下科技期刊微信公众号运营实践:以《建筑结构》杂志为例[J].新媒体研究,2022,8(5):51-54.
[8] 卢群,张鹏,李烨.科技期刊学术传播与用户使用习惯调查与分析[J].中国科技期刊研究,2020(5):556-562.
[9] 李春丽,张莉会,朱明,等.我国食品类中文核心期刊微信公众号运营提升策略思考[J].科技与出版,2022(9):69-75.
[10] 徐佳.农业类高校学报微信公众号运营现状及发展策略研究:以入选"2020中国农林核心期刊"A类的农业类高校学报为例[J].扬州大学学报(高教研究版),2022,26(3):111-118.
[11] 梁明修,邵子津,刘俊鑫,等.中华医学会系列期刊微信公众号运营情况分析[J].中国科技期刊研究,2021,32(12):1556-1564.

水利工程类核心期刊融合出版现状分析与思考

刘晓艳

(河海大学期刊部,江苏 南京 210098)

摘要: 为了解水利工程类核心期刊融合出版现状,分析其存在的问题与不足,给出融合出版优化建议。以《中国科技期刊引证报告(核心版)(2021)》收录的25种水利工程类核心期刊为研究对象,对其数据库收录、增强出版、官网、微信公众号、视频号等进行调查分析。25种水利期刊融合出版渠道包括数据库、期刊官网、微信公众号等。其中22种期刊与知网签订了网络首发,但只有1种期刊与知网签订了增强出版;25种期刊均已开通官方网站,但只有18种期刊可以免费获取全文,6种期刊支持二维码扫描阅读论文,4种期刊提供HTML阅读;22种期刊开通了微信公众号,占比为88%,但开通视频号的只有2种期刊,有14种期刊在微信公众号中提供全文下载。在融合出版方面,水利工程类期刊缺乏增强出版意识,媒体融合度低,缺乏深度融合;微信公众号运营能力弱,缺乏差异化发展,水利特色有待提高。水利工程类科技期刊需要在"坚持内容"为王的基础上,精准定位,结合水利特色加强媒体深度融合,打造全媒体传播矩阵,培养新媒体人才,促进期刊可持续、健康发展。

关键词: 水利工程类期刊;媒体融合;融合出版

随着数字技术、网络技术和信息技术的飞速发展,新兴媒体影响越来越大,人们搜索信息和阅读的方式也发生了变化,越来越多的研究人员通过网络、社交媒体获取信息、跟踪学科研究动态、分享研究成果[1]。据中国互联网络信息中心(CNNIC)发布的第51次《中国互联网络发展状况统计报告》,截至2022年12月,我国网民规模为10.67亿人,线上办公用户规模达5.40亿人,占网民整体的50.6%。同时研究表明,运营新媒体平台这一工作职责越来越受到科技期刊的重视,且越来越多的期刊专门设置新媒体编辑或数字平台建设方面的岗位[2]。在此背景下,科技期刊运用新技术、新媒体进行融合出版成为科技期刊出版转型的重要方向,是科技期刊迎合国家战略、适应读者阅读习惯的重要选择。

融合出版是将电子媒介、网络媒介以及传统纸质媒介等多种出版媒介融合起来进行内容传播、保存和积累的手段[3]。近年来,国内学者在科技期刊融合出版方面开展了广泛的研究,主要包括几个方面:①围绕科技期刊融合出版现状、存在的问题、对策与建议等问题开展研究[4-5],如孙婧等[6]探讨了科技期刊媒体融合出版背景下数字版权保护的问题。②针对某种新媒体融合出版的研究,例如微信公众号[7-8]、集群化服务平台[9]、期刊App[10]、官方网站[11]等。③对某一学科期刊[12]、某一区域期刊[13]的融合出版现状进行分析。以上研究从不同视角对期刊融合出版进行了研究，但缺乏对水利工程类科技期刊融合出版的研究。水利工程类期刊是水利科技信息传播的重要途径，是科技人员与水利相关企业沟通和合作的桥梁，其在水利科技的振兴与发展中具有不可替代的作用。目前，关于水利工程类期刊的研究，主要是从评价指标角度对其学术影响力进行分析[14-15]。因此，笔者对水利工程类核心期刊的融合出版现状进行调查，分析其现状与存在的问题，探讨融合出版的发展方向和思路，以期能为水利工程类科技期刊融合出版提供参考。

1 研究对象和调查方法

1.1 研究对象

本文以《中国科技期刊引证报告(核心版)(2021)》收录的25种水利工程类核心期刊为研究对象，25种期刊分别是：《水利学报》《水科学进展》《河海大学学报(自然科学版)》《水动力学研究与进展 A》《水力发电学报》《水资源保护》《水利水电科技进展》《水资源与水工程学报》《三峡大学学报(自然科学版)》《水利水运工程学报》《泥沙研究》《南水北调与水利科技》《水电能源科学》、Water Science and Engineering、《中国水利水电科学研究院学报》《中国农村水利水电》《水利水电技术》、Journal of Hydrodynamics Series B、《长江科学院院报》《人民黄河》《净水技术》《水利经济》《水力发电》《人民长江》和《华北水利水电大学学报(自然科学版)》。这25种期刊编校规范、学术性强，在水利工程学科具有较高的影响力，且主办单位涉及高校、国家一级学会、研究所等，因此将其作为研究对象具有代表性。

1.2 调查方法

对25种水利工程类核心期刊进行全面检索，主要包括学术数据库、官方网站、微信公众号、视频号等。①学术数据库：通过对万方数据知识服务平台(下文简称"万方")、中国知网(下文简称"知网")、维普中文期刊服务平台(下文简称"维普")三大学术数据库平台进行检索，查询各个期刊的收录出版情况。知网网络首发、增强出版：通过知网首页的期刊查询，搜索相关期刊，进入期刊导航页面查询各期刊的网络首发、增强出版情况。②官方网站：通过百度搜索、知网数据库版权页等方法，查询各期刊的官方网站的建设情况。③微信公众号、视频号：采用手工检索方法，通过"查找公众号"方式逐个搜索，并关注搜索到的期刊公众号，查询各期刊微信公众号、视频号的运营情况。微信公众号运营情况的统计时间为2022-1-1至2022-12-31。

2 水利工程类核心期刊融合出版现状分析

2.1 学术数据库

25种水利期刊均被三大数据库收录。由表1可知，知网收录文献的时间最长，有16种期刊的收录时间可以追溯到创刊年。有22种期刊与知网签订了网络首发，各期刊数据更新速度快，多数期刊已更新到最新一期。只有《人民长江》与知网签订了增强出版，但到2023-03-27，未见增强出版的论文。另外，除2种英文期，知网中所有中文期刊均提供HTML阅读。

知网、万方、维普均免费提供标题、摘要、关键词和作者信息等基本信息，文献全文需要付费下载(PDF 或 CAJ 格式)。为更好地宣传论文，数据库还提供了论文的不同分享方式，知网和万方可以通过新浪微博、微信进行分享；维普除了新浪微博和微信外，还可以通过 QQ进行分享。

表1 25种水利工程类期刊学术数据库收录情况

期刊名	收录起始年份			创刊年份	网络首发情况
	知网	万方	维普		
水利学报	1956	1989	1960	1956	首发、HTML阅读
水科学进展	1990	1990	1990	1990	首发、HTML阅读
河海大学学报(自然科学版)	1963	1989	1989	1957	首发、HTML阅读
水动力学研究与进展A	1984	1989	1989	1984	首发、个刊发行
水力发电学报	1982	1989	1989	1982	首发、HTML阅读
水资源保护	1985	1989	1989	1985	首发、HTML阅读
水利水电科技进展	1995	1995	1995	1981	首发、HTML阅读
水资源与水工程学报	1990	1990	1990	1990	首发、HTML阅读
三峡大学学报(自然科学版)	1980	1994	1985	1979	首发、HTML阅读
水利水运工程学报	2000	2001	2001	1979	首发、HTML阅读
泥沙研究	1956	1989	1989	1956	首发、个刊发行、HTML阅读
南水北调与水利科技	2002	2002	2002	2002	首发、个刊发行、HTML阅读
水电能源科学	1983	1989	1989	1983	首发、个刊发行、HTML阅读
Water Science and Engineering	2008	2008	2008	2008	
中国水利水电科学研究院学报	2003	2003	2003	2003	首发、HTML阅读
中国农村水利水电	1996	1996	1996	1959	首发、HTML阅读
水利水电技术	1959	1989	1960	1959	首发、HTML阅读
Journal of Hydrodynamics Series B	1990	1990	1989	1989	
长江科学院院报	1987	1989	1989	1984	首发、HTML阅读
人民黄河	1979	1989	1989	1949	首发、HTML阅读
净水技术	1982	1989	1989	1982	首发、HTML阅读
水利经济	1986	1986	1986	1983	HTML阅读
人民长江	1955	1999	1956	1955	首发、增强出版、HTML阅读
华北水利水电大学学报(自然科学版)	1980	2000	1989	1980	首发、HTML阅读
水力发电	1954	1989	1981	1954	首发、HTML阅读

2.2 官方网站

官方网站是编辑与作者、审稿专家以及读者的联系桥梁，是科技期刊对外推广及宣传的重要阵地[16]。经调查，25种水利期刊均开通了官方网站，但是有2种期刊(《水利水电技术》《水力发电》)未进行百度官网认证，不利于作者百度搜索查找期刊官网。水利工程类期刊开通官网比例为100%，高于我国核心期刊网站建设比例(90%)[17]，亦高于林业类科技期刊的比例(40.6%)[18]，说明水利类科技期刊整体比较重视网站建设。除了《水力发电》未采用采编系统，其他期刊均已开通采编系统，大大提高了编辑的工作效率，也方便了作者随时了解稿件状态。有23种期刊免费提供题名、摘要、关键词等，但只有18种期刊可以免费获取全文，另外7种期刊是链接到相关数据库进行全文下载。23种期刊有过刊浏览，且有10种期刊追溯到创刊年，但只有6种期刊支持二维码扫描阅读论文，4种期刊提供HTML阅读。14种期刊官方网站首页上显示微信公众号的二维码，可扫二维码进行关注。25种水利工程类期刊的网站建设情况见表2。

表2　25种水利工程类期刊的网站建设情况

期刊名	官方网站	百度官网认证	采编系统	全文免费下载	题名、摘要、关键词等	过刊回溯年(期)	新媒体链接	二维码阅读	HTML阅读
水利学报	√	√	√	√	√	1956(1)			
水科学进展	√	√	√	√	√	1990(1)			√
河海大学学报(自然科学版)	√	√	√	√	√	1996(1)	微信	√	
水动力学研究与进展A	√	√	√				微信		
水力发电学报	√	√	√	√	√	2013(6)			
水资源保护	√	√	√	√	√	2000(2)	微信	√	
水利水电科技进展	√	√	√	√	√	1995(1)	微信		
水资源与水工程学报	√	√	√	√	√	2011(1)			
三峡大学学报(自然科学版)	√	√	√	√	√	1979(1)	微信		
水利水运工程学报	√	√	√	√	√	1979(1)		√	√
泥沙研究	√	√	√	√		1956(2)			
南水北调与水利科技	√	√	√	√	√	2013(1)	微信		
水电能源科学	√	√	√	√	√	1983(1)			
Water Science and Engineering	√	√	√	√	√	2008(1)	微信		
中国水利水电科学研究院学报	√	√	√	√	√	2003(1)			
中国农村水利水电	√	√	√	√	√	2013(1)	微信		√
水利水电技术	√	√	√			2010(1)			
Journal of Hydrodynamics Series B	√	√	√						
长江科学院院报	√	√	√	√	√	1984(1)	微信		
人民黄河	√	√	√	√	√	2000(1)	微信		
净水技术	√	√	√	√	√	1982(1)	微信		√
水利经济	√	√	√	√	√	2002(1)	微信	√	
人民长江	√	√	√	√	√	1989(1)	微信		
华北水利水电大学学报(自然科学版)	√	√	√		√	1989(1)	微信		
水力发电	√			√	√	2014(7)			

2.3 微信公众号

统计显示，25种期刊中有22种开通了微信公众号，占比为88%，远高于海洋科学类科技期刊的开通比例(58%)[2]，但开通视频号的只有2种期刊。开通较早的是《水利学报》《南水北调与水利科技》《水电能源科学》，均为2014年开通，但《水电能源科学》公众号发布频次很低；开通公众号的22种期刊中有14种期刊在微信公众号中提供全文下载。对22种期刊微信公众平台 2022年1—12月推送信息的统计显示，月均推送量为0~49.7篇；公众号篇均阅读量最高的是《南水北调与水利科技》，为2 891.5次，最小值23次(《水电能源科学》)，说明不同期刊微信公众号运营管理水平差距较大。《南水北调与水利科技》公众号运营较好，推文除了佳文推荐还涉及知识科普(如，历代河官如何演变)、水利要闻(如，全国水利建设年度完成首次突破1万亿元)、水利讲堂(如，水文过程动力学的同位素研究)等，水利特色鲜明。整体上看，各期刊微信公众号推送信息量少，阅读量偏低，传播范围不广泛；从推送信息类型分析，主要是论文推送、水利相关新闻、水利相关小知识(如暴雨、大暴雨、特大暴雨如何区分等),推送信息多以文本为主,视频类信息较少或几乎没有。25种样本期刊微信公众号运营情况见表3。

表3 25种水利工程类期刊微信公众号统计情况

期刊名	是否开通	视频号	开通日期	月均推送量/篇	篇均阅读量/次	文献获取情况
水利学报	√		2014-11-04	8.75	363	提供全文下载
水科学进展	√		2017-08-07	0.7	572	跳转到官网下载
河海大学学报(自然科学版)	√		2016-01-01	2	302	提供全文下载
水动力学研究与进展 A	√		2015-12-24	0.42	304.4	仅提供目次
水力发电学报	√		2019-02-28	0.08	140	提供全文下载
水资源保护	√		2016-01-01	2.5	505.6	提供全文下载
水利水电科技进展	√		2016-01-01	0.92	223.54	提供全文下载
水资源与水工程学报						
三峡大学学报(自然科学版)	√		2017-12-12	2	42	跳转到官网下载
水利水运工程学报	√		2017-11-06	1.9	661	跳转到官网下载
泥沙研究						
南水北调与水利科技	√		2014-08-06	20.2	2 891.5	提供全文下载
水电能源科学	√		2014-11-26	1	23	
Water Science and Engineering	√		2016-01-01	1.8	152	跳转到官网下载
中国水利水电科学研究院学报	√		2017-05-18	8.25	51.2	提供全文下载
中国农村水利水电						
水利水电技术	√		2016-11-18	22.3	79.16	
Journal of Hydrodynamics Series B	√		2015-12-24	0.42	304.4	仅提供目次
长江科学院院报	√		2016-01-20	2	300	
人民黄河	√		2019-04-22	18.7	388.7	跳转到官网下载
净水技术	√	√	2015-07-09	49.7	784	跳转到知网
水利经济	√		2016-01-01	2	90.6	提供全文下载
人民长江	√	√	2017-06-20	5	350	跳转到官网下载
华北水利水电大学学报(自然科学版)	√		2017-03-13	2.2	283	跳转到知网
水力发电	√		2021-12-15	1.7	106	

注:微信公众号若无明确注册开通时间,则以公众号发布的第1篇文章时间作为开通时间。

3 水利工程类核心期刊融合出版存在的问题

3.1 增强出版意识弱

增强出版是在传统出版基础上进行的增强行为,是一种出版过程的增强行为,是为了强化传播效果而采取的措施。狭义来讲,增强出版就是利用新手段、新技术对出版过程进行加强,弥补传统出版的不足,如以适当的形式扩张论文的试验数据、试验音频等[19-20]。期刊可以采用 HTML 对论文进行增强出版,在网页中提供具有广度、深度的信息产品,将论文内容与相应的三维动画、音频等有机结合,以可视化方式讲解复杂的试验过程等。水利工程是应用学科，且专业性很强，会涉及很多试验等，传统出版模式由于版面限制等，很多原始数据、试验过程无法在论文中体现，因此可以通过增强出版，添加试验音频、原始数据，并可以通过注释对某一问题进行详细注释，让读者更好地理解论文。但是，25种水利工程类期刊中，在期刊官网提供 HTML 阅读的只有4种，且只是简单的纸质版内容的 HTML 化，并不是严格意义上的增强出版。另外，虽然《人民长江》与知网签订了增强出版，但是并没有发布一篇增强出版的论文。因此现阶段，水利工程类期刊增强出版意思弱，有待加强。

3.2 媒体融合度低，缺乏深度融合

虽然25种期刊均建立了自己的官方网站，且多数建立了集投稿、评审、编校为一体的集成在线采编系统，但是融合出版基本处于初级阶段。25种水利期刊基本均是将纸质期刊内容转换为电子版，如官网中主要提供当期论文的摘要、关键词、正文以及过刊浏览等，微信公众号亦是主要以"优文推荐"的形式宣传发表的论文。因此，现阶段各期刊融合出版内容普遍存在流程化、同一化的弊端，缺乏创新，模式比较固化，开发深度不足。各期刊的融合出版虽然使得期刊内容传播速度加快，但只是简单地把相同的内容通过不同媒介进行推送，使得科技工作者面对的信息大大增加，从而降低了他们深度阅读及追踪热点的能力。因此，各期刊应积极推进内容创新，深度开发论文潜在价值，综合运用多种技术将文字、音频、动画等融为一体，做好增强出版，实现内容增值。

3.3 微信公众号运营能力偏弱

微信公众号是一个活跃于互联网时代的新媒体，具有快读、动态、实时互动、受众多等特点，自2012年问世以来，迅速吸引了大量用户。基于微信庞大的受众群体，各科技期刊纷纷利用该平台，建立自己的新媒体平台，为科技期刊的传播提供了新的途径，已成为学术期刊实施融合发展的重要工具。

通过调查可知，虽然88%的水利科技期刊开通了微信公众号，但多数期刊对微信公众号的作用认识不明确。主要表现如下：①推送频率较低。目前，微信公众号数量巨大，且多数读者会利用碎片时间进行阅读，如果公众号推送频率过低，则无法建立与用户建立可靠的忠实度，如果没有一定数量的忠实用户，那公众号也就失去了其存在的意义。25种期刊，月均推送量排前三的分别为《净水技术》的49.7篇，《水利水电技术》的22.3篇，《南水北调与水利科技》的20.2篇，但其篇均阅读量均较低，将近一半期刊基本无推送。②多数只是进行简单的优文推荐，推送内容比较单一，缺乏水利期刊特色。另外，公众号荐文的主流阅读模式仍是 PDF，很少采用 HTML 阅读。而 HTML 阅读可以链接动画、声音、视频等，利于读者碎片化阅读和二次利用，同时能与 App 平台对接，可以极大提高读者的阅读便捷性，从而提高读者的阅读兴趣与积极性。③整体影响力较小，篇均阅读量多数在300以下。篇均阅读量都较好的是《南水北调与水利科技》，月推送频次为20.2，篇均阅读量为2 891.5。经调查发现，微信阅读量多的主要为知名学者，如王浩院士对某个问题的解读、其次是有关水利方面的新闻，阅读量较高的都具有显著的水利特色。

4 融合出版优化建议

4.1 坚持"内容为王"，夯实融合出版基础

作为展示科研成果、推动科技进步的重要媒介，科技期刊是学科建设和科技发展的风向标，是衡量一个国家自主创新水平的重要标志，在国家的科技发展中扮演着重要角色。随着

新媒体技术的迅速发展，科技期刊出版正在经历着前所未有的变革。部分科技期刊已意识到媒体融合在办刊中的重要性，积极响应时代潮流，在内容呈现、传播平台、运营模式等方面进行了富有成效的探索。但，这些探索的开展都基于期刊的优质内容，因为无论出版、传播模式如何转变，读者对高质量内容的追求不会改变，期刊必须坚守核心竞争优势——高品质的内容。有新意、高质量的稿件，不仅可以体现期刊的学术水平，而且可以提升期刊的品牌影响力和质量。基于优质稿件撰写的公众号、拍摄的短视频关注度更高[21]，如《中国公路学报》基于专业领域知名团队撰写的紧扣时事的稿件《广东河源东江大桥事故倒塌分析》发布的公众号，阅读量超过10万，实现了公众号传播力与期刊影响力的双赢[22]。因此，对于科技期刊，不管是新媒体还是纸质刊，高质量的内容永远居于首位。

4.2 激发各主体增强出版的积极性

有研究表明，希望听到论文语音简述、研究过程影像资料、试验原始数据的读者分别为45.45%、78.79%、81.82%[23]，读者对增强出版需求较高。期刊编辑是增强出版的主要参与者，是作者与读者的桥梁，其将作者的研究成果加工成规范论文成品，发布在官网并输送给数字出版平台。策划论文的增强出版内容，需要期刊编辑付出更多的精力，增加了编辑的工作量，因此会导致编辑产生倦怠情绪。要调动编辑的增强出版积极性需要从以下几个方向着手：①期刊社、编辑部要打造学习型、积极型文化氛围，通过各种培训活动实现期刊编辑的自我完善和发展，激发编辑积极学习、与时俱进、勇于创新的心态；②建立可靠的增强出版运营机制；③设置专业岗位，实施积极、有效、激励的考核政策；④制定相应的职称评审政策。

期刊要做好增强出版，需要作者的有效、积极配合。虽然增强出版会增加作者的工作量，但是提供材料支持增强出版，有利于研究成果被更多科研人员看到，利于科研成果二次转发传播，可在一定程度上提升论文、作者自身的影响力。因此，期刊应引导作者充分认识增强出版的重要性，激发作者增强出版积极性，从而不断增强作者的增强出版意识。

4.3 精准定位，实现微信公众号差异化发展

在生态学中，生态位是指生物种群间相互制约、相互依存的关系，是同物种或不同物种群体间动态平衡的结果。物种只有先找准适合自己的生存区，才能活下来并谋求发展[24]。在科技期刊这个生态系统中，期刊需要剖析自身优势和特点，进行明确定位，找准适合自己的生存空间、位置和发展方向，才能科学规划，谋求发展。

微信公众号是期刊内容和传播服务功能的延伸和拓展，需要在延续期刊自身特色的前提下，结合新媒体自身特点，在公众号生态系统中进行差异化发展，谋求自身的生存空间。公众号要差异化发展，需要结合期刊自身的优势和特点，从用户需求和所在学科特点出发，实现与用户需求的高度匹配。例如，基于微信公众号自身的大数据功能，通过分析用户使用过程中对不同内容、不同文章类型的点击量、转发率等数据，深度剖析用户的习惯和阅读爱好，从而可以实现目标人群的精准定位。现已有部分期刊，凭借着精准的定位、鲜明的特色、创新的思路将公众号建设成极具影响力的平台，如《中国药学杂志》《金属加工》《航空知识》等期刊。

4.4 深度媒体融合，打造全媒体传播矩阵

2022年4月，中共中央宣传部印发的《关于推动出版深度融合发展的实施意见》(以下简称《意见》)指出："围绕加快推动出版深度融合发展，构建数字时代新型出版传播体系"[25]。因

此，媒体融合已成为大势所趋，科技期刊需要坚持以习近平新时代中国特色社会主义思想为指导，坚定不移走融合发展之路，以先进技术为支撑，充分利用自身优势，利用新媒体平台进行内容的深度整合、配置，打造全媒体传播矩阵，构建深度融合的生态系统：通过知网的优先出版，实现"先传后编""边编边传"，增强论文的时效性；为学术内容融入音频、动画等，将优质的学术论文通过微信公众号进行传播，使公众号成为汇聚各类优秀内容和全方位提供服务的综合性传播阵地；通过视频的形式，在视频号、抖音等平台宣传优秀作者团队、优秀审稿专家，增加读者、审稿专家的黏性，提升期刊活跃度、学术影响力和公众认知度；通过线上直播的方式在哔哩哔哩、小鹅通上开展学术报告，宣传优秀的研究团队。如《水资源保护》利用线上分享会的形式，开展了系列学术报告，凝聚了一批优秀的专家，同时也扩大了自身的影响力和知名度。

4.5 提高融合出版意识，培养优秀融合出版人才

融合出版给传统出版带来了巨大冲击，多数期刊对融合出版持观望态度，从而忽略了融合出版将会给期刊带来的发展机遇。编辑部可以通过让编辑参加相关培训，并通过融合出版做得较好的期刊为样例进行讲解，提高编辑的融合出版意识。

在融合出版过程中，不能忽视人才的作用，培养、造就复合型人才已成为期刊融合发展的根本任务。期刊需要根据自身特点，探索出适合自己的高效、开放的激励机制，形成培养人才、激励人才的良性循环，逐步打造业务能力强、政治素养高、勇于创新的适合媒体融合发展的高素质人才队伍，为科技期刊行业持续、健康发展提供强有力的支撑[26]。

5 结束语

通过对 25 种水利工程类科技期刊融合出版现状的调查与分析可知，虽然多数期刊已在融合出版方面进行了积极探索和实践，但融合的深度、力度还不够，出版手段同质化严重，微信工作号的运营能力也偏弱。在媒体融合成为大势所趋，国家层面高度重视的背景下，期刊界需要高度重视融合出版，研究并应用融合出版新技术，在坚持"内容为王"的基础上，精准定位，实现公众号差异化发展，并通过打造全媒体传播矩阵，实现期刊的深度融合，同时需要培养、打造业务能力强、政治素养高、勇于创新的高素质编辑队伍，从而提升期刊的整体影响力，实现期刊的持续、健康发展。

参 考 文 献

[1] 刘艳莉,侯集体.图情学期刊融合出版现状调查与分析:以 CSSCI 来源期刊(2019—2020)为例[J].中国科技期刊研究,2020,31(5):563-569.

[2] 高虹.科技期刊办刊人才需求调研报告:基于多渠道招聘信息的深度挖掘[J].中国科技期刊研究,2022,33(6):817-825.

[3] 吉海涛,郭雨梅,郭晓亮,等.媒体融合背景下学术期刊发展新模式[J].中国科技期刊研究,2015,26(1):60-64.

[4] 沈诗杰.学术期刊媒体融合发展的模式、障碍及对策[J].长春师范大学学报(人文社会科学版),2019,38(5):193-197.

[5] 程维红,任胜利,沈锡宾,等.中国科协科技期刊数字出版及传播力建设[J].中国科技期刊研究,2014,25(3):340-345.

[6] 孙婧,管青山,段立晖,等.科技期刊媒体融合出版现状与数字版权保护及建设思考[J].中国科技期刊研究,

2018,29(8):813-821.
[7] 朱豆豆.学术期刊与微信公众号融合发展困境及对策研究[J].现代出版,2019(4):32-35.
[8] 张兰,陈信凌.社科类学术期刊微信公众号传播效果影响因素实证研究:以 CSSCI 来源期刊(2019—2020)为例[J].中国科技期刊研究,2019,30(9):1014-1021.
[9] 朱拴成.科技期刊集群化服务平台融合出版探索实践:以中国煤炭期刊网为例[J].编辑学报,2019,31(2):96-98.
[10] 王雅娇,王佳,杨建肖,等.学术期刊 App 的困境及对策[J].中国科技期刊研究,2019,30(3):264-270.
[11] 吴星,魏巍.河北省学术期刊网站建设现状及发展策略[J].河北大学学报(哲学社会科学版),2015,40(5):143-148.
[12] 高存玲,赵星耀.海洋科学类期刊融合出版现状、问题与对策研究[J].中国科技期刊研究,2019,30(12):1316-1323.
[13] 杨郁霞.我国学术期刊媒体融合现状实证分析:以福建省为例[J].传播与版权,2018(8):58-61.
[14] 黄翠芳.水利工程类科技期刊学术影响力分析:以总被引频次、影响因子、Web 即年下载率和总下载量为分析源[J].中国科技期刊研究,2012,23(6):999-1004.
[15] 张松波,王红星,季山,等.中国水利科技期刊的发展和学术影响[J].中国科技期刊研究,2010,21(6):746-752.
[16] 刘晓艳,赵霞,高建群,等.科技期刊对虚假网站的防范与打击措施[J].编辑学报,2020,32(1):53-55.
[17] 罗云梅,蒲素清,李缨来.医学期刊编辑对多因素分析的核查要点[J].编辑学报,2020,32(3):346-349.
[18] 刘天浩,蔡小虎.媒体融合背景下科技期刊网站建设问题分析与对策建议[J].中国科技期刊研究,2021,32(4):501-508.
[19] 杨旺平.科技期刊增强出版的协同性研究[J].编辑学报,2019,31(5):552-555.
[20] 李静,亢小玉.科技期刊增强出版的融合模式分析与推进策略研究[J].编辑学报,2020,32(6):615-618.
[21] 代艳玲,朱拴成.提升期刊学术质量与影响力的方法与途径:选题策划与组稿[J].中国科技期刊研究,2016,27(2):157-161.
[22] 刘佼,王磊,马勇,张伟伟.以《中国公路学报》为例谈微信平台运营与科技期刊的深度融合[J].编辑学报,2022,34(5):556-560.
[23] 李宁.学术论文增强出版的困境及对策[J].科技与出版,2018,285(9):124-129.
[24] 樊霞.高校学术期刊的融合与差异化发展[J].郑州大学学报(哲学社会科学版),2019,52(5):117-121.
[25] 中共中央宣传部.关于推动出版深度融合发展的实施意见[EB/OL].[2023-03-25].https://www.chinaxwcb.com/info/578973.
[26] 董毅敏,贾洪彬.出版深度融合发展背景下期刊业的时代机遇与责任担当[J].科技与出版,2022(7):39-46.

Nuclear Science and Techniques 期刊论文关联数据集出版的探索与实践

孙丽华

(中国科学院上海应用物理研究所联合编辑部，上海 201800)

摘要：随着科学研究日益趋向数据密集型，科研创新愈发依赖于获取大量、系统化、高可靠性的数据。在此背景下，开放数据对于加速科技创新具有至关重要的作用。作为一种新兴的出版模式，科学数据出版促进了科学数据的共享，并有助于最大化科学数据的潜在价值。本文基于 *Nuclear Science and Techniques* 期刊论文关联数据集出版实践探索，探讨了与核科技论文相关的数据出版要求、数据政策框架制定、数据共享方式和数据重用策略等，以期为核科技领域论文关联数据集出版的深入发展提供参考。

关键词：数据出版；论文关联数据；数据社区

随着信息技术与互联网的发展，科学研究进入基于数据收集、处理、分析和显示的第四研究范式[1]。在这个研究范式下，数据不仅仅是科学论文的辅助材料，而是成为研究成果的核心支撑，科研人员迫切希望能够获得访问科研数据的权限，以便对数据进行挖掘和分析[2-4]。科研数据的开放共享是保证科研结果可重现的基础，在提高关联论文可信度，促进相关学科跨区域合作，推动科技创新方面发挥着重要作用[5-6]。为了适应科研活动的新变化，满足科研人员的需求，国际社会发起了数据开放共享运动[7-10]。高质量的科学数据被视为推动国家科技发展的重要战略资源，我国 2015 年发布的《促进大数据发展的行动纲要》中就明确提出了"积极推动由国家公共财政支持的公益性科研活动获取和产生的科学数据逐步开放共享"[11]，同时出台科学数据管理办法，支持科研人员将论文关联科学数据汇交到科学数据管理机构，并适时开放共享，确保科研结论可验证[12-14]。然而，国外数据平台利用其先发优势，对科学数据造成全球"吸虹"效应，导致我国科学数据外流[15]。我国科技期刊作为科技治理的有效工具，为维护国家数据安全，通过主动参与推动科学数据共享，不仅能够帮助期刊编辑、审稿人、领域内同行理解文章，还能在实践层面为我国科学数据出版积累经验，尽快扭转我国科研数据外流的不利局面。接下来，我们将从科学数据出版的形式、数据仓储平台的对比、*Nuclear Science and Techniques*(简称 NST)期刊论文关联数据集出版的政策框架和元数据信息，以及未来我们数据出版的方向等几个方面，对 NST 期刊在论文关联数据集出版中的实践进行详细介绍。我们期望通过这些介绍，为我国科技期刊参与科研数据出版提供借鉴和参考，并进一步推动我国科学数据重用和共享的发展。

1 科学数据出版形式

根据我国 2018 年发布的《科学数据管理办法》(国办发[2018]17 号)第二条规定，科学数据主要包括在自然科学、工程技术科学等领域，通过基础研究、应用研究、试验开发等产生的数据，以及通过观测监测、考察调查、检验检测等方式取得并用于科学研究活动的原始数据及其衍生数据[12]。这些数据不仅是研究的基础，而且具有多层次逐级演化的特征[16]，从而为科学研究提供了增值的可能性，并能够生成多样化的数据产品[17]。科学数据出版能够通过一定的公共机制发布科研数据集，使得公众可以发现、获取、评价和应用这些数据集，促进数据的重用[18]。

经过多年的探索，数据出版模式已经日趋成熟，可分为以下三种模式，即独立的数据出版(数据作为独立对象存储在数据仓储库中)、作为论文辅助资料的数据发布(作为论文补充信息发布或将论文关联数据集存储在第三方数据仓储库中)和以数据论文形式发布(通过数据论文对数据集进行描述的出版物)[19-22]。随着科研数据成为学术成果的重要组成部分，学术期刊开始将论文关联的科研数据提交纳入出版环节，对于那些能够直接支持论文主要结论但由于论文篇幅或文件格式限制而无法在正文中呈现的数据或材料，期刊通常将其作为论文补充信息(Supplement Information)处理，这部分数据会作为附件存储在论文出版平台，用以支撑结论。然而，这种形式的数据处理方式限制了数据的可发现性和可利用性。为了促进数据的可访问、可发现性和可重复性，将论文关联数据存储到期刊指定的标准化通用数据仓储库成为一种重要的数据发布方式。通过规范引用数据集，建立数据与论文的双向链接，不仅有利于数据的检索和长期保存，还为数据的重用提供了可能。NST 期刊在尝试以补充材料提交数据的数据出版实践后，开始探索与论文关联的数据集的出版，即通过向第三方数据仓储平台汇交数据集的形式建立科研数据集和论文的关联，以推动核科技领域科学数据的共享和重用。

2 *Nuclear Science and Techniques* 期刊论文关联数据集出版实践

为了鼓励研究人员克服疑虑，积极参与科研数据的开放共享和再利用，科技期刊需要依靠国际化的数据仓储平台和全面的数据出版管理政策来提供支持。接下来，我们将从数据仓储平台的选择、NST 期刊论文关联数据集出版指导框架的建立及实践的角度，对期刊论文关联数据集的出版进行阐述。

2.1 数据仓储平台比较

科学数据存储平台是实现开放数据实践的关键基础设施，它不仅连接了政策制定者和科研人员，也是数据管理和共享最佳实践的基本保障。一个标准化且安全可靠的科学数据仓储平台在确保数据符合 FAIR 原则(即可发现、可访问、可互操作、可重用)和促进数据共享生态的可持续发展方面起着关键作用[23-24]。NST 的海外发行商 Springer Nature 提供了针对不同学科领域的数据库和通用型数据库的推荐列表，并指出数据应优先提交至特定学科或社区认可的存储库。若缺乏针对特定学科的存储库，数据则可以提交至通用数据存储库[25-26]。Springer Nature 推荐的 6 个通用数据仓储平台的基本信息如表 1 所示，数据仓储的主要功能体现在面向科研人员、科研项目/团队、科技期刊、科研机构及高校等利益相关者，提供科学数据汇交、长期保存、出版、共享和获取等服务，支持多种数据获取与使用。通过比较各国数据仓储库的许可协议、数据资源标识、数据存储量、版本控制方式、数据使用统计指标和数据质量控制机制[23]，我们可以看到向科研人员及科研机构提供免费的数据共享服务并支持多版本更新是所有数据仓储库必备功能，这是吸引科研人员支持开放共享研究数据的基础条件。个性化方面，英国的 Figshare、美国的 Open Science Framework 和中国的 Science Data Bank(简称 ScienceDB)仓储平台的许可方式相对比较丰富，能够适应多种来源的数据设定；而中国的 ScienceDB 通过"数据社区"实现了学术社区数据自治，由共建机构参与建设的"数据社区"实现数据质量控制值得各方参考。

　　ScienceDB 是由中国科协和中国科学院资助的非营利性通用型科学数据存储库平台，平台通过数据社区云服务模式为各学术期刊和学术机构建设数据自治社区，各数据社区拥有数据自治权，拥有专属的社区管理员，负责所在数据社区内的数据评审工作，作者在数据社区内提交的数据将会显示在数据社区内。此外，ScienceDB 集成上线基于中国科学引文数据库 (Chinese Science Citation Database，简称 CSCD)的引文追踪服务，该服务为发布在 ScienceDB 数据集追踪到最新引文信息，并且实现了相关论文推荐，建立了论文与数据的关联，为科技工作者提供了发现科学数据、科技论文的新途径[27]。ScienceDB 还提供数字文摘计算服务，通过计算数据文件的 MD5 值，能够确保数据在传输和存储过程中的完整性和一致性；通过集成第三方区块链服务，使得所有数据记账上链，为数据集和数据文件的确权提供了强有力的技术支持；通过评价计量追踪、数据访问、数据下载的地理分布统计等服务，ScienceDB 能够更好地激励数据治理与数据共享[23]。当前 ScienceDB 已被 Springer Nature、American Grophsical Union、Elsevier、Wiley 和 Taylor & Francis Group 等多家出版机构推荐为论文关联数据汇交存储和共享平台，收录的数据可在 Data Citation Index、Google Dataset Search 等国际平台搜索查询及引用追踪，能够满足我国科研人员数据存储与开放的需求。

表 1　Springer Nature 推荐的数据仓储平台功能对比

数据仓储平台	保存位置	许可方式	数据资源标识	数据存储量限制	是否免费	版本方式	数据使用统计指标	数据质量控制机制
Dryad Digital Repository	美国	CC0	DOI	300 GB	免费	支持多版本	访问量、下载量、被引频次	提供同行评议
Figshare	英国	CC0 1.0、CC BY 4.0 MIT Apache 2.0 GPL 3.0	DOI	每个文件限制为 20 GB	免费	支持多版本	访问量、下载量、被引频次、Altmetrics	无审核服务
Harvard Databerse	美国	CC0	DOI、Handle	2.5 GB	1 TB 内免费	支持多版本	访问量、下载量、数据量	提供数据审核服务
Open Science Framework	美国	Academic 3.0 Apache 2.0 Artistic 2.0 BSD 2-Clause BSD 3-Clause CC BY 4.0	DOI	无总量限制，但单个文件限制为 5 GB	免费	支持多版本	每个版本的下载量、访问量	无审核服务

		CC0 1.0 Eclipse 1.0 GPL 2.0 GPL 3.0 LGPL 2.1 LGPL 3.0 MIT						
Science Data Bank	中国	CC0 CC BY 4.0 CC BY-SA 4.0 CC BY-NC 4.0 CC BY-NC-SA 4.0 CC BY-ND 4.0 CC BY-NC-ND 4.0 PDDL ODC-By ODbL MIT Apache-2.0 AGPL-3.0 LGPL-2.1 GPL-2.0 GPL-3.0 BSD-2-Clause BSD-3-Clause MPL-2.0 BSL-1.0 EPL-2.0 The Unlicense	DOI、CSTR	无限制	免费	支持多版本	访问量、下载次数、被引频次、数据评分、收藏次数、引用文件下载量	提供形式审核；支持"共建机构"学术审核
Zenodo	欧盟	支持 OpenDefinition 中定义的开放许可	DOI	50 GB	50 GB 以内的数据免费	支持多版本	访问量、下载量、Altmetrics	无审核服务

2.2 NST 论文关联数据汇交政策框架

NST 作为面向核科学与技术领域研究论文出版的学术期刊，旨在促进该领域科学数据的开放、共享和引用。为了提高数据的可获取性、互连性和可发现性，需要有一套完善的数据汇交政策进行指导[28-30]。在 2023 年 2 月，NST 期刊参考了 ScienceDB 的数据政策模板[31]，制定了《期刊论文关联数据存缴与共享政策》，并在期刊的官方网站上进行了公布[32]；同时，也在ScienceDB平台设立了期刊的数据社区[33]。NST期刊的数据政策框架主要包括以下几个部分：

(1) 论文关联数据的类型及要求。NST期刊要求作者用于直接支撑论文结论的数据必须共享；作者为开展论文课题研究而产生的且反映在论文中的数据，或作者为开展论文课题研究而进行重复使用或分析的数据鼓励共享；作者为开展论文课题研究从实验或观察中得到的原始的、未加工的且未反映在论文中的数据自愿共享。

(2) 数据标准和格式。NST数据社区论文关联数据集的共享不限制作者提交的数据格式。但从数据的可重用和可长期访问等方面考虑，推荐作者优先参考NST推荐的通用格式进行存储[32]。我们推荐作者从以下三个方面自行评估数据文件的可重用和长期可持续访问情况：①您采用的文件格式是领域内的常用格式；②您采用的文件格式有开放的规范或标准；③您采用的文件格式独立于特定的软件、开发人员或供应商。

(3) 数据使用许可协议。作者应在提交论文及其数据时明确署名，并允许期刊在使用许可的条件下对数据进行传播利用。作者可选择使用7种通用许可协议CC0、CC-BY 4.0、CC BY-SA 4.0、CC BY-NC 4.0、CC BY-NC-SA 4.0、CC BY-ND 4.0、CC BY-NC-ND 4.0(CC指创作共用许可协议，BY指署名，SA指相同方式共享，NC指非商业性使用，ND指禁止演绎，以上组合协议的开放程度依次递减)，3种数据库许可协议PDDL、ODC-By和ODbL，12种软件许可协议MIT、Apache-2.0、AGPL-3.0、LGPL-2.1、GPL-2.0、GPL-3.0、BSD-2-Clause、BSD-3-Clause、MPL-2.0、BSL-1.0、EPL-2.0和The Unlicense。为了更好地传播和共享论文关联数据，NST期刊推荐作者使用CC-BY 4.0许可协议。

(4) 数据共享方式。数据共享的方式有两种：直接共享和有条件共享，作者可根据实际需要二选一。直接共享是指作者提交的论文关联数据，一旦通过评审，元数据和数据文件开放给公众访问获取。有条件共享包括两类，即数据保护期后获取和依申请获取。作者提交的论文关联数据可设置保护期，保护期内，公众仅能访问数据的元数据，而无法下载获取数据文件，保护期后，数据自动转为开放获取状态，公众皆可访问获取其元数据和数据文件。作者提交的论文关联数据因特殊原因不宜开放共享，数据使用者可向作者提出数据访问申请，得到作者授权或同意后，方可获取数据文件。

(5) 数据审核。NST编辑部负责数据社区论文关联数据集的形式审核，主要审核数据集的完整性、数据集是否有较好的可理解性、数据集是否可访问、是否符合"不涉及敏感信息"要求以及数据集是否可重用。元数据与上传的数据文件应该保持一致，我们建议数据集提交者使用具有描述性的文件名为各文件命名，并确保数据文件能够通过数据集简介中指明的数据读取软件打开。

(6) 数据可用性声明。NST接收出版论文需提供数据可用性声明，数据可用性声明是对论文关联数据是否可获取以及具体获取方式的说明文件或文字，主要包括论文关联数据的存储方式、访问链接等内容。NST数据可用性声明如下: The data that support the findings of this study are openly available in Science Data Bank at https://cstr.cn/[数据CSTR编号] and https://www.doi.org/[数据DOI编号][33]。

(7) 数据的引用。数据集作为科研人员的智慧劳动成果应当得到尊重和认可，NST期刊鼓励用户规范数据的引用。用户提交的数据集使用他人数据进行了加工，数据集提交者应当在引用信息处填写他人数据的引用信息。作者发表的论文引用了数据集，应该注明数据集出处。

2.3 NST 数据社区的元数据信息介绍

高质量的元数据能够帮助用户理解和使用数据[34]，数据社区发布的论文关联数据集的元数据应该确保数据的可读性、可用行和可理解性，元数据应该准确表述数据产生的背景、加工处理方法、使用的仪器设备情况等，基于数据集的作者信息、数据集描述信息和出版信息，用户可以通过相关元数据快速检索和认知数据内涵，并按照数据协议获取数据论文关联数据集。NST 数据社区在数据治理时，要求作者从便于用户理解数据的角度来描述数据集。数据集标题需要能够准确且具有代表性地描述数据集的内容；数据集描述部分应提供足够的信息，使读者能够了解数据的研究背景、数据采集的时间和空间范围、数据的产生方法、使用的仪器设备或计算模型、数据的精确度以及数据的误差范围等关键信息；数据集实体为作者通过基础研究、应用研究、试验开发等科学活动，以及通过观测监测、考察调查、检验检测等方式取得并可用于科学研究活动的原始数据，以及经过处理加工、研究分析得到的各级各类衍生数据；数据集图片需与数据相关。为了提高数据集在检索系统中的可见性，作者需要提供至少三个与数据集内容密切相关的关键词，并列出对数据集有贡献的所有作者。作者需确保所提供的所有信息都是准确和完整的。一旦数据集通过编辑的审查并发布，数据集将获得一个唯一的标识符 cstr 和 doi，这两个标识符即时生效。截止到 2024 年 3 月 19 日，NST 数据社区已接收了 470 份论文关联数据投稿，其中，经过正式审核并在数据社区发布的数据集共有 273 份[33]。

3 未来要探索的出版模式

数据的开放共享和重用是推动知识传播和创新的关键因素。数据重用不仅能够为数据开放共享群体提供宝贵的反馈，还能够支持研究与实践中问题的解决。科研人员既是科研数据的生产者，也是重用者，他们对开放科研数据重用行为的理解与实施，直接决定了开放科研数据的实际效果。为了进一步促进数据的重用，我们计划在未来的几个关键方面进行深入探索：

（1）将数据 ScienceDB API 植入 NST 数字出版平台，实现数据平台和论文的交互。读者可以一边阅读，一边查看论文关联数据，甚至重用数据，提高科学的"信息速率"，促进研究人员的科学生产力。这种交互性的增强，将使得科研工作更加透明，同时也能够激发更多的创新思考。

（2）打通期刊投稿系统与 ScienceDB 数据平台的数据传递，将数据共享无缝整合到作者投稿流程中，使数据共享成为投稿流程的一部分，这样不仅能够节省科研人员的时间，还能更大效力地拓展开放数据的范围。通过这种方式，我们可以确保科研数据的及时性和完整性，同时也能够鼓励更多的科研人员参与到数据共享的行列中来。

（3）增加数据论文出版栏目，将数据的同行评议引入论文关联数据出版中。当前，NST 尚未建立严格的科研数据审查机制，数据社区的数据内容的真实性、准确性与完整性由作者负责。未来我们希望增加数据论文出版栏目，遴选学科中高价值的科研数据，以数据论文的形式进行科研数据出版。通过数据论文规范数据格式和内容，并借鉴期刊的同行评议机制和出版机制，为核科学数据的知识产权保护探索路径。

当前，国家针对科技期刊发展和评价导向做出了开创性举措，随着越来越多的科技期刊加入论文关联数据集的开放共享工作中,科研数据在支撑我国科研创新、推动我国科技自立自强中将发挥更重要的作用。我们期待在未来,通过这些新的出版模式,进一步推动科研数据的价值最大化,为我国的科技创新和发展做出更大的贡献。

参 考 文 献

[1] TONY H, STEWART T, KRISTIN T. The fourth paradigm: data-intensive scientific discovery [R]. Washington: Microsoft Research, 2009.

[2] UNESCO. UNESCO Recommendation on Open Science [R]. 2021.

[3] Berlin declaration on open access to knowledge in the science and humanities [EB/OL].[2022-04-12]. https://openaccess.mpg.de/67605/berlin_declaration_engl.pdf.

[4] 《科研数据北京宣言》正式发布 [EB/OL]. [2021-01-05]. http://www.cas.cn/yx/201911/t20191115_4723995.shtml.

[5] 郭华东.科学大数据-国家大数据战略的基石[J].中国科学院院刊,2018,33(8):768-773.

[6] 郭华东,陈和生,闫冬梅,等.加强开放数据基础设施建设,推动开放科学发展[J].中国科学院院刊,2023, 38(6):806-817. DOI:10.16418/j.issn.1000-3045.20230208001

[7] 张玉娥,王永珍.欧盟科研数据管理与开放获取政策及其启示以"欧盟地平线 2020"计划为例[J].图书情报工作,2017,61(13):70-76.

[8] 秦顺,汪全莉,邢文明.欧美科学数据开放存取出版平台服务调研及启示[J].图书情报工作,2019,63(13):129-136.

[9] 屈宝强,宋立荣,王健.开放共享视角下科学数据出版的发展趋势[J].中国科技期刊研究,2019,30(4):329-335.

[10] 谈洁,胡杰.《图书馆杂志》的科研数据出版实践与思考[J].数字图书馆论坛,2021(12):28-33.

[11] 国务院.促进大数据发展行动纲要[EB/OL].(2015-09-05)[2024-01-23]. https://www.gov.cn/zhengce/content/2015-09/05/content_10137.htm.

[12] 国务院.科学数据管理办法[EB/OL].(2018-04-02)[2024-02-04].https://www.gov.cn/zhengce/content/2018-04/02/content_5279272.htm.

[13] 中国科学院科学数据管理与开放共享办法(试行)[EB/OL].(2019-02-21)[2023-01-15]. https://www.cas.cn/sygz/201902/t20190221_4679910.shtml.

[14] 中国科协办公厅中国科学院办公厅关于组织开展期刊论文关联数据汇交工作的通知[EB/OL].[2023-12-01].https://stm.castscs.org.cn/cj/39919.jhtml.

[15] 李洋,温明亮.我国科学数据外流:表现、问题与对策[J].图书馆杂志,2019(12):72-81.

[16] 黎建辉,沈志宏,孟小峰.科学大数据管理:概念、技术与系统[J].计算机研究与发展,2017,54(2):235–247.

[17] 汪洋,郑晓欢,班艳,等.深化落实数据要素政策建立健全科学数据生态圈[J].中国科学数据,2023,8(1):127-138.

[18] 张晓林,沈志宏,刘峰.科学数据与文献的互操作[M]//CO-DATA 中国全国委员会.大数据时代的科研活动.北京:科学出版社,2014:149-158.

[19] 孔丽华,习妍,张晓林.数据出版的趋势、机制与挑战[J].中国科学基金,2019(3):237-245.

[20] 王卫军,李成赞,郑晓欢,等.全球科学数据出版发展态势分析:基于 Web of Science 数据库的调研[J].中国科学数据,2021,6(3):262-280.

[21] 刘灿,王玲,任胜利.数据期刊的发展现状及趋势分析[J].编辑学报,2018,30(4):344-349.

[22] 李德根,柴志强,杨志涛.互联网环境下科研数据的出版范式探究[J].编辑出版,2023,120:19-21

[23] 姜璐璐,张泽钰,李宗闻,等.全球科学数据仓储平台的建设实践现状与展望[J].中国科学数据,2023,8(1):168-188.

[24] 马瀚青,关琳琳,孔丽华,等.数据仓储该如何助推中国科技期刊开放数据?[J].中国科技期刊研究,2022,33(4):470-477.
[25] Springer Nature, Data repository guidance [EB/OL]. [2024-03-12]. https://www.springernature.com/gp/authors/research-data-policy/recommended-repositories.
[26] Springer Nature. Generalist repositories [EB/OL]. [2024-02-18]. https://www.springernature.com/gp/authors/research-data-policy/repositories-general/12327166.
[27] 科学数据银行[EB/OL].[2024-03-12]. https://www.scidb.cn.
[28] 孔丽华,习妍,姜璐璐.科技期刊关联数据开放共享及出版政策研究[J].中国科技期刊研究,2022,33(2):192-199.
[29] 张泽钰,李宗闻,姜璐璐,等.科技期刊论文关联数据存缴共享政策[EB/OL].[2022-12-07]. https://cstr.cn/31253.11.sciencedb.02343.
[30] 张泽钰,姜璐璐,高瑜蔚,等.我国科技期刊数据政策制定研究[J].中国科技期刊研究,2023,34(11):1367-1373.
[31] ScienceDB Help Center [EB/OL]. [2023-01-15]. https://cast.scidb.cn/en/data_policy_tool.
[32] Nuclear Science and Techniques. Journal Data Policy for Depositing & Sharing Paper Related Data [EB/OL]. [2023-05-09]. www.nst.sinap.ac.cn/Journal%20Data%20Policy?lang=en.
[33] 《核技术(英文版)》ScineceDB 数据社区[EB/OL].[2023-05-09].https://www.scidb.cn/c/nst.
[34] 高瑜蔚,朱艳华,孔丽华,等.数据论文及关联科学数据集出版元数据标准研究[J].中国科技期刊研究,2023,34(10):1270-1282.

生成式人工智能时代的学术期刊版权风险及其应对

——以 ChatGPT 为例

文 俊

(五邑大学学报编辑部,广东 江门 529020)

摘要:以ChatGPT为代表的生成式人工智能是人工智能技术的变革性产品,具有自动性、通用性、交互性等特点,其应用场景广泛。生成式人工智能对学术期刊出版来说,既是机遇也是挑战。它给学术期刊版权保护带来理论转向和实践风险,因此结合技术和规制再造学术期刊版权保护体系显得尤为迫切。须预防纠正生成式人工智能的算法偏见,审慎认定生成式人工智能生成物的知识产权属性,合理规制生成式人工智能使用产生的知识产权问题。与此同时,须合理限制对生成式人工智能的知识产权保护范围,避免其滥用和无序扩张,从而使生成式人工智能实现良性发展。

关键词:生成式人工智能;学术期刊;版权;风险;ChatGPT

2022 年岁末和 2023 年年初,对于科技和产业领域的人来说,最轰动、最火热的话题非 ChatGPT 莫属,并入选"2023 年度十大科技名词",至今仍热度不减。ChatGPT 发布之时,就因其强大的功能和优良的用户体验迅速火爆全网,上线 5 天后吸引用户超过 100 万,2 个月超过 1 亿,打破了之前抖音(TIKTOK)创下的 9 个月用户破亿的记录,成为历史上用户增长速度最快的应用。而对其应用场景方面的遐想和商业价值的预估,直接带动了微软等相关行业公司的股价和市值大涨。压力传导之下,科技巨头纷纷布局,国外如谷歌、META,国内如腾讯、阿里、百度、科大讯飞等,已开始紧锣密鼓地在开发自己的同类产品。百度的"文心一言"(ERNIE Bot)、华为的"华为盘古"、商汤的"日日新 SenseNova"、阿里的"通义千问"、360 公司的"360 智脑"、昆仑万维的"天工"、科大讯飞的"讯飞星火"等相继发布,竞相抢占大模型应用的赛道。2023 年 12 月 17 日,谷歌发布人工智能大模型 Gemini,据称在多项测试中完全击败了 OpenAI 的 GPT-4。它具备万亿参数,可以归纳并流畅地处理包括文本、代码、音频、图像、视频等多类型信息,被定义为"原生多模态"模型。Gemini 的问世,将人工智能大模型推入新的竞争浪潮。

ChatGPT 的出现及其为代表的人工智能算法和模型及其应用,不仅是科技自身的革新,也给教育、科技、出版传媒等其他行业带来了冲击和变革性的影响,而且这种变革效应已开始持续不断地显现出来。各个领域的学者从经济[1]、法律[2-3]、教育[4-5]、科技伦理[6]、新闻传播[7-8]等方面探讨了ChatGPT 所带来的影响及应对策略,但目前还没有具体研究其对学术期刊版权保护的影响。

1 生成式人工智能的技术基础及应用场景

所谓生成式人工智能(GAI)，通行的解释是利用复杂的算法、模型和规则，从大规模数据集中学习，以创造新的原创内容的人工智能技术。它是相对于传统的分析式、决策式人工智能的强人工智能。以 ChatGPT 为例，ChatGPT 全称 Chat Generative Pre-Trained Transformer，直译就是"聊天生成式预训练转换器"。其实质，是基于 GPT 技术的新一代对话式自然语言识别(natural language processing, NLP)模型。

"人工智能是人类最神奇、最伟大的发明，是深刻改变世界、有远大发展前途同时又难以预料后果的颠覆性技术。"[9]自 1956 年麦卡锡等人提出"人工智能"(AI)概念以来，其发展经历了三次飞跃。一是 20 世纪中叶至 20 世纪末，代表性产品是 Eliza、"深蓝"等人工智能程序。二是 21 世纪初，标志性产品是波士顿动力公司的人形机器人 Atlas 以及微软小冰、谷歌 Siri、百度小度等，标志性事件是 2013 年人工智能机器人 AlphaGo 以 4:1 战胜韩国围棋世界冠军李世石。第三次飞跃就是 ChatGPT。对于 ChatGPT 的惊艳问世，比尔·盖茨高度评价为"不亚于互联网诞生"，埃隆·马斯克则感叹它"好得可怕"(Scary good)。就产品呈现的功能和用户的使用体验来说，ChatGPT 都有着更强大的功能和更"类人化"的特点。它不仅可以与人对话聊天(陪伴服务)，还可以生成请柬、贺信、演讲稿以及文学艺术作品，甚至是撰写学术论文、编写程序代码等(知识服务)。更重要的是，它精通人性，"善解人意"，能更顺利、深入地与人对话，满足人的个性化和复杂化的需求。ChatGPT 的变革性，就在于它从单任务发展到多任务，并更接近实现神经网络与人脑的交互。

ChatGPT 的核心技术是生成式 AI(Generative Artificial Intelligence)，而最终目的是实现自然语言的交互与对话。所谓自然语言，即是人类语言，而非计算机语言，它有非结构化和无标准形式的特点。自然语言识别，是人工智能技术突破的关键，相对于感知只能，认知智能一直都是人工智能最难的领域。而 ChatGPT 正是凭借其 Transformer 架构、预训练、微调技术和思维链技术等，迭代成一个交互式、生成式的大型自然语言处理模型，超越了之前人工智能技术的应用程序的属性。

具体来说，ChatGPT是基于GPT-3.5架构的大型语言模型，是基于GPT(生成式预训练转换器)的底层技术迭代进化而来。2018年6月，OpenAI推出了它的第一代自然语言处理模型GPT-1。GPT-1模型具有1.17亿参数，使用了12层Transformer的解码器。2019年2月、2020年6月又陆续推出GPT-2、GPT-3版本，其技术参数和应用功能不断迭代升级。GPT-3的参数量高达1 750亿，而刚刚推出的GPT-4虽没有达到传闻中的100万亿，但一定也超出上一版本至少一个几何量级。而ChatGPT就是基于GPT-3.5技术支持的超级应用。它体现了GPT系列模型的最新颖、最优化的技术特点。其一就是上文提到的海量数据。其二，就是对数据(偏好数据和反馈模型)进行预训练，以及利用转换器(Transformer)进行编码和解码，以此来模拟人的语言和行为，生成人类可以理解的文本等，并根据上下文语境，给出恰当的回答。其三，就是在循环式的强化学习中，加入微调技术和人工标注，以提高模型的适应性和性能，并通过人机交互接口，进入应用场景。而这其中，数据是基础，算力是关键。微软用上万张英伟达A100芯片为ChatGPT打造了一台超算，还在Azure的60多个数据中心部署了几十万张GPU，用于ChatGPT的推理。而新近推出的Gemini，公开信息显示具备万亿参数，算力高达1e26FLOPS，是ChatGPT的5倍多，总数据集也是ChatGPT的2倍。

ChatGPT的大热，关键还是在于其大数据和强算法支持下的广泛的应用场景。除OpenAI公司开发的ChatGPT外，国内搜索巨头百度于2023年3月16日公开发布自己的聊天机器人项目产品"文心一言"(ERNIE Bot)，展现了包括文学创作、商业文案写作、数理推算、中文理解和多模态生成等使用场景，并于8月31日向社会全面开放。目前看来，ChatGPT对于学术期刊出版还不能产生替代作用，但能发挥高级辅助作用，成为期刊编辑的智能助手。它可提供强大的信息检索、分析和咨询功能，优化和重塑编校和管理流程，主流数据库也都开发了智能审校、智能排版、AI辅助阅读等功能。综观ChatGPT的应用，它体现出了自动化生成、可交互性和功能强大的优点，特别是在专业学习和测试领域，如医学、法律、财税等，它表现出了超越人类的能力。GPT-3.5的单一模态类型在GPT-4中得到改变，文本、图片等多模态的处理能力被视为GPT-4的最大进步。但在准确性、专业性、安全性等方面，ChatGPT仍然存在许多的局限性。但无论如何，ChatGPT都将会深刻地改变着我们的工作和生活，毫不夸张地说，当今社会已进入生成式人工智能时代，各行各业都进入"生成式人工智能+"的发展模式。我们在对越来越多的人类工作将被ChatGPT这样的聊天机器人和应用取代而惶恐时，也在积极思考其影响和利弊，以及如何应对。

2 生成式人工智能时代学术期刊版权保护的理论转向与实践风险

生成式人工智能是人工智能技术和产业发展到一定阶段的产物，其强大的内容生成能力令传统的专业生产内容(PGC)和用户生成内容(UGC)等内容生产模式难望其项背。生成式人工智能对学术期刊的影响，不仅体现在学术期刊生产方式和传播方式的革新、作为辅助创作工具和审校工具的应用等积极方面，也带来了潜在的法律、伦理等方面的挑战，特别是在版权、隐私和偏见等问题上。

2.1 生成式人工智能时代学术期刊版权保护的"问题转向"

我国对学术期刊版权的研究兴起于20世纪90年代初。传统的学术期刊知识产权研究，主要集中在学术期刊著作权(版权)的研究，如抄袭剽窃、引文失范等问题。例如刊发于《知识产权》1995年第1期的《我国学术论文中的知识产权保护问题》一文，将论文引文与知识产权问题相连，分析我国学术论文中存在的损害和侵犯知识产权权益的行为，以使科研行为纳入法制的轨道，加强我国学术论文中知识产权的保护力度[10]。Silentemulo Wang的《谈〈著作权法〉与学术期刊用稿制度的规范化》，李莉、师学玲的《参考文献的著录与著作权保护》等文，则从著作权法的保护角度，寻求在作者投稿与学术期刊审用稿制度、参考文献著录等审校、编校流程方面确立规范[11-12]。也有从新兴的互联网传播和数字出版实践出发，探讨电子期刊和网络学术期刊的知识产权问题与应对[13]。随着中国2001年加入世界贸易组织，政府对知识产权保护和管理的力度不断加大。与此同时，互联网形态从Web 1.0向Web 2.0飞速跃迁，电子出版迅猛发展，至2002年底，中国学术期刊全文数据库达5 000多种，期刊题录数据超过1 600种，收录的总数达6 600种，成为全球最大的中文期刊文献全文数据库[14]。在此背景下，学术期刊版权研究的议题也从传统的署名权问题、修改权问题、抄袭剽窃问题、"文责自负"问题等转向版权意识问题、版权许可与转让问题、网络出版权汇编权问题、开放存取与知识产权问题等。这是学术期刊版权研究的第一次转向。现如今，各个学术期刊编辑部在论文审稿前，都会对论文进行查重，并与作者签署稿件处理承诺书及版权转让或许可协议等，这些都对知识产权保护和防范学术不端等起到了良好的规制作用。而以ChatGPT为代表的生成式人工智能大模型，不仅带来了学术期刊知识生产模式的变革，标志着互联网形态从Web 2.0向Web 3.0的又一次跃升，同时对学术期刊知识产权带来了新的风险和挑战，使学术期刊版权研究问题已开始转移到人工智能作者署名权的认定问题、人工智能生成物的知识产权属性问题、人工智能大模型在数据搜集训练过程及生成内容的知识产权授权问题等。这可称作学术期刊版权研究的第二次转向。

2.2 生成式人工智能时代学术期刊版权保护的"范式转移"

以ChatGPT为代表的人工智能大模型不仅给学术期刊知识产权研究带来"问题转向"，还使学术期刊知识产权研究实现了"范式转移"。根据美国科学哲学家库恩的理论，范式是从事某一科学的研究者群体所共同遵从的世界观和行为方式，由理论框架、观点、研究方式等构成；范式转移是指一个领域里出现新的学术成果，打破了原有的假设或者法则，从而迫使人们对本学科的很多基本理论做出根本性的修正[15]。人工智能大模型以其强大的数据处理能力和多模态生成功能，颠覆了旧有的学术期刊版权保护体系，重塑了学术期刊版权研究范式，即人工智能驱动模式或智慧模式。人工智能大模型对海量文献信息提取与分析、相似文献推荐以及内容生成的优势，使得学术期刊版权研究可以从粗粒度的文献综述、主题发现，到细粒度的知识元抽取任务轻松完成[16]，实现从任务选取、逻辑论证、数据呈现到研究方案等系统性智慧赋能。

2.3 生成式人工智能时代学术期刊版权保护的实践风险

首先是生成式人工智能生成物(AIGC)的版权归属问题。《著作权法》规定，著作权的主体(著作权人)是指依照著作权法，对文学、艺术和科学作品享有著作权的自然人、法人或者其他组织。而在目前条件下，AIGC并不是被法律所认可的著作权的主体。面对新的技术环境，是否应有新的制度回应或规则设置？其次是生成式人工智能生成物是否定性为"作品"问题。ChatGPT是否有原创性？如果它是作品，那么是属于传统的作品范畴，还是属于汇编作品？这些问题目前都还没有定论。再次是著作权侵权问题。数据本身没有版权，但数据使用理应受到版权保护。ChatGPT的数据收集、训练以及生成内容是否有相应的知识产权授权，这是要讨论的问题。而使用ChatGPT在未经授权的文字或图片基础上创作的内容，亦可能出现知识产权侵权问题。例如2024年1月10日，美国Single Computing公司起诉谷歌侵权，寻求高达70亿美元的经济赔偿，是美国历史上最大的专利侵权赔偿金额的2倍多。

3 结合技术和规制再造学术期刊版权保护体系

OpenAI公司在在ChatGPT的发展过程中，不断强调API数据的共享和规范，以能充分发挥ChatGPT的作用和效果。但这并不能平息人们对以ChatGPT为代表的生成式人工智能火热发展及其引起的数据安全、个人信息保护及法律风险等引发的争论。事实上，生成式人工智能技术和应用场景不断更新，倚靠行业自律已无法实现版权保护，也无法最终促进行业的发展，而应从行政、司法各方面及时进行规制。为促进生成式人工智能技术健康发展和规范应用，经充分酝酿讨论，国家互联网信息办公室联合国家发展和改革委员会、教育部等七部委于2023年7月10日发布《生成式人工智能服务管理暂行办法》。其中明文规定，生成式人工智能发展和服务必须"尊重知识产权"，在开展预训练、优化训练等数据处理时，"不得侵害他人依法享有的知识产权"等，这为建立生成式人工智能时代学术期刊版权保护体系提供了立法遵循和规则指引。同年9月20日，中国科学技术信息研究所发布《学术出版中AIGC使用边界指南》，建议研究人员使用生成式人工智能(AIGC)直接生成的稿件文字等资料必须提供明确的披露和声明，否则将构成学术不端行为。12月，科技部监督司发布《负责任研究行为规范指引(2023)》，对人工智能使用也提出了硬性要求。笔者以为，生成式人工智能时代学术期刊版权保护体系应以技术模型和出版模式为基础，结合技术和规制，从数字法治和编辑部治理层面进行再造。

3.1 预防纠正生成式人工智能的算法偏见

算法模型，无论在技术层面还是逻辑层面，都是生成式人工智能的核心和基础，因此优化算法设计、预防和纠正算法偏见就成为再造学术期刊版权保护体系的关键。如前所述，相较于传统的分析式人工智能，生成式人工智能的一大技术特点是其算法模型不仅倚靠机器学习，还通过大量的人工标注来进行反馈和修正，这一方面标志着技术的迭代，但另一方面，"人工标注所造成的个人偏好的影响叠加在机器学习的算法框架中本身的算法偏见之上，导致算法偏见的负面效应倍增，算法偏见的产生渠道更加多样且难以追溯和预防"[17]。这其中，既包括作为算法准备的数据，也包括人工标注的语言文化偏好甚至训练目标的预设等。

针对显见的或潜在的算法偏见，需要探索对其进行预防和纠正的方法。一方面，要依据《著作权法》《互联网信息服务算法推荐管理规定》等，确保训练数据合法合规合乎道德、完整准确安全可靠。如前所述，以GPT-4为代表的大语言模型，其训练数据动辄以千亿乃至万亿计算，须不得侵害他人依法享有的知识产权，例如2023年1月26日，《科学》杂志即申明作品中不能使用由ChatGPT等人工智能应用生成的文本、数据、图像或图形等。但现实条件不能保证所有数据都经过授权，训练者可以增加对权利人标识状态的检测程序用以保障合法来源[3]。另一方面，在人工标注和人机对接环节，要通过语言等规范和标准的设置、人为干预监督等，防止机器模型在"人力"作用下形成"偏好"，产生偏见性的"输入"和"输出"。

3.2 审慎认定生成式人工智能生成物的版权属性

以ChatGPT为代表的生成式人工智能，以其空前强大的多模态转化和生成能力，再造了编辑出版流程，变革了内容生产模式。但对于生成式人工智能生成物的版权属性，理论界一直存有争议。包括ChatGPT是否有独创性，其是作为人类辅助创作工具还是具有一定"自主创作能力"[18]，这些问题目前都还没有定论。现实中，已有作者借助ChatGPT创作或翻译作品赚取稿费，甚至有100%AI创作的科幻小说在科幻作品大赛中获奖，但也出现人工智能参与的"洗稿"行为。笔者以为，人工智能生成物版权属性的认定，须摆脱二元论的桎梏，只要其具有原创性，不管是内容上还是形式上，不管其是人为干预的结果还是系其自动生成，都具有版权属性，应受到版权保护，"可解释性算法及其生成的内容才是ChatGPT知识产权的保护重点"[17]。

相应地，对于生成式人工智能生成物的权利归属问题，即署名权的认定，亦须审慎。在目前条件下，生成式人工智能并不是被法律所认可的著作权的主体，亦无法履行法律责任。国内外数千种学术期刊都在ChatGPT兴起后申明将其排除在署名权之外，如《科学》期刊的主编 Holden Thorp禁止使用ChatGPT生成的文本，不允许将ChatGPT列为署名作者。出版《自然》等期刊的Springer-Nature也宣布ChatGPT不能被列为署名作者，但它允许作者在论文准备阶段使用ChatGPT等工具，只需要在手稿中予以披露。国内如《暨南学报(哲学社会科学版)》在其公众号申明不接受ChatGPT联合署名的文章。中华医学会杂志社则发布了《关于在论文写作和评审过程中使用生成式人工智能技术的有关规定》，严格限制或禁止作者在论文写作中、审稿人在论文评审中使用GAI。但是也有部分期刊主张可以给予"数字人"ChatGPT署名权，一些学者甚至主张其拥有法人资格，拥有财产权等更多的权利。相信随着生成式人工智能越来越复杂强大、"类人化"特点越来越突出，持此论者会越来越多，争议也会越来越持久深入。笔者以为，对此问题亦可通过区分人工智能生成物的属性，即是辅助性工具还是具有自主创作能力；若具有一定自主创作能力甚至独特的思想和情感，则应认定其权利归属，由开发者、服务提供者、用户等多方主体实现利益分配[18]。

3.3 合理规制生成式人工智能使用产生的版权问题

与生成阶段的数据版权、算法偏见及生成物的知识产权属性等问题相比较，对生成式人工智能使用产生的知识产权问题的规制更为现实和迫切，因为以ChatGPT为代表的大语言模型，最终还是要落实到场景应用上。

一是需要警惕生成式人工智能及其生成物的滥用问题。对于学术期刊来说，不当使用ChatGPT包括但不限于剽窃、作弊、篡改、造假等。这些行为助长学术不端，导致学术失范，所以需要制定相应的标准和规范进行规制，从而使ChatGPT更多地发挥辅助审稿、智能编校、多模态转换、数字化管理等正向的人机协同层面的效能，进而捍卫学术的独立品质和学术研究的终极意义。

二是需要重视生成式人工智能治理中的技术效能。这既包括对现有相关数字技术的利用，也包括对生成式人工智能技术自身的利用。例如数字版权管理技术(DRM)利用自身加密系统，通过对生成式人工智能生成物的管理和分发，从而避免生成内容被滥用[19]。又如，生成式人工智能的生成能力对传统的查重系统构成挑战，使其无法有效识别生成式人工智能生成物，于是又有机构研发出了针对ChatGPT学术不端的DetectGPT。事实上，ChatGPT可用于提升查重系统的功能。现有的查重系统，不管是知网的科研诚信管理系统(AMLC/SMLC)、万方的文献相似性检测服务(WFSD)、维普论文检测系统(VPCS)，还是paperpass、大雅等，仍是以词、句、段落为单位，通过文字复制比来确定是否存在抄袭、过度引用、重复发表、一稿多投等学术不端行为，而对于以意义和逻辑为单位的语义检测，检测系统目前仍无能为力。ChatGPT技术加持后，就可以引入语义识别技术，解决"思想抄袭"[20]等问题。

三是需要关注出版合作中涉及的知识产权问题。学术期刊编辑部与作者、各个数据库之间存在着复杂的版权关系。如今编辑部收稿时一般都会和作者约定，稿件一经刊载，除非来稿时特别声明外，均视为作者同意将文章的版权授权给期刊使用，允许期刊以数字化方式进行复制、汇编、发行、信息网络传播，论文发表后同意供国内外文摘刊物或数据库收录、转载或上网发行。开放存取(Open Access)期刊则面临更复杂的版权开放与保护矛盾。生成式人工智能时代的到来使这种版权关系更趋复杂化，需要给予特别的关注。此外，在越来越强调提升学术期刊出版的国际传播效能的背景下，学术期刊涉外合作也必将越来越频繁，而学术期刊涉外合作本质上就是一种知识产权输出[21]。在涉外出版合同中，知识产权保护是一个涉及自身利益的重要问题，所以知识产权贸易的首要原则是实现自身利益最大化，对于著作权以及商标权等，在授权方式、授权内容、授权期限上，要精研国内外知识产权条款，既要维护作者和学术期刊的自身利益，也要提高合作效率，促进学术期刊国际传播能力建设。

4 结束语

综上所述，以ChatGPT为代表的生成式人工智能，是人工智能技术的变革性产品，具有自动性、通用性、交互性等技术特点，其应用场景广泛。生成式人工智能对学术期刊出版来说，既是机遇也是挑战。它给学术期刊版权研究带来理论转向和实践风险，因此结合技术和规制再造学术期刊知识产权保护体系显得尤为迫切。与此同时，生成式人工智能的可持续发展也需要一个稳定、可靠的环境，所以需合理限制对生成式人工智能的版权保护范围，避免其滥用和无序扩张，从而使生成式人工智能实现良性发展，为人类带来更多益处，最终实现人机协作和人机共生。

参 考 文 献

[1] 张夏恒.基于新一代人工智能技术(ChatGPT)的数字经济发展研究[J].长安大学学报(社会科学版),2023,25(3):55-64.

[2] 邓建鹏,朱怿成.ChatGPT模型的法律风险及应对之策[J].新疆师范大学学报(哲学社会科学版),2023,44(5):91-101.

[3] 丛立先,李泳霖.聊天机器人生成内容的版权风险及其治理:以ChatGPT的应用场景为视角[J].中国出版,2023(5):16-21.

[4] 周洪宇,李宇阳.ChatGPT对教育生态的冲击及应对策略[J].新疆师范大学学报(哲学社会科学版),2023,44(4):102-112.

[5] 卢宇,余京蕾,陈鹏鹤,等.生成式人工智能的教育应用与展望:以ChatGPT系统为例[[J].中国远程教育,2023,43(4):24-31,51.

[6] 令小雄,王鼎民,袁健.ChatGPT爆火后关于科技伦理及学术伦理的冷思考[J].新疆师范大学学报(哲学社会科学版),2023,44(4):123-136.

[7] 郑满宁.人工智能技术下的新闻业:嬗变、转向与应对:基于ChatGPT带来的新思考[J].中国编辑,2023(4):35-40.

[8] 王建磊,曹卉萌.ChatGPT的传播特质、逻辑、范式[J].深圳大学学报(人文社会科学版),2023,40(2):144-152.

[9] 孙伟平.关于人工智能的价值反思[J].哲学研究,2017(10):120-126.

[10] 刘可静,鲍良言.我国学术论文中的知识产权保护问题[J].知识产权,1995(1):10-16.

[11] WANG S.谈《著作权法》与学术期刊用稿制度的规范化[J].云南财贸学院学报,2001,15(2):87-88.

[12] 李莉,师学玲.参考文献的著录与著作权保护[J].河北法学,2001,19(5):156-157.

[13] 杨德平.网上电子期刊的知识产权保护与对策[J].图书馆杂志,2001,20(7):12-14+15.

[14] 张积玉.编辑学论稿[M].北京:中国社会科学出版社,2004:246.

[15] 库恩.科学革命的结构[M].李宝恒,纪树立,译.上海:上海科学技术出版社,1980.

[16] 曹树金,曹茹烨.从ChatGPT看生成式AI对情报学研究与实践的影响[J].现代情报,2023,43(4):3-10.

[17] 刘艳红.生成式人工智能的三大安全风险及法律规制:以ChatGPT为例[J].东方法学,2023(4):29-43.

[18] 陈增宝.生成式人工智能的著作权法规制[J].数字法治,2023(6):24-28.

[19] GUT H S. Rights expression languages. Digital rights management: technological, economic, legal and political aspects[M]. Berlin: Springer Verlag, 2004:101-112.

[20] 朱燕.试论反抄袭软件的学术规范功能及其局限性[J].兰州教育学院学报,2016,32(10):91-93.

[21] 陈绍玲.国内学术期刊涉外合作中的知识产权问题研究[J].中国出版,2016(15):31-34.

基于网络爬虫辅助编辑出版多源 AIGC 检测结果获取程序设计与实现

范翠丽

(山东科学技术出版社有限公司，山东 济南 250003)

摘要：随着 AIGC 技术迅猛发展以及应用日益广泛，有效识别和分析 AIGC 对维护网络生态、保护知识产权、规范出版秩序具有重要意义。本文设计并实现了基于网络爬虫多源 AIGC 检测结果获取程序，高效采集多平台数据，使用统计学方法计算 AIGC 人工贡献率，可为编辑和出版监管部门提供决策支持。系统构建了数据采集和预处理、AIGC 检测、结果存储与展示等模块。结果表明，该系统能有效从多个数据源获取信息，方便计算 AIGC 人工贡献率。系统具有良好扩展性与灵活性，能够适应未来数据源变化和检测技术发展。

关键词：网络爬虫；AIGC 检测；多源数据

AIGC 全称 Artificial Intelligence Generated Content，即人工智能生成内容。在学术领域，AIGC 技术可自动生成实验报告、学术论文初稿等，加速研究进程；在媒体、出版行业，可自动撰写新闻稿、生成音视频内容，组织图书章节，提高生产效率；在软件开发中，可自动生成代码，相关应用有虚拟助手、自动客服等，极大扩展了服务能力。

保证内容原创性是维护知识产权、确保信息真实、避免虚假信息传播之关键。AIGC 检测技术可识别由 AI 创造或修改的内容，帮助编辑筛选高质量原创内容，规范出版秩序。探讨如何将编辑从枯燥的、重复的文本内容检测活动中解放出来，并为出版监管部门提供决策支持具有现实意义。

1 国内外研究现状

AIGC 技术发展可分为早期萌芽、沉淀累积和快速发展三个阶段。20 世纪 50 年代至 90 年代中期为早期萌芽阶段，技术瓶颈与成本过高限制了资本投入，AIGC 仅限小范围实验。20 世纪 90 年代至 21 世纪 10 年代中期，随着深度学习算法突飞猛进、计算机算力大幅提升，AIGC 开始从实验性转向实用性，处于沉淀累积阶段。自 21 世纪 10 年代中期至今，AIGC 已广泛应用于文本、图像、音视频等内容生成，应用领域不断拓展，步入快速发展阶段[1-2]。

美国人工智能实验室 OpenAI 于 2022 年 11 月 30 日上线 ChatGPT(Chat Generative Pre-trained Transformer，交谈用生成式预训练转换器)[3]，2 个月后其月活用户数即已破亿[4]，TikTok 历时 9 月才实现破亿[5]，Facebook 和 Instagram 各用 2.5 年，Twitter 用了 5 年[6]，在中国 2023 年 2 月更几乎成了 ChatGPT"热搜月"[7]。Elon Musk 在其社交媒体宣称 ChatGPT"好得吓人"，认为强大到危险的人工智能(AI)离我们已经不远[8]，微软联合创始人 Bill Gates[9]接受媒体采访时表示"ChatGPT 类 AI 技术的出现不亚于互联网和个人电脑的诞生。"由此，以 ChatGPT 为代表的大型语言模型(large language model，LLM)工具受到越来越多的关注，普遍应用于内容创作、智能客服、教育、游戏开发和影视制作等领域，小结如表 1 所示[10]。

表 1 目前主流 AI 工具

名称	链接	简介	类别
Kimi	https://kimi.moonshot.cn	支持中英文对话、多种文件格式，可搜索，有网页版和 App，可处理长达 200 万汉字文本	通用
文心一言	https://yiyan.baidu.com	可进行自然语言交互、信息检索等任务，支持文本、语音等，有网页版和 App	通用
讯飞星火	https://xinghuo.xfyun.cn/desk	拥有跨领域知识和语言理解能力，支持多语种语音识别与合成，提供网页版和 App	通用
智谱清言	https://chatglm.cn	能够进行文件处理、数据分析、图表绘制等复杂任务，并支持多种文件格式，提供网页版和 App	通用
通义千问	https://tongyi.aliyun.com/qianwen	以对话形式解答问题，提供信息查询及知识分享，适用教育、咨询、企业服务等多种场景，提供网页版和 App	通用
百川智能	https://chat.baichuan-ai.com	推出包括 Baichuan-7B 和 Baichuan-13B 在内的多款 AI 产品	通用
ChatGPT	https://chat.openai.com	支持多种语言和多种插件，能够帮助解答问题、提供信息、撰写文本、解析数据等，相比 3.5 版本，最高支持 12.8 万 tokens 上下文窗口	通用
Google Gemini	https://gemini.google.com	分为 Ultra、Pro 和 Nano 三种版本，适用于从大型数据中心到移动设备的各种场景，最高支持 100 万 tokens 上下文窗口	通用
Claude.ai	https://claude.ai	包括 Claude 3 Haiku、Claude 3 Sonnet 和 Claude 3 Opus 三个版本，最高支持 20 万 tokens 上下文窗口	通用
Midjourney	https://www.midjourney.com/home	可创建多样化图像，对设备硬件无要求，运行需全程联网，数据存在服务器上	图像生成
DALL·E 3	https://openai.com/dall-e-3	基于 ChatGPT 构建的图像生成模型，能理解自然语言并生成高分辨率图像，支持多种图像尺寸和风格	图像生成
Stable Diffusion	https://stablediffusionweb.com/zh-cn	支持本地离线使用，对硬件要求较高，但允许用户在生成图像后进行图像元素调整，以稳定和高质量图像输出而闻名	图像生成
Sora	https://openai.com/sora	由 OpenAI 开发的 AI 文本生成视频模型，可根据文本指令创建长达 60 秒高质量视频，暂未向公众开放使用	视频生成
Runway	https://app.runwayml.com	提供一张图片和提示词即可生成视频	视频生成
Pika	https://pika.art	用户可通过文本或图像输入来生成多种风格(如 3D 动画、动漫)视频，还可对视频或图像进行编辑	视频生成
一帧视频	https://aigc.yizhentv.com/	秒创数字人、秒创 AI 帮写、秒创图文转视频、秒创 AI 视频、秒创 AI 语音、秒创 AI 作画等，提供网页版和 App	视频生成

续表 1

名称	链接	简介	类别
剪映 AI	https://www.jianying.com/web	支持 AI 配音、自动生成字幕、以及数字人物生成等，适用于 iOS、Android、Windows 和 Mac OS 多种操作系统	视频生成
ChatMind	https://chatmind.tech/cn/editor	可通过对话快速生成视觉化思维导图，可将长文本转化为摘要，并能够将思维导图转换为演示幻灯片	思维导图生成
TreeMind	https://topapps.ai/ai-apps/treemind/	支持免费在线绘制多种类型的图形，如思维导图、逻辑图、组织架构图、鱼骨图等	思维导图生成
Perplexity.ai	https://www.perplexity.ai	基于 GPT-4 的搜索引擎，具有搜索文献和阅读文献、进行数据分析、辅助设计研究方案、撰写论文等功能	科研类
Elicit	https://elicit.org/	主要在 Semantic Scholar 数据库中进行文献搜索，通过匹配论文标题和摘要来排列相关论文，适用于需要深入实验数据和结果的学科，如生物医学和机器学习等，并支持从 PDF 中提取和总结内容	科研类
Scite	https://scite.ai/home	科学文章发现和评估平台，通过分析引文上下文帮助用户了解论文的影响力，还可以查找任何主题的专家分析和观点	科研类
Consensus	https://consensus.app/	使用 Semantic Scholar 数据从研究论文中抽取和提炼结果，类似于 Elicit，但焦点在于结果的提取和综合	科研类
SciSpace	https://typeset.io/	能够解释学术论文中图片和数学公式，可提供最新的研究论文、会议信息、热门研究主题论文和引用数据，以及顶级期刊和机构的重要学习资源	科研类

　　AI 工具强大之处已无须赘言，带来的消极影响也广受瞩目，已有犯罪分子利用 ChatGPT 编写软件实施诈骗或对盗窃网络用户身份等[11]；《华尔街日报》报道摩根大通已限制交易员使用 ChatGPT[12]；除此之外，LLM 工具的技术盲区也显而易见，如被问及"2+5=？"时，ChatGPT 首先回答"7"，但当提问者坚称其永不犯错的妻子说答案为"8"时，ChatGPT 开始"一本正经"地道歉，承认自己训练数据较老，并肯定答案为"8"[13]，显示其仅依靠语料库驱动使用概率匹配提供回答缺陷。出版人既要有"AI 意识"又要有"AI 防范意识"以推动出版事业繁荣发展。

　　国内外对 AIGC 监管都做出了有益尝试。2023 年 4 月 11 日，中国国家互联网信息办公室发布了首份 AIGC 监管文件《生成式人工智能服务管理办法(征求意见稿)》，并向社会公开征求意见[14]。同年 7 月 10 日，国家互联网信息办公室等七部委联合发布《生成式人工智能服务管理暂行办法》明确指出[15]，提供或使用 AIGC 都应遵守相关法律法规，尊重社会公德，恪守伦理道德，提出根据 AIGC 特点及应用建立分类分级监管制度，并制定相应分类分级监管规则或指引，同时强调标注人员安全培训、考核机制及模型生成内容的监测测评等要求。我国对 AIGC 技术采用的是多部门协同监管模式，涉及网信、发展改革、教育、科技、工业和信息化、公安、广播电视、新闻出版等多个部门[16]。在法律层面，《中华人民共和国科学技术进步法》是我国科技领域基本法，于 2022 年 1 月 1 日正式施行，为 AIGC 发展提供了法律框架[17]。此外，《中华人民共和国网络安全法》也规定了网络运营者应采取措施防止和减少网络安全事件的发生[18]。国外方面，美国更强调市场机制和行业自律，追求在竞争中实现技术领先。联邦层面暂无统一治理类文件，立法提案仅针对特定问题，州层面分散探索人工智能监管[19]。欧盟则更注重政府的直接干预，通过强监管来确保人工智能的安全和合规性。欧盟已批准的《人工智能法案》是世界上首部对 AI 进行全面监管的法案，根据 AI 使用方法施加不同程度的监管要求[20]。英国致力于成为全球人工智能安全监管中心，韩国已制定相关监管政策[21]。

AIGC 检测核心指标有"困惑度"(Perplexity)和"爆发度"(Burstiness)。困惑度关联文本可预测性，如某句或某段下一词句可被检测器准确预测，则该文本困惑度低，更可能由人工智能生成。爆发度涉及句子长度与复杂性，人工创作文本相对具有更高的动态性和多样性[22-23]。目前常用 AIGC 检测工具或平台有：GPT-ZERO、OpenAI GPT2、Output Detector、Hello-SimpleAI、ChatGPT Detector、DTXChecker、Master AI、Originality、知网 AIGC 检测、人民网 AIGC-X、GPT-MINUS1、AI-Text-Classifier、CatchMe、AI undetect、Copyleaks、thomas.io、CheckforAi、GPTKit、AICheatCheck 等。

以往研究过多关注 AIGC 可以做什么，讨论 AIGC 检测较少。本文使用多源数据计算 AIGC 人工贡献率，减少单一工具误判率，有一定应用价值。

2 系统设计

系统架构如图 1 所示。

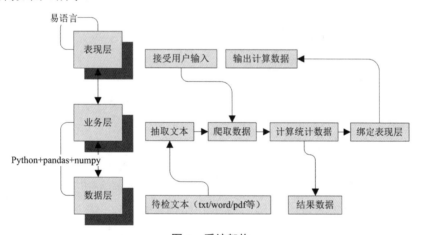

图 1　系统架构

系统由数据层、业务层和表现层三层结构组成。业务层负责最核心的逻辑与数据计算，从数据层抽取数据，按用户需求运用正则表达式、爬虫等技术实现文本清洗、数据处理后，将结果提供给表现层并记录于数据层供数据复用等。

2.1 文本提取与切分

用户提交文本可以为 txt、word 或 pdf 中的一种或多种，对于以 Unicode(UTF-16)格式进行二进制编码的 word 和 pdf 文档，先使用特定方法(如利用 python-docx 和 PyPDF2 库等)提取纯文本，再按用户需求使用类似 jieba 分词等工具进行切分，再送检。切分除可进行文本分类，还可去除禁用词、停用词等。

2.2 数据采集

数据采集主要编写网络爬虫实现，对取回文本使用正则表达式、解析库等进行处理，得到所需数据。

2.3 数据处理与整合

使用统计学方法中的均值进行数据处理与整合,确保数据的一致性和可用性。

3 系统设计

3.1 开发环境与工具选择

软件在 Windows 11(64 位)平台开发,数据层和业务层使用 Python3.8.3 编写,考虑界面开发便利性,表现层使用国产编程易语言编写。

爬虫有两种方案,分别是 Python+requests(或 urllib)和 Python+自动化测试框架。综合考虑交互能力、反爬虫机制处理及数据格式一致等问题,自动化测试框架通过控制浏览器模拟用户行为获取数据,可执行 JavaScript 并等待页面完全渲染后获取数据,更适合处理动态生成内容,比只能发送请求和接收响应的 requests 或 urllib 更方便,所以最终选用自动化测试框架方案,使用 selenium 4.21.0、geckodriver 0.34.0、FireFox 115.12.0esr(64 位)、实现。

3.2 关键技术

3.2.1 jieba 分词

jieba 分词在文本分析、机器翻译、信息检索、关键词提取和情感分析等场景中被广泛使用,显著提高自然语言处理任务的性能和效果。在 Python 中应用简单示例如下:

```
import jieba
text = "科技编辑出版强国建设研讨会论文,激发创新活力和创造潜能"
seg_list = jieba.cut(text, cut_all=False)
print(" / ".join(seg_list))
# 科技/编辑出版/强国/建设/研讨会/论文/,/激发/创新/活力/和/创造/潜能
```

3.2.2 网络爬虫

以向人民网 AIGC-X 自动送检文本并收割结果数据为例。AIGC-X 是由传播内容认知全国重点实验室、中国科学技术大学、合肥综合性国家科学中心人工智能研究院联合推出的 AI 生成内容检测工具,对外服务网址为:http://aigcx.people.cn/AIGC-X[24]。

使用浏览器"开发者工具"分析该网站 HTML 结构,爬虫分 3 步完成,首先将待检文本送入待检测文本 textarea 框,其次单击"开始检测"按钮,最后取反馈结果的 span 文本。等网页载入完毕、指定元素就绪后再进行操作。示例性核心代码如下:

```
def prepare_firefox():    # 准备 FireFox
    service = Service(driver_path)
    options = Options()
    options.binary_location = firefox_path
    driver = webdriver.Firefox(service=service, options=options)
    driver.get("http://aigcx.people.cn/AIGC-X")
    return

def aigc_x():
    # 向 class 名称为"el-textarea__inner"的"textarea"输入待检文本
    WebDriverWait(driver, 15).until(lambda x: x.find_element(By.CSS_SELECTOR, "textarea.el-textarea__inner"))
```

```
# 等待指定元素出现
    driver.find_element(By.CSS_SELECTOR, "textarea.el-textarea__inner").send_keys("待检文本")
    # 单击检索
    driver.find_element(By.CSS_SELECTOR, "img[src*='btn2-47f4b34f.png']").click()    # 检索按钮以图片显示
    # 取结果。结果以 class 名称为"text-lg"的"span"显示
    a = driver.find_element(By.CSS_SELECTOR, "span.text-lg").get_attribute('outerHTML')
    print(a)    # <span data-v-19f5bff8="" class="font-bold text-lg" style="color: rgb(33, 79, 231);">人工生成</span>
    return
```

3.2.3 统计结果

结果以"人工贡献率"计，100%为完全由人工创作，0%为完全由 AI 生成。多平台中有只给出定性结果的，如"由人工生成"，计为 100%，否则计为 0%；有以"AI 生成率"给出定量结果的，如"AI 生成率 60%"，统一换算为"人工贡献率"为 40%再参与最终计算。

如 1 篇文档分割为 N 段(各段记作 $N_1, N_2, …, N_i, …, N_n, 1 \leqslant i \leqslant n$)分别派分给 M 个 AIGC 检测工具(各工具记作 $M_1, M_2, …, M_j, …, M_m, 1 \leqslant j \leqslant m$)，记 X_{ij} 为 N_i 在 M_j 检测工具中获取的"人工贡献率"，则此篇文档最终"人工贡献率" S 计算公式为

$$S = \frac{\sum \frac{X_{ij}}{M}}{M} \quad (0\% \leqslant S \leqslant 100\%)$$

3.3 界面设计与交互

界面设计如图 2 所示。

4 测试与评估

4.1 测试方法及结果

首先单元测试，对程序涉及函数、类或模块进行测试，100%完成预期工作。其次集成测试，将多个单元组合，特别将 Python 程序与易语言程序组合，接口和交互完全正常，100%协同工作，数据交互平稳、完整，实现既定功能。然后性能测试，软件在 7×24 小时负载和全选项无闲置压力下仍能保持良好的响应速度和稳定性。另对兼容性、安全性测试，均正常通过。

4.2 问题分析与优化

自动化测试框架在多线程应用方面不如 requests 库"发送 HTTP 请求和处理响应"方式方便，程序虽然使用了 FireFox 多标签多任务缩短工作时长，但同时加大内存消耗，在 FireFox 假死时容易丢数据，对电脑和网络配置要求较高。

4.3 程序伦理问题探讨

网络爬虫作为一种数据获取工具，在数字出版领域中的应用需遵守相关的法律法规和伦理规范。根据现有研究，网络爬虫的行为可能涉及侵犯商业秘密、个人信息保护以及版权等问题。在使用网络爬虫技术采集内容时，必须确保遵守相关的版权法律和规定，即不得非法复制、分发受版权保护的材料，除非获得了版权持有者授权。在利用网络爬虫和 AIGC 技术提高编辑出版效率的同时，应确保技术的使用不会损害出版伦理和社会责任，包括对算法偏见的监控和纠正。

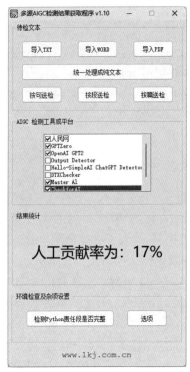

图 2　界面设计与交互

5　案例研究

5.1　文本生成

使用讯飞星火[25]自动生成一段关于"出版行业前景预测"的短文本如下。

出版行业的前景预测需要从多个角度进行考量，包括技术发展、市场需求、消费习惯的变化等。

1. 数字出版的持续增长：随着互联网技术的发展和普及，数字出版物(如电子书、网络文学、在线期刊等)的需求将继续增长。这促使传统出版社必须转型，增加对数字出版领域的投入，以适应市场趋势。

2. 内容多样化与个性化：消费者对阅读内容的需求日益多样化，追求个性化和定制化的内容服务。出版行业需通过数据分析了解读者偏好，提供更加符合个人需求的内容，从而吸引并保持读者群体。

3. 增强互动性和体验性：未来的出版物将更加注重互动性和体验性，比如通过ar(增强现实)、vr(虚拟现实)技术让读者获得沉浸式阅读体验。同时，社交媒体的整合也将使读者能夜参与内容的讨论和分享。

4. 教育出版的稳定增长：随着全球对教育的持续投资，教育出版领域预计会保持稳定增长。特别是在线教育资源的兴起为教育出版提供了新的增长点。

5. 版权保护和知识产权挑战：数字化时代，版权保护问题尤为突出。出版行业需要加强与技术企业的合作，利用数字版权管理(drm)等技术手段来保护知识产权，打击盗版行为。

6. 可持续发展与绿色出版：环保意识的提升使得出版业需要考虑采用可持续的材料和生产方式，如使用再生纸张、减少印刷废物等，实现绿色出版。

综上所述，尽管面临诸多挑战，出版行业通过技术创新和业务模式调整，仍有广阔的发展空间。未来，出版行业将更加重视数字化转型、内容创新、用户体验提升及版权保护等方面，以适应不断变化的市场需求。

另人工撰写一段关于微信公众号运营思考的文本如下。

进入"微"时代，微信公众平台对于开展出版社营销的重要性不言而喻。适时考察公众号服务状况、客观评价公众号影响力对于运营者来说有很强的指导作用。与同类公众号比较影响力可以参考WCI指标体系，如果只是探讨同一公众号不同推送内容受读者喜欢程度，可使用统计学方法计算差异显著性。但工具始终只能为人的思想服务，如何依托高质量原创推文提升用户黏合度、提高推文阅读率，是值得微信公众平台运营者认真思考的重要课题。

5.2 检测结果

使用本文编制软件，分别处理上述两段文本，所得"人工贡献率"分别为1.43%和99.76%，表明本文所选10种AIGC检测平台及爬虫设计功能确切，数据计算方法得当，计算结果可用于出版流程中对原始语料的AIGC"人工贡献率"自动检测，从而助力出版业高质量发展。

6 结束语

基于网络爬虫的多源AIGC检测结果获取程序能够有效收集不同平台AIGC检测数据，为AIGC监测和管理提供有说服力的数据支持。伴随AIGC技术不断进步和普及，在确保出版内容真实性和可靠性方面程序重要性会进一步凸显。软件在多线程方面改进空间不大，后续可考虑多进程作业，按序分发并收集任务结果，提高数据处理速度。

参 考 文 献

[1] 腾讯云.生成式人工智能(AIGC)研究综述:从Google Gemini到OpenAI.[EB/OL].[2024-07-02].https://cloud.tencent.com/developer/article/2374977.

[2] CSDN.人工智能生成内容(AIGC):概念、发展历史及其机遇、挑战与未来方向.[EB/OL].[2024-07-02]. https://blog.csdn.net/zbgjhy88/article/details/130967912.

[3] open AI. ChatGPT: Optimizing Language Models for Dialogue[EB/OL].[2024-07-02]. https://openai.com/blog/chatgpt/.

[4] 央广网.周鸿祎谈ChatGPT:是真正的人工智能 将很快产生意识_央广网[EB/OL].[2024-07-02]. https://finance.cnr.cn/gundong/20230224/t20230224_526164037.shtml.

[5] 东方网.仅用两个月！ChatGPT打破TikTok 9个月月活破亿记录，专家称ChatGPT秒杀Siri，对话水平已超过9成人类_手机新浪网[EB/OL].[2024-07-02].https://finance.sina.cn/2023-02-04/detail-imyephfv3554591.d.html.

[6] Farlex. Twitter | encyclopedia article by TheFreeDictionary[EB/OL].[2024-07-02]. https://encyclopedia.thefreedictionary.com/Twitter.

[7] 中国新闻社.连上多个热搜！火爆全网的ChatGPT到底是个啥？[EB/OL].[2024-07-02].https://3w.huanqiu.com/a/1cc7c6/4BcE6w69f9c.

[8] Elon Musk.Elon Elon Musk on Twitter: "@sama ChatGPT is scary good...[EB/OL].[2024-07-02]. https://twitter.com/elonmusk/status/1599128577068650498.

[9] Rohan Goswami@ROGOSWAMI.Bill Gates says A.I. like ChatGPT is the 'most important' innovation[EB/OL].[2024-07-02].https://www.cnbc.com/2023/02/10/bill-gates-says-ai-like-chatgpt-is-the-most-important-innovation.html.

[10] 四川大学图书馆.人工智能专题[EB/OL].[2024-07-02].https://lib.scu.edu.cn/genai/tools.html.

[11] 涂明.第一批因 ChatGPT 坐牢的人,已经上路了｜甲子光年|黑客|罗恩|人工智能|应用程序|网络安全_网易订阅[EB/OL].[2024-07-02].https://www.163.com/dy/article/HTKS1H730512MLBG.html.

[12] 华乐街日报.摩根大通限制员工使用 ChatGPT - 华尔街日报[EB/OL].[2024-07-02].https://cn.wsj.com/amp/articles/%E6%91%A9%E6%A0%B9%E5%A4%A7%E9%80%9A%E9%99%90%E5%88%B6%E5%91%98%E5%B7%A5%E4%BD%BF%E7%94%A8chatgpt-f848b69d.

[13] 巧克力咖啡.ChatGPT 数学极差-飞桨 AI Studio[EB/OL].[2024-07-02].https://aistudio.baidu.com/aistudio/projectdetail/5462874.

[14] 中央网络安全和信息化委员会办公室,中华人民共和国国家互联网信息办公室.国家互联网信息办公室关于《生成式人工智能服务管理办法(征求意见稿)》公开征求意见的通知[EB/OL].[2024-07-31].https://www.cac.gov.cn/2023-04/11/c_1682854275475410.htm.

[15] 中国政府网.生成式人工智能服务管理暂行办法_国务院部门文件[EB/OL].[2024-07-02].https://www.gov.cn/zhengce/zhengceku/202307/content_6891752.htm.

[16] 李志锴,张骁.人工智能生成内容(AIGC)应用于学位论文写作的法律问题研究[J].学位与研究生教育,2024(4):84-93.

[17] 中国政府网.中华人民共和国科学技术进步法_滚动新闻_中国政府网[EB/OL].[2024-07-31].https://www.gov.cn/xinwen/2021-12/25/content_5664471.htm.

[18] 百度.中华人民共和国网络安全法_百度百科[EB/OL].[2024-07-31].https://baike.baidu.com/item/%E4%B8%AD%E5%8D%8E%E4%BA%BA%E6%B0%91%E5%85%B1%E5%92%8C%E5%9B%BD%E7%BD%91%E7%BB%9C%E5%AE%89%E5%85%A8%E6%B3%95/16843044?fr=ge_ala.

[19] 阿里云.美欧 AIGC 监管政策对比-阿里云开发者社区[EB/OL].[2024-07-31].https://developer.aliyun.com/article/1421815.

[20] 喻琰.AIGC 时代,如何确保大模型价值观对齐和数据安全?[EB/OL].[2024-07-31].https://www.thepaper.cn/newsDetail_forward_28234031.

[21] 洞见学堂.AIGC 领域中美发展的几点不同[EB/OL].[2024-07-31].https://new.qq.com/rain/a/20231031A06JHM00.

[22] 澎湃新闻.把AI检测当毕业论文硬性指标,是不是早了点？[EB/OL].[2024-07-02].https://www.thepaper.cn/newsDetail_forward_27273211.

[23] 张俊林,孙乐,孙玉芳.一种改进的基于记忆的自适应汉语语言模型[J].中文信息学报,2005,19(1):8-13.

[24] 人民网.AIGC-X 人民网国重、中科大联合推出的 AI 生成内容检测应用,可以快速分辨出内容是机器生成还是人工生成的[EB/OL].[2024-07-02].http://aigcx.people.cn/AIGC-X.

[25] 科大讯飞.讯飞星火大模型-AI大语言模型-星火大模型[EB/OL].[2024-07-02].https://xinghuo.xfyun.cn/desk.

ChatGPT 对医学期刊出版的挑战和建议

赵玲颖，朱永青

(复旦大学附属妇产科医院《生殖与发育医学(英文)》编辑部，上海 200082)

摘要：在期刊出版领域，随着 ChatGPT 等大型语言模型的应用，人工智能(AI)广泛地参与期刊出版的各个环节已成为一种不可逆转的趋势。本文探讨 ChatGPT 在医学期刊出版领域的潜在应用，分析其给医学期刊带来的风险与挑战，包括作者署名和版权问题、内容造假问题以及稿件质量评估难度的增加，同时提出 ChatGPT 背景下医学期刊的应对策略，如制定使用 AI 工具的使用指南、优化审稿流程以及改进相关的技术和工具，旨在维护学术诚信和科学研究的透明性和完整性，为医学期刊出版提供切实建议和参考。

关键词：生成式人工智能；ChatGPT；医学期刊；出版；伦理；学术诚信

2022 年 11 月 30 日，美国 OpenAI 公司推出了全新的聊天机器人——ChatGPT (Chat Generative Pre-trained Transformer)。作为一个结合人工智能(Artificial Intelligence，AI)和自然语言处理(Natural Language Processing，NLP)的大型语言模型(Large Language Models，LLMs)，ChatGPT 能够通过学习和理解人类的语言进行对话，还能根据用户的提示或问题生成智能的原创文本，如诗歌、小说、文案、邮件、论文、代码等。在特定的主题上进行训练后，ChatGPT 能够协助科研人员进行文献检索，帮助研究人员迅速了解某一特定主题的知识现状[1]。ChatGPT 凭借其理解和生成人类语言的能力，可以帮助科研人员总结数据或信息生成科学论文的初稿，甚至提出标题建议[2]。同时，它还能够协助实验设计、统计分析，根据输入描述推荐相关变量，或为现有实验方案提供新的视角[3]。此外，ChatGPT 可以利用 NLP 为指定的生成内容建议适当的参考文献[4]；还可以进行语法拼写检查，实时搜索同义词并提出措辞建议、改写句子以保持整篇论文语气和风格的一致性[5]。

在期刊出版领域，随着 ChatGPT 等 LLMs 的应用，AI 广泛地参与期刊出版的各个环节已成为一种不可逆转的趋势[6]，这给期刊编辑带来全新的机遇和挑战。以 ChatGPT 为代表的人工智能内容生成(AIGC)在医药期刊学术论文领域是一把"双刃剑"，其强大的检索能力、逻辑推理能力、多样的应用场景，语言理解与表达、内容生成、自动化写作、语言翻译和润色等能力，为该领域带来了变革性发展，然而，我们也必须警惕其中可能存在的内容滞后、偏倚、学术不端等挑战。

本文以 ChatGPT 为例，从医学期刊编辑的视角探讨其在医学出版领域的潜在应用，分析 ChatGPT 给医学期刊带来的风险与挑战，提出 ChatGPT 背景下医学期刊的应对策略，旨在为医学期刊出版提供切实建议和参考，促进医学期刊核心竞争力的提升。

1 ChatGPT 在医学期刊出版中的潜在应用

1.1 出版前

1.1.1 辅助稿件内容审查

ChatGPT 在科研论文投稿和稿件质量评估过程中已显示出重要作用，为期刊编辑在稿件初审阶段提供支持。稿件提交后，期刊编辑将对稿件进行技术、资格和伦理评估，以决定是否退稿或启动同行评审程序。技术评估主要评价稿件的质量，包括稿件是否具有原创性学术贡献，是否具有发表的价值；评价稿件的整体结构，是否包括中英文摘要、引言、材料与方法、结果和讨论等部分，确保各部分按照期刊要求规范排列。资格评估确保稿件符合期刊的收录范围并遵守期刊指南和风格。伦理评估通常涉及抄袭、重复发表、一稿多投、版权、数据隐私和利益冲突等问题，确保期刊的学术诚信和稿件的原创性。在这几个方面，ChatGPT 都可以作为编辑的重要虚拟助手，进行稿件质量检查、期刊契合度检查和抄袭检测，为编辑决策提供支持。然而，最终决定仍必须由期刊编辑做出，而非 ChatGPT，因为 ChatGPT 可能会受到某些偏见的影响。

与现行稿件内容审查的做法相比，ChatGPT 在审查效率、一致性等方面展现出显著的优势。通过快速、准确的文本分析，ChatGPT 能够为编辑提供有价值的反馈(表 1)。

表 1 在稿件内容审查过程中 ChatGPT 和现行做法的比较分析

	现行做法	ChatGPT 审查
审查效率	编辑人工审查，耗时长	快速分析和审查文本，大幅提高效率，能够在短时间内处理大量信息
一致性	人工审查可能因个人主观因素而导致结果不一致	基于统一的算法和标准，能够提供一致的审查结果，减少主观性
质量反馈	可能缺乏细致的反馈，特别是在语言表达和逻辑结构方面	能够提供详细的语言、语法和逻辑结构的反馈
知识广度	编辑可能在某些特定领域知识有限	基于广泛的知识库，能够提供跨学科的审查，适应不同主题和领域的稿件

1.1.2 辅助同行评议

通过内容审查的稿件，期刊编辑将筛选合适的专家进行同行评议。ChatGPT 可以根据稿件的内容、审稿专家的专业方向及既往审稿经历，为期刊编辑推荐合适的审稿人。此外，ChatGPT 还可以根据前沿的研究成果为期刊编辑和审稿人提供背景资料，提炼稿件的核心内容，协助期刊编辑和审稿人快速了解稿件的主要内容和亮点，从而提升同行评议的效率和质量。

ChatGPT 可以辅助审稿人评估稿件的新颖性、逻辑性、写作的清晰度、连贯性和简洁性，实验设计和数据分析的合理性，并提出建设性改进建议。ChatGPT 还可以辅助审稿人检查作者是否在返修稿中恰当处理了初审时提出的修改意见。但需要注意的是，审稿人负责对稿件进行全面评估并作出最终决定，而不是 ChatGPT。

期刊编辑还可以利用 ChatGPT 整合多个审稿人的反馈意见，为稿件撰写量身定制的录用信或退稿信。

与现行同行评议的做法相比，ChatGPT 通过快速、精准的分析，为编辑提供高效的审稿人筛选方案，同时还能为审稿专家提供支持，提升整体审稿质量和效率(表2)。

表2 在稿件同行评议过程中ChatGPT和现行做法的比较分析

	现行做法	ChatGPT审查
匹配效率	编辑人工筛选审稿人通常耗时较长，需要查阅审稿人的背景、领域专长和既往审稿经历	快速分析稿件内容，自动匹配合适的审稿人，显著提高匹配效率
匹配准确性	依赖编辑的主观判断，可能导致不够精确的匹配	基于大量数据分析和语言模型，能够更准确地匹配审稿人，确保其专业方向与稿件内容一致
审稿支持	审稿人通常依靠个人经验和专业知识，反馈可能不够全面	能够为审稿人提供实时的参考信息、数据分析和建议，提升审稿质量

1.2 出版中

1.2.1 辅助语言润色和文本校对

凭借出色的语言处理能力，ChatGPT能够辅助期刊编辑进行语言润色和文本校对。经过大量数据训练后，ChatGPT能够自动校对医学期刊的文本，包括语法、拼写、标点符号等，并给出相应的修改建议，期刊编辑可以根据ChatGPT的建议进行针对性修改，从而减轻期刊编辑的负担，提高稿件的学术质量和准确性。

ChatGPT还可以通过整合大量的数据库和运用强大的逻辑推理能力，对文章中的学术数据、文中和文后参考文献对应关系、图片的规范性和分辨率、图文和表文一致性进行校验，提高文章的可读性。同时ChatGPT可以辅助检查稿件中语言、逻辑、敏感词和医学伦理等问题。此外，ChatGPT还可以识别稿件中引用文献的格式，自动生成符合期刊要求的文献著录格式。Lechien等研究了ChatGPT-4在编校耳鼻喉科稿件方面的能力，结果表明在稿件的171处错误中，ChatGPT-4检测出86处(50.3%)，包括词汇(36处)、定语(27处)、介词(24处)、大小写(20处)和数字(11处)，并对72处(83.7%)错误提出了适当的修改建议，这意味着ChatGPT可以成为期刊编辑编校稿件的重要助手[7]。

尽管ChatGPT在语言润色和文本校对中表现出较高的准确性，但依然可能会出现误判、遗漏等情形，因此在使用过程中，期刊编辑须结合自身知识结构进行综合判断，以取得更佳的效果。

与现行语言润色和文本校对的做法相比，ChatGPT在效率、一致性和实时反馈等方面展现出显著优势。通过快速处理和润色文本，ChatGPT不仅节省了时间和成本，还能够提供一致的风格和灵活的修改建议。同时，ChatGPT的多样性与扩展能力使其能够适应各种文本类型和规模，为编辑提供了更高效、经济和个性化的选择(表3)。

1.3 出版后

1.3.1 内容生成

ChatGPT凭借其强大的语言处理能力，深度学习文章的内容后，能够以较快的速度自动生成研究摘要和介绍文案，譬如新闻稿、社交媒体推文、博客文章，形式上有文字、图片、视频等，极大地提高期刊的传播效率。

1.3.2 多语言支持

ChatGPT依托其强大的多语言翻译能力，期刊编辑可以将需要推送的文章、新闻稿等翻

表 3 在语言润色和文本校对过程中 ChatGPT 和现行做法的比较分析

	现行做法	ChatGPT 审查
效率	语言润色和文本校对的过程通常耗时较长	可以快速处理文本并进行润色,大大缩短了语言润色和文本校对的时间
可用性	依赖专业的编辑人员,可能面临编辑人手不足的问题	可以随时提供润色服务,无须等待专业编辑人员的安排
一致性	可能因编辑个人风格和判断的差异而导致文本风格不一致	提供统一的语言风格和润色标准,确保文本的一致性
多样性和灵活性	编辑可能在特定领域内受限,尤其是涉及专业术语时	能够处理各种类型的文本,并具备多种风格和语气的润色能力
实时反馈	往往需要经过多轮审核,反馈速度慢	能够即时生成反馈和修改建议,提供快速响应
个性化	编辑可能难以充分理解作者的意图和风格,造成不适合的修改	能够通过上下文理解文本内容,提供更符合作者意图的润色建议

译成相应国家的语言,有针对性地在不同国家进行宣传,这样不仅有助于扩大其读者群,还有助于提升期刊国际化水平。

1.3.3 精准推送

ChatGPT 可以根据读者的浏览历史、检索和下载记录,为读者量身定制、精准定向推送相关的文章,从而为读者提供个性化的阅读推荐服务。

与现行语言润色和文本校对的做法相比,ChatGPT 能快速生成和精准提炼文章的核心信息,使得研究摘要的撰写更具有针对性并提高写作效率。同时,ChatGPT 的多语言支持确保了内容的一致性和准确性,方便不同语言背景的读者阅读。此外,通过数据分析和智能推送,ChatGPT 能够有效提高推送效果(表 4)。

表 4 在内容生成、多语言支持和精准推送过程中 ChatGPT 和现行做法的比较分析

	现行做法	ChatGPT 审查
效率	依赖于编辑人工撰写,通常耗时较长且依赖于编辑的经验	能够快速生成研究摘要或文案,节省时间,提高效率
针对性	编辑人工撰写摘要可能无法完全捕捉研究的核心观点,可能缺乏针对性	可以根据提供的文章内容精准提炼出核心信息,确保研究摘要的针对性与简明性
多语言支持	研究摘要的翻译需依赖编辑处理,且可能存在文化和语言的理解差异	支持多种语言,能够快速、准确地翻译和生成多语言的研究摘要,保持内容一致性
语气和风格	编辑在语气和风格上可能会有差异,导致文本风格不统一	可以根据不同语种的需求调整语气和风格,确保研究摘要的一致性
精准推送	通常依赖于编辑人工筛选和推送,效率低且难以覆盖广泛受众	通过分析读者数据,精准推送适合的研究摘要,提高传播效果

2 ChatGPT 对医学期刊出版的挑战

2.1 作者署名和版权问题

ChatGPT 为代表的 LLMs 能否被列为学术出版物的作者一直是个争议的话题。Marchandot 等认为将 ChatGPT 列为共同作者或主要作者是合适的,因为 ChatGPT 已经应用到辅助作者课题设计、参考文献检索、语法和语句修改、统计分析等方面[8]。事实上,已有几篇发表在学术

期刊上的文章将 ChatGPT 列为共同作者。针对这一现象,国内外相关的机构、学/协会、出版集团/期刊纷纷表达了他们的立场或更新了出版政策(表 5),明确指出 ChatGPT 不能被列为有版权作品的作者,原因在于 ChatGPT 不是自然人,不能对其生成内容的准确性、完整性和原创性等负责。

表 5 国内外机构、学/协会和出版集团/期刊对 AI 署名的要求

机构、学/协会和出版集团/期刊	AI 署名要求
ICMJE	聊天机器人(如 ChatGPT)不应被列为作者,因为它们无法对作品的准确性、完整性和原创性负责[9]
WAME	提交稿件的作者必须确保所有被列为作者的人都符合作者资格标准,因此聊天机器人不能被列为作者[10]
COPE	AI 工具不能列为论文作者,因为 AI 工具无法满足作者资格的要求,它们无法对所提交的工作负责[11]
CSE	机器学习和 AI 工具(如 ChatGPT 或聊天机器人)不应被列为作者,因为非人类无法对作品的准确性、完整性和原创性负责或承担责任[12]
Elsevier	作者不应将 AI 生成技术和 AI 辅助技术列为作者或共同作者[13]
Springer	LLMs,如 ChatGPT,目前不符合作者身份标准[14]
Wiley	GenAI 工具不能被认为有能力在没有人类作者指导下发起一项原创性研究,也不能对已发表的作品或研究设计负责,因此不能被列为文章作者[15]
Nature	LLMs,如 ChatGPT,目前并不符合作者标准[16]
Science	AI 辅助技术(如 LLMs、聊天机器人和图像创建器)不符合期刊的作者标准,因此不得列为作者或共同作者[17]
Cell	作者不得将 AI 和 AI 辅助技术列为稿件的作者或合著者[18]
NEJM	由于稿件的作者要对作品的准确性、完整性和原创性负责,聊天机器人或其他 AI 辅助技术不能列为作者[19]
Lancet	作者不应将 AI 和 AI 辅助技术列为作者或共同作者[20]
JAMA	非人类 AI、语言模型、机器学习或类似技术不符合作者资格[21]
BMJ	AI 技术不会被接受为 BMJ 出版的任何内容的作者[22]
中华医学会	由于 GenAI 不具备作者的基本属性,且不能承担署名作者的相应责任,因此 GenAI 及其产品、团队不能作为论文的作者进行署名[23]
中国科学技术信息研究所、Elsevier、Springer·Nature、Wiley	在没有人类研究人员指导的情况下,AIGC 不能独立发起一项原创性研究,也不能对已发表的作品或研究设计负责。AIGC 不能履行文章作者的角色,也不能被列为文章作者[24]
科技部监督司	生成式人工智能不得列为成果共同完成人[25]
临床肝胆病杂志	将论文作者署名中包含 AI 工具、引证包含 AI 作者的文献以及主要内容由 AI 工具生成等行为视为学术不端行为[26]

当 ChatGPT 等 AI 工具生成文本时,随之而来的便是版权问题。目前仍不清楚谁拥有这个开源平台生成文本的版权:是提供原始文本供 ChatGPT 训练的自然人、OpenAI,还是使用该系统指导写作的学者?此外,如果 ChatGPT 在预训练过程中使用了第三方数据,需要获得版权所有者的许可。有些语言模型的训练数据来源特定,比如维基百科的文章,在这种情况下,识别原始来源会相对容易。然而,ChatGPT 是在整个互联网的大量数据语料库中进行训练,使得追踪其来源几乎变得不可能。ChatGPT 生成的文本是基于已发表的文献,关键是它还有

能力通过编程，重新表述已发表的文献从而达到规避抄袭。在学术出版中，适当的抄袭并标引了出处是可以接受的，但如果不标引出处，或只是对已有文献改写一番，不添加任何新知识，这不仅涉嫌侵权还违背学术诚信。换句话说，ChatGPT 在预训练过程中已经侵犯了原作者的版权，在此情境下，如果作者在学术出版物中复制 ChatGPT 自动生成的数据，那么这种侵权风险就会转嫁到作者身上。同样，如果期刊编辑录用了此类版权归属不明确的稿件时，相关的侵权风险也转嫁到了编辑和编辑部。在现行法律体系中，ChatGPT 自动生成的文本不能认定为有版权的作品，且版权法也没有跟上这些新技术的发展，如何界定作者身份和版权归属成为期刊编辑面临的挑战。

2.2 内容造假问题

2.2.1 参考文献造假

在学术界，引用他人已发表的研究成果不仅反映了作者对特定研究领域的熟悉程度，也体现了对他人研究的尊重。提供准确、详细的引文对于维护学术研究的完整性至关重要，因为当编辑或读者对作者的某一观点产生疑问时，可以根据所引的文献来验证来源，评估其可信度。然而，ChatGPT 在这一方面的表现受到广泛批评，因为其提供的参考文献常常是错误的或不存在的。Frosolini 等的研究表明，在 ChatGPT 3.5 提供的 120 个参考文献中，只有 16.66% 的参考文献是完全正确的，绝大部分参考文献都是错误的或不存在的[27]。Haman 和 Školník 测试了 ChatGPT 在文献综述中的作用，结果发现在 ChatGPT 提供的 50 个 DOI 中，只有 8 个存在对应的正确文献。同时，他们还检索了文献标题、作者和正确的期刊(即使 DOI 可能有误)，发现 50 个 DOI 中只有 17 个 DOI 存在于数据库中[28]。

确保参考文献和引文的有效性是科学研究的重要责任，因为不准确引用会对研究的质量和完整性产生严重影响。因此，期刊编辑应尽职尽责，交叉检查所有引用和参考文献。

2.2.2 虚构数据

尽管 ChatGPT 能够写出看似可信的科学论文，但其生成的数据是基于真实数据与完全捏造数据的混合体。Májovský 等调查了当前 AI 语言模型在生成高质量欺诈性医学论文方面的能力，结果发现，AI 语言模型能够生成极具说服力的欺诈性文章，在用词、句子结构和整体框架方面都与真正的科学论文相似。文章由 1 992 个单词和 17 条引文组成，整个"创作"过程只花了约 1 小时，且不需要对人类用户进行任何培训。该研究表明，当前的 AI 语言模型具备生成完全捏造科学文章的潜力，而且还似乎毫无瑕疵[29]。

著名的学术打假人 Elisabeth Bik 表示，ChatGPT 等 AI 工具还可能为论文工厂提供助力，加剧学术不端，而且还增加了编辑对学术不端的甄别难度。技术的进步让不法分子能够利用 AI 工具进行抄袭、拼凑、伪造数据等方式生产论文，导致某些研究领域的发表文章数量大幅增加，而这并不会伴随着知识/经验的实质性增长，只是产生了大量毫无价值的"学术泡沫"。

因此，期刊编辑需要提高警惕，仔细检查每篇稿件、每个段落，查找语义上的不准确和错误，采用更有效的检测方法以打击 AI 在科学研究中的潜在滥用。目前，期刊主要依靠作者自己声明是否使用 AI 工具以及如何使用。然而，传统观念认为并非所有作者的声明都值得信任，我们亟须能够准确检测出 AI 工具生成内容的检测工具。但是目前 AI 检测工具的效率相对较低，分辨是 AI 写作还是人类写作还很困难。根据 Odri 等对科学文章中 AI 的检测研究，大多数 AI 检测工具都无法识别 AI 产生的文本，甚至一些人类撰写的文本也被错误识别为 AI

生成。

2.3 增加稿件质量评估的难度

Gao 等开展了一项研究,从 5 种高影响因子的医学期刊中选取 50 篇摘要,要求 ChatGPT 根据文章标题生成相应摘要,然后使用 AI 检测工具和剽窃软件对生成的摘要进行评估,并请专家对原创摘要和生成摘要进行评审。结果显示,只有 68%的生成摘要被专家正确识别,14%的原创摘要被错误识别为 ChatGPT 生成。审稿专家表示,正确区分原创摘要和生成摘要的困难超出预期。该研究还表明,虽然审稿专家很可能能够识别 ChatGPT 生成的文章,但经过后续润色或编造得更好的文章可能会骗过编辑部的初审和专家评审。

Pividori 和 Greene 研究了利用 NLP 来减少学术论文撰写和修改的工作量,结果表明,NLP 能够根据审稿人的意见生成更清晰、更简洁的高质量修改稿。

随着 AI 技术提升学术文章质量方面的能力越来越强,期刊编辑和审稿人想要甄别 AI 生成的内容会变得越来越难。如何甄别 AI 生成的内容将是摆在期刊编辑和审稿人乃至科学出版行业面前的一个严峻挑战。

3 ChatGPT 背景下医学期刊的应对策略

3.1 制定 AI 工具的使用指南

以 ChatGPT 为代表的 AI 工具正在重塑传统学术研究和论文写作的范式,为维护学术诚信和研究透明性、完整性,国内外许多机构、学/协会和出版集团/期刊陆续发表声明、更新投稿指南,以规范作者、编辑和审稿人在使用 AI 工具时的行为(表 6)。

国内多家期刊,如《暨南学报》《天津师范大学学报(基础教育版)》《文献与数据学报》《图书情报工作》《竞争情报》《中国科技期刊研究》《土木与环境工程学报(中英文)》等已发布关于在论文写作和评审过程中使用 AI 工具的政策声明。尽管这些期刊都不属于医学领域,但这些做法可以给医学期刊提供重要的参考,即医学期刊应遵循国际医学期刊编辑委员会(ICMJE)、国际出版伦理委员会(COPE)、世界医学编辑学会(WAME)和科学编辑理事会(CSE)提供的相关指导建议,尽快制定作者在研究过程和论文写作过程中 AI 工具的使用边界,明确编辑和审稿人在稿件处理和审稿过程中的使用规范。同时,针对作者、编辑和审稿人违规使用 AI 工具制定相应的惩罚措施。比如作者违规使用 AI 工具,给予直接退稿或撤稿;情节严重者应列入学术失信人员名单,禁止该作者再向本期刊投稿;对于审稿人违规使用 AI 工具,则应禁止该审稿人参与审稿工作,若造成信息泄露,追究相应责任。

3.2 优化审稿流程

同行评议在学术出版中发挥着至关重要的作用。审稿专家的评价和建议为期刊编辑的决策提供重要的指导,确保出版的研究成果有效、严谨、可信。随着 AI 工具的快速发展,有些审稿人也将 AI 工具应用到审稿过程中。然而,AI 工具仍存在显著的局限性,尤其是缺乏最新的、最前沿的知识,这可能导致对稿件的新颖性认识不足。为此,期刊应更新审稿政策,明确审稿意见应由审稿人本人撰写,不接受由 AI 工具生成的审稿意见,确保审稿人在接受审稿时遵守期刊编辑部的审稿政策。针对 ChatGPT 持续更新迭代,期刊编辑部应定期组织培训和指导,强调学术伦理和审稿标准,确保审稿人熟练使用抄袭检测工具,提高审稿人甄别 AI 工具自动生成学术内容的能力。

表6 国内外机构、学/协会和出版集团/期刊对AI工具使用政策的统计

机构、学/协会和出版集团/期刊	AI工具使用政策					
	A	B	C1	C2	D	E
ICMJE	√	√		√	√	√
WAME	√	√		√	—	√
COPE	√	√		√		
CSE	√	√	—			
Elsevier	√	√	√		√	√
Springer	√	√		√	√	√
Wiley	√	√		√	√	√
Nature	√	√		√		
Science	√	√		√	√	√
Cell	√	√	√			
NEJM	√	√	—	—		
Lancet	√	√		√		
JAMA	√	√		√		
BMJ	√	√		√	√	√
中华医学会	√	√		√	√	
中国科学技术信息研究所、Elsevier、Springer·Nature、Wiley	√	√		√	—	
临床肝胆病杂志	√	—		√		

注1：A：作者投稿时应披露AI工具使用情况；B：作者对AI生产内容的真实性、完整性和科学性负责；C1：AI工具只能用于提高稿件的可读性和语言表达能力；C2：AI工具除了用于提高稿件的可读性和语言表达能力，还可以辅助于文献检索、数据分析等；D：审稿过程中，审稿人不得把稿件上传到无法保证保密性的AI平台；E：审稿人向期刊披露AI工具使用情况。

注2：ICMJE：国际医学期刊编辑委员会；WAME：世界医学编辑学会；COPE：国际出版伦理委员会；CSE：科学编辑理事会。

在审稿过程中，如果审稿人使用了AI工具辅助审稿，在提交审稿意见时应向编辑部披露如何使用AI工具，以便期刊编辑部对审稿意见的有效性进行研判。同时建立审稿质量评估机制，期刊编辑部要定期评估审稿人提交的审稿意见，并根据评估结果剔除部分违规使用AI工具的审稿人。

3.3 改进技术和工具

ChatGPT的广泛使用对科学写作和出版产生重大影响，例如ChatGPT可以生成看似非常真实的欺诈性学术论文，为此国内外许多机构、学/协会和出版集团/期刊正采取具体行动，制定出版政策，以维护科研诚信，防范学术不端，确保科研过程和成果的真实性、准确性及透明性。

鉴于LLMs生成的文本是基于用户"投喂"的数据而独特创建，当前使用的查重软件是不太可能检测出生成文本的来源，因此开发新的技术和工具来检测违规使用ChatGPT等不当行为显得尤为迫切。目前已有多种AI工具生成文本检测工具可供使用，包括OpenAI's AI text classifier、AI Writing Check、Copyleaks、GPT Radar、CatchGPT、Originality.ai、Turnitin's AI writing detector、GPTZero、DetectorGPT、Scie.ai 等，这些工具已经能够区分人工撰写和 AI 工具生成的文本。其中，Turnitin's AI writing detector 声称能够识别 97%的 ChatGPT 和 GPT3 生成的内容，且误判率低于 1%[32]。Scie.ai 可以识别 AI 工具编造的参考文献以及不相关或不正确的参考文献[32]。尽管目前可用的 AI 工具生成文本检测工具没有达到有效实施新出版政策的要求，但随着这些检测工具的不断改进，编辑和审稿人甄别审查能力的不断提高，仍有希望有效应对 AI 工具给医学期刊带来的冲击，确保稿件符合学术伦理和规范。

4 结束语

变革性、颠覆性的技术，如 AI 工具，为科学研究的所有参与者带来了希望和机遇，同时也伴随着风险和威胁。然而，绝大多数机构、学/协会和出版集团/期刊在使用 ChatGPT 方面仍持保守态度，谨慎限制其在科学研究中的应用。至少在具有权威性的 AI 工具使用指南发布之前，ChatGPT 在医学期刊中广泛应用的基础仍不成熟。期刊编辑应以更加开发的姿态迎接 ChatGPT 对医学出版行业的变革，积极融入并拥抱这项技术。同时医学期刊从业者应清醒认识到期刊与 AI 是一种协作关系，而不是竞争关系。期刊出版政策应该允许作者使用 AI 工具来提高稿件的语言质量和可读性，但不能用来取代关键的研究任务；如果作者使用 AI 工具生成稿件的内容，所有列出的作者必须对生成任何内容的准确性、完整性和原创性负责；同时要求作者在指定位置如实告知 AI 工具及相关技术的使用情况，或者要求作者提交稿件的原始版本和 AI 编辑过的版本，切实维护学术诚信和科学研究的透明性和完整性，助力医学期刊高质量发展。

参 考 文 献

[1] BENJAMIN M，KENSUKE M，ADRIEN C, et at. ChatGPT: the next frontier in academic writing for cardiologists or a pandora's box of ethical dilemmas[J]. Eur Heart J Open, 2023, 3:1-3.

[2] SALVAGNO M, TACCONE FS, GERLI AG. Can artificial intelligence help for scientific writing[J]. Crit Care, 2023, 27(1):75.

[3] HUTSON M. Could AI help you to write your next paper[J]? Nature, 2022,611(7934):192-193.

[4] ELIZABETH GEORGE. ChatGPT for research writing: game changer or ethical risk [R/OL]. (2023-01-20) [2023-7-20]. https://researcher.life/blog/article/chatgpt-for-research-writing-game-changer-or- ethical-risk/.

[5] KING MR. The future of AI in medicine: a perspective from a Chatbot[J]. Ann Biomed Eng, 2023, 51(2):291-295.

[6] WEN J, WANG W. The future of ChatGPT in academic research and publishing: a commentary for clinical and translational medicine [J]. Clin Transl Med. 2023, 13(3):e1207.

[7] LECHIEN JR, GORTON A, ROBERTSON J, et al. Is ChatGPT-4 accurate in proofread a manuscript in Otolaryngology-Head and neck surgery [J]. Otolaryngol Head Neck Surg, 2024, 170(6):1527-1530.

[8] MARCHANDOT B, MATSUSHITA K, CARMONA A, et al. ChatGPT: the next frontier in academic writing for cardiologists or a pandora's box of ethical dilemmas [J]. Eur Heart J Open. 2023, 3(2):oead007.

[9] 国际医学期刊编辑委员会.学术研究实施与报告和医学期刊编辑与发表的推荐规范[EB/OL]. [2024-01-06]. https://www.icmje.org/recommendations/translations/chinese2024.pdf.

[10] World Association of Medical Editors. Chatbots, Generative AI, and Scholarly Manuscripts [EB/OL]. [2023-05-31]. https://wame.org/page3.php?id=106.

[11] International Committee on Publication Ethic．Authorship and AI tools [EB/OL]. [2023-02-13]. https://publicationethics.org/cope-position-statements/ai-author.

[12] Council of Science Editors. CSE Guidance on Machine Learning and Artificial Intelligence Tools [EB/OL]. [2023-05-01]. https://www.cseScienceeditor.org/article/cse-guidance-on-machine-learning-and-artificial-intelligence-tools.

[13] Elsevier. Generative AI policies for journals [EB/OL]. [2023-10-15]. https://www.elsevier.com/about/policies-and-standards/generative-ai-policies-for-journals.

[14] Springer. Authorship Principles [EB/OL]. [2023-10-25]. https://www.springer.com/gp/editorial-policies/authorship-principles.

[15] Wiley. Best Practice Guidelines on Research Integrity and Publishing Ethics [EB/OL]. [2023-05-13]. https://authorservices.wiley.com/ethics-guidelines/index.html.

[16] Nature. Artificial Intelligence (AI) [EB/OL]. [2023-10-25]. https://www.nature.com/nature-portfolio/editorial-policies/ai.

[17] Science. Change to policy on the use of generative AI and large language models [EB/OL]. [2023-11-16]. https://www.science.org/content/blog-post/change-policy-use-generative-ai-and-large-language-models.

[18] Cell. Generative Artificial Intelligence Statements in Scientific Writing [EB/OL]. [2023-05-06]. https://www.cell.com/pb-assets/journals/ifa-assets.

[19] NEJM. Use of AI-Assisted Technologies [EB/OL]. [2024-02-01]. https://www.nejm.org/about-nejm/editorial-policies.

[20] Lancet. Information for Authors [EB/OL]. [2024-08-01]. https://www.thelancet.com/pb-assets/Lancet/authors/tl-info-for-authors-1723037783400.pdf.

[21] JAMA. Nonhuman "Authors" and Implications for the Integrity of Scientific Publication and Medical Knowledge [EB/OL]. [2023-01-31]. https://jamanetwork.com/journals/jama/fullarticle/2801170#google_vignette.

[22] BMJ. AI use [EB/OL]. [2024-08-29]. https://www.bmj.com/content/ai-use.

[23] 中华医学会. 中华医学会杂志社关于在论文写作和评审过程中使用生成式人工智能技术的有关规定 [EB/OL]. [2024-01-09]. https://stm.castscs.org.cn/yw/40598.jhtml.

[24] 中国科学技术信息研究所, Elsevier, Springer·Nature, Wiley. 学术出版中AIGC使用边界指南[EB/OL]. [2023-09-22]. https://www.istic.ac.cn/html/1/245/1701698014446298352.html.

[25] 科技部监督司. 负责任研究行为规范指引[EB/OL]. [2024-05-23]. https://www.most.gov.cn/kjbgz/202312/W020231221582942330036.pdf.

[26] 临床肝胆病杂志. 《临床肝胆病杂志》关于人工智能生成内容(AIGC)的立场声明[EB/OL]. [2023-12-20]. https://mp.weixin.qq.com/s?__biz=MzA4NjAyMzcxMg==&mid=2651552370&idx=2&sn=fba529e3a720a4f4b932d7239ee634a3&chksm=8430d13db347582b0e980c9172a17a8b224605d2268e565dd9c4cd25aaf8e95d001a7bd623f7&scene=27.

[27] FROSOLINI A, FRANZ L, BENEDETTI S, et al. Assessing the accuracy of ChatGPT references in head and neck and ENT disciplines [J]. Eur Arch Otorhinolaryngol, 2023, 280(11):5129-5133.

[28] HAMAN M, ŠKOLNÍK M. Using ChatGPT to conduct a literature review [J]. Account Res, 2023, 6:1-3.

[29] MÁJOVSKÝ M, ČERNÝ M, KASAL M, et al. Artificial intelligence can generate fraudulent but authentic-looking scientific medical articles: pandora's box has been opened [J]. J Med Internet Res, 2023,25:e46924.

[30] GAO C A, HOWARD F M, MARKOV N S, et al. Comparing scientific abstracts generated by ChatGPT to real abstracts with detectors and blinded human reviewers [J]. NPJ Digit Med, 2023, 6(1):75.

[31] PIVIDORI M, GREENE CS. A publishing infrastructure for AI-assisted academic authoring [J]. bioRxiv, 2023, 2023.01.21.525030. DOI: 10.1101/2023.01.21.525030. Update in: J Am Med Inform Assoc. 2024 Sep 1;31(9):2103-2113.

[32] BRAINARD J. Journals take up arms against AI-written text [J]. Science, 2023, 379(6634):740-741.

我国 63 种海洋类科技期刊微信公众平台的运营现状分析及优化策略

杨 悦[1,3]，罗 璇[2,3]，丛培秀[1,3]

(1.中国科学院海洋研究所《海洋科学》编辑部，山东 青岛 266071；2.中国科学院海洋研究所 Journal of Oceanology and Limnology 编辑部，山东 青岛 266071；3.青岛科技编辑学会，山东 青岛 266071)

摘要：为了解国内海洋类中、英文科技期刊微信公众平台(简称"公众号")的开通及运营现状，研究了 63 种海洋类期刊公众号的开通情况、命名和头像设计、类型、认证状态、菜单、消息发布策略以及文章的开放获取情况。结果发现，41 种期刊已开通专用公众号；大多数公众号的名称与期刊名称保持一致，并以期刊封面图片作为头像；约 42%的公众号为订阅号；超过 70%的公众号已认证；公众号的菜单设置多以一级、二级目录为主，部分设立特色菜单；大多数期刊文章可通过公众号开放获取，但存在推送频率低、关注度不高、用户黏性低等问题。期刊应自上而下重视公众号的运营，提升新媒体影响力，力争为海洋类科技期刊的发展贡献力量。

关键词：海洋类科技期刊；微信公众平台；公众号运营

在建设世界一流科技期刊的大背景下，科技期刊也迎来新的发展机遇和挑战。如何提高科技期刊的传播力和影响力，成为科技期刊工作者工作的重中之重。随着互联网的发展，碎片化阅读、移动阅读越来越多，进入新媒体时代。科技期刊编辑也逐渐认识到新媒体对期刊发展的重要作用，越来越多的期刊开始探索新媒体传播途径，以提高期刊的影响力。其中，微信公众平台(简称"公众号")无疑是期刊新媒体传播的中坚力量。

2022 年 8 月 17 日，微信官方公众号"微信派"发布了一则消息称，当天是微信公众平台 10 周年，并征集了 108 个回答试图描述公众号是什么：公众号是百科全书，是一个可以让人们用心感受的地方，是纯粹的阅读，是对内容的极致追求……目前个人和机构都可申请注册。相较于传统纸媒，公众号推文不必局限于论文发表的格式，可在其中灵活添加音频、视频等，从多角度满足用户需求，因而传播范围更广；学术期刊论文的下载量过千不易，而通过微信公众号，用户可以使用手机轻松分享学术信息，实现指数级传播，短时间内便可能获得数百次甚至数万次的阅读量[1]。万虹育等[2]认为学术发布者是学术信息发布的推动力，学术信息内容是原动力，社交媒体用户对学术信息的需求是拉动力，而社交媒体平台是牵引力。期刊属于学术发布者，而微信公众平台是一种社交媒体平台，因此学术期刊是推动力，公众号推文内容是原动力，微信公众平台用户的需求是拉动力，微信公众平台是牵引力。因此，如何充分利用微信公众平台的优势来传播学术信息，值得期刊编辑深入探索。

基金项目：中国科学技术期刊编辑学会 2023 年"科普科学计划"编辑学研究项目(KZKX-202300010)

随着公众号的发展，对期刊公众号运营情况的研究也越来越多，例如徐佳[3]研究了农业类高校学报公众号运营情况，毛防华[4]研究了教育学学术期刊公众号的传播效果，孔薇[5]研究了编辑出版类公众号的运营现状，杜焱[6]研究了中国高水平科技期刊公众号运营现状，张义等[7]调查了中国科学院主管主办科技期刊的公众号现状。但是关于海洋类科技期刊公众号的研究却极少。高存玲等[8]在2019年针对海洋科学类期刊融合出版进行了研究，其中统计过22种海洋科学类期刊微信公众号的开通情况，然而随着时间推移，相关信息已产生变化，如《海洋科学》等当时未开通公众号的现已开通，而有的公众号已注销或改名。

本文通过研究目前海洋类科技期刊公众号的运营现状，从中总结发现存在的问题，尝试对海洋类科技期刊公众号的发展提出建议，以期为提高海洋类科技期刊公众号运营水平，进而提升海洋类科技期刊的影响力提供参考。

1 海洋类科技期刊微信公众平台运营现状

以《中国科学引文数据库来源期刊列表》(2023—2024年度)、《中文核心期刊要目总览》(2023年版)、中国科协高质量科技期刊分级目录(2023年)中地质学方向、中国学术期刊影响因子年报(自然科学与工程技术)2023年版、中国知网、重庆维普、万方数据库等为数据来源，统计得到国内海洋类科技期刊63种，如表1所示。其中，中文期刊52种，英文期刊11种。采用普查法，通过微信"添加朋友"功能，进入"公众号"选项，逐一输入63种期刊的名称，检索并关注相应公众号，通过查看公众号历史消息，完成整理与分析工作。

1.1 公众号开通情况

在统计的63种期刊中，已开通期刊专用公众号的有41个，其中有2个已停更。从第一次发文时间开始计算，41个公众号中，有超过60%的公众号运营时间在5年以上。没有开通期刊专用公众号的有22个，其中主办单位等公众号兼职发布期刊相关内容的有7个。

1.2 公众号名称

中文期刊的公众号大多以期刊名字命名，如海洋与湖沼、海洋地质与第四纪地质、应用海洋学学报等，有的在期刊名后加上"杂志"或"期刊"等，如海洋工程装备与技术杂志、海洋与渔业杂志、海洋石油期刊、中国航海期刊、海洋开发与管理杂志客户端。还有的期刊公众号名字使用中英文结合，如海洋科学Marinesciences、热带海洋学报rdhyxb。值得一提的是，《船舶工程》的公众号名称为"船舶工程—中文核心期刊"，在名称中即点明是核心期刊，引起读者重视。且若在公众号搜索框中搜索"中文核心期刊"时可搜到该期刊，增加了期刊的曝光度。可见，有的中文期刊公众号命名在保持辨识度的同时，也注重国际化，有的期刊还通过特殊命名方式突出自身的学术地位。这些命名策略有助于提升期刊的知名度和影响力，吸引更多读者的关注。

英文期刊公众号名称有的选择使用中文翻译刊名，例如海洋学报英文版、大气和海洋科学快报、中国海洋大学学报英文版、船舶与海洋工程学报英文版，这类名称贴近中文读者的语言习惯，便于快速理解和接受。有的则采用中英文结合的方式，如JOL海洋湖沼学报、AnthropoceneCoasts人新世海岸、渔业学报AquacultFish。此外，个别期刊公众号名称采用英文缩写形式，如"Marine Life Science & Technology"缩写为"MLST"。这种命名方式简洁明了，但也可能带来一定的局限性，如在搜索中文关键词时可能难以找到相关内容，且首次看到该公众号名称时难以确定是否为该期刊的公众号。

总之，不同命名方式的选择取决于公众号的目标受众和传播策略。无论是中文翻译、中英文结合还是英文缩写，都需要在保持独特性和便于记忆之间找到平衡。

1.3 公众号类型

海洋类期刊的公众号主要分为订阅号和服务号，服务号每月可群发 4 条消息，推送内容会直接展现在用户的微信对话栏中，用户点开阅读的几率更大。然而，若服务号推送的内容质量不高，可能会引发用户取消关注。订阅号每天只能向用户推送 1 次消息，且无消息提醒功能，推送内容仅在订阅号列表中出现。其优点在于无需用户绑定信息、获取登录权限。值得注意的是，尽管有学者在调查中发现绝大多数学术期刊选择使用订阅号[9]，在 41 个已开通的海洋类科技期刊专用公众号中，约有 41.46%为订阅号，其余为服务号。这表明，在海洋类期刊的公众号中，服务号和订阅号的比例相对均衡，体现了不同的运营策略和内容传播需求。

表 1 国内 63 种海洋类科技期刊公众号开通情况

序号	期刊名称	公众号名称	是否开通期刊专用公众号	公众号类型	首次发文年份	微信传播指数	2023 年推送次数	2023 年推文数量	2023 年最高阅读量/次
1	船舶工程	船舶工程—中文核心期刊	是	订阅号	2015	无	63	71	4 456
2	船舶力学	—	否	—	—	—	—	—	—
3	船舶与海洋工程	—	否，兼职	—	—	—	—	—	—
4	大连海事大学学报	大连海事大学学报	是	订阅号	2023	无	3	9	174
5	大连海洋大学学报	大连海洋大学学报	是	订阅号	2015	无	12	12	1 729
6	广东海洋大学学报	广东海洋大学学报	是	服务号	2019	无	5	5	822
7	海岸工程	—	否	—	—	—	—	—	—
8	海相油气地质	—	否	—	—	—	—	—	—
9	海洋测绘	—	否	—	—	—	—	—	—
10	海洋地质前沿	海洋地质前沿	是	服务号	2020	无	14	14	757
11	海洋地质与第四纪地质	海洋地质与第四纪地质	是	服务号	2019	312.42	10	10	557
12	海洋工程	海洋工程 HYGC(现迁移至海洋工程中文版)	是	订阅号	2018	无	194	194	2 526
13	海洋工程装备与技术	海洋工程装备与技术杂志	是	服务号	2017	无	22	23	767
14	海洋湖沼通报	—	否，兼职	—	—	—	—	—	—
15	海洋环境科学	海洋环境科学	是	订阅号	2018	无	24	30	3 602
16	海洋技术学报	—	否	—	—	—	—	—	—
17	海洋经济	—	否	—	—	—	—	—	—
18	海洋开发与管理	海洋开发与管理杂志客户端	是	服务号	2016	无	35	98	1 291
19	海洋科学	海洋科学 Marinesciences	是	订阅号	2020	无	48	48	1 981

序号	刊名	公众号名称	是否开通	类型	开通年份				
20	海洋科学进展	—	否	—	—	—	—	—	—
21	海洋气象学报	海洋气象学报	是	服务号	2022	无	46	49	523
22	海洋石油	海洋石油期刊	是,未发布过消息,但菜单可打开	服务号	2021	无	0	0	0
23	海洋通报	海洋通报	是,停更,菜单打不开	服务号	2016	无	停更	停更	停更
24	海洋信息技术与应用	—	否	—	—	—	—	—	—
25	海洋学报	海洋学报中文版	是	订阅号	2014	无	89	177	2 714
26	海洋学研究	海洋学研究	是,未发布过消息,但菜单可打开	服务号	2023	无	0	0	0
27	海洋渔业	—	否	—	—	—	—	—	—
28	海洋与湖沼	海洋与湖沼	是	服务号	2016	187.02	43	43	4 306
29	海洋与渔业	海洋与渔业杂志	是	订阅号	2013	332.03	309	681	1.8×10^4
30	海洋预报	—	否	—	—	—	—	—	—
31	极地研究	—	否,兼职	—	—	—	—	—	—
32	江苏海洋大学学报(自然科学版)	—	否,兼职	—	—	—	—	—	—
33	南方水产科学	南方水产科学	是	服务号	2015	239.17	43	52	9 172
34	气象水文海洋仪器	—	否	—	—	—	—	—	—
35	热带海洋学报	热带海洋学报rdhyxb	是	服务号	2020	无	5	5	185
36	上海海洋大学学报	上海海洋大学学报	是	服务号	2019	无	10	10	705
37	数字海洋与水下攻防	数字海洋与水下攻防	是	订阅号	2019	无	46	86	5 181
38	水产科学	水产科学	是	服务号	2017	214.44	8	9	320
39	水产学报	水产学报	是	订阅号	2014	无	31	31	4 581
40	应用海洋学学报	应用海洋学学报	是	订阅号	2019	无	8	8	1 160
41	渔业科学进展	渔业科学进展	是	服务号	2018	190.82	28	28	1 498
42	渔业现代化	—	否,兼职	—	—	—	—	—	—
43	浙江海洋大学学报(自然科学版)	—	否	—	—	—	—	—	—
44	中国海上油气	中国海上油气	是	服务号	2022	无	33	104	2 379

序号	期刊名称	公众号名称	是否专用	号类型	开通年份	微信传播指数			
45	中国海洋大学学报(自然科学版)	中国海洋大学学报自然科学版	是	服务号	2016	无	14	14	283
46	中国海洋平台	—	否，兼职	—	—	—	—	—	—
47	中国海洋药物	海洋药物	是	服务号	2018	202.49	8	8	255
48	中国航海	中国航海期刊	是	订阅号	2022	无	19	37	2 357
49	中国舰船研究	中国舰船研究	是	订阅号	2013	364.91	235	275	8 303
50	中国水产科学	中国水产科学	是	服务号	2015	无	33	47	1 632
51	中国造船	—	否	—	—	—	—	—	—
52	中华航海医学与高气压医学杂志	中华航海医学与高气压医学杂志	是，停更，菜单可打开	服务号	2015	无	停更	停更	停更
53	Acta Oceanologica Sinica	海洋学报英文版	是	订阅号	2014	无	89	177	1 829
54	Advances in Polar Science	—	否，兼职	—	—	—	—	—	—
55	Anthropocene Coasts	AnthropoceneCoasts 人新世海岸	是	订阅号	2018	无	12	12	1 963
56	Aquaculture and Fisheries	渔业学报AquacultFish	是	服务号	2016	无	3	3	129
57	Atmospheric and Oceanic Science Letters	大气和海洋科学快报(2024年6月27新注册名称为大气和海洋科学快报 AOSL)	是	服务号	2015	无	43	113	1 661
58	China Ocean Engineering	—	否	—	—	—	—	—	—
59	Journal of Marine Science and Application	船舶与海洋工程学报英文版	是	服务号	2016	无	21	62	1 306
60	Journal of Ocean University of China	中国海洋大学学报英文版	是	服务号	2016	无	2	2	378
61	Journal of Oceanology and Limnology	JOL 海洋湖沼学报	是	订阅号	2018(期刊改名后)	179.83	69	69	3 086
62	Marine Life Science & Technology	MLST	是	订阅号	2019	无	14	72	912
63	Marine Science Bulletin	—	否	—	—	—	—	—	—

注：—表示未开通期刊专用公众号；统计数据截至 2024 年 7 月 22 日(微信传播指数为 2024 年 8 月 23 日当天数据)；表中期刊排名不分先后。

1.4 头像设计

在 41 个专用公众号中,有 23 个采用期刊封面作为头像,可以直接展示期刊形象,但有的头像封面包含了具体的期号,影响头像的时效性。另外,笔者在查阅时发现,个别期刊拍摄了某一期的纸刊封面作为头像,像素较低,封面略有褶皱,显得不够精致,建议更换头像。另有 9 个公众号使用中文或英文或双语期刊名作为头像,还有 8 个公众号则使用特定设计的 logo 作为头像,只有一个期刊公众号(数字海洋与水下攻防)将中英文杂志名、主管、主办单位、刊号、学会 logo 等信息结合设计新的头像,信息较为全面。不同形式的头像各有千秋,好的头像利于帮助期刊树立品牌形象,给读者留下深刻印象,因此不容忽视。

1.5 认证情况

微信认证简言之即微信官方对公众号主体身份的审核认证。认证过后的公众号在账号信息页面有一个醒目的蓝色小标识,用户很容易识别是否已进行认证。经统计发现,在 41 个公众号中,有超过 70%的已进行认证,可见海洋类科技期刊较为重视公众号的认证。期刊认证需要每年进行一次年审,每次 300 元。认证后的订阅号可以获得自定义菜单接口权限,而服务号可获得高级接口中所有的接口权限。有的期刊可能由于各种原因没有进行认证,比如认证程序略繁琐,需要法人证等材料,或因经费问题,或认证时间已过期没注意到等。建议有条件的期刊进行公众号认证,以充分利用公众号提供的权限和功能,增强公众号的权威性,提高读者的信任度,为用户提供更加优质的服务。

公众号认证主体是指进行微信公众平台认证的个人或组织。在 41 个海洋类期刊专用公众号中,目前仅剩一个公众号(AnthropoceneCoasts 人新世海岸)主体为个人。海洋工程中文版公众号原本认证主体也是个人,其旧公众号在 2024 年 5 月 13 日发布了一条通知,内容是关于公众号迁移的,由于腾讯公司要求,原公众号主体为个人,不符合平台要求,因此重新注册了公众号并进行了认证。可见,期刊公众号认证主体若为个人不符合规定,会带来不必要的麻烦,原本辛苦经营的公众号消息在新公众号上无法查阅,新的公众号又要"从头开始"。因此,期刊若注册新公众号,认证主体务必不能选择个人。

1.6 欢迎语

欢迎语是在首次关注公众号时用户收到的消息,是留给用户的"第一印象"。41 个公众号欢迎语设置情况分 4 种。一是使用系统默认的欢迎语,共 16 个;二是将默认欢迎语稍加改动,如"请多支持""通过下方功能菜单获得资讯"等,共 10 个;三是未设置欢迎语,共 8 个;四是设置较为详细的欢迎语,共 7 个,如设置关键词回复功能,进行期刊简单介绍,发送投稿官方网址、编辑部地址、联系电话、邮箱、投稿网站二维码、编辑个人 QQ 号或微信号、QQ 群号等。期刊设置欢迎语益处较多,一是为用户提供便捷服务,在欢迎语中设置投稿网址、联系方式等,方便用户直接投稿或联系编辑部。二则可以避免用户遇到假冒网站,保护用户的知识产权及财产安全。三是可以传递期刊品牌形象,通过欢迎语中的期刊简介和关键词回复等,可以快捷高效地向用户传递期刊的刊载内容及特色,增加用户对期刊的认知。

1.7 公众号菜单设置

41 个公众号普遍存在的菜单主要包括以下几个部分。①在线查询:文章查询、论文检索;②期刊浏览:当期目录、过刊浏览;③关于我们:期刊简介、投稿指南、最新资讯、联系我们;④其他:征订启事、编委会名单、编辑推荐、热点文章、主编寄语等。其中"当期论文"

和"过刊浏览"中，有个别期刊需要登录后才能查看，这无疑给读者带来了不便，建议修改。此外，有的公众号还会发布一些线上学术讲座通知、会议通知、收录证书、会议征文通知，并建立作者QQ群，如《海洋工程》的公众号。值得一提的是，在期刊浏览菜单中，有多个公众号设置了电子微刊菜单，识别二维码进入小程序后仿佛一个书架映入读者眼帘，选择其中一本书后点击阅读，享受如纸质书般的阅读体验，点击目录中的文章题目可以直接查看论文。小程序中还设置了分享到朋友圈功能，方便读者将期刊内容分享给他人。

此外，还有一些公众号设置的特色菜单值得借鉴。例如，《海洋学研究》的公众号设置了"栏目浏览"菜单，分为研究论文、研究报道、热点研究论坛、序言、综述，方便读者分类查看，较有新意。《海洋工程装备与技术》的公众号中设置了"我们在知网""我们在万方"菜单，建立了期刊与数据库的链接。《热带海洋学报》的公众号中设置了论文检索菜单，方便读者通过问题、作者或关键词检索到感兴趣的论文。该公众号还设置了"作者查稿""审稿通知"，方便作者及审稿人从公众号查看稿件。《应用海洋学学报》的公众号设置了"高影响力论文"菜单，列举了19篇入选中国知网《学术精要数据库》的高影响力论文并表示祝贺，一方面是对作者进行鼓励，另一方面也证明该刊有高质量的论文发表，鼓励其他作者积极投稿，值得其他公众号借鉴。《海洋环境科学》的公众号设置了"限塑减塑"菜单，包括工作要求(列举了关于限塑减塑的通知)、科普宣传(普及塑料垃圾的危害等)等。此栏目贴近群众生活，可以吸引更多的粉丝。《海洋与渔业》的公众号中设置了"更多平台"菜单，一一列举了微信公众号、微信视频号、抖音号、今日头条号的二维码，促进多媒体平台共同发展。*Atmospheric and Oceanic Science Letters*、*Journal of Marine Science and Application*等部分英文期刊的公众号菜单以英文形式展示，方便国外读者查阅。根据笔者参加线下会议的工作经验，目前国外读者注册微信的人数越来越多，以英文形式展示有利于期刊的国际化传播。《大连海洋大学学报》虽然为中文期刊，但公众号也设置了英文网站菜单，点开后是纯英文网站，便于国外读者阅读；还设置了文件资料下载入口(《新华社：新闻信息报道中的禁用词和慎用词》等)、版权协议，读者可以下载学习或使用。《海洋气象学报》的公众号设置了"最新资讯"菜单，其中包含了很多有用的文件，如论文格式要求、参考文献著录要求和格式、坐标图示例、三线表示例等，可直接下载Word文档。

但笔者在查阅时发现，个别公众号虽然设置的菜单较多，但有的菜单无法访问，影响了用户体验，提醒编辑需要注意公众号的日常维护。尤其是过刊浏览、专题专刊、电子微刊、论文推荐等可以实现期刊的增强出版，值得编辑投入精力用心经营。

1.8 消息推送情况

在公众号发布的消息被称为"推文"，订阅公众号的用户可转发推文至朋友圈或微信群等，实现二次或多次传播[10]。雷媛[11]等通过研究568个CSSCI来源期刊(2019—2020年)的公众号发现，公众号注册的时间越早、公众号推文越多、篇均阅读量越高，其在中国知网的论文下载量越高。因此，公众号推文在提高期刊影响力的过程中扮演重要角色。海洋类期刊公众号推文类型多样，主要包括每期目录、优秀论文推荐、期刊动态、节日问候、期刊相关获奖、征稿启事、写作相关、学术会议通知、虚拟专辑、招聘信息等。

海洋类期刊公众号有多个开通时间超过5年，其中不乏许多优秀经验值得学习。例如，《海洋学报》公众号至今已运营约10年。从2023年6月27日起，几乎每个工作日都会推送

至少一条消息,有多篇推文阅读量超过 2 000。可以看出,该公众号加大了投入,更加重视公众号的发展,其效果也是显而易见。尤为值得一提的是,"荐书|碧海扬帆——太平洋、印度洋观测与科考随笔"阅读量达到 2 500 多次,该文对一本书的内容及作者进行了简介,摘抄了有趣的图片,阐述了推荐理由,的确能够吸引眼球,引发兴趣。科学考察究竟要干什么事情呢?粉丝们通过阅读该书可以得到答案。

Acta Oceanologica Sinica 是英文版的海洋学报,同样也是在 2014 年开通,其更新频率也与中文版类似,但有趣的是,该公众号推文的整体阅读量低于中文版,不难发现英文版的公众号几篇阅读量过千的推文多是关于专辑征稿或会议通知的,其内容为中文,而其他推文多为英文。出现这种现象的原因,一部分是由于在中国,受母语的影响,中文推文的阅读受众大于英文,但其深层原因值得进一步研究。有的英文期刊公众号推荐好文时,会联系作者将英文文章翻译为中文,扩大了阅读群体,阅读量也有所上升,建议英文期刊公众号可以借鉴。

《海洋工程》的公众号运营也超过 5 年,从 2023 年 7 月 7 日起,几乎每天都发一篇公众号,实属不易。与之前相比,更新频率大大提高,可见也是更加重视公众号的发展。《海洋开发与管理》的公众号于 2016 年开通,刚开通时发布了一则题为"建设我国海洋领域一流学术期刊和交流平台"的消息,对本期刊进行了介绍,阅读量达到 7 000 多次,可见当时宣传力度很大。

《海洋与湖沼》的公众号开通时间也有 8 年多,其一篇关于文章封面投票的消息阅读量超过 4 000 次,在参与投票并留言的读者中抽取幸运读者,赠送精美纪念品,增强了与读者的互动性。

《海洋与渔业》的公众号已开通十余年,其认证主体为广东海洋与渔业出版传媒有限公司,近几年几乎每天都更新,且一次发布多条,常推送一些行业内新闻,很多阅读量较多。因是传媒公司运营,公众号运营投入了更多的精力,有的推文是由记者去现场采访后再由文字编辑和美术编辑加工并审核后发稿,图文并茂,生动形象又接地气,深受读者喜爱。

《数字海洋与水下攻防》公众号近年来推文阅读量越来越高,超过 1 000 次的推文有很多。例如一篇题为"【深度分析】欧洲水下遥控潜航器(ROV)不断扩大市场"的推文,阅读量超过 5 000 次。该公众号更新频率并不是 41 个公众号中最多的,平均每周更新 1 次,每次 2 篇,但其阅读量却保持在较高水平。究其原因,这得益于其内容的精准定位和高质量的内容制作。其推文内容与当下热门话题紧密相关,例如人工智能等,能够吸引非该专业领域的读者关注。此外,推文中包含滑翔机、遥控潜航器等精美图片,增加了吸引力。当然,这与公众号编辑的辛勤付出也息息相关。

《南方水产科学》的公众号刚开通时多发布写作相关的推文,关于期刊论文的很少。因是服务号,其推送频率不高,平均 8~10 d 一次,但其关注度并不低。2022 年发的 1 篇"生物多样性之美|沙群岛的珊瑚橘鱼类"推文阅读量达到 9 000 余次,原因在于编辑将该推文置顶,列为作者精选,每位用户进入公众号都可先看到这篇,其图片精美,文字通俗易懂,且附有作者团队拍摄的一个短视频,带有科普性质,的确极为吸引人关注。此外,该公众号推文能够结合当下流行的词语增加推文的趣味性,例如在一篇关于金背鲤的推文中,开头是这样描述的:"在大大的稻田里挖呀挖呀挖,挖大大的鱼儿和大大的鸭"正是根据当年比较流行的歌词改编的,力求将枯燥的文字写得有趣,又如"爱搞摇滚乐的百万富鱼"来形容黄唇鱼,用"霸道蟹

总"形容中华绒螯蟹等。该公众号有编辑曾在科技期刊青年编辑大赛中获奖，其公众号的推文写作非常值得学习。

《水产学报》的公众号于 2014 年 11 月 11 日第一次发文，其阅读量高的推文也较多，例如"海上牧渔城——一种民生型深远海养殖模式""中国水产学会成立 60 周年特刊"阅读量均超过 4 000 次。

《中国舰船研究》至今运营已 10 年有余。该公众号以高频率的更新和专业的舰船知识，吸引了众多军事爱好者的关注。一篇题为"【舰船说】航空母舰"的推文介绍了何为航空母舰，中国有几艘航母，阅读量达到 5 000 多次。又如在人民海军成立 75 周年之际，公众号发布了有奖竞答，并准备了精美礼品，短时间内阅读量达到 4 000 多次，增加了与粉丝的互动性。

Journal of Oceanology and Limnology 原名 *Chinese Journal of Oceanology and Limnology*，改名前公众号于 2016 年 1 月 13 日发第一条消息，改名后于 2018 年 11 月 13 日注册，该公众号运营时间也超过 5 年。其阅读次数超过 1 000 次的也较多，如"JOL 专刊征稿|微塑料和纳米塑料：海洋与淡水生态系统中的新污染物"阅读次数达 3 000 多次。

Atmospheric and Oceanic Science Letters 于 2015 年 9 月 14 日第一次发推文，受服务号的限制，其更新频率并不高，但也有多个阅读量超过 1 000 次的，例如"AOSL 获得首个影响因子 2.3"及一些关于专刊的介绍推文等。

Anthropocene Coasts 的公众号于 2017 年 12 月 28 日注册，其更新频率并不高，每个月发 1~4 次，每次 1 条。但其阅读量不低，超过 1 000 次的也较多。例如一篇"地学期刊论文和学位论文常见逻辑错误"阅读量 4 000 多次。

1.9 开放获取情况

公众号的开放获取主要表现为以下 3 类：链接交互、在线阅读、下载权限。其中，链接交互主要是指期刊的官网与微信公众号之间的衔接。在公众号菜单内提供直达期刊官网的链接，读者可直接点击查看。若在官网展示公众号的二维码，读者在官网看到后有极大的可能性关注公众号，可以起到很好的宣传作用。研究发现，超过半数期刊的公众号官网上有二维码，且大多数公众号可以通过中文官网、英文官网、过刊浏览、期刊在线、联系我们、投稿指南等直接或间接进入官网，实现了双向链接，如《海洋开发与管理》《海洋石油》《数字海洋与水下攻防》《中国舰船研究》《海洋工程》等；但有的公众号只有单向链接，即官网无二维码或公众号链接不到官网；还有的公众号与官网之间不存在交互，即公众号中没有期刊官网的入口，而官网也没有公众号链接。

笔者在查找特定公众号时发现，在官网展示公众号二维码给用户提供了极大的便利，不需要费心辨别类似的公众号，只需要扫描二维码即可关注，方便快捷又准确。而通过公众号入口进入官网，读者可在手机端进行查稿、阅读等，方便读者和作者充分利用碎片化时间。因此，建议有条件的期刊公众号建立双向链接，为用户提供更加便捷高效的服务。

在研究在线阅读和下载权限情况时发现，大多数期刊可以通过菜单进入阅读或下载原文，个别期刊需要登录或与数据库链接，甚至出现 404 错误，无法查看原文，建议开放下载权限，维护好公众号链接入口，方便用户直接从公众号阅读原文，增加公众号的吸引力。

1.10 微信传播指数

微信传播指数(Weixin communication index, WCI)由清博智能推出，常被用来评价公众号的影响力，通过微信的活跃度和传播力来反映账号的传播能力和效果。其计算公式也在不断优化，目前的 WCI(V14.2)与阅读数、在看数、点赞数有关(包括日均、篇均、头条日均、最高数)。以 2024 年 8 月 23 日统计的数据为例，大多数海洋科学类科技期刊公众号无 WCI，如表 1 所示，仅 9 个公众号有清博指数，且最高的仅 360 多，微信总榜排名 53 420，与排名第二的科普中国公众号 WCI 值 1 677.02 相比相差甚远。可见，海洋科学类科技期刊公众号的影响力整体有待提高。

2 存在的问题与思考

2.1 基本信息及功能不完善

部分期刊公众号存在未设置欢迎语，未认证公众号，头像模糊，未充分利用关键词回复功能，或未设置菜单，或有的菜单打开出现 404 错误，还有的搜索期刊名无法迅速找到公众号(尤其是某些英文期刊)等不同的问题。这些问题增加了用户获取期刊相关信息的难度，不利于提高公众号的影响力。

2.2 推送频率及数量不足，推文影响力有限

由表 1 可以看出，海洋类科技期刊公众号的推送频率整体并不高，有超过 10 个公众号在 2023 年的总推送次数不到 10 次，大多数公众号的推送次数为两位数。2023 年全年的推文数量超过 100 次的仅有 7 个公众号。

从推文类型来讲，各公众号在 2023 年阅读量最多的推文大多都不是期刊发表的论文。例如，船舶工程——中文核心期刊公众号 2023 年阅读量最高的推文是介绍一位编委的；大连海洋大学学报公众号是总结编委会会议的；广东海洋大学学报是关于期刊首次入选中国科学引文数据库的；海洋开发与管理杂志客户端、海洋地质前沿及中国海上油气公众号是关于青年编委的；海洋工程 HYGC 则是关于 2022 年度优秀论文评选结果的；海洋学报中文版是关于 2023 年度高被引论文评选结果的；海洋气象学报、JOL 海洋湖沼学报及上海海洋大学学报是关于征稿的；中国水产科学是关于会议通知的；AnthropoceneCoasts 人新世海岸是关于主编的 FEC 科学家访谈的；应用海洋学学报是怀念著名海洋生物多样性专家黄宗国的；MLST 是关于期刊获得首个影响因子的；中国舰船研究最高的则是关于大连舰的，包含图片和短视频；海洋与渔业杂志公众号最高阅读量达到 1.8 万次，是关于惠州才行突破大次鳅人工繁育技术的，与期刊本身无关，这是由于该刊杂志社在 2021 年改制为传媒有限公司，拓展了相关业务，有专业团队运营，推文数量很多，影响力较高。而只有少数期刊公众号在 2023 年阅读量最高的推文是有关论文推送的，例如大气和海洋科学快报是关于 She Power 专刊的，于妇女节当天推送，致敬"她力量"；海洋工程装备与技术杂志公众号是关于一篇深水脐带缆预调试概述的优秀论文；水产学报是关于 60 周年特刊的，包含特刊文章的题目、作者和查看全文的二维码，方便读者阅读；渔业科学进展是一篇蓝鳍金枪鱼不同部位肌肉的营养与主要风味分析的论文推荐，该论文与人们日常生活相关性较强，因此受到的关注度较高。对于期刊来讲，发表的论文乃是期刊的立足之本，因此应提高与期刊论文相关推文的关注度，从而提高期刊影响力。

此外，多数海洋类科技期刊公众号缺乏特色，无法在同类公众号中脱颖而出。海洋类科技期刊公众号推文的阅读次数整体较低，超过 1 万次的只有极个别推文，很多推文次数只有 3 位数甚至 2 位数。公众号整体来讲关注度不高，粉丝黏性不足。究其原因，一方面是有的海洋类期刊论文专业性较强，读者群体不大，另一方面也与期刊没有投入足够的时间和精力有

关。海洋类科技期刊公众号多数推文以图文消息为主，未结合视频、音频等多种多媒体形式。有的论文推送只是照搬原文，文字较为枯燥，无法引起读者兴趣。有的公众号几乎仅推送目录。还有的虽然开通了公众号，但从未推送消息，这些都很可能造成粉丝取消关注。

2.3 缺乏专业运营团队

公众号大多由编辑兼职运营，编辑有很多其他工作任务因而投入精力有限，从而导致更新频率低；排版不美观；推文篇幅过长、重点不突出，用户无法实现碎片化阅读；推送类型单调，形式不够丰富，缺少视频和音频；内容不够吸引读者，与读者缺乏互动，点赞、评论、转发数较少，与用户之间的黏性不够，影响力低等。有的公众号甚至成为"僵尸号"，长达半年甚至一年不更新，会导致读者的流失。

3 解决方案与优化策略

3.1 完善和维护公众号基本信息，充分利用公众号后台功能

完善公众号基本信息，如精心编辑欢迎语，将期刊网站、编辑部联系方式等信息精准传递给读者，避免读者投稿到假冒网站导致成果泄露及财产损失。其次，更新清晰、与时俱进的头像，有利于树立期刊品牌形象。此外，每年及时认证公众号可以增加可信度。另外，可通过设置菜单方便查阅论文等，提高用户体验；通过设置关键词回复、留言、话题标签等，提升活跃度；通过设置有奖互动，举办线上学术沙龙邀请专家讲座，开展多元互动，增强与读者的黏性；深入研究公众号后台数据，如通过"内容分析"研究最受欢迎的推文类型，从而探索流量密码；充分开发并利用公众号功能，例如将合集标签配置在公众号主页，方便读者分类查阅。同时，在官网、纸刊、录用通知、邮件签名处等显著位置放上公众号二维码，并通过参加学术会议进行线下宣传，利于增加粉丝量，提高公众号影响力。

3.2 以优质推文内容为基石，通过打造精美的版式锦上添花

研究表明，内容的原创性、编辑形式及更新频率对学术期刊公众号的传播效果影响较大[12-14]。因此，应坚持内容为王，注重推文的时效性，在保证质量的前提下提高更新频率，加强与作者的联系，与作者联合打造高质量推文。在新媒体时代，作者不仅可以作为信息的生产者，还可成为传播者，应鼓励作者将自己成果的推文转发到朋友圈，因其朋友圈有更多同行，能够精准找到相关用户，实现裂变传播，扩大影响力。

另有关于国内公众号及国外 Twitter 等的研究表明，加入图片、视频、动画等多媒体形式的推文能够获得更高的阅读量及影响力[15-17]。因此，编辑应注重排版，增加视频、音频、动图、表情包等，使推文更加生动。推文应简洁凝练，字体字号应美观，并适当留白。通过加粗、改变字体颜色等方法突出重点，便于手机等移动端阅读[18]。同时，宜设置容易引人注目的标题，适当使用"！""？""|"等特殊字符，也可以选择一些网络热门词汇或趣味性词语，如采用直接引语和犀利观点的模式，或亮点前置加设置悬念的模式，亦或抛出热点并设置悬念的模式，以吸引读者[19]。有研究表明，不同推广位置对公众号推文的阅读量影响较大，推广位置越靠前，其阅读量越高[20]。不难理解，这与微信公众号的发文机制有关。订阅号消息初始页面仅展示前 3 条消息，后续消息被折叠。因此，编辑在发布推文时要注意将重要的推文放在前面。此外，公众号消息有置顶功能，即使用户在当天没有看到推送，后续再打开也可以看到置顶消息，编辑也可以利用这一功能，增加特定推文的阅读量。

3.3 注重新媒体人才培养，向优秀公众号学习经验

孔薇[21]认为学术期刊从事微信公众平台运营的编辑应具备4大意识，即数据意识、创新意识、新技术意识和品牌意识。应加强新媒体人才的培训，使新媒体编辑提高意识，增强技能，将4个意识落实到工作当中。有条件的期刊可以设置专门的公众号编辑岗位，将公众号做得更专、更强，及时跟进热点，吸引更多的粉丝，树立期刊品牌形象。期刊主管及主办单位应积极响应国家媒体融合政策，履行主管主办及监督监管职责[22]。编辑自身也应重视新媒体相关技能的学习，主动提高自身职业素养。只有自上而下重视公众号的建设，才能进一步促进期刊的发展。

学会借鉴他人成功的经验，"站在巨人的肩膀上"，对公众号编辑来讲也尤为重要。研究海洋相关期刊的公众号，无疑是一个很好的学习和提升的方式。建议从事海洋类期刊公众号相关工作的编辑对同类公众号进行研究，取长补短。笔者在学习过程中受到启发，可尝试在公众号通过小程序等手段设置类似购物软件每日签到的功能，例如"每篇签到"，并设置奖品，激发读者积极性。此外，其他领域公众号的经验也可以借鉴，触类旁通。如KnowYourself公众号很多推文阅读量超过10万次，其经验值得我们探索和借鉴。食品加公众号设置了不同研究主题的"食品加"奖学金，从而扩大公众号的影响力，也是一种创新性的尝试。

3.4 建设海洋类科技期刊微信矩阵，促进共同发展

海洋类科技期刊联盟及期刊集群化平台等目前也在建设和发展过程中，除集群网站之外，也可以考虑建设微信矩阵，增加曝光度。微信矩阵可以建设小矩阵和大矩阵，小矩阵是指同一主办或主管单位建设的矩阵，或同一期刊不同定位的公众号构成的矩阵，大矩阵是指覆盖大多数海洋科技期刊形成的矩阵。在积累一定用户后，可以和相关领域及兄弟单位公众号相互推介，互帮互助，实现共赢[23]。通过建设矩阵，促进公众号协同发展，从而促进我国海洋科技期刊的发展，为解决"两头在外"问题及建设海洋科技强国贡献力量。

4 结束语

本文调查分析了63种海洋类科技期刊的微信公众平台开通及运营情况，分析了存在的问题，提出了部分解决方法。对于海洋类科技期刊来讲，其公众号的运营还有很大的提升空间，如何将办刊与公众号深度结合，打造出具有特色的公众号，值得新媒体编辑探索和思考。另外，顺应数字化潮流，将公众号与其他媒体相结合，例如微博、今日头条、知乎、小木虫、抖音、快手、哔哩哔哩等，相辅相成，并融入AI导读助手等人工智能技术，共同将期刊宣传工作做好，推动纸媒与新媒体深度融合发展，是期刊未来发展的趋势。

参 考 文 献

[1] 刘佼,王磊,马勇,等.以《中国公路学报》为例谈微信平台运营与科技期刊的深度融合[J].编辑学报,2022,34(5):556-560.
[2] 万虹育,赵纪东,刘文浩.社交媒体视角下的学术信息传播模式研究[J].图书馆理论与实践,2020(3):79-84,117.
[3] 徐佳.农业类高校学报微信公众号运营现状及发展策略研究:以入选"2020中国农林核心期刊"A类的农业高校学报为例[J].扬州大学学报(高教研究版),2022,26(3):111-118.
[4] 毛防华.教育学学术期刊微信公众号传播效果与运营战略研究[J].新媒体研究,2022(17):62-66.

[5] 孔薇.编辑出版类学术期刊微信公众号运营现状和优化路径[J].新媒体研究,2021(7):42-46.
[6] 杜焱,蒋伟,季淑娟,等.中国高水平科技期刊微信公众号运营现状及提升策略[J].编辑学报,2020,32(2):204-208.
[7] 张义,陈怡平.中国科技期刊微信公众号现状调查及优化建议:以中国科学院主管主办科技期刊为例[J].编辑学报,2016,28(增刊 1):S49-S53.
[8] 高存玲,赵星耀.海洋科学类期刊融合出版现状、问题与对策研究[J].中国科技期刊研究,2019,30(12):1316-1323.
[9] 曹一红,李雨朔.学术期刊与微信公众平台有机融合策略探讨[J].今传媒,2022(3):81-84.
[10] 赵新科.基于微信功能的学术期刊传播研究[J].传播与版权,2016(12):92-93,96.
[11] 雷媛,钱楚涵,李刚.CSSCI 来源期刊微信公众号跨平台学术传播全样本实证分析[J].图书情报工作,2022,66(14):67-76.
[12] 武文颖,李丹珉,洪晓楠.学术期刊微信推送文章传播效果影响因素研究[J].中国科技期刊研究,2017,28(4):326-331.
[13] 赵文青,宗明刚,张向凤.学术期刊微信公众平台传播效果分析与运营对策:以教育类 CSSCI 学术期刊为例[J].出版科学,2016,24(3):92-95.
[14] 丛挺,赵婷婷.基于微信公众号的学术期刊移动化传播研究:以"Nature 自然科研"为例[J].科技与出版,2019(7):80-85.
[15] 蒋亚宝,栗延文,吕建新,等.科技期刊微信公众号传播力及运营策略研究[J].编辑学报,2020,32(3):257-261.
[16] CHAPMAN S J, GROSSMAN R C, FITZPATRICK M E B, et al. Randomized controlled trial of plain English and visual abstracts for disseminating surgical research via social media[J]. British Journal of surgery, 2019, 106(12):1611-1616.
[17] SMITH Z L, CHIANG A L, Bowman D, et al. Longitudinal relationship between social media activity and article citations in the journal Gastrointestinal Endoscopy[J]. Gastrointestinal Endoscopy, 2019, 90(1):77-83.
[18] 史晨睿,张窈,梁少博.学术期刊论文移动阅读效果与体验研究:基于视频内容与文字内容的对比[J].图书情报工作,2023,67(19):59-67.
[19] 王作利,贺富荣,张红.科技期刊推进微信公众号编辑运营研究[J].中国报业,2023(8):26-27.
[20] 吕冬梅,陈玲,李禾,等.基于微信平台的科技期刊学术论文推广分析:以《中国中药杂志》为例[J].编辑学报,2022,34(2):198-201.
[21] 孔薇.科技期刊微信公众号编辑应具备的 4 大意识[J].编辑学报,2019,31(6):689-692.
[22] 张辉玲.广东科技期刊微信公众平台现状调查及传播力建设:以中文核心期刊为例[J].科技管理研究,2020,40(20):255-262.
[23] 杜丽,尚伟芬.综合性生物核心期刊微信公众号应用现状分析与运营策略[J].编辑学报,2023,35(增刊 1):155-158.

生成式人工智能时代学术不端的形态表征与规制路径

廖先慧

(东南学术杂志社，福建 福州 350025)

摘要：生成式人工智能时代学术不端行为呈现新形态新特点，具体表现为基于算法生成的代写与洗稿、基于人工智能幻觉的伪造与篡改，以及基于技术工具的内容版权争议。人工智能的技术开放性与伦理主体的缺位、现有学术不端检测系统的技术局限、相关领域监管制度的滞后与不完善，以及科研人员诚信意识的淡薄与科研素养的欠缺，共同导致新技术时代的学术不端现象。为此，有关各方需进一步明确人工智能伦理主体及其责任、优化学术不端检测系统的识别溯源能力、建立健全学术不端行为监管惩戒机制、强化科研诚信道德教育与科研素质培养，以形成治理合力，以负责任的科研态度推动构建良好的学术生态。

关键词：生成式人工智能；学术不端；学术诚信；学术造假

21世纪以来，信息技术的蓬勃发展引发社会生产生活变革。2022年末，以ChatGPT-3.5为代表的生成式人工智能横空出世，引发全社会关注。生成式人工智能的出现，标志着人工智能技术在自然语言处理领域取得重大突破。其基于大语言模型，可以通过海量数据训练和深度学习技能，经过算法的演算重组而生成新的内容。这种技术具有高质量、高效率、多样化的内容生产能力，成为推动数字生产力变革的重要力量。然而，正是这种技术特点，为学术不端行为提供了隐蔽的渠道。所谓学术不端，是指学术论文写作和出版过程中一系列违反学术规范与学术道德的行为。根据国家有关学术出版规范，学术不端可以分为论文作者学术不端、审稿专家学术不端、编辑者学术不端三大类。其中，论文作者学术不端是学术出版实践中最为频发的一类问题，具体包括剽窃、伪造、篡改、不当署名、一稿多投、重复发表等，这些学术不端行为严重损害了科研公信力，对学术研究生态造成不良影响。伴随着生成式人工智能技术的兴起，其在为科学研究提供智能辅助和创作便利的同时，也为一些学术不端行为者提供了更加隐蔽且高效的造假手段，学术不端现象随之演变出更为复杂的形态特点。当前，学界围绕生成式人工智能时代的学术不端研究主要集中在三个方面：一是人工智能技术在学术不端中的应用研究，如机器参与论文写作[1]、生成论文及论文辅助材料、审稿意见等[2]；二是人工智能技术对学术不端治理的影响及其应对策略研究，认为生成式人工智能技术从著作权和学术意义上重塑学术不端定义，给学术不端的治理带来了挑战[3]；三是人工智能技术辅助防治学术不端研究，认为应利用大数据自动挖掘技术、智能分析技术等人工智能技术来预防、识别和治理学术不端问题[4]，构建人工智能时代数字化平台学术诚信体系[5]。然而，已有研究大多基于技术视角考察学术不端现象，忽视了从宏观全局的角度来洞察其背后所蕴藏的技术伦理与制度缺陷以及社会文化影响。有鉴于此，本文将跃出技术本身的视角来审视技术的应用与治理，以论文作者的学术不端为主要研究对象，考察新技术影响下学术不端的形态特点和形成原因，并提出具体治理路径，以期为构建多元高效的学术不端治理体系提供理论支撑，推进新时代科研诚信建设。

1 生成式人工智能时代学术不端现象的形态特点

1.1 隐蔽的剽窃：基于算法生成的代写与洗稿

在学术出版界，学术剽窃指的是"采用不当手段，窃取他人的观点、数据、图像、研究方法、文字表述等并以自己名义发表的行为"[6]。随着人工智能技术的发展，尤其是生成式人工智能的兴起，学术剽窃行为变得更为隐蔽和复杂。以 ChatGPT 等为代表的生成式人工智能是一类基于 Transformer 神经网络架构的大语言模型，其特点在于通过大规模的数据集预训练和高效的算法，以模拟人类思维的方式，理解并生成与人类语言相似的、具有一定逻辑和意义的文本内容。然而，这种高效的文本生成技术在学术写作中的不当运用，滋生了新型学术不端形式：机器代写和机器洗稿。机器代写，即使用者将人工智能生成的文本内容，原封不动或仅作少量修改润色后，拼凑成一篇完整文章。机器洗稿，则指使用者利用人工智能的自然语言处理能力和机器学习算法，将他人研究成果的主要观点和内容，进行机器自动化的重新表述生成，从而规避学术不端检测系统的文本查重检测。基于算法生成的机器写作可以在短时间内快速生成丰富的文本信息，同时在语言呈现上迥异于其所依赖的原始数据文本，从而提供了隐蔽的学术剽窃渠道，这种不当的技术使用严重危害了学术诚信建设。

1.2 幻觉的造假：基于人工智能幻觉的伪造与篡改

在出版领域，学术伪造指的是"编造或虚构数据、事实"，学术篡改则是指"故意修改数据和事实使其失去真实性"[7]。在生成式人工智能时代，这两种学术不端行为具有新的形态特点，即基于算法生成的文本中，可能隐含着人工智能幻觉对于数据或事实的伪造与篡改。人工智能研究人员承认，目前的 AI 系统会频繁地产生"幻觉"，编造与现实无关的事实[8]。囿于训练数据的偏差与不足、模型设计的缺陷，以及机器在人机交互时认知理解的偏差，生成式人工智能可能会为了生成连续性文本而直接虚构实验数据、捏造事实，或是根据使用者的提问对原始数据、事实进行修改，进而使得生成逻辑符合人工智能内嵌算法的输入逻辑。而这一技术缺陷将导致生成内容的失真。据报道，一名英国大学生因使用 ChatGPT 生成论文而被学校发现，该论文引用了一本讨论魔法世界巫师领导力的书籍[9]，此案例是很明显的人工智能幻觉造假。可见，若使用者以不当方式利用生成式人工智能技术，很可能会得到具有误导性的生成内容，进而影响学术研究的过程和结果，造成个人的学术不端。

1.3 不当的署名：基于技术工具的内容版权争议

人工智能生成的文本内容看似是机器经过算法和自然语言处理的原创输出，但实际上，生成文本中隐含着他人的观点与立场。原因在于，生成式人工智能的技术逻辑是基于海量数据的预训练，再根据使用者的提示问题，从数据库中调取他人的知识和经验进行语言的重新组织进而生成输出。这意味着，人工智能的文本生成过程虽然类似于人类的思维过程，但本质上是基于数据和算法的重组式知识生产，它不具备人类独特的创新思维，也无法真正像人一样主动思考与决策，因而其生成内容也因为主体的"非人"和知识的"重组"而具有版权争议。因此，若使用者利用生成式人工智能技术进行学术研究，并将其列入文章署名，是一种不当署名的学术不端行为。目前，主流学术期刊均不允许人工智能作为论文作者进行署名。如国外的《自然》《科学》等学术期刊发表声明称，不允许将人工智能列为论文作者[10]；国内的《中华医学杂志》表示，生成式人工智能技术及其产品、团队不能作为论文的作者进行署名[11]。由此可见，在人工智能尚不具备作者属性的前提下，将其列入论文署名作者，不仅将带来学术诚信与伦理问题，也可能会引发一系列的版权法律纠纷。

2 生成式人工智能时代学术不端现象的成因分析

2.1 人工智能的技术开放性与伦理主体的缺位

一方面，技术的开放性降低了人工智能机器的使用门槛，却也导致了技术滥用现象的产生。ChatGPT 等生成式人工智能的应用和普及，使大众能够接触并使用先进技术进行内容创作。人们无须钻研复杂的算法知识，便可通过与机器交互对话的方式获取所需的文本内容。然而，这种便利性也催生了滥用风险。一些学者将此作为学术研究的"捷径"，利用生成式人工智能快速"产出"大量学术论文。另一方面，人工智能伦理主体的缺位导致学术不端现象频发。虽然"人工智能正在朝向强人工智能的方向发展，但依旧处在弱人工智能阶段，自我意识暂未形成、无法独立承担行为后果而且不具备责任主体的承担能力"[12]。当前，人工智能领域的相关伦理框架和标准尚未完全建立，一些关键问题还具有模糊性，比如人工智能生成内容的知识产权归属、技术滥用的责任追究等。由于缺乏明确的伦理指导，一些学者在利用人工智能技术进行学术研究时可能忽视道德底线，甚至故意利用技术漏洞进行抄袭、剽窃。

2.2 现有学术不端检测系统的技术局限

当前，学界主流的学术不端检测系统，英文学界以 Turnitin 为主要代表，中文学界以知网学术不端文献检测系统为主要代表。两者的检测原理相似，即基于文本比对、文献匹配和语义识别算法，对使用者提交的论文内容与检测数据库中已有文本内容进行文字和语义的相似度分析，并生成总体相似程度报告。这种检测手段有效打击了学术不端行为，一定程度上维护了研究成果的原创性和真实性。然而，随着技术的发展，生成式人工智能可以通过模仿人类语言风格和写作模式，重组生成自然、流畅且具有逻辑意义的文本，这些文本除了在词汇和语法结构上与人类语言相似之外，在语义与逻辑层面也同人类语言类似。而且，人工智能的训练数据库与学术不端检测数据库存在规模、质量与结构上的差异，人工智能生成内容的训练数据来源很可能超越检测数据库的范围。囿于算法设计与数据训练的局限，现有的以相似度比对为核心机制的学术不端检测软件，难以对检测内容是否属于人工撰写作出判断。这加剧了学术不端现象的发生。

2.3 相关领域监管制度的滞后与不完善

一方面，政策法规的滞后性导致人工智能技术监管领域的"模糊地带"。当前，人工智能技术快速发展迭代，催生技术应用新场景、新形态，而相应的政策法规却往往难以及时跟上。原因在于，政策法规的制定涉及多个利益相关方，需要广泛的调研、讨论、协商和审议，这往往需要耗费大量的时间和资源。尤其是在技术革新的兴起发展期，这种滞后性容易导致相关领域技术监管上的空白和"模糊地带"，进而造成技术的滥用和谬用。另一方面，现有学术不端查处机制不够完善，惩戒力度有限。目前，我国学术不端行为的调查与认定一般由被调查人所在高校牵头负责[13]。学术不端行为的判定往往涉及复杂的学术判断、证据收集和分析，而实践中不同的高校等学术机构对于学术不端行为的认定标准存在差异，这种模糊性为学术不端者提供了温床，同时影响了惩戒的公正性和权威性。一些学术机构在处理学术不端行为时存在"手软"现象，对于发现的问题往往采取大事化小、小事化了的态度，尚未建立广泛的学术不端联合惩戒机制，削弱了查处机制的惩戒力度。

2.4 科研人员诚信意识的淡薄与科研素养的欠缺

一是部分科研人员诚信意识淡薄。他们在科研活动中未能坚守基本的科研道德和职业操守，具体表现为对科研诚信原则的忽视以及对科研伦理规范的漠视，从而可能引发学术不端行为。再加上当前"内卷"严重的科研环境，在"唯论文"科研压力的促逼下，部分科研人员怀有侥幸心理，为了追求个人职务晋升、项目经费或学术声誉，不惜铤而走险，企图通过人工智能生成内容的方式隐蔽地剽窃，以迅速积累科研成果。二是一些科研人员缺乏科研素养以至于难以独立完成高质量的学术研究工作。当前的传统教育仍一定程度地存在"重知识、轻能力"的现象，往往过分强调对知识点的掌握和记忆，而忽视了对学生创新能力、实践能力等科研素养的培养。这导致部分研究人员虽然具备一定的专业知识，但缺乏系统的科研训练和实践培训，以至于难以独立完成高质量的学术研究工作。为了在短时间内达到科研目标或满足发表要求，他们可能会采取不正当手段，如利用生成式人工智能技术快速生成看似合理实则缺乏独立思考和科学性的文本内容，或是伪造实验数据以符合预期的研究结果等，以弥补其研究能力的不足。

3 生成式人工智能时代学术不端现象的规制路径

3.1 明确人工智能伦理主体及其责任

明确人工智能伦理主体及其责任是保障学术诚信、促进科研健康发展的关键。为防止因技术滥用而引发的学术不端问题，有关部门应推动出台具体、明确的人工智能伦理规范，明确涉及人工智能技术开发、使用与监管的相关主体及其责任归属，对使用人工智能技术进行学术研究与写作进行伦理指导。就技术开发者而言，人工智能技术开发者在设计时应充分考虑伦理因素，避免因数据、算法而产生学术歧视与偏见问题，同时提供易于理解和使用的技术工具，以帮助用户识别和避免潜在的学术不端行为，确保人工智能产品符合相关伦理标准和科研规定。就技术使用者而言，应该明确，使用生成式人工智能辅助科学研究与学术论文撰写时，使用者仍是相关科研活动和学术论文的主要责任人，应当对其学术成果的真实性和原创性负责；同时，使用者应当了解并遵守人工智能伦理规范，确保技术的使用符合相关科研诚信规定，保证技术应用的正当性和合理性。就学术出版与监管机构而言，应建立严格的审查机制，对发现的学术不端行为进行严肃处理，及时公开处理结果，形成有效震慑以维护学术诚信。

3.2 优化学术不端检测系统的识别溯源能力

学术不端检测系统是识别和防止抄袭、剽窃等学术不端行为的重要技术手段。为有效应对生成式人工智能带来的检测挑战，有关技术提供方应聚焦学术不端现象的新形态新特点，进一步升级优化检测系统，以提升对于技术生成内容的识别与数据溯源追踪能力。一是基于自然语言处理技术开发智能识别算法。针对人工智能生成内容的文本特性，基于大模型的深度学习技能，开发专门的人工智能检测算法，提升检测系统对于文本的语义理解能力，以便更精准地识别机器生成文本特有的语式特点和逻辑漏洞。二是扩大基础训练数据库与文本比对范围。检测系统应不断更新与扩展基础数据库，纳入期刊论文、会议论文、学位论文、图书、网络资源、新媒体平台影音资源等更多样化的数据内容，同时优化数据检索机制，提高检测的准确率和效率。三是利用区块链技术对文本内容进行数据溯源检测[14]。区块链技术具有不可篡改、可追踪等特性，检测系统可利用区块链技术追踪文本信息的原始数据来源，辅助判断论文是否存在学术不端行为。

3.3 建立健全学术不端行为监管惩戒机制

构建完善的学术不端行为监管惩戒机制，是遏制与预防学术不端行为的必要举措。首先，通过司法解释界定人工智能生成论文的主体认定规则，完善既有的著作权侵权认定、侵权赔偿等规则[14]，以确保技术进步与法治建设同步进行，为人工智能技术的健康发展与有序应用提供坚实的法律保障。其次，密切关注人工智能技术的发展动态，明确界定科研人员利用生成式人工智能技术开展学术研究、论文撰写等过程中发生的学术不端行为，及时评估其对科研活动的影响，并据此制定和更新相关监管政策。在有关政策中，应要求技术提供者在生成式人工智能中设置限制，防止研究人员在学术创作时无限度使用生成式人工智能[15]。最后，构建公开透明、协作联动、信息共享的学术不端行为查处机制，统一学术不端行为认定标准，实施严格且公开的惩戒措施，如撤销研究成果、取消研究资格、停止基金资助，情节严重的追究法律责任等，同时建立学术不端行为查处结果通报公开制度，通过官方网站、社交媒体等向公众公布处理情况，接受社会的监督，以形成有效的惩戒威慑力，降低学术不端行为的发生率。

3.4 强化科研诚信道德教育与科研素质培养

一方面，加强科研诚信和学术道德教育。将科研诚信和学术道德教育贯彻科研培养全过程，通过诚信课程、警示讲座、案例分析等多种形式，增强科研人员的诚信意识和自律能力。同时，建立科研诚信考核机制，将个人的科研诚信表现纳入科研人员综合评价体系，在年度考核、职称评定、岗位聘用、评优奖励中强化科研诚信考核[16]，激励科研人员自觉遵守科研诚信规范，营造实事求是、崇尚创新、追求真理的良好学术生态。另一方面，加强生成式人工智能技术培训，引导科研人员负责任地使用人工智能技术辅助研究。开展生成式人工智能专项技术培训，帮助科研人员了解人工智能的技术原理、应用场景和潜在风险，明确生成式人工智能在学术研究中的使用界限，应将生成内容视为辅助研究材料而非独创性的科学思考，同时培训科研人员的技术使用规范，确保其详细记录技术使用过程，以保证生成内容的可追溯性和透明度，避免因技术滥用、谬用而产生学术不端行为。

4 结束语

当前，生成式人工智能技术已成为变革社会生产生活的重要力量，对于学术研究与出版领域产生重要影响。然而，人工智能伦理主体的缺位、检测技术的不完善、监管的滞后以及科研人员诚信道德的缺失等各种因素相互交织，致使学术不端行为滋生、蔓延。在新技术背景下，学术不端行为呈现出新形态新特点，表现出前所未有的复杂性和隐蔽性，对科研诚信和学术创新构成严重威胁。为此，需要技术开发者、监管者和使用者等社会各方共同努力，构建多元高效的学术不端治理体系，共同维护学术研究的公正性和纯洁性，以推动人类文明不断向前发展。

参 考 文 献

[1] 张萍,张小强.机器参与论文写作的出版伦理风险与防范对策[J].中国科技期刊研究,2022,33(4):439-449.
[2] 李新新.AIGC 时代学术不端的新形式及其治理[J].数字出版研究,2024,3(2):113-118.
[3] 王少.生成式人工智能对学术不端治理的妨碍及对策[J].科学学研究,2024,42(7):1361-1368.
[4] 曾玲,张辉洁,冉明会,等.人工智能时代科技期刊应对学术不端问题的研究进展[J].中国科技期刊研究,2020,31(3):270-275.
[5] 蒋素琼,吴飞盈,吴昔昔,等.人工智能时代数字化平台学术诚信体系的建设与应用[J].编辑学报,2024,36(4):421-424.
[6] 国家新闻出版署.学术出版规范 期刊学术不端行为界定(CY/T 174—2019)[EB/OL].(2019-05-29)[2024-08-06].https://www.nppa.gov.cn/xxgk/fdzdgknr/hybz/202210/P020221004608867356436.pdf.
[7] 国家新闻出版署.学术出版规范 期刊学术不端行为界定 (CY/T 174—2019) [EB/OL].(2019-05-29)[2024-08-06]. https://www.nppa.gov.cn/xxgk/fdzdgknr/hybz/202210/P020221004608867356436.pdf.
[8] 胡泳.当机器人产生幻觉,它告诉我们关于人类思维的什么?[J].文化艺术研究,2023(3):15-26,112.
[9] 学生用 ChatGPT 生成论文被大学抓包,声称都是代写干的[EB/OL].(2023-06-03)[2024-08-06].https://www.sohu.com/a/681661560_121124028.
[10] 封禁 ChatGPT?教育学术圈"有点慌"[EB/OL].(2023-02-16)[2024-08-06].http://www.xinminweekly.com.cn/lunbo/2023/02/16/18543.html.
[11] 中华医学杂志社有限责任公司.中华医学会杂志社关于在论文写作和评审过程中使用生成式人工智能技术的有关规定[EB/OL].(2024-01-09)[2024-08-06].https://mp.weixin.qq.com/s/_IRUqAtyEM_2n53GrRlQgA.
[12] 卢艺,崔中良.中国人工智能伦理研究进展[J].科技导报,2022,40(18):69-78.
[13] 教育部.高等学校学术不端行为调查处理实施细则[EB/OL].(2024-03-26)[2024-08-06].https://mp.weixin.qq.com/s/tcDyeop59uPRgB0iVViG0w.
[14] 虞志坚,乔朴.人工智能视域下学术期刊学术不端行为预防机制构建[J].廉政文化研究,2021,12(2):83-88.
[15] 王少.生成式人工智能对学术不端治理的妨碍及对策[J].科学学研究,2024,42(7):1361-1368.
[16] 中宣部,教育部,科技部,等.中宣部 教育部 科技部 中共中央党校(国家行政学院) 中国社会科学院 国务院发展研究中心 中央军委科学技术委员会关于印发《哲学社会科学科研诚信建设实施办法》的通知[EB/OL].(2019-05-16)[2024-08-12].http://www.nopss.gov.cn/n1/2019/0703/c219644-31210616.html.

AIGC 技术在科技期刊出版数字化转型中的作用与挑战

岳 颐

(《复旦学报(医学版)》编辑部，上海 200032)

摘要：随着人工智能生成内容(artificial intelligence generated content，AIGC)技术的飞速发展，科技期刊出版领域步入了数字化转型的新阶段。本文深入探讨了 AIGC 技术在科技期刊的数字化转型中的作用，剖析了构建智能化期刊平台可能面临的主要挑战及应对策略。本文旨在为科技期刊的数字化转型提供有益参考，推动出版业在新时代背景下实现高质量发展。

关键词：人工智能生成内容(AIGC)；科技期刊；数字化转型；技术创新

在信息时代的大潮中，数字化转型已成为各行各业不可逆转的发展趋势，科技期刊作为科学研究成果传播的重要载体，亦不例外。随着科技的飞速进步，科技期刊已逐步实现从收稿、审稿到编辑加工、组版及发行的全流程数字化管理，显著提升了期刊的运营效率和核心竞争力。然而，在数字化转型的进程中，科技期刊也面临着诸多挑战[1]。一方面，由于缺乏统一的标准化体系，不同科技期刊在数字化建设过程中采用的技术标准千差万别，导致数字产品格式多样(如 CNKI 的 CAJ 软件、万方的通用浏览器等)，给读者阅读带来不便，同时也限制了信息资源的共享与利用。另一方面，数字化期刊内容的易复制性使得盗版和侵权行为频发，严重损害了内容创作者的权益，影响了数字期刊行业的健康发展。此外，部分科技期刊在数字化过程中仅简单复制纸质内容至网络，未能充分挖掘数字化技术的潜力，导致期刊质量和影响力提升有限。

人工智能生成内容(artificial intelligence generated content，AIGC)技术的迅猛发展，为科技期刊的数字化转型提供了新的机遇[2]。AIGC 技术在文字创作、图像生成等领域实现了质的飞跃，展现出卓越的语言理解力和准确的智能文本生成能力，AIGC 技术的应用有望成为科技期刊国际化与高质量发展的关键驱动力。然而，AIGC 技术在科技期刊出版领域的应用仍面临着版权保护、信息安全和技术壁垒等多重挑战。为了应对这些挑战，需要政府、行业协会、技术企业以及期刊社等多方共同努力，综合施策。因此，本文旨在深入探讨 AIGC 技术在科技期刊出版数字化转型中的作用，分析可能面临的挑战，并提出相应的对策，以期为科技期刊的数字化转型与高质量发展提供理论支撑与实践思路。

基金项目：中国高校科技期刊研究会青年基金(CUJS-QN-2023-004)

1 构建智能化内容生产体系

1.1 科技期刊的内容创作与辅助优化中的应用

通过高效生成高质量且多样化的学术文本内容，AIGC 技术可以结合科技期刊投审稿平台构建一个专属的智能化内容生产体系。AIGC 技术除了能够协助作者快速生成论文初稿、摘要及研究亮点概述等核心文本，也可以为科技期刊处理论文提供有效帮助。在文献检索与资料整理环节，它能够迅速整理并分析海量的文献资料，帮助期刊编辑掌握特定论文的研究背景与前沿进展，为更好地理解作者的研究思路和分析科研论文的创新性提供重要基础。在未来的智能出版平台上，AIGC 技术将通过深度学习作者的科研思路与写作风格，对稿件进行初步的精细润色。在稿件的修订与定稿过程中，AIGC 技术依托先进的自然语言处理(natural language processing, NLP)技术，可以提供自动化的校对功能[3]。它能够即时识别并修正稿件中的语法错误、拼写错误及不规范的学术表述，同时给出具体的修改建议，深入文章核心，对语言表达进行进一步优化，确保科研成果得以准确、清晰地呈现给读者。这种智能化的修订方式不仅能提高修订效率，还能确保最终出版的稿件严格遵循出版规范与要求，提升学术出版的整体品质与一致性。此外，在文章完成后，编辑可根据实际需求利用 AIGC 技术完成智能化的内容创作，概括提炼文章要点，根据读者的群体特点，生成摘要、新闻稿、研究亮点报告等宣传文案，进一步提高出版效率，降低人力成本，助力科技期刊实现更高效、更精准的学术传播。

1.2 内容生产过程中带来的挑战

AIGC 技术在出版内容创作领域的广泛应用增加了版权保护和保障内容原创性的难度，势必会造成侵权风险增加，可能更加难以察觉和界定学术不端行为。对于作者而言，AIGC 工具的论文写作能力直接诱发了欺诈性学术论文写作的产生，包含 AI 生成文字与图像在内的投稿对科技期刊的学术诚信体系建设构成了严峻考验。这些由技术平台滋生的学术不端问题，其界限模糊，具体应用场景直接关乎作者原创性的评估与行为定性的难度。对于出版平台而言，AIGC 技术生成内容的版权归属问题尚存争议，构成了潜在的版权纠纷风险；在运用大数据分析和创作的过程中，也极易侵犯个人隐私或知识产权。

尽管 AIGC 技术在内容创作等方面展现出了卓越的效率与优势，其局限性[4]及潜在偏见亦不容忽视。特别是在处理涉及伦理考量、法律边界及深度专业化的学术议题时，AIGC 技术尚难以匹敌人类专家在洞察力与判断力上的深度与精确性。此外，AIGC 模型的训练过程会受到地域、文化等多元因素影响，这使得算法难以达到绝对公平，其决策与生成内容难免携带一定的主观偏见[5]。在科研论文撰写中，若未对 AIGC 的自动化输出进行严格审核，可能会潜藏数据捏造[6]、参考文献伪造[7]等风险，从而对学术的真实性与可信度造成影响。

1.3 应对措施

为了应对这些挑战，期刊应明确界定学术不端行为与 AI 使用范围，强制要求作者在作品末尾清晰标注 AI 贡献的部分，以增进学术诚信透明度；建立严格的内容审核机制，确保生成的内容符合学术规范和期刊要求，并加强人工监控和伦理审查，确保内容可控性与数据安全性。对于科技期刊而言，对所使用的 AIGC 工具及技术服务商设定严格规范与要求至关重要。这包括明确版权归属，细化使用规则，以及严格遵守国家法律法规、学术道德规范，从而在尊重知识产权、保护用户隐私的前提下，维护学术诚信的纯洁性。在此基础上，应发布详细的版权保护机制来保护原创作者的合法权益，并应采纳先进的版权追踪技术如区块链技术，以增强版权追溯与确权的能力；同时，利用 AI 技术进行内容的事实检测与追踪，及时发现并制止侵权行为，为作者提供全面的证据支持，维护出版业的健康秩序。在内容审查方面，期刊社的技术服务商应持续优化算法以减少偏见，确保内容的客观性和公正性；加强技术研发，提高 AIGC 技术的准确性和可靠性，为智能化内容生产提供有力支持。

2 提升个性化服务体验

2.1 个性化推荐与传播

在出版业数字化转型的浪潮中，AIGC 技术的全面融入为科技期刊的传播带来了重大机遇。融合该技术后能深入分析读者偏好与学术趋势，根据用户的浏览历史、下载记录及搜索关键词等信息，提供个性化的推荐，不仅有助于增强内容的吸引力和针对性，还能提升用户的阅读体验和满意度。同时，通过智能化传播手段，如社交媒体推广、邮件订阅等，AIGC 技术可以拓宽内容的传播渠道，强化内容的传播力与价值，能进一步提升科技期刊的市场竞争力和影响力。此外，AIGC 技术还可以助力科技期刊实现跨语言传播，打破语言障碍，促进国际学术交流。其强大的文本分析和生成能力也能够快速提炼文章精髓，生成不同角度及精炼程度的文章解读，满足不同读者群体的阅读偏好和信息提取需求。近期兴起的跨模态生成技术，如根据文本及其他具体要求生成图像、视频的功能，可以帮助科技期刊将学术成果以更佳生动、直观的形式呈现，丰富了阅读体验，提升了可读性与大众的接受度，也将极大促进学术成果的传播，拓宽期刊传播的边界。

在出版载体方面，AIGC 技术的赋能将为期刊阅读平台带来巨大变革。智能插件的引入为实现读者在阅读过程中查询信息、实时翻译、实时解答提供了可能，这将极大地提升学习效率。而智能穿戴设备的融入，则为科技期刊的即时阅读与个性化服务提供了新的接口。例如，通过智能手表等设备，读者可以随时随地接收期刊的最新推送，甚至利用语音助手进行学术内容的快速检索和预览。利用智能眼镜，读者在浏览文章时，不仅可以享受沉浸式的阅读体验，还能同步享受到智能翻译的功能，轻松跨越语言障碍，阅读国际前沿的学术成果。此外，结合智能眼镜工具后，还能将文章精华以可视化的方式呈现给读者，帮助读者更快地把握文章核心，提升阅读效率。这些智能穿戴设备与 AIGC 技术的深度融合，在未来不仅能满足读者在移动场景下的学术阅读需求，还通过提供个性化、智能化的服务，进一步加深读者与期刊之间的互动和黏性。移动应用的开发，可以充分整合 AIGC 技术、智能穿戴设备的这些功能与推送系统，构建一个全方位、多场景的学术阅读生态系统，让读者无论何时何地都能享受到便捷、高效的学术阅读服务。新兴技术和新兴工具的不断涌现与升级促进了科技期刊进一步的数字化转型，摆脱对传统纸刊的依赖。在这个过程中，科技期刊将构建起作者、读者、科技期刊三者间更为紧密、高效的互动桥梁，共同推动学术交流的深入与发展。

2.2 个性化分析过程带来的挑战

在 AIGC 技术应用于科技期刊出版的个性化推荐与传播领域时，尽管其为提升用户体验带来了前所未有的机遇，但同时也面临着诸多困难与挑战。其中，用户隐私保护、数据安全性以及推荐准确性是提升个性化服务体验亟须解决的关键问题。随着 AIGC 技术对用户数据的深度挖掘与分析，如何确保用户隐私不被泄露，保障数据在传输与存储过程中的安全，成为一个亟待解决的难题。数据的非法获取、滥用或意外泄露都可能严重侵犯用户权益，导致信任危机。此外，推荐算法的准确性也直接影响着用户的阅读体验与满意度。如何不断优化算法，提高推荐的精准度，减少误推和漏推，是需要持续探索和优化的方向。算法的偏见性问题也应受到关注，避免基于用户特征(如性别、年龄、地域等)的不公平推荐，确保信息推荐的公正性，是提升用户体验的重要一环。此外，技术伦理与法律合规问题也不容忽视。在具体实践中，可能会遇到数据跨境流动的合规性问题、用户数据使用目的的透明性问题，以及算法决策的可解释性和可追溯性问题等。

2.3 应对措施

在科技期刊出版的数字化转型进程中，个性化服务已成为提升用户体验的重要手段，然而，这一过程中会伴随用户隐私保护、数据安全性及推荐准确性等问题。这些问题要求科技期刊出版方在技术应用前进行充分的法律评估与伦理审查，确保技术应用的合法性与正当性。首先，科技期刊应关注用户隐私保护和数据安全性的核心问题，并针对性的要求服务商加强数据加密技术的运用。通过先进的加密算法，确保用户数据在传输、存储及处理过程中的安全，防止数据泄露和非法访问。同时，应制定并严格实施隐私政策，明确数据收集、使用、共享及保护的规范，增强用户对数据处理流程的透明度和信任度。其次，为了提高推荐准确性，科技期刊应与技术服务商合作持续优化推荐算法。通过引入机器学习、深度学习等技术，对用户行为、兴趣及需求进行深度挖掘和分析，以更精准地推送符合用户期望的期刊内容。此外，应建立算法审查机制，定期对推荐算法进行性能评估和偏见性审查，确保其公正性和准确性，从而提升用户满意度和忠诚度。

在确保技术可控性与安全性的基础上，为了促进AIGC技术的健康发展，科技期刊还需建立完善的监管机制。这包括明确AIGC技术的使用范围和限制条件，防止技术滥用和误用；加强与法律与伦理专家的合作，共同应对可能出现的问题，为AIGC技术在科技期刊出版领域的健康、可持续发展提供有力支持；加强技术伦理教育，提高科研人员和编辑人员的伦理意识和责任感，确保他们在使用AIGC技术时遵循伦理规范；建立完善的法律框架和监管机制，确保AIGC技术的合法合规使用，降低法律风险。此外，为了推动AIGC技术的全球化发展，科技期刊还应加强国际合作与交流，共同探讨和制定AIGC技术的伦理与法律规范。通过分享经验、交流成果，促进不同国家和地区之间的合作与协同，共同推动科技期刊出版领域的健康、可持续发展，为用户提供更加优质、个性化的服务体验。

3 推动出版流程自动化与智能化

3.1 出版流程优化与创新

在数字化转型的进程中，AIGC技术正逐步渗透至科技期刊出版的每一个环节[8-9]，从选题策划到发表，未来将全面推动出版全流程的数字化改革与创新(图1)。

选题策划：AIGC技术可以通过深度挖掘学术论文、社交媒体互动及读者行为数据，为科技期刊提供科学、前瞻且有针对性的选题建议。特别是在科研综述的选题上，训练后的AIGC工具可以运用算法模型揭示研究热点及综述领域的空白地带，为编辑推荐具有传播价值的选题，帮助提升期刊内容的时效性和吸引力。对于新刊创办或日常运营，AIGC技术能够辅助构建作者网络，它不仅能快速匹配专业撰写团队，还能通过智能化的稿件筛选和评估，为编辑提供决策支持，提高稿件的录用率和发表质量。这一过程中，AIGC技术也能自动化处理元数据生成等环节，为后续流程奠定基础，将有助于提升分稿的效率与准确性。

审稿：预审阶段，AIGC技术可被用于对提交的论文进行初步筛查，通过比对数据库中的现有文献，检查论文的抄袭、重复发表等问题。进入内容质量评估环节，可辅助评估科技期刊投稿论文的逻辑结构、论据充分性和数据准确性，这要求技术平台对其模型进行训练，以深入理解和评估学术写作的复杂性。在审稿人匹配方面，AIGC通过NLP技术深刻理解文章语义，根据论文主题和内容辅助编辑进行分类与标签化，利用大数据分析外审专家的最新研究成果，智能推荐合适的审稿人，帮助提升审稿过程的效率和质量。进一步地，该技术还能辅助生成初步的审稿意见，为审稿人提供参考，这要求AIGC模型具备对学术研究的深入理解和批判性思维能力。审稿结束后，AIGC技术可通过分析审稿意见和论文质量，为编辑提供决策支持，帮助做出接受、拒绝或要求修改的决策。在此过程中，编辑应发挥人机协同的作用，利用AIGC技术提高审稿效率，同时保持对审稿结果的最终判断权，确保审稿质量。

自动化排版与元数据生成：AIGC技术能自动化处理排版、元数据生成等复杂任务，有助于缩短出版周期。文稿上传后，平台的智能格式调整功能会将文章修改为既定标准格式，同时AIGC技术能自动检测语法错误、拼写错误及事实性错误，提升校对速度与准确性，确保出版内容的高质量[10]。此外，AIGC技术还能自动生成详细的元数据，包括作者信息、关键词、摘要等，为文章的检索、引用及传播提供便利。这些自动化处理流程将促进缩短出版周期，为开放获取(Open Access，OA)和数据期刊的快速发布提供保障。

发表与传播：发表环节，AIGC技术根据科研期刊已有的要求范式，可自动化完成智能排版与一键式网络发布。通过构建智能出版平台，科技期刊可实现文章的全文开放访问，可能打破传统出版模式下的访问壁垒。于科技期刊而言，AIGC技术还能协助进行数据整理、分析及可视化呈现，提高数据的可读性和可用性，为科研人员提供更加便捷的数据获取途径。在发表后，AIGC技术依旧能为持续追踪、管理及深度分析文章数据提供支持，可辅助构建详细的数据库索引，支持更高效的检索功能，进一步促进提升文章的可见度。发表后数据的整理能力也可帮助期刊统计分析各论文的传播价值和影响力。

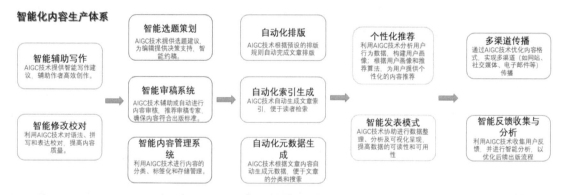

图1　AIGC助力出版流程自动化与智能化示意图

构建深度融合AIGC技术的智能出版平台将实现内容创作、审核、管理及传播的全链条智能化升级。这一平台不仅可以服务于内容策略优化，还有助于提高科技期刊的出版效率和质量控制水平。对于有意创办新刊的科技期刊社而言，深度融合AIGC技术是一种战略选择。融合这项技术后，不仅能帮助期刊社更高效地完成市场需求分析、竞品评估及读者群体刻画等关键任务，还能进一步辅助确立新刊的特色和定位，降低市场风险，吸引高质量稿件。

3.2 出版流程智能化过程带来的挑战

技术壁垒[11]、资金投入、复合型人才短缺[12]等是推动出版流程自动化与智能化面临的主要难题。首先，AIGC技术壁垒的形成主要基于技术复杂性、高质量数据的需求、算力需求、算法创新、资本和人才的集中、法规和伦理挑战以及产业链的复杂性等多个方面。具体而言，AIGC技术涉及人工智能、大数据、云计算、5G等多个技术领域的整合，使得技术壁垒较高；同时，该技术的发展需要大量高质量数据来训练模型，对数据处理技术的要求也日益增加；此外，大型的AIGC模型需要强大的计算能力支持，算力成为AIGC技术资本开支的主要部分。算法创新则是提高行业技术壁垒的关键，行业内的主要参与者通过研发创新算法和优化现有技术，不断提升技术水平。资本和人才的紧缺、法规和伦理的挑战以及产业链的复杂性[13]等因素，也共同构成了AIGC领域的高进入门槛。

其次，AIGC技术融入智能出版领域的资金投入之所以巨大，是因为出版流程自动化与智能化需要覆盖自然语言处理、图像生成、语音合成等多个方面的技术研发、应用和维护，需要包括部门负责人、产品经理、设计师、研发工程师等的大量人力资源，这些都需要大量的资金支持。从实际案例来看，一些出版单位和知识服务供应商在将AIGC引入期刊采编评审系统方面的投入已经达到了百万元级别，如中华医学会杂志社[14]等。此外，算力需求、算法创新、人才培养、法规制定等多个方面也需要相应的资金投入，使得整体投入成本进一步增加。

3.3 应对措施

在推动出版行业自动化与智能化的进程中，需积极响应二十大报告提出的推动科技创新和科学技术发展的号召，综合施策以破解技术壁垒、资金投入和复合型人才短缺的难题。首先，政府应发挥更加积极的引导作用，通过提供研发补贴、税收优惠及设立专项基金来加大对出版行业技术创新的支持力度，鼓励行业协会与技术企业合作，积极助力关键技术突破与成果转化，共同打造具有国际影响力的期刊出版与交流平台。同时，由行业协会等权威机构引领，构建符合我国出版生态的大型共享平台，实现技术资源、数据和经验的共享，降低技术引进与研发成本，促进产学研深度融合，加速技术创新与应用落地。

表1 AIGC在智能出版领域应用时的挑战与应对

应用	主要挑战	具体策略	解决方针
构建智能化内容生产体系	内容原创性保障、版权问题、算法偏见	建立内容审核机制、采用版权追踪技术、优化算法减少偏见、加强人工监控和伦理审查	加强技术研发和监管力度，确保内容质量和合法性
提升个性化服务体验	用户隐私保护、数据安全性、推荐准确性	加强数据加密技术、实施隐私政策、优化推荐算法、确保技术可控性与安全性	强化用户隐私保护和数据安全管理，提高推荐准确性和用户满意度
推动出版流程自动化与智能化	技术壁垒、资金投入、复合型人才短缺	政府引导与资金支持、构建共享平台促进资源优化配置、加强校企合作和人才引进政策、深化编辑团队在职培训和学术交流	加大技术创新和产业升级力度，重视培养复合型人才

其次，在资金投入方面，应鼓励企业充分利用多元化融资渠道筹集资金，政府则提供贷款贴息、担保等金融支持，以缓解资金压力。通过构建共享平台、优化资源配置及推广云计

算、大数据等先进技术，进一步降低成本、提高效率，为出版行业的自动化与智能化进程提供有力支撑。

针对复合型人才短缺问题，产业协会及期刊社可定期组织培训课程、研讨会和学术交流活动，提高编辑人员的专业素养和创新能力。深化校企合作，共同培养具备出版专业知识和AIGC技术的复合型人才，并构建科学的人才引进和激励政策，以吸引更多高素质人才加入出版行业。同时，期刊界应建立完善的职业发展路径和激励机制，为复合型人才提供广阔的发展空间和职业前景，加强国内外同行的交流合作，促进编辑间的知识和经验共享，共同推动出版行业的自动化与智能化进程。

4 讨论与总结

科技期刊的数字化转型是一个多维度、复杂且持续演进的过程，深受技术进步、市场需求、政策导向及人才储备等多重因素的深刻影响。在宏观层面，中国政府的积极政策推动，如《关于推动学术期刊繁荣发展的意见》等，为科技期刊的数字化转型提供了强有力的政策支撑，鼓励创新与国际化发展。同时，5G、大数据、云计算、人工智能等前沿技术的飞速发展，为期刊的内容生产、传播及服务模式带来了革命性的变化，推动了数字出版的不可逆趋势，要求科技期刊必须适应科研人员信息获取方式的新变化，提供更为多样化、个性化的数字内容与服务。从微观视角观察，科技期刊正积极探索数字优先出版、增强出版等创新模式，加速知识更新，丰富内容形式，并通过建立官网平台、利用社交媒体互动及与学术电子数据库合作，拓宽了传播渠道，提升了用户体验。然而，数字化转型之路并非坦途，技术应用不足、市场机制缺陷、人才短缺及学术生态问题仍是制约期刊发展的关键因素。

在此背景下，AIGC技术的兴起为科技期刊的数字化转型提供了新的契机。其强大的内容生成能力和高效数据处理能力，有助于构建智能化内容生产体系，实现出版流程的自动化与智能化，提升出版效率和出版质量。然而，AIGC技术的应用也伴随着版权保护、信息安全、技术壁垒、资金投入及复合型人才短缺等挑战，需要政府、行业协会、技术企业及期刊社等多方协同，综合施策，共同应对。

展望未来，在"十四五"新发展格局下，出版业生态正经历深刻重构，新质生产力的涌现为行业高质量发展提供了前所未有的机遇[15-17]。科技期刊应持续加强新兴技术的应用创新，不断探索AIGC与出版业深度融合的新路径，既要满足社会效益的要求，也要追求经济效益的双赢。同时，加强高素质复合人才的培育，建立适应数字化转型要求的编辑队伍，为出版业的可持续发展提供坚实的人才支撑，促进出版业与科技、教育、文化等多领域在新时代的高质量协同发展。

综上所述，AIGC技术对科技期刊出版的数字化转型产生了深远影响，既带来了机遇也伴随着挑战。为了充分利用这一技术的潜力，科技期刊需要不断创新，加强多方合作，共同打造具有国际影响力的出版与交流平台，推动我国科技事业在新时代的高质量发展。

参 考 文 献

[1] 肖骏,谢晓红,王淑华.科技期刊数字化转型过程中的问题与思考[J].编辑学报,2017,29(增刊1):86-88.
[2] 王美璇,王冠,王超.媒体融合背景下AIGC为学术期刊带来的机遇、风险及应对措施:以ChatGPT为例[J].

传播与版权,2023(18):64-66.
[3] 李真.ChatGPT 在图书编校中的应用测试与分析[J].出版与印刷,2023(6):60-64.
[4] 刘娴.AIGC 技术赋能学术期刊数据出版的应用研究与思考[J].编辑学刊,2024(4):31-37.
[5] 于水,范德志.新一代人工智能(ChatGPT)的主要特征、社会风险及其治理路径[J].大连理工大学学报(社会科学版),2023,44(5):28-34.
[6] ALTMAE S, SOLA-LEYVA A, SALUMETS A. Artificial intelligence in scientific writing: a friend or a foe?[J]. Reproductive Biomedicine Online, 2023, 47(1):3-9.
[7] GRAVEL J, D'AMOURS-GRAVEL M, OSMANLLIU, et al. Learning to fake it: limited responses and fabricated references provided by ChatGPT for medical questions [J]. Mayo Clinic Proceedings: Digital Health, 2023, 1(3)226-234.
[8] 王峻峰.人工智能生成内容(AIGC)及其在图书出版中的应用探讨[J].传播与版权,2023(10):48-51.
[9] 徐晨岷.数智时代 AIGC 在出版业的应用与发展:创新与挑战[J].传播与版权,2024(9):46-51.
[10] 刘喜球,杨亚非.AIGC 技术赋能智慧图书馆:应用,风险及其策略[J].图书馆研究,2023,53(6):19-28.
[11] 李文娜,张艮山,任洪涛,等.AIGC 在融媒体基础资源大数据下的应用[J].电视技术,2024,48(4):139-145.
[12] 刘峰.AIGC 驱动下的出版学科范式困境与创新策略探析[J].中国编辑,2024(5):49-54.
[13] 千际投行.2024 年中国 AIGC 产业研究报告[EB/OL].(2024-03-28)[2024-09-05].https://www.21jingji.com/article/20240328/herald/d8fd48604b08e4a76bb29af200310010.html.
[14] 聂慧超.学术出版交手 AIGC 产生"双重魔法"[N].中国出版传媒商报,2024-04-05(001).
[15] 陈少志,李平.新质生产力推动出版深度融合发展三维路径[J].中国出版,2024(12):21-26.
[16] 陈少志,白永星.以新质生产力推动出版深度融合发展:基于生成式人工智能的视角[J].出版与印刷,2024(2):14-24.
[17] 方卿,张新新.出版业高质量发展目标之创新发展:以新质生产力推动出版业高质量发展[J].编辑之友,2024(2):29-35,53.

体育类中文核心期刊微信公众号的运营现状、困境与策略

娄莹

(上海体育大学期刊中心,上海 200438)

摘要:以体育类中文核心期刊为研究对象,通过调查各刊公众号的开通及运营情况,分析其发展现状,并筛选出具有代表性的期刊,进行具体的发展趋势分析。发现 16 种期刊均已开通账号并处于正常运营状态,账号的发展大致可分为快速发展期、稳定发展期、发展缓慢期 3 个阶段,同时存在账号运营效率较低、新媒体编辑人才短缺、推文内容的互动性有限、微信公众号平台发展放缓等问题,未来应重视新媒体编辑培养、积极结合 AI 技术提高服务水平,整合资源寻求新的传播手段。

关键词:体育类;中文核心期刊;微信公众号;运营

2019 年中国科协、中宣部、教育部、科技部联合印发的《关于深化改革 培育世界一流科技期刊的意见》[1](以下简称"《意见》")强调,要加强党对科技期刊工作的全面领导,确保正确的舆论导向和办刊方向。要在开放竞争中不断赋予期刊发展新动力。《意见》的出台为科技期刊提供了难得的发展机遇,也为探索新媒体赋能科技期刊发展提出了新要求。区别于传统纸媒,新媒体传播的速度更快、路径更多、形式更丰富。作为新媒体传播的重要平台,微信自 2012 年 1 月发布以来,迅速成为人们社交的重要工具,用户量逐年攀升,用户对微信的依赖程度持续加深。根据腾讯公司发布的 2024 年第一季度财务报告,微信及 WeChat 的合并活跃账户数达到 13.59 亿[2]。作为重要的内容输出平台,微信公众号于 2013 年 8 月正式上线,目前已突破 3 000 万个。与传统的出版方式相比,微信这种新媒体具有点对点传播、即时更新,以及用户可通过手机即时查阅、运营者可通过分析后台数据调整方向、公众号和用户互动性强等优势[3]。近年来,随着互联网科技的迅猛发展,微信又发展出视频号、视频直播等新的多媒体信息传播功能。已有越来越多的科技期刊为扩大影响力开通微信公众号、视频号,甚至通过微信视频号进行网络学术直播。本文以体育类中文核心期刊为研究对象,通过调查各刊公众号的开通及运营情况,分析其发展现状,并筛选出具有代表性的期刊,进行具体的发展趋势分析,以期明确当前的发展困境,并提出相应的改进策略。

与其他学科相比,体育学科具有教育原发性、健康驱动性、跨学科性、运动实践性等特征[4],体育学科相关微信公众号发布的内容与体育教育、全民健身、运动赛事、运动医学、运动心理学等息息相关,其受众群体不仅有专业的研究者也有广大体育爱好者,因此在受众群

基金项目:上海市高校科技期刊研究基金(SHGX2024B12);科技期刊数字出版及全流程管理重点实验室开放基金课题(syskt2024-48)

体上更具优势，有助于体育学科知识的多渠道传播。有研究[5]发现，体育类学术期刊微信公众号的微信传播指数与其影响力指数、影响因子呈正相关；推送过的论文的被引频次高于未推送论文；推送论文的阅读量与该论文的被引频次呈正相关。微信公众号运营有助于提升体育类期刊的学术影响力，因此本文以《中文核心期刊要目总览(2023年版)》中收录的16种体育类期刊为研究对象，对其微信公众号的使用与运营现状进行调查分析。

1 研究对象与方法

在微信的"搜索"栏中逐一输入各刊刊名，通过检索到的微信公众号名称、简介、基本信息、认证情况、账号主体等信息，判断该账号是否为官方账号。确认官方账号后，重点调查分析公众号的首次发文日期、账号类型、原创内容数量、发文频率(近1年每月发文量)、是否绑定视频号、是否开过直播、附加功能等信息[6]。此外，根据上述统计结果，重点分析了《体育科学》《上海体育大学学报》《北京体育大学学报》3本刊的具体发展历程，分别统计了3本刊的公众号自开通以来的目次阅读量，分析其变化趋势；并将3本刊2020年第10期到2024年第3期的目次阅读量变化情况进行了横向对比分析。

2 研究结果

2.1 体育类中文核心期刊微信公众号使用概况

截至2024年7月30日，16种期刊皆开通了微信公众号，其中《体育科学》和《中国体育科技》共用同一个微信公众号，名为"体育总局科研所书刊部"，而《首都体育学院学报》同时申请了1个服务号和1个订阅号，因此最终纳入研究的有16个微信公众号(表1)。其中，首次发文日期最早的是《体育与科学》(2014年3月12日)，最晚的是《广州体育学院学报》(2021年7月13日)，2015年有5个账号首次发文，是较为集中的一年；有9个服务号、7个订阅号；有12个账号已完成了官方认证，认证率达75%；认证账号类型主要为"媒体"或"事业单位"，其中"媒体"认证率为75%；12个账号开通了文章原创保护功能，原创内容最多的是"体育总局科研所书刊部"，有1 087篇；近一年来有13个账号每月都有发文，其中《上海体育大学学报》和《天津体育大学学报》(4次/月)、《山东体育大学学报》(1次/2个月)的发文频率较为稳定；此外，"体育总局科研所书刊部"、《上海体育大学学报》、《体育与科学》、《成都体育学院学报》绑定了官方视频号。

表1 体育类中文核心期刊微信公众号运营现状

序号	刊名	账号名称	账号主体	账号种类	是否认证	账号类型	首次发文日期	原创内容/篇	发文频率	视频号
1	体育科学、中国体育科技	体育总局科研所书刊部	国家体育总局体育科学研究所	服务号	是	事业单位	2016年4月29日	1 087	每月2-4次	书刊部
2	上海体育大学学报	上海体育大学学报	上海体育大学	服务号	是	媒体	2018年9月28日	261	每月4次	上海体育大学学报
3	北京体育大学学报	北京体育大学学报	北京体育大学(国家体育总局教练员学院)	服务号	是	媒体	2020年3月3日	300	每月1-4次	无

续表1

序号	刊名	账号名称	账号主体	账号种类	是否认证	账号类型	首次发文日期	原创内容/篇	发文频率	视频号
4	武汉体育学院学报	武汉体育学院期刊社	武汉体育学院	服务号	是	事业单位	2019年5月9日	无	每月3-4次	无
5	体育学研究	体育学研究	南京体育学院	订阅号	是	媒体	2018年5月28日	244	每月0-9次	无
6	体育学刊	体育学刊	华南理工大学	服务号	是	媒体	2017年5月27日	36	每月1-4次	无
8	天津体育学院学报	天津体育学院学报	天津体育学院	服务号	是	事业单位	2015年9月25日	100	每月4次	无
9	体育与科学	体育与科学	《体育与科学》编辑部	订阅号	否	媒体	2014年3月12日	266	每月1-7次	体育与科学
10	成都体育学院学报	成都体育学院学报	成都体育学院	服务号	是	媒体	2015年10月15日	181	每月2-4次	成都体育学院学报
11	沈阳体育学院学报	沈阳体育学院学报	沈阳体育学院	订阅号	是	媒体	2015年6月27日	129	每月2-10次	无
12	体育文化导刊	体育文化导刊	国家体育总局体育文化发展中心(中国体育博物馆)	订阅号	是	媒体	2017年6月	无	每月1-4次	无
13	西安体育学院学报	西安体育学院学报	西安体育学院	订阅号	否	媒体	2020年2月3日	2	每月1-4次	无
14	首都体育学院学报	首都体育学院学报服务号	首都体育学院	服务号	否	媒体	2017年11月30日	47	每月1-4次	无
14	首都体育学院学报	首都体育学院学报订阅号	首都体育学院	订阅号	否	媒体	2015年1月20日	66	每月0-6次	无
15	山东体育学院学报	山东体育学院学报	山东体育学院	服务号	是	媒体	2015年11月24日	无	每2个月1次	无
16	广州体育学院学报	广州体育学院期刊中心	广州体育学院	订阅号	是	事业单位	2021年7月13日	无	每月0-8次	无

注：本表统计时间为2024年7月31日；《上海体育大学学报》和《成都体育学院学报》的视频号均进行过微信直播，并且目前《上海体育大学学报》视频号有短视频40条，直播回放1条，《成都体育学院学报》视频号有短视频3条，直播回放4条。

腾讯公司在2012年推出微信公众号，而体育类中文核心期刊微信公众号最早发文是在2014年，至2015年也仅有6本刊注册并发文，占37.5%，具有明显的滞后性。从具体使用情况看，由于具有账号名称版权保护、消息直接显示在好友对话列表中、可以添加外部链接等优越性能，超过半数的体育类中文核心期刊选择使用服务号，并进行官方认证，且认证为"媒体"。2015 年微信公众号面向媒体类认证账号上线原创声明功能，截至目前已有 75%的账号发布原创文章，这充分体现了各刊对版权和新媒体传播数据的保护意识在不断加强。发文频率方面，各号发文频率不一，较多的频次是每月发布 4 次，这可能和服务号"每个月仅能群发 4 次消息"这一功能限制有关，发布的内容主要为每期的目录和遴选出的该期优秀论文的具体内容。

随着微信用户群体的不断壮大，以及短视频社交的迅猛发展，2020 年微信视频号正式上线，在保证账号粉丝群体不变的前提下，微信视频号可以与公众号进行官方绑定，传播视频内容和进行视频直播。根据表 1 结果，目前有 4 个微信公众号绑定了视频号，但仅有《上海体育大学学报》和《成都体育学院学报》两个账号发布了短视频并进行学术直播，这可能是由于学术传播的特殊性和新媒体编辑欠缺等原因导致的。

2.2 代表性体育类中文核心期刊微信公众号发展趋势分析

由于阅读目次能整体了解期刊每期的发文状况，微信目次阅读量也能较好地反映出作者对该刊的关注度，本文根据《中文核心期刊要目总览(2023 年版)》排序和《中国学术期刊影响因子年报》(2023 版)[7]影响因子排名，筛选出排名前三的期刊——《体育科学》《上海体育大学学报》和《北京体育大学学报》，进一步分析其目次阅读量变化情况。由图 1(a)可知，《体育科学》首次推送目次是在 2016 年，并在 2018 年之后开始规律发布每期目次(月刊)，2019 年至今，阅读量主要集中在 4 000~8 000 次，发展趋势较为平稳，也存在极值情况。由图 1(b)可知，《上海体育大学学报》首次推送目次是在 2015 年，之后便每期规律发布目次(2020 年之前为双月刊，2020 年改月刊)，2015—2024 年，目次阅读量规律上升，至 2022 年趋于稳定，目次阅读量从 2018 年之前的 1 000 以内发展至 2022 年的稳定分布在 4 000~8 000 次，较少出现极高或极低的情况。由图 1(c)可知，《北京体育大学学报》在 2020 年首次推送目次，2021 年开始规律发布每期目次(月刊)，之后目次阅读量呈上升趋势，从 2021 年的 2 000 次左右发展至 2024 年的 8 000 次左右，目前仍有上升趋势。

根据发文情况，在 2020 年第 10 期—2024 年第 3 期这一区间内，3 种刊规律发布了每期目次，且 3 本刊在这一时间段内均为月刊。横向对比 3 本刊每期目次的阅读情况，结果如图 2 所示。《体育科学》和《上海体育大学学报》的目次阅读量分布在 6 000 次左右，但是《体育科学》存在大于 10 000 次和小于 2 000 次等极值情况，其稳定性弱于《上海体育大学学报》。《北京体育大学学报》由于规律发布目次时间较晚，2022 年之前的阅读量主要在 2 000~4 000 次，2022 年至今，阅读量稳步上升，2024 年发布的 3 期均在 8 000 次以上，超过了另外两本

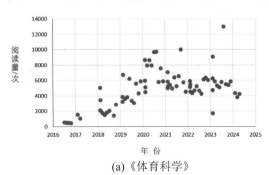

(a)《体育科学》

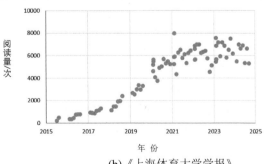

(b)《上海体育大学学报》

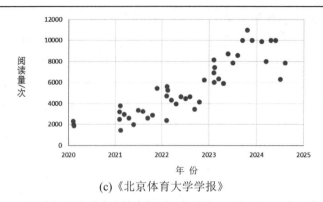

(c)《北京体育大学学报》

图 1 代表性体育类中文核心期刊历年微信目次阅读量分布散点图

刊,这可能是由于 2024 年 2 月至今,《北京体育大学学报》仅发布了 2023 年第 12 期—2024 年第 6 期的目次,没有发布单篇文章,使得总发文篇数减少,单篇阅读量增加。

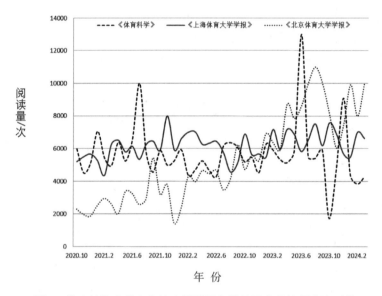

图 2 代表性体育类中文核心期刊历年微信目次阅读量分布对比

根据 3 种刊目次阅读情况,可以将发展阶段划分为快速发展期、稳定发展期、发展缓慢期 3 个阶段,快速发展期是 2022 年之前,这一阶段各刊尝试发布不同内容和调整不同排版风格,以探索最佳运营模式,其目次阅读量均有稳步上升的趋势,有效培养读者形成了新的阅读习惯;稳定发展期为 2022—2024 年,这一阶段的阅读量趋于稳定,账号运营模式和读者群体不断固化,基本可以灵活运用公众号中的各种附加功能,也可添加视频、语音、图像、外部链接等多媒体素材,固定相应排版风格。2024 年之后为发展缓慢期,这一阶段目次阅读量有下降趋势,这可能与读者群体固化、传播方式单一等因素有关,部分期刊开始寻求新的发展路径,如《上海体育大学学报》突破传统会议形式,适时推出"上体学报思享汇"系列学术活动,并通过微信视频号进行线上直播,读者在观看直播的同时可以在直播间实时进行提问并获得专家的及时回应,这也帮助该账号积攒了一批新粉丝。

3 体育类中文核心期刊微信公众号运营面临的问题与改进策略

微信平台出版周期短、内容多样化、服务多元化、互动性强，能够通过快速更新整合高质量的内容、提供多种服务、增强互动等方式更好地服务用户[6]。新时代，体育类中文核心期刊积极利用迅猛发展的科技手段，探索融合出版新路径，适时推出了微信公众号，并坚持经营账号，服务用户。从本文分析结果来看，依赖于读者公众号阅读习惯不断形成这一优势，各刊公众号自创办之初均存在一个稳步发展的阶段，但目前也出现了阅读量有下降趋势、读者黏性变弱、粉丝量增长困难等问题，本文尝试对此类运营问题进行归纳分析，并提出相应的改进策略。

3.1 整体运营效率较低，应重视新媒体编辑培养

各刊账号断更、拖期现象严重，不能按时发布相关内容，大大降低了读者预期，导致读者选择通过其他途径去了解或者放弃了解该刊当期内容[8]。如《北京体育大学学报》公众号到2023年底，仅推送至2023年第10期，有两期内容没有按时推送。此外，存在一刊多号的现象，分散了读者的注意力，降低了读者黏性。如《首都体育学院学报》既有订阅号也有服务号，两个账号定位区分不明显且每月均有发文，导致读者难以明确各自的特色与重点，影响关注度和阅读体验。微信公众号整体运营效率较低，一方面是由于编辑部对公众号的重视程度不够，缺乏运营技巧，另一方面是由于新媒体编辑人才短缺，难以适应新媒体平台的发展速度。对此，编辑部应加强对运用新媒体传播手段进行学术传播的重视程度，在人才、资金、技术等方面提供有效支持。

目前，编辑部人员短缺，难有专职新媒体编辑负责公众号运营。编辑们在常规出版工作已经饱和的情况下，难以分出多余精力学习和使用先进技术手段来管理公众号后台和进行平台升级。应强化新媒体人才培养意识，加强对现有编辑群体的资金和政策支持，鼓励编辑在人工智能时代敢于尝试新手段、充分利用新技术提升运营效率；通过招募外聘人员或高校新媒体相关专业的学生来增强运营能力；建立健全新媒体编辑职称评审制度，打通专业晋升通道，充分发挥新媒体编辑的工作积极性；甚至可以鼓励各刊合作共同组建一支运营团队，从现有编辑人员中调转一到两人，通过技术学习、专业培训，集中运营各刊微信公众号，整合现有资源，助力体育类学术期刊的数字化转型[9]。

3.2 推文内容的互动性有限，应借助 AI 技术寻求突破

公众号要想稳定发展用户，就必须做好互动服务[10]。学术论文本身的严谨性、严肃性导致推文的可读性有限、娱乐性不高，严重限制了读者的阅读兴趣。已有期刊尝试突破这一局限，例如，《上海体育大学学报》通过修改单篇推文题目，以期突出文章趣味性和可读性，如2021年第9期的一篇优秀文章，原题目为《执裁经验对足球裁判员判罚决策的影响——基于神经管理学视角》，推文题目改为《足球裁判员的经验是如何影响其判罚决策的？》[11]。但要在不破坏原题目核心内容的前提下修改推文题目难度较大，并且不是每一篇待推送的论文都适合修改题目，所以这一实践虽略见成效，但并不适用于大部分推文。近一年来，各刊公众号单篇推文阅读量突破性不大，且读者通过评论、点赞的方式进行互动的也较少，大多仅进行推文阅读、转发，与作者、其他读者与编辑部之间的互动几乎为零。随着 AI 技术的不断发展，出版行业迎来大变革，AI 赋能全流程出版势必成为未来发展的大趋势。可以尝试将微信公众号与 AI 出版创新应用相结合，如通过微信公众号发布 AI 视频导读、添加 AI 辅助阅读功

能等以寻求突破。

3.3 微信公众号平台发展放缓，应整合资源寻求新的传播手段

由于文章内容同质化严重、信息轰炸导致用户疲劳、用户的碎片化时间选择太多等原因，微信公众号平台的发展整体放缓，甚至有衰退之势，微信推文阅读群体也在不断减少，各号关注的粉丝量增速放缓，甚至出现"掉粉"现象。近一年来，体育类中文核心期刊公众号上较难出现阅读量超过 1 万的"爆款"推文。对此，编辑部应整合现有资源，在保证现有公众号正常运营的前提下，开发平台的新功能，如绑定视频号、进行微信学术直播等，或开发新的平台，如探索经营 Bilibili、抖音等平台账号进行内容输出，以吸引不同用户群体，通过新的传播手段寻求破局之道。

4 结束语

搭建微信公众号等新媒体传播平台有利于提升期刊的影响力。本文分别从宏观和微观视角分析了 16 种体育类中文核心期刊微信公众号的运营状况，发现体育类中文核心期刊均开通了微信公众号，并进行持续有效的运营，但也存在运营效率较低、人才短缺、互动性有限等问题。未来可以在坚持"内容为王"的前提下，创新内容输出形式，利用 AI 技术开发新功能、升级平台服务，组建学术共同体以实现学术资源集约化。

参 考 文 献

[1] 中华人民共和国中央人民政府.培育世界一流科技期刊 四部门联合发文推动科技期刊改革发展[EB/OL].[2024-08-01]. https://www.gov.cn/xinwen/2019-08/16/content_5421699.htm.

[2] 搜狐网.腾讯一季度微信及 WeChat 月活账户 13.59 亿,QQ 移动终端月活 5.53 亿[EB/OL].[2024-08-01]. https://business.sohu.com/a/778827581_114760.

[3] 宋锦玉,赵杉林,陈平,等.3G 时代科技期刊如何利用微信出版提高影响力[J].编辑学报,2015,27(4):386-387.

[4] 王雷.论体育学的学科特征[D].福州:福建师范大学,2017:1.

[5] 赵琪.微信公众号助力体育类期刊学术影响力提升路径与策略:以《体育与科学》杂志为例[C]//中国体育科学学会.第十三届全国体育科学大会论文摘要集:书面交流(体育社会科学分会).江苏省体育科学研究所,2023:1.DOI:10.26914/c.cnkihy.2023.085783.

[6] 王晓宇,陈姣,汪源,等.上海市科技核心期刊微信公众号建设现状及运营策略建议[M]//学报编辑论丛 2022. 上海:上海大学出版社,2022:490-497.

[7] 中国知网.《中国学术期刊影响因子年报》(2023 版)正式发布！[EB/OL].[2024-08-02]. http://www.eval. cnki.net/News/ItemDetail?ID=6abe3e41dbd5462387559540834e81cd.

[8] 杜丽,尚伟芬.综合性生物核心期刊微信公众号应用现状分析与运营策略[J].编辑学报,2023,35(增刊 1): 155-158.

[9] 罗艳兰,林萍,陈望忠.期刊微信公众号运营效率评价及提升策略[J].中国科技期刊研究,2024,35(6):788-797.

[10] 毕崇武,延敬佩,张译心,等.科普期刊微信公众号传播效果的影响因素与驱动机制:以中国优秀科普期刊(2020)为例[J].中国科技期刊研究,2024,35(2):153-162.

[11] 丁建岚,黄谦,张犁,等.足球裁判员的经验是如何影响其判罚决策的？[EB/OL].[2024-08-03].https://mp.weixin. qq.com/s/5E1CA3Y_QW77QObizZrJCQ.

农学类学术期刊论文的微信传播效果调查及影响因素分析

马宝珍，冯学赞，谢志霞，张楠楠

(《中国生态农业学报(中英文)》编辑部，河北 石家庄 050022)

摘要：为充分了解农学类学术期刊论文的微信传播特点和效果，探讨微信传播影响因素，依据《2021年版中国科技期刊引证报告(核心版)》农学相关期刊的下载量和影响因子等指标，筛选我国优秀农学类学术期刊，分析其微信公众号推送论文的内容特点及影响力。结果表明：农学类学术期刊微信公众号推送论文的阅读量整体偏低，平均值为186.4次；期刊影响因子与微信推送论文的阅读量呈正相关；综述类文章的微信传播效果优于研究报告，微信一次发布单篇论文的阅读量明显高于发布多篇论文；通过微信平台发布论文能显著提高其网络关注度，论文阅读量与其数据库下载量和浏览量均呈显著正相关。总之，微信平台论文推送在学术期刊传播中起明显促进作用，农学类学术期刊在提高自身影响力的同时，需加强论文的选择，重要论文应单次单篇发布，同时注意形式的编排，强化内容的吸引力，进一步提升微信平台在学术传播中的作用。

关键词：农学类学术期刊；微信公众号；发表论文；传播效果；阅读量

微信公众号借助微信平台承载的人际关系网络，以较快的传播速度、精准的服务定位、用户交互性强等特点，成为数字社会中信息传播的有效媒介之一[1]。众多学术期刊创办了微信公众号，以达到增强期刊凝聚力、提供前沿信息、搭建交流渠道、扩展服务对象的目的，微信公众号已成为学术期刊的又一个学术发布与交流平台[2]。目前学术期刊微信公众平台的功能主要集中在4个方面：发布期刊论文或当期目次、发布学术信息或新闻消息、提供稿件查询及期刊基本信息如期刊简介及投稿须知等等。其中发布期刊论文是最主要的功能，微信的在线交流、朋友圈消息推送功能使其具有其他媒体无法比拟的优势，利用微信平台发布传播期刊论文在传播深度、广度和速度方面具有明显的优势[3]。

研究和实践表明，微信平台在提高期刊的影响力方面效果显著。微信推送论文时，通过对文字及图表进行筛选、整合与加工，形成阅读体验较好、消耗流量少的图文摘要，可取得明显的推送效果[4]；学术期刊开通微信平台后，影响力显著提升[5-6]。微信平台的传播效果也受各种因素的影响，如孔薇[7]认为，内容质量是决定用户留下来的首要因素，而呈现形式对传播效果也有重要影响，如适宜的标题句式和创意、对论文的二次精细加工等；林欣等[8]的研究

基金项目：中国科学院2021年度科学传播项目和中国科学院自然科学期刊编辑研究会研究课题(YJH202310)
通信作者：冯学赞，E-mail: fengxz@sjziam.ac.cn

也表明关键词、编排方式、文章长度、菜单数量、活跃度与微信推文的阅读量呈正相关,呈现方式、交流互动等因素与阅读量呈负相关;张兰等[9]发现文章类型、标题修辞手法的运用、推送频率、编排技巧、文本呈现方式、互动方式等对单篇文章日均阅读量均有显著影响。

总之,学术期刊微信公众号的传播效果受多因素影响,通过发布优选内容、优化内容呈现方式、适量发布、加强互动等方式,可以明显提高微信公众号的影响力,促进学术期刊内容的广泛传播。然而,众多的研究多是以微信公众号所有推文为整体研究对象,少有对微信推送论文的单篇传播效果及影响因素进行研究。学术期刊微信公众号的主要任务是向读者推送期刊发表的重要文章或所有文章,提高每篇论文的阅读量是微信公众号运营的核心目标。探索微信推送论文的阅读量及可能的影响因素,对提高微信传播效果,增强期刊传播力具有重要作用,然而目前相关研究较少。

我国农学类期刊有600余种(中国知网数据库),在学术出版中占有重要位置。很多农学类学术期刊建有微信公众号,在我国农业研究成果传播与交流中发挥了重要作用[6]。但农学类学术期刊的微信公众号等新媒体整体发展落后于其他行业期刊[10]。有多位研究者对农业类期刊微信公众号运营策略进行了研究探讨,提出了主管主办单位重视期刊微信公众号的建设和运营[9]、明确定位、精准服务、加强互动[6]、注重发布内容的选择与创新[11]、提高内容质量[12]等多种有效措施,为农学类学术期刊充分利用微信公众号促进学术传播提供了参考。学术期刊微信平台除稿件查询、作者编辑互动外,其重要作用在于发布、传播期刊论文,促进更广泛的学术交流与传播,但微信平台的期刊论文的传播效率如何,其中的关键影响因素是什么?目前相关量化评估与研究较少。本研究以我国重要的农学类学术期刊的微信公众号为调查对象,对微信发布论文的内容特点、阅读量、期刊网站阅读量、中国知网的下载量和引用量进行统计分析,以期发现其中的变化规律,探讨可能的影响因素,为改进农学类学术期刊微信公众号学术论文的传播效果,制定有效的微信平台管理措施提供参考。

1 期刊选择、数据获取与分析方法

1.1 期刊选择

为了解我国农学类学术期刊的微信发展情况,根据《2021年版中国科技期刊引证报告(核心版)》选择"农学"及相关学科影响因子1.0以上期刊。从38种"农业综合类"期刊中选择9种、22种"农艺学类"期刊中选择5种、13种"园艺学类"期刊中选择3种、8种"土壤学类"期刊选择3种、21种"农业工程类"期刊选择2种,共22种农学类期刊进行调查。对每种期刊的微信公众号进行统计分析,并统计每种期刊2020年度影响因子和总下载量及2022年4月13—27日的清博指数。结果见表1。

清博指数是一个基于大数据分析的指标体系,可以评估某个事件、话题或人物在社交媒体上的影响力和热度。清博指数主要包括4个维度:传播力、影响力、活跃度和知名度。通过对这4个维度进行综合评估,就可以得出一个较为客观的清博指数。

1.2 数据获取方法

(1) 在各期刊官网查找其微信平台二维码并微信关注。对于官网没有提供微信平台二维码的期刊,在微信中用期刊名称进行搜索并关注。所选择的22种期刊中,研究期间仅《干旱地区农业研究》未查找到微信公众号(表1)。

表1 农学类调查期刊的样本数及影响力参数

学科	期刊名称	选出微信条数	统计论文数	总下载频次[1]	影响因子[1]	清博指数[2]
农业综合类	中国农业科学	20	49	11 985	2.190	380.58
	中国生态农业学报(中英文)	19	68	4 472	2.005	353.65
	核农学报			3 516	1.946	129.14
	中国农业气象			1 718	1.566	无数据
	中国农业资源与区划	15	48	2 696	1.443	278.23
	江苏农业学报			6 305	1.236	71.78
	华北农学报			2 137	1.234	未入库
	南方农业学报	15	45	2 730	1.231	332.25
	干旱区农业研究			3 119	1.087	无微信
农艺学类	作物学报			5 901	2.193	469.36
	中国水稻科学			1 640	2.024	未入库
	植物遗传资源学报	11	20	2 439	1.884	325.04
	棉花学报			967	1.543	171.93
	中国油料作物学报			1 610	1.422	无数据
园艺学类	中国烟草学报			1 458	1.491	369.5
	果树学报	36	48	2 820	1.451	290.12
	菌物研究			327	1.338	211.78
土壤学类	中国土地科学			2 596	3.179	513.68
	土壤学报	34	34	5 597	2.878	448.49
	植物营养与肥料学报			6 413	2.488	317.30[3]
农业工程类	农业工程学报	53	58	18 745	2.162	383.21
	农业环境科学学报	27	27	5 944	1.991	410.13

注:(1)总下载频次和影响因子来自《2021年版中国科技期刊引证报告(核心版)》;(2)清博指数来自"清博智能"网站的"清博指数"(https://www.gsdata.cn/rank/wxrank),日期为2022年4月15—27日;(3)清博指数为2022年2月18日数据。

(2) 调查微信推送论文的内容特征,并统计阅读量、引用和下载量等参数。各期刊微信公众号的内容不尽相同,大多数会发布期刊每期的目次和重要学术动态等内容,有的会附带发布行业消息、专家介绍等。调查的期刊中仅有9种期刊的微信公众号发布期刊论文的内容(表1)。将微信公众号发布论文的阅读量作为评价该篇论文微信传播效果的指标,以2018—2019年间发布的期刊论文为调查对象,于2022年5月12—16日进行相关数据收集。对发布多篇文章的微信公众号(主要是服务号),选择第一篇、中间一篇和最后一篇进行统计。对仅发布一篇文章的微信公众号(主要为订阅号),每个月选择3~4篇论文进行统计。调查参数包括每篇文章的发布时间,发表年份、卷号、期号、页码,内容格式(纯文字消息、图文消息),文章类型(综述、研究报告)及阅读量。同时,在期刊官网查找所选文章的点击量和PDF下载量,在中国知网查找所选文章的引用量和下载量。

(3) 对照论文的选择与调查。选择与微信发布文章尽量在同一刊期同一栏目、页码相近或临近刊期而未被微信公众号推送的论文作为对照,相应地统计这些文章在期刊官网的点击量、论文下载量及在中国知网的引用和下载量,进行对比分析。

1.3 数据分析方法

调查的基本数据采用 Excel 2010 进行统计，差异显著性分析采用 t 检验。论文阅读量和影响因素采用 Excel 2010 进行 Person 相关性回归分析。为削弱期刊影响力和微信关注人数对文章阅读量的影响，在进行不同类型文章和不同发布方式阅读量差异分析时，对数据进行标准化处理(即每单位影响因子和清博指数的阅读量)，计算方法如下：

$$Q_S = Q_N / F_I / I_Q \times 100 \tag{1}$$

式中：Q_S 为标准化阅读量；Q_N 为阅读量，次；F_I 为影响因子；I_Q 为清博指数。

2 结果与分析

2.1 微信推送论文阅读量特征分析

所调查的 9 种期刊 2018—2019 年微信推送论文的单篇阅读量差异较大，所有微信推送论文的单篇阅读量平均值为 186.40 次，标准差为 281.42，数据区间为 7~1 994 次。从阅读量数据的分布特征(图 1)可以看出，阅读量为 10~50 次的论文占比最多，为 32.79%，其次为 50~100 次和 100~200 次，占比分别为 21.86%和 19.14%，这 3 项的占比总和达 73.79%，说明农学类学术期刊微信平台发布论文的阅读量普遍较低，与其他媒体微信公众号内动辄 10 万次以上的阅读量无法相比。这与学术类期刊专业性强、属小众类媒体有很大关系，同时也可能与农业科研人员文献阅读习惯、微信本身内容特点及其运营方式有关。

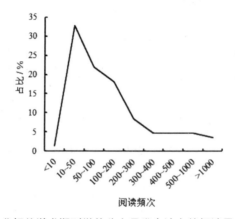

图 1 农业相关学术期刊微信公众号发布论文的阅读量分布特征

2.2 阅读量影响因素分析

为探讨微信发布论文阅读量的影响因素，根据农学类期刊微信发布论文的基本特征，选择期刊影响力、文章类型、一次发论文数量、微信发布论文字数、内容特点等因素，分析其与文章阅读量的统计关系。

2.2.1 阅读量与期刊影响力的关系

以期刊的影响因子作为影响力指标，分析其对微信推送论文阅读量的影响(图 2a)。可以看出，期刊影响因子与微信推送论文的阅读量呈显著正相关($P<0.05$)，相关系数(r)达 0.840 5。说明优秀期刊通过微信推送的论文同样能获得较高的关注度和阅读量。

清博指数是利用微信公众号的阅读量、点赞量和评论数量等数据分析微信公众号的传播指标，用以评价公众号的推文热度或关注度。从图 2b 可以看出，期刊微信平台的清博指数与微信论文阅读量呈显著正相关($P<0.05$)，相关系数(r)为 0.772 8。说明期刊微信平台的关注度在论文的传播效果中起到了重要作用。论文阅读量与清博指数的相关系数小于与期刊影响因子的相关系数，故期刊本身影响力的提高是扩大微信推送论文传播面和提高传播效率的基本保证。

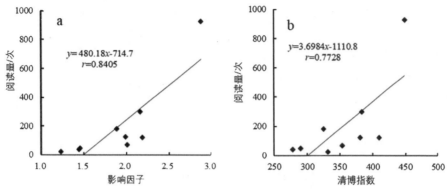

图 2　农业相关学术期刊微信推送论文的阅读量与期刊影响因子(a)和清博指数(b)的关系

2.2.2　文章类型对微信阅读量的影响

根据农学类学术期刊的特点，选择研究报告和综述两类论文的微信阅读量进行分析。由于农学类学术期刊发表的综述相对较少，故将所有期刊数据合并后进行分析，为避免因期刊影响力和微信关注度对阅读量分析的影响，利用影响因子和清博指数对微信推送论文阅读量进行了标准化处理，具体处理方法见式(1)。图 3 显示了这 2 类微信推送论文标准化阅读量数据的分布差异。综述论文的平均阅读量极显著高于研究报告($P<0.01$)，这与综述论文易于被引用相关。综述论文针对某一研究方向对最新的研究进展进行总结和论述，所承载的学术内容更丰富，学术思想更深刻，所具有参考价值更高，故阅读量会偏高。从阅读量的分布特征看，综述论文的标准化阅读量>80 的占比是研究报告的 3 倍多，而 1~10 低阅读量的占比则低于研究报告。从总体趋势看，综述论文的微信传播效果优于研究报告类论文。

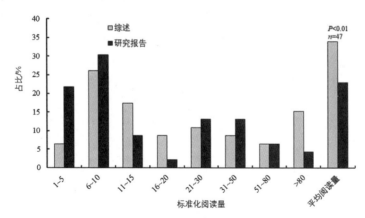

图 3　农业相关学术期刊微信公众号发布的综述类和研究报告类论文阅读量的差异
(最右侧图柱"平均阅读量"数据为阅读量的平均值，非百分数)

2.2.3　微信单次论文发布量与阅读量的关系

目前农学类学术期刊的微信公众号类型包括服务号和订阅号。因受微信服务号 1 个月仅能发布 4 次的限制，期刊利用微信服务号一般会一次发送多篇论文，也有的期刊会选择每次仅发布一篇重要论文，以强化传播效果。订阅号则每天都可发布消息，故期刊一般每条微信仅发布一篇论文。针对这一特点，为分析微信公众号不同发布数量对论文阅读量的影响，将所有期刊微信推送论文的阅读量数据标准化处理后进行综合统计，结果见图4。

两种发布类型的论文阅读量占比数据的分布特征有明显差异，多条发布的论文阅读量标准化值由低到高呈减少趋势，说明阅读量高的论文占比更少；而单条发布的论文阅读量标准化值呈先增加后减少的分布。在标准化阅读量为1~10时，一次多条发布论文阅读量的占比高于单条发布模式；而阅读量>11后，单条发布论文的阅读量占比明显高于多条发布的论文。单条发布论文的平均阅读量标准化值为 34.28，多条发布的单篇论文为 12.04，两者差异极显著（$P<0.01$），说明微信公众号每次单篇推送论文更能引起读者的关注，有利于论文的传播。

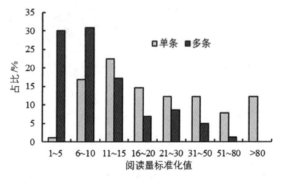

图 4　农业相关学术期刊微信单次论文发布量对单篇论文阅读量的影响

2.2.4　论文字数对其阅读量的影响

农学类期刊通过微信发布的论文一般是对其内容的简要介绍，以便于读者阅读。为分析微信论文内容对其阅读量的影响，选择了简单的内容量化指标——总字数，分析其与阅读量的关系。从图 5 可以看出，微信论文阅读量与字数呈线性相关，虽达显著性水平（$P<0.01$），但相关系数偏小，仅为 0.243 3，呈极弱的相关性。数据分布还显示，在论文字数大于 1 500 时，随着字数的增加，论文阅读量均呈低值分布。故可认为，虽文章长度在一定程度上与阅读量呈正相关[7]，但所调查的农学类相关期刊微信论文的字数对其阅读量影响偏小，在进行微信内容编辑时论文文字不宜过多。

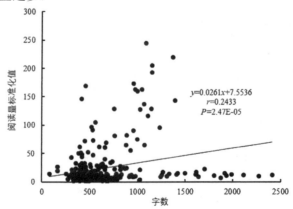

图 5　农业相关学术期刊微信发布论文的字数与其阅读量的关系

2.2.5 论文内容特点对其阅读量的影响

微信推送的论文可以分为 2 种类型：一是"文字摘要"类型，基于发表论文的摘要对其进行简单的文字缩减或扩充，提供了研究目的、方法、结果、结论等要素；第二种是"图文摘要"类型，内容不仅含有简要的文字介绍，还提供相关的图表或其他介绍内容，如作者及作者团队介绍、试验照片或团队照片等。对 9 种调查期刊论文阅读量的标准化值进行分析，其中 3 种期刊微信推送论文仅有"文字摘要"类型，2 种期刊仅有"图文摘要"类型，4 种期刊兼有"文字摘要"和"图文摘要"两种类型。阅读量分析结果表明，第一种和第二种内容类型的平均阅读量标准化值分别为 16.13 和 31.48，说明图文并茂的微信论文内容更易吸引读者。

2.3 微信发布论文传播效率分析

2.3.1 微信发布对论文下载量和被引用频次的影响

为了解微信发布论文对其传播效果的提升程度，对同一期刊同一期或临近期的微信发布与未发布论文的期刊官网点击量和下载量及中国知网下载量与引用量进行了统计，并比较了两种类型文章的差异(表2)。

从表 2 可以看出，微信发布论文的各项指标的平均值高于未发布论文，官网点击量和下载量分别提高 7.74%和 12.79%，但差异未达显著水平。而中国知网下载量和引用量分别提高了 25.76%和 12.76%，差异均达显著水平。说明通过期刊微信平台发布的论文显著提高了其网络使用率，有力提升了传播效果。

表 2 农业学术期刊论文微信发布与否对其传播的影响

论文类型	官网点击量	官网下载量	中国知网下载量	中国知网引用量
微信发布	885.69±712.64	780.36±712.64	565.95±656.95	13.17±14.30
微信未发布	822.01±612.36	691.87±612.36	450.01±361.21	11.68±11.66
P 值(单尾)	0.120	0.100	0.002	0.040

2.3.2 微信阅读量与文章影响力

期刊通过微信平台发布论文的目的是利用微信传播范围广、速度快的特点，实现更好更快的传播，但传播效果如何？是否能提高论文的影响力？为回答这些问题，将微信平台发布论文的阅读量与其在期刊官网的下载量和点击量及中国知网的下载量和点击量进行了相关分析，具体结果见表3。从表3可以看出，微信论文的阅读量与其相应的 4 个影响力指标均呈极显著相关($P<0.01$)，但相关系数偏低，仅与官网点击量的相关性达到中度，其他指标均呈弱度相关，尤其是与知网引用量的相关性最低，相关系数仅为 0.260 8。说明期刊微信平台推送论文能够提升其影响力，但力度有限，有待进一步提升。

表 3 农业学术期刊微信发布论文的阅读量(x)与影响力的关系

影响力(y)	样本量	回归公式	r	P
期刊网站点击量	307	$y=1.269\ 8x+614.95$	0.560 2	9.21×10^{-27}
期刊网站下载量	307	$y=1.350\ 5x+619.06$	0.365 2	4.04×10^{-11}
中国知网引用量	350	$y=0.015\ 5x+10.502$	0.260 8	7.52×10^{-7}
中国知网下载量	350	$y=0.621\ 8x+430.69$	0.340 3	6.12×10^{-11}

3 讨 论

目前，优秀农学类期刊都建有自己的微信公众号，有的期刊甚至同时建有服务号和订阅号，但微信公众号发布的内容一般比较简单，主要是每期的目次、期刊的消息、相关学科的新闻等，本研究调查的22种期刊中仅有9种期刊在微信公众号中发布已正式出版的论文。对9种期刊微信发布论文阅读量的调查表明，其阅读量总体偏低，平均值仅为186.40次，阅读量为10~50次的占比达32.79%，且70%以上论文的阅读量低于200次。分析原因可能与农学学术期刊为小众类媒体，文献的需求量与大众媒体有明显差别，期刊公众号关注的人数偏少，与动辄十几万关注量的其他领域微信公众号相比，存在明显的弱势。另外，农学类期刊微信运营不当也可能是阅读量偏低的原因。目前学术期刊编辑部尤其是单刊编辑部人员配置较少，缺乏数字化媒体专业人才，在微信运营方面存在明显的技术和精力短板，导致微信发布频率低、内容单调、互动管理弱等不足。

虽然目前农学类期刊微信平台的关注度较低，但利用微信平台发布期刊论文仍具有明显促进传播的作用。本文对学术期刊发表论文在微信平台传播效果的量化评估结果表明，微信发布论文的期刊官网阅读量和下载量、中国知网下载量和被引频次均高于未发布论文，且中国知网下载量和引用量显著提高25.76%和12.76%。期刊发表的论文经过精心加工后，以简洁生动的语言、图片、音频、视频等形式在微信平台向特定群体推送，有利于用户在碎片时间内阅读，全文链接方便引导用户进行深度研究；而微信的分享、转发等功能有利于内容的多层级推广，故是提高论文可见度和扩散面的重要途径。

对农学期刊微信发布论文阅读量影响因素的分析结果表明，与研究报告类论文相比，综述类论文能让读者在短时间内掌握特定主题的科研信息，因而其微信推文更易受到关注，可获得较高的阅读量。期刊通过微信公众号每次只推送一篇论文时，因其内容更突出、明确，论文的阅读量高于单次发布多篇论文的阅读量。相关研究也表明，微信公众号应以发布高质量文章为目标，不必盲目增加论文的发布数量和频率[7,13-14]。微信推送论文时其内容图文并茂或图、文、视频等多形式呈现更能吸引读者，提高阅读量。林欣等[8]的研究发现，推文的呈现方式对微信公式号的传播效果有显著影响，丰富多样的文本编排更能吸引受众，提升阅读量，这要求编辑部要提升其微信公众号发布论文的编排能力。调查结果还表明，农学类期刊微信论文的字数与微信阅读量的相关度较低，虽然科研人员习惯仔细研读长篇论文，但读者在手机上阅读一整篇科技论文的意愿并不强烈[4]，长篇论文也不适合在手机等移动平台上阅读。因此，论文微信推文应长度适中，以展示论文核心、亮点内容为宜。

4 结束语

通过对我国农学类学术期刊发表论文的微信平台上阅读量的逐篇调查，发现我国农学类学术期刊比较重视微信这一重要的自媒体，多本期刊利用微信推送发表的学术论文，并起到了明显的促进学术传播与交流的作用。然而，农学类学术期刊的微信平台普遍存在传播内容较简单、传播效率低的问题。为了充分利用微信平台进行学术期刊的媒体融合，建议采取以下措施：①农学类期刊在微信公众号运营中应首先选择性地推送优秀论文，没有选择地一次发布多篇论文会使读者产生选择疲劳，降低阅读兴趣，不利于对论文阅读量的提高。而利用订阅号单篇发布论文会获得更高的阅读量。②发布信息量多、参考价值高的综述或评述论文更易获得读者关注。另外在内容呈现的编排上，优秀图表的使用及语言的组织加工可以在一定程度上提高论文推文的可读性。③提高期刊本身的学术质量和影响力，是增加微信关注人数和提高微信传播效果的根本。

参 考 文 献

[1] 李思越.使用与满足理论视角下档案微信公众号传播效果研究:以"金山记忆"为例[J].档案天地,2021(9):46-49.
[2] 李庆,贺倩.学术期刊微信公众号运营思考[J].中国报业,2022(1):88-89.
[3] 冯学赞,周贵连,马宝珍,等.从读者获取和利用文献的习惯谈农学类学术期刊的数字化传播策略[J].中国科技期刊研究,2022,33(8):1026-1034.
[4] 何真,王玉锋,王小飞,等.学术期刊微信推送论文的内容选择及加工技巧[J].编辑学报,2017,29(增刊 2):S55-S57.
[5] 宗明刚,赵文青.微信推广对学术论文传播效果的影响:以新闻传播类学术期刊为例[J].中国科技期刊研究,2020,31(6):697-701.
[6] 费理文,王瑞霞,曹婷婷.微信公众号与农林类期刊影响因子研究[J].编辑学报,2023,35(增刊 1):159-164.
[7] 孔薇.科技期刊微信公众号信息传播效果和运营策略研究[J].中国科技期刊研究,2019,30(7):745-753.
[8] 林欣,甘俊佳.高校学报微信平台传播力的影响因素研究[J].中国科技期刊研究,2021,32(5):662-670.
[9] 张兰,陈信凌.社科类学术期刊微信公众号传播效果影响因素实证研究:以 CSSCI 来源期刊(2019—2020)为例[J].中国科技期刊研究,2019,30(9):1014-1021.
[10] 张睿,郭娇.农业学术期刊微信公众号运营策略探析:以《上海农业学报》微信公众号为例[J].编辑学报,2023,35(增刊 1):175-176.
[11] 徐佳.农业类高校学报微信公众平台运营初探及发展对策研究:以《扬州大学学报》(农业与生命科学版)为例[J].扬州大学学报(农业与生命科学版),2022,43(3):138-144.
[12] 李梅玲,鲁博,武星彤,等.我国农业科技期刊智慧出版模式探讨:基于微信公众号应用现状调查[J].编辑学报,2023,35(增刊 1):165-170.
[13] 周霜菊,顾轶洋,路晓璇.高校微信传播效果计量分析研究:以华东理工大学为例[J].今传媒,2020(10):23-26.
[14] 任璐.市场影响力视角下的学术期刊微信公众号发展分析[J].中国市场,2022(9):127-128.

生成式人工智能在中文科技期刊编校中的应用研究

贾 杰，杜珊娜

(山西大学学术期刊社，山西 太原 030006)

摘要：由于生成式人工智能(Generative Artificial Intelligence)在内容生产领域的突出表现，编辑从业人员正在积极探索使用生成式 AI 来提升编辑校对工作的质量和效率。本文讨论了生成式 AI 对中文科技期刊编校工作产生的积极作用，表现在生成式 AI 可以有效地检查中英文文本的语法、逻辑错误，帮助编辑润色稿件文本。阐述了生成式 AI 相比于传统审校工具的进步，以及国内生成式 AI 工具处理中文稿件的优势。然而，生成式 AI 在编校工作中的应用尚处于初级阶段，其在处理复杂性和细节方面存在局限，这突显了出版行业对定制化大模型的迫切需求。

关键词：生成式人工智能；中文科技期刊；编校质量；传统审校软件；智能化需求

中文科技期刊的编校质量是期刊出版质量的重要内容，是期刊出版的中心环节，涉及对文章结构、内容、语言逻辑、格式规范等的审查改进，以符合科技期刊出版的学术性、准确性和科学性。根据我国《报纸期刊质量管理规定》，期刊的编校质量差错不得超过万分之二。为保证期刊的编校质量和出版质量，期刊编辑不仅需要审核拟录用稿件内容，优化文章表达方式，统一文章的格式，而且要检查稿件中错别字和语法错误，检查文中的引用是否正确、公式、图表、数据是否准确，参考文献是否正确等。且按照"三审三校"的制度要求，编校任务必须经过层层把关和反复校对，确保每一期刊物的出版质量[1]，所以，编校工作是一个耗时且烦琐的过程。为了提高编校质量和效率，一些审校软件在编辑工作中得到广泛的应用，如黑马校对、方正审校和善锋校对等。黑马校对和方正校对可对文稿中的政治性错误、中文拼写错误、常用字错误等给出较为满意的结果；善锋校对软件可以自动检查参考文献的格式和信息错误，给出符合期刊格式要求的文献内容，极大地降低了编辑校对参考文献的工作量。但是黑马校对无法联系上下文、报错量过大[2]，方正审校有误报和漏报的问题，善锋校对也有少量文献作者书写错误。

自 2022 年 11 月 30 日美国人工智能公司 OpenAI 的大型语言模型 ChatGPT(Chat Generative Pre-trained Transformer)问世，生成式人工智能(Generative Artificial Intelligence)以其互动性和实用性，为日常生活增添了便利和多样性，成为新时代生产力提升的显著标志[3]。生成式 AI 是基于算法、模型、规则生成文本、图片、声音、视频、代码等内容，能够针对用户需求，依托事先训练好的多模态基础大模型等，利用用户输入的相关资料，生成具有一定逻辑性和连贯性的内容[4]。生成式 AI 模型的出现驱动着出版领域的智能化、数字化和精准化，人机协同模式正改变着编辑的职业习惯[5]。人们尝试着在编校工作中使用生成式 AI 以帮助编辑提高编校质量和效率[6]。为此，本文以生成式 AI 在编辑校对工作中的应用为基础，讨论了其在编校任务中的具体表现，并与传统审校软件进行了比较分析。同时，结合工作实践，提出了编校工作智能化发展的需求。

1 期刊编校使用生成式人工智能的现状分析

基于生成式人工智能丰富的语料库和强大的计算能力，该技术在内容生产领域表现尤为突出，机器输出的速度和高效率必将为编校工作带来革命性变革[7]。出版行业与内容产业息息相关，生成式 AI 因此在出版行业中具有不可估量的应用价值[8]。在编辑和校对任务中，这种 AI 技术能够利用其对大量文本数据的学习，迅速发现并纠正文本中的错误，提高一致性，并指出如何改进，极大地增强了编校工作的效率。

1.1 生成式人工智能应用于编校工作的具体表现

生成式 AI 在中文科技期刊的编校工作中的应用研究，主要分为两种方法：单一 AI 工具的测试应用和多种 AI 工具的综合测试应用。

(1) 单一 AI 工具测试使用效果。研究人员会选择一个特定的 AI 工具，通过在 AI 中设置要求，得到测试结果，并对测试结果与原文进行比较，评价 AI 工具的使用效果。例如，刘俏亮等利用 Notion AI 工具测试了其对稿件文本内容的校正润色能力[4]，结果显示，Notion AI 能够通过上下文理解文稿语义，自动进行编辑和润色，从而提升稿件文本、语法和标点使用的准确性，增强论文的流畅度。Notion AI 的使用极大地减轻了编辑的负担，提高了工作质量和效率。文采利用 ChatPDF 工具，对不同学科的 PDF 稿件进行引文真实性测试，该工具可自动识别并展示文献主题相关内容，从而辅助编辑快速评估引文的真实性，该研究展示了人工智能高效核实参考文献的准确性上的应用价值[9]。李侗桐等研究了 ChatGPT 对中文摘要的文字编辑效果，ChatGPT 在编辑中文摘要方面具有一定的正面影响，能够有效纠正语法错误、提炼语言表述，并使学术术语的使用更加规范[10]。

(2) 多种 AI 工具测试使用效果。利用多个 AI 工具测试其对中文科技期刊编校能力，以评估它们在编校工作中的应用效果。例如，夏丽云等研究者系统地梳理并测试了当前互联网上可获取的 150 多种大模型在编校工作方面的表现，揭示了多种大模型处理不同类型和难度文本的能力。他们的研究认为，其中有 58 种大模型具备有效的编校功能[11]。

1.2 生成式人工智能与传统校对软件应用比较

传统校对软件如黑马校对和方正审校等，专注于中文文本的校对，具备强大的查错能力，尤其在政治性错误、敏感词和个性化错误校对方面表现出色。且经过多年的编校实践，很多编辑部已经总结了一套利用黑马校对提高编校质量的方法体系，如《航空制造技术》编辑部建立了"编辑知识库+黑马校对"的编校加工模式，这种模式不仅提高了工作效率，还确保了编校质量，取得了良好的实践效果[12]。

如前所述，生成式 AI 在编校工作中的应用，相较于传统校对软件，具有多项显著优势。首先，生成式 AI 能够基于上下文理解进行更准确的语法和逻辑错误纠正；其次，生成式 AI 在润色稿件方面展现出色能力，能够提升文本的流畅性和可读性。因此，生成式 AI 在中英文摘要编辑、稿件文本编辑方面，在核对引文真实性和参考文献中作者姓名判断等任务时显示出较大优势。

1.3 国际模型与国产模型应用效果分析

中文科技期刊的编校工作虽然主要针对中文文本，但也需要处理包括英文标题和摘要在内的少量英文文本。因此，考察国内外生成式 AI 在中文科技期刊编校质量的使用效果是有必要的。

ChatGPT 自发布以来，受到了全球用户的广泛关注，并在一定程度上改变了人们的日常生活。ChatGPT 拥有包含世界各国数据的庞大数据库，其在中文科技期刊中的应用研究显示出一定效果，尤其是在英文文本的编辑校对方面。然而，编校实践证明，国产大模型在中文科技期刊编校方面可能具有更多优势。这是因为中文稿件常常涉及特定的政治敏锐性、复杂的语法结构以及专业术语的使用，这些都需要对中文语境有深刻理解的 AI 模型来更准确地处理。国产 AI 模型，如"通义千问"和"讯飞星火"等，由于其在中文语言处理上的专业优化，可能更适合中文科技期刊的编校工作[11,13]。

2 编校工作对生成式 AI 的智能化需求

生成式人工智能(AI)的迅猛发展正重塑学术出版的格局，也为编校工作开辟了新的视野与可能性，期刊编校工作将有望借助生成式 AI 发掘新的发展契机。下面结合编校实践工作展望 AI 技术赋能学术期刊出版，通过人机协同实现编校质量与效率的显著飞跃。

2.1 稿件编辑

北京北大方正电子有限公司所推出的方正学术出版云服务平台，以及北京仁和汇智信息技术有限公司所研发的 XML 结构化自动排版系统，均为期刊编校工作带来了革命性的变化。这些系统能够依据期刊的格式要求，快速生成模板，并在提交 Word 文档后自动制作校样。然而，目前这些平台主要支持 Word 格式的稿件，对于 PDF 格式的稿件支持不足。鉴于许多数学类稿件通常使用 LaTeX 编辑并输出为 PDF 文件，这就导致作者无法直接利用现有系统，而必须重新转换为 Word 格式，这一过程既耗时又费力。若能实现对 PDF 稿件，特别是包含复杂数学公式的数学类稿件的准确识别，将显著减轻排版和编辑人员的工作负担，大幅提升工作效率。

在引文编辑过程中，经常需要参照国家标准或相关规定进行引用。现有的审校软件往往缺乏这些专业数据库的支持，因此，构建一个专门服务于中文学术期刊的 AI 模型显得尤为重要。该 AI 模型的数据库应涵盖国家关于期刊出版的管理规定、期刊出版标准，以及已发表的中文文献等资源。此外，数据库还应包括可能出现在引文中的国家公文和重要政策文件。通过利用机器学习和搜索技术，AI 模型能够迅速完成原文的搜索与核对，确保稿件中引文的引用准确无误。这不仅能够提高编校工作的质量和效率，也将为学术出版的标准化和规范化做出贡献。

2.2 稿件校对

生成式 AI 在处理中英文文本的修改、语法判断和润色方面，相较于传统审校软件具有明显优势。它能够综合上下文信息，对文本内容进行深入分析和判断，从而提供逻辑连贯、语法准确的文本。这种能力在传统审校软件中往往难以实现。

然而，生成式 AI 在识别特定细节方面仍存在局限。例如，在对错别字、专有名词、废弃字的使用，以及作者单位的中英文名称等进行校对时，AI 可能无法准确识别。这种情况在学术稿件中尤为常见，作者在投稿时可能会按照自己的习惯写作，而忽略了与官方网站名称的一致性。例如,"山西大学数学科学学院"的官方英文名称应为"School of Mathematical Sciences, Shanxi University",而非作者可能习惯性写成的"College of Mathematical Sciences, Shanxi University"。

在这种情况下,如果使用"College of Mathematical Sciences, Shanxi University"作为查询内容,一些 AI 工具可能会确认其英文表达的语法正确性,但同时会提示用户根据学校官网的写法进行修正。此外,对于"大同大学数学与统计学院"的英文翻译,AI 可能提供"School of Mathematics and Statistics, Datong University"的翻译,而忽略了"大同大学"的官方英文名称应为"Shanxi Datong University"。

这表明,尽管生成式 AI 在文本处理方面具有巨大潜力,但其在特定领域的针对性和智能化程度仍需进一步提高。特别是在处理具有专业性强的学术期刊文本时,AI 的判断准确性尚不能满足所有需求,最终的校对和判断仍需依赖于专业编辑的经验和知识。

因此,生成式 AI 应被视为编校工作的辅助工具,而非替代品。编辑在使用 AI 进行初步校对后,仍需进行细致的人工复核,确保文本的准确性和专业性。随着技术的不断发展和优化,我们期待生成式 AI 在编校领域的应用能够更加精准和高效。

2.3 生成式 AI 优化编校流程的建议

尽管人工智能提供了诸多强大的辅助功能,它却无法取代人类的创造力和专业判断,特别是在处理那些需要深度思考和创新的复杂语境中。因此,我们应该将人工智能定位为编辑工作的得力助手,而非替代者。

表 1 详细总结了在编辑编校过程中,各个环节使用传统审校工具和生成式 AI 的情况。由表 1,我们可以清晰地看到编校流程对传统审校工具的依赖程度,以及生成式 AI 在实际应用中的表现。为了提升校对工作的效率和准确性,根据不同期刊的风格和要求,我们可以将生成式 AI 工具集成到现有的编校流程中,确保它与人工校对环节实现无缝对接,形成一种高效的工作模式,充分发挥人机协作的优势。同时,表 1 也反映了在各个编校环节中,编辑的最终判断和把握是不可或缺的。

因此,目前编校流程的智能化水平尚显不足,我们需要积极推动我国自主开发的辅助编辑人工智能工具的研发,以满足出版行业在智能化转型中的独特需求和挑战。通过这些努力,我们可以期待人工智能在编校工作中发挥更大的作用,为提升整个出版行业的质量和效率做出贡献。

3 结束语

生成式 AI 凭借其迅速获取和处理文字信息的能力,为期刊编校工作提供了诸多便利。通过人工智能与编辑的人工审核相结合的双重校验机制,显著提升了编校工作的精确度和可靠性。此外,生成式 AI 强大的学习能力也在一定程度上减轻了编辑因个人英语水平局限而在阅读英文文献和稿件时遇到的困难。然而,人工智能在编辑和编校过程中的应用仍面临一些挑战。例如,AI 在理解语言语境和隐含意义方面存在局限性,因此在实际编校工作中,编辑仍需发挥主观能动性,依据自身经验对智能审校软件和生成式 AI 提供的结果进行判断。鉴于此,在生成式 AI 的应用环境中,编辑提升自身的智能化素养、加强语言文字能力,以及提高编校规范水平,都显得尤为重要。

表1 传统审校工具、生成式AI和编辑人工判断在编校流程中的协同使用情况

编校流程	内容要求	适用范围		
		传统审校工具	生成式AI	编辑人工判断
编辑	政治性审查、拼写错误、专有名词术语、废弃字使用	领导人姓名、国家地区名称、涉港澳台问题；错别字、重复字/词；科技术语；废弃字识别	根据语料库判断，可少量识别	须人工判断：专业词汇、固定语言搭配等
	作者单位中英文名称	识别错别字	部分识别作者单位中英文名称，给出官网地址作为参考	须人工判断：查询官网名称
	稿件标题审核	识别错别字	标题语法逻辑问题	标题字数、大小写等
	图表制作问题	识别错别字	图表文字语法逻辑问题	人工核对：图表文字、数字、量和单位书写等
	中英文语法	不能识别	联系上下文判断，纠错：语句逻辑不通、指代错误等，用词不当、词语搭配问题，精炼语言表达、规范学术用语等文字润色功能	人工判断生成式AI校正优化是否正确
校对	量和符号	能识别单位，不能识别符号	识别少量	人工核对量和单位正斜体、大小写
	参考文献校对	善锋校对可以逐条核对文献信息(作者、论文题目、期刊名称、卷期页码、出版者、出版年等)，并按照期刊格式给出每一条参考文献的全部内容	外文文献中作者姓名书写顺序判断	人工核对参考文献信息
	事实核对	识别中文事件相关信息	引文真实性审查数据准确性判断	人工判断正文中引用是否准确
	数据核对	概数问题可识别	数据的倍数关系、趋势判断、常识性数据	须人工判断数据的数字关系等
	保证全文在术语使用、格式、表述上的一致性	不能识别	不能识别	人工判断：术语使用、格式、表述是否一致
	检查版面设计、字体、行距、页边距等是否符合要求	不能识别	不能识别	人工判断：版面设计、字体、行距、页边距等是否符合要求

参 考 文 献

[1] 孙馨.严格"三审三校"制度,推动期刊出版高质量发展[J].科技与出版,2021(6):99-102.
[2] 张渊.黑马校对软件应用刍议[J].出版广角,2018(6):58-60.
[3] 陈永伟.超越 ChatGPT:生成式 AI 的机遇、风险与挑战[J].山东大学学报(哲学社会科学版),2023(3):127-143.
[4] 刘俏亮,张洁,刘东亮.应用 NotionAI 辅助编校中文科技期刊论文[J].编辑学报,2023,35(5):550-553.
[5] 王飞,冯诚."智能编辑人":生成式人工智能对编辑角色的认知重塑[J].编辑之友,2024(8):92-98.
[6] 高虹,郝儒杰.人工智能时代学术期刊编辑的职业发展:现实境遇、多重影响与有效应对[J].中国科技期刊研究,2021,32(10):1255-1261.
[7] 徐敬宏,张如坤.ChatGPT 在编辑出版行业的应用:机遇、挑战与对策[J].中国编辑,2023(5):116-122.
[8] 陈少志,白永星.以新质生产力推动出版深度融合发展:基于生成式人工智能的视角[J].出版与印刷,2024(2):14-24.
[9] 文采.人工智能阅读工具在引文真实性审查中的应用于分析[J].编辑学报,2024,36(2):198-202.
[10] 李侗桐,高瑞婧,田佳.ChatGPT 在中文科技期刊摘要文字编辑中的实用性测试与分析[J].中国科技期刊研究,2023,34(8):1014-1019.
[11] 夏丽云,岳于佳,徐敏赟,等.生成式人工智能应用于编校工作的探索与分析:基于 ChatGPT 和 150 余款国产大模型的实测[J].中国科技期刊研究,2024,35(7):948-956.
[12] 张晓眉,张莉,孙晓婷,等."编辑知识库+黑马校对"在科技期刊编辑加工中的应用[J].编辑学报,2022,34(2):317-321.
[13] 陈玮,叶飞.国内外人工智能工具在中文编校中应用效果评价与建议[J].编辑学报,2024,36(3):313-317.

人工智能技术助力学报编辑出版的实证研究
——以《应用技术学报》为例

张永博，朱建育

(上海应用技术大学《应用技术学报》期刊社，上海 200235)

摘要：以《应用技术学报》为例，介绍了其基于 XML 在线生产在线编校一体化融合出版平台的升级，并分享了如何利用 ChatGLM 等 AI 技术进行 XML 数据价值开发、快速生成长摘要和视频摘要的经验。通过 XML 和 AI 技术的融合，科技期刊可以提升出版效率、优化出版流程，并探索新的传播方式，从而更好地适应数字化时代的需求。

关键词：人工智能；学报编辑；XML

在这个信息技术日新月异的时代，互联网大数据、人工智能(AI)等技术不断涌现。2022年年末，美国知名人工智能机构 OpenAI 发布了新款人工智能聊天机器人程序 Chat Generative Pre-trained Transformer (ChatGPT)，一经面世就引起强烈反响，掀起了全球化的 AI 研究及应用风潮[1-10]。其不仅改变了人类的生活方式，更深刻地影响着期刊出版行业。随着技术交叉融合的趋势愈发明显，期刊出版的范式也在不断变化。在当今的科技革命浪潮中，学术期刊正在经历从传统出版到数字化出版的转型过程，采用大数据和 AI 技术，实施数字化出版战略，以提升期刊组稿、编辑和传播的质量和服务水平。按照目前的发展趋势，这些新生技术已有望成为期刊编辑工作中不可缺少的一部分，其将从各种角度对工作方式进行深度变革。AI 能力的不断提升对正处于融合发展关键期的出版行业是一个至关重要的机会，在市场调查、选题策划、内容生产与编校、多媒体出版物设计制作、用户反馈分析、社群运营方面都将起到较大的助力作用[11]。

1 期刊出版的大数据：可扩展标记语言(XML)

XML 即可扩展标记语言(extensible markup language)，是一种用于描述数据的标记语言，在互联网大数据领域具有重要意义。其优点非常多，对于期刊而言，主要包括：①更有意义的搜索。数据可通过 XML 进行唯一的标识，例如学报作者信息可以按照 ORCID 号、姓名或其他的标准标识；论文所研究的花卉可以按照花卉拉丁文名或中文名、花卉种植园区或地理温度分区标识。这样深度挖掘论文数据价值就变得十分方便。②本地计算和处理。可以用应用软件解析数据并对数据进行编辑和处理，数据计算不需要回到服务器就能进行，这类功能

基金项目：上海市高校科技期刊研究基金(SHGX2024B04)；科技期刊数字出版及全流程管理重点实验室基金(syskt2024-23)

原来只能建立在高端数据库上。③数据的多样显示和发布。数据发到桌面后，能够用多种方式显示。通过以简单、开放、扩展的方式描述结果化的数据，允许指定不同的显示方式，使数据更合理、动态地表现出来，一样使用HTTP进行传送，不需要对现存的网络进行改变。

由于XML彻底把标识的概念同显示分开，处理者能够在结构化的数据中嵌套程序化的描述，此机制在AI时代具备令人难以相信的后续潜力和未来的无限价值，例如目前的元宇宙、AI深度学习等领域，又如完全使用XML制作的科技论文具有非常大的价值深度挖掘潜力，作为知识图谱网格更是意义非凡。不同于传统数字出版(例如Flash、在线阅读PDF等)，XML科技论文在数字出版领域的研究及应用刚刚起步，世界范围内此项新兴交叉技术都在不断开发完善。

近几年来，不仅Springer Open、ACS、PubMed Central等国际出版平台已纷纷开始使用XML技术来标准化其内容的创建和发布过程[13-14]，我国也有很多期刊开始了XML数字化转型探索[15]。《含能材料》借助整合的排版云平台与采编系统，实现了科技期刊的采编与排版、发布的一体化[16]。《环境科学学报》在梳理传统生产模式不足的基础上，构建基于XML一体化的科技期刊数字化生产与新媒体融合出版模式，分析科技期刊数字化与新媒体融合出版的优势及实践应用效果[17]。《物理学报》采用XML数据出版流程提高编辑和生产效率[18]。《现代电力》采用Word排版和实行基于XML的出版工作流程。通过使用基于XML在线生产的一体化融合数字出版平台，期刊能够减少格式化问题错误率，提高编校和出版效率，优化出版流程，同时通过XML结构化排版，实现文章的移动端阅读与传播，推动科技期刊的数字化出版进程[19]。但现有研究主要是基于对于出版流程和效率的优化，缺乏对XML大数据的进一步深入开发。AI技术和XML技术的交叉和融汇，更是有待期刊工作者研究的重要课题。

2 《应用技术学报》全方位升级：基于XML在线生产在线编校一体化融合出版平台

《应用技术学报》(以下简称学报)于2018年升级基于XML在线生产在线编校一体化融合出版平台，是国内首批实现XML系统一体化网站群的期刊之一。学报主办单位为上海应用技术大学、上海科学院和上海化工研究院，依托学校培养应用技术人才和服务社会定位，在应用技术领域具有独特的优势，在学术上有学科支撑，具有明显的应用技术特色，始终秉承坚持应用型、技术型的科学研究导向，不断提升产学研合作能级。

2014、2015、2018、2019年《学报》获得上海市教育委员会、上海市新闻出版局等部门高校高水平学术期刊质量提升计划项目资助，以此为契机，所有系统整体升级，使用了全套的基于XML的在线生产在线编校一体化融合出版平台。使用XML的几年来，学报出版效率大幅提升，单篇论文从投稿到完成排版并网上可查，最快只需2周，实现了真正意义上的期刊出版全流程畅通高效。

3 AI技术为学报编辑工作领域赋能

当前，新一轮科技革命和产业变革突飞猛进，学科交叉融合不断发展，科学研究范式发生深刻变革。学报近几年在互联网XML大数据方面进行拓展，积累了一定经验。作者近一年来使用多种人工智能技术，进行了一些尝试也发表了一些论文，相信如能用好人工智能技术，有望实现海量数据智能化分析和场景化应用。

ChatGLM 是一款基于智谱 AI 公司于 2023 年训练的语言模型开发的人工智能助手，目前可以免费试用。其长文档解读功能是指利用自然语言处理(NLP)技术，对较长的文本内容进行分析和理解，其功能主要包括以下几个方面：①文本摘要，例如提取式摘要是从原始文档中提取出关键句子或段落，重新组合成一篇较短的文本，以保留原文的主要信息。生成式摘要则是不直接提取原文内容，基于对原文内容的理解，生成全新的摘要文本。②关键信息提取，例如提取文档中的关键信息，如日期、地点、人物、事件等。识别文档中的主要观点和论据。③内容分类、实体识别与关系抽取，例如根据文档的内容将其归入预定的类别中，如科技、教育、政治等；识别文本中的特定实体(如人名、组织、地点等)；抽取实体间的关系，如"某人与某组织的关系"。④根据上述数据的进一步理解、分析和问答，例如识别文档中的主题分布，帮助理解文档涉及的主要内容；针对文档内容，回答用户提出的问题；理解文档的篇章结构，如区分引言、正文和结论等。

3.1 使用 ChatGLM 尝试开发 XML 数据价值

因此如果对论文使用 XML 技术进行标注，并以标注好的多篇学报论文，作为拥有版权、内容精确且高度专业的学习材料，进行长文档解读和智能体训练，将为上述 ChatGLM 的前 3 种功能的机器学习历程，提供非常精准的学习材料。

3.1.1 XML 代码示例

XML 代码可以使用人工智能(可使用 Scale AI；或提前准备好标签代码，发给训练好的智能体，要求其根据某些关键词，对多篇论文统一打标签)，或者各类 XML 编辑软件(Adobe InDesign、Oxygen XML Editor 等)进行输入。将其输入到排好版的 XML 化的 PDF 文档或者 XML 数据中，即形成标注好的人工智能学习材料。再将这些材料继续以正常方式发给 ChatGLM 等人工智能即可。

下面以本文初稿的第一部分为例，提供如何使用 XML 进行内容分类标注的一个基本示例。

```
<document>
    <categories>
        <category>AI</category>
        <category>XML</category>
        <category>编辑出版</category>
    </categories>
     <section>
        <title>AI 和科技出版</title>
        <paragraph>
            <classification>AI</classification>
            在这个信息技术日新月异的时代，互联网大数据、人工智能(AI)等技术不断涌现。
        </paragraph>
        <paragraph>
            <classification>ChatGPT</classification>
```

2022 年年末，美国知名人工智能机构 OpenAI 发布了新款人工智能聊天机器人程序 Chat Generative Pre-trained Transformer(ChatGPT)，一经面世就引起强烈反响，掀起了全球化的 AI 研究及应用风潮。

```
        </paragraph>
```

```
    </section>
    <section>
    <title>AI对期刊出版的影响</title>
    <paragraph>
    <classification>出版行业改变</classification>
    其不仅改变了人类的生活方式,更深刻地影响着期刊出版行业。
    </paragraph>
    <paragraph>
    <classification>期刊出版范式</classification>
    随着技术交叉融合的趋势愈发明显,期刊出版的范式也在不断变化。
    </paragraph>
    <paragraph>
    <classification>出版行业转型</classification>
```

在当今的科技革命浪潮中,学术期刊正在经历从传统出版到数字化出版的转型过程,采用大数据和AI技术,实施数字化出版战略,以提升期刊组稿、编辑和传播的质量和服务水平。

```
    </paragraph>
    </section>
    <section>
    <title>AI在出版行业的应用前景</title>
    <paragraph>
    <classification>AI应用</classification>
```

按照目前的发展趋势,AI已有望成为期刊编辑工作中不可缺少的一部分,其将从各种角度对工作方式进行深度变革。

```
    </paragraph>
    <paragraph>
    <classification>AI助力出版行业</classification>
```

AI能力的不断提升对正处于融合发展关键期的出版行业是一个至关重要的机会,在市场调查、选题策划、内容生产与编校、多媒体出版物设计制作、用户反馈分析、社群运营方面都将起到较大的助力作用。

```
    </paragraph>
    </section>
    </content>
    </document>
```

其中,<document>是根标签,它表示整个文档的开始和结束。<category>用于指定文档的分类或类型。<content>通常用于包含文档的主体内容,可包含文本、图片、视频等。<section>用于将文档内容划分为不同的部分或章节。<title>用于表示一个章节或部分的标题。<paragraph>用于表示一个段落,通常是一段完整的句子或几个相关句子的集合。

最重要的是<classification>标签,用于指明主题或类别。<classification>可设置为PDF正文中隐藏其标签内容和范围。其不是XML的标准标签,内容是用户自定义的。本文示例中标注了 AI、CHATGPT、出版行业改变、期刊出版范式等多个标签，具体标注内容完全取决于用户的需求。以期刊工作中长达十几个词的各种较长的英文名原名为例，可以将其几个字母的英文缩写，在<classification>里重新标注为名词。一些不同时期的论文，对同一样事物会有不同的缩写。这样的标注，不同于传统的默认固定分类，有助于后续的数据分析和模型训练。

3.1.2 使用 XML 代码标注好的学报论文训练数据库和智能体

学报已结合"光电半导体材料"等专题论文，训练期刊论文智能体，未来有望为多学科读者提供对应期刊特定专题、专刊或研究方向的智能体专家，而且由于训练论文来源于已公开出版的学报论文，可避免训练集的知识产权风险。

目前已上传了来自多个专题的、做了作者、单位/企业名称、专题和关键词等加强 XML 标签的近百篇学报论文，形成了小型的智能体专家库。考虑到智能体的用户使用便利程度和其传播速度在初期可以说是正相关，将智能体都设置为微信扫描二维码即可使用的小程序模式。其中"光电半导体"专题的智能体，其头像外观、二维码及部分功能设置如图 1 所示，扫码即可进入微信小程序。

图 1 《应用技术学报》光电半导体专智能体专家

智能体基于论文数据库和网络抓取内容，功能已包括问答互动、查找内容或图表、绘制思维导图和流程图、生成 PPT、搜索论文和学者等，可满足对学报已发表的该专题论文的大部分快速查询和归纳功能。功能的使用方式为使用准确的提示词连续提问，例如"介绍一下钙钛矿""能否继续深入介绍一下钙钛矿材料的性能""能否继续生成一张思维导图""能否继续生成一张彩色 PPT"，可以获得智能体的回答，内容文字为钙钛矿及其材料的简介和性能简介，以及根据这些文字制作的思维导图和 PPT。如果对生成结果不满意，可以要求智能体重新生成。也可将提问的指示词进行修改调整，直到获得较满意的答案。例如思维导图的类型、PPT 的颜色主题等，都可以反复调整。

此智能体的回答文字内容主要是基于学报论文所述，做出的随机性较低、即内容较为准确且可溯源的回答。这一方面是因为其 AI 生成多样性被设置为 0.90，另一方面也是因为其使用了近 70 万字的学报专题论文作为知识库内容。较为准确且专业性强，也是这款智能体的特点之一。

学报已逐步将此智能体分享给来自行业企业的多位专题论文作者，请他们分享到朋友圈，收到了行业内部大量的点赞好评。其中部分相关论文的新增搜索点击量已超过 1 000 次；部分智能体专家库使用者已成为学报的新作者；某位企业董事表示愿意通过智能体，对学报刊登的专题论文和亮点论文保持关注。智能体专家库，在推动学报的影响力提升等方面取得了一定的成效。时间所限，智能体的长期效果，仍有待于后期数据的积累以及进一步的研究分析。

3.2 使用多种AI快速生成长摘要和视频摘要

学术研究、学术期刊的出版与传播正经历着越来越快速的变化，各种多媒体宣传，如长摘要、视频摘要等也成为科学传播形式之一。然而，目前我国学术期刊对视听化传播方面的探索却显得尤为不足，如何以视听形态快速展现和传播学术研究成果，已成为当前学术出版界着力探索的议题之一。例如中国知网搭建了具有内部及外部链接功能、依赖于互联网发布的学术论文增强数字出版系统，是我国大部分学术期刊实现数字出版与视频出版的主要渠道，主要以视频为附加形式和内容。医学期刊的视听化实践走在其他领域学术期刊前列，如《中国胸心血管外科临床杂志》从2017年开始接受和发表手术视频稿件[20];《中国现代神经疾病杂志》邀请作者制作中英文对照的手术视频[21]。

但此类由学术期刊主导的视频，因为获取高水平视频需要解决种种问题，例如脚本撰写、视频录制、配乐播音和剪辑等过程复杂，大量消耗人力物力且成本较高，此类视频想要覆盖最为广泛的受众，甚至成为科学教育的主要方式之一，对于目前的大多数学术期刊来说，人力物力财力方面都存在一定困难。

基于长摘要、视频摘要等学术期刊新式多媒体宣传材料存在着成本较高、实现困难的问题，因此尝试通过人工智能技术生成多媒体内容，提升高校科技期刊影响力。从2023年起，学报尝试采用AI制作视频摘要，通过智谱清言、讯飞星火等读取长文档并生成视频文案，使用腾讯智影、快手可灵和闪剪等AI生成视频和声音，制作了基于学报论文的视频摘要及其征稿视频等，内容由数字人演播，视频截图如图2所示。

图2　学报视频摘要及其征稿视频截图

与传统文本相比，视听内容能够更加直观、生动地展现研究过程和成果，这对于提高学术成果的传播力和影响力具有重要意义。作者和编辑可以方便快速地将这些视频分享到微信朋友圈、微信群、QQ群和网站等社交媒体，部分作者收到视频并转发，很多同行纷纷点赞。目前已选择发布了10多篇重要论文的视频摘要，后续还将持续推出更多的视频摘要，从而提升期刊的影响力。

4　结束语

以《应用技术学报》为例，探讨了AI技术推动科技期刊数字化转型，并分享了如何利用ChatGLM等AI技术进行XML数据价值开发、快速生成长摘要和视频摘要的经验。通过XML和AI技术的融合，科技期刊可以提升出版效率、优化出版流程，并探索新的传播方式，从而更好地适应数字化时代的需求。XML和AI技术为科技期刊数字化转型提供了新的机遇。通过XML技术实现数据标准化和结构化，可以更好地挖掘数据价值，并利用AI技术进行智能分析和应用，例如智能摘要、视频摘要等。未来，科技期刊需要不断探索XML和AI技术的应用场景，推动期刊出版行业的创新发展，为学术交流和传播做出更大的贡献。

参 考 文 献

[1] 潘德鑫,吴箫剑.数博会热议ChatGPT机遇与挑战[N].经济参考报,2023-06-01(5).
[2] 张萌,朱鸿军.知识暗流的合规实践:ChatGPT在学术出版中的应用与挑战[J].科技与出版,2023(5):33-40.
[3] 生成式人工智能模型的法律风险及规制研究:以ChatGPT为视角展开[J].网络安全技术与应用,2024(8):123-125.
[4] 宋士杰,赵宇翔,朱庆华.从ELIZA到ChatGPT:人智交互体验中的AI生成内容(AIGC)可信度评价[J].情报资料工作,2023,44(4):35-42.
[5] 李瑞雪,王爱国,任博宇,等.ChatGPT及其核心技术在智能会计中的应用[J].会计之友,2023(12):32-36.
[6] 蔡鼎.比尔·盖茨再谈AI:个人助理带来颠覆，搜索引擎将消失[N].每日经济新闻,2023-05-30(5).
[7] 周青.ChatGPT给学术出版带来的机遇与挑战及应对思路[J].传播与版权,2023(10):55-57.
[8] 郭英剑.创意写作:ChatGPT能替代人类吗？[J].科学大观园,2023(11):61-63.
[9] 王峻峰.人工智能生成内容(AIGC)及其在图书出版中的应用探讨[J].传播与版权,2023(10):48-51.
[10] 戚凯.ChatGPT与数字时代的国际竞争[J].国际论坛,2023(4).
[11] 徐怡行,刘洪权.AIGC环境下编辑出版人才的关键能力重构[J].数字出版研究,2023,2(3):28-33.
[12] 科大讯飞.科大讯飞股份有限公司简介[EB/OL].[2023-08-10].http://www.iflytek.com/about.html.
[14] 潘璇.两种科技电子期刊平台的XML文档系统特点分析[J].中国科技期刊研究,2017,28(5):433-440.
[15] 周小玲,侯春梅,黄爱华,等.我国百强中文科技期刊XML/HTML出版现状调研与分析[J].中国科技期刊研究,2019,30(1):40-45.
[16] 姜梅,张桂弘,王艳秀,等.《含能材料》基于XML技术的编排一体化数字出版实践[J].中国科技期刊研究,2020,31(2):173-178.
[17] 杨桂华,卜庆杰,王虎,等.基于XML一体化的科技期刊数字化生产与新媒体融合出版实践:以《环境科学学报》为例[J].中国科技期刊研究,2024,35(6):781-787.
[18] 吕国华,古丽亚,王雪峰,等.基于XML数据出版流程提高稿件编辑和生产效率:以《物理学报》为例[J].编辑学报,2022,34(3):322-324..
[19] 王晔.基于XML在线生产的一体化融合数字出版平台应用实践:以《现代电力》为例[J].传播与版权,2022(4):93-95.
[20] 董敏,张健,刘雪梅.《中国胸心血管外科临床杂志》视频技术应用实践[J].编辑学报,2019,31(1):77-80.
[21] 中国现代神经疾病杂志.《中国现代神经疾病杂志》开辟网络视频模块[J].中国现代神经疾病杂志,2014,14(6):517-517.

智媒时代的学术期刊策展探析

李 璇

(《上海大学学报(社会科学版)》编辑部,上海 200444)

摘要:数字技术和人工智能的发展,对传媒行业带来了很大冲击,策展概念被引入新闻传播领域以应对智媒时代的信息传播。学术期刊同样需要以策展来进行转型,以适应智媒时代的发展。从当前学术期刊内容的组织和传播来看,多元主体参与的内容整合与交互式的传播体现了一种策展转向。考虑学术期刊具有学术交流和文化传播的特殊性质和使命,在学术期刊策展的过程中,学术期刊编辑的把关职能并未消退,而是具有把关人和策展人双重身份。学术期刊的策展转向是对新技术变革的应变与反思,需要更新策展理念,通过多元主体参与、协同与交互式策展,建立和遵循智媒时代的伦理规范,在不断尝试与探索中,尽早在智媒时代开辟出学术期刊发展的新空间。

关键词:智媒时代;新闻传播;学术期刊;策展转向

1 问题的缘起:智媒体带来的学术期刊发展新视角

随着智媒体时代的发展,学术期刊历经从纸质媒体到网刊和移动终端的发展,其运作方式也在不断发生改变,学术期刊策展正在不知不觉中成为业界发展趋势。"策展"(curation)是一个艺术行业的概念,主要用于美术馆、博物馆等行业,该词的"英文原意是指在展览厅等有限的空间内,对艺术品进行筛选和展示,以此升华艺术展品的含义和价值"[1]。中文里的策展,由英文翻译而来,算得上是"舶来品",在国内并没有很长的发展历史。伴随"策展人"一词出现在中国当代艺术活动中,在经历了不同语境的艺术史发展过程中的交流和融合后,"策展"在20世纪90年代中期成为艺术展览策划的主流表述[2]。随着时代发展,"策展"的定义逐渐从艺术领域演化出来,被引申至不同学科领域,包括市场营销学、教育学、信息管理学、新闻传播学等。策展一词的涵义也越来越丰富。

1.1 智媒体发展之于策展

在传播领域,新闻策展逐渐进入到新闻传播学界,而传媒领域策展的基础在于智媒体的发展。近几十年来,随着社群媒体的发展和智媒体的兴起,学界与行业内关于智媒体有很多研究,尚未有一个权威的定义,从网络媒体到新媒体、流媒体、全媒体和融媒体,再到智媒体,虽然各种概念各有侧重,但不能否认的是,技术的发展促进了媒体的发展,大数据、人工智能无疑是当下及未来的引领性技术。国内最早提出"智媒体"概念的是四川日报报业集团李鹏,他是这样认为的:"智媒体就是用人工智能技术重构新闻信息生产与传播全流程的媒体。

技术驱动是智媒体的本质特征,人机协同是智媒体的重要标志,智能传播是智媒体的目标追求。"[3]从这个概念可以看出,智媒体的发展,导致了信息生产和传播流程被技术重构,大数据、算法与人工智能、区块链、虚拟(VR)技术等的快速发展给当下的新闻传媒业带来了诸多不确定性。"去中心化"的传播格局从根本上颠覆了传统的信息生产和消费方式,使得新闻从业者的工作无法再局限于对原创内容的生产,而是通过对现有内容资源的筛选、整合,实现价值引导,以媒体为中心的狭义的新闻生产向着广义的、社会化的内容生产转型。因此,新闻从业者在智媒体时代的职业角色定位被学界称为"策展者"。

此外,智媒时代信息爆炸无处不在,越来越多的现象及其研究都表明,在信息量越来越多的情况下,人们的注意力反而越来越分散。数字技术的发展、移动终端的便利、大数据算法的推送让人们在长时间浏览和查询各种信息后,甚至难以察觉自己作为用户,最初的目的和操作逻辑都发生了改变。面对海量信息内容,策展概念的引用和实践,就在于解决智媒体带来的海量信息冲击与困惑,通过策展人从信息资讯海洋中追踪和汇集信息,并从中筛选出有价值的内容进行重新整合,通过智媒体平台进行传播,来实现新的价值。可以说,智媒体既促使了传媒领域策展的生成,也为传媒领域策展的发展发挥了技术平台作用。

1.2 策展之于学术期刊发展

学术期刊作为传媒领域的一种特殊而重要的媒体,不可避免地受到智媒体环境的影响。在此背景下,本文把考察视角从传媒业聚焦至学术期刊的发展,探讨基于智媒时代,学术期刊的功能定位及其策展路径。较之于新闻媒体,学术期刊是一种更具有学术性和文化性的媒体,对传播内容的综合性和时效性要求并不严格。从期刊形态上看,当前纸质期刊的传播范围有一定的局限性,或者说处于一定的圈层中,其传播功能相对来说比较弱。因此,在信息爆炸与流量为王的智媒体时代,学术期刊的发展受到了更大的挤压与冲击,甚至被有些学者称为"夕阳行业"。但和报纸、电视、广播一样,学术期刊的发展也需要在智媒时代另辟蹊径,从最初的期刊策划朝学术策展的方向转变。

策划是期刊运行的一项重要工作,期刊策划与期刊策展在实际操作中有一些内容可能是相同或者重叠的,但两者的核心关注点却有所不同。期刊策划主要关注于期刊的整体规划和运营,包括选题策划、栏目策划、内容安排、版面设计、市场营销等方面,其关注的核心点是期刊的内容和质量。而期刊策展更侧重内容的选择和组织,一方面强调内容筛选、主题聚焦等,另一方面更强调以受众为核心来进行内容选择与组织,并更多地吸收读者与作者的意见,形成多元主体的协作性信息生产,在操作方式上,也更多地利用智媒体来进行内容的收集、筛选、重组和传播。对于学术期刊而言,策展能使其内容更吸引读者的兴趣,获得更多的关注,也能更大程度上发挥其学术交流与文化传播的作用。

与传统的学术期刊编辑不同,学术期刊策展人是学术的联络、促成和分享者,而不是简单的学术传播布道者,在期刊策展的过程中,会更加看重作者的意见和读者的反馈,也会更加关注社会的热点、学术的前沿等,并将联系和服务受众摆在第一位。当刊发一篇文章时,策展人应该善于换位思考,充分顾及目标读者的需求及其阅读感受,有助于实现学术期刊作者—编辑—读者的关系聚合。除纸质期刊外,在智媒体发展的基础上,各种网刊、期刊公众号、视频号也应运而生,既适应了智媒体发展的整体态势,也能利用人工智能等新兴技术发挥学术策展功能,能够更好地展现学术期刊的特色,树立品牌,吸引读者和作者,增强期刊的策展效果，进而为学术期刊的发展寻求新的发展空间。

2 理论与实践分析：传播视域下的学术期刊策展

众所周知，新闻媒体以传播新闻信息为主要任务，具有极强的时效性，学术期刊则是以知识和文化的传播为主要职责，两者具有很大的区别。但从本质上来看，学术期刊同新闻媒体一样，都属于信息传播的媒介，根据马歇尔·麦克卢汉的观点，"媒介即讯息"，这里的"媒介"包括任何能使人与人、人与事物或事物与事物之间产生联系或发生关系的物质。因此，作为媒体的一类，学术期刊和新闻媒体一样，从信息的组织到传播都受到媒介环境变化的深刻影响。当新闻策展越来越成为业界常态，学术期刊策展似乎也无法独立于策展之外。

2.1 内容生产与传播：学术期刊策展的实践

根据前文策展的概念，考察学术期刊的策展，首先就要看其传播内容的生产和传播过程，是否具有挑选和组织过程，是否更看重受众的参与过程和体验经历。如前所述，在策展出现之前，策划是期刊运行的一项重要工作，策划的范围比较宽泛，从期刊的内容来说有宏观的期刊定位策划、中观的栏目策划、微观的选题策划或专题策划，从期刊的运营来看有广告策划、营销策划等，还有期刊形式的封面策划、版面安排等。这些都体现出了挑选和组织过程，并提升了内容的价值。但这些更多地是从期刊本身或者期刊编辑的角度出发，读者或受众的参与度并不高。智媒时代的到来，使得学术期刊的策展应运而生。"'策展'的重要前提是'用户生产内容'""策展并非原创性的生产，而是通过对现有资源的筛选、整合，实现'资产增值'"[4]。对于学术期刊而言，其内容本身就来自各个学术论文的作者，他们既是读者也是受众，学术期刊编辑，就是对作者们的文章进行筛选、加工和整理，来实现和传播学术文章的价值，进而体现学术期刊的功能和价值。从这个层面上来看，学术期刊本身就具有一定程度的策展功能。随着人工智能技术、大数据、区块链、算法等科技的发展，学术期刊不仅仅满足于接受投稿、约稿、审稿和编校等传统组织方式，也不单是通过纸质期刊的发行来进行传播。当前的学术期刊，从内容的组织形式到传播方式，在不知不觉中都有了新的发展，呈现出新的业态。

从内容组织来看，投稿与编审等工作环节一体的智能系统，促进了期刊编辑工作的重点从单纯的栏目或专题策划转变为更注重信息的收集、筛选、整合与呈现，强调如何将海量信息转化为有意义、有吸引力的内容。如前文所述，传统策划往往根据编辑自身的经验来考量和确定，这种单向传播具有较强的主观性，特别是在学术期刊领域，来自受众的反馈比较少，一篇论文发表之后，大家对其观点是否赞同，是否有其他不同意见，在较短的时间内难以体现出来。智媒体的发展，打破了传统策划一元话语的框架，一方面，数据能直观地反映来自受众的关注度，诸如学术期刊网站上论文的点击率、移动终端公众号或者小程序的阅读量、知网等数据库的下载量及被引率等。高质量的数据资源为学术期刊策展提供了支撑，通过数据能够了解学术动向，洞察学术热点，知晓读者和作者的研究喜好。另一方面，智媒体平台中的微小生产力量通过形成社群对传播内容进行再组织化[5]82。区别于一般新闻信息和娱乐内容，学术期刊内容严肃、专业，有特定的读者群和较高的阅读门槛。智媒体用户社群很容易将有相似因素的个体联系在一起，社群中的成员能够互相倾听、交流、讨论，为学术期刊吸引更多的读者和作者，成为维系学术期刊与其受众的重要平台，也有利于读者和作者更深入地参与到内容的生产中，实现学术期刊作者—编辑—读者的关系聚合。

从传播方式来看，一方面，策展的关键是基于"策划+展示"，越来越多的学术期刊，也在展示方面推陈出新。传统的期刊，更看重封面和版面的设计与排版，以更好地配合学术论文进行视觉展示，体现不同期刊不同的学术风格。智媒时代的策展，同样注重形式的设计与展示，不同的是，智媒时代的学术期刊，从纸质期刊的平面展示转向了移动终端的立体多维展示。大多数学术期刊都拥有自己的公众号，以图文形式加以展示与传播，更有一些学术期刊，开辟了视频号，或者录制作者视频对文章进行介绍，通过自身审美力下的视听元素、互动设计，提升学术内容的吸引力和可读性。如《东方法学》就开设了"上海市法学会 东方法学"视频号，定期推出作者对发表论文简介的小视频，能够更加吸引眼球，在 1~3 分钟之内抓取用户注意力，打破了阅读学术论文要花费长时间的限制。同时，该视频号还推出了学术播客、学术会议视频等，丰富的内容也打破了人们对学术论文枯燥的印象，非学术圈内的用户也可能因为某个话题感兴趣而被吸引。视频的评论功能也能促进学术讨论和意见交流，在更大范围内发挥了学术期刊传播知识和文化的功能。另一方面，智媒体发展至今，其作为媒体的基础性功能并没有减退，"因为即使是在智能社会，人与人之间的交往仍然是最本质的问题"[5]37。智媒体的社交性，使学术期刊的内容传播呈现出网状传播状态，其学术成果传播受到社交媒体逻辑与使用行为的影响。当下，学术期刊从早期的刊网互动逐渐形成以信息集成平台(如知网、万方、维普等)与移动社交平台(如学术类 App、微信公众号)为代表的跨平台传播模式[6]。高质量或者热门话题的文章常因编辑、作者或读者的转发或分享，累积了较高的阅读量和评论数，获得较好的传播效果。这一方面能够提升该学术期刊的影响力，另一方面也能促进作者能够快速与具有相似科研背景和研究领域的人建立联系形成新的社群。由此可见，智媒时代，学术期刊策展能够更有效地展示学术研究领域的成果，促进学术思想的传播和交流，对学术界和社会大众都产生了更大的影响。

2.2 把关与策展：编辑职业角色的赋能

在现有的研究文献中，相当一部分研究者提出，在智媒时代，去中心化的社交媒体使得人人都能成为信息内容的生产者，媒体不再能够垄断时事传播和信息生产，而大数据算法的推送，实际上也参与了信息传播中的把关活动，这也使得编辑对信息资源的把控权力逐渐弱化，职业权威受到挑战，把关人角色逐渐消解和退场[7]42-47。罗希特·巴尔加瓦提出在信息爆炸的时代，一项新的工作就是在信息汪洋中帮助人们"打捞"意义，即"内容策展人"(content curator)[8]。智媒时代的编辑正在经历从把关人到策展人的职业角色转型。但考虑到学术期刊的特殊性，策展过程中学术期刊编辑的职业角色还需要更细致的考量。

第一，尽管随智媒体的发展，读者和作者更深入地参与到学术期刊内容的生产中，编辑的职能越来越偏向策展功能，但学术期刊特殊的定位和功能、学术界的运行规则等，决定了学术论文的发表只能通过学术期刊(包括纸质刊物、网刊和期刊公众号)这种媒介才能公之于众(通过其他媒体和平台发布和传播的不能称之为"发表")，这一发表过程，必须遵从"三审三校"这一出版单位的基本制度。该制度中的"三审"环节则体现了对内容生产的严格把关，包括对意识形态的把关和对学术质量的把关。此外，有些期刊还有外审专家，这些外审专家中有一部分也是学术期刊的文章作者(实际操作中以双向匿名方式进行审稿)，这体现出学术期刊的多元主体把关的特殊性。第二，一篇文章的学术水平高低和质量好坏，并不能因为是否发表来决定，但不能否认的是，由于学术期刊本身的学术性和权威性的特点，在学术期刊这种媒介的发布和传播，能够从一定程度上肯定该文章的学术水平和质量。因此，学术期刊编辑的职业权威在智媒时代的策展中，依然得以保留。

1947年美国社会心理学家、传播学家卢因在《群体生活的渠道》一书中首先提出"把关"一词，1950年传播学者怀特将"把关人"概念引进新闻研究领域，历经大众传播的发展、新媒体的融合和智媒体的兴起，把关人的概念和内涵也在不断丰富。事实上，在实践操作中，策展和把关一定程度上存在重合的部分，两者都需要从大量的信息内容中进行筛选来决定哪些内容可以被组织和发布。学术内容传播中的策展和把关，则更多体现在智能技术层面，如对关键词的搜索、相关内容的推送和下载等。因此，与其说学术期刊编辑的角色是在由把关人向策展人转型和嬗变，不如说策展功能是把关功能的一种改良和赋能。

2.3 学术交流与文化传播：信息整合的价值

传统意义上，学术期刊具有促进学术交流、引领学术思想、传播优秀文化和展现文化自信的职能和价值。学术期刊的策展，可以认为是在智媒时代对此项功能进行的一种巩固和强化。在传统的学术期刊传播链中，大多数纸刊的发行数量非常少，基本上用于作者样刊、缴送相关管理部门、同行交流等，网刊的传播面因其受众的圈层属性也并不宽泛，更多的用户是通过知网、维普、万方等较为成熟的数据库检索和下载相关的内容。但这些数据库由于知识产权、知识付费等因素，大多数付费订阅的都是高校或者科研机构。这样的传播环境一定程度上局限了学术交流和文化传播的范围和层次。智媒体的出现与发展，打破了这样的传播格局，以信息整合来进行学术策展。索尔森和韦尔斯在2016年提出信息"策展流"的理论框架，认为数字时代的信息策展流由五种策展主体共同对信息进行筛选整合后形成，包括新闻策展，即新闻信息把关人对新闻的策展；战略策展，即职业营销人经过商业逻辑过滤后向其目标受众直接传递信息；社交策展，即家人、朋友、同事等经由社交媒体进行的两级传播模式的信息策展；个人策展，即用户根据个人兴趣和动机主动选择的媒介平台和信息；算法策展，即平台通过算法对信息进行的推送策展[1]50。这一信息整合过程，对学术期刊同样具有借鉴意义。

学术交流和文化传播通过三个层面的策展来实现：首先是基于策展人的价值观，即学术期刊编辑对学术论文内容的理解和判断，包括文章是否具有学术价值，是否符合刊物宗旨和风格，是否符合栏目定位或者主题特点等，通过选择、意义构建和分享来实现策展。特别是移动终端的二次策展，如微信公众号上发布的内容，会根据用户的浏览习惯，使用吸睛的标题，或通过简短且通俗易懂的介绍来吸引用户。其次是基于受众的价值观，即读者和作者根据自身研究领域和研究喜好来对数据库或者期刊进行内容的选择和信息的接收。在这一阶段，他们通过系统的搜索、过滤和整理这些内容，在所在的社群进行分享和交流。日本记者、自由作家佐佐木俊尚在其著作《策展时代：点赞、签到，信息整合的未来》中提到，"赋予作品甚至商品一个故事，创造情境，并且提出自己的看法，设置价值，分享联结，这就是21世纪的策展，……信息传播模式已发生重大改变……策展已经与信息本身同样重要"[9]。最后是基于媒介的发展，学术期刊的传播方式与途径被智媒技术赋能，从文字符号到视听内容，从单向传播到互动分享，以更丰富多样的内容和更灵活多变的形式进行学术传播。无论是最新的学术信息、有学术价值的研究成果，还是独特的研究思想，都需要一个展示平台和交流互动空间。交互式的策展流程，既能满足当前快节奏的碎片化关注和多渠道多终端阅读的要求，也能够实现学术期刊传播学术思想和优秀文化的本质功能。同理，基于策展与交互，学者之间的联系合作，优秀作者的发现以及青年人才的培养，都能得到进一步助力与发展。

3 展望：智媒时代学术期刊策展转向

3.1 困境与转型

古往今来，技术的发展与变革一直决定着媒体传播的形态与格局。智媒时代的发展不仅影响了媒体的内容生产方式，也改变了受众获取信息的方式和习惯，已经深入到了人们生活的方方面面，"不仅承担着传递信息的功能，也中介了社会内部的各类关系，甚至形塑了社会系统"[5]37。相对于报纸、广播、电视这些形态较为单一的媒体，智媒体是一种更高维度的媒体，近十年来，低维形态的媒体逐渐呈现没落之势。当各类媒体都在尝试和探索以策展作为发展转型路径时，学术策展或许可以作为学术期刊的一条创新转型之路，但学术期刊的策展自救也因其自身的特殊性面临着现实困境。

首先，受众群体的圈层化影响。迄今为止，无论技术如何发展，学术期刊的性质决定了其传播的小众性，使其有着相对固定的受众群体。绝大部分受众集中于高校、科研机构或者有相关学术科研要求的行业。学术期刊的学术性和专业性使其在普通大众眼里显得枯燥而深奥，或者由于不同学科领域的壁垒而"看不懂"。有学者用圈层化理论来解释这类情况。学术期刊的发展，需要在智媒时代的竞争中获取优质的内容资源，更需要在传播过程中吸引到新的作者和读者，而圈层化会导致学术期刊读者群与作者群的封闭性，仅仅依靠编辑的人际关系来约稿，无法满足学术期刊对优质作者与内容的需求。尽管当下各类学术期刊创办了网刊，开设了公众号，但总体来看，目前的学术期刊移动传播平台普遍存在活跃低度化、推送内容简单化、设置同质化、功能单一化、受众小规模化等问题[10]，在打破学术期刊受众群体圈层化上效果一般。

其次，学术期刊的运营机制影响。为保证学术的纯粹性，目前国内学术期刊的经营与生存方式，大多数通过上级单位拨款，或者接收版面费，这一方面确保了学术期刊的发展能够在不考虑发行量的情况下"旱涝保收"，另一方面，也限制了学术期刊的创新与转型。以智媒体为平台的策展，除了技术的支撑，更需要经费的支持。"媒介形态每一次演进的背后，都关系着媒介传播效果、评价方式、组织架构的相应变革，以及对用户行为结构、交往连接的牵动性影响。"[11]在实际操作中，学术期刊运营机制的变革是牵一发而动全身的系统性工程，这需要整个行业不断地尝试与探索。

最后，学术评价机制的限制。一篇学术文章，在学术期刊上被刊出(发表)，这能成为对该论文学术质量的评价和认可，而这归因于该学术期刊在学界中的影响和评价。其中，权威的科研机构评价体系是最有公信力的一种评价，如科睿唯安研发的 SCI、SSCI 体系，南京大学发布的 CSSCI 期刊目录和北京大学发布的全国中文核心期刊目录等，而能否进入这类体系也受到该类评价体系自身设置的一系列标准评价，这些标准也越来越多地运用智媒体和大数据结果，如影响因子、被引率等。值得思考的是，在大数据算法与推送的应用中，一些热点问题和前沿问题可能会受到更多的关注，学术期刊策展可能会因为受到算法的影响而导致一些有价值但不够热门的学术文章被埋没。同时，被这些权威的评价体系和目录排除在外的期刊，在有限的发展空间中，如何争取资源，破层出圈，更需要探索"夕阳行业"的策展更新。

3.2 策展转向的实践进路

技术的变革始终在不断发展、演变和重构的过程中，智媒体更多是对当下众多前沿技术的全方面的汇集和应用，所达到的是 1+1＞2 的效果[12]。学术期刊的发展，还需要站在时代发展的大格局中，以全局性的目光来审慎观察行业发展趋势，进一步探索策展转向的实践进路，以期在未来的媒体环境中，让学术期刊能够迸发新的活力，更好地完成其学术交流和文化传播的职能和使命。

3.2.1 理念：分众传播下的学术策展

事实上，学术期刊的传播是否需要出圈，仍然是一个值得讨论的话题，一方面，学术研究与知识科普是两个层面，学术期刊作为一种经过同行评审的期刊，发表在学术期刊上的文章通常涉及特定的学科。学术期刊的策展，是因为随着社会的发展，受高等教育的人越来越多，大众的文化层次也越来越高，我们希望学术期刊的发展不要进入"小胡同"，而是乘着智媒体发展的东风，进行适应新环境的转型。但另一方面，即便是在智媒体时代，大多数的传媒，包括不同的期刊、不同的节目、不同的软件等，都有其特定的受众群体。从传播学的角度，我们可以理解为分众传播，而分众传播与策展有着密切的关系，都是为信息的有效传播服务。

因此，学术期刊编辑一方面要具备学术策展的理念，通过期刊的策展来发布学术研究成果，推动学术交流与学术进步。另一方面，也要立足于学术期刊本身，根据作者群体和读者群体的特点和需求，进行更加精准和个性化的学术服务。这就要求期刊编辑具备更加专业的职业素养，具有更加丰富的知识储备，熟悉各种新媒体平台的传播规律与受众群体，掌握数据分析工具和数字技术，能够从大量分散的信息中找出潜在的联系和发展趋势，有针对性地进行策展。在期刊开设的公众号中，不是简单地上传文章的电子版，而是需要对用户的个性和特点进行有效分析，在"精准画像"的基础上完成对用户的分类，根据用户的兴趣进行推送，并辅以多信源的超链接模式，如相同主题的文章，相似关键词的文章，专家评价等，形成对该篇文章或者学术点的立体式、全方位的信息整合。在吸引更多受众的同时，也显现了该学术期刊的高水准，提升了内容质量和学术权威性。此外，还可以针对年轻学者群体，以可视化传播进行学术策展，《东方法学》就是一个很好的样板。随着虚拟技术、仿真空间和灵境交互平台的发展，可视化传播将成为学术策展的重要方式，有着巨大的潜力。

3.2.2 内容：多元主体参与的协同策展

数字技术的引入，打破了传统媒体一元话语的建构框架，智媒时代的共时化和协商性突破了时间和空间的限制[13]，网状对话结构让新闻报道的价值和意义经由公众的集体参与而被不断重塑，不少学者提出"新闻策划"的观念由"内容为王"正向"用户中心"转变[14]。但是，对于学术期刊而言，无论传播技术和业态怎么变，内容始终是灵魂，是其核心价值。无论是专业权威的期刊评价体系，还是诸如转发量、点击率等外界评价，对学术期刊最基础的评价依据就是文章内容的质量好坏。智媒时代的内容策展，强调多元主体参与的协同策展，即通过组织化的信息整合，来提升其价值含量。在策展还处于艺术领域的时候，汉斯·乌尔里希·奥布里斯特就说过，"在过去，策展人就和编辑一样，紧密地和博物馆联系在一起"[15]23，可见编辑和策展人本身就有异曲同工之处。学术策展中，期刊编辑每一次对学术内容的编审与发表，都类似于一种策展行为，不是简单的刊出，而是通过组合，以主题的形式进行一种学术展览。学术期刊编辑要注重与作者、专家的交流与合作，因为期刊作者、外审专家等专业人士的深度参与也是学术策展的重要组成部分，他们和期刊编辑一起，通过搜索、选择、整合、提炼与创新，完成对学术思想的表达和创新价值的判断。与此同时，智能编审系统、知网等数据库的运用，让以应用程序、大数据、算法为代表的数字技术也成为学术策展中的能动者。可以预见的是，以期刊编辑为主导、人工智能为助力的人机协同策展也将成为学术期刊的一大发展趋势。

3.2.3 技术：交互式传播空间的拓展

智媒时代，学术期刊传播方式和传播载体的变化主要体现在将传统纸质期刊的出版发行转变为数字形式的传播，特别是以移动终端为平台的传播。随着读者与作者话语权与主动性的提升、各种新兴平台化与社交化渠道的发展，学术期刊应该跳脱出以往的出版发行方式与思维，把握住智能媒体平台交互式、网状的传播态势，以策展思维来扩大学术期刊的传播力和影响力。信息整合的时代，策展更强调人与人的沟通与联结，强调创作者与参与者的交流和互动。汉斯·乌尔里希·奥布里斯特认为，整个策展事务不仅是要举办展览，很多时候还要把人们聚在一起。[15]20学术期刊领域的策展，首先，在策展的优质资源方面，数字化智能化的投稿审稿系统、高质量的数字内容和多样化的交互功能，可以吸引和聚集一批优质的作者读者群，争取到高质量高水准的学术文章。其次，在专题与栏目策划方面，可依靠人工智能和大数据的深度融合，通过数据分析、图像识别、视频处理等完成搜集、分析等工作，从而更精准的抓取学术热点、前沿理论以及不同学术领域、不同学术圈层的兴奋点等，汉斯·乌尔里希·奥布里斯特在其著作中提出，"没有别出心裁的展示特点的展览注定会被湮没，所以你应该找位艺术家或建筑师帮你创造展示特点。"[15]62人工智能在此刻便充当了协助期刊编辑策展的艺术家或者建筑师。最后，在策展传播方面，以微信朋友圈、豆瓣、知乎为代表的平台，其用户大量的转发、跟帖与讨论，能够以裂变的方式开展传播，扩大了学术期刊内容的辐射范围，增加了学术期刊的隐含读者或潜在读者。不同的使用逻辑和主体圈层，形成了不同的用户群体与转发行为，在此过程中，每一次转发都能视作受众参与的策展行为，"策展在网络时代的内涵发生了变化——一切通过策展人传播观点的行为皆可被视作策展，策展正在从过去的策划展览转向如今的策展传播"[16]。此外，学术期刊应该积极拥抱新技术，新平台，如微信公众号、视频号等，搭建编辑、作者、读者等多方参与的学术发布和交流平台。

3.2.4 政策：智媒伦理规范的建立

如前所述，以期刊编辑为主导、人工智能为助力的人机协同策展正在变成现实，人工智能被越来越多地运用于素材搜集、辅助写作、传播追踪和效果反馈中。随着数字技术的发展，大数据和算法越来越受到倚重。传统意义上，期刊策划由编辑通过策划栏目或者专题来确定内容，此种情况下，人脑基于先前的知识储备和创意灵感来输出内容。而智媒时代的策展，可能以搜索引擎在智媒平台上来获取关于受众行为、兴趣、偏好、流行趋势等的精准数据，从而决定向读者提供何种主题的文章，此时的内容，是大数据模型根据应用场景和任务进行输出，人脑在其基础上进行修改。但学术研究有别于新闻报道，如果一味抓取热点，追赶前沿，一些有价值的基础性研究就有可能被忽略；如果只是根据点击量、被引率来判断，一些独特的思想有可能会埋没。以数字技术支撑的智媒体可以在语料数据库为基础的程序逻辑下，通过检索和追问来理解语义、实现类似于人的理解能力，但是学术价值的判断并非技术性的数据统计问题，而是文化价值问题。策展的意义，本就是通过对内容的整合与传播，来实现新的价值。若以数据来决定价值，可能会有本末倒置的嫌疑。因此，技术应该作为人脑工作的补充，学术期刊的策展，必须以职业编辑"脑力"把关。无论如何，智媒体技术赋予了学术期刊更大的发展空间和更多的内涵，我们不能被技术所裹挟，而应保持理性的态度，建立起智媒使用相关伦理规范，以智媒为技术支撑，通过学术期刊的策展转向，为学术期刊寻求一条更加开阔的发展道路。

4 结束语

本文通过对策展概念的阐释和对新闻策展的借鉴，提出了学术期刊的策展。策展概念在跨学科发展过程中，被赋予了更多的内涵，在智媒体迅速发展的信息爆炸时代，对于学术期刊来说，期刊内容的生产取决于编辑、作者以及大数据、算法等多个主体，每个主体都经过了自身的思考，并通过多元主体的互动，对无序的内容进行整合，提炼，并赋予了期刊内容更多的价值和意义。期刊内容在智媒体大环境中，通过各类新兴平台如网刊、公众号、视频号等进行传播，无论是编辑与相关作者、读者组成的微信群中的讨论，还是个人的朋友圈的转发，抑或是公众号、视频号中的评论，都可视作期刊策展中的一部分。因为对于期刊所刊出的文章内容的讨论和转发等行为，本身就带有极强的个人意愿和个性意识，这便赋予了文章新的意义，且在与人分享的过程中呈现具有强大张力的网状传播，从而更好地实现了学术交流与文化传播的目的。

对于新闻策展而言，强调的是新闻编辑不再具有决定哪些信息能够被公众知道的把关功能，转而成为从海量信息中筛选、重组、提炼新意义的策展人。但学术期刊有着学术性、教育性和权威性等特殊性质，受到学术评价要求和学术期刊运营机制的制约，因此，学术编辑在策展的同时，依然要对内容的意识形态和学术质量把关，其策展并不意味着把关的消退，而是把关的转型与更新。

在智媒体迅猛发展的过程中，传统的一维形态媒体，如报纸、娱乐杂志、广播、电视等都在积极寻求新的发展空间，实现与数字技术的联动与自身的转型。作为身负学术交流和文化传播这样特殊使命的学术期刊，在人工智能日益成熟的冲击下，亟须主动拥抱新技术，适应智媒时代发展，不断反思与尝试。学术期刊的策展转向是对新技术变革的应变与探索，这其中仍然有很多问题值得讨论与思考，诸如缺少了人类思维意识和判断能力的算法，其数据是否能真正反映出所选期刊的学术价值，转发量高的文章是否学术水平就高；如果作者本身就是人工智能或者人工智能与人脑的结合，期刊编辑该如何判断其学术价值，等等。此外，在学术期刊的实际运营中，大多数期刊都不具备独立研发智能算法的技术能力、人力及经费资源，学术期刊的策展还有很长的路要走。只有在不断尝试与探索中，才能尽早地在智媒时代开辟出学术期刊发展的新空间。

参 考 文 献

[1] 官璐.信息策展数字化信息整合的新视角[M].上海:复旦大学出版社.2023:1
[2] 宋康.身份博弈与形象重塑:中国当代艺术策展史研究(1989—2019)[D].上海:上海大学,2021.
[3] 李鹏.智媒体:新物种在生长[M].北京:东方出版社,2019:自序 13.
[4] 王斌."策展人"智媒时代新闻职业角色的赋能[EB/0L].(2023-10-27)[2024-07-30].https://www.thepaper.cn/newsDetail_forward_25075526.
[5] 蒋晓丽,李连杰,王博,等.中国智媒体实践与发展研究[M].北京:中国社会科学出版社,2023.
[6] 林春香,李雨霞.社交媒体时代学术信息转发与微传播力提升:以学术期刊微信公众号为例[J].福建师范大

学学报(哲学社会科学版),2022(6):132-143.

[7] 戴宇辰,苏宇.从把关人到策展者:智媒时代新闻编辑角色转型的内在逻辑[J].中国编辑.2023(1/2):42-47.

[8] BHARGAVA R. Manifesto for the content curator: the next big social media job of the future?[EB/OL]. (2009-09-30) [2024-07-27]. https://rohitbhargava.com/manifesto-for-the-content-curator-the-next-big-social-media-job-of-the-future/.

[9] 佐佐木俊尚.策展时代:点赞、签到,信息整合的未来[M].沈泱,沈美华,译.北京:中信出版社,2015:封面.

[10] 章诚.学术期刊微信公众平台运营现状及提升策略[J].科技与出版,2020(8):73-78.

[11] 梁爽,喻国明.移动直播"新景观":样态演进、情感价值与关系连接[J].苏州大学学报(哲学社会科学版),2021(4):162-171.

[12] 李欣,刘汀芷.智能媒体新闻生产现状及未来展望[M]//漆亚林.智能媒体发展报告 2021—2022.北京:中国社会科学出版社,2022:227.

[13] 弗卢塞尔.传播学:历史、理论与哲学[M].周海宁,译.上海:复旦大学出版社,2022:20-32.

[14] 张依琳,于淼.从新闻策划到新闻策展的内涵变迁、演变逻辑与现实隐忧分析[J].新闻研究导刊,2024(6):1-4.

[15] 奥布里斯特.关于策展的一切[M].任爱凡,译.北京:金城出版社,2013.

[16] 朱亚希,隋文馨.基于知识再生产视角的城市实体书店策展传播探析[J].编辑之友,2020(11):46-51.

科技期刊数字化办刊现状及未来发展路径
——以《油气储运》为例

韩文超，关中原

(国家管网集团科学技术研究总院分公司《油气储运》杂志社，河北 廊坊 065000)

摘要：在新时代数字经济快速大发展的浪潮之下，科技期刊在承载传承人类科技文明、传播知识发现使命的同时，面临着快速适应新形势、满足数字化发展新需求的紧迫任务，摒弃传统出版模式、探索数字化创新发展新路径是其必然选择。《油气储运》作为我国传统科技期刊队伍中的一员，是我国油气管网行业唯一的中文核心期刊，近年来不断吸收新的办刊理念、探索新的办刊模式，在多方面取得了些许成绩，以其为典型案例进行深刻总结和分析，反映我国部分科技期刊普遍存在的问题。虽然一直在推进期刊数字化转型发展的工作，也取得了一定成绩，但是整体效果并不太突出，在学术不端检测、盲审稿处理、网络快速发布、作者及专家库功能、稿件在线加工及过程监管等多方面还存在较多不足，距离成功的数字化转型发展还有较大距离。通过以《油气储运》为例梳理我国个刊数字化办刊现状，指出其在多个方面的不足之处，并结合当前办刊实际提出未来的发展路径，可为我国传统科技期刊的数字化创新发展提供些许参考。

关键词：期刊；数字化；出版；知识传播；发展路径

2022 年，我国进入创新型国家行列[1]。作为科技创新发展的重要一环，科技期刊发挥着至关重要的作用，"科技期刊传承人类文明，荟萃科学发现，引领科技发展，直接体现国家科技竞争力和文化软实力"是对科技期刊最为直接、真实的写照。近年来，我国科技期刊发展取得了显著成绩，一批科技期刊跻身世界一流科技期刊行列，尤其是中国科技期刊卓越行动计划培育出一批优秀的世界一流科技期刊，为我国科技创新发展、实现科技自立自强提供了重要的期刊力量[2]。

我国科技期刊的高质量快速发展，离不开主管主办单位的支持和编辑团队的努力，更得益于国家出台的一系列利好政策和指导性意见。2021 年，中宣部、教育部、科技部印发《关于推动学术期刊繁荣发展的意见》[3](简称《意见》)，《意见》强调推动数字化转型发展，提出"顺应媒体融合发展趋势，坚持一体化发展，通过流程优化、平台再造，实现选题策划、论文采集、编辑加工、出版传播的全链条数字化转型升级，探索网络优先出版、数据出版、增强出版、全媒体出版等新型出版模式"的新要求。显而易见，在现如今的数字化经济发展时代，科技期刊数字化转型发展已是大势所趋，也是推进中国式现代化的必然要求，不容回避。在

基金项目：国家管网集团科学技术研究总院分公司自立课题"数字化出版技术研究"(ZYZL-SZZN-202213)

这样的时代背景下，部分优秀出版单位积极响应国家政策，率先研发了拥有自主知识产权的数字化出版平台，如清华大学出版社的科技期刊国际化数字出版平台 SciOpen[4-5]，该平台支持全链条数字化生产、发布及传播，可以为高等院校、科研院所、学协会、期刊社等创办新刊、发展期刊提供可定制的全流程服务；中华医学会杂志社的一体化学术期刊出版服务平台 MedPress，集聚期刊近 200 种，具有论文采编、质量控制、数字加工、期刊发布等功能；由《中国科学》杂志社自主研发的 SciEngine 平台，集聚期刊 490 余种，与国际知名数据库对接，实现数据的对接与同步，并通过人工智能和大数据技术进一步提升出版服务的技术含量[6]。此外，国内一些出版商与软件企业积极投入到期刊数字化出版平台的建设中，并推出成熟的数字化产品，如北大方正推出的方正鸿云学术出版与传播平台，中国知网推出的新一代腾云期刊出版平台，以及北京仁和汇智信息技术有限公司开发的 XML 一体化融合出版平台等。这些优秀的数字化出版平台，在数据结构化、数据标准化、结构化排版、云存储及多渠道发布等方面各有特点，并融合为一体建立了采—编—发的全流程一体化出版与传播服务平台，不仅极大地提升了编校效率和质量水平、缩短了出版周期，而且整合了行业资源、实现集约化发展。

当前，我国大部分期刊社或编辑部均在积极推进期刊数字化转型发展，但受限于资金、人员、技术等多方因素，整体发展步伐较为迟缓，尤其是对个刊而言，在全力推进数字化转型发展方面心有余而力不足，故大部分期刊社或编辑部目前采用的办刊模式仍然是非全链条数字化出版的传统模式[7]，这种传统办刊模式在生产过程质量控制、学术成果发布效率、知识传播和服务能力等方面存在较大不足，与上述数字化产品和西方发达国家相比均存在较大的差距[8]，不仅难以充分发挥科技期刊的学术价值，而且在国际舞台上无法形成较大竞争力，不利于我国科技期刊的整体繁荣发展。

《油气储运》创刊于 1977 年，是我国油气管网行业唯一的中文核心期刊，近年来不断吸收新的办刊理念、积极探索数字化转型发展，获得了一定的经验，也存在很多不足。结合我国科技期刊数字化转型发展的整体现状，参考国内外一流科技期刊数字化转型先进做法，对《油气储运》当前的数字化办刊现状进行了梳理，分析总结不足之处，并提出未来数字化的发展路径，以期为《油气储运》自身发展以及国内同类期刊社或编辑部进一步加快数字化转型发展提供些许参考。

1 数字化办刊现状

近年来，通过积极推动期刊数字化转型发展建设，《油气储运》的办刊效率、传播渠道、生产周期、质量管理以及行业影响力均得到了全面提升，如平均出版时滞由最高时的 483 天逐渐优化调整现在的 269 天，部分优秀稿件的时间则会更短；根据中国知网发布的《中国学术期刊影响因子年报》数据，《油气储运》的复合影响因子多年来稳步提升，从 2016 年的 1.081 提升至 2023 年的 2.552，连续 4 年被《科技期刊世界影响力指数(WJCI)报告》收录。

1.1 持续推动采编系统建设完善

2016 年，建设了《油气储运》采编系统，实现了由传统电子邮件收稿模式到网站收稿模式的转变，并将论文三审工作由线下搬到了线上。此次信息化办刊模式的变革，与以往办刊模式相比，节省了大量的人力和物力资源，如近年来来稿量每年均超过 1 000 篇，最高时可达 1 500 篇，极大提升了办刊效率，是数字化转型发展的初步尝试。2019—2020 年期间，为积极推进数字化办刊模式的快速发展，并应对互联网日益复杂的网络安全环境，通过对标国内外一流期刊网站建设水平，对《油气储运》采编系统的系统架构进行了重新设计，不仅提升了系统的安全性，而且增加了中英双语版本，并精选部分优秀论文全文翻译成英文供国外作者阅读下载，从数字化、多语言等方面进一步推进了期刊国际化发展。同时，根据《中华人民共和国网络安全法》等相关规定，按照网络安全等级保护制度的要求开展了网络安全等级保护测评及备案工作，并出于知识产权保护角度考虑，申请并获得软件著作权，为期刊数字化的稳定、安全、可持续发展保驾护航。

1.2 微信公众号运营状况

2016年建设《油气储运》采编系统的同期，建设了微信公众号"油气储运科技界"，开发了互动服务(期刊阅读、在线检索、交流论坛)，资讯分享(行业大咖、专题热点、资讯中心)，个人中心(专家查稿、作者查稿、投稿指南)等功能，奠定了碎片化阅读基础。利用该公众号，每期固定推出期刊导读、精品文章、专家风采、编委及青编委风采等栏目，此外根据行业发展动态适时策划各种专题推送，如"管道完整性""管道内检测""中俄东线""储气库""氢能"等，以及行业专家发表论文的合集，如黄维和院士专辑、张劲军教授专辑、宫敬教授专辑等。经统计分析发现，编委风采及精品文章的阅读人数最多，其中编委风采转发到微信朋友圈的情况较多，而精品文章的阅读量较大，部分精品文章会被其他公众号进行转发，阅读量短时内会迅速提升，并快速增加关注人数，如2022年6月发布的中国油气储运学科重要创始人严大凡教授撰写的专刊刊首语《纪念中国油气储运高等教育70周年专刊》，一经发布，即被行业内专家、师生积极阅读与转发，仅本公众号的阅读量几天内迅速达到1.5万次，对于油气储运这一小众行业来说实属不易；2023年11月发布了宫敬教授撰写的《我与天然气管道》，行业从业人员与之产生情感共鸣，阅读量短时间内也快速达到1.2万次，两篇推文的精心制作与发布也极大地提升了关注人数。综上，微信公众号可最大限度地发挥编辑、专家、作者及读者之间的纽带作用，是一个推广优秀文章的良好信息渠道，应继续积极建设并不断创新模式。

1.3 期刊集群化建设探索

《油气储运》积极与地学领域的期刊展开探索，是较早参与"XGeo智绘科服"平台宣传的期刊之一。"XGeo智绘科服"是测绘出版社有限公司旗下基于自然资源领域的多模态学术资源融合与传播平台，联合行业兄弟期刊组建而成，汇聚测绘地理信息领域学术推广与科技服务为一体的融媒体宣传推广平台，截至目前有46本期刊，集群化发展已初具规模。

1.4 其他数字化办刊手段

积极与中国知网开展合作，利用网络首发不仅可以抢占优秀论文的首发权，而且可极大缩短文章发表周期，大幅提升科技价值传播速度，拓宽期刊传播渠道，促进刊网融合发展。积极参与媒体融合发展，2019年7月获批参加国家新闻出版署出版融合发展(武汉)重点实验室"学术期刊融合出版能力提升计划"横向课题。通过积极策划，在论文首页中添加了OSID码，读者可通过扫描该OSID码查看学术诚信支撑资料及作者的语音解读，实现论文增强出版。

2 不足之处

采编系统的建设及应用，一定程度上改变了传统线下办刊模式，大幅提升了办刊效率，但是仍然存在很多不足之处。

2.1 缺少无缝衔接学术不端检测功能

在学术不端检测方面，当前的处理方式是将来稿下载到本地电脑，并上传至中国知网的科技期刊学术不端文献检测系统(AMLC)，依据检测结果进一步处理来稿。这种模式无法将检查结果信息直接带入到采编系统，其他编辑只能看到一个关于稿件的接受或拒稿的结果，无法看到更多信息，如来稿重复率、一稿多投情况等，对于存在学术不端的作者也没有更多的信息描述，无法用于作者画像的刻画，信息量十分有限；同时，承担学术不端检测的编辑在操作上也多有不便，需要来回切换系统，效率不高。

2.2 缺乏盲审稿处理功能

因为采编系统建设的数据逻辑不是基于结构化数据，所以无法做到对稿件的精细处理，即无法完成对作者信息的较为完善的自动删除，并生成 PDF 文件由主编进行送审。当前情况下，是由主编将稿件下载到本地电脑进行编辑处理，删除作者相关信息后再上传采编系统，并进行送审。可见，缺乏盲审稿处理功能办刊模式的送审效率并不高，应进一步优化完善。

2.3 未与第三方网络发布平台做接口集成

通过第三方网络平台发布最新编辑完成的论文，可大幅扩宽论文传播渠道，使论文的理论知识和科技价值得到快速传播，对于论文的影响力和期刊的品牌力的提升具有良好的促进作用。但限制于系统功能，目前无法与任何第三方系统进行集成，而是通过人工手动传输给第三方网络平台进行发布，不仅效率低下，而且容易出错，限制了论文的快速传播。

2.4 作者及专家库功能不完善

期刊社或编辑部的采编系统均建设有作者库和专家库，但大部分的采编系统功能仅能满足基本的办刊需求，未针对作者投稿和专家审稿的行为开发相关的评价功能，并依据评价结果择优进行相关研究领域的论文约稿或稿件送审，即缺少对人力资源相关的挖掘功能以及基于挖掘结果更深层次的应用。

2.5 稿件处理评价及监管功能不足

对编辑工作的评价、监督及考核工作是保证期刊出版质量和效率的一项重要措施。编辑的编修和校对工作未曾实现全流程线上处理，而线下处理模式依赖大量的纸稿，这就导致对其工作质量的评价、监督及考核缺少有效的信息化手段，不利于科学有效、客观公正地进行评价和考核，无法有力地保证期刊出版质量和效率，造成在期刊出版过程方面存在薄弱环节。

2.6 其他方面

当前采用采编系统的出版模式，仅是将投稿及审稿由线下搬到了线上，未能将编辑、校对、排版及发行等工作搬到线上，不是全链条的数字化出版，还存在一些其他问题：

(1) 密切合作导致的地域限制。一篇文章或一整期文章在编校过程中需要多名编辑进行相互配合，经常在一起讨论沟通和修改确认，这就限制了编辑出差参会、培训学习等机会，个人的行动往往需要兼顾整个团队的实际情况，否则会影响整个团队的工作节奏，进而影响整个出版过程。

(2) 频繁的互动导致效率不高。编辑之间密切的合作必然导致互动频繁，而频繁的互动会频繁打断编辑的工作状态，影响整个团队的工作状态和工作效率。

(3) 易出错且问题难追溯。在这种办刊模式下，以及大量依赖纸稿办刊的工作方式，非常容易导致问题出现，由于不同编辑的认知理解与语言风格差异，在多个校次过程中有些问题会反复被修改，问题不仅没有彻底解决，反而会出现新的问题，而且大量的纸稿很容易掩盖问题，不易被追溯和排查。

3 未来发展路径

3.1 线上全链条数字化出版

《油气储运》杂志社认真学习领会中央指示精神，积极贯彻落实相关要求，依据《关于推动学术期刊繁荣发展的意见》，结合实际办刊情况，积极向主办单位争取人力和资金支持，成功立项关于期刊数字化出版技术研究的相关课题，并依据该课题研发了两项智能化数字出版原创技术，并申请了两项发明专利。同时，在此基础上通过集成国内第三方的优秀经验和先进技术，使传统的线下编校出版工作转变为线上处理，正在开发建设全链条期刊数字出版平台，通过打通传统办刊模式在出版过程中各个环节的壁垒，实现期刊出版工作线上全链条数字化。在此基础上，通过进一步丰富全链条数字化出版系统的各种功能，实现学术不端检测功能无缝集成、盲审稿自动生成、与第三方网络发布平台数据对接、完善作者及专家库的数据挖掘及智能应用等，进而全面提升期刊的出版质量、效率和水平。

3.2 提升出版服务能力和知识服务能力

论文的发表周期会直接影响到该论文影响力扩散情况，也会在一定程度上反映一个编辑团队的出版能力和水平。通常情况下，论文发表周期越短越有利于论文影响力的扩散，所以各个编辑部或期刊社均在大力缩短论文的发表周期，一个普遍做法就是通过网络优先出版。网络优先出版涉及的工作是论文发布环节，对于具有较大创新性的高质量论文应从整个出版环节统筹考虑。基于期刊数字化出版技术研究的课题，计划构建作者及专家数据库，并建立用户画像及关系图谱，对作者及专家从研究领域与深度、写作水平与规范、约稿成功率、审稿质量与效率等多个维度进行综合评价，为开发热点领域智能化约稿、栏目编辑工作任务智能化分配、待审稿件智能化送审、专家介绍、论文解读等功能建立基础。在此基础上，通过深入调研人工智能(Artificial Intelligence，AI)技术[9-14]，开展用于提升科技期刊编校能力的集成研发，如体例、句式结构、行业常用专业术语、敏感词等的审校，用于提升读者阅读体验的集成开发，如专业术语在线提示、全文多语言在线翻译、增强出版等，以及用于提升知识服务能力相关技术的集成开发，如实验视频、生产现场视频、设备设施视频、管输工艺动画等，并利用建立的行业专家库，针对用户画像特点研发更具针对性的文章精准推送功能，从而全面提升期刊的出版服务能力、知识服务能力以及文章的传播能力。

3.3 推进领域学科期刊集群化建设

中国光学联盟打造的中国光学期刊网数字出版平台，是国内首家从无到有、突破主管主办跨地域的专业学科期刊集群，经过多年的发展取得了不错的效果，为我国个刊参与期刊集群化建设、行业资源整合提供了良好的思路和优秀的经验。《油气储运》作为个刊的一员，在秉持油气储运行业特色、持续向专业化期刊发展、进一步突出优势领域的基础上，加大与石油天然气工程、能源科学等行业期刊以及更多地学领域期刊展开积极探索，尝试跨地域、跨单位整合期刊出版资源，形成科技期刊专业学科出版集群，将个刊"小、散、弱"的劣势转化为科技期刊专业学科集群发展优势，以行业顶流科技期刊带动领域科技期刊共同发展，实现优秀资源共享、优秀经验借用、优秀技术集成的办刊新模式，进而打通整个领域或行业的产业链，促进期刊与工业新质生产力发展的双提升。

4 结束语

数字化技术已经成为国际一流科技期刊发展的核心竞争力，其信息获取、数据加工及知识传播的能力，直接影响了期刊发展水平和可持续发展能力。当前，数字经济时代下信息技术发展日新月异，互联网、大数据、云计算、人工智能等技术加速创新，新的跨界技术及应用正在交互融合、碰撞并不断涌现，新的科技革命和产业变革正在蓄势待发，并已经逐渐加深对科技期刊数字化出版的影响。

当前，我国大部分传统科技期刊均在积极寻求数字化转型发展的突破点，但是如果继续按照传统的办刊模式，恐怕短时间内难以突破"小、散、弱"发展格局，数字化转型发展也难有较大建树，将制约期刊的进一步发展。而信息技术的飞速发展与互联网环境的日益复杂，对信息安全提出了更高要求，这无疑给本就"无能为力"数字化转型发展上了一道"信息安全"的技术枷锁，传统科技期刊难以有效突破。在这样一个技术大变革的时代背景下，我国传统科技期刊数字化转型发展应抓住历史机遇，转变传统办刊思维与模式，立足实际争取主管主办单位更多人力、资金、技术及政策支持，积极与行业期刊开展合作，探索整合行业资源的可行性，将"小、散、弱"的劣势转化为科技期刊专业学科集群发展优势，力争能够实现弯道超车，摆脱落后发展局面；同时，建议我国期刊数字化、集群化建设先进单位或组织，加大期刊数字化产品、集群化平台的报道宣传，积极与更多传统科技期刊进行接触，并适当给予政策、技术上的支持，将更多传统科技期刊纳入共同发展体系，使领域资源进一步扩大、优势资源进一步共享，在多方共同的努力下整体上实现我国科技期刊数字化转型发展的较大进步，构建具有较大国际竞争力的现代科技期刊数字化出版格局。

参 考 文 献

[1] 赵永新.我国成功进入创新型国家行列[J].党史文汇,2022(7):6-9.
[2] 李鹏,刘英虹,胡小宁."中国科技期刊卓越行动计划"背景下培育世界一流科技期刊的思考与启示[J].天津科技,2024,51(1):62-65,69.
[3] 中共中央宣传部教育部科技部印发《关于推动学术期刊繁荣发展的意见》的通知[EB/OL].(2023-06-13)[2023-09-09].https://www.nppa.gov.cn/xxfb/zcfg/gfxwj/202106/t20210623_4514.html.
[4] 赵琳,孟瑶,葛浩楠.科技期刊数字出版平台 SciOpen 功能实践研究[J].中国科技期刊研究,2023,34(12):1608-1615.
[5] 张莉,曾洁,赵廓,等.国产科技期刊出版与传播平台 SciOpen 运营实践及思考[J].编辑学报,2023,35(1):12-16.
[6] 于成,李雨佳.科学出版社 SciEngine 平台造船出海的经验与挑战[J].中国传媒科技,2023(3):143-146.
[7] 刘冰,游苏宁.我国科技期刊应尽快实现基于结构化排版的生产流程再造[J].编辑学报,2010,22(3):262-266.
[8] 游滨.学术期刊数字化发展趋势及因应策略[J].编辑之友,2016(11):36-41.
[9] 王晓光.人工智能与出版的未来[J].科技与出版,2017(11):4-6.
[10] 陈鹏,陈晓宇,刘定坤,等.人工智能技术给科技期刊出版带来的挑战与机遇[J].传播与版权,2024(8):8-10,14.
[11] 洪悦民,王景周.学术期刊出版中人工智能生成内容的使用规范及著录建议[J].编辑学报,2024,36(2):149-153.
[12] 袁庆,沈锡宾,刘红霞,等.中国科技期刊编辑大模型技术认知及其影响的调研研究[J].编辑学报,2024,36(2):183-188.
[13] 方正电子大模型"智能+"工具发布推动 AI 技术在出版行业的数字化应用[J].广东印刷,2024(2):70-71.
[14] 胡越.AIGC 时代下期刊编辑工作中的变与不变[J].重庆行政,2024,25(2):95-97.

新业态下古籍数字化出版的探索与挑战

高雪薇

(中州古籍出版社，河南 郑州 450000)

摘要：信息时代数字化出版已成趋势，新业态下古籍的数字化出版如何与当代文化相适应、如何将中华优秀传统文化以大众喜闻乐见的方式推广开来，是目前古籍出版人急需思考的重要课题。古籍具有文物和文献的双重属性，本文梳理业内古籍出版数字化发展源流，结合具体案例对新业态下古籍数字化出版新形势进行分析论述，思考如何通过数字化充分发挥古籍文化传承的价值，进一步深入思考当下古籍数字化发展面临的新挑战及发展新思维。

关键词：数字化出版；古籍出版；新业态；文化传承

古籍作为国家历史文化传承的精神产品，是中华优秀传统文化之精粹，其数字化出版进程更是我国新时代新闻出版业的重要发展规划之一。2021年《国家新闻出版业"十四五"时期发展规划》"壮大数字出版产业"中提出"着眼弘扬中华优秀传统文化，加强古籍数字化开发利用，推出一批古籍数字化重点项目"。古籍出版数字化是古籍与新时代文化相融合的桥梁，是让书写在古籍里的文字"活"起来的强心剂，是中华优秀文化跨越时空、超越国度向全世界展示出来、传播出去的必由之路。随着经济全球化、信息全球化的时代到来，人们的感官世界得到了前所未有的延伸，数字化、人工智能、VR、AR等新兴媒体如巨浪席卷而来，古籍出版这艘巨轮势必乘数字化之东风扬帆出海。

1 古籍出版数字化的探索

1.1 古籍类图书出版的独特性

纸寿千年，代代传承，《尚书·周书·多士》载："惟尔知，惟殷先人，有册有典。"这里的"册"和"典"指的便是古籍。中华古籍浩如烟海，承载着源远流长、博大精深的中华文明，是中华文脉绵延数千载的历史见证，也是新时代文化自信的坚实基础，古籍出版在我国有着悠久的历史，它传承和发展了中国文化，也是古典学术的重要形式和载体，在信息技术与互联网的快速发展下，数字化理念扎根各个行业和领域，古籍数字化出版为古籍的传承提供了新的载体。相较于一般类图书出版，古籍类图书出版不论在内容、目的还是价值方面均有其独特性。

1.1.1 内容方面的公开性和连续性

《中华人民共和国著作权法》规定了作者财产权利的保护期为作者有生之年加其死后50年，精神权利中的署名权、修改权和保护作品完整权的法律保护期限没有限制。根据此规定，原版古籍均已经进入公共领域，作者已无财产权可言，法律只保护原作者的精神权利，古籍内容任何人均可以使用，不必支付报酬。只有当代学者对古籍进行校勘、标点、注释等产出原创性内容时，校勘者仅对其校勘内容享有精神权利和财产权利。而一般书大多为现当代作者的原创作品，作者对其作品同时享有精神权利和财产权利。除此之外古籍在内容上还表现出一种非凡的连续性，以《春秋穀梁传》为例，《春秋穀梁传》成书于汉代，原有经文十一卷，传文十一卷。自汉至魏晋《春秋穀梁传》注讲者便有尹更始、唐固、糜信、孔衍、江熙、程阐、徐仙民、徐乾、刘兆、胡讷、段肃等十余家。历代注解的《春秋穀梁传》中，以东晋范宁注最为重要，他将经文与传文合并，始成注本十二卷，终成《春秋穀梁传集解》。范宁注以后，又有徐邈作注，故今本范注中，多杂有邈说。后唐代官员杨士勋根据范宁的《春秋穀梁传集解》编纂了《穀梁疏》亦为十二卷。宋时学者将范宁《春秋穀梁传集解》与杨士勋《穀梁疏》相合为一帙，刊为二十卷，是为《春秋穀梁传注疏》。清时有钟文烝作《春秋穀梁经传补注》，中国近代史学家柯劭忞作《春秋穀梁传注》。近年来中华书局、上海古籍出版社、岳麓书社、中州古籍出版社等出版社均有《春秋穀梁传》相关内容出版。承中华历代学者皓首穷经，将历史古籍进行整理，考订源流、勘疑补缺，让大量传世古籍代代相传并逐趋臻善，并发展为具有中国特色的古籍整理阐述方式，例如注、疏、章句、传、笺等等。千年繁华，学术繁昌，历代学者超越时间与空间的界限在古籍的字里行间对话，中华浩如烟海的古籍出版资源是面向大众的、公开的，其内容缠绵千年历史是递进的、连续的。

1.1.2 以文化传承和普及为目的

古籍出版的主要目的是保护、传承、弘扬中华优秀传统文化。古籍出版作为一种专门的出版类型，是古籍再生性保护的重要手段，影印出版通过对善本古籍的数字扫描进行图片化出版，能够保护古籍的物质形态，让古籍以本真的形式向读者进行展示；整理出版通过对古籍的点校、注释使古籍晦涩难懂的内容深入浅出，有利于读者阅读学习，让古籍得以普及传播；数字出版可以提高古籍的保存质量，扩大传播范围，使更多的读者能够方便地获取和阅读古籍。这些出版形式有助于古籍经典传承深入人心，从而更好地保存和传续中华文化经典。当下国家高度重视对古代文献遗产的保护与普及工作，陆续启动了一系列古籍整理和出版工程，为了有力推进古籍整理出版工作高质量发展，国家新闻出版署每年开展了"国家古籍整理出版资助"，就是鼓励各出版单位对古籍出版进行系统整理与编辑出版，积极传承中华古典文化遗产，让古籍"出古入新"，发挥古代典籍的保护传承、整理研究、传播利用的源泉价值。用古籍出版工作去梳理中华文化的精神脉络，让古老却魅力无限的中国故事从尘封的旧纸页中走出来，走进读者的内心，激发历史心灵的共振，把历史文脉更好地传承下去，为后世子孙留下无与伦比的文化遗产，古籍数字化出版可以通过新技术为古籍大众化出版创造更多可能性。

1.1.3 学术价值、研究价值双高

古籍是保存历史记忆、赓续中华文脉的重要载体，其对于研究历史、文化、哲学等方面具有重要价值，其内容作为历史文物具有稀有性和珍贵性，是学术资料和文化传承的载体，古籍珍本善本作为文物收藏品难以触碰，古籍的出版可以为广大学者提供丰富的原始资料和参考资料，为学术研究提供可靠的依据和参考，让广大学者深入研究古代文献，反复研读，挖掘其中的学术价值，推动学术研究的进步，推动相关学科的发展。例如中州古籍出版社2023年11月出版的《玄奘全集》，该书是河南省重大古籍整理出版项目中原文库首批出版图书，共

53 册，以《乾隆大藏经》为底本，《房山石经》《资福藏》《碛砂藏》《赵城金藏》《径山藏》《普宁藏》等 8 部大藏经为参校本，含玄奘译出经论 75 部，以及玄奘传记、玄奘年谱等相关内容，是目前研究玄奘最为全面的古籍点校成果。后期将开发其数字化出版相关内容，打造《玄奘全集》数据库融合项目，目标是建设成全文检索型数据库，提供一个多终端的交流平台，满足用户学习、研究和交流的需求，打造古籍数字化优势品牌。《玄奘全集》广泛收集国内外材料，是国内首次全面、系统、完整的点校整理研究，为后人的研究提供了全面、珍贵、有价值的第一手资料，对中国佛教史的研究，对国内外学术界研究中国佛教文献、梳理佛教思想等，具有重要的参考意义。

1.2 古籍出版数字化历程

古籍数字化在美国最先开始，1976 年斯坦福大学教授 Philip J. Ivanbhoe 联合美国全球联机计算机图书馆中心编制了一系列以儒学文化经典为主要内容的数据库，如《朱熹中庸章句索引》《王阳明大学问索引》等，之后欧美 Gale、Adam Mathew Digital 等出版公司相继研发了《珍本英语文献数据库》《英文古典文献数据库》《世界历史原始资料数据库》等大型综合数据库。

我国古籍数字化工程起步较晚。1984 年，我国台湾地区率先开始了古籍数字化整理的尝试，开发了《汉籍电子文献》《古典文献全文检索数据库》《网路展书读》《汉文汉文化资料库》等，为国内古籍数字化出版工作打响了第一枪。之后不久，江苏科学院王昆仑研发了《〈红楼梦〉检索系统》，之后大陆地区开始出现古籍数字化工作。近年来我国古籍数字化出版发展迅猛，取得了丰硕的成果，《文渊阁四库全书》《四部丛刊》《国学宝典》《中华经典古籍库》等古籍数字化出版项目如雨后春笋般涌现，浩如烟海的古籍数字资源触手可及，为广大学者进行学术研究提供了极大的便利。

2007 年，国务院办公厅发布《关于进一步加强古籍保护工作的意见》(国办发〔2007〕6 号)，提出在"十一五"期间大力实施"中华古籍保护计划"，各地图书馆陆续投入人力物力，大力推进古籍数字化。

2016 年国家图书馆搭建起"中华古籍资源库"平台，发布了普通古籍、甲骨、敦煌文献等数字资源，并全部实现免登录在线阅览。新科技的出现为古籍类图书的出版带来了新的生机，让新旧科技之间的融合发展碰撞出更绚烂的火花，不仅拓展了古籍类图书的出版思路和市场空间，更为古籍出版描绘出了一幅宏伟蓝图。

1.3 我国古籍数字化录入系统

1.3.1 文档扫描管理系统

文档扫描管理系统工作原理主要基于光—电转换的过程。它可将古籍制成影像转换为计算机可以显示、编辑、存储和输出的数字格式。

以北京星震同源数字系统股份有限公司研制的星震 BookScan10000 古籍扫描仪和德国麦克布斯公司 book2net kiosk 非接触式古籍扫描仪最为专业。星震古籍扫描仪 BookScan10000(实用新型专利号：ZL 2016 200198830.4、ZL2016 2 0198931.1)，专门针对古籍善本、线装书籍、超厚簿册的数字化加工要求而设计，主要由 V 形智能稿台、压稿玻璃、高精度扫描镜头及星震古籍扫描加工系统四部分组成。德国麦克布斯公司 book2net kiosk 非接触式古籍扫描仪采用了矩阵式处理器技术，系统通过矩阵式点对点扫描技术，页面向上式采集，扫描过程无须拆卷，像看书一样轻松地完成扫描工作。

1.3.2 光学字符识别技术

光学字符识别技术(Optical Character Recognition，OCR)，是通过扫描和摄像等光学输入方式将古籍的文字转化为图像信息，利用各种模式识别算法分析文字形态特征，判断出文字的标准码，并按通用格式存储在文本文件中。

以北京文通有限公司研发的文通 TH-OCR SDK 综合文字识别系统为例，其公司研发的 TH-OCR SDK 综合文字识别系统支持生僻字识别、可识别字符集大于 16 000 个，可定制开发字符集，图像处理功能强大，可实现自动倾斜矫正、自动旋转、自动去下划线、自动去污、自动裁切等功能。台湾力新国际科技股份有限公司开发的丹青文件辨识系统结合文件扫描、管理、转文件与储存寄送功能，支持多样文件格式，直观地看到类型、大小、图像信息、修改日期、创建日期、注解以及作者等详细文件信息。

目前在古籍数字化市场上光学字符识别技术的应用更为广泛，因为它可以帮助我们更好地识别古籍中的内容、文字，分析版面并进行结构化输出，但古籍数字化仍然是一个极具挑战的问题，就文字识别这一点，大多数古籍的版式复杂且文字密集、图文混排，有些古籍在保存过程中存在残缺、模糊、污渍干扰等都是古籍数字化文字识别和分析过程中的"绊脚石"，且不同朝代的字体书写风格差异比较大，内容上有大量异体字，将异体字准确地进行辨别、区分也并不容易。希望通过不同学科的团队合作，在今后古籍数字化过程中，加强人文社科学者与技术人员合作，在技术上减少人工智能识别错误率，在学术上提升古籍数字化产品内容赋能，积极培育相关专业兼具技术与学术能力的复合型人才，共同推动古籍数字化的发展。

2 古籍数字化出版面临的挑战

2.1 建立出版标准，保障出版质量

古籍数字化出版工作难度大，更要重视质量，切不可盲目跟风、无序开发，导致部分产品出现内容重复建设、同质化严重、产品质量良莠不齐等问题。要从采集方案、流程规范和相关作业标准进行周密完善的布局。数字文件与古籍真本如同孪生，如何最大程度呈现古籍原貌、保证古籍数字化出版质量是数字化出版的重中之重。

国内应当建立一个统一的机构辅助管理古籍数字化出版的工作，古籍数字化选题由国家统一管理，并对选题确定、版本选用、内容整理、影像输入等整个数字化过程进行全程监督和指导，避免数字化过程中选题重复开发的问题。[1]例如安徽省文化和旅游厅于 2022 年 11 月 26 日发布了《古籍数字化工作指南》(DB34/T 4333—2022)确立了安徽省古籍数字化工作的基本要求，并给出了古籍数字化工作项目遴选、数字资源制作、数据库建设、数字资源发布的一般性方法，极具参考意义。数字化选题内容应当参照用户分级，以读者需求为本，实行层次化选题，改变古籍出版依附于古籍整理的思想，将古籍与新时代生活特征相结合，拉近读者心中历史与现实的距离，提高读者对古籍数字化产品阅读和研究需求的满意度。

2.2 古籍数字化人员队伍建设

目前古籍数字化过程主要依靠与科研人才、科研机构结盟，在技术提供方指导下，进行古籍数字化选题的开发和运作，古籍编辑人员仅能发挥自身在古籍编辑与古籍整理方面的长处，技术方面则鞭长莫及。数字化出版需要信息技术支持，但古籍编辑人员存在先天技术弱势，专业的信息技术人员又缺乏编辑专业常识。伴随目前古籍数字化出版在学术研究和文化

建设中的应用越来越广泛，加强人才队伍建设是古籍数字化出版的关键。"新时代古籍事业发展，需要一批对古典文献学、古籍保护、信息技术以及数字化流程都比较熟悉，又能将各方面有机融合的复合型人才。"北京大学中文系教授杨海峥建议，应加强古籍学科理论构建和课程体系建设，编写适合新时代古籍工作需要的专业教材，并多为学生提供实践机会，以推进新时代古籍人才队伍建设。古籍数字化出版急需培养既懂古籍又懂互联网的专业人才，专家与技术公司合作只是目前现行的办法，培养复合型人才才是未来古籍数字化出版可持续的发展方向[2]。

作为古籍编辑，也应具备更好的知识结构、更高的综合能力，以传承和弘扬中华优秀传统文化为己任，在数字化浪潮的席卷下，抓住机会、与时俱进、强化自身技术知识及技术技能，提升人机协同的工作能力，努力成为"在古籍界最懂互联网的；互联网界，最懂古籍的人"[3]。

2.3 增强古籍数字化产品版权意识

古籍实现数字化后，盗印现象难以杜绝。另一方面，超大规模古籍的影印出版投入巨大，盈利是个难题。一部古籍的数字化出版背后是大量的人力、物力、财力成本。"古籍经整理后形成的作品是一项具有独创性，并能以有形形式进行复制的智力成果。对古籍加注标点、分段和校勘后形成的作品，应属于演绎作品的范畴，古籍整理者对整理后形成的作品享有著作权。"[4] 目前古籍数字化出版的相关知识产权保护法律存在缺失，数字出版载体多元化，知识侵权形式更是多样复杂，不好判定。由于数字版权内容存在于高复制性、高隐蔽性、高传播性的网络空间，文本、网页、数据库等很容易被拷贝，让盗版和侵权变得非常容易，相应的确权、监控、维权也变得非常困难。古籍数字化出版的过程中，一旦被其他机构无偿复制，将严重损害开发者的正当权益和积极性。健全法律机制的同时也应当建立独有的版权保护机制，并加强相应技术手段，比如目前的 DRM 数字版权管理技术，即让出版社自主选择发行渠道进行授权，对数字出版进行全程加密监管，严格限制终端适用类型和复制次数[5]。

2023 年河南省知识产权局正式印发《2023 年河南省知识产权行政保护工作实施方案》，该方案表示将积极应对新技术、新产业、新业态、新模式下知识产权行政保护新形势，鼓励知识产权保护领域数字化改革，大力推动知识产权保护数字化治理模式创新。推动知识产权保护从单向管理转向双向互动、从线下转向线上线下融合，持续探索建立智慧、高效、协同的数字化知识产权保护体系，为古籍数字化产品版权的研发和利用提供了法律保护。

古籍数字化出版需要更好的传播环境和法律环境，只有健全古籍著作权机制，解决古籍整理知识版权问题，才能更好地保护出版社与学者的合法权益不受侵害、保证优质古籍资源不浪费，使古籍数字化市场环境公平有序。

2.4 古籍数字化产品公益性与市场性的相互补充

古籍数字化出版具有经济属性，相较于各公共古籍典藏机构，它不单单是一个海量检索数据库，古籍数字化产品是要对其内容按照古籍整理的规范进行系统的梳理。目前古籍数字化出版产品市场运作优势不高，受众群体大多为科研机构、高校及图书馆，很多消费者认为其市场化阻碍了古籍的资源共享，不利于中国传统文化的传播。故此，学术界一直提倡让古籍数字化产品无偿性公开。

2.4.1 公益性的古籍数字化产品

一般由公共古籍典藏机构或科研机构开发建置，例如国家古籍数字化资源总平台(测试版)、中国国家图书馆古籍资源库等,其目的主要立足于古籍的保护与保存,属于一种文物保护的方式。

2022年抖音和北大联合推出的AI古籍平台"识典古籍",致力于为用户提供免费、公开、稳定、快速、方便的搜索和阅读古籍的服务。识典古籍阅读平台为广大古籍爱好者和学者提供海量古籍内容,目前共收录5 007部经典古籍。资源库可检索和浏览、全文阅读,平台还提供"识典古籍·整理平台"让读者来整理自己的古籍,利用AI技术协同整理古籍,并将成果开放,全民共享。

借助现代数字技术,厚重典籍浓缩在方寸之间,尘封已久的历史画卷徐徐展开,成为触手可及的文化资源。公益性质的古籍数字化工程的确实现了古籍资源的高效利用和共享,但市场化确是古籍数字化开发研制不可或缺的有益补充。

2.4.2 市场性的古籍数字化产品

正所谓"知识就是力量,知识就是财富",这句话在互联网时代被表现得更加的淋漓尽致,许多知识的获取都不是免费的,目前网络充斥着各大付费知识平台,随着移动支付的兴起而变得越来越流行。

2023年,由上海世纪出版集团规划设计、上海古籍出版社实施建设的"2021—2035年国家古籍工作规划"重点项目——"尚古汇典"历时3年正式亮相,目前已上线整理本古籍共计1 677种,内容多达5亿余字,分为典籍整理文献数据库、中国地方文献总库,收录资源涵盖经、史、子、集各部,包含"中国古典文学丛书""清诗话"、历代大家全集、地方文献等经典系列,分为文本阅读和图文对读两种方式,内设复制、引用复制、书内搜索、库内搜索、笔记、查询字典等丰富选项,在检索方面提供普通检索、高级检索和图书检索三种模式,并利用技术方案扫除了检索时繁简字、异体字、同义词、字图字关联等障碍。为古籍整理出版者、古籍专业研究者及传统文化爱好者提供数字服务。未来,该平台还将在内容上继续吸收高质量的古籍文献,并逐步开发更多的、具有特色的专题数据库,预计总规模将超过100亿字。在技术上升级古籍知识生产模式、知识服务模式,为机构和重大社科项目提供技术开发和优质数据加工等服务。

3 关于古籍数字化出版发展的思考

古籍传承文明,古籍工作是一项功在当代、利在千秋的事业,将古籍以数字化的方式展示出来,便于读者阅读与检索,对于传统古籍进一步挖掘和充分利用有重要的意义,有助于实现"让古籍中的文字活起来"。当下,不论是研究机构、出版单位,还是人民群众无不对新业态下古籍数字化出版的未来充满希冀,对此我有以下几点思考:

3.1 古籍整理的自动完成集成系统的建立

近年来,国家大力弘扬优秀传统文化,对于古籍类出版社而言,无疑赶上了一个好时代,古籍数字化出版势必将实现对中华文化的创新性发展。但是古籍不同于一般图书,其基数大、语言繁琐,相对应的检索方法也较为复杂,面对公众,部分古籍甚至犹如"天书",极大地影响了读者阅读利用古籍文献的积极性。未来,建立古籍整理的自动完成集成系统势不可挡。集成系统通常是指将软件、硬件与通信技术组合起来为用户解决信息处理问题的业务,集成的各个分离部分原本就是一个个独立的系统,集成后的整体的各部分之间能彼此有机地和协调地工作,以发挥整体效益,达到整体优化的目的。如何充分利用计算机技术,通过自动化集成系统对古籍文献内容和形式进行专业化处理。

（1）内容上实现古籍数字化繁简字自动转化、异体字识别、自动校勘、自动句读、自动注释翻译的一站式数字化。常娥等曾提出自动校勘系统的总体设计："古籍自动校勘系统主要包括四个模块：自动校勘模块、校勘信息显示模块、辅助工具模块和数据维护模块。"[6] 最后经过测试系统的召回率和精确率分别达到 92.3%、95.2%。该项目被列为科技部国家科技基础性工作专项资金项目(2002DEB30090)。

（2）形式上建立古籍书目数据库，简化检索方法，方便读者阅读古籍资料，并可快速、准确、全面搜索自己所需的古籍图书。这就需要夯实古籍信息加工存储技术，包含输入技术、存储技术、浏览阅读技术以及计算机检索技术中的题录检索、全文检索、综合检索等各项功能。

3.2 人才的知识全面性发展

古籍数字化发展不能仅仅依靠"机器"，因古籍整理的独特性，先进的科学技术只能起到优异的辅助作用，无法完全替代人工。古籍整理的自动完成集成系统的建立可以为专家学者及出版方在点校整理方面省去大部分时间，帮助专家进行勘误，但是最后仍必不可少经过去重、人工审核等工作步骤去完善古籍整理数字化的工作。例如在古籍整理中一般来说，繁、异体字在人名、地名、专名中需要特别保留，其他的繁、异体字如不会产生歧义的统一为正体，但是目前大部分古籍数字化系统都呈现为"一刀切"的处理方法，这就需要编辑或学者按照情况进行选择性处理。习近平总书记强调："人才资源作为经济社会发展第一资源的特征和作用更加明显，人才竞争已经成为综合国力竞争的核心。"在新业态下古籍数字化出版工作中发展"人才"与发展"技术"，"两手抓，两手都要硬"，才有资格在新业态下古籍数字化的浪潮下乘风破浪。古籍数字化人才是跨学科、跨领域、跨地域的交叉研究与系统协作，需要信息、图书、情报、计算机、统计等专业领域的学者协同创新。

4 结束语

路漫漫其修远兮，随着技术的发展，古籍数字化工作为了适应新的技术要求和用户需求，数字化标准也需要不断提高，以确保数字化工作成果可以融入日常的古籍研究、教育和普及工作之中。对于古籍出版编辑而言，发掘整理珍贵古籍、传播普及中华优秀传统文化，关乎中华文脉的延续，更应在新时代积极回应多媒体数字化科技对古籍编辑提出的新要求，"以古人之规矩，开自己之生面"，让古籍出版数字化高歌猛进，让中华优秀传统文化大放异彩。

参 考 文 献

[1] 邱慧.数字化出版的探索与实践为编辑拓展新的空间[J].科技与出版,2010(1):30-32.
[2] 白玉静.数字化 让古籍里的文字活起来[N].新华书目报,2015-08-21.
[3] 王文波.整理古籍应享有著作权[J].电子知识产权,2005(3):8.
[4] 韩亮,郎筠.守得"云"开见月明：云时代古籍出版创新[J].乐山师范学院学报,2015(9):134-140.
[5] 刘晗.新出版模式诞生:VR古籍出版怎么做?[N]中华读书报,2018-11-28.
[6] 常娥,侯汉清,曹玲.古籍自动校勘的研究和实现[J].中文信息学报,2007(2)83-88.

新质生产力背景下的智能出版：机遇与挑战

岳俊冰

(天津师范大学期刊出版中心，天津 300387)

摘要：技术变革深刻地改变着出版业的发展，影响着出版的编辑、复制和发行等各个环节。通过分析，发现新质生产力的推进给智能出版增添了新的机遇：能够在作者内容创作和编辑选题策划等方面提供帮助，能够优化个性推荐，提高出版内容的精准化推送，扩大全球影响力。同时，新质生产力也带给智能出版新的挑战：要求编辑及时关注新技术的发展趋势，注意用户数据安全和学术伦理问题，更好地推进出版业的高质量发展。

关键词：新质生产力；智能出版；出版高质量发展；出版融合

随着技术的不断更新，传统出版已经转向了智能出版，技术变革深刻地改变着出版业的发展，影响着出版的编辑、复制和发行等各个环节。在信息爆炸和知识更新加速的今天，智能出版的重要性日益凸显。它能够帮助人们更快速地获取和传播知识，促进了知识的民主化和普及化。同时，智能出版还为传统出版行业带来了新的商业模式和市场机遇，推动了行业的转型升级。通过利用人工智能 AI、大数据分析、云计算、区块链等前沿技术，可以实现出版流程的自动化、智能化和个性化。将智能选题策划、智能审校纠错、智能排版印制和智能营销推荐有机融合，以更加数字化、融合化、智能化的生产方式来推动新闻出版业的转型升级，实现新闻出版业的提质增效[1]。智能出版流程不仅提升了内容创作、编辑和分发效率，还为读者提供了更加丰富和便捷的阅读体验，丰富了出版媒介的业态。

2023 年 7 月以来，习近平总书记在四川、黑龙江、浙江、广西等地考察调研时，提出要整合科技创新资源，引领发展战略性新兴产业和未来产业，加快形成新质生产力。习近平总书记指出："高质量发展需要新的生产力理论来指导，而新质生产力已经在实践中形成并展示出对高质量发展的强劲推动力、支撑力"[2]。各行各业都在围绕新质生产力寻求创新发展的着力点，而出版行业更需要抓住新质生产力，发展出版业的新质生产力，为出版业转型发展注入新动能。

如何在出版领域更好地理解新质生产力，新质生产力会给出版业带来哪些机遇与挑战，期待通过本文的分析，引发编辑同行的思考，以期抛砖引玉。

1 新质生产力在出版领域的内涵

2024 年的《政府工作报告》把"大力推进现代化产业体系建设，加快发展新质生产力"列

基金项目：天津师范大学学术期刊政治引领专项课题(52WT2248)；天津市高等学校人文社会科学研究项目(2023SK044)

为国民经济和社会发展计划的首要任务。AI 技术迅速更迭，出版行业更要以新的姿态积极响应国家对发展新质生产力、推进国家文化数字化建设的要求，作出出版业应有的回应。在高质量发展阶段，出版业在新的发展机遇下，应当促进资源、技术、人才、数据等创新要素合理互补和共享，充分利用新技术、新动能，开启智能出版的新时代。在新质生产力的引领下，出版业将由传统出版向智能出版转型，要以资源、技术等为支撑，以出版者为主导，打造数智技术协同发展的出版新模式。

新质生产力的"新"不同于一般意义上的传统生产力，而是以新技术、新经济、新业态为主要内涵的生产力。在新闻传播领域，新质生产力代表着新一代互联网技术在科技内容赋能与传播拓展上的新突破[3]。新质生产力由"高素质"劳动者、"新质料"生产资料构成，以科技创新为内核、以高质量发展为旨归，是为高品质生活服务的新型生产力[4]。新质生产力以高科技、高效能、高质量为特征，其核心在于创新驱动和智能化，它通过高新技术的应用，极大地提高了生产效率和产品质量。在当代社会经济中，新质生产力正成为推动经济增长和社会进步的关键因素。新质生产力是推动新时代出版高质量发展的强大动力，出版行业要积极探索劳动者、劳动工具、劳动对象等生产力要素方面的创新点[5]。

新质生产力伴随着技术革命性突破、生产要素创新性配置，促进产业深度转型升级，深刻改变着传统产业的生态格局，体现独特的创新性和高效性[6]。新质生产力要求实现出版业生产工具的质变，用好新型生产工具，研发和掌握关键共性技术，赋能出版业新业态发展[7]。新质生产力推动出版的创新，强调出版的深度融合发展，是以内容建设为根本、先进技术为支撑、创新管理为保障的新型出版传播体系[8]，与新质生产力的理念非常契合，体现了智能化时代背景下出版业的变革与深刻创新。

在新质生产力的背景下，出版的发展离不开技术的革命性突破，前沿技术的支持促进出版的创新。这些技术不仅为出版行业带来了创新的动力，也为行业的转型提供了坚实的基础。从 ChatGPT 的爆火到 Sora 的发布，人工智能 AI 技术是智能出版的最核心技术。它通过自然语言处理、机器学习和深度学习等子领域，实现对文本内容的智能分析、自动摘要、情感分析等功能。在内容创作方面，AI 辅助写作工具可以帮助作者提高写作效率和质量；在内容审核方面，AI 能够快速识别并过滤不当内容，确保出版内容的准确性。大数据技术使得出版企业能够对海量的用户行为数据进行分析，从而更准确地把握市场趋势和读者需求，推出符合读者市场的精准产品。通过数据挖掘和分析，出版商可以为读者提供个性化的内容推荐，同时也能够对出版策略进行数据驱动的优化。区块链技术以其去中心化、不可篡改的特性，为智能出版提供了版权保护和内容追溯的新方案。在学术出版领域，区块链可以用于确保研究数据的完整性和透明度。VR 和 AR 技术为智能出版带来了沉浸式体验的可能性。通过这些技术，读者可以更直观地探索复杂的科学模型、历史场景等，从而获得更深刻的理解和感悟。在儿童出版、教育出版等领域，VR 和 AR 技术的应用前景尤为广阔。在数字化、智能化浪潮的推动下，数智技术正在成为出版业创新发展的重要引擎。这些技术的综合应用，正在推动智能出版行业的创新和转型。

2 新质生产力下智能出版的机遇

在科技要素的驱动下，各行各业的业态逻辑都发生了深刻变革，尤其是与媒介技术具有天然关联属性的出版业，呈现出新面貌与新趋势。在新质生产力视域下深入探究出版业的运作机制，会发现出版业自我革新的内生动力及出版业新质生产力与高质量发展的磁吸效应[9]。智能出版作为新质生产力的体现，随着技术的不断进步和创新，智能出版将在未来的出版业中扮演越来越重要的角色。

智能出版技术在内容创作和编辑领域发挥着重要作用。AI 写作助手可以帮助作者优化文章结构、语法和风格，利用人工智能技术，辅助作者进行文本生成、编辑和校对，提高创作效率和质量。通过大数据分析，期刊能够洞察研究趋势，为学术界提供有价值的参考。编辑可以利用 AI 技术，通过分析用户数据，了解读者偏好，为作者提供创作灵感和方向，同时可以针对性地进行相关的专题推送，提高出版产品的传播。在选题策划方面可根据热点词汇、热门事件、传播的频度和热度，对选题进行智能分析[10]。智能出版通过自动化工具和算法，可以显著提高内容生产的效率。例如，自动校对、排版可以减少人力成本和时间消耗。智能编辑工具可以自动检测和修正错误，提高编辑的效率。通过 AI 辅助的同行评审系统，缩短了审稿周期，提高了评审的效率和质量。北大方正电子在 2024 年初推出了方正星空出版大模型，开发了面向出版领域的 AI 编辑助手，在选题策划、内容加工方面为编辑提供辅助。外研社构建和部署 AI 模型，推出了 AIGC 平台，利用 AI 生成内容的能力，为外研社的出版和教育服务提供支持，丰富了教育内容的多样性，提高了内容生成的创新性。

智能出版提升了读者的阅读体验。通过智能设备，读者可以享受到便携、互动性强的阅读体验。智能设备不仅可以调整字体大小、背景光，还具备笔记、标注、社交分享等功能，极大地丰富了阅读的维度。在儿童出版领域，智能出版技术的应用尤为突出。一些儿童图书通过增强现实(AR)技术，使得书中的图像和角色"活"起来，提供了互动式、沉浸式的阅读体验。这种创新的阅读方式激发了儿童的想象力和探索欲，提高了阅读的趣味性和教育性，提升了出版产品的满意度。VR 学术出版等应用场景使出版内容更加多元化、智能化和个性化，海洋出版社制作的海洋科普 VR 交互体验系统，利用 VR 技术，满足了大众对海洋科普知识的需要。

智能出版的另一个重要应用是个性化推荐系统。通过分析用户的阅读历史、兴趣偏好和社交网络行为，推荐系统能够为用户推荐个性化的阅读内容。这种智能化的服务不仅提高了用户的满意度，也增加了内容的发现率和阅读率。用户可以更快地找到感兴趣的内容，享受更加丰富和深入的阅读体验。同时，智能出版还通过数据分析，不断优化推荐算法，提高内容匹配的精准度。这样可以精准的将出版产品推送给读者，实现图书、期刊内容的精准化推送，提高用户的黏度。

智能出版技术还解决了多语言翻译和分发的问题。通过机器翻译和人工后期编辑相结合的方式，可以快速将内容翻译成多种语言，扩大其全球影响力。一些平台还利用区块链技术，确保翻译内容的版权和收益分配。利用区块链确保内容的版权保护和追踪，提高内容的安全性和信任度。

智能出版的应用与实践表明，技术的进步为出版行业带来了革命性的变化。通过智能技术的应用，智能出版不仅提升了内容创作、分发和消费的效率，也提高了内容的质量和用户体验。未来，出版行业需要继续探索和应用智能出版技术，以适应不断变化的市场需求和技术发展。

3 新质生产力下智能出版的挑战

智能出版在新质生产力的推动下，深化技术应用，拓展服务领域，创新商业模式。它将成为知识传播的重要平台，为促进人类文明的进步和社会的发展作出更大的贡献。智能出版作为出版行业与高新技术结合的产物，尽管智能出版具有巨大的潜力和优势，但在发展过程中也正面临着一系列问题与挑战，这些因素共同塑造着行业的未来。

技术是智能出版发展的核心，技术的快速更新要求出版行业不断投入资源进行技术升级。编辑需要保持敏锐的市场洞察力，关注新技术的发展趋势，提高学习应用新技术的意识，掌握一定的数智化技术。人工智能、大数据、区块链等技术将进一步与出版行业融合，实现更深层次的自动化和智能化。以新质生产力赋能智能出版，就需要以技术要素为动力因子，依托数据、平台、算法形成技术框架。人工智能技术可以充分挖掘和分析读者的阅读模式和用户行为数据，帮助出版企业识别潜在客户，提供个性化的推荐服务。出版企业可以利用人工智能技术，进行出版物封面设计生成、文内插图绘制等辅助设计。大数据技术可以精确的开展市场调研，借助大数据技术，出版商可以将出版产品知识以适合的形态推送给需要的用户，实现产品供给侧改革，实现智能出版的"精准推送"。区块链技术的应用主要体现在数据的安全性和透明性上。区块链技术确保了数据的不可篡改性和可追溯性，确保科研成果的创作、发表和传播过程中安全可靠。图书防伪溯源系统利用区块链、大数据及人工智能技术，实现了传统图书出版领域的新探索与实践，通过核心科技与出版业务的结合，最终落地于应用场景。这些技术的应用不仅提高了出版工作的效率，也提升了用户体验和服务质量。技术创新是推动智能出版发展的关键。出版企业应加大研发投入，探索新技术在出版领域的应用。同时，应鼓励跨界合作，与科技公司联合开发适应未来市场需求的智能出版产品和服务。技术的复杂性也要求从业人员具备更高的技术能力，这在短期内可能导致人才短缺。人才培养是智能出版发展的核心资源。出版企业需要培养具备技术能力和创新思维的复合型人才，以适应行业发展的需要。可以加强与教育机构的合作，通过继续教育课程，培养更多适应智能时代的出版人才。

智能出版在处理大量用户数据时，必须面对伦理问题。用户隐私保护成为公众关注的焦点，如何在提供个性化服务的同时确保用户数据的安全，是智能出版必须解决的问题。在进行出版数据整合采集的过程中，会出现数据采集过度、不当使用、数据泄露等危机，要合理平衡个性化服务和用户数据安全之间的关系。在数据收集和使用过程中，通过技术手段保护用户的隐私安全，尊重用户的隐私权益。通过匿名化处理和数据最小化原则来保护用户的个人信息，只收集必要的信息。此外，AI 辅助创作和编辑可能引发的原创性和版权问题，需要行业内部制定相应的伦理准则，通过 AI 辅助创作的出版作品，版权归属问题，是否属于知识的原创，学术诚信是人工智能对出版伦理道德的新挑战[11]。通过 AI 软件，模拟声音，在未经允许的情况下合成视频音频，不仅涉及版权问题，还可能触及道德和法律的问题。应加强版权保护，为智能出版创造一个公平竞争的市场环境。

智能出版的数字化特性为其全球市场拓展提供了便利。通过网络平台，出版企业可以轻松触及世界各地的读者，实现内容的全球传播。全球化的市场环境要求智能出版能够跨越语言和文化的障碍，实现更广泛的知识共享。随着智能出版的全球化发展，版权保护、内容审查和数据治理等法律问题日益凸显。不同国家和地区的法律法规差异，要求出版企业必须具备跨文化法律意识，以避免法律风险。同时，新兴技术如区块链在版权管理中的应用，也需要相应的法律支持和规范。政府应出台相关政策，鼓励技术创新和产业升级，为智能出版的发展提供政策引导和支持。

出版行业需要在应对挑战的同时，积极探索，以实现可持续发展。通过创新和合作，智能出版有望成为推动知识传播和文化繁荣的重要力量。通过技术创新、人才培养、政策支持等策略，可以促进智能出版的健康发展，实现知识传播和文化繁荣的目标。出版行业需要培养具备数字技能和创新能力的人才团队，以适应智能出版的新要求，可以在继续教育培训、人才培养方面注入智能出版的内容。

4 结束语

新质生成力为智能出版提供了技术基础和创新动力，而智能出版则将这些新技术应用于出版实践，推动出版业的转型升级，实现更高效、更智能、更个性化的内容生产和传播。出版业要不断探索实践，从体制、技术、人才等多方面推动新质生产力赋能出版业，以智能出版推动出版业的高质量发展。我们要深入理解新质生产力的核心要素，出版业要不断引进新技术、新理念、新模式，不断提高内容的深度和广度，提高出版物的影响力。新质生产力为出版业高质量发展提供了科学的理论和指引方向，促进出版业的数字化，加快推动智能化发展，大力发展新质生产力引领出版数智化转型。

参 考 文 献

[1] 刘华东,马维娜,张新新."出版+人工智能":智能出版流程再造[J].出版广角,2018(1):14-16.
[2] 新华社.习近平在中共中央政治局第十一次集体学习时强调 加快发展新质生产力 扎实推进高质量发展[N].人民日报,2024-02-02(1).
[3] 潘雪,王维朗,果磊.人工智能时代科技期刊增强新质传播力之应对策略[J].编辑学报,2024,36(4):360-364.
[4] 蒲清平,黄媛媛.习近平总书记关于新质生产力重要论述的生成逻辑、理论创新与时代价值[J].西南大学学报(社会科学版),2023,49(6):1-11.
[5] 侯擘,牛壮壮.新质生产力赋能出版要素创新:以沉浸式出版融合项目策划为例[J].中国出版,2024(14):42-45.
[6] 王晓晖,黄强.以发展新质生产力为重要着力点推进高质量发展[N].人民日报,2024-03-12(9).
[7] 方卿,张新新.出版业高质量发展目标之创新发展:以新质生产力推动出版业高质量发展[J].编辑之友,2024(2):29-35,53.
[8] 付文绮,张新新.出版深度融合发展:内涵、机理、模式与路径分析[J].出版发行研究,2023(1):15-21,7.
[9] 王炎龙,黄婧,王子睿.新质生产力赋能出版业的质态、要素与体系研究[J].中国编辑,2024(4):22-28.
[10] 王婧,刘志强.学术期刊智能出版的模式与形态分析[M]//学报编辑论丛 2018.上海:上海大学出版社,2018:370-372.
[11] 李春丽,俞琦.ChatGPT 人工智能对科技期刊编辑出版的影响及对策[M]//学报编辑论丛 2023.上海:上海大学出版社,2023:56-61.

出版深度融合下 AIGC 助推智能出版流程再造的路径研究

王婉竺

(黑龙江开放大学《现代远距离教育》编辑部，黑龙江 哈尔滨 150080)

摘要：AIGC 的横空出世为出版深度融合发展提供了智能化路径，以 AIGC 助推智能出版流程再造成为未来一个时期出版业发展的必由之路。本研究基于 AIGC 的智能生成内容功能，从人工智能的认知、决策、执行功能分别对应智能出版流程再造的选题策划、稿件审读、营销推广三个重要流程，从期刊与图书两个角度进行分析，进而提出构建智能出版一体化平台的构想，同时对智能出版一体化平台建设的相关探索实例进行分析，并针对其存在的风险挑战提出应对之策。旨在为出版深度融合下智能出版流程再造提供具有可行性的路径建议。

关键词：出版融合；AIGC；智能出版；流程再造

2021 年国家新闻出版署印发《出版业"十四五"时期发展规划》，提出要大力推动包含人工智能在内的科技创新技术在出版领域的应用；2022 年中共中央宣传部印发《关于推动出版深度融合发展的实施意见》，提出要充分发挥人工智能等新兴技术的支撑作用来创新驱动出版深度融合发展。可见，人工智能在出版深度融合发展进程中具有重要推动作用。

人工智能(AI)的概念最早源于 1956 年达特茅斯会议，而后大英百科全书及众多国内外学者对其一直进行着符合于时代发展的定义。总而言之，人工智能是一种具备类似于人类的感知系统和认知、决策、执行能力的计算机程序或系统[1]。2022 年底以 ChatGPT 为代表的 AIGC 大语言模型的出现，促进知识服务领域的内容生产方式由专家生产内容的 PGC、用户生产内容的 UGC 向人工智能生产内容的 AIGC 跃进。

已有学者关注到 AIGC 在智能出版领域的巨大潜力，万安伦等提出 ChatGPT 可辅助内容创作、编校革新[2]；谢炜等提出学术出版在人工智能视域下可实现个性化学术传播与客观化学术评价[3]；夏德元指出在知识生产逻辑上 AIGC 以人机协作的方式更能凸显人类集体智慧的价值[4]；董文杰等以实验的方式表明 ChatGPT 在稿件评审上具有实践价值[5]。AIGC 在出版领域具有一定的实践价值，但鲜有学者从期刊与图书两方面分析 AIGC 在智能出版流程再造中有何共通之处。本研究旨在从人工智能的认知、决策、执行三方面能力出发，将其与智能出版流程再造展开对应分析，形成"智能认知：选题策划""参与决策：稿件审读""场景执行：营销推广"的研究框架。同时，由于现有的出版 ERP 系统尚未配备数字产品生产、制作和发行的相关解决方案，难以为数字化出版流程提供有效支持，因此，本研究提出构建面向多主体的智能

基金项目：2023 年度黑龙江省哲学社会科学研究规划青年项目(23XWC201)

出版一体化平台的构想，以期为智能出版流程再造提供可借鉴的方法路径。

1 AIGC赋能智能出版一体化平台构建

1.1 智能认知：选题策划

1.1.1 AIGC应用于选题策划的可行性

数据是人工智能的原材料，也是人工智能得以运行与应用的最重要的要素。AIGC应用于选题策划具有多方面优势，提高选题策划的效率与准确性[6]、提升约稿对象的符合度、精准匹配市场与读者等。纵观目前学术出版相关的人工智能应用软件可知，Elicit可用于高影响力论文的检索、Semantic Scholar可用于论文多指标排序和高影响力学者检索、Scite可用于分析文章内容研究趋势。智能出版的选题策划在AIGC助力下，要使机器从符号学习、统计学习向神经网络学习迈进，帮助编辑在海量数据中展开文本分析，助力选题策划。

1.1.2 AIGC应用于期刊与图书的选题策划

面对年度选题、月度选题、刊期选题等，编辑需要在实际工作经验与未来发展趋势的预判下进行选题策划。就学术期刊编辑而言，在面对跨学科交叉研究及学科前沿发展上，以AIGC助力期刊选题策划可更精准、更有针对性、更聚焦前沿学术发展趋势。图书选题策划要从实际的选题方向入手，如有关国家政策类的主题出版、针对儿童读者群体的少儿出版、关于经济管理类的社科出版等，收集不同领域的已有出版数据，使用AIGC对选题方向、市场需求以及用户关注点等多重角度入手分析，助力图书选题策划以更智慧化的方式呈现。

1.1.3 构建具有选题策划功能的智能出版一体化平台

人民法院出版社构建了"中国法律应用数字网络服务平台"，石油工业出版社推出了石油知识云智慧服务平台，他们通过知识数据的聚集与分析为读者提供服务。因此，可利用AIGC构建智能出版一体化平台，通过语言表达、深度计算与知识图谱等自然语言处理技术对出版单位内部存量数据池中的数据进行挖掘、组织、加工、关联，进而深度学习与演绎推理。从数据库建立与应用到辅助编辑完成选题策划，将平台服务对象扩展至编辑群体以利于出版智能化革新，具有提高工作效率、推进智能出版流程再造的重要作用。

1.2 参与决策：稿件审读

1.2.1 AIGC应用于稿件审读的可行性

出版流程严格遵守三审三校，会经历初审、外审、复审与终审等环节。这一过程中会耗费大量时间，如果利用AIGC辅助稿件审读，将大幅提升出版工作效率。纵观目前人工智能在稿件审读的应用软件可知，Writefull Ludwing可用于稿件结构检查、Paperpal可用于稿件整体质量评估、WhiteSmoke可用于文章语言质量评估等。董文杰等[5]依托ChatGPT4.0进行了期刊稿件外审意见对比实验，从"评述的深度和广度"与"稿件的学术表达"两个指标对比ChatGPT4.0与外审专家的审稿意见，发现两者在意见评估趋势上表现出一致性。

1.2.2 AIGC应用于期刊与图书的稿件审读

对期刊而言，将AIGC应用于稿件初审与外审，初审编辑可结合AIGC的初审意见筛选稿件进入外审，同时将通过初筛标准的稿件由AIGC按照专家外审的标准继续审读，得出结果可与实际送出外审的专家审读意见进行对比，以进一步综合外审意见的合理性。对图书而言，使用AIGC对图书存量数据进行分析，进而结合市场需求、读者反应、年度出版计划等综合指标筛选进入审稿流程的图书再进行审读。传统图书编辑初审一本书稿需至少两三天时间，而使用 AIGC 辅助审读，则可大大提升审读效率，快速决定书稿的去留，一方面可节省时间提升审稿效率，另一方面可避免同类型图书过量重复出版。

1.2.3 构建具有审读功能的智能出版一体化平台

方正智慧出版云服务平台作为出版技术服务商进行了先行探索，该平台可提供自动排版审校、音视频审核等功能；中华书局旗下的古联公司推出的编校工具文达，可帮助作者进行文献综述梳理。但它们主要基于知识内容生产的方式为作者提供智能化服务。而利用 AIGC 对出版单位内部文本中大量结构化与非结构化数据进行演绎、识别、推理，进而构建面向出版单位内部编辑、外部作者共同使用的智能出版一体化平台则更符合智能出版工作实际。

1.3 场景执行：营销推广

1.3.1 AIGC 应用于营销推广的可行性

在技术发展路径下，出版单位拓展了不少宣传渠道，如官方网站、微信公众号、微博等。但并非所有出版单位的平台宣传都取得了理想效果，目前较为成功的出版单位如中信出版社、江苏凤凰出版集团等较早进入平台头部位置、根据互联网规则重构了媒体运营结构从而取得营销体系运营成功。普通出版机构在平台上亦积累了海量用户与目标用户的大量元数据——内容数据、用户数据、市场数据，在 AIGC 的助力下或能够开拓新的营销运营路径。

1.3.2 AIGC 应用于期刊与图书的营销推广

对期刊而言，以 AIGC 技术分析用户需求，通过建立标签体系、提取模型和关键算法完善机构画像、基金画像、学科画像[3]、学者画像、用户画像、市场画像等，以实现信息精准化推送与个性化服务，达到拓展学术创新边界、利于跨学科研究的目标。对图书出版营销而言，AIGC 可依据市场需求创作智能化营销方案、实现用户个性化推荐、展开市场精细化调研，同时使营销策略保持一致性与连贯性[2]，智能推荐发行领域、丰富并创新图书推广形式与渠道，降低人工成本、扩大产出规模、提升生产效能。

1.3.3 构建具有营销推广功能的智能出版一体化平台

Adobe 公司推出的 Adobe Sensei 平台以图像识别等技术分析用户群体，为读者提供个性化方案与图片；中国青年出版社使用人工智能产品"狮小青"整合双线渠道开展营销，已取得较好效果。因此，利用 AIGC 整合出版单位内部宣传平台的各类型数据资源、细分各类数据库、重构资源平台的功能与定位，构建智能出版一体化平台，将出版物的宣传推广与出版物内容深度链接，拓展知识传播方式，以更多元、更融合的方式展开宣传，以知识附加值的方式为短视频平台与直播增加助推力，使智能化出版流程更符合现代化媒介发展趋势。

2 智能出版一体化平台构建的相关探索

2.1 平行出版实验室

2023 年 7 月，中信出版社设立"平行出版实验室"，并对 AIGC 应用于数字资产管理与创新收入来源方面进行深入探索，并提出将从版权研究、内容质量把控、视觉生成及数据分析等业务的关键环节接入人工智能技术，旨在推动覆盖出版全流程的"AIGC 数智出版项目"建设。中信出版社一直以来在出版领域处于头部位置，因此，其将 AIGC 应用于出版流程再造的相关探索也将为出版业今后的发展提供经验指引。

2.2 BOOKSGPT 大模型

2024 年 6 月，武汉理工数字传播工程有限公司发布 BOOKSGPT 大模型，涵盖多类型文档解析、多模态理解和生成、Agent多轮智能对话、智能创作、文字审读与知识性校对、知识库检索与问答、出版私有化模型部署等功能。基于BOOKSGPT开发的"AI编辑工作室"旨在全面赋能出版选题策划、内容创作、读者服务等多个出版环节的智能化流程。BOOKSGPT的出现为智能出版一体化平台的构建作出先行探索，其功能应用将进一步接受实践的检验。

3 智能出版一体化平台建设面临的挑战与解决路径

3.1 意识形态风险

将AIGC应用于智能出版一体化平台建设时，我们应警惕伦理和价值观带来的意识形态风险，ChatGPT由美国OpenAI公司开发，其语料库训练的数据亦主要来源于国外，在意识形态风险表现上，有实验表明ChatGPT在关于美国和中国的相关问题上会呈现出双标回答，同时ChatGPT还表现出种族歧视与性别歧视的特性。因此，为有效防范意识形态风险，第一，在国家政策和行业准则方面对AIGC的意识形态风险进行把控，在已有政策法规的基础上对意识形态风险种类进行细致划分。第二，学术界在应用AIGC辅助知识生产的过程中要注重学术伦理把关，加快检测工具的开发；科技企业要致力于开发属于我国原创的AIGC大语言模型，在源头上规避意识形态风险。第三，编辑应在熟悉AIGC技术特点与应用场景的基础上，结合出版工作实际，以敏锐的政治感知力及时判断并化解意识形态风险。

3.2 知识产权保护

在智能出版一体化平台建设过程中，如何利用AIGC来识别由AIGC生成文章内容的著作权问题成为一个正向与反向对立的问题。近日，伦敦帝国理工学院的研究团队发布了"版权陷阱"(Copyright Traps)的研究，通过开发陷阱代码的方式达到检测侵权的目的，这也为智能出版一体化平台构建过程中的知识产权保护方式提供了有益借鉴。因此，为实现知识产权保护，第一，在国家政策方面，应根据生成式人工智能的发展趋势在现行《中华人民共和国著作权法》的基础上对AIGC相关创作作品的著作权作出进一步规定，明确著作权归属。第二，出版行业要建立出版行业准则，各类出版物的作者都应在行业准则的规范下明确作品的著作权归属。第三，编辑使用AIGC进行智能出版时，要转换身份、提高自身的科学文化素养、法律知识素养，准确识别、判断并保护作者的知识产权。

4 结束语

出版深度融合发展业态下，利用新兴技术促进出版业智能化发展是未来趋势。人工智能具有颠覆行业发展的潜力，但如何以人类为主导、加强人机协同、使其服务于人类发展才是更重要的问题。相信本研究提出的智能出版一体化平台在未来的出版业发展中定会实现。

参 考 文 献

[1] 胡征.解密人工智能:原理、技术及应用[M].北京:化学工业出版社,2022.
[2] 万安伦,张小凡,曹培培.ChatGPT浪潮下的数字出版：模式创新与行业挑战[J].中国编辑,2023(10):14-20.
[3] 谢炜,王瑾.人工智能视域下的学术出版:新变、实践与进路[J].科技与出版,2023(12):26-35.
[4] 夏德元.AIGC时代的知识生产逻辑与出版流程再造[J].中国编辑,2023(9):46-50.
[5] 董文杰,李苑.人工智能在科技期刊中的应用及启示[J].中国科技期刊研究,2023(11):1399-1408.
[6] 刘畅,姜京梅,范瑜晛.人工智能在科技期刊选题策划中的应用与应对策略[J].中国科技期刊研究,2020(8):909-914.

马克思主义理论学术期刊微信公众号应用现状及运营策略研究
——以 CSSCI 来源期刊(2023—2024)(含扩展版)为例

古明加

(广东行政学院院刊编辑部，广东 广州 510053)

摘要： 马克思主义理论学术期刊微信公众号是在新媒体领域宣传马克思主义意识形态的重要平台之一。以 24 种马克思主义理论学术期刊微信公众号为研究对象，调查其基本开通数据、微信传播力指数、自定义菜单设置、推文内容、频率和形式、互动交流情况等各项运营指标，分析总结 WCI 排名靠前的马克思主义理论学术期刊微信公众号的运营经验，以及马克思主义理论学术期刊微信公众号运营中存在的问题，提出加强内容建设、重视自定义菜单的设置、设计丰富的排版形式、增强服务意识等促进我国马克思主义理论学术期刊微信公众号发展的运营策略。

关键词： 马克思主义理论学术期刊；微信公众号；运营

马克思主义理论学术期刊是传播马克思主义意识形态的主阵地之一。在媒体融合的大背景下，微信公众号凭借其即时交互性、便捷性等优势，成为学术期刊进行媒体融合、拓展传播力影响力的重要路径。马克思主义理论学术期刊微信公众号成为新媒体领域宣传马克思主义意识形态的重要平台。当前，关于学术期刊微信公众号的相关研究主要聚焦于微信公众号的运营[1-3]、传播[4-6]、内容[7-8]、服务[9-10]、版权[11]等议题。以上研究为本研究奠定了良好的基础。但是，已有研究更多从科技类期刊[12-15]角度出发，对社科类学术期刊微信公众号的研究较少。查阅中国知网数据库，已有社科期刊微信公众号的研究中，有对教育学[16]、出版学[17]、新闻传播学[18]、财经学[19]学术期刊微信公众号的研究，而鲜有对马克思主义理论学术期刊微信公众号进行研究的论文。本文以 24 种马克思主义理论类 CSSCI 来源期刊(2023—2024)(含扩展版)微信公众号为研究对象，对马克思主义理论学术期刊微信公众号的建设和运营现状进行调查和分析，并提出加强马克思主义理论学术期刊微信公众号发展的对策和建议。本研究将有助于弥补现有研究的内容缺失，为马克思主义理论学术期刊微信公众号扩大影响力提供参考，为马克思主义理论牢牢把握意识形态主战场提供支持。

1 数据采集和研究方法

1.1 研究样本的确定

"中文社会科学引文索引"(CSSCI)来源期刊被视为社科领域的顶级期刊，能反映某个学科

基金项目：广东省高校学报研究会 2022 年度重点项目(20220204)；广东省 2023 年度哲学社会科学项目(GD23XDS10)；中共广东省委党校(广东行政学院)2024 年度校院一般课题(XYYB202413)

领域的前沿信息和学科发展的脉络，具有一定的代表性。因此，本研究以 25 种马克思主义理论类 CSSCI 来源期刊(2023—2024)(含扩展版)为研究对象，调研其微信公众号运营情况，以此管窥我国马克思主义理论学术期刊微信公众号应用现状。采用普查法，通过微信"通讯录"中的"公众号"入口，输入期刊名称搜索公众号添加关注。对于未搜索到的期刊公众号，则在期刊名称后添加"杂志""编辑部"等词语，或者通过搜索其主办单位、官方网站、中国知网期刊导航等途径查找其微信公众号。有 24 种马克思主义理论类 CSSCI 来源期刊(2023—2024)(含扩展版)开通了公众号，开通率 96%。说明马克思主义理论学术期刊充分重视新媒体阵地的宣传。以 24 种马克思主义理论类 CSSCI 来源期刊(2023—2024)(含扩展版)微信公众号为样本进行研究。

1.2 数据获取方法

一是采用网络调研法获取公众号基本数据。对样本微信公众号添加关注后，可以采集到微信公众号名称、头像、平台类型、认证类型、认证主体、注册/开通时间、公众号功能介绍、欢迎语等公众号基本数据。对公众号关注后持续跟踪推文及对消息进行回溯浏览，对样本微信公众号发布内容进行分析。二是利用清博指数获取公众号传播力数据。清博指数是北京清博智能科技有限公司旗下 AI 产品，是第三方新媒体大数据评估和研究平台，"两微一端"新媒体大数据平台，可对微信、微博、头条等多平台数据进行分析。笔者在清博智能官网的清博指数平台(https://www.gsdata.cn/rank/wxrank)建立"马克思主义理论学术期刊"微信自定义榜单，对 24 种样本微信公众号的 WCI(微信传播力指数)、发文数、总阅读数等数据进行采集，对 24 种马克思主义理论学术期刊微信公众号传播力进行量化分析。

2 结果与分析

2.1 24 种马克思主义理论学术期刊微信公众号基本情况分析

微信公众号的基本情况包括公众号名称、头像、平台类型、认证类型、认证主体、注册/开通时间、公众号功能介绍、欢迎语等，见表 1。

表 1　24 种马克思主义理论学术期刊微信公众号基本情况

序号	期刊名称	微信公众号名称	认证类型	注册/开通时间
1	当代世界社会主义问题	山大当代所	个人	2020-12-02/2020-12-04
2	当代世界与社会主义	当代世界与社会主义	其他组织	2021-03-01/2021-03-05
3	党的文献	党的文献	政府	—/2015-02-13
4	党建	党建网微平台	政府	—/2014-03-14
5	国外理论动态	国外理论动态	企业	2021-03-15/2021-03-27
6	红旗文稿	红旗文稿	事业单位	—/2015-02-28
7	教学与研究	人大教学与研究	事业单位	2018-04-05/2018-04-20
8	科学社会主义	中国科学社会主义学会	其他组织	2019-08-16/2019-08-17
9	理论视野	理论视野	媒体	—/2015-06-03
10	马克思主义理论学科研究	马克思主义理论学科研究	企业	2021-05-26/2021-06-12
11	马克思主义研究	马克思主义研究	事业单位	2017-11-10/2017-11-17
12	马克思主义与现实	马克思主义与现实	其他组织	2021-02-05/2021-02-19
13	毛泽东邓小平理论研究	毛邓理论研究	事业单位	2016-12-20/2017-01-07
14	求是	求是网	媒体	—/2013-03-07
15	社会主义研究	社会主义研究编辑部	媒体	2016-11-18/2016-12-05

续表 1

序号	期刊名称	微信公众号名称	认证类型	注册/开通时间
16	思想教育研究	思想教育研究	媒体	2018-05-21/2015-09-02
17	思想理论教育	思想理论教育	媒体	2017-08-24/2018-01-15
18	思想理论教育导刊	思想理论教育导刊	媒体	—/2015-01-14
19	中共党史研究	中共党史研究	其他组织	2020-10-09/2020-11-19
20	中国特色社会主义研究	中国特色社会主义研究	事业单位	—/2016-03-07
21	社会主义核心价值观研究	核心价值观研究	事业单位	—/2016-05-09
22	世界社会主义研究	世界社会主义研究	媒体	2022-01-09/2018-03-20
23	苏区研究	苏区研究	媒体	2017-11-20/2017-12-08
24	学校党建与思想教育	学校党建与思想教育	媒体	2017-07-31/2017-08-21

注：—/表示查询不到注册时间。

公众号名称。16 种马克思主义理论学术期刊的微信公众号名称为其刊名，占比 66.7%。《社会主义研究》的微信公众号名称为刊名加后缀"编辑部"，《社会主义核心价值观研究》《毛泽东邓小平理论研究》和《教学与研究》的微信公众号则分别为刊名简称"核心价值观研究""毛邓理论研究"和加上主办单位前缀"人大教学与研究"，《求是》与《党建》杂志，则因其公众号定位为理论宣传学习平台和工作经验交流平台，其微信公众号名称均加上了"网"，分别为"求是网""党建网微平台"。总体来说，微信公众号名称均能反映刊物特色，但仍建议微信公众号名称为刊名最适宜，这样便于用户方便快速地检索到并关注。

头像。头像是微信公众号的标识，是学术期刊微信公众号的品牌特征。直接用刊物封面做为头像的微信公众号有 6 种，使用刊名字体做为头像的有 8 种，使用包含刊名文字的自制 LOGO 做为头像的有 6 种，这几类头像均便于用户识别并同时宣传了刊物。"思想理论教育导刊"和"马克思主义理论学科研究"的头像为自制 LOGO，不包含文字，只有图案，因头像中不包含期刊信息，不便于用户识别，所以不建议采用此类头像。总体来说，91.7%的期刊微信公众号头像为易识别头像，有助于树立品牌形象。

平台类型。100%的样本微信公众号均选择了订阅号。订阅号的定位是消息内容资讯的发布与传播，服务号主要用于用户管理和提供业务服务。订阅号一天可以群发 1 次通知消息，每次可发 8 篇文章，而服务号一个月只能发 4 次消息。100%的样本微信公众号均选择订阅号显示了马克思主义理论学术期刊注重学术理论宣传的特点。

认证类型与认证主体。24 种马克思主义理论学术期刊微信公众号除"山大当代所"为个人注册和个人主体外，其余 23 种均为单位注册并经过官方认证，认证率 95.8%，并以组织为主体进行日常运营。通过认证的微信公众号具有平台公信力和真实性，更容易获得用户的信任，从而提高传播效果。

注册/开通时间。因开通时间需要登录到微信公众号的后台才能查看，较难采集到，因此本文采用关注公众号后搜索历史文章的方法，将公众号第一次发文时间做为开通时间。最早开通微信公众号的期刊是《求是》，其在 2013 年 3 月 7 日推出第一篇文章。至 2017 年，有 58.3%的样本期刊开通了微信公众号。高于万志超研究的 RCCSE 权威学术期刊同期的开通比例 56%[20]。说明马克思主义理论学术期刊的新媒体意识较强烈，开通微信公众号的时间较早。

公众号功能介绍。公众号功能介绍在标签栏内显示，是用户迅速了解该公众号功能的重要途径，是用户对公众号建立的第一印象，有助于刺激用户进行关注。学术期刊公众号应充分重视此功能。45.8%的公众号将功能介绍做成了期刊简介，说明这类学术期刊公众号只是把自己定位为母刊的复制粘贴，新媒体运营意识不强烈。学术期刊公众号脱胎于母刊却非母刊，具有不同于母刊的新媒体传播和运营特点。值得推崇的是"世界社会主义研究"公众号简介，用双引号标明了公众号名称，明确介绍了公众号创办人、定位了公众号创办宗旨和平台功能，清晰了公众平台功能不同于期刊母刊功能，具有较强的新媒体运营意识。"思想理论教育导刊"没有公众号简介，很遗憾没有充分运用好这个传播宣传平台。

欢迎语。欢迎语是用户对该微信号关注后收到第一条信息，是用户对公众号产生的第一印象，也是公众号宣传的重要途径之一。除"思想理论教育导刊"公众号没有欢迎语外，95.8%的公众号都设置了欢迎语。一种欢迎语为公众号的简介及重要信息等，另一种公众号的欢迎语为简单的一句打招呼："你好！欢迎关注***！"。欢迎语长有助于用户对该公众号有更多的了解，但由于信息量过大也易为用户忽略。如果公众号简介中已有对公众号功能及重要信息的介绍，则打招呼式欢迎语更简洁明了。

2.2 微信公众号微信传播力指数 WCI 分析

微信传播力指数 WCI 是清博指数平台对微信传播效果进行全面评价的一个指数，WCI(V14.2)由 4 个一级指标和 12 个二级指标组成并赋予不同权重，该指标可以全面反映公众号的整体传播能力和传播效果。笔者在清博指数平台建立"马克思主义理论学术期刊"微信自定义榜单，对 24 种样本微信公众号 2023 年 12 月—2024 年 5 月半年的 WCI(微信传播力指数)进行采集，并计算出均值，按照 WCI 的大小对 24 种马克思主义理论学术期刊微信公众号做了降序排列。具体数据见表 2。

表 2　24 种马克思主义理论学术期刊微信公众号平台 WCI

序号	公众号	12 月	1 月	2 月	3 月	4 月	5 月	平均
1	求是网	1 439.83	1 323.15	1 309.12	1 373.07	1 426.93	1 456.25	1 388.1
2	党建网微平台	905.65	956.21	882.74	896.68	1039.34	1080.59	960.2
3	党的文献	932.66	636.97	706.61	758.96	801.80	697.36	755.7
4	世界社会主义研究	846.63	674.39	576.78	716.93	676.58	944.78	739.3
5	马克思主义研究	683.85	687.98	734.67	749.06	756.15	818.42	738.4
6	中共党史研究	749.29	753.88	659.26	750.43	652.76	788.12	725.6
7	红旗文稿	692.36	614.19	675.43	787.66	688.11	703.07	693.5
8	思想理论教育导刊	673.75	709.88	644.85	578.17	730.65	687.78	670.8
9	毛邓理论研究	721.58	466.70	568.87	632.99	625.28	553.05	594.7
10	思想教育研究	556.40	546.41	582.64	567.89	568.85	620.15	573.7
11	人大教学与研究	499.38	557.57	463.68	538.21	509.51	526.24	515.8
12	马克思主义与现实	622.47	476.56	401.67	526.65	504.48	461.54	498.9
13	马克思主义理论学科研究	480.27	495.28	383.82	470.38	547.72	593.75	495.2
14	思想理论教育	495.14	444.11	366.68	507.78	477.45	452.50	457.3
15	社会主义研究编辑部	498.37	394.73	240.13	516.59	610.55	404.81	444.2
16	学校党建与思想教育	379.42	393.50	368.01	503.73	529.38	467.62	440.3
17	理论视野	425.56	402.79	349.77	505.38	431.97	522.16	439.6

序号	公众号	12月	1月	2月	3月	4月	5月	平均
								续表2
18	当代世界与社会主义	533.93	437.47	309.21	478.15	424.04	372.97	426.0
19	国外理论动态	447.05	427.09	354.76	370.22	317.01	416.54	388.8
20	苏区研究	380.65	380.70	108.37	397.16	346.29	352.22	327.6
21	中国科学社会主义学会	298.30	320.19	0	363.85	0	330.33	218.8
22	中国特色社会主义研究	277.14	298.16	0	0	354.76	286.33	202.7
23	山大当代所	0	260.27	507.96	293.95	150.73	0	202.2
24	核心价值观研究	206.42	132.71	0	0	129.69	130.61	99.9

从表2可以看到，WCI在500以上的微信公众号有11个，占比45.8%。其中，"求是网"和"党建网微平台"这两个中央级理论宣传平台遥遥领先，WCI达到1 388.1和960.2，发挥了很好的引领作用。按照清博指数的数据，WCI在1 000以上微信公众号已是非常有影响力的公众号。说明马克思主义理论类学术期刊微信公众号的传播力影响力已经在学术期刊微信公众号中名列前茅，较好地发挥了马克思主义理论宣传的作用。

2.3 24种马克思主义理论学术期刊微信公众号基本运营情况分析

学术期刊微信公众号的运营一般包括用户导航系统、信息发布系统、互动交流系统[16]。24种马克思主义理论学术期刊微信公众号基本运营情况见表3。

2.3.1 用户导航系统

用户导航系统是让用户关注后迅速了解公众号提供的内容和服务的系统，主要以自定义菜单的形式体现。17种马克思主义理论学术期刊微信公众号设置了自定义菜单，占比70.8%，其中4种只开通了一级菜单。除"求是网""党建网微平台"两个微信公众号的菜单设置为公众号推文内容栏目，其余15种微信公众号的栏目名称虽各有不同，但基本内容均包括期刊目录、期刊文章、通知公告(包括投稿须知、订阅信息等)三个版块，有些设置为跳转至官网，如"马克思主义研究""社会主义研究编辑部""苏区研究""中国特色社会主义研究"。由于官网不适合于移动阅读，所以跳转至官网使用体验不佳。

2.3.2 信息发布系统

信息发布系统指的是公众号的消息推送，包括推文内容、数量、频率和形式。

推文内容。笔者通过关注微信公众号后回溯浏览其一年内的消息推送，发现24种马克思主义理论学术期刊微信公众号的推送内容主要包括期刊目录、期刊文章、编辑部动态资讯、往期论文、转载文章、信息推介、时政要闻及公众号原创内容。95.8%的样本公众号推送期刊目录；100%的样本公众号推送了期刊文章(全部或部分)；87.5%样本公众号推送了编辑部动态资讯，说明这三种内容是样本公众号最普遍推送的内容。10种样本公众号会推送转载文章及信息推介，占比41.7%。7种样本公众号会推送时政要闻，占比29.2%，这反映了马克思主义理论学术期刊微信公众号注重主流媒体发声和宣传的特点。仅有4种样本微信公众号推送原创内容，它们是"求是网""党建网微平台""世界社会主义研究""思想教育研究"，占比16.7%。这里的公众号原创内容指的是非母刊目录、母刊论文的复制粘贴和编辑部资讯，而是面对公众号用户推出的原创内容。

推文数量和推送频率。推文数量和推送频率反映了微信公众平台的运营活跃程度，是评价公众号传播力的重要指标之一。可以看到，与WCI排序相对应，WCI最高的两个中央级理

表3 24种马克思主义理论学术期刊微信公众号基本运营情况

序号	公众号	菜单栏		推文内容						半年内推文数量	多媒体形式	推送频率/(次/周)	自动回复
		一级菜单	二级菜单	期刊目录	期刊文章	动态咨询	往期论文	转载推介	时政要闻	原创内容			
1	求是网	√	√	√	√	√		√	√	√	1 053	√	40~45	√
2	党建网微平台	√	√		√	√		√	√	√	604	√	20	
3	党的文献			√	√		√				190	√	7~8	√
4	世界社会主义研究			√	√		√	√			567		6~7	
5	马克思主义研究	√	√	√	√		√				134		5~6	
6	中共党史研究	√		√	√		√				123		4~5	√
7	红旗文稿			√	√						289		7~8	
8	思想理论教育导刊								√		56		2~3	
9	毛邓理论研究	√									57		2~3	
10	思想教育研究	√								√	91		3~4	√
11	人大教学与研究				√						81		3~4	√
12	马克思主义与现实	√	√					√			114		3~4	
13	马克思主义理论学科研究										45		1~2	
14	思想理论教育	√									164		2~3	
15	社会主义研究编辑部										39		1~2	√
16	学校党建与思想教育	√					√				53		2~3	
17	理论视野	√									30		1~2	
18	当代世界与社会主义	√			√						91		1~2	√
19	国外理论动态										67		2~3	
20	苏区研究	√									35		2~4	
21	中国科学社会主义学会	√	√								10		0~1	
22	中国特色社会主义研究	√									16		0~1	
23	山大当代所	√									17		0~1	√
24	核心价值观研究	√				√					7		0~1	

论宣传平台"求是网"和"党建网微平台"发布文章数量最多并保持了较高的推送频率,几乎每天都有数条消息推送。WCI排名靠前的"党的文献""世界社会主义研究""马克思主义研究""红旗文稿"也能保持每天一条消息的推送频率。WCI排名最后的公众号发布文章数量相对较少,推送频率也不稳定,有的甚至一个月内的推送次数为零。

推文形式。推文形式指的是除文字外,微信公众号以图片、漫画、音频、视频等多媒体形式进行消息推送。多媒体形式是媒体融合的重要特征,是新媒体相较于传统媒体的巨大优势,对保持用户黏性有重要作用。12种马克思主义理论类学术期刊微信公众号采用了多媒体形式推送消息,占比50%。除"求是网"和"党建网微平台"这两个中央级理论宣传平台外,其余10个样本公众号使用多媒体的次数和频率还非常低,只是偶尔出现,未形成一定的规律。

2.3.3 互动交流系统

互动交流系统体现为自动回复、留言、读者作者查询等服务功能。具体来说可包括投稿须知、投稿方式、稿件查询、读者交流等内容。投稿须知和投稿方式功能大部分体现在自定义菜单栏中,有些公众号通过自动回复实现此功能。自动回复是当用户输入"投稿""订购"等关键词时会自动回复相关信息指导用户,10种马克思主义理论类学术期刊微信公众号设置了自动回复,占比41.7%。没有1种微信公众号有留言互动,"马克思主义研究""中国特色社会主义研究"通过跳转期刊官网进入采编系统实现稿件查询功能,91.7%的公众号没有提供稿件查询功能,但是由于官网不适合于移动阅读,体验效果不佳。

3 策略与进路

3.1 加强内容建设

消息推送是一个微信公众号发挥影响力、提升传播力最重要运营内容。一篇优秀的推文,可以获得更高的关注度,吸引更多的粉丝,引出更多的话题,获得更多的点赞转发,提升公众号的影响力。

3.1.1 推出特色栏目

特色栏目是公众号长期或一段时间内持续稳定推送的内容,既包括原创内容,也包括母刊内容和转载推介内容。纸本期刊有名刊名栏建设,学术期刊微信公众号应同样有建设名栏的意识。特色栏目建设好,将是一个微信公众号的名片和标识。如"求是网"的《求是网评》《学习笔记》《是说新语》栏目,"党建网微平台"的《一图学习》《学习语》《党建之声》《党建美图》《党建好书》《党建微视频》《党纪学习教育》等栏目,均彰显了公众号特色。另外,"世界社会主义研究"的《毛泽东纪事》栏目、"思想教育研究"的《思政课教学"道"与"术"系列视频》栏目、"马克思主义研究"的《马克思主义辞条》《内容提要》栏目、"马克思主义理论学科研究"的《圆桌论坛》栏目,都是对增强公众号影响力的一种探索。如"马克思主义理论学科研究"的《圆桌论坛》栏目2024年6月12日的推文《【圆桌论坛】新质生产力是中国化时代化的马克思主义生产力理论》,获得了9 560的高阅读量。"思想教育研究"的《思政课教学"道"与"术"系列视频》栏目2024年6月5日的推文,获得了6 480的高阅读量。专栏的设置提升了公众号的影响力和传播力。因此,马克思主义理论学术期刊微信公众号应根据期刊特点,创办源于母刊又不同于母刊的特色栏目,使其成为微信公众号的一张名片。同时,建议特色栏目除了在消息推送中体现外,还应像"求是网"和"党建网微平台"一样,体现在自定义菜单栏中,便于用户查询,突出公众号特色。

3.1.2 推送往期论文

学术期刊微信公众号的推文内容一般都是当期期刊目录和论文。由于学术期刊一般为月刊或双月刊,有的甚至为季刊,造成内容体量不足。有针对性地定期推送往期优秀论文,是增加内容体量的方法之一。"探索与争鸣杂志""岭南学刊""公共治理研究编辑部"这几个微信公众号的做法就值得借鉴。"探索与争鸣杂志"的《热点》专栏,紧跟社会热点,推送该刊往期相关理论文章。如2024年8月20日,首部国产3A大作《黑神话:悟空》游戏上线,当天中午,黑神话在电脑游戏平台Steam同时在线人数突破140万,黑神话成为当日绝对热词。8月21日,该公众号即推出《热点》栏目推文《邓剑|〈黑神话:悟空〉爆火与中国游戏的下一个十年——中国当代游戏思想史的变奏|热点》,推介了该刊往期论文《中国当代游戏史的思想谱系:从本土现代化到资本与市场逻辑》,达到了1.2万的阅读量,获得了极高的关注度。"岭南学刊"和"公共治理研究编辑部"两个公众号均设置了《学术视角看热点》专栏,追踪社会热点,推出在该刊往期刊发的相关理论文章,获得了较高的关注度和阅读量。如2023年1月17日国家统计局发布2022年末全国人口数据,中国人口出现了自1962年以来首次人口的负增长;全年出生人口956万人,首次低于千万,引起社会关注。"岭南学刊"微信公众号当日即推

出《学术视角看热点|近十年广东人口结构的变化、成因与思考》，在平时篇均阅读量几百条的情况下，获得了1140条阅读量。

3.1.3 转载推介其他公众号文章或相关信息

这既是增加内容体量的方法之一，也是增加公众号传播力影响力的方法之一。很多营销类微信公众号就采用这种相互转载推介的运营策略，增加了公众号的曝光度和传播力。如"党的文献""中共党史研究"经常推送新华网、新华社、《人民日报》《求是》的文章和消息；"世界社会主义研究"经常推送中国社会科学网、中国日报网、中国网、人民网以及"朝阳少侠""笔记侠""难忘当兵岁月"等微信公众号的文章，并且和微信公众号"昆仑策研究院""中国历史研究院"相互推介和转载文章。"探索与争鸣杂志"的《热点》专栏，不仅推送本刊往期论文，也推介他刊相关主题论文。建议借鉴科技期刊的微信矩阵联盟建设[15]，相关系统或地区的相关学科学术期刊组成期刊微信公众号联盟，相互转载，相互推广，将信息送达更多的用户群体，提高马克思主义理论学术期刊微信公众号的信息传播范围和效果，扩大马克思主义理论学术期刊微信公众号的影响力。

3.1.4 增加原创内容

公众号原创内容指的是非母刊目录、母刊论文的复制粘贴以及编辑部资讯，而是面对公众号用户推出的原创内容。如针对公众号读者撰写的论文；对母刊论文及转载文章进行适应新媒体阅读的改写、缩写、提炼、导读及编排；对相关主题资料的搜集及梳理等。如"世界社会主义研究"的《毛泽东纪事》特色栏目，按年月日顺序，刊发毛泽东生平纪事，供读者阅读和学习。2024年8月27日，"探索与争鸣杂志"追踪黑神话热点事件，及时推出微信公众号专栏专稿——《邓剑：我们的"游戏监督"能否重走中国游戏史?|大学副教授黑神话深度体验》，均获得了较高的阅读量和关注度。原创内容需要耗费编辑人员大量的心血，在当前大部分学术期刊编辑部人员捉襟见肘，工作量超负荷的情况下，建议从目录导读开始。撰写导读对学术期刊编辑来说也是得心应手的工作。导读是将本期重要文章进行二次加工，将论文的核心观点或亮点提炼出来，适应新媒体读者碎片化阅读的需要，通过短文章的方式推出，进行导读推介，引导有兴趣的读者进一步阅读原文。如"求是网"推出《〈求是〉速览》，"思想教育研究"推出目录及导读，"湖湘论坛"对每一篇论文均推出"导读"内容。有导读的目录和推文更适合碎片化阅读，更受用户欢迎。

3.2 重视自定义菜单设置

3.2.1 充分开通和应用自定义菜单

自定义菜单具有很高的信息量，功能设计灵活，用户使用方便，可以让用户关注后迅速了解公众号提供的内容和服务。学术期刊微信公众号应充分运用好这一功能。微信公众平台提供了3个一级菜单，15个二级菜单的权限。马克思主义理论学术期刊微信公众号应树立互联网思维和重视自定义菜单的意识，尽可能设置9个以上的自定义菜单。

3.2.2 自定义菜单名称应逻辑关系清晰，含义准确，与提供内容相匹配

自定义菜单像期刊的栏目一样，既要准确表达其提供的信息，又要能引发读者兴趣点击，才能获得用户长期的关注。一是菜单名称与其内容相匹配，能比较准确地表达其提供的内容，二是二级菜单与一级菜单逻辑关系相匹配。自定义菜单的内容可以包含两个方面：一是微信公众号推文内容的分类集合；二是微信公众号提供的服务。为避免同质化，推文内容菜单除

了设置"期刊目录""期刊文章"这种最常见的内容，还应尽可能设置本微信公众号的特色栏目。如"求是网"二级菜单"求是网评""学习笔记""是说新语""求是视频"就很有特色。"党建网微平台"一级菜单"党建融媒"下二级菜单"播报""视频""音频""好书""美图"，都准确且完整地展现了公众号的推送内容。总之，自定义菜单名称的设计既要展示精准的内容信息，还要结合母刊优势展示微信公众号自身特色。学术期刊微信公众号应注重优化菜单的设计和开发。

3.2.3 自定义菜单形式上应工整对仗，具有美感

由于自定义菜单名称空间有限，因此建议一级菜单名称应以 4 字为宜，最大限度展示信息量。同时每一层级的菜单应字数统一，避免不同长度的名称混用。在形式上做到工整对仗，增强美感。如"党建网微平台"设"刊网融合""党建融媒""学刊用刊"三个一级菜单，"刊网融合"下设"理论""文化""党史""事迹""经验"五个二级菜单，"党建融媒"下设"播报""视频""音频""好书""美图"五个二级菜单，均做到了数字统一，工整对仗。

3.3 设计丰富的排版形式

3.3.1 运用多媒体表达形式

新媒体不同于传统纸媒的一个重要特点，是在内容表达上具有更丰富的形式。基于新媒体思维模式，适应移动阅读时代读者阅读体验的需要，马克思主义理论学术期刊微信公众号的推文应注意借助丰富的图像、图表、音频、视频、动画等多媒体形式，拓宽内容的表征形式，增加生动性和趣味性，提升阅读舒适度，培养用户黏性。如"求是网""党建网微平台"采用文字、图片、漫画、音频、视频等多种方式互嵌的形式，读来赏心悦目。"湖湘论坛"推出论文作者本人对文章的介绍视频，给读者阅读带来新体验。"中共党史研究""马克思主义理论学科研究""思想理论教育导刊""人大教学与研究"推文附上作者照片，读来有亲切感，拉进了与读者的距离。"求是网""党建网微平台""马克思主义研究""马克思主义理论学科研究"的特色栏目推文，均选择了统一的图片，很容易引起读者的注意，也起到了品牌宣传的作用。

3.3.2 适应移动阅读的需要，文字排版应更加活泼

重视阅读界面的美观性，如将摘要和关键词用彩色框线突出，选择合适的字体和颜色来突出标题和文章要点，并附以与文章内容匹配的图片，增加美感，使读者阅读更加愉悦和享受。如"马克思主义研究""甘肃行政学院学报"每一篇推文都精心设计作者简介、摘要、标题的颜色和图案。"甘肃理论学刊""北京行政学院学报""新视野杂志"的每一篇推文都会配上与文章内容相契合的图片以及作者照片。"科技与出版""出版广角"采用了嵌入式滚动阅读的排版形式，读者无需滑动太久即可浏览全文框架和标题，每个标题下采用框内上下滑动方式查看完整内容，便于读者迅速查看全文框架内容，有兴趣深阅读的读者可框内滑动看具体内容，提高了读者的阅读效率。"甘肃理论学刊""出版科学"采用粉底黑字的排版，增加了眼睛的舒适感。这些都值得学术期刊微信公众号借鉴。

3.3.3 适应碎片化阅读的需要，将推文最重要的内容排在前面

最重要的内容排在前面可以吸引读者注意，提高读者阅读的便捷性，提升推文的传播效率和期刊的影响力。文章来源、引用格式、作者简介、摘要和关键词是一篇推文最重要的内容，应该排在最前面。一是便于读者迅速判断是否感兴趣，是否继续进行深阅读；二是再一次宣传推广期刊，扩大刊物传播力和影响力。一些公众号将文章来源置于文末，如果读者没有滑到最后，就看不到文章来源，失去了一次期刊被推介的机会。一些公众号没有引用格式，

可能就因为引用的不便捷失去一次被引和传播机会。以下公众号的做法值得借鉴，如"学校党建与思想教育""北京行政学院学报""治理研究""人大教学与研究"将刊物 LOGO、封面或刊物介绍置于每篇推文之首。"科技与出版""出版科学"在篇首推出思维导图，"治理研究"在篇首推出文章目录，让读者迅速了解文章框架和主要内容。

3.4 增强服务意识

微信是即时性和交互性的网络平台，设有留言、点赞、转发、自动回复等多种互动交流形式。用户不仅需要从学术期刊微信公众号上获得资讯，也需要在网络学术圈中进行互动交流，由此产生学术观点的碰撞并产生新的信息。评论留言还可调动用户的参与热情，提升用户黏性。公众号也可以通过留言评论了解用户对相关内容的关注点。另外，用户还需要平台提供投稿方式、稿件查询等服务。这需要微信公众号营造交流平台并提供相应服务。然而根据调查结果，24 种马克思主义理论学术期刊微信公众号均缺乏用户服务意识，表现在 58.3%的公众号没有设置自动回复功能，29.2%的公众号没有设置自定义菜单，33.3%的公众号没有提供投稿方式信息，除"马克思主义研究""中国特色社会主义研究"通过跳转期刊官网进入采编系统实现稿件查询功能，91.7%的公众号没有提供稿件查询功能，100%的公众号没有留言互动。这不仅降低了用户的使用感受，也影响了学术期刊微信公众号的传播效果。其原因一方面与马克思主义理论学术期刊微信公众号均选择订阅号，定位于消息内容资讯的发布传播有关，另一方面也与马克思主义理论学术期刊微信公众号缺乏服务意识有关。马克思主义理论学术期刊微信公众号应增强用户服务意识，重视读者作者的留言和服务需求，通过多种方式提供用户服务，提高用户黏性。包括人性化的菜单设计、贴心的自动回复、即时的用户互动、多渠道的资讯提供及特色服务等。

4 结束语

本研究通过对 24 种马克思主义理论学术期刊微信公众号基本开通数据、微信传播力指数、自定义菜单设置、推文内容、频率和形式、互动交流情况等各项运营指标的调查，发现 WCI 排名靠前的马克思主义理论学术期刊微信公众号的都具有推送内容丰富、推送频次活跃、注重原创作品、开发特色栏目、自定义菜单设计科学、运用多媒体编排方式等运营特点。由此提出加强内容建设、重视自定义菜单的设置、设计丰富的排版形式、增强服务意识等促进我国马克思主义理论学术期刊微信公众号发展的运营策略。本研究有助于弥补现有研究的内容缺失，有助于为马克思主义理论学术期刊微信公众号扩大传播力影响力，为马克思主义理论在新媒体领域牢牢把握意识形态主战场提供支持，对促进马克思主义理论学术期刊在新媒体领域的建设和发展具有重要意义。当然，本研究还有许多不完善之处，如对微信公众号传播力分析还不够深入，仅有对平台传播力指数的分析，缺乏对微信公众号文章阅读数、在看数、转发数、点赞数的分析以及对高阅读量推文特点的分析，这也是本课题未来的研究方向。

参 考 文 献

[1] 陈静.互联网思维赋能学术期刊微信公众号的运营实践[J].出版广角,2021(20):72-74.
[2] 张玲玲.学术期刊微信公众号运营及发展策略研究[J].新闻采编,2022(3):13-17.
[3] 李昂.媒体融合视角下学术期刊微信公众号运营困境及应对措施[J].岭南学刊,2019(5):122-128.

[4] 田文博.学术期刊利用微信促进学术传播的实践与思考:以期刊《纳米研究》为例[J].新闻研究导刊,2023,14(21):17-20.
[5] 周春娟,温优华.融媒体环境下高校学报微信公众号学术传播的SWOT分析[J].出版广角,2021(24):64-67.
[6] 闵甜,孙涛,赖富饶.科技期刊优化微信公众号传播结构的策略[J].中国科技期刊研究,2023,34(6):744-749.
[7] 王涵,方卿,翟红蕾.学术社交媒体传播内容比较及其对期刊新媒体运营的启示[J].中国科技期刊研究,2021,32(10):1310-1317.
[8] 吕志新.学术期刊微信公众号的内容选择与编辑加工[J].新闻传播,2023,(11):70-73.
[9] 谢文亮.移动互联网时代学术期刊的微信公众号服务模式创新[J].中国科技期刊研究,2015,26(1):65-72.
[10] 袁霞.全媒体时代学术期刊微信公众号服务模式创新策略研究[J].新闻研究导刊,2024,15(6):244-246.
[11] 贾丽红,朱倩,薄小玲.高校学报微信推送内容的版权问题刍议[M]//学报编辑论丛 2021.上海:上海大学出版社,2023:408-416.
[12] 王宝英.中国科学引文数据库来源期刊微信公众号现状调查与分析[J].中国科技期刊研究,2016,27(1):85-93.
[13] 钱筠,郑志民.中国科技核心期刊微信公众平台的应用现状及对策分析[J].编辑学报,2015,27(4):379-383.
[14] 刘静,王希挺,朱琳,等.我国科技期刊微信公众号现状调查与优化建议[J].科技与出版,2019(11):71-76.
[15] 孔薇.科技期刊微信公众号信息传播效果和运营策略研究[J].中国科技期刊研究,2019,30(7):745-743.
[16] 毛防华.教育学学术期刊微信公众号传播效果与运营战略研究[J].新媒体研究,2022,8(17):62-66.
[17] 卢家锋,李长虹,覃华巧,等.出版类学术期刊微信公众号推送服务优化策略[J].吉林农业科技学院学报,2023,32(1):45-49.
[18] 胡沈明,胡琪萍.学术期刊微信公众号运营现状研究:以新闻传播类期刊为例[J].出版发行研究,2016(12):62-67.
[19] 林家栋.财经类微信公众号内容与传播效果之实证研究[D].广州:暨南大学,2017.
[20] 万志超,蔡静雯,曹荣章.微信公众号与期刊相关内容的内容建设现状调查与分析[J].中国科技期刊研究,2017,28(7):628-634.

联合使用智能软件在提升编校质量中的应用

王迪[1,2]，贾泽军[1,2]

(1. 复旦大学附属中山医院期刊中心，上海 200032；2. 上海《中国临床医学》杂志社有限公司，上海 200032)

摘要：本研究以善锋软件为例分析智能参考文献编校软件在科技期刊出版编校过程中的作用；研究智能编校软件的实用性及后续更新改善方向；从实践层面分析如何利用新技术提升编辑效率，优化编校质量；在实际操作过程中总结使用智能软件的问题及注意事项，为出版人员提供参考。

关键词：善锋软件；智能软件；校对；编校质量

目前以云计算、人工智能为代表的新技术方兴未艾，其在出版行业的应用仍处在探索阶段，树立人机协作出版理念，优化出版流程，更新编辑理念，有利于实现编辑出版现代化[1-2]。大数据算法团队通过机器学习、大数据技术对编校系统进行研制。识别文本中的错词、专有名词、量和单位等内容校对的方正审校软件、黑马软件及识别参考文献中的标题、作者、年份格式等的善锋软件均正式应用于期刊编校中。本研究主要探讨善锋智能参考文献校对软件在编校中的使用便捷性及相关问题。总结操作软件应注意的问题。

1 善锋软件使用简介

善锋软件是毛善锋编审潜心研发的系列软件产品和解决方案，主要包括本地化定制版 Word 参考文献实时在线自动校对(分布式参考文献实时在线自动校对)，网刊元数据提取与发布技术及软件，DOI/DOAJ/PubMed 注册元数据及 XML 文件自动提取和生成技术及软件，期刊 Word 排版自动化技术及软件等。

1.1 善锋软件功能

善锋软件可应用在中英文期刊论文、中文学位论文双语、中文图书双语、报纸、国际和国内会议文献、专利、电子文献、英文图书和英文学位论文等文献的自动检索和校对(图1)。

目前，善锋本地化定制版 Word 参考文献自动校对软件基本功能包括便捷、迅速地标记新旧参考文献；检查正文与参考文献列表的一致性；检查参考文献错漏、重复、顺序错乱；改正作者姓名、页码缺失或错误等。内容全面精准，格式可根据期刊要求定制，快速便捷、即检即得，提高编辑工作效率。

基金项目：中国高校科技期刊研究会"善锋软件基金"(CUJS2023-SF029)；上海市科技期刊学会"海上青编腾飞"项目(2022C12)

通信作者：贾泽军，E-mail:smmujiazejun@163.com

1.2 善锋软件使用方法

善锋软件是不会更改初始文献的无损型校对工具，通过搜索给出的内容、格式规范的结果在下方，软件会对新、旧文献差别添加相应底纹颜色、字符颜色(图 2)，编辑直观看到有哪些改动。并且善锋软件提供直链文献原文的精准外链，一键跳转原文，极大地方便了编辑直接获取原文，核对文献。此外，软件对已检索成功的中文图书文献，在输出结果的尾部增加了封面照片的链接，方便编辑查阅图书的相关信息。

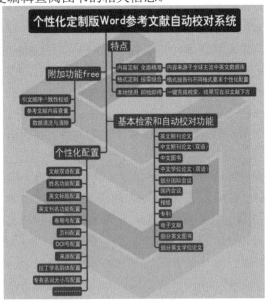

注：来源于善锋软件官网

图 1 善锋软件主要功能

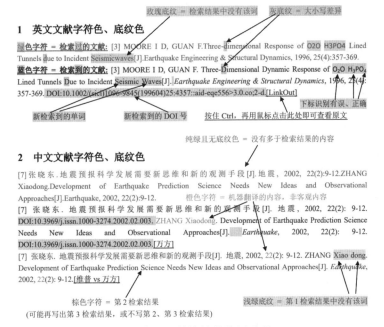

注：来源于善锋软件使用说明

图 2 善锋软件字符色和底纹色含义

2 善锋软件使用过程可能出现的问题

善锋软件除了搜索中国知网、万方数据、Springer 等一次文献数据库外，还有 PubMed、PMC 等二次文献数据库；二次文献加工时可能会出现一些差错，从而导致善锋软件输出结果出现偏差，这是最终结果出错的主要原因[1]。图 2 中，除了橙色字符，其他内容均来自客观数据，但其完整性、正确性取决于数据库的数据质量。凡是存在新旧差异或者不同来源之间差异的，编辑要点击[LinkOut]或[万方]等链接复核。

2.1 少量参考文献的特殊情况无法正确输出

(1) 误标勘误文献。少数文献会进行勘误，善锋软件有时搜索的是勘误文献，而非原文献，且到处的最终结果带有"Correction to:"字样，页码也和原来的文献不一致。如下面这条文献 "SCIARRA A, MONTEIRO I, MÉNÉTRIER-CAUX C, et al. Correction to: CD73 expression in normal and pathological human hepatobiliopancreatic tissues[J]. Cancer Immunol Immunother, 2019, 68(3): 529."。而勘误文献往往很简短，一般仅很少量的信息，并无全文，编辑需要对比后选择正确的文献格式。

(2) 类似地，少量文献有"author's reply"，软件有时输出的并非最初始的文献。如下面这条文献，正确格式应为"MAIWALL R, DESHMUKH A, SARIN S K..A randomized-controlled trial comparing 20% albumin to plasmalyte in patients with cirrhosis and sepsis-induced hypotension [ALPS trial][J].J Hepatol,2022,77(3):670-682. "但软件自动识别的是"MAIWALL R, DESHMUKH A, SARIN S K. Reply to: "Response to: a randomized-controlled trial comparing 20% albumin to plasmalyte in patients with cirrhosis and sepsis-induced hypotension[ALPS trial]"[J]. J Hepatol, 2022, 77(6): 1732-1733."题目、期数、页码有误。

(3) 原文为非中文、英文文献，如法语、西班牙语等文献时，可能因数据库源格式导致输出存在偏差。

2.2 无法识别少量专有名词、专业术语

科技期刊有较强的专业性，软件偶尔有专业名词错误。例如，Braden 量表的英文名称 "Braden Scale"在题目中首字母应大写，软件未识别，扔按照普通文本进行了小写。此外还有"肾脏囊性肿块 Bosniak 分级"的"B"、动脉血氧分压(PaO_2)、吸入氧气的浓度(FiO_2) "O"的大小写也偶有问题出现。

2.3 初始数据问题

初始数据信息不全或信息过少，软件可能搜索到的是十分相似但不同的文献。因此，需要编辑核对、甄别，不能直接点击校对后数据清除软件。使用不当可能会产生次生差错，文献格式虽对，但参考文献本身不对。此类错误一旦发生在后续校对、通读中也难以发现，因此须格外注意。

2.4 特殊字符导致的差错

参考文献标题有符号，如"≤2 cm"软件校对结果为"≤2 Cm"，出现乱码。另外，有双引号可能也会导致错误。例如文献"smart exosomes": a smart approach for tendon regeneration，可能因开头有引号，首字母 s 未大写。再比如"Supramolecular nanofibers containing arginine-*Glycine*-aspartate (RGD) peptides boost therapeutic efficacy of extracellular vesicles in kidney repair"中，"*Glycine*"误为斜体且首字母大写，可能因该词前后的连字符导致。

2.5 作者姓氏的英语翻译问题

(1) 少数民族姓名比如"阿古达木"等，以及英文文献中的外国作者姓名复杂，软件难免出现切分失误或错误翻译的情况，最好点击[LinkOut]或[PubMed]等链接做复核。

(2) 多音字姓氏如"单""解""朴"等，若初始文献无英文翻译，软件在自动翻译成英文时可能出错。

2.6 上下标、正斜体等格式信息丢失

善锋软件将拉丁学名斜体的准确标记等重要的细节问题都已解决。但是偶有如 $Foxp3^+$、m^6A 未上标；PaO_2、FiO_2 未下标等细节问题可能有误，校对时编辑需要留意。

2.7 特殊字符

(1) 少量字符(例如 Ö、Ü)偶尔会变成问号"？"。

(2) 软件无法自动识别非规范格式罗马数字，编辑要手动更改，如下面这条文献，"CHEN J, LARIONOV S, PITSCH J, et al. Expression analysis of metabotropic glutamate receptors I and III in mouse strains with different susceptibility to experimental temporal lobe epilepsy[J]. Neurosci Lett, 2005, 375(3): 192-197."中的 2 个罗马字符软件均未正确识别，要编辑手动修改。

3 讨论

人工智能、互联网技术的发展迅速，深刻地改变着知识生产、展示、传播与服务方式，我出版业正在经历数字化转型升级的重大变革[3-4]。人工智能已逐渐应用于选题策划、同行评议、编校、内容传播等方面，与医学期刊编辑出版日趋融合[5-7]。

正确标注参考文献是对他人研究成果的尊重，同时也是对知识产权的保护。参考文献标注帮助读者追踪原始数据、理论来源及研究基础，促进知识的传承与创新。在论文正文中标注正确规范的参考文献，可以向读者及评审专家展示论文的科学性，提高论文的科学性和说服力。

善锋软件基本已突破技术瓶颈，实现绝大多数参考文献的规范化、标准化处理，使用软件审校避免了编辑的机械劳动，也避免了人工编校中遗漏的错误。但智能校对软件也有常识性、基本学术性错误识别，产生次生差错等问题，不能完全依赖软件。参考文献校对软件的偶尔导致的错误，一部分在后续校对中可以被发现，一部分一旦接收软件的修改后续校对无法发现。因此，编辑在使用软件时，搜索过程结束后不要随意点击"校对后数据清除"功能，编辑需要甄别这些常见问题，精微之处，还需要"人"来进行质量控制，以免带来差错。

参 考 文 献

[1] 周凤航,金铁成.使用善锋软件审核加工参考文献的几点思考[J].编辑学报,2023,35(4):426-428.
[2] 赵小林,田明霞.浅谈数字化辅助工具在编辑加工中的运用[J].传媒研究,2024(4):78-80.
[3] 刘长明,高国连,杨勇.智能审校的应用和探索:以"方正智能辅助审校系统"为例[J].出版与印刷,2020(3):12-16
[4] 贾明.基于人工智能的医学期刊编辑出版策略探析[J].新闻研究导刊,2022,13(16):226-228.
[5] 江雨莲,孙激.人工智能在医学期刊编辑出版中的应用[J].科技与出版,2020(2):66-71.
[6] 房蕊.参考文献审校工具的应用及提高参考文献审校质量的探讨[J].编辑学报,2021,33(5):508.
[7] 易龙,周涛.基于实测数据的中英文智能编校系统对比研究[J].出版科学,2020,28(4):15-21.

XML平台助力高校科技期刊数字出版内容的深度挖掘
——以《应用技术学报》为例

陈　红

(上海应用技术大学期刊社，上海 200235)

摘要：利用XML的文档结构化特性，对科技期刊进行数字化的数据挖掘和高级分析，以实现科技期刊出版内容的重构和深度挖掘，进一步提升期刊的学术价值和应用广度。以《应用技术学报》为例，应用XML平台技术，结合期刊的办刊定位，对期刊的数字内容进行系统性重构，专辑采用多样化的形式呈现内容，以服务于学科的全面发展。通过高级分析技术，能够解析和提取出特定的研究趋势和学科发展的数据支持，在服务学科发展方面有着广泛的应用和深远的影响。

关键词：XML；数字出版；内容挖掘；内容重构；期刊价值

可扩展标记语言(extensible markup language，XML)一体化生产管理平台通过建立标准规范，对期刊内容与样式分别进行实时结构化加工生产，提高编校效率、优化编排流程[1]，深受期刊出版界同仁的欢迎。期刊出版者已充分认识到其带来的便捷。同时，作为XML数据格式的标准化，它在提高工作效率、增强数据一致性、提升可访问性以及提升数据的可交换性方面发挥着重要作用。具体来说，XML的标准化促进了不同系统和平台间的数据交换，因为它提供了一个共同的、统一的数据格式，减少了数据转换，从而提高了工作效率。

借助于XML的文档结构化特性，学术期刊可以更加方便地进行数据挖掘和高级分析。目前，对于提高出版效率、实现一体化管理的研究近来也日渐增多，而对XML技术的关键内涵的作用认识和研究并不多见。本研究基于科技期刊定位，利用XML结构重组的特点，从科研论文和信息中提取出特定的研究趋势、频繁出现的关键词等信息，以及对片段、图表进行重新建构等，从而为学科发展提供数据支持等方面实践，是实现期刊价值的一个重要技术手段[2]。

1　XML技术的优势

XML技术提供完全在线的编校操作，提升编校效率；支持多种文档格式的同步生成，满足不同的发布需求；实现一次制作，多元化、多渠道发布，为作者提供优质的可持续服务；降低编辑、作者、排版人员和后期制作人员的重复劳动；通过数据库建设，实现信息的分类采集、存储管理，增强用户资源的精细化管理和深度挖掘。

1.1　一体化平台的结构化、智能化，使生产效率更高效

XML一体化平台的结构化、智能化以及实时沟通(多人次协同办公)功能，以及其可视化

编辑技术支持一次制作多元发布,支持单篇、多篇和整期稿件快速发布,做到生产即发布,提高了生产效率,极大地缩短了发表周期[2-3]。

1.2 数字化生产与新媒体融合出版,使传播更便捷

高质量多种格式文件同步生成,为期刊内容的多样化传播提供了有力支持,满足了融合出版、传统印刷、网刊发布、移动阅读等的多种传播功能的需求,从而有效提升了期刊的传播效果[3]。这种灵活性和便捷性不仅优化了用户的阅读体验,为期刊内容的精准选择和传播提供了更广阔的视角。期刊可以根据目标读者的阅读习惯和需求,有针对性地在不同的发布平台上展示最合适的内容形式,从而更准确地定位其目标受众。

1.3 结构化和标准化数据格式,为数据的提取、存储和交换提供了有力支持

XML 将期刊内容结构化存储,便于系统化管理和查询,可以将文章的标题、作者、摘要、关键词、引文等元素以 XML 标签的形式存储[4]。这些标签不仅能够描述数据的结构,还能确保数据的可扩展性和可读性。此外,XML 技术的深度挖掘能力,使得从存储的数据中提取深层次的信息成为可能,进而支持更复杂的数据分析和知识发现。

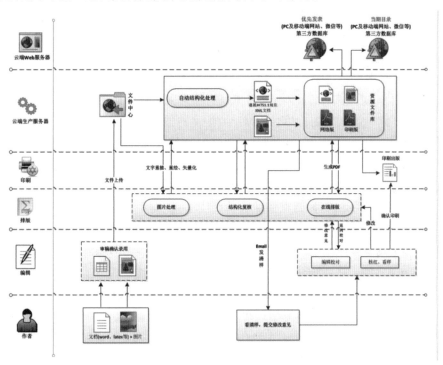

图 1 《应用技术学报》生产平台示例

XML 出版作为科技期刊内容延伸、知识关联和知识重构的重要技术手段,其应用能够显著提升期刊的数字化处理能力和网络传播效率。科技期刊的内容借助 XML 的结构化标记语言特性,得以跨平台、多媒介的呈现与传播,实现了内容的多元化发布与利用,有效满足了不同读者群体的阅读需求。

2 科技期刊发挥 XML 技术优势服务学科科研

XML 技术使得期刊内容的结构化标引、知识关联和跨数据库资源链接成为可能,使得相

关信息的检索和获取更为便捷。这种特性对于期刊的内容选择具有重要影响，因为它允许期刊编辑和作者更容易地组织和发布相关主题的文章，聚焦并形成特色，增强期刊的专业定位，实现期刊价值[5]。

2.1 明确期刊定位、借助 XML 技术体现期刊价值

高校是国家科技创新的基础和核心力量，是我国科技期刊的主要板块力量之一[6-7]。高校主办的科技期刊，有着天然的内容资源优势，因其服务社会的特有属性，高校学报理应成为服务国家科学发展、科技进步、知识服务的重要阵地。其定位和办刊宗旨一般为关注我国某一(应用技术)领域的最新科学技术研究与成果转化，广泛开展学术交流，努力为深化应用基础研究和学科建设、推广支撑技术创新的应用研究、服务区域经济发展和行业企业进步服务，促进应用科学技术领域的发展。通过数字化转型，实现开放办刊，提升学术内涵，提升传播力。高校因其学科特点和优势，学报的内容涉及国民经济的方方面面，能很好地满足企业、研究人员对于知识的需求[5]。

在数字化转型的背景下，高校科技期刊可以借助 XML 技术来实现并提升其价值。通过将期刊的文章、元数据、引文等内容以 XML 格式标准化，不仅能提高内容的可访问性和操作性，还能增强期刊内容的可读性和可机读性，从而提升期刊的学术内涵和传播力，进一步提升期刊的学术价值和市场竞争力。

2.2 XML 数字化及重构特性赋予了专栏策划和组约稿新的内涵

XML 的数字化与重构特性为专栏策划和组约稿带来了新的机遇，极大地丰富了其范围的广度和深度。通过结合期刊的定位以及 XML 结构化的独特优势，选题策划不仅得以延续传统的方式(如参加学术会议、学术活动、借助编委专家支持等)，还进一步创新性地纳入了由多个子项目和多个科研团队共同参与的国家重点研发计划项目的选题策划，以及针对这些项目团队的深入组稿工作，从而实现了策划与组稿工作的全面升级与优化。

2.3 基于 XML 期刊数字化内容的重构和多元推广

基于 XML 的期刊数字化内容重构与多元推广策略，彻底革新了传统知识检索的界限，超越了传统的聚焦于摘要、作者、关键词、单位、基金等基础信息的数据库式检索模式[8]。XML技术的引入，不仅保留了这些传统优势，更开创性地实现了知识检索的全面升级。XML 的卓越之处在于其无限拓展的能力，它不仅仅局限于传统的检索范畴，而是能够深入到全文层面，实现片段式、图表式的精细标注与引用，为用户提供了前所未有的检索精度与灵活性[9]。这一特性极大地丰富了信息检索的维度，使得科研工作者能够更加高效地获取所需信息，加速科研进程。进一步地，利用 XML 对期刊内容进行碎片化组织、智能标引、深度挖掘与分析，能够实现内容的深度重构。这一过程不仅有助于优化期刊内容的呈现方式，更重要的是，它能够助力科研工作者在特定科研过程的各个阶段进行精确的数据标识。无论是实验设计、数据分析，还是结果验证，都能通过 XML 技术找到相应的数据支持，从而提升科研的准确性和效率。

3 基于 XML 的文档结构化特性的专辑实践

《应用技术学报》为了提升数字化出版和融合出版水平，实施了 XML 一体化出版融合解决方案，涵盖在线生产流程管理、结构化在线排版编校、网刊发布等系统，实现数字出版全流程。通过 XML 在线生产、发布呈现、推广融合、关联交互、知识服务化等层次，实现单篇

出版、即时发布、智能校对，加快生产流程改造优化和论文发布推广，提升学报服务能力和行业影响力，实现服务行业和企业目标，开展品牌宣传，提升期刊影响力，实现期刊自身价值。

在专题策划方面，结合 XML 出版的优势和特点，突破原有专栏策划的局限，以国家重点项目课题组的成果展示，作为该专辑的主要内容：其涉及的研究面广（"中低度典型有机污染场地生物修复关键材料与技术"主课题、子课题）、研究课题组多，涉及高校、研究所和企业(南开大学、中国科学院大学、哈尔滨工业大学、西安交通大学、华南理工大学、吉林大学、中国科学院微生物研究所、中国石油化股份有限公司等)[10]。XML 技术通过其结构化的数据表示和强大的数据交换能力，为内容深度挖掘提供了有效的技术支持，有助于解析和提取出有价值的研究趋势和学科发展数据，从而服务于学科发展和期刊价值的实现。

3.1 优化选题策划

通过追踪国家重点研发计划成果展示，发现其研究范围广，可精选重点研究成果：国内外有机污染场地土壤和地下水生物修复技术、典型有机污染物降解功能菌识别与筛选、生物炭基生物修复载体与固定化菌剂制备等。该项目研究成果多、论文体量大。故设计合理的内容架构，采用专辑和专栏的出版模式。定期更新内容，以反映最新的研究成果和技术进展，不断优化选题策划。

3.2 实现一次出版的优势

利用 XML 技术进行的结构化排版可以大大提高编辑加工的效率，单篇文章可在最短 15 天内完成排版工作，同时实现一次加工多次输出的便利性[4]。这种方式不仅保证了文章的统一性和标准化，还可以实现单篇文章的优先发表，从而提高了文章的可见度和引用下载次数。针对出版优势的做法，如稿件的提前出版和栏目受限的问题，XML 技术可以将文章格式设置为网络版优先发布，而印刷版则在稍后印刷，这样就实现了稿件的提前出版。XML 排版系统可以预设不同的版式和栏目格式，编辑可以在系统中灵活设置每篇文章的版面布局，从而克服传统排版方式中栏目设计的限制。

3.3 充分发挥 XML 技术结构重组的优势

针对学科：推出"土壤修复"主题的内容传播，制作了虚拟电子专辑和电子书，研究人员可通过关键词提取和全文检索技术，提高文献检索的效率和准确度，此外，结合聚类分析和关联规则挖掘技术，研究人员能够发掘研究中的潜在空白点和新的研究方向，从而促进科研创新的进一步发展。

针对项目：专辑的支撑项目国家重点研发计划，包含多个子课题，可根据这些子课题来明确各个研究团队的研究方向，并通过 XML 技术整合和展示这些信息，以便于项目的宣传和推广。此外，还可以按研究内容、研究技术等多种手段开展，同时，XML 还可以在不同的平台以合适的呈现方式展现，满足读者群体的需求。

专辑借助 XML 平台的强大功能，实现了科技期刊知识内容和深度的多样化传播，有效满足了不同读者群体的需求。同时，通过高级分析技术，能够解析和提取出特定的研究趋势和学科发展的数据支持。同时，基于 XML 的文档结构化特性在服务学科发展方面展现出广泛的应用前景和深远的影响力，有助于实现科技期刊的高价值转化，推动学术界的深入发展和知识的广泛传播。

4 结束语

借助于专业化机构 XML 平台建设以及专业化团队技术支撑,服务学科发展,通过数字化的展示,提升学术内容传播力,探索期刊服务行业企业方面的新作为,实现期刊价值。期刊成果通过 XML 数字化平台的传播,吸引企业和行业对学校及学报的持续关注,提升学报在行业内的影响力。《应用技术学报》在数字化出版和实现期刊价值方面都做了积极的努力和实践。除围绕内容生产的编辑核心技能外,还积极学习新技术,并在实践中不断提升自身的技能,通过使用和思考,根据受众的需求,对于数字化生产,提出积极的建议。调整优化生产、编辑、出版流程,结合学报办刊宗旨和定位,利用数字学术期刊产业转型升级,在实现期刊价值、社会价值和经济价值方面积极努力实践。

致谢:感谢《应用技术学报》执行主编朱建育编审的指导。

参 考 文 献

[1] 刘圆圆,赵莉莉,黄定光,等.XML 一体化生产管理平台在物理学期刊出版中的应用实践[J].中国科技期刊研究,2021,32(1):91-98.

[2] 吕国华,古丽亚,王雪峰.基于 XML 数据出版流程提高稿件编辑和生产效率:以《物理学报》为例[J].编辑学报,2022,34(3):322-324.

[3] 杨桂华,卜庆杰,王虎,等.基于 XML 一体化的科技期刊数字化生产与新媒体融合出版实践:以《环境科学学报》为例[J].中国科技期刊研究,2024,35(6):781-787.

[4] 苏磊,李明敏,蔡斐.科技期刊采用 XML 结构化排版的优势与应用实践分析[J].科技与出版,2017(10):108-111.

[5] 朱建育.综合性学报专业化转型及思考:以《应用技术学报》为例[M]//科技期刊发展与导向(第 11 辑),2018:33-37.

[6] 张铁明,刘志强,陈春莲.我国高校科技期刊高质量发展的政策环境分析[J].科技与出版,2021(9):6-11.

[7] 范娟,张铁明.高校科技期刊高质量发展的实践与思考[J].出版广角,2023,427(1):14-19.

[8] 杨松迎,王志鸿,曹荣章.科技期刊数字内容的挖掘与服务:以《电力系统自动化》为例[J].中国科技期刊研究,2017,28(2):145-150.

[9] 杜杏叶,李涵宵,彭琳,等.科技期刊数字学术服务概念、内容与现状[J].中国科技期刊研究,2021,32(8):998-1005.

[10] 陈红,朱建育.助力客座主编,打造精品专辑:以《应用技术学报》"有机污染场地土壤修复"专辑为例[M]//学报编辑论丛 2022.上海:上海大学出版社,2022:747-752.

基于AI邮件精准推送的科技期刊影响力提升实践与思考
——以《中国临床医学》为例

贾泽军

(复旦大学附属中山医院期刊中心，上海《中国临床医学》杂志社有限公司，上海 200032)

摘要：学术论文的精准推送有利于提升科技期刊的展示度。2021—2024年，《中国临床医学》采用基于人工智能(AI)的邮件推送平台，分6次推送了77篇主题论文，共进行了35 000次有效精准传播，推送论文的被引频次上升241次，单篇被引最高上升35次。本文基于《中国临床医学》的实践经验，从推送方案的确定、推送效果的分析以及未来推送策略的优化等3方面探讨基于AI邮件精准推送提升中文科技期刊影响力的价值及意义，供同行参考。

关键词：人工智能；精准推送；科技期刊；影响力提升

随着互联网、数字技术的进步，数字化阅读成为学术专家及科研人员的信息获取的主要方式[1]。碎片化单篇阅读成为科学家群体的主流阅读方式，深刻变革了科技期刊传统的推广模式[2]。满足读者需求是期刊发展和努力的方向。近年来，很多国内外科技期刊采用单篇精准推送的方式传播期刊内容，取得了初步成效[3-6]。本研究借鉴前人的成功经验，依托国产人工智能(AI)精准推送平台，推送《中国临床医学》的学术论文，进一步探索基于邮件的AI精准推送策略及效果，提升中文科技期刊的学术影响力。

1 智能推送方案的确定

1.1 精准推送基本原理

2021年1月以来，《中国临床医学》采用维普资讯旗下重庆非晓数据科技有限公司的智能精准推送服务进行学术内容的邮件精准推送。非晓学术精准传播系统基于完全公开的信息和数据，针对特定的学术作品，对全球范围内的同行进行专业相关度和研究活跃度分析和计算，制定个体化的传播内容，筛选潜在需求者，以邮件等方式将内容送达或通知到传播对象。该平台应用主体以Spring框架为基准，运算采用Hadoop框架为支撑，并结合深度神经网络模型所建立的知识图谱技术，将底层数据按照作者、期刊、学科、基金、地区和机构等维度进行分类[7]。

1.2 个体化推送内容的生成

基于非晓推送平台的预设通用模板进行常见内容的快速填充，包括顶部图片、标题、正文、中层和底层等，根据《中国临床医学》的具体封面、Logo等内容进行可视化修改，形成个体化邮件模板(图1)，即时生产预览效果，保障传播邮件与传达内容的一致性。

图1 《中国临床医学》个体化精准推送邮件模板

1.3 传播对象的确定

依托推送平台的大数据中心，基于施引分析、学科分析、内容分析及其他多维度，筛选确定合适的传播对象。施引分析：施引文献统计和解析，筛选出近年《中国临床医学》所发表的论文在不同核心期刊上的施引排名，回溯与定位施引作者为传播对象。学科分析：通过《中国临床医学》近年所发表的文献分析及主题图谱匹配，实现基于北大核心、CSCD、CSSCI、WOS、Scopus等学科下的类似研究期刊，回溯与定位国外作者为传播对象。内容分析：根据所需传播文献的研究主题进行大数据分析，直接定位国内和国外作者的相似研究经历，实现直接的传播对象定位。其他分析：平台还包括基于传播文献的多维度分析，包括以相似研究机构里的对象、相似研究期刊里的作者和在资助与项目中的相似文献，形成多角度的传播对象定位及精准筛选，确定传播对象邮件地址，进行智能化推送传播。

2 智能推送实践及效果

2.1 邮件推送情况

2021年1月—2024年5月，《中国临床医学》共进行了35 000次有效的精准传播，总计传播6封邮件，平均每封邮件传播5 833人，单篇最多一次性传播10 000人。累计打开邮件17 202次，邮件最高打开率55.6%(5 560/10 000)，最低打开率39.1%，平均有效打开率48.1%。6封邮件总计77篇论文，附件总计被浏览126 005次，单封邮件最高点击量33 218，单篇论文最高被点击4 500次(表1)。

表1 《中国临床医学》点击最多的传播内容 Top 10

标题	传播人数	点击次数
经桡动脉入路介入治疗并发症的血管外科处理	10 000	4 500
经桡动脉入路冠脉介入治疗患者术肢并发症护理研究进展	10 000	4 432
经桡动脉入路冠状动脉造影及介入治疗的发展历程与展望	10 000	4 420
经桡动脉入路在外周血管疾病中的应用展望	10 000	3 863
《经桡动脉入路外周介入中国专家共识》解读	10 000	3 677
经桡动脉入路神经介入诊疗专家共识对照解读	10 000	3 196
经双侧桡动脉入路与经桡股复合入路行冠状动脉慢性完全闭塞介入治疗的有效性和安全性对比分析	10 000	2 361
实时三维超声心动图评估高剂量蒽环类药物化疗后左心室形态及收缩同步性的临床研究：5年回顾性随访	5 000	2 287
成纤维细胞生长因子10与呼吸系统疾病防治	5 000	2 266
经桡动脉入路在神经介入手术中应用的思考	10 000	2 216

2.2 引用提升效果

在统计周期内，77篇论文推送前总被7次，截止2024年6月总被引248次，累计上升被引241次，单篇最快上升被引35次(表2)，论文标题：中国结直肠癌肝转移诊断和综合治疗指南(2020)[8]。

2.3 传播对象分析

针对统计周期内的所有传播读者进行综合分析，按照阅读读者、读者分布地区、主要研究论点及读者作品所发表期刊4个维度来进行分析，综合揭示各个分析维度中，前10的相关数据信息。结果表明：邮件阅读Top 10作者来自空军军医大学(第四军医大学)、福建医科大学、解放军总医院、大连医科大学、中国医科大学、山东中医药大学、复旦大学、新疆医科大学、中南大学。邮件阅读读者主要来自北京、江苏、广东、湖北等地(图2)。推送内容主要研究关注点是临床疗效、危险因素、糖尿病、高血压、急性心肌梗死、冠心病等主题。活跃读者论文发表期刊Top 10主要是《中国全科医学》《重庆医学》《实用医学杂志》《中国循环杂志》《中国医药导报》《医学综述》《临床和实验医学杂志》《中国实用医药》《临床心血管病杂志》《中国循证心血管医学杂志》。

表 2 《中国临床医学》推送后论文被引频次上升 Top 10

标题	推送时被引量	目前被引量	累计上升	引用作者为传播对象
中国结直肠癌肝转移诊断和综合治疗指南(2020)	0	35	35	是
单孔与多孔胸腔镜切除右上肺叶治疗早期非小细胞肺癌：单中心回顾性倾向配比研究	0	14	14	是
免疫检查点抑制剂相关不良事件的研究进展	6	17	11	是
免疫检查点抑制剂的抗肿瘤临床实践与展望	0	11	11	是
血清炎性标志物连续监测联合序贯器官衰竭评分对肺部感染所致脓毒症患者预后的评估价值	0	10	10	是
应用冠状动脉 CTA 和计算流体力学无创性评价心肌桥对冠状动脉血流动力学的影响	0	9	9	是
肿瘤免疫检查点抑制剂联合治疗策略及临床应用	0	7	7	是
肿瘤免疫检查点抑制剂相关肺炎的管理	0	7	7	是
真实世界中 50 例免疫检查点抑制剂相关严重不良反应分析	0	7	7	是
可溶性生长刺激表达基因 2 蛋白对免疫检查点抑制剂相关心肌炎预后的预测价值	0	7	7	是

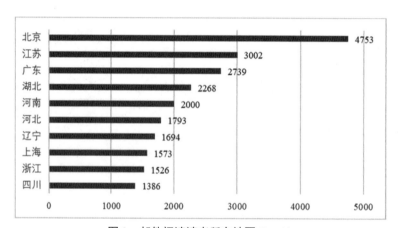

图 2 邮件阅读读者所在地区 Top 10

3 精准推送的优化策略与思考

3.1 传播频率及推送时间

根据以往传播读者的打开时间与退订反馈等情况，期刊在传播周期内，推送时间及连续性对传播效果具有重要影响。建议保持相对固定的日期及推送时间，每月保持 2~4 次推送，每次选择传播人数可保持 6 000~8 000 人，以便不断提高单次有效传播的接收人数。经过长时间的传播运营，可以筛选培养一批固定读者，有利于提高论文阅读及期刊约稿等方面的传播扩散。结合《中国临床医学》的读者阅读及打开邮件时间的活跃度分析，推荐邮件发送时间选择在工作日早上 7:00 至 8:30，或者是中午 12:00 至 13:30。

3.2 传播文献

建议在单次传播的任务中归类同一发文学科主题下的论文 5~8 篇，使得传播内容专一，并且接收读者能够排除其他非自己研究领域的信息，使每个接收读者能看到的都是与自己领域相关的文章，提高读者的阅读体验。尽量选择研究细分相对一致的论文，避免同一封邮件中论文研究论点过于分散。传播论文的选择也应适当结合实时热点或者行业热点，结合行业发展趋势推送具有较高热点的论文，这样更能够使读者感兴趣，从而提高传播论文影响力，也能够真正为读者带来价值。

3.3 邮件模板选择

邮件标题：邮件标题建议选择指向性明确且具有概括性的标题。邮件正文：传播内容可适当结合推送内容，突出重点推送信息，简明扼要的介绍本刊栏目特点以及约稿需求、审稿专家、青年编委等内容以体现期刊实力，并且对于正文排版应该简洁清爽，突出重点内容，可以适当融合图文信息以增加阅读体验。

4 结束语

综上，《中国临床医学》经过2021—2024年6次针对性精准邮件推送，获得了一批稳定的阅读者，从传统无目的的推广及被动等待用户检索，转变为精准找到读者群体。持续的专题论文的精准推送显著提升了论文的传播效果和期刊的知名度。未来，我们将根据既往推送实践经验，深度融合AI技术，进一步优化传播内容和推送策略[9-10]，提升中文科技期刊学术影响力，打造一流精品科技期刊，服务科技创新，造福人类健康。

致谢：本文部分平台数据由重庆非晓数据科技有限公司黄鹏提供，在此表示衷心感谢！

参 考 文 献

[1] 申亮,李瑞玲,张艳秋,等.数字出版时代我国地学期刊版权协议的现状、存在问题及对策建议:以中国地质调查局局属期刊为例[J].编辑学报,2024,36(3):247-252.
[2] 孙苏.略论新媒体环境下科技期刊的内容呈现与编辑策略[J].新闻世界,2019(6):16-19.
[3] 汤梅,金延秋,陈禾.基于个性化精准推送服务的中文科技期刊影响力提升策略:以《清华大学学报(自然科学版)》为例[J].传播与版权,2022(10):47-49,88.
[4] 杨丽萍,蒋伟.提升科技期刊邮件精准推送有效性的实践探索:以 *International Journal of Minerals, Metallurgy and Materials* 和《工程科学学报》为例[J].中国科技期刊研究,2024,35(3):377-383.
[5] 张慧敏,苏飞,佟连军.基于精准语义预测的地学精准推送服务模式实践探索:以《地理科学》为例[M]//学报编辑论丛 2023.上海:上海大学出版社,2023:436-442.
[6] 李舒婕,杨家密,王利.基于邮件的科技期刊精准推送实践与策略优化:以《棉纺织技术》为例[J].新闻研究导刊,2024,15(10):227-230.
[7] 龙娅丽,曾莉娟,黄东杰,等.科技期刊智能精准推送的实践与优化策略分析[J].科技传播,2023,15(20):48-52.
[8] 樊嘉,顾晋,秦新裕,等.中国结直肠癌肝转移诊断和综合治疗指南(2020)[J].中国临床医学,2021,28(1):129-144.
[9] 邱媛媛.中文科技期刊精准推送方法及优化策略研究[J].传播与版权,2024(15):9-12.
[10] 王娜.AI赋能的图书馆用户兴趣画像构建与精准推送服务研究[J].图书情报导刊,2022,7(1):16-21.

高被引作者发文行为分析
——以我校化工学科高被引学者为例

吴万玲

(《北京化工大学学报(自然科学版)》编辑部，北京 100029)

摘要：探究高被引学者的发文行为，为刊物发展策略的制订提供参考。以我校2023年化工学科的9位高被引学者为例，基于Web of Science数据库分析他们在2013—2022年间作为第一作者和通讯作者的发文情况，包括整体发文及被引情况、投稿偏好刊物和在国产刊物的发文分析。从篇均被引频次看，高被引学者所发论文的整体表现远高于我国作者在化学学科、工程技术学科、材料学科发表SCI论文的平均数据，且发文类型均以研究论文为主，综述文章占比较低；9位学者在投稿选刊时均表现出较明显的投稿偏好性，偏好刊物与其影响因子间无明显的正相关关系；2021年后高被引学者在国产刊物上的发文量有明显的增加，且文章的影响力也出现提升，但最高被引次数显著低于各学者最高被引论文的引用次数。作为非专门的综述类刊物，应以争取领域内有影响力学者的原创研究论文为主要的组稿方向，坚持刊发优质原创成果，建立学者对刊物的黏性，以跻身行业内学者投稿最多选择刊物为目标，形成投稿最多选择-优质稿件质量-高关注度的正向循环；2020年之后国产刊物对高被引学者的吸引力明显增加，稿件影响力提高，有部分刊物已成为领域内有影响力学者的投稿偏好期刊，但传播平台的影响力、对最优质成果的吸引力还有待提升。

关键词：高被引学者；发文行为；偏好刊物；发展策略

学术论文的出版是基于满足学术交流的需要，因此学术论文的被引频次可用于表征文章被认同的价值[1]。被引频次的高低固然与研究领域的热门与否密切相关，然而一般情况下，高的被引频次，往往意味着良好的创新性和科研成果质量，以及广泛的学术影响力。故从科技期刊角度，围绕高被引论文、高被引作者等进行研究对于提高刊物质量、制订发展策略极具参考意义。目前已有一些针对高被引论文的研究工作。郭欣[2]、林海清等[3]、余佳等[4]分别对《振动工程学报》《福建农业学报》《天津体育学院学报》的高被引论文特征进行了分析，并结合各自刊物特点提出了提升期刊影响力的举措。李莹等[5]对典型农业科技期刊的高被引论文进行分析，提出适当增加载文量并缩短发表时滞、关注优势学科与追踪重大专项、有针对性地做好综述性文章的约稿、关注高被引论文产出较多的优质期刊及地区和紧跟研究热点等对策建议。于辉等[6]以《西北工业大学学报》载文为例，对高校学报高被引论文的特征进行分析，从栏目设置、策划约稿、组织审稿等方面为学报的质量提升提出了意见和建议。在高被引作者研究方面，吕小红[7]对8所工业大学高被引作者的发文情况进行了总结，从高校、作者和期刊3方面分析了高被引作者的发文取向，指出高校学报应调整刊物定位、提高学术水平、增强作者认同感、提高管理水平和服务质量。朱艳硕等[8]基于基本科学指标数据库(ESI)，对大陆地区生物学与生物化学学科 ESI 高被引论文和高被引作者的耦合度进行了研究。然而目前已有的文献大多是基于中文数据库(CNKI 的中国引文数据库)，针对英文数据库高被引论文与高被引作者的研究工作较少。

"中国高被引学者"一般是指由爱思唯尔公司发布的"中国高被引学者年度榜单"，它以 Scopus 数据库作为统计来源，涵盖 10 个教育部学科领域中的 84 门一级学科。高被引学者是具有极高学术影响力的科研群体，可体现机构、国家乃至地区的学科影响力和创新能力。已有的研究分析表明，当前我国很多前沿领域的科研人员一般不会考虑将顶级科研成果投稿至国内期刊，特别是中文期刊[9]。然而随着近年来我国对科技期刊及其传播平台投入的持续加大，无论是中文还是英文的国产科技期刊，影响力均逐步提高，在国际学术交流中也发挥着越来越重要的作用[10-11]。在此背景下，围绕高被引作者发文行为的研究对于我国的科技期刊行业发展极具现实意义。为此，本文以我校化工学科的 2023 年高被引学者为例，对他们在近 10 年的发文行为包括整体发文及被引情况、偏好刊物、在国产刊物的发文情况等进行分析，以期为国内期刊的高质量发展策略制订提供参考。

1 数据来源与结果

1.1 数据来源

以爱思唯尔(Elsevier)2023 年发布的 2022"中国高被引学者"中我校化工学科的 9 位入选学者为研究对象，在 Web of Science 数据库的"Researchers"搜索模式中将各学者姓名作为检索词(同时限制作者机构为"北京化工大学"以避免同名现象)，统计其 2013—2022 年间以一作/(共同)通信作者身份的发文情况，包括发文量、刊物名称、被引次数、论文类型(综述或研究论文)等，统计日期为 2023 年 7 月 30 日—2023 年 8 月 20 日。

1.2 统计结果

9 位学者分别以符号 A~I 代替，2013—2022 年间整体的发文及被引情况如表 1 所示。

表 1 2013—2022 年间 9 位高被引学者的发文量及被引情况

学者	总发文量	年均发文量	总被引次数	篇均被引次数
A	46	4.6	1 628	35.4
B	124	12.4	4 233	34.1
C	130	13	10 098	77.7
D	49	4.9	1 367	27.9
E	79	7.9	2 862	36.2
F	56	5.6	1 526	27.3
G	54	5.4	3 229	59.8
H	49	4.9	860	17.6
I	92	9.2	6 137	66.7

学者 A~I 各自发文量最多的前三刊物如表 2 所示，若发文量相同则并列。

学者 A~I 在 2013—2022 年间发文的最高被引次数及其文章类型，和刊载刊物、出版社信息如表 3 所示。

表2 学者 A~I 各自发文量最多的前三位刊物

学者	发文最多刊物		
	第1位	第2位	第3位
A	ADVANCED MATERIALS(4)	AICHE JOURNAL(3), CHEMICAL ENGINEERING JOURNAL(3)	ANGEWANDTE CHEMIE-INTERNATIONAL EDITION(2), CHEMICAL ENGINEERING SCIENCE(2), CHINESE JOURNAL OF CHEMICAL ENGINEERING(2), INDUSTRIAL & ENGINEERING CHEMISTRY RESEARCH, RSC ADVANCES(2)
B	INTERNATIONAL JOURNAL OF HYDROGEN ENERGY(10)	JOURNAL OF PHYSICAL CHEMISTRY C(8)	NANOSCALE(5), JOURNAL OF CLUSTER SCIENCE(5), APPLIED SURFACE SCIENCE(5), ACS CATALYSIS(5)
C	JOURNAL OF MATERIALS CHEMISTRY A(14)	JOURNAL OF PHYSICAL CHEMISTRY C(12)	ACS APPLIED ENERGY MATERIALS(4), ACS APPLIED MATERIALS & INTERFACES(4), CHEMICAL ENGINEERING JOURNAL(4), CHEMICAL ENGINEERING SCIENCE(4)
D	JOURNAL OF ENERGY CHEMISTRY(6)	CATALYSIS TODAY(5)	CHINESE JOURNAL OF CHEMICAL ENGINEERING(4)
E	AICHE JOURNAL(15)	INDUSTRIAL & ENGINEERING CHEMISTRY RESEARCH(13)	CHEMICAL ENGINEERING SCIENCE(10)
F	FUEL(22)	FUEL PROCESSING TECHNOLOGY(13)	ENERGY & FUELS(10)
G	ACS APPLIED MATERIALS & INTERFACES(4), NANO RESEARCH(4)	ACS APPLIED ENERGY MATERIALS(3), ADVANCED MATERIALS(3), CHINESE CHEMICAL LETTERS(3), ENERGY STORAGE MATERIALS(3)	ACTA PHYSICO-CHIMICA SINICA(2), ADVANCED FUNCTIONAL MATERIALS(2), NATURE COMMUNICATIONS(2), RSC ADVANCES(2)
H	INDUSTRIAL & ENGINEERING CHEMISTRY RESEARCH(6)	AICHE JOURNAL(4), CHEMICAL ENGINEERING JOURNAL(4)	APPLIED CATALYSIS A-GENERAL(3), CHINESE JOURNAL OF CHEMICAL ENGINEERING(3), ENERGY & FUELS(3), JOURNAL OF CHEMICAL AND ENGINEERING DATA(3), RSC ADVANCES(3)
I	CHEMICAL COMMUNICATIONS(10)	ACS SUSTAINABLE CHEMISTRY & ENGINEERING(8)	ACTA PHYSICO-CHIMICA SINICA(4), CARBON(4), CHEMISTRY-A EUROPEAN JOURNAL(4)

注：括号内数字表示发文篇数。

表3 学者 A~I 发文最高被引次数，最高被引文章类型及刊载刊物

学者	发文最高被引次数	文章类型	刊物名称	出版社
A	284	研究论文	ADVANCED MATERIALS	Wiley
B	991	研究论文	NATURE CATALYSIS	Springer Nature
C	991	研究论文	NATURE CATALYSIS	Springer Nature
D	211	研究论文	APPLIED CATALYSIS B-ENVIRONMENTAL	Elsevier
E	734	综述	CHEMICAL REVIEWS	美国化学会
F	310	研究论文	FUEL PROCESSING TECHNOLOGY	Elsevier
G	520	研究论文	ADVANCED ENERGY MATERIALS	Wiley
H	64	研究论文	INDUSTRIAL & ENGINEERING CHEMISTRY RESEARCH	美国化学会
I	677	综述	CHEM	Cell

将由我国出版单位出版或其与国外出版公司合作出版的刊物均定义为国产期刊，2013—2022 年间学者 A~I 在国产刊物上的年度发文情况如表4所示。

表4 学者 A~I 在国产刊物上的年度发文情况

年度	刊物名称	发文总量
2013	SCIENCE CHINA-CHEMISTRY(1)，CHINESE JOURNAL OF INORGANIC CHEMISTRY(1), CHINESE JOURNAL OF CHEMICAL ENGINEERING(4), CHINESE JOURNAL OF CATALYSIS(1),	7
2014	SCIENCE CHINA-CHEMISTRY(1), CHINESE JOURNAL OF CHEMICAL ENGINEERING(3), CHINESE CHEMICAL LETTERS(1), CHEMICAL JOURNAL OF CHINESE UNIVERSITIES-CHINESE(1)	6
2015	CHINA PETROLEUM PROCESSING & PETROCHEMICAL TECHNOLOGY(1), ACTA PHYSICO-CHIMICA SINICA(1), CHEMICAL JOURNAL OF CHINESE UNIVERSITIES-CHINESE(1), SCIENCE CHINA-CHEMISTRY(1), CHINESE JOURNAL OF CHEMICAL ENGINEERING(2),	6
2016	CHINESE JOURNAL OF CHEMICAL ENGINEERING(1), SCIENCE CHINA-CHEMISTRY(2)	3
2017	SCIENCE CHINA-CHEMISTRY(1), CHINESE JOURNAL OF CHEMICAL ENGINEERING(1), NANO RESEARCH(2)	4
2018	SCIENCE CHINA-MATERIALS(1), CHINESE JOURNAL OF POLYMER SCIENCE(1), CHINESE JOURNAL OF INORGANIC CHEMISTRY(2), CHINESE JOURNAL OF CATALYSIS(1), ACTA PHYSICO-CHIMICA SINICA(1)	6
2019	PETROLEUM SCIENCE(1), CHINESE CHEMICAL LETTERS(1), NANO RESEARCH(1), CHINESE CHEMICAL LETTERS(1), CHINESE JOURNAL OF CHEMICAL ENGINEERING(1)	5
2020	ENGINEERING(1), SCIENCE CHINA-TECHNOLOGICAL SCIENCES(1), RESEARCH(1), NANO-MICRO LETTERS(1),	4
2021	CHINESE JOURNAL OF CHEMICAL ENGINEERING(2), CHINESE JOURNAL OF CATALYSIS(2), CHINESE CHEMICAL LETTERS(1), ACTA PHYSICO-CHIMICA SINICA(4), CHINESE JOURNAL OF CATALYSIS(1)	10

续表 4

年度	刊物名称	发文总量
2022	CHINESE JOURNAL OF CHEMICAL ENGINEERING(3), CHINESE JOURNAL OF CHEMICAL PHYSICS(1), CHINESE JOURNAL OF CATALYSIS(2), CHINESE CHEMICAL LETTERS(1), NANO RESEARCH(3), The Innovation(1), CHEMICAL JOURNAL OF CHINESE UNIVERSITIES-CHINESE(1), ACTA PHYSICO-CHIMICA SINICA(1)	13

注：括号内数字表示发文篇数。

2 分析与讨论

2.1 整体发文及被引情况

因本文仅统计各学者署名为一作/(共同)通讯作者的论文，在其他位置署名的论文未纳入统计范围，所以发文量数据更能体现学者参与度较高的科研成果。由表 1 可以看出，9 位学者的发文量有所区别，有两位年均发文在 10 篇以上的"高产作者"，也有年均发文在 4~5 篇的学者。这种发文量的区别应该与研究者所处的职业生涯阶段(其中有资深院士，也有青年学者)、团队规模、研究领域等有关。慕慧鸽等[12]基于一些重要国家科研机构在物理学学科发表的高被引 SCI 论文，对相应的高影响力科研人员特征进行了分析，发现国家科研机构的高影响力科研人员群体存在严重的"男女失衡"现象；28~42 岁是男性科研人员职业生涯中参与高质量科学研究最为活跃的时期。本文的 9 位学者均为男性，年龄从 37~69 岁不等，限于样本规模较小，在发文量或科研活跃度上并未呈现出明显的规律性。需指出的是，发文量排在前 3 位的学者(年均发文量分别为 13、12.4、9.2)年龄均在 40~50 区间。

9 位学者所发表文章的类型(以研究论文和综述分类)见图 1。从图 1 可看出，9 位学者所发表论文类型都以研究论文为主，除学者 I 所发论文中综述占比较高(约为 20%)外，其余学者的综述占比均较低(大多数在 5%以下)。黄锦华等[13]分析了代表性农业科技中文核心期刊的综述论文发表和被引情况，结果表明高质量中文科技期刊综述论文占比较低；此外国外英文农业科技期刊综述论文占比低于同期中文农业科技期刊；他们认为由于综述的非原创性，在职称、奖项评选或申请项目时分量不及研究论文，使得科研人员缺乏撰写综述的积极性。高洋等[14]以综合学科和化学综合学科的 6 种国际顶级学术期刊为研究对象，总结了综述型论文的总体发展情况，发现 6 种顶级综合期刊的综述型论文占比均在 9%以下，并由此提出了科技期刊中综述型论文和研究型论文的合理比例范围。本文的 9 位高被引学者在过去 10 年间的发文数据表明，学者在行业内的学术影响力主要通过创新性的研究工作获得，也即学者的研究成果主要以研究论文形式呈现，综述文章在高被引作者的发文中占比较低，此外，高影响力综述一定是高质量原创研究工作的积累。从被引情况来看，绝大部分学者的篇均被引频次都在 25 以上。2021 年我国作者发表 SCI 论文的引文影响力(即篇均被引频次)化学学科为 4.22，工程技术学科为 2.77，材料科学学科为 5.50[10]，高被引学者的篇均被引频次远远高于以上几个平均数据，表明了高被引学者广泛的学术影响力和研究成果的高质量。

2.2 偏好刊物分析

从表 2 可以看出，9 位学者对于投稿期刊都表现出一定的偏好倾向，特别是学者 F、H，偏好倾向最为明显。学者 A~I 在其发文量最多的前三位刊物上所刊论文数相对于过去 10 年间的总发文数的占比情况如表 5 所示。

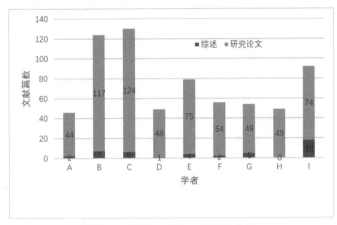

图 1 9 位学者所发表文章的类型

表 5 学者 A~I 在发文量最多的前三位刊物上所刊论文占其总发文数的比例

学者	前三位刊物所发论文数	总发文数	占比/%
A	18	46	39.1
B	38	124	30.6
C	38	130	29.2
D	15	49	30.6
E	38	79	48.1
F	45	56	80.4
G	28	54	51.9
H	29	49	59.2
I	30	92	32.6
平均			44.6

由表 5 可看出，占比最高的为学者 F，其在偏好前三位刊物上发表的论文数占发文总数的 80%，其余学者的占比也基本都在 30%以上，9 位学者的平均占比为 44.6%，表现出较明显的刊物偏好性。对各学者的前三位偏好刊物进行统计，以分析刊物的出现次数及其影响因子和所属出版社信息，结果如表 6 所示。

由表 6 可看出，公认的化工领域三大顶级期刊(即 AICHE JOURNAL、CHEMICAL ENGINEERING SCIENCE、INDUSTRIAL & ENGINEERING CHEMISTRY RESEARCH)尽管影响因子并不是最高，但仍是该领域有影响力学者的最多选择刊物。除化工类综合刊物外，根据学者所在领域，材料类、能源类刊物如 ADVANCED MATERIALS、ACS APPLIED ENERGY MATERIALS、ACS APPLIED MATERIALS & INTERFACES、ENERGY & FUELS 也在最多选择之列。从出版机构的角度看，12 本偏好刊物中，有 5 本为美国化学会出版，2 本为 Wiley 出版，2 本为 Elsevier 出版，其余 3 本各由英国皇家学会、化学工业出版社和中国化学会/北京大学出版。需特别指出的是，国产化工类综合期刊 CHINESE JOURNAL OF CHEMICAL ENGINEERING 在 9 位学者中有 3 位将其作为发文偏好前三位刊物，体现了该刊物在化工领域学者中的认可度。而另一本国产刊物 ACTA PHYSICO-CHIMICA SINICA 作为物理化学领域

表6 各学者前三位偏好刊物出现次数最多刊物信息

刊物名称	出现次数	影响因子(2022)	出版社
AICHE JOURNAL	3	3.7	Wiley
CHEMICAL ENGINEERING JOURNAL	3	15.1	Elsevier
CHEMICAL ENGINEERING SCIENCE	3	4.7	Elsevier
INDUSTRIAL & ENGINEERING CHEMISTRY RESEARCH	3	4.2	美国化学会
RSC ADVANCES	3	3.9	英国皇家化学会
CHINESE JOURNAL OF CHEMICAL ENGINEERING	3	3.8	化学工业出版社
ADVANCED MATERIALS	2	29.4	Wiley
JOURNAL OF PHYSICAL CHEMISTRY C	2	3.7	美国化学会
ACS APPLIED ENERGY MATERIALS	2	6.4	美国化学会
ACS APPLIED MATERIALS & INTERFACES	2	9.5	美国化学会
ENERGY & FUELS	2	5.3	美国化学会
ACTA PHYSICO-CHIMICA SINICA	2	10.9	中国化学会，北京大学

期刊，其影响因子在近年来实现大幅增长($IF_{2019}=1.4$，$IF_{2020}=2.3$，$IF_{2021}=6.3$，$IF_{2022}=10.9$)，与另一老牌物理化学类刊物 JOURNAL OF PHYSICAL CHEMISTRY C 共同成为学者们的刊文偏好选择期刊。

刘筱敏[15]以 2018 年 SCI 数据为统计对象，对全部作者进行检索的结果表明其中我国论文 39.7 万余篇，美国论文 38.3 万余篇，我国 80%的论文集中在 1 534 种期刊上，占发文期刊的 18.8%，而美国 80%的论文发表集中于 2 601 种期刊上，占发文期刊的 28.8%；刘筱敏认为期刊在作者中的品牌效应和作者分布广泛性的特征可在一定程度上辅助作者的论文投稿判断，让更多同行看到自己的研究成果是更多作者的选择。王娟[16]对科研人员投稿选刊的影响因素进行了探究，结果发现自然科学研究人员在投稿选刊时偏重期刊的影响因子，投稿行为受师友影响较多。本文数据结果表明，对于处在科研生涯成熟阶段的研究者，投稿选刊时的刊物偏好确实存在；且与影响因子相比，刊物在领域内的认可度和品牌效应应该是作者投稿行为更重要的影响因素。

对比表 3 与表 6，9 位学者偏好的前三位期刊中只有 INDUSTRIAL & ENGINEERING CHEMISTRY RESEARCH、ADVANCED MATERIALS 两种与最高被引论文所在刊物重合。对比出版社信息可发现，最高被引论文刊载期刊共来自 5 个出版社，即 Wiley、Springer Nature、Elsevier、美国化学会和 Cell，除 Springer Nature 和 Cell 外，其余 3 个同时也是学者偏好期刊的出版机构。这表明这些出版机构所出版刊物不但吸引了数量较多且高质量的投稿，同时在领域内受学者的关注度较高，从而带来了论文的高引用。必须要指出，这还是一个具有正向作用的循环，即刊物(或传播平台)在学界所受的关注度越高，则更易成为学者的投稿选择，且收到高质量研究成果的几率越大，这与文献[15]中提到的"让更多同行看到自己的研究成果是更多作者的选择"是一致的。

2.3 国产刊物发文分析

从 2018 年开始,科技部、教育部等多部门实行破除"四唯""五唯"专项行动、扭转唯 SCI 现象、实行代表作制度,2019 年"中国科技期刊卓越行动计划"全面实施,2021 年中共中央宣传部等三部门联合印发《关于推动学术期刊繁荣发展的意见》。可以说近年来国家层面对科技期刊的支持和投入持续增加,我国的科技期刊也迎来了前所未有的发展机遇。在这种政策环境下,科研人员的选刊投稿行为势必会产生一定的改变。表 4 的数据或许能在一定程度上作出回应。在 2020 年之前,9 位学者在国产刊物(此处仅指收录于 Web of Science 数据库的国产刊物)的年发文量最多为 7 篇,最少为 3 篇,而从 2021 年开始连续 2 年年发文量都在 10 篇及以上,说明政策的"指挥棒"作用开始得以显现。但此数量与 9 位学者的当年发文总量相比比例仍是偏低的,如 2021 年 9 位学者的年发文总量为 51 篇,2022 年为 93 篇,即他们在国产刊物上的发文占比均未超过 20%。

以每年学者 A~I 发表在国产刊物上文章的最低被引次数、最高被引次数和篇均被引次数来表征在国产刊物刊文的被引情况,具体结果见表 7。从表 7 可以看出,在 2013—2019 年,国产刊物发文的篇均被引次数几乎都未超过 20(其中 2017 年有一篇被引次数为 119 的文章,鉴于当年在国产刊物的总发文量为 4,使得整体的篇均被引明显偏高),与表 1 中 9 位学者各自的篇均被引次数相比,基本上是偏低的。这种现象一方面说明国产刊物传播平台的学术传播能力有待加强,另一方面也可推断出,当学者在选刊投稿时,应该是将更有影响力的科研工作成果投至了国外刊物。2021 年我国 SCI 期刊发表论文的引文影响力(即篇均被引频次)为 3.56,我国作者发表论文的引文影响力为 3.04,国产 SCI 期刊发文的引文影响力首次超过同年度我国作者发表论文的引文影响力[10]。类似地,我校高被引学者在国产刊物发文 2020 年的最高被引次数为 74,篇均被引达到了 37.5,考虑到时间效应,2021 年在刊文量为 10 的前提下篇均被引为 19.8,2022 年刊文量为 13,篇均被引也在 10 以上,说明了刊文的影响力在提升,即作者开始选择将更优秀的科研成果投至国内刊物。但同时还应看到,与表 3 中各学者的高被引论文的引用次数相比,国产刊物发文的最高被引次数仍有相当大的提升空间。相信随着国产刊物及其传播平台出版能力和传播能力的进一步提升,以及科研人员对国产期刊认知的变化,会有更多的高被引学者将他们的高质量科研成果投至国产刊物,而其中优秀的国产刊物也将有望进入高的关注度—投稿偏好刊物—汇聚有影响力的原创优秀成果的正向循环。

表 7 国产刊物发文的被引情况

年份	最高被引次数	最低被引次数	篇均被引次数
2013	21	1	10.6
2014	24	6	11
2015	27	1	9.5
2016	21	4	14.7
2017	119	5	46.3
2018	45	1	10.3
2019	30	2	19.8
2020	74	5	37.5
2021	33	3	19.8
2022	52	0	10.1

3 总结与启示

对我校 2022 化工领域高被引学者过去 10 年间的发文数据进行梳理的结果表明：①高被引学者所发论文的篇均被引频次远高于化学学科、工程技术学科、材料学科我国作者的平均数据，表明了其高的学术影响力和研究工作的创新性；这些学者的发文类型以研究论文为主，综述类型论文占比较低，具有创新性的研究成果主要以研究论文的形式呈现；②9 位学者在投稿选刊时表现出较明显的刊物偏好性，公认的化工领域三大顶级期刊 AICHE JOURNAL、CHEMICAL ENGINEERING SCIENCE、INDUSTRIAL & ENGINEERING CHEMISTRY RESEARCH 尽管不具有最高的影响因子，但仍是高被引学者的最多选择刊物，说明与影响因子相比，刊物的认可度和在领域内积累的品牌效应是影响作者投稿行为更重要的因素；国产期刊 CHINESE JOURNAL OF CHEMICAL ENGINEERING 在 9 位高被引学者中有 3 位将其作为发文偏好前三位刊物，表明了其在化工领域学者中的受认可度；③Wiley、Elsevier 和美国化学会 3 个出版机构所出版刊物不仅是高被引学者的投稿最多选择，同时也刊登了他们被引次数最多的论文，投稿最多选择、稿件质量与期刊/平台受关注度是一个具有正向作用的循环，其中一个的提升均会对其余两个产生正向影响；④高被引学者在国产期刊上的发文在 2021 年后有明显的增加，且刊文的学术影响力提升，但国产刊物发文的最高被引次数与其各自的最高被引次数相比仍有差距。

鉴于上述结果，可得到如下启示：①学者的学术影响力主要通过反映创新性工作的研究论文获得，其发表的论文成果中也以研究论文占较大的比例，因此作为非专门的综述类刊物，应以争取领域内有影响力作者的原创研究工作作为组稿的主要方向，坚持报道和呈现优质的原创研究成果，以此来吸引更多学者包括潜在作者的关注；②刊物在领域内的认可度和品牌效应是长时间积淀的产物，需要期刊以成为行业领域内学者的"投稿偏好"期刊为目标，坚持刊发原创优质内容，追踪有影响力的一线科研人员的工作进展，与学者的投稿选刊行为建立黏性，进入投稿偏好选择-稿件质量-期刊/平台受关注度的正向循环；③随着近年来国家对国产刊物的支持力度加大，国产刊物对高被引作者的吸引力有所提高，有部分优秀刊物如 CHINESE JOURNAL OF CHEMICAL ENGINEERING 已成为化工领域有影响力学者的偏好期刊，但总体来看国产刊物在吸引最优质成果方面仍与国外刊物有差距，且传播平台的影响力还有待进一步提升。由于本文仅以我校化工领域的学者为分析对象，下一步计划扩展样本至全国范围化工领域的高被引学者，以分析发文规律或特点，对此问题进行更深入的研究。

参 考 文 献

[1] PERITZ B C. On the objectives of citation analysis: problems of theory and method [J]. Journal of the American Society for Information Science, 1992, 43:608-612.

[2] 郭欣.《振动工程学报》高被引论文的特征分析及启示[J].科技资讯,2022(17):229-233,239.

[3] 林海清,张梅,黄爱萍.回顾追溯法分析《福建农业学报》高被引论文特征及启示[J].科技传播,2022(12): 22-25.

[4] 余佳,王新宝,康桥水,等.近十年《天津体育学院学报》高被引论文的特征分析与启示[J].内江科技,2022(10): 77-79.

[5] 李莹,段俊枝,邓俊锋.典型农业科技期刊高被引论文分析:以入选综合性农业科学类中文核心期刊的 16 种

高校学报为例[J].科技传播,2022(7):29-36.

[6] 于辉,游骏.高校学报高被引论文特征分析与启示[J].黑龙江教育(高教研究与评估),2022(6):26-28.

[7] 吕小红.工业大学高被引作者发文分析及学报编辑的应对之策[J].传播与版权,2015(4):43-45.

[8] 朱艳硕,周晓梅,张岩.高被引论文与高被引作者耦合度研究:基于中国生物学与生物化学学科的分析[J].晋图学刊,2018(6):65-69.

[9] 邹娜,臧莉娟.2012—2021年我国高质量科技论文调查分析[J].科技与出版,2023(6):144-155.

[10] 中国科学技术协会.中国科技期刊发展蓝皮书(2022)[M].北京:科学出版社,2022.

[11] 刘志强,王婧,张芳英,等.新时代我国中文科技期刊高质量发展之路探析:基于2022年度中文科技期刊发展情况[J].科技与出版,2023(3):58-66.

[12] 慕慧鸽,张军.基于高被引论文的国立科研机构高影响力科研人员特征分析[J].情报杂志,2015,34(10):59-64,21.

[13] 黄锦华,魏秀菊,王柳,等.国内外科技期刊综述论文发表现状及影响力分析[J].编辑学报,2019,31(增刊 1):1-5.

[14] 高洋,王贵林.综述型与研究型论文对期刊学术质量的影响[J].编辑学报,2019,31(3):246-249.

[15] 刘筱敏.从期刊本质看学者发表论文的选择[J].情报资料工作,2020,41(3):26-30.

[16] 王娟.科研人员投稿选刊影响因素差异研究:基于学科和职称维度[J].中国科技期刊研究,2023,34(1):32-38.

科研人员和期刊编辑视角下电子期刊与纸质期刊的优势和劣势对比

李广涛

(复旦大学附属肿瘤医院杂志社办公室，复旦大学上海医学院肿瘤学系，上海 200032)

摘要：探讨不同群体对电子期刊的态度差异及其影响因素。通过问卷调查，系统收集科研人员和期刊编辑对电子期刊相比纸质期刊的优势和劣势认可度。通过"问卷星"平台发放匿名问卷，选取科研人员和期刊编辑作为调查对象，科研人员主要指直接从事科学研究工作的个体，而期刊编辑则指负责学术论文出版流程的专业人员，两者在职责和关注点上存在差异。问卷包含基本信息、电子期刊相比纸质期刊的优势和劣势三部分。采用 SPSS 软件进行统计学处理，对比分析科研人员和期刊编辑对电子期刊的态度差异。研究发现，科研人员和期刊编辑普遍认为电子期刊在阅读体验、长期储存、受阅读环境限制小及减少资源浪费等方面具有显著优势，但在可信度、单位和机构认可度、无法替代的用途及侵权问题等方面存在劣势。科研人员对电子期刊的优势认可度高于期刊编辑，而期刊编辑对电子期刊的劣势认可度高于科研人员。此外，男性、高学历的科研人员对电子期刊的优势评分更高，而年轻、学历较低及承担较高印刷费的期刊编辑对电子期刊的劣势评分更高。科研人员和期刊编辑对待电子期刊的态度存在明显差异，科研人员更看重电子期刊的便捷性和高效性，而期刊编辑则更关注其推广和应用过程中可能遇到的问题和挑战。为进一步提高电子期刊的认可度，需加强其权威性和法律保障，推广电子期刊的应用和普及，关注不同群体的需求和顾虑，并持续进行技术创新。未来，电子期刊的发展还需加强与科研机构和学术团体的合作，提供便捷的获取和阅读平台，以推动电子期刊在学术交流和科研工作中的广泛应用。

关键词：科研人员；期刊编辑；电子期刊；纸质期刊；优势；劣势

随着近年来信息技术和人工智能技术的快速发展，各个领域都逐步进入数字化转型阶段。在学术出版领域，电子期刊作为一种新兴的出版形式，具有存储方便、检索快捷及传播广泛等优势[1]，为科研人员提供了更加便捷和高效的学术资源获取途径。然而，尽管电子期刊在诸多方面展现出独特优势，但其能否完全替代纸质期刊，目前仍存在广泛争议[2]。

科研人员作为学术研究的主体，主要指直接从事科学研究工作的个体，其对电子期刊的态度和使用情况直接影响着电子期刊的推广和普及，电子期刊的便捷性、高效性和广泛的传播渠道无疑为其学术研究提供了极大便利。然而，电子期刊在可信度、长期保存及法律保障

基金项目：2022 年度上海市科技期刊学会"海上青编腾飞"项目(2022B04)

等方面的问题也让其有所顾虑。期刊编辑作为学术出版的重要参与者，主要指负责学术论文出版流程的专业人员，其对于电子期刊的态度同样至关重要。期刊编辑不仅关注电子期刊的出版效率和传播效果，还关注其在学术界和社会的认可度，以及可能带来的版权和法律问题[3]。因此，深入探究科研人员和期刊编辑对电子期刊的态度，对比分析他们对电子期刊相比纸质期刊的优势和劣势认可度，对于推动电子期刊的发展具有重要意义。通过分析不同群体对电子期刊的认知和使用情况，可以更加准确地掌握电子期刊在学术交流和科研工作中的地位和作用，为其推广应用提供有针对性的建议。

本研究旨在通过问卷调查的方式，系统收集科研人员和期刊编辑对电子期刊相比纸质期刊的优势和劣势认可度。通过对比分析不同群体的数据，以期揭示出电子期刊在学术出版领域的实际应用情况，以及不同群体对其认可度的差异。同时，本研究还将进一步探讨影响科研人员和期刊编辑对电子期刊态度的因素，以期为电子期刊的未来发展提供参考。

1 对象和方法

1.1 调查对象和发放

通过"问卷星"平台制作电子问卷并生成微信二维码海报，选取科研人员和期刊编辑作为调查对象，开展匿名调查，同时对作答设备和 IP 地址进行限制，避免出现重复答卷。通过朋友圈、微信群及微信公众号等途径进行问卷发放。问卷填写时间为 2023 年 10 月 1—14 日。

1.2 问卷设计

通过查阅相关文献形成问卷的初步构想，同时与课题组内部工作人员就问卷的大致条目进行讨论完善，形成了初步的调查问卷。对调查问卷初稿进行小范围的预调查(发放并收集 20 份问卷)，对调查问卷的信度和效度进行检测。根据检测结果和调查对象的反馈，对问卷的部分条目进行了删减或调整，形成最终的调查问卷。

问卷根据职业分为科研人员和期刊编辑两种子问卷。每种子问卷包含 23 题，均由基本信息(第 1~7 题)、电子期刊相比纸质期刊的优势(第 8~17 题)和电子期刊相比纸质期刊的劣势(第 18~23 题)3 个部分构成，部分题目的设定参考了既往已发表的文献[1,4-6]。对问卷中的主观问题采用李克特量表计分，对第 8~17 题从"非常不同意"到"非常同意"分别赋值 1~5 分，电子期刊相比纸质期刊的优势评分范围为 10~50 分，评分越高，表示对电子期刊相比纸质期刊的优势越认同。对第 18~23 题从"非常不同意"到"非常同意"分别赋值 1~5 分，电子期刊相比纸质期刊的劣势评分范围为 6~30 分，评分越高，表示对电子期刊相比纸质期刊的劣势越认同。

1.3 信度和效度分析

通过计算 Cronbach's α 系数分析问卷内部一致性；通过 KMO 和 Bartlett 球形检验进行效度分析。经检验，科研人员调查问卷和期刊编辑调查问卷的标准化 Cronbach's α 系数均为 0.997，说明数据信度质量高，可用于进一步分析。科研人员调查问卷和期刊编辑调查问卷的 KMO 值分别为 0.966 和 0.971，Bartlett 球形检验 $P<0.01$，说明研究数据非常适合提取信息。

1.4 统计学分析

采用 SPSS 在线软件对数据进行统计学分析。计量资料采用 $\bar{x}\pm s$ 表示，组间比较采用方差分析。计数资料采用 $n(\%)$ 表示，组间比较采用 χ^2 分析。$P<0.05$ 为差异有统计学意义。

2 结果

2.1 调查对象的基本信息

科研人员的男女比例约为2:1。年龄以30~40岁和40~50岁为主,均占38.98%。最高学历以硕士为主,占44.07%。职称以中级职称为主,占47.46%。发文数以1~5篇为主,占52.54%。8.47%的科研人员表示论文发表后均未收到纸质期刊。22.03%的科研人员表示在版面费报销、基金结题和职称晋升时不需要提供纸质期刊。

期刊编辑的男女比例约为1:3。年龄以30~40岁和40~50岁为主,分别占45.78%和39.76%。最高学历以硕士为主,占46.99%。职称以中级职称为主,占55.42%。所负责期刊的出版形式以纸质版+电子版为主,占72.29%,另外有6.02%为纯电子版。所负责期刊的每期发行量以0~2 000本为主,占81.93%,而>5 000本仅占1.20%。所负责期刊的每期印刷费以1万~3万元为主,占57.83%。

2.2 科研人员和期刊编辑对电子期刊相比纸质期刊优势和劣势的认可度对比

首先提取科研人员和期刊编辑调查问卷中相同题目的数据进行分析,"非常同意"和"同意"表示认可。在优势的认可度方面,科研人员和期刊编辑对电子期刊相比纸质期刊阅读体验更好、更适合长期储存、受阅读环境的限制更小和能减少资源浪费这4条优势的认可度均有显著差异(P=0.000、0.001、0.033和0.045),对电子期刊相比纸质期刊更能提高论文发表效率、传播渠道更多元化、更方便携带和更利于检索所需信息这4条优势的认可度均无显著差异(P=0.333、0.320、0.055和0.320),详见表1。

表1 科研人员和期刊编辑对电子期刊相比纸质期刊优势和劣势的认可情况表

[n(%)]

	题目	科研人员 (n=59)	期刊编辑 (n=83)	χ^2	P 值
优势	电子期刊相比纸质期刊能提高论文发表效率	46(77.97)	70(84.34)	0.936	0.333
	电子期刊相比纸质期刊传播渠道更多元化	58(98.31)	79(95.18)	0.991	0.320
	电子期刊相比纸质期刊更方便携带	59(100.00)	78(93.98)	3.684	0.055
	电子期刊相比纸质期刊阅读体验更好	31(52.54)	19(22.89)	13.290	0.000*
	电子期刊相比纸质期刊更适合长期储存	55(93.22)	58(69.88)	11.560	0.001*
	电子期刊相比纸质期刊更利于检索所需信息	58(98.31)	79(95.18)	0.991	0.320
	电子期刊相比纸质期刊受阅读环境的限制更小	52(88.14)	61(73.49)	4.549	0.033*
	电子期刊相比纸质期刊能减少资源浪费	57(96.61)	72(86.75)	4.034	0.045*
劣势	电子期刊的收藏价值不如纸质期刊	32(54.24)	53(63.86)	1.328	0.249
	电子期刊的可信度不如纸质期刊	10(16.95)	27(32.53)	4.345	0.037*
	单位和机构对于电子期刊的认可度不如纸质期刊	19(32.20)	48(57.83)	9.089	0.003*
	纸质期刊具有一些电子期刊无法替代的用途	36(61.02)	70(84.34)	9.910	0.002*
	长时间阅读电子期刊会对视力造成一定影响	48(81.36)	70(84.34)	0.218	0.640
	电子期刊相比纸质期刊更容易产生侵权问题	24(40.68)	53(63.86)	7.464	0.006*

*:P<0.05。

在劣势的认可度方面,科研人员和期刊编辑对"电子期刊的可信度不如纸质期刊""单位和机构对于电子期刊的认可度不如纸质期刊""纸质期刊具有一些电子期刊无法替代的用途""电子期刊相比纸质期刊更容易产生侵权问题"这4条劣势的认可度均有显著差异(P=0.037、0.003、0.002和0.006),对"电子期刊的收藏价值不如纸质期刊""长时间阅读电子期刊会对视力造成一定影响"这2条劣势的认可度均无显著差异(P=0.249和0.640),详见表1。

另外对科研人员和期刊编辑问卷中不同题目的数据进行分析,结果显示,89.83%的科研人员认为电子期刊的获取成本比纸质期刊低,93.22%的科研人员认为电子期刊的受众比纸质期刊更广,79.52%的期刊编辑认为电子期刊相比纸质期刊能降低出版成本,51.81%的期刊编辑认为电子期刊相比纸质期刊对编辑具有更高的要求。

2.3 科研人员对电子期刊相比纸质期刊的优势和劣势评分的影响因素分析

对科研人员调查问卷的数据进行统计学分析,结果显示,男性、博士及以上学历的科研人员对电子期刊相比纸质期刊的优势评分更高(P均<0.05),但不同年龄、职称及发文数的科研人员对电子期刊相比纸质期刊的优势评分无显著差异(P均>0.05)。男性科研人员对电子期刊相比纸质期刊的劣势评分更高(P<0.05),但不同年龄、学历、职称及发文数的科研人员对电子期刊相比纸质期刊的劣势评分无显著差异(P均>0.05),详见表2。

表2 科研人员对电子期刊相比纸质期刊的优势和劣势评分的影响因素分析

($\bar{x}\pm s$)

项目	n(%)	电子期刊相比纸质期刊的优势评分	电子期刊相比纸质期刊的劣势评分
性别			
男	38(64.41)	46.13±3.84	20.76±3.78
女	21(35.59)	43.29±5.17	18.52±3.61
P值		0.020*	0.031*
年龄			
20~40岁	34(57.63)	45.21±4.25	20.03±3.83
≥40岁	25(42.37)	45.00±4.97	19.88±3.95
P值		0.865	0.884
最高学历			
硕士及以下	39(66.10)	44.18±4.76	20.62±3.28
博士及以上	20(33.90)	46.95±3.47	18.70±4.59
P值		0.025*	0.070
职称			
中级职称及以下	39(66.10)	44.82±4.72	20.51±3.46
副高级职称及以上	20(33.90)	45.70±4.19	18.90±4.41
P值		0.485	0.128
发文数			
1~5篇	31(52.54)	44.52±5.03	20.84±3.55
6篇及以上	28(47.46)	45.79±3.88	19.00±3.99
P值		0.286	0.066

*:P<0.05。

2.4 期刊编辑对电子期刊相比纸质期刊的优势和劣势评分的影响因素分析

对期刊编辑调查问卷的数据进行统计学分析,结果显示,不同性别、年龄、学历、职称、每期发行量及每期印刷费的期刊编辑对电子期刊相比纸质期刊的优势评分均无显著差异(P 均>0.05)。20~40岁、硕士及以下、每期印刷费≥1万元的期刊编辑对电子期刊相比纸质期刊的劣势评分更高(P 均<0.05)，但不同性别、职称及每期发行量的期刊编辑对电子期刊相比纸质期刊的劣势评分无显著差异(P 均>0.05)，详见表3。

表3 期刊编辑对电子期刊相比纸质期刊的优势和劣势评分的影响因素分析

($\bar{x}\pm s$)

项目	n(%)	电子期刊相比纸质期刊的优势评分	电子期刊相比纸质期刊的劣势评分
性别			
男	21(25.30)	42.29±5.76	22.52±4.26
女	62(74.70)	40.71±4.58	22.53±3.09
P 值		0.206	0.992
年龄			
20~40 岁	45(54.22)	41.62±5.06	23.20±3.42
≥40 岁	38(45.78)	40.50±4.72	21.74±3.23
P 值		0.303	0.048*
最高学历			
硕士及以下	69(83.13)	41.16±4.93	22.87±3.18
博士及以上	14(16.87)	40.86±5.01	20.86±4.04
P 值		0.835	0.042*
职称			
中级职称及以下	54(55.42)	41.41±5.09	22.81±3.30
副高级职称及以上	29(34.94)	40.55±4.61	22.00±3.57
P 值		0.453	0.300
所负责期刊的每期发行量			
0~2 000 本	68(81.93)	41.04±4.92	22.54±3.46
≥2 000 本	15(18.07)	41.40±5.04	22.47±3.18
P 值		0.611	0.937
所负责期刊的每期印刷费			
0~1 万元	24(28.92)	40.21±5.90	21.33±3.58
≥1 万元	59(71.08)	41.47±4.45	23.02±3.22
P 值		0.290	0.040*

*：$P<0.05$。

2.5 不同职业对电子期刊相比纸质期刊的优势评分和劣势评分的差异性

不同职业对电子期刊相比纸质期刊的优势评分和劣势评分存在显著差异，科研人员对电子期刊相比纸质期刊的优势评分显著高于期刊编辑($P<0.05$)，期刊编辑对电子期刊相比纸质期刊的劣势评分显著高于科研人员($P<0.05$)，详见表4。

3 讨论

3.1 电子期刊相比纸质期刊的优势认可度及影响因素

研究结果显示，科研人员和期刊编辑普遍认为电子期刊相比纸质期刊在阅读体验、长期

表 4　不同职业对电子期刊相比纸质期刊的优势评分和劣势评分的差异性

($\bar{x}\pm s$)

评分	职业		F 值	P 值
	科研人员(n=59)	期刊编辑(n=83)		
电子期刊相比纸质期刊的优势评分	36.05±3.66	33.27±4.02	17.833	0.000*
电子期刊相比纸质期刊的劣势评分	19.97±3.85	22.53±3.39	17.608	0.000*

*：$P<0.05$。

储存、受阅读环境限制小及减少资源浪费等方面具有显著优势，且科研人员对这些优势的认可度均显著高于期刊编辑，表明电子期刊在便捷性和环保性方面的优势得到了广泛认可，尤其是科研人员更加看重这些优势。产生这种认可度差异的原因可能是科研人员作为电子期刊的主要使用者，对电子期刊在获取、阅读和储存方面的便利性体会更深。科研人员和期刊编辑对电子期刊相比纸质期刊在提高论文发表效率、传播渠道多元化、方便携带及利于检索信息等方面的优势认可度均无显著差异，表明电子期刊在信息传播和获取方面的优势已经得到了普遍认可，无论是科研人员还是期刊编辑对此均持积极态度。电子期刊的快速发展为科研人员提供了更加便捷和高效的论文发表和检索渠道，同时也为期刊编辑提供了更多的传播和推广途径[7]。

进一步研究发现，男性科研人员相比女性对电子期刊的优势评分更高，表明男性科研人员更倾向于接受电子期刊，可能是因为男性本身对数字化技术更感兴趣或已习惯于使用电子设备进行阅读；博士及以上学历科研人员相较其他科研人员对电子期刊的优势评分更高，可能是因为高学历的科研人员需要不断追踪最新的科研成果，电子期刊的实时更新和便捷检索特性，符合其工作习惯，能够满足其强烈的科研需求[8]。

3.2 电子期刊相比纸质期刊的劣势认可度及影响因素

研究结果显示，科研人员和期刊编辑对电子期刊相比纸质期刊的可信度、单位和机构认可度、无法替代的用途及侵权问题等方面的劣势认可度均存在显著差异。科研人员对这些劣势的认可度相对较低，而期刊编辑则更加关注这些问题，表明电子期刊在权威性和法律保障方面仍需加强，尤其是需要得到更多单位和机构的认可和支持。同时，电子期刊也需要解决侵权问题，以保护作者和出版商的合法权益。科研人员和期刊编辑对电子期刊相比纸质期刊的收藏价值和视力影响方面的劣势认可度均无显著差异，表明虽然电子期刊在某些方面可能不如纸质期刊具有收藏价值，并且对长时间阅读的视力可能产生一定影响，但这些问题并不是电子期刊相比纸质期刊的主要劣势[9]。随着电子技术的发展和阅读设备的改进，这些问题可能会得到进一步解决。

进一步研究发现，20~40 岁、硕士及以下的期刊编辑相比 40 岁以上、博士及以上的期刊编辑对电子期刊的劣势评分更高，表明年轻、学历较低的期刊编辑更关注电子期刊的劣势，可能与年轻、学历较低的期刊编辑所处的职业阶段和经验水平有关，对于新事物的接受更为谨慎；每期印刷费≥1 万元的期刊编辑相比每期印刷费<1 万元的期刊编辑对电子期刊的劣势评分更高，表明承担较高印刷费的期刊编辑更关注电子期刊的劣势，可能是因为印刷费较高

的期刊通常在行业内影响力较大，发行量较高，电子期刊虽然可以降低一定成本，但是否会对行业影响力产生影响是需要优先考虑的，导致其对电子期刊仍保持谨慎态度[10]。

3.3 不同职业群体的态度差异

研究结果显示，不同职业对电子期刊相比纸质期刊的优势评分和劣势评分存在显著差异。科研人员对电子期刊的优势评分显著高于期刊编辑，而期刊编辑对电子期刊的劣势评分显著高于科研人员，表明科研人员和期刊编辑对电子期刊的态度存在明显差异。科研人员更看重电子期刊的优势，而期刊编辑则更关注其劣势。这种态度差异可能源于不同职业群体的需求和关注点不同。科研人员作为电子期刊的主要使用者，更加关注电子期刊在学术交流和科研工作中的便利性和高效性。而期刊编辑则更加关注电子期刊的推广和应用过程中可能遇到的问题和挑战，如可信度、单位机构认可度及侵权问题等[11]。因此，在推广和应用电子期刊时，需要针对不同群体的需求和顾虑制定相应的策略和措施。本研究中，8.47%的科研人员表示论文发表后均未收到纸质期刊，虽然占比不高，但也反映出部分科研人员对于纸质期刊的需求正在发生变化，随着数字化时代的到来，越来越多的科研人员可能更倾向于通过电子期刊获取和阅读学术论文。另外，22.03%的科研人员表示在版面费报销、基金结题和职称晋升时不需要提供纸质期刊，进一步说明纸质期刊在某些科研管理环节中的地位正在发生变化，这可能与科研评价体系的逐步优化有关。上述研究结果揭示了科研人员在纸质期刊需求方面的新变化，也反映出科研环境和评价体系正在逐步适应数字化时代的新要求。从所负责的期刊出版形式来看，纸质版+电子版并存的出版方式占据了主导地位，占比高达72.29%，这充分显示了当前学术期刊在出版形式上正积极适应数字化时代的需求，不仅保留了传统的纸质阅读体验，还提供了电子版的便捷性，满足了科研人员多样化的阅读需求。另外，有6.02%的期刊为纯电子版，虽然占比不高，但也反映出电子期刊在出版中的逐渐兴起。随着信息化和数字化的不断推进，纯电子期刊的市场份额有望进一步提升。

3.4 小结

为进一步提高不同群体对于电子期刊的认可度，需要加强其权威性和法律保障，包括建立完善的电子期刊评价体系和认证机制，保障电子期刊的质量和学术水平。同时，也需要加强电子期刊的版权保护，维护作者和出版商的合法权益。为推动电子期刊的发展和普及，需要采取多种措施，例如，加强与科研机构和学术团体的合作，推广电子期刊的使用和宣传；提供便捷的电子期刊获取和阅读平台，提高用户的使用体验。在推广和应用电子期刊时，针对科研人员和期刊编辑的不同需求，可以制定相应的应对策略，例如，为科研人员提供更加便捷和高效的电子期刊获取和阅读服务，为期刊编辑提供更多的支持和帮助，解决他们在推广和应用电子期刊时遇到的问题[12]。

4 结束语

综上所述，本研究通过对比分析科研人员和期刊编辑对电子期刊相比纸质期刊的优势和劣势认可度，揭示了不同群体对电子期刊态度的差异及其影响因素。在电子期刊的未来发展中，需要进一步加强电子期刊的权威性和法律保障、推广电子期刊的应用和普及、关注不同群体的需求和顾虑以及持续的技术创新与发展，以推动电子期刊在学术交流和科研工作中的广泛应用和发展。

参 考 文 献

[1] 祝静.纸质期刊和电子期刊的比较及互补研究[J].兰台内外,2019(8):60-61.
[2] 王飞雨.学术期刊数字化转型策略探析[J].新闻研究导刊,2022,13(1):175-177.
[3] 胡骞,王嘉昀,陈一奔.元宇宙情境下科技期刊数字化转型的实践图景与未来进路[J].中国科技期刊研究,2023,34(8):1020-1028.
[4] 卢淑鑫.浅谈电子期刊与纸质期刊的利弊[J].科技创新导报,2009(12):251.
[5] 袁洋.电子期刊与传统期刊的优缺点分析[J].成功(教育),2010(2):262.
[6] 张颖.浅论电子期刊与纸质期刊的整合并存[J].医学信息(中旬刊),2011,24(8):3790-3791.
[7] 崔芬,戚厚兴,杨成会.医学核心电子期刊影响力及发展现状[J].传播与版权,2020(6):15-17.
[8] 向斐.专业图书馆在融媒体时代下阅读群的习惯分析[J].中国传媒科技,2021,(4):34-36.
[9] 彭晓红.电子期刊和纸质期刊可以共存吗[J].云端,2024(13):70-72.
[10] 纪秀明.学术期刊的数字化掣肘与开放模式探索[J].现代出版,2015(5):23-25.
[11] 付莉敏.媒介融合背景下纸质期刊编辑的转型路径[J].新闻世界,2020(4):63-65.
[12] 李小丽,尹小锴,于洋,等.新媒体时代科技期刊编辑核心素养及提升策略探究[J].新闻研究导刊,2022,13(17):232-234.

科技期刊专题选题策划与实施路径

管兴华

(中国科学院分子细胞科学卓越创新中心，上海 200031)

摘要：探讨科技期刊专题选题策划与实施策略，以期为科技期刊专题出版顺利实施提供参考。介绍了科技期刊专题选题依据，提出了专题出版实施的基本路径。科技期刊专题选题要紧跟国内外学术前沿，依托科研单位团体，跟踪热点事件与人物等。专题实施过程把握组稿专家的邀请、专题时间的把控、稿件审理、专题宣传等重要工作。基于合理的选题方向、精心准备的实施途径，科技期刊专题出版将得以有效开展，做专做优做强，有效提升科技期刊的影响力和活跃度。

关键词：科技期刊；选题策划；专题出版；组稿专家

科技期刊专题是通过编辑主动进行选题策划、以提高期刊质量、推动某一研究主题更好发展为目的对该主题学术成果集中出版、传播和宣传的一种形式[1-2]，专题文章往往集中在同一期发表。专题有助于突出刊物特色，增加内容深度，提高期刊的学术价值和影响力。有研究指出，专题文献的被引频次均值和下载频次均值都比非专题文献高33%以上[3]。因此，科技期刊专题的出版对期刊的发展具有积极的推动作用。

大部分研究人员认同且支持期刊的专题建设，但实际供稿率不高，态度和行为存在分离的现象[4]。在科技期刊组织和策划专题的过程中，期刊编辑会遇到各种问题，如撰稿人不积极、组稿专家不重视、稿件水平不高、投稿时间不及时等，都会影响专题的顺利实施，甚至使专题出版被迫"流产"。如何做好科技期刊专题出版的策划工作并顺利出版是科技期刊编辑的一项重要工作，也是编辑业务能力的一种体现。

《生命的化学》为中国生物化学与分子生物学会主办的一本生物综合类学术期刊，主要发表综述和原创研究论文，反映生物化学、分子生物学及生命科学相关领域国内外最新研究进展。为了更好地服务于学会会员及学科发展，提高杂志可读性和影响力，《生命的化学》近年来开展了专题出版的探索和实践，先后组织出版了"肿瘤免疫"专题、"邹承鲁先生百年诞辰纪念"专题、"农业生物化学"专题、"生物化学实用课堂教学技巧"专刊、"肿瘤微环境"专刊、"核糖核酸功能与应用"专刊等。这些专题主题明确，内容集中，稿件质量高，有效推动了生物化学与分子生物学及其相关领域知识的传播，为高校生化教学提供了很好的平台，得到了科技工作者和高校生物化学课程教师的一致好评。本文结合期刊多年来专题出版实践，围绕专题选题和专题实施策略进行阐述，旨在为更好地组织科技期刊专题以提升科技期刊影响力提供借鉴和参考。

1 专题选题

专题选题指的是在科技期刊专题出版过程中，期刊编辑根据期刊自身定位、学科发展规律及社会需求等因素，精心挑选和确定具有科学性、引领性和现实意义的主题或领域作为组约稿方向，集中展示最新研究进展，推动学科发展，提高杂志影响力。确定选题是专题出版的重要环节之一，好的选题是确保专题影响力的基础。

首先，关注和跟踪国际研究前沿进展。一方面可以帮助读者了解学科的最新发展趋势，并为其研究提供灵感和启发，促进学科发展；另一方面，当下热点主题更容易被科研人员关注和引用，提高杂志的影响力。众多期刊实践表明，围绕科技前沿进行专题选题策划可以有效提升期刊学术质量，扩大期刊影响力[5-6]。比如肿瘤是严重威胁人类健康的重大疾病，关于肿瘤的相关研究一直是国内外研究人员关注的焦点和攻坚的重点领域。我们邀请了在肿瘤领域取得突出成绩的李斌教授担任客座总编，策划出版了"肿瘤免疫"专题，共有11位国内肿瘤免疫治疗领域的知名学者投稿。

第二，关注和依托重要学术会议。行业内众多学会及下属各专业分会、地方分会每年都会召开多次学术会议，每个学术会议都会有一个明确的主题，这些主题往往聚焦学科领域的核心问题。期刊可以与会议合作，以会议主题作为选题，配合会议作专题出版，提前策划组稿，并在会议前完成出版，将杂志作为会议资料发给参会代表，扩大影响力。相关学者对依托学术会议或活动出版专题进行了实践和介绍[7-8]。"肿瘤与微环境"专刊为我刊主编陈剑峰研究员牵头，配合中国生理学会基质生物学专业委员会第七次全国基质生物学学术会议作的一期专刊，邀请会议报告人作为撰稿人，聚焦细胞感应、黏附分子与细胞外基质互作以及在心血管疾病、肝损伤和肿瘤中的作用机制和新疗法开发等方向，共发表综述20余篇。参会代表对专刊给予极高评价，认为专刊不仅集中展示了该领域的最新进展，同时对本科生及研究生的"细胞生物学""生理学"课程有重要借鉴意义。

第三，关注重要事件重要人物。在生命科学研究历史上，曾经涌现出了众多著名的科学家，他们所作出的开创性研究成果推动了人类科技的进步和发展。至今人们往往会在具有特殊意义的周年纪念时刻举办活动怀念他们。作为传承人类文明、引领科技发展重要载体的科技期刊可以配合纪念活动出版专题。邹承鲁先生是近代中国生物化学的奠基人之一，为我国率先实现胰岛素的人工合成做出了重要贡献。2013年、2023年分别是邹承鲁先生九十周年和一百周年诞辰，《生命的化学》分别做了两期纪念专题，邀请邹先生生前好友、同事、弟子及家人撰写系列纪念性文章和相关领域学术文章，内容被多家媒体转载。专题作为重要资料又经过加印，摆放在分子细胞中心胰岛素展览室供参观人员取阅，作为弘扬科学家精神的重要参考资料。以弘扬科学家精神为主题策划专题，其公众关注度较高，时效性强，在短时间内可以提高期刊的关注度[9]。

第四，依托科研单位。《生命的化学》专注于发表生物化学与分子生物学等领域科研成果，在国内许多大学生命科学学院、基础医学院及生命科学相关研究所都有相关研究，挖掘各研究单位的优势或特色研究方向，出版相关专题专刊对研究单位进行宣传也是选题方向之一。中国科学院分子细胞科学卓越创新中心是杂志承办单位，2023年，中国科学院在原"分子生物学国家重点实验室"RNA研究团队基础上，整合院内RNA研究优势力量，调整重组成立了"核糖核酸功能与应用重点实验室"。为介绍RNA研究前沿，展现重点实验室各研究方向布局，杂志与重点实验室合作策划出版了一期"核糖核酸功能与应用专刊",面向生物医学科研人员、科技政策管理人员、本科生和研究生等,展现 RNA 基础研究前沿、RNA 生物医学技术应用的瓶颈以及重点实验室面向国家重大战略需求的科研布局。此类专刊的策划与发表,极大提升了院校优势学科的知名度,推动相关学科建设和发展的同时,也进一步加强了期刊与院校的合作,为进一步吸引稿源奠定了基础[10]。

2 专题实施路径

选题确立后,接下来便是专题的实施,这是确保专题高质量出版的主要环节,主要包括邀请组稿专家、专题时间把控、审稿策略、宣传推广等。

2.1 组稿专家的邀请

专题能否得以有效实施,组稿专家是关键,往往在策划选题的同时就要确定组稿专家的人选。组稿专家对选题的理解、撰稿人的选择、研究方向的等决定了专题的学术水平。组稿专家的工作核心是组稿与把握文章方向。科技期刊要借助组稿专家的组织能力和学术号召力,带动并促进同领域专家撰稿,扩大专题影响。

对于专题出版而言,确定合适的组稿专家人选至关重要。首先,组稿专家需要在专题领域研究比较深入,具有深厚的学术造诣,拥有较高的学术地位。具有突出专业成就的专家往往对学科前沿和重要研究方向有更深刻的认识,熟悉该领域的发展历程、研究现状和未来趋势。其在领域内的知名度和学术号召力可以扩大专题的稿源,提高约稿成功率。其次,组稿专家需要对专题的出版有较高的热情。对打造高质量专题以促进学术交流、学科发展具有强烈的使命感和责任感,即便自身承担着繁重的科研和管理工作,也能积极投入专题组稿工作中,确保每一个环节都能高质量完成。再次,组稿专家需要有较强的组织协调能力。一方面能够制定合理的组稿计划,明确各流程的任务,推动组稿工作有序进行,协调不同作者之间的撰稿方向、进度和风格差异,使整个专题在内容和形式上保持统一和协调;同时,能与编辑团队保持及时有效的沟通和配合,推动专题的顺利出版。

2.2 专题时间的把控

由于选题的时效性,专题出版大部分需要在相对集中的一段时间内完成组稿、收稿、审稿、编校、排版、印刷出版等一系列流程,时间比较紧,涉及的人员比较多,任何人或者环节出现拖延都会影响最终专题的正常出版。所以从专题策划之初要设定每个具体流程的时间节点,并在出版过程中按照计划严格执行。

专题的准时出版离不开与作者的及时有效沟通。通常编辑部会在截稿前 1 个月、半个月通过邮件、微信群等途径集中提醒作者。最后 1 周左右进行投稿统计,而后对尚未投稿的作者单独提醒,同时可以向组稿专家和全体撰稿人通报投稿情况,督促所有撰稿人在规定时间内完成撰稿工作。对于个别确实无法按期完成撰稿的作者,可以适当延长时间,但不能影响专题的正常出版。

2.3 专题稿件的审理

虽然专题文章多为邀请稿件,辅以征稿,但是专题文章依然要严格执行"三审"制度,甚至适当提高审稿标准,以确保专题的质量和特色。一般专题文章需要两次初审,分别由科学编辑和组稿专家完成,两者有先后顺序且各自职能不同。通常,科学编辑初审在前,通过科学编辑初审后才进行组稿专家初审。科学编辑按照平时稿件处理流程中的要求进行初审,主要审查内容包括版权转让协议、内容完整性、格式规范、政治问题等；组稿专家审核主要侧重稿件方向、学术质量，评价文章写作是否达到预期、是否有遗漏等。通过初审的稿件进入送外审阶段，送外审的工作由编辑部完成。在至少收到两份一致意见的前提下，编辑部主任结合外审意见和组稿专家意见，对稿件进行二审。最后由主编终审。

专题文章一般投稿时间集中、专业方向相近，编辑部在外审环节有时会遇到找审稿人难、时间紧张等情况。为提高审稿效率，在外审环节可专门组建专题外审专家团队，一般以编委为主，再邀请部分热心且非专题撰稿人的小同行。在正常送外审不能及时取得有效审稿意见时，可直接在专题外审专家团队中进行任务认领式审稿，从而保证审稿流程及时推进。

2.4 专题宣传

如今，随着信息化、数字化、智能化的发展，多样化的宣传手段为期刊出版带来了新的挑战和机遇。科技期刊宣传工作已成为出版的重要一环。智能手机成为大众普遍的阅读工具之一，微信平台、HTML、"学习通"等新媒体被很多科技期刊作为重要的传播媒介[11]。

在专题策划完成之初，采用各种渠道和手段(如微信公众号、微信群、邮件发送、QQ 群、网站等)宣传专题出版计划，征集自由投稿。征稿过程可以吸引读者的关注，提高专题的知名度和影响力，吸引自由来稿。

随着专题文章编排过程的推进，宣传与传播同时开展。在专题单篇文章方面，每篇文章一旦录用尽快进行编校，完成编校后即可优先网络出版。尽量做到完成一篇网络出版一篇，尽早开启专题文章的"学术生命"。网络优先出版同时，制作公众号推文，将其通过期刊的公众号推送给广大的读者。公众号推文尽量争取每天推送 1 篇，以养成对该专题感兴趣的读者持续跟进的习惯。有科技期刊探索了采用二维码移动阅读提升专题传播力，取得了较好效果[12]。

在整期完成出版后，可结合不同场景通过不同方式进行宣传。首先，结合专题相关的学术会议，将专题杂志作为会议资料是一种直接、精准且影响巨大的宣传方式。参会人员分布广泛，具有极强的扩散效应。同时，专题电子版也发到会议代表群，方便传播。其次，制作整期专题文章推文，配以二维码链接到全文浏览下载页面，通过微信公众号推送，同时与生化学会和知名公众号 BioArt 合作，在其平台转载。再次，与公司合作，进行邮件精准推送，进一步扩大专题在行业内的影响力。

3 结束语

科技期刊作为传播科学技术成果的重要载体，在推动科技创新和学术交流方面发挥着至关重要的作用。而科技期刊专题的策划与实施，则是提升期刊质量、扩大影响力的重要手段。通过精心策划的专题，可以聚焦特定领域的热点问题，集中展示最新的研究成果，为科研人员提供有价值的参考，同时也能吸引更多读者的关注，提高期刊的知名度和美誉度。科技期刊专题的选题策划与实施需要编辑具有敏锐的洞察力、扎实的专业知识和丰富的编辑经验。通过关注研究前沿领域、结合重点事件重要人物、联系具有一定研究优势和特色的科研机构等方式进行选题策划，精心筛选组稿专家，组建优秀作者团队，严格落实论文评审，控制出版时间，加强宣传推广等措施实施专题，可以有效提升期刊学术质量，促进学术交流，使期刊更好地服务于科学发展，为推动科技进步和学术交流作出更大贡献。

参 考 文 献

[1] 黄敏.科技期刊专题策划路径探析[J].中国科技期刊研究,2012,23(4):642-645.
[2] 赵瑞,许升阳.科技期刊专题的传播策略及传播力提升方案[J].中国科技期刊研究,2018,29(8):793-797.
[3] 王舒鑫.不同学科专题文献对期刊影响力的差异性比对研究[D].曲阜:曲阜师范大学,2021.
[4] 陈汐敏,姜鑫.基于合作对象探讨我国学术期刊专题/专栏建设[J].中国科技期刊研究,2022,33(3):345-353.
[5] 周志红.高校学报专题策划出版的探索与实践:以《华南农业大学学报》为例[J].编辑学报,2021,33(6):693-696.
[6] 李轶楠,张凌之,赵婧,等.科技期刊服务创新性国家重大战略工程建设的探索与实践:以《工程科学与技术》为例[J].编辑学报,2021,33(5):563-566.
[7] 吴领叶.学会重要活动专辑对期刊影响力提升的办刊实践[J].编辑学报,2023,35(4):443-446.
[8] 孙贺平,张学梅,杨侠,等.依托专业学术会议出版高质量专辑的办刊实践:以《有机化学》出版"金属有机化学专辑"为例[J].中国科技期刊研究,2016,27(5):564-569.
[9] 祝叶华,陈广仁.新闻热点导入,科学深度解读:综合性科技期刊出版创新的有效途径之一[J].中国科技期刊研究,2017,28(6):570-577.
[10] 沈灵灵,李瑞娟,沈雅捷,等.中国激光杂志社中文科技期刊专题策划的实践与思考[J].编辑学报,2024,36(2):203-208.
[11] 杨臻峥,徐洁,郑晓南.科技期刊如何提升专题文章的新媒体传播效果:以《药学进展》办刊实践为例[J].天津科技,2019,46(1):93-96.
[12] 杨正凯.基于融合出版科技期刊专题多维传播模式研究.编辑学报,2020,32(3):247-250.

论科技期刊编辑的学术敏锐与期刊质量

——以《第四纪研究》近 5 年的办刊经历为例

杨美芳,赵淑君,俞良军,方爱民

(中国科学院地质与地球物理研究所,北京 100029)

摘要:以《第四纪研究》近 5 年的办刊经历为例探讨科技期刊编辑对学术敏锐与期刊质量的关系,主要针对选题策划和期刊学术内容的敏锐进行分析和阐述。结果表明,编辑对专业学科和稿件内容的高度敏锐是提高期刊学术质量和编辑质量的技术保障。

关键词:专题策划阶段的敏锐;稿件内容的学术敏锐;提高期刊学术质量;《第四纪研究》期刊

对期刊学术领域和内容的敏锐是科技期刊编辑应具备的素质之一[1],是指编辑发掘、发现高水平、高质量稿件的能力。在期刊出版发行过程中,编辑往往承担着组稿、编辑、出版的主要工作,因此,编辑对期刊学术领域和内容的敏锐就显得很重要。

编辑科学素养的高低直接关系到期刊的生存质量,关系到期刊的学术水平[2-4]。而笔者认为,在编辑素养中,编辑对学术敏锐是至关重要的,它需要在丰富多彩的编辑职业生涯中与时俱进、不断探索、勇于承担和实践才能得以巩固和发展,最终成为一位合格的、具有良好科学素养和高度学术敏锐的期刊编辑。在此,笔者以《第四纪研究》编辑工作中的实际案例对编辑所具有的学术敏锐与期刊质量的关系进行阐述,与大家分享。

1 《第四纪研究》专题专刊

《第四纪研究》是第四纪科学研究综合性学术期刊,它涵盖了与第四纪有关的地球科学、环境科学和人文科学各分支学科,主要报道第四纪研究的地层、沉积、古地理与地貌、古环境、古气候、古动植物、海洋与湖泊、新构造与灾害地质学、水文地质与工程地质、人类考古与文化、国土整治、土壤地球化学等以及第四纪新理论与新技术、国内外有关第四纪研究新趋势等内容,以提高第四纪科学的基础研究和应用水平[5]。期刊秉承为科学技术服务的办刊思想,根据办刊思路和定位确定刊物内容,根据学科的发展和需求确定期刊的方向,根据国家国民经济建设的发展调整策划期刊选题和思想。第四纪科学研究的学科广谱性给它带来了许多重要的任务,社会需求也给第四纪研究提供了不断创新的源泉,像青藏铁路建设需要对冻土等方面的研究、南水北调工程要穿过不同成因类型的地貌单元和第四纪沉积物、西气东输和西电东送也有第四纪工程地质问题;此外,生态环境与自然灾害等问题也日益影响到人

基金项目:中国科学院科学传播局优秀期刊择优支持项目(2021A0225)

民的生产和生活,包括:生态第四纪问题、生命资源问题、环境污染问题以及城市第四纪环境地质问题,还有人与自然和谐等"人类世"的问题,等等。因此,刊物不仅要刊登传统的第四纪研究科学理论性论文,也要刊登原创性的学术论文。特别是在理论和方法上不太成熟,但确实有新意、有巨大潜力的论文以及地方性第一线研究机构的基础研究和区域地质调查等成果;在学科内容上,要特别关注第四纪科学领域目前世界范围内的热点内容,要重视环境科学、生态科学、人文科学等交叉学科的研究,更要特别关注那些与国民经济建设有关联的、关系到国计民生的科学内容,比如,西部大开发、水资源利用、土地退化、沙尘暴以及各种自然灾害的研究。因此,《第四纪研究》的办刊特点是专题专刊,每年约有3~4期专辑专刊,要求期刊以科学服务为目的,及时调整组稿和刊登内容,促进科学交流,助力科学发展和广泛的社会影响。这就要求期刊编辑具有对专业学科学术动态的高度敏锐,策划期刊选题,扩展稿源,组织热点专题专刊,提高期刊的学术质量,推动期刊关注度和影响力。

2 编辑学术敏锐度的体现

科技期刊质量的高低与编辑的个人自身的素养有着密切关联[6],要提高科技期刊的质量,编辑应当具有敏锐的学术眼光[7]。首先,提高自身的学术素养,具有较强的专业学科知识和编辑业务能力;其次还需积极参与学科领域的学术科研活动,把握学术动态,强化编辑责任意识[8],参加国际国内学术会议,跟踪重大项目和课题,把握学术前沿。只有在较高层面去审视学术研究成果,才能真正地组织和编辑出高质量的学术论文。

2.1 期刊选题策划阶段的学术敏锐度

一个好的选题,从萌生到确定作者、交稿、编辑出版是一个复杂而又艰苦的过程。近几十年来,《第四纪研究》编辑与主编、专家们一起根据近年研究热点和科学前沿,追踪正在进行的科研重大项目和备受关注的研究领域,进行前瞻性地策划选题和组稿。策划和组织了很多备受关注的专辑,组织了一批高质量文章,展示了第四纪科学的国内国际最新成果,提升了期刊各项指标、扩大了期刊影响力,影响因子在地学领域一直名列前茅(见表1),期刊综合评价指标从2017年以来一直保持领先位置,刊物的影响因子和总被引频次处于地学期刊的先进水平。目前期刊在第四纪地质学和环境科学领域中的地位以及在我国地学科技期刊总体中的地位日益增强(图1和2)。根据近5年的《中国科技期刊引证报告》(核心版)数据统计,平均影响因子(IF)平均达2.00多,平均总被引频次(TC)达到3 800,均保持较高的水平,表明所发表的论文能够经得起时间的考验,在一定时间内保持学术影响力。

表1 《第四纪研究》近10年的影响因子和总被引频次以及在地质科学学科排名(数据来源中信所)

年度	2012	2013	2014	2015	2016	2017	2018	2019	2020	2021	2022
影响因子	1.821	2.020	1.494	2.782	2.585	1.972	2.234	2.119	1.735	1.887	2.391
地质学学科排名	2	2	4	1	1	4	2	3	6	8	7
总被引频次	2 594	3 032	2 570	3 022	3 245	2 817	2 903	2 701	2 436	2 819	3 107
地质学学科排名	6	4	7	5	4	6	8	7	11	11	9

序号	刊名	总被引频次	影响因子	WJCI	WJCI学科排名	分区
1	中国地质	4586	4.973	3.927	12/127	Q1
2	GEOSCIENCE FRONTIERS	3763	4.145	3.795	13/127	Q1
3	地质学报	8366	2.493	3.406	17/127	Q1
4	地质论评	5037	2.957	3.149	19/127	Q1
5	PETROLEUM	701	3.788	2.809	24/127	Q1
6	地学前缘	6768	1.885	2.661	26/127	Q1
7	矿床地质	3912	2.278	2.491	27/127	Q1
8	ACTA GEOLOGICA SINICA(ENGLISH EDITION)	4064	2.079	2.447	28/127	Q1
9	石油与天然气地质	3733	2.12	2.409	29/127	Q1
10	地质与勘探	2581	2.423	2.383	30/127	Q1
11	第四纪研究	3247	2.208	2.321	31/127	Q1
12	石油地球物理勘探	2885	1.545	1.776	36/127	Q2
13	地质通报	6055	1	1.752	38/127	Q2
14	沉积学报	3708	1.237	1.637	45/127	Q2
15	大地构造与成矿学	2021	1.238	1.371	49/127	Q2
16	现代地质	2570	1.029	1.295	51/127	Q2
17	中国岩溶	1389	1.208	1.254	52/127	Q2
18	地质力学学报	892	1.279	1.254	52/127	Q2
19	水文地质工程地质	1926	1.057	1.248	54/127	Q2
20	高校地质学报	2046	0.911	1.095	60/127	Q2

图1 2020年期刊学术影响力指数(WAJCI)Q1区排名

国内期刊分级目录（按字母排序）

T1 (57种)

ACTA GEOLOGICA SINICA (English Edition)——地质学报（英文版）
ACTA OCEANOLOGICA SINICA——海洋学报（英文版）
ADVANCES IN ATMOSPHERIC SCIENCES——大气科学进展
CHINA OCEAN ENGINEERING——中国海洋工程（英文版）
GEOSCIENCE FRONTIERS——地学前缘（英文版）
EARTHQUAKE ENGINEERING AND ENGINEERING VIBRATION——地震工程与工程振动（英文版）
INTERNATIONAL JOURNAL OF COAL SCIENCE & TECHNOLOGY——国际煤炭科学技术学报
INTERNATIONAL JOURNAL OF MINING SCIENCE AND TECHNOLOGY——矿业科学技术学报（英文版）
JOURNAL OF EARTH SCIENCE——地球科学学刊（英文版）
JOURNAL OF METEOROLOGICAL RESEARCH——气象学报（英文版）
JOURNAL OF OCEAN UNIVERSITY OF CHINA——中国海洋大学学报（英文版）
JOURNAL OF OCEANOLOGY AND LIMNOLOGY——海洋与湖沼（英文版）
JOURNAL OF PALAEOGEOGRAPHY——古地理学报（英文版）
PETROLEUM SCIENCE——石油科学（英文版）
SCIENCE CHINA: Earth Sciences——中国科学：地球科学（英文版）
采矿与安全工程学报
沉积学报
大地构造与成矿学
大气科学
地层学杂志
地球化学
地球科学
地球科学进展
地球物理学报
地球学报
地学前缘
地震地质
地震学报
地质评论
地质学报
第四纪研究
高原气象
古地理学报
古脊椎动物学报
古生物学报
海洋与湖沼
空间科学学报
矿床地质

图2 2020年我国高质量地学科技期刊分级目录

2017—2022年近5年来，面向学科的研究热点和国家战略需求，共组织出版专辑20多期，比如2017年的"第四纪地貌演化""古人类演化与环境""季风区地表关键带"，2018年的"构造与气候研究""第四纪生态系统演变""间冰期气候与环境"，2019年的"植硅体研究及环境考古""第四纪气候突变""应用第四纪研究"，2020年的"地球系统科学时代的第四纪科学""植物考古与环境考古""海岸与海洋研究""喀斯特研究及石笋"，2021年的"历史时期气候变化""极地环境变化及现代过程研究""生物地球化学"，2022年的"丝路演化与环境变迁研究""新构造与地貌过程研究"等。尤其为了应对当前全球气候变化热点议题，组织了"第四纪气候突变"(2019年第3和第4期)、"轨道尺度气候变化"(2020年第6期)，以及2021年第2期的"历史时期气候变化"专辑；对于近年来在国际上比较受关注的环境考古以及农业起源问题，响应习近平总书记"建设中国特色中国风格中国气派的考古学，更好认识源远流长博大精深的中华文明"的精神，组织了"植硅体研究及环境考古"(2019年第1期)和"动植物考古与环境考古"(2020第2期)，以及"丝路演化与环境变迁研究"(2022第1期)；为适应国家的海洋战略需求，发展海洋科学，组织了"海岸与海洋研究"专辑(2020年第3期)。热点策划和专题专刊的形式在一定程度上提高了期刊的关注度和影响力，得到了很好的反响。

亚洲季风气候起源和演化是备受关注但没有解决了的第四纪研究重大科学问题。渭河盆地处于亚洲季风影响区，对季风降水变化响应敏感，天然地记录了亚洲季风降水的演变过程，是研究季风演变的好材料。从2009年夏季开始，南京大学鹿化煜教授课题组对渭河盆地进行了地貌学、沉积学、地层学、古气候学、地球化学、环境磁学和植被、动物群等综合研究，考察和分析了大量的野外沉积剖面。我们通过参加会议，听取报告后，敏锐地认为这将是一项前沿并具有很强的创新性的研究工作，所以，立即与鹿化煜教授约稿，并组织了2018年第5期"间冰期气候与环境"专辑，这个专辑发表的多篇文章引起了广泛关注和好评，其中贾飞飞等[9]论文获得"中国精品科技期刊顶尖学术论文"(见图3)；尤其是刊登在这一专辑的鹿化煜等[10]"渭河盆地新生代沉积序列与亚洲季风气候起源演化"，结合渭河盆地新生代沉积序列完备和时间分辨率高的优势，开展了季风演化的系统性研究，思路和方法具有很强的创新性，研究工作整体处于国际先进行列，是我国地貌、第四纪地质与新生代环境演变领域重要的研究成果，并提出了新生代季风演化过程和机制的新假说——这是重要的科学亮点。文章发表后的短时间里，被引频次为29次，其中中国科学引文数据库17次，其他外文机构11次(据Web of Science网站2022年12月统计)，表明该研究成果获得了国内国外关注；并被入选2022年年度中国科协"第七届优秀科技论文"(见图4)。本次遴选入选论文是2018年以来发表在我国科技期刊上优秀论文的代表，或在基础研究领域对所在学科发展有重大影响或能够开拓和引领学科发展；或在应用研究领域具有巨大的应用价值、能够引导所在学科工程与技术发展。这些论文代表了中国科技近几年最优秀和最有影响力的科研成果。

对于近年来在国际上比较受关注的环境考古以及农业起源问题，我们敏锐地抓住这一主题，积极组织了多期专辑和优秀论文，尤其是2019年第1期"植硅体研究及环境考古"专辑中，张健平等[11]的综述性文章"粟类作物稃片植硅体形态研究回顾与展望"得到国内外同领域专家的热烈响应和广泛引用(见图5)，据2021年底统计总被引频次18次，其中他引次数13次，SCI引用就达11次(见图5)，并作为教科性的范本在同行中传播，可见该文章的关注度和影响力，以至于这几年大量的与环境考古以及农业起源问题的相关论文踊跃投稿，稿件数量激增。

图 3　2018 年第 5 期贾飞飞获"中国精品科技期刊顶尖学术论文"证书

图 4　2022 年 10 月 8 日中国科协第七届优秀科技论文遴选计划入选优秀论文证书

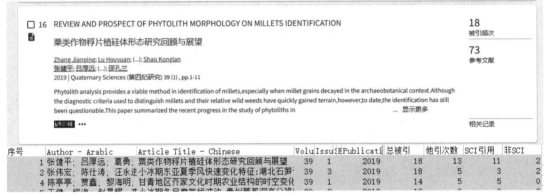

图 5　2019 年第 1 期张健平论文被引统计(据 Web of Science 网站)

2.2　稿件编辑阶段的学术敏锐

首先体现在对学术内容的敏锐。一篇优秀的原创性论文，是需要经过编辑的初审、送审、编辑、校对等多个工作流程和环节，以及同行评议提出专业性的学术意见、编辑的认真加工和再创造，才得以发表。编辑需要对来稿进行专业内容范围和方向、数据、研究方法、写作、文献等进行规范化初审，然后选择外审专家对文章进行同行评议；并最终综合专家审核意见和编辑初审、校对意见，提出问题和修改意见，或者甚至调整论文思路和结构，等等。编辑对稿件内容的高度敏锐和提出高质量的审稿校对意见，是提高期刊学术质量和编辑质量的技术保障。

比如发表在 2021 年第 3 期文章"古气候演化特征、驱动与反馈及对现代气候变化研究的启示意义"[12]在大气科学领域得到了一致好评，引用率极高。但当时该文的题目是"古气候视角下的全球气候变化：尺度、驱动与反馈"，不清楚该文到底属于原创研究论文(因所有的图都是引自己经发表的文章)、综述(并没有较全面客观地反映领域最新研究进展),还是科普文章(但题目太大而内容偏弱)。总之,不够深入,国内外气候系统变化集成资料和数据也不够全面等一系列问题。但这篇文章思想、宏观格局广阔,在仔细审阅初稿以及查核相关文献后,我们当时敏锐地感受到这将是一篇在大气科学领域具有启示性的科技论文。

因此,我们组织同行专家评审,并通过编辑初审和大量的文字修改和提炼(图6)、提出相应的科学和学术上的问题(见表2),并综合专家审稿意见,建议作者从专业的角度来撰写一篇气候学的学术论文,避免口语化、报告性的书写形式;提出问题,以及衔接各个不同时间尺度气候变化的相互关系,进一步集成最新的气候数据和成果,凝练论文,提升论文深度。

图6　任国玉投稿原稿编辑审稿和问题标注(左)和正式刊文[12](右)

表2　任国玉文章初审审稿意见汇总

本文存在以下缺点,不适合以现有的形式发表。
论文用于没有很好地提炼,口语化问题比较严重,如"倾注了很高的热情"等,完全可以改写为"现代气候与古气候相结合一直是气候变化研究领域共同换新的重要问题"。
论文更像一个论坛会会议的简单总结,没能提升到一个科学的高度。例如,通过会议报告和讨论,提的高了哪些方面的认识?架起了现代气候和古气候研究的什么桥梁?可否就现有的研究进展提出一些问题,并给出一些前瞻性的讨论?这其实应该是该论文的核心和重点所在,而不应该仅停留在会议总结层面。
各种不同时间尺度气候变化有何关系?
现代气候变化或全球变暖与古气候中的暖期有什么样的相似性和差异?我们从古气候研究中学到了什么?如何帮助我们理解目前的全球变暖问题?

建议作者们针对这些问题,把论文提升到一个更高的层次,使读者觉得这是一篇有意义的论文。

具体修改细节见附件修改处和如下:
(1)中英文题目:"尺度"好像指的是时间尺度,可以改为时间尺度(timescales)。
(2)现代气候变化:IPCC-AR5第二章和第10章对气候变化归因有较为明确的说法,尤其是人类活动导致的温室气体和气溶胶排放的影响,建议增加这部分内容(AR6还没有正式发布)。
(3)历史时期:IPCC-AR5也专门有一章,根据重建和模拟给出了较为具体的数据,建议引用。
(4)在结论部分,建议增加一小段:在构造尺度,气候变化主要是由于板块运动以及与之相关的温室气体排放和地表风化造成的;在轨道尺度,气候变化主要是由于地球轨道的变化造成的;在千年尺度,洋流变化是主要原因,近代则与人类活动有关。一般来说,高频气候变化时在低频气候背景上的扰动,不同时间尺度的协同作用共同造成了全球气候变化。
(5)有些地方,温度单位乱码。
(6)38-44 行:建议删去"这些问题……预期成果"两句。

最终通过编辑耐心、细致地审核稿件,提出科学的审核校对意见和问题,编辑的认真加工和再创造,以及精雕细琢,使刊登的论文结构合理、文字叙述更加流畅、文理逻辑性更强、科学含义表达更准确(见图6)[12],呈现给读者的是一篇精美和完整的高水平的学术科学论文。因此,编辑对稿件内容的高度学术敏锐,以及高水平的审稿和校对意见、高质量的编辑队伍和高质量的编辑工作,是全面提高期刊学术质量和编辑质量的技术保障。

3 结束语

近 5 年来,正因为编辑对专业学科领域的高度的敏锐,从容地面向学科研究热点和国家战略需求、进行前瞻性地策划选题和组稿,以及源源不断的优质稿源、孜孜不倦的编辑、严格认真的规范化工作,全面提高了期刊的学术质量,提升了国内外的关注度和影响力。

《第四纪研究》期刊多年来被多种国内外主流检索机构收录,2020 年获得中国科学院科学传播局"优秀期刊择优支持项目"资助 60 万。2020 年底被 Scopus 数据库收录,为期刊进一步争取被 SCI 引文数据库收录奠定了坚实的基础;另外,也建立了一个更大的舞台,将极大地提高期刊的国际可见度和曝光度,拓展中国第四纪科学领域研究成果的国际传播渠道。

参 考 文 献

[1] 魏占龙.论编辑敏感[J].内蒙古师范大学学报(哲学社会科学版),2002,31(6):110-113.
[2] 薛爱华,李敬文.学术期刊编辑要在实践中提高职业敏感性与责任心[C]//全国医药卫生期刊编辑出版学术会议.北京:中国科学技术期刊编辑学会,中华医学会,2011:15-16.
[3] 梁永霞,杨中楷.科技期刊编辑应增强科学学术素养[J].中国科技期刊研究,2020,31(4):425-431.
[4] 韦京.论科技期刊编辑的核心素养[J].中国市场,2022(27):106-108.
[5] 杨美芳,赵淑君,田万华.回顾与展望:纪念《第四纪研究》创刊 60 周年[J].第四纪研究,2018,38(6):1552-1576.
[6] 王农,张阳,叶飞,等.论科技期刊编辑素养问题与提升途径[J].天津科技,2021,48(9):42-44,48
[7] 杨荣华.学术期刊编辑应具有敏锐的学术眼光[J].学术探索,2014(1):126-128.
[8] 赵振宇.强化责任意识提高编辑素质:责任编辑应有六大意识[J].科学新闻,2003(12):12-14.
[9] 贾飞飞,鲁瑞洁,高尚玉.毛乌素沙漠东南缘湖沼相沉积物粒度特征记录的 12.2cal.kaB.P.以来的区域环境变化[J].第四纪研究,2018,38(5):1211-1220.
[10] 鹿化煜,张瀚之,王逸超,等.渭河盆地新生代沉积序列与亚洲季风气候起源演化[J].第四纪研究,2018,38(5):1057-1067.
[11] 张健平,吕厚远,葛勇,等.粟类作物稃片植硅体形态研究回顾与展望[J].第四纪研究,2019,39(1):1-11.
[12] 任国玉,姜大膀,燕青.古气候演化特征、驱动与反馈及对现代气候变化研究的启示意义[J].第四纪研究,2021,41(3):824-841.

江西本科高校文科学报地方特色文化研究专栏统计研析

董 明，马修兰

(南昌师范学院学报编辑部，江西 南昌 330032)

摘要： 繁荣发展地方特色文化是地方本科高校文科学报的重要政治使命。通过中国知网数据库统计分析可以看出，江西本科高校文科学报在地方文化研究专栏建设方面取得了突出的成绩，主要表现在设置数量多、建设时间长、涵盖内容广等方面，但也存在专栏名称与研究内容交叉重复、专栏名称变化频繁、专栏中断或停办较为突出、专栏设置数量失衡等问题和不足。建议期刊主管部门和各学报统筹规划，协调专栏建设与科学发展；学报要依据自身优势对专栏名称做科学凝练，走可持续性发展路径；部分学报要积极投身和服务地方特色文化研究发展中，在传播地方特色文化方面加大贡献力度。

关键词： 江西；本科高校文科学报；地方特色文化研究；专栏

习近平总书记2013年12月30日在主持十八届中央政治局第十二次集体学习时的讲话中指出："对中国人民和中华民族的优秀文化和光荣历史，要加大正面宣传力度，通过学校教育、理论研究、历史研究、影视作品、文学作品等多种方式，加强爱国主义、集体主义、社会主义教育，引导我国人民树立和坚持正确的历史观、民族观、国家观、文化观，增强做中国人的骨气和底气。"[1]作为中国共产党领导下的学术期刊，必须勇挑传播中华优秀传统文化的历史重担，把坚定文化自信作为自己的重要学术使命和政治使命。在为数众多的学术期刊中，大量的地方本科高校文科学报在繁荣发展地方特色历史文化中起到了重要的积极作用，成为一支不可忽视的队伍和力量。但是，从办刊理念和具体实践来看，地方本科高校文科学报在繁荣发展地方特色历史文化中还存在着诸多问题与不足[2]。本文依据地方本科高校发展现状以及学术期刊发展相关政策为依据，以江西省本科高校文科学报围绕江西地方文化研究为主而设置的特色栏目为研究对象，论述当前江西本科高校文科学报在繁荣发展地方特色历史文化中取得的成绩以及存在的问题和不足，并据此提出解决对策，以期对新时代江西以及全国地方本科高校文科学报繁荣发展地方特色历史文化有所裨益。

1 江西本科高校文科学报地方特色文化研究专栏数据统计

深度挖掘地方历史资源，传播区域特色文化亮点是众多地方本科高校文科学报的共识，因而，大多数的地方本科高校文科学报都开设有地方特色文化研究专栏，虽然各学报的特色文化栏目名称不一，但无疑都是立足学报所属地市或省或区域这一"地方"特定范围之内的文化资源而设置的研究专栏。作为历史文化资源丰富、人文历史底蕴深厚的江西省，具有"物华天宝、人杰地灵"之美誉，因而，众多江西本科高校文科学报围绕区域内的特色历史文化纷纷设置特色栏目，对江西区域文化资源进行挖掘、整理、研究和传播，为弘扬赣鄱文明、促进江西发展作出了自己的贡献。

本文以中国知网数据库为依托，对截至 2023 年 12 月 31 日入库中国知网的所有江西本科高校文科学报文章进行检索查阅，共获得 19 家学报，其中包括文理综合版学报 9 家，对开设地方特色文化研究专栏的 14 家学报的 45 个专栏进行了搜集整理和统计列表，具体见表 1《江西本科高校文科学报地方特色文化研究专栏统计信息表》。

表1 江西本科高校文科学报地方特色文化研究专栏统计信息表

序号	期刊名称	专栏名称
1	江西师范大学学报(哲学社会科学版)	江西学人学术研究、苏区振兴研究、江西研究、海昏侯墓发掘与古史研究、史学新证·海昏侯墓考古研究、陶渊明研究
2	上饶师范学院学报	辛弃疾研究、辛弃疾与词学研究、朱熹与理学、鹅湖论坛、方志敏与赣东北苏区研究、方志敏与苏区研究
3	萍乡学院学报	文廷式研究、萍乡地方文化研究、地方文化研究、安源工人运动研究、安源研究、傩文化研究
4	井冈山大学学报(社会科学版)	井冈山革命史与井冈山精神研究、井冈山精神与红色文化资源研究、庐陵文化研究、周必大研究
5	赣南师范大学学报	苏区史研究、苏区研究、客家研究、王阳明与地域文化研究
6	景德镇学院学报	陶瓷文化与景德镇研究、景德镇陶瓷工艺与陶瓷文化研究、景德镇文化研究、唐英与"唐窑"研究
7	九江学院(社会科学版)	陶渊明研究、鄱阳湖·庐山文化研究、鄱阳湖·庐山文化与文献研究
8	南昌师范学院学报	书院研究、赣鄱文化研究、江右文化研究、红色文化研究
9	江西科技师范大学学报	八一精神与红色文化研究、建军精神与红色文化研究
10	新余学院学报	文化名人、地方经济文化发展研究
11	东华理工大学学报(社会科学版)	临川文化研究
12	豫章师范学院学报	傅抱石研究及书法艺术研究
13	南昌工程学院学报	水文化研究
14	江西警察学院学报	苏区公安史·公安文化

注：本表所统计地方文化研究特色栏目包括各学报曾开设但目前已停办的专栏；为更真实准确反映学报专栏的变化发展历程，部分学报同一栏目在不同时期的名称虽有所变化，本表也如实记录，不做合并处理。

2 江西本科高校文科学报地方特色文化研究专栏现状研析

"加强学术期刊建设，对于提升国家科技竞争力和文化软实力，构筑中国精神、中国价值、中国力量具有重要作用。"[3]地方本科高校文科学报是研究和传播地方特色文化的重要阵地和媒介载体，担负着重要的文化繁荣发展政治使命。对江西本科高校文科学报地方特色文化研究专栏进行统计和分析，对于掌握和了解江西本科高校学报在繁荣发展地方特色文化中取得的成绩、存在的问题和不足具有重要的作用和意义，对于进一步推动江西以及其他地方本科高校文科学报在繁荣发展地方特色文化研究和传播中的作用发挥也具有积极的启鉴意义。通过表 1《江西本科高校文科学报地方特色文化研究专栏统计信息表》可知，江西本科高校文科学报在繁荣发展地方特色文化方面已经取得了显著的成绩，但是，也存在一定的问题和不足。

2.1 江西本科高校文科学报地方特色文化研究专栏成绩回顾

2.1.1 专栏数量多，重视程度高

地方特色文化研究专栏数量较多，19家学报中有14家开设了地方特色文化研究栏目，占江西本科高校文科学报总数的73.7%，这一数据体现了江西本科高校文科学报对地方特色文化研究与传播的高度重视。在设有地方特色文化研究专栏的14家学报中，共有地方特色文化研究专栏45个，其中《江西师范大学学报(哲学社会科学版)》《上饶师范学院学报》《萍乡学院学报》等3家学报专栏数量最多，各有6个。开设2个以上地方特色文化专栏的学报有10家，约占设置专栏学报总数的71.4%。由此可见，江西本科高校文科学报普遍较为重视对地方特色文化的研究与传播，在专栏设置上给予重点考虑和倾斜。

2.1.2 开设时间早，建设周期长

地方文化研究特色栏目开设时间较早，体现了江西本科高校文科学报地方文化研究特色专栏具有较长的建设历史。从各学报特色栏目设置时间来看，最早开设地方特色文化研究专栏的为《上饶师范学院学报》的"辛弃疾研究"，开设时间为1991年。2007年是江西本科高校文科学报地方特色文化研究专栏设置的关键年份，本年度共有《江西师范大学学报(哲学社会科学版)》《赣南师范大学学报》《井冈山大学学报(社会科学版)》等7家学报"江西学人学术研究""苏区史研究""客家研究""庐陵文化研究""萍乡地方文化研究""陶渊明研究"等11个专栏开设，其中"客家研究""庐陵文化研究""陶渊明研究"等专栏(截至2023年底)，依然在继续建设和兴办中，由此反映出江西本科高校文科学报在地方特色文化研究与传播中的初心不改和信念坚守。

2.1.3 内容涵盖广，栏目成熟度高

地方文化研究特色栏目内容涵盖较广，体现了江西本科高校文科学报在地方特色文化研究专栏设置上的日渐成熟。从14家学报的45个地方特色文化研究专栏名称来看，内容涵盖了江西区域境内主要的特色历史文化，如"陶渊明研究""辛弃疾研究""周必大研究""朱熹与理学研究""江西学人学术研究"等专栏重点关注了历史时期江西的重要历史文化名人研究，"方志敏与苏区研究""苏区研究""苏区振兴研究""安源研究""井冈山革命史与井冈山精神研究""八一精神与红色文化研究"等关注江西红色文化资源的研究与传播，"陶瓷文化与景德镇研究""庐陵文化研究""水文化研究""江右文化研究"等从区域文化特征进行重点探讨，集中反映江西的主要文化类型和特色内涵。由此可见，江西本科高校文科学报从不同侧面对江西特色文化进行挖掘整理与研究，专栏设置日趋合理和完善。其中"临川文化研究""井冈山革命史与井冈山精神研究""客家研究""书院研究"等10余个专栏曾获全国高校文科学报社科期刊特色栏目奖，体现了较大的国内学术影响力。

2.2 江西本科高校文科学报地方特色文化研究专栏建设之不足

江西本科高校文科学报经过多年的努力探索和重点建设，在地方特色文化研究专栏中取得了突出的成绩，积累了丰富的经验，为新时代地方本科高校文科学报如何服务区域地方经济文化发展提供了借鉴和参考。但是不可否认，从江西本科高校文科学报地方特色文化专栏建设历程和发展现状来看，还存在着一定的不足之处：

2.2.1 专栏名称与研究内容交叉重复现象较为普遍

从江西省本科高校文科学报地方特色文化研究专栏名称设置来看，在名称与内容上存在突出的交叉重复现象。江西被誉为一座没有围墙的红色博物馆，境内红色资源十分丰富，因而也成为众多学术期刊和文科学报重点关注的对象。如关于苏区问题研究，《江西师范大学学报(哲学社会科学版)》曾设有"苏区研究"专栏，其中包括了苏区史研究、振兴对策研究、区域历史文化研究等专题方向，《上饶师范学院学报》开设有"方志敏与赣东北苏区研究"专栏，后更名为"方志敏与苏区研究"，《赣南师范大学学报》开设有"苏区研究"专栏，《江西警察学院学报》又开设有"苏区公安史·公安文化"专栏等，仅江西本科高校文科学报开设包含"苏区研究"字样的专栏就有4家学报。此外，江西省社会科学界联合会于2015年创办《苏区研究》杂志，专门探讨有关苏区研究的相关问题，对上述学报有关"苏区研究"专栏的发展产生了极大的挑战。再如，《井冈山大学学报(社会科学版)》设有"井冈山精神与红色文化资源研究"、《江西科技师范大学学报》设有"建军精神与红色文化研究"、《南昌师范学院学报》设有"红色文化研究"专栏，均是以江西红色文化资源为主要研究对象的专栏。《景德镇学院学报》设有"陶瓷文化与景德镇研究"和"景德镇陶瓷工艺与陶瓷文化研究"两个专栏，发表文章内容相同或相近，在同一家学报中，两个专栏名称相近，可以整理合并。如上，同一省内多家学报或同一学报开设同样或相近名称的研究专栏，容易导致研究力量分散、优质稿源不集中、学术影响力减弱等问题的产生，对于地方特色文化的研究与传播来说，未必有益。2024年3月，教育部高等教育司负责人就《关于公布2023年度普通高等学校本科专业备案和审批结果的通知》答记者问时提出"提升专业设置质量，引导高校做强优势特色专业，避免简单跟风"的相关政策导向，这对学报特色栏目设置来说，也有一定的参考指导价值。

2.2.2 专栏研究内容界定不准导致名称变化较为频繁

从江西地方高校本科学报地方特色文化研究专栏名称来看，存在专栏名称研究内容模糊不清从而出现频繁变更名称的问题。如《九江学院学报(社会科学版)》2007年第4期开设"鄱阳湖·庐山文化研究"，2012年第2期变更为"鄱阳湖·庐山文化与文献研究"，2017年第2期又恢复为"鄱阳湖·庐山文化研究"，同年第3期又变为"鄱阳湖·庐山文化与文献研究"，2018年第1期复又为"鄱阳湖·庐山文化研究"至今，两个名称变更主要区别于是否加"文献"二字，虽只有两个字的差别，但是，在栏目内容及研究选题上却发生了较大的变化，这种频繁变更专栏名称的现象不利于栏目的稳定性发展和规范性建设。再如《上饶师范学院学报》2012年第4期开设的"方志敏与赣东北苏区研究"，经过7年时间的建设和发展，根据专栏研究内容范畴，于2018年第2期更名为"方志敏与苏区研究"，后者研究内容和范畴更为科学与合理。《赣南师范大学学报》2007年第2期开设"苏区史"专栏，后于2013年第5期更名为"苏区研究"，后者研究内容较前者明显更为宽泛，所研究内容更为丰富，在稿源上也较为充足。《井冈山大学学报(社会科学版)》依托井冈山革命根据地这一红色资源，于2007年第3期开设"井冈山精神研究"专栏，同年第6期更名为"井冈山革命史与井冈山精神研究"，2015年又更名为"井冈山精神与中国道路研究"，2020年则又更名为"井冈山精神与红色文化资源研究"，从专栏名称变化历程可以看出，关于井冈山革命史、井冈山精神及其当代价值启示、有关井冈山的各类红色文化资源等都成为该专栏的研究范畴，内容涵盖更为广泛，栏目的内容界定也更为准确和合理。由上可见，江西本科高校文科学报普遍存在栏目名称变化频繁问题，虽说从某种程度上反映学报专栏建设日趋合理，但也暴露出学报在栏目研究内容和选题方向上的模糊不清问题，不利于专栏的科学建设和高质量发展。

2.2.3 专栏建设遭遇中断或停办问题较为突出

从江西本科高校文科学报地方特色文化研究专栏建设的持续性来看,存在专栏建设周期短甚至频繁停办的问题。如《江西师范大学学报(哲学社会科学版)》曾于2007年第3期开设"江西学人学术研究"专栏,2008年除第3期没有开设外,其他各期均设本专栏,但从2009年后开始,全年6期中仅有第1和5期开设,到2010年仅有第3、4期开设,2011年全年则没有专栏文章产出,2012年和2013年这两年也只有其中某一期有文章发表,2014年以后,该专栏则一直处于停办状态。《上饶师范学院学报》曾于1991年第1期开设"辛弃疾研究"专栏,但当年仅出版2期,后就处于停办状态,直到2009年第1期又重新开办,但之后又再次处于停办状态,2011年第1期该专栏又重新开办,不过名称已经变更为"辛弃疾与词学研究",扩大了专栏的研究选题内容。该学报2010年第1期曾开设"鹅湖论坛"专栏,到2018年第4期后,该专栏也处于停办状态。《江西科技师范大学学报》曾于2009年第1期开设"八大山人研究"专栏,但是这一栏目也仅仅维持了两年时间,2011年后停办。此外,《萍乡学院学报》的"萍乡地方文化研究""傩文化研究"、《井冈山大学学报(社会科学版)》的"周必大研究"、《新余学院学报》的"文化名人研究"、《景德镇学院学报》的"景德镇陶瓷工艺与陶瓷文化研究""唐英与'唐窑'研究"等都有这种短暂开设或中途停办再复办或终止建设的现象。上述问题的产生,反映出学报在专栏建设上缺乏科学预判和长远规划,从而导致专栏命运多舛,或最终消亡,这对繁荣发展地方特色文化产生了消极的作用和影响。

2.2.4 学报专栏设置数量失衡问题较为明显

从江西本科高校文科学报地方特色文化研究专栏设置现状来看,部分学报存在专栏数量设置不合理现象。如《江西师范大学学报(哲学社会科学版)》在历史时期曾开设过"江西学人学术研究""江西研究""苏区振兴研究(苏区史研究·振兴对策研究·区域历史文化研究)""海昏侯墓发掘与古史研究""史学新证·海昏侯墓考古研究""陶渊明研究"等6个专栏,但是受到研究力量分散、稿源短缺以及学报规划建设方面因素的影响,上述专栏存在时间都较短,影响其学术影响力的发挥,对学报进一步发展也起到了阻碍作用。2019年以后,该学报不再设立上述专栏,全力打造综合性文科学报,其学术影响力也逐步扩大,连续多年入选CSSCI来源期刊。再如《萍乡学院学报》,曾设有"文廷式研究""安源研究""萍乡地方文化研究""傩文化研究"等多个专栏,但专栏数量过多严重影响了学报服务学校学科建设和综合性期刊的功能发挥,经过充分研讨和科学规划,停办了"萍乡地方文化研究"和"傩文化研究"两个专栏,留存"文廷式研究""安源研究"两个专栏,较好地发挥了专栏的学术影响力,成为国内研究文廷式和安源工人运动的重要研究阵地,学报综合影响力也明显提升。此外,部分学报未曾开设过相关地方特色文化研究专栏,在繁荣发展地方特色文化方面存在一定的缺位,如《南昌大学学报(人文社会科学版)》《南昌航空大学学报(社会科学版)》《江西财经大学学报》《江西理工大学学报》《宜春学院学报》等截至目前都未曾开设过相关专栏。有学者建议"在文化高质量发展逐渐成为地方文化发展主题之一的新时代背景下,地方社科期刊应进一步明确自身在地方文化建设过程中的功能定位。"[4] 这对促进地方文化研究与传播具有重要的促进作用。

3 研究结论与建议

近年来,江西省高等教育事业在国家以及《江西省人民政府关于印发江西省"十四五"教育事业发展规划的通知》(赣府发〔2022〕10号)、《江西省人民政府办公厅关于印发深化产教融合实施方案的通知》(赣府厅字〔2019〕12号)等地方文件精神指引下,为提升全面建设"六个江西"(创新江西、富裕江西、美丽江西、幸福江西、和谐江西)作出了重要贡献,也为地方和国家培养出许多优秀的高层次人才。与江西地方本科高等教育发展相适应的是,江西本科高校学报建设也是硕果累累,尤其是文科学报有关地方特色文化研究的重视与开展。从江西省本科高校文科学报地方特色文化研究专栏设置及发展现状来看,在设置数量、研究内容、建设时间等方面都已经取得了突出的成绩,为繁荣发展江西特色文化作出了较大的贡献。但从地方本科高校特色化建设和高质量发展目标以及期刊高质量发展规划等政策文件指导思想来看,江西本科高校文科学报在地方特色文化研究专栏设置方面还存在着专栏名称交叉重复、名称变化频繁、中断或停办问题突出、设置数量失衡等问题,需要做进一步提高和完善:

一是专栏数量多而不精,需要期刊主管部门和各学报统筹规划,协调专栏建设与科学发展。从统计结果可知,江西19家本科高校文科学报中有14家设有地方特色文化研究专栏共计45个,覆盖率较高,一定程度上反映了江西本科高校文科学报对地方特色文化研究与传播的高度重视。但由于各学报之间在专栏建设方面缺乏交流沟通,存在专栏名称重复和研究内容交叉重叠等问题,限制了专栏的集中优势发挥。有研究建议,"期刊需要根据其自身优势,跳出各期刊趋同化的栏目设置,找寻不同于其他期刊的栏目优势。对于综合性学术期刊来说,在地域特色与地方传统中寻找这种可能性,可以帮助期刊进行快速定位。"[5]而且在已经设置的众多专栏中,尚没有获得部级以上等高级别名栏称号的专栏,数量多而不精成为江西本科高校文科学报地方特色文化研究专栏亟须解决的问题。中共中央宣传部、教育部科技部印发《〈关于推动学术期刊繁荣发展的意见〉的通知》(中宣发〔2021〕17号)明确要求:"着力解决内容同质化问题,支持现有学术期刊合理调整办刊定位,鼓励多学科综合性学报向专业化期刊转型,突出优势领域,做精专业内容,办好特色专栏,向'专、精、特、新'方向发展。"因此,江西期刊主管部门可在地方特色文化专栏设置和建设方面作统筹规划和管理,从宏观方面调控和布局相同或相近专栏建设,确保数量和质量的协调统一发展。各学报之间也要加强沟通和交流,尽量避免重复设置专栏,分散研究力量。

二是专栏研究领域广阔,但部分栏目可持续性建设不强,需要学报依据自身优势对专栏名称做科学凝练。从江西本科高校文科学报专栏名称和所发表的文章来看,包括了江右文化、红色文化、陶瓷文化、庐陵文化、临川文化等多个文化类型,涉及经济、政治、军事、历史、地理、思想、文化、艺术等多个研究领域,较为客观和全面地呈现了江西丰富多彩的特色历史文化。但是,部分专栏由于限定内容过于狭窄导致栏目出现稿源短缺而中断和停办,或内容过于宽泛而失去应有特色导致学术影响力低下等问题,同时,学报所开设栏目并非学校学科建设和发展的重点学科或特色研究领域,一定程度上限制了栏目的可持续性建设和发展。"高校学报要抓住优势学科的特点建设特色栏目,明确定位和目标,深入挖掘优势学科的学术资源,与优势学科实现深度融合,通过两者的联动、栏目设置、参与学术活动、加强质量控制、栏目推广和品牌建设等做好期刊发展规划,创出特色和品牌。"[6]有鉴于此,这就需要学报依据自身学科特点、人才优势和区域特色文化合理设置专栏,走可持续性发展路子,往"高、精、尖"方向迈进。

三是开设专栏研究的学报覆盖率大,但尚有部分学报没有积极融入,需要在传播地方特色文化方面加大贡献力量。江西本科高校文科学报普遍较为重视地方特色文化研究，部分学报专栏设置数量达 6 个，而多数学报维持在 2 个左右。但是，通过统计发现，依然有部分学报截至目前没有开设过相关地方特色文化研究的专栏，在研究和传播地方特色文化领域存在一定程度的缺位现象。作为地方本科高校，高质量发展不仅体现在学科建设、人才培养、基础设施等方面，在对外宣介和传播学校特色学术研究影响力方面也应给予重点关注，其中学报作为学术交流与传播的重要载体，其作用不可或缺。从没有开设地方特色文化研究栏目的学校学科发展现状来看，其学科水平和综合实力并不低，之所以没有开设特色文化研究栏目，可能基于发文数量少、担心特色栏目文章引用频次低等方面的考虑。综合来看，这些学校是有开设特色文化研究栏目的基础和实力的。因此，建议没有开设相关地方文化研究特色专栏的学报依据自身优势和特长，充分挖掘地方历史文化资源，积极建设高水平的研究地方特色文化的专栏。

总之，新时代地方本科高校文科学报作为繁荣发展中国特色哲学社会科学的重要力量，必须以习近平文化思想为指导，既要坚持独立创造，也要坚持协调发展，为"加快构建中国自主的知识体系，繁荣中国学术，发展中国理论，传播中国思想，为全面建设社会主义现代化国家、实现中华民族伟大复兴的中国梦作出新的更大贡献。"[7]

参 考 文 献

[1] 习近平.习近平谈治国理政:第一卷[M].北京:外文出版社,2018:162.
[2] 卢翠琬.高校学术期刊地方文化专栏提升策略[J].福建开放大学学报,2023:89-92.
[3] 中宣部、教育部、科技部印发《关于推动学术期刊繁荣发展的意见》[EB/OL].(2021-06-25)[2023-08-18]. http://www.moe.gov.cn/jyb_xwfb/s5147/202106/t20210628_540716.html.
[4] 王萍.地方社科期刊的功能定位与实践进路:基于地方文化建设的角度[J].出版广角,2023(20):69-73.
[5] 付海晏,袁艺嘉.论社科期刊繁荣发展的十大对策[J].清华大学学报(哲学社会科学版),2024,39(2):185-200, 239.
[6] 王海科.依托高校优势学科建设学报特色栏目研究[J].科技传播,2024(11):55-59.
[7] 秦宣.哲学社会科学繁荣发展的十年[N].光明日报,2022-10-12(05).

中国科学院光电领域典型中文科技期刊的比较分析

周颖圆,张旻浩,李朝霞,沈 宏

(中国科学院上海技术物理研究所《红外与毫米波学报》编辑部,上海 200083)

摘要: 对中国科学院下属光电领域研究所出版的光电领域中文科技期刊进行比较分析,为我国光电领域科技期刊学术水平提升提供相应建议。主要对中国科学院光电领域研究所主管主办的 6 种同级别典型光电领域中文科技期刊的影响因子、收录数据库、年度文献量、栏目分布、关键词分布、学科分布等信息进行调研和分析比较。6 种期刊均被多种国际著名检索体系所收录,以 2023 年为例,由中国科学院上海光学精密机械研究所主办的《光学学报》在 6 种期刊中复合影响因子和综合影响因子均最高,2023 年度文献总量及基金资助文献量最多的也均为《光学学报》,光纤光学与光通信、光学设计分别是近十年光电领域的热点话题、热点关键词,物理学与无线电电子学是近十年与这 6 种期刊关系最紧密的学科。创办光电领域热点新科技期刊、加强光电领域科技期刊集群化平台化建设、构建光电领域科技期刊多途径宣传渠道、大力培养和发展光电领域青年学者及编委可以促进中国科学院光电领域科技期刊的发展。

关键词: 光电领域;影响因子;收录数据库;年度文献量;栏目分布;关键词分布;学科分布;比较分析

光电领域,顾名思义,当然与光和电有着紧密的联系,按照光电应用的性质来分类,可以将光电领域分为7个方面:光学组件与器材、光输入、光储存、光电材料与组件、光电显示器、光纤通信、激光及其他光电应用[1]。而光电领域按照产品的不同可分为5个类别:光学器材、光信息、光电组件、光纤通信以及光电应用。

中国科学院下属的光电领域研究所主要包括上海技术物理研究所(以下简称技物所)、上海光学精密机械研究所(以下简称上光所)、西安光学精密机械研究所(以下简称西光所)、长春光学精密机械与物理研究所(以下简称长光所)、安徽光学精密机械研究所(以下简称安光所)、光电技术研究所(以下简称光电所)。目前,这6家研究所都有各自主办的多种光电领域期刊,本文选取每家研究所一种典型光电领域中文期刊作为代表进行比较分析,包括技物所主办的《红外与毫米波学报》、上光所主办的《光学学报》、西光所主办的《光子学报》、长光所主办的《中国光学》、安光所主办的《量子电子学报》以及光电所主办的《光电工程》。

之所以选择这6种期刊,是因为这6种光电领域中文期刊均创刊于20世纪七八十年代,具有四五十年的悠久办刊历史,在国内光电领域都有着广泛的影响力和较高的学术价值,是中国光电领域科技期刊的中流砥柱,基本处于同一级别,有可比性。目前,光电领域中文期刊发展还存在一些问题，如期刊影响因子尚不稳定甚至有较大波动、期刊论文的学术质量参差不齐等，这些问题导致部分光电领域中文科技期刊举步维艰。当然，也有部分光电领域中文科技期刊扎根学科前沿，积极发表满足国家发展需求的光电领域论文，学术影响力和学术质量稳居中文期刊前列，本文选取的6种光电领域科技期刊便名列其中。

通过对这6种光电领域科技期刊的影响因子、收录数据库、年度文献量、栏目分布、关键词分布、学科分布等信息进行调研和分析比较，可以了解中国科学院在光电领域的学科发展现状，分析光电领域科技期刊的发展趋势与方向，从而为我国光电技术与光电期刊的发展提供参考。

1　6 种光电领域典型中文科技期刊介绍

此次调研将《中国知网》收录的中国科学院这6种光电领域中文科技期刊信息进行汇总，通过横向比较分析，初步了解光电科技期刊的基本情况与发展趋势。

1.1　技物所《红外与毫米波学报》

《红外与毫米波学报》是由技物所和中国光学学会主办，科学出版社出版的学术刊物。《红外与毫米波学报》创办于1982年，创刊刊名为《红外研究》，1991年改为《红外与毫米波学报》，期刊学科覆盖范围从红外扩展到毫米波波段，填补了当时我国毫米波领域学术期刊的空白。其宗旨是以红外、毫米波、太赫兹和空间科学的前沿发展和重大应用为牵引，努力按照中国特色科技期刊办刊方针，密切联系广大作者和读者，深入研究工作实际，反映红外与毫米波领域的最新研究成果和技术进展[2]。

《红外与毫米波学报》主要报道红外与毫米波领域的新概念、新进展与新成果，刊登在红外物理、凝聚态光学性质、非线性光学、红外光电子学、红外与毫米波技术等方面有创新的研究简报与论文，具有国内外先进水平的学术论文及述评[2]。其作为中国红外物理领域一本特色期刊，在红外、毫米波、太赫兹和空间科学领域发表了大量有战略意义及影响面广的重磅论文，目前已经被世界上重要的检索系统 SCI、EI、CA 等收录。

1.2　上光所《光学学报》

《光学学报》创刊于1981年，由上光所与中国光学学会主办，中国科学技术学会主管，反映中国光学领域的新概念、新进展、新成果[3]。

《光学学报》主要栏目包括大气与海洋光学、探测器、光纤光学与光通信、测量与计量、激光器与激光光学等。主要刊登以光学科研为主体，具有深入研究意义且有国际国内领先水平或创新概念的学术论文、有相当独到见解的科学论述、以可靠数据支撑的重要实验报道、有科学依据的技术应用、阶段性科研成果的实验快报等反映中国光学领域新概念、新进展、新成果的内容。《光学学报》为我国光学领域专业人士与国内外专家学者开展学术交流与讨论以及跟踪前沿技术提供平台，同时为发展我国光学事业作出了大量贡献，被国内外著名检索系统 SA、CA、EI 等收录[3]。

1.3　西光所《光子学报》

《光子学报》是西光所、中国光学学会主办，科学出版社出版的学术期刊。1972年，《光机技术》创刊，先后改名为《高速摄影与光子学》《光子学报》。其宗旨是展示光子学研究领域的新概念、新思想、新理论、新技术、新进展，推动光子学科研究进展的国内外学术交流，是具有国际影响力的学术刊物[4]。

《光子学报》主要刊登光子学科的学术论文、研究简报、研究快报，内容涉及光子学研究领域的新理论、新概念、新思想、新技术和新进展，全面展示了瞬态光学、智能光学仪器、集成光学、信息光学、导波光学等内容[4]。《光子学报》主要栏目有量子光学、光生物学、瞬态光学、光电子学、生物光子学等，已被国内外重要检索刊物 SA、CA、CSCD 等作为固定收录源刊。

1.4 长光所《中国光学》

《中国光学》是1985年创办的中文学术期刊，曾用名《中国光学与应用光学》，由长光所与中国光学学会共同主办，激光与物质相互作用国家重点实验室协办。《中国光学》自创刊以来，主要刊登反映国内外光学、光电子学、光学技术应用的最新科学理论、研究成果、前沿技术和发展动态的原创性论文、技术报告、阶段性研究报告和综合评述等[5]。

《中国光学》设有微纳光学、信息光学、集成光电、光学领域自然科学基金项目进展、热点评论等栏目，先后被 Scopus、EI、ESCI 等多个国内外知名数据库收录[5]。

1.5 安光所《量子电子学报》

《量子电子学报》创刊于1984年，是中国光学学会基础光学专业委员会和安光所主办、科学出版社出版的学术期刊。期刊主要刊登光学、激光以及光学的电子学交叉学科等量子电子学领域具有创新意义的研究成果，侧重报道量子电子学领域最新的重要实验和理论研究成果、有创见的专题综述和教学研究，为促进国内外学术交流和发展中国的量子电子学事业服务[6]。

《量子电子学报》主要栏目有光谱、图像与信息处理、量子光学、光通信、纤维和波导光学等，已被国内外权威检索期刊 SA、CA、AJ 等收录[6]。

1.6 光电所《光电工程》

《光电工程》创刊于1974年，是光电所和中国光学学会共同主办的学术期刊。《光电工程》是一本同行评议的期刊，学科领域不仅包括光学和电学的基础学科，还包括工程研究和工程应用等[7]。

《光电工程》主要刊登光电领域的科研进展、原创成果以及综述，并针对热点问题和前沿课题出版相关专题。期刊设有自适应光学、空间光学、微纳光学、目标检测、光电控制和测量、薄膜光学、研究亮点、光电聚焦、光电进展、光电人物等栏目，被 Scopus、CA、CSCD 等国内外数据库收录[7]。

2 6种光电领域典型中文科技期刊的比较与分析

复合影响因子是以期刊、学位论文、会议论文作为复合统计源文献计算，是指期刊前两年发表的可被引文献在统计年的被引用总次数与该期刊在前两年内发表的可被引文献总量之比。综合影响因子是以科技类期刊及人文社会科学类期刊综合统计源文献计算，是指期刊前两年发表的可被引文献在统计年的被引用总次数与该期刊在前两年内发表的可被引文献总量之比。根据表1，从2023年复合影响因子及综合影响因子来看，排在前三名的期刊分别是上光所的《光学学报》、长光所的《中国光学》、光电所的《光电工程》。期刊影响因子的波动主要是由于期刊本身的质量和影响力、期刊所属领域的热度和关注度、新期刊对旧期刊的冲击等因素。根据相关数据统计，2023年约超过70%期刊的影响因子都是下降，但《红外与毫米波学报》2023年影响因子的涨幅超过40%，呈现逆势上扬趋势。

表1 期刊影响因子

期刊	2023年复合影响因子	2023年综合影响因子
红外与毫米波学报	1.074	0.733
光学学报	2.770	2.199
光子学报	1.583	1.122
中国光学	2.359	1.871
量子电子学报	0.811	0.556
光电工程	1.761	1.135

表2列出了6种科技期刊被收录的检索体系，各期刊均被多种国际著名检索体系所收录，可谓不分伯仲。值得注意的是，技物所的《红外与毫米波学报》是这些期刊中唯一一种被美国科学引文索引SCI所收录的期刊，也是我国少数较早被SCI收录的科技期刊。近年来，《红外与毫米波学报》还建立了国际化编辑委员会、拓宽了栏目分类吸纳优秀稿源、严把学术高标准质量关、利用新媒体扩大国际影响力、加强编辑队伍技术与语言能力建设等，这也是其2023年影响因子较2022年有较大提高的主要原因。

表2 收录检索体系

期刊	收录检索体系
红外与毫米波学报	SCI、EI、CA、JST、Pж(AJ)、CSCD、WJCI、北大核心
光学学报	ESCI、EI、CA、INSPEC、JST、CSCD、WJCI、北大核心
光子学报	CA、INSPEC、JST、Pж(AJ)、EI、CSCD、WJCI、北大核心
中国光学	ESCI、EI、CA、JST、Pж(AJ)、CSCD、WJCI、北大核心
量子电子学报	CA、JST、Pж(AJ)、CSCD、WJCI、北大核心
光电工程	CA、JST、CSCD、WJCI、北大核心

表3为6种科技期刊近20年的年度总文献量。2023年度文献总量排在前三名的期刊分别是上光所的《光学学报》、西光所的《光子学报》、长光所的《中国光学》。在近20年中，只有技物所的《红外与毫米波学报》年度总文献量波动幅度不大，比较平稳，可见其稳扎稳打的发展策略。而其他5种科技期刊在近20年中，年度总文献量波动幅度较大，这应该与各期刊的发展策略有关，其中除了《光学学报》年度总文献量大幅上涨外，剩余4种科技期刊的年度总文献量均有明显下降，这可能是由于大部分科技期刊在发展前期注重发文数量，而在发展后期追求发文质量，从而减少了发文总量。

表4为6种科技期刊近20年的年度基金资助文献量。2023年度基金资助文献量排在前三名的期刊分别是上光所的《光学学报》、西光所的《光子学报》、长光所的《中国光学》，这与2023年度文献总量前三名的排名完全相同。在近20年中，技物所的《红外与毫米波学报》与安光所的《量子电子学报》年度基金资助文献量波动幅度不大，比较平稳，这又一次证明了《红外与毫米波学报》一步一个脚印的稳步发展路径。而其他4种科技期刊在近20年中，年度总文献量波动幅度较大，特别是长光所的《中国光学》年度基金资助文献量由原先的0快速增长至2023年度的135，可见其近20年吸纳了大量基金资助的稿源，发展势头迅猛。

表3 年度总文献量

年份	红外与毫米波学报	光学学报	光子学报	中国光学	量子电子学报	光电工程
2004	112	369	399	499	160	285
2005	111	350	480	585	189	297
2006	115	383	460	533	171	378
2007	110	429	625	416	177	359
2008	105	468	562	338	138	339
2009	107	669	691	85	135	340
2010	103	675	480	105	129	317
2011	115	607	387	104	124	309
2012	109	597	286	117	123	294
2013	106	599	287	148	122	226
2014	112	605	463	239	155	182
2015	124	603	373	246	114	186
2016	125	518	340	140	114	202
2017	131	547	361	97	114	207
2018	124	601	352	121	113	135
2019	125	607	299	152	116	128
2020	109	616	270	153	131	130
2021	116	694	324	159	133	96
2022	128	709	382	142	90	80
2023	114	765	291	144	100	85

表4 年度基金资助文献量

年份	红外与毫米波学报	光学学报	光子学报	中国光学	量子电子学报	光电工程
2004	90	262	280	0	105	173
2005	101	265	345	0	135	182
2006	104	278	325	0	121	225
2007	104	331	448	0	106	223
2008	100	363	437	7	106	230
2009	103	539	591	27	105	262
2010	97	554	423	60	100	241
2011	106	505	350	61	110	232
2012	103	524	259	78	102	230
2013	100	540	267	98	107	186
2014	100	556	449	105	96	162
2015	115	555	371	106	104	157
2016	120	477	338	76	101	177
2017	126	506	354	70	107	114
2018	119	572	350	89	100	110
2019	120	561	297	125	100	111
2020	103	573	265	125	77	113
2021	109	634	314	124	84	86
2022	124	641	371	114	85	70
2023	110	710	287	135	93	74

表5为6种科技期刊近10年文献所属栏目分布前五位的栏目，可以看出，各科技期刊均紧密围绕各自期刊的核心内容开展稿源征集。尤其是"光纤光学与光通信"栏目，可谓在光电领域独占鳌头，上光所的《光学学报》、西光所的《光子学报》文献分布最多的栏目均为"光纤光学与光通信"。由此可见，光纤光学与光通信是近10年光电领域的热点话题。另一个光电领域的热点是"图像处理"，在西光所的《光子学报》、安光所的《量子电子学报》以及光电所的《光电工程》近10年文献所属栏目分布前五位中均有图像处理的身影。

表5 期刊近10年文献所属栏目分布前五位

期刊名称	文献所属栏目分布第一位	文献所属栏目分布第二位	文献所属栏目分布第三位	文献所属栏目分布第四位	文献所属栏目分布第五位
红外与毫米波学报	红外材料与器件	太赫兹与毫米波技术	红外及光电技术与应用	遥感技术与应用	图像处理及软件仿真
光学学报	光纤光学与光通信	仪器、测量与计量	成像系统	光学设计与制造	激光器与激光光学
光子学报	光纤光学与光通信	激光与激光光学	图像处理	光学器件	仪器、测量、度量学
中国光学	原创文章	综述	前沿动态	产业资讯	光学仪器与测试
量子电子学报	量子光学	激光技术与器件	激光应用	图像与信息处理	光谱
光电工程	科研论文	光电聚焦	综述	光电测量与检测	图像与信号处理

表6为6种科技期刊近10年文献关键词分布前五位。可以看出，各科技期刊的关键词都体现了各自期刊的关键技术，尤其是"光学设计"关键词，可谓在光学领域至关重要。西光所的《光子学报》、长光所的《中国光学》关键词分布第一位均为"光学设计"，上光所的《光学学报》关键词分布第四位也为"光学设计"。由此可见，光学设计是近10年光电领域的热点关键词。其他光电领域的热点关键词还包括"光纤光学""太赫兹""机器视觉""图像处理"，这些关键词在这些科技期刊近10年文献关键词分布前五位中均出现至少两次。

表6 期刊近10年文献关键词分布前五位

期刊	文献关键词分布第一位	文献关键词分布第二位	文献关键词分布第三位	文献关键词分布第四位	文献关键词分布第五位
红外与毫米波学报	太赫兹	碲镉汞	肖基特二极管	超材料	中红外
光学学报	测量	成像系统	光纤光学	光学设计	机器视觉
光子学报	光学设计	非线性光学	光纤光学	图像处理	光纤传感
中国光学	光学设计	太赫兹	激光通信	空间引力波探测	超构材料
量子电子学报	量子光学	光谱学	激光技术	光电子学	图像处理
光电工程	自适应光学	超表面	深度学习	卷积神经网络	机器视觉

表7为6种科技期刊近10年文献学科分布前五位。可以看出，各科技期刊的学科分布比较

类似。上光所的《光学学报》与西光所的《光子学报》学科分布前五位完全相同，长光所的《中国光学》与安光所的《量子电子学报》学科分布前五位也基本和前两种期刊一致。技物所的《红外与毫米波学报》与光电所的《光电工程》学科分布前五位则略有不同，但与其他4种期刊一样，都与"物理学""无线电电子学""计算机软件及计算机应用"等学科息息相关，其中"物理学"与"无线电电子学"是与这6种期刊关系最紧密的学科。

表7 期刊近10年文献学科分布前五位

期刊	文献学科分布第一位	文献学科分布第二位	文献学科分布第三位	文献学科分布第四位	文献学科分布第五位
红外与毫米波学报	无线电电子学	物理学	电信技术	工业通用技术及设备	自动化技术
光学学报	物理学	无线电电子学	计算机软件及计算机应用	自动化技术	电信技术
光子学报	物理学	无线电电子学	计算机软件及计算机应用	自动化技术	电信技术
中国光学	物理学	无线电电子学	计算机软件及计算机应用	仪器仪表工业	电信技术
量子电子学报	物理学	无线电电子学	电信技术	化学	计算机软件及计算机应用
光电工程	计算机软件及计算机应用	无线电电子学	物理学	自动化技术	仪器仪表工业

3 光电领域科技期刊办刊思考与建议

近年来，世界各国在光电领域均取得一定程度的发展。随着经济的迅速发展，科技水平不断提高，我国的光电领域技术取得了重大进步。光电领域技术作为时代发展急需的高新技术受到了社会各界的广泛关注，在极短的时间内取得了蓬勃的发展。习近平总书记在二十届中央政治局第三次集体学习时强调，要加快培育世界一流科技期刊，建设具有国际影响力的科技文献和数据平台，发起高水平国际学术会议，鼓励重大基础研究成果率先在我国期刊、平台上发表和开发利用。这为我国打造世界一流科技期刊建设指明了方向，而光电领域科技期刊正朝着世界一流科技期刊稳步迈进。结合本文对6种光电领域典型中文科技期刊的比较与分析，梳理其中值得借鉴的光电领域科技期刊发展路径，建议创办光电领域热点新科技期刊、加强光电领域期刊集群平台化建设、构建光电领域科技期刊多途径宣传渠道，同时可以大力培养和发展光电领域青年学者及编委，促进光电领域科技期刊更上一层楼。

3.1 创办光电领域热点新科技期刊

在梳理光电领域热点细分学科以及一些新的研究方向后，建议可创办一些新科技期刊来进一步推动光电学科的发展。6种光电科技期刊近10年文献所属栏目分布表明，排名第一的栏目是光纤光学与光通信，然而目前国内的光电期刊中，没有专门的光纤光学方向的期刊。另外，6种光电科技期刊近10年文献关键词分布表明，排名第一的关键词是光学设计方向。而国内的光电期刊中，也还没有专门的光学设计方向的期刊。创办这些热点方向的新期刊，可以为这些创新研究成果提供更多的发表展示机会以及专业对口的学术交流平台，促进热点研究更上一个台阶。

3.2 加强光电领域期刊集群平台化建设

国外权威科技期刊的发展正体现出集团化、数字化、网络化的趋势，加强科技期刊集群融合平台建设对于扩大科技期刊影响、全面服务学科建设具有积极的意义。中国科学院光电领域期刊在集群建设方面已取得一定进展，比如中国光学期刊网是由6种期刊中影响因子最高的《光学学报》主办单位上光所牵头，汇聚了80种国内优秀光学领域科技期刊，致力于对光学领域文献的宣传推广与深入探讨，已成为我国光学领域的热门专业网站，是光学界的权威对外信息发布窗口。又如6种期刊中影响因子第二高的《中国光学》主办单位长光所Light中心负责管理Light: Science & Applications、eLight、Light: Advanced Manufacturing等7种学术期刊，形成了以Light为领军，Light子刊为梯队，一流英文期刊领衔，核心中文期刊支持，具有品牌特色的精品期刊集群。建议其他中国科学院光电领域科技期刊相互支持，合力打造高水准的期刊交流平台，更好地为光电领域工作者提供最新的成果与资讯，抱团经营，优势互补，探索期刊学科集群、网络集群、集团化出版。

3.3 构建光电领域科技期刊多途径宣传渠道

部分国际优秀光电领域科技期刊已经推出了期刊APP，可以通过移动设备端扩大期刊影响。而国内光电领域科技期刊推出APP的很少，并且影响力不大。对于有实力的集群化、行业化科技期刊群，可以打造自己的APP，比如6种期刊中影响因子最高的《光学学报》主办单位上光所，在中国光学期刊网的基础上推出了光学领域的一系列APP，获得了专业用户的认可。同时，国内光电领域科技期刊应重视微信公众号等新媒体运营，可建立一个包括门户网站、微信公众号矩阵、视频号、直播号、公开课、学术会议以及技术培训等为一体的光电领域新媒体平台，加强光电领域科技期刊品牌建设、提升期刊影响力。

3.4 大力培养和发展光电领域青年学者及编委

中国光电领域科技期刊优秀稿源大多来自于中国科学院光电领域研究所及相关高校等研究机构，要加强培养光电领域青年学者，使这些优秀的青年光电领域研究人员成为中国光电领域期刊稳定的作者群。建议通过举办光电领域系列学术会议、组织光电领域系列专业培训、走进光电领域实验室系列活动、提供微信公众号宣传平台等方式吸引和培养中国光电领域青年研究人员，积极发表并宣传他们的研究成果，扩大光电领域期刊在光电领域青年研究人员中的影响力。同时，建议光电领域的科技期刊成立青年编委会，将不同研究机构、有活力、心系光电领域研究进展的青年学者聚集起来，共同商议光电领域科技期刊的发展良策，为中国光电领域科技期刊的提升注入新鲜血液。

4 结束语

本文对近20年中国科学院光电研究所主管主办的6种光电领域中文科技期刊的影响因子、收录数据库、年度文献量、栏目分布、关键词分布、学科分布等信息进行调研和分析比较。分析了国内光电领域中文科技期刊的现状，为中国光电领域科技期刊的发展提升提供参考，同时希望中国科学院其他专业的科技期刊可以借鉴本文对办刊的一些建议。在中国科学院雄厚的科研力量支撑下，中国科学院科技期刊从争取优质稿源入手，积极开展集群化发展，构建多途径宣传渠道，大力培养和发展青年学者，中国科学院科技期刊的整体学术水平和影响力将会有明显的提升，一定会形成一批具备强大竞争力的科技期刊。

参 考 文 献

[1] 光电领域[EB/OL].[2024-07-01].https://baike.baidu.com/item/%E5%85%89%E7%94%B5%E8%A1%8C%E4%B8%9A/8667941?fr=ge_ala.

[2] 《红外与毫米波学报》简介[EB/OL].[2024-07-01].http://journal.sitp.ac.cn/hwyhmb/hwyhmbcn/site/menu/20090104112358001.

[3] 《光学学报》简介[EB/OL].[2024-07-01].http://www.opticsjournal.net/j/gxxb/news/pt080617000042qmtp.html.

[4] 《光子学报》简介[EB/OL].[2024-07-01].https://www.photon.ac.cn/periodIntroduce?columnId=3329&columnName=%E6%9C%9F%E5%88%8A%E4%BB%8B%E7%BB%8D&index=1&parentIndex=1&code=periodIntroduce&childId=&bannerId=0&lang=zh.

[5] 《中国光学》简介[EB/OL].[2024-07-01].http://www.chineseoptics.net.cn/news/qikanjianjie.htm.

[6] 《量子电子学报》简介[EB/OL].[2024-07-01].http://lk.hfcas.ac.cn/CN/column/column39.shtml.

[7] 《光电工程》简介[EB/OL].[2024-07-01].https://cn.oejournal.org/oee/JournalInformation_cn.

"养殖工船"虚拟专辑构建与精准推送实践

鲍旭腾[1]，巩沐歌[1]，王东方[2]

(1.中国水产科学研究院渔业机械仪器研究所《渔业现代化》编辑部，上海200092;
2.《同济大学学报》编辑部，上海200092)

摘要：为研究学术期刊内容深度挖掘、实现高效科研信息宣传、促进学术交流平台构建，探索了《渔业现代化》"养殖工船"虚拟专辑资料收集、整理和挖掘，实现内容精准组织，并进行了作者分析和精准推送。在推送内容构建上：获取了"养殖工船"近年来主要的刊物发表情况，《渔业现代化》《船舶工程》《南方水产科学》发表论文分别占比39.68%、25.40%和6.30%，被引5次以上的论文有22篇，其中《渔业现代化》(11篇)占50%。梳理了近年来在《渔业现代化》杂志上发表的高被引论文和高被下载论文，同时整理了最近3~5年内的论文，共计25篇。通过AI人工智能平台对文章创新点、主要观点等进行挖掘和总结。设置了虚拟专辑PDF总文档，并通过采用不同平台的电子刊、元宇宙等进行内容形式的再创作。在推送作者选择上：梳理了所有拟推送的25篇论文的第一作者、通信作者以及审理这些论文的专家，另外针对发表在其他学术期刊上高被引论文的作者进行梳理，总共筛选出120位拟推送对象。在推送方式使用上：首选微信推送，其次QQ和E-mail。通过设计问卷调查，以及和专家面对面交流等，获取反馈信息。结果显示：养殖工船领域的科研力量年轻化，男女比例差异大，中高级科研人员居多；科研人员对于本期"养殖工船"虚拟专辑满意度高，且大多喜欢线上阅读。专辑的内容偏好上，大多数科研人员倾向阅读与本人相关的研究内容以及综述类文章。科研人员认为本期"养殖工船"虚拟专辑对自己的目前的科研工作有帮助，大多计划或考虑投该领域的论文，且愿意投稿至《渔业现代化》杂志。设置虚拟专辑并进行精准推送有助于提升期刊的曝光度，方便读者学习参考，提高读者对期刊的黏度，从而提高期刊影响力。

关键词：虚拟专辑；精准推送；养殖工船；渔业现代化

科技期刊传承人类文明、荟萃科学发现、引领科技发展，直接体现了国家科技竞争力和文化软实力。科技期刊从综合性出版到专业化出版是提高期刊学术水平的可行路径，也是当前出版领域的研究热点问题。专栏、专辑、专刊分别代表了不同专业化出版的特征和水平，在不同的现实出版领域都有较多的实践，也相应取得了较好的成果[1-3]。而学术期刊虚拟专辑是指聚焦于某一特定主题、集中展示了学术研究成果(学术论文)，是专业化出版的典型表现形

基金项目：上海市科技期刊学会"海上青编腾飞"项目(2022C05)；中国水产学会一流水产科技期刊建设项目出版能力提升项目(CSF-2023-B-05)

式,为学术界提供了一种更具针对性和深度的研究成果呈现方式,可以帮助学者们更好地了解和追踪某个特定领域的进展和前沿学术信息,促进学术交流和研究领域的发展,增加了期刊的学术影响力,也是对期刊综合性出版的有效补充[4-6]。

随着信息技术的迅猛发展,大数据时代下,信息资源大爆发,造成信息泛滥,对信息进行有效梳理和高质量生成,并实现更精准的推送是必然选择。科技期刊精准推送服务有助于提高用户满意度、学术影响力和市场占有率,增加读者对期刊的黏度,推动科技传播的繁荣和发展[7-9]。精准推送服务以用户需求为中心,以互联网、大数据分析和人工智能传播为基础,对信息内容进行深度加工和挖掘,实现信息资源的增值,满足用户个性化需求,是当前科技期刊实现转型发展的有效手段[10-11]。传播是期刊的重要功能之一,是搭建产学研的重要桥梁,期刊传播力是期刊综合实力的体现,也是期刊评价的重要考量指标[12]。媒介融合时代,用户需求呈现多样化、个性化、精细化的特征,纸质传播已经无法适应新的传播形式。目前构建虚拟专辑的研究和实践还不多,中国科技期刊精准推送服务仍处于探索阶段,开展精准推送服务的科技期刊数量不多,虽然已出现多种推送渠道,但仍然以邮件推送为主[13-15]。构建所属领域的知识树结构是虚拟专辑构建的关键目标之一。知识树是指将特定领域的知识按照层次结构进行组织和分类,形成一个有机的整体[16]。通过构建知识树结构,虚拟专辑可以从宏观到微观,从整体到细节地展现该领域的知识体系。

养殖工船是新型深远海养殖装备,具有安全、高效、环保的特点,是中国海水鱼类养殖走向深远海的重要发展方向,也是为了适合中国海域台风多发的海况特点,规避台风灾害影响,同时实现南鱼北养和北鱼南养以及解决全季节优质水产养殖的产业需求。养殖工船是中国最早提出并付诸实施的深远海养殖模式,自"十三五"期间,深远海养殖工船启动建设,到2022年,全球首艘10万吨级智慧渔业大型养殖工船国信1号在中国船舶集团青岛北海造船有限公司交付运营,该船设15个养殖舱,养殖水体近9万 m^3,总投资约4.5亿元,标志着中国养殖工船从概念设计的研究探索阶段走向实际生产的实践阶段[17]。

本研究主要梳理了"养殖工船"的发展脉络,以"养殖工船"作为关键词,利用中国知网数据库,检索了所有中文期刊发表的论文情况,并重点分析了在《渔业现代化》杂志上的论文,制作虚拟专辑,然后进行精准读者发送,并通过面对面交流和问卷方式获得反馈信息。

1 "养殖工船"关键词下论文发表情况

检索网站选择目前数据量最大的中国知网(www.cnki.net)的中国学术期刊全文数据库,检索时间不限,检索日期为2024-03-01,以关键词"养殖工船"进行检索,共检索到学术论文71篇,学位论文5篇,会议论文5篇,总共81篇文献(图1)。

在学科分布(图2)上,船舶工业占45%,水产和渔业占37%,可见目前养殖工船主要在新型船体构建和船上舱养两个领域进行了广泛研究,而对前者的研究相对更为突出。在年度分布(图3)上,最早是2012年的1篇,最多是2023年的21篇,总体上,呈现阶段式发展状态,2012—2019年处于研究基础初期,在底部盘整,2019年以后发文量快速增加,并在2023年有所回落调整。在发表刊物(图4)上,"养殖工船"关键词发表的71篇文献,共出现在14本期刊上,其中《渔业现代化》(25)、《船舶工程》(16)、《南方水产科学》(4)是发表"养殖工船"关键词下研究论文的前三位学术刊物,分别占比39.68%、25.40%和6.3%。可见,该领域的论文发表期刊集中度相对较高。

图 1　知网检索页面

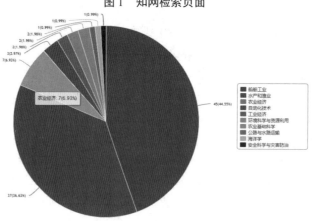

图 2　学科分布情况

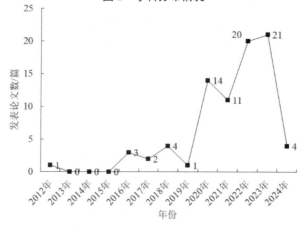

图 3　"养殖工船"关键词下发表论文的年度分布情况

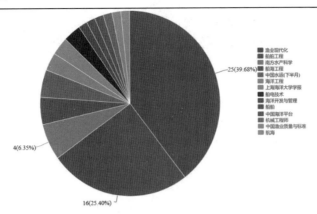

图 4 "养殖工船"关键词下发表刊物情况

在发文作者(图 5)上,发文量最大的是崔铭超(9),其次是黄温赟(7)、王靖(6)、刘晃(6)。发表 4 篇以上的作者共有 13 位,而其中 9 位作者来自同一单位,即中国水产科学研究院渔业机械仪器研究所(简称渔机所)。在发文机构(图 6)上,81 篇文献分别来自 20 家科研院所等机构,图 6 展示了不同机构的发文情况,主要列举了发文 4 篇以上的机构。其中,渔机所共计发表论文 42 篇,排名第一;青岛海洋科学与技术国家实验室共计发表 27 篇,排名第二。

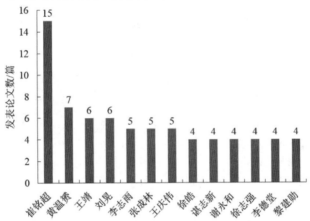

图 5 "养殖工船"关键词下发文作者情况

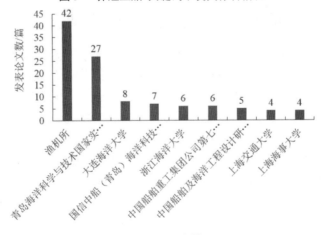

图 6 机构发文情况

截至检索日期,共有37篇论文被引用,表1展示了被引用5次以上的高被引论文情况。其中徐皓等发表的论文《我国离岸养殖工程发展策略》被引用65次,是最高的。此外,高被引论文来自22本期刊,其中发表在《渔业现代化》的有11篇,占50%,即有一半的高被引论文是来自《渔业现代化》杂志。

表1 高被引论文情况

题名	作者	发表期刊	发表年	被引数量
我国离岸养殖工程发展策略	徐皓;江涛	渔业现代化	2012	65
养殖工船系统构建与总体技术探讨	崔铭超;金娇辉;黄温赟	渔业现代化	2019	33
我国深远海养殖装备发展现状及趋势分析	纪毓昭;王志勇	船舶工程	2020	33
中国深远海养殖发展方式研究	徐琰斐;徐皓;刘晃;谌志新;崔铭超	渔业现代化	2021	30
深远海养殖装备系统方案研究	黄温赟;鲍旭腾;蔡计强;江涛	渔业现代化	2018	21
中国深远海养殖装备发展探议及思考	鲍旭腾;谌志新;崔铭超;黄温赟	渔业现代化	2022	15
多液舱晃荡与养殖工船时域耦合运动的数值模拟	肖凯隆;陈作钢	中国舰船研究	2020	14
基于大型渔业平台的深远海渔业发展现状与思考	张成林;徐皓;王世明;刘晃;陈新军	中国农学通报	2020	14
基于三维势流理论的深远海养殖工船耐波性能分析	韩冰;谌志新;崔铭超;王庆伟;王一帆	渔业现代化	2020	12
我国深远海养殖浅析	安皓;王天虹;王刚	海洋开发与管理	2017	11
散货船改装养殖工船的经济论证模型及系统设计	张光发;安海听;刘鹰;李明智	渔业现代化	2018	10
工船养殖颗粒饲料气力输送系统参数优化	林礼群;王志勇	船舶工程	2020	10
基于氨氮平衡的水产养殖换水率计算方法研究	张宇雷;曹伟;蔡计强	渔业现代化	2016	9
大型养殖工船的结构设计	王靖;黎建勋;崔铭超	渔业现代化	2020	8
深远海养殖工船船岸一体化系统构建	孟广玮;张青亮;姜旭阳	船舶工程	2020	8
利用CFD技术对养殖工船养鱼水舱温度场和流场模拟及验证	宋协法;郑书星;董登攀;黄志涛	中国海洋大学学报(自然科学版)	2018	7
深远海养殖工船稳性设计准则及校核方法	韩冰;谌志新;崔铭超;王庆伟;王一帆	船舶工程	2020	7
10万吨级养殖工船快速性及动力系统配置分析	崔铭超;张彬;王靖	渔业现代化	2020	6
养殖工船液舱晃荡的制荡措施研究	许洪露;杨永春	中国水运(下半月)	2017	5
某型深远海养殖工船动力系统方案设计	黎建勋;王靖	渔业现代化	2020	5
某大型养殖工船船体结构设计方法	王靖;张彬;张怡	船舶工程	2020	5
基于可移动式养殖工船的新型深远海养殖产业链分析	张琳桓;张青亮;孟广玮	船舶工程	2020	5

2 "养殖工船"关键词下《渔业现代化》发文情况

由图4可以看出,相比而言,《渔业现代化》在"养殖工船"关键词下的发文量是首屈一指的。截至2024年3月1日,在《渔业现代化》杂志上共发表论文25篇(表2),占所有71篇学术论文的35.2%。25篇在《渔业现代化》杂志上发表的论文中,已经被引用的(引用≥1次)有17篇,其中前5篇高被引用论文分别是徐皓等《我国离岸养殖工程发展策略》65次、崔铭超等《养殖工船系统构建与总体技术探讨》33次、徐琰斐等《中国深远海养殖发展方式研究》30次、黄温赟等《深远海养殖装备系统方案研究》21次和鲍旭腾等《中国深远海养殖装备发展探议及思考》15次;而前5篇高被引论文被引次数(197次)占总被引次数(356次)的55.3%,可见前20%(5/25)的文章产出了一半以上的被引用量。在25篇论文中,第一作者是期刊所在单位渔机所的有20篇,占比80%,可见本所科研团队是行业中的主要研发队伍,是养殖工船研究的重点核心。主要的专家图谱包括:来自徐皓—谌志新—崔铭超—黄温赟—王靖—黎建勋—赵新颖—王志勇等为代表渔机所；张光发—李明智等为代表的大连海洋大学；黄建伟—骆意—叶林昌—殷雷明等为代表的中国船舶集团有限公司第七一一研究所；黄六一—刘长东等为代表的中国海洋大学；以及谢永和—李德堂等为代表的浙江海洋大学。因此，在后续精准推送上首先需要针对上述专家及其研究团队进行精准服务，然后再扩展到其他相关研究团队。

表 2 《渔业现代化》发表的养殖工船关键词相关论文情况

篇名	作者	年/期	被引用
我国离岸养殖工程发展策略[综述]	徐皓;江涛	2012/4	65
养殖工船系统构建与总体技术探讨[综述]	崔铭超;金娇辉;黄温赟	2019/2	33
中国深远海养殖发展方式研究[综述]	徐琰斐;徐皓;刘晃;谌志新;崔铭超	2021/1	30
深远海养殖装备系统方案研究	黄温赟;鲍旭腾;蔡计强;江涛	2018/1	21
中国深远海养殖装备发展探议及思考[综述]	鲍旭腾;谌志新;崔铭超;黄温赟	2022/5	15
基于三维势流理论的深远海养殖工船耐波性能分析	韩冰;谌志新;崔铭超;王庆伟;王一帆	2020/6	12
散货船改装养殖工船的经济论证模型及系统设计	张光发;安海昕;刘鹰;李明智	2018/2	10
基于氨氮平衡的水产养殖换水率计算方法研究	张宇雷;曹伟;蔡计强	2016/5	9
大型养殖工船的结构设计	王靖;黎建勋;崔铭超	2020/2	8
10 万吨级养殖工船快速性及动力系统配置分析	崔铭超;张彬;王靖	2020/2	6
某型深远海养殖工船动力系统方案设计	黎建勋;王靖	2020/5	5
封闭式养殖工船研发历程回顾[综述]	刘晃;徐皓;庄志猛	2022/5	4
养殖工船视域盲区分析研究	王庆伟;张彬;张春涛	2021/5	2
动态边界粒子 SPH 法在养殖工船横摇液舱晃荡模拟中的应用比较	赵新颖;黄温赟;黄文超;管延敏	2021/6	2
深远海养殖工船投饲系统设计	王志勇;邹海生;张耀明;徐志强	2022/5	2
基于 FLOW-3D 的船载舱养流场特性分析	秦康;崔铭超;刘晃;张成林;吉泽坤	2022/5	1
深远海养殖自动投饲系统仿真分析与试验验证	黄建伟;骆意;魏树辉;陈铭治;朱端祥	2022/5	1
养殖工船排水管路内颗粒流动特性研究	高瑞;黄文超;张彬	2021/4	0
底部流量对养殖工船分隔式舱养系统水质影响的初步研究	管崇武;张宇雷;张成林	2021/5	0
养殖工船电力推进调距桨动力系统策略	黎建勋;董晓妮;崔铭超;杨栋轩	2022/5	0
基于热流固耦合模型的养殖工船养殖舱温度场数值模拟	翟绪辉;程晖;刘长东;黄六一	2022/5	0
基于晃荡载荷的养鱼水舱操作平台结构强度分析	王靖;王侨;张怡;崔铭超	2022/5	0
工船养殖集中控制系统研发与应用	黄温赟;于得水;董晓妮;姜勇;王鹏昌	2022/5	0
养殖工船自动投饲机设计和螺旋下料器的仿真分析	高炜鹏;谢永和;李德堂;王君;陈卿	2023/3	0
低频振动刺激对大黄鱼行为及生理影响	叶林昌;刘赟;刘媛;郭建磊;殷雷明	2023/3	0

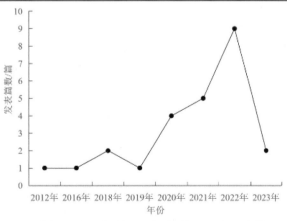

图 7 《渔业现代化》养殖工船关键词下历年发文情况

另外，17篇已经被引用的文章中，综述论文有5篇，占比29.4%，然而前5篇高被引论文中有4篇是综述论文，可见综述论文对高被引产生的重要作用。据李晓晴等[18]研究发现，*Nature Energy* 创刊第1年刊发的综述文章在出版后第1年、第2年的篇均被引频次显著高于当年的影响因子(46.859)，这一结果说明综述论文对影响因子提升具有非常大的作用。养殖工船属于新兴的研究领域，自2012年徐皓等论文发表以后，经历了十余年的发展，在《渔业现代化》杂志上发表的以养殖工船作为关键词的论文呈现波浪式增长的趋势(图7)。

3 "养殖工船"精准推送实践

3.1 精准内容设置

梳理了25篇在《渔业现代化》杂志上发表的文章。按照被引次数的高低进行排序，并按照论文题材和研究方向进行分类。按照论文题材可分为综述性论文和研究性论文。按照研究方向可分为"船体结构及系统研究(细分为船体结构、动力系统、养殖系统)"和"养殖环境及配套设施(细分为液舱晃荡、投饲系统)"两个栏目。同时采用AI技术对25篇论文的结论、核心观点、创新点进行梳理，成为推送虚拟专刊的一部分(图8)。

综述与专论				
标题	作者	结论	核心观点	创新点
我国离岸养殖工程发展策略	徐皓等	提出了中国离岸养殖工程的发展目标和战略	发展离岸养殖工程对于保障水产品供给、开发蓝色国土资源具有重大意义	提出至2020年形成面向深海的养殖生产与流通体系
封闭式养殖工船研发历程回顾	刘晃等	强调了封闭式养殖工船在深远海养殖中的重要性	提出养殖工船的发展历程、技术特点、经验做法，并展望了可持续发展	首次系统总结了封闭式养殖工船的研发历程，提出了未来发展的方向和策略
养殖工船系统构建与总体技术探讨	崔铭超等	探讨了养殖工船的系统构建和总体技术框架	养殖工船是深远海养殖工程的核心装备，养殖工船的系统构建对实现规模化深远海养殖至关重要	提出构建深远海养殖工船系统和总体技术框架的初步探讨
中国深远海养殖发展方式研究	徐琰斐等	养殖品种选择、养殖系统构建、养殖海域规划是深远海养殖产业稳步有序发展的关键	发展深远海养殖是突破生态环境和自然资源约束挑战的战略选择	界定中国深远海养殖概念，提出养殖品种选择和养殖系统构建的新思路
深远海养殖装备系统方案研究	黄温赟等	深远海养殖装备系统方案对推动深远海养殖发展具有重要意义	深远海养殖是拓展养殖区域、提高海产品产量的重要方式	利用大型船舶改造为养殖工船，提出养殖工船功能设计和结构改建的方案
中国深远海养殖装备发展探议及思考	鲍旭腾等	深远海养殖装备存在自动化、智能化差距	深远海养殖对渔业现代化可持续性至关重要	提出装备发展定位、功能拓展和科技支撑的建议

图8 AI技术整理论文创新点

3.2 推送对象梳理

首先，针对所有25篇论文的作者，经过整理统计，共有62位作者。然后，梳理第一作者和通信作者，获取其联系方式，包括微信号、QQ号及电子邮箱号等。接着，梳理其他作者信息，本刊投稿时每个作者都需要填写相关的通信信息，包括手机号和电子邮箱等，也可以通过其知网文献检索获得其电子邮箱，或通过网络搜索等进一步获得。此外，对审理这些论文的专家进行梳理，共有28位。最后，针对发表在其他学术期刊上高被引论文的作者进行梳理，共有35位，剔除与本刊发表及审稿专家重复的，共有30位。因此总共筛选出120位拟推送对象。

3.3 推送方式选择

首选微信推送，其次QQ和E-mail。随着移动阅读数量的增加，手机微信阅读是首先考虑的。一方面方便阅读，另一方面方便转发传播。QQ方式推送，通常需要在电脑端打开，相对微信用户使用度较少。E-mail推送比较正式，但存在被屏蔽和进入垃圾箱的风险。对同一作者，需要选择其中1~2项推送即可。另外在杂志官网也设置了虚拟专辑的连接。

4 推送效果反馈

通过问卷数据平台的方式获得反馈。问卷设计上主要考虑虚拟专辑阅读对象、内容选择、阅读体验、研究帮助、改进意见等方面。主要通过微信随机发送个人好友和微信群的方式，共发放问卷50份，收回有效问卷25份。年龄主要集中在36~55岁(60%)，其次是18~35岁(40%)；男性88%，女性12%；职业以科研人员居多(52%)，在校学生次之(28%)，高校教师较少(16%)；高级职称(44%)、中级职称(16%)。可见中青年、中高级的男性是主要的推送和问卷对象。

56%的受访者是通过微信的方式获取此次的虚拟专辑，其次是QQ(36%)，再者是其他(16%)，只有4%通过邮箱获取。大多数(76%)调研对象从未获取过类似的虚拟专辑，只有24%的受访者获取过类似虚拟专辑。超过半数(52%)的受访者对本次虚拟专辑感到非常满意，44%的人感到满意，4%的人感到一般。在阅读方式上，80%的受访者喜欢在线阅读，68%的受访者喜欢下载阅读，喜欢纸质版阅读的只有28%。可见，微信方式推送是最直接有效的，虚拟专辑的使用在本领域还比较新，另外在线阅读是大势所趋。

在内容偏好(多选)上，有72%的受访者倾向阅读与本人相关的研究内容，有56%的受访者倾向阅读综述和专论，有48%的受访者倾向于文章核心观点及创新点的简要梳理。可见读者对虚拟专辑内容上更关注与本领域内更细分的研究方向，并对综述论文及加工后的文献信息有较多的关注。

问卷发现，56%的受访者认为该虚拟专辑对自己的目前的科研工作非常有帮助，44%的受访者认为有所帮助。近期，52%的受访者已有计划投该领域的论文，32%的正在考虑中，16%暂无计划。其中，68%的人愿意投稿至《渔业现代化》杂志。72%的受访者选择一定会将此虚拟专辑推荐转发给同事或朋友。

总体上，养殖工船领域的科研力量年轻化，男女比例差异大，中高级科研人员居多；科研人员对于本期"养殖工船"虚拟专辑满意度高，且大多喜欢线上阅读。专辑的内容偏好上，大多数科研人员倾向阅读与本人相关的研究内容以及综述类文章。科研人员认为本期"养殖工船"虚拟专辑对自己的目前的科研工作有帮助，大多计划或考虑投该领域的论文，且愿意投稿至《渔业现代化》杂志。

5 结论及建议

本研究通过构建《渔业现代化》期刊的"养殖工船"虚拟专辑，实现了对学术期刊内容的深度挖掘和科研信息的高效宣传，为学术交流平台的构建提供了新的途径。研究过程中，对近年来"养殖工船"领域的主要刊物发表情况进行了全面梳理，并通过AI技术对高被引和高被下载论文的创新点和主要观点进行了深入挖掘与总结，形成了内容丰富、组织精准的虚拟专辑。主要有收获包括：在论文选取上，需要重点突出选用的"养殖工船"关键词下论文的创新性、前瞻性，重点关注高被引、高下载的论文；在内容挖掘上，可以考虑"全文+"，梳理论文创新点和主要观点，强化内容分类和解构，创新推送内容。

在推送对象的筛选上，综合考虑了论文的第一作者、通信作者、审稿专家及其他高被引论文的作者，确保了推送对象的广泛性和针对性。在推送方式上，首选微信进行推送，辅以QQ和E-mail，充分利用了移动阅读的便捷性和即时性，同时减少了信息传递过程中的损耗。主要收获包括：需要充分利用虚拟专辑论文本身的数据资源，挖掘作者群，细分作者、审稿专家，建立推送对象标签；需要优化推送方式，充分利用融媒体技术，注重作者的参与度，提升推送精准度。

通过问卷调查和面对面交流获取的反馈信息显示，养殖工船领域的科研人员对本期虚拟专辑的满意度高，他们大多倾向于在线阅读，并对与自己研究相关的论文及综述类文章表现出了较高的兴趣。此外，科研人员普遍认为虚拟专辑对其科研工作有所帮助，并表示愿意向《渔业现代化》杂志投稿，这表明虚拟专辑的构建和精准推送有效地提升了期刊的曝光度和学术影响力。

总体而言，本研究的虚拟专辑构建与精准推送实践，不仅为期刊内容的创新展示提供了新的思路，也为科技期刊的精准信息服务和学术交流提供了有效的策略。未来，将进一步优化推送策略，拓宽推送渠道，并结合更多元的技术手段，以满足不同用户的需求，推动科技期刊的传播力和学术影响力的持续提升。本研究成果可为学术期刊虚拟专辑构建和精准推送提供实践参考。

参 考 文 献

[1] 周帅,段艳文.高校学报专业化发展分步走路径探讨:从专栏到专辑再到专刊[J].中国科技期刊研究,2022,33(2):228-233.
[2] 唐帅,曹兵,季淑娟,等.高校综合性学报专业化发展路径:以《工程科学学报》为例[J].中国科技期刊研究,2023,34(3):348-354.
[3] 高磊,王俊丽,寇凤梅.航空航天类科技期刊建设特色专栏策略[J].中国科技期刊研究,2022,33(6):713-718.
[4] 卢锡城,怀进鹏.面向互联网资源共享的虚拟计算环境专刊前言[J].软件学报,2007,18(8):1855-1857.
[5] 王笃金,胡文兵.高分子表征技术虚拟专辑前言[J].高分子学报,2022,53(12):1-2.
[6] 余溢文.高校学报传播现状与传播能力:基于入选"卓越计划"的几种高校学报[J].中国传媒科技,2022(9):7-9.
[7] 王杨,李琳.基于读者体验的科技类期刊精准推送质量评价与控制[J].编辑学报,2019,31(增刊2):130-132.
[8] 张慧敏,商丽娜,张春丽,等.新媒体背景下地学期刊按需出版精准推送供需协调分析[J].中国科技期刊研究,2020,31(2):141-146.
[9] 朱林,王倩.《海洋学报》实施精准知识服务的尝试与成效[J].天津科技,2022,49(6):106-109.
[10] 周舟.科技期刊精准推送服务探究[J].今传媒,2021(11):5-8.
[11] 杨郁霞.科技期刊精准推送优化策略[J].编辑学报,2021,33(2):147-150.
[12] 张会芳,魏东,郑国清,等.论文长度增长背景下综合性农业科学类期刊版面、下载与被引关系研究[J].情报工程,2022,8(2):87-96.
[13] 王旻玥,郭伟,陈勇,等.科技期刊读者定制化需求分析:以《中国机械工程》为例[J].黄冈师范学院学报,2019,39(6):56-58.
[14] 王旻玥.科技期刊精准推送服务的实施及优化方法探索[J].黄冈师范学院学报,2021,41(6):89-92.
[15] 汤梅,金延秋,陈禾.基于个性化精准推送服务的中文科技期刊影响力提升策略:以《清华大学学报(自然科学版)》为例[J].编辑出版,2022(10):47-49,88.
[16] 曾文,闫甜甜,刘晓琳.一种基于知识树的科技前沿探测方法:以深度学习领域为例[J].情报理论与实践,2024,47(3):158-162.
[17] 鲍旭腾,谌志新,崔铭超,等.中国深远海养殖装备发展探议及思考[J].渔业现代化,2022,49(5):8-14.
[18] 李晓晴,刘瑞芹,黄冬苹.国外高影响力能源类综合性期刊影响因素分析及启示[J].编辑学报,2019,31(增刊2):289-293.

中医药高校学报助力地方经济发展路径探索
——以《山东中医药大学学报》为例

王 宁，张 怡

(山东中医药大学期刊社，山东 济南 250355)

摘要：中医药高校学报服务地方中医药产业高质量发展是责任使命，亦是生存源泉。以《山东中医药大学学报》开设"海洋中药古今应用研究"专栏为例，探讨中医药高校学报助力地方中医药产业健康发展的可行路径。中医药高校学报要提高服务意识，积极主动融入地方经济社会发展中，依靠本地区中医药资源优势，设置特色专栏，推广科研成果；转变传统观念，形成产学研全方位格局，助推科研成果转化；推动学科建设与学报融合发展及创新链与产业链深度融合，关注人才培养，为地方经济发展提供智力支撑；整合多方资源，创新宣传体系，为地方产业发展助力。

关键词：中医药学报；地方经济；海洋中药；服务意识；人才培养

习近平总书记在党的二十大报告中强调："教育、科技、人才是全面建设社会主义现代化国家的基础性、战略性支撑。必须坚持科技是第一生产力、人才是第一资源、创新是第一动力，深入实施科教兴国战略、人才强国战略、创新驱动发展战略，开辟发展新领域新赛道，不断塑造发展新动能新优势。"党的二十大报告首次把教育、科技和人才一并部署，把科教兴国战略、人才强国战略、创新驱动发展战略放在一起，共同服务于创新型国家建设。在强国建设、民族复兴的新征程中，教育系统要更加充分地与国家战略对接，聚焦人才培养和创新体系发展，积极服务地方经济发展，更好地服务地方高质量发展需求。科技期刊作为记载、传播创新知识和科技信息的主要载体，在地方经济创新发展中发挥着重要作用[1]。高校学报作为高校一分子，也应在服务地方经济社会发展上发力，不能躲在方寸之中、一隅之地，而是应当主动将自己的工作与地方经济发展联系起来，履行服务于地方经济发展的责任和义务。

《山东中医药大学学报》是山东省高校主办的唯一一本中医药学报类科技期刊，在"传承精华，守正创新"的中医药工作方针指导下，进一步明确中医药类期刊的办刊宗旨，坚守办刊初心，将传播地方中药产业创新性发展和创造性转化作为办刊的重点之一，自 2023 年始，开设"海洋中药古今应用研究"专栏，助力山东海洋中药产业发展，为山东省创新驱动发展、经济转型升级提供有力支撑。

1 服务地方经济发展是中医药高校学报的责任

中医药高校学报肩负着研究地方经济与社会发展、高等教育与地方经济发展互动模式的重任，服务地方经济社会发展既是中医药高校学报的重要使命和立足点，也是其生存的根基和发展活力的源泉[2]。然而目前全国 10 多家中医药高校学报服务产业意识不强，发文多集中在实验类、临床经验类、基础理论及应用类研究，导致发表的内容有明显的重复，学科同质化问题严重[3]，地方中医药特色不突出，且不能将与产业相关的科技成果进行有效宣传和转化。

高校学报与专业人才供给和科研创新紧密相关，可以对地方经济社会发展产生深远影响。2016年2月3日，习近平总书记在江西考察江中药谷制造基地时指出，中医药是中华民族的瑰宝，一定要保护好、发掘好、发展好、传承好。但部分中医药高校学报还未能找准自身在区域发展新格局和新业态中的供给定位，主动服务地方经济社会发展的意识不强，推动科研成果转化的积极性和效率不高，严重制约了中医药高校学报在地方经济发展中的贡献能力。

2 依托山东海洋中药特色优势，组织策划专题研究

2.1 山东省海洋中药资源优势

海洋中药是我国特有的具有原创优势的海洋药物资源，也是我国"蓝色药库"的重要组成部分，其传承创新发展对我国海洋药物的开发、完善我国海洋新药创新体系资源领域的战略布局、推动海洋生物医药产业健康发展具有重要作用和意义[4]。

山东省海洋生物资源十分丰富，海水鱼虾260多种，对虾、海参、扇贝、鲍鱼等海洋珍品产量居全国首位[5]。这些海洋生物资源为海洋中药提供了丰富的来源，山东省80种道地药材中有10种是海洋中药，包括石决明、牡蛎、昆布、海马、海螵蛸等，丰富的海洋中药资源为山东省海洋中药的传承创新和产业发展提供了基础，有望成为海洋经济新的增长点[6-7]。

2.2 主办单位山东中医药大学学科平台优势

山东中医药大学拥有青岛市海洋中药研究重点实验室和海洋中药新药发现与开发重点研究室，在全国率先成立了海洋中药学术组织——"山东省中药协会海洋中药分会"，启动了全国第一个海洋中药学术论坛——"'品质鲁药'海洋中药传承创新高峰论坛"，出版了第一部海洋中药本草专著《中华海洋本草》以及《历代海洋本草聚英》，编撰的《海洋中药方剂大辞典》入选国家"十四五"重点图书出版规划。

山东中医药大学青岛中医药科学院和山东省中医药健康产业技术研究院(健康产业学院、成果转移转化中心)一直以临床应用和市场需求为导向，解决海洋中药产业发展面临的"卡脖子"应用基础关键问题，切实增强我国海洋中药研究核心竞争力，推动海洋中药复方及创新药物研发及成果转化，完善海洋中药产业链，致力于打造国内一流、国际知名的海洋中药新药发现与开发科研平台和人才集聚高地。学校着力抓住经略海洋的国家战略机遇，切实促进蓝色经济高质量发展，发挥我国丰富的海洋药物资源优势，为山东省海洋中药产业全链条发展提供不可或缺的技术保障平台，为山东省卫生健康产业发展以及健康中国建设作出新的贡献。

2.3 开设"海洋中药古今应用研究"专栏

海洋中药是中药宝库的重要组成部分，挖掘古籍文献中蕴藏着的海洋中药几千年发展过程中积累的临床用药经验，是海洋中药临床应用和研发的重要前提和基础[8]。近年来海洋中药已逐渐成为中药科研领域的热点，在化学成分、药理作用等方面取得了重要进展。但也仍然面临传统海洋中药资源量锐减、药性信息不全、质量控制标准缺失、文献挖掘和方剂配伍研究太少等挑战[9]。

付先军团队长期以来引入海洋科学、信息学等多学科前沿技术方法进行海洋中药研究，以文献学方法系统梳理海洋中药源流和本草文献，坚持中医药理论指导下的多学科融合发展，在海洋中药文献考证、信息挖掘、药性理论、物质成分、作用机制及产品开发等方面取得了

突破性进展，形成了多学科交叉的海洋中药学科体系。为此，《山东中医药大学学报》编辑部向付先军团队特邀文章，以"海洋中药古今应用研究"为专栏，从2023年7月逐期推出系列文章。目前，该专栏共发表文章6篇，以《山东省海洋中药传承与创新发展现状分析及建议》《海洋中药昆布古今应用研究》《海洋中药石决明古今应用研究》《山东省海马产业现状及问题建议》《山东海岸单叶蔓荆现状分析及保护对策》《医文交融视域下的珍宝海洋中药》等文章系统调研山东省海洋中药研发及产业化现状及影响因素，总结山东省海洋中药发展优势与不足，为海洋强国和健康中国战略背景下山东省海洋中药传承创新发展及海洋中药产业高质量发展提出对策建议，以推动山东省海洋中药产业快速健康发展。

文章刊载后，也及时上传中国知网、万方数据库、维普数据库及"山东中医杂志"微信公众号平台宣传，通过DOAJ等国际数据库实现OA开放获取，累计精准推送1万余人次，获得政府决策者、业内学者及产业管理者的高度关注；并以此实践探索项目，获得2023年"科晋科学计划"编辑学专项科研基金支持，进一步支持后续工作的开展。

3 中医药高校学报服务地方经济发展路径

3.1 主动出击，搭建特色专栏平台促进地方经济发展

中医药高校学报要依托本地区中医药产业优势及本校学科特色，以积极主动的态度融入地方经济社会发展建设当中，把自身的发展与地方经济发展紧密结合，聚焦地方经济社会发展需求，动态观察地方经济社会发展情况，精心策划组稿，设置特色栏目，向专家约稿，切实解决地方经济社会发展的短板和难题[10]。同时，跟踪相关专家团队的科研进展，设置绿色通道，加快文章发表速度，鼓励支持、优先发表有利于成果转化、促进产业发展的科研成果。为地方经济发展提供平台支撑的同时，扩大自身品牌影响力。

3.2 转变观念，形成服务产学研全方位格局

改变传统办刊观念，提高服务意识和站位，形成服务产学研全方位格局，助力地方经济社会高质量发展[11]。着力搭建科研成果转化平台，切实保障科研成果转移转化的信息交流、咨询服务及技术支持等工作，促进企业与科研机构有效的知识流动和技术转移。营造良好的学术氛围和创新生态，打造强强联合、协同发展、合作共赢的新模式，切实提高科研创新成果在本地区的经济、社会、生态转化效益。

作为地方经济发展的重要推动力量，中医药高校学报要在国家和区域发展大逻辑中找准新方位，加强科技成果转化内外联动，与所在区域的高校、企业建立形成协同创新中心，共同开展前沿研究，高质量转化研究成果，依托地方中医药优势资源和重大需求，推动本地区科研成果转化做到实处。

3.3 注重融合发展，关注人才培养

中医药高校学报为中医药领域交流学术思想、展示科研成果、推进成果转化、助力产业发展提供了宝贵场所[12]，需要注重全方面融合发展，尤其是要推动学科建设与学报融合发展及创新链与产业链深度融合发展。中医药专业一流学科建设是中医药高校学报发展的基础，建设中医药一流学科也离不开学报的支持，两者融合发展，方能激发创新活力，形成推动地方中医药产业发展的内在动力。同时，中医药高校学报要紧跟国家政策导向，深入实施创新驱动发展战略，不断加强科技创新与中医药产业发展的内在融合度，将产业优势、区域优势与学报优势深度融合，协同推动地方优势产业稳步发展。

人才是科技发展和经济建设的基石。高校学报作为孕育人才、汇聚人才和各类人才施展才华的重要场所，其自身与所在地区血脉相连、共生共荣，承担着为地方发展提供不竭人才动力的重要任务[13]。中医药高校学报服务地方经济社会发展，更要为地方中医药协调发展提供有力人才支撑。学报尤其要关注青年科学家的成长，培育青年作者群，传播创新研究成果，促进本地区经济社会良性发展。只有充分发挥科技期刊服务经济发展和人才培养的功能，才能更好地为地方经济建设和社会发展提供智力支撑。

3.4 整合资源，创新宣传体系

高校学报与地方经济的内在联系主要体现在科研成果的产出和传播的配合上[14]。因此要重视学报的纽带联络作用，关注企业和地方经济发展的实际需求，把握地方经济发展的热点和难点，有效整合各种资源，组织策划特色栏目，增加学报论文的被关注度和被利用度。通过大数据平台及人工智能技术，对相关科研工作者及企业进行画像，借助期刊中英文网站、学术数据库、OA开放获取平台、微信公众号及精准推送服务等多种方式[15]，创新宣传体系，获取优质稿源，及时推送特色栏目内容，通过栏目特色吸引政府决策者、专业学者及企业管理者的关注，助推地方经济发展。

4 结束语

中医药高校学报作为宣传、展示中医药领域创新知识和科研成果的主要载体，在促进地方中医药产业发展中发挥着重要作用，同时也能在这个过程中不断促进自身的可持续发展。中医药高校学报为地方经济建设和社会发展服务，要充分发挥自己的优势特长，依托所在区域的经济文化教育事业，在地域性上大做文章，才能逐渐形成有别于其他中医药刊物的学术风格，才能在学术导向上形成自己的特色，实现高质量发展。

参 考 文 献

[1] 牛换霞.科技期刊服务区域经济创新体系的路径探讨[J].编辑学报,2017,29(1):27-29.
[2] 陆艳,米慧芝,黎贞崇.学术期刊服务产业高质量发展大有作为:谈非"卓越计划"期刊高质量发展[J].新闻潮,2021(11):57-60.
[3] 潘明佳,陈常青.中医药科技期刊在中医药产业发展中的作用[J].天津科技,2017,44(11):104-108.
[4] 付先军,王振国,武继彪,等.传统海洋中药创新工程研究[J].中国海洋药物,2020,39(4):63-70.
[5] 于思程.山东省海洋生物资源开发利用与经济增长研究[J].合作经济与科技,2022(2):4-7.
[6] 付先军,李卉,任夏,等.山东省海洋中药传承与创新发展现状分析及建议[J].山东中医药大学学报,2023,47(4):386-391.
[7] 彭晓娟,付先军,渠立群,等.山东省海马产业现状及问题建议[J].山东中医药大学学报,2024,48(1):1-9.
[8] 秦昆明,史大华,董自波,等.海洋中药资源综合开发利用现状与对策研究[J].中草药,2020,51(19):5093-5098.
[9] 董争辉.山东省发展海洋健康产业的条件、挑战与对策[J].中国海洋经济,2020(1):20-41.
[10] 王会珍.地方高校学报促进区域经济发展的路径:以《赣南师范大学学报》为例[J].编辑学报,2019,31(2):214-216.
[11] 马欣,王瑞龙,冉春,等.兵器领域科技期刊助力区域经济发展创新研究[J].中国传媒科技,2023(8):63-66.
[12] 钟晓红.对科技期刊服务地方经济社会发展的思考[J].山西煤炭管理干部学院学报,2014,27(1):221-222.
[13] 刘丽,张向辉,杨晓娜,等.高校学报以特色栏目建设为抓手服务地方经济[J].哈尔滨职业技术学院学报,2020(1):80-83.
[14] 李海洋,谌海军,朱民,等.国内中医药科技期刊发展问题及思考[J].出版与印刷,2016(4):10-12,17.
[15] 刘丽.借助网络采编系统提高期刊品牌效应[J].哈尔滨职业技术学院学报,2019(3):82-84.

地方院校学报高品质栏目建设的实践探索
——以《三明学院学报》为例

刘建朝

(三明学院学报编辑部,福建 三明 365004)

摘要：以高品质栏目来推动学术期刊的品牌建设，是众多学术期刊的发展路径之一。《三明学院学报》基于对时代变革、媒体发展、传播领域研究等的认识，创设传播研究栏目，最终由宽泛的传播学研究定位为有特色的"数字人文与文化传播研究"。在栏目建设中，学报坚持开门办栏目，唯质是取；完善专家库，高效审稿；多渠道宣传，扩大影响。学报以多措并举的合力，使栏目形成鲜明的选题特色，刊发了一批高质量、高水平的研究成果。

关键词：学术期刊；特色栏目；文化传播

学术期刊是传播和交流学术成果的重要载体，是营造学术研究风气和推动学术创新的重要平台。近年来，国家高度重视学术期刊建设，推动学术期刊繁荣发展。2018年，中央全面深化改革委员会第五次会议审议通过《关于深化改革 培育世界一流科技期刊的意见》，2019年，中国科协、财政部、教育部、科技部等联合启动"中国科技期刊卓越行动计划"。2021年，习近平总书记给《文史哲》编辑部全体编辑人员回信[1]，对办好哲学社会科学期刊提出殷切期望；同年6月，中宣部、教育部、科技部联合印发《关于推动学术期刊繁荣发展的意见》。针对我国学术期刊主要由高校、科研院所及学会主办，形成期刊布局分散、体量较小、人财物力薄弱的现状，相关政策一方面鼓励探索学术期刊规模化、集约化办刊，推进学术期刊集团化建设；另一方面支持现有学术期刊合理调整办刊定位，"突出优势领域，做精专业内容，办好特色专栏"[2]。后者为广大分散的学术期刊指明了一条办刊方向，也为不少地方院校学报所实践，以改变"全、散、小、弱"的办刊模式。这些势单力薄的学术期刊难以获得整体发展，却可以集中资源办好有特色、有优势的栏目，进而形成学术期刊的品牌专栏。《三明学院学报》创办于1984年，坚持为学术和科研人员服务，把好学术质量关，40年来，学术水平和影响力不断提升。学报还致力于特色栏目建设，其中"应用型本科教育研究"栏目于2018年获评"全国地方高校学报名栏"，2019年获评"全国高校社科期刊特色栏目"。本文以《三明学院学报》颇具特色的"数字人文与文化传播研究"栏目为例，探析地方院校学报高品质栏目建设的实践。

1 栏目创办的基础与定位

学术期刊必须持续跟踪学术研究的态势，积极策划与组稿，为最新研究成果提供学术对

基金项目：全国高等学校文科学报研究会编辑学研究课题(PY2023097)；三明学院高等教育研究课题(SHE2109)

话与争鸣的平台，从而起到引领学术创新、促进学术发展的作用。学术期刊创办栏目，能够以栏目的名称标识凝聚相关的研究者，聚焦相关的研究话题。《三明学院学报》"数字人文与文化传播研究"栏目的设置意在发挥期刊的学术引领作用，而该栏目从无到有，体现期刊对栏目建设基础的认识以及栏目定位的变化。

随着传媒在工业社会向信息社会和数字社会转变的环境下迅速发展，形成于20世纪中叶的传播学与社会政治经济文化各领域的关系变得愈加紧密，传播学研究主题也不断拓展，包括了媒介批评、传播伦理、传媒政策、舆论监督、媒介经济、健康传播、国际传播等等。特别是进入21世纪，众多高校包括地方本科院校开设了新闻传播专业，有些高校将设有传播学专业的中文系升级为二级学院，为突出传播学专业而改称为文化传播学院。高校扩大了传播学研究队伍，随之出现了大量与传播相关的研究成果，这使高校学报等学术期刊的稿源情况发生了变化。为更好地服务相关学术研究，《三明学院学报》在2014年即学报创刊30周年之际，开始策划传播研究栏目，设置了传播研究专栏。从2014—2024年，该栏目经历了2个发展阶段。

第一阶段为2014—2020年，栏目建设处于模糊探索、自由放任状态。《三明学院学报》设置了"传播研究""传播学研究""文化与传播研究"等有关传播研究的栏目，栏目设置缺乏连续性，且各期发文量较少。究其原因，栏目建设处于模糊探索状态，主要依靠有限的自由来稿，只能以来稿情况设置栏目；有时又将单篇的传播研究论文安排到语言、文化、艺术研究等栏目中，不设传播研究专栏。从栏目发文来看，其中与电影、电视综艺、纪录片、文学影视改编等文化艺术传播相关的研究论文占了大部分，在某种程度上反映了传播领域研究的热点问题，也是栏目进一步做好定位的基础。然而，《三明学院学报》在这时期只是笼统地以"传播研究"或"传播学研究"命名栏目，模糊了该栏目在各学报间的辨识度，无法体现出栏目特色。

第二阶段为2021—2024年，积极探索栏目建设，做好栏目特色定位。2021年起，学报将传播研究栏目的定位和更名问题提上议程，并将第1期的传播研究栏目更名为"文学与传媒研究"，区别于一般化的"传播学研究"。同时，学报对当下的传播学研究展开调研，发现政治传播、教育传播、科技传播、文化传播等是传播学较有影响的分支学科，而"文化传播学是最近这些年兴起的一门交叉学科"[3]。文化传播学内涵广泛，具有开放性特征，如华中师范大学文化传播学博士点设立了文学传播、出版传播、影视传播、新闻传播等方向。而传媒艺术是文化传播的主要内容，胡智锋等认为，传媒艺术包括摄影艺术、电影艺术、广播电视艺术、新媒体艺术，以及一些经现代传媒改造了的传统艺术形式[4]。《三明学院学报》编辑部根据传播研究栏目原有基础以及对传播学研究的认识，在"文学与传媒研究"栏目设置2期后，从2021年第5期起将栏目更名为"传媒艺术研究"，使栏目具有更高的辨识度和鲜明的特色。

数字化是近年经济社会文化发展的新环境、新趋势，也赋予传媒艺术或文化传播新的机遇与格局。2022年5月，中共中央办公厅、国务院办公厅印发了《关于推进实施国家文化数字化战略的意见》，明确到2035年建成国家文化大数据体系，中华文化全景呈现，中华文化数字化成果全民共享。2023年2月，中共中央、国务院印发了《数字中国建设整体布局规划》，指出建设数字中国是数字时代推进中国式现代化的重要引擎，是构筑国家竞争新优势的有力支撑，并对打造自信繁荣的数字文化具有明确的规划。此外，福建省是数字中国的思想源头和实践起点，也是数字中国建设峰会的主办地。顺应数字时代的传播情境，《三明学院学报》

邀请传播领域知名教授指导栏目建设，随后将栏目更名为"数字人文与文化传播研究"，定位为探讨数字技术与文化、文艺与传播、网络与人文等交叉融合出现的新现象、新问题，刊发影视报刊传统业态的数字化转型升级、传统艺术的数字化创新、传统文化的现代传播、网络文化文艺发展以及中华文化国际传播等具有重要理论与实践参考价值的学术论文。

可见，《三明学院学报》在对时代变革、媒体发展、传播领域研究等有一定认识的基础上创设传播研究栏目；在栏目定位上，经历了从被动到主动的探索过程；对栏目名称也多次变更，最终由宽泛的传播学研究转向特色的"数字人文与文化传播研究"。在调查中还发现，近年来的传播现象与研究受到学术期刊的关注，但福建省内高校学报并未给予足够的重视。《三明学院学报》"数字人文与文化传播研究"栏目的设置及明确的定位，在省内学术期刊中别具一格，具有一定的特色。

2 特色栏目建设的举措

栏目建设不应只是简单地确定栏目名称，更主要的是根据栏目定位挖掘栏目的独特价值，进行约稿、组稿，宣传和推广栏目，将栏目特色化、品牌化。2021 年以来，《三明学院学报》一方面积极探索栏目的定位，另一方面以多种措施加强栏目的学术质量建设。

2.1 开门办栏目，唯质是取

受学术评价、期刊评价机制等因素的影响，不少学术期刊未能坚守初心，以影响因子等为导向，偏离了服务学术科研的功能。有的期刊要求作者有高级职称，论文要有国家级基金项目资助；有的明确表示不发普通本科院校、大专院校的来稿。这在一些核心期刊当中表现更甚。《三明学院学报》坚持守正创新，贯彻办刊宗旨，尊重和服务学术研究人员，积极支持优秀学术人才成长。2021 年以来，学报延续开门办刊的理念，实行开门办栏目，公开征稿，不作地域、职称等限制。首先向期刊所属院校作者征稿。学报设置传播研究栏目是对所属高校传播学等专业的呼应，为相关研究提供学术交流的平台。其次向省内各院校作者征稿。学报关注省内各院校的文化传播研究情况，积极拓展稿源。最后广泛关注全国范围相关研究作者的来稿。省外设有传播学硕、博士点的高校，其相关研究者基于数字时代语境，将文化艺术与传播交叉结合，进行广泛深入的研究。学报刊发相关研究成果，能够优化栏目稿源，并实现不同地域文化传播研究的对话交流。除了接收自由来稿，学报编辑也主动向文化传播研究领域的专家学者约稿。2023 年开始，学报采取栏目特约主持人方式，邀请厦门大学新闻传播学院副院长、教授、博士生导师谢清果担任栏目主持人，由其向同行学者约稿。不论是自由来稿还是专门约稿，栏目坚持以学术质量为选稿标准，对栏目的所有稿件严格执行"三审三校"制度。学报通过开门办刊，广泛征集稿件，而坚持唯质是取，刊发有学术水平的论文，使栏目成为优秀学术人才公平角逐、公正发表的平台。

2.2 完善专家库，高效审稿

学术期刊实行三审制，通常还增加外审环节，以同行评议的方式对稿件学术质量进行把关；但外审专家审稿存在较多的不确定性，如审稿人事务繁忙、不重视审稿、研究方向不对口等因素延长了审稿时间。因此，加上初审、复审和终审环节，作者给学术期刊投稿后，常需三五个月之久才能收到是否用稿的通知。《三明学院学报》在办刊过程中注重审稿专家库的建设，对于"数字人文与文化传播研究"栏目，期刊编辑收集整理了新媒体传播、影视传播、网络文学等领域方向的审稿专家信息。由于栏目属于交叉学科，传播技术也不断更新，编辑在平时不断完善专家库，使相关的研究论文都有对口的审稿专家。除了收集审稿专家信息和进行精细化的分类管理外，编辑还在审稿过程中评估外审专家的审稿水平。栏目所选的审稿专家要具备高级职称，对传播相关领域有深入的研究，近年发表过相关的高水平论文。但审稿中发现，有的审稿专家审稿较慢；有的审稿专家不够认真，凡送审的皆可用，且没有任何修改意见；有的审稿专家采取高标准，以权威期刊发文的要求来审稿。期刊编辑依据审稿情况等对外审专家进行综合评估，剔除不合适的审稿人，并通过各种方式补充审稿专家。由于具备较完善的专家库，"数字人文与文化传播研究"栏目的稿件在通过初审后，及时安排外审，能够迅速找到相同领域和方向的审稿人，避免因专家不对口、无法审稿等情况而造成延误。对于送外审的稿件，期刊编辑密切关注审稿情况，并及时向作者反馈。

对于综合性学术期刊来说，期刊无法配齐与栏目相同专业学科的编辑，论文学术质量的把关主要依赖同行评议。因此，外审是论文审稿的核心环节，是把握文章学术质量的关键，而选对选好审稿专家对学术期刊的栏目建设十分重要。《三明学院学报》重视外审环节，采取双向匿名制度，要求审稿人从论文的学术性、科学性、创新性、应用性等方面进行审核，保证审稿的客观公正，"数字人文与文化传播研究"栏目延续编辑部的做法，同时做好审稿专家库建设，既缩短审稿周期，提高审稿效率，又保证了栏目文章质量。

2.3 多渠道宣传，扩大影响

为办好"数字人文与文化传播研究"栏目，《三明学院学报》将该栏目设为固定栏目，并借助新旧媒体进行广泛宣传。一是在学报网站的简介和期刊的征稿启事中突出强调传播研究栏目，并列入年度"重点栏目与重点选题"，以引起作者和读者的关注。二是在相关学术会议中推介该栏目，如在福建省传播学会的年会、高校组织的新媒体发展学术论坛等会议中，编辑以线上或线下的方式参会，推介栏目建设情况，提升栏目的知晓度和影响力。三是借助新媒体包括自媒体宣传"数字人文与文化传播研究"刊发的内容。编辑将每期该栏目的目次和文章做成PDF文件等，通过微信、QQ等新媒体转发到微信群、QQ群及相关好友，使更多的该领域研究者关注、了解该栏目。针对新媒体的浅阅读特点，编辑还将每期栏目文章的摘要整理出来，通过微信公众号进行传播，突破微信群、朋友圈的固定对象的限制，实现更广泛的传播。学报在平时进行常规的征稿信息宣传，而在最新刊期出版时以传播栏目研究内容为主，通过学报封面、学报网站、自媒体等，将每年的征稿启事、每期最新目次文章进行宣传推广，向广大作者和读者介绍栏目的动态，同时借以扩大栏目的影响力。

3 高品质栏目建设的成效

经过10年的努力探索与实践，特别是2021年以来多种举措的共同发力，《三明学院学报》"数字人文与文化传播研究"栏目形成了明确的研究领域方向，刊发了一批高质量高水平的研究成果。

3.1 形成栏目的选题特色

"数字人文与文化传播研究"栏目的定位源于学报传播研究栏目的前期刊文基础，即偏重于文化传播研究，而栏目更名与定位后又进一步凝聚相关稿源，形成栏目的研究选题特色。栏目选题主要分为以下几类：其一，研究文学的新形态。传统文学以纸质出版为主，而互联网带来的网络文学是其新形态，改变文学创作、出版与传播。"数字人文与文化传播研究"栏目刊发了相关文章，分析网络文学得以产生、发展并壮大的发展动力[5]，从"生产"与"接受"的博弈视角对 AI 文学文本的审美进行解读，分析网络诗歌提供的新机遇，探讨网络文学书写风格的变迁及其价值引领。其二，研究影视及网络视听。电影电视艺术与传播密切相关，栏目刊发了针对主旋律影视剧如扶贫题材、军旅题材的叙事等艺术处理的研究，还有指向网络电影、悬疑推理网络剧的研究。随着视频直播的兴起，网络视听现象也受到关注，栏目刊文分析李子柒短视频文化传播的深层机制，探析农村老年群体抖音短视频使用，研究乡村青年短视频展演的可见性以及农民短视频消费与日常生活重构。其三，研究传统文化的现代传播。中华优秀传统文化的创造性转化与创新性发展，是当下的研究热点。栏目刊文涉及了传统文化的现代传播研究，如研究女书的跨文化传播，民俗元素在建构经典动画影视风格的作用，以纪录片《穿越时空的古籍》为例探讨中华古籍文化传播创新的日常面向，探析纪录片《中国的宝藏》"他视角"的跨文化叙事。

网络文学、影视艺术及传统文化的现代传播都是数字人文的研究范畴，还有研究者直接探讨数字人文，如研究数字人权的定位及内涵，探讨面向数据、技术、研究范式的图书馆学数字人文研究，探析数字环境下图书馆文献信息资源共建共享策略。"数字人文与文化传播研究"栏目反映文化传播领域的热点，注重历史与现实相结合，深入分析各种现象和问题，而且提出较有新意的见解，能够为相关选题研究提供理论指导与参考，也形成了栏目的选题特色。

3.2 刊发高水平的研究成果

刊发高水平的研究成果，是办好高品质学术期刊及其栏目的重要基础，也是高品质学术期刊或高品质栏目的主要体现。研究成果的水平不能"唯职称""唯课题"，而要以成果本身的学术水平与价值来评判，高水平的研究成果应是理论与实践、传承与创新相结合，实现社会效益与经济效益相统一。但一般而言，由高级职称作者创作、高级别课题资助的研究成果具有较高的水平。2021 年以来，《三明学院学报》传播研究栏目已设置了 13 期，共刊发论文 53 篇，其中约半数作者具有高级职称。这些作者为中国传媒大学、暨南大学、厦门大学、安徽大学、湖南师范大学等高校的知名教授、副教授，如王泽庆、李異平、王海刚、谢清果、周华清、许兴阳、刘建新、张兵娟、燕道成、杨吉华等教授，李明、张一玮、蔡之国、周孟杰、白蔚、史冬冬、李传文等副教授，他们为栏目提供高水平的研究成果，提升了栏目的学术影响力。

3.3 学术影响力高于期刊平均水平

评价论文的学术影响力具有多种标准和指标，知网数据库主要关注论文的下载量、被引次数等，这也是最为直观的表现。从下载、引用情况来看，《三明学院学报》"数字人文与文化传播研究"栏目的下载量、被引用率数值高于学报的平均值。以学报 2021—2023 年的数据为例，截至 2024 年 4 月 11 日，《三明学院学报》下载量排名前 10 的论文中，"数字人文与文化传播研究"栏目的论文就占了 3 篇。从学报及"数字人文与文化传播研究"栏目整体的下载与被引情况来看，如表 1 所示，每年"数字人文与文化传播研究"栏目论文的平均下载量远高于同年学报的平均下载量，如在 2023 年，"数字人文与文化传播研究"栏目论文平均每篇下载 249.62 次，同年学报的平均下载量为 125.37 次，前者几乎为后者的 2 倍。下载量与被引次数存在相关性，从统计可知，每年"数字人文与文化传播研究"栏目论文的平均被引次数高于同年学报的平均值，如 2023 年的 89 篇论文中，有 4 篇论文被引用，共被引 6 次，其中"数字人文与文化传播研究"栏目的论文占了 2 篇，被引用了 3 次。可以说，"数字人文与文化传播研究"栏目具有较高的学术影响力，并以其学术影响力提升了学报整体的社会影响力与学术影响力。

表1 2021—2023年学报及传播研究栏目下载与被引情况

年份	篇数		下载次数		平均下载次数		被引次数		平均被引次数	
	全年	传播栏目	全年	传播栏目	全年	传播栏目	全年	传播栏目	全年	传播栏目
2021	111	14	40 085	9 334	361.13	666.71	253	33	2.28	2.36
2022	99	17	33 615	7 408	339.55	435.76	94	22	0.95	1.29
2023	89	13	11 158	3 245	125.37	249.62	6	3	0.07	0.23
合计	299	44	84 858	19 987	283.81	454.25	353	58	1.18	1.32

4 栏目建设的不足与深化路径

习近平总书记指出："高品质的学术期刊就是要坚守初心、引领创新，展示高水平研究成果，支持优秀学术人才成长，促进中外学术交流。"而高品质的学术期刊基于高品质的栏目，《三明学院学校》创办"数字人文与文化传播研究"等栏目，以期形成有特色的栏目，进而成为高品质的栏目。历经10年的建设与发展，"数字人文与文化传播研究"栏目坚守学术初心，发表一批有学术质量的论文，服务于优秀学术人才，在学报建设的众多栏目中脱颖而出。但是，该栏目在文化传播研究领域的影响力、促进中外学术交流的作用方面还有些不足，尚未如学报的"应用型本科教育研究"栏目成为公认的"优秀栏目"和"名栏"。有学者认为，人文社科期刊的发展趋势不是专业化，而是特色化、专题化、品牌化，要充分发挥期刊编辑的主动性、创造性，主动设置议题，通过选题策划引领学术[6]。《三明学院学报》"数字人文与文化传播研究"栏目创办正是体现出特色化、专题化的发展模式，但学报编辑的主动性与创造性还不够，在吸引优质稿源上还缺乏有效的措施，在扩大栏目影响力方面还没有体系化的机制。

根据栏目建设的现状与不足，首先，学报要主动作为，鼓励编辑在提升编校能力的同时，积极学习栏目涉及的专业学科知识，主动了解相关专业的研究动态与热点，多参与相关的学术会议，成为能够与专业领域学者交流沟通的学者型编辑。其次，学报要发挥编委会等的力量，多宣传学报的特色栏目，以及向高水平的作者约稿。最后，学报要进一步做好栏目的推广宣传工作，可以借鉴其他学术期刊的成功做法，如结集出版栏目的研究成果，将特色栏目多年发表的研究成果进行整理，以专著的形式出版，从而扩大栏目的影响力；可以充分利用各种新媒体或自媒体，将栏目刊发的论文转发到新媒体平台，以及借助视频化的出版模式增强出版[7]，及时而广泛地传播给更多用户；还可以承办各种相关学术会议，借助会议宣传栏目，扩大栏目的知名度，并吸收会议上的优质稿件。总之，"数字人文与文化传播研究"栏目要成为高品质栏目，还要在增加优质稿源、扩大学术影响方面进一步探索实践。当然，学术期刊不能只做好一个栏目，应该以点带面，从个别栏目的成功实践中积累经验，进而努力办好其他栏目，从整体上提升学术期刊的品质。

参 考 文 献

[1] 习近平.习近平给《文史哲》编辑部全体编辑人员回信[N].人民日报,2021-05-11(1).

[2] 中共中央宣传部 教育部 科技部印发《关于推动学术期刊繁荣发展的意见》的通知[EB/OL].(2023-06-13)[2024-04-12].https://www.nppa.gov.cn/xxfb/zcfg/gfxwj/202106/t20210623_4514.html.
[3] 何国梅,万滢安.学术·学科·学报:首届华中学术传播论坛综述[J].社会科学动态,2018(5):120.
[4] 胡智锋,刘俊.何谓传媒艺术[J].现代传播(中国传媒大学学报),2014(1):73.
[5] 许兴阳.疏离与耦合:中国网络文学发展动力分析[J].三明学院学报,2022(2):80-87.
[6] 刘京希,刘曙光,陈双燕,等.学术期刊主编笔谈:学习习近平总书记给《文史哲》编辑部全体编辑人员的回信[J].海峡人文学刊,2021(2):5.
[7] 刘建朝.学术期刊视频化出版转型的探讨[J].河南工业大学学报(社会科学版),2021(6):112-116.

综合性高校学报建设特色栏目的现实困境与可行路径

——以法学栏目建设的问题视野为切入点

周明园

(《上海大学学报(社会科学版)》编辑部，上海 200444)

摘要： 综合性高校学报一直以来占据着我国学术期刊发展和建设的半壁江山，现今，与专业性期刊相比，其影响力和声誉有所下滑。创建特色栏目，应成为综合性高校学报长效发展的重器。当前，综合性高校学报建设特色栏目面临的主要困境一是在于高校背景下期刊建设存在一定的内生局限性，二是专业性期刊的迅猛发展给综合性高校学报带来一定的外在压力。对此，应以问题视野为切入点，完善传统的以学科划分为基础的栏目编排。具体可从下述方面谋求：一是以高校背景为依托切入问题；二是以学校内部较为成熟的学术团体为背景分析问题；三是关注并持续深耕热点问题；四是考虑与现有优质栏目跨学科的结合而提炼问题。综合性期刊与专业性期刊作用不同，不能相互替代，应共同发展，助力我国学术期刊体系的建设。

关键词： 综合性期刊；高校学报；特色栏目；问题视野；法学研究

我国现代学科体系的完善和学术环境的养成与我国学术期刊的建设历程基本呈现相同脉络。从历史溯源看，学科的分类促进了学术团体的形成，这与学术期刊的出现相得益彰。1918年，蔡元培依托国立北京大学下设的研究所，开始编辑、出版《北京大学月刊》，是中国早期极具典型意义和大学学报形态的学术刊物[1]。此后，各类综合性学报和专业性刊物纷纷涌现，学术期刊体系初现规模，也为我国现代学术制度的建构奠定基础。

当前，综合性高校学报的发展脚步已走过 100 多年，与专业性期刊明确的学科指向、细化的研究领域相比，在高校科研考评、用人机制、办刊体系等背景约束下，综合性高校学报的影响力和声誉明显有所下滑。现有情势下，如何建设特色栏目，走出综合性刊物的特色化路线，进而提高综合性高校学报的办刊水准值得从业者思考。对此，综合性高校学报可尝试以问题视野为出发点，完善传统的以学科分类为基础的栏目策划模式，谋求可持续性发展路线。

1 综合性高校学报建设特色栏目的现实困境

综合性高校学报建设特色栏目存在的困难可概述为两个方面，一是高校背景下期刊建设确实存在一定的内生局限性，二是专业性期刊的迅猛发展给综合性高校学报带来一定的外在压力。

1.1 综合性高校学报自身的局限性

高校学报一校一刊的创办理念为其迅速扩容、发展提供机遇,但也带了"千刊一面""学术垃圾"等负面评价。在高校体制的约束下,学报想走出改革、创新之路确实较为艰难。从现有体制看,高校学报虽隶属高校,但出版涉及的管理、审批权限则隶属新闻出版总署(省市新闻出版局),很多高校也不具备编审系列的职称评定权限,导致高校学报主管、主办单位分离的客观情况。可见,由于高校隶属的教育部无法单方面改变高校学报体制,而新闻出版总署也无法有效介入高校学报的具体办刊事务,这种管办分离的格局,从制度层面决定了对高校学报的改革需要较高的成本[2]。"学术期刊,尤其是拼盘式的综合性期刊,'趋同化'现象非常严重。……编辑方针趋同,编辑模式趋同,栏目设置趋同,甚至探讨的社会热点问题也趋同。大家一味走'泛综合化的路子'。文学、史学、哲学、经济学、法学、社会学、教育学面面俱到,众刊一面,……"[3]这是对高校学报办刊模式较为客观的评价。高校学报趋同的背景催生出趋同的办刊模式,导致其建设特色栏目存在一定困难。以法学研究栏目为例,当前综合性期刊开设法学研究栏目并不罕见,而在综合类期刊的背景下,大部分高校学报的法学论文涵盖了几乎各个方面的部门法,没有具体的分类,没有突出、鲜明的特色,这与高校学报的发展背景直接相关。与此同时,在人员配置方面,由于高校的编制和定岗原因,编辑部人员相对有限和固定。对于法学研究栏目,专业性期刊法学编辑多具备不同部门法的学科背景,在初审层面可以较好地从不同部门法角度把握稿件质量;而多数开设法学研究栏目的综合性期刊只有一位甚至没有专业的法学编辑,对编辑而言挑战较大。法学学科体系庞杂,除传统的民商法学、经济法学、诉讼法学、国际法学等外,当前数字法学、技术法学、教育法学等新型法律学科是学术理论研究的热点。由于编辑专业背景有限,需要高度依赖外审专家的支持,以对来稿文章进行甄别。笔者在工作中接触到优质的外审专家,通过匿名审稿得出约稿稿件予以采纳的意见,同时给出退稿稿件较为翔实的意见,得到作者的理解和认可,但对此类优质的外审专家,当前高校学报的审稿费用相对较低,因而难以长久建设、丰富外审专家数据库,反之不利于优质稿件的识别和遴选。固然,学术期刊办刊经费多依赖财政支持,难以通过发行实现自给自足,这符合学术期刊不能完全实施市场化路线的特征,但在高校收支两条线为原则的大前提下,总体经费相对有限和固定,也难通过其他渠道获取经费或人员上的支持。由于经费、版面有限,专业不细化的客观原因,学术顶流的文章多以专业性期刊为首选,综合性期刊向具有较高学术声誉的作者约稿、组稿难度较大,而自由来稿文章题目较散、水平有限,发文又主要依靠约稿和组稿,而稿费普遍较低,实践中工作较难展来。以上原因导致高校学报总体栏目建设较为宽泛而缺乏重点,难以体现特色。

1.2 专业性期刊的优势地位

从影响因子、发文量、专业细化等方面分析,专业性期刊的优势地位在学术界已十分明显。从法学整体的学术评价体系上看,法学学术期刊评价机制与标准很多,认可度较高的是中国法学会确定的中国法学核心科研评价来源期刊(China Legal Science Citation Index,CLSCI)即"法C"期刊的评价模式。"法C"期刊是法学类高水平专业性期刊的代名词,各个高校法学院均将在"法C"期刊上的发文作为科研评价的首要指标,因而具有较高的学术地位和学术影响。据2023年《中国学术期刊(光盘版)》电子杂志社有限公司(中国知网)发布的《中国学术期刊影响因子年报(人文社会科学)》统计,社科类综合性高校学报影响因子位居高位的为9.905,而全面考察 70 余本综合性高校学报 CSSCI 来源期刊,影响因子排名较高的中位数多为 3~5 左右。与此相对的是,"法 C"期刊的影响因子全部高于 7,中位数多处在 9~10 左右,其中《中国法学》《比较法研究》的影响因子分别高达 17.708、19.472。在当前的学术环境下,"法 C"期刊内部本就竞争激烈,在此背景下,综合性期刊很难与之一较高下。此外,有学者对我国综合性高校学报类 CSSCI 来源期刊进行梳理,将综合性高校学报法学研究栏目的设置情况分为三大类型:一是必设栏目,二是常设栏目,三是不设栏目。由于综合性高校学报能够给予某一专业的版面均较为有限,从发文量上看,将法学研究栏目作为必设栏目的综合性高校学报刊发的法学论文数量至多为一年发文 40 篇左右,如《暨南学报(哲学社会科学版)》和《重庆大学学报(社会科学版)》,最少的一年发文仅为 10 篇左右,内部比较差距较为明显,总体数量不具备优势[4]。此外,从专业细化方面考虑,法学学科体系巨大,一方面,在各部分法的传统分类下,理论和实践问题深厚而庞杂;另一方面,聚焦于人工智能等数字法学领域涉及的新兴权利问题更是引发学者关注。对于法学专业性期刊,传统理论和实践问题的选题尚有一定生存空间,而对于综合性期刊而言,多依靠"蹭热点"的选题来引起关注度,长此以往,并不利于理论扎实且关联实践的总体学科建设。这些均导致优质稿件向专业性期刊的聚集,巩固了专业性期刊的优势地位。

2 综合性高校学报建设特色栏目的可行路径:聚焦问题视野

在综合性高校学报内生局限性和专业性期刊的外在压力下,目前的情况是,在专业性期刊发展较为完备的学科,如法学、经济学等学科,综合性高校学报明显处于劣势;而在专业性期刊规模较小的哲学、文学等学科,综合性高校学报尚能占据一定优势[5]。2002 年,《教育部关于加强和改进高等学校哲学社会科学学报工作的意见》中明确指出,要充分认识哲学社会科学学报在发展繁荣哲学社会科学事业中的重要地位与作用,切实加强与改进学报工作,不断提高办刊水平。在此基础上,2003 年,教育部实施"名刊工程",首批入选的均为综合性高校学报,继而开启了综合性高校学报走特色化路径,推出特色栏目的探索之路。尽管有学者犀利而精准地指出,所谓特色化发展道路,实则是"急于走出同构困境的高校学报在专业化暂时行不通的情况下,……交织着希望与无奈的选择"[6],但历时多年,在专业性期刊强劲发展的环境下,特色栏目的建设依然能为综合性高校学报的特色化发展提供长效助力。结合现有经验及笔者的工作实践,应以问题视野为切入点,完善传统的以学科分类为基础的栏目编排。具体而言,可从以下几个方面推进。

2.1 以高校背景为依托切入问题

例如,《中国地质大学学报(社会科学版)》在高校以地球科学领域的研究为主线的背景下,开设了"资源环境研究—环境资源法"栏目,刊发的文章均围绕这一主题。从最近几期的目录上看,《论污染环境罪的罪过形式"包括过失"——层级罪过说之提倡》(苏永生、史山庚,2024 年第 2 期)属于刑法学方向;《专门生态环境诉讼制度的法典构造》(吴勇、郭兰潇,2024 年第 1 期)属于诉讼法学方向;《跨界海洋环境损害预防性救济的体系整合》(马得懿、陈璐,2023 年第 6 期)属于国际法学方向,可见这一栏目的编排并非以传统的部门法作为划分方式,而是紧密围绕环境法这一主题,从不同角度组稿,有利于话题的聚焦,特征鲜明。

2.2 以学校内部较为成熟的学术团体为背景聚焦问题

对此较为有代表性的是《山东大学学报(哲学社会科学版)》开设的"法律与政策实证研究"

栏目。自中央全面倡导法治中国的新时期以来，山东大学培养了以陈金钊、谢晖等为代表的诸多法理学、法律论证、法律思维、法律修辞方法等方面的重要学者，形成了这一领域颇有建树和影响力的学术团体。例如，全国法律修辞学研讨会最初由山东大学(威海)陈金钊、南开大学刘风景、中山大学熊明辉、上海师范大学蒋传光等教授发起，现已由山东大学(威海)、南开大学、中山大学、华东政法大学等高校连续举办十余届。此外，2005—2019 年，《山东大学学报(哲学社会科学版)》做了 13 次法律方法论年度学术研究报告，内容涉及法律方法论学科意识的觉醒、法治迈向法官法时代、法律方法论研究的困惑与执着等，使法律解释以及法律解释学得到了较大发展[7]。依托这一背景，《山东大学学报(哲学社会科学版)》下设"法律与政策实证研究"可谓正逢其时，走出了其特色化发展的路径。

2.3 关注并持续深耕热点问题

对此，较好的例证是《东方法学》创设的"智慧法治"栏目。尽管《东方法学》本就是专业性期刊，但其在专中取精，聚焦于人工智能等新兴领域的理论和实践问题，在法学类期刊中享有较高声誉。《东方法学》于 2017 年刊发《人工智能有限法律人格审视》(袁曾，2017 年第 5 期)一文受到高度关注[1]，后迅速把握先机，于次年开设"智慧法学"栏目。据笔者粗略统计，与之相关的代表性文章如《构建智能社会的法律秩序》(张文显，2020 年第 5 期，被引 353 次)、《数据确权的困境及破解之道》(韩旭至，2020 年第 1 期，被引 339 次)、《人工智能法学研究的反智化批判》(刘艳红，2019 年第 5 期，被引 341 次)、《区块链与未来法治》(郑戈，2018 年第 3 期，被引 396 次)、《"电子人"法律主体论》(郭少飞，2018 年第 3 期，被引 326 次)、《人工智能时代对民法学的新挑战》(王利明，2018 年第 3 期，被引 385 次)、《人工智能时代的司法权之变》(季卫东，2018 年第 1 期，被引 475 次)、《人工智能时代的"内忧""外患"与刑事责任》(刘宪权，2018 年第 1 期，被引 405 次)等，被引次数极高，学术反响较好。目前，《东方法学》按年度举办"智慧法治"学术征文论坛，持续在这一领域输出优质文章，继续加深其学术影响。

2.4 考虑与现有优质栏目跨学科结合进而提炼问题

以笔者所在的《上海大学学报(社会科学版)》为例，在目前的栏目建设上，一方面，影视理论研究栏目被评为教育部名栏，具备一定优势；另一方面，得益于两位主编的专业背景，从文章质量、作者层次、独作率、文献转载和引用率角度衡量，文学/文艺理论研究的栏目建设情况亦相对完善。有鉴于此，就如何走好《上海大学学报(社会科学版)》法学研究栏目的特色化道路这一问题，笔者思考是否可以尝试开设"文化法学"栏目。文化法学、文娱法学、影视理论法学是当前学科建设下重要的新兴法学领域。2023 年 2 月 26 日，中共中央办公厅、国务院办公厅联合印发了《关于加强新时代法学教育和法学理论研究的意见》(以下简称《意见》)，明确提出要加快完善法学教育体系，优化法学学科体系，适应法治建设新要求，其中首次提出要加强文化法学等学科建设[8]。中央文件首次对加强文化法学学科建设提出明确要求，在文化法学理论研究和实践发展以及在社会主义文化强国建设历史进程中都具有里程碑意义。文化法学是一门时代孕育的新兴学科、面向实践的应用学科和多元交叉的复合学科，加强文化法学学科建设符合社会主义文化强国建设的实际需要，也是全面依法治国的必然要求。《意见》的出台对文化法学学科的繁荣发展具有重要意义[9]。目前，在中国知网进行检索，已有法学研

---

[1] 截至目前，中国知网显示该文被引已达 900 次。检索日期为 2024 年 4 月 28 日，下同。

究者对文化法学的内涵、性质、体系、价值等展开论述[2]，但相关成果并不多见，可见这对于法学学科建设而言是一个值得关注并长期投入的重点问题。可以预见，开设"文化法学研究"栏目对于《上海大学学报(社会科学版)》法学研究栏目建设当有一定助益，不失为发展特色栏目的可行切入点。

3 结束语

无论历史还是当下，综合性高校学报一直占据着我国学术期刊发展和建设的半壁江山。尽管我们必须承认的是，专业性期刊所具备的优势是显而易见的，"任何一项成功的综合性研究都必须建立在大量专业性个案研究的基础之上，这就决定了专业研究的基础地位。在数量关系上，专业研究要远远超过综合研究。反映在为科研服务的学术期刊上，专业期刊应该占据学术期刊大多数甚至绝大多数，才能适应和满足科研的需要"，但这并不是说综合性期刊已无用武之地。当前，科学的发展呈现出两种不同趋势，即分工更加精细的专业性研究和复杂课题的跨学科综合研究[10]，这正意味着完善的学术体系的建设需要专业性期刊和综合性期刊一同发展，齐头并进。专业性期刊与综合性期刊恰好顺应上述两种趋势，具有不同的功能和作用，不能相互替代[11]。因此，综合性期刊要把握并发挥自身优势，采用开放包容的视角，突出特色领域，做精专业栏目，走特色化路径，打造综合性期刊长足发展的重器。

参 考 文 献

[1] 宋月红,真漫亚.蔡元培与《北京大学月刊》:兼论蔡元培对北京大学的学术革新[J].北京大学学报(哲学社会科学版),1997(6):65-73.

[2] 杨红香.高校社科学报的综合性与专业性:困境与突破[J].湖南科技学院学报,2014(6):187-189.

[2] 张耀铭.中国学术期刊的发展现状与需要解决的问题[J].清华大学学报(哲学社会科学版),2006(2):28-35.

[4] 郭昌盛.综合性高校学报类期刊法学栏目的设置与建设:基于 74 本高校学报类 CSSCI 来源期刊的观察与思考[J].福州大学学报(哲学社科科学版),2024(1):139-144.

[5] 王文军.分学科评价：综合性学术期刊评价的合理路径:以教育部"名刊工程"入选综合性学报为例[J].南京大学学报,2011(3):140-146.

[6] 朱剑.纳凿之惑:特色化与高校学报的发展[J].云南师范大学学报(哲学社会科学版).2009(5):88-94.

[7] 陈金钊,陈星伟.逻辑嵌入法理的历史:新中国法律方法论研究 70 年演进[J].上海大学学报(社会科学版),2023(1):1-18.

[8] 中华人民共和国中央人民政府.中共中央办公厅 国务院办公厅印发《关于加强新时代法学教育和法学理论研究的意见》[EB/OL].(2023-02-26)[2024-04-28].https://www.gov.cn/gongbao/content/2023/content_5745286.htm.

[9] 中国法院网.2023 年度中国十大文化法、传媒法、文娱法事例简介及入选理由[EB/OL].(2024-01-10)[2024-04-28].https://www.chinacourt.org/article/detail/2024/01/id/7753208.shtml.

[10] 朱剑.高校学报的专业化转型与集约化、数字化发展:以教育部名刊工程建设为中心[J].清华大学学报(哲学社会科学版),2010(5):5-27.

[11] 钱澄.高校学报专业化转型与特色栏目定位[J].重庆大学学报(社会科学版),2018(1):82-91.

---

[2] 例如，周刚志,朱兵：《论文化法学学科：性质、体系及价值》，《时代法学》，2023 年第 5 期；刘承韪：《我国文化法学的内涵与原则》，《山东大学学报（哲学社会科学版）》，2023 年第 5 期。

虚拟专题提升农业科技期刊出版服务能力的前景探析

张 莹，吕平香

(中国农业科学院植保所《中国生物防治学报》编辑部，北京 100193)

摘要：为积极融入农业科技创新体系，积极探索农业科技期刊服务我国农业科技创新的具体路径。采用信息搜索法，调研了中国知网收录的 404 种农业类科技期刊出版虚拟专题的情况，总结了选题策划方向，探讨了农业类科技期刊虚拟专题在期刊集群化和 AI 大语言模型应用背景下的出版模式和作用。在期刊集群化出版和人工智能大语言模型出版背景下，虚拟专题可从更广阔的视野、多维度实现期刊论文资源的有效整合，有利于生成式 AI 大模型对期刊历史文献的梳理，对不同类型文献的综合分析和整理，助力科学研究的前期调研。

关键词：虚拟专题；AI；农业科技期刊；期刊集群

有研究表明，80%以上的科研成果发表在科技期刊上，科技期刊是科技知识的重要载体，农业科技期刊是传播农业科技信息的重要载体[1]，是推广农业新技术、新产品、新成果的重要媒介，在实现农业科技成果的传播和转化的过程中起到了重要的桥梁和中介作用。为积极融入农业科技创新体系，应积极探索科技期刊服务我国农业科技创新的具体路径。单个科技期刊由于市场化程度低，产业集中度低，这种分散办刊的模式严重制约了期刊的发展[2]。每个期刊都有悠久的办刊历史，有海量的库存论文，而且发布的很多优秀的内容不被读者熟知或者逐渐被读者遗忘，这种局面也严重限制了农业科技知识传播的广度和深度。因此，必须充分挖掘期刊的自身资源，利用现代技术手段，创新农业科技知识传播方式[1]。当前，期刊出版行业正面临数字化转型与创新发展的挑战，亟须转变与更新传统的编辑出版理念与形式，运用数字化技术和工具提高生产效率和出版质量[3]。出版产业的发展一直与新技术的应用有着紧密联系，新技术在出版产业中的每一次应用都会极大推动出版生产力，人工智能(Artificial Intelligence，AI)技术的应用也深受出版从业者的关注[4]。AI 大语言模型在科技期刊上的应用前景广阔，可实现对期刊数据资源的再利用。AI 大语言模型以庞大的科技论文为基础，通过筛选、提取论文主旨内容，以更广的视野对不同类型的文献进行综合分析，可帮助读者全面了解各领域的研究进展和发展规律，由于科技期刊论文内容涵盖各个专业领域，通过对不同领域论文的交叉和整合可形成新的见解，预测各领域未来的发展趋势和研究的生长点。

虚拟专题是在已发表论文的基础上，以作者和读者的文献信息需求和研究方向为导向，将期刊的论文按不同主题重新整合、整理、分类，将常规刊期的论文并入相关主题的专题，

基金项目：中国农业期刊网研究基金项目(CAJW2024-039)

合成一个新的虚拟专题[5]，集中推送，以方便不同专业领域、不同需求的读者群体集中查阅、追踪最新研究成果、技术和行业信息。虚拟专题是对海量的库存论文进行深度挖掘，重新分类，可实现论文的重新利用，将数千万篇文章按主题或特定目标筛选分类，重新整合，可为AI大语言模型高效地搜索出大量与选题相关的内容，有效地筛选出关键信息、隐蔽性信息和相关性强的信息，提供精准的信息支撑[4,6]。

农业科技期刊的用户包括科研院所专家、管理部门领导、农技服务人员、农民等产业链上下游的相关人群。农业期刊一是面向科研人员，发表最新研究和应用成果，传递创新思想和理念；二是面向管理部门，协助宣传国家行业政策，上传下达；三是面向基层农户、农场和企业，分析市场现状并预测行业走势；四是面向广大农民，提供科学健康养殖和用药指导，同时将农民的需求反馈给管理部门和企业，从而促进产业升级[7]。农业期刊由于其读者群体的庞大和多样性，为满足不同行业和不同受众的需求，实现精准推送，农业期刊需要提升出版服务能力。

本文对中国农业科技期刊出版虚拟专题情况，选题策划方向进行了总结，探讨了虚拟专题在期刊集群化和AI大语言模型应用背景下的出版模式和作用。

1 中国农业类科技期刊出版虚拟专题情况和选题策划建议

1.1 农业类科技期刊出版虚拟专题情况

采用信息搜索法，调研了中国知网收录的404种农业类期刊出版虚拟专题的情况，包括农业科学综合类期刊104个，农业基础科学类期刊22个，农业工程类期刊20个，农艺学类期刊50个，植物保护类期刊21个，园艺学类期刊25个，林学类67个，畜牧、兽医类期刊71个，水产类期刊24个，其中包括国内主办的英文期刊12个。通过微信搜索期刊公众号，对单刊型虚拟专题的出版情况进行统计分析，下面对部分期刊出版虚拟专题的主题和特点进行分析，具体如下：

(1) *Journal of Integrative Agriculture* 编辑部通过微信公众号发布虚拟专题60个(截至2023-08-18)，刊发论文学科方向包括作物遗传育种、农业生态环境、耕作栽培、动物医学、害虫抗药性、动物遗传、农业经济管理、智慧农业、食品科学等。其中，种子育种研究相关的三大虚拟专题——"水稻遗传育种""麦类遗传育种""玉米遗传育种"等专题均契合国家全面实施生物育种重大项目，实施种业振兴的重大国家战略。虚拟专题提供的论文信息及内容包括中文导读和全文。

(2)《江苏农业科学》，将2019—2022年发表的论文，以学科、研究对象、技术进行重新组合，发布虚拟专题22个，主题内容涉及资源与环境、植物保护、园艺与林学、遗传育种与耕作栽培，油料作物，经济作物，水果、转录组学、表型组学、农业工程与信息技术，生物技术等，单期平均论文收录量8~16篇，平均9.8篇，收录周期为12个月。在第五个中国农民丰收节之际，出版"金秋庆丰收—粮油作物精选"虚拟专题，精选2022年发表的长三角地区主要粮油作物水稻、小麦、玉米、油菜相关论文10篇，"农业工程与信息技术"虚拟专题集成农业智能装备、农业机械化及其自动化、农业大数据分析技术等论文10篇，专题内容立足地区特色和研究优势，精准定位读者群体，达到了定向推送，精准传播的目的。

(3)《作物学报》，2018年发布虚拟专题玉米生物学与遗传改良，专题里收录2015—2018年出版的与主题相关的46篇综述和研究论文；2019—2023年，每个年度，将发表在《作物学报》的论文主题对象按照水稻、玉米、麦类作物进行重新分类，制作成辑，在公众号集中推送。按照基金项目分类，共发表玉米-栽培生理、麦类作物-栽培生理、水稻-栽培生理国家自然科学基金产出论文专题3个，遗传育种-栽培生理国家高技术研究发展计划(863)产出论文、国家重点基础研究发展计划(973)产出论文、国家重点研发计划产出论文专题3个，国家现代农业产业技术体系建设专项产出论文和国家转基因生物新品种培育重大专项产出论文专题各1个；按照研究热点分类，发布作物基因编辑、作物加权基因共表达网络分析、作物全基因组关联、气候变化与作物生产、智慧农作、作物耐盐性研究、作物耐旱性研究相关专题共11个。虚拟专题的主题既突出刊物特色和行业热点，又与基金项目相结合，对期刊收录的论文进行了全方位的展示，提高了库存论文的阅读量和利用率，实现了已发表论文的再利用，也达到了精准推送的目的。

(4)《云南农业大学学报(自然科学版)》，2022—2023年，发布云南农业大学鲁绍雄教授团队猪种质资源特性研究，农田突然增碳、减排及氮素转化，葡萄种质资源和栽培，水稻种质资源和栽培，作物多样化种植，玉米种植资源与栽培虚拟专题共6个。专题内容突出当地特色和研究优势，通过出版专题，可以加快研究成果的传播和应用，推动学术界和产业界的合作，同时也鼓励了更多作者将研究成果发表在该期刊上。

1.2 农业类科技期刊虚拟专题选题策划建议

虚拟专题充分利用单刊掌握的作者资源、信息资源和媒体资源，通过精准推送服务扩大期刊的影响[8]，其出版形式灵活，尤其对于读者群体广泛的农业类科技期刊，虚拟专题的内容可针对科研人员、管理部门人员、农技服务人员、农民的不同身份进行定制服务，可满足不同领域受众的需求。

(1) 面向科研人员，虚拟专题应立足学术前沿和研究热点，聚焦国家重大科学问题和创新技术，帮助全面了解学科动态，追踪最新研究成果。期刊的论文以时下热点领域按主题重新组合，可梳理一段时期内的论文，就此组织回顾性的虚拟专题，体现出近年学科发展脉络，集中推送，以方便不同专业领域的读者集中查阅。这类虚拟专题的精准推送可能取得比论文初见刊时更高的关注度，同时也是期刊与作者、与学科共同成长的体现[5]。如《武汉大学学报(理学版)》组织的"知识图谱"虚拟专题，为近几年发表于中的文章。又可以围绕某一位作者、某个团队、科研机构一段时期内的发文进行梳理，组织虚拟专题，形成一个有针对性的展示，通过其影响力促进传播，吸引其他相关方向的学者对期刊的关注，如《上海交通大学学报》推出虚拟专题王建华教授交大学报发文纪念合集，王建华教授及其团队将《上海交通大学学报》作为传播最新学术信息、发表最新研究成果的媒介之一，自1998年至2018年在交大学报中英文版上发表论文102篇(其中中文论文74篇，英文论文28篇)，被引总数1 317次，下载总数25 593次，为交大人才培养做出了杰出贡献。《上海交通大学学报》借此专题，不仅纪念王建华教授，更可温故知新、彰显传承，鼓舞青年学子接力精神火炬，继往开来，勇于攀登科研高峰。此外，在纪念日等具有纪念意义的时刻，可以整理特定时期内高影响力的论文作为虚拟专题推送，这既是科技期刊产生的社会效益，又有助于用户深入了解期刊，对期刊产生认同感[5]。如吉林大学化学学科创建70周年之际，CCS Chemistry推出"庆祝吉林大学化学学科创建70周年CCS Chemistry虚拟专题"，收录了CCS Chemistry创刊以来来自吉林大学化学学院的51篇文章，内容涵盖超分子化学与自组装、可持续与适应性材料、微孔/中孔催化、能源材料、光电材料与技术、手性纳米材料等领域，集中展示了吉林大学化学学院在化学及相关领域所取得的前沿研究成果。

(2) 面向基层推广人员，虚拟专题内容应致力于宣传"三农"方针政策，聚焦农技推广主阵地，广泛宣传农业新技术新产品，及时提供农情信息服务，政策解读，行业市场趋势报告。基层农业技术推广人员是连接先进农业技术与农民之间的纽带，针对这一特殊群体，虚拟专题应从农业政策法规、农业栽培技术、农业气象监测、畜牧业疫病诊断与检疫防疫技术、动物/家禽养殖技术、病虫害防治技术、经济水产养殖技术、农机农业技术推广作业技术和安全生产技术等方面组织专题，紧密结合当地农业生产实际，帮助推广人员不断进行知识更新，紧跟农业现代化的发展步伐，引导农民推广应用成熟的农业新技术和新机具。

(3) 面向农场、合作社和农民，虚拟专题应注重推送实用性强，能够指导生产的农事操作技术和市场供求类、金融及农业政策服务类等方面信息。如科学健康养殖和用药指导等，疫病疫情、保险类、农产品质量安全管理类内容。专题内容以应用技术类和科普类的论文为主，注意将专业知识和科普元素结合起来，推送内容可读性强，文字表达简洁明了、通俗易懂，图片处理符合大众阅读习惯。每年的春耕春播、农民丰收节、冬春农闲时，与地理分布和区域农业特色相结合，定制出版虚拟专题，精准推送给合作社和农户。推送内容与农事季节配合，为用户提前做好农事安排。满足人民群众信息需求的同时增强科技期刊的传播效果。

2 虚拟专题提升农业科技期刊出版前景探析

2.1 农业科技期刊虚拟专题增强出版能力探析

农业科技期刊都有悠久的办刊历史，有海量的库存论文，而且发布的很多优秀的内容不被读者熟知或者逐渐被读者遗忘，这严重限制了农业科技知识传播的广度和深度。由于其读者群体的庞大和多样性，农业期刊需要提升出版服务能力，应关注行业内广大同行的科研和生产需求，以满足不同行业和不同受众的需求，实现精准推送。

出版虚拟专题是农业期刊增强出版能力的途径之一。论文的发表并不是期刊服务工作的结束，期刊应做好总结，解读和推广工作以维持论文内容的活力。农业科技期刊应加强热点、重要论文的持续维护，扩大影响。这方面，不是简单地将发表后的论文在公众号等平台上推送，而应从用户学习角度出发，对知识进行及时的总结和归纳，使用视频、讲座等多种形式，多形态展示学术成果，重点内容邀请专家作者详细解读，拓展论文的研究背景、目的意义和方法过程。

农业科技期刊编辑部应在出版虚拟专题时，充分利用现代技术，挖掘论文内容价值，做好论文的归纳、解读、宣传和推广工作，应重视视频摘要、直播和讲座的应用，对发表的论文内容进行及时的归纳总结，对知识进行系统的梳理，充分借助融媒体和人工智能等新技术深度赋能论文内容的宣传和推广工作，实现论文内容增值，多方式呈现的学术成果易于知识应用和共享。

2.2 农业科技期刊集群背景下虚拟专题出版探析

期刊集群通过集合、专业办刊等方式，使各类期刊优势互补，实现了刊群内共同使用出版资源，改变了传统单刊的办刊方式，达到刊群层次整体提升的目的。农业科技期刊作为乡村振兴和三农服务成果的重要载体，集群化发展势在必行[9]。利用大数据和知识挖掘技术对刊群出版内容深度分析可以更好地服务于期刊发展[10]，通过出版虚拟专题可建立强大的专业数据库，可更高效地服务于科技创新。

期刊集群平台拥有学术资源更加丰富，使用大数据分析进行虚拟专题组稿，虚拟专题的策划和制作涵盖的专业范围更加广泛，收录的内容可经过严格的选择和筛选。如陶华等[8]报道Wiley Online Library平台(http://onlinelibrary.wiley.com/)截至2021年5月11日，共搜索到528期虚拟专题，虚拟专题覆盖医学、化学、生物学、资源环境科学、材料学、药学和物理学的前沿热点；中国科学院生态环境研究中心的E方知库刊群共刊发了76期虚拟专题(截至2022-08-18)，刊发论文学科方向包括天文学、理论天体物理学、天体化学、大气科学、海洋科学、环境工程学等。中国科技出版传媒股份有限公司下设的地球与环境科学信息网(Environmental Earth Sciences，EES)2015—2017年共刊发了22期虚拟专题，专题主要集中在资源环境科学和测绘学领域。

农业科技的发展态势为农业科技期刊出版工作提供了广阔的发展空间，农业期刊集群平台虚拟专题是多维度展示科技期刊的文章资源内容的主要形式，结合农业的学科特点和读者需求、知识结构差异化等特点，虚拟专题的出版应集合各农业期刊的特长，从推送学术成果、推广先进技术、宣传科普知识三个方面组织虚拟专题，兼顾科研、管理、企业、基层推广、农场和农民的不同需求，借助农业科技期刊出版平台，建立农业领域的知识体系和专业数据库，精准推送农业期刊上的优质内容，在提高平台服务能力的同时，提升农业期刊优质内容的传播范围。

2.3 AI大语言模型背景下虚拟专题出版的意义探析

人工智能技术依托海量数据进行学习、建模和计算，提高了数据分析和预测的精准度，不仅可以深入学术期刊创刊以来刊登过的所有文章，机器已经广泛地参与到学术文献的写作中，随着智能化程度的提高，其生成的文本质量也会越来越高。

实际上，在学术研究的背景调查过程中，AI大型语言模型可以提供非常强大的助力：其具有快速准确的搜索能力、清晰有效的总结能力，能够帮助研究人员进行初期调研，替研究人员节省大量时间，也能避免研究人员因调研不完善而采取错误的研究途径。而且，AI大型语言模型能提炼文献主旨，直接介绍重要的研究成果及研究过程，能够帮助研究人员迅速掌握相关领域的最新研究进展，设定适合的研究方向[11]。

当前数据量飞速增长，交叉学科日益增多，虽然人工智能的优势是数据化，但其在学术出版的各方面应用都还不够系统，农业期刊数量庞大，发文量多，信息量大，但是农业期刊论文还没有达到有效整合，对农业期刊的刊文按照特定主题进行有效整合，可从更广的视野上总结农业在全球上发展的历程，气候变化对动植物分布，人类农事活动的改变过程，以及生物多样性的变化规律等，这对科研人员开展研究具有辅助作用，这将助于促进农业研究的发展。

生成式AI在学术研究领域的应用推广不可避免，AI具备更广的视野和更深的分析，它可以从众多信息中筛选、结合，甚至构建全新选题建议，但一定要在谨慎评估的前提下使用。其对于学术研究说，如何界定AI工具在科研过程中的使用程度是否适当、可接受，是需要深入研究的。目前，达成的共识是生成式AI对科学研究具有辅助作用，但并不能完全替代科研的创新性[11]。虚拟专题是对期刊文献的整理，AI大语言模型可对虚拟专题的文献进行精准的总结和分析，提高AI生成文件的质量，辅助科研人员进行研究背景的调研，通过生成建议、类比和来自各个学科的例子，增强了跨学科合作，这种方法扩大了想法的范围，鼓励超越传统界限的思考，有利于促进创新性观点的产生和问题解决。

3　结束语

　　建议农业科技期刊重视虚拟专题的出版，单刊出版可提高期刊的精准传播，期刊集群化平台出版可实现期刊数据资源的有效整合，并有利于生成式 AI 大模型对期刊文献的深入分析和整理，助力科学研究的前期调研，促进学科交叉和新观点的产生。

参 考 文 献

[1] 刘新永,林玲娜,柯文辉.农业专业期刊刊群建立初探:基于促进农业科技知识传播的视角[J].中国农学通报,2020,36(31):140-143.

[2] 我国缺少一批具有国际影响力的高端品牌期刊[J].中国战略新兴产业,2018(13):95.

[3] 周婷.AI 大语言模型在编辑出版行业的应用:机遇、挑战与对策[J].传播与版权,2023(24):59-62.

[4] 黄国斌,蒋海鸥.AI 赋能出版产业的思路和对策[J].出版广角,2023(12):39-43.

[5] 王旻玥.科技期刊精准推送服务的实施及优化方法探索[J].黄冈师范学院学报,2021,41(6):89-92.

[6] 王羽佳.AI 与出版融合视角下图书选题策划与内容生产的优化路径[J].出版科学,2023,31(1):44-49.

[7] 赵琳琳,张志钰,边书京,等.科技期刊助力我国农业科技创新的路径探析[J].黄冈师范学院学报,2021,41(6):44-46.

[8] 陶华,刘蔚,奥馨毛.虚拟专题的发展情况及组织策略[J].中国科技期刊研究,2023,34(1):79-86.

[9] 曹婷婷,王瑞霞.期刊集群化发展现状与农业科技期刊集群化问题探究[J].科技传播,2023,15(3):25-28.

[10] 张莉,孟宪飞,陈禾.科技期刊专业刊群建设探索[J].科技与出版,2022(4):11-15.

[11] 张重毅,牛欣悦,孙君艳,等.ChatGPT 探析:AI 大型语言模型下学术出版的机遇与挑战[J].中国科技期刊研究,2023,34(4):446-453.

科技期刊学者协同办刊模式研究

——以《企业科技与发展》为例

杜玉娇，蒙　薇，黄庆发

(广西科技情报研究所，广西　南宁 530022)

摘要： 以《企业科技与发展》期刊为例，深入分析学者协同办刊模式在提升期刊学术质量和影响力方面的实践效果。通过文献回顾与实地调研相结合的方法，系统梳理了《企业科技与发展》期刊引入学者协同办刊模式的具体措施及运行机制。研究发现，该模式通过构建多元化的学者参与平台，促进了学术交流与合作，显著增强了期刊的选题策划能力、审稿效率与学术严谨性。结果表明，学者协同办刊不仅提升了期刊的论文质量和发表时效，还拓宽了期刊的学术视野和影响力范围。结论认为，学者协同办刊模式是科技期刊提升核心竞争力、实现可持续发展的有效途径，对同类期刊具有借鉴与推广价值，为未来科技期刊的创新发展提供了新思路。

关键词： 科技期刊；学者协同；办刊模式；学术质量；产学研结合

科技期刊作为传播科学技术信息、推动科技创新和学术交流的重要平台，在现代科学体系中扮演着举足轻重的角色。中国科协、中宣部、教育部、科技部联合印发的《关于深化改革　培育世界一流科技期刊的意见》(以下简称《意见》)，明确了我国科技期刊的发展目标，提出实现一流科技期刊建设目标的措施和途径，勾勒出培育世界一流科技期刊的宏伟蓝图。《意见》作为指导我国科技期刊发展的纲领性文件，对每一种科技期刊都具有政策效力。然而，随着科技的迅猛发展和全球化趋势的加强，科技期刊的传统办刊模式已经不能完全满足现代科学研究的需要。因此，在建设世界一流科技期刊的大背景下，探索科技期刊学者协同办刊模式具有重要的意义和必要性。

国内关于科技期刊学者协同办刊模式的研究已经取得了一定的进展。近年来，随着科技期刊行业的快速发展和竞争加剧，越来越多的期刊开始尝试引入学者资源，以提升期刊的质量和影响力。任璐等[1]探讨了科技期刊编辑与青年编委协同办刊的模式，强调双方在期刊出版过程中的紧密配合与深度参与。邓英[2]则指出，以高水平学者办刊是推动学术期刊高质量发展的重要路径，应着力打造精品期刊。随后，陶侃[3]从学术期刊深度办刊的内涵出发，提出了相应的实现路径。这些实践探索为理论研究提供了丰富的案例和数据支持。然而，目前国内研究还存在一些不足之处，主要是对学者协同办刊模式实施过程中的具体问题和挑战研究不足，缺乏对该模式在实际操作中可能遇到的困难和障碍的深入探讨。鉴于此，本研究旨在厘清学

基金项目： 广西壮族自治区直属公益性科研院所基本科研业务费专项资助项目(2024J-08)
通信作者： 蒙　薇，E-mail：14525225@qq.com

者协同办刊模式的挑战与问题，进而提出优化策略与建议。

1 学者协同办刊模式的定义与特点

学者协同办刊模式是指依托并充分动员学术界的专家学者，通过紧密的合作与协同的方式共同参与期刊的策划、审稿、编辑等各个环节，以提高期刊的学术质量和影响力的一种办刊模式。学者协同办刊模式的特点在于其深度专业化与广泛协作性的完美结合[4]。首先，专家学者作为各自学术领军人物，他们的深度介入不仅为期刊内容注入了权威性与前沿性，更凭借其浓厚的学术积淀与敏锐洞察力，对期刊的学术导向和质量标准产生了决定性的影响，从而全面提升了期刊的学术层次。其次，团队协作的精神在于打破传统学科界限，促进知识资源的自由流通与优化配置。在学者间的协同工作中，审稿意见得以从多维度综合考量，确保了评价体系的全面性和公正性，同时，这种协作还促进了不同学科背景和研究方法的交叉融合，形成了优势互补，共同推动了学术创新的发展。最后，该模式秉持开放包容的办刊理念，为学术界构建了一个自由、平等的交流空间，它鼓励不同观点和学派之间的对话与碰撞，促进了学术思想的多元化发展，同时，这一模式还加强了国际间学术交流与合作，进一步拓宽了期刊的学术视野，提升了国际影响力。

2 《企业科技与发展》学者协同办刊的实践探索与成效

《企业科技与发展》作为一本专注于企业科技与产业发展领域的学术期刊，通过深入实践学者协同办刊的模式，取得了显著的成效。以下是对其学者协同办刊实践与成效的详细分析。

2.1 实践方面

（1）组建高水平编委会。《企业科技与发展》的编委会由来自科研院所、高校和企业的高水平学者组成，他们凭借丰富的科研经验和专业知识，为期刊的学术质量提供了坚实保障。编委会成员积极参与期刊的选题策划、稿件评审和学术指导等工作，推动了期刊的学术水平和影响力的提升。

（2）建立审稿专家库。《企业科技与发展》建立了全面而高效的审稿专家库，广泛邀请各领域的专家学者参与审稿工作。审稿专家以严谨的态度和专业的视角对稿件进行细致评审，提出宝贵的修改建议，助力作者提升论文质量。同时，期刊注重与审稿专家的密切沟通与反馈，确保审稿流程顺畅，学术质量持续攀升。

（3）深入企业开展学术活动。《企业科技与发展》积极深入企业开展学术讲座、论文写作培训和科技交流等多元化活动。这些活动不仅提升了企业员工的科研素养和论文写作水平，还促进了企业与学术界之间的深度交流与合作。例如，《企业科技与发展》杂志编辑通过深入企业开展论文写作培训，指导企业员工撰写高质量的科研论文，使得企业的最新技术成果能够及时得到报道和分享。

（4）强化编辑队伍建设。期刊高度重视编辑队伍的建设和培养，通过组织培训、学习新知识等途径，不断提升编辑人员的专业素养和编辑技能。同时，鼓励编辑人员积极参与学术研究和交流活动，以拓宽视野、增长知识，为期刊的持续发展注入了新的活力。

2.2 成效方面

（1）提升期刊学术质量。通过学者协同办刊的实践，《企业科技与发展》的学术质量得到了显著提升。发表的论文质量更高、内容更丰富、观点更新颖，得到了广大读者的广泛认可和好评。针对新质生产力热点话题，我们组织了《新质生产力背景下地方高校有组织科研的探索》《科技创新赋能新质生产力发展：作用机理、现实困境与政策优化》等优秀稿源，网络下载量超过 5 000 人次，引用率近 10 次。

(2) 扩大期刊影响力。学者协同办刊模式使得《企业科技与发展》的影响力不断扩大。期刊的知名度和美誉度不断提升，吸引了更多的优质稿件和读者关注。同时，期刊还与多个学术机构和科研机构建立了合作关系，推动了学术交流和合作的深入发展。编委会成员积极参与策划的"新质生产力探讨""青年科技人才培养"等专题得到业界的高度认可。

(3) 促进科技与产业发展。《企业科技与发展》通过学者协同办刊的实践，为科技与产业的发展提供了有力的支持和推动。期刊发表的论文涵盖了多个领域的前沿技术和创新成果，为企业的技术创新和产业升级提供了有益的参考和借鉴。同时，期刊还密切关注产业发展趋势和市场需求变化，为企业的战略规划和决策提供了有价值的信息和建议。

《企业科技与发展》通过学者协同办刊的模式(图 1)，在提升期刊学术质量、扩大期刊影响力和促进科技与产业发展等方面取得了显著的成效。未来，《企业科技与发展》将继续坚持这一模式，不断推动学术交流和合作的深入发展，为科技与产业的发展做出更大的贡献。

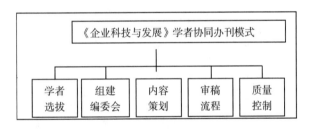

图 1　《企业科技与发展》学者协同办刊模式

3　《企业科技与发展》学者协同办刊模式面临的挑战与问题分析

在《企业科技与发展》实施学者协同办刊模式的过程中，虽取得了显著成效，但同时也面临着一系列挑战与问题，这些问题对期刊的持续发展产生了不容忽视的影响。

3.1　学者参与度不均

在学者协同办刊模式的实践中，学者参与度不均问题显得尤为突出，这影响了期刊的运作效率与学术成果的质量[5]。具体而言，由于每位学者所处不同的学术发展阶段、拥有各自的专业领域和研究兴趣，因此他们在期刊工作中的角色投入呈现出显著差异。部分学者可能因科研任务繁重或个人兴趣导向，对期刊策划、审稿及编辑等环节的参与显得较为被动或有限，这种不均衡的参与状态削弱了团队协作的力量，并可能因关键环节的疏漏而制约期刊学术水平的全面提升，从长远来看，这不利于期刊品牌的塑造与学术影响力的持续增强。

3.2　团队协作与沟通障碍

在学者协同办刊模式中，面临着团队协作与沟通方面的诸多挑战与问题。该模式要求团队成员之间保持密切的协作关系与高效的信息沟通，然而，由于各位学者的工作时间安排、地理位置分布存在差异性，加之学科背景、研究方向及学术偏好的不同，往往导致团队协作和沟通过程中存在一定的障碍。因此，如何在尊重各位学者独立性与专业性的基础上，建立起一套有效的团队协作机制和信息沟通渠道，以确保学者协同办刊模式的顺利运行与持续发展，成为当前亟待解决的重要问题[6]。

3.3 学术规范与质量控制挑战

在学者协同办刊模式中，确保学术规范和质量控制构成了一项至关重要的挑战[7]。由于参与学者们的学术背景、研究方向和学术偏好的多样性，他们对于学术规范和质量控制标准的理解和把握往往存在差异，这种差异将会导致在稿件筛选、评审及编辑加工等环节中出现标准不一、判断分歧的情况，进而影响期刊整体的学术质量和学术声誉。因此，在学者协同办刊的框架下，如何构建一套科学、合理且具有普遍适用性的学术规范和质量控制机制，以确保期刊能够维持高水准的学术质量和良好的学术声誉，成为了一个亟待深入探索和解决的重要问题。

4 优化学者协同办刊模式的策略与建议

为了进一步提升学者协同办刊模式的效率和质量，以下是一些针对性的策略与建议。

4.1 加强学者激励机制建设，提升参与度与积极性

在优化学者协同办刊模式的策略与建议中，加强学者激励机制建设无疑是一项至关重要的举措。为提高学者的参与度和积极性，确保期刊能够持续吸引并稳定优秀的学术人才，构建一套全面、深入且富有吸引力的激励机制显得尤为迫切[8]。首先应着眼于奖励项目的多样化与个性化。例如，设立"优秀稿件奖"这样的荣誉，旨在表彰那些发表具有深度创新性、学术价值显著论文的作者，这些奖励不仅能够激励获奖者继续为期刊贡献更多高质量的研究成果，还能在学术界树立榜样，激发其他学者的参与热情。同时也能够在学术界树立标杆，激发其他学者的竞争意识和参与热情；设立"审稿专家奖"，其专门用于表彰在审稿过程中展现出高度专业素养、严谨审稿态度的学者，这样的奖励机制有助于鼓励更多专家积极投身期刊审稿工作，从而提升期刊的整体审稿质量和学术声誉。其次，除了设立具体的奖励项目外，定期举办学术活动也是增强学者对期刊认同感和归属感的关键举措。通过组织学术研讨会、专题讲座等活动，我们为学者搭建一个展示个人研究成果、交流学术思想的宝贵平台。在这样的学术氛围中，学者们能够自由地进行思想碰撞与合作交流，学科的边界得以拓宽，学术视野也随之更加开阔。这些活动不仅有助于营造浓厚的学术氛围，还能够使学者更加珍视与期刊之间的合作关系，从而增强学者对期刊的归属感和忠诚度。最后，提供丰富多样的学术交流平台也是激励机制中不可或缺的一环。通过建立在线学术交流论坛、学术论文数据库等渠道，为学者提供了更加便捷、高效的学术交流途径。这些平台不仅能够帮助学者及时获取学术资讯、把握学术前沿动态，还能够促进跨学科交流与合作，从而持续提升期刊的学术水平和影响力。

4.2 完善团队协作与沟通机制，确保高效运行

完善团队协作与沟通机制，是确保学者协同办刊模式能够高效、顺畅运行的重要基石，这一机制的构建，旨在打破传统学术工作中的壁垒，促进不同背景、不同专长的学者之间的深度融合与协作，共同推动期刊向着更高水平的学术目标迈进。

首先，建立定期会议制度是团队协作与沟通机制中的核心一环。通过设定固定的会议时间，可以确保团队成员有机会定期聚在一起，就期刊的编辑方针、学术质量、发展方向等关

键议题进行深入讨论，这样的制度不仅能够保证信息的及时传递与共享，还能够增进团队成员之间的了解与信任，为后续的协作打下坚实基础。其次，加强线上沟通工具的使用也是提升团队协作效率的有效途径。随着信息技术的飞速发展，各种在线协作平台应运而生，为学者之间的远程协作提供了极大便利。利用这些工具，团队成员可以随时随地分享资料、交流意见，有效缩短沟通周期，提升工作效率。最后，建立学科交叉研究团队是团队协作与沟通机制中的又一亮点。通过汇聚不同学科领域的专家学者，可以打破传统学科的界限，实现知识的跨界融合与创新，这样的团队构成不仅有助于期刊在学术内容上实现多元化与深度化，还能够通过团队成员之间的互补与协作，共同应对学术挑战，推动期刊的整体发展[9]。《企业科技与发展》杂志组建了一支由不同学科领域专家组成的跨学科研究团队。团队成员定期举行学术研讨会，围绕前沿科学问题进行深入探讨和思想碰撞，激发创新灵感。同时，团队还积极开展跨学科研究项目，如将人工智能技术应用于生物医学研究，开拓了全新的研究方向。这种跨学科团队的建立，不仅拓宽了杂志的学术视野，提升了期刊的学术内涵，也为团队成员提供了一个跨学科交流与合作的平台，促进了期刊的整体发展。

4.3 强化学术规范与质量控制，提升学术影响力

强化学术规范与质量控制，是提升学者协同办刊模式学术影响力和公信力的核心环节，这一过程要求期刊编辑部制定并执行一套严格的学术规范和质量控制标准，以确保所发表的每一篇稿件都具备高度的学术价值和严谨的研究方法。

首先，建立审稿专家库是强化学术规范与质量控制的基石[10]。该专家库应广泛涵盖各个学科的顶尖学者，他们不仅具备深厚的学术造诣，还应拥有丰富的审稿经验和敏锐的学术洞察力。通过邀请这些专家参与审稿过程，可以确保稿件得到专业、全面且公正的评估，从而有效筛选出真正具有学术创新性和价值的佳作。其次，实施匿名审稿制度是保障学术公正性的重要环节。这一制度要求审稿专家在不知道作者身份的情况下对稿件进行评审，以确保评审过程的客观性和公正性。这样，稿件的接受与否将完全基于其学术质量和价值，而非其他非学术因素，从而有效维护学术评价的公正性和准确性。再次，加强学术不端行为监管也是维护学术规范与质量控制的重要方面。期刊编辑部应建立健全学术诚信体系，对抄袭、剽窃、伪造数据等学术不端行为进行严厉打击。可以引入先进的查重软件和技术手段，辅助识别潜在的学术不端行为，并建立相应的惩罚机制，以确保期刊的学术声誉和公信力不受损害。最后，引入第三方评估机构对期刊进行定期评估，是提升期刊学术水平和影响力的有效途径，这些机构将依据一套客观、全面的评价标准，对期刊的学术质量、影响力、编辑规范等方面进行全面评估。通过定期接受第三方评估，期刊可以及时了解自身的优势和不足，并据此调整和优化办刊策略，以不断提升学术水平和影响力。

5 结束语

学者协同办刊模式在《企业科技与发展》期刊的成功实践，充分证明了其对于提升科技期刊学术质量和影响力的重要性。该模式通过汇聚多学科领域学者的智慧与力量，不仅显著增强了期刊的选题策划与学术把关能力，还促进了学术交流与合作，加速了科研成果的传播与转化。学者协同办刊模式不仅有效提升了期刊的学术严谨性和时效性，更在服务学科发展、推动科技创新方面展现出巨大潜力。这一模式的成功实践，为科技期刊探索创新发展路径提供了宝贵经验，证明了其在服务学科发展、促进知识共享与科技创新方面的可行性和有效性，

对同类期刊乃至整个科技期刊行业的转型升级与可持续发展具有重要的启示意义。

参 考 文 献

[1] 任璐,赵志宏,戴杰,等.科技期刊编辑与青年编委协同办刊模式研究[J].新闻研究导刊,2023(18):221-223.

[2] 邓英.以高水平学者办刊加快推进学术期刊高质量发展[J].湖南人文科技学院学报,2023(4):123-128.

[3] 陶侃.学术期刊深度办刊的内涵与路径[J].宁波大学学报(教育科学版),2022(6):11-14,18.

[4] 潘安.学术共同体与学术期刊协同发展研究[J].出版广角,2024(增刊1):22-26.

[5] 李志.守正创新,办好普通科技期刊:以《无人系统技术》办刊实践为例[J].编辑学报,2023,35(增刊 1):196-199.

[6] 陈旭.基于创新能力提升的科技期刊高质量发展策略与实践[J].中国传媒科技,2024(5):121-125.

[7] 左学敏,黄永场,崔杰.新形势下普通科技期刊高质量发展对策与措施[J].天津科技,2024,51(5):109-112.

[8] 于慧梅.综合性科技期刊的选题策划与组稿约稿[J].编辑学报,2023,35(增刊1):200-202.

[9] 邹晓东.论"学者办刊":围绕"高品质的学术期刊就是要坚守初心、引领创新"展开[J].首都师范大学学报(社会科学版),2022(2):15-26.

[10] 陈勇,郭伟.综合性科技期刊初审若干误区分析及建议[J].湖北科技学院学报,2020,40(6):199-202.

2017—2022 年地理学 F5000 入选论文特征及其启示

郭亿华[1]，牛东风[2]

(1.广东省科学院广州地理研究所《热带地理》编辑部，广东 广州 510070；
2.岭南师范学院地理科学学院，广东 湛江 524048)

摘要：F5000 入选论文能反映学科领域的最高学术水平和特色，在科技期刊、学术论文、人才评估等工作中发挥了重要支撑作用。本文以 2017—2023 年入选 F5000 的地理学论文为研究对象，分析总结其在期刊分布、入选时效、下载和被引、来源单位、第一作者分布、基金分布、学科分布、研究主题等方面的发文特征，并据此提出对地理学期刊约稿组稿的启示，如积极关注入选 F5000 地理学论文作者的科研动态，开展针对性约稿；根据学科热点、社会重要议题、国家政策变化，加强专题内容策划和约稿组稿；关注学科交叉性，关注重大基金项目信息；将入选 F5000 地理学论文数量较多的机构和地区作为期刊的学术共同体重点发展阵地；与青年学者/研究生共同成长等。同时发现，地理学 F5000 入选论文占比较低，地理学精品科技期刊数量较少，尚需采取措施从优质稿源、宣传推广、知识服务等方面进一步提升期刊质量和影响力，培育更多精品科技期刊。

关键词：F5000 论文；论文特征；精品科技期刊；组稿约稿；地理学

"领跑者 5000——中国精品科技期刊顶尖学术论文"项目(F5000 项目)是 2012 年由中国科学技术信息研究所启动的，该项目通过科学计量指标和同行评议推荐相结合的方式，每一年度从中国精品科技期刊中遴选优秀学术论文[1]。旨在集中对外展示和交流中国的优秀学术论文，形成开放和凝聚的力量，为中国科技自主创新提供支撑和保障，进而提高中国科技期刊整体水平，增强国际竞争力。自 2012 年以来，该项目已连续开展了 12 年，截至 2023 年共有 34 245 篇论文入选，获得国内科研人员的广泛认可，被视为一种新型的以质量为导向的代表作评价工具。

F5000 入选论文内容科学、严谨，报道原创性的科学发现和技术创新成果，能反映学科领域的最高学术水平和特色。近年来有部分学者对 F5000 论文学科特征展开文献计量分析，主要集中在作物类[2]、农业科学类[3-5]、药学类[6]、医学类[7-8]、能源领域期刊[9]，尚未见针对地理学领域的相关分析。并且，已有地理学论文特征分析研究较少，在中国知网仅检索到 4 篇文献：张春丽等对 4 种中国地学期刊被 SCI 收录至 2015 年被引次数前 50 论文(共 221 篇论文)

基金项目：岭南师范学院与乌审旗政府校地合作项目(SLWS20230508)

进行刊文内容与热点对比[10]；李钢等对中国"四地"刊物自创刊以来至 2014 年的高被引论文特征进行分析[11]；郑星基于《中国历史地理论丛》的文献，分析了 1987—2014 年中国历史地理学研究现状[2]；郭亿华以北大地理学中文核心期刊为例，分析了 2009—2010 年地理学零被引论文特征[13]。上述文献仅有 2 篇涉及高被引论文特征，且时间较早，未能充分反映新近地理学高水平成果的发文特征。因此，本文以 2017—2023 年入选 F5000 的地理学论文为对象，深入剖析其发文特征，并总结出对国内地理学期刊组稿约稿等的启示，以期为中国地理学期刊的高质量发展提供参考。

1 方法与数据来源

登录 F5000 展示平台(http://f5000.istic.ac.cn)，下载 2017、2020 和 2023 年的"中国精品科技期刊"列表(下载时间为 2024 年 5 月 2 日)，参照《中文核心期刊要目总览》(2023 版)和《中国科技期刊引证报告》中学科分类为地理学的期刊名单，与 2017、2020、2023 年精品期刊列表对比后筛选出 F5000 平台收录的地理学期刊，包括《地理学报》《地理研究》《地理科学》《地理科学进展》《湖泊科学》《地球科学进展》《冰川冻土》7 种期刊，其中前 5 种期刊自 2008 年以来都入选精品科技期刊，后 2 种期刊只在 2014 和 2017 年入选。

在 F5000 展示平台下载 2017—2023 年的 F5000 论文列表(2024 年 5 月 1 日)，在 F5000 论文列表中检索上述 7 种地理学期刊入选的论文，剔除重复的论文，最终得到 426 篇论文。由于当年收录的 F5000 论文是从过去 5 年发表的论文中筛选得到的，因此 426 篇的发表时间为 2012—2022 年。

通过中国知网下载 426 篇论文全文并提取相关信息，包括被引频次、下载频次、基金资助、关键词、第一作者背景(职称和学历)、第一作者单位、中图分类号、发表时间等，检索时间为 2024 年 5 月 2 日。其中，在阅读论文题目和摘要后，按照《中国图书馆分类法》对论文的中图分类号进行订正、补充，核准论文的学科类别；并参考文献[7]计算论文的入选时效(论文出版后至被 F5000 收录的时间长度，表征论文达到高水平论文标准的时长，时间间隔越短说明论文影响力产生的速度越快)。

2 结果与特征分析

2.1 期刊分布和入选时效

5000 论文的期刊分布信息见表 1，从期刊分布看，入选最多且数量稳定的是《地理学报》，其次是《地理研究》《地理科学进展》《地理科学》，而《湖泊科学》《冰川冻土》《地球科学进展》入选数量较少，且后两者分别在 2017 和 2019 年以后没有论文入选。这与中国地理学精品科技期刊的数量偏少，且期刊之间的发展差距较为明显有关。从入选年份看，2017—2023 年入选数量呈现先减少后增加的趋势；年度入选占 F5000 总数的比例在 1.4%~2.8%，占比较低。

图 1 显示，随着出版时间的推移，入选论文数量呈递增态势，出版后 1 年入选的论文仅有 21 篇，占总数的 4.9%，占比极低，大部分论文是出版 3 年及以上才入选(336 篇，占 78.9%)。426 篇论文的篇均入选时效为 3.59 a，略低于医学论文[7](3.29 a)。

表 1 2017—2023 年地理学 F5000 论文基本分布情况

期刊	2017	2018	2019	2020	2021	2022	2023	总数/篇
《地理学报》	20	20	20	15	20	20	20	135
《地理研究》	20	17	8	4	12	14	20	95
《地理科学进展》	20	8	12	5	7	9	20	81
《地理科学》	9	4	8	2	2	8	20	53
《湖泊科学》	7	3	2	3	7	4	12	38
《冰川冻土》	20	0	0	0	0	0	0	20
《地球科学进展》	12	2	2	0	0	0	0	16
年度总数/篇	96	54	52	29	48	55	92	—
年度 F5000 总数/篇	3489	2304	2331	2071	2035	2023	3312	—
地理学 F5000 占比/%	2.8	2.3	2.2	1.4	2.4	2.7	2.8	—

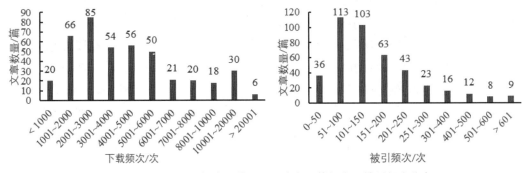

图 1 2017—2023 年地理学 F5000 论文入选时效分布

2.2 下载和被引情况

由图 2 可知，426 篇地理学 F5000 论文下载频次和引用频次均较高，下载频次主要集中在 1 001~6 000 次，数量占比为 73.0%，下载频次低于 1 000 次的数量较少，仅有 20 篇；被引频次集中分布在 51~250 次，数量占比 75.6%，被引频次低于 50 次的数量也较少。进一步统计发现，下载频次最高为 100 761 次，最低为 143 次，中位数为 3 703 次；被引频次最高为 2 640 次，最低为 10 次，中位数为 133.5 次。被引频次和下载频次前 10 中有 5 篇文章重合，且下载频次和被引频次最高的是同一篇文章，为 2018 年刘彦随等发表在《地理学报》的《中国新时代城乡融合与乡村振兴》。上述数据反映 F5000 论文在学科领域的高影响力和高认可度。

图 2 2017—2023 年地理学 F5000 论文下载频次和被引频次分布

2.3 论文来源单位

据统计，426篇地理学F5000论文来自129家单位(高校87家，中科院系统15家，其他单位27家)，较为分散地分布在除山西、澳门、台湾外的31个省市区，单位数量最多的是北京，有21家，其次是江苏，有15家，第三是辽宁、湖南和甘肃，均为8家。入选论文数量≥4篇的单位共有21家，均为国内地理学相关领域有突出影响力的高校或者科研机构(表2)，这也从侧面反映这些高水平科研机构对优秀人才的"虹吸作用"。其中，中国科学院地理科学与资源研究所有突出表现，入选数量高达96篇，占22.5%，远高于其他单位，这与李钢等的研究结果一致[11]。而第2至第7单位、第8至第12单位、第13至第21单位入选论文数量均相差不大。

表2 2017—2023年地理学F5000论文入选数量≥4篇的单位

排序	第一作者单位	数量/篇	排序	第一作者单位	数量/篇
1	中国科学院地理科学与资源研究所	96	12	华东师范大学	8
2	北京大学	19	13	西北大学	6
3	中国科学院南京地理与湖泊研究所	18	14	辽宁师范大学	6
4	南京大学	17	15	湖南师范大学	5
5	中山大学	16	16	河南大学	5
6	中国科学院寒区旱区环境与工程研究所	16	17	中国科学院生态环境研究中心	4
7	北京师范大学	16	18	西南大学	4
8	南京师范大学	12	19	武汉大学	4
9	东北师范大学	11	20	首都师范大学	4
10	西北师范大学	9	21	兰州大学	4
11	陕西师范大学	8			

2.4 第一作者分布

426篇地理学F5000论文作者分布较为分散，来自382位作者(只分析第一作者)，平均每位作者发文1.12篇，从侧面体现F5000论文的遴选标准严格。其中，入选F5000论文≥2篇的作者有35位，≥3篇的作者仅有11位，入选数量前三的作者都来自中国科学院地理科学与资源研究所：刘彦随(7篇)、樊杰(6篇)、方创琳(5篇)。作者学历方面，超过60%的作者具有博士学历，博士/硕士研究生也占有一定比例(约35%)，有265篇入选论文的作者为博士/博士后(平均下载频次5 879次、平均被引频次198.7次)，90篇为博士研究生(4 288次、151.7次)，14篇为硕士(3 379次、185.6次)，57篇为硕士研究生(2 673次、109.9次)，在读研究生也占有一定比例；作者职称方面，具有副高及以上职称和中级及以下职称占比相差不大(各约为50%)，其中有145篇论文作者为正高职称(平均下载频次6 932次、平均被引频次235.8次)，77篇为副高职称(4 630次、160.8次)，64篇为中级职称(4 517次、158.5次)，140篇为学生投稿，暂无职称(3 519次、131.9次)。上述数据反映在读研究生/中级及以下职称作者的成果中也不乏高水平论文。不过，入选论文作者的学历和职称越高，其论文的下载频次和被引频次也随着上升，在一定程度上反映科研水平与成果质量之间存在密切关联。

2.5 学科分布

426篇地理学F5000论文涵盖16个一级学科分类和79个二级学科分类,充分体现了地理学的较强学科交叉性和综合性。入选论文数量超过40篇的学科有F经济(131篇),P天文学、地球科学(73篇),X环境科学、安全科学(71篇),TU建筑科学(49篇),这4个学科的论文占比高达76.06%,为主要发文学科;篇均被引频次超过200次且篇均下载超过6 500次的学科有D政治、法律,F经济,K历史、地理,TP自动化技术、计算机技术。426篇地理学F5000论文学科分布具体见表3。

表3 2017—2023年地理学F5000论文一级学科分布

一级分类	数量/篇	篇均被引频次/次	篇均下载频次/次
B 哲学、宗教	1	82.00	3 716.00
C 社会科学总论	15	130.93	4 892.20
D 政治、法律	8	208.75	6 591.13
F 经济	131	224.59	7 022.44
G 文化、科学、教育、体育	1	43.00	1 626.00
K 历史、地理	8	230.50	6 510.38
N 自然科学总论	1	58.00	1 144.00
P 天文学、地球科学	73	170.37	3 836.45
Q 生物科学	29	110.34	2 416.03
R 医药、卫生	9	106.78	3 545.11
S 农业科学	13	136.23	2 712.46
TP 自动化技术、计算机技术	6	212.50	7 060.67
TU 建筑科学	49	160.18	5 292.86
TV 水利工程	4	115.25	3 847.25
U 交通运输	7	79.71	1 728.86
X 环境科学、安全科学	71	163.24	4 119.59

2.6 基金分布

426篇论文中422篇(占比高达99%)入选论文受到不同等级的基金资助。基金数量方面,最多为7项,最少为0项,中位数为2项,72.3%的论文基金项目≥2个,反映入选论文受到多个基金项目的共同资助;基金等级方面,国家级别基金如国家重点基础研究发展计划项目、国家重大科技专项、国家自然科学基金重点项目、国家高技术研究发展计划等,有382篇,占比89.7%;省部级基金如科技部国家重点研发计划、教育部人文社科规划项目、教育部新世纪优秀人才支持计划项目等,有116篇,占比27.2%;中科院系统基金如中国科学院知识创新工程重要方向项目、中国科学院前沿科学重点研究项目、中国科学院战略性先导科技专项,有80篇,占比18.8%;高校基金如中央高校基本科研业务费专项资金项目、江苏高校优势学科建设工程资助项目等,有52篇,占比12.2%;国家地区合作基金如中德合作研究小组项目、亚太全球变化研究网络项目、中国-合国气候变化伙伴计划等,有6篇,占比1.4%;其他基金如林业公益性行业科研专项经费项目、上海市教委项目等,有46篇,占比10.8%。可见,入选论文大多是国家级或者省部级等重要科技项目成果产出。

2.7 研究主题

提取426篇地理学F5000论文的关键词,对意思相近的关键词进行合并处理,分析地理学 F5000 论文的研究主题，词频超过 5 次的关键词共有 37 个(表 4)。可以发现：①中国、北京市、长三角地区、京津冀地区、青藏高原等重要地区是 F5000 地理学论文热点研究区域；②城乡融合、乡村振兴/发展、城镇化、国土空间规划、城市发展相关议题(如城市网络、城市收缩、城市体系)等地理学重点研究主题是 F5000 地理学论文的热点方向；③与环境相关的主题如气候变化、生态、水资源、土地、植被、冻土、人地系统、可持续发展、水体富营养化、碳排放/碳减排等与人类社会生存发展密切相关主题受到广泛关注；④随着中国老龄化的加剧，人口相关议题受到较高关注；⑤随着国际局势的复杂多变，地缘政治、地缘经济、地缘环境、地缘关系等相关国际性议题被频繁提及，成为研究焦点；⑥随着交通技术的发展，时空距离压缩对社会和经济等方面发展带来的影响日益受到关注，高铁、交通可达性等主题成为研究热点。此外，对研究对象影响因素、时空演化、空间格局等的探讨是依旧研究的主要视角。综上，词频较高关键词大多是人文经济地理领域相关研究，基本与近年来国家发展战略、社会热点、学科发展前沿/重要议题、国际局势等密切相关。

表 4 2017—2023 年地理学 F5000 论文高频关键词

关键词	频次/次	关键词	频次/次	关键词	频次/次	关键词	频次/次
空间+	119	植被+	15	地理探测器	10	京津冀地区	7
中国	61	人口+	15	太湖	9	青藏高原	6
乡村+	56	人地系统	14	耦合+	9	评价方法	6
城市+	48	可持续发展	13	可达性	8	旅游+	6
生态+	46	城乡+	13	浮游植物	8	蓝藻水华	6
水资源+	28	城镇化+	12	NDVI	8	景观格局	6
时空+	27	乡村+	12	地缘+	8	国土空间+	6
土地+	26	长三角地区	11	地理加权回归模型	7	高铁	6
气候变化	24	冻土	11	碳+	7	富营养化	6
影响因素	20	土壤+	10	社区+	7		
区域+	17	时空演化	10	驱动力	7		
北京市	16	地理学+	10	创新+	7		

注：+表示相近或者同类关键词合并。

3 讨论与发展启示

3.1 地理学期刊影响力需进一步提升

2017—2023 年地理学 F5000 论文入选占 F5000 总数比例在 1.4%~2.8%，占比偏低，这主要与 F5000 论文是从中国精品科技期刊中遴选，而目前地理学领域稳定入选精品科技期刊的只有 5 种，数量较少有关。这不利于中国优秀地理学科技论文的展示和传播。当前地理学虽然有发展较好的刊物，如"四地"期刊以及近年来发展势头较猛的后起之秀《经济地理》，但其他期刊总体上影响力还偏弱，进步较为缓慢，还需进一步采取措施提升办刊质量，提高期刊影响力，争取更多期刊入选中国精品科技期刊，以使期刊刊发的优质文章有机会参加 F5000 论文遴选。一方面，能为优质论文提供一个很好的展示平台，另一方面，成为精品科技期刊，可以吸引更多优质学者的投稿，给期刊影响力的提升注入更多的活力和动力。

科技期刊影响力主要体现在所刊发内容的传播力及其产生的社会影响力上。入选论文篇均入选时效为 3.59 a, 出版 2 年内入选论文数量占比较少, 反映论文影响力产生的速度有待提升。因此, 科技期刊除了组约高质量稿件外, 还需要借助多种新媒体平台(如微信公众号、短视频平台、直播平台等)和多种措施(如新闻化报道、科普式解读、学术讲座等)开展宣传推广, 助力优质内容快速传播, 以产生更广泛的影响力。开展基于论文的知识服务工作(如专业知识的行业应用、政府相关决策支撑等、产业转化), 也是提升论文影响力, 获得学界认可的另一个重要途径[14]。本文调查发现, 随着出版时间的推移, 入选论文数量呈递增态势。因此, 对于优质稿件, 需加快处理进度, 提高出版时效, 拓展优质成果传播的时间范围, 进而提升期刊影响力。

3.2 对地理学期刊约稿组稿的启示

优质稿源是科技期刊的核心竞争力, 是提升科技期刊影响力的"源头活水"。吸引优质稿源, 是提升科技期刊学术影响力的重要举措之一。结合地理学 F5000 论文特征, 未来地理学期刊可从以下方面采取措施, 组约高质量稿件：①积极关注入选 F5000 地理学论文作者的科研动态, 一方面可以更好地进行组稿约稿事宜的深入沟通, 提高约稿的成功率, 另一方面可以使其感受到期刊约稿的诚意和认真的办刊态度, 提升学者对期刊的信任度。②办刊者应保持敏锐的热点捕捉能力, 根据学科热点、社会重要议题、国家政策变化, 加强专题内容及时策划和约稿组稿, 全面提升刊物在科学发展和社会经济发展中的决策支持和智力支撑作用。③关注学科交叉性, 地理学是一门具有空间性和综合性的学科, 在研究内容和对象上与多学科存在交叉, 并且随着研究的深入, 科学问题的解决越来越需要多学科的交叉融合, 因此多学科交叉研究是未来地理科学的发展趋势, 也比较容易产出创新性的高质量成果, 应成为组稿约稿的重要关注点。④关注重大基金项目信息, 一般重大基金项目都与学科重要议题, 发展前沿, 国家战略部署、重要科技攻关等密切相关, 其意义重大且研究深入, 容易产出高质量成果。科技期刊应积极关注重大基金项目申报、获批等信息, 从中策划选题并选择约稿对象。⑤关注入选 F5000 地理学论文数量较多的机构和地区, 将其作为期刊学术共同体重点发展阵地, 与相关学者建立稳定的联系和合作, 并可以重点发展这些机构和地区的学者成为编委/青编委, 为期刊发展注入更多强有力的学术力量。⑥在关注资深学者的同时也要给予青年学者/研究生机会, 入选 F5000 地理学论文的作者中有相当一部分为青年学者和研究生, 虽然资深学者的科研水平和成果质量一般相对较好, 但学者的成长也需要一个过程。科技期刊作为承载和传播科技成果的重要媒介, 应当更多地为青年学者提供施展科研能力、发表科研成果和实现科研价值的平台和机会, 与其共同成长。

4 结束语

本文分析总结了具有较高学科代表性的地理学 F5000 入选论文的文献特征, 并据此提出对地理学期刊组稿约稿以及影响力提升的启示, 可为该学科期刊的高质量发展提供参考。然而, F5000 论文只从中国精品科技期刊中遴选, 而中国有大量优质的地理学论文发表在国外 SCI 期刊上, 并且部分中国非精品科技期刊中也不乏高水平论文, 因此本文在样本上的全面性有所不足, 未来可将国外 SCI 期刊和国内非精品科技期刊中的高下载和高被引论文纳入分析, 以获得更为全面的结果。

参 考 文 献

[1] 中国科技论文统计与分析课题组.F5000 论文遴选方法与过程解析[J].中国科技期刊研究,2016,27(8):811-817.
[2] 吴克力,高继平,肖唐华.3 种作物类期刊入选 F5000 论文的文献计量学分析[J].中国科技期刊研究,2016,27(8):838-843.
[3] 马秋明,窦春蕊,温晓平.2012—2014 年 F5000 农业科学类论文来源及作者的文献计量学分析[J].中国科技期刊研究,2016,27(8):818-824.
[4] 温晓平,马秋明,窦春蕊.2012—2014 年 F5000 农业科学类论文的学科分布与被引次数分析[J].中国科技期刊研究,2016,27(8):825-830.
[5] 窦春蕊,马秋明,温晓平,等.2012—2014 年F5000 农业科学类论文资助基金研究[J].中国科技期刊研究,2016,27(8):831-837.
[6] 林静,邹小勇,刘明伟,等.2018—2022 年药学相关期刊入选 F5000 药学类论文的特征分析及启示[J].中国科技期刊研究,2024,35(3):346-353.
[7] 陈云香,李向森,杨华.高水平医学论文的来源期刊分析及启示:基于 F5000 入选论文特征和入选时效[J].中国科技期刊研究,2020,31(8):964-971.
[8] 陈汐敏,丁贵鹏.医学学报类 F5000 论文特征的文献计量学分析[J].中国科技期刊研究,2019,30(1):88-94.
[9] 姚志昌,段瑞云,付继娟,等.F5000 入选论文对精准选稿的启示:以能源领域代表性期刊为例[J].中国科技期刊研究,2019,30(11):1197-1205.
[10] 张春丽,仇方道,刘继斌.中国 SCI 地学期刊的刊文内容与热点对比:基于四种刊物高被引论文的分析[J].地理学报,2016,71(11):2049-2056.
[11] 李钢,王会娟,孔冬艳,等.中国地理研究特点与态势:基于"四地"刊物高被引论文的分析[J].地理科学进展,2016,35(5):537-553.
[12] 郑星.1987—2014 年我国历史地理学研究现状:基于《中国历史地理论丛》的文献计量分析[J].中国历史地理论丛,2017,32(2):151-160.
[13] 郭亿华.地理学中文核心期刊零被引论文特征分析[J].中国科技期刊研究,2016,27(10):1094-1099.
[14] 郭亿华.地理学中文核心期刊知识服务发展现状与优化策略[J].中国科技期刊研究,2024,35(7):941-947.

多策略全方位重塑，争做高影响力期刊
——以《交通运输工程与信息学报》为例

刘娉婷

(西南交通大学《交通运输工程与信息学报》，四川 成都 611756)

摘要：高校科技期刊肩负着打造高质量学术交流平台、服务高校发展、引领学科建设和发展的任务。但由于历史原因，很多高校科技期刊发展不温不火，缺少影响力。以《交通运输工程与信息学报》2021年更换主编再出发，积极组建能进能出活跃的编委会、追踪学术热点策划出版专栏、优化审稿流程、确保同行评议质量、利用新媒体技术推动期刊融合发展、邀请专家开展学术讲座等多策略、多维度措施提高期刊影响力基础上，分析了提高期刊影响力的方法，对我国高校科技期刊探索提高影响力和影响因子具有一定的参考价值。

关键词：高校科技期刊；期刊影响力；编委会；同行评议

《中国科技期刊发展蓝皮书2023》显示，截至2022年底，中国科技期刊总量为5 163种，其中中文科技期刊4 556种，占绝大多数(占比88.24%)[1]，入选"中国科技期刊卓越行动计划"的中文科技期刊数量较少，大多数为非"卓越中文科技期刊"，甚至很多期刊没有进入"科技核心期刊数据库""中文核心期刊数据库"或者"中国科学引文数据库"，那么，如何在媒体融合环境下抓住发展机遇，增加期刊在学术创新体系中的话语权，是其面临的严峻挑战。加之现在学术界唯SCI论文评价标准的风气[2]，使大量优秀论文流向国外学术期刊，或国内SCI期刊、EI期刊、卓越期刊，导致国内普通中文科技期刊很难获得高质量的稿源，影响其进一步发展。作为高校主办的期刊，高校中文科技期刊在学科发展、学术传播和交流、人才培养、文化传承和国际交流等方面发挥着重要的平台及纽带作用[3]。但由于长期以来，高校中文科技期刊受到自身定位等因素的影响[3]，办刊思想相对保守、活力不强；缺乏明确定位和选题策划，在学科领域的引领作用欠缺；办刊队伍综合能力弱，特别是编委作用发挥不充分；数字化出版建设滞后，融媒体宣传推广工作亟待加强等[4]。高校科技期刊要想在媒体融合发展的大趋势下取得大的进步，面临着巨大的挑战和压力，不同学者从不同角度对高校科技期刊的发展进行了相关研究[5-10]。期刊影响力的提升是一个系统工程，本文着眼于提高高校科技期刊影响力，介绍了《交通运输工程与信息学报》2021年更换主编再出发后，针对期刊自身特色进行的编委队伍建设、稿源获取、稿件质量保证、新媒体技术助力期刊宣传、开展学术讲座等系列改革措施，以期为那些想进一步提升影响力的期刊提供参考。

1 充分发挥"人"的作用

科技期刊质量提升关键是"人"，不管是稿件的策划，还是稿件的审读、编辑加工、宣传推广都必须靠人，所以具有活力的编委队伍和能适应新媒体融合发展的编辑队伍是首要。

1.1 重组能进能出、活跃的编委队伍

(1) 主编亲自掌舵。一本期刊，主编的学术视野和人脉资源对它的发展具有决定性的作用，主编对期刊的投入和贡献程度也决定了期刊能有多大发展[11-12]。2021 年，变以前的"编辑部办刊"模式为"专家办刊"模式，主编全程参与稿件处理，承担论文终审并决定是否录用，负责期刊发展方向和学术定位，筹建和管理编委会。优化审稿流程，通过富有责任心编委寻找专业的审稿人，确保同行评议质量，并且通过主编到编委到审稿人的反向评价过程，确保论文的学术性、创新性、前沿性。

(2) 编委能进能出。编委对期刊成长具有重要的影响，邀请具有学术热情和学术造诣，具有重要影响力的知名学者进入编委会，充分发挥他们丰富的实战经验和学术视野，切实有力提高期刊在各方面的影响力。他们既包含德高望重的学者，也包含具有旺盛的精力和学术研究精神的青年编委。建立健全相应的编委会激励和晋升制度，以对期刊贡献为主要依据，有贡献者进，贡献多者升，少者出，目的是让编委队伍活跃起来，如 2021 年只有 33 名编委，2023 年编委为 46 名，2024 年编委为 50 名。2023 年 11 月，从编委队伍中提拔热爱期刊且做出重大贡献的 5 位编委担任领域主编，进一步在各个方面和主编一起推动期刊更快更好发展。编委充分发挥主人翁精神，积极投身期刊的发展，为期刊写稿、约稿、同行评议，并对期刊积极宣传推广，为期刊的发展做出了重要的贡献。一些编委还提笔为该刊微信公众号撰文，如主编贺正冰写的《论文修改说明如何写？》《论文引言撰写与投稿自查》《如何阅读文献》《如何找到研究方向》《"研究较少"不等于有意义》等，微信阅读量都很高，有的竟然达到了 7 500 次，并被"当交通遇上机器学习""交通攻城狮""GoTrafficGo"等微信公众号转载；编委龚思远、高原分享的《做好科研的关键》分别从不同视角分析了做好科研的方法、经验、关键，为读者提供切实有效的经验，培养其写作能力，提高学术水平，拓宽研究视野，研究寻找思路，是期刊回馈社会、提高影响力的有效措施。

1.2 组建能适应融媒体发展的编辑队伍

高校科技期刊编辑既是精神产品的生产者、创造者、传播者，同时也是教育者[13]，应该具有良好的心理素质和健康的心理状态，树立良好的职业道德、价值观以及终身学习的观念，积极参加相关学术会议，加强自我认知和编辑角色认同，在编辑工作中获得成就感和价值感。主编负责制下，编辑们主要负责稿件的编辑加工、出版、宣传等工作，这就要求编辑除了具备扎实的编辑加工、和作者良好的沟通能力，以确保文稿准确、清晰以外，还需要紧跟数字化和技术更新迭代的步伐，会使用现代化的编辑工具助力期刊更好发展[13]。如我们在编辑部原有团队的基础上，增加了专门负责新媒体运营的老师，负责微信公众号推送和网站建设等工作。

2 各方联动，扩充稿源、提高稿件质量

稿源是期刊发展的生命线，科技期刊的学术水平取决于所载每篇论文的质量，优质稿源比率越高，期刊得到读者和作者的认可越大。只有获得源源不断的优质稿件，期刊才能获得长足的发展，才能在竞争激烈的情况下保持刊物的持续发展。

2.1 围绕行业科技发展热点策划专栏，向优秀学者约稿

随着科技的发展，在不同的时期会有不同的研究热点和发展趋势，聚焦本期刊研究领域

有影响力的热点进行策划，将前沿热点问题与基础研究加以融合，组织专栏，有效提升出版质量和期刊影响力。《交通运输工程与信息学报》2021年再出发后，围绕中共中央、国务院、交通运输部、科学技术部提出的要提升城市交通拥堵综合治理技术水平、大力推动深度融合的智慧交通建设、加速新一代信息技术与交通运输融合、加快低碳交通技术研发应用[14-15]等要求，陆续推出了智能网联交通、智慧公共交通、绿色低碳交通等一系列专栏，每个专栏邀请4~5名专业的学者负责约稿，包括我们的编委。如2021年策划的"车辆路径问题"专栏负责人是朱宁、秦虎等专家，"智慧公共交通"专栏负责人为刘涛、别一鸣等专家，通过这种策划，可以获得有效的高质量稿源。从中国知网《学术精要数据库》2023年4月发布的2012—2022年高影响力论文(按被引频次、下载频次和引证标准化指数(PCSI)遴选出各学科前1%的高影响力论文)可以看出，《交通运输工程与信息学报》共有42篇论文入选，其中高PCSI论文17篇、高被引论文22篇、高下载论文20篇、"三高"论文(既是高PCSI论文，同时也是高被引论文和高下载论文)4篇。这些论文中，2012—2020年9年间只有24篇，而紧跟时代热点分专栏策划以后2021年和2022年有18篇论文入选，分别是车辆路径问题、智能网联交通等，说明围绕行业新技术、新发展做的有针对性的选题策划以及栏目设计是有效的，契合全新时代的技术发展需要和社会热点，从而增加了期刊优秀稿源的占比，文章得到了广大科技工作者的认可。

2.2 严格的质量监控、精准的同行评议

双盲审的同行评议具有把控论文质量、防止学术不端、提高办刊水平等重要功能。现在专家研究领域细化，以及新兴学科、交叉学科持续涌现的出现，要避免专家勉强为之而陷入外行评议不熟悉稿件的窘境，寻找合适的审稿专家就是一项费神费力、反复烦琐的任务。主编责任模式制度，可以避免编辑责任制下编辑用"宽口径""大学科"标准选择专家。主编利用自己的学术背景了解不同审稿人的学术研究重点、学科方向、学术能力、审稿意愿等，尽可能有针对性把稿件送给相应的同行评议人，以达到精准审稿。同时，详细阐述期刊定位与要求，统一审稿人评判标准，设计详尽的审稿打分表格与审稿要求，明确了审稿人应该从哪些方面进行审查，并在网上公布出每个审理意见的具体含义和标准；开展适当形式的审稿培训和宣传，对审稿报告的长度、清晰性等进行规范，目的是让审稿专家能给出高质量的学术评审，避免评审意见不具体、不合理，造成作者迷惑甚至看不懂的情况发生，也避免审稿太过严格期刊陷入无稿可用的窘境，太宽松又达不到挑选稿件实现汰劣选优的目的。同行评议每次2名专家，进行2轮审稿，个别稿件甚至有3轮、4轮的审稿。

这些同行评议人对于提高期刊文章质量、维护学术公平和权威具有重要作用，经过几年的发展，我刊建立了自己的专家库，现在已经有387位专家，分布在不同的科研单位和高校，为我刊学术质量提高起到了积极有效的作用。

2.3 稿件质量和分布变化

2021年再出发后，在稿件审理和录用方面进行了一系列改革。对标行业内的高水平期刊，提高审稿标准，在稿件数量大幅提升情况下，录用率从以前的45%左右降到2021年的14.4%(断崖式降低部分原因是因为期刊提高论文研究深度和创新性要求后，作者不了解该变化)，2022和2023年维持在19.8%左右；鼓励深度研究与原始创新，没有论文长度限制，文章的研究深度和长度(平均14.5页)有了显见的提高；快速审稿，2023年，初审、终审时间为2~3天，同行评议时间每轮约5.6天，随着期刊影响力的提高，改变了以前作者单位集中在几个单位，尤

其是主办单位的现象，作者的多样性得到很好的体现。

3 利用新媒体技术加速宣传推广，助力期刊影响力提升

快速发展的新媒体技术，给人们的生活和信息获取方式带来了巨大的改变，也为传统期刊的出版、发行和传播带来了巨大的机遇和挑战。学术期刊需要积极变革，将传统的纸媒出版与新媒体发展相结合，形成以纸媒出版为基础，以网站、微信公众号等数字传播平台为载体的互为补充的立体化传播渠道，旨在全面覆盖目标受众。

3.1 完善中英文网站，提升期刊品牌形象

完善期刊中英文网站搭建，采用高效便捷的采编系统，实现作者投稿、专家审稿、编辑办公一体化，尤其是英文网站的搭建，对刊物申请进入国际数据库起到了很大的作用。网站上"投稿指南"对征稿范围、论文字数和摘要字数、初复审需要提交的论文版本等进行详尽说明，"审稿流程"对审稿流程以及审稿结果进行明示，"出版伦理"对作者、审稿者、出版者的伦理进行规范。通过这些细节既体现期刊的严谨，又可让读者对期刊有一个清晰、明确的认知。同时，网站上可以免费下载本刊发表的所有论文，极大地方便读者和作者下载阅读。

3.2 充分利用微信公众号，加速期刊内容快速便捷传播

微信公众号具有便捷性、即时性、交互性和易接受性等优势[16-17]，利用这一优质的传播平台对我刊录用的优秀文章进行推广，邀请研究者分享自己的研究心得，如为什么选择这个研究问题？研究过程中遇到了哪些困难，是怎样克服的？为什么选择这个研究方法，如何看待此研究成果及其对未来的意义？突破纸质媒体的限制，利用图片等多媒体元素从各个层面将文章多样化地呈现，让读者更加了解作者的写作思路，加强作者和读者之间的良性互动，形成高效、务实的学术共同体。从 2021 年开始，推出的文章篇均阅读量均大于 1 900 次，其中《考虑自动驾驶的混合交通流路段阻抗函数》阅读量达到 2 988 次；《基于复杂网络的国家综合立体交通网主骨架分析》阅读量达到 2 383 次；《交通仿真模型融合微观车辆排放模型研究综述》阅读量达 2 179 次，对文章和期刊起到了很好的宣传推广作用。

同时，利用公众号发布专栏征稿启事、科研漫谈、论文目录等，这些举措均让期刊的知名度明显提升，并以优质的服务打动优秀学者，吸引优质稿源，期刊影响力也进一步扩大。

3.3 利用网络首发提前让文章和读者见面

为了提高内容传播效率，及时在专业出版平台推出文章则是一项时不我待的紧迫工作。2021 年开始，凡是我刊录用的文章，均及时进行编辑加工后上传至中国知网进行网络首发，提前让文章和读者见面，为知识传播提速。如我刊 2023 年 6 月 23 日在中国知网网络首发的文章《自动驾驶汽车仿真器综述：能力、挑战和发展方向》，因为下载量大，在 2023 年 9 月就收到了同方知网网络首发出版中心编辑的邀约，希望在"CNKI 知网"和"CNKI 学术邦"两个微信公众号推送此文，而这篇文章的正式出版时间是 2024 年 3 月 20 日，相当于提前了 9 个月和读者见面，增加了下载量和引用率，也潜在地扩大了文章的传播范围。

3.4 与各个出版数据知识平台合作推动期刊广泛传播

与随着互联网技术的发展，人们阅读文献的方式发生了巨大变化，已经从纸媒阅读转向电子碎片化阅读。与第三方的专业出版数据知识平台合作，进行整期内容推广，借助它们的影响力进一步扩大期刊的传播，覆盖更广泛的读者群体，有助于提升期刊影响力。现在和我刊合作的出版平台有知网、万方、维普等 10 多个数据库，对读者而言，方便快捷的关键词检

索、在线阅读、开放获取有助于他们自助获取相关文章，对于期刊而言，这种单向传输的被动传播模式可以替代传统纸媒期刊整本订阅发行带来的不便，为读者提供方便和深入的阅读体验，进一步促进学术交流和知识共享。

4 参加学术会议、组织学术讲座，助力提高期刊在各方面的影响力

4.1 参加或承办学术会议

学术会议是同行分享学术研究成果和交流思想的重要平台，参会代表大多为知名的专家学者，编辑参加会议可以了解本领域科技发展现状和学术研究动态，追踪科研热点，宣传期刊。期刊2021年再出发后，在"计算交通科学国际研讨会(CTS)"等会议上设立展台、发放宣传资料，告知期刊再出发的变化，与参会的期刊专家们面对面交流，听取他们对期刊发展的意见和建议，同时向他们约稿。同时，为了给广大学者打造多元化学术交流平台，还积极承办会议论坛，如在"第16届中国智能化交通年会"上，组织承办了"出行建模与服务优化"学术论坛，邀请全国7所交通重点高校的优秀学者分享最新的研究成果，取得了不错的宣传效果。与"管理科学与工程学会交通运输管理分会"签署合作协议，共同推动交通运输学科发展。

4.2 开展学术讲座

科技期刊不仅刊载科技的创新成果，同时还应该普及科学知识，弘扬科学精神，倡导科学方法[18]。高校科技期刊因为主办单位具有丰富的学术资源，可以依托自身独特的天然优势，邀请著名专家学者进行学术讲座，积极推动研究成果的转化落地，推动产、学、研的共同发展。而视频号正处于发展的红利期，快捷的视频直播技术为学术交流提供便利，为期刊邀请专家讲座实现教育功能、服务功能提供平台。

为了促进交通运输工程与管理领域学术交流与合作，联合多家单位和组织，包括西南交通大学、北京交通大学等10多所交通科研单位推出"交通运输工程与管理系列学术讲座"，每2~3周邀请一位优秀学者线上分享最新研究成果、研究心得、研究方法等。邀请的专家中，既有德高望重的中老年专家，也有青年学者；既有国内交通领域的优秀学者，也有香港和海外的优秀青年；既有专家对本学科发展态势进行的分析与评述，也有专家本人最新的研究成果，涵盖了交通运输领域的各个研究热点。这些讲座通过腾讯会议和视频号直播，取得了不错的反响，尤其是清华大学李力教授的《与ChatGPT共驾：一种全新的尝试》和香港科技大学孙晓通教授的《未来交通系统展望：自定驾驶队列稳定性与不确实性解析》，均超过了1 600多人听讲。

以上活动对读者是一种服务，可以足不出户聆听专家们对学术前沿的分享，通晓学术发展方向，也可以就自己感兴趣的研究和有关专家交流；专家通过学术讲座可以把自己的研究思路和成果分享给更多的同行，包括初入科研领域的学生，既可以展示个人研究成果和提升学术影响力，也是一种利用自己知识回馈社会的有益活动；对期刊来讲，可以向专家约稿，不断提升期刊的稿件质量，加之在讲座时不断分享视频号直播到朋友圈、不同的学术群，也增加了期刊和讲座专家的曝光度，隐性地提高了期刊的影响力。

5 结束语

5.1 取得的成绩

经过3年多的全方位努力，期刊在稿源质量、办刊特色、管理和运营模式、数字化平台

建设等方面取得了不错的成绩,并在 2023 年 9 月被中国科技核心期刊数据库收录,2023 年 12 月被 Scopus 数据库收录;跻身《中国学术期刊影响因子年报(自然科学与工程技术)2023 版》"交通运输工程"学科中文期刊 Q1 区,影响因子再创新高,同比增长 53.8%,位列增速榜第一位;REESE 中国核心学术期刊也从 A⁻到 A,在交通学科 158 种期刊中排名第 26 位。

5.2 存在的问题和展望

对标一流的同行科技期刊,无论是在数据库中的引证指标,还是在行业专家的认可度、科技信息传播中的知名度方面,我们还有很大的差距。但是,党的二十大以来,我国科技期刊发展进入新的历史时期,我们期刊人要抓住机遇,守正创新,积极创建一流的学术期刊,引领学术、服务社会。首先,苦练内功,坚持"内容为王",追求学术创新,加大内容组织、编辑出版,这是保障期刊可持续发展的基础;其次,加强新时代复合型编辑出版服务人才建设力度和培养步伐,组建具有学术视野能进能出的编委队伍,这是保障期刊可持续发展的人力保障;最后,全媒体融合发展、学术会议和学术讲座宣传是期刊扩大影响的有效措施。只有多维度全方位发力,才能有效提升期刊的学术品质与影响力。除此之外,努力提升期刊的服务能力和服务水平,继续怀揣学者朴素的科研情怀和满腔热情,坚守学术初心,依靠和尊重编委提出的各种发展建议与意见,围绕新时代交通前沿,将其打造为国内外知名期刊,为祖国的交通事业贡献自己的力量。

参 考 文 献

[1] 中国科协学会服务中心主编.中国科技期刊发展蓝皮书.2023[M].北京:科学出版社,2023.
[2] 叶继元."SCI 至上"的要害、根源与破解之道[J].情报学报,2020,39(8):787-795.
[3] 杨丽萍.世界一流科技期刊建设背景下高校学报转型之思[J].中国传媒科技,2024,33(3):104-107
[4] 王丽爱.高校学报的发展现状及展望[J].江苏科技信息,2021(2):16-19
[5] 贾泽军,尹茶,邓晓群.媒体融合背景下中国高校学报发展现况分析及对策研究[J].编辑学报,2016,28(5):474-477.
[6] 骆筱秋,王晴.高校科技期刊特色化发展路径探析[J].科技与出版,2023,42(7):120-124.
[7] 李军.努力打造高校科技期刊一流交流平台[M]//学术出版研究.长沙:中南大学出版社,2023:1-3.
[8] 曹兵,蒋伟,唐帅.高校中文科技期刊高质量发展研究初探[J].北京科技大学学报(社会科学版),2024,40(2):105-111.
[9] 刘宗祥,陈雍君.科技期刊聚集优质稿源的思考:以《移动通信》为例[M]//学报编辑论丛 2023.上海:上海大学出版社,2023:588-593.
[10] 张晓宁.我国科技期刊学术影响力提升策略研究[J].新闻传播,2023(4):80-82.
[11] 兰俊思,周尧,李恒超.多策略提升国际影响力,建设轨道交通领域一流学术期刊:基于 Railway Engineering Science 办刊实践[M]//学报编辑论丛 2022.上海:上海大学出版社,2022:592-598.
[12] 马应森.落实主编岗位责任制,把好科技期刊质量关[J].情报探索,1998,69(增刊 1):61-63.
[13] 张静.科技期刊编辑职业能力提升路径探析[J].编辑出版,2024,15(2):224-227.
[14] 中共中央,国务院.国家综合立体交通网规划纲要[EB/OL].(2021-02-24)[2024-06-07].https://www.gov.cn/gongbao/content/2021/content_5593440.htm.
[15] 交通运输部,科学技术部.交通领域科技创新中长期发展规划纲要(2021—2035年)[EB/OL].(2022-01-24)[2024-06-07].https://www.gov.cn/zhengce/zhengceku/2022-04/06/content_5683595.htm.
[16] 周春娟,温优华.融媒体环境下高校学报微信公众号学术传播的 SWOT 分析[J].出版广角,2021(24):64
[17] 蒋霞,黄崇亚,孙启艳.高校学报微信公众号运营现状和发展建议:以"双一流"高校学报自然科学版为例[J].编辑学报,2023,35(增刊 2):135-139.
[18] 任锦.科技期刊举办在线学术会议的现状与对策[J].科技与出版,2021(6):89-93.

中文科技期刊国际影响力提升策略

——以《城市轨道交通研究》为例

苏 惠

(《城市轨道交通研究》编辑部，上海 201804)

摘要：针对我国中文科技期刊国际影响力不足的现状，以中宣发[2021]17号《关于推动学术期刊繁荣发展的意见》为指导，以《城市轨道交通研究》为例，提出如下策略：采取打造特色栏目，向专家、客座教授、顾问约稿，调研热点领域进行专刊/专栏选题，挖掘高水平作者，关注基金论文等方式吸引高质量稿件；采取适度增加编委会中国际编委的占比，组建青年编委会，设定定期轮换编委会制度等措施扩大编委会的国际影响力；采取扩充审稿专家数据库，建立健全审稿专家的审稿制度、激励机制和退出机制等制度；采取数字化出版平台，优先发表热点文章及优质稿件等措施提升稿件的时效性；采取积极参加国内外学术会议，运用新媒体技术，实行OA出版，定期举办评选活动等措施大力加强期刊的宣传与推广工作。目前本刊已被《科技期刊世界影响力指数(WJCI)报告》、DOAJ数据库、《日本科学技术振兴机构中国文献数据库》(JST)、美国《乌利希国际期刊指南》、哥白尼精选数据库(ICI Master List)、英国EuroPub数据库、EBSCO数据库、Research4Life-HINARI等国内和国外数据库收录，国际影响力得到有效提升。

关键词：中文科技期刊；国际影响力；提升策略

科技强国建设离不开一流科技期刊的支撑。随着我国科技创新步伐不断加快，打造与之相匹配的具有国际影响力的科技期刊，成为中国科技界面临的重要课题。2019年中国科协、中宣部、教育部、科技部联合印发的《关于深化改革 培育世界一流科技期刊的意见》指出，目前我国已成为期刊大国，但缺乏有影响力的世界一流科技期刊，在全球科技竞争中存在明显劣势，必须进一步深化改革，优化发展环境[1]。《中国科技期刊发展蓝皮书(2023)》显示，截至2022年底，我国科技期刊总量为5 163种，其中中文科技期刊占绝大多数，为4 556种，占比为88.24%，科技期刊平均世界影响力指数为1.399，位居全球第9[2]。由上述数据可知，我国中文科技期刊在国际影响力方面距离欧美科技期刊仍存在很大差距。

针对我国中文科技期刊国际影响力普遍不足的问题，如何提升这类期刊的国际影响力亟待解决。本文根据中宣发[2021]17号《关于推动学术期刊繁荣发展的意见》[3]，基于城市轨道交通学科的特点以及作者在实际工作中的经验，总结和提炼了积极吸引高质量稿件，扩大具有国际影响力的编委会及审稿专家团队，提升稿件的时效性，以及大力加强期刊的宣传与推广工作等提高中文科技期刊国际影响力的措施，旨在为提升我国科技期刊的国际影响力提供有价值的参考。

1 积极吸引高质量稿件

高质量稿件是提高学术期刊国际影响力的有力保障,为此可以采取一系列策略提升稿件内容的吸引力,增强作者的创作动力,从而构建一个高品质的内容生态系统。《城市轨道交通研究》坚持以创新水平和科学价值作为选稿用稿标准,通过打造特色栏目,向专家、客座教授、顾问约稿,调研热点领域进行专刊/专栏选题,挖掘高水平作者,关注基金论文等方式吸引优秀稿源。

1.1 打造特色栏目

根据中宣发[2021]17 号《关于推动学术期刊繁荣发展的意见》[3]:"支持现有学术期刊合理调整办刊定位,鼓励多学科综合性学报向专业化期刊转型,突出优势领域,做精专业内容,办好特色专栏,向'专、精、特、新'方向发展。"《城市轨道交通研究》通过加强编辑策划,创新设计了时评、百家论坛、学术专论、研究报告、施工技术、应用技术、产学研视窗等栏目。

(1) 时评栏目。《城市轨道交通研究》的时评栏目汇聚了国内外城市轨道交通领域内顶尖专家的真知灼见,他们针对当前该领域的重大研究成果进行深入剖析与评述,为读者呈现前沿视角与深度解读。陈清泉院士撰写的《"四网四流"融合技术:电气化交通新时代的领航者》,前瞻性地阐述了这一前沿技术如何引领电气化轨道交通领域迈向崭新纪元。中国工程院杰出院士、中国铁路总公司领航人卢春房,在《公路与市政工程穿越运营高铁:一项彰显国际领导力的尖端技术》中,深刻剖析了该项复杂技术的非凡成就与全球影响力。中国科学院资深权威院士、同济大学一级荣誉教授孙钧,则以《京沪高速铁路轨下基础十年辉煌:历史回顾与未来展望》为题,深情回顾了京沪高速铁路轨下基础建设十周年的辉煌历程,并对未来寄予厚望。而中国城市轨道交通协会的常务副会长周晓勤,在《探索城市轨道交通高质量发展的创新征途》中,高屋建瓴地描绘了城市轨道交通领域迈向高质量发展的创新路径与宏伟蓝图。

表 1 为 2020—2022 年《城市轨道交通研究》每年出版的时评数量、下载量和被引频次。从表 1 的数据分析来看,2020—2022 年,《城市轨道交通研究》所发表的时评在下载量和被引频次上表现优越。这一现象充分表明,时评内容以其高度的时效性和深度分析,显著提升了期刊在业界的受关注程度,有效促进了学术信息的传播与影响力的扩大。

表 1 2020—2022 年时评发文量、下载量和被引频次

年份	发文量/篇	下载量/次	被引频次/次
2022	12	2 948	20
2021	12	2 651	13
2020	12	3 015	21

(2) 其他栏目。表 2 为《城市轨道交通研究》在 2018—2022 年所出版的百家论坛和学术专论典型栏目下论文的下载量和被引频次等数据的对比。由表 2 可以看出:百家论坛和学术专论这两个典型栏目对提升期刊国际影响力具有较大的促进作用。后续我刊将在坚守已有办刊特色的基础上,积极收录这两个栏目的论文,从而在一定程度上提升期刊的国际影响力。

表 2 典型栏目下论文的下载量和被引频次

栏目	文题	下载量/次	被引频次/次
百家论坛	国外典型综合交通枢纽布局设计实例剖析	5 019	270
	我国城市轨道交通存在的主要问题及发展对策	4 995	166
	我国城市轨道交通发展现状与对策建议	4 930	155
学术专论	基于深度学习长短期记忆网络结构的地铁站短时客流量预测	1 417	65
	基于建筑信息模型与 Pyrosim 软件的地铁车站火灾模拟仿真方法	1 290	41
	城市轨道交通客流特征及预测相关问题	2 128	96

1.2 向客座教授、专家、顾问约稿

客座教授、专家及顾问的稿件,引领技术前沿,为行业发展提供坚实支撑。其独特视角与深刻见解,展现中国各行业的最新成果与未来趋势,促进国际学术交流。这些高质量稿件,提升刊物学术价值,拓宽国际视野,增强了我国在全球各行业领域的话语权与影响力。

《城市轨道交通研究》积极向客座教授、专家、顾问约稿。邀请我刊高级顾问、中国工程院院士王梦恕撰写了《发展城市轨道交通应注意的若干问题》,邀请我刊高级顾问、中国工程院院士傅志寰撰写了《轨道交通推动城市科学发展》,邀请我刊高级顾问、铁道部专家、中国交通运输协会城市轨道交通装备认证技术委员会周翊民撰写了《省级轨道交通责任主体不可或缺》《新型城镇化亟须建设地区铁路网和大城市郊区铁路网》,邀请我刊高级顾问、中国工程院院士刘友梅撰写了《城市轨道交通装备技术的多样性发展》《加紧开发适用于区域铁路的新型轨道车辆——通勤动车组》《储能式轻轨车——通向节能、环保和智能化》等稿件。这些稿件引领了我国城市轨道交通发展方向,对我刊国际影响力的提升起到了积极的促进作用。

1.3 调研热点领域,进行专刊/专栏选题

通过紧密追踪各行业热点领域,深入调研和挖掘前沿话题,精心策划专刊与专栏选题,可以积极吸引读者,引领学术潮流,有效提升期刊的国际影响力。2019 年 6 月 15 日,随着北京轨道交通新机场线一期工程的正式启动试运行,我刊和北京市轨道交通建设管理有限公司合作策划了"北京大兴国际机场线研究"特辑,介绍了北京大兴国际机场线在建设过程的先进技术方案和管理方案。2020 年上海轨道交通进入了超大规模网络化运营的时代,针对如何建设适应超大规模轨道交通网络的设备管理体系,2021 年我刊和上海地铁维护保障有限公司通号分公司合作策划了《智慧城市轨道交通通信信号"十四五"规划研究专辑》(见表 3)。随着城市轨道交通地不断发展,全自动运行技术逐渐成为行业焦点。2023 年我刊和上海申通轨道交通研究咨询有限公司合作,共同推出了《城市轨道交通全自动运行线路专辑》。通过一系列专刊/专栏策划,城市轨道交通相关领域的热点科研成果得到快速传播,同时提高了我刊的影响力。

《城市轨道交通研究》围绕我国城市轨道交通领域重大主题打造重点专栏,组织专题专刊。表 3 为 2019—2022 年《城市轨道交通研究》专刊载文数据汇总。由表 3 可见:专栏/专刊中文章下载量较高,在一定程度上提高了期刊的国际影响力。

表 3　2021—2023 年《城市轨道交通研究》专刊载文数据汇总

年份	专刊名称	发表卷期	文章数量/篇	单篇最高下载量/次	最高被引频次/次
2023	"城市轨道交通全自动运行线路"专刊	26 卷 2 期	36	539	15
2022	中车长春轨道客车股份有限公司专刊	25 卷 2 期	35	540	4
2021	"智慧城市轨道交通通信信号'十四五'规划研究"专刊	24 卷 11 期	34	424	4

1.4　挖掘论文高水平作者，跟踪其研究动态

高水平作者的论文也是期刊国际影响力提升的有力保障。高水平作者的论文，以其卓越的学术质量与深远的影响力，为期刊国际地位的攀升筑起了坚实的基石，是提升期刊国际影响力的关键驱动力。

中国知网《学术精要数据库》发布了 2011—2022 年高影响力论文，《城市轨道交通》共有 979 篇论文入选。其中，高被引论文 68 篇，高下载论文 79 篇，高 PCS(论文引证标准化指数)论文 44 篇。例如：第一作者杨永平发表在 2013 年第 10 期的《我国城市轨道交通存在的主要问题及发展对策》，下载量为 4 995，被引频次为 166；第一作者赵昕发表在 2019 年第 1 期的《2018 年中国城市轨道交通运营线路统计和分析》，下载量为 1 570，被引频次为 157；第一作者张宁发表在 2012 年第 5 期的《基于多项 Logit 模型的轨道交通站点步行接驳范围》，下载量为 1 315，被引频次为 87。上述作者均来自于高校或企业，我刊注重与这些作者的沟通与联系，并持续追踪其研究动态。此外，我刊注重培养青年作者，努力扩大作者的单位和地区覆盖面，以进一步提升期刊的国际影响力。

1.5　关注基金论文

基金发文量是衡量论文质量的一个重要标志，在一定程度上能够反映出某领域或某机构的科研活跃程度与学术影响力。在评价论文质量时，还应同时综合考虑研究的创新性、方法论的严谨性、数据的可靠性，以及结论的普适性等方面。

以《城市轨道交通研究》为例，对 2018—2022 年第 9 期基金发文量进行统计(见表 4)。由表 4 可知：2018—2022 年第 9 期基金论文总共 78 篇，占载文总数的 33.3%；基金论文总被引 176 次，平均每篇论文被引 2.26 次；《城市轨道交通研究》对基金论文的吸引力在不断增强，逐年呈上升趋势。特别要注意的是，本刊在筛选稿件时，在关注基金论文的基础上，同样执行严格的三审制度，按质取稿，并未赋予基金论文特权。

表 4　2018—2022 年第 9 期基金论文发文量

基金名称	不同年份下第 9 期基金论文发文量/篇				
	2018	2019	2020	2021	2022
国家自然科学基金	4	5	3	5	3
国家其他部委基金	3	2	7	5	7
省级基金	1	4	2	1	6
其他基金	4	3	5	5	4
合计	12	13	17	16	20

在采取上述措施吸引优秀稿源的同时，本刊仍然面临如下不足之处，诸如审稿周期长、宣传和推广力度不够、稿源渠道单一等的问题。未来本刊将通过优化审稿流程，加大宣传和推广力度，拓展稿源渠道等方面不断努力，不断克服现有不足，吸引更多优质稿源。

2 扩大具有国际影响力的编委会和审稿专家队伍

构建并扩大具有国际视野和影响力的编委会与审稿专家队伍，是提升期刊权威性与国际认可度的重要举措，有助于吸引高质量稿件并促进学术交流的全球化。为提高期刊的国际影响力，《城市轨道交通研究》通过定期举行编委会会议，与各位编委会成员探讨期刊目前存在的问题与未来发展的方向。本刊在原有编委会的基础上，适度增加了编委会中国际编委的占比。例如：我刊于 2022 年邀请了 Marc Guigon、Mykola Sysyn、Nor Ashidi bin Mat Isa、Lothar Fickert、Fei Gao 等专家作为国际编委，充分发挥了其在组稿、审稿、推介等方面的支持作用；2023 年组建了一支由 53 名青年专家组成的青年编委会，通过激发中青年编委的活跃度，使其能够更好地为期刊服务；设定了定期轮换编委会制度，确保期刊主题和内容的广度和多样性，并为编委会成员设定标准的规章和制度。同时，本刊采取了在原有审稿专家队伍的基础上扩充审稿专家数据库，建立健全审稿专家的审稿制度，建立审稿专家激励机制，建立审稿专家退出机制[2]等制度。

目前，本刊共有 109 位编委、400 多位审稿专家，均来自高校、科研院所及一线企业，为期刊的发展发挥了积极的作用。

在扩大具有国际影响力的编委会和审稿专家队伍的同时，本刊仍然面临如下不足之处，诸如地域分布不均和国际交流不足等国际化视野的局限性，语言和文化障碍，以及本土人才培养不足和国际人才引进困难等人才引进和培养机制不完善。为克服这些不足之处，未来我刊将加强和国际知名期刊、学术机构及专家的交流与合作，拓宽国际视野和影响力；逐步引入英文出版或增设英文专刊，降低语言障碍，吸引更多国际作者和审稿专家的参与；完善人才引进和培养机制，加大投入力度，吸引和留住具有国际影响力的编委和审稿专家。

3 提高稿件的时效性

期刊信息传播速度在一定时间内会影响期刊学术稿件在社会上产生的即时效果，即时效性[4]。稿件时效性是指稿件从收稿到发表所需时间，它是评价期刊价值的一项重要指标[4]。稿件发表周期的长短从一个侧面反映了期刊运行机制的好坏。期刊若想增强竞争力，减慢信息贬值速度，就需要缩短稿件刊发周期[4]。为此，《城市轨道交通研究》采用多方面措施提高稿件处理效率，保证了稿件内容的时效性。

(1) 使用数字化出版平台。《城市轨道交通研究》为顺应当前我国期刊数字化转型的发展趋势，坚持一体化发展。目前，本刊于 2019 年通过使用勤云采编平台已实现论文采集、编辑加工、出版发行的期刊的全链条出版。2024 年本刊与中国知网签订网络首发出版协议，对稿件进行网络优先出版，该举措一定程度上提高了稿件的时效性以及稿件的引用率。

(2) 优先发表热点文章及优质稿件。《城市轨道交通研究》注重积极探索城市轨道交通领域重要的研究成果，对于有重大创新观点的高质量论文，本刊优化出版流程，设立快速审稿、发稿通道，提高了投审稿和出版的时效性。

在采取上述措施提高稿件时效性的同时，本刊目前仍然依赖传统的纸质出版方式。未来，本刊将积极探索数据出版、增强出版、全媒体出版等新型出版模式，为提高稿件的时效性进一步提供保障。

4 期刊宣传与推广的加强

(1) 参加国内外学术会议，扩大期刊影响。《城市轨道交通研究》杂志社注重与学者和学术组织的联系互动。为充分发挥期刊在学术交流中的桥梁纽带作用，本刊每年还举办理事会年会和轨道交通专题研讨会；同时积极倡导并实践多方合作模式，多次担当轨道交通领域国际会议的策划者与支持媒体角色，致力于搭建城市轨道交通"产学研用"一体化的交流平台与桥梁，促进知识共享、技术创新与实际应用的无缝对接。本刊主编孙章教授在韩国首尔举行的环太平洋城市发展第8届学术年会上，作了题为"上海的跨江靠海城市发展战略"的学术报告；在国际公共交通东京会议上报告了中国城市轨道交通的制式与选型；在香港举行的交通运输学术会议上，作了"中国铁路与中国发展"的学术报告；参加了第8届海峡两岸都市交通学术研讨会，在台湾成功大学作了题为"磁悬浮技术的交通功能定位"的学术报告。2024年8月，《城市轨道交通研究》编辑部参加了第三届国际轨道交通学术会议(ICRT 2024)，出席本次会议的两院院士和海外院士有10余位，来自全球25个国家的500多位专家学者现场参会。参会代表们分享了智能铁路、高速铁路、磁浮列车、重载铁路的工程安全，以及铁路与环境等方面的最新研究成果。在该次会议上，我刊精心布置了展台，积极与各位专家进行深入交流，并进行了富有成效的推介活动。这些均为期刊的宣传和推广起到了积极的作用。

(2) 运用新媒体技术宣传期刊。为提高期刊内容质量，促进国际交流，加强期刊的交流与推广，《城市轨道交通研究》使用微信公众号及官网等新媒体技术对作者最新的学术观点或研究成果进行宣传，吸引了更多潜在读者的关注，文章的阅读量、下载量及被引用数量等均得到一定程度的提升。

(3) 实行OA出版，增加期刊的显示度。OA目前已成为一种学术出版的趋势，向作者收取审稿费而对读者完全免费开放，通过降低读者在期刊上的花费来推动知识共享，增加研究成果被阅读和被引用的机会，继而扩大作者研究成果的可见性和影响力。《城市轨道交通研究》近年来不断完善双语学术网站建设，并鼓励作者撰写中英文结构化长摘要；读者通过登录本刊官网，即可以实现对论文的浏览和下载，进一步提升了期刊的国际影响力。

(4) 定期举办评选活动。《城市轨道交通研究》通过每年举办优秀编委、审稿专家、作者、论文的评选活动，进一步加强与专家和作者的联系，这对于期刊的宣传与推广起到很好的促进作用。

在采取上述措施进行期刊宣传和推广的同时，目前本刊仍然存在宣传渠道有限，宣传内容单一，与国际期刊合作较少等问题。未来，本刊将拓展宣传渠道，充分利用新媒体平台进行宣传和推广；创新宣传内容，突出期刊的特色和亮点，提高宣传的针对性和吸引力；积极寻求与国际期刊的合作机会，提升期刊的国际影响力。

5 结 论

本文针对我国中文科技期刊国际影响力不足的现状，基于城市轨道交通学科的鲜明特色，以《城市轨道交通研究》为例，提出了积极吸引优质稿源，采取积极吸引高质量稿件，扩大具有国际影响力的编委会及审稿专家团队，提升稿件的时效性，以及大力加强期刊的宣传与推广工作等措施。

  《城市轨道交通研究》编辑部近年来通过实施上述策略,取得了显著成效。根据《中国学术期刊影响因子年报(自然科学与工程技术)》,2023年本刊在国内154种交通运输工程类期刊中排名提升至23。目前,本刊已被《科技期刊世界影响力指数(WJCI)报告》、DOAJ数据库、《日本科学技术振兴机构中国文献数据库》(JST)、美国《乌利希国际期刊指南》、哥白尼精选数据库(ICI Master List)、英国EuroPub数据库、EBSCO数据库、Research4Life-HINARI数据库收录。根据《科技期刊世界影响力指数(WJCI)报告》,近几年期刊的WJCI稳步提升,2023年本刊WJCI为0.539,在收录的国际109种交通运输工程学科期刊中提升至81名,国际影响力得到有效提升。

  未来,期刊将紧密跟随国家政策法规的导向,在现有发展策略的基础上,围绕提升学术质量、扩大影响力、服务行业发展、多元化发展等办刊设想,采取加强编辑部建设,提升审稿效率和质量,扩大稿件来源,加强国际合作和交流,推进数字化转型,注重期刊品牌建设等举措,不断推动期刊的健康发展,为城市轨道交通行业的学术研究和技术进步做出积极贡献。

参 考 文 献

[1] 中国科协,中宣部,教育部,科技部.关于深化改革培育世界一流科技期刊的意见[EB/OL].(2019-08-16)[2022-08-01].https://www.cast.org.cn/xw/TTXW/art/2019/art_b5da1323b57c4d16b779172ad533cd88.html.

[2] 中国科协学会服务中心.中国科技期刊发展蓝皮书(2023)[M].北京:科学出版社,2023.

[3] 中共中央宣传部,教育部,科技部.《关于推动学术期刊繁荣发展的意见》的通知:中宣发[2021]17号[EB/OL].(2021-06-25)[2023-10-15].https://kyc.bbmc.edu.cn/__local/1/1E/78/C8D134948D03A163FF99EC6C84A_E80361DB_2F833.pdf.

[4] 徐军,陈禾,张敏.提升科技期刊国际影响力的策略和实践:以 Friction 为例[J].中国科技期刊研究,2018,29(8):853-859.

[5] 马静.提升高校学术期刊国际影响力的路径简析[J].西南石油大学学报(社会科学版),2018,20(6):84-88.

[6] 武星彤,鲁博,李梅玲.数字时代农业科技期刊影响力提升研究[J].编辑学报,2023,35(增刊1):38-40.

[7] 顾爽,孙中悦,范志静.新形势下以交通为特色的高校学报发展策略:以《北京交通大学学报》为例[J].北京交通大学学报,2021,35(增刊1):81-84.

[8] 杨畅.中国优势学科学术期刊国际影响力发展态势研究:以化学学科为例[D].北京:中国科学院大学,2020.

[9] 焦一丹,俞征鹿,马峥.中国期刊提升国际影响力的路径:吸引国内高质量原创性科研成果[J].编辑学报,2022,34(5):473-478.

[10] 刘凤祥.加强审稿专家队伍建设提升高校科技期刊审稿质量[M]//学报编辑论丛 2021.上海:上海大学出版社,2021:316-320.

科技期刊社会责任治理存在问题及对策研究

丁红艺,董 伟

(《上海理工大学学报》编辑部 上海 200093)

摘要：随着可持续发展观念的深入，社会责任治理成为出版企业高质量发展的重要内容。针对科技期刊社会责任治理问题，分析科技期刊社会责任在坚持正确出版导向、提升科技自信、建构健康学术环境、促进科技智民方面的意义。在此基础上，探究科技期刊社会责任治理在治理基础、治理核心、治理动力、评价体系等方面存在的问题，最终提出创新体制机制、建设学术诚信协同治理机制、加强数字责任治理、构建评价指标体系的社会责任治理对策。

关键词：科技期刊；社会责任；科技自信；学术诚信；数字责任；评价指标体系

科技期刊作为科技成果记录与传播的重要载体，承担着促进国家科技进步、学术创新、人才培养的重大历史使命和职责。尤其是在推进中华民族伟大复兴的历史进程中，科技期刊对于提升国家科技竞争力和文化软实力，构筑中国精神、中国价值、中国力量都具有重要作用。然而，作为象征一国科技文化软实力的重要代表，我国科技期刊的发展水平落后于我国科技发展水平，大量优秀学术成果发表在了国外科技期刊上，在争夺话语权和首发权上的实力表现与期刊大国地位不符。习近平总书记指出，当今世界百年未有之大变局加速演进，"科技创新成为国际战略博弈的主要战场，围绕科技制高点的竞争空前激烈"。科技期刊在推动科技创新和国家创新体系建设中发挥着十分重要的作用。在新的发展阶段，我国科技期刊不仅要努力提高自身发展水平，还需积极承担坚守高水平科技自立自强理念、抢占科技成果发表制高点的时代重任。

社会责任概念起源于人们对人类活动与社会之间关系的理性认识，特别是随着可持续发展观念的深入人心，社会责任成为约束各类企业和组织经营行为的有利工具。出版行业对社会责任的重视起步较晚，在2010年左右才逐渐开始对其进行较多的研究和探讨。游苏宁等[1]从6个方面总结了科技期刊的社会责任：发挥学术导向作用，大灾面前的快速反应；净化学术园地，预防和揭露科学不端行为；传播科普知识，提升全民科学文化素养；正确认识期刊的评价体系；真诚为读者和作者服务；有效利用国内的研究成果。张明海等[2]认为承担社会责任是中国科技期刊发展中应有之义，在科技期刊发展面临公信力下降、政治责任意识下滑和创新意识滞后等诸多问题的情况下，科技期刊在严谨学风、学术导向、普及知识、引导作者等方面积极承担社会责任，保持可持续发展。赵文义[3]从社会责任的视角探讨学术期刊的治理问题，论述了学术期刊社会责任的内涵界定，分析了学术期刊在学术交流环境建构、自主思

基金项目：上海市高校科技期刊研究基金资助项目(SHGX2024A10)

想环境孕育、媒介技术环境创新三方面履行社会责任的主要思路。既有研究主要探讨了社会责任对科技期刊发展所起的作用，并未对科技期刊社会责任治理的现存问题进行归纳，也未提出有效的实施路径。科技期刊作为出版产业链上重要且特殊的一部分，由于天然的公益属性，在社会责任的实践中出现了一些较为典型的案例，在实践内容上也充分显示出行业的优势和特点。这些实践活动为科技期刊赢得好口碑、提升影响力起到了积极作用。但大部分科技期刊由于规模较小、人力不足、社会责任意识不强，在社会责任的实践方面存在着不平衡不充分的现象，在促进文化自信、科技自信方面担当不够。社会责任治理是科技期刊向中国式现代化出版组织跃迁的迫切要求，也是实现高质量发展目标、丰富人民精神世界等本质要求，推动物质文明和精神文明协调发展的使命和担当[4]。为此，本文通过意义阐释、问题剖析、对策列举，对我国科技期刊的社会责任治理问题进行了深入探讨。

1 科技期刊社会责任治理的意义分析

社会责任相关的理论研究和实践起源于西方国家，并随着现代企业的发展而兴起，我国科技期刊界引入社会责任这一概念较晚。2015年，我国正式颁布《社会责任指南》(GB/T 36000—2015)[5]，正如该标准所述：在当今社会日益重视可持续发展的背景下，努力成为对社会和环境负责任的组织，这既是时代的要求，也是组织对自我社会价值的追求。该指南的出台显示出国家和社会对社会责任治理的高度重视，也为各类组织进行社会责任治理明确了执行标准和规范。科技期刊的社会责任是指科技期刊出版单位(包括期刊社或者编辑部)为其决策和活动，对社会、环境和利益相关方造成的影响而承担的责任。科技期刊承担社会责任既是遵守国家出版政策，坚持社会效益优先、两个效益相统一原则，也是弘扬学术正气，建设公平公正学术环境，引领学术创新，促进期刊评价体系改革，推动科技期刊高质量发展的需要。

1.1 科技期刊社会责任治理是贯彻国家出版政策、坚持正确出版导向，确保社会效益优先地位的基本保障

2020年11月2日，中央全面深化改革委员会第十六次会议审议通过《关于文化企业坚持正确导向履行社会责任的指导意见》，强调把社会效益放在首位，努力实现社会效益和经济效益相统一，明确文化企业承担特有社会责任，应该积极履行社会责任和道德责任，创作生产更多健康向上、品质优良的文化产品。2021年底发布的《出版业"十四五"时期发展规划》指出，出版企业要坚持把社会效益放在首位，正确处理社会效益和经济效益的关系，积极履行出版社会责任，注重出版的社会效果，践行好出版职责使命。国家从政策层面为科技期刊负责任地进行内容生产和传播、促进国家科技实力提升提供了政策指引。科技期刊在服务国家科技发展、学科建设和技术进步方面的作用不容忽视，科技期刊在出版导向上的坚定立场关乎我国科技发展的方向性问题。作为事业单位属性为主的科技期刊，强化社会责任的履行，是中国特色社会主义事业在科技出版领域优越性的表现，体现了科技期刊的出版运营是以满足人民群众的科技文化需要为前提的，进一步地，这也是我国走向科技自强自立、实现科技强国目标的重要支撑。

1.2 科技期刊社会责任治理是提升文化自信、科技自信、掌握学术话语权的根本措施

科技期刊是知识创新体系中的核心环节和构成因素，是我国出版事业的重要组成部分，历来在宣传科学精神、推动科技创新、转化科技成果、普及科学知识、引领社会进步等方面发挥着重要的作用[6]。科技期刊在推动一国科技发展中承担着重要的社会责任，然而，学术评

价体系的"唯 SCI 论"严重影响了我国科技期刊的发展，大量科学研究的优秀成果流向国外期刊，重大原创性科研成果在国内期刊的发表却相对较少。虽然国家鼓励论文发表在祖国大地上，但科技论文外流现象暂时较难改变。另外，国内英文期刊的国际传播主要依赖爱思唯尔、施普林格等国际传播平台，在平台发展话语权和主动权方面受制于人，学术传播的国际影响力和网络资源的安全问题等都取决于国际传播平台的具体政策。科技期刊不但要做好内容的生产和传播，更要从推动文化自信、科技自信等方面承担应有的责任，这既是科技期刊的立足之本，也是关系国家科技自立自强的关键问题。因此，科技期刊积极承担科技强国使命，做好重大原创性科研成果发表在国内期刊上的引导工作，抢占科技成果首发权，并建设具有自主知识产权的数字出版平台，掌握国际传播主动权和学术话语权，这对我国科技优势的培育和展示，推动科技强国目标的实现具有重大意义。

1.3 科技期刊社会责任治理有助于构建健康的学术生态环境

科技期刊作为学术成果的把关人，在保证学术内容的真实性、可靠性和创新性，保证学术规则的公正有序，维护科技界优秀学术声誉，以及构建健康学术生态环境方面具有不可推卸的重大责任，对于营造风清气正的学术生态具有至关重要的作用。学术诚信是良好学术生态的重要标志之一，学术诚信工作一直以来是科技期刊社会责任治理中的重要问题，不仅是科技期刊实现高质量发展的基础，也是科技期刊承担社会责任的重要表现。2018 年 5 月，中共中央办公厅、国务院办公厅印发了《关于进一步加强科研诚信建设的若干意见》，该意见明确了学术期刊在科研诚信建设中的作用，并要求切实提高审稿质量，加强对学术论文的审核把关。目前，科技期刊通过三审三校、同行评议、查重等机制，在编辑出版环节前端尽可能较早地预防学术不端行为，把控学术质量。针对论文出版后发现的学术质量或学术不端问题，科技期刊及时采取措施进行声明或撤稿处理。另外，科技期刊制定学术道德规范，加强对作者的学术道德教育，弘扬公平公正的学术风气，为学术共同体的学术生态环境建设发挥了应有的作用。

1.4 科技期刊社会责任治理有助于促进科学知识普及工作，履行科技智民的使命

《科技部 中央宣传部 中国科协关于印发〈"十四五"国家科学技术普及发展规划〉的通知》中提出："在新发展阶段、新发展理念、新发展格局下，要推动科学普及与科技创新协同发展，持续提升公民科学素质，为实现高水平科技自立自强厚植土壤、夯实根基。"科技强国战略是我国的基本国策，而科技资源科普化是打通"科研-科普"链条、实现创新发展"两翼"齐飞的关键路径[7]。科技期刊是科学知识的承载者，代表了一国的科技实力，科技期刊社会责任的承担不应局限于知识生产和传播方面，还应积极参与推动科学知识的普及，将专业知识转化为通俗易懂的内容传递给公众，提升公众的科学素养，培育创新型人才，从而激发全社会的创新活力，为国家科学创新和技术创造的全面进步发挥应有的作用。随着人工智能技术、大数据分析技术和各种新媒体技术的发展，科技期刊运用新技术开发科普内容，通过音频、视频、图片等进行有效的宣传，创新科普工作方式，才能有效助力科技自立自强目标的实现，提升国家整体科技水平。

2 科技期刊社会责任治理存在的问题

2.1 科技期刊社会责任治理缺乏适宜的组织治理机制，社会责任治理的基础不牢

组织治理是指组织为实现其目标而制定和实施决策的系统。它包括正式治理机制和非正

式治理机制,前者以既定的结构和程序为依据,而后者的形成与组织的文化和价值观有关,并通常受到组织领导层的影响。《社会责任指南》将组织治理作为组织社会责任核心议题中的首项,认为在组织社会责任的背景下,,组织治理具有特殊性。它既是组织行动的一个核心主题,又是增强组织其他核心主题行动能力的手段。因此,组织治理是社会责任实践的基础。然而,我国科技期刊的出版单位大多缺乏这种适宜组织承担社会责任的组织治理机制。首先,科技期刊没有自主权是制约其社会责任感激发的根本问题。当前,除少数期刊社转型成为独立法人机构,大部分科技期刊仍然从属于事业单位。作为主办单位的一个部门,科技期刊没有独立的财权、人事权和经营决策权,自主权的缺失导致科技期刊办刊人主人翁意识不强,最终形成社会责任主体意识不足。其次,科技期刊主办单位的组织治理机制服从于其主营业务,为整个组织负责。然而,科技期刊的经营管理有其特殊的规律和要求,一般独立于主办单位的业务之外。用主办单位的组织治理机制来管理科技期刊,忽视科技期刊经营的规律和特性,对科技期刊社会责任的有效辨识和实践带来了一定困难。最后,科技期刊业务在整个组织中的非主流地位导致受重视程度较低,上层给予的关切不够,办刊人员履行社会责任的积极性无法得到有效的激励。《社会责任指南》指出,对于有效的组织治理,领导层至关重要。其重要性在于,就实践社会责任和将社会责任融入组织文化而言,不仅需要领导层作出决策,而且还需要他们去调动员工的积极性。从科技期刊现有的成功案例来看,得到领导层重视的期刊,一般发展较好,社会责任实践也表现出了积极且卓有成效的一面。

2.2 科技期刊学术诚信治理工作不够深入,社会责任治理核心不稳

学术出版市场的供需不平衡,导致学术不端行为愈演愈烈,尤其随着技术发展,科技期刊中的隐性学术不端,甚至买卖论文等现象屡禁不止。朱邦芬院士指出当前科研诚信的两个史无前例:一方面我国学术诚信问题涉及面之广,程度之严重史无前例;另一方面,随着国家科技投入巨大增加和互联网的普及,社会各界对科研诚信问题的关注也史无前例[8]。特别是据 Nature 最近报道,2021 年以来,已有超过 17 000 篇论文撤稿涉及中国学者。为此,2023年 11 月,教育部科技信息化司要求各个大学必须提交一份过去三年内从英文和中文期刊撤稿的所有学术文章的综合清单,以及论文被撤稿的原因,并对涉及学术不端的行为进行进一步调查。国际期刊出版机构的撤稿行为也从侧面反映出中文科技期刊的学术诚信问题比较堪忧。由于学术不端行为的隐蔽性和我国科技期刊学术不端行为甄别技术和能力的落后,比如对于图片和数据的甄别能力相对较弱,随之带来的学术不端问题,对科技期刊带来了新的挑战。另外,随着生成式人工智能技术的飞速发展,学术诚信问题迎来新的危机。人工智能参与的学术研究如何区分贡献度,如何辨别人工智能生成的内容,科技期刊面临新的议题,亟待新的解决路径出现。内容质量永远是科技期刊发展关注的核心问题,学术诚信治理不当所引发的学术信任危机不仅严重影响学者的声誉,也会导致科技期刊把关人的权威形象受损,学术公信力受到破坏。

2.3 科技期刊员工职业满意度不高,社会责任治理动力不足

员工是组织利益相关者的重要组成部分,是组织发展的内在动力源泉。科技期刊办刊人员不足,编辑人员忙于日常编辑事务,无暇顾及办刊工作之外的社会责任履责担当。刘晓涵等对高校科技期刊青年编辑职业现状的调查显示,有 40.91%的编辑认为压力较大,有 30%的编辑认为工作内容枯燥乏味且工作任务重。屈李纯等[9]对农业科技期刊编辑进行职业认同感问

卷调查得出，编辑群的幸福感较弱、职业规划不明晰、工作投入不足、获得的组织支持匮乏。王维朗等[10]对学术期刊编辑进行职业认知度和满意度调查，结果表示，学术期刊编辑普遍认为工作量较大，半数对编辑工作基本满意或不满意。根据马斯洛的需求层次理论，社会责任的履行属于最高层次"自我实现"的需求，员工在完成本职工作的基础上，为追求更高层次价值的满足，需要更加自觉性的行为付出努力，才能有效实现自我价值。如果编辑的职业满意度不高，较低层次的需求没有得到满足，更高层次需求的激发则较为困难。现实的情况也是科技期刊的工作局限于编辑出版，编辑的社会责任意识较多地停留在本职工作上，基于科技期刊出版工作相关的社会责任治理拓展动力不足。另外，科技期刊"散弱小"困境也制约了期刊人才队伍的发展壮大，多数编辑部存在人才队伍结构不合理，高层次、复合型办刊人才缺乏的问题。原有编辑人员年龄偏大，对于新技术、新媒体缺乏了解的兴趣，而由于受到编制的限制，新鲜血液的输入受阻。科技期刊较难把握新形势发展所需，迎接新的挑战，承担新的社会责任。因此，办刊人才的缺乏也是制约科技期刊社会责任治理的关键因素。

2.4 缺乏系统、科学的社会责任评价指标体系，科技期刊社会责任治理的监督力度不够

组织承担社会责任所产生的影响是否重要、是积极的还是消极的，这对于评估组织的履责效果非常重要。因此，建立一套系统科学的社会责任评价指标体系，对于合理评价组织的社会责任履责效果至关重要。社会责任概念发展至今，很多行业制定了相应的评价指标体系。ISO 26000 和《社会责任指南》的颁布也为各行业建立社会责任评价指标体系提供了有益参考。但是我国出版行业引入社会责任概念较晚，社会责任评价指标体系的建立还处于研究摸索之中。在图书出版领域，我国颁布了《图书出版单位社会效益评价考核试行办法》，对于指导图书出版企业履行社会责任起到了应有的作用。对于期刊行业，国家规定每年需要提交《社会效益评价报告》，但其中的考核内容是针对所有期刊的，包括社科期刊，有些考核内容并不适用于科技期刊的社会效益评估，对科技期刊的社会责任实践缺乏更有针对性的适宜指导。因此，建立科技期刊特有的社会责任评价指标体系是目前的当务之急。

社会责任评价指标体系的建立和完善是一个需要科技期刊不断体察自身的社会责任核心议题并不断实践的过程，无论什么规模和类型的组织，只有在较为完备的社会责任监管体系之下，才能有效实践社会责任，并不断持续监测和改进，实现组织的可持续发展，以及与社会和环境的协调发展。科技期刊在这方面的严重缺失，也是导致其社会责任履职能力低和履职实践不能有效持续的重要原因。

3 提高科技期刊社会责任治理能力的对策建议

3.1 创新科技期刊的组织管理机制，夯实社会责任治理基础

鉴于科技期刊主办单位组织管理机制的不适用，科技期刊出版单位需自行建立适合期刊出版和运营规律的组织管理机制。《社会责任指南》专门强调了中小型组织的社会责任特征和实践特点，科技期刊一般规模较小，可以参考《社会责任指南》中的相关建议。该指南明确提出中小型组织的组织治理更为灵活，与当地社区的联系更为密切，最高领导者的影响力更为直接。在保持适当透明的情况下，可以考虑采取比大型组织更为灵活且非正式的内部管理程序、利益相关方报告活动和其他过程等。科技期刊可在主办单位的组织管理机制之下，结合自身特点，进行内部管理流程和各类经营措施的创新，充分调动期刊资源，做好社会责任的履行工作。以重庆理工大学期刊社为例，作为一家地方高校主办的期刊社，认识到唯有机

制创新,才能在竞争中抢得先机,更好地服务学科建设,扩大社会影响力。该期刊社探索灵活的进人和用人机制,并重新制定了 56 项管理办法和制度,实现了期刊社的高效运作。进人方面,建立企业化运营机制,期刊社掌握人事自主权,面向社会进行自主招聘,真正做到了人才管理的能进能出、能上能下、公开公平、竞争择优。用人方面,改变事业单位人事管理的"终身制",打破大锅饭,实施了以"目标任务责任书"为结果导向的考核制度,将考核结果与员工工资、评优、评奖、职务晋升挂钩,充分调动了员工的积极性,为期刊社锻造了一支锐意进取、具有活力和创造力的办刊队伍。

组织管理是社会责任核心议题的基础,引领组织的社会责任实践。科技期刊出版单位要主动作为,充分利用国家大力发展科技期刊的有利背景,盘活各类资源,学习成功案例,创新组织管理策略,引进和培养优秀人才,积极探索体制机制改革方面的社会责任实践。

3.2 建设学术诚信协同治理机制,促进学术环境的健康发展

学术诚信工作是科技期刊保证学术质量、维护学术声誉、提高学术影响力的关键责任,既需要科技期刊自身加强学术规范的制定和落实,又需要学术共同体的共同参与,协同治理学术不端、学术失范行为,创造一个健康的学术环境。

一方面,科技期刊从自身编辑出版工作角度出发,做好学术诚信治理工作。首先,科技期刊应加强学术规范的制定和实施,针对学术论文的署名规范、重复发表、伦理规范、数据政策、人工智能使用等制定具体的规定,指导作者按规范进行学术活动。其次,科技期刊应做好学术论文的把关工作,严格执行三审三校制,在文字重复率检测的基础上,加强应用新技术手段进行图片相似度检查。针对生成式人工智能引发的诚信危机,科技期刊应积极采取应对措施,可采用 AIGC-X、睿鉴识谣、知网 AIGC 检测服务系统、万方文察等新的检测手段对论文内容进行检测[11],加强审核,重视新问题带来的学术诚信问题。最后,科技期刊编辑要提高自身职业道德素养,加强学术规范方面的学习,丰富学科专业知识,增强论文中一些可疑学术不端情况的甄别能力,及时发现问题,提高处理效率。

另一方面,科技期刊应认识到学术诚信工作不仅要加强"防"和"堵",还要善于引导学术共同体主动参与,通过"疏"与"引",共同致力于学术生态圈的可持续发展。"疏"是指疏通科技期刊与作者、读者、审稿专家、编委等的交流渠道,提高学术研究的透明性。另外,科技期刊通过提供有效的知识服务来提高作者的学术研究能力和学术内容创作能力,排解科研工作者的学术压力,进而减少其急功近利行为。"引"是指科技期刊应做好学术诚信方面的教育工作,引导学术共同体增强学术诚信自省自律,加强科研团队学术道德的宣传和教育,主动维系学术生态的共荣共存。

3.3 加强科技期刊数字责任治理,提高社会责任新发展的应对能力

数字责任是指在数字技术和数据的创建与使用方面指导组织运营的一套共同价值观和规范[12]。它要求任何使用数字技术或处理数据的参与者意识到,他们生产或部署的代码、收集和处理的数据,内在地为其创造了道德责任[13]。数字责任是随着数字技术的快速发展而对组织的社会责任提出的新要求。对于科技期刊来说,数字责任所包含的内容涉及学术内容数据的准确性、数据信息的安全性、数据的版权归属、数据产品的所有权问题、数据引发的伦理问题等。另外,数字责任还包含了科技期刊编辑的数字技术素养和数字技术应用能力。因此,数字责任的治理包含双重意义。

面对数字化转型的大趋势，科技期刊应积极探索大数据、5G、云计算、区块链、人工智能等新技术的融合与应用，促进学术内容在选题策划、信息推送方面的精准化和产品形态、服务形式的多媒体化，为科技期刊学术内容和传播提质增效。科技期刊要为数据要素发挥赋能作用做好准备，在编辑出版工作中保证学术内容资源的准确，应用结构化排版工具进行内容编排，形成标准化内容数据资源。加快建设出版业务流程的全面数字化，为业务流程数据化向数据业务化转变布局数字基础设施。加强内容资源的新媒体转化，建立新媒体传播矩阵，通过内容资源的多模态传播，促进科技期刊科普宣传内容的多样化，并能更好地吸引公众的关注和学习，同时提高科技期刊的知名度和影响力。

数字技术的发展也对科技期刊编辑的能力提出了新的要求。科技期刊要加强编辑新媒体技术的培训工作，为数字技术与出版工作的融合做好知识储备和素养积累。提高编辑在选题策划、审稿、编辑校对、论文出版和传播运营中运用数字技术的能力，了解和掌握微信、微博、短视频、数字出版平台等不同媒介的特性和使用规则，利用新技术和平台进行新媒体传播，发挥媒体融合联动效应，提升内容传播的数字化水平[14]。此外，编辑还应具备数据的加工处理和分析能力，认识数据要素价值的重要性，学会运用数据要素赋能科技期刊出版，并基于数据分析对用户进行个性化知识服务，提高科技期刊服务的精准度，提升科技期刊的学术质量和影响力，实现科技期刊的高质量发展。

3.4 建立科技期刊社会责任评价指标体系，促进社会责任履行效果的监督和管理

科技期刊社会责任评价指标体系的建设需要有关部门牵头，借鉴出版行业和其他一般行业评价指标体系建立的方法和指标设计，从科技期刊的特点出发，设计指标，并确定权重。评价指标体系的建设对于督促和监管科技期刊社会责任的履约情况提供了客观标准，能够更加有效地指导科技期刊践行社会责任，评估不足，指导科技期刊在实践中认识到社会责任内容的重要性，并不断改进社会责任担当。关于出版企业社会效益评价体系指标的设计，有学者提出根据出版企业对利益相关者的责任来制定具体的指标[15]，也有学者认为可借鉴图书考核办法，从出版质量、文化和社会影响、产品结构和专业特色、内部制度和队伍建设 4 个方面出发建立一级指标[16]。这些研究都为建立科学和标准的科技期刊社会责任评价指标体系奠定了基础。自《出版企业社会责任指南》出台后，出版企业的社会责任实践拥有了相应的行业标准作为指导，因此，社会责任评价指标体系的构建可以根据该指南所列 8 项核心主题[17]进行设计，并根据科技期刊在学术出版方面的特有属性进行相应的调整。另外，科技期刊作为学术研究成果的承载者，面临的竞争具有国际性，从社会责任的视角，而不是社会效益的视角进行评估，不仅能更加全面评价科技期刊的可持续发展能力，也为其参与国际竞争提供了国际化的衡量标准。

4 结束语

科技期刊追求高质量发展的同时，不能忽视社会责任的担当和履行。社会责任理念将超越社会效益的概念，从更广泛的维度指导科技期刊积极发挥社会功能。科技期刊加强社会责任治理，是追求科技强国、期刊强国战略目标实现的需要，也是当下探索可持续发展路径的必要举措。本文对科技期刊社会责任治理的意义进行了深入分析，总结了科技期刊在社会责任治理方面存在的问题，并结合新发展时期的要求，提出了提高科技期刊企业社会责任治理能力的一系列建议。未来还将从社会责任评价指标体系建设方面展开进一步的研究，为科技

期刊社会责任履行情况的评价提供更具科学性和标准性的评价方法，促进我国科技期刊切实履行社会责任，提高学术质量和影响力，逐步实现期刊强国目标。

参 考 文 献

[1] 游苏宁,石朝云.应重视科技学术期刊的社会责任[J].编辑学报,2008,20(6):471-474.
[2] 张明海,关卫屏,欧兆虎.论社会责任与科技期刊的发展[J].出版科学,2009,17(3):43-46.
[3] 赵文义.学术期刊社会责任的履行途径[J].编辑之友,2023(4):37-41.
[4] 张新新.出版业高质量发展的概念界定与基本特征[J].编辑之友,2023(3):15-24.
[5] 中国标准化研究院.社会责任指南:GB/T 36000—2015[S].北京:中国标准出版社,2015.
[6] 王铁军,王一伊,栾奕,等.科技期刊体制改革若干问题之思考[J].中国科技期刊研究,2012,23(1):35-38.
[7] 侯波,刘明寿.科技期刊在公众科学素养提升中的传播困境与优化路径研究[J].出版发行研究,2024(5):51-58.
[8] 朱邦芬.中国科技期刊要守卫科研诚信和学术伦理的生命线[J].中国科技期刊研究,2019,30(1):2-5.
[9] 屈李纯,霍振响,董金波,等.农业科技期刊编辑职业认同提升策略[J].科技与出版,2022(12):86-90.
[10] 王维朗,郭伟,黄江华,等.学术期刊编辑职业认知度及满意度调查与分析[J].中国科技期刊研究,2021,32(1):55-64.
[11] 任艳青,韩芳,伍军红,等.中文科技期刊学术诚信现状分析及改进建议[J].中国科技期刊研究,2024,35(4):442-448.
[12] LOBSCHAT L, MUELLER B, EGGERS F. Corporate digital responsibility [J]. Journal of Business Research, 2021, 122: 875-888.
[13] 姜雨峰,黄斯琦,潘楚林,等.企业数字责任:数字时代企业社会责任的理论拓展与价值意蕴[J].南开管理评论,2024,27(3):245-258.
[14] 徐云帅.数字时代学术期刊编辑素质能力框架及培养路径研究[J].中国传媒科技,2024(8):111-115.
[15] 顾永才.出版企业社会责任指标体系的构建[J].现代出版,2011(5):29-32.
[16] 李强.出版单位社会效益评价考核的实践路径及优化建议[J].中国出版,2022(23):64-66.
[17] 全国新闻出版标准化技术委员会.出版企业社会责任指南:CY/T 268—2023[S].北京:全国新闻出版标准化技术委员会,2023.

学术期刊特色专辑的影响力分析和启示
——以《武汉大学学报(工学版)》为例

陶佳音，张从新

(武汉大学科技期刊中心，湖北 武汉 430072)

摘要：以《武汉大学学报(工学版)》为例，探讨了学术期刊出版的特色专辑其自身的学术影响力以及专辑对期刊学术影响力的提升作用；研究了专辑与非专辑论文作者的特征，以及引证文献所属期刊的影响力；还根据学科分类，分析了对应专辑中热点文章的特点；最后围绕组稿、审稿、编校、封面设计、宣传等方面提出了打造成功特色专辑的建议，以期为期刊编辑同仁提供参考。

关键词：专辑；学术期刊；学术影响力；篇均被引频次；篇均下载量

专辑作为学术期刊的一种特殊出版体裁，集中刊登了相同专业方向或学术热点的科技论文。由于专辑的内容是围绕某一特定主题，因此，专辑论文的聚焦性、针对性和前沿性往往高于非专辑论文，其篇均被引频次和下载量也相对较高[1-3]。对于学术期刊而言，出版特色专辑是扩大期刊影响力和知名度的有效手段；对于投稿作者而言，发表专辑论文在一定程度上推动了他们在某个领域的研究进展，有利于提高他们在业界的影响力；而对于读者而言，阅读期刊专辑有助于他们快速、系统地了解某个研究方向的最新学术成果。由此可见，专辑策划与出版的对于学术期刊的高质量发展和科研工作的推进与传播都意义重大。

打造具有影响力的专辑，是与编辑们在选题、组稿、编校、宣传等各个环节的精心努力密不可分的，如何在保持期刊自身特色的基础上进一步挖掘具有学术传播价值的专辑主题，是学术期刊编辑在策划专辑选题时需首要考虑的问题。

本文以《武汉大学学报(工学版)》2021—2023年间出版的专辑为例，基于篇均被引频次和篇均下载量等文献计量学指标来具体分析特色专辑对学术期刊影响力的作用，探究其中具有显著影响力的专辑论文特征，包括作者团队影响力、引证文献质量、论文内容热点和论文类型等，并据此为期刊未来的专辑策划提出相关建议，也为类似《武汉大学学报(工学版)》的工业综合类期刊提升学术影响力提供借鉴和参考。

1 期刊的基本情况

《武汉大学学报(工学版)》(以下简称《工学版》)创刊于1957年，所刊登论文涉及广泛的工程学科领域：水利水电工程、土木建筑工程、电气工程、动力与机械工程、信息技术等。根据中国知网个刊分析功能中《影响因子年报》的数据可知，《工学版》在工程技术综合类期刊的学科排名已于2021年提升至全国期刊前20名以内，且期刊的复合类影响因子和综合类影响因子也在逐年上升，尤其是2023年复合类影响因子(2.081)较2019年复合类影响因子

(0.977)相比增长了1倍多,如图1所示。

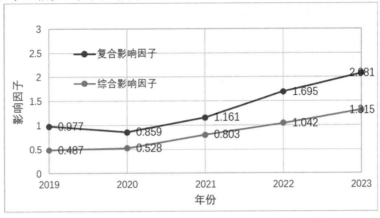

图1 2018—2022年《武汉大学学报(工学版)》年影响因子

2 专辑的基本情况

为定量研究专辑论文的影响力,本文主要基于文献计量学中的篇均被引频次和篇均下载量这2个指标来衡量专辑论文的出版效果。以中国知网(https://www.cnki.net/)为统计数据主要来源,笔者于2024年5月13—17日对2021—2023年《工学版》所刊登的全部专辑论文进行检索,将包括专辑名称、刊期、专辑论文篇数及全年专辑论文篇数占比等信息列于表1。表1展现了《工学版》在2021—2023年间专辑论文发文量和发文专业方向的总体趋势。由表1可知,《工学版》在2021—2023年间出版的专辑数量呈先减少后增多的趋势,而在2023年出版的专辑论文篇数甚至大于2021年和2022年这2年出版的专辑论文篇数之和。在总共出版的7期专辑中,水利水电工程方向和电气工程方向的论文各占半壁江山,这与《工学版》自身特色栏目的设置和武汉大学优势学科的发展紧密相关。除此之外,《工学版》还紧跟当年学术热点,在2021年2月围绕航天动力先进技术湖北省重点实验室首届学术论坛出版了一期相关专辑,旨在推动航天动力专业技术发展以及传播航天动力方面的最新研究成果,同时也为期刊内容多元化和与时俱进的发展做出了尝试。

表1 2021—2023年《武汉大学学报(工学版)》专辑论文情况

年份	专辑名称	刊期	专辑论文数/篇	全年专辑论文篇数占比/%
2021	水文水资源预报预测不确定性分析	2021-1	12	18.06
	航天动力先进技术学术论坛	2021-2	14	
2022	面向新型电力系统前沿研究	2022-9	12	7.59
2023	面向新型电力系统前沿研究	2023-1	15	30.29
	城市水系统	2023-8	14	
	校庆专辑(电气工程)	2023-11	12	
	校庆专辑(水利水电工程)	2023-12	12	

3 特色专辑的影响力分析和启示

3.1 专辑论文与非专辑论文的对比

为了更清晰、具体地展示专辑论文与非专辑论文在学术影响力方面的区别,图2和图3

分别汇总了《工学版》在 2021—2023 年出版的 7 期专辑和同年非专辑论文以及非专辑但与专辑论文同一学科论文的篇均被引频次和篇均下载量。基于相同学科和专业的比较原则，2021 年"水文水资源预报预测不确定性分析"与 2023 年"城市水系统" "校庆专辑(水利水电工程)"这 3 期专辑的论文可与《工学版》"水利水电工程"栏目下的论文进行对比；2022 年和 2023 年的"面向新型电力系统前沿研究"以及 2023 年"校庆专辑(电气工程)"这 3 期专辑的论文可与《工学版》"电气工程"栏目下的论文进行对比；2021 年的"航天动力先进技术学术论坛"专辑的论文可与《工学版》"动力与机械工程"栏目下的论文进行对比。

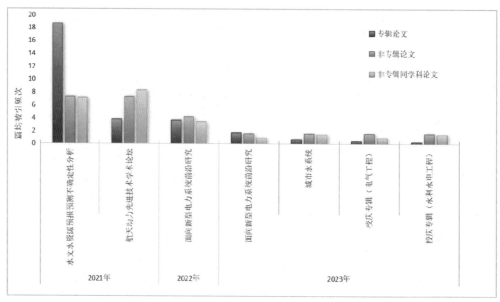

图 2　2019—2023 年《武汉大学学报(工学版)》专辑论文与非专辑论文的篇均被引频次

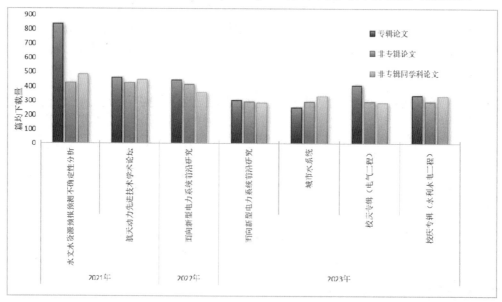

图 3　2019—2023 年《武汉大学学报(工学版)》专辑论文与非专辑论文的篇均下载量

由图 2 可知，2021 年"水文水资源预报预测不确定性分析"专辑与 2023 年"面向新型电力系统前沿研究"专辑的篇均被引频次要高于同年非专辑论文和非专辑同学科论文的篇均被引频次,说明这2期专辑有较高的学术影响力,尤其是"水文水资源预报预测不确定性分析"专辑表现得格外突出,其篇均被引频次是同年非专辑论文的2倍多;而2021年"航天动力先进技术学术论坛"专辑和2023年的3期专辑论文的篇均被引频次均低于同年非专辑论文,虽然这几期专辑中也存在高被引文章,但是低被引文章的存在明显拉低了整个专辑的篇均被引频次,除此之外,由于2023年的2期校庆专辑均于年末出版,故在时间效应上存在一定劣势,所累积的引用量较少;2022年"面向新型电力系统前沿研究"专辑则表现平平,与同年非专辑论文的篇均被引频次差别不大。

根据相关研究可知,篇均被引频次和篇均下载量之间有一定的相关性[4-5],却又不绝对相关[6-7],因此这2个指标在学术影响力评价中应作为独立的评价指标来分别进行讨论。由于期刊的承载量有限,故论文的被引频次也具有一定的时滞性,特别是针对出版日期较晚的论文,其学术影响力在短时间内尚未得到充分发挥,被引量也未能得到积累。但是在现如今新媒体技术带动信息快速传播的环境下,具有高质量内容以及涉及研究热点话题的论文往往可在短时间内获得较高的下载量,如图3所示,2021年的"航天动力先进技术学术论坛"专辑和于2023年年底出版的2期校庆专辑均属于"高下载低被引"的情况,因此在未来也值得编辑人员进行持续的关注和跟踪。另外,除了2023年8月出版的"城市水系统"专辑论文的篇均下载量要低于同年非专辑论文和非专辑同学科论文的篇均下载量,其余6期专辑均拥有较高的下载量,尤其是2021年的"水文水资源预报预测不确定性分析"专辑获得了极高的关注度,不管是引用频次还是下载量,都充分体现了它较高的学术影响力。

结合图1可知,《工学版》自从2021年开始出版专辑后,其期刊影响因子也在逐年上升,可见专辑对于提升期刊学术影响力有明显的促进作用。事实上,这种正向的促进作用也是相互的:影响因子高的期刊会吸引优质稿源,而出版优质的稿件又能促进期刊收获到更多的关注度、引用频次和下载量。因此出版特色专辑对于期刊本身和投稿作者双方都是互利互惠的。

3.2 作者特征与引证文献质量

优质的期刊论文必以"内容为王",而优质的内容往往出自优秀的作者团队。参考文献[10]的方法,图4和图5分别比较了《工学版》在2021—2023年出版的专辑论文和非专辑论文的作者人均发文量和作者人均下载量。由图4和图5的结果可知,专辑论文的作者不管是人均发文量还是人均下载量都明显高于非专辑论文,这说明专辑论文的作者或作者团队更优质,其科研产出具有更高的学术影响力。优质的作者团队往往具有以下特征:由"帽子人才"领队、科研平台大、人力和物力资源丰富、研究内容在团队内具有"传承性"等。因此在对专辑进行约稿时可着重开发具有以上特征的作者,进而保证稿件的优质性。

图4 2019—2023年《武汉大学学报(工学版)》专辑论文与非专辑论文的作者人均发文量

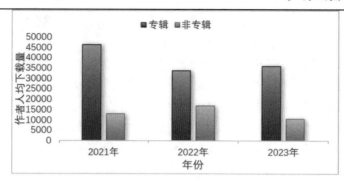

图 5 2019—2023 年《武汉大学学报(工学版)》专辑论文与非专辑论文的作者人均下载量

另外，为了更全面地反映被引频次背后的信息，本文还统计了《工学版》引证文献所属期刊的学术影响力指标，即复合影响因子和综合影响因子。以 2021 年为例，非专辑论文的引证文献所属期刊的平均复合影响因子为 1.242，平均综合影响因子为 0.866；而专辑论文的引证文献所属期刊的平均复合影响因子为 2.716，平均综合影响因子为 2.047。以上数据充分说明了引用《工学版》专辑论文的引证文献大多发表于高水平期刊，也具有较大的学术影响力，进而间接证明了被引的专辑论文具有较强的学术实力。

3.3 专辑热点分析

围绕《工学版》专辑所涉及的水利水电工程、电气工程、动力与机械工程，本节将分别针对这 3 个学科方向中学术影响力较大的专辑论文进行具体分析。

涉及水利水电工程内容的专辑中，2021 年第 1 期的"水文水资源预报预测不确定性分析"表现突出，该专辑中有较多高被引和高下载量的文章，详见表 2。正如专辑名所述，这些文章所围绕的内容主要为基于新兴模型和算法的水文水资源预报，即气候、降水、径流等的预报和预测。加强对水文水资源预报预测不确定性的分析和研究，与近年来中国乃至全球极端气候事件的频发、人们对水资源高效管理意识的提升，以及对灾害预警与防范重视程度的加强密切相关。在追求生态、社会、经济可持续发展的全球势态下，做好水文水资源预报的相关研究工作，对于保护生态资源和保障人民福祉都具有重大意义。同时，如果文章还能融入创新性强、计算效率高、结果误差小的模型和算法，论文的学术影响力也会"更上一层楼"。此期专辑成功的原因正是在于组稿编辑精准地捕捉到了当下水利水电学科中的学术热点，而相关作者们也从各自研究领域中成功地挖掘出了值得人们关注的研究方向，进而汇集成了一期具有较高学术影响力的特色专辑。

涉及电气工程内容的专辑中，具有高下载量的 2 篇文章均为综述型论文，一篇论文涉及新型电力系统的性能，另一篇则涉及了人工智能大模型的应用发展，这 2 个研究方向均顺应了当下我国激励和推进建设新型、智能、高质量配电网的政策与号召[8]，因此得到了广泛的关注。除此之外，综述型论文之所以具有较高的下载量，其原因在于综述型论文是针对某一研究领域进行全面、系统的介绍，读者可以通过阅读此类论文来高效率地获取目标知识架构、相关背景文献等，相较于其他类型的论文，综述型论文的"实用性"更高，对读者的启示性也更强，所以更易成为传播率高的学术资源。

最后，涉及动力与机械工程专业的"航天动力先进技术学术论坛"专辑中，具有高被引频次和高下载量的 2 篇文章同样也是综述型论文，再一次验证了综述型论文对于提高期刊学术影

表2 2021—2023年《武汉大学学报(工学版)》高影响力专辑论文

刊期	专辑名称	学科	高影响力论文		
			论文名	被引频次	下载量
2021-1	水文水资源预报预测不确定性分析	水利水电工程	基于CMIP6的中国主要地区极端气温/降水模拟能力评估及未来情景预估	115	4 659
			长短期记忆网络在中长期径流预报中的应用	36	1 237
			基于地形加权的降水空间插值方法研究	22	891
2022-9	面向新型电力系统前沿研究	电气工程	新型配电网运行韧性综述与展望	2	1 030
2023-11	校庆专辑(电气工程)		人工智能大模型在电力系统运行控制中的应用综述及展望	5	2 533
2021-2	航天动力先进技术学术论坛	动力与机械工程	固体火箭发动机结构健康监/检测技术研究进展	8	956
			大型固体火箭发动机发展趋势及关键技术分析	20	1 700

响力的有效性。就文章内容而言,"固体火箭发动机"是目前航空航天领域中的研究热点。正如文献[10]所述的"航天发展,动力先行",针对火箭发动机的前沿研究是推动我国航天事业大幅发展的重要一环。所以涉及此类研究方向的论文,很有潜力成为具有较高学术影响力的文章。

综上所述,具有高被引频次和高下载量的专辑论文有以下特点:①时效性强,紧抓当下研究热点;②方法新,模型和算法先进;③实用性强,如综述型论文。

3.4 专辑组稿启示

《工学版》在进行专辑组稿时,正是参考和依托了《工学版》以及武汉大学的强势学科(如水利水电工程的学科排名为全国前3,因此获得了更多高质量的稿件渠道和审稿专家库等资源,这样既保证了专辑具有较高的学术水平,又可利用强势学科活跃的学术交流与合作平台来提升期刊的社会影响力和专辑论文的应用推广价值。所以,类似《武汉大学学报(工学版)》的综合性大学学报可以此为借鉴,充分利用高校内的学术平台资源,抓住优势学科热点来进行相关专辑的组稿。

4 打造特色专辑的建议

基于对《工学版》出版的7期专辑的分析和研究,提出以下打造特色专辑的几点建议:①紧抓当下研究热点,策划具有前沿性和延展性的专辑主题,并有针对性地组稿、约稿;②多邀请学术影响力大的优质作者团队进行投稿,并做好相关服务工作;③严控审稿环节,紧抓稿件质量,宁缺毋滥;④合理布置专辑结构,理论计算型、实践应用型、综述型等论文数量均匀分布;⑤围绕期刊本身设置的学科栏目分期地策划相关专辑,控制专辑出版的间隔周期,避免让读者出现审美疲劳;⑥精编精校,尽量安排其专业背景吻合专辑学科方向的编辑人员进行编校;⑦为突出专辑主题,可对专辑封面做区别于正刊的针对性设计,以此吸引读者;⑧专辑出版前、后均加强宣传工作,在专辑出版前可利用社交平台等新媒体手段来获取作者和读者的关注度,在专辑出版后可利用大数据、AI技术进行文章的精准推送;⑨持续跟踪专辑论文的引用频次、下载量以及读者反馈,做好数据的统计和分析工作,为未来专辑的策划选题提供参考依据。

5 结束语

出版特色专辑对期刊学术影响力的提升有明显的促进作用,同时具有高影响力的期刊也能推进专辑的成功打造,一方面既能吸引作者的投稿,另一方面又能吸引读者的关注,双方关系可谓互惠互利。基于对 2019—2023 年《武汉大学学报(工学版)》出版的 7 期专辑的分析可知,能抓住当下热点研究方向、善于引进新型算法和模型,或者是综述型论文均可获得较高的引用频次和下载量;有的文章因其出版周期较短,所累积到的引用频次较低,但如果短期内下载量高,那么其学术价值在未来仍值得进一步追踪。类似《武汉大学学报(工学版)》的综合性大学学报可依托高校内强势学科的平台资源来针对性地进行专辑组稿,以提升专辑和期刊的学术影响力和社会影响力。基于对作者学术影响力(人均发文量和人均下载量)以及引证文献所属期刊的影响因子分析可知,专辑论文的作者团队质量以及引证文献的质量要明显优于非专辑论文。最后,围绕组稿、审稿、编校、封面设计、宣传等方面提出了打造特色专辑的相关建议,以期为类似《武汉大学学报(工学版)》的科技期刊在未来更好地出版特色专辑提供思路。

参 考 文 献

[1] 汪海英.紧跟学科热点是提升期刊影响力的重要途径[J].编辑学报,2019,31(增刊 1):71-72.

[2] 孙贺平,张学梅,杨侠,等.依托专业学术会议出版高质量专辑的办刊实践:以《有机化学》出版"金属有机化学专辑"为例[J].中国科技期刊研究,2016,27(5):564-569.

[3] 刘刚,刘洪华,黄瑜,等.利用出版科技期刊专辑举办专题学术会议模式探讨[J].长江大学学报(自然科学版),2017,14(18):86-88.

[4] 陆伟,钱坤,唐祥彬.文献下载频次与被引频次的相关性研究:以图书情报领域为例[J].情报科学,2016,34(1):3-8.

[5] 朱雯,陈荣,刘颖.期刊下载频次和被引频次的相关性研究:复合 H 指数视角[J].数字图书馆论坛,2018(10):25-31.

[6] 王雅祺.下载数与被引量关系及其影响因素分析[D].天津:天津工业大学,2016.

[7] 周燕子,平静波,胡德华.2005—2009 年图书情报核心期刊文献下载频次与被引频次的计量分析[J].情报探索,2011(2):40-43.

[8] 国家发展改革委国家能源局发布《关于新形势下配电网高质量发展的指导意见》[J].节能与环保,2024(3):3-4.

[9] 申剑,姜利民,鲍春燕.作者特征对期刊影响力研究:基于《湖南工业大学学报》知网高被引数据[J].湖南工业大学学报,2023,37(06):89-94.

[10] 武丹,陈文杰,司学龙,等.大型固体火箭发动机发展趋势及关键技术分析[J].武汉大学学报(工学版),2021,54(2):102-107.

肿瘤领域英文初创期刊专题组稿策略分析

王 迪，殷 悦，贾泽军

(复旦大学附属中山医院期刊中心，上海《中国临床医学》杂志社有限公司，上海 200032)

摘要：近年来，国家实施了多项政策支持科技期刊高质量发展，提高我国英文科技期刊学术质量和影响力。选题策划及专题组稿是提升期刊质量的重要途径。本文结合《临床癌症通报(英文)》(*Clinical Cancer Bulletin*)办刊实践，总结在英文医学期刊创办早期组稿的部分经验，探讨英文科技期刊组稿、约稿的有效策略。

关键词：英文医学期刊；稿源；组稿；肿瘤学新刊

2022年，《临床癌症通报(英文)》(*Clinical Cancer Bulletin*，CCB)正式创刊，并成功入选2022年度中国科技期刊卓越行动计划高起点新刊项目。作为一本初创肿瘤领域新刊，暂未获得影响因子，也暂未被知名数据库收录，作者投稿意愿低。让肿瘤学专家学者们知晓，且愿意把自己宝贵的研究成果发表于这样一本新刊较为困难。

期刊中心编辑部有30年的中文刊办刊经验和模式，稳定的运作方式。但是初涉英文刊领域，原来办中文刊的思路不完全适用于开展英文刊工作[1]。万事开头难，期刊初创时期往往面临收稿困难；难以调动编委参与办刊积极性；稿件发表后关注度弱，下载、被引频次低等困境[2]。从CCB酝酿、创建到正式创办，编辑部会议邀请了国内知名学术期刊的主编和负责人进行创刊后工作的和指导，并进行了一系列的办刊尝试。本文对CCB创刊初期专题专栏组稿实践做了一些总结，以期给同行带来一些启发和借鉴。

1 明确办刊宗旨、创新办刊理念

肿瘤领域期刊竞争激烈，期刊要有鲜明的办刊风格，与目前已有期刊错位发展，避免同质化竞争。CCB主要办刊宗旨是立足中国特色，面向世界前沿，建设国际一流的综合性临床肿瘤学期刊。CCB始终坚持以下办刊特色和独特性。①聚焦中国：与对标期刊*Journal of Clinical Oncology JCO*关注的欧美肿瘤疾病谱不同，CCB聚焦中国及亚洲人群高发肿瘤类型的研究论文，包括肺癌、胃癌等，重点突出肿瘤防治的中国经验、中国方案和中国诊治指南。聚焦传统中医药在肿瘤防治中的价值。②侧重临床：与国内其他肿瘤学SCI期刊侧重基础研究不同，CCB侧重临床肿瘤试验研究，重点体现术式、药物、理念创新。③关注学科交叉领域：CCB关注人工智能、互联网诊疗等新兴技术在肿瘤临床诊治中的应用。④关注阴性研究结果：与*JCO*

基金项目：中国高校科技期刊研究会"善锋软件基金"(CUJS2023-SF029)；上海市科技期刊学会"海上青编腾飞"项目(2022C12)

通信作者：贾泽军，E-mail: smmujiazejun@163.com

较多发表阳性结果不同，CCB对方法设计合理的肿瘤临床研究的阴性结果给予同样的发表机会。

2　充分依托主办单位学科优势策划热点选题

CCB主办单位复旦大学附属中山医院肿瘤诊治水平高、综合实力强、学科覆盖全面，科研实力雄厚。本刊依托主办单位平台优势，突出医院的特色。编辑部积极拜访院内肝外科、心内科、呼吸科等优势学科主任，介绍期刊；邀请有意向投稿的教授担任客座编辑，进行提前约稿。这些教授多有海外留学或访问交流经历，鼓励客座编辑邀请国外作者参与专题投稿。初步确定专辑主题后，可经线上会议拟定文章类型、篇数、篇幅等细节。最好留出半年到一年的时间给作者准备稿件。

期刊编辑应该具有敏锐的专业嗅觉和科研洞察力，紧抓热点选题，紧跟肿瘤学研究前沿。CCB围绕重大科技成果、行业热点、突发事件，邀约重点学科带头人设立专栏[3-4]。CCB已发表空间转录组、肝脏类器官、肿瘤免疫等目前热门方向论文数篇。AI在神经肿瘤治疗中的应用、统计学常见误区点评、梗阻性黄疸核医学影像诊断专家共识等都成为本刊目前的高被引论文。均取得了较高的关注度，并受到了读者和专家的一致好评。

例如，本刊策划的"肺癌和胸腺肿瘤治疗新进展"的专题报道较自由来稿受关注程度大幅提升。在期刊官网上，自由来稿的文章平均下载量约300次，该专题每篇下载量基本都在1 000次以上，综述、述评类的约稿的阅读下载量普遍比论著类文章更高。下载量最高的一篇专题述评 Innovative drugs promote precision cancer therapy 已被下载超2 000次。本专题在微信公众号的阅读量近2 000次，远超300余次的平均阅读量。

专题报道浏览量的增加，间接地提升了杂志在专业读者心目中的位置，带来的是期刊影响力的提高：网站新用户2 000余人，截至2024年6月，论文下载量大幅提升，超过8 000次，也吸引了除中国外，美国、印度、英国等国家的读者浏览期刊网页。期刊从下载量低，而且几乎没有引用，逐渐受到中国及国际同行关注。

3　激发编委参与办刊积极性

新刊若仅靠编辑部运作，难免事倍功半，必须依靠编委才能顺利、持续组稿。CCB邀请除了中国外，来自美国、西班牙、瑞典、希腊、韩国、丹麦、英国等国家和地区的顶尖肿瘤学专家担任编委。编委均具有较高学术地位，学术产出显著。编委均具有国外留学背景或国际合作研究经验，有较好学术影响力和号召力，能够吸引全球稿源。编委专业方向基本涵盖了肺癌、胃肠道肿瘤、肝癌、乳腺癌、血液肿瘤、神经肿瘤等大部分瘤种。

确定好编委成员后，定期召开编委会，讨论确定专刊报道主题，指定副主编召集全球专家召开学术研讨会，分配组稿任务。编辑选择编委成员或在学科领域内有较大号召力和学术影响力的知名专家担任客座编辑。编辑对客座编辑的学术背景及近期学术成果进行调研，初拟学术专辑主题，然后分别拜访沟通。请客座编辑把握学科研究重点、难点、热点，确定好专辑主题。客座编辑整合自身科室成果，并向其熟悉的海外学者邀稿，组建专题报道。编辑部对征稿、约稿、审稿、编辑润色等流程进行进度把控，及时与客座编辑沟通。同时，编辑部尽量保持与编委会各成员的沟通和交流，欢迎编委不吝赐稿，仅发邮件邀稿不可取，易被忽略或遗忘，尽量线上会议或面对面沟通。

4 积极参与学术会议，邀请青年科学家参与

CCB也联合国际会议搭建传播平台。组织肿瘤心脏病学专题，在会议东方心脏病学会议(OCC)组专刊，提供专题单行本赠予参会专家。关注国内外肿瘤相关学会，结合每年中华医学会肿瘤学分会、ASCO、CSCO、ESMO年会等重要肿瘤学术会议，甚至协办品牌学术会议，发掘潜在作者，展开针对性约稿、组稿。近年来，讲座直播也成为学术交流的便捷方式之一。青年编委多处于事业上升期，对科研有热情，亲力亲为，对科学新兴前沿方向敏锐，对不断更新迭代的技术更了解。CCB建立了青年编委会，培养作者群，加强青年学者队伍建设，针对性组稿完成肺癌的综合治疗等专题论文。

5 与出版商紧密合作，强化出版发行和宣传

CCB目前与出版规模最大，历史悠久，声誉及业内评价较高的Springer合作出版。Springer有国际先进出版理念，打破卷期概念，连续出版，科研成果能迅速发表；发挥开放获取(open access, OA)的优势，有利于扩大文章的传播面；可以接收Springer其他相关期刊转投稿，扩大了收稿范围[5-7]。

专作为一本新刊，要重视宣传和展示，拓展期刊推广渠道。如新媒体传播、邮件精准推送、国际学术会议上宣传等。CCB编辑部在医院主办或协办的相关高水平会议上，都会免费发放期刊。在提高国际影响力方面，为了让业界专家、作者了解CCB，编辑部从2024年起，定期经邮件向精准匹配的国内外专家(8 000国外推送人次+2 000国内推送人次)发送期刊目次和文章，并定期查看分析传播平台查看传播追踪报告。文章发表后还会请作者分享到推特等海外账号。当然期刊影响力的提升并非一朝一夕，需要长期持续的运营。此外加入各大数据库无疑可以增加文章国际传播。除知名数据库外，Researcher是创办于2017年的国际学术期刊搜索软件，目前尚无明显收录门槛，新刊可积极申请加入[2]。

6 结束语

近年来，科技期刊迎来了前所未有的发展机遇，在中国科技期刊卓越行动计划等一系列项目的支持下，我国高水平期刊数量持续增多，部分优秀期刊跻身世界一流阵营，学术水平与发文规模同步提升，国际学术影响力显著增强，期刊办刊理念、办刊方式加快与国际接轨，科技期刊界的信心及热情得到了提升。

新刊总体在品牌影响力、学者认可度等方面同国际顶级期刊相比还有一定差距，如何吸引国际上主流学者将创新研究成果主动在中国科技期刊上发表，如何让发表的论文有更多的国际期刊引用等是新刊面临的棘手问题。

专栏组稿是新刊提升期刊学术质量和影响力的重要方式，是杂志活力和生命力的重要体现，是办刊人事业心和责任感重要的外化表现。越来越多的期刊转变思路，从"等米下锅"转为"找米下锅"，主动约具有先进性、代表性、引领作用的稿件来寻求杂志的发展。

期刊可依托优势学科，通过多样化的文章类型(论著、综述、个案、读者来信、社论等)，重点关注办刊宗旨和期刊特色，提高主编编委参与度，参与学术会议，整合各方资源，以便顺利、按时完成组稿出刊，创办具备国际水平的英文科技期刊，推动我国科技期刊走向世界。

参 考 文 献

[1] 李小平.英文刊创刊初期的运作[J].新闻研究导刊,2020,11(5):191-192.
[2] 王元杰,孔晔晗,王应宽,等.新刊发展面临的主要困难与学术影响力提升路径[J].中国科技期刊研究,2022,33(7):937.
[3] 徐一兰,高杉.中医药科技期刊选题策划与专栏组稿策略的实施[J].科技编辑,2021,48(9):45-48.
[4] 高磊,王俊丽.专题出版提升学术期刊影响力的策略研究:以《航空材料学报》为例[J].出版与印刷,2022(4):92.
[5] 王雅娇,田杰,刘伟霄,等.入选"中国科技期刊卓越行动计划"的新创英文期刊调查分析及启示[J].中国科技期刊研究,2020(5):128-135.
[6] 王尔亮,褚敬申.检验医学领域英文期刊的办刊策略[M]//学报编辑论丛 2023.上海:上海大学出版社,2023:62-70.
[7] 周玥,许艳超,金文苑,等.创办国际化英文科技期刊路径探索:以《Food Bioscience》办刊实践为例[J].科技传播,2020,12(20):6-9.

高校学术出版在新质生产力发展中的优势与作用

陈露

(上海大学出版社，上海 200444)

摘要：新质生产力，代表着科技革命和产业变革的新方向、新趋势，代表着先进生产力的发展方向。高校是新质生产力创新人才的培养基地和新质生产力科技创新的重要力量，在培育和发展新质生产力中担当着基础性和先导性作用。高校学术出版在新质生产力的培育和发展中具有独特的优势和作用。依托高校的科技创新和人才培养优势，高校学术出版通过搭建学术交流平台，助力新质生产力科技创新；通过开展理论研究、搭建交流平台，助推出版业新质生产力发展。

关键词：学术出版；新质生产力；科技创新；人才培养

习近平总书记 2023 年在黑龙江考察期间首次提出了新质生产力的概念，指出要整合科技创新资源，引领发展战略性新兴产业和未来产业，加快形成新质生产力。学术出版作为传播科研成果、激发知识创新、引领思想探索、促进科技进步的重要载体，在新质生产力的培育和发展中无疑具有重要地位。借助于高校在科技创新和人才培养等方面的强有力支撑，高校学术出版(包括隶属高校管理的学报、期刊、杂志及图书出版等)在新质生产力的培育和发展中更具有独特的优势和作用[1-2]。本文将在分析出版业新质生产力发展现状的基础上，就如何发挥高校学术出版优势、推进新质生产力发展展开讨论。

1 出版业新质生产力的发展现状

1.1 出版业新质生产力的培育

新质生产力，是在原有生产力基础上，通过技术、模式等创新手段，实现生产力的跨越式发展。在出版业，新质生产力主要体现为数字化出版、智能化出版和平台化出版等多元化出版模式。当前，出版行业正处在以数字化为核心的产业转型发展过渡期，产业改革发展的方向正一步步从网络化向数字化，再向智能化迈进。这是个数字化由浅入深的过程，也可以视为新质生产力的孕育过程。据统计，2006 年我国数字出版产业整体收入只有 200 亿元，2007 年增长了 70.15%，整体收入超过 360 亿元；2009 年中国数字出版业总值达到 795 亿元，首度超越传统书、报、刊出版物的生产总值；2011 年，数字出版产业收入规模达 1 377.88 亿元；2022 年，总收入达到 13 586.99 亿元，与 2021 年相比增长 6.46%[3-4]。我国数字出版业发展势头强劲，新质生产力的活力逐渐显现。

通过引入先进的技术手段和创新的出版模式，新质生产力激发了学术出版的创新活力。数据成为新的生产要素和劳动对象，传统劳动者升级为数字化、网络化、智能化劳动者，出版业的全要素生产率大幅提升。一些专业出版领域已经构建了"出版+人工智能"新模式，以及数字出版产品体系和产品矩阵。大数据平台的建立让出版机构初步实现内容生产、技术应用、平台运营、媒介资源等共融互通，将出版业务、高新科技和管理创新融为一体的新型出版业态正在形成。迅猛发展的数字技术与出版行业的完美结合，培育出内容资源与数字技术双轮驱动的新质生产力，让出版业在数智时代激发出新的活力[5]。

1.2 学术出版在新质生产力发展中的作用有待加强

"新质生产力"这一重要概念提出后，出版界陆续推出一批相关出版物，对新质生产力的概念和意义进行系统阐释，如：中信出版集团出版的《读懂新质生产力》和《新质生产力：中国创新发展的着力点与内在逻辑》；江苏人民出版社出版的《新质生产力：发展新动能》；湖南人民出版社出版的《新质生产力》；社会科学文献出版社出版的《人工智能发展报告（2022—2023）》《中国能源发展前沿报告（2023）》和《中国元宇宙发展报告（2023）》等；中译出版社出版的《中国经济：直面新问题，促进新发展》《数字经济及其治理》等；中国社会科学出版社出版的《数字经济赋能制造业高质量发展研究》和《人民币世界化与世界数字货币体系构建》等。这些出版物对新质生产力进行了比较全面的概念诠释和理论探讨，但缺少对新质生产力项目的专题研究和系统梳理，缺少对新质生产力特质创新人才的培养案例介绍，与产业实际和科研创新链接不紧密，学术出版在新质生产力发展中的功能和作用没有得到充分发挥[6]。

2 依托高校优势，助力新质生产力发展

2.1 充分发挥高校新质生产力科研创新的优势

高校作为原始创新的重要集散地和基础研究高地，具有优良的科研条件和先进的研究团队，拥有丰富的科研成果，是基础研究的主力军和重大科技突破的策源地。党的十八大以来，高校获得了50%以上的国家科技三大奖；全部10项国家自然科学奖一等奖中的6项、全部自然科学奖中的67%；全部11项国家技术发明奖一等奖中的10项、全部技术发明奖中的72%。建设了一批前沿科学中心、关键核心技术集成攻关大平台，系统布局的教育部重点实验室、工程研究中心等平台超过1 500个，助力突破了很多关键核心技术"卡脖子"问题。高校在服务国家战略，推动基础研究重大创新、哲学社会科学研究繁荣发展和中国自主的知识体系构建等方面，作用愈加凸显，在我国新质生产力培育与发展中占据先导性和基础性地位，是新质生产力的理论研究高地、人才供应阵地、成果转化基地，是推动新质生产力发展不可或缺的战略支撑。作为隶属高校的学术出版与学校的科技创新团队有更加紧密的合作，与专业性学术出版单位相比更容易发现和支持新质生产力，有利于培育和发展新质生产力。

2.2 充分发挥高校新质生产力人才培养的优势

我国已经建成了世界最大规模且有质量的高等教育体系，每年向社会输送超过1 100多万名大学生。"双一流"高校建设成绩突出，中国22所大学、39个学科ESI排名进入全球前万分之一，我国高校在自然指数年度榜单中首次超越美国，位居榜首。高校集聚了一大批优秀科学家和富有活力的青年师生，拥有众多的学科和一流科研创新平台，成为教育、科技、人才的集中交汇点，是新质生产力创新性人才的聚集地，也是新质生产力实用性人才的培养基地，在新质生产力发展中肩负着人才队伍培养与建设的重任[7-8]。

2.3 充分发挥高校新质生产力项目培育的优势

新质生产力是科技创新发挥主导作用的生产力，其培育和发展需要原创性研究和颠覆性成果作支撑。高校在基础研究方面的优势和雄厚科研力量，为开展新质生产力的原创性研究和颠覆性创新创造了条件，为新质生产力生长点的培育和发展奠定了基础。高校可谓是新质生产力创新的最佳试验田，广大师生可以在科研实践中大展身手创造出丰硕的技术成果。高校学术出版部门可以积极作为，推动"产、学、研"一体融合发展，实现新质生产力科技创新成果的转化和应用，以新产业、新技术、新模式改造传统产业业态，提升和发展新质生产力[9]。

3 发挥自身学术出版优势，助推新质生产力发展

3.1 搭建学术交流平台，服务新质生产力科技创新

高校在新质生产力培育发展中具有战略性基础地位，是教育科技人才一体化推进的关键，高校学术出版要充分利用高校的人才与创新优势，善于用创新的思维发现新质生产力的原创性研究，主动为其开辟通道，发表论文，出版教材、专著，组织专题研讨，搭建学术交流平台，积极培育新质生产力健康成长。近期，国内不少高校的学术出版部门及相关学会围绕新质生产力举办了一系列的研讨会和论坛，在社会上受到广泛关注。这些研讨会的主题展示了新质生产力在不同领域的应用和影响，从职业教育、乡村振兴、数字经济到企业发展和经济高质量发展，展现了新质生产力在推动社会进步和经济转型升级中的核心作用。

3.2 支持人才培养模式改革，助力新质生产力人才培养

习近平总书记强调："要根据科技发展新趋势，优化高等学校学科设置、人才培养模式，为发展新质生产力、推动高质量发展培养急需人才。"人才是科技创新活动中最活跃、最积极的因素，是发展新质生产力的重要资源，高校学术出版部门要积极支持高校人才培养模式改革，为新质生产力发展培养创新型的领军人才和适用型的技能人才。要紧密结合新质生产力发展需求，协助教学与科研人员及时发表论文、出版专著与教材，助推科教融汇和产教融合，服务新质生产力人才培养[10]。

3.3 积极发展出版业新质生产力

高校学术出版是我国出版业的重要组成力量，是知识产业，也是数据产业；既是新质生产力的研究基地，又是新质生产力的应用场景。其高质量发展需要借助出版行业内部知识、数据和文化的创新，也同样需要培育自身的新质生产力。发展出版业的新质生产力，需要通过业态的全面改革和创新。高校学术出版要以发展出版业新质生产力为核心，推动数智技术在出版业的深度应用，加快出版业现代化建设，改造升级传统出版业，培育壮大数字出版产业与智能出版产业，积极促进出版业数字经济与实体经济深度融合，支撑新质生产力时代的新发展格局[11-12]。

3.4 积极开展新质生产力理论研究

习近平总书记指出，高质量发展需要新的生产力理论来指导，而新质生产力已经在实践中形成并展示出对高质量发展的强劲推动力、支撑力，需要我们从理论上进行总结、概括，用以指导新的发展实践。高校学术期刊与图书出版应充分发挥自身学科优势，加大对全面深化改革中重大问题的理论研究，瞄准国家全面深化改革中的重大问题，努力产出有影响力的理论研究成果，为加快发展新质生产力、扎实推进高质量发展在理论建设上提供智力支持。充分发挥高校作为党的创新理论研究的生力军的学科优势、人才优势和平台优势，从哲理、

学理、道理、情理、事理相统一的角度，对新质生产力的内涵和意蕴作出全面、科学、精准、通俗的理论阐释，回答好新质生产力发展过程中出现的新问题，在关系经济社会发展全局的重大课题研究中"出良谋"，在关系人民群众切身利益的重大问题研究中"献良策"[13-14]。

3.5 为新质生产力发展提供交流窗口

高校学术出版是促进学科发展、培养科研人才和转化研究成果的重要窗口，在科技进步、人才培养、学科建设、学术交流等方面发挥着重要作用。要将这一窗口建设好、维护好，使其在新质生产力的培育、转化和发展中发挥积极作用。高校学术出版具有强大的学术思想辐射力，能够成为引领世界潮流思想的主导者。哲学社会科学类期刊更应该将研究、宣传新质生产力理论作为重大任务，聚焦党和国家的重大理论与实践问题开展研究，助力构建中国特色哲学社会科学学术体系、学科体系和话语体系，成为传播中国声音、中国理论、中国思想的重要窗口。

4 结束语

当今世界，新一轮科技革命和产业变革正在孕育，一些重大颠覆性技术创新正在创造新产业新业态，新质生产力的发展面临千载难逢的历史机遇，高校学术出版部门要依托高校在科技创新和人才培养方面的优势，牢记使命，勇于担当，全力助推新质生产力高质量发展，促进中国式现代化早日实现。

参 考 文 献

[1] 习近平.牢牢把握在国家发展大局中的战略定位,奋力开创黑龙江高质量发展新局面[N].人民日报,2023-09-09(1).
[2] 习近平.发展新质生产力是推动高质量发展的内在要求和重要着力点[J].求是,2024(11):4-8.
[3] 郝振省.2007—2008中国数字出版产业年度报告[M].北京:中国书籍出版社,2008.
[4] 崔海教.2022—2023年中国数字出版产业年度报告[M].北京:中国书籍出版社,2024.
[5] 徐鹏,罗培.以数字出版为基打造出版业新质生产力:中外比较、重点环节、实施策略[J].中国数字出版,2024,2(3):29-36.
[6] 刘曙光.关于学术期刊高质量发展的若干思考[J].澳门理工学报(人文社会科学版),2024(2):113-124.
[7] 高斯扬,王浩,林鸿.数字劳动推动新质生产力发展的机制与路径[J].重庆理工大学学报(社会科学),2024,38(7):48-56.
[8] 许正中.以新质生产力赋能传统产业高质量发展[J].中国党政干部论坛,2024(3):60-64.
[9] 柴葳.春天里,共绘教育强国建设新图景:从全国两会看教育新使命新担当新作为[N].中国教育报,2024-03-12(3).
[10] 陈元电,陈静,徐胜.新工科背景下产教协同培养实践创新能力[J].科教文汇,2023(24):107-110.
[11] 王炎龙,黄婧,王子睿.新质生产力赋能出版业的质态、要素与体系研究[J].中国编辑,2024(4):22-28.
[12] 周蔚华,熊小明.出版业在发展新质生产力中的功能及实现路径[J].中国编辑,2024(6):4-10.
[13] 张戈.新质生产力的哲学意蕴[J].社会主义论坛,2024(4):6-7.
[14] 胡莹,方太坤.再论新质生产力的内涵特征与形成路径:以马克思生产力理论为视角[J].浙江工商大学学报,2024(2):39-51.

基于单篇论文引证数据的医学期刊专题出版效果分析

王亚辉

(复旦大学附属妇产科医院,上海 200011)

摘要:为评估医学期刊专题出版中不同稿源论文产生的学术影响,本文将施引期刊和施引作者作为单篇论文被引质量的主要因素,对专题刊论文学术影响进行考察。采用描述性统计分析,Mann-Whitney U 差异检验和 Spearman 相关分析。结果显示,约稿的施引期刊分区值显著低于自由稿组(1 vs 3,P=0.013),相关分析结果显示稿源类型与施引期刊分区相关(r=0.358,P=0.012);约稿组施引作者 h 指数显著高于自由稿组(13 vs 8,P=0.042)。相对自由稿,专题约稿论文获得了较高学术水平的期刊和作者的关注,具有更广泛的影响力。

关键词:专题出版;引证数据;医学期刊;影响力

专题出版是指以期刊的全部篇幅或若干篇幅登载某一主题或专业内容稿件[1],可以专栏或专刊的形式呈现。专题出版对科技期刊核心竞争力具有重要影响,历来受到出版单位的重视。高质量的专题不仅能够彰显期刊内容特色、提升期刊学术水平,而且可以增强期刊的品牌影响力。在实际操作中,专题出版的策划和实施往往需要编辑部投入较大的人财物等资源配置,不仅前期需调研论证,更应重视其实施后评价,对所刊出的专题论文的影响效果进行分析,有助于对选题策划进行有效指引并促进期刊良性发展。

在基于引文分析的科技论文定量评价中,被引频次是衡量单篇论文影响力的重要指标。其前提假设是所有施引文献的引用价值均等,然而现实中引证动机复杂多样[2],并存在敷衍或否定的施引态度[3],同时,又因为引文分析不可避免的时滞性,对被引频次的使用科学性始终存在讨论。

在开放获取和可扩展标记语言结构化出版的背景下,基于被引质量的评价已进行理论研究和实践探索。常宗强等[4]提取单篇论文被引质量影响要素因子,提出了期刊论文被引质量评估指标数学模型。孔月等[5]基于被引质量及其均衡性提出期刊影响力评价指标用以评价期刊影响力。高英莲等[6]发现对论文被引数量、被引质量和被引离散度进行综合形成的指标,在评价期刊影响力时具备更高区分度。伍军红等[7]基于单篇论文的引证构建了具体评价指标,并以自然地理学中文期刊开展实证研究。综上,对论文影响力的评价已从基于单一被引频次的评价向结合被引质量等多维度的引文影响力评价模式发展。

基金项目:中国高校科技期刊研究会专项基金资助项目(UJS2023-D19);上海市高校科技期刊研究基金资助项目(SHGX2024B10)

目前，医学期刊专题出版评价的实践仍采用典型的被引频次、下载量等统计指标为主。王珺婷等[8]通过比较篇均下载量和论文评选来研究《中国实用口腔科杂志》主题出版的效果，郭欣等[9]以专题被引批次和篇均下载量来考察专题和文章的影响力。彭智等[10]基于单篇论文的下载量和被引频次分析约稿成效。孟丽等[11]以篇均被引频次反映专栏学术影响力。现有实践尚未考虑对其引用质量的考察，未能消除被仅以被引数量来评价论文影响力的局限性。本文拟从施引期刊和施引作者角度，对专题出版中不同稿源论文的被引质量进行考察，对评估和衡量医学期刊专题出版的成效提供一种角度和思路。

1 数据与方法

1.1 数据来源

《生殖与发育医学(英)》于 2022—2023 年进行 5 期专题出版，各期由专题约稿与自由稿组成，主题包括生育力保存、出生缺陷、子宫内膜异位症与腺肌症、胚胎移植与内膜容受，以及移植前遗传学检测。本研究以 Web of Science 核心合集为数据源，检索时间范围为 2022 年至 2023 年，选择对应 5 期中全部论文，排除卷首语、人物介绍、简讯等非学术性论文，保留原创性论文和综述。

1.2 数据统计

以检索获得的单篇论文为对象，统计相关引证数据主要包括刊发论文的参考文献量，被引频次，施引文献所在期刊影响因子及分区，施引文献通讯作者的 h 指数，以及施引期刊学科领域数量。当同一篇施引文献存在并列通讯作者时，按通讯作者 h 指数均值统计。数据按稿约类型分为约稿和自由稿 2 组，进行描述性统计分析，采用 Mann-Whitney U 差异检验和 Spearman 相关分析。数据统计截止时间为 2024 年 8 月 12 日。引用时滞产生的影响忽略不计。

2 结果

2.1 刊出论文基本信息

纳入刊出论文 40 篇，约稿占 57.5%(n=23)。约稿与自由稿在论文类型方面分布均衡，原创性论文比例与综述比例均相近(60.9% vs 58.8%，39.1% vs 41.2%)，原稿与自由稿参考文献量中值分别为 53 和 49，篇均被引频次比值为 1.06。

2.2 施引分析

纳入施引文献 49 篇。在施引文献的国家分布方面，两组稿件的施引国家均超过 10 个，分布如图 1 所示。

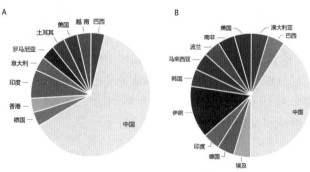

图 1　约稿(A)与自由稿(B)论文的施引文献国家/地区分布

在施引期刊影响因子方面，约稿组中值为2.80($n=27$)，自由稿组中值为2.30($n=22$)，两组间无显著差异($P>0.05$)。就施引期刊分区值言，约稿组中值为1，自由稿组中值为3，经检验两组存在显著差异($Z=2.480$，$P=0.013$)。Spearman相关分析结果显示，$r=0.358$，$P=0.012$，显示稿源类型(约稿/自由稿)与施引期刊分区相关。就施引期刊所涉学科领域数量而言，约稿组与自由稿组无统计学差异($P>0.05$)。

对施引作者h指数的分析显示，约稿组和自由稿组h指数中值分别为13($n=27$)和8($n=22$)，经检验两组间差异显著($Z=2.033$，$P=0.042$)。

3 讨 论

学术期刊出版的本质是学术传播和交流，论文影响力的评价具有不可替代的作用，直接体现了其在学术共同体中的传播效果和被关注程度。同时，微观层面的学术论文作为学术评价的终极对象，构成了学术评价的基础。由于论文类型多样内容复杂，其及价值表现多样且实现缓慢、难以测度，使得学术论文评价成为一个经典而复杂的问题[12]。学术论文评价研究中出现最多的词汇是质量、价值和影响力；影响力和价值通常作为论文质量的评价要素，目前主要集中于基于引证的学术影响力测度。

基于引证学界对于论文学术影响力的评价提出了诸多指标和模型，从未停止过理论和方法的探索并不断尝试开展实证研究。单一使用被引频次来评价单篇论文具有局限性，还应考虑施引期刊和施引作者的共同影响，Bergsteom等[13]认为"被更优秀期刊的引用比被一般期刊的引用具有更大的影响力"。2009年，Schubert[14]提出施引h指数用于定量评估单篇高被引论文的质量。杨建林等[15]对上述h指数在人文社科领域进行了实证研究。刘运梅等[16]从单篇论文的引证文献和参考文献两方面综合测度学术论文内容质量和学术影响力。

从期刊编辑工作的实际需要和可行性出发以及考虑数据获取和计算的便捷性，本文尝试通过分析施引期刊等级和施引作者学术水平来考察期刊专题出版的效果，选取期刊影响因子及分区、作者h指数等作为主要指标。结果显示，相对于自由来稿，案例期刊在2022—2023年间组稿的专题论文获得了较高等级期刊的引用，同时施引作者的学术影响力更高，体现出实际的影响力。

事实上，在数字出版和开放获取的推动下，论文影响力评价的内内涵不断丰富，新的指标和途径层出不穷。产生于社交网络时代的Altmetrics(替代计量学)为评价对论文在社会层面的影响力提供了测度，侧重于论文在社会媒体、网络社交媒体、工具上的影响力，受众更为广泛，影响范围不局限于学术共同体。而近年来全文本引文分析技术引入，则从论文的引用强度、引用位置和引用内容进行分析和考察[17]，进一步提高论文影响力评价结果的准确性和全面性。

本研究为期刊专题论文影响力评价提供了参考视角，尚存在不足：①考察指标仍较片面，未纳入间接引证数据以及单篇论文被引的内容与结构特征等进行深入考察；②时间窗口和样本量有限，数据分布可能影响结果的准确性；③结论的适用性因期刊学科、语种等差异，尚需进一步验证。

参 考 文 献

[1] 李频.期刊专辑:抛向市场的"集束炸弹"[J].中国出版,1999(1):34-35.

[2] WEINSTOCK M. Citation indexes: Encyclopedia of library and information science [M]. New York: Marcel Dekker, Inc., 1971.

[3] Thorne FC. The citation index: another case of spurious validity [J]. Journal of Clinical Psychology, 1977, 33(4):1157-1161.

[4] 常宗强,叶喜艳,张静辉,等.基于被引频次的期刊论文被引质量评估指标构建[J].编辑学报,2023,35(增刊 1): 238-240.

[5] 孔月,李秀霞,臧思思.基于被引质量及其均衡性的期刊影响力评价研究[J].情报科学,2021,39(4):106-111.

[6] 高英莲,李秀霞,刘金星.被引数量、被引质量和被引离散度结合的学术期刊影响力评价研究[J].信息资源管理学报,2019,9(4):19-23,30.

[7] 伍军红,肖宏,孙隽,等.从单篇论文引证视角改进学术期刊评价方法及其实证研究[J].中国科技期刊研究,2022,33(7):957-964.

[8] 王珺婷,赵丽颖,赵吉儿,等.医学期刊特色主题出版策略探索:以《中国实用口腔科杂志》为例[J].中国科技期刊研究,2024,35(6):825-830.

[9] 郭欣,陈思颖.新医科教育背景下综合性大学医学期刊交叉学科专题建设:以 5 种医学学报为例[J].中国科技期刊研究,2024,35(4):541-546.

[10] 彭智,冉明会,唐秋姗,等.基于客座编辑精准约稿策略探索一流期刊建设实践[J].天津科技,2023,50(10):73-77.

[11] 孟丽,陈术强,石婧,等.促进综合类医学科技期刊的差异化发展:老年医学相关学科期刊的栏目建设比较[J].中国科技期刊研究,2023,34(9):1202-1212.

[12] 索传军,盖双双.单篇学术论文的评价本质、问题及新视角分析[J].情报杂志,2018,37(6):102-107.

[13] BERGSTROM C. Measuring the value and prestige of scholarly journals[J].College and Research Libraries News, 2007, 68(5):314-316.

[14] SCHUBERT A. Using the h-index for assessing single publications[J]. Scientometrics, 2009, 78(3):559-565.

[15] 杨建林,严明.单篇期刊论文 h 指数的实证研究:以图书情报学为例[J].图书情报工作,2010,54(12):145-148.

[16] 刘运梅,李长玲,冯志刚,等.改进的 p 指数测度单篇论文学术质量的探讨[J].图书情报工作,2017,61(21):106-113.

[17] 杨思洛,聂颖.结合全文本分析的论文影响力评价模型研究[J].现代情报,2022,42(3):133-146.

中华优秀传统法律文化的故事化传播研究
——以《检察风云》杂志"法史春秋"栏目为例

张宏羽

(《检察风云》编辑部，上海 200031)

摘要：党的二十大报告指出，弘扬社会主义法治精神，传承中华优秀传统法律文化。推动中华优秀传统法律文化的创造性转化和创新性发展，是新时代中国法治文化建设的题中应有之义。故事化传播实践，正为中华优秀传统法律文化的创新传播探索可行方案。然而，由于多元化环境导致受众体量缩减、娱乐化倾向导致传播内涵弱化、缺乏创新导致传播内容同质化，故事化实践一度陷入困境。本文以《检察风云》杂志的特色栏目"法史春秋"为研究对象，针对相关问题提出对策，侧重"坚定文化自信，激发价值共鸣""坚守舆论阵地，彰显媒体本色""坚持内容创新，聚焦深度传播"。在媒介融合的背景下，本文还就叙事理念和传播方式的转变，探究如何答好中华优秀传统法律文化故事化传播的"融命题"。

关键词：中华优秀传统法律文化；故事化传播；策略

习近平总书记在党的二十大报告中强调："弘扬社会主义法治精神，传承中华优秀传统法律文化，引导全体人民做社会主义法治的忠实崇尚者、自觉遵守者、坚定捍卫者。"

在历史长河中，中华文明孕育出悠久而独特的法律文化。中华优秀传统法律文化中蕴含的治理之道、精神特质和价值追求，深刻影响着中国法律的基本走向，为当代中国国家治理和法治建设提供了文化养料和精神财富，更与中国式法治现代化深度耦合[1]。传弘中华法系的优秀理念和思想，不仅能进一步提升文化影响力，也将赋予其新的时代内涵，发挥其重要的精神价值、法治价值、社会价值[2-3]。

中华优秀传统法律文化的故事化传播，是指基于中华优秀传统法律文化的深刻内涵，通过文学作品、新闻通讯、电影、短视频、戏剧、口述历史等各类形式的叙事表达，注重以语言和媒介运用，强化故事这一载体感染力和吸引力，推动中华优秀传统法律文化的创造性转化和创新性发展。

从必要性来看，自古以来，故事就是传递信息、传播文化的主要载体，延续着文化记忆，强化着文化认同，促进着文化交流。特别是较之于灌输式、讲授式的传播手段，故事化的优势便格外突出，其必要性显然易见。从重要性来看，故事化传播对人类社会具有深远的影响。好的故事，是塑造个体、强化社会认知、推进文化传承和交流的重要工具。在中华优秀传统法律文化传播中引入故事化实践，对于个体而言，好的法律故事能够通过其中蕴含着的传统智慧和哲理，以及其情节的设置、角色的塑造，帮助人们明是非、知荣辱、辨美丑，带来深刻的警醒与启迪；对于社会而言，传统法律故事通过传递特定的价值观和行为准则，引导社会公众规范自身的行为，对人们的观念和习惯产生深远的影响，有利于进一步凝聚社会共识，维护社会秩序、促进社会稳定；对于文化本身而言，故事化传播是记录和传播历史的重要手段，其独特的感染力和吸引力可以激发社会公众对中华优秀传统法律文化的兴趣和思考，同时，故事化传播也能够促进跨文化交流，作为一种有效的沟通工具建立共鸣和理解。

1 中华优秀传统法律文化的故事化传播困境

当前中华优秀传统法律文化的故事化传播面临着诸多困境与挑战：多元化环境、娱乐化倾向、缺乏创新等因素，导致受众体量缩减、传播内涵弱化、传播内容同质化等问题。

1.1 多元化环境导致受众体量缩减

对于中华优秀传统法律文化而言，当下的多元化环境是把"双刃剑"，有利必有弊。在利与弊的角力中，机会与挑战并存。多元化环境能够促进不同文化之间的交流、融合，激发文化的活力与创造力。其亦可能对中华优秀传统法律文化带来挑战，尤其是对故事化传播的受众体量造成影响。主要体现在文化、舆论、网络环境等方面。

1.1.1 文化环境

从文化环境来看，一方面，西方"快餐文化"大行其道，有些人对"快餐文化"存在着"狂热追求"的现象，视西方价值观为圭臬，缺乏了解中华传统文化精华的兴趣与动力。总体上，传统文化的传播土壤被挤占，中华优秀传统法律文化故事化传播的整体受众数量缩减；另一方面，近代以来，在"欧风美雨"之下，中华法系的影响日渐衰微，"中国没有法律传统"的歪曲论调一度甚嚣尘上。连部分业内人士也对传统法文化失去自信并逐渐忘却，故事化传播的核心受众体量不容乐观。

1.1.2 舆论环境

从舆论环境来看，虽然中国自古便是明理重法的国度，但在封建社会的传统法律观念中，法律属于统治的工具。因此，传统法文化中难免存在消极元素，如"人治"社会、法律为封建帝制服务、泛道德主义思想、泛刑主义思想等。这些消极元素造成一些舆论对传统法文化的全盘否定和一味批判，一部分人产生抵触心理，影响到故事化传播的受众体量。

1.1.3 网络环境

从网络环境来看，"后真相"成为社会发展中的一个明显特点。在热点事件中，网络谣言泛滥，"标题党"影响了网络环境，部分网民的情绪容易被煽动性强的言论所带动，将法治和真相抛之脑后；还有一些人在网络环境中缺乏相应的法治行为习惯，在诉求得不到满足时，便在网上发表激烈、偏激的不当言论，影响理性认知。媒介融合语境下，中华优秀传统法律文化的故事化传播离不开网络。然而，网络空间的喧嚣与乱象，使得中华优秀传统法律文化的"话语空间"逼仄，不利于进一步争取网络受众群体。

以上种种因素给中华优秀传统法律文化的传播增加了阻力，更导致故事化传播面临受众体量缩减的困境。受众体量的缩减，让中华优秀传统法律文化的传扬，处于十分尴尬的境地。

1.2 娱乐化倾向导致传播内涵弱化

曾经，尼尔·波兹曼"剑指"电视时代，提出"娱乐至死"的警示，至今振聋发聩。当下，智能手机逐渐取代电视的作用与功能，为社会大众带来了新的娱乐载体，也在客观上造成娱乐化的趋势与倾向，满足着人内心的一些需求，如 Twitter 的创立满足着人们八卦的本能，Facebook 则顺应着人们窥私的欲望[4]。值得注意的是，娱乐化倾向正"围猎"传媒业，严重影响了中华优秀传统法律文化故事化传播的质效，在很大程度上导致传播内涵弱化。主要体现在一味追求感官刺激、卖力迎合娱乐倾向等方面。

1.2.1 追求感官刺激

一是以猎奇引起注意。在互联网环境中，一些传播者或机构会围绕历史故事中的血腥猎奇元素、灵异情节进行加工和编造。这些"野史"的真实性无从考证，传播者只是为了吸引受众注意力，获得更多流量。这种做法与文化传播的初衷背道而驰。二是过度追逐"网言网语"。部分"网言网语"格调不高、品位低下，却常常见诸新媒体平台，甚至被传统媒体使用，并不利于中华优秀传统法律文化的传扬。三是以争议博取眼球。一些文化传播者或传播机构在参与社会热点争议事件的讨论时，并未有效传递法治文化、法治理念，没有引导大众形成正确的事物认知与思考态度。甚至有极个别的网络意见领袖和传播机构，有意挑起对立、主动"带节奏"，怂恿网络暴力和媒介审判，言行屡屡突破道德、法律底线。

1.2.2 迎合娱乐倾向

一是选题偏向"风流韵事"。为了迎合娱乐倾向，一些自媒体或传播机构放弃中华优秀传统法律文化这座"富矿"，热衷于挖掘、编造和法律有关的历史人物的"隐秘情史"，戏说历史，将选题聚焦于历史现象、历史事件外围的"风流韵事"、猛料笑料或惊奇故事，因为市场竞争、利益驱使而影响文化产品的质量。二是算法编织"信息茧房"。在商业语境下，某些平台的算法、精准推荐正在编织"信息茧房"：用户可以看到形形色色的内容，却只是"自己想看的内容"。更甚者，算法会迎合娱乐倾向，为用户提供更多的娱乐信息，满足其休闲娱乐的需求。算法造成的垄断性和封闭化趋向，使得故事化传播陷入"算法迎合娱乐、内容迎合算法"的恶性循环。

在混乱的传播过程中，中华优秀传统法律文化的故事化传播路径发生了偏移，传播内涵被不断弱化，不利于中华优秀传统法律文化的创造性转化和创新性发展。

1.3 缺乏创新导致传播内容同质化

中华法制文明源远流长，沉淀深厚底蕴与独特魅力。上下求索、为国为民的法律人物闪耀历史星空，正义昭彰的断案故事更是数不胜数。然而，传播内容的同质化趋势，使得不少值得书写和铭记的中国法律人物及其故事被人忘却，更让充满智慧的法律思想与观念湮没在历史的尘埃中，令人唏嘘不已。同质化的内容让故事化传播失去"活性"，更深层次的原因直指"缺乏创新"。主要体现在历史人物扁平、案件事例陈旧、创作角度单一等方面。

1.3.1 历史人物扁平

"扁平人物"这一定义由英国批评家福斯特提出，指的是在作品中无明显变化，性格特征可以一言以蔽之的人物。在一些中华优秀传统法律文化的故事文本中，历史人物往往被粗暴地打上"标签"，对这类人物的解读虽然特点突出、辨识度高，但并不能完整呈现丰富、复杂的人格元素。久而久之，受众便会对这类单调的法律人物产生"审美疲劳"。

1.3.2 案件事例陈旧

历史并非"陈旧"的代名词。"獬豸断案""商鞅变法""明察秋毫""法当有常""包青天断案"等故事固然经典，但在浩瀚史书中，传统法文化的精华并非只在几个经典案例中闪烁光芒。岁月长河悠悠，留下的又岂止几桩案件、几位人物？只不过是一些传播者或传播机构，迷失在新媒体的"快节奏"中，少了史海钩沉、披沙拣金的耐心与决心罢了。同样，受众也会对陈旧的法律案例产生"审美疲劳"。

1.3.3 创作角度单一

同样的一个法律故事，将一个角度讲一千遍——是千篇一律、事倍功半；从一千个角度讲一遍——是独具匠心、事半功倍。有的故事文本中，充斥着单一、乏味的叙事视角，更别提是否具有力透纸背的思考。试问此般故事，如何给今人更多的镜鉴？还有的故事文本，无法和当代中国的法治实践联系起来，不能为现代生活的法律问题、社会问题提供参考。试问此般故事，何以体现中华文明的法律智慧？

当今社会，如何开发好、利用好古人留下的有益的传统法律资源？故事化传播为中华优秀传统法律文化的创造性转化和创新性发展探寻出一条思考路径。尽管前路寥廓、大势磅礴，可我们不得不提及"近忧"，更应直面困境。在古今的接续中，一代人有一代人的"文化长征"——逢山开路、遇水搭桥，只道"万水千山只等闲"。

2 中华优秀传统法律文化的故事化传播策略

讲好法律故事、弘扬法治精神，是法治类期刊义不容辞的时代使命与历史职责。1993年创刊的《检察风云》杂志，由上海市人民检察院和中国检察出版社有限公司联合主办，系上海市政法系统目前唯一一份面向全国公开发行的法治类综合期刊。自创刊以来，《检察风云》杂志始终坚持办刊方针和刊物特色，与读者共同见证中国法治的澎湃脉动。

"法史春秋"栏目是《检察风云》杂志的特色栏目，聚焦中国法律史上的人物、事件与现象，讲述中国历代法律故事，就故事背后的法理、精神、理念等价值因素进行深度挖掘，对法律、文化及社会的交叉点进行深层次剖析。

本文以《检察风云》杂志"法史春秋"栏目近年来的相关文本为主要研究对象，将《检察风云》杂志的编发过程、人才培养、创新实践、受众反馈、社会影响等要素作为重要的研究参考依据，基于"坚定文化自信，激发价值共鸣""坚守舆论阵地，彰显媒体本色""坚持内容创新，聚焦深度传播"三个层面进行深入思考。以期为中华优秀传统法律文化的故事化传播策略提供参考，为其创造性转化和创新性发展贡献智慧[5]。

2.1 坚定文化自信，激发价值共鸣

《中共中央关于全面推进依法治国若干重大问题的决定》明确指出，法治中国建设要"坚持从中国实际出发"，要"汲取中华法律文化精华"。《关于加强社会主义法治文化建设的意见》提出，"传承中华法系的优秀思想和理念，研究中国古代法制传统和成败得失，挖掘民为邦本、礼法并用、以和为贵、明德慎罚、执法如山等中华传统法律文化精华"。由此可见中华优秀传统法律文化的重要地位和作用。

当下，面对社会上"言必称西方"的怪象和"中华法制文明不足为道"的言论，更应坚定文化自信。故而，中华优秀传统法律文化的故事化传播要深入挖掘精神价值、法治价值和社会价值，激发价值共鸣。

2.1.1 深入挖掘精神价值

中华优秀传统法律文化具有丰富的精神价值。"奉法者强则国强，奉法者弱则国弱""法不阿贵""王子犯法，庶民同罪"等法律观念历久弥新，公平正义凝聚强大的精神力量，民族传统烛照中国的法治之路[6]；"德法互补""德礼诚信""明德慎罚"等经典论述，为社会主义精神文明建设提供了借鉴；传统的家教家风、家训家规是中华法制文明的重要见证，涵养着清风正气。

如《检察风云》杂志"法史春秋"栏目刊登的《诤臣魏征：贞观之治的护航者》一文，着眼

中国法律史上著名的诤臣——魏征。魏征既能在细微处直言劝谏，又能以宏阔视野提出治国方略。廉洁奉公、克己守法的他活成了一面"法律之镜"，激励着后人，具有一定的精神价值。又如栏目文章《家有家规：传统法律文化的柔性之美》，深刻探究了中国古代的家法族规等"软法"的历史作用及其蕴藏的法律智慧、管理智慧。

2.1.2 深入挖掘法治价值

中华优秀传统法律文化具有丰富的法治价值。习近平法治思想深深扎根于中华法文化的历史土壤之中，建立在对中国传统法文化的深度考察基础之上，实现了对中国"本土法治资源"的深层汲取和批判继承[7]。此外，中华优秀传统法律文化对中国现行立法工作有着积极影响，《中华人民共和国民法典》汲取了传统法文化中的精粹，特别是"善"与"德"的本质及其核心理念[8-9]。

如栏目文章《重惩权贵：回眸古代的"打黑除恶"》，穿越回古代，展现"打黑功臣"们直面权贵、秉公执法的胆略和智谋，总结了古代"打黑除恶"的经验教训。又如栏目文章《古代疑难案件中的智慧与谋略》，讲述了古代司法者破解疑难案件的故事，其中所蕴含的谋略与智慧，对于今天的疑难案件裁判亦有启迪，具有一定的法治价值。

2.1.3 深入挖掘社会价值

中华优秀传统法律文化具有丰富的社会价值。中华优秀传统法律文化中的"民本"思想影响深远，"民为邦本""水能载舟，亦能覆舟"等名言脍炙人口，与以人民为中心的发展思想、"人民城市"重要理念、"人民至上、生命至上"等高度契合。中国诸多法律制度与国家制度的建设，都是围绕"民为邦本"这一理念制定的。此外，在"以和为贵""重和轻讼"等观念中，我们足以感受到法律文化对营造和谐、稳定社会环境起到的指导作用[10]。现代法治实践中，调解纠纷加以适用法律规范、伦理道德作为调解方式，更加有利于维护社会和谐稳定[11-12]。值得一提的是，中国古代监察制度和廉洁文化，对于当代社会发展与治理也有借鉴意义。

如《乾隆王朝惩贪第一大案镜鉴》《从乌台诗案看宋代监察概况》《重惩权贵：回眸古代的"打黑除恶"》等一系列文章，以另辟蹊径、细致独到的视角，聚焦历史上的著名案件，系统审视中国古代的吏治及监察体系，思考惩治贪腐、加强监察人员监督工作等的当代路径。又如栏目文章《传统法律文化中的惜粮之道》，结合当下"光盘行动"的文明风尚，关注到传统法文化中爱惜粮食的优良传统，探究《唐律疏议》等法规、《吴县金氏家训》等家规的可操作性和启发作用。

2.2 坚守舆论阵地，彰显媒体本色

一味追求感官刺激、卖力迎合娱乐倾向，固然可以"收割流量"，实现快速变现。在泛娱乐化的"流量狂欢"后，一切终将归于沉寂。由于缺乏可持续的输出和优质的内容，"围观"的网友一哄而散，只剩下"一地鸡毛"。长此以往，中华优秀传统法律文化的故事化传播不仅达不到预期效果，甚至还会迎来"冰河时代"。

作为主流法治类期刊，应在中华优秀传统法律文化的故事化传播中主动作为、激浊扬清，做到尊重史实、公正评判，鉴往知来、明理慎思，道正声远、笃行不息。强化专业人才培养，促进纵深发展。坚守舆论阵地，不断提高传播力、引导力、影响力、公信力，发挥舆论灯塔作用，彰显传媒本色。

2.2.1 尊重史实，公正评判

人们在提及某些历史事件、法律人物时，很容易出现先入为主的偏见，缺乏公正的评判。而在复杂的网络时代，盲目跟风、情绪化的现象愈发凸显。对于历史上的法律人物和法律事件，不能听风就是雨，更不能被流量牵着鼻子走。应尊重史实，对待历史应抱以最基本的敬意。将法律事件、法律人物置于复杂而广阔的历史背景中审视，还原其真实面貌。

如一提到朱元璋，一些人的脑海里就会冒出"长脸麻子""十分残暴""毫无人性"等贬义的词汇。虽然对朱元璋的历史评价尚有争议，但我们不能忽略的是，他的一些法律观念和管理思想对后世产生了潜移默化的影响。栏目文章《朱元璋的法律人生》，着眼《大明律》的编纂、《大明令》的制定、《御制大诰》等特别法律的颁布，生动还原朱元璋的"法律人生"及明初法律制度，展现法律在治国中的重要作用。

2.2.2 鉴往知来，明理慎思

"以史为鉴，可以知兴替。"中华优秀传统法律文化的故事化传播，就是要在现代法治精神视角下，探究中华法制文明的产生、发展及演变，对历史上的法律事件、人物和现象进行深入剖析，总结成败得失，发挥中华优秀传统法律文化之价值，立足当下、远观未来，给人以思考与启迪。

如栏目文章《善法不遵：隋文帝的法制教训》，一针见血地揭示隋文帝的法律政策与王朝灭亡之间的关系，从滥杀大臣、荒唐法令等方面，探讨了"善法不遵"的深刻教训。又如栏目文章《古代涉外案件的历史镜鉴》，梳理了中国处理涉外案件的经验教训，对立法及司法实践进行了深入剖析。再如栏目文章《法外含情，也是一种美》，透过具体生动的故事，再现中国古代法与情的冲突与融合，探究法律之温度、法律之美。

2.2.3 道正声远，笃行不怠

中华法制文明是与社会同步发展的，中国优秀传统法律文化与当代法治建设"跨时空"式呼应。然而，历史虚无主义在大有抬头之势。对此，应主动同歪曲、否定、抹黑中华法制文明的各种言论作斗争，同企图混淆思想、扰乱文化传播秩序的别有用心之人作斗争，注重议程设置，进一步加强舆论引导，明辨是非。

如《〈唐律疏议〉的前世与今生》《盛唐法律人的风骨与智慧》《古代讼师的正义与智慧》等一系列文章，探究了中国古代(尤其是唐代)的立法技术、法律观念，展现了中国古代法律人的业务能力与精神品格，同时也生动呈现中华法系的鲜明特色及深远影响。又如栏目中的部分文章关注到了中国古代的未成年人"欺凌"问题，探究"矜老恤幼"的传统理念和"欺凌"问题的裁判要旨，为当下相关问题的解决提供参考。"法史春秋"栏目也取得了一定的社会反响：相关文章被省级(教育厅)人文社科研究重点项目及多篇学位论文作为参考文献；被文史专业教师作为教学资料研究、使用；在新媒体平台上，相关文章的阅读量、互动量等相当可观。

2.2.4 人才培养，专业发展

"功以才成，业由才广。"人才是媒体发挥效用、推动中华优秀传统法律文化故事化传播的关键性要素。培养复合型、实战型办刊人才，打造一支文化传播的"铁军"，是激发内生动力、打造舆论高地的题中应有之义。

《检察风云》杂志社始终重视高质量办刊人才的培塑。基于对《检察风云》杂志社人才培养模式的思考，本文认为：媒体应注重交叉领域复合型办刊人才的培养，采取"主修+必修+

选修"的模式，运用多种途径扩展人才培养空间，在培养路径中融汇法学、出版学、新闻传播学、历史学、社会学等专业方向；还应注重文化领域实战型办刊人才的培养，强调对于中华优秀传统法律文化的研习，做用心用情用功的倡导者、实践者、传播者、学习者。此外，主题宣传"揭榜挂帅"的模式，则有利于激发办刊队伍的内生活力。

2.3 坚持内容创新，聚焦深度传播

当下，传播内容的同质化趋势已成为中华优秀传统法律文化故事化传播路上的绊脚石。然而，一些传播者、传播机构对同质化问题尚不重视，归根结底，是对内容创新的必要性、重要性认识不足。

无论舆论环境、传播格局如何嬗变，"内容为王"是始终是一条"金标准"，创新更是解锁"传播密码"的"金钥匙"。在众声喧嚣的文化场域中，本文力求探索"以退为进"的传播策略，提出"三个回归"的故事化传播思路，强调守正创新、固本培元，即回归本真、回归史料、回归现实。媒体和传播者应在内容和质量上下功夫，塑造立体形象、发掘鲜活资源、探寻法律智慧，聚焦深度传播，激荡法治强音。

2.3.1 回归本真，塑造立体形象

对于受众而言，一成不变、毫无生气的历史人物，只会让人感觉悬浮、单调、刻板。在中华优秀传统法律文化的故事化传播中，应摒弃扁平化的"叙事陷阱"。这就要求回归人物的本原，全面而系统地梳理具体的历史空间、社会环境及人物生平，着眼多重维度、不同侧面，带着一份温情与敬意去探寻历史、诠释人物，用生动的立体形象打动受众、赢得口碑。

如栏目文章《白居易：游走在文学与法律之间》，并未着笔白居易的文学造诣、诗歌成就等耀眼的光芒，而是笔锋一转，书写白居易的另一重身份——法学家。从一首诗词、一部《百道判》、一篇《续虞人箴》开端，绘就白居易"法律人生"的立体画卷，探究其在法学领域的诸多贡献。

2.3.2 回归史料，发掘鲜活资源

中华优秀传统法律文化的故事化传播的水到渠成，离不开源头活水。这汪"活水"，便是漫漫历史长河中的生动素材、鲜活资源。应带着强烈的好奇心和耐心，对原始文献、调查资料、前沿研究成果等进行广泛钻研，通过创造性的角度深入梳理、洞悉中国法律史上的各类事件和案件，并将丰满的细节与清晰的脉络生动再现。

如栏目文章《叩阍与录囚：古代冤案昭雪镜鉴》，基于大量文献资料及研究成果，梳理出叩阍、录囚两条清晰的脉络，将中国古代预防与纠正冤假错案的机制和事例娓娓道来。又如栏目文章《洋商告御状：贸易纠纷背后的大国较量》，以新奇的视角、丰满的细节、翔实的材料，从一起看似寻常却不寻常的涉外案件说开去，透视国与国之间的关系。

2.3.3 回归现实，探寻法律智慧

"意不在古而在今。"讲好中国法律故事，终归要走出书斋、回归现实——寻寻觅觅、穷究史料之后，终是"蓦然回首，那人却在，灯火阑珊处"。不妨跳出龙争虎斗、一时成败、王朝兴衰的传统历史叙事，以"超越"式的宏大视角，融合法律、政治、经济、文化等多重视角，在复杂的表象下，追寻关照当代社会治理之道、法治建设之路的法律智慧与历史力量。此外，须进一步扎根群众、扎根生活，反对"办公室写作"，应关注广大群众在生活中热议的法律话题、面临的法律困境，通过横向对比、纵向对比，站在人民的立场上看待历史，回溯、评析古今

中外的相关处理方式，以资借鉴。

如栏目文章《抚育有方：传统中国的人口激励》，从奖励婚育、政绩考核两个角度，梳理中国古代鼓励生育的相关法律政策，以"十年生聚，十年教训"为引，探寻人口政策的成功经验、总结失败教训。又如栏目文章《传统法律文化中的未成年人保护》，从唐朝到晚清的律令典章透视古代未成年人保护制度。该文中提及的照顾性规定、打击贩卖人口的举措、孤儿抚养方式、"育婴堂"管理制度等，与当代社会所关注的焦点暗合。

3 中华优秀传统法律文化故事化传播的"融命题"

互联网时代，舆论生态和传播格局迎来了深刻变革。近年来，《检察风云》杂志积极探索媒介深度融合发展，构建适应互联网传播规律的全媒体矩阵，更好地满足受众的文化需求，服务法治文化建设、检察宣传工作。本文关注到中华优秀传统法律文化故事化传播的"融命题"，在媒介融合视阈下，对故事化传播中的叙事理念和传播方式的转变进行了一定的探讨。

3.1 媒介融合视阈下叙事理念的转变

3.1.1 小切口叙事

在媒介融合的背景下，短视频迎合了用户的浏览习惯和内心需求，成为信息传播的风口，独占鳌头。风口之下，中华优秀传统法律文化可以借势发展，寻求突破。以小切口叙事讲好中国法律故事，在较短的时长内，整合知识、思想、趣味等多元内容，用"精悍"的篇幅传递文化价值。

3.1.2 沉浸式叙事

网络时代，打动受众的关键要素是代入感，即沉浸式叙事。沉浸式叙事不仅需要身临其境，更要深入人心，才能激发共情共鸣。这就要求媒体和传播者精心构思情节和故事要素，设置悬念、思考矛盾冲突、注重细节、打磨人物形象，对故事进行艺术性加工，提升感染力、吸引力。并采用案事例改编、动画特技、情景再现的可视化形式，把受众带入法律故事发生的时空。

3.2 媒介融合视阈下传播方式的转变

3.2.1 跨平台融合

近年来，文化传播的投放渠道和平台愈发多样。中华优秀传统法律文化的故事化传播可以思考进一步跨平台融合。尝试"进军"抖音、快手、B站、小红书、豆瓣、知乎等平台，探索新兴直播模式，通过"量体裁衣"的策略，实现差异化推送，契合不同平台用户的触媒习惯，在内容形式和结构上锁定不同年龄、不同群体的需求[13]。

3.2.2 跨次元融合

跨次元融合是一个丰富而复杂的话题，并非寥寥几笔可以概括。本文认为，跨次元融合的核心要素应是"聚合"。广泛应用人工智能、VR、AR、5G、大数据等新技术，整合动漫、游戏资源，重塑传统传播模式，突出游戏化、立体化、交互性，全方位、多层次赋能中华优秀法律文化的故事化传播。此外，应探索数字藏品(不具有金融属性)、文化 IP 等路径，让市场化表达与经典化传承交相辉映[14-15]。

总体上，传播方式的转变将进一步改变原先法律文化高高在上、晦涩难懂的社会刻板印象，从而打破法律文化的理论边界。跨平台、跨次元融合更为中华优秀传统法律文化的"无界传播"提供了可能，将让中华优秀传统法律文化在共享化语境下实现更广泛的空间渗透与社会传播。

4 结束语

当下,数字浪潮深刻影响着社会经济发展,新兴技术在出版领域得以推广运用。我们处于一个充满挑战也充满机遇的时代,而深度融合发展成为出版业的重要趋势、重大机遇。对于本文重点探讨的中华优秀传统法律文化故事化传播而言,出版业应抢抓机遇、积极作为,围绕举旗帜、聚民心、育新人、兴文化、展形象的使命任务,注重创新与融合,通过更多富有创意的叙事手法和传播形式,进一步激活文化潜力、释放文化魅力,推动中华优秀传统法律文化创造性转化、创新性发展,为在新的起点上继续推动文化繁荣、建设文化强国、建设中华民族现代文明贡献出版力量。

参 考 文 献

[1] 徐腾.中华优秀传统法律文化与中国式法治现代化的耦合[N].中国文化报,2024-04-22(003).
[2] 侯学宾.中华优秀传统法律文化的传承发展逻辑[J].法制与社会发展,2024,30(5):5-21.
[3] 马一德.传承和弘扬中华优秀传统法律文化[J].红旗文稿,2024(7):34-37.
[4] 张国庆.媒体话语权:美国媒体如何影响世界[M].中国人民大学出版社,2012:233.
[5] 罗开礼.新时代期刊品牌影响力提升的路径与策略[M]//学报编辑论丛 2021.上海:上海大学出版社,2021:8-13.
[6] 何勤华,邓丛."执法如山"的文化意蕴及其当代传承[J].社会科学,2024(2):171-179.
[7] 封丽霞.习近平法治思想中的传统法文化元素[J].中国司法,2022(3):10-14.
[8] 陈晓枫,张实根.论中国民法典的传统法文化精神[J].江苏行政学院学报,2022(2):121-128.
[9] 王梓同.探究《民法典》对优秀传统法律文化的合理结合[J].文化学刊,2024(6):127-130.
[10] 胡腾.中国传统法律文化当代价值的实现路径[J].中学政治教学参考,2021(37):85.
[11] 吴卓,张彬.论中国传统法律文化特点及其对现代法治的影响[J].辽宁师专学报(社会科学版),2022(1):15-16.
[12] 江淑慧.新时代"枫桥经验"视域下优秀传统法律文化融入乡村基层治理的路径研究[N].江苏经济报,2024-07-26(T01).
[13] 刘菲,张迪,崔月婷,等.期刊"网络直播"研究的现状、问题及对策探赜[M]//学报编辑论丛 2023.上海:上海大学出版社,2023:430-435.
[14] 刘益,毛芹,李瑞慧.媒介可供性视角下元宇宙加持数字出版的策略研究[J].编辑学刊,2024(5):35-41.
[15] 张宇东.出版文创视域下中华优秀传统法律文化传承探究[J].出版广角,2024(7):21-24.

高校附属医院办刊跨部门联动实施案例
——以上海交通大学医学院附属瑞金医院、上海市同济口腔医院为例

王莺[1]，褚敬申[2]，尹灵乐[3]

(1.上海市同济口腔医院(同济大学附属口腔医院)《口腔颌面外科杂志》编辑部，上海 200070；2.上海交通大学医学院附属瑞金医院《诊断学理论与实践》编辑部，上海 200025；3.同济大学人文学院，上海 200092)

摘要：基于医学学术资源丰富的背景，当前高校附属医院承办科技期刊的现象较为普遍，然而高校附属医院办刊也面临着管理层重视不足、缺少相应配套政策支持、资源整合利用不充分等困境。通过考察与实践验证，跨部门联动是破解高校附属医院办刊困境的有效途径。本文以上海交通大学医学院附属瑞金医院与同济大学附属口腔医院实施跨部门联动的办刊策略为例，采用案例分析总结跨部门联动的成功经验和可复制的模式，为提升高校附属医院科技期刊学术质量和影响力提供经验参考。

关键词：跨部门联动；高校；科技期刊；影响力提升

随着学术研究的深度与广度不断拓展，高校附属医院作为连接理论研究与临床实践的桥梁，在科技期刊出版方面扮演着至关重要的角色。由高校附属医院承办的期刊不仅是医学科研成果展示的窗口，也是促进国内外学术交流、提升医院及高校学术声誉的重要平台。如今，高校附属医院承办科技期刊已成为一种普遍现象，它们利用自身的学术资源和临床优势，为医学研究提供了丰富的素材和实践案例。然而，高校附属医院在办刊过程中，往往面临着管理层对期刊工作的关注度不够、缺乏政策层面的有力支持以及传播影响力有限等困境。这些问题不仅影响了期刊的学术质量和影响力，也制约了其在医学界的实际转化效果。如何在现有的资源和条件下，有效提升期刊的学术质量与影响力，成为高校附属医院亟须解决的问题。

本文将深入探讨高校附属医院在办刊过程中遇到的困境，并提出"跨部门联动"的概念，通过介绍上海交通大学医学院附属瑞金医院与上海市同济口腔医院(同济大学附属口腔医院)的具体实践，分析两者如何通过跨部门联动的策略，成功破解了上述困境。通过困境分析与案例介绍，本文旨在揭示跨部门联动在提升科技期刊学术质量与影响力方面的有效性，并总结其成功经验，从而为其他高校附属医院的办刊实践提供可借鉴的经验参考。

1 高校附属医院办刊的困境

由高校附属医院承办的科技期刊既是高校及其附属医院对外展示学术成果与推动学术交

通信作者：褚敬申，E-mail: chujingshen@126.com

流的重要平台，也是国家体现科技竞争力和文化软实力并推动科技强国建设的重要窗口[1]。2019年，中国科协、中宣部、教育部、科技部联合印发了《关于深化改革 培育世界一流科技期刊的意见》，其中明确了我国科技期刊的建设目标："实现科技期刊数字化转型，推进集群化并加快向集团化转变，全面提升专业化、国际化能力，形成有效支撑现代化经济体系建设、与创新型国家相适应的科技期刊发展体系[2]。"高校附属医院承办科技期刊依托高校的学科资源与附属医院的临床实践，通过将教学、临床和科研相结合，能够促进医学科研成果的转化和推广，并最终实现各部门的合作共赢。

由此可见，高校附属医院办刊具有政策意义上的必要性与实践意义上的实用性，然而在实际运作过程中，在高校附属医院内部的办刊活动却面临着诸多问题与挑战。首先是管理层重视不足的问题，办刊活动往往未被视为医院工作的核心任务，因此缺乏足够的资源投入与资金支持；其次是缺少相应配套政策支持的问题，目前多数高校附属医院内部尚未有一套完善的政策体系来规范和支持办刊活动，这会影响期刊的稳定性和长期发展；此外还存在资源整合利用不充分的问题，科技期刊通常分散在不同的科室或部门中，部门间缺乏有效的资源整合手段，使得医院与高校的学术资源无法在办刊过程中得到充分利用；最后是传播影响力有限的问题，基于上述存在的问题，高校附属医院所承办的科技期刊无法在本院、本校乃至更广泛的学术界形成足够的传播力和影响力，这将再次影响办刊活动的投入力度与资源转化效果。除此之外，优秀人才向更有吸引力的领域流失、期刊因资源不足而导致数字化转型缓慢也是高校附属医院办刊过程中迫切需要解决的现实问题。

想要解决高校附属医院办刊目前所面临的困境，既需要政府从宏观层面进行把控，也需要高校及其附属医院内部进行大刀阔斧地改革，而采用跨部门联动正是解决高校附属医院办刊所面临诸多问题的关键举措。

2 跨部门联动的概念及应用现状

"跨部门联动"是一个随着公共管理理论和实践的发展逐渐形成的概念，随着现代社会公共事务呈现出多样化与复杂化趋势，许多社会问题涉及多个领域与层面，需要不同政府部门之间进行合作与协调，而信息技术的进步也为跨部门之间的信息共享和沟通提供了技术手段和平台。跨部门联动旨在打破部门壁垒，促进组织内部的横向沟通与协作。来自明尼苏达大学的3位学者Bryson、Crosby与Stone对于"跨部门合作"(cross-sector collaboration)的定义同样能够界定这种不同部门之间的联动："两个或多个部门的组织将信息、资源、活动和能力联系或共享，以共同实现一个部门的组织无法单独实现的结果"[3]。

20世纪80年代以来，跨部门联动已经在世界范围内被广泛应用于政府、企业、非营利组织等多个领域[4]，不同组织内部及彼此之间能够通过跨部门联动的方式实现资源利用最优化的良性互动。政府通过建立跨部门联动机制，能够整合财政、民政、教育、卫生等部门的资源，从而提高公共服务的效率和质量；在抗击新型冠状病毒感染疫情时期，国务院在全国范围内建立了联防联控机制，医疗卫生机构、科研机构、学校、军营等部门单位之间的快速联动成为政府应对重大突发公共事件的关键举措[5]。在企业领域，跨部门领域能够整合研发、市场、销售等部门的力量，提高市场响应速度并促进产品创新；例如，华为公司在集成产品开发(integrated product development)的变革中建立了跨部门团队，每个部门都需要派出代表加入其中，参与产品研发的全部周期，从而提升产品的研发效率与市场占有率[6]。而非营利组织通过跨部门联动也能够联合医疗、教育、社区服务等部门，提升服务项目的实施效果；宁波市海曙区星光敬老协会通过建立"政府扶持、非营利组织运作、社会参与"的运作模式，实现了整合多种社会资源投入公共养老服务的目标[7]。

如今，跨部门联动的实施虽然也面临着协调难度大、利益冲突多、预期效果差等挑战[8]，但通过建立跨部门的联动机制，促进信息的共建共享，不仅可以解决"部门壁垒""信息孤岛"等问题，还可以统一政策部署、提高工作效率、降低行政成本，最终提高各部门的工作能力与工作质量[9]。在强调协同治理与合作共赢的今日，跨部门联动无疑是高校附属医院办刊领域中探索期刊高质量发展的途径之一。跨部门协同联动是多元主体超越组织边界的一种合作行为，在以往跨部门联动机制探索中，联动前需根据面临的不同问题，设定相应的目标，从而建立联动机制。因此，不同高校附属医院办刊也需根据各自的目标，制定相应的联动机制。上海交通大学医学院附属瑞金医院主办的《诊断学理论与实践》与上海市同济口腔医院(同济大学附属口腔医院)承办的《口腔颌面外科杂志》分别根据组织高质量稿件、提升审稿工作质量、提升期刊影响力的不同目的，实践了不同的跨部门联动机制，获得了一些体会，具体案例汇报如下。

3 案例实施及分析

上海交通大学医学院附属瑞金医院在办刊组织大综述的过程中以及上海市同济口腔医院(同济大学附属口腔医院)在办刊保障学术论文质量的过程中，都面临着学术资源分散在各个行政科室及科研部门的问题，两所医院根据不同目的，实施了不同的跨部门联动举措，获得了一定收获。在此总结案例，期待为高校附属医院办刊的管理与发展提供参考。

3.1 综述写作的跨部门联动案例

正如前文所述，跨部门联动能够打破信息孤岛，实现资源共享，这对于提升高校附属医院的期刊质量与影响力至关重要。综述文章作为科技期刊的重要组成部分，其质量直接关系到期刊的整体水准。

综述是科技期刊刊出的一种重要文体，在学术领域，各国的综述质量能够反映该国作者的学术水准[10]。相对于研究型论文，综述型论文被引频次高而零被引率低，高质量的综述能够有效提升科技期刊影响力这一观点已是学界共识[11]。事实上，综述文章对期刊影响力的提升效果并不单单取决于其发表数量或所占比例，而更与综述的质量息息相关。大综述通常是高质量综述的一种形式，张学梅等[12]在组织大综述时，认为此类综述是指由多个单位(至少3个单位)、多位知名专家(至少3位)合作撰写的综述论文。大综述的本质是集中多家科研机构的学术资源，多方位展示某一专题的科研成果，具有权威性与综合性等特点。

国内类似上海交通大学医学院附属瑞金医院的科研平台众多，包括多家国内知名三级甲等医院，学术资源丰富。然而，这些科研机构和医院在管理上往往相对独立，分属各个部门，导致学术资源分散，形成了一种无形的"柏林墙"。面对这一现状，如何打破部门间的壁垒，实现不同部门间的协同联动，以整合"大综述"所需的资源，成为一个亟待解决的问题。张学梅等[12]通过依托编委会举办的学术会议为大综述提供了资源整合平台，这是一个很好的尝试。但笔者认为，仅仅依靠期刊组织学术会议是不够的，更为关键的是需要建立起一种能够促进学术资源共享的长效机制。

上海交通大学医学院附属瑞金医院的《诊断学理论与实践》编辑部经前期编委及编辑探

讨选题，提出了组织高质量、有影响力的"中国阿尔茨海默病报告"大综述的设想，并经多家学术部门与行政部门的多层级跨部门联动，最终成功组织并发表了一篇高质量大综述——《中国阿尔茨海默病报告2021》。该综述发布后，获得了热烈的学术反响，目前已发表3年，被引次数超过300次，下载量超过10 000次，获得了广泛的社会反响，同时，报告被多家权威媒体转载，包括人民日报、澎湃新闻等。

总结此次以组织大综述为目的的跨部门联动案例，能够得出以下3步实现路径：首先，需明确大综述的内容框架，编委经前期研讨，确定综述内容为流行病学、诊断学进展、治疗学进展和卫生政策；其次，根据内容框架，需要明确学术部门与行政部门的跨部门分工，通过召集会议，各部门集思广益，最终确定由中国疾控中心负责流行病学部分，上海交通大学医学院附属瑞金医院负责诊断进展部分，上海交通大学医学院附属精神卫生中心负责治疗进展部分，复旦公共卫生学院负责卫生政策进展部分；最后，需要构建不同部门之间的联动路径，依托上海交通大学期刊中心，各部门成立了学术部门联动平台，设有1名组长负责召集期刊中心的学术资源，并与相关学术部门建立联系，每个部门指定一名联系人，通过定期会议的形式明确分工，发布各时间节点的写作目标，并协调整合工作，确保多个学术部门能够有效地为组织大型综述而协同工作。

此外，上海市同济口腔医院(同济大学附属口腔医院)的《口腔颌面外科杂志》编辑部也通过跨部门联动实现了综述文章的定期发表与质量提升。编辑部通过与医院的口腔颌面外科教研室、口腔种植教研室、口腔基础教研室、口腔修复教研室分属不同的学科部门，各教研室通过践行跨部门联动策略，共同制定了旨在提升期刊综述质量的联动计划。明确每季度召开一次定稿会，在定稿会召开之前会向各教研室医生征集高质量稿件，在定稿会上作者将现场展示研究成果，由教研室专家(部分为本刊编委)进行深入讨论和评审，根据编委的意见，作者对稿件进行必要的修改和完善，修改后的稿件于会后再次提交给各教研室专家进行审核，通过后正式定稿。这种联动不仅实现了资源共享，还共同提升了期刊的学术水平和临床应用价值。

上海交通大学医学院附属瑞金医院与上海市同济口腔医院(同济大学附属口腔医院)的两种跨部门联动实践，通过打破不同部门间的壁垒，促进了信息的自由流动和资源的优化配置，为撰写具有深度和广度的综述文章提供了切实的基础。此外，两家医院的成功尝试也可以为其他高校附属医院提供可供参考的模式，其他医院可以基于自己的情况构建起自己的跨部门协同联动机制，从而提升期刊的学术质量和影响力，为医学界提供更多高质量的研究成果。

3.2 教学工作的跨部门联动案例

科技期刊的成长有赖于稳定、高水平的作者队伍[13]。实施"作者发展计划"，即支持新作者发展，通过相关培训和指导，帮助他们提高写作技能，吸引更多作者投稿，也是达成扩展、培育作者队伍的路径。上海瑞金医院临床医学院作为上海交通大学医学院最大的临床教学基地，具有一流的医疗、教学和科研能力，是上海市最大的住院医师规范化培训基地之一，每年培训来自全国的进修医生超过千人。进修医生不仅可能成为潜在的作者，回到单位也可成为期刊的宣传员。笔者尝试促成编辑部与行政部门临床医学院开展合作，形成跨部门联动，总结路径使编辑部融入临床医学院科研的教学工作，形成编辑部宣传与行政教学部门的跨部门联动，临床医学院在进修医生培训中定期纳入论文写作培训，而编辑部提供论文写作方面的教学指导，定期形成每月 1 次的教学联动。

与临床医学院教学部门联动后，编辑部收到来自全国各地的作者投稿数量增多，作者地域呈现多样化，近年发表了来自新疆、西藏的作者投稿，期刊影响力也得到提升。

4 讨 论

跨部门联动作为一种有效的解决策略，其核心在于打破部门壁垒，促进不同部门之间的信息共享和资源整合。通过跨部门联动，可以充分利用医院和高校的学术资源，提高办刊效率，增强期刊的学术质量和影响力。在具体实施过程中，上海交通大学医学院附属瑞金医院和上海市同济口腔医院(同济大学附属口腔医院)采取了一些措施。例如，建立跨部门协调机制，明确各部门在办刊过程中的职责和任务；加强内部沟通，确保信息的及时传递和反馈；优化资源配置，实现资源共享和优势互补；加强与外部机构的合作，扩大期刊的传播范围和影响力。通过这些措施的实施，两所医院在办刊过程中取得了显著成效：期刊的学术质量得到了提升，影响力也得到了扩大。这不仅为医院和高校带来了良好的学术声誉，也为医学科研成果转化和推广提供了有力支持。

综上所述，跨部门联动在高校附属医院办刊中具有重要作用。通过有效的跨部门联动，可以解决办刊过程中的诸多问题，提升期刊的学术质量和影响力，为医学科研成果转化和推广提供有力支持。因此，其他高校附属医院在办刊过程中可以借鉴上海交通大学医学院附属瑞金医院与上海市同济口腔医院(同济大学附属口腔医院)的跨部门联动案例，形成各自的跨部门联动机制，从而提升办刊水平与学术质量。

参 考 文 献

[1] 张耀,梁光川,胡若菌,等.高校科技期刊服务主办高校人才培养探索与实践[J].编辑学报,2022,34(6): 700-704.

[2] 中国科协中宣部教育部科技部关于深化改革培育世界一流科技期刊的意见[J].编辑学报,2019,31(4): 355-356.

[3] BRYSON J M, CROSBY B C, STONE M M. The design and implementation of cross-sector collaborations: Propositions from the literature[J]. Public Adm Rev, 2006, 66(Suppl.1): 44-55.

[4] 田培杰.协同治理:理论研究框架与分析模型[D].上海:上海交通大学,2013.

[5] 习近平.在全国抗击新冠肺炎疫情表彰大会上的讲话[N].人民日报,2020-09-09(002).

[6] 林英帅.华为组织变革与财务创新协同演化:基于组织模块化视角的案例研究[D].济南:山东大学,2020.

[7] 吴玉霞.政府购买居家养老服务的政策研究:以宁波市海曙区为例[J].中共浙江省委党校学报,2007, 23(2):51-57.

[8] 伊庆山.基层网格化治理中跨部门协同联动的菱形架构、运行困境及优化路径[J].江汉大学学报(社会科学版),2023,40(3):53-62,126.

[9] 周朝晖,林晶,徐凤,等."互联网+水质监管"跨部门信息共建共享的探索[J].中国卫生监督杂志,2019,26(3): 224-228.

[10] 冯长根.应当重视学术期刊和学术论文的战略作用[J].编辑学报,2003,15(5):313-315.

[11] 任锦.综述型论文对科技期刊影响力的贡献[J].科技与出版,2014(5):150-153.

[12] 张学梅,许军舰,郑建芬,等.大综述的组稿策略及其影响力分析[J].中国科技期刊研究,2021,32(2):194-198.

[13] 伍锦花,陈灿华,秦明阳."卓越计划"领军期刊与世界一流科技期刊的国际影响力对比分析[J].情报探索, 2021(7):73-82.

科技期刊协同推进出版伦理规范建设与科技伦理普及工作的思考

徐艳

(《江苏农业学报》编辑部，江苏 南京 210014)

摘要：出版伦理规范建设是个系统工程，不仅包括出版伦理规范问题的防范与治理，还包括出版诚信建设、学术不端治理等内容。科技伦理普及工作是应对新兴技术突破和应用给经济社会发展带来影响的重要预防性、科普性工作，而科技期刊作为传播科技论文的载体，有责任担负一定的科技伦理传播工作。为了给我国科技期刊在开展出版伦理规范建设与科技伦理普及工作过程中提高工作效率、集约化利用各项资源提供参考，本研究旨在基于内容、导向等角度，分析科技期刊协同开展上述工作的可行性。通过分析得出，科技期刊协同开展出版伦理规范建设与科技伦理普及工作的模式如下：集约化管理+顶层设计；在实施规划中嵌入协同的理念；在实施内容、方法与路径上进行有机整合等。

关键词：出版伦理；科技伦理；协同；科技期刊；科普

出版伦理，是与出版活动相关的道德准则和行为规范，它要求出版从业者尊重知识产权、保护读者权益、遵守法律法规，并在出版过程中保持诚信、公正和负责任的态度。这些伦理原则对于保障出版行业的健康发展、促进文化传承和知识传播具有重要意义，并且出版伦理能够确保发表的科学研究成果的可信度。因此，科技期刊出版部门应积极关注出版伦理相关的规范建设，常见的出版伦理规范建设方式有与作者签订涉及伦理的相关协议、让作者提供原创证明等。近些年来，出现了更多类型的出版伦理问题，如人工智能作品版权问题[1]、元宇宙的数字版权保护问题[2]等，因此科技期刊开展出版伦理建设的方式也变得多样化，深度也在加深。此外，随着近些年来相关规范、法规的增多，科技期刊开展出版伦理规范建设工作有了更多可以参照的依据。

科技伦理，指科技创新活动中人与社会、人与自然和人与人之间关系的思想与行为准则，它规定了科技工作者及其共同体应该恪守的价值观念、社会责任和行为规范，是开展科学研究、技术开发等科技活动需要遵循的价值理念和行为规范，是促进科技事业健康发展的重要保障[3]。早在1987年，国内就有了与科技伦理相关的研究，分析的是蔡元培的科技伦理思想[4]。随着科技的进步与发展，科技伦理问题亦呈现出多样化的特点[5-8]。例如，生命科技、大数据、人工智能等学科，在给社会发展带来颠覆性的影响的同时，其前沿探索同时也闯入

基金项目：2023年度江苏期刊出版研究资助课题(2023JSQKA03)；第六届江苏科技期刊研究基金(JSRFSTP2023B02)；2024年度中国农业期刊网研究基金(CAJW2024-063)

了"无人区",可能引发一系列未知的伦理问题,因此需要我们将风险关口前移,并进行风险前瞻。

从本质上看,出版伦理与科技伦理两者都属于伦理学范畴,其内涵有部分重叠,本质上都是一种意识层面的规范,但两者在内容上有一定区别,前者主要指论文发表流程中每个环节所要遵循的学术诚信[9-10],后者则主要是开展科学研究、技术开发等科技活动需要遵循的价值理念和行为规范[3,11-12]。目前,尽管已经有科技期刊出版单位开展了出版伦理规范建设与科技伦理普及工作,当尚未见协同开展这两项工作的系统研究,而目前国内的科技期刊编辑人员普遍存在"一岗多职"的现象,很多编辑不仅工作内容繁多,而且需要承担组稿约稿、宣传推广等编辑出版以外的工作,因此有必要对一些编辑出版主线工作以外的工作进行精简或合并。本研究基于我国出版伦理规范建设与科技伦理普及工作的现状,在分析出版伦理规范建设工作与科技伦理普及工作之间关联性的基础上,分析协同开展 2 项工作的可行性模式,以期为我国科技期刊更好、更集约化、更高效地协同开展 2 项工作提供参考。

1 我国出版伦理规范建设、科技伦理普及现状及问题

1.1 出版伦理规范建设现状

由图 1 可以看出,科技期刊出版伦理涉及的群体有投稿作者、同行评议专家、编辑和出版者等,主要内容与学术不端问题密切相关[9]。目前,与我国科技期刊出版伦理规范建设相关的规范、政策性文件及实践均较多。从规范层面看,我国于 2019 年发布了相关国标《学术出版规范——期刊学术不端行为界定》(CY/T 174—2019)[13],中国科学技术出版社于 2019 年出版了《科技期刊出版伦理规范》[14]。这些国标或规范的发布或出版,切实推进了我国出版伦理建设工作,不少单位都在实践中嵌入相关理念,面向编辑、作者进行宣传教育。例如,笔者所在的《江苏农业学报》编辑部在组织编辑认真学习相关文件后,针对 CY/T 174—2019 中对论文作者的建议,逐一对照各个环节查找漏洞并制定了编辑的行为准则,从内部严防学术不端行为发生;对于论文作者可能发生的学术不端行为,则将细则拆解并对照到投稿流程中,在每个节点设置提醒,遇到相关作者时及时进行宣传教育。

从政策层面看,解贺嘉等根据政策发布数量及重要文件的发布时间,将我国科技期刊出版伦理相关政策的发布阶段划分为探索期、建设期、发展期[10]。近年来,我国发布的与出版伦理在内容上直接相关的文件有《关于规范学术期刊出版秩序 促进学术期刊健康发展的通知》(简称《通知》)、《在国际学术期刊发表论文的"五不"行为守则》、《关于促进学术出版科研诚信及伦理规范的声明》(简称《声明》)等,其中《通知》第九条明确提出要利用网络手段等加强对刊发论文期刊的监督管理,《在国际学术期刊发表论文的"五不"行为守则》更是明确了科研人员的道德行为规范,指出要防范第三方代写、代投、代改、虚假同行评议、不当署名等不端行为。此外,还有间接相关的《新闻出版保密规定》《关于改进科学技术评价工作的决定》《科研诚信案件调查处理规则(试行)》《中华人民共和国著作权法》等,或涉及期刊伦理建设,或提出了相应惩戒措施。

从编辑部实践层面看,许多科技期刊出版部门为了规范出版发行活动、落实相关文件精神、助力我国学术生态治理工作组织了一系列与出版伦理规范建设相关的活动。例如,《疾病检测》在其官网主页设置了"出版道德规范"栏目,参考国际出版伦理委员会(COPE)和国际医学期刊编辑委员会(ICMJE)等相关出版伦理规范,对编辑部的出版道德及伦理学规范作出界

定；《红外与激光工程》编辑部特别设立了"道德声明"栏目，对作者、审稿专家、编辑、出版者的出版伦理规范进行了界定。尽管如此，目前我国科技期刊的出版伦理规范建设整体上较为零散，更没有形成统一、互动性强的实践模式。

此外还有相关的书籍出版，如中国科学技术信息研究所(以下简称中信所)与约翰威立国际出版集团(以下简称 Wiley)合著并于 2022 年出版的《负责任署名——学术期刊论文作者署名指引》(蓝皮书)[15]。以《江苏农业学报》编辑部为例，期刊负责人第一时间组织编辑学习了该指引，在后续工作中，应用成效显著，最直接的例子是成功说服了相关作者，控制并避免了一些学术不端行为，如教育作者不要在投稿后增加作者进行"挂名"、拒绝作者在投稿后添加与论文内容无关的课题等。

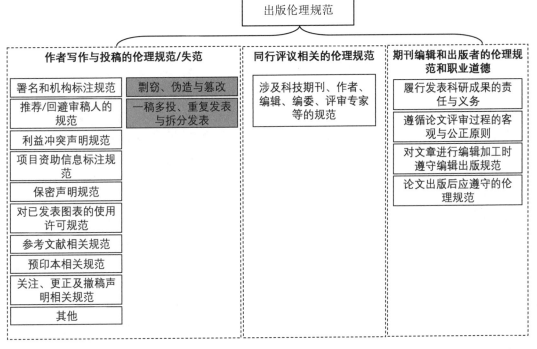

注：图中加深的内容为失范的行为

图 1　科技期刊出版伦理规范涉及的主要内容

1.2　科技伦理普及现状

作为科学研究、技术开发等科技活动中需要遵循的价值理念和行为规范，科技伦理是促进科技事业健康发展的重要保障，而科技伦理的普及工作，既包括基本内涵的普及，又包括相关案例及国家出台的相关政策法规的普及，其最终目的都是为了进行风险前瞻，促进科技向善。在相关案例的普及方面，目前微信公众号、微博、抖音等多个社交媒体上已经有较多的案例推送，如 AI 技术滥用相关的案例、基因编辑相关案例、学术造假相关案例等。在科技伦理基本内涵的普及上，覆盖面较为广泛，不仅被各大媒体宣传报道，在中小学到高校的教材中都有相关内容。在相关政策法规的普及上，覆盖面相对较小，更偏向于科研与管理人群。例如，虽然国内很早便发布过与科技伦理相关的文件，如《中华人民共和国科学技术进步法》(颁布于 1993 年)，但是相关宣传普及工作开展得不够深入、广泛。直到 2022 年《关于加强科技伦理治理的意见》发布后，各部门/单位纷纷响应，出台了系列文件，以江苏省为例，江苏省委办公厅、江苏省政府办公厅于2022年印发了《关于加强全省科技伦理治理的实施意见》(以下简称《实施意见》)，通过13条具体举措推动科技向善。《实施意见》中提出，要加强科技伦理教育培训，要求将科技伦理教育作为生命科学、医学、人工智能等专业本专科生、研究生教育的重要内容，完善科技伦理学科建设；鼓励高等学校普遍开设科技伦理教育相关课程；鼓励各类创新主体开展形式多样的科技伦理教育和培训等。同时，鼓励科技人员积极参与和支持科技伦理普及活动，推动公众理性对待科技伦理问题，提高全社会的科技伦理意识。2023年4月4日，由科技部牵头，会同相关部门研究起草了《科技伦理审查办法(试行)》，并向社会公开征求意见，相应的宣传普及工作也相继开展。

由此可见，在当前的大环境下，开展科技伦理相关的普及工作，是顺势之举，更是当前教育和培训工作的重要补充。

1.3 存在的问题

在出版伦理规范建设方面，随着近年来我国对世界一流科技期刊建设支持力度的加大，对出版伦理规范建设的重视程度也在加深，例如，中国科技期刊国际影响力提升计划、中国科技期刊卓越行动计划中都有关于出版伦理道德规范建设的内容，足以看出国家对出版伦理道德规范的重视。在各个科技期刊编辑层面，相应工作也开展得较多，除了"1.1"节提到的将出版伦理相关要求置于期刊投稿页面上，一些编辑部还积极对内、对外进行教育、普及等工作，如在作者投稿阶段的版权转让协议中写明出版伦理相关要求、在编辑部例会上向编辑宣传相关知识等。

在科技伦理普及工作方面，目前，我国科技伦理普及工作的对象主要是各类管理人员与研究人员，其普及活动的内容与形式都具有较强的针对性，如定向发送一些政策性文件、举办定向培训等，虽然也有通过社交媒体进行科技伦理普及的活动，但是在内容上对已有政策文件进行转化或结合具体案例的解读比较少，大部分是原文件内容的转发，内容的吸引力不强，关注的群体也主要是管理人员与研究人员，且普及的主体以管理部门为主。此外，目前尚少见科技期刊出版单位牵头或作为主要牵头单位的科技伦理普及活动。

然而，目前一些科技期刊出版单位开展出版伦理规范建设与科技伦理普及工作是分开进行的，没有在内容上进行整合。因此，即便有些科技期刊出版单位开展了相关工作，也都是与期刊日常工作分开进行的，不利于资源的合理利用与优化配置。

2 出版伦理规范建设与科技伦理普及的关联性分析

2.1 在内容上有交叉

出版伦理规范的主要内容，包括科技论文写作与投稿的伦理规范、同行评议的伦理规范、期刊编辑和出版者的伦理规范等，相关责任主体有作者、审稿者、期刊编辑和出版者等。科技伦理的主要内容，包括公共理性论证的科技价值选择原则与科技行为的道德伦理规范，相关责任主体有高等学校、科研机构、医疗卫生机构、企业、管理者等。从内容上看，出版伦理规范中的科技论文写作与投稿、同行评议等伦理规范内容归属于科技伦理中的科技行为。另外，出版伦理规范的责任主体相对于科技伦理更具体，其中的作者、审稿者同时也是科技伦理的责任主体，体现了主体的交叉。由此可见，对于科技期刊出版单位而言，出版伦理规范建设与科技伦理普及工作在内容上存在多个交叉，利于协同开展。

2.2 在目标导向上一致

科技期刊推进出版伦理规范建设，出发点是从科技期刊视角助力我国科研诚信建设在工作机制、制度规范、教育引导、监督惩戒等方面的规范化建设，目标是完善科研交流的自律规范、防范学术不端，助力我国世界一流科技期刊建设。而科技期刊普及科技伦理，出发点是履行科技期刊应尽的社会职责，推动科技向善，提升公众对科技伦理治理重要性的认识，有效防范科技伦理风险，实现高水平科技自立自强。

因此可见，科技期刊推进出版伦理规范建设与推进科技伦理普及工作，尽管出发点不一致，但是其根本目标都是为了营造更好的学术生态环境，推动科技向善，助力我国科技自立自强。因此，在设计导向上，要尽可能利用这一目标导向共性，将落脚点归一，才能更好地实现两者的协同。

3 协同推进出版伦理规范建设与科技伦理普及的模式探析

3.1 集约化管理+顶层设计

科技期刊出版单位中负责推进出版伦理规范建设与科技伦理普及工作的管理人员对于各项工作的推进起到决定性作用，科技期刊在协同推进出版伦理规范建设与科技伦理普及工作的过程中，要积极树立责任制度，负责人应该做好顶层设计与集约化管理。例如，可以设置一人负责+多人分管的协同管理模式，由总负责人对分管人员开展的工作进行协同管理，从而避免在工作开展中出现各行其是、各不相谋等情况，从集约化角度实现高效管理。

以《江苏农业学报》为例，编辑部负责人在制定协同推进出版伦理规范建设与科技伦理普及工作的任务与目标后，首先按照参与人员、实施方式、预期效果等做好系统分组与规划，然后根据实施方式划分成几个分模块，如新媒体模块、编校出版模块、审稿模块、现场宣传推广模块等，在每个模块设置相应的分管负责人，并设定考核目标与指标，由编辑部负责人对总体实施方向、进度进行跟踪，并定期对分管人员进行考核，从而从顶层设计角度实现集约化管理。

3.2 在实施规划中嵌入协同的理念

由前文分析可知，科技期刊推进出版伦理规范建设与科技伦理普及工作有着一致的目标，为2项工作开展的过程中实现互通奠定了基础。协同推进科技伦理普及与出版伦理规范建设的目标，可以分为总体目标和阶段目标，总体目标是科技期刊在其各个工作流程中建立并完善的科技伦理普及及相应的出版伦理规范审查机制，确保对其发表的每一篇论文审查到位，对每一位作者、读者宣传到位，对每一位编辑、审稿人教育到位。阶段目标可以根据各个编辑部的实际情况进行安排，既可以按照编辑出版流程设置，又可以按照角色定位设置，但要确保在每个节点2种工作都要有互融的内容。例如，在《江苏农业学报》协同规划出版伦理规范建设与科技伦理普及工作目标的过程中，首先按照投审稿—编辑校对—出版发行等不同出版流程设置阶段目标，其中在投审稿阶段，主要涉及的人群有作者、编辑和审稿专家，因此该阶段目标的协同体现在不同的个体的执行力上，通过对作者、编辑和审稿专家设计具有鼓励性、协同性、可执行的行为目标即可实现该阶段实施效果的协同。

3.3 在实施内容、方法与路径上进行有机整合

科技期刊协同推进出版伦理规范建设与科技伦理普及工作，主要基于辩证思维中的系统论以及事物之间存在普遍联系的观点，前者将2项工作看作一个整体，其中每个部分都会对

整体产生影响，各个部分之间相互作用和协同，能够实现整体的最优效果。后者则是鼓励发现2项工作之间的联系，通过协调双方的关系从而形成合力，优化整体的实施效果。

3.3.1 实施内容的有机统一

相同或相似的内容是协同推进出版伦理规范建设与科技伦理普及工作的落脚点，因此协同开展2项工作最重要的是在实施过程中进行内容的协同设置，一方面有利于集约化利用编辑部的资源，另一方面有利于内容的深度整合，符合编辑部协同开展两项工作的初衷。本研究的目的之一在于拓展科技期刊服务社会的实践，并且目前科技期刊出版部门协同推进出版伦理规范建设与科技伦理普及工作的难点和重点在于如何将其落在编辑工作实践中，而不是根据已有的政策、法规、案例等做一些无法应用于实际的理论分析，因此在推进本项工作的过程中要注意将实施内容设计并嵌入到编辑部日常工作中。例如，编辑部负责人可以让一部分编辑参与总结涉及作者、编辑、审稿专家的违背出版伦理规范的行为类型，让另一部分编辑参与归纳在论文发表前的研究阶段及编辑出版全流程中可能触犯的科技伦理规范，完成上述工作后，通过小组会议，将2项内容进行整合，做到内容的有机统一。目前，在出版伦理方面可以参照的文件有1997年成立的国际出版伦理委员会(COPE)为作者、期刊编辑部提供的各种有针对性的指南，其内容基本涵盖各类出版伦理问题，如怀疑尚未发表或已经发表的稿件存在剽窃或存在虚假数据应该如何解决等。编辑可参照这类指南，结合具体的办刊模式及总结的风险行为，制定合适的实施内容规划。

3.3.2 实施方法的贯通一致

基于前文的分析可知，科技期刊推进出版伦理规范建设与科技伦理普及工作具有较强的关联性，在开展这2项内容有关联的工作的过程中，相同的内容可以在实施方法上做到贯通一致，也是协同开展工作的一种思路及对资源的集约化利用。

以《江苏农业学报》编辑部为例，推进出版伦理规范建设的方法，主要有对内的编辑部负责人监管制、编辑部内部的培训与交流，以及对外的文件发布、社交媒体平台的宣传、对作者与审稿人行为的预警等。进行科技伦理普及的方法，主要有社交媒体平台的宣传推广、编辑-作者一对一的科普性交流、参与主办单位或管理部门的宣传教育活动等。对上述两类方法进行整合后，发现2项工作内容之间不仅可以互通有无，而且一些内容能够合并实施，非常有利于工作资源的综合利用与整合。

3.3.3 实施路径的有机协同

在协同推进出版伦理规范建设与科技伦理普及工作的过程中，还应在实施路径的设计过程中嵌入协同理念，使出版伦理规范建设与科技伦理普及工作并行推进，相关工作内容在各个节点得以相互呼应、互通有无。如果仅在2项工作主线的起始端与末端进行协同整合，难以对整个实施过程进行协同，一旦出现与预想目标不一致的情况，就难以调整，使协同开展2项工作流于形式。因此，高效、高质量协同推进2项工作，应在整个实施路径中得以体现。以《江苏农业学报》为例，科技伦理普及工作是按照投稿、审稿、编辑校对、出版发行等流程划分节点与责任的，而出版伦理规范建设原先是按编辑岗位划分的，即岗位责任制，不同岗位的编辑对照自己工作中可能涉及的出版伦理规范相关问题，提出风险要素、归纳防范要点并进行实践。这样一来，协同推进2项工作缺乏共同的节点，经综合考量，为了使出版伦理规范建设工作与科技伦理普及工作有对应的衔接节点，便于在流程上协同推进2项工作，